U0560772

温州地理

人文地理分册·上

姜竺卿 著

上海三联书店

序

九旬之年,读到我早年学生姜竺卿君的《温州地理》,真是不胜惊喜,无限欣慰。

竺卿君的生平与我颇有相似之处,毕生从事地理教学,是同行。同时也专心埋头治学、写作,取得了不错成绩,获得了不少奖项。在社会文化工作上都担当过一些职务,领受过为民间学术团体服务的滋味。但也有较大的差异,例如在学历方面,我不要说大学,连一张高中文凭也没有。竺卿君是六六届高中毕业生,并且还有一张"工农兵大学"的毕业文凭。"工农兵大学"是我国负面历史时期产生的怪物,几近摧毁中华文化,对中华民族造成了极大的伤害。令人庆幸的是在我教过的当年地理系的工农兵学生中也有有抱负、要读书的,凭借着他们自己的努力,竟从中脱颖而出,不但学业有成,还对社会作出了贡献,本书的作者便是其中之一。

我与竺卿君确有机缘,这种机缘在当时是十分难得的。因为1970年当竺卿君有幸进入"工农兵大学"时,我按理还应被禁锢在"牛棚"之中,是见不到他的,更是无缘为他讲课。恰恰由于国务院发了一个关于翻译外国地理书籍的文件,浙江是文件中落实的有翻译力量的九个省市之一,但要物色一位能够承担这个任务的负责人,却成了浙江的难题。当时杭州只有四所大学,主持此事的省出版局革委会在这四所大学中经过反复而仔细的挑选,结果却把这个任务落在"牛鬼蛇神"我的身上。而且因为有人知道我念过梵文,在全国九个省市分配任务的时候,领导者就把原版书上可能夹有梵文的南亚国家分配给我。尽管我自知我的梵文水平有限,但作为一个"牛棚"人物,也只好勉为其难。而省出版局方面却又大大地抬举我,除了提供一切经费和各种介绍信外,手上又持有一张国务院文件。我的身份从"牛鬼蛇神"一下子提高到执行国务院文件的主持人。为此,我才有到这种特殊"大学"讲课的资格。当时办"工农兵大学"的目的,旨在永远消灭传统的大学。因为生源来自基层,人民公社干部掌控了生源的予夺大权,他们首选的是自己的子女和亲戚,不管是否是"半文盲"式的货色。他们勒紧入学生源网,要让

1

进入这种"大学"的人,程度越低越好,并赋予"上、管、改"的大权。但天地间终有"漏网之鱼",他们却是受过传统的教育,从高中毕业而进入这种"大学"的。他们有胆识和勇气,并不在乎旧文化人的可悲遭遇,仍然甘冒风险,入学苦研精读,向有学问的教师求教,下定决心,既拒绝洗脑筋,也不惧搞汇报,即使再苦,也要传承我们民族的正统文化。在我执教的这批学生中,这样的"漏网之鱼"就有两条,竺卿君就是其一。这就是我和他的难得机缘。

竺卿君在离开这种"大学"以后,一秉初衷,仍以地理研究作为自己的终身事业,并矢志要写一部温州地区前无古人的乡土地理专著造福桑梓。几十年来,竺卿君读万卷书,行万里路,一方面不分昼夜,无论寒暑,查资料,翻档案,钩玄提要,细大不捐,把冷板凳坐穿。另一方面沐风栉雨,实地踏勘,名山必探其幽,江河必溯其源,访乡贤,拜耆宿,夺讹正误,有得必录。由于涓流山积,终有今朝煌煌巨著《温州地理》的付梓杀青。

和竺卿君一样,我也十分重视自己家乡的文化。我在1952年出版第一部著作《淮河流域》以后,一直与区域地理和城市地理打交道,也出版过《绍兴史话》和《绍兴历史地理》,并利用出国讲学的机会,从美国国会图书馆引回了家乡流落在外的手抄孤本《越中杂识》,此外也发表过不少有关家乡的论文。所以这次读了竺卿君巨著后,倍感亲切,深深体察到竺卿君是位功力深湛且接地气的学者。竺卿君长年寝馈乡土地理,潜心于索隐探赜,旁搜远绍,故其述事则条分缕析,立论则精辟允当,学、识、才均胜人一筹。该巨著体大思精,称为精品,实当之无愧矣!

最近得"吴玉章人文社会科学奖"的拙著《水经注校证》算是我的一部大书,也不过八十万字。而竺卿君的《温州地理》三册稿本,竟精雕细琢,写到一百四十万言。在自愧勿如的同时,我要说,真正做学问的人,必然是青出于蓝而胜于蓝,否则文化就不会发展进步。除了"文革"那个荒唐、恐怖的年代以外,中华民族的五千年文化,就是这样一代胜过一代地绵延下来的。

竺卿君的《温州地理》,我已通读,这是一部区域地理和城市地理的煌煌巨构和佼佼杰作,最后以"精品"一语作为这部巨构的总评。

陈桥驿

2014 年 6 月于浙江大学

陈桥驿,著名历史地理学家,浙江大学地球科学系终身教授,中国地理学会历史地理专业委员会主任,国际地理学会历史地理专业委员会咨询委员。2013 年 12 月获中国地理学界最高奖项"中国地理科学成就奖"。

目 录

第一章　温州政区地理

　　行政区域简称行政区或政区,是指一个国家的地方行政机关所辖的区域,是国家遵循宪法规定对领土进行合理的分级划分而形成的区域,它是国家政权建设的重要组成部分,是一种政治地理现象。政区地理是政治地理学的重要领域,属于人文地理学的一个分支学科。首先,我国是一个国土辽阔,人口众多,自然和社会经济条件地区差异大,具有悠久历史文化的多民族国家,极为丰富的历史文献中记载着各个历史时期政治区域的变迁,因此研究和总结政区变迁的特点和规律,对政区地理研究有重要意义。先秦至中华人民共和国建立的时期,温州政区变迁属于历史政区地理,本书置于第二章温州历史地理中论述,1949 年以来的政区变动和政区现状在本章中阐述。其次,由于我国特殊的国体和政体环境,目前又处于传统计划经济向市场经济转轨的大变革时期,现行的政治区划体制在许多方面已不能适应社会经济发展和地方行政管理的需要,必须大胆进行改革,这是现阶段政区地理研究的重要任务。由此,笔者根据国内外政区地理研究,特别是华东师范大学中国行政区划研究中心的最新研究成果,提出温州政区改革的思路和探索,用以襄助温州政区改革走上正确的道路。

一、新中国建立以来温州行政区划的变动

　　中华人民共和国成立以来,随着政治形势和经济建设的需要,温州县级政区和县以下基层政区的变动频繁,有的时候政区调整带有随意性和盲目性,甚至出现"朝颁暮改"现象。这正说明我们的政区地理的理论研究和区划实践有待于深入和提高

(一) 1949 年以来温州县级政区的变动

　　1949 年 5 月 7 日温州和平解放,中国人民解放军浙南游击纵队进城接管温州,建立温州市军事管制委员会。6 月 26 日中国人民解放军第三野战

军第七兵团二十一军南下进驻温州。8月26日温州成立浙江省人民政府第五区专员公署,同时分划原永嘉县瓯江以南区域成立温州市,作为全省三个省辖市之一。11月6日改第五行政督察区为温州专区。当时政区制度不是市辖县,而是专区辖县。温州专区下辖永嘉、乐清、瑞安、平阳、泰顺、文成、青田、玉环8县,各县范围与解放前夕相同,专署驻地温州市。温州市不属于温州专区管辖,而直隶于省人民政府。

1952年1月,撤销丽水专区,将原丽水专区的部分县并入温州专区。温州专区辖境增至13个县,即永嘉、乐清、瑞安、平阳、泰顺、文成、青田、玉环、丽水、云和、龙泉、景宁、庆元。

1953年6月,从玉环县境内分出洞头、大门2区设置洞头县,并成立直属专署的矾山矿区人民政府。温州专区下辖14个县和1个矾山直属区。

1954年5月,撤销台州专区,将原台州专区南部的温岭、黄岩、仙居3县及海门区(县级)并入温州专区。温州专区辖境增至17个县和2个直属区,这是温州幅员最广阔的时期。

1956年3月,原属温州专区的仙居县划归宁波专区,撤销海门和矾山两个直属区。温州专区下辖16个县,即永嘉、乐清、瑞安、平阳、泰顺、文成、洞头、玉环、青田、丽水、云和、龙泉、景宁、庆元、温岭、黄岩诸县。

1957年9月,恢复台州专区建制,温岭、黄岩两县重新划归台州专区,温州专区下辖14个县。

1958年6月,撤销洞头县,并入玉环县;撤销云和县,并入丽水县;7月,将温州市划归温州专区管辖;11月,撤销文成县,并入瑞安县;撤销庆元县,并入龙泉县。此时温州专区下辖1市10县,即温州市和永嘉、乐清、瑞安、平阳、泰顺、玉环、青田、丽水、龙泉、景宁诸县。

1959年1月,撤销台州专区,临海、温岭、黄岩、仙居4县又一次并入温州专区。温州专区下辖1市14县。

1960年1月,撤销景宁县,并入丽水县;撤销玉环县,北部划归温岭县,南部洞头区划归温州市。此时温州专区下辖1市12县。

1961年12月,从瑞安县中划出原文成故地,恢复文成县。温州专区下辖1市13县,即温州市和永嘉、乐清、瑞安、平阳、泰顺、文成、青田、丽水、龙泉、临海、温岭、黄岩、仙居诸县。

1962年5月,再度恢复台州专区,将临海、温岭、黄岩、仙居4县重新从温州专区划走。6月,从丽水县中分出云和、景宁故地重新设置云和县。此时温州专区下辖 1 市 10 县。

1963 年 5 月,恢复丽水专区,将青田、丽水、云和、龙泉 4 县从温州专区划走,温州专区只剩下 1 市 6 县,即温州市和永嘉、乐清、瑞安、平阳、泰顺、文成诸县。

1964 年 10 月,重新恢复洞头县,温州专区下辖 1 市 7 县。

1966 年"文化大革命"开始,各级政府处于瘫痪状态。1967 年 3 月 31 日成立温州区军事管制委员会,1968 年 12 月 3 日成立温州地区革命委员会,1970 年正式将温州专区改名为温州地区,境域和县属不变,仍辖 1 市 7 县。

1978 年"文化大革命"结束,9 月 16 日温州地区革命委员会改名为温州地区行政公署,下辖 1 市 7 县。

1980 年 4 月,温州市恢复为省辖市,从温州地区中脱离。温州地区下辖永嘉、乐清、瑞安、平阳、泰顺、文成、洞头 7 县。

1981 年 6 月,平阳县一分为二,将鳌江以南区域增设苍南县,温州地区下辖 8 县。

1981 年 9 月,撤销温州地区,将原温州市和温州地区合并,称为温州市,实行市辖县体制。温州市下辖温州市区和 8 个县。

1981 年 12 月,将温州市区的郊区梧田、永强、三溪、藤桥、泽雅 5 个区设置瓯海县,县政府驻温州城区飞霞北路。此时温州市下辖温州市区和 9 个县。温州市区下辖东城区、南城区、西城区和郊区。

1984 年 1 月将原温州市城区 16 个街道办事处和郊区 5 个乡镇合置鹿城。同时将鹿城区以东的原温州市区郊区设置龙湾区,并将瓯海县永中镇的黄山和黄石两村划归龙湾区,区政府驻状元镇。此时,温州市下辖 2 区 9 县,即鹿城、龙湾 2 区和瓯海、瑞安、乐清、永嘉、平阳、苍南、泰顺、文成、洞头 9 县。

1987 年 4 月,瑞安撤县设市,改称瑞安市,成为温州市首个县级市。

1992 年 3 月,瓯海撤县设区,瓯海县改称瓯海区。

1993 年 3 月,乐清撤县设市,改称乐清市。至此,温州市下辖 3 个市辖区、2 个县级市、6 个县,共 11 个县级行政区域,形成今日温州市县级行政区划的格局。

2001 年 8 月,温州市区的鹿城、龙湾、瓯海三区及周边的永嘉和瑞安的行政区划作了较大的调整。将永嘉县七都镇、桥下镇的中央涂居民点,瓯海区藤桥镇、临江镇、上戍乡、双潮乡、岙底乡和梧埏镇的前网、鱼鳞浃、上田、划龙桥4个村，龙湾区蒲州镇的蒲州、上蒲州2个村划归鹿城区。将瑞安市塘下镇的上涂、西一、中星、东门、埭头、石坦、屿门、邱宅、东溪、东成10个村和前冈、后冈2个居民点，瓯海区的永中、沙城、天河、灵昆4镇划归龙湾区。将瑞安市丽岙镇、仙岩镇划归瓯海区。这样，温州市区三区的面积和人口数量相差悬殊转变为大体平衡。鹿城区面积由原来的104.56平方千米扩大到294.38平方千米，人口由51.68万人增加到62.03万人；龙湾区面积由原来的61.43平方千米扩大到279.02平方千米，人口由8.93万人增加到29.77万人；瓯海区面积由原来的907.66平方千米缩小到614.50平方千米，人口由58.62万人减少到37.84万人。

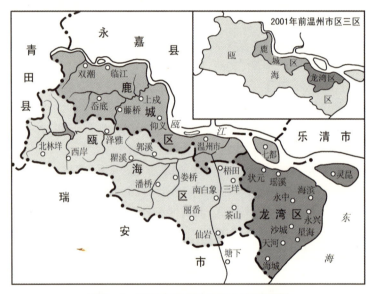

图1-1 2012年温州市区三区行政区划

（二）1949年以来温州县以下基层政区的变动

中华人民共和国成立以后，温州县以下的基层政区调整和变动非常频繁。现择其主要的政区变动简述如下。

1949年5月7日温州解放。8月26日成立温州市，是全省三个省辖市之一，其境域为原永嘉县的瓯江以南区域。原瓯江以北区域建立双溪县，县政府驻岩头镇。9月2日双溪县复称永嘉县，县政府移驻枫林镇。其他地区的行政区划与解放前夕相同。

表 1-1　　　　　　解放初期温州基层行政区划（1949 年 9 月）

市县名	区　　名	区数	镇数	乡数	驻地
温州市	城区 郊区 梧埏 永强 三溪 藤桥	6	1	27	城区
永嘉县	罗浮 永临 沙头 碧莲 枫林 岩头	6	2	54	枫林镇
瑞安县	城区 塘下 莘塍 仙降 马屿 高楼 陶山 湖岭	8	1	66	城区
乐清县	城区 柳市 虹桥 清江 大荆	5	6	46	城区
平阳县	万全 鳌江 北港 南雁 江南 南港 蒲门	7	7	73	昆阳镇
泰顺县	罗阳 百丈 泰南 泗溪	4	2	27	莒江
文成县	大峃 珊溪 玉壶 黄坦 南田	5	4	28	大峃镇
合计	—	41	23	321	—

注：（1）解放初期的温州专区下辖 8 县，因青田县和玉环县今不在温州境内，故从略。玉环县中的洞头区域直至 1949 年 10 月 7 日首次解放，1952 年 1 月 15 日全境解放，故未列入。（2）1949 年 12 月，乐清县调整为 5 区 8 镇 44 乡，泰顺县调整为 4 区 2 镇 31 乡。

1950 年 5 月，由于土地改革的需要，进行划乡建政。温州市的梧埏、永强、三溪、藤桥 4 区划归永嘉县，温州市仅留城区和近郊区，设置城东、城南、城西、郊区 4 区。6 月，永嘉县政府从枫林迁驻罗浮龙桥；10 月迁回温州市城区九山。至 1950 年底，瑞安县调整为 8 区 1 镇 94 乡。乐清县增设白象区和盐区，调整为 7 区 11 镇 73 乡。平阳县由 7 区调整为 12 区，即万全、鳌江、麻步、北港、山门、睦源、宜山、金乡、马站、矾山、灵溪、桥墩，并由 80 个乡镇改设为 1 个直属镇和 150 个乡镇。文成县调整为 5 区 3 镇 52 乡。泰顺县分泰南区为大安、仕阳 2 区，调整为 5 区 1 镇 39 乡。

1951 年 5 月，乐清县设立双阁区，并将清江区改称芙蓉区，原清江区所辖的白溪、雁荡、环城 3 乡划归大荆区；9 月新建茗东乡，10 月新建慎海乡，12 月新建雁芙乡，至此乐清县下辖 8 区 9 镇 78 乡。11 月，温州市区改城东、城南、城西、郊区 4 区为海坛、五马、九山、郊区 4 区。12 月，泰顺县调整为 5 区 1 镇 53 乡。

1952 年，根据浙江省人民政府《乡政权试行组织条例》，温州全面进行"析置小乡"政区调整，区的数量增加较多，特别是乡的数量成倍增加，从 321 个猛增至 797 个。见表 1-2。

1953 年 2 月，温州市改海坛、五马、九山、郊区 4 区为东区、南区、西区、北区、中区、郊区 6 区。4 月，永嘉县改 11 区为 15 区，并设 2 直属镇和 146 乡。6 月，从玉环县中分出洞头区、大门区和周围小岛，设置洞头县，洞头县下辖洞头、大门、三盘 3 区 1 镇 18 乡。

表1－2 　　　　　　　　**1952年10月温州基层行政区划**

市县名	区　　名	区数	镇数	乡数	驻地
温州市	海坛　五马　九山　郊区	4	0	5	城区
永嘉县	罗浮　永临　沙头　渠口　碧莲　枫林　溪口　梧埏 永强　三溪　藤桥	11	6	139	九山
瑞安县	城区　塘下　莘塍　仙降　马屿　高楼　陶山　湖岭 仙岩　平阳坑	10	3	93	城关镇
乐清县	城区　柳市　白象　芙蓉　盐区　虹桥　大荆　双阁	8	9	79	乐成镇
平阳县	城区　万全　鳌江　麻步　水头　腾蛟　山门　睦源 宜山　金乡　灵溪　桥墩　藻溪　赤溪　马站　矾山	16	1	239	昆阳镇
泰顺县	罗阳　百丈　筱村　大安　仕阳　泗溪　松东	7	2	107	罗阳镇
文成县	大峃　峃口　珊溪　玉壶　黄坦　南田　西坑	7	3	117	大峃镇
玉环县洞头	洞头　大门	2	1	18	北岙镇
合计	—	65	25	797	—

注：(1) 1952年温州专区下辖13个县，即永嘉、乐清、瑞安、平阳、泰顺、文成、青田、玉环、丽水、云和、龙泉、景宁、庆元。今不在温州境内的县从略。

(2) 永嘉县的瓯江以北为7区3镇81乡，瓯江以南为4区3镇58乡。

(3) 各县的镇：永嘉是枫林、岩头、碧莲、梧埏、永中、瞿溪6镇，瑞安是城关、莘塍、马屿3镇，乐清是乐成、柳市、白象、虹桥、大荆、芙蓉、蒲岐、翁垟、磐石9镇，平阳是昆阳1镇，泰顺是罗阳、百丈2镇，文成是大峃、珊溪、玉壶3镇，洞头是北岙1镇。

1954年9月，平阳县增设钱库区。

1955年2月，原属平阳县的南麂和原属瑞安县的北麂、北龙诸岛解放。3月，瑞安县增设北麂区，下辖北麂、北龙2乡。6月，平阳县的南麂岛和瑞安县的北麂区划归洞头县，设北麂区，下辖南麂、北麂、北龙3乡。5月，温州市重新改6区为海坛、五马、九山、郊区4区。8月，原属平阳县的台山列岛划归福建省霞浦县。

1956年1月，根据浙江省农业合作化的发展和国务院《关于进一步做好机关精简工作的指示》，进行"撤区并乡"，温州基层政区数量大大压缩。区的数量从66个减至45个，乡的数量从804个减至445个。例如2月，乐清县由8区撤去7区，仅留双阁1区，全县下辖1区2镇27乡。8月，乐清县重新区划，撤销双阁区，设立柳市、虹桥、大荆3区5镇39乡。4月，温岭县的湖雾乡划归乐清县。6月，温州市撤销区建制，建立12个街道和1个郊区，郊区下辖各乡改称管理区。10 月,撤销瑞安城区,并入城关镇;永嘉县的蒲州乡和状元乡划归温州市。

表 1-3   1956 年 10 月温州基层行政区划

市县名	区　　名	区数	镇数	乡数	驻地
温州市	12 个街道和 1 个郊区	1	0	7	城区
永嘉县	罗浮 永临 沙头 岩头 岩坦 鹤盛 碧莲 四川 梧埏 永强 三溪 藤桥	12	2	105	九山
瑞安县	塘下 莘塍 仙降 马屿 高楼 陶山 湖岭 仙岩 平阳坑	9	3	55	城关镇
乐清县	柳市 虹桥 大荆	3	5	44	乐成镇
平阳县	麻步 水头 山门 宜山 金乡 灵溪 桥墩 马站	8	3	117	昆阳镇
泰顺县	百丈 筱村 大安 仕阳 泗溪	5	2	47	罗阳镇
文成县	大峃 峃口 珊溪 黄坦 南田 玉壶	6	3	57	大峃镇
洞头县	大门	1	1	13	北岙镇
合计	—	45	19	445	—

注:(1) 1956 年温州专区下辖 16 个县,即永嘉、乐清、瑞安、平阳、泰顺、文成、洞头、青田、玉环、丽水、云和、龙泉、景宁、庆元、温岭、黄岩。今不在温州境内的县从略。

(2) 1956 年 3 月,泰顺县为 5 区 2 镇 38 乡,文成县为 6 区 2 镇 49 乡。同年 10 月调整为泰顺县 5 区 2 镇 47 乡,文成县 6 区 3 镇 57 乡。

1957 年 4 月,平阳县从水头区中分出 8 个乡增设腾蛟区。7 月,乐清县的清江乡分为清江、南塘 2 个乡;北雁荡山景区划设雁荡乡。8 月,洞头县的南麂划归平阳县;洞头县的北麂和北龙划归瑞安县,合设北麂乡,隶属莘塍区。12 月,瑞安县撤销仙岩区,并入塘下区。这样,瑞安县下辖 8 区 6 镇 58 乡,洞头县下辖 1 区 1 镇 10 乡。

1958 年 2 月,平阳县恢复万全、鳌江 2 区,万全区辖 8 乡,鳌江区辖 10 乡;乐清县撤销甸岭乡,并入仙溪乡,并将仙溪乡分为仙溪、卓南 2 乡。4 月,文成县增设马山乡和周山畲族乡;10 月,撤销篁庄乡,并入石西乡,5 月,泰顺县从百丈镇分出峰门乡,从富垟乡分出月湖乡,并建立司前畲族乡。7 月,因温州市由省辖市改属温州专区,永嘉县的梧埏、永强、三溪、藤桥 4 区和永中、瞿溪 2 镇重新划归温州市管辖。永嘉县政府驻地从九山迁至上塘。9 月,根据中央《关于在农村建立人民公社问题的决议》,撤销乡镇建制,实行社队建制。以区为单位建立人民公社,下设管理区、生产大队、生产队。原先的区改称人民公社,原先的乡镇改称管理区,原先的行政村改称生产大队。温州建立71个"政社合一"的人民公社,562个生产大队。

表 1-4 　　　　　　　 1958 年 10 月温州基层行政区划

市县名	人 民 公 社 名 称	公社数	大队数	驻地
温州市	郊区 梧埏 永强 三溪 藤桥	5	41	城区
永嘉县	上塘 黄田 乌牛 江北 永临 岩头 岩坦 鹤盛 四川 碧莲 古庙	11	71	上塘
瑞安县	城关 塘下 莘塍 海滨 马屿 平阳坑 高楼 陶山 湖岭 大峃 峃口 珊溪 黄坦 玉壶 南田 西坑	16	125	城关镇
乐清县	乐成 城北 柳市 白象 翁垟 蒲岐 虹桥 四都 清江 芙蓉 白溪 大荆 仙溪 双峰 卓南	15	142	乐成镇
平阳县	万全 鳌江 麻步 水头 腾蛟 山门 宜山 金乡 灵溪 桥墩 矾山 马站	12	119	昆阳镇
泰顺县	罗阳 百丈 筱村 司前 大安 仕阳 雅阳 泗溪 彭溪	9	53	罗阳镇
玉环县洞头	洞头 大门	2	11	北岙镇
合计	—	70	562	—

注:(1)1958年6月撤销洞头县,并入玉环县,11月撤销文成县,并入瑞安县,温州专区下辖1市10县,即温州市、永嘉、乐清、瑞安、平阳、泰顺、青田、玉环、丽水、龙泉、景宁。今温州境内只有"永乐瑞平泰"5县,今不在温州境内的县从略。

(2)瑞安和文成合并后,原瑞安县境内9公社64大队,原文成县境内7公社61大队,合计瑞安县下辖16公社125大队。

1958年11月,各县对人民公社区划进行调整,例如乐清县将仙溪、双峰、卓南3个公社合并为仙溪公社,四都公社并入虹桥公社,城北公社并入乐成公社,白象公社并入柳市公社。1959年2月,恢复白象公社,白溪公社改称雁荡山公社。8月,雁荡山公社分为雁荡、雁溪2个公社。9月,雁溪公社改称白溪公社。这种改来改去的"朝颁暮改"现象在温州各县非常普遍,这里不胜枚举。

1961年9月,根据中央《农村人民公社工作条例》,调整社队规模,恢复区建制,原人民公社改称区,原管理区改称人民公社。此时,恢复文成县建制,原并入瑞安县的7公社61大队重新划归文成县。泰顺县百丈、司前2公社合并为百丈区,雅阳、泗溪、彭溪3公社合并为泗溪区,后改称雅阳区。原已划给青田县的西岙、石染和原属青田县的上横划归永嘉县,建立西岙公社、石染公社。

表1-5　　　　　　　　　1961年10月温州基层行政区划

市县名	区　　名	区数	公社数	驻地
温州市	近郊 梧埏 永强 三溪 藤桥 西岸	6	33	城区
永嘉县	罗浮 沙头 岩头 岩坦 四川 碧莲 永临	7	58	上塘
瑞安县	城区 塘下 莘塍 仙降 马屿 平阳坑 高楼 陶山 湖岭	9	64	城关镇
乐清县	城区 柳市 翁垟 虹桥 清江 大荆	6	54	乐成镇
平阳县	万全 鳌江 麻步 水头 腾蛟 山门 宜山 金乡 钱库 灵溪 桥墩 矾山 马站	13	130	昆阳镇
泰顺县	罗阳 百丈 仕阳 雅阳 筱村 大安	6	54	罗阳镇
文成县	大峃 玉壶 珊溪 黄坦 南田 峃口 西坑	7	62	大峃镇
温州市洞头	大门	1	11	北岙镇
合计	—	55	466	—

注：1961年底温州专区下辖1市13县，即温州市、永嘉、乐清、瑞安、平阳、泰顺、文成、青田、丽水、龙泉、临海、温岭、黄岩、仙居。今不在温州境内的县从略。

1962年6月，乐清县撤销翁垟区，并入柳市区；1963年4月，乐清县增设雁荡区；1964年5月，乐清县撤销城区；1965年2月，乐清县撤销雁荡区。1962年10月，瑞安县莘民公社并入莘塍镇人民公社。1964年2月，泰顺县彭溪公社分出五里牌公社。4月，平阳县增设南山、塔下、睦源、雁门、下厂、陈东、沿江7个公社。1964年10月，洞头县恢复县建制，1965年3月撤销大门区，设北岙、洞头、半屏、南塘、北沙、三盘、元觉、霓屿、黄岙、大门、浪潭、鹿西12个公社。1966年瑞安县撤销平阳坑区。

1966年起"文革"时期，永嘉县罗浮区改称老武区，公社名称中的六龙改为东风，白云改为红星，下寮改为上游，古庙改为新胜，七都改为新屿，乌牛改为运新，等等。"文革"时期温州所有区和公社名称都改为"红色"地名，1981年地名普查时统统恢复原名。

1968年12月，温州城区原城东公社改称东方红公社，后来分设东风、向阳、朝阳3个公社；原西山公社改称红旗公社，后来分设前进、反修、五星3个公社；原五马公社改称红卫公社，后来分设跃进、胜利、兴无3个公社。

1978年"文革"结束时，温州1市8县共有55个区公所，11个镇，471个人民公社，9个街道，5977个生产大队，50157个生产队，188个居民区。

表 1 - 6   **1978 年温州地区行政区划**

标准名称	面积(千米²)	人口(人)	区公所(个)	镇(个)	人民公社(个)	街道(个)	生产大队(个)	生产队(个)	居委会(个)	驻地
温州市	928.2	922609	9	3	32	9	442	4316	103	南城区
瑞安县	1360.0	930836	7	2	68	0	860	8316	33	城关镇
乐清县	1174.0	823911	5	0	54	0	902	8048	12	城关镇
永嘉县	2695.4	683151	7	0	58	0	875	7134	3	上塘镇
平阳县	2243.0	1528085	13	3	137	0	1731	13501	29	城关镇
文成县	1260.0	314916	7	1	60	0	561	3677	3	大峃镇
泰顺县	1770.0	283200	6	1	51	0	516	4197	0	罗阳镇
洞头县	101.2	107762	1	1	11	0	90	968	5	北岙镇
合计	11531.8	5594470	55	11	471	9	5977	50157	188	—

注:本表数据来自浙江省民政厅《浙江建置区划沿革》第 463 页。

1980 年 11 月,恢复瑞安县和乐清县的城区建制,瑞安城区管辖城关镇及隆山、红旗、横山、北麂、北龙 5 个公社;乐清城区管辖城东、城南、城北、慎海、盐盆 5 个公社。

1981 年 6 月,平阳县分为平阳和苍南 2 县,新平阳县下辖 6 区 2 镇 64 公社,县政府驻地城关镇改名为昆阳镇;苍南县下辖 7 区 1 镇 72 公社,县政府驻地灵溪镇。12 月,瓯海设县后,瓯海县下辖 5 区 3 镇 24 公社。

从 1981 年 6 月至 1985 年 11 月,泰顺县仙居改名仙稔,毛垟改名南院,金溪改名南溪人民公社;碑牌正名碑排,岳巢正名鹤巢,夏炉正名夏卢,战州正名戬州,西垟正名西旸,龟伏正名龟湖人民公社;大安区改称三魁区,竹垟乡改称竹里畲族乡。乐清县城关镇公社改称乐成镇,大荆镇公社改称大荆镇,虹桥镇公社改称虹桥镇,柳市镇公社改称柳市镇;城东改称后所,城南改称万岙,白象改称北白象,五权改称瑶岙,临溪改称水涨,智仁改称旸谷岙,镇安改称石坦,石帆改称朴湖人民公社。这类地名的改动在其他各县都很普遍。

1984 年 4 月,根据中央关于人民公社的体制改革精神,实行政社分设,恢复乡镇建制,原来的人民公社改称乡镇,原来的生产大队改称行政村。此时温州基层政区有较大变动,全市设立 59 个区,46 个镇,462 个乡,6222 个行政村,14 个街道,314 个居民区。

表 1-7　　　　　　　　　　　　1984 年温州市行政区划

标准名称	面积（千米²）	人口（人）	区公所（个）	镇（个）	乡（个）	街道（个）	行政村（个）	居民区（个）	驻地
鹿城区	98.98	464688	0	0	6	14	52	185	墨池坊
龙湾区	61.43	74856	0	1	1	0	40	1	状元镇
瓯海县	894.49	497784	5	4	28	0	372	7	鹿城区
瑞安县	1283.4	1037803	8	6	64	0	924	36	城关镇
乐清县	1174.0	930995	6	4	57	0	909	20	乐成镇
永嘉县	2698.2	763518	7	3	56	0	872	6	上塘镇
平阳县	1053.0	704842	6	12	57	0	912	25	昆阳镇
苍南县	1142.3	985285	10	13	62	0	962	21	灵溪镇
文成县	1294.0	344033	7	1	60	0	566	3	大峃镇
泰顺县	1761.5	307910	9	1	60	0	522	4	罗阳镇
洞头县	100.3	116911	1	1	11	0	91	6	北岙镇
合计	11561.6	6228625	59	46	462	14	6222	314	—

注：本表数据来自浙江省民政厅《浙江建置区划沿革》第 468 页。

　　从 1985 年 1 月至 1991 年 9 月，7 年时间内温州基层政区变动主要是"乡改镇"。全市由乡改为建制镇共 89 个，其中 1985 年改制 50 个。各县、区中，瑞安县 18 个，乐清县 17 个，瓯海县 12 个，平阳县 11 个，永嘉县和苍南县各 8 个，泰顺县 5 个，龙湾区 4 个，文成县 3 个，鹿城区 2 个，洞头县 1 个。这 89 个乡改镇中，绝大多数镇的名称和区域范围不变，少数镇名和范围改变。瑞安县吴桥乡改名飞云镇，永和乡改名平阳坑镇；瓯海县白水乡改名永昌镇，三甲乡改名天河镇，七甲乡改名沙城镇，外垟乡改名临江镇；龙湾区龙湾乡和状元镇部分区域改设龙湾镇和蒲州镇；永嘉县江北乡和清水埠镇合并为瓯北镇。此外，1985 年 3 月，平阳县山门乡分出溪源乡，塘川乡分出垂杨乡。4 月，文成县石庄乡分出篁庄乡；龙湾区增设瑶溪、水心 2 乡。5 月，瑞安县上望乡分为上望、薛里、九里 3 乡，汀田乡分为汀田、里学、大典下 3 乡。12 月，平阳县撤销城东、城南、城西、雁门、下厂 5 乡，将其并入昆阳镇和鳌江镇，扩大两镇的区域范围。1986 年 10 月，洞头县霓屿乡分为霓南、霓北 2 乡。1988 年 5 月，瑞安市撤销莘民乡，并入莘塍镇。1989 年 2 月，泰顺县撤销白海乡，并入垟溪乡和洲岭乡。11 月，瑞安市撤销城区和红旗、隆山、横山 3 乡，并归瑞安市城关镇，原由城区管辖的北麂、北龙 2 乡直归瑞安市管辖。

1992年1月,鹿城区所属景山、新桥2街道划给瓯海区管辖。

1992年1～5月,全省进行大规模的"撤区、扩镇、并乡"工作,撤销所有的区公所,乡的数量大幅度减少。温州基层行政区划发生很大的变化。调整后,温州3区1市7县共设181个乡,134个镇,6247个行政村,16个街道,542个居民区。其中乡的数量从1984年的462个撤并为181个。此时的乡、镇、村、街、居的详细名称参见1998年版《温州市志》上册第98～126页。

表1-8　　　　　　　　　1992年温州市行政区划

标准名称	面积（千米²）	人口（人）	乡（个）	镇（个）	街道（个）	行政村（个）	居民区（个）	驻地
鹿城区	88.35	523413	4	1	15	45	215	鼓楼街道
龙湾区	61.43	80976	0	5	0	45	1	状元镇
瓯海区	918.34	506253	8	18	1	386	22	鹿城区
瑞安市	1360.0	1046030	24	22	0	961	73	城关镇
乐清县	1174.0	953377	12	19	0	914	44	乐成镇
永嘉县	2698.2	730765	28	14	0	896	26	上塘镇
平阳县	1042.0	702776	18	16	0	853	50	昆阳镇
苍南县	1261.0	1044502	22	20	0	966	80	灵溪镇
文成县	1187.5	312544	27	8	0	569	12	大峃镇
泰顺县	1727.7	310091	29	9	0	522	8	罗阳镇
洞头县	100.3	120148	9	2	0	90	11	北岙镇
合计	11619	6330875	181	134	16	6247	542	—

注：本表数据来自浙江省民政厅《浙江建置区划沿革》第473页。

1992年5月,撤区扩镇并乡工作结束后,又有些局部调整。至1997年底,又有14个乡改制为镇,其中乐清市慎江乡改名七里港镇,洞头县洞头乡改名东屏镇。

1995年5月开始,温州再次进行"扩镇"工作。1995年5月瓯海区周岙乡并入泽雅镇,并将藤桥镇的天长、戈恬2村划归泽雅镇管辖。1998年12月泰顺县莒江、洪口2乡并入百丈镇。1999年1月文成县撤销汇溪、双溪2乡,合并设立云溪乡;东龙乡并入珊溪镇。10月,瓯海区撤销永中、永兴、永昌、海滨4镇,合并组建新的永中镇,新永中镇辖50村6居。12月,平阳县万全、水亭2乡并入昆阳镇,新昆阳镇辖72村12居;务垟乡并入鳌江镇,并将钱仓镇的18个村划归鳌江镇,新鳌江镇辖97村16居。

2000年6月,瑞安市撤销塘下、鲍田、场桥、海安、梅头、罗凤6镇,合并设立新的塘下镇,辖99村10居;撤销城关、上望、潘岱3镇,合并设立安阳镇,辖75村39居;撤销飞云、林垟、阁巷3镇和云周乡,合并设立新的飞云镇,辖72村5居;撤销仙降、江溪2镇,合并设立新的仙降镇,辖40村;撤销马屿、篁社2镇,合并设立新的马屿镇,辖58村3居。6月,苍南县撤销沪山镇、灵江镇、渎浦乡,并入灵溪镇,辖115村26居;撤销湖前镇、平等乡、江山乡,并入龙港镇(江山乡的后垟增村、梁宅村划归宜山镇),辖107村21居。

2001年7月,永嘉县撤销黄田镇、峙口乡、罗东乡,将原峙口乡及原黄田镇一部分、原罗东乡一部分并入上塘镇,上塘镇辖83村12居;原黄田镇和罗东乡其余部分并入瓯北镇,瓯北镇辖73村8居。11月,洞头县撤销双朴、三盘、北沙3乡,并入北岙镇,北岙镇辖27村7居;撤销半屏乡,并入东屏镇,东屏镇辖17村;撤销霓南、霓北2乡,合并设立霓屿乡,辖10村。

2001年8月,温州市区的鹿城、龙湾、瓯海三区及周边的永嘉和瑞安的县级行政区范围作了调整。2001年9月,鹿城区基层政区又进行大调整,主要是撤销部分乡镇组建街道代管。撤销黎明乡和城郊乡,将黎明乡全部和城郊乡大部(松台、水心、九山、荷花、丰收、巽山、洪殿、黎一、广化、双桥、瓯浦垟11个行政村)改由鹿城区政府委托街道代管。将城郊乡小部(东屿村)和小南街道的东屿居民区划归南郊乡,并将南郊乡的南塘、灯塔、龙沈3个行政村改由鹿城区政府委托街道代管。将双屿镇的垟田、双岙、箬笠岙3个行政村和温化生活区等6个居民区改由鹿城区政府组建黄龙街道代管。这样,鹿城区政府直辖区域扩大后,撤销原直辖区域的14个街道,新设黎明、绣山、黄龙3个街道,调整洪殿、广化、南浦3个街道,重组五马、莲池、水心、南门、江滨、蒲鞋市6个街道,形成鹿城区新的12个街道、4个镇、5个乡的政区格局。17个街道缩编为12个街道,7个乡减至5个乡。新的五马街道辖70个居民区,莲池街道辖27居1村,水心街道辖23居2村,南门街道辖33居2村,江滨街道辖24居,蒲鞋市街道辖26居2村,洪殿街道辖11居2村,广化街道辖21居2村,南浦街道辖32居3村,黎明街道辖1居3村,绣山街道辖2居6村,黄龙街道辖6居4村,双屿镇辖4居9村,南郊乡辖2居5村,仰义乡辖1居12村,其他的藤桥镇、临江镇、七都镇、双潮乡、上戍乡、吞底乡所辖的居、村不变。鹿城区总共下辖159个居民区,146个行政村。

表 1 - 9　　　　　　　　　2001 年 9 月温州市行政区划

标准名称	面积(千米²)	人口(万人)	乡(个)	镇(个)	街道(个)	行政村(个)	居民区(个)	驻地
鹿城区	294.38	62.03	5	4	12	146	159	五马街道
龙湾区	279.02	29.77	0	9	0	147	17	永中镇
瓯海区	614.50	37.84	4	11	1	251	24	景山街道
瑞安市	1271.0	111.49	19	13	0	910	61	安阳镇
乐清市	1223.4	115.50	10	21	0	912	49	乐成镇
永嘉县	2674.1	89.58	26	12	0	906	32	上塘镇
平阳县	1051.1	84.06	14	17	0	602	38	昆阳镇
苍南县	1272.3	122.30	16	20	0	776	104	灵溪镇
文成县	1293.4	37.16	25	8	0	385	13	大峃镇
泰顺县	1761.6	34.81	25	11	0	295	11	罗阳镇
洞头县	104.0	12.55	3	3	0	84	9	北岙镇
合计	11838.8	737.09	147	129	13	5414	517	—

　　注:本表数据来自浙江省民政厅《浙江建置区划沿革》第 478 页,个别错误以《2002温州年鉴》予以纠正。

　　2002 年 2 月,龙湾区基层政区又进行大调整,主要是撤销部分镇组建街道代管。撤销龙湾镇,并入瑶溪镇,并划入龙水镇朱宅村,新的瑶溪镇辖 19 村。撤销龙水镇和永中镇,然后一分为三,组建 3 个街道。原龙水镇除朱宅村外的大部区域和原永中镇部分区域组建永中街道,辖 5 居 34 村;原永中镇部分区域组建海滨街道,辖 1 居 13 村;原永中镇的部分区域组建永兴街道,辖 1 居 14村。撤销蒲州镇,原蒲州镇区域组建蒲州街道,辖 6 村。半年前由瑞安市塘下镇划入的 2 居 10 村组建海城街道。这样,龙湾区形成新的 5 个街道和 5 个镇组成的政区格局。5 个镇是状元、瑶溪、沙城、天河和灵昆镇。

　　2003 年 12 月,瓯海区基层政区又进行调整,主要是撤销部分乡镇组建街道代管。撤销西岸、五凤垟、北林垟 3 乡,并入泽雅镇,新的泽雅镇辖 2 居 81村。撤销新桥镇、娄桥镇、梧埏镇、南白象镇、茶山镇、三垟乡 6 个乡镇,在原乡镇范围内分别设立 6 个街道。新桥街道辖 5 居 5 村,娄桥街道辖 1 居 15 村,梧田街道辖 2 居 13 村(这时开始梧埏正式改名为梧田),南白象街道辖 1 居 7 村,茶山街道辖 1 居 14 村,三垟街道辖 11 村。这样,瓯海区形成新的 6 个街道和6 个镇组成的政区格局。6 个镇是瞿溪、郭溪、潘桥、丽岙、仙岩和泽雅镇。

2003年12月,瑞安市撤销安阳镇,设立安阳、锦湖、玉海、潘岱、东山、上望6个街道。安阳街道辖6居8村,锦湖街道辖2居19村,玉海街道辖38居2村,潘岱街道辖21村,东山街道辖5村,上望街道辖20村。

2008年1月,泰顺县雅阳镇青竹垟村划归柳峰乡,新浦乡南山后村划归筱村镇。

2011年4月,温州县以下基层行政区划又一次进行翻天覆地的调整,其变动幅度非常惊人,超过了历史上任何一次政权更替时的政区变动。全市从原先的276个乡镇撤并为71个乡镇,甚至达到8个乡镇并为1个镇。撤并后的镇其实就是1992年以前的区建制的区域范围。调整后,面积最大的永嘉县岩坦镇竟达565.5平方千米,几近鹿城和龙湾两区面积之和;人口最多的苍南县龙港镇竟达39.6万人。全市有14个镇管辖的村、居数量超过100个,最多的龙港镇达到199个,灵溪镇169个,柳市镇167个,湖岭镇163个。这种畸形庞大镇的经济总量可以跻身于全国千强镇和浙江百强镇的行列,带来可观的政绩,但对于镇政府的行政管理产生极大的不便和麻烦,甚至失控。

表1-10　　　　　　　2011年4月温州市行政区划

标准名称	面积(千米²)	户籍人口(万人)	常住人口(万人)	乡(个)	镇(个)	街道(个)	行政村(个)	居民区(个)	驻地
鹿城区	294.38	71.40	129.33	0	1	16	141	167	五马街道
龙湾区	279.02	37.92	74.93	0	0	11	147	20	永中街道
瓯海区	614.50	40.62	99.69	0	1	12	251	29	娄桥街道
瑞安市	1271.0	119.05	142.47	0	5	10	910	65	安阳街道
乐清市	1223.4	124.05	138.93	0	9	8	911	51	城东街道
永嘉县	2674.1	92.31	78.92	0	10	8	906	29	北城街道
平阳县	1051.1	86.73	76.17	1	10	0	600	38	昆阳镇
苍南县	1272.3	129.78	118.45	2	10	0	776	100	灵溪镇
文成县	1293.4	37.64	21.21	1	9	0	384	7	大峃镇
泰顺县	1761.6	36.34	23.34	1	9	0	295	17	罗阳镇
洞头县	104.0	12.81	8.77	1	1	4	84	9	北岙街道
合计	11838.8	788.63	912.21	6	65	69	5405	532	——

注:本表数据来自2011年4月温州市行政区划调整公报,表中常住人口数是2010年第六次全国人口普查数据。2012年末平阳县萧江镇和麻步镇合并,全县10个镇减为9个镇。

鹿城区在 2011 年 4 月将原有的 12 个街道、5 个乡、4 个镇调整为 16 个街道 1 个镇。同年 10 月又一次撤并为 7 个街道 1 个镇。2012 年 6 月将全区 167 个社区进行调整,合并为 65 个社区。见表 1 - 11 和表 1 - 12。

2012 年 8 月,通过村级组织"转并联",龙湾区将原先的 147 个行政村、6 个社区和 14 个居民区调整为 33 个城乡一体化新社区。瓯海区将原先的 251 个行政村、17 个社区和 12 个居民区调整为 86 个城乡一体化新社区。2012 年底,全市完成由 5400 多个村组建成 789 个城乡社区。仇保兴指出:"在农村里面建设城市社区是一种错误思路。"

2012 年 12 月底,平阳县撤销麻步镇,并入萧江镇,新萧江镇政府改驻原麻步镇永安街 111 号。万全镇的下鲍垟、光山、后陈、姜垟、练兴、廖垟、林步桥、柳垟、十五殿、吴垟、下薛、迎学垟、周贵垟等 13 个行政村划归昆阳镇管辖。

表 1 - 11　　　　　　　　**2011 年 4 月鹿城区行政区划**

标准名称	面积 (千米²)	户籍人口 (人)	常住人口 (人)	行政村 (个)	居民区 (个)	驻　　　地
五马街道	2.55	118859	81702	0	29	万岁里公寓 1 幢
南门街道	2.59	62459	65048	0	16	小南路 46 号
江滨街道	2.10	56152	58249	0	12	江滨西路 331 号
蒲鞋市街道	3.90	62696	92944	1	16	学院中路 191 号
洪殿街道	3.17	22082	56719	2	10	洪殿北路
黎明街道	9.00	20032	76314	3	8	新田园 3 组团 11 幢
广化街道	4.10	32926	63863	1	11	新桥头美组团 16 幢
水心街道	2.45	49462	73574	1	13	清明桥 23 幢 10 号
莲池街道	3.56	43956	31251	1	11	珠冠巷 55 号
南浦街道	2.70	52195	69946	3	16	双龙路 199 号
绣山街道	6.20	28471	71915	6	8	锦湖公寓 2 幢
南郊街道	10.00	14510	81937	5	3	牛山北路 27 号
双屿街道	17.65	20094	209673	9	4	温金路 138 号
黄龙街道	7.85	19367	103074	4	8	凌云组团 22 幢
仰义街道	28.09	18566	63948	12	1	澄沙桥路 27 号
七都街道	23.90	10123	10797	6	0	老涂南路 2 - 3 号
藤桥镇	164.57	82006	82312	87	1	藤桥南街 183 号
全区合计	294.38	713956	1293266	141	167	——

二、温州行政区划的现状

截至 2012 年底,温州行政区划分为 11 个县级行政区,6 个乡和畲族乡,64 个建制镇,60 个街道办事处,5405 个行政村,500 个社区和居民区。为了温州地名的规范化,笔者不厌其烦地一一俱列,以备查阅。特别是市区三区的社区服务中心和办公地点及联系电话为读者提供办事方便。限于篇幅,行政村以下的自然村名称无法表述。

(一)鹿城区

鹿城区位于瓯江下游南岸,东面与龙湾区接壤,南面与瓯海区毗连,西面与青田县接界,北面与永嘉县隔瓯江相望。全区面积 294.38 平方千米,户籍人口 71.40 万人,常住人口 129.33 万人。下辖 1 个镇,7 个街道,141 个行政村,65 社区。区政府驻五马街道广场路 188 号。邮政编码 325000。

鹿城始建于东晋太宁元年(323 年),至今已有 1690 年建城历史。鹿城历代是郡、州、府、县治所在地,今为温州市行政中心。鹿城区建于 1984 年,是温州市政治、经济、文化和交通中心,成为我国著名的轻工业产品出口生产基地。近年来,为加快城市转型,鹿城区的服务业和流通业得到长足发展,特别是楼宇经济和总部经济为主要特征的新型城市经济发展迅速,三产比重提高很快,先后获得科技、教育、体育三大"省级强区"称号。

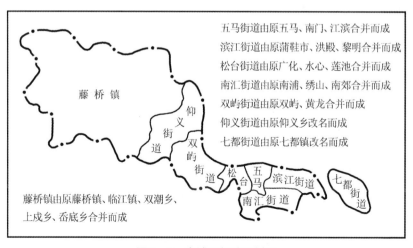

图 1-2　鹿城区行政区划图

表 1–12 2012 年底鹿城区行政区划

标准名称	面积 (千米²)	户籍人口 (人)	常住人口 (人)	行政村 (个)	社区 (个)	驻　　地
五马街道	7.24	237470	204999	0	17	万岁里公寓 1 幢
滨江街道	16.07	104810	225977	6	15	学院中路 191 号
松台街道	10.11	126344	168688	3	12	雪山路 75 弄 33 号
南汇街道	18.90	95176	223798	14	12	双龙路 199 号
双屿街道	25.50	39461	312747	13	7	温金路 138 号
仰义街道	28.09	18566	63948	12	1	澄沙桥路 27 号
七都街道	23.90	10123	10797	6	0	老涂南路 2–3 号
藤桥镇	164.57	82006	82312	87	1	藤桥南街 183 号
全区合计	294.38	713956	1293266	141	65	—

1. 五马街道

五马街道由原五马、南门、江滨 3 个街道合并而成。面积 7.24 平方千米,户籍人口 23.75 万人,常住人口 20.50 万人,下辖 17 个社区。街道办事处驻万岁里公寓 1 幢,邮政编码 325000。

原先的五马街道 29 个社区撤并为谢池、墨池、朔门、八仙楼、百里坊、城西街、府前、鼓楼 8 个社区,原先的南门街道 16 个社区撤并为花柳塘、马鞍池、虞师里、双莲桥、白鹿洲 5 个社区,原先的江滨街道 12 个社区撤并为安澜、十八家、矮凳桥、黎明西路 4 个社区。

(1)谢池社区 由原先的谢池巷、公园路、铁井栏 3 个社区合并而成。东至飞霞北路、环城东路,南至人民东路,西至解放街,北至县前头。办公地点在府学巷 55 号,电话 88823444。

(2)墨池社区 由原先的墨池、招贤、华盖 3 个社区和简巷社区小部分区域合并而成。东至环城东路,南至县前头,西至解放街,北至康乐坊。办公地点在县后巷 66–68 号,电话 88178082。

(3)朔门社区 由原先的打绳巷、永宁巷、望江 3 个社区和简巷社区大部分区域合并而成。东至环城东路,南至康乐坊,西至解放街,北至瓯江。办公地点在打绳小区 2 幢 101、102 室,电话 88183274。

(4)八仙楼社区 由原先的八仙楼、屯前街、万岁里 3 个社区合并而成。东至解放街,南至百里东路,西至信河街,北至瓯江。办公地点在八仙楼小区 5 幢 2 楼,电话 88195637。

（5）百里坊社区 由原先的百里坊、安平坊、仓桥街 3 个社区合并而成。东至解放街,南至沧河巷、仓桥后巷、仓桥街东首,西至信河街,北至百里东路。办公地点在花马营巷 3 弄 3 号,电话 88231943。

（6）城西街社区 由原先的广场路、道前、金锁匙巷 3 个社区合并而成。东至解放街,南至广场路,西至信河街,北至沧河巷、仓桥后巷、仓桥街东首。办公地点在飞鹏大厦 1 楼,电话 88291783。

（7）府前社区 由原先的府前街、蝉街、甜井巷、大高桥、乘凉桥、人民西路 6 个社区合并而成。东至府前街、小南门桥,南至小南门河,西至信河街,北至广场路。办公地点在壬子巷大厦 B 幢 201 室,电话 88237969。

（8）鼓楼社区 由原先的鼓楼、五马街、纱帽河、人民中路 4 个社区合并而成。东至解放街,南至小南门河,西至府前街、小南门桥,北至广场路。办公地点在府前街华开大楼 1 幢 2 楼,电话 88251245。

（9）花柳塘社区 由原先的花柳塘、龙泉巷、蒋家巷、闻宅 4 个社区合并而成。东至飞霞南路,南至马鞍池东路,西至大南路,北至人民东路。办公地点在大南路游嬉大楼 2 楼,电话 88899805。

（10）马鞍池社区 由原先的马鞍池、汇车桥、山前街、仓坦 4 个社区合并而成。东至龟湖,南至锦绣路,西至飞霞南路、吴桥路,北至马鞍池东路、学院西路。办公地点在山前街与锦绣路十字路口安置房,电话 88821013。

（11）虞师里社区 由原先的虞师里、月光池、荷花、南蝉桥 4 个社区合并而成。东至大南路,南至马鞍池东路,西至小南路,北至小南门河。办公地点在蝉河大厦 B 幢 201 室,电话 88257491。

（12）双莲桥社区 由原先的坦前、垟头下 2 个社区和吴桥社区部分区域合并而成。东至小南路、吴桥路,南至锦绣路,西至温瑞塘河,北至小南门河。办公地点在荷花路 292 号 2 楼,电话 88242124。

（13）白鹿洲社区 由原先的河丰社区、吴桥社区部分区域合并而成。东至南塘河,南至温瑞塘河,西至市政桥,北至锦绣路。办公地点在锦绣路现代花苑 13 幢 2 楼,电话 88610061。

（14）安澜社区 由原先的安澜、行前街、永楠 3 个社区合并而成。东至永楠路,南至江滨西路,西至环城东路,北至瓯江。办公地点在安澜小区 11 幢 101、102 室,电话 88186714、88181658。

（15）十八家社区 由原先的十八家、株浦、路湾 3 个社区和矮凳桥社区部分区域合并而成。东至灰桥浦,南至黄垟浃河、江滨西路,西至东明路、永楠路,北至瓯江。办公地点在矮凳桥 32 号东风大楼 2、3 楼,电话 88851404。

(16) 矮凳桥社区　由原先的永东路、路西 2 个社区和垟儿路社区部分区域、矮凳桥社区部分区域合并而成。东至东明路,南至垟儿路,西至环城东路、飞霞北路,北至江滨西路。办公地点在欧洲城二期 10 幢 104、105 室,电话 88847534。

(17) 黎明西路社区　由原先的黎明新村、甲田 2 个社区和垟儿路社区部分区域合并而成。东至灰桥浦、龟湖,南至学院西路,西至飞霞南路、飞霞北路、东明路,北至垟儿路、黄垟浃河。办公地点在垟儿路 67 号(原东风派出所),电话 88826334。

2. 滨江街道

滨江街道由原蒲鞋市、洪殿、黎明 3 个街道合并而成。面积 16.07 平方千米,户籍人口 10.48 万人,常住人口 22.60 万人,下辖 15 个社区、6 个行政村。街道办事处驻学院中路 191 号,邮政编码 325027。

原先的蒲鞋市街道 16 个社区撤并为青园、芳园、绿园、横河、蒲鞋市、蒋家桥 6 个社区,原先的洪殿街道 10 个社区撤并为洪殿、灰桥、陡门、浦东 4 个社区,原先的黎明街道 8 个社区撤并为杨府山、丰汇、蒲源、新田园、宏源 5 个社区。

(1) 青园社区　由原先的青园、沁园、锦园 3 个社区合并而成。东至前庄河、惠民路,南至锦绣路,西至坝接河,北至洪殿河。办公地点在西子新村 1 幢 106 室,电话 88335049。

(2) 芳园社区　由原先的芳园、春园 2 个社区合并而成。东至府东路,南至学院中路,西至前庄河,北至黎明东路。办公地点在上陡门住宅区 4 组团 14 幢 2 楼,电话 56780111。

(3) 绿园社区　由原先的绿园、明园 2 个社区合并而成。东至府东路,南至锦绣路,西至惠民路,北至学院中路。办公地点在上陡门住宅区 10 组团 13 幢,电话 88313844。

(4) 横河社区　由原先的横河南、横河北、双井头 3 个社区合并而成。东至车站大道,南至锦绣路,西至民航路,北至洪殿河。办公地点在车站大道 737 号中央公馆南侧,电话 88333253。

(5) 蒲鞋市社区　由原先的蒲鞋市、上村、下垟头、金丝桥路 4 个社区合并而成。东至民航路,南至锦绣路,西至龟湖,北至灰桥河。办公地点在龟湖路 197 弄 10 号,电话 88858750。

(6) 蒋家桥社区　由原先的蒋家桥、东港 2 个社区合并而成。东至坝接河,南至锦绣路,西至车站大道,北至洪殿河。办公地点在凯润花园 1 区东首对面,电话 88357766。

（7）洪殿社区 由原先的洪殿、夏屋、筲箕涂3个社区合并而成。东至惠民路，南至洪殿河，西至三十六浦，北至江滨中路。办公地点在洪福巷100号东首，电话88315294。

（8）灰桥社区 由原先的灰桥、东游路、黎明侨村、浦江4个社区合并而成。东至三十六浦，南至洪殿河，西至灰桥浦，北至瓯江。办公地点在灰桥新村3幢205室，电话88329051。

（9）陡门社区 由原先的上陡门、航标2个社区合并而成。东至上陡门浦，南至洪殿河、江滨中路，西至惠民路、三十六浦，北至瓯江。办公地点在江滨中路江湾锦苑2幢102室，电话88152918。

（10）浦东社区 原先的浦东社区不变。东至蒲州河、旺增新桥，南至新城大道，西至府东路，北至学院东路。办公地点在府东家园会所2楼，电话88157389。

（11）杨府山社区 由原先的杨府山社区调整而成。东和北至瓯江，南至学院东路，西至府东路、杨府山路。办公地点在杨府山小区车棚2楼，电话88136934。

（12）丰汇社区 由原先的丰源、汇源2个社区合并而成。东至汤家桥路，南至新城大道，西至蒲州河、旺增新桥，北至学院东路。办公地点在丰汇路49号（竹园小区停车场6-1幢1楼），电话89890891。

（13）蒲源社区 由原先的同人、恒源2个社区合并而成。东邻龙湾蒲州街道，南至机场大道，西至汤家桥路、会展路，北至新田路、学院东路。办公地点在同人花园A3幢108室，电话86535389。

（14）新田园社区 由原先的上新田、下新田2个社区合并而成。东至会展路，南至新田路，西至汤家桥路，北至学院东路。办公地点在新田园住宅区1组团25幢3楼，电话89852003。

（15）宏源社区 原先的宏源社区不变。东至蒲州河、旺增新桥，南至新城大道，西至府东路，北至学院东路。办公地点在新源居8幢203室，电话89886113。

（16）6个行政村 巽山村、黎一村、黎二村、杨府山涂村、蒲州村、上蒲州村。

3. 松台街道

松台街道由原广化、水心、莲池3个街道合并而成。面积10.11平方千米，户籍人口12.63万人，常住人口16.87万人，下辖12个社区、3个行政村。街道办事处驻雪山路75弄33号，邮政编码325028。

原先的广化街道11个社区撤并为广化、月湖、翠微、双桥4个社区，原先的水心街道 13 个社区撤并为水心、桂柑、菱藕、昌明、锦花 5 个社区,原先的莲池街道 11 个社区撤并为来福门、庆年坊、郭公山 3 个社区。

(1) 广化社区　由原先的特陶、集善 2 个社区合并而成。东至勤奋河、新昌路,南至过境路、兴海路、十八湾河,西至广化桥路,北至鹿城路。办公地点在新桥头住宅区美组团 16 幢,电话 88536834、88536584。

(2) 月湖社区　由原先的月湖、教场、和平路 3 个社区合并而成。东至勤奋河,南至鹿城路,西至西城路,北至瓯江。办公地点在新宫前锦园 7 幢 101 室,电话 88566129、88713581。

(3) 翠微社区　由原先的翠微、浦桥、打索、金宅 4 个社区合并而成。东至西城路,南至鹿城路,西至东瓯大桥、翠微山,北至瓯江。办公地点在翠微新村 33 幢 2 楼,电话 88712714、88719239。

(4) 双桥社区　由原先的双乐、集新 2 个社区合并而成。东至瓯海将军桥村、广化桥路,南至景山、过境路,西至黄龙山、翠微大道,北至鹿城路。办公地点在双乐住宅区乐组团 16 幢 5 楼,电话 88717234、88715754。

(5) 水心社区　由原先的松柏、枫桦 2 个社区和马鞍池西路以北的昌盛社区部分区域合并而成。东至杏花路,南至马鞍池西路,西至西山桥,北至水心河。办公地点在水心住宅区榆组团车棚 2 楼,电话 88515446、88514972。

(6) 桂柑社区　由原先的桂柑、桃李 2 个社区和马鞍池西路以南的昌盛社区部分区域合并而成。东至杏花路、锦绣路市政桥,南至会昌湖,西至西山河,北至马鞍池西路。办公地点在水心住宅区柑组团 18 幢 2 楼,电话 88508103、88513704。

(7) 菱藕社区　由原先的菱藕、茶花、隔岸路 3 个社区合并而成。东至温瑞塘河,南至锦绣路,西至杏花路,北至水心河。办公地点在水心住宅区樱组团 20 幢,电话 88514971、55572103。

(8) 昌明社区　由原先的昌明、清明桥 2 个社区合并而成。东至九山外河,南至水心河,西至勤奋河,北至雪山路。办公地点在新湖小区 6 幢车棚 2 楼,电话 88523354、88530207。

(9) 锦花社区　由原先的花坦头、杏花堂、西站、半腰桥 4 个社区合并而成。东至九山外河,南至鹿城路、雪山路,西和北至勤奋河。办公地点在锦花路 38 号,电话 88501573、88524024。

(10) 来福门社区　由原先的来福门、张府基、蛟翔巷、松台山 4 个社区合并而成。东至信河街,南至水心河,西至九山外河,北至蛟翔巷。办公地点在人民西路 248 号(华侨饭店后门小巷),电话 88229397、88244402。

（11）庆年坊社区　由原先的庆年坊、皮坊、丁字桥 3 个社区合并而成。东至信河街，南至蛟翔巷，西至九山外河、勤奋河，北至百里西路。办公地点在珠冠巷 55 号，电话 88201586、56592001。

（12）郭公山社区　由原先的郭公山、徐衙巷、麻行 3 个社区合并而成。东至信河街，南至百里西路，西至勤奋河，北至瓯江。办公地点在徐衙公寓 1A 幢 104 室，电话 88192248、88175221。

（13）3 个行政村　双桥村、水心村、松台村。

4. 南汇街道

南汇街道由原南浦、绣山、南郊 3 个街道合并而成。面积 18.90 平方千米，户籍人口 9.52 万人，常住人口 22.38 万人，下辖 12 个社区、14 个行政村。街道办事处驻双龙路 199 号，邮政编码 325088。

原先的南浦街道 16 个社区撤并为清风、春秋、吕浦、桥儿头、南塘 5 个社区，原先的绣山街道 8 个社区撤并为绣山、大自然、开源、火车站 4 个社区，原先的南郊街道仍为西屿、三板桥、十里亭 3 个社区。

（1）清风社区　由原先的清风、文苑、献华 3 个社区合并而成。东至车站大道，南至划龙桥河，西至南浦路，北至划龙桥路。办公地点在双龙路琴音组团 5 幢 107、108 室，电话 88659897。

（2）春秋社区　由原先的春秋、富荣、温迪 3 个社区合并而成。东至车站大道，南至划龙桥路，西至南浦路，北至温迪路。办公地点在温迪路春晖组团 12 幢 106 室，电话 88651526。

（3）吕浦社区　由原先的下吕浦、上吕浦、宏景 3 个社区合并而成。东至车站大道，南至温迪路，西至南浦路，西北至吕浦河，北至锦绣路。办公地点在上吕浦锦园 5 幢 2 楼，电话 88652657。

（4）桥儿头社区　由原先的南塘、蔷薇、迎春 3 个社区合并而成。东和南至吕浦河，西至南塘河，北至锦绣路。办公地点在南塘住宅区 5 组团 8 幢 2 楼，电话 88323853。

（5）南塘社区　由原先的柳园、宏兴、龙方 3 个社区合并而成。东至南浦路，南至划龙桥河、吕浦河，西至温瑞塘河河心岛以西河道，北至吕浦河。办公地点在柳园 9 幢车棚 2 楼，电话 88651520。

（6）绣山社区　由原先的绣山社区调整而成。东至新城大道、府东路，南至市府路、锦江路以南河道，西至前陈河、府西路，北至划龙桥河、锦绣路、新城大道。办公地点在万源路上田小区会所 3 楼，电话 88920801。

（7）大自然社区　由原先的大自然社区调整而成。东至汤家桥路，南邻瓯海梧田,西至府东路、前陈河,北至锦江路以南河道、市府路。办公地点在大自然二期 N6 幢 2 楼,电话 56880032。

(8)开源社区　由原先的吴宅、龙沈 2 个社区合并而成。东至府西路,南至划龙桥河、市府路,西至车站大道,北至锦绣路。办公地点在市府路丽景花苑 13 幢 206 室,电话 88987885。

(9)火车站社区　由原先的划龙桥、鱼鳞浃、锦江 3 个社区合并而成。东至前陈河,南至瓯海界,西至汽车南站东围墙、瓯海界、车站大道,北至划龙桥河、市府路。办公地点在站前东小区侨宇花苑综合楼 2 楼,电话 86051209。

(10)西屿社区　由原先的西屿社区调整而成。东至吴桥路、牛山北路,南至六虹桥路、过境路,西至瓯海界,北至会昌湖。办公地点在六虹桥路金会昌家园会所 1 楼,电话 89600651。

(11)三板桥社区　原先的三板桥社区范围不变。东和北至温瑞塘河,南至官渡河,西至官渡河、牛山北路、吴桥路。办公地点在划龙桥路清晖园 7 幢 1 楼,电话 88622059。

(12)十里亭社区　由原先的十里亭社区调整而成。东至过境路、牛山北路、官渡河,南和西至瓯海界,北至六虹桥路。办公地点在洛河路 10 号 1 楼,电话 88632036。

(13)14 个行政村　南塘村、灯塔村、鱼鳞浃村、龙沈村、划龙桥村、前网村、上田村、横渎村、巨一村、里垟村、葡萄村、德政村、龙方村、东屿村。

5. 双屿街道

双屿街道由原双屿、黄龙 2 个街道合并而成。面积 25.50 平方千米,户籍人口 3.95 万人,常住人口 31.27 万人,下辖 7 个社区、13 个行政村。街道办事处驻温金路 138 号,邮政编码 325007。

原先的双屿街道 4 个社区撤并为营楼桥、牛岭、鞋都 3 个社区,原先的黄龙街道 8 个社区撤并为黄龙、瓯浦垟、垟田、新泽 4 个社区。

(1)营楼桥社区　由原先的营楼桥、中央涂 2 个社区合并而成。东至翠微山、黄龙山,南至过境路、温金路,西至鹿城工业区星际路,北至瓯江。办公地点在鹿城工业区泰力路 1 号,电话 88783373。

(2)牛岭社区　由原先的旗山社区改名而来,范围不变。东至鹿城工业区星际路,南至温金路、104 国道,西至金堡村西向泄洪道,北至瓯江。办公地点在牛岭村委会办公楼 1 楼,电话 88760233。

(3)鞋都社区　由原先的新屿社区改名而来,范围不变。东至瓯江,南至屿头村,西至鞋都大道,北至岩门村。办公地点在鞋都路办公大楼,电话 88777136。

（4）黄龙社区 由原先的临风、月泉、栖霞、云峰、康龙、康园6个社区合并而成。东至劳教所，南至康强路，西至康盛路、康华路，北至封门河、过境路。办公地点在黄龙住宅区临风组团11幢104室，电话88777585。

（5）瓯浦垟社区 由原先的康城社区改名而来，范围不变。东至翠微大道，南至景山，西至劳教所（含），北至过境路。办公地点在黄龙康城5组团5幢203、204室，电话88770922。

（6）垟田社区 由原先的温化社区改名而来，范围不变。东至康华路、康盛路，南至封门河，西至高速公路入口，北至过境路、温金路。办公地点在垟田村委会办公楼1楼，电话88784851、88786100。

（7）新泽社区 原先的新泽社区名称和范围不变。东至五星大楼，南至箬笠岙村界，西至箬笠岙河，北至第二十三中学。办公地点在新泽社区办公大楼，电话88789953。

（8）13个行政村 营楼桥村、牛岭村、岩门村、潘岙村、屿头村、正岙村、上伊村、前陈村、嵇师村、瓯浦垟村、垟田村、双岙村、箬笠岙村。

6. 仰义街道

仰义街道由原先的仰义乡改名而来，区域范围不变。面积28.09平方千米，户籍人口1.86万人，常住人口6.39万人，下辖1个社区、12个行政村。街道办事处驻澄沙桥路27号，邮政编码325008。

（1）1个社区 仰新社区

（2）12个行政村 澄沙桥村、渔渡村、后京村、前京村、龙川村、垟山村、十里村、河岙村、钟山村、陈村、林里村、馒头驻村。

7. 七都街道

七都街道由原先的七都镇改名而来，区域范围不变。面积23.90平方千米，户籍人口1.01万人，常住人口1.08万人，下辖6个行政村。街道办事处驻老涂南路2-3号，邮政编码325103。

6个行政村 老涂村、吟州村、前沙村、板桥村、樟里村、上沙村。

8. 藤桥镇

藤桥镇由原先的藤桥镇、临江镇、双潮乡、上戍乡、岙底乡5个乡镇合并而成，面积很大，达164.57平方千米，占整个鹿城区面积的56%。户籍人口8.20万人，常住人口8.23万人。藤桥镇下辖1个社区，87个行政村。镇政府驻藤桥南街183号，邮政编码325019。

（1）1个社区 藤桥社区。

（2）87个行政村 原藤桥镇的南岸村、北岸村、樟村、金马村、油岙村、石垟村、陈良村、林山村、石埠村、新村、坑古村、垟岸村、下庄村、隶马村、底垟村、底山根村、后垟村、上寺西村、大塘村、雅漾村、上埠头村、桥上村、潮济村、大潭村;原临江镇的后支村、前盈村、西洲村、横山村、驿头呑底村、驿头山根村、江南上村、郑大垟村、沙头村、和平村、平山村、下湾村、仁地村、庄岩村、巽呑村、金呑村;原双潮乡的东呑村、小旦村、朱下村、茅垟村、东坑村、西坑村、渡船头村、双溪村、沈呑村、下冯村、下冯山村、下垟村、荫溪潮埠村、夏家山村、黄茅坪村、利八坑村;原上戍乡的坎上村、上桥村、下岸村、外垟村、潮埠村、竹桥村、西湾村、周徐村、下巨村、前林村、渡头村、营上村、戴宅村、方隆村、岭下村、山岸村、东村、支呑村、枫林呑村;原呑底乡的小呑村、三新村、林路村、江池村、田塘头村、吊垮村、丁埠头村、呈岸村、底坦村、白脚坳村、江心田村、上皮山村。

(二) 龙湾区

龙湾区位于温州市区东部沿海,西面紧邻鹿城区和瓯海区,南面毗连瑞安市,北面隔瓯江口与乐清市相邻,东面与洞头县隔海相望。全区面积 279.1 平方千米,户籍人口 37.93 万人,常住人口 74.93 万人。下辖 11 个街道、147 个行政村、33 个社区。区政府驻永中街道永宁西路 506 号。邮政编码 325058。

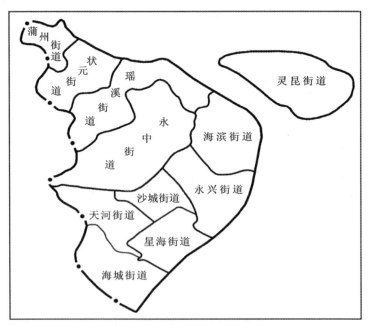

图 1-3 龙湾区行政区划图

表 1 - 13　　　　　　　　　　2012 年底龙湾区行政区划

标准名称	面积（千米²）	户籍人口（人）	常住人口（人）	行政村（个）	新社区（个）	驻　　　地
永中街道	46.6	71697	128374	34	8	永中路 88 号
海滨街道	28.4	29971	70014	13	2	沙村路 29 号
永兴街道	33.6	36362	52798	14	4	纪兴路 1 号
瑶溪街道	24.5	31647	72148	19	5	河头龙西路 2 号
状元街道	14.2	28090	102005	10	4	龙飞路 78 号
蒲州街道	7.1	21540	99300	6	3	蒲江北路 67 号
沙城街道	25.5	38021	63041	15	1	永强大道 2968 号
天河街道	18.3	26760	51790	17	1	环镇路 1 号
海城街道	14.7	31916	52157	10	2	上涂村
灵昆街道	51.3	21545	21564	9	1	沙塘村
星海街道	14.9	41709	36112	0	2	滨海六路旭日小区
全区合计	279.1	379258	749303	147	33	—

2011 年 4 月温州市行政区划调整时，龙湾区增设了星海街道，并将状元镇、瑶溪镇、沙城镇、天河镇、灵昆镇的名称改为街道，其余街道名称和区域范围不变，共计 11 个街道。2012 年 8 月瓯海区通过村级组织"转并联"，将原先的 147 个行政村、6 个社区和 14 个居民区整合为 33 个城乡一体化新社区。

1. 永中街道

永中街道面积 46.6 平方千米，户籍人口 7.17 万人，常住人口 12.84 万人，下辖 8 个社区、5 个居民区、34 个行政村。街道办事处驻永中路 88 号，邮政编码 325024。

（1）罗东锦苑社区　含罗东居民区。社区服务中心在罗东锦苑南 11 幢 3 楼，电话 86968168。

（2）万和社区　含街北居民区、王宅村、联谊村、新联村、上湾村、下湾村。社区服务中心在王宅村龙心街 68 号，电话 86652182。

（3）镇中社区　含街南居民区、普门村、沧河村、镇南村、镇北村。社区服务中心在沧河村仓下路 2 - 1 号，电话 86371377、86861597。

（4）万顺社区　含永上居民区、寺西村、上京村、棋盘村、石浦村、桥北村。社区服务中心在江锦家园 9 幢 206 室，电话 86868498、86869702。

(5) 龙康社区　含坦头村、朱垟村、孙垟村、丰台村、双岙村。社区服务中心在坦头村委会,电话 86961055。

(6) 白水社区　含郑宅村、刘宅村、度山村、前街村、殿前村、城南村。社区服务中心在前街村永昌垃圾中转站附近,电话 86861605。

(7) 永昌社区　含永昌居民区、新城村、城北村、衙前村、新莒村。社区服务中心在新城街 53 号,电话 86935196。

(8) 龙锦社区　含双河村、青山村、东林村、横浃村、龙华村。社区服务中心在双河村河北路 10 号,电话 86606099。

2. 海滨街道

海滨街道面积 28.4 平方千米,户籍人口 3.00 万人,常住人口 7.00 万人,下辖 2 个社区、1 个居民区、13 个行政村。街道办事处驻沙村路 29 号,邮政编码 325024。

(1) 宁城社区　含海滨居民区、宁村、教新村、城东村、北新村、江一村、蓝田村、小陡村、渔池村。社区服务中心在宁村村委会大楼,电话 85857029。

(2) 沙蟾社区　含建新村、蟾钟村、沙南村、沙中村、沙北村。社区服务中心在建新村委会大楼 1 楼,电话 85857200。

3. 永兴街道

永兴街道面积 33.6 平方千米,户籍人口 3.64 万人,常住人口 5.28 万人,下辖 4 个社区、1 个居民区、14 个行政村。街道办事处驻纪兴路 1 号,邮政编码 325024。

(1) 民乐社区　含永兴居民区、永民村、永乐村、下兴村。社区服务中心在永兴街道文化活动中心,电话 85981802。

(2) 兴北社区　含大塘村、小塘村、五溪村。社区服务中心在大塘村办公楼,电话 86961003。

(3) 兴中社区　含乐一村、乐二村、榕树下村、祠南村。社区服务中心在乐二村办公楼,电话 86961025。

(4) 兴南社区　含萼芳村、沙园村、南桥北村、水潭村。社区服务中心在萼芳村办公楼,电话 86961020。

4. 瑶溪街道

瑶溪街道面积 24.5 平方千米,户籍人口 3.16 万人,常住人口 7.21 万人,下辖 5 个社区、1 个居民区、19 个行政村。街道办事处驻河头龙西路 2 号,邮政编码 325013。

（1）瑶溪社区　含龙瑶居民区、瑶溪村、雄心村、苏川村、永胜村、璋川村。社区服务中心在雄心村,电话86606165。

（2）滨江社区　含白楼下村、底岭下村、金岙村、龙湾村。社区服务中心在白楼下村,电话86636197。

（3）环山社区　含浃底村、河口村、皇岙村、南山村。社区服务中心在浃底村,电话86610676。

（4）南洋社区　含河滨村、环一村、朱宅村。社区服务中心在河滨村,电话86615001。

（5）黄石山社区　含黄山村、黄石村、龙东村。社区服务中心在黄山村,电话86606069。

5. 状元街道

状元街道面积14.2平方千米,户籍人口2.81万人,常住人口10.20万人,下辖4个社区、4个居民区、10个行政村。街道办事处驻龙飞路78号,邮政编码325011。

（1）状元桥社区　含龙腾居民区、龙跃居民区、状元桥村。社区服务中心在龙飞东路74号状元桥老年人活动中心,电话86385668。

（2）横街社区　含天鹅湖居民区、横街村、渔业大队。社区服务中心在横街村委会办公楼,电话86533877。

（3）新元社区　含西台村、御史桥村、山西岙村、石坦村。社区服务中心在西台村罗华景园5幢101室,电话86388722。

（4）元泽社区　含龙泽居民区、三郎桥村、干岙村、大岙溪村、响动岩村。社区服务中心在三郎桥村委会办公楼1楼,电话86579909。

6. 蒲州街道

蒲州街道面积7.1平方千米,户籍人口2.15万人,常住人口9.93万人,下辖3个社区、1个居民区、6个行政村。街道办事处驻蒲江北路67号,邮政编码325011。

（1）新蒲江社区　含蒲江居民区、上江村、下埠村。社区服务中心在蒲江社区10幢205室,电话86521271。

（2）蒲三社区　含江前村、汤家桥村。社区服务中心在江前村江张路1号,电话86509850。

（3）元庄社区　含屿田村、上庄村。社区服务中心在屿田村小学路80号,电话86550012。

7. 沙城街道

沙城街道面积25.5平方千米,户籍人口3.80万人,常住人口6.30万人,下辖1个居民区、15个行政村。街道办事处驻永强大道2968号,邮政编码325025。

(1) 1个居民区　沙城居民区。

(2) 15个行政村　七一村、七二村、七三村、七四村、七五村、八甲村、大郎桥村、永阜村、永恩村、永寿村、永福村、烟台村、庄桥村、沧宁村、顺江村。

8. 天河街道

天河街道面积18.3平方千米,户籍人口2.68万人,常住人口5.18万人,下辖1个居民区、17个行政村。街道办事处驻环镇路1号,邮政编码325025。

(1) 1个居民区　天河居民区。

(2) 17个行政村　天津村、高轩村、三星村、筑成村、西前村、天凤村、二甲村、郑岙村、庄泉村、司南村、新河村、中和村、新川村、金益村、蒲门村、泰河村、建丰村。

9. 海城街道

海城街道面积14.7平方千米,户籍人口3.19万人,常住人口5.22万人,下辖2个居民区、10个行政村。街道办事处驻上涂村,邮政编码325025。

(1) 2个居民区　前冈居民区、后冈居民区。

(2) 10个行政村　上涂村、西一村、中星村、东门村、埭头村、石坦村、屿门村、邱宅村、东溪村、东成村。

10. 灵昆街道

灵昆街道面积51.3平方千米,户籍人口2.15万人,常住人口2.16万人,下辖1个社区、9个行政村。街道办事处驻沙塘村,邮政编码325026。

(1) 1个居民区　灵昆居民区。

(2) 9个行政村　沙塘村、上岩头村、周宅村、九村、北段村、海思村、叶先村、王相村、双昆村。

11. 星海街道

星海街道是2011年4月温州市行政区划调整时新设置的,由原沙城镇滨海大道以东10平方千米和原天河镇滨海大道以东4.9平方千米的行政区域组成,即温州市经济开发区滨海园区的区域范围。北起滨海一路,南至滨海十五路,西起滨海大道,东抵海边。面积14.9平方千米,户籍人口4.17万人,常住人口 3.61 万人,下辖 2 个社区。街道办事处驻滨海六路旭日小区 25 幢,邮政编码 325026。

2 个社区　望海社区、旭日社区。

(三)瓯海区

瓯海区位于温州市中部,北面紧邻鹿城区,东面毗连龙湾区,南面与瑞安市接壤,西面与青田县相邻。全区面积 614.50 平方千米,户籍人口 40.62 万人,常住人口 99.69 万人。下辖 1 个镇、12 个街道、251 个行政村、86 个社区。区政府驻地刚由景山街道兴海路 50 号搬迁到娄桥街道洲洋路新大楼。邮政编码 325016。

2011 年 4 月温州市行政区划调整时,瓯海区各街道和镇的行政区划均没有变动,只是将瞿溪镇、潘桥镇、郭溪镇、丽岙镇、仙岩镇的名称改为街道,共计 12 个街道 1 个镇。2012 年 8 月瓯海区通过村级组织"转并联",将原先的 251 个行政村、17 个社区和 12 个居民区整合为 86 个城乡一体化新社区。

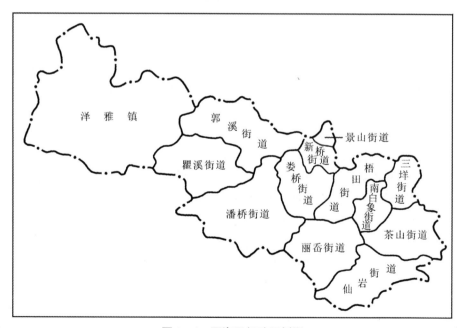

图 1-4　瓯海区行政区划图

表 1－14　　　　　　　　　2012 年底瓯海区行政区划

标准名称	面积（千米²）	户籍人口（人）	常住人口（人）	行政村（个）	新社区（个）	驻　　地
景山街道	3.9	12815	38079	2	4	荣新路 51 号
新桥街道	11.1	19241	93531	5	6	金蟾大道 6 号
娄桥街道	30.7	28228	93151	15	5	振兴街 3 号
郭溪街道	55.0	39202	122982	18	7	景德路 26 号
潘桥街道	75.3	41876	73379	24	5	荣宁街 65 号
瞿溪街道	45.6	25452	52428	16	5	会昌路 76 号
梧田街道	33.5	45720	223735	13	15	梧田大道 428 号
三垟街道	17.0	19945	41705	11	4	三垟大道 897 号
南白象街道	16.4	16233	58673	7	6	新象街 1 号
茶山街道	39.5	35967	76219	14	6	梅泉路 101 号
丽岙街道	44.8	22492	34976	21	4	茶塘村镇中路 1 号
仙岩街道	47.8	40384	60983	24	10	河口塘村
泽雅镇	193.9	58660	27029	81	9	泽雅大道
全区合计	614.5	406215	996870	251	86	—

1. 景山街道

景山街道面积很小,仅 3.9 平方千米,户籍人口 1.28 万人,常住人口 3.81 万人,下辖 4 个社区、2 个行政村。街道办事处驻荣新路 51 号,邮政编码 325005。

（1）景山社区　含将军村。东至三维桥,南至西山桥,西至景山公园,北至下桥路。办公地点在雪山路 151 号,电话 88529034。

（2）净水社区　含净水村。东至护国寺路,南至会昌湖,西至永庆街,北至景山公园。办公地点在西山东路西景佳园 9 幢 104 室,电话 88525224。

（3）西山社区　东至西山桥,南至六虹桥,西至护国寺路河道,北至景山公园山脚。办公地点在西山银来花苑 B4 幢 209 室,电话 88558609。

（4）繁荣社区　东至勤奋河,南至过境公路,西至十一中学,北至十八湾河。办公地点在将军桥勤奋小区 15 幢 112 室,电话 88526121。

2. 新桥街道

新桥街道面积 11.1 平方千米,户籍人口 1.92 万人,常住人口 9.35 万人,下辖 6 个社区、5 个行政村。街道办事处驻金蟾大道 6 号,邮政编码 325006。

（1）新桥社区　含新桥村。东至会昌湖,南至金温铁道,西至站前路,北至景山山脚。办公地点在西堡锦园 4 幢 302 室,电话 88413025、88431125。

（2）金蟾社区　东至站前路,南至金温铁道,西至沉木桥河,北至会昌湖。办公地点在新桥住宅区 5 组团 14 幢 101 室,电话 88411204。

（3）三浃社区　含三浃村。东至沉木桥河,南至金温铁道,西至国鼎路,北至会昌湖。办公地点在新桥住宅区 8 组团 15 幢车棚 2 楼,电话 88427722。

（4）西湖社区　含西湖村。东至国鼎路,南至六虹桥路,西至山水名都,北至会昌湖。办公地点在西湖安心公寓 3 幢 4 楼,电话 88412869。

（5）山前社区　含山前村。东至地质桥,南至会昌湖,西至巨标路和日新路,北至景山。办公地点在西山西路卧云南苑 7 幢 1 楼,电话 88416612。

（6）高翔社区　含高翔村。东至牛山西麓,南至瓯海大道,西至沉木桥河,北至铁路和六虹桥路。办公地点在高旺路 1 号,电话 86187171。

3. 娄桥街道

娄桥面积 30.7 平方千米,户籍人口 2.82 万人,常住人口 9.32 万人,下辖 5 个社区、1 个居民区、15 个行政村。街道办事处驻振兴街 3 号,邮政编码 325016。

（1）镜湖社区　含古岸头村、吕家峰村、下斜村。东至秀屿社区,南至站前社区,西至潘桥街道界,北至郭溪街道界。办公地点在金湖街 64 号古岸头村委会 3 楼,电话 86281717。

（2）秀屿社区　含圩东村、圩南村、圩西村。东至新桥街道界,南至站前社区,西至锦湖社区,北至新桥街道界和郭溪街道界。办公地点在圩南村河塘路 1 号,电话 86296518。

（3）南山社区　含东风村、前园村、岩头村。东至东风山,南至吹台山,西至新城社区,北至新桥街道界。办公地点在岩头村原村委大楼,电话 85190371。

（4）新城社区　含娄桥居民区、娄桥村、东耕村。东至南山社区,南至吹台山,西至站前社区,北至秀屿社区。办公地点在振新街 3 号,电话 86281821。

（5）站前社区　含安下村、河庄村、社叶村、上汇村。东至秀屿社区,南至吹台山,西至潘桥街道界,北至锦湖社区。办公地点在上汇村村委会,电话 59396171。

4. 郭溪街道

郭溪街道面积55.0平方千米,户籍人口3.92万人,常住人口12.30万人,下辖7个社区、1个居民区、18个行政村。街道办事处驻景德路26号,邮政编码325016。

(1)渚浦社区　含浦西村、浦东村。东至日新路,南至娄桥街道界,西至梅浦社区梅屿村,北隔山与鹿城黄龙街道相邻。办公地点在浦西村金岸路61号,电话86136669。

(2)梅浦社区　含梅屿村、浦北村。东至渚浦社区,南至仙门河,西至塘下社区,北隔山与鹿城双屿街道相邻。办公地点在梅屿村前宁路20号,电话85105668。

(3)宋岙社区　含前垟村、三合村、河头村、宋岙底村。东至塘下社区,南至燎原社区,西至郭溪社区,北至五磊山。办公地点在前垟村前中路19号,电话85853771。

(4)燎原社区　含凰桥村、任桥村、曹埭村。东至潘北社区,南至笔架山,西至瞿溪社区,北至塘下社区。办公地点在凰桥村凤凰街258号,电话85853178。

(5)郭溪社区　含郭溪村、郭南村。东至宋岙社区,南至会昌社区,西至西景社区,北至凤凰山。办公地点在郭溪村温瞿新路19～21号,电话85255581。

(6)西景社区　含郭西村、曹平村、岭头村。东至郭溪社区,南和西至瞿溪街道,北至坑口塘水库。办公地点在郭西村陶湾新街19号,电话85855187。

(7)塘下社区　含塘下居民区、塘下村、梅园村。东至梅浦社区,南至燎原社区,西至宋岙社区,北至双屿街道界。办公地点在繁盛路298号,电话86767171。

5. 潘桥街道

潘桥街道面积75.3平方千米,户籍人口4.19万人,常住人口7.34万人,下辖4个社区、1个居民区、24个行政村。街道办事处驻荣宁街65号,邮政编码325018。

(1)潘东社区　含陈庄村、横屿头村、焦下村、泉塘村、东边村。东至娄桥汽校,南至安桐路,西至陈岙村界,北至站南路。办公地点在陈庄村兴陈西路56号9楼,电话86177071。

(2)潘南社区　含桐岭村、下岙村、屏山村、方岙村、陈岙村、田平村。东至田平山,南至站南路,西至屏山青石基地,北至桐岭山。办公地点在桐岭村委会 5 楼,电话 86177271。

(3) 潘西社区　含丁岙村、学士前村、岷岗前村、岷岗中村、岷岗后村、金堡村、马桥村。东至华亭蔬菜基地,南至岷岗河,西至岷岗山,北至五峰尖山。办公地点在丁岙东路 155 号,电话 86177571。

(4) 潘北社区　含潘新居民区、潘桥村、仙门村、横塘村、河西村、林桥头村、华亭村。东至宁波路,南至屏山桥,西至华亭山,北至仙门河。办公地点在福州路 1 号,电话 86177171。

6. 瞿溪街道

瞿溪街道面积 45.6 平方千米,户籍人口 2.55 万人,常住人口 5.24 万人,下辖 5 个社区、2 个居民区、16 个行政村。街道办事处驻会昌路 76 号,邮政编码 325016。

(1) 瞿溪社区　含瞿溪居民区、瞿溪村、埭头村。东至富阳路,南至瓯海大道,西至崇文路和八仙岩路,北至信达街和富豪路。办公地点在南片工业区富源家园 14 幢 1 楼,电话 55561966。

(2) 八仙岩社区　含溪头街村、林桥村、瞿岙村。东至桥下和蛟垟,南至蛟垟山横坑岭水库,西至大川黄岭下,北至桥下草鞋腰山。办公地点在溪头街村沙前街 2 号,电话 86260455。

(3) 会昌社区　含桥下居民区、桥下村、河头村。东至三溪路,南至瞿溪河,西至岩门角,北至郭溪街道界。办公地点在会昌路会昌小区 A3 幢 101 室,电话 86260345。

(4) 雄溪社区　含雄溪村、雄岙村、蛟垟村、雄河村。东至石龙头和瓯海大道,南至潘桥和瑞安地界,西至分水城,北至枫树岭。办公地点在瞿雄路 189 号,电话 86260708。

(5) 大川社区　含肇山村、大岙村、大同村、北坦村、泉东川村。东至林桥村和瞿岙村,南至蛟垟村和瑞安林溪界,西至泽雅界和瑞安界,北至泽雅界。办公地点在会昌路 145 号,电话 86265576。

7. 梧田街道

梧田街道面积 33.5 平方千米,户籍人口 4.57 万人,常住人口 22.37 万人,下辖 15 个社区、1 个居民区、13 个行政村。街道办事处驻梧田大道 428 号,邮政编码 325014。

(1) 梧田街社区　含梧田居民区、梧田街村。东至温瑞大道和上林河,南至老殿后河,西至温瑞塘河,北至月落河。办公地点在温瑞大道 317 号,电话 81827171。

（2）新明瓯社区　含林村。东至圣门河，南至瓯海大道和上林河，西至温瑞大道，北至月落河。办公地点在南瓯明园 11 幢 101 室，联系电话 86797171。

（3）老殿后社区　含老殿后村。东至三垟湿地，南至南白象街道，西至温瑞塘河，北至林村南瓯景园。办公地点在老殿后安康锦园 7 幢 110～112 室，电话 86765255。

（4）月落垟社区　含月落垟村。东至前网交界，南至梧田街社区界，西至塘西交界，北至塘东交界。办公地点在梧田新街口农行斜对面，电话 86077171。

（5）塘东社区　含塘东村。东至梧田大道，南至横塘路，西至横塘路 4 号，北至铁路桥。办公地点在塘东村横塘路 2 号，电话 86360678。

（6）塘西社区　含塘西村。东至温瑞塘河，南至曹门河，西至蛟凤北路，北至寮东村。办公地点在月乐西街 250 号 1 幢塘西联建后面，电话 86368972。

（7）泽霞社区　东至龙霞路，南至新兴河，西至花园路，北至阁楼河。办公地点在泽霞社区 3 幢，电话 86769679。

（8）寮东社区　含寮东村。东至火车站，南至铁路，西至寮前工业区，北至温州大道。办公地点在南丽田街 22 号，电话 86363028。

（9）大堡底社区　含大堡底村。东至温瑞塘河，南至瓯海大道，西至蛟凤路，北至桐社河。办公地点在龙霞路大堡花园 4 幢 2 号，社区电话 86368889。

（10）霞王社区　含霞王村。东至温瑞塘河，南至陈庄河，西至朝霞路，北至瓯海大道。办公地点在振霞路 1 号，电话 86368001。

（11）南堡社区　含南堡村。东至瓯海大道，南至勤俭路，西至牛山西路，北至牛山北路。办公地点在瓯海大道 488 号，电话 86087171。

（12）慈湖社区　含北村、南村。东至 104 国道，南至湾底山，西至吹台山，北至梧慈路开发区界。办公地点在慈湖街 1 号，电话 81307171。

（13）蟠凤社区　含蟠凤村。东至梧田工业基地，南至南湖城市综合体，西至温州大学科技园，北至瓯海大道。办公地点在瓯海大道与双凤北路路口，电话 86727171。

（14）朝霞工业社区　坐落于霞王村的镇南工业基地和大堡底村的镇北工业基地。东至温瑞塘河，南至陈庄河，西至梧田二中操场、蟠凤住宅区、温

州汽车城,北至大堡底路。办公地点在梧田工业基地朝霞路 16 号,电话
86723656。

(15)瓯海经济开发区企业社区　东至蛟凤北路,经蟠凤转盘至东经二
路,西至 104 国道,北至月乐西街(包括蛟凤北路以东的企业、东经二路以东
的企业、月乐西街以北的企业)。办公地点在月乐西街 100 号安心公寓 14
幢,电话 85697171。

8. 三垟街道

三垟街道面积 17.0 平方千米,户籍人口 1.99 万人,常住人口 4.17 万
人,下辖 4 个社区、11 个行政村。街道办事处驻三垟大道 897 号,邮政编码
325014。

(1)宪一社区　含吕家岸村、沙河村、丹东村、张严冯村。东至丹东村,
南至张严冯村,西至沙河村,北至吕家岸村。办公地点在沙河村。

(2)宪二社区　含垟河村、应潭村、池底村、园底村、樟岙村。东至樟岙
村,南至池底村,西至园底村,北至垟河村和应潭村。办公地点在垟河村原
街道综治中心办公楼。

(3)上垟社区　含上垟村。东至状元街道界,南至应潭村界,西至丹东
村和黄屿村界,北至黄屿村界。办公地点在上垟村办公楼。

(4)黄屿社区　含黄屿村。东和北至蒲州街道界,南至沙河村、丹东村、
上垟村界,西至吕家岸村界。办公地点在黄屿村办公楼。

9. 南白象街道

南白象街道面积 16.4 平方千米,户籍人口 1.62 万人,常住人口 5.87 万
人,下辖 6 个社区、1 个居民区、7 个行政村。街道办事处驻新象街 1 号,邮政
编码 325015。

(1)白象社区　含南白象居民区、南白象村。东至茶山界,南至茶山河,
西至 104 国道,北至木角河和上蔡村界。办公地点在温瑞大道 2115 号,电话
56587585。

(2)永庆社区　含南湖村、横港头村。东至三垟界,南至上蔡界,西至梧
田工业区界,北至梧田界。办公地点在南湖新街南湖村委会大楼 1 楼,电
话 86709655。

(3)霞坊社区　含霞坊村。东至温瑞塘河,南至木角河,西至金竹界,北
至南湖界。办公地点在霞坊北路 266 号,电话 56587527。

(4)金竹社区　含金竹村。东至霞坊、白象界,南至白象、鹅湖界,西和
北至梧田界。办公地点在金竹工业区霞金路 433 号,电话 86701755。

（5）鹅湖社区　含鹅湖村。东至茶山界,南至茶山、丽岙界,西至头陀山,北至茶山河。办公地点在104国道南北巷段542号,电话56952351。

（6）上蔡社区　含上蔡村。东至茶山界,南至白象河,西至温瑞塘河,北至三垟、横港头界。办公地点在上蔡村委会后面,电话86705369。

10. 茶山街道

茶山街道面积39.5平方千米,户籍人口3.60万人,常住人口7.62万人,下辖6个社区、1个居民区、14个行政村。街道办事处驻梅泉路101号,邮政编码325015。

（1）茶山社区　含茶山居民区、茶山村、罗胜村。

（2）茶二社区　含洪殿村、罗丰村、河头村、后村。

（3）山根社区　含山根村。

（4）睦霞社区　含睦州垟村、霞岙村、银山村。

（5）罗北社区　含舜岙村、京山村、新民村、罗山村。

（6）梅泉社区　东至天灯桥河,南至卧龙河,西至高科路,北至茶山河。办公地点在梅泉大街90号,电话85772182.。

11. 丽岙街道

丽岙街道面积44.8平方千米,户籍人口2.25万人,常住人口3.50万人,下辖4个社区、2个居民区、21个行政村。街道办事处驻茶堂村镇中路1号,邮政编码325202。

（1）丽南社区　含河头村、后中村、后东村、上坦村、上胜村、路溪村、梓河村、梓上村、林山村。东至丽岙下呈河,南至仙岩星光村,西至瑞安桐浦界,北至丽岙下呈村。办公地点在上坦村新办公楼2楼,电话85397171。

（2）丽中社区　含茶堂居民区、下呈居民区、茶堂村、下呈村、杨宅村、叶宅村、任宅村。东至104国道,南至南洋路,西至三宅芙蓉尖,北至台头桥侨民大街。办公地点在丽岙中路茶堂花苑A幢2楼,电话85392771。

（3）丽北社区　含丽塘村、泊岙村、王宅村、下川村。东至王宅村,南至下川村,西至泊岙村,北至丽塘村。办公地点在丽塘村综合楼,电话85378891。

（4）白门社区　含姜宅村、曹建村、下章村。东至104国道,南至叶宅村,西至吹台山,北至二小路。办公地点在国道南路26号,电话85387171。

12. 仙岩街道

仙岩街道面积47.8平方千米,户籍人口4.04万人,常住人口6.10万人,下辖10个社区、24个行政村。街道办事处驻河口塘村,邮政编码325203。

（1）仙岩社区 含仙南村、仙北村。东至大罗山，南至穗丰界，西至仙岩垟，北至岩下社区界。办公地点在仙南村仙岩南路仙南桥边，电话85333096。

（2）岩下社区 含岩一村、岩二村。东至仙岩社区界，南至河口塘社区界，西至莘田，北至荣新社区界。办公地点在繁荣北路岩一村办公楼后楼，电话85317171。

（3）下林社区 含下林村、跃进村。东至温瑞塘河，南至穗丰界，西至104国道，北至派岩村。办公地点在下林村综合办公楼1楼，电话85320802。

（4）河口塘社区 含河口塘村、罗垟村、秀垟村、盘垟村、派岩村。东至仙北村，南至仙南村和下林村，西至凤池村，北至岩二村。办公地点在河口塘村朝阳街31～33号，电话85327616。

（5）穗丰社区 含穗丰村。东至温瑞大道，南至瑞安罗凤界，西至104国道，北至河口塘社区界。办公地点在穗新街296号穗丰村办公大楼，电话85322715。

（6）沈岙社区 含沈岙村。东至新104国道，南至竹溪横坑，西至万寿山公园，北至穗丰大桥。办公地点在沈岙村委会内，电话85333122。

（7）梓南社区 含竹溪村、凤池村、大岭村、花台村、横坑村。东至104国道，南至驮山村，西至安新路，北至大岭村。办公地点在竹溪村温霞西路81号，电话85335811。

（8）梓北社区 含星光村、李山村。东至花台村，南至大岭村，西至李山寨，北至阮坑村。办公地点在星光村原警务室，电话85328228。

（9）荣新社区 含渔潭村、自力村、社帆村。东至大罗山，南至岩下社区界，西至塘河，北至茶山界。办公地点在社帆村委会，电话85327171。

（10）工业园社区 含新丰村。东至穗丰村，南至罗凤工业区，西至新104国道，北至仙胜路。办公地点在仙岩工业园区化成路，电话56599113。

13. 泽雅镇

泽雅镇面积193.9平方千米，户籍人口5.87万人，常住人口2.70万人，下辖9个社区、2个居民区、81个行政村。镇政府驻泽雅大道，邮政编码325023。

（1）天源社区 含源口居民区、源口村、天长村、李降垟村、芝麻川村、外坳村、大坪头村、门槛山村、郑家山村。东至瓯海大道延伸线，南至郑家山村，西至芝麻川村，北至藤桥交界。办公地点在泽雅大道移民新区金龙超市对面，电话86310172。

(2) 西岸社区　含西岸村、黄坑村、下良村、大石垟村、小石垟村、苏田村、岩门村、岙底村、仙宅山村、黄岭头村、唐宅村。东至岩门村,南至瑞安交界,西至黄岭头村,北至下良村。办公地点在西岸村,电话 86318530。

(3) 戈恬社区　含戈恬村。东至瓯海大道延伸线,南至泽雅大道,西至石根山路,北至藤桥交界。办公地点在戈恬村委会,电话 86317271。

(4) 林岙社区　含林岙居民区、林岙村、岙外村、东山村、西山村、大川村、岭雪村、石桥村、林岸村、下庵村、龙头村、潘庄村、吴坑村、石榜山村。东至林岙村,南至石榜山村,西至下庵村,北至岭雪村。办公地点在林岙村办公楼 2 楼,电话 86319071。

(5) 周岙社区　含下村、中村、上村、岩角山村、鹤岙村、潘宅村、郑坑村、小源村。东至瞿溪交界,南至小源村,西至郑坑村,北至下村。办公地点在潘宅村,电话 86319307。

(6) 陈岙社区　含下陈村、上陈村、隔岸村、吴岙村、垟田村、双界田村、犁头垟村。东至瞿溪交界,南至瑞安交界,西至犁头垟村,北至隔岸村。办公地点在下陈村,电话 86317871。

(7) 垟川社区　含垟坑村、横垟村、外水良村、水碓坑村、下连坑村、言章村、上潘村。东至上潘村,南至唐宅村,西至下连坑村,北至垟坑村。办公地点在垟坑村,电话 86312756。

(8) 五凤垟社区　含五凤垟村、布袋垟村、库门坳村、坑源村、支坑村、古双村、基田村、包岙村、黄庄村、李山村、石良村、底陈岙村、桂川村、桐桥头村、黄降坑村。东至黄山村,南至瑞安交界,西至青田交界,北至屿山村。办公地点在五凤垟村办事处,电话 86318544。

(9) 北林垟社区　含林垟村、胡坦村、师科垟村、外叶村、安乐溪村、山后村、庙后村、庙益村、屿山村、石坑村、黄山村。东至黄降坑村,南至基田村,西至青田交界,北至黄庄村。办公地点在林垟村,电话 86318539。

(四) 瑞安市

瑞安市位于温州市中部,北面紧邻温州市区的龙湾区和瓯海区,南面与平阳县接壤,西面与文成县和青田县毗连,东面濒临东海。全市面积 1271.0 平方千米,户籍人口 119.05 万人,常住人口 142.47 万人。下辖 5 个镇、10 个街道、910 个行政村、65 个居民区(其中 28 个社区)。市政府驻安阳街道万松东路 154 号。邮政编码 325200。

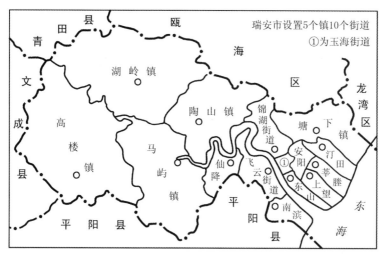

图1-5　瑞安市行政区划图

表1-15　　　　　　　　　2012年底瑞安市行政区划

标准名称	面积 （千米^2）	户籍人口 （人）	常住人口 （人）	行政村 （个）	居民区 （个）	驻　　　地
安阳街道	15.0	52441	108298	17	10	安康路
玉海街道	6.6	76269	79917	2	16	周松路
锦湖街道	61.3	45379	88922	40	2	瑞湖路158号
东山街道	28.6	30518	58347	17	0	瑞光大道555号
上望街道	24.5	52591	68206	20	0	林西村
莘塍街道	20.5	75266	129822	28	7	下村村
汀田街道	21.2	48895	73476	30	1	汀十村
飞云街道	50.8	61915	99439	53	7	码道村
仙降街道	34.1	43861	87529	40	0	横街村
南滨街道	28.5	33398	31337	20	0	经纬路699号
塘下镇	81.6	166965	312080	89	8	邵宅村
陶山镇	151.6	131686	88963	122	3	河南村
湖岭镇	279.9	128314	62852	160	3	大同村
马屿镇	189.4	145233	91864	132	5	马北村
高楼镇	277.4	97788	43615	140	3	西村村
全市合计	1271.0	1190519	1424667	910	65	—

　　2011年4月瑞安市行政区划调整时,将飞云镇一分为二,北部设置飞云街道,南部设置南滨街道;将莘塍镇西部9个村划归安阳街道,其余设置莘塍街道;将潘岱街道并入锦湖街道;将汀田镇改为汀田街道,仙降镇改为仙降街道;将碧山镇、荆谷乡、桐浦乡并入陶山镇;将芳庄乡、林溪乡、金川乡、鹿木乡、永安乡、潮基乡、桂峰乡并入湖岭镇;将曹村镇、梅屿乡、顺泰乡、大南乡并入马屿镇;将龙湖镇、平阳坑镇、高楼乡、营前乡、东岩乡、宁益乡、枫岭乡合并设置高楼镇;将海岛北麂乡和北龙乡并入东山街道;其余玉海街道、上望街道和塘下镇的区域范围不变。

1. 安阳街道

　　安阳街道由原安阳街道和莘塍镇西部9个村合并而成。面积15.0平方千米,户籍人口5.24万人,常住人口10.83万人,下辖10个社区,17个行政村。街道办事处驻安康路,邮政编码325200。

　　(1) 10个社区　兴隆、瑞阳、华瑞、风荷、进源、之江、祥云、广场、育才、隆山社区。

　　(2) 17个行政村　原安阳街道的周湖村、岭下村、塘根村、白岩桥村、杨家桥村、三圣门村、十八家村、筻笃桥村;原莘塍镇的红星村、红光村、双呇村、渔墩村、上山根村、西呇龙村、上沙塘村、下沙塘村、西垟谬村。

2. 玉海街道

　　玉海街道的名称和区域范围不变。面积6.6平方千米,户籍人口7.63万人,常住人口7.99万人,下辖16个社区,2个行政村。街道办事处驻周松路原安阳镇政府大楼,邮政编码325200。

　　(1) 16个社区　东门、南门、西门河头、滨江、望江、沿江、云江、县前、凤山、浦后、后垟、殿巷、沙堤、硐桥、虹南、东丰社区。

　　(2) 2个行政村　后垟村、东勇村。

3. 锦湖街道

　　锦湖街道由原锦湖街道、潘岱街道合并而成。面积61.3平方千米,户籍人口4.54万人,常住人口8.89万人,下辖2个社区,40个行政村。街道办事处驻瑞湖路158号,邮政编码325200。

　　(1) 2个社区　花园社区、沙河社区。

　　(2) 40个行政村　原锦湖街道的二星村、三星村、五星村、龙星村、同星村、信星村、进星村、联星村、西门村、城北村、胜利村、天河村、外厂村、西呇村、第一桥村、小横山村、牛伏岭村、周呇村、瓦窑村;原潘岱街道的前垟村、梧岙村、长山村、寺前村、砚下村、上溪村、山南村、盖竹村、前岸村、后岸村、曹岙村、芦浦村、林岙村、谢岙村、谢岙底村、江边宅村、下湾村、白莲村、新星村、白象村、瑞湾村。

4. 东山街道

东山街道由原东山街道、北麂乡、北龙乡合并而成。面积 28.6 平方千米，户籍人口 3.05 万人，常住人口 5.84 万人，下辖 17 个行政村。街道办事处驻瑞光大道 555 号，邮政编码 325200。

17 个行政村　原东山街道的车头村、上埠村、中埠村、下埠村、肖宅村；原北麂乡的海利村、立公村、东联村、壳菜岙村、关帝山村、下岙儿村；原北龙乡的三联村、小南龙村、凤凰头村、冬瓜屿村、大岙农业村、大岙渔业村。

5. 上望街道

上望街道的名称和区域范围不变。面积 24.5 平方千米，户籍人口 5.26 万人，常住人口 6.82 万人，下辖 20 个行政村。街道办事处驻林西村，邮政编码 325200。

20 个行政村　九一村、九二村、九三村、黎明村、东安村、林西村、林东村、雅儒村、蔡宅村、新村、新桥头村、街路头村、北隅村、南隅村、薛前村、薛后村、东沿村、永光村、八十亩村、横塘头村。

6. 莘塍街道

莘塍街道由原莘塍镇的大部分区域组建。面积 20.5 平方千米，户籍人口 7.53 万人，常住人口 12.98 万人，下辖 7 个居民区，28 个行政村。街道办事处驻下村，邮政编码 325206。

（1）7 个居民区　九里汇、新浦、莘桥、周田湾、里岸、西岸、营塍居民区。

（2）28 个行政村　上村、中村、下村、星火村、和平村、周田村、南垟村、前埠村、四坦村、七坦村、董一村、董二村、董三村、董四村、董五村、董六村、董七村、董八村、董九村、华表村、下山根村、垟底村、仙浃村、仙浃季村、南镇村、营新村、周家桥村、莘民农场。

7. 汀田街道

汀田街道由原汀田镇改名而成，区域范围不变。面积 21.2 平方千米，户籍人口 4.89 万人，常住人口 7.35 万人，下辖 1 个居民区，30 个行政村。街道办事处驻汀十村，邮政编码 325206。

(1) 1个居民区　营兴居民区。

(2) 30个行政村　汀一村、汀二村、汀三村、汀四村、汀五村、汀六村、汀七村、汀八村、汀九村、汀十村、繁里村、荣里村、富里村、强里村、金前村、金后村、宣前村、宣中村、联盟村、联光村、联西村、联余村、联胜村、联前村、建光村、寨下村、香桥村、凤岙村、南潮村、山上陈村。

8. 飞云街道

飞云街道由原飞云镇北部区域组建而成。面积50.8平方千米，户籍人口6.19万人，常住人口9.94万人，下辖7个居民区，53个行政村。街道办事处驻码道村，邮政编码325207。

(1) 7个居民区　振兴、飞霞、桥东、桥南、江南、雅桥、普桥居民区。

(2) 53个行政村　码道村、上埠村、前金村、独峰村、东垟村、西垟村、吴桥村、霞砀村、陈家垟村、升天基村、杜山头村、垟西村、龙头村、章桥村、孙桥村、桥里村、桥邻村、汇头村、金家堡村、林泗垟村、东风村、南港村、浦口村、横河村、石碣门村、宋家埭村、下厂村、中洲村、铁炉村、干桥村、高园村、繁荣村、黄垟村、高旺村、卓岙村、马头村、西山村、社门村、杏里村、杏垟村、坳头村、上河村、周村、门台村、上步村、十八江村、下汇村、下硐村、半河村、潭头村、少埠村、刘宅村、龙珊村。

9. 仙降街道

仙降街道由原仙降镇改名而成，区域范围不变。面积34.1平方千米，户籍人口4.39万人，常住人口8.75万人，下辖40个行政村。街道办事处驻横街村，邮政编码325207。

40个行政村　仙降村、横街村、新安村、上西垟村、下西垟村、下社村、台头村、涨岙村、金山村、项岙村、新河村、林光村、金光村、翁垟村、上塘头村、垟头村、垟坑村、东川村、塘里村、塘角村、四甲村、埭头村、街头村、前林村、后林村、上垟村、大坑村、徐岙村、碓岙村、江头村、坎头村、下涂村、灯垟村、山皇村、寺东村、银湖村、龙垟村、坊额底村、新渡桥村、仙篁竹村。

10. 南滨街道

南滨街道由原飞云镇南部区域组建而成。面积28.5平方千米，户籍人口3.34万人，常住人口3.13万人，下辖20个行政村。街道办事处驻经纬路699号，邮政编码325200。

20个行政村　阁一村、阁二村、阁三村、林北村、林中村、林南村、龙潜村、大桥村、外甲村、直洛村、南爿村、大池头村、西湖村、东湖村、东旭村、团前村、柏树村、塘头村、沙园村、塘渔村。

11. 塘下镇

塘下镇的区域范围不变。面积81.6平方千米,户籍人口16.70万人,常住人口31.21万人,下辖8个居民区,89个行政村。镇政府驻邵宅村,邮政编码325204。

(1) 8个居民区 建胜、建设、建国、建民、建辉、龟令、场桥头、磨埭河居民区。

(2) 89个行政村 邵宅村、张宅村、陈宅村、赵宅村、岑头村、上金村、塘西村、韩田村、肇平垟中村、肇平垟下村、肇平垟新溇村、陈宅旺村、东陈村、北堡村、垟头村、小南山村、西南村、新居村、里北垟村、鲍一村、鲍二村、鲍三村、鲍四村、鲍五村、鲍七村、鲍垟村、上升村、高营村、高星村、东洲村、官溇村、官进村、新方村、凰湾村、前桥村、前丰村、前进村、前北村、新前村、上潘村、上戴村、上马村、上灶村、上叶村、南河村、西河村、后朱村、埭上村、埔桥村、龟山村、五林村、五方村、五兴村、陈岙村、西岙村、镇海村、镇东村、城东村、城南村、海东村、海西村、海北村、凤山村、石岗村、霞霖村、八水村、中北村、中南村、双桥村、吴岙村、花园村、前庄村、塘口村、凤溇村、凤胜村、凤士村、凤川村、沙河村、山官村、银岙村、沙岙村、沙溇村、双凤村、新溪村、驮山东爿村、驮山中爿村、驮山西爿村、驮山岩头村、驮山梅林村。

12. 陶山镇

陶山镇由原陶山镇、碧山镇、荆谷乡、桐浦乡4个乡镇合并而成。面积151.6平方千米,户籍人口13.17万人,常住人口8.90万人,下辖3个居民区,122个行政村。镇政府驻河南村,邮政编码325210。

(1) 3个居民区 新街、新南、新北居民区。

(2) 122个行政村 原陶山镇的陶峰村、河南村、河西村、花园底村、金桥村、陶南村、陶北村、霞林村、岱下村、岱西村、腾斗村、龙斗村、瓷窑村、沙洲一村、沙洲二村、沙洲三村、桃花垟村、前降村、前途村、张染村、新殿后村、固前村、松垟村、向荣村、沙门村、石坑村、锡垟村、塘上村、娄渡村、六甲村、棠梨埭村、河山头村、门前山村、郑宅村、云桥村、上岙村、龙坦村、荣祥村、社下村、新厦垟村、张骆桥村;原碧山镇的三甲村、前村、前河村、桐江村、桐利村、洲溇村、横塘村、车门下村、湾头村、林华村、山下村、曾山村、航西村、航浦村、江山村、龟岩村、三樟村、西坞村、坎峰村、花井村、渡头村、泥涂村、涂厂村、街路村、均岙村、马河村;原荆谷乡的沙垟上村、沙垟下村、南口村、新岙村、山西村、潘岙村、苏山村、石埠村、东进村、新河头村、山头下村、金山村、涂头村、河沿村、七甲村、八甲村、霞潭村;原桐浦乡的桐浦村、桐溪村、桐岭村、桐西村、桐星村、浦东村、浦西村、澄江村、澄头村、塔山村、后河村、后龙村、凤社村、岭南村、沙岙村、金山桥村、山平村、二平村、小垄村、根溪村、高河村、陶岙村、小岭村、山外村、坳头村、丁岙村、丁岙山村、云屿村、弯前村、下岙村、黎明村、大路村、董夏村、西寺村、东寺前村、云垟村、毛坦村、阮坑村。

13. 湖岭镇

湖岭镇由原湖岭镇、芳庄乡、林溪乡、金川乡、鹿木乡、永安乡、潮基乡、桂峰乡8个乡镇合并而成。面积279.9平方千米,户籍人口12.83万人,常住人口6.29万人,下辖3个居民区,160个行政村。镇政府驻大同村,邮政编码325213。

(1) 3个居民区　繁湖、前街、兴北居民区。

(2) 160个行政村　原湖岭镇的大同村、盐店村、松坦村、山前村、雅村、项垟村、闲心寺村、四谷山村、马车塆村、大岭垟村、盘龙山村、牛端头村、新社村、冯岙村、丁山村、湖东村、下者村、新垟村、戊林村、源口村、呈岸村、西坑村、东坑村、东坑山村、天长村、天长山村;原芳庄乡的山坑村、森岙村、钟山村、黄坳村、金丰村、叶山村、余山村、光头村、周湾村、尾垟下村、方岙头村、蒋山村、南坑村、直坑村、三角头村、黄深坑村、周垟上村、周垟下村、光辉村、加速村、侯垟村、九龙头村、梅树坑村、东元村、上瑶村、卓庄村、宋坑村、西屋村、庄下村、章坑村、娄山村、大河村、后垄村;原林溪乡的石埠坪村、溪坦村、里见村、枫树头村、尖头垟村、梅岸村、东南村、河头山村、小坑村、水干岸村、傍山村、大坪村、白沙峰村、燕子窝村、定岗村、郭山村、桥垟村、枫树垟村、上甲村、上园村、林源村、桥头村、吴坑村、岭头村、自然村、倪宅村、金山村、西吴坑村、吴山底村、陈雅山前村、陈雅山后村;原金川乡的叶庄村、林胜村、林下村、朱元村、英山村、对坑村、杜山村、吴源村、李东村、东川村、木坑村、金星村、岩下村、陈山村、茶石村、丰门村、平齐村、分水岩村、小林源村、大路前村、山儿头村、金岩头村、下坑浃村、雪尖山下村;原鹿木乡的彭埠村、松湾村、前大村、前小村、青山村、中心垟村、呈山坪村、花草垟村、河岙村、岙底村、缸窑村、下林坳村;原永安乡的上埠坦村、江山炉村、南坑炉村、白水漈村、凤山头村、下石垟村、南岙垟村、均路村、直根村、亦垟村、呈店村、永胜村、宅西村、吴垟村、呈岙村、朱垟村、六科村、草岱村;原潮基乡的上街村、下街村、下店村、路头村、河山村、岩头村、陶溪村、贾岙村、大岭脚村；原桂峰乡的元底村、峰垟村、上寮村、黄林村、坳后村、河上垟村、瓦窑头村。

14. 马屿镇

马屿镇由原马屿镇、曹村镇、梅屿乡、顺泰乡、大南乡 5 个乡镇合并而成。面积 189.4 平方千米，户籍人口 14.52 万人，常住人口 9.19 万人，下辖 5 个居民区，132 个行政村。镇政府驻马北村，邮政编码 325208。

(1) 5 个居民区　马屿的文昌、东司桥、莲子河；曹村的曹川、太平桥。

(2) 132 个行政村　原马屿镇的马北村、马南村、马岩村、一甲村、五甲村、九甲村、黄甲村、江东村、江西村、江浦村、冯桥村、会东村、吉南村、玉岙村、蜇丰村、后姜村、姜家汇村、三株松村、龟山下村、树排头村、上郑村、上京村、上安村、上洞村、吴堡村、黄桥村、山后村、团社村、石牌村、垟下村、永丰村、焦坑村、净水村、水坑村、湖头村、藤岙村、格利村、村前村、村口村、潘山村、外垟村、东山头村、朱岙底村、大垄头村、五仁山村、底山村、篁屿村、高岙村、山河村、增光垟村、鹤一村、鹤二村、协山村、马岙村、河岙底村、青石桥村、江桥村、石垟村；原曹村镇的曹东村、曹南村、曹西村、曹北村、上都村、西前村、南堡村、南岙村、东岙村、宋岙村、女岙村、碗窑村、丁凤村、姜山村、曹平村、许南村、许北村、大板桥村；原梅屿乡的屿头村、马上村、马中村、马下村、外三甲村、底三甲村、柴上村、柴下村、杨巷村、霞岙村、宫后村、冯渡村、河溪村、梅底村、先岙村、洞桥村、五云村、马屿斡村、外山头村、大岙底村、金竹湾村、梅岭头村、上平坑村、大田平村；原顺泰乡的村头村、建新村、泛浦村、清河村、汤岙村、焦浦村、姜地村、田垄村、山田上村、大坟脚村、白石坳村、三大厂村、金竹坑村、龙船河村；原大南乡的许峰村、圣井村、押头村、杨思田村、杨角井村、林白坑村、岭坪村、呈佛村、陈新村、新华村、西安村、后坪村、蛟池村、南阳村、南新村、下徐村、中坦村、中垟村。

15. 高楼镇

高楼镇由原龙湖镇、平阳坑镇、高楼乡、营前乡、东岩乡、宁益乡、枫岭乡 7 个乡镇合并而成。面积 277.4 平方千米，户籍人口 9.78 万人，常住人口 4.36万人，下辖 3 个居民区，140 个行政村。镇政府驻西村，邮政编码 325208。

(1) 3 个居民区　龙湖的龙翔居民区，平阳坑的永和、平江居民区。

(2) 140 个行政村　原龙湖镇的西村、石龙村、上龙村、下龙村、龙一村、龙二村、湖石村、朱山村、车头岗村、岩头咀村、铁炉坑村、白岩前村、张基村、屿后村、范山村、樟岙村、张坑村、后坑村、坑底村、孙山村、顺溪村、永安村；原平阳坑镇的平阳坑村、林泗洞村、小净水村、上河头村、晚垟头村、塘岙村、坳口村、塔石村、东源村、南山村、碎石村、黄岩村、陈山头村、半岭堂村、篁坑村、徐山村、牛桥村、界后村、白象村、大降村、风门村、底大坑村、吴界山村、江边村、岭脚村、戈溪村、林宅村、龙潭村、下角村、施宅村、彭宅村、马前村、上马前村、大华村、杭山村、上岙村、南翔村、滩脚村、坑底角村、株树坪村、底垟湾村、外垟湾村；原高楼乡的高一村、高二村、高三村、上村、大京村、大京底村、大京垟村、大京山村、樟垟村、象垟村、沙垟村、社后村、罗溪村、横架村、东村、东升村、软山村、上泽村、下泽村、溪口村、蚕场村；原营前乡的营前村、铁山村、官岩村、地赖村、地赖山村、赵山村、小口村、潘营村、石溪村、黄岙村、双垟村、洪地村、林山村、下山村、旺垟村、文湾村、大树脚村；原东岩乡的东坑村、杜垟村、斜山村、中心村、民族村、大徐村、白叶村、梅山村、金垟村、石马村、寨下村、驮庵村、岩头村、岩头山村、梅树岭村、寿桃尖村、水碓坑村、沉河田村；原宁益乡的下巨垟村、墩头村、南山一村、南山二村、黄山村、大梅村、双坑村、徐垟村、徐发村、马岗脚村、红头巾村；原枫岭乡的大藏村、东龙村、西龙村、垄头村、岙口村、垟岙村、垟岙头村、大竹坑村、大垟坑村。

（五）乐清市

乐清市位于温州市东北沿海，东面隔乐清湾与玉环县和洞头县相望，东北面与温岭市接壤，北面与路桥区毗连，西面隔北雁荡山脉与永嘉县接界，南面濒临瓯江口北水道与龙湾区相望。全市面积1223.4平方千米，户籍人口124.05万人，常住人口138.93万人。下辖9个镇、8个街道、911个行政村、51个居民区（其中23个社区）。市政府驻城东街道伯乐东路888号。邮政编码325600。

2011年4月乐清市行政区划调整时，将原乐成镇一分为四，设立乐成街道、城东街道、城南街道、盐盆街道，并将城北乡并入乐成街道；将翁垟镇、白石镇、石帆镇、天成乡4个乡镇更名为街道，其区域范围不变；将象阳镇、黄华镇、七里港镇并入柳市镇；将磐石镇并入北白象镇；将蒲岐镇、南岳镇并入虹桥镇；将四都乡并入淡溪镇；将南塘镇并入清江镇；将雁湖乡、岭底乡并入芙蓉镇；将湖雾镇、双峰乡、镇安乡、智仁乡并入大荆镇；将福溪乡、龙西乡并入仙溪镇；雁荡镇的区域范围不变。

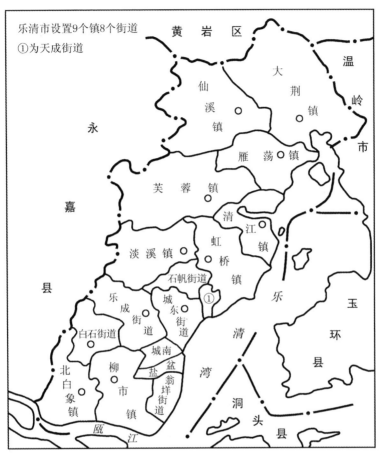

图 1-6　乐清市行政区划图

表 1-16　　　　　　　　2012 年底乐清市行政区划

标准名称	面积 （千米²）	户籍人口 （人）	常住人口 （人）	行政村 （个）	居民区 （个）	驻　　　地
城东街道	31.0	43303	45751	20	1	宁康东路 797 号
城南街道	21.1	40856	88389	18	3	百珍西路 789 号
乐成街道	67.1	64931	79362	34	8	双雁路 117 号
盐盆街道	20.5	24609	25769	13	1	中心大道 58 号
翁垟街道	26.3	60852	56887	38	1	府前东路 1 号
白石街道	47.9	30315	35021	25	1	中雁南路 288 号

49

(续表)

标准名称	面积 (千米²)	户籍人口 (人)	常住人口 (人)	行政村 (个)	居民区 (个)	驻　地
石帆街道	32.0	36072	43779	29	1	幸福西路 1000 号
天成街道	13.8	20656	19647	13	1	万桥北路 1 号
柳市镇	92.0	214176	326455	158	9	柳青南路 2088 号
北白象镇	83.2	124185	177391	109	4	象南西路 39 号
虹桥镇	90.3	167127	198947	93	10	府前路 1 号
淡溪镇	85.6	42899	40700	43	1	富康西路 1 号
清江镇	47.0	60966	54273	47	2	区前路 1 号
芙蓉镇	153.2	62260	38956	59	1	镇前路 98 号
大荆镇	197.8	144917	94761	123	5	湖边路 28 号
仙溪镇	140.1	47077	21587	57	1	镇府路 266 号
雁荡镇	74.5	55343	41652	32	1	镇府路 85 号
全市合计	1223.4	1240544	1389329	911	51	—

1. 城东街道

城东街道由原乐成镇东部区域组建而成。面积 31.0 平方千米,户籍人口 4.33 万人,常住人口 4.58 万人,下辖 1 个社区,20 个行政村。街道办事处驻康宁东路 797 号,邮政编码 325600。

(1) 1 个社区　旭阳社区。

(2) 20 个行政村　后所村、白沙村、半沙村、蛎灰窑村、坝头村、东山南村、牛鼻洞村、上叶村、包山村、龙山头村、云岭村、珠垟村、梅湾村、黄良村、土墩塘村、北沙角村、新塘村、新下塘村、石龙村、天场村。

2. 城南街道

城南街道由原乐成镇南部区域组建而成。面积 21.1 平方千米,户籍人口 4.09 万人,常住人口 8.84 万人,下辖 3 个社区,18 个行政村。街道办事处驻百珍西路 789 号,邮政编码 325600。

(1) 3 个社区　清远社区、民丰社区、丹霞社区。

(2) 18 个行政村　万岙村、水深村、马车河村、县浦村、宋湖村、盖竹村、市岭村、前山村、界岱村、百岱村、支岙村、南岸村、南岸捕捞队、石马北村、石马南村、石马捕捞队、上米岙村、南草垟村。

3. 乐成街道

乐成街道由原乐成镇西部和城北乡合并而成。面积 67.1 平方千米,户籍人口 6.49 万人,常住人口 7.84 万人,下辖 8 个社区,34 个行政村。街道办事处驻双雁路 117 号,邮政编码 325600。

(1) 8 个社区　东城、南城、西城、北城、乐怡、乐湖、银潭、沐箫社区。

(2) 34 个行政村　原乐成镇的东门村、南门村、西门村、北门村、金溪村、银溪村、中心村、仓桥村、林场村、孔坦村、岩前村、上敖村、黄村、潘家垟村、湖上岙村、八金田村、水塘山村;原城北乡的里章村、松罗村、郭公山村、黄檀洞村、章山村、仰根村、济头村、黄底村、山峰垟村、龙台头村、马龙头村、后步坐村、秦垟北村、秦垟南村、林山村、坭垟村、垟下村。

4. 盐盆街道

盐盆街道由原乐成镇最南面的区域组建而成。面积 20.5 平方千米,户籍人口 2.46 万人,常住人口 2.58 万人,下辖 1 个社区,13 个行政村。街道办事处驻中心大道 58 号,邮政编码 325600。

(1) 1 个社区　盐城社区。

(2) 13 个行政村　盐盆村、上段村、盛岙村、杨岙村、柏树巷村、后垟头村、东山村、山根村、吴岙村、田垟村、樟南村、樟北村、盐盆捕捞队。

5. 翁垟街道

翁垟街道由原翁垟镇改名而来,区域范围不变。面积 26.3 平方千米,户籍人口 6.09 万人,常住人口 5.69 万人,下辖 1 个社区,38 个行政村。街道办事处驻府前东路 1 号,邮政编码 325606。

(1) 1 个社区　九房社区。

(2) 38 个行政村　九房前村、九房后村、北街村、南街村、前西门村、后西门村、翁盐村、后盐村、曙光村、前进村、河西村、前桥村、后桥村、三屿村、三盐村、高桥村、东塘下村、东盐村、东方村、桥头村、地盐村、华新村、雪湾村、河岙村、前湖埭村、后湖埭村、北山前村、樟树下村、沙头村、沙头盐村、南山根村、新河村、双望村、门前村、沙角村、下垟村、高阳村、山环村。

6. 白石街道

白石街道由原白石镇改名而来,区域范围不变。面积 47.9 平方千米,户籍人口 3.03 万人,常住人口 3.50 万人,下辖 1 个社区,25 个行政村。街道办事处驻中雁南路 288 号,邮政编码 325604。

(1) 1 个社区　玉虹社区。

(2) 25 个行政村　上陈村、岐元村、街口村、新村、大岙村、甩稻岩村、东浃村、密川村、北新村、上升村、下阮村、新河浃村、堒岙村、合湖村、凤凰村、下印村、中雁村、岙上村、赤水垟村、上坭村、下坭村、中石门村、中湖村、钟前村、下马岭村。

7. 石帆街道

石帆街道由原石帆镇改名而来,区域范围不变。面积32.0平方千米,户籍人口3.61万人,常住人口4.38万人,下辖1个社区,29个行政村。街道办事处驻幸福西路1000号,邮政编码325608。

(1)1个社区 朴湖社区。

(2)29个行政村 朴湖一村、朴湖二村、朴湖三村、东朴湖村、西洙村、上河头村、前林村、大林后村、泮垟村、竹屿村、河沿村、后屿村、下雪村、汇头村、陈岙村、河淇村、绅坊村、青屿村、上官塘村、下官塘村、左原岭头村、大界村、山前村、外岙村、岩宕村、郭路村、上贾岙村、下贾岙村、万东坑村。

8. 天成街道

天成街道由原天成乡改名而来,区域范围不变。面积13.8平方千米,户籍人口2.07万人,常住人口1.97万人,下辖1个社区,13个行政村。街道办事处驻万桥北路1号,邮政编码325609。

(1)1个社区 万桥社区。

(2)13个行政村 万桥一村、万桥二村、万桥三村、万泽前村、万泽后村、万泽捕捞队、西潭村、埠头村、凤凰亦村、巨光村、巨星村、马良村、巉头村。

9. 柳市镇

柳市镇由原柳市镇、象阳镇、黄华镇、七里港镇4镇合并而成。面积92.0平方千米,户籍人口21.42万人,常住人口32.65万人,下辖6个社区,3个居民区,158个行政村。镇政府驻柳青南路2088号,邮政编码325602。

(1)6个社区 西垟、东风、翔金垟、上园、长虹、三里社区。

(2)3个居民区 黄华、七里港、象阳居民区。

(3)158个行政村 原柳市镇的方斗岩村、朝阳村、垟心村、前西垟村、后西垟村、吕庄村、前街村、后街村、翔金垟村、上园村、东风村、长虹村、上峰村、上池村、长丰村、象山村、西潭头村、木山后村、浃东村、浃西村、长春村、社头村、东凰屿村、西凰屿村、东仁宕村、西仁宕村、峡门村、西东村、西西村、新光村、刘宅村、张瞿村、上游村、苏岙村、苏吕村、南昌岙村、横带桥东岸村、横带桥西岸村、黄七甲村、上来桥村、林宅村、三里村、塘沿周村、马仁桥村、前西村、后西村、新民村、东村、薛宅村、捕捞新村、尚宅村、长道坦村、前垟洞村、店后村、山弄村、戴东村、戴西村、沙后村、沙东村、沙西村、隔篱村、前窑村、前州村、峇底村、峇外村、旭光村、荷峇村、上五宅村、西宋村、湖东村、湖西村、丁桥村、智广村、杨宅村、仙垟村、蟾东村、蟾西村;原象阳镇的荷盛村、象山东峇村、象山桥前村、象山桥后村、深河村、高前村、高后村、高四村、上池头村、大河沿村、大谟村、彭桥村、泮垟前横村、泮垟后横村、庄垟村、柳南村、龙根村、下渎朱村、井虹寺前村、寺前田垟村、晚斜阳村、四板桥村、荷堡村、汤东村、汤西村、圆木社村、山前马村、路头石村、谊山村、汤峇余村、大茅岭村、万里桥村、坭前村、坭后村、花浃村;原黄华镇的黄华村、黄华堡村、黄华关村、华东村、华西村、华山村、北山村、南山村、南山前村、前京村、殿后村、沪屿前村、沪屿后村、南陈峇村、金棚头村、胡家垟村、长林东村、长林西村、上岩前村、上岩后村、三宅村、南盐村、黄浦村、岐头一村、岐头二村、岐头三村、岐头四村;原七里港镇的七前村、七东村、七西村、金东村、金西村、里隆村、上屋村、楼下村、西埭村、排岩头村、排岩头东村、金光峇村、项浦埭村、马道西村、马道头村、马道底村、曹田前村、曹田后村、七里港捕捞队。

10. 北白象镇

北白象镇由原北白象镇和磐石镇合并而成。面积 83.2 平方千米,户籍人口 12.42 万人,常住人口 17.74 万人,下辖 4 个居民区,109 个行政村。镇政府驻象南西路 39 号,邮政编码 325603。

(1)4 个居民区　象东、象南、象北、磐石居民区。

(2)109 个行政村　原北白象镇的白象村、岭门村、塘上村、塘下村、鹤浃村、旺林村、前西漳村、中西漳村、后西漳村、西刘宅村、赖宅村、后岸村、白塔王村、东巇头村、西巇头村、南巇头村、沙门村、樟湾村、前岸村、前程村、河深村、车头村、商量桥村、万南村、东斜村、西斜村、赵家硐村、下庠村、涂峇村、万茗村、车峇村、水塔头村、西垟村、张家湾村、马路角村、桥下村、前星村、南峇村、金炉村、蒋家桥村、洪渡桥村、黄庄村、乐东村、城田村、项峇村、印屿村、炉峇村、坂塘村、下安村、瑞里村、陈家桥村、新皇峇村、新桥村、高东村、高中村、高西村、赵峇村、岭西村、白鹭屿村、楼桥村、双庙村、沈峇村、前潘垟村、后潘垟村、硐桥村、前黄村、瑶头村、前西岑村、后西岑村、王家店村、水潭村、三房村、四房村、三重炉村、前五宅村、大新村、大港村、小港村、七宅村、前方村、中方村、小方村、山东村、山下村、泮珠垟村、莲池头村、东河村、万仓村、上垟田村、中垟田村、东垟田村、大星捕捞队、盈仓捕捞队、豹屿捕捞队;原磐石镇的磐东村、磐南村、磐西村、河南村、河北村、重石村、油车村、东社村、西社村、芝湾村、沿河村、陡门村、西新城村、西横河村、东横河村。

11. 虹桥镇

虹桥镇由原虹桥镇、蒲岐镇、南岳镇 3 镇合并而成。面积 90.3 平方千米,户籍人口 16.71 万人,常住人口 19.89 万人,下辖 10 个居民区,93 个行政村。镇政府驻府前路 1 号,邮政编码 325608。

(1) 10 个居民区　第一、第二、第三、第四、第五、第六、第七、第八、蒲岐、南岳居民区。

(2) 93 个行政村　原虹桥镇的一村、三村、四村、七村、八村、连桥村、东垟村、东街村、西街村、上陶村、龙坦村、邬家桥村、界屿村、东馆村、蒋宅村、上滕村、严宅村、溪东村、溪西村、瑶南村、瑶北村、上沿村、下沿村、上仙垟村、下仙垟村、仙垟赵村、仙垟陈村、邵东吕村、塔东村、北村、南村、下村、下桥村、桥北村、桥南村、兴宝坦村、大乌石村、小乌石村、钱家垟村、河深桥村、龙泽村、信岙村、建强村、黎明村、周宅村、田垟季村、吴宅村、潘宅村、武宅村、长山前村、长山后村、塔桥村、凰岙村、西塘村、里弄巷村、港沿村、埭下村、水坑村、湾底村;原蒲岐镇的东门街村、南门街村、西门街村、北门街村、上侯宅村、下侯宅村、华一村、华二村、东外村、华岙村、寨桥村、仓下村、下堡村、娄川村、娄浦村、渔业捕捞队;原南岳镇的杏湾一村、杏湾二村、杏湾三村、杏湾四村、杏湾渔业队、大嵩上岳村、大嵩下岳村、平盘山村、前塘村、后塘村、岩坑村、上庄村、垟步桥村、沙港头村、里一村、里二村、里三村、里岙渔业队。

12. 淡溪镇

淡溪镇由原淡溪镇和四都乡合并而成。面积 85.6 平方千米,户籍人口 4.29 万人,常住人口 4.07 万人,下辖 1 个居民区,43 个行政村。镇政府驻富康西路 1 号,邮政编码 325608。

(1) 1 个居民区　淡溪居民区。

(2) 43 个行政村　原淡溪镇的桥外村、桥底村、福虹村、龙潭村、街头村、石龙头村、岂车村、长青村、茅垟村、黄塘村、西山村、平瑶村、潭头村、龙川村、马岙村、寺西村、下埠宅村、东高桥村、孙家垟村、里岙村、西林村、硐垟村、天雁村、龙顺村、埭头村、西湖村、兴城村、赤岩坑村;原四都乡的梅溪村、梅岙村、丁岙村、江岙村、樟岙村、垟岙村、石角龙村、双尖凤村、杨川村、岭下村、坭山村、柏岩村、陈坦村、佐溪村、玛瑙村。

13. 清江镇

清江镇由原清江镇和南塘镇合并而成。面积 47.0 平方千米,户籍人口 6.10 万人,常住人口 5.73 万人,下辖 2 个居民区,47 个行政村。镇政府驻区前路 1 号,邮政编码 325611。

（1）2个居民区　清江居民区、南塘居民区。

（2）47个行政村　原清江镇的渡头村、清江村、清南村、清北村、清江底村、方江屿村、上埠头村、棉花塘村、珠上村、珠下村、江沿村、靖江村、三塘村、泗塘村、北塘村、谢屏村、邺岙村、石阵村、福山村、麻车村、西沿村、礁头村、田垄村、蔡岙村、建新村、石古墩村、坎头下村、沙埠头村、富岩头村；原南塘镇的南塘村、南浦村、三江村、山马村、珠北村、珠南村、永光村、江宅村、朝霞村、外塘村、里塘村、里红村、杨洲村、东山埠村、龙珠塘村、鲤鱼山村、小东塘村、小横床村。

14. 芙蓉镇

芙蓉镇由原芙蓉镇、雁湖乡、岭底乡3个乡镇合并而成。面积153.2平方千米，户籍人口6.23万人，常住人口3.90万人，下辖1个居民区，59个行政村。镇政府驻镇前路98号，邮政编码325615。

（1）1个居民区　芙蓉居民区。

（2）59个行政村　原芙蓉镇的海口村、上街村、下街村、前垟村、后垟村、良园村、石碧村、山外村、山外湾村、兰屿浦村、小芙村、麦西村、包宅村、东岙村、茶塘村、下湾村、筋竹村、前横村、西岙村；原雁湖乡的丹灶里村、双坑村、舟山村、小舟山村、巨坑庵村、垟车村、上垟村、兰章田村、上马石村、长徽村、南山村、大山背村、吕家田村、上岙垟村、尚古山村、长山头村、白岩村、山坑村、西塍村、黄岙村、路上村；原岭底乡的南充村、夏林头村、竹龙岙村、潘公龙村、南山庵村、张庄村、泽基村、仰后村、东田村、上岙村、屿山村、新丰村、茅平村、珠璋村、九龙村、黄坦村、五亩田村、湖上垟村、嵝崂村。

15. 大荆镇

大荆镇由原大荆镇、湖雾镇、双峰乡、镇安乡、智仁乡5个乡镇合并而成。面积197.8平方千米，户籍人口14.49万人，常住人口9.48万人，下辖5个居民区，123个行政村。镇政府驻湖边路28号，邮政编码325615。

（1）5个居民区　荆东、荆南、石门、西门、湖雾居民区。

（2）123个行政村　原大荆镇的荆东村、荆南村、石门村、西一村、西二村、东里村、高地村、三官庙村、肖包周村、下山头村、下干村、干岭村、蔗湖村、冯村、珠山村、屿后村、仙垟谢村、仙垟方村、冬瓜岭村、李宅基村、闹水坑村、蔡界山村、小洪坑村、仰天湖村、隐处岙村、桐阳村、前溪村、溪坦村、叠石村、大园村、西下村、久防村、龙滩村、田岙村、油岙村、黄家岙村、泗洲堂村、中庄村、岭脚村、谷岙村、南园村、铁场村、蒲湾村、白箬岙村、盛宅下村、山外蔡村、舟山头村、大横浦村、小横浦村、上花坦村、中花坦村、小花坦村、后垟门村、盛家塘村;原湖雾镇的海头村、隔溪村、赤沙村、里湖村、里窍村、外林村、永丰村、硐岭头村、三界桥村、大屋村、兴上村、新东村、中街村、台头村、新进村、小球村、定头村;原双峰乡的龙避岙村、长垟村、后岙村、安然村、湖口村、新坊村、平园村、双峰村、大门村、溪心村、水碓舟村、老鼠嘴村、上陈管村、叶家垟村、上阁口村、下阁口村、上六坪村、下六坪村、大岩头村;原镇安乡的石坦村、南平村、翁村、陈家山村、北吕岙村、临黄村、盘黄村、庆丰村、坎头村、下垟村、溪头村、石坦山村;原智仁乡的大井头村、下岙村、西滩村、象周村、乌芦岙村、小坑岙村、大台门村、太湖山村、马家山村、银坑村、寺前村、小岭村、利条村、青坑村、合朝村、昌门村、石施坑村、石井坑村、水坑头村、大树冈村、赵家辽村。

16. 仙溪镇

仙溪镇由原仙溪镇、福溪乡、龙西乡 3 个乡镇合并而成。面积 140.1 平方千米,户籍人口 4.71 万人,常住人口 2.16 万人,下辖 1 个居民区,57 个行政村。镇政府驻镇府路 266 号,邮政编码 325616。

(1)1 个居民区　仙溪居民区。

(2)57 个行政村　原仙溪镇的上北阁村、下北阁村、南阁上街村、南阁下街村、花坦村、福新村、塘岸村、高塘村、双溪村、白岩山村、大公山村、大岭头村、甸岭下村、蔡家岭村、鸡冠垄村、石碧岩村、小坑村、后林村、东辽村、双南村、大岩村、卓屿村、横坦村、果木场村、下屿坦村、潭头卢村、打铁巷村、前岙孔村、横官路村、地上王村、马鸣瑞村;原福溪乡的湖岙村、福溪村、凤溪村、岭里村、御营村、高余村、西庄村、梅川村、四角丘村、四亩垄村、岩塔头村、甸岭冈脚村;原龙西乡的仙人坦村、北垟村、上山村、屿头村、菖蒲塘村、山岙头村、东加岙村、贵坑村、砩头村、显胜门村、兰田村、庄屋村、叶山村、李家山村。

17. 雁荡镇

雁荡镇的名称和区域范围不变。面积 74.5 平方千米,户籍人口 5.53 万人,常住人口 4.17 万人,下辖 1 个居民区,32 个行政村。镇政府驻镇府路 85 号,邮政编码 325614。

(1)1 个居民区　雁荡居民区。

(2)32 个行政村　白溪街村、松垟村、田东村、上黄村、上阮村、上詹村、上林村、跳头村、江边村、泽前村、楼村、选坑村、石件头村、陈家庄村、响岭头村、上灵岩村、下灵岩村、能仁村、富岙村、环山村、小岙村、陡门头村、靖底施村、朴头村、樟下村、西门岛村、白沙岛村、南岙山村、山后村、岙里村、下塘

村、下塘渔业捕捞队。

(六) 永嘉县

永嘉县位于瓯江下游北岸,东面以北雁荡山脉为界与乐清市相邻,北面与台州市的仙居县和黄岩区接壤,西面与丽水市的青田县和缙云县接界,南面与鹿城区隔江相望。全县面积 2674.1 平方千米,户籍人口 92.31 万人,常住人口 78.92 万人,是温州市面积最大的县级行政区。下辖 10 个镇、8 个街道、906 个行政村、29 个居民区(其中 17 个社区)。县政府驻北城街道县前路94 号。邮政编码 325100。

图 1-7 永嘉县行政区划图

2011 年 4 月永嘉县行政区划调整时,将原上塘镇和陡门乡、下寮乡的区域范围一分为三,设立北城、东城、南城 3 个街道;将原瓯北镇一分为四,设立江北、东瓯、三江、黄田 4 个街道;将西溪乡、徐岙乡、茗岙乡、昆阳乡并入桥下镇；将山坑乡、应坑乡、大岙乡并入碧莲镇；将石染乡、西岙乡、界坑乡并入巽宅镇；将花坦乡、渠口乡并入沙头镇；将五尫乡、表山乡、鲤溪乡并入岩头镇；将溪口乡、张溪乡、黄南乡、潘坑乡、溪下乡并入岩坦镇；撤销鹤盛乡、东皋乡、西源乡、岭头乡，合并设置鹤盛镇；乌牛镇改名为乌牛街道，区域范围不变；桥头镇、大若岩镇、枫林镇的名称和区域范围不变。

表 1 - 17　　　　　　　　2012 年底永嘉县行政区划

标准名称	面积 (千米²)	户籍人口 (人)	常住人口 (人)	行政村 (个)	居民区 (个)	驻　　地
北城街道	64.4	33325	26914	42	2	嘉宁街 123 号
东城街道	104.3	39425	26436	41	1	建镇巷 1 号
南城街道	68.0	53858	65124	31	2	永兴路 65 号
江北街道	23.8	63745	162545	16	11	双塔路 1028 号
东瓯街道	20.5	16517	73508	10	1	堡二村园区大道
三江街道	52.3	26687	28568	28	0	江头新街
黄田街道	33.2	27005	47296	19	0	千东北路 571 号
乌牛街道	78.8	39996	42780	37	1	王宅村
桥头镇	92.7	66506	74839	57	2	桥西村
桥下镇	283.0	125604	68914	138	2	桥下村
大若岩镇	93.0	28819	12319	36	1	大若村
碧莲镇	178.6	43427	19064	43	1	碧莲村
巽宅镇	260.0	43058	17279	56	1	巽宅村
岩头镇	224.3	81315	35729	83	1	岩头村
枫林镇	75.3	40046	16574	45	1	枫林
岩坦镇	565.5	66795	23648	92	1	岩坦村
沙头镇	187.8	71423	28549	74	1	高浦村
鹤盛镇	268.6	55503	19082	58	0	鹤盛村
全县合计	2674.1	923054	789168	906	29	—

1. 北城街道

北城街道由原上塘镇北部和下寮乡合并而成，包括城北片、路口片和下寮片。面积 64.4 平方千米，户籍人口 3.33 万人，常住人口 2.69 万人，下辖 2 个社区，42 个行政村。街道办事处驻嘉宁街 123 号，邮政编码 325102。

（1）2 个社区　城北社区、城中社区。

（2）42个行政村　原上塘镇北部的中村、后村、横溪村、云碓村、下湾村、三元堂村、云加山村、东山下村、中烽村、马兰坦村、岭山村、山节村、金元烽村、十二盘村、上庵村、下庵村、江北田村、枫树下村、阮加烽村、阮加山村、李家坑村、牛角门村、大亨村、朱舍村、塘山村、路口村、杭郭村、岭后村、柯师湾村；原下寮乡的底寮村、外寮村、前坪村、八里村、中心村、芬益村、芬星村、朱寮村、陈下山村、江山村、山平村、银场村、江坑村。

2. 东城街道

东城街道由原上塘镇东部和陡门乡合并而成，包括绿嶂片、峙口片和陡门片。面积104.3平方千米，户籍人口3.94万人，常住人口2.64万人，下辖1个社区，41个行政村。街道办事处驻建镇巷1号，邮政编码325100。

（1）1个社区　城东社区。

（2）41个行政村　原上塘镇东部的前村、浦口村、浦东村、敬仁村、立新村、石阶下村、绿峰村、绿嶂村、绿上村、河底村、渭石村、嶂舍村、峙口村、焦坑村、河屿村、长源村、大龙山村、溪头村、高山村、仁里村、山仓村、河舍村、大峇坦村；原陡门乡的全安村、全山村、牛伦村、潘垟村、陡门村、东坑村、林村、梅舍村、茅竹坑村、珠山村、大溪村、西林垟村、上庄山村、翁山村、山溪头村、绍山村、金竹垟村、平坑村。

3. 南城街道

南城街道由原上塘镇南部区域组建而成。面积68.0平方千米，户籍人口5.39万人，常住人口6.51万人，下辖2个社区，31个行政村。街道办事处驻永兴路65号，邮政编码325102。

（1）2个社区　城南社区、城西社区。

（2）31个行政村　下堡村、龙翔村、桥头村、西前村、西后村、金塘村、前一村、前二村、前三村、郭山村、应山村、溪了头村、大了烽村、中联村、中西村、中兴村、麻山村、任堂村、外山村、李家村、粟一村、金平村、东岸村、李浦村、观下村、芦湾村、新民村、东华村、黄屿村、观前村、屿门村。

4. 江北街道

江北街道由原瓯北镇中西部区域组建而成，范围是东瓯大道以东、楠溪江大桥以西的区域。面积23.8平方千米，户籍人口6.37万人，常住人口16.25万人，下辖11个社区，16个行政村。街道办事处驻双塔路1028号（原瓯北镇政府驻地），邮政编码325102。

（1）11个社区　双塔、清水埠、楠江、襟江、镇西、创新、江北、金瓯、永宁、滨江、阳光社区。

（2）16 个行政村　罗浮村、浦一村、浦二村、浦西村、塘头村、东方村、蔡桥村、龙桥村、码道村、新桥村、前牌村、王家垟村、花岙村、马岙村、珠岙村、白水村。

5. 东瓯街道

东瓯街道由原瓯北镇西部区域组建而成,范围是东瓯大道以西的区域。面积 20.5 平方千米,户籍人口 1.65 万人,常住人口 7.35 万人,下辖 1 个社区,10 个行政村。街道办事处驻堡二村园区大道,邮政编码 325102。

（1）1 个社区　东瓯社区。

（2）10 个行政村　和一村、和二村、和三村、堡一村、堡二村、礁下村、林垟村、五星村、河田村、安丰村。

6. 三江街道

三江街道由原瓯北镇东部的楠溪江以东区域组建而成,包括三江片和罗东片。面积 52.3 平方千米,户籍人口 2.67 万人,常住人口 2.86 万人,下辖 28 个行政村。街道办事处驻江头新街,邮政编码 325102。

28 个行政村　江头村、仙山村、后江村、三江浦东村、宁浦村、长岙村、新建村、梅园村、挂彩村、开垟村、芦田村、芦黄村、罗溪村、行禅村、缪北村、龙川村、木桥村、北岙村、南岙村、龙头村、龙下村、启灶村、山后村、半岭村、仙客村、陈家坑村、箬隆村、箬岙底村。

7. 黄田街道

黄田街道由原瓯北镇北部的楠溪江以西、楠溪江大桥以北区域组建而成。面积 33.2 平方千米,户籍人口 2.70 万人,常住人口 4.73 万人,下辖 19 个行政村。街道办事处驻千东北路 571 号,邮政编码 325102。

19 个行政村　东联村、池头村、埭下村、黄浦村、江边村、珠江村、凤屿村、浦边村、江北岭村、上白岩村、下白岩村、岭下村、外窑村、黄田岙村、新寿湾村、夹里村、雅林村、千石村、雅村。

8. 乌牛街道

乌牛街道由原乌牛镇改名而来,区域范围不变。面积 78.8 平方千米,户籍人口 4.00 万人,常住人口 4.28 万人,下辖 1 个居民区,37 个行政村。街道办事处驻王宅村,邮政编码 325103。

（1）1 个居民区　乌牛街居民区。

（2）37 个行政村　王宅村、大联村、金合村、横岚岙村、新庄村、荣庄村、岭下村、鸭鹅村、茅楼村、吴岙村、古塘村、西垟村、孙宅村、祥池村、西湾村、码道村、横屿村、青塘村、乌岩村、东嶂村、十八垄村、上叶村、西叶村、西岙村、水对头村、杨家山村、洪山村、岳田村、大嶂村、仁家垟村、东坦头村、上三房村、马岙村、项岙村、河口埭村、河口岙村、泰庄村。

9. 桥头镇

桥头镇的名称和区域范围不变。面积92.7平方千米，户籍人口6.65万人，常住人口7.48万人，下辖2个居民区,57个行政村。镇政府驻桥西村,邮政编码325107。

（1）2个居民区　桥东居民区、万象居民区。

（2）57个行政村　桥头村、桥西村、桥一村、广头村、潘罗村、龙头村、詹岙村、新华村、溪心村、黄堡村、底新村、将山村、前下村、井大村、溪西村、外新村、下近村、金窑村、殿前村、街头村、宋坑村、窑底村、坦头村、店埠村、谷联村、梨村、凤山村、夏园村、董岙村、外岙村、荷塘村、沈岗村、黄坦村、龙根村、碗头村、大沸下村、东行村、前庄村、前堡村、金村、石埠头村、连岙村、朱涂村、白沙村、外垟头村、闹水坑村、石马岙村、壬田村、新浦村、林福村、林下村、四角石村、胜丰村、洛溪村、白垟村、白下村、桃湾村。

10. 桥下镇

桥下镇由原桥下镇、西溪乡、徐岙乡、茗岙乡、昆阳乡5个乡镇合并而成。面积283.0平方千米,户籍人口12.56万人,常住人口6.89万人,下辖2个居民区,138个行政村。镇政府驻桥下村,邮政编码325106。

（1）2个居民区　桥下街居民区、西岸街居民区。

（2）138个行政村　原桥下镇的桥下村、小旦岙村、光华村、西溪下村、金兰村、肖山村、山联村、连村、泰山村、桥上村、上峰村、京岸村、陈山村、外塆村、桃山村、韩埠村、西江村、八里村、方岙村、小京岙村、京垟村、垟塆村、梅岙村、埠头村、麻坑村、西岙村、徐山村、下斜村、霞岙村、中央山村、上村、东山村、塘坑村、尤山村、延寿村、叶岙村、浦石村、六岙村;原西溪乡的吴宅村、六龙村、章一村、下庄村、罗徐村、呈岙村、朱坑垟村、潘宅村、坦头垟村、龙头村、下徐村、龙口村、墩头村、山根村、富垟村、湖庄村、周山平村、济根村、黄村、双联村、上朱山村、茶一村、茶二村、朱山村、阮山村、里村、黄山村、陈岙村、瓯渠村、双进村、前山村、岭一村、金园村、娄川村、垟观村、向阳村、徐山村、瓯山村;原徐岙乡的徐岙村、塘上村、朱硐坑村、吴垟村、黄麻垟村、岭根了村、朱坑村、大头岙村、金加了村、大平村、宋岙村、银坑村、西尖村、桐园村、殿后村、樟岙村、杨塆村、蒲瓜墩村、黄川村、廿四垄村;原茗岙乡的茗下村、茗上村、茗后村、中村、坐凳村、胜山村、章当村、下石坑村、石田坑村、光塘垟村、剩庄村、章岙村、龙外村、徐宅村、马界山村、外徐村、乾口村、底岙村、麻岙村、岩山村、南山村、平川村；原昆阳乡的东村、西村、南村、吊坑村、梅坑村、叶山头村、郑山村、双坑村、下陇村、里斜村、外砻村、底砻村、塘下砻村、邵山村、赤岭村、双垄村、吴山村、昆岭村、娄山村、金仓村。

11. 大若岩镇

大若岩镇的名称和区域范围不变。面积 93.0 平方千米，户籍人口 2.88 万人，常住人口 1.23 万人，下辖 1 个居民区，36 个行政村。镇政府驻大箬村，邮政编码 325116。

（1）1 个居民区　大若岩居民区。

（2）36 个行政村　大箬村、白泉村、玉泉村、双岙村、大元下村、龙垟村、府岸村、黄潭村、荆州村、黄岙村、石岙村、涨岸垟村、银泉村、上榴湾村、下榴湾村、水云村、钱泉村、桐州村、李大屋村、埭头村、大东村、李茅村、舟岙村、小若口村、九房村、梧涨村、陈岙村、下岸村、都溪村、都南村、田垟村、蒋山村、寺前村、垟坑村、藤溪村、里舍村。

12. 碧莲镇

碧莲镇由原碧莲镇、山坑乡、应坑乡、大岙乡 4 个乡镇合并而成。面积 178.6 平方千米，户籍人口 4.34 万人，常住人口 1.91 万人，下辖 1 个居民区，43 个行政村。镇政府驻碧莲村，邮政编码 325116。

（1）1 个居民区　碧莲街居民区。

（2）43 个行政村　原碧莲镇的碧莲村、上村、新岙村、澄田村、鱼仓村、地凑村、石山村、东坑里村、东边村、缸窑村、黄岗村、石湖村、邵园村、下岭根村、梧岙村、梧町村；原山坑乡的山坑村、前九垟村、后九垟村、大树垟村、汤店村、槎川村、驮平村、了烈村、小巨村、新宅村、郑庄村、巨川村；原应坑乡的应坑村、炉山村、章进岙村、应一村、应二村、半坑村、东庄村、廿四垄头村；原大岙乡的大岙村、北溪村、金益村、大柏村、茶岙村、应岙村、孙山村。

13. 巽宅镇

巽宅镇由原巽宅镇、石染乡、西岙乡、界坑乡 4 个乡镇合并而成。面积 260.0 平方千米，户籍人口 4.31 万人，常住人口 1.73 万人，下辖 1 个居民区，56 个行政村。镇政府驻巽宅村，邮政编码 325117。

（1）1 个居民区　沿溪居民区。

（2）56 个行政村　原巽宅镇的巽宅村、小坑村、金溪村、龟背村、下谢村、小溪村、巽一村、岭东村、麻埠村、进书村、沙埠村、龙前村、里山村、下一村、下二村、三里宅村、麻庄村、石垟村、水头垟村、邵川村、山下村、外宕村、中山村、章三里村；原石染乡的石染村、和平村、雷付村、珠龙村、墨印村、云岩村、木坑口村、下坑口村、上横村、茅山村;原西岙乡的西岙村、横彭村、坭坑村、坭坑口村、后坑村、川岙村、郭坑村、柴皮村、白石坭村、谢山村、野骨村;原界坑乡的界坑村、黄岙村、杨庄村、美岙村、界鸟村、上董村、盛山村、兴发村、坑口村、信岙村、饭盆尖村。

14. 岩头镇

岩头镇由原岩头镇、五潵乡、表山乡、鲤溪乡 4 个乡镇合并而成。面积 224.3 平方千米,户籍人口 8.13 万人,常住人口 3.57 万人,下辖 1 个居民区,83 个行政村。镇政府驻岩头村,邮政编码 325113。

(1) 1 个居民区　丽水街居民区。

(2) 83 个行政村　原岩头镇的岩头村、河一村、河二村、河三村、协岙村、塆里村、芙蓉村、芙蓉下村、小港村、张大屋村、郑岙村、下园村、溪南村、屿根村、里岙村、里户村、港头村、大岙峰村、垄翔村、大坵田村、陈家坪村、潘家垟村、苍岙村、渡头村、苍坡村、周宅村、方岙村、上美村、中美村、霞美村、上岙山村、岙底村、下日川村、西岸村、上烘头村、下烘头村;原五潵乡的五下村、五上村、下龙村、西川村、水东村、水西村、西下村、杨山村、山结村、小茅垟村、里塆潭村、藤垄根村、龙潭坑村、下宅村、岭根村、南垟村、林山村;原表山乡的表山村、祖婆山村、口上村、郎中岩村、石匣村、季家山村、张公平村、碎坑村、岭里村、岭外村、周山村、麻家溪村、外胡坑村、内胡坑村;原鲤溪乡的鲤溪村、郑家庄村、山背村、葵坑村、杏岙村、八沸垟村、四联村、福佑村、抱岙村、陈坪村、垟头村、深固村、上泛村、齐岙村、陈岙村、高山村。

15. 枫林镇

枫林镇的名称和区域范围不变。面积 75.3 平方千米,户籍人口 4.01 万人,常住人口 1.66 万人,下辖 1 个居民区,45 个行政村。镇政府驻枫林,邮政编码 325112。

(1) 1 个居民区　圣旨门居民区。

(2) 45 个行政村　枫一村、枫二村、枫三村、枫四村、枫五村、东升村、西坥村、新坊村、竞垟村、镀炉村、镜架山村、徐家塆村、兆潭村、狮溪村、大门台村、后山村、湖西村、孤山村、陈垟村、新强村、娄山村、里龙村、老庵村、新村、福田村、高塘村、大木竞村、金南村、汤岙村、田寮村、乌弄村、垟山村、下港村、陈田村、垟山头村、田东村、龚埠村、外档村、内档村、外垟村、包岙村、金山村、凤岙村、朱山头村、金山头村。

16. 岩坦镇

岩坦镇由原岩坦镇、溪口乡、张溪乡、黄南乡、潘坑乡、溪下乡 6 个乡镇合并而成。面积 565.5 平方千米,是温州市面积最大的建制镇,相当于鹿城和龙湾两区面积之和。户籍人口 6.68 万人,常住人口 2.36 万人,下辖 1 个居民区,92 个行政村。镇政府驻岩坦村,邮政编码 325115。

(1) 1 个居民区　岩坦街居民区。

(2) 92 个行政村　原岩坦镇的岩坦村、坦一村、西塘村、叶坑村、三面山村、源头村、闪坑村、岩门村、屿北村、蛙蟆垄村、东岙村、庙下村、大岭村、龙园村;原溪口乡的溪一村、溪二村、陈寮村、石鸟头村、横路下村、小舟垟村、北山村、前山村、上宅岸村、下坑村、南岸村、永坦村、铁坑村、前溪村、鸟头村、大谢村、分水村、后坪村、到家山村;原张溪乡的张溪村、桧染村、金竹溪村、福山村、深固坑村、寺后村、石陈村、里上坑村、毛竹村、南正村、黄界坑村、小长坑村、上岙村、林坑村、江潭村、陈周村、水景村、下潘村;原黄南乡的黄南村、道基村、岭背村、碧油坑村、西山村、王山村、岩门下村、上坳村、李庄村、潘塘村、深龙村、霄岭村、大学村、岙头村、山早村、林坑村、理只村;原潘坑乡的潘坑村、石鸟村、岩龙村、佳溪村、垟峰村、周卫村、田龙村、陈庄村、潘二村、金钟村、八亩村、白岩村;原溪下乡的溪下村、黄一村、黄二村、刘山村、茶山村、陈山头村、罗垟村、马上山村、金山村、麻村、邵坑村、陈坑村。

17. 沙头镇

沙头镇由原沙头镇、花坦乡、渠口乡 3 个乡镇合并而成。面积 187.8 平方千米,户籍人口 7.14 万人,常住人口 2.85 万人,下辖 1 个居民区,74 个行政村。镇政府驻高浦村,邮政编码 325108。

(1) 1 个居民区　沙头街居民区。

(2) 74 个行政村　原沙头镇的高浦村、稠树村、渔田村、庙活村、潮际村、龙潭下村、下浦村、石埠村、阳岙村、响山村、新星村、上光村、乌龙川村、东章村、罗川村、古一村、古二村、上浮林村、下浮林村、西垟村、北山村、中堡村、南川村、古庙口村、龙益村、陈住起村;原花坦乡的花一村、花二村、花三村、樟树鸟村、马田村、科竹村、廿四壁村、高坑村、东光村、董岙底村、水岩村、石公田村、黄村、溪北村、珍溪村、架鹤山村、霞山村、垟头山村、珍岙村、双溪村、胡头村、廊一村、廊二村、廊三村、朱垟村、垟下村、小溪村、东升村、东川村、繁荣村;原渠口乡的上方村、中方村、下方村、珠岸村、珠岸山村、豫章村、石柱村、岭垟村、坦下村、岭下村、塘堮村、九丈村、呈坑村、泰石村、霞川村、码砗村、福利村、下城岙村。

18. 鹤盛镇

鹤盛镇由原鹤盛乡、东皋乡、西源乡、岭头乡 4 个乡合并而成。面积

268.6平方千米,户籍人口5.55万人,常住人口1.91万人,下辖58个行政村。镇政府驻鹤盛村,邮政编码325113。

58个行政村　原鹤盛乡的鹤盛村、上埠村、大矼村、下岙村、郑源村、鹤垟村、岩峰村、塘村、罗川村、大山头村、霞岭根村、鹤泉村、黄坑村、炉山村、岩上村、谷庄村、箬袅村;原东皋乡的东皋村、东炉村、西炉村、上墈村、填垟村、下家岙村、蓬一村、蓬二村、蓬三村、上日川村、大山底村、平龙山村;原西源乡的西源村、西一村、藤家垄村、德岙村、垟京村、梅坦村、岩舟村、南岸山村、鹤湾村、齐山村、谷山村、下庄垟村;原岭头乡的岭北村、岭南村、鱼里村、黄家山村、金墩村、红枫村、半山村、小陈村、蔡岙村、富源村、上港村、中源村、南陈村、南坑村、山南村、山根村、英岙村。

(七)平阳县

平阳县位于温州市南部,北面与瑞安市接壤,南面与苍南县接界,西面与文成县相邻,东面濒临东海。全县面积1051.1平方千米,户籍人口86.7万人,常住人口76.17万人。下辖1个民族乡、9个镇、600个行政村、38个居民区(其中32个社区)。县政府驻昆阳镇县前街8号。邮政编码325400。

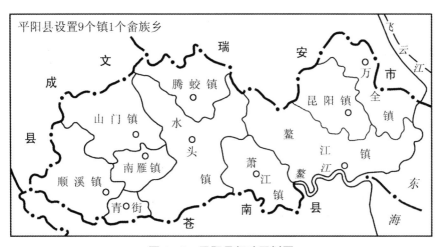

图1-8　平阳县行政区划图

2011年4月平阳县行政区划调整时,将原钱仓镇、南麂镇、梅溪乡、梅源乡、西湾乡并入鳌江镇;将原鹤溪镇、凤卧镇、闹村乡、南湖乡、朝阳乡并入水头镇;将桃源乡并入萧江镇;将宋桥镇、郑楼镇、榆垟镇、宋埠镇合并为万全镇;将凤巢乡、龙尾乡并入腾蛟镇;将晓坑乡、怀溪乡并入山门镇;将吴垟乡、维新乡并入顺溪镇;昆阳镇、麻步镇、南雁镇、青街畲族乡的区域范围不变。2012 年 12 月底,撤销麻步镇,并入萧江镇,新萧江镇政府改驻原麻步镇永安街 111 号。同时将万全镇的下鲍垟、光山、后陈、姜垟、练兴、廖垟、林步桥、柳垟、十五殿、吴垟、下薛、迎学垟、周贵垟等 13 个行政村划归昆阳镇管辖。

表 1 - 18　　　　　　　　2012 年底平阳县行政区划

标准名称	面积 (千米²)	户籍人口 (人)	常住人口 (人)	行政村 (个)	居民区 (个)	驻　　地
昆阳镇	100.8	118344	133215	63	6	人民路 188 号
鳌江镇	211.8	209300	210116	112	8	吉祥路 60 号
水头镇	198.1	169785	152180	101	10	剧院路 3 号
萧江镇	87.8	109944	98633	95	6	永安街 111 号
万全镇	66.3	64864	64134	71	0	万全路 506 号
腾蛟镇	88.2	71083	46234	48	3	凤鹤路 84 号
山门镇	115.3	59283	26991	51	3	镇前街 12 号
顺溪镇	110.5	26290	8456	32	2	益民路 15 号
南雁镇	48.1	27608	17096	16	0	南雁大街
青街畲族乡	24.2	10836	4658	11	0	青街村
全县合计	1051.1	867337	761713	600	38	—

1. 昆阳镇

昆阳镇由原昆阳镇和万全镇(原郑楼镇)的部分区域合并而成。面积100.8 平方千米,户籍人口 11.83 万人,常住人口 13.32 万人,下辖 6 个社区,63 个行政村。镇政府驻人民路 188 号,邮政编码 325400。

(1) 6 个社区　坡南、仙坛、横阳、九凰、兴业、联安社区。

(2) 63 个行政村　原昆阳镇的水塔村、后垟村、沙岗村、九街村、南岙村、凤山村、南丰村、垟岙底村、皇岙村、阳岙村、平塔村、牧垟村、城东村、前宕村、白垟村、雅山村、烟台村、龙安村、西浦村、殿后村、童桥村、黄山头村、垟教村、溪岙村、万兴村、后岙村、长山村、步廊村、三杆桥村、雅村、水亭村、前爿村、庆丰村、西戈村、莲大新村、临区村、万金村、垟港村、庙头村、民丰村、蒙垟村、建丰村、鸣山村、郭庄村、铁凤村、新欣村、石塘村、湖屿村、溪坑店村、上林垟村;原万全镇的下鲍垟村、下薛村、光山村、后陈村、练兴村、吴垟村、姜垟村、廖垟村、柳垟村、迎学垟村、周贵垟村、十五殿村、林步桥村(这13个村早属郑楼镇)。

2. 鳌江镇

鳌江镇由原鳌江镇、钱仓镇、南麂镇、梅溪乡、梅源乡、西湾乡6个乡镇合并而成。面积211.8平方千米,户籍人口20.93万人,常住人口21.01万人,下辖8个社区,112个行政村。镇政府驻吉祥路60号,邮政编码325401。

(1) 8个社区　商城、兴隆、曹门、江滨、南门、水深、西洋、曙东社区。

(2) 112个行政村　原鳌江镇的种玉村、藕莲村、孙家垟村、横河村、蓝田村、古鳌村、下埕村、柳王村、东河村、郑家墩村、五板桥村、雁门村、山外村、徐家站村、三大厂村、后半厂村、罗垟村、高垟村、联南村、龙山村、贵德村、岱头村、旺厂村、厚垟村、塘下村、岳巢村、西塘村、河东山村、环溪村、玉莲村、下河村、城北村、垂杨村、塘东村、塘北村、塘中村、塘西村、塘外村、阳屿村、和家村、下厂村、天源村、西桥村、横店村、福山村、友谊村、海城村、荆溪村、新明村、三永村、枫林村、务垟村、新城村、东城村、联城村、平河村、珍岙村、河滨村、下垟埠新桥村;原钱仓镇的钱仓村、方家村、包田村、东垟村、东江村、上凰桥村、山垟村、白水村、前进村;原南麂镇的火焜岙村、国姓岙村、马祖岙村、新码头村、大礻昌村、对岙村、后隆村、竹屿村、三盘尾村、百亩坪村、门屿尾村;原梅溪乡的凤岙村、联丰村、书阁村、凤尾山村、山碧村、梅里村、包岙内村、万安村、清桥村、溪头村;原梅源乡的梅源村、苏岭村、重阳村、凤岩村、解元村、孙岙村、七星村、赤溪村、岭根村、顺利村、三源村、山平田村、章公尖村;原西湾乡的一沙村、二沙村、三沙村、四沙村、银岭村、青湖村、海滨村、跳头村、北山村、殿后山村。

3. 水头镇

水头镇由原水头镇、鹤溪镇、凤卧镇、闹村乡、南湖乡、朝阳乡6个乡镇合并而成。面积198.1平方千米,户籍人口16.98万人,常住人口15.22万人,下辖9个社区,1个居民区,101个行政村。镇政府驻剧院路3号,邮政编码325405。

(1) 9个社区　望雁、城中、振德、泾川、泾口、凤尾、腾龙、凤林、乐溪社区。

(2) 1个居民区　鹤秀居民区(在鹤溪)。

(3) 101个行政村　原水头镇的内岙村、外岙村、金山垟村、三桥村、水凤尾村、中后村、金凤村、龙垟村、仕静村、溪心村、上林村、下林村、詹江村、下埭头村、鹭鸶湾村、寺前村、周山村、凤岩村、青峇村、南山脚村、金塔村、上店村、麻园村、龙涵村、清河村、鸣溪村、小南村、章峇村、蒲潭村、建安村、雅屿村、湖桥村、凤湾村;原鹤溪镇的石牌村、霞溪村、缸窑村、溪尾村、下村、内村、南一村、南二村、速成村、水上垟村、长安村、秀溪村、蔡垟村、新鹤村、中元村、乌秋坑村;原凤卧镇的凤林村、马头岗村、吴潭桥村、西塔村、垟头村、蒲山村、赤砂村、平凤村、平马村、玉轩村、凤卧湾村、凤东村、内塘村;原闹村乡的净凉村、吴岭村、南垟村、西垟村、上南村、上浪村、中村、桥头村、东北村、杨美村、光辉村、黄山村、苍南村、小施村、大施村、卢家村、龙凤村、季山村、秀尖村、玉联村;原南湖乡的湖滨村、清江村、湖北村、湖南村、增光井村、横山岭村、顷后村、前街村、后街村、普美村、塔院村、龙湖村;原朝阳乡的赵阳村、新东村、新溪村、新联村、双溪村、双峰村、同盟村。

4. 萧江镇

萧江镇由原萧江镇、麻步镇、桃源乡3个乡镇合并而成。面积87.8平方千米,户籍人口10.99万人,常住人口9.86万人,下辖6个社区,95个行政村。镇政府驻原麻步镇的永安街111号,邮政编码325403。

(1) 6个社区　原萧江镇的胜利、双榕、沿河、庄里社区;原麻步镇的万安、永安社区。

(2) 95个行政村　原萧江镇的萧江村、岱口村、江边萧村、西炉村、青龙村、毛家处村、直浃河村、立后村、潘汇村、潘南村、四大屋村、浃底村、落马村、落马头村、河头垟村、裕丰村、山下垟村、山桥村、夏宅村、后林村、垟浦村、张家山村、凤头村、前河头村、前林村、淡浦村、上汇村、下汇村、高黎村、上宅村、兰花桥村、永门村、夏桥村、浦口村、夏后垟村、棋盘桥村、河峥村、上园村、前村、峇底坑村、垟心金村、门前垟村、叶段村、河浦村、河坤村、杨梅庄村、鹤湖村、胜光村;原麻步镇的麻步村、雷渎村、欣雅村、新桥村、鳌寒村、雷锋村、黎明村、华亭村、陶贡村、西峇村、显桥村、郑家内村、下堡村、前垟村、水港村、江景村、沿口村、西村、高阳村、仙垟村、宏寮村、河古村、峇底村、江湾村、上周村、四十五村、高沙村、燕州村、下泛村、华龙村、新华村、渔塘村、横山村、范龙村、富民村、兴民村、盖竹村、东坑村、凤山头村;原桃源乡的桃源村、桃岭村、曾山村、包峇村、岩山村、塔下村、兴源村、硐垵村。

5. 万全镇

万全镇由原宋桥镇、郑楼镇、榆垟镇、宋埠镇4镇合并改名而成。面积66.3平方千米,户籍人口6.49万人,常住人口6.41万人,下辖71个行政村。镇政府驻万全路506号,邮政编码325402。

71个行政村 原宋桥镇的宋桥村、鲍垟村、章桥村、下桥村、汇河村、孙楼村、金宕村、吴岙村、上岙村、黄垟村、冯宅村、栏杆桥村、尤里村、安阳村、东村、赖岙村、岭下村、陈岙村、东湾村、横塘村、山头外村、湖蛟桥村、三都王村、瑶山村、林庄村、林岱村、金阳村、瑞阳村;原郑楼镇的郑一村、郑二村、郑三村、陈交大村、古农村、古渔村、张阁村、倪垟村、周垟村、叶垟村、岗上村、岗下村、郑东村;原榆垟镇的中镇村、榆北村、榆南村、谷垟村、台头村、下周村、荷花村、上呈村、榆茶村、浃口村、南门村、麻车村、新漊村、岙斗村、五角斗村、横湖村、象湾村、丰门村、龙头村、榆龙村;原宋埠镇的宋埠村、长桥村、官宕村、陡北村、陡南村、北厂村、东横塘村、新界村、加丰村、仙口村。

6. 腾蛟镇

腾蛟镇由原腾蛟镇、凤巢乡、龙尾乡3个乡镇合并而成。面积88.2平方千米,户籍人口7.11万人,常住人口4.62万人,下辖3个社区,48个行政村。镇政府驻凤鹤路84号,邮政编码325404。

(1) 3个社区 龙腾社区、昌荣社区、凤翔社区。

(2) 48个行政村 原腾蛟镇的腾蛟村、驷马村、岱山村、金田村、腾带村、腾溪村、联源村、北溪村、南陀村、青埄村、岭门村、双坑村、塘溪村、霞山村、王坛村、同兴村、双垟村、赤金村、文理村、湖窦村、碧源村、和兴村、平棋村、林家村、梅坑村、金岭桥村;原凤巢乡的凤巢村、溪头街村、联合村、仁家垟村、灵岩村、秀垟村、大岭村、伍岱村、山边村、洞桥头村、三脚田村;原龙尾乡的龙尾村、包垟村、吴小垟村、林坑村、龙横村、横平村、龙岙村、南胜村、麻树村、百尖村、河山平溪村。

7. 山门镇

山门镇由原山门镇、晓坑乡、怀溪乡3个乡镇合并而成。面积115.3平方千米,户籍人口5.93万人,常住人口2.70万人,下辖3个居民区,51个行政村。镇政府驻镇前街12号,邮政编码325406。

(1) 3个居民区 老街、大桥、曙光居民区。

(2) 51个行政村 原山门镇的山门村、郭岙村、下东山村、西山村、悦来村、亭后村、水门头村、下路堡村、大屯村、田中央村、碇步头村、高一村、高二村、大楼村、下屯村、屿边村、上垟村、大岭脚村、大岙村、永安村、旺庄村、坑东村、梅丰村、溪源村、石牛坑村、包山村;原晓坑乡的晓坑村、晓阳村、徐垟村、石城村、中心村、西垟亭村、东山下村、章坑村、高堡村、杭坑村、上双岙村、法洪村、岳溪村、下岭头村、黄施岙村;原怀溪乡的金溪村、曹门村、垟边村、垟底村、金山村、联山村、畴垟村、畲龙村、水口村、南山垟村。

8. 顺溪镇

顺溪镇由原顺溪镇、吴垟乡、维新乡 3 个乡镇合并而成。面积 110.5 平方千米,户籍人口 2.63 万人,常住人口 0.85 万人,下辖 2 个居民区,32 个行政村。镇政府驻益民路 15 号,邮政编码 325407。

(1) 2 个居民区　桥西、桥东居民区。

(2) 32 个行政村　原顺溪镇的顺溪村、上顺溪村、下顺溪村、溪口村、溪南村、溪北村、白云村、青石桥村、双田村、石柱村、下东村、山头庵村、处基村、鹿岩村、只音村、富溪村、田里村、中山村;原吴垟乡的下垟村、顺垟村、底屋村、周家村、狮峰村、戈场村、岭后村;原维新乡的俞思坑村、朱垟村、杨光村、大垄村、岭峰村、余山村、进士村。

9. 南雁镇

南雁镇的名称和区域范围不变。面积 48.1 平方千米,户籍人口 2.76 万人,常住人口 1.71 万人,下辖 16 个行政村。镇政府驻南雁大街,邮政编码 325406。

16 个行政村　南雁村、后仓村、东门村、蒲岭村、笠湖村、溪边南村、迢岩村、前山村、堂基村、周岙村、双旺村、雁前村、雁峰村、雁山村、三兴村、五十丈村。

10. 青街畲族乡

青街畲族乡的名称和区域范围不变。面积 24.2 平方千米,户籍人口 1.08 万人,常住人口 0.47 万人,下辖 11 个行政村。乡政府驻青街村,邮政编码 325407。

11 个行政村　青街村、南网村、睦源村、新三村、太心村、垟心村、东坑村、九岱村、十五亩村、南朱山村、王神洞村。

(八) 苍南县

苍南县位于温州市最南部,北面与平阳县接壤,南面与福建福鼎市接界,西面与泰顺县相邻,东面濒临东海。全县面积 1272.3 平方千米,户籍人口 129.78 万人,常住人口 118.45 万人,是温州市人口大县。下辖 2 个民族乡、10 个镇、776 个行政村、100 个居民区(其中 8 个社区)。县政府驻灵溪镇人民大道 555 号。邮政编码 325800。

2011 年 4 月苍南县行政区划调整时,将原观美镇、凤池乡、浦亭乡并入灵溪镇;将原芦浦镇、肥艚镇、云岩乡并入龙港镇;将原望里镇、仙居乡、新安乡、括山乡并入钱库镇;将原莒溪镇、腾垟乡、五凤乡并入桥墩镇;将原炎亭

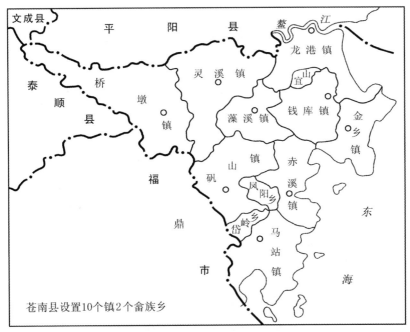

图1-9 苍南县行政区划图

表1-19 **2012年底苍南县行政区划**

标准名称	面积 （千米²）	户籍人口 （人）	常住人口 （人）	行政村 （个）	居民区 （个）	驻　　　地
灵溪镇	187.0	270419	298817	146	23	江滨路
龙港镇	165.4	355551	396000	171	28	河底高村
宜山镇	14.8	43100	56008	27	8	球新路
钱库镇	104.6	162181	136153	114	7	文卫路65号
藻溪镇	84.8	38863	21591	31	3	兴洲街119号
桥墩镇	201.5	82551	50874	64	7	镇府路56-58号
金乡镇	93.6	128337	107360	79	7	东门大街60号
矾山镇	123.2	62673	37849	31	11	新华街
赤溪镇	109.8	50275	21071	32	1	南行村
马站镇	141.7	91332	53341	67	5	闸桥头村
凤阳畲族乡	23.5	5850	2103	6	0	顶堡村
岱岭畲族乡	22.4	6635	3283	8	0	东宫村
全县合计	1272.3	1297767	1184450	776	100	—

镇、大渔镇、石砰乡并入金乡镇;将原南宋镇、昌禅乡并入矾山镇;将原中墩乡、龙沙乡并入赤溪镇;将原沿浦镇、霞关镇、渔寮乡、蒲城乡并入马站镇;宜山镇、藻溪镇、凤阳畲族乡、岱岭畲族乡的区域范围不变。

1. 灵溪镇

灵溪镇由原灵溪镇、观美镇、凤池乡、浦亭乡4个乡镇合并而成。面积187.0平方千米,户籍人口27.04万人,常住人口29.88万人,下辖5个社区,18个居民区,146个行政村。镇政府驻江滨路,邮政编码325800。

(1) 5个社区 城中、莲池、大门、灵堡、玉龙社区。

(2) 18个居民区 古磉、上街、凤山、双台、柴街巷、黄宅内、会龙门、塘北、站前、站东、站北、韩头桥、灵浦、望江、南鹤、横阳、城北、珊瑚居民区。

(3) 146个行政村 原灵溪镇的樟浦村、家堡村、双台村、双灵村、古磉村、下东垟村、双垟村、大门村、厅基村、西山村、宫后陈村、灵丰村、山东村、五垟村、浍尾缪村、东仓村、上江村、水门内村、上垟庄村、河尾庄村、上林村、官堂村、新建村、灵堡村、岩头村、龙渡村、鱼塘口村、垟垟村、后垟村、坑底村、岭北村、大观村、南龙村、溪心村、水头村、坑源村、五亩村、金岙村、晓丰村、田垱村、北山下村、坝头村、下埠街村、岭前村、象松村、过港村、秦岙村、渡龙村、双汇村、叶家垟村、屿湖村、宕顶村、西程村、埭头村、白鹤村、望鹤村、余桥村、水垟村、凰山前村、蔡宅村、联进村、横支村、横河村、四大村、金福村、桥底村、营垟村、内李村、王宅村、梧梅村、浦边村、江苏村、河口叶村、新港村、仓浃村、沪山村、新溪村、台溪村、柳庄村、五爱村、三河村、山北底村、凤阳村、畔垟村、门前村、山南村、周林村、浦口村、前蔡村、后蔡村、新桥头村、新浦村、百丈村、塘下村、横浦村、华山村、大浃头村、上刘村、红星村、塔里村、横江村、平水桥村、双家垟村、棋南村、汤家垟村、山脚李村、平南村、斗南村、下汇周村、郭家车村、镇江村、上垟村;原观美镇的观美村、大路村、岩联村、新岸村、凤鹤村、桃湖村、中屿村、茂竹村、双溪村、三美村、三联村、楼下村、东阳村、顶垟村、寨岭脚村、十字路村、碗窑美村;原凤池乡的板岙村、徐溪村、白水村、湾旦村、大坡村、垟岙村、水月村、双益村、浦内洪村;原浦亭乡的燕头村、苍溪村、灵浦村、浦南村、石聚村、玉泉村、和平村、大亭村。

2. 龙港镇

龙港镇由原龙港镇、芦浦镇、肥艚镇、云岩乡4个乡镇合并而成。面积165.4平方千米,户籍人口35.56万人,常住人口39.60万人,下辖3个社区,25个居民区,171个行政村。镇政府驻河底高村,邮政编码325802。

(1) 3个社区 江浦社区、泰安社区、龙浦社区。

（2）25个居民区 通港、海港、建新、镇前、龙跃、沿河、文卫、江湾、西南、龙湖、站前、百有、江滨、龙华、望城、永盛、建北、龙威、鹤浦、东浦、繁华居民区，原芦浦镇的芦光居民区，原肥艚镇的中魁、双港、桂泉居民区。

（3）171个行政村 原龙港镇的新渡村、方岩下村、河度高村、金钗河村、江口村、下埠村、池浦村、朝西屋村、流浦村、柳江村、咸园村、砖瓦村、新陡门村、新兰村、东排村、西排村、新美洲村、洪宫村、涂厂村、黄家蓬村、瓦窑头村、李家垟村、下涝村、浦后村、三大屋村、河北庙村、黄中村、象北村、象中村、象南村、七河村、刘北村、刘西村、刘南村、方北村、方中村、方南村、章良村、岑浦村、下东庄村、二河村、海头村、河尾村、前东村、朝北处村、后岸村、民主村、海下村、新垟村、西桥村、东河村、下垟郑村、双桂村、陈良村、杨家宅村、凤江村、双龙村、汇龙村、李庄站村、长连屋村、朱家站村、三垟村、凰浦村、水深垟村、童处村、林陈村、新光村、麟头村、张西村、张东村、环河村、徐家庄村、陈家宅村、韩家垟村、仕家垟村、希贤村、梧桥村、吴家弄村、陈宅村、林官仓村、陈华垟村、吴兰楼村、余北村、余南村、施良村、孙店村、周家车村、西河村、下水门村、郭宕村、新河村、上河头村、薛北村、薛中村、薛南村、月星村、大店村、文楼村、东庄村、三大庙村、都口村、卢处村、平桥村、寿山村、王家门村、下湾村、振棋村；原芦浦镇的芦浦村、增产村、儒桥头村、鉴后西村、鉴后东村、鉴后垟村、前垟村、县后村、石路村、东门垟村、南宕村、林家院村、黄楼下村、前垟底村；原肥艚镇的肥艚村、炉头村、泮河东村、泮河西村、北岭村、林家庄村、平安村、老台村、七一村、七二村、中段村、老陡门村、下乾头村、方城底村、横池村、东山周村、垟底张村、东浦口村、浃底村、山塘村、陈处村、马路下村、西浦口村、金家沿村、北大垟村、九刀连村、新桥村、水心村、倪前村、倪后村、黄库村、浦东村、浦前村、黄东村、仙坭船村、夏口徐村、马鞍桥村；原云岩乡的鲸头村、云岩村、士金兜村、上对口村、中对口村、山前村、凤山村、金中村、梁峰村、三峰村、联友村、瑞岩村、港头村。

3. 宜山镇

宜山镇的名称和区域范围不变。面积14.8平方千米，户籍人口4.31万人，常住人口5.60万人，下辖8个居民区，27个行政村。镇政府驻球新路，邮政编码325803。

（1）8个居民区 球山、龙头、仁寿、前垟、站前、东兴、兴龙、环球居民区。

（2）27个行政村 严处村、朱处村、吴家库村、甲第村、上黄村、下黄村、林梁村、宜一村、宜二村、塘西村、东店村、八岱村、谢垟底村、东跳村、张北村、张南村、上水门村、陈家寺村、前河蒋村、浃中堡村、珠后村、珠西村、珠东村、芙蓉村、水亭村、梁宅村、后垟增村。

4. 钱库镇

钱库镇由原钱库镇、望里镇、仙居乡、新安乡、括山乡5个乡镇合并而成。面积104.6平方千米,户籍人口16.22万人,常住人口13.62万人,下辖7个居民区,114个行政村。镇政府驻文卫路65号,邮政编码325804。

(1) 7个居民区 原钱库镇的兴中、兴华、东街、西街居民区,原望里镇的南茶寮、港滨、镇前居民区。

(2) 114个行政村 原钱库镇的东西街村、横街村、三西村、三东村、黄判桥村、金家垟村、倪处村、金处村、垟西村、车头村、三秀桥村、西堡村、陈东村、陈西村、陈南村、苏家堡村、项东村、项西村、垟北村、垟南村、垟中村、后谢村、李家车村、小河川底村、山下村、孙家河村、林家塔村、李后村、李前村、桐桥村、前吴村、章均垟村、夏口村、陡门底村、蔡里村、彭家礁村、后官村、河家埭村、垟东村、前宫村;原望里镇的南茶寮村、北茶寮村、北岙村、南北岙村、河口村、新民村、浃底园村、下堡村、乌石岭村、港头村、六板桥村、凤岙村、马鞍村、金家庄村、罗厝村、宫西村、溪头埠村、祺临村、东山头村、雅儒村、山岙口村、护法寺村、仙居山村、神山村;原仙居乡的安居村、仙平村、朱家斗村、李家垟头村、湖广店村、翁处村、雅前村、雅后村、雅店桥村、神宫桥村、木桥头村、柘园村、龙船埠村、十二岱村、河西岸村;原新安乡的东屿村、新屿村、小云兜村、大云兜村、路边村、金龙村、西谢村、大树下村、东浃头村、廖家垟村、玉龙村、鉴桥村、管店村、大河川底村、塔头村、塔前村、山北村、陈鉴垟村;原括山乡的将军村、南垟村、小陈家堡村、蔡家堡村、东张庄村、西张庄村、尤家园村、大庄村、下汤村、河西村、新岙村、斜路村、西括村、东括底村、岭脚村、龙山村、丰山村。

5. 藻溪镇

藻溪镇的名称和区域范围不变。面积84.8平方千米,户籍人口3.89万人,常住人口2.16万人,下辖3个居民区,31个行政村。镇政府驻兴洲街119号,邮政编码325801。

(1) 3个居民区 兴康、九堡、建光居民区。

(2) 31个行政村 建光村、周浦岭村、高岙村、下山虎村、盛陶村、新荣村、九堡村、丁步头村、蔗岙村、燕坑村、东溪村、银湖村、富山村、汇山村、平水村、加针坑村、小心垟村、毛徐村、草白村、下村、流石村、下应村、东垟村、元店村、繁枝村、三岙村、坡南村、兴文村、丁岙村、魁村、北山坡村。

6. 桥墩镇

桥墩镇由原桥墩镇、莒溪镇、腾垟乡、五凤乡 4 个乡镇合并而成。面积 201.5 平方千米,户籍人口 8.26 万人,常住人口 5.09 万人,下辖 7 个居民区,64 个行政村。镇政府驻镇府路 56～58 号,邮政编码 325806。

(1) 7 个居民区　原桥墩镇的堂阳、玉山、松山、镇西、西园、桂兰居民区,原莒溪镇的云山居民区。

(2) 64 个行政村　原桥墩镇的云仙村、石龙村、凤岭村、库区村、龙井村、墓庵村、新宫村、柳垟村、仙堂村、古树村、新村、金山头村、卅十七村、下垟村、碗窑村、高山村、矴步头村、小沿村、四亩村、罗垟村、方竹村、蔡垟村、关庙村、发凤村、树枫村、南湖村、马渡村、后隆村、黄檀村、官南村、横墙村、蕉坑村、天星村、小源村;原莒溪镇的莒溪村、大坪村、大山村、大村、大俄村、西厅村、王洞村、王立村、桥南村、宫外村、溪东村、田寮村、天井村、黄畲村、坳下村;原腾垟乡的腾中村、兴庆村、传星村、玉腾村、东山村、苍北村;原五凤乡的嘉同村、新利村、黎垟村、柘垟村、新凤村、水沟村、思居村、南山头村、八亩头村。

7. 金乡镇

金乡镇由原金乡镇、炎亭镇、大渔镇、石砰乡 4 个乡镇合并而成。面积 93.6 平方千米,户籍人口 12.83 万人,常住人口 10.74 万人,下辖 7 个居民区,79 个行政村。镇政府驻东门大街 60 号,邮政编码 325805。

(1) 7 个居民区　卫前、凤凰、丰乐、球山、茶亭、七里、海晏居民区。

(2) 79 个行政村　原金乡镇的灵峰村、夏八美村、前半垟村、后半垟村、夏泽村、灵峰黄村、下泽汤村、大处基村、底店村、河头村、上堡村、冯店村、汤鉴垟村、上乾头村、坊下村、林家硐村、四代徐村、黄家宅村、余庄村、大桥头村、阳美村、半浃连村、池心村、洪岭下村、东山蔡村、苏家村、郑家楼村、郑家垟村、前张村、东田村、河尾垟村、南祥村、东店包村、蔡家村、黄金河村、东埭头村、珠照垟村、戴家堡村、吴家堡村、湖里村、永兴村、张良山村、前堡村、瓦窑村、桥头连村、倒桥村、黄圾岙村、梅岭脚村、梅岭头村、珠梅岭村、凉亭村、十八步村、干溪村、牛卧龙村、龙蟠基村、狮山村、星光村、五一村、城中村、金星村、溪头村;原炎亭镇的西沙村、东沙村、新兴村、振兴村、海口村、崇家岙村;原大渔镇的南行街村、北行街村、渔岙村、大岙村、岭门村、小渔村、大岙心村;原石砰乡的坑南村、坑东村、兴渔村、兴澳村、风水湾村。

8. 矾山镇

矾山镇由原矾山镇、南宋镇、昌禅乡 3 个乡镇合并而成。面积 123.2 平方千米,户籍人口 6.27 万人,常住人口 3.79 万人,下辖 11 个居民区,31 个行政村。镇政府驻新华街,邮政编码 325807。

(1) 11 个居民区　原矾山镇的南下、内街、南垟、新街、大埔头、龙舌头、王家洞、水尾、福德湾居民区,原南宋镇的北山、枫树门居民区。

(2) 31 个行政村　原矾山镇的古路下村、深家坑村、内山村、南下村、中村、金头垟村、南堡村、顶村、杨子山村、甘茶村、青山后村、倪家山村、埔坪村、甘岐村、拱桥内村、狮头脚村、柯岭脚村;原南宋镇的南宋村、垟丰村、古楼山村、垟尾园村、蕉坑底村、大埔山村、溪光村、北山村;原昌禅乡的兴昌村、大心垟村、三条溪村、王家垟村、中夅村、高丰村。

9. 赤溪镇

赤溪镇由原赤溪镇、中墩乡、龙沙乡 3 个乡镇合并而成。面积 109.8 平方千米,户籍人口 5.03 万人,常住人口 2.11 万人,下辖 1 个居民区,32 个行政村。镇政府驻南行村,邮政编码 325808。

(1) 1 个居民区　赤溪居民区。

(2) 32 个行政村　原赤溪镇的赤溪村、南行村、过溪村、塘头村、北夅内村、园林村、白湾村、流岐夅村、半垟村、双联村、泗安村、官夅村、信智村、棕利头村、后垵村、乌岩村、韭菜园村、湖井村、园屿村;原中墩乡的中墩村、海滨村、南头村、下厝村、王家山村、小岭村、尖礁村;原龙沙乡的沙坡村、吊壁灯村、石塘村、安峰村、玉溪村、下门村。

10. 马站镇

马站镇由原马站镇、沿浦镇、霞关镇、渔寮乡、蒲城乡 5 个乡镇合并而成。面积 141.7 平方千米,户籍人口 9.13 万人,常住人口 5.33 万人,下辖 5 个居民区,67 个行政村。镇政府驻闸桥头村,邮政编码 325809。

(1) 5 个居民区　原马站镇的南街、蒲中居民区,原沿浦镇的沿浦、新兴居民区,原霞关镇的金玉沙居民区。

(2) 67 个行政村　原马站镇的马站村、金山村、桥头村、山边村、闸桥头村、霞峰村、后岘村、城门村、大门垟村、凤尾山村、西边村、棋盘村、车岭村、下屿村、中魁村、下魁村、顶魁村、小姑村、中姑村、南垄村、三墩洲村、鲂鱼山村;原沿浦镇的沿浦村、鼻头村、大姑村、新塘村、李家井村、下在村、岭尾村、外垟村、斗门头村、三茆村、云亭村、界牌村、牛乾村、南堡岭村、孟福林村、白蓬岭村、木林村、沙岭村、海丰村;原霞关镇霞关村、瑶洞村、兴霞村、三星村、南坪村、新林村、长沙村、三澳村、澄海村、库下村、仙岩村、大垅村;原渔寮乡的渔寮村、后嵝村、崇安村、荷包田村、王孙村、联盟村、雾城村、关头村、滨海村;原蒲城乡的金城村、龙门村、甘溪村、兴蒲村、西门外村。

11. 凤阳畲族乡

凤阳畲族乡的名称和区域范围不变。面积23.5平方千米,户籍人口0.59万人,常住人口0.21万人,下辖6个行政村。乡政府驻顶堡村,邮政编码325808。

6个行政村　顶堡村、岭边村、龟墩村、凤楼村、鹤山村、鹤峰村。

12. 岱岭畲族乡

岱岭畲族乡的名称和区域范围不变。面积22.4平方千米,户籍人口0.66万人,常住人口0.33万人,下辖8个行政村。乡政府驻东宫村,邮政编码325809。

8个行政村　东宫村、云遮村、云山村、坑门村、福掌村、富源村、杨家边村、大厝基村。

(九) 文成县

文成县位于温州市西部,东面与瑞安市和平阳县接壤,南面与泰顺县相邻,西面与丽水景宁畲族自治县接界,北面与丽水青田县相连。全县面积1293.4平方千米,户籍人口37.64万人,常住人口21.21万人。下辖1个民族乡、9个镇、384个行政村、7个居民区(其中6个社区)。县政府驻大峃镇建设路125号。邮政编码325300。

2011年4月文成县行政区划调整时,将原龙川乡、樟台乡、周壤乡、金炉乡、里阳乡和金垟乡部分区域并入大峃镇;将原桂山乡、仰山乡并入珊溪镇;将原东溪乡、金星乡、朱雅乡、上林乡并入玉壶镇;将原十源乡、黄寮乡并入南田镇;将原云湖乡、富岙乡并入黄坦镇;将原二源乡并入百丈漈镇;将原峃口乡、双桂乡、公阳乡、平和乡和金垟乡的部分区域合并,设置峃口镇;将原石垟乡、下垟乡、岭后乡并入西坑畲族镇;巨屿镇和周山畲族乡的区域范围不变。

1. 大峃镇

大峃镇由原大峃镇、龙川乡、樟台乡、周壤乡、金炉乡、里阳乡6个乡镇和金垟乡部分区域合并而成。面积156.3平方千米,户籍人口10.69万人,常住人口8.14万人,下辖6个社区,92个行政村。镇政府驻建设路165号,邮政编码325300。

(1) 6个社区　城东、城南、城西、城北、红枫、凤溪社区。

(2) 92个行政村　原大峃镇的城南村、双西村、县前村、二新村、周村、上房村、林店尾村、桥头井村、陈宅村、苔湖村、苔湖山村、石坟垟村、珊门村、

图 1-10 文成县行政区划图

表 1-20　　　　　　　2012 年底文成县行政区划

标准名称	面积（千米²）	户籍人口（人）	常住人口（人）	行政村（个）	居民区（个）	驻　　地
大峃镇	156.3	106940	81360	92	6	建设路 165 号
珊溪镇	150.6	51352	22476	47	1	珊溪街 139 号
玉壶镇	182.1	39568	24463	44	0	府前街 10 号
南田镇	162.0	33364	19634	31	0	朱宅巷 20 号
黄坦镇	195.5	34563	14621	45	0	后巷村
百丈漈镇	88.6	24919	14213	31	0	百丈漈路 119 号
峃口镇	87.9	37896	12403	35	0	峃口村
巨屿镇	56.0	22027	10858	23	0	云江东路 1 号
西坑畲族镇	200.4	20556	10144	27	0	镇前路 1 号
周山畲族乡	14.0	5175	1905	9	0	养根村
全县合计	1293.4	376360	212077	384	7	—

黄岭头村、坪头村、下沙垟村、上徐村、下徐村、大会岭脚村、吴垟村、屿根村、凤垟村、坑口村、周徐村、呈树村、大发垟村、垟丼村;原龙川乡的下村、中村、村头村、过山村、花园村、横山村、下田村、马垟村、中堡村、茶寮村、坪山村、贵坪村、季马村、建新村、龙马村、樟坑村、中林村、乌田民族村;原樟台乡的樟台村、兴川村、鹤东村、东城村、金仓村、塔山村、马山村、双东村、双马村、双龙村、东降村、桥坑村、桂山村;原周壤乡的周墩村、联丰村、中南村、外南村、上龙村、林山村、大坑村、路山村、项山村、麻山村、呇底村、诸葛岭村、岭南村、新南村、岭岙村(原周壤乡的周龙村划归玉壶镇);原金炉乡的金山村、城中村、王家村、陈庄村、岚岩村、新垟村、炉山底村;原里阳乡的里川村、孙岙村、垟底村、垟外村、江底村、江外村、西山岩头村、余山民族村;原金垟乡的李山村、小龙村、谷山村、横培村(原金垟乡的另外4村划归峃口镇)。

2. 珊溪镇

珊溪镇由原珊溪镇、桂山乡、仰山乡3个乡镇合并而成。面积150.6平方千米,户籍人口5.14万人,常住人口2.25万人,下辖1个居民区,47个行政村。镇政府驻珊溪街139号,邮政编码325304。

(1) 1个居民区　富强新村居民区。

(2) 47个行政村　原珊溪镇的街头村、街尾村、下山村、坦岐村、牛坑村、山根村、下丬坦村、下山垟村、新西坑村、井市村、新建村、徐岙村、吴新村、李夏村、平坑村、南阳村、罗山村、驮了村、西山村、西黄村、朱川村、毛坑村、岭背村、东坪村、高山村、松源村、福首源村、卓山村、项坑村、松根村、环秀村、联新村、五新村、新红村、君阳村、新湖村;原桂山乡的三垟村、新兴村、分水村、平溪村、凤狮村、福全村、桂库村;原仰山乡的雅坪村、塘山村、松坑村、鳌洋村。

3. 玉壶镇

玉壶镇由原玉壶镇、东溪乡、金星乡、朱雅乡、上林乡5个乡镇合并而成。面积182.1平方千米,户籍人口3.96万人,常住人口2.45万人,下辖44个行政村。镇政府驻府前街10号,邮政编码325311。

44个行政村　原玉壶镇的上村、中村、外村、底村、五一村、五四村、垟头村、龙背村、樟坑村、赵基村、长丰村、东樟村、光明村、金岩村、林龙村、高坪村、龙坑村、樟坪村;原东溪乡的碧溪村、碧坑村、吕一村、茗垟村、九南村、裕山村、东头村、南河村;原金星乡的金星村、朱坪村、角山村、桃坑村、蔡坑村、八格村、洪地民族村;原朱雅乡的雅龙村、朱寮村、汤垟村、吴坑村、坳坪村;原上林乡的联名村、新林村、木湾村、林岩村、周山垟民族村;原周壤乡的周龙村。

4. 南田镇

南田镇由原南田镇、十源乡、黄寮乡3个乡镇合并而成。面积162.0平方千米,户籍人口3.34万人,常住人口1.96万人,下辖31个行政村。镇政府驻朱宅巷20号,邮政编码325308。

31个行政村 原南田镇的南田村、三源村、五源村、三甲村、新星村、新岳村、新南村、龙上村、龙岙村、九都村、西垟村、梅树村、岳垟村、驮湖村、武阳村、言山村、横山底村、叶山头村、高村民族村;原十源乡的十源村、利民村、光明村、高名村、高新村、新富村、呈段村、郑岙村;原黄寮乡的黄山村、黄曲寮村、黄垟坑村、富头村。

5. 黄坦镇

黄坦镇由原黄坦镇、云湖乡、富岙乡3个乡镇合并而成。面积195.5平方千米,户籍人口3.46万人,常住人口1.46万人,下辖45个行政村。镇政府驻后巷村,邮政编码325305。

45个行政村 原黄坦镇的前巷村、后巷村、新楼村、新龙村、新峰村、山后村、占里村、济下村、沙垟村、共宅村、周岙村、依仁村、黄垟村、严垟村、旺山村、林山村、黄西村、云峰村、支垟村、严坯村、塘底垟村、驮岙民族村、底庄民族村、新康民族村;原云湖乡的龙湖村、石岭村、取垟村、千秋门村、叶山村、杜山村、驮加村、高西村、包山垟村、西北山村、上坪村、上金村、塘垄民族村;原富岙乡的富岙村、莲头村、双坑村、上堡垟村、周岙底村、富康民族村、培头民族村、石竹寮民族村(原富岙乡的嵊后村划归百丈漈镇)。

6. 百丈漈镇

百丈漈镇由原百丈漈镇、二源乡2个乡镇合并而成。面积88.6平方千米,户籍人口2.49万人,常住人口1.42万人,下辖31个行政村。镇政府驻百丈漈路119号,邮政编码325309。

31个行政村 原百丈漈镇的新亭村、长塘村、富洋村、同垟村、篁庄村、西里村、西段村、镇头村、外大会村、底大会村、上石庄村、下石庄村、长垄民族村;原二源乡的二源村、谈阳村、榅树根村、四格村、朱山村、庄后村、岭头村、陈村、坑底村、钟垟村、东坑村、湖底村、驮田村、廷坑下村、山头村、呈岭村、陈钟民族村;原富岙乡的嵊后村。

7. 峃口镇

峃口镇由原峃口乡、双桂乡、公阳乡、平和乡4个乡镇和金垟乡的部分区域合并而成。面积87.9平方千米,户籍人口3.79万人,常住人口1.24万人,下辖 35 个行政村。镇政府驻峃口村,邮政编码 325302。

35 个行政村　原峃口乡的峃口村、城东村、龙车村、九山村、新联村、鱼局村;原双桂乡的桂溪村、桂阳村、桂东村、桂西村、宝丰村、双垟包村、垟山民族村、周山下民族村;原公阳乡的公阳村、金岭村、鹿堡村、上岳头村、水碓宅村、白石坑村、驮尖民族村;原平和乡的平和村、双垮村、东方村、田东村、郭山村、新田村、大垟口村、梅垟下村、下沙园村、廿五坑村;原金垟乡的溪口村、渡渎村、良坑村、驮垟尾村(原金垟乡另外 4 村划归大峃镇)。

8. 巨屿镇

巨屿镇的名称和区域范围不变。面积 56.0 平方千米,户籍人口 2.20 万人,常住人口 1.09 万人,下辖 23 个行政村。镇政府驻云江东路 1 号,邮政编码 325303。

23 个行政村　黎明村、葛洋村、黄龙村、正湾村、三五新村、张平村、稠泛村、垟尾村、龙前村、金面盂村、方前村、穹口村、花竹岭村、潘垚村、潘山村、徐龙村、孔山村、前山村、赤砂村、双尖村、垟地边村、项坑边村、东坑头村。

9. 西坑畲族镇

西坑畲族镇由原西坑畲族镇、石垟乡、下垟乡、岭后乡 4 个乡镇合并而成。面积 200.4 平方千米,户籍人口 2.06 万人,常住人口 1.02 万人,下辖 27 个行政村。镇政府驻镇前路 1 号,邮政编码 325306。

27 个行政村　原西坑镇的叶岸村、塘垟村、南坑垟村、梧溪村、让川村、敖里村、双田村、西坑民族村、双前民族村、江山民族村、旁边垟民族村;原石垟乡的上垟村、中垟村、吴坳村、石门村、枫龙村、岗山村、上斜村;原下垟乡的下垟村、都铺村、桂竹村、半坑村;原岭后乡的岭垟村、富垟村、三合村、下庄村、苍降村。

10. 周山畲族乡

周山畲族乡的名称和区域范围不变。面积 14.0 平方千米,户籍人口0.52万人,常住人口 0.19 万人,下辖 9 个行政村。乡政府驻养根村,邮政编码325302。

9 个行政村　养根村、吴垟村、官坑村、包山底村、水井头村、周垟民族村、双新民族村、际下民族村、上坑民族村。

(十) 泰顺县

泰顺县位于温州市西南部,东北面与文成和苍南两县接壤,西北面与丽水景宁畲族自治县相邻,西南面与福建福安市、寿宁县接界,东南面与福建福鼎市、柘荣县相连。全县面积1761.6平方千米,户籍人口36.34万人,常住人口23.34万人。下辖1个民族乡、9个镇和民族镇、295个行政村、17个居民区(其中11个社区)。县政府驻罗阳镇东大街6号。邮政编码325500。

2011年4月泰顺县行政区划调整时,将原南院乡、仙稔乡、岭北乡、碑排乡、下洪乡、洲岭乡并入罗阳镇;将原包垟乡并入百丈镇;将原新浦乡、翁山乡、联云乡并入筱村镇;将原东溪乡、凤垟乡、横坑乡、九峰乡并入泗溪镇;将原月湖乡、峰文乡并入彭溪镇;将原柳峰乡、松垟乡并入雅阳镇;将原龟湖镇、雪溪乡、万排乡并入仕阳镇;将原西旸镇、大安乡、垟溪乡并入三魁镇;将原峰门乡、黄桥乡并入司前畲族镇;竹里畲族乡的区域范围不变。

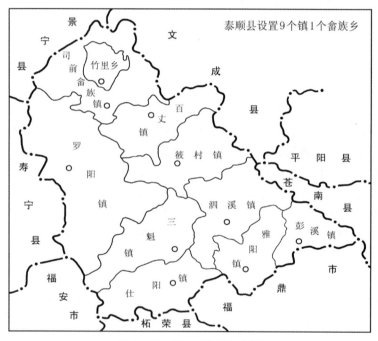

图1-11 泰顺县行政区划图

1. 罗阳镇

罗阳镇由原罗阳镇、南院乡、仙稔乡、岭北乡、碑排乡、下洪乡、洲岭乡7个乡镇合并而成。面积428.5平方千米,户籍人口8.64万人,常住人口7.85万人,下辖10个社区,64个行政村。镇政府驻西大街,邮政编码325500。

表 1-21　　　　　　　　　2012 年底泰顺县行政区划

标准名称	面积（千米²）	户籍人口（人）	常住人口（人）	行政村（个）	居民区（个）	驻　　地
罗阳镇	428.5	86386	78538	64	10	西大街
百丈镇	149.4	18498	5450	19	1	江园路 92 号
筱村镇	177.3	37120	19059	34	0	万楼亭 1 号
泗溪镇	190.1	50374	28387	41	1	白粉墙村
彭溪镇	89.8	19197	12453	18	0	彭溪村
雅阳镇	127.3	33948	22228	27	1	中村
仕阳镇	163.0	47327	26647	38	1	溪东村
三魁镇	180.2	49296	28002	39	2	张宅村
司前畲族镇	208.8	18326	11630	12	1	司前村
竹里畲族乡	47.2	2883	1027	3	0	竹里村
全县合计	1761.6	363355	233421	295	17	—

（1）10 个社区　东城、南城、西城、北城、新北、飞龙、砂堤、桂花亭、大深垟、鹤祥社区。

（2）64 个行政村　原罗阳镇的溪坪村、联新村、鹤联村、南山村、横岗村、东内村、东外村、南内村、南外村、西内村、西外村、北内村、北外村、三垟村、毛竹下村、白溪村、上交垟村、下交垟村、江渡村、赤坑村；原南院乡的南院村、桥下村、桂坪村、上蔡溪村、毛垟村、三坪村、棠坪村、三联村、育秀垟村、叶盛坑村；原仙稔乡的仙居村、三滩村、上稔垟村、下稔村、春阳村；原岭北乡的村尾村、板场村、道均垟村、北峰村、上垟村；原碑排乡的碑排村、苏北村、恩岱垟村、大岗背村、马联村、五斗村；原下洪乡的门楼底村、门楼外村、南源村、道观后村、凤垟村、洪溪美村、上洪村、贝谷村、大溪源村、下彩村；原洲岭乡的洲滨村、华荣村、华庄村、龙华村、上庄村、上舟垟村、瑞岭村、半路村。

2. 百丈镇

百丈镇由原百丈镇、包垟乡 2 个乡镇合并而成。面积 149.4 平方千米，户籍人口 1.85 万人，常住人口 0.55 万人，下辖 1 个居民区，19 个行政村。镇政府驻江园路 92 号，邮政编码 325502。

（1）1 个居民区　飞云湖居民区。

（2）19个行政村　原百丈镇的洪秀村、建民村、阳山村、莒云村、横辽村、南坑垟村、台石村、双岭村、朱垟村、山后村；原包垟乡的新塘垟村、包垟店村、包垟底村、林岙村、卓南坑村、横溪村、岩上村、涂坑村、驮坪村。

3. 筱村镇

筱村镇由原筱村镇、新浦乡、翁山乡、联云乡4个乡镇合并而成。面积177.3平方千米，户籍人口3.71万人，常住人口1.91万人，下辖34个行政村。镇政府驻万楼亭1号，邮政编码325503。

34个行政村　原筱村镇的徐岙村、葛垟村、枫林村、北坑村、新楼村、坡头村、章前垟村、东垟村、长垟村、坳头村、玉溪村、里垟村、五蒲村、翁家山村；原新浦乡的库村、新仓村、新兴村、新厂村、双坑村、周新村、孙坪村、南峤村、龙前村；原翁山乡的外垟村、兴东村、永兴村、坑底村、山峡村、梨垟村；原联云乡的箬垟村、新源村、朝头垟村、包坑村、培坑村。

4. 泗溪镇

泗溪镇由原泗溪镇、东溪乡、凤垟乡、横坑乡、九峰乡5个乡镇合并而成。面积190.1平方千米，户籍人口5.04万人，常住人口2.84万人，下辖1个居民区，41个行政村。镇政府驻白粉墙村，邮政编码325504。

（1）1个居民区　环水居民区。

（2）41个行政村　原泗溪镇的上院村、前坪村、下桥村、南溪村、半溪村、溪源村、白粉墙村、洪坑村、秀垟村、筠竹坑村、玉岩村、半地垟村、企石村；原东溪乡的上村、琴桥村、蔡宅村、秀溪村、桥头村、普城村、吾坪村、黄淡漈村；原凤垟乡的三门垟村、洲路村、西溪村、三星村、李垟村、梧桐垟村、梨槤垟村；原横坑乡的建新村、池源村、华垟村、坑头村、大坪村、春臼坑村；原九峰乡的九峰村、新和村、半岗村、西地村、塆头村、前坪仔村、石门村。

5. 彭溪镇

彭溪镇由原彭溪镇、月湖乡、峰文乡3个乡镇合并而成。面积89.8平方千米，户籍人口1.92万人，常住人口1.25万人，下辖18个行政村。镇政府驻彭溪村，邮政编码325505。

18个行政村　原彭溪镇的彭溪村、车头村、富垟村、外垟村、均山村、富山村、五里牌村、官引村、官坑村、玉塔村；原月湖乡的月湖村、水尾村、西关村、柘下村、银洞村；原峰文乡的峰文村、汇源村、双溪口村。

6. 雅阳镇

雅阳镇由原雅阳镇、柳峰乡、松垟乡3个乡镇合并而成。面积127.3平方千米,户籍人口3.39万人,常住人口2.22万人,下辖1个社区,27个行政村。镇政府驻中村,邮政编码325506。

(1) 1个社区　腾阳社区。

(2) 27个行政村　原雅阳镇的新联村、雅阳坪村、莲头村、福梅村、岭垟村、和平村、中村、沐峰村、埠下村、吴家墩村、百福岩村、白巢村、承天村、红朱田村、东安村;原柳峰乡的墩头村、上岚村、国岭村、卓宅村、东桥村、梧村、新庄村;原松垟乡的松垟村、上村、下村、上仁村、灵乾村。

7. 仕阳镇

仕阳镇由原仕阳镇、龟湖镇、雪溪乡、万排乡4个乡镇合并而成。面积163.0平方千米,户籍人口4.73万人,常住人口2.67万人,下辖1个居民区,38个行政村。镇政府驻溪东村,邮政编码325508。

(1) 1个居民区　白岩居民区(在龟湖)。

(2) 38个行政村　原仕阳镇的溪东村、朝阳村、荣西村、严山村、上林垟村、桥底村、翁地村、赵垟村、垟望村、双神村、林垟村、龟垟村、裕垟村、董源村、龙头村、黄碧龙村、瑞昌村、双路村;原龟湖镇的龟湖村、新湖村、董陈村、上宅垟村、章荣村、龙垟村、郑家庄村、后章岗村;原雪溪乡的双溪村、双桥村、保兴村、雪临村、山前村、桥东村、桥西村、大龙口村、武岭村;原万排乡的上排村、下排村、茂竹园村。

8. 三魁镇

三魁镇由原三魁镇、西旸镇、大安乡、垟溪乡4个乡镇合并而成。面积180.2平方千米,户籍人口4.93万人,常住人口2.80万人,下辖2个居民区,39个行政村。镇政府驻张宅村,邮政编码325509。

(1) 2个居民区　燕水路居民区、面前岭居民区(在西旸)。

(2) 39个行政村　原三魁镇的张宅村、刘宅村、秀溪边村、戬州村、曲尺潭村、东垟底村、上武垟村、下武垟村、庵前村、薛内村、薛外村、西岙村、黄沙坑村、卢梨村、夏家山村、水车垟村;原西旸镇的叶瑞旸村、横川旸村、竹茂旸村、双旸村、尾厝村、瑞后村、门楼坳村、老鹰岩村、外西坑村;原大安乡的柳埠村、大垟村、下塔村、罗汉村、花坪头村、大丘坪村、洪岭头村;原垟溪乡的垟边村、白海村、富家垟村、彭坑垟村、坑斗村、后头村、可溪村。

9. 司前畲族镇

司前畲族镇由原司前畲族镇、峰门乡、黄桥乡3个乡镇合并而成。面积208.8平方千米,户籍人口1.83万人,常住人口1.16万人,下辖1个居民区,12个行政村。镇政府驻司前村,邮政编码325501。

（1）1个居民区　新北居民区。

（2）12个行政村　原司前镇的司前村、左溪村、溪口村、大住村、台边村、里光村、上地村、叶山村、榅垟村；原峰门乡的峰门村、徐宅村；原黄桥乡的黄桥村。

10. 竹里畲族乡

竹里畲族乡的名称和区域范围不变。面积47.2平方千米，户籍人口0.29万人，常住人口0.10万人，下辖3个行政村。乡政府驻竹里村，邮政编码325501。

3个行政村　竹里村、茶石村、何宅垟村。

(十一) 洞头县

洞头县位于瓯江口外东海之中的洞头列岛，西临温州湾和崎头洋，北濒乐清湾，东靠洞头洋，南邻大北列岛和北麂列岛，是一个海岛县。全县由171个岛和259个礁组成，其中住人岛14个。全县陆岛面积103.96平方千米，户籍人口12.81万人，常住人口8.77万人。下辖1个乡、1个镇、4个街道、84个行政村、9个居民区（其中7个社区）。县政府驻北岙街道县前路12号。邮政编码325700。

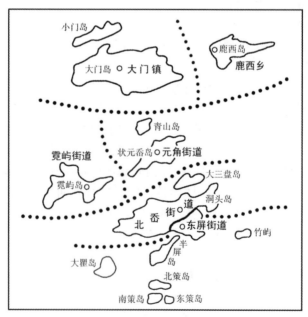

图1-12　洞头县行政区划图

2011 年 4 月温州市行政区划调整时,洞头县的 6 个乡、镇、街道的数量和区域范围不变,只是将北岙镇、东屏镇、元觉乡、霓屿乡 4 个乡镇的名称改为街道。

表 1－22　　　　　　　　　　2012 年底洞头县行政区划

标准名称	面积（千米²）	户籍人口（人）	常住人口（人）	行政村（个）	居民区（个）	驻　　地
北岙街道	24.28	48722	41761	23	6	镇前街 1 号
东屏街道	14.48	21899	15653	16	0	府前路 51 号
元觉街道	7.84	10727	4234	7	0	繁府路 15 号
霓屿街道	11.50	13071	7274	10	0	滨海北路 2 号
大门镇	35.80	25291	12857	22	3	振兴街 3 号
鹿西乡	10.06	8356	5904	6	0	海景街 92 号
全县合计	103.96	128066	87683	84	9	——

1. 北岙街道

北岙街道面积 24.28 平方千米,户籍人口 4.87 万人,常住人口 4.18 万人,下辖 6 个社区,23 个行政村。街道办事处驻镇前街 1 号,邮政编码 325700。

(1) 6 个社区　城南、城中、岭背、银海、上新、新城社区。

(2) 23 个行政村　九厅村、打水鞍村、大长坑村、小长坑村、风门村、柴岙村、双垄村、东沙村、大王殿村、西山头村、大朴村、小朴村、九仙村、东郊村、白迭村、隔头村、海霞村、鸽尾礁村、大岙村、下尾村、擂网岙村、阜埠岙村、小三盘村。

2. 东屏街道

东屏街道面积 14.48 平方千米,户籍人口 2.19 万人,常住人口 1.57 万人,下辖 16 个行政村。街道办事处驻中仑村府前路 51 号,邮政编码 325700。

16 个行政村　中仑村、洞头村、东岙村、东岙顶村、垄头村、后寮村、寮顶村、惠民村、岙仔村、后坑村、金岙村、大北岙村、松柏园村、外埕头村、大瞿村、南策村。

3. 元觉街道

元觉街道面积 7.84 平方千米,户籍人口 1.07 万人,常住人口 0.42 万人,下辖 7 个行政村。街道办事处驻状元岙村繁府路 15 号,邮政编码 325703。

7 个行政村　状元岙村、活水潭村、沙角村、沙岗村、花岗村、深门村、小北岙村。

4. 霓屿街道

霓屿街道面积 11.50 平方千米，户籍人口 1.31 万人，常住人口 0.73 万人，下辖 10 个行政村。街道办事处驻布袋岙村滨海北路 2 号，邮政编码 325702。

10 个行政村　布袋岙村、桐岙村、上社村、下社村、石子岙村、同兴村、正岙村、下郎村、郎等村、长坑垄村。

5. 大门镇

大门镇面积 35.80 平方千米，户籍人口 2.53 万人，常住人口 1.29 万人，下辖 1 个社区，2 个居民区，22 个行政村。镇政府驻振兴街 3 号，邮政编码 325701。

（1）1 个社区　朝阳社区。

（2）2 个居民区　兰湖洞居民区、大溪居民区。

（3）22 个行政村　甲山村、岙底村、岙面村、大荆村、小荆村、长沙村、乌仙头村、头岩村、东屿村、小门村、仁前涂村、美岙村、寨楼村、营盘基村、杨梅田村、西浪村、东浪村、石浦村、潭头村、沙岙村、枫树坑村、观音礁村。

6. 鹿西乡

鹿西乡面积 10.06 平方千米，户籍人口 0.84 万人，常住人口 0.59 万人，下辖 6 个行政村。乡政府驻鹿西村海景街 92 号，邮政编码 325704。

6 个行政村　鹿西村、山坪村、口筐村、东臼村、扎不断村、昌鱼礁村。

三、温州政区改革的思路和探索

我国政区地理研究大体上经历了三个发展阶段。在古代，主要是关于政区沿革为主的著述，《汉书·地理志》开创了我国政区沿革地理研究的先河，我国现存 8000 余种地方志都是以行政区域为单元编写的。在近代，政区地理研究以省区改革为重点，自鸦片战争至民国时期，直至解放前夕，省区重划及国都选址成为当政者和学术界所关注和讨论的热点问题，发表论著颇多，许多观点至今仍有重要的参考价值。解放以后的前三十年，中国政区地理研究进入一个禁锢时期，该时期的行政区划和变更经历了盲目而多变的曲折过程。1988 年以来，我国才认识到行政区划"要从战略上考虑"的重要性。尤其是1989 年 11 月在江苏昆山市召开的"中国行政区划研究会成立大会暨首届行政区划学术研讨会"以来,我国政区地理研究才开禁开放,并逐步走向繁荣。毋庸讳言,目前我国政区地理研究的理论和实践水平很低,全国、全省和温州行政区划缺乏系统研究,缺乏宏观设计,缺乏战略考虑,时常发生"一任首长,一番区划",无视法律的无法无天现象,至今存在着"想变就变,想改就改"的盲目性和随意性。因此,可以预料在不远的将来,随着法制观念和政区地理研究的深入和提高,中国即将有一场依据法律的政治区划大变革。在这场大变革到来之前,我们要做好哪些前期工作,才能使温州获取最大的政治、社会和经济利益。对此,笔者斗胆提出种种设想,以资当政者参考。

（一）撤销"温州市"行政区建制是大势所趋

从1954年9月颁布的第一部至1982年12月制定的第四部《中华人民共和国宪法》,都明确规定我国实行"省—县—乡"三级行政区划制度。我国《宪法》和《组织法》还规定"省、自治区人民政府在必要的时候,经国务院批准,可以设立若干行政公署,作为它的派出机构。县、自治县人民政府在必要的时候,经省、自治区、直辖市批准,可以设立若干区公所,作为它的派出机构。市辖区、不设区的市人民政府,经上一级人民政府批准,可以设立若干街道办事处,作为它的派出机构。"由此可见,地级市、地区行署、盟、区公所、街道办事处等都不是我国《宪法》规定的一级行政区,而是一级政府的派出机构。当它们完成历史使命后,即予以撤销。例如1949年12月设立中央政府派出机构"六大行政区",随着中央政府执政水平的提高,1954年6月予以撤销。1949年8月温州解放时成立的浙江省人民政府派出机构"温州专区行政公署",随着"市管县"体制的执行,1981年9月温州地区行政公署予以撤销。1949年5月设立的县人民政府派出机构如塘下区、莘塍区、仙降区等"区公所",也于1992年1月完成使命,予以废除。温州至今仍存在的政府派出机构只有地级市"温州市"和各地的街道办事处两类。"温州市"是浙江省人民政府派出机构,代省政府管辖11个县级行政区,随着"市管县"体制的弊端日显严重和"省区划小"的呼声日益提高,撤销地级市行政区建制势在必行,这是大势所趋。同样,我国各地废除"街道办事处"这种派出机构已经开始,全国推广也是迟早的事情。

根据政区理论基础的"层次与距离关系原理",某一行政层次范围内的行政事务作为该层次的行政单元的行政客体时,行政距离为1;作为上级行政单位的行政客体时,行政距离为2,依此类推。例如,在有地级市的省区,县与省之间的行政距离为3;在没有地级市的海南省,县与省之间的行政距离为 2。行政区划的层次与行政距离成正相关关系,即随着行政区划层次的增加,行政距离随之扩大。行政距离过大,不利于实现直接民主,容易造成上级政府与基层群众相脱离的局面,也会加长了行政决策信息流程,使信息在传递过程中受主观因素干扰的几率大大增加,降低了信息的可靠性,影响到行政决策的科学性和时效性。同时,行政距离过大,还会打破正常的权力结构,一方面基层忙于应付各个上级政府的检查和指令,另一方面下一层次甚至更下层次的无数请示报告都是通过层层传递到达上级或更上级,而中间层次常常成为一个阻滞信息传递速度的必由通道,各个层次都难免为这些繁琐事务所羁绊,增加了各级政府的管理工作量。换作通俗的话来讲,多一个行政层次,企业就多一个婆婆,政企分开就多一重困难,权力下放就多一级台阶,行政编制就多一层人马,人民群众就多一份负担,行政信息的传播和反馈就多一道关卡,中央政策的贯彻就多一套对策,各层级政府之间或同级政府之间争投资,争项目,重复建设,产业结构趋同化就会愈加严重,企业的跨行业、跨地区的横向联系就会受到削弱。其后果是行政管理的人力资源惊人浪费,行政管理效率低下,行政成本加大,还会助长官僚和贪腐作风的滋长。因此,减少行政区划的层级是我国行政区划改革的重要方向。

当今世界各国的行政区划层级相差很大,有的只有 2 级,有的多达 6～7级,绝大部分国家为 2～3 级。据 155 个国家资料,超过 3 级的只有 17 个国家,占统计总数的 11%,这 17 个国家中绝大多数是非常落后的发展中国家。个中原因当然与一个国家的大小有关,但受政体和国体的影响很大。例如日本实行"都、道、府、县—市、町、村"二级制,美国实行"州—市"二级制和"州—县—镇"三级共存制,印度实行"邦—县—区"三级制。我国历史上政区层级大多在二级制与三级制之间变动,并且历代中央政府都力图采用最简单的二级制,只是在不得已的情况下才变更为三级制。例如从秦朝至南北朝由"郡—县"二级制变为"州—郡—县"三级制,到隋初又简化为"州—县"二级制,从隋到宋,又从二级制转为"道—州—县"三级制,后来改为"路—州—县"三级制,元明清实行"省—府—县"三级制,20 世纪 20 年代末民国时期一度简化为"省—县"二级制,后来又转为虚三级制。解放后我国政区层级曾出现"省、自治区、直辖市—地区、地级市、盟、自治州—县、自治县、旗、自治旗、县级市、市辖区—县辖区(区公所)—乡、镇、街道办事处—社区、居委会、村委会"6 个层级。目前我国地级政区共有 333 个,其中地级市 283 个,自治州 30 个,地区公署 17 个,盟 3 个。根据《宪法》和政区改革大方向,必须坚决撤销地级建制,减少行政层级,缩短行政距离。

我国政区改革千头万绪,难以下手。美籍华人余澜涛先生认为关键在撤销地级行政机构,笔者甚为认同。"市管县"本来是 1958 年为解决当时大城市蔬菜等副食品供应问题的临时措施,1959 年将其加入《宪法》时也与"三级制"有内在冲突。即使如此,《宪法》规定只有直辖市或较大的市才可以"市管县"。经国务院批准的"较大的市"全国只有 18 个,温州并非"较大的市",却在管辖 11 个县级行政区,这是法律所不允许,应予废除。然而,撤销地级政区建制并非易事,最难办的是撤销地级市,因为地级市这么庞大的政府机构中的既得利益者不甘心退出这么高级的政府舞台。对此,"省区划小"的省制改革是解决这一棘手问题的一个带有根本性的解决办法。

浙江省人民政府的派出机构有 11 个地级市,11 个地级市下辖 36 县、22 县级市、32 市辖区。假如一次性撤销 11 个地级市,省政府目前没有能力直接管辖 90 个县级行政区。学界对此有三个解决措施,第一是省区划小,即浙江省分为两个省级行政单位;第二是采用渐进式的改革方案,即把地级市改为地区行署,由"省—地级市—县—乡"实四级制改为"省—行署—县—乡"虚四级制,然后分期分批撤销地区行署;第三是市县分等,省政府只管辖较高等级的市,较低等级的市由下面的市或县来管理。

(二) 温州可能成为省会城市

我国一级行政区又称省级行政区,包括省、自治区、直辖市和特别行政区四类,是我国最高等级的地方行政区。我国省制创立于元代,至今已有近 700 年历史。回顾 700 年省制变迁历程,最大特点是随着人口增长和经济发展,省级政区数量逐渐增多,而辖区范围逐渐缩小。元代除东北和西藏地区归宣政院管辖,京师地区直隶中书省之外,其余地区分设河南、江浙、湖广、陕西、辽阳、甘肃、江西、岭北、四川、云南、征东 11 个省。明代设为 15 个省级行政区,清初分为 18 个,晚清增至 23 个省级行政区。民国时期的 1947 年全国除西藏设立地方外,其余设置 35 个省。今天我国设为 23 个省、5 个自治区、4 个直辖市和 2 个特别行政区,共 34 个省级行政区。

晚清时期,以著名的"维新"运动改革家康有为为首,提出省制改革主张,为光绪帝所接受,虽遭顽固派反对而未果,但由此拉开中国省制改革大讨论的序幕,影响十分深远。从晚清至民国,许多学者和上层官员都参与重划省区问题大讨论,历时长达 40 多年。《中国省制》一书就收录了这时期的论著 49 篇,总字数约 70 多万字。这些论著的观点是要求中央政府增加省的数量,缩小省的面积,史称"缩省论",今天的话就是"省区划小"。例如当时的孙洪伊提出全国划为 50 个省,每省 40 个县;段祺瑞政府内务省提出划为 54 个一级行政区;抗战初期国民政府聘蒋廷黻、傅斯年、胡焕庸的设计方案 为 66 个省;中央大学教授张其昀提出 60 个省的省、县二级制;内政部方域司 司长傅角今方案为 56 省、12 直隶市、2 地方,这是解放前中国省制研究的系 统总结性成果,也是最详实,并具操作性的省制改革方案。这些先贤文章尽 管观点不同,方案各异,但在缩小省级政区规模上却是完全一致。笔者在披 览这些论著时,深为感动的是这些仁人志士都将中国省制改革作为国家民 族的"根本问题",通过省制变更以达到振兴中华之目的。

在"缩省论"的影响下,新中国创建时的省制设置符合国情民意,1951 年 全国划分为 53 个省级行政区(29 个省,13 个直辖市,8 个行署区,1 个自治 区,1 个地方,1 个地区)。然而好景不长,1952 年减为 45 个,1954 年减为 32 个,1955 年再度减至 29 个。1958 年增设宁夏回族自治区,1988 年增设海南 省,1997 年增设重庆市,1997 年和 1999 年增加香港和澳门 2 个特别行政区, 这就是现在的 34 个省级行政区格局。新中国成立后的前 30 年中,我国省级 行政区的数量不是由少变多,而是由多变少,这引起学界的不满,无奈于学 术禁锢,只能听命。1989 年昆山会议以后,我国行政区划研究又一次风生水 起。包括胡焕庸、谭其骧等老一辈专家在内的众多学者和政府职能部门的 领导同志共同探讨中国行政区划体制改革问题,相继出版《中国行政区划研 究》、《中国省制》等论文集。这些论著的热点也集中在省制改革,省制改革的 中心思想也是"省区划小",并具体提出了重划省区的调整设想。例如苏北徐 州、连云港和鲁西南的枣庄为中心新建徐淮省,陕南的汉中盆地和豫南、鄂北 新建汉中省,安徽可分为皖北省和皖南省,浙江可分为浙北省和浙南省,四川 可再分为三个省,新疆可分为北疆和南疆两个政区,内蒙古可分为东、中、西三 片,等等。2004 年 4 月初,中国民政部区划地名司司长戴均良在香港接受媒体 采访时指出,我国行政区划改革的原则是"缩省并县,省县直辖,创新市制,乡 镇自治",戴均良认为中国设置 50 个左右的省级行政区比较合理。

我国现行的省级行政区划存在诸多弊端。第一,省区范围过大。28 个 省和自治区中,平均每个省区面积达到 33.87 万平方千米,是俄罗斯一级政 区平均面积的 1.41 倍,是美国的 1.84 倍,是印度的 3.30 倍;中国省区平均 面积相当于世界上一个中等规模的国家,接近日本全国总面积。我国平均 每个省的人口数达 4566 万,是印度一级政区平均数的 1.62 倍,是美国的 9.34 倍,是加拿大的 21.14 倍,是俄罗斯的 21.91 倍,是澳大利亚的 22.1 倍;中国平均一个省的人口是澳大利亚整个国家总人口的 2.7 倍,是加拿大总人口的 1.7 倍。美国前国务卿基辛格博士曾指出"中国几乎每个省的面积和人口都比欧洲一个国家要大,中央政府的统一控制无论如何也会放宽。"中央政府要统一控制这么大的省区几乎是不可能的。我国省区规模过大,不仅有碍于集中统一领导和中央政府的宏观调控,而且不利于上下通达,不利于建立灵活高效的行政管理体系。更致命的是不得不在省区政权之下建立地级行政区,增加了行政距离。第二,省级行政区规模大小过于悬殊。面积最大的新疆达到 160 万平方千米,是海南的 47 倍,是上海的 267 倍,是澳门的 68000 多倍;新疆、西藏、内蒙古和青海四省区面积几近全国总面积的一半,直辖市、特区、宁夏、海南、台湾 9 个省级行政区面积只占全国的 2.6%。人口最多的广东省达到 10430.31 万人,全世界人口 1 亿以上的国家只有 11 个,广东就排在世界国家人口数的前列。广东、山东、河南、四川、江苏、河北、湖南、安徽 8 个省人口就占全国的一半,而西藏(300.22 万人)、青海(562.67 万人)、宁夏(630.14万人)和澳门(55.23 万人)的人口很少。悬殊的省区规模必然导致各省区的行政管理参差不齐,有的实行"四实二虚"六级制,有的实行"四实一虚"五级制,有的实行"三实二虚"五级制,有的实行"三实一虚"四级制,有的实行"二实一虚"三级制,行政层次很混乱。第三,省级行政区的边界犬牙交错,破坏了自然和经济区域的完整性,容易引起边界纠纷。这是历史上封建王朝为了防止军阀割据而人为地将一个完整的自然地域单元分割开来的遗患。改革开放以来,省级边界争夺资源的纠纷愈演愈烈,解决边界纠纷已成为我国行政区划工作中的一个突出问题。由此可见,我国省制改革势在必行。

笔者认为我国省制改革以 60~70 个省级行政区为宜。若此说应验,浙江必将一分为二,因为浙江省现有的人口和经济规模太大了。全省六普人口 5443 万人,居全国第 10 位;2011 年经济总量 3.2 万亿元,超过了台湾,居全国第 4 位,是北京市的 2 倍。在浙江分省方案中,多数学者认为将杭州市的杭州市区、富阳、临安和嘉兴市、湖州市、宁波市、绍兴市、舟山市设置浙北省,面积 3.69 万平方千米,人口 2817 万人;温州市、台州市、丽水市、金华市、衢州市和杭州市的建德、淳安、桐庐设置浙南省,面积 6.68 万平方千米,人口 2626 万人。这样,浙南省的省会落在温州,是顺理成章而毫无悬念的。温州市民热议的"撤县设区"和"切块设区"问题就迎刃而解了。那时,温州市区将增加瓯北区、柳市区、洞头区和瑞安区,从 3 个市辖区扩大到 7 个市辖区。

北京、上海、天津 3 个直辖市面积太小,北京比温州稍大,天津比温州稍小,上海只有半个温州大,因此扩大直辖市区域范围呼声甚高。若将杭嘉湖地区并入上海市,浙江省省会就会落在宁波市。笔者认为这种几率很小,上海市不可能占据苏南、浙北这么大的区域,顶多拿走嘉兴市。另外一个方案是杭嘉湖地区设置杭州直辖市,浙江省省会也会落在宁波市,笔者认为这种可能性也不大,因为上海和杭州两个直辖市不能紧挨在一起,何况南京设直辖市的可能性比杭州更大。地缘因素否决了杭州设直辖市的可能性。为此,温州要做的前期准备工作就是扩大市区面积,增多市辖区数量。目前杭州市辖区 8 个,宁波 6 个,温州只有 3 个;杭州市区面积 3068 平方千米,宁波 2489 平方千米,温州只有 1188 平方千米。只有扩大市辖区数量和面积,才能提高温州市区非农业人口数量和国内生产总值及财政收入总值,才有资格成为省会城市。目前温州市政府正在申报洞头"县改区",笔者认为意义不大,因为洞头的面积、人口数量和经济规模太小,特别是非农业人口数量不足挂齿。能不能升为省会城市的主要指标,一是市区非农业人口数量,不是市区总人口数量,二是市区国内生产总值和人均生产总值,三是市区财政收入总值和人均财政收入,四是市区第二、三产业的比重,五是建成区绿地面积、人均公共绿地面积、污水处理率等公共基础设施。这些指标的审核是非常严格的,例如温州市区人口数量自吹达 303.95 万人,而 2004 年国家统计局城市社会经济调查司审核结果,温州市区非农业人口为 61.77 万人,而宁波为 116.27 万人,杭州达 233.08 万人。温州要赢取这五方面的指标,非拿下瓯北、柳市和塘下不可,甚至还要拿下瑞安市区。2001 年杭州将萧山市和余杭市并入杭州市区,2002 年宁波将鄞县并入宁波市区。温州只有将瓯北、柳市、塘下,甚至瑞安市区并入温州市区,才能与宁波分庭抗礼。

温州另一个对手是金华。不要小觑金华,金华位于浙江省的几何中心,这是很重要的竞争优势。虽然金华目前只有婺城和金东两个区,但其市区面积 2044 平方千米,几近两个温州市区面积。假如有朝一日金华拿下义乌,作为第三个区,温州就全输了,很多指标温州都要逊于金华。有鉴于此,温州必须在金华拿下义乌之前,尽早做好"撤县设区"和"切块设区"工作,扩大温州市区面积,这是攸关温州前途至关重要的事情。这不仅需要当政者的智慧和水平,更重要的是温州还要有一位"上头有人"的市委书记。

（三）设立平阳市、苍南市和龙港市

在温州"撤县设市"和设立"镇级市"的呼声甚高。镇级市就是县辖市,这种建制在我国台湾省有 20 个县辖市,在大陆地区并不存在,今后经过政区改革将会增加县辖市建制。2010 年在全国媒体上曾经红火一阵的温州五大镇级市中,瓯北镇已被肢解不复存在,将成为温州市辖区;柳市镇和塘下镇迟早会并入温州市区,已成定局;龙港镇是中国最大的"农民城",现已进入中等城市的规模,一旦设市开禁,成为市建制并无悬念;鳌江镇单独设市恐怕有诸多障碍,最理想的方案是与龙港合并设市,但目前中国打破县界设市的审批几乎是不可能的,因此鳌江和昆阳合并作为城区,设立平阳市,这是简单易行、可获通过的规划。在温州设市规划中,重要的是要深入了解中国市制的特点。

根据我国《宪法》、《组织法》、政策法律规定的调整以及设市的实际变化来看,中国市制有以下四个特点。第一,中国市制兼具城市管理和区域管理双重职能。中国建制市既有自己的直属地盘,又管辖若干个下级行政区。例如温州市既有三个市辖区直属地盘,又管辖 2 个县级市和 6 个县;瑞安市既有 10 个街道直属地盘,又管辖下属 5 个庞大的镇。这与欧美国家的市制迥然不同,欧美国家的市政府只管自己"脚下"一小块城区,管好城区的二、三产业就行,不用管乡村农业;我国各级市政府既要管工业、流通业和服务业,又要管"三农经济"。因此,我国市的地域广阔,城市数量少,全国仅 657 个;而美国市域狭小,城市数量众多,有 1900 多个。旧中国的市制也是采用美国市制模式,新中国的市制由城市型政区转变为地域型政区,这是一个质的变化。这就是所谓"市管县"体制。1959 年把"市管县"体制写进了《宪法》,因此这种"广域型市制"在中国全面推广。根据《宪法》规定"县级市不设区,也不辖乡镇",县级市应该是城市型政区建制。但实际上,"市管县"体制改变传统市制的同时,县级市也由城市型向地域型转变。这种全国性的"县级市下辖乡镇"模式发端于浙江"切块设市"和"市县合并"。1978 年浙江省将吴兴县的湖州镇、嘉兴县的嘉兴镇、绍兴县的绍兴镇、金华县的金华镇、衢县的衢州镇改为县级市,即"切块设市"。不久,发现这种建制分割了工农业之间、城乡之间的有机联系,市县矛盾突出,为此浙江申请将该 5 县与 5 市合并。1981 年国务院批准撤销该 5 县,分别并入湖州、嘉兴、绍兴、金华、衢州 5 个县级市。此后,"撤县设市"风靡全国,都是采用这种广域型模式。现在看来,只能修改《宪法》以适应这种模式,不可能改变"县级市下辖乡镇"这种既成事实。这就是中国市制的一大特色。

第二,中国设市标准高,审批严格。中国市制是一种行政区划建制,市的设立、撤并、管辖范围都由中央政府决定;而欧美国家由居民公决后申报地方政府批准。也就是欧美国家的市制是实行地方自治制度,因而设市标准低,设市容易,几千人甚至几百人通过公决就可以设一个市。例如英国

《市自治法》规定,市的成立要在民选议会的基础上向国王申请特许状即可。美国联邦宪法规定,市的建立由各州批准,当有一定数量的居民愿意组成市法人时,经过地方公决获得大多数居民同意后,向州议会申请批准发给特许状。特许状实际上就是成立该市的法律依据,其内容包括市辖地域疆界,市法人的宗旨、权力、职能、权利和特权,市政府的组织和职权等。欧美国家市的机构设置都比较简单,特别是小市的市政官员大多为兼职人员,一般只发给一定的职务补贴,没有专门工资。因此,市的数量多少和规模大小对国家财政影响不大,这就是设市容易的一个重要原因。我国市制并非自治制度,而是一种行政区划建制,设一个市要组建市党委、市人大、市政协、市政府及各局委办等职能机构,四大市领导班子和各种办事机构的行政事业编制人员少则一两千人,多则数千人,甚至上万人,其工资来源都由财政直拨。正因为如此,中国设市标准越定越高,人口指标由改革开放前的5万人提高到现在的15万人以上,从无经济指标到现在的40亿元以上的经济总量。更有甚者,1997年下半年开始全面冻结县级市的审批。

第三,中国市制由多层次的行政区划建制构成。我国的建制市分为直辖市、副省级市、地级市、县级市、自治州辖市五种,还有计划单列市、较大的市等。我国《宪法》规定只有"设区的市"和"不设区的市",没有地级市和县级市之分。我国直辖市就是省级市,全国只有京津沪渝4个;杭州、宁波是副省级市,全国副省级市有15个,因《宪法》和《组织法》中没有这种称谓,故在行政区划系列中仍列在地级市之中;地级市指行政地位相当于地区和自治州的市,属省辖市、设区的市,目前全国有283个;县级市指地级市代管的省辖市、不设区的;自治州辖市不属省辖市,由自治州领导,与县级市同级。目前全国县级市共有374个。1983年2月国务院首先批准重庆在国家计划中实行计划单列,随后又有一批城市实行计划单列,共14个市,其中浙江省仅宁波1个市。计划单列市的主要计划指标的基数与省分开,经济和社会发展计划直接纳入国家计划进行综合平衡,赋予省一级的经济管理权限。然而省会城市实行计划单列后,省市矛盾日益突出,为此,1993年中央取消了省会城市的计划单列,现只剩5个非省会城市的计划单列,即大连、青岛、宁波、厦门、深圳。计划单列市在机构设置、干部配备、工作部署等方面比一般的地级市有更多的优惠政策和更多的管理权限。省会城市有立法权,地级市和县级市没有立法权。1984年12月国务院批准唐山、包头等13个非省会城市赋予立法权,随后宁波、苏州等5个城市也被列入,这些具有立法权的城市称为"较大的市"。温州不是较大的市,连《温瑞塘河保护管理条例》都无法在温州立法,只得请省人大代为立法。温州多次在全国两会上提出要求列为"较大的市"而始终未果。中国这么多层级的市,其机构编制、干部配置、工资待遇、经济和行政管理权限及司法制度等都有差异。

第四,中国市建制比同等级的行政区建制拥有更多的管理职权。由于中国市制具有城市管理和区域管理双重职能,所以直辖市地位比省高,县级市地位比县高。省管辖范围远比直辖市大,但省、县之间有地级市,省直接领导的下级政区一般在 10 个左右,浙江省下辖 11 个地级市;而直辖市直接管辖的区、县一般在 20 个左右,所以直辖市直接承担的管理事务比省多一些。县级市的经济发展水平高于县,县级市的管理事务明显多于普通的县。城市人口稠密,工商业发达,经济社会关系和结构比乡村复杂得多,城市管理任务明显比乡村管理重。在建设项目审批、基建投资规模、金融机构设置、融资管理等方面,地级市比地区,县级市比县拥有更优惠的政策。在市政建设方面,县级市可提取财政收入的 7%,而县只能提取 5%。在机构设置方面,直辖市的政府机构约 61 个,省和自治区约 53 个,中小城市约 37 个,大县约 30 个,中小县约 24 个。1999 年国务院《关于地方政府机构改革的意见》要求精简压缩地方机构,规定直辖市减至 45 个左右,省和自治区减至 40 个左右,中等城市减至 30 个左右,小城市和大县减至 22 个左右,中等县减至 18 个左右,小县减至 14 个左右。同理,镇的政府机构也比乡多。之所以这样规定,根本原因就是城市管理的特点和任务决定的。

由于中国特色的市制特点,全国各地"县改市"风生水起,趋之若骛。因为撤县建市后,在财政上可以获得更多的周转资金,并有一笔可观的城市建设费用;在编制上可以多设一些机构,多安排一些职务和人员;各类公职人员可增加工资待遇或调高级别;县改市后可以实行省级计划单列,绕过地级市,直接面对省有关部门,容易争取到更多的项目、资金和政策,促进经济的发展和城市化水平的提高。因此,温州当政者应该尽早谋划"撤县建市"和"大镇设市"的策略,应该尽早制定并上交温州撤县建市和大镇设市的全面规划,不能再次坐失良机。

从 1921 年 2 月 15 日我国第一个市广州市政厅成立,颁行《广州市暂行条例》,中国市制走过了 90 多年曲折历程。1921 年 7 月 3 日北京北洋政府颁布《市自治制》,1928 年 7 月 3 日南京国民政府颁布《市组织法》,我国市制不断完善,设市城市不断增多。至 1948 年全国共设市 69 个,其中 12 个院辖市,57 个省辖市,浙江只有杭州 1 个省辖市,台湾有 9 个省辖市。新中国成立后,1949 年全国增设了 63 个市,达到 132 个市,浙江省增设温州和宁波 2

个省辖市和 6 个县级市,共 9 个市。1985～1996 年的 12 年间浙江增设 26 个县级市,其中 1987 年 4 月设立瑞安市,1993 年 9 月设立乐清市。至今全省设市城市 33 个,其中杭州和宁波 2 个副省级市,温州、金华等 9 个地级市,瑞安、乐清等 22 个县级市;而山东有 48 个市,广东有 44 个市,江苏有 40 个市。作为经济总量全国第四的浙江省城市数量明显偏少。目前温州境内只有 1 个地级市和 2 个县级市,而人口数量和经济规模比温州差的金华市却有 4 个县级市,嘉兴和绍兴都有 3 个县级市,温州县级市数量明显偏少;永康市、江山市和龙泉市的规模比温州的平阳县、苍南县和永嘉县都小,甚至不及温州的龙港镇、柳市镇、鳌江镇和塘下镇。难怪温州市民要求"撤县设市"和"撤镇设市"的呼声很高,甚至在全国第一个提出要求设立"镇级市"。

1994 年 10 月,中央发函停止"撤县设市",1997 年下半年正式冻结"县改市",至今已有 15 个年头。这 15 年中,国务院批准成立了 6 个县级市,其中新疆阿拉尔市、图木舒克市、五家渠市 3 个,云南蒙自市、文山市 2 个,江西共青城市 1 个。

当前,中国进入了城市化大发展时期。城市化水平高低四个指标中的一个重要指标就是城市数量。城市数量美国有 1900 多个,小日本有 655 个,而人多地大的中国只有 657 个,显然中国城市数量与城市化发展不相适应,甚至阻碍城市化发展。2012 年全国两会上,有代表提案,呼吁设市解禁,促进中小城市发展,以缓解"大城市病"产生的诸多问题。可以肯定,未来几年中央会出台新政,重新考虑撤县建市和大镇设市。撤县建市问题不大,全国上下已形成共识。对于温州来说关键在于"大镇设市",在全国"大镇设市"的呼声远没有"撤县建市"高。"大镇设市"主推者之一、国家发改委体制改革司副司长张丽娜说,城乡分割的户籍制度和公共服务体系阻碍了城市化发展,这种城乡之间的公共服务体制上的差异,造成公共资源配置不均衡,也为人口的城市化设置了体制上的障碍。要尽快把有条件的经济发达镇或中心镇发展成为中小城市,如果还是按乡镇的行政层级来管理经济强镇,会使这些经济强镇在公共财力、行政管理体制、机构编制、公共服务和行政执法等方面的权限与经济发展水平不相称,势必会制约自下而上自然演化的城市化进程。

温州经济发展很快,有些县和镇的人口已发展到几十万,经济总量达到 100 多亿元,例如平阳县域人口 86.7 万人,县城人口 12.15 万人,全县 2011 年经济总量 222.86 亿元;苍南县域人口 129.78 万人,县城人口 29.88 万人,全县 2011 年经济总量 294.92 亿元;龙港镇人口 39.6 万人,2011 年经济总

表1-23　　　　　　　　　**浙江省设市城市一览表**

行政级别	城市名称		市区非农业人口(万人)	设市年份	行政级别	城市名称		市区非农业人口(万人)	设市年份
副省级市	杭州市		233.08	1927	县级市	杭州	建德市	11.8	1992
	宁波市		116.27	1949			富阳市	11.6	1994
地级市	温州市		61.77	1949			临安市	10.2	1996
	湖州市		39.02	1949		宁波	余姚市	16.6	1985
	嘉兴市		35.20	1949			慈溪市	15.6	1988
	绍兴市		45.43	1949			奉化市	10.0	1988
	台州市		29.04	1994		嘉兴	海宁市	22.3	1986
	金华市		30.99	1949			平湖市	15.3	1991
	衢州市		19.17	1949			桐乡市	14.5	1993
	丽水市		12.61	1986		绍兴	诸暨市	14.4	1989
	舟山市		26.37	1987			上虞市	16.1	1992
县级市	温州	瑞安市	18.6	1987			嵊州市	13.3	1995
		乐清市	11.6	1993		台州	温岭市	17.9	1994
	金华	兰溪市	11.7	1985			临海市	14.2	1986
		义乌市	19.7	1988		衢州	江山市	8.7	1987
		东阳市	12.7	1988		丽水	龙泉市	4.2	1990
		永康市	8.5	1992		全省合计		948.45	—

注:(1)此表数据来自刘君德《中国政区地理》第279页,源自国家统计局城市社会经济调查司《中国城市统计年鉴2005年》,表中人口为2004年数据。

(2)原萧山市和余杭市已并入杭州市区,原黄岩市已并入台州市区,湖州市和舟山市辖区内没有县级市。

(3)根据联合国城市规划分标准,2005年杭州和宁波为特大城市,温州为大城市,除衢州和丽水外的地级市为中等城市,除海宁外的县级市为小城市。

量146.20亿元,财政总收入14.8亿元。这些都远远超过了县级市的设市标准,有的达到了中等城市的标准。2005年国务院公布的撤县建市新标准有八个方面,①全县非农业人口数量,②非农业人口比重,③国内生产总值和人均产值,④财政收入总值和人均财政收入,⑤第二、三产业比重,⑥建制镇数量占乡镇总数的比例,⑦县政府驻地镇非农业人口数量,⑧县城城区公共基础设施中的自来水普及率、绿化率和人均公共绿地面积及污水处理率等。新标准的这些指标比1993年标准有较大或很大的提高。未来几年中国设市解禁时,还会颁布新标准。可以肯定新标准比现行标准还要提高。

针对这些指标,我们在作前期准备工作时,特别要注意"镇区非农业人口数量",这一指标很难达到。镇区非农业人口不是居住在镇区的人口,而是居住在镇区没有责任田或自留山的人口数。批市审核是非常严格的,来不得半点虚假。温州经济强镇的人口数量很多,但非农业人口数量很少。笔者预测,苍南建市和龙港设市问题不大,只乘东风。但平阳建市的县城昆阳镇达不到这一标准,如果将县政府迁到鳌江镇,将会达标。因为目前昆阳镇户籍人口只有 10.65 万人,常住人口也只有 12.15 万人;鳌江镇的户籍人口有 20.93 万人,常住人口有 21.01 万人。2011 年 4 月温州大规模"扩镇"运动中,昆阳镇地盘没有扩大,这是失策,这是当政者不知道"县改市"的人口指标,或者压根没有想到平阳要撤县设市。2012 年 8 月昆阳镇在谋划将原先练川乡的 13 个行政村从万全镇划归昆阳镇,即使如愿也无济于事,因为昆阳镇非农业人口达不到 12 万人。如果全国设市大张旗鼓铺开,温州十大强镇都要踊跃争上,例如乐清虹桥镇(常住人口 19.89 万人)、平阳水头镇(15.22 万人)、苍南钱库镇(13.62 万人)等,但永嘉上塘镇不复存在,人口也不达标。乐清柳市镇(32.65 万人)和瑞安塘下镇(31.21 万人)与其设为镇级市,不如成为温州市辖区,市辖区的行政地位远比镇级市高,柳市人和塘下人对此应该有清醒的认识。同理,乐清北白象镇(17.74 万人)和翁垟(5.69万人)也要乘柳市设区的东风,挤上"市辖区"的班车。

还有一个棘手问题,瓯北、柳市和塘下的"切块设区"和龙港镇的"大镇设市"不可能同时进行。假如在时间上大镇设市在先,切块设区在后,那么柳市和塘下将会错失设市良机;假如柳市和塘下先"大镇设市",那么今后"市改区"又有一道很难迈过的门槛。笔者意见,瓯北、柳市和塘下还是坐等"切块设区",一步到位为妥;先拿下平阳、苍南和龙港等市建制为上策,而且龙港要争取县级市的地位。

(四)撤销街道办事处

依据我国《城市街道办事处组织条例》规定,城市街道办事处是市辖区人民政府的派出机构,不设区的市和一些较大的镇也可设置街道办事处,其目的是密切政府与居民的联系,负责办理区人民政府委托的事务,指导居委会工作,反映居民意愿。但是温州目前街道办事处的职责和任务远远超过了上述法定范围,甚至要把很多审批事项下放到街道办事处办理。例如2012 年 4 月 1 日起,鹿城区将 6 项行政审批权和 8 类 337 项行政处罚权下

表 1－24　　我国现行设立县级市标准(人口密度＞400 人/平方千米)

县和镇	主要项目			2005 年标准	1993 年标准
全县	非农业人口数量			15 万人	15 万人
	非农业人口占总人口比重			55％	30％
	国内生产	总值		40 亿元	10 亿元
	财政收入	人均产值		6000 元	—
		总值		2 亿元	0.6 亿元
		人均收入		500 元	100 元
	第二、三产业产值占国内生产总值的比重			70％	三产比重 20％
	建制镇数量占乡镇总数的比例			60％	
县政府驻地镇	非农业人口数量			12 万人	12 万人
	城区公共基础设施	自来水普及率		90％	65％
		建成区绿化率		20％	—
		建成区人均公共绿地面积		20 平方米	
		污水处理率		30％	

　　注：据人口密度,全国分为三类地区标准。因温州人口密度大,故只列人口密度＞400 人/平方千米的标准,其余的 100～400 和＜100 人/平方千米的两类标准从略。

放给街道办事处,这些都是违法行为。更有甚者,《城市街道办事处组织条例》规定,街道办事处只能设置在城区和镇区,乡村地区不准设置街道办事处,而 2011 年 4 月温州行政区划调整时,在乡村地区设置了许多街道办事处,以致今日温州媒体上出现众多的"××街道××村"这样不伦不类的地名。2011 年 4 月永嘉瓯北设置了江北、东瓯、黄田、三江 4 个街道办事处,但"瓯北镇"都撤销了,哪来街道办事处? 同样,永嘉县撤销上塘镇和周边的陡门乡、下寮乡,设置了 3 个街道办事处,俨如县级市建制,但永嘉至今仍是县建制,今后也不可能升为县级市,因为永嘉县政府驻地包括 1 镇 2 乡的常住人口只有 11.84 万人,远达不到非农业人口 12 万人的指标。这些胡作非为的违法行为实在令人发指。原瓯北镇是温州五大强镇,今后很有可能升级为市或市辖区,现今镇撤销了,不久街道办事处又面临废除,只剩任人宰割一条路了! 这些愚蠢的事既损了自己的前程,又是有悖于我国法律的违法行为。温州应该依法从行政区划改革总体要求的角度,对街道办事处的功能、机构性质进行重新定位和调整。

　　目前,我国街道规模一般为 5 万～8 万人,约是乡镇规模的两倍,这是一个适宜的规模。街道规模不宜太小,也不能太大,规模太大会因为街道没有一级政府完备的职能,带来行政管理上的困难。这在我国政界和学界已形成共识,没有异议。然而,温州在上一次政区大调整后仅过了 6 个月,于 2011 年 10 月又将鹿城区 16 个街道撤并为 7 个街道。调整后的鹿城区过半街道的规模都超过了 20 万人,例如双屿街道常住人口达 31.27 万人,滨江街道 22.60 万人,南汇街道 22.38 万人,五马街道 20.50 万人(户籍人口 23.75 万人)。根据联合国城市规模划分标准,20 万~50 万人为中等城市。鹿城区的一个街道就是一个中等城市的规模,一个不具备完备行政职能的派出机构"街道办事处"无论如何是管理不了一个中等城市的街道事务。例如湖北省咸宁市只辖 1 个咸安区,全区人口 22 万,分设 3 个街道,平均每个街道只有 7 万多人口,这算是我国大街道了。杭州市西湖区最大的街道西溪街道 8.64 万人,西湖街道 2.44 万人;嘉兴市南湖区最大的街道南湖街道 6.55 万人,解放街道 2.93 万人;金华市金东区最大的街道多湖街道 2.31 万人,东孝街道 1.86 万人,等等。温州一个镇可以撤并得很大,达到中等城市以上的规模,这可以跻身于全国千强镇和全省百强镇,并且有望申报"镇改市",但街道撤并得如此大,实在是百害而无一利,这又是温州行政区划上的一个闹剧。

中国城市的管理层次太多了,一个市就有市、区、街道、社区四级,市布置下来的任务交给区,区布置给街道,街道召集一个会,布置给社区,大量工作交给社区,社区行政化严重,工作不堪重负,而街道只是个"二传手"。按照法律规定,居委会是居民自治组织,现在却把大量精力放在处理街道办事处交给的各项任务,没有时间组织居民开展自治活动,了解基层民意,化解基层矛盾等。由于管理层次多,人、财、物到街道就下不去了,大多被截留在街道以上。社区缺乏财力和人力,没有服务资源,很多布置下来的任务无法完成,这是我国城市管理中长期存在的严重问题。街道办事处作为市辖区和县级市的派出机构,其行政地位决定了街道行政职能不完善,在城市基层管理中这是合理的。但由于政出多门,执法混乱,上级职能部门都向街道布置工作,街道就不得不应付来自各方面的任务。由于街道的职权有限,很多工作没有相应的执法监督权力,不可能完成上级职能部门压下来的各项任务,从而出现执法不严或越权执法等问题。此外,街道的行政管理经费紧缺,上级拨给街道的经费一般只够实际支出的 30%。因此,街道搞创收,办产业,形成我国"街道经济"的通病。由于街道承担了很多经济职能,牵掣了街道的精力,淡化了社会管理和公共服务职能。

鉴于街道办事处的种种弊病,1995 年开始北京、上海等地相继推出一些改革措施,但始终无济于事。2009 年全国人大宣布废止 1954 年颁布的《城市街道办事处组织条例》,这就告诉我们该撤销街道办事处了,或者说撤销街道办事处在法律上没有障碍了。于是 2009 年开始安徽铜陵市铜官山区开始调研和谋划撤销街道办事处,并于 2011 年 7 月在全国率先废除街道办事处,由原来的"市—区—街道—社区"四级管理体制改革为"市—区—社区"三级体制,减少了管理层次,缩短了行政距离。经过一年多的改革试验,取得了很好的效果,获得了如潮的好评。2012 年 1 月铜陵全市推广实行,成为我国第一个撤销街道的地级市。2012 年 4 月民政部组织专家对此进行论证,一致对"铜陵模式"非常肯定,认为"这是城市管理中革命性的一种变革"。民政部基层政权司副司长王金华说"街道办事处取消是一个趋势,这是肯定的"。随着铜陵改革的成功,安徽全省将全面撤销街道办事处,贵州省的贵阳市和湖北省的黄石市也加入撤销街道的试验行列。2011 年 9 月广东省选择部分地级市的城区开展撤销街道的改革试点。首都北京公布的《北京市"十二五"时期体制改革规划》中明确提出撤销街道办事处改革试点。

目前,我国越来越多的城市加入撤销街道改革试点,未来几年有望全国全面推广实行废除街道派出机构。然而,温州置若罔闻,反而在 2011 年 4 月将全市 13 个乡 26 个镇创立为街道,增设了 41 个街道办事处,每个街道办事处下设若干个社区,每个社区下辖若干个行政村。鹿城区撤销 5 乡 3 镇改设为 5 个街道,龙湾区撤销 5 镇增设为 6 个街道,瓯海区撤销 5 镇改设为 5 个街道,瑞安市撤销 2 乡 4 镇改设为 5 个街道,乐清市撤销 2 乡 4 镇改设为 8 个街道,永嘉县撤销 2 乡 3 镇改设为 8 个街道,洞头县撤销 2 乡 2 镇改设为 4 个街道。从此,温州由原来的"县、市、区—乡、镇—村"三级制变为"县、市、区—街道—社区—村"四级制,增加了管理层次,扩大了行政距离,真叫人匪夷所思。温州的"街道管理村"模式在全国是独创,究竟是智慧,还是笑柄,有待于时间来检验。

(五) 乡镇改革

乡镇是我国农村基层行政区划单位。乡起源于西周,作为行政建制则萌芽于春秋,定型于秦汉时期,至今已有 2000 多年历史。清末(1909 年)规定城厢以外的市镇村庄屯集等,人口不满 5 万为乡,5 万以上为镇。1941 年国民政府颁布的《乡镇组织暂行条例》规定,每个乡镇以 10 保为原则,不得少于 6 保,多于 15 保,每保约 100 户。由此可见解放前的乡镇规模约为 1000 户 5000 人。解放以后,乡镇发展总趋势是乡的数量逐渐减少,镇的数量逐渐增多。1955年,全国的乡194858个,镇4487个,乡的数量是镇的43倍。人民公社撤销后的1985年,全国的乡79306个,镇9140个,乡的数量是镇的9倍。1996年底,全国的乡27056个,镇18171个,乡的数量是镇的1.5倍。2002年开始,全国镇的数量超过了乡的数量。2009年底,全国的乡14848个,镇19322个,镇的数量占乡镇总数的56.5%。

解放初期,我国实行小乡制,一个乡镇一般只有100～500户,多数乡的人口在500～1000人,镇的人口也只有6000多人。平均每个县要管辖近百个乡镇。因管理困难,故在县和乡之间设立派出机构"区公所"。随着乡镇的规模扩大,数量减少,1992年撤销区公所,实行县直辖乡镇体制。1996年的乡镇规模,全国平均为2.18万人,中东部地区为2.52万人,西部地区为1.46万人,全国乡镇规模最大的是河南省,也只有3.84万人。由此可见,我国各地存在乡镇规模过小的问题。乡镇规模过小,设镇标准偏低,影响农业产业化和乡镇企业的发展;使基层行政人员增加,加重了财政和农民的负担;不利于农村城镇化和中心镇的建设;直接影响基层政权的建设及乡镇经济发展战略的制定和实施。因此,1985年开始全国掀起"乡改镇"高潮,温州有103个乡改为建制镇;1992年又进行大规模的"撤区、扩镇、并乡"工作,温州乡的数量从1984年的462个撤并为181个,镇的数量从1984年的46个增至134个。这些都是乡镇改革中的合理和必需的举措。

1984年温州乡镇规模,全市平均为1.11万人,经济较好的平原地区为1.73万人,经济落后的山区县为0.53万人。经过"乡改镇"和"并乡扩镇"后,1992年温州乡镇规模,全市平均为1.87万人,经济较好的平原地区为3.38万人,经济落后的山区县为0.85万人。1999年开始温州又一次进行"扩镇"工作,又撤销33个乡镇,组建经济强镇和中心镇。至2001年温州乡镇规模,全市平均为2.50万人,经济发达的平原地区为4.03万人,经济落后的山区为1.04万人。这时温州乡镇规模与我国东部地区的平均值大体相当,其规模大小是适宜的。

2011年4月,温州再一次进行翻天覆地的乡镇调整,全市从原先的276个乡镇撤并为71个乡镇,甚至达到7个乡镇并为1个镇,乡的数量只剩下1个乡和5个民族乡。撤并后的镇其实就是1992年以前的区公所建制的区域范围。调整后的乡镇规模,全市平均为5.98万人,镇的规模全市平均为6.79万人,经济发达的平原地区为18.82万人,经济落后的山区乡镇为2.57万人。最大的苍南龙港镇竟达39.60万人,最小的文成西坑畲族镇只有1.01万人。面积最大的永嘉岩坦镇竟达565.5平方千米,几近鹿城、龙湾两区面积之和。全市有 14 个镇管辖的村、居数量超过 100 个,最多的龙港镇达到 199 个,灵溪镇 169 个,柳市镇 167 个,湖岭镇 163 个。这种畸形发展的庞大镇的经济总量可以跻身于全国千强镇和浙江百强镇的行列,带来可观的政绩,但对于镇政府的行政管理产生极大的不便和麻烦,甚至失控。一个镇要管理 100 多个村,几乎是不可能的。因此温州又独创了"乡村社区"体制,即在镇和村之间设置社区,镇管社区,社区管村,形成"县—镇—社区—村"四级管理体制。例如瓯海区泽雅镇将下属 81 个行政村分设为 9 个社区,平均每个社区管辖 9 村。这种"社区"其实就是 1992 年以前的乡镇规模,它们的区域范围大体相当,有的社区名称与当年乡镇一模一样。这样一来,温州乡村行政体制就从原来的"县—乡镇—村"三级制恢复到 20 年以前的四级制,这是历史的倒退,与我国"减少行政层次,缩短行政距离"的政区改革大方向背道而驰。难怪网民评价这种政区调整是"目光短浅,劳民伤财"。

目光短浅者认为"大镇"可以提高城市化水平,有望申报"镇改市",这又是一大谬论。城市化水平高低的最主要指标是非农业人口占总人口的比重,而不是高楼大厦多少的景观标准,更不是市域和镇域的常住人口数量。同理,上节提到"镇改市"最主要的审核指标也是非农业人口数量和比重,这是温州大镇的短项,就连平阳县城昆阳镇也不达标。在乡村人口向城镇集聚的同时,我们的政府要拿出如何改农业人口为非农业人口的措施,温州在这一方面没有丁点的举措。近年来,重庆试验的思路和探索很值得借鉴,如何把务工经商的农业人口的责任田和自留山收回,然后使他们享受城市的社保、医疗、就学、住房等待遇,重庆人称之为"脱旧衣,穿新衣",只有脱了旧衣,才给穿新衣,但目前很多务工经商者不愿脱旧衣,也不要城市户口,这是改革的难点。不管有多难,温州必须在这方面有所突破,否则城市化和创建县级市都成为空话。

(六) 市县分等

上述我国省制改革、市制改革、撤销地级市、废除街道办事处、撤并乡镇等都是大家耳熟能详的政区改革重大措施,还有一种"市县分等",是中国政区组织管理改革的新思路,在学界颇为流行。市县分等就是把县级政区分为三个等级,把市分为五个等级来进行分级管理,这是解决我国城市型政区与地域型政区合理并存的好措施,也是撤销地级市和"市管县"体制的必然选择。

我国现有的县、自治县、旗、自治旗共 1633 个,它们在面积、人口、经济等方面都有很大的差距。例如永嘉县面积 2674.1 平方千米,洞头县仅 104.0 平方千米,两者相差 25.7 倍;苍南县的常住人口 118.45 万人,洞头县仅8.77 万人,两者相差 13.5 倍;苍南县的经济总量 294.92 亿元,文成县仅 47.75 亿元,泰顺县仅 46.44 亿元,洞头仅 39.32 亿元,相差 6~7 倍。这种差距导致同一类别的县之间的行使政治、经济、文化等行政管理的工作量严重不平衡,强县大县的管理任务繁重,往往力不从心,而弱县小县则任务不足,导致管理资源浪费。解决这种矛盾的一种途径是实行市县分等,即根据各市县人口、面积、经济规模、财政收入等综合要素,将市县分成若干个等级,对不同等级的市和县配备不同级别的干部,设立不同的机构,规定不同的编制,实行不同的政策。

综观我国行政区划的层级管理体制,主要存在层级设置混乱和行政区划层次过多两个缺陷。进一步分析不难看出,造成这两种缺陷的关键问题是在地级建制和"市管县"体制上。姑且不论这两种体制本身所产生的社会经济矛盾,仅就优化我国行政区划层级管理的角度,撤销地级建制和"市管县"体制也是十分必要的。然而,在现有条件下,直接撤销地级建制并实行省直管市县的体制尚有一些不容忽视的障碍性因素,一是省政府一时很难管辖如此众多的县级政区,进而很难保证行政管理体制运行的高效统一性;二是地级政府工作人员数量庞大,安置困难。若通过市县分等,实行省直管市县分等制,则是一个可行的途径。

解放后,我国行政管理体制的几次改革之所以收效甚微,主要原因有两个。第一,政府职能不明确。职能是构建行政组织的基础性因素,组织的重大变革往往根植于组织职能的转变。同样,组织职能的转变也必然会推动组织内部部门结构和权力体系的重大变动,组织职能不变,则部门和权力体系的任何改革都是徒劳的。原有机构撤销了,但工作仍然要有人来做,结果只能再设一个类似的机构。因此,机构改革必须以职能确定为前提,职能不变,机构膨胀就不可避免。第二,行政管理体制法制化不健全。行政管理体制法制化已成为学界的共识,其前提条件是行政主体内部管理法制化,包括政府机构设置、公务人员任用和管理等。行政主体内部管理法制化是建立编制管理约束机制的主要途径。例如 1993 年 3 月中央颁布《关于党政机构改革的方案》,将全国 476 个市分为三类,每类规定机构的不同个数,结果在执行过程中被当作参考依据,失去其应有的约束力,这说明分类定编方法不能形成机构设置的约束机制。市县分等是建立编制管理约束机制的有效途径。

地方政府的分等为编制管理提供了法律依据和保障。市县等级划分是建立在科学周密的分析调研及统计基础之上的。与分类相比，分等更能反映各地实际情况，因而更具科学性和可靠性，从而为编制管理奠定了科学基础。此外，分等通过等级升降和与等级挂钩的级别工资等政策可以激发行政管理体制的竞争机制和激励机制。

市县分等的基本构思是县分三等，市分五等。我国历史上大多数时期县域等级分为二至三等，例如两汉两晋分为上、下二等，元明及民国分为上、中、下三等，唐宋分为赤、畿、望、紧、上、中、下七等，县的等级由二等增至七等，最后在三等上稳定下来，这说明县分三等是历史的必然选择。等级过少难以达到分等目的，等级过多必将带来诸多技术和操作问题。市的等级，唐代分为辅、雄、望、紧、上、中、下七等，现在改革市的等级序列应为直辖市、一等市、二等市、三等市、县辖市五个等级。当地级建制撤销后，将现有的地级市和县级市分为三等，这三等市都是省辖市，在法律地位上是平等的，不存在上下隶属关系。依据市县等级确定地方编制。定编包括确定机构和确定编制两个方面内容。从行政职能的角度来看，机构可分为三类，一类是承担必备性职能的必设机构，如公安、财政等；一类是承担地方性职能的可设机构，如民政、工商、教科文卫等；一类是承担一些纯属本地经济发展和为本地公共事务管理服务的自定机构，如水产、畜牧等。在这三类机构中，必设机构是各市县都有的，可设机构是同一等级市县共同设置的机构，分等作用就在于确定各等级市县可设机构的数量，达到缩小地方自设机构数量和范围的目的。

推行市县分等的过程实质上就是行政区划体制重塑的过程。从方法论的角度来看，重塑有渐进式、注入式和断裂式三种方式。渐进式是在部分地区以新体制取代旧体制，而在另外一些地区让旧体制暂时存在，在新体制运行成功后再行并吞旧体制。注入式是先不从根本上触动旧体制，而在旧体制中注入新机制，在新机制成长过程中对旧体制进行蚕食，从而使旧体制瓦解。断裂式是将旧体制一次性全部取缔，代之以新体制。从理论上讲，断裂式最理想，但在实践中风险很大，极易造成机制缺塑和社会动荡，应当予以避免。注入式适宜于中小型组织建设，不适合行政区划体制改革，它要求地级建制虚化，极易陷入虚实轮回的怪圈。因此渐进式有利于新旧体制的平稳过渡，有利于及时纠正方案的不足之处，增强分等方案的科学性和可行性。渐进式重塑行政区划体制具体实施可分为试点和全面推广两个阶段。试点阶段可在像宁夏这种管辖范围较小的省区进行，率先撤销地级建制，实行省直管市县分等体制。全面推广阶段应当与大省划小和县域扩大同时进行,从而在全国范围内撤销地级市和"市管县"体制,实行省直管市县分等体制。

如果我国省制改革后,浙江省分为两个省,温州成为浙南省的省会,因而温州属于一等市。地级市撤销后,台州、金华、衢州等也成为一等市,而丽水可能成为二等市,这要看中央定的指标体系和审核标准。瑞安和乐清成为二等市,不再属于温州市管辖,直接由省政府领导。平阳市、苍南市和龙港市成为三等市,也直接由省政府管辖。虹桥市、水头市、钱库市等镇级市成为县辖市,不属于省辖市,由当地市和县政府管辖。这样,浙南省直接管辖的三个等级的市及县大约 40 个;温州市只管辖鹿城、龙湾、瓯海、洞头、塘下、包括乌牛的瓯北、包括北白象和翁垟的柳市等七个市辖区,不再管辖瑞安、乐清、永嘉、文成、泰顺等市县,成为城市型政区;而瑞安、乐清、永嘉等市和县要管辖下属的市、镇和乡,仍然属于地域型政区。在县级分等上,文成和泰顺属于二等县,或成定局。永嘉县的上塘地区如果被温州市的瓯北区拿走,永嘉县政府要重新迁驻枫林镇,那么永嘉县属于二等县,否则可以争取一等县。笔者意见,还是二等县方案好,因为今后二等县或三等县会受到国家的政策倾斜,能享受优惠的照顾政策和更多的财政补贴。以上就是温州境内政区改革的蓝图,我们期待着不久的将来能成为现实。

本章主要参考文献

〔1〕刘君德、靳润成、周克瑜《中国政区地理》,科学出版社 2007 年 4 月

〔2〕中国行政区划研究会、张文范主编《中国省制》,中国大百科全书出版社 1995 年版

〔3〕戴均良《中国市制》,中国地图出版社 2000 年 8 月

〔4〕浙江省民政厅《浙江建置区划沿革》,浙江大学出版社 2009 年 4 月

〔5〕温州市民政局区划地名管理处(温州市地名委员会)《温州市行政区划》,http://www.wzqhdm.gov.cn 2011 年 12 月

第二章　温州历史地理

　　历史地理是研究历史时期自然和人文地理环境的变化和发展。历史时期是指新石器时代以来至新中国成立,时间大约一万年左右。新石器时代以前称为史前时代,又称地质时代,属于地质学研究的范围。历史地理是地质学和现代地理学之间的承启学科。历史地理在我国有悠久历史,它的前身是沿革地理。沿革地理主要研究历代疆域、政区制度、山川地名的方位和分布等领域的沿袭和变革。我国正史中的 16 部《地理志》、唐代《元和郡县志》、北宋《太平寰宇记》、南宋《舆地纪胜》、明清《一统志》等都是沿革地理的代表作。清末杨守敬是我国沿革地理的集大成者,他于 1906 年出版《历代舆地图》,分订 34 册,朱墨套印,古今对照,成为两千年来沿革地理总结性的里程碑著作。然而,沿革地理是历史学的辅助学科,并未成为一门独立的学科,所以中国传统图书的四部分类中,地理类列入史部。随着近代西方科学思想的传入,地理学变成一门独立学科的同时,历史地理开始全方位研究历史时期的自然和人文各地理要素的变化和发展,才逐渐形成现代意义的独立学科。历史地理研究对象是地理,研究的资料和方法既有历史的,也有地理的,还有考古的,其学科属性是地理的,因而历史地理属于地理学的一个分支学科,不再属于历史学。

一、温州历史政区地理

　　历史政治地理是历史地理的重要领域,包括历史时期所有政治活动的地理分布和空间布局,诸如政治区划的建置沿革,不同时期的社会制度和政治态度,各级政府的决策、施政和管理等政治行为,地区间的经济关系、文化交流和军事冲突等。所以政区地理是政治地理的一个方面。这里只阐述温州历史时期行政区划的建置沿革。

（一）历史时期县级行政区划

史学界通常认为中国的国家产生是在夏代（约公元前 21 世纪），但其内部还没有按照地域来管理国民，所以夏代尚未出现行政区划。商周时代实行封建制，采用"封邦建国"来进行统治和管理。商王和周天子除了王畿附近由自己直接管辖外，其他土地和人民分封给诸侯、卿大夫等各级领主，作为采邑。各级领主除了对天子有少量象征性的纳贡和服役外，在自己的封地内有绝对的主权，各自为政，分土而治。因此，在商周疆域内无所谓行政区划。春秋中期以后，有些诸侯逐渐强大，开始发展中央集权，对新开拓的疆土和侵夺来的土地，不再进行分封，而是由国君直接统治，采取分层划区进行管理，行政区划由此出现。我国行政区划制度从萌芽、出现、确立到全面推行，即从春秋初期至秦始皇统一全国实行郡县制，大约经过 5 个世纪的漫长历程，这与中央集权制度是同步的。

从政区地理角度看，行政区划有四个要素，一是层次，层次少便于中央集中管理，层次多会使地方权力增大，削弱中央集权。因此政区沿革集中体现了中央和地方权力消长演变过程。二是幅员，即政区面积范围，就是"百里之县，千里之郡，万里之州"，不同层次有不同的管理幅员，以便有效进行管理。三是边界，边界划分有"山川形便"和"犬牙交错"两个矛盾、并行和交替的原则。四是行政中心，古称"治所"，包括不同层级政区的行政中心位置的确定和变化。这四个要素的繁复变迁构成了政区地理的主要内容。

最早出现的行政区划是县。设立行政区划的县，最早是春秋中期的南方楚国和西方秦国，春秋后期各国县数骤增。春秋中期的县是食邑，因此称为"县邑"；春秋后期是郡县制的县开始确立。郡的出现也在春秋而稍晚于县。因郡域大，在数县之上置郡以统之，于是形成以郡统县的政区制度。郡县制最早出现在春秋后期，但整个战国时代都是郡县制和采邑制同时并存。直至秦统一后，郡县制才正式成为全国统一的行政区划。因此，温州的行政区划是从秦代郡县制开始。

1. 秦代

从商代晚期开始，在福建闽江流域出现闽越国，在温州瓯江流域出现东瓯国，这是早期城邦式的原始国家，不是领土国家，史学界称之为"方国"，不是一级行政区域。秦统一中国，推行郡县制，全国分为 36 郡，后增至 50 郡。秦始皇三十三年（前 214 年），废除闽越和东瓯两个方国，两个国王被废为君长，在其地域设置闽中郡。闽中郡范围相当于今福建全省和浙江温州、丽水、台州三市,郡治在东冶(今福建闽侯县东北冶山山麓)。秦王朝虽然在闽越和东瓯建立了郡级行政区,但未建立县级行政区,也没有委派官吏予以有效管理,而是实行羁縻管理,实际上还是闽越人和东瓯人的自治区域。

2. 西汉

汉惠帝三年(前192年),汉王朝复立原东瓯国为东海国,封原东瓯君长摇为东海王,仍俗称东瓯王,都东瓯(在今永嘉瓯北永宁山南麓)。汉武帝建元三年(前138年)闽越攻打东瓯,汉武帝发兵救援。东瓯解围以后,东瓯王率众举国北徙,迁居到江淮之间的庐江郡,东瓯国灭亡。东瓯北徙之后,东瓯故地在闽越王郢的弟弟余善控制之下,东瓯国改称东越国。

汉武帝元封元年(前110年),汉王朝灭了闽越和东越以后,再一次将东越臣民迁徙到江淮之间,东越国灭亡,同时将东瓯和闽越故地并入会稽郡管辖。元封五年(前106年),汉武帝在全国的郡之上设置"十三刺史部",东瓯故地属于扬州刺史部会稽郡管辖。

汉昭帝始元二年(前85年),在东瓯故地设立回浦县,并在回浦县设置会稽郡东部都尉。回浦县辖境包括今温州、丽水和台州三市,县治在回浦(今台州市椒江区北岸章安街道)。此时,今温州是扬州刺史部会稽郡回浦县下面的一个乡——"东瓯乡"。

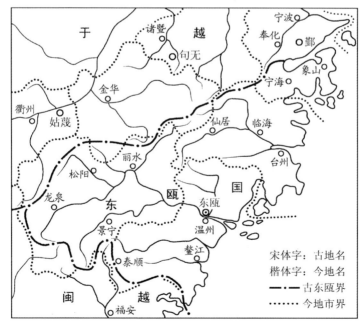

图 2-1 西汉初期的东瓯国

3. 东汉

汉光武帝建武六年(30年),回浦县被撤销,并入鄞县,今温州为鄞县回浦乡属地。汉章帝章和元年(87年),回浦县故地从鄞县中分出重立,并改称章安县,今温州为扬州刺史部会稽郡章安县东瓯乡。

汉顺帝永和三年(138年),东瓯乡从章安县中分出,另立为永宁县,辖境大致是今温州全市,县治在贤宰乡(今永嘉瓯北永宁山南麓)。这是温州单独设县的起始。此时,今温州是扬州刺史部会稽郡下面的永宁县。

4. 三国

今温州地属东吴版图。吴大帝赤乌二年(239年),分永宁县大罗山以南区域设置罗阳县,县治在北湖鲁岙(在今瑞安城区锦湖街道西岙村集云山麓洪积扇上)。这是瑞安设县之始。归命侯宝鼎三年(268年),罗阳县改称安阳县。

吴会稽王太平二年(257年),分会稽郡东部6县设置临海郡,郡治在临海,后迁章安。临海郡辖区包括今温州市、台州市、除遂昌县西部外的丽水市及宁波市的宁海县、象山县。此时,今温州是东吴扬州临海郡下面的永宁县和安阳县。

5. 西晋

今温州仍隶属扬州临海郡。晋武帝太康元年(280年),安阳县改称安固县。太康四年(283年),分安固县南部设置始阳县,不久改称横阳县,县治在横阳(在今平阳昆阳镇仙坛山麓洪积扇上)。这是平阳设县之始。至此,今温州境内有永宁、安固和横阳三县。

6. 东晋

东晋明帝太宁元年(323年),临海郡一分为二,温峤岭(今温岭市西部)以北仍为临海郡,郡治在章安;温峤岭以南增设永嘉郡,郡治在永嘉(今鹿城老城区),仍隶属扬州。这是温州设置郡级行政区之始。同年,开始建造永嘉郡城"鹿城",行政中心才开始由瓯江北岸迁到瓯江南岸。同时,安固县城由北湖鲁岙迁到邵公屿(今瑞安老城区)重建扩建。

孝武帝宁康二年(374年),从永宁县中分出增设乐成县,县治在乐成(今乐清老城区),这是乐清建县之始。东晋增设的永嘉郡下辖永宁、安固、乐成、横阳、松阳5县。永宁县辖境在今鹿城、龙湾、瓯海3区和永嘉县,安固县辖境在今瑞安市、文成县东部和南部、泰顺县北部,横阳县辖境在今平阳县、苍南县、泰顺县南部,乐成县辖境在今乐清市、玉环县和洞头县,松阳县辖境在今丽水莲都区、青田县、云和县、景宁县、庆元县、松阳县、缙云县和龙泉市,即今除遂昌县外的丽水市。

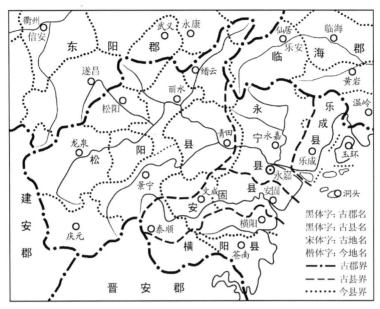

图 2－2　东晋和南朝的永嘉郡行政区划

7. 南朝

整个南朝的 170 年中,永嘉郡的辖区和行政中心不变,但隶属多变,有时属扬州,有时属东扬州,而且变化频繁。南朝刘宋前期承东晋区划,永嘉郡隶属扬州。宋孝武帝孝建元年(454 年),分扬州南部的会稽、新安、东阳、临海、永嘉 5 郡设置东扬州,今温州全境属东扬州。5 年后,到大明三年(459 年)撤销扬州为王畿,东扬州改名为扬州,永嘉郡隶属扬州。又 5 年后,到大明八年(464 年)重新恢复扬州和东扬州的建置,永嘉郡隶属东扬州。次年,景和元年(465 年)撤销东扬州,并入扬州,永嘉郡又属扬州。直到梁武帝普通五年(524 年),分扬州和江州设置东扬州,永嘉郡隶属东扬州。梁敬帝太平元年(556 年)撤销东扬州,永嘉郡再次隶属扬州。陈文帝天嘉三年(562 年)分扬州中的会稽等 8 郡设置东扬州,永嘉郡隶属于东扬州。

8. 隋代

南朝的行政区划为州、郡、县三级制,隋代初期废郡,改为州、县两级制。隋文帝开皇九年(589 年),废永嘉和临海两郡为县;废章安、始丰、宁海、乐安诸县并入临海县;废安固、横阳、乐成诸县并入永嘉县;分松阳县的东乡设置括苍县;以括苍、松阳、永嘉、临海 4 县设置处州,州治在括苍(今丽水莲都区)。此外,改原东扬州 8 郡为吴州,设置吴州总管府,吴州总管府又隶属于扬州大总管府。次年,隋王朝派杨素平定永嘉沈孝彻的割据势力,今温州才真正纳入隋朝版图。隋开皇十二年(592年),处州改称括州,仍隶属吴州总管府。隋炀帝大业三年(607年),重新恢复州、郡、县三级制,改括州为永嘉郡,郡治仍在括苍,隶属扬州。这期间的处州、括州和永嘉郡的称呼不同,治所和辖境相同,永嘉失去了郡治的地位。辖境大体上与三国东吴和西晋时期的临海郡相同,包括今温州、台州和丽水三市外,还包括今金华市武义县南部的柳城镇和桃溪镇一带,也包括今宁波市的宁海县和象山县。

9. 唐代

唐太宗贞观元年(627年),分全国为十道,今温州隶属江南道。唐玄宗开元二十一年(733年),重分全国为十五道,今温州隶属江南东道。唐肃宗乾元元年(758年),在江南东道下面分置浙江东道和浙江西道两节度使,今温州隶属浙江东道。唐代的州郡名称也多次变动,唐初改隋的郡为州,唐玄宗天宝元年(742年)又改州为郡,唐肃宗乾元元年(758年)又改郡为州。整个唐代290年间,大部分时间称州,仅16年时间称郡。

唐初,高祖武德四年(621年)永嘉郡复称括州,表示恢复开皇旧制。武德五年(622年),原永嘉县从括州中分出设置东嘉州,原临海县也从括州中分出设置海州,次年改名为台州,并置括州总管府。此时,隋代的永嘉郡一分为三,今温州市称为东嘉州,今丽水市称为括州,今台州市和宁波市的宁海、象山两县称为台州。东嘉州下辖永宁、安固、横阳、乐成4县。两年后,武德七年(624年)撤销乐成县并入永宁县,改总管府为都督府,此时东嘉州隶属括州都督府。

唐太宗贞观元年(627年),废括州的都督府,撤销东嘉州重新并入括州,撤销横阳县并入安固县,并改永宁县为永嘉县。此时,温州境内仅有永嘉和安固两县建制,隶属江南道越州都督府下面的括州。唐高宗上元二年(675年),将永嘉和安固两县从括州中分出设置温州。从此"温州"这一州名沿用至今,历时1337年基本没有改变。当时永嘉人李行抚到京师请求设州,因温州地处温峤岭以南,而且"虽隆冬恒燠",故取名温州。

武则天载初元年(689年),分永嘉县复置乐成县。大足元年(701年),分安固县复置横阳县,至此温州恢复了唐初的四县建制。唐玄宗开元二十一年(733年)温州改属江南东道。天宝元年(742年)改温州为永嘉郡。唐肃宗乾元元年(758)重新改永嘉郡为温州,隶属浙江东道。大历十四年(779年)改属浙江西道,建中元年(780年)改属浙江东道,建中二年(781年)改属浙江西道,贞元三年(787年)又改属浙江东道。

唐末,昭宗天复三年(903年),安固县改称瑞安县。

唐代温州的州治在永嘉(今鹿城老城区),下辖永嘉、乐成、安固、横阳4县。永嘉县辖境在今鹿城、龙湾、瓯海3区和永嘉县,乐成县辖境在今乐清市、洞头县和玉环县南部,安固县辖境在今瑞安市、文成县东部和南部、泰顺县北部,横阳县辖境在今平阳县、苍南县、泰顺县南部。唐代温州境域与今温州市的范围大体一样,所不同的有三处。第一,今文成县西北部的南田镇一带唐代属于括州青田县;第二,今丽水青田县东部温溪镇和南部山口镇一带唐代属于温州永嘉县;第三,今台州玉环县南部唐代属于温州乐成县。

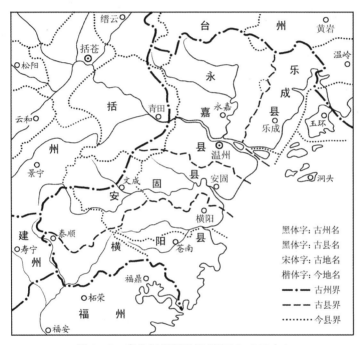

图2-3 唐代温州行政区划(733~903年)

10.五代十国

温州地属吴越国。吴越天宝元年(908年),吴越王钱镠为避梁太祖朱晃父亲朱诚的讳,改乐成为乐清县。天宝七年(914年),横阳县改称平阳县。五代吴越国的温州下辖永嘉、瑞安、平阳、乐清4县,州治仍在永嘉(今鹿城老城区)。

"军"在唐代是单纯的军事单位,只管军队,不管民事,不是政区单位,且多设在边疆地区,军的长官称"使"。五代时因局势混乱,军事行动频繁,军的统一事权作用逐渐明显,军既管兵马,也管土地民事,当地的行政区划和行政系统被军所替代。后晋天福四年(939年),吴越国在温州设置静海军节度使,温州属于节度州。宋初开宝八年(975年),温州静海军改为应道军。五代吴越时期温州隶属东府。

11. 北宋

温州纳入北宋版图是在宋太宗太平兴国三年(978年)吴越国纳土归宋以后,距离北宋王朝创建时已逾18年。该年,温州由节度州降为军事州,称为温州军。"军"作为宋代地方政区名称,有两种军,一种是领县的军,与府、州、监同级,隶属于路;一种是不领县的军,与县同级,隶属于府、州。这时的温州军降为县级。宋太宗至道三年(997年),温州又升为州级。宋徽宗政和七年(1117年),改温州为应道军节度州。北宋时期温州下辖永嘉、瑞安、平阳、乐清4县,州治仍在永嘉(今鹿城老城区)。

宋神宗熙宁七年(1074年),分两浙路为两浙东路和两浙西路,但不久又合而为一,时而复分,时而复合,未成定制。分时温州隶属两浙东路,合时温州隶属两浙路。

12. 南宋

宋室南渡以后,温州军隶属于两浙东路。直至南宋后期的度宗咸淳元年(1265年),温州军才升为瑞安府,府治在永嘉(今鹿城老城区)。南宋时期的温州军或瑞安府均下辖永嘉、瑞安、平阳、乐清4县,隶属两浙东路。

13. 元代

元代在全国设立11个行中书省,行中书省简称行省。行省下辖路,路下辖县和州。元代"州"的含义不同于其他朝代的州,它是人口众多的要冲大县。行省和路之间又设置"道宣慰司"。元世祖至元十三年(1276年),瑞安府改称温州路,隶属江淮行省的浙东道。至元二十一年(1284年),江淮行省改称江浙行省。元成宗元贞元年(1295年),瑞安县改称瑞安州,平阳县改称平阳州。温州路上隶江浙行中书省浙东道宣慰司,道治在庆元路(今宁波);下辖瑞安、平阳两州和永嘉、乐清两县。温州路治仍在永嘉(今鹿城老城区)。

14. 明代

明太祖在明王朝建立前二年(1366年)在杭州设置浙江行中书省。明太祖洪武九年(1376年),改浙江行中书省为浙江承宣布政使司,但习惯上仍称为省。省辖府,府辖县,省和府之间设道,形成"省—道—府—县"四级行政体制。洪武元年(1368年),温州路改称温州府。洪武二年和洪武三年瑞安和平阳的州名分别恢复县名。此时,温州府下辖永嘉、瑞安、平阳、乐清4县。

明代宗景泰三年(1452年),将瑞安县义翔乡的5都12里和平阳县归仁乡的3都6里分出设置泰顺县,县治在罗阳(今泰顺县城)。至此,明代的温州府上隶浙江承宣布政使司温处道,下辖"永乐瑞平泰"5县。道治和府治都在永嘉(今鹿城老城区)。

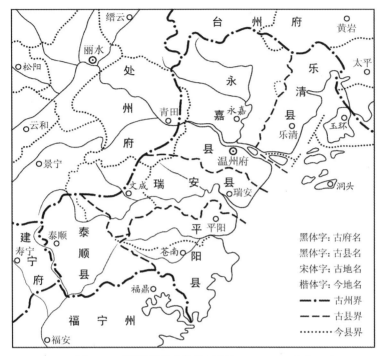

图2-4 明代温州府行政区划(1452~1644年)

15. 清代

清初承袭明制,至康熙初年改浙江布政使司为浙江省。雍正六年(1728年)以前,今玉环县北部属于台州府太平县,南部属于温州府乐清县。该年将南北两部合并设置玉环厅,隶属温州府。清代温州府上隶浙江省温处道,下辖5县1厅。道治和府治均在永嘉(今鹿城老城区)。

16. 北洋政府时期

北洋政府时期,改革封建政治,废除府、州、厅,保留道和县,实行"省—道—县"三级政区制度。民国元年(1912年),废除温州府,保留永乐瑞平泰5县,并改玉环厅为玉环县。民国三年(1914年),在清代温处道的基础上改置瓯海道。瓯海道上承浙江省,下统16县。瓯海道范围包括今温州、丽水两市和台州市玉环县,即永嘉、瑞安、平阳、乐清、泰顺、玉环、丽水、青田、缙云、松阳、遂昌、龙泉、庆元、云和、景宁、宣平等16县。瓯海道尹驻地在永嘉(今鹿城老城区)。

17. 南京国民政府时期

民国十六年(1927年),国民政府定都南京,遵照孙中山《建国大纲》规定,取消道制,实行省、县两级制,各县直属于省。浙江全省共有1市77县,今温州市范围内有"永乐瑞平泰"5县。全国实行县、市两级制后,因省域辽阔和县数众多,省对县难以实行全面管理,于民国二十一年(1932年)5月,在省和县之间重新设置行政督察区。今温州属于第十行政督察区,下辖永嘉、瑞安、平阳、乐清、玉环5县。督察专员办事处设在永嘉(今鹿城老城区)。同年9月,全省调整为7个行政督察区,温州为第四区。次年4月,全省改划为6个区,温州为第三区,并将泰顺划归本区管理;8月,第三行政督察区改称永嘉行政督察区。民国二十三年(1934年)3月,浙江改设9个行政督察区,温州为第八区,下辖"永乐瑞平泰"和玉环6县。民国三十五年(1946年)12月,从瑞安、泰顺、青田3县边区划出20个乡镇增设文成县,这是文成建县之始。这样,第八行政督察区下辖县数增为7个。民国三十七年(1948年)5月,浙江省行政督察区又一次调整为6个,温州为第五区,下辖永嘉、乐清、瑞安、平阳、泰顺、文成、青田、玉环8县。行政督察区是省政府派出机构,不是一级独立的行政区,但后来与保安司令部合并,专员兼保安司令,对当时的政局有较大影响。

(二) 历史时期县以下基层行政区划

秦汉时期的县以下基层政区采用"乡里什伍"制度,规定"五户为伍,十户为什,百户为里,十里为亭,十亭为乡"。魏晋南朝时代因循汉代的乡里制度,但民户多依附于世家大族,乡里制度的作用反在庄园坞堡之下。隋代采用"百户为里,五里为乡"的乡里制度。唐代基层政区划分是很严密周到的,规定在城区四户为邻,五邻为保,五保为坊;在郊区四户为邻,五邻为保,五保为村;在乡村四户为邻,五邻为保,五保为里,五里为乡。唐代这种坊里制度对政府的行政管理很有好处,所以这种制度一直延续到宋代。宋代王安石变法,实行保甲制度,但保甲制度与原有的坊里制度在职责上存在着重叠和冲突,所以变法失败后,有的地方实行保甲,有的地方实行坊里。元代实行乡都村社制度,乡辖都,都辖村社,每乡辖都不等。明清两代在城区实行隅厢制,在农村实行乡都制。城区的隅厢制是城垣以内设"隅",城垣以外设"厢",隅厢以下设"总",总以下设"甲"。农村的乡都制是乡以下设"都",都以下设"里"。至今温州遗留下来的"七都"、"八里"之类的地名比比皆是。

1. 元代以前

元代及其以前的温州地方志均已佚失,难以列出完整的基层行政区划。

下面仅从古代文献和文物中获取一鳞半爪作局部介绍。

唐代开元年间(713～741 年),温州的永嘉、安固、乐成、横阳 4 县共辖 78 个乡,到唐代元和年间(806～820 年)调整为 76 个乡。

北宋太平兴国年间(976～984 年),温州共辖 44 个乡,其中永嘉县 11 乡,瑞安县 16 乡,平阳县 11 乡,乐清县 6 乡。北宋元丰年间(1078～1085 年),温州共辖 41 个乡,其中永嘉县 13 乡,瑞安县 12 乡,平阳县 10 乡,乐清县 6 乡。温州各地乡的名称多不可考,永嘉县仅知建牙、德政、吹台、孝义、贤宰、仙桂、清通、仙居 8 乡,瑞安县仅知帆游、崇泰、涨西、集善、芳山、来暮、清泉、嘉屿、广化 9 乡,平阳县仅知东乡、西乡、金舟、亲仁、宰清、万全、凤栖、凤林、归仁 9 乡,乐清县仅知东乡、永康 2 乡。

元代仅知平阳县辖 10 乡 54 都。

2. 明代

明代实行隅厢制和乡都制。温州府城设置 4 隅,东南隅下辖 18 总,西南隅下辖 18 总,西北隅下辖 15 总,东北隅下辖 9 总。温州城外设置 4 厢,城南厢下辖 7 总,广化厢下辖 6 总,集云厢下辖 5 总,望京厢下辖 2 总。瑞安县城设置 4 隅 1 厢,即东南隅、东北隅、西南隅、西北隅和永丰厢;平阳县城设置 4 隅,即东隅、南隅、西隅、北隅;乐清县城只设置东、西两隅。

明代乡都制采用"县—乡—都—里"四级基层管理。明朝前期的温州府各县乡村共设置 4 县 41 乡 201 都 823 里,见下表。

表 2 - 1 明代前期温州基层行政区划(1368～1451 年)

县名	乡名								乡数	都数	里数
永嘉县	华盖 仙桂	膺符 贤宰	德政 永宁	吹台 清通	建牙 仙居	孝义	泰清	临江	13	52	268
瑞安县	帆游 安仁	崇泰 广化	清泉 嘉屿	南社 义翔	涨西	集善	芳山	来暮	12	60	140
平阳县	万全 崇政	东乡 招顺	西乡	凤林	金舟	亲仁	归仁	宰清	10	55	247
乐清县	永康	长安	茗屿	瑞应	山门	玉环			6	34	168
合计	—								41	201	823

景泰三年(1452 年),朝廷派兵镇压了浙闽边境的邓茂七、叶宗留农民起义后,从瑞安县义翔乡分出五十六都、五十七都、五十八都、五十九都、六十

都 5 都 12 里,从平阳县归仁乡分出三十八都、三十九都、四十都 3 都 6 里,设置泰顺县。新设的泰顺县置东、西两隅,不置乡,辖 8 都 18 里。于是瑞安县由原来的 60 都 140 里减至 55 都 128 里,平阳县由原来的 55 都 247 里减至 52 都 241 里。后来,平阳县因三十四都无住户,其地分别划归三十二都、三十三都和三十五都,全县减为 51 都。成化十二年(1476 年),乐清县山门乡的二十九都、三十都、三十一都及玉环乡的全部(三十二都、三十三都、三十四都),共计 6 都 32 里划给台州府太平县(今温岭市),于是乐清县从原来的 6 乡 34 都 168 里减为 5 乡 28 都 136 里。

3. 清代

清代基层政区承袭明制。顺治十二年(1655 年)海禁和顺治十七年(1660 年)迁界,永嘉县迁弃茅竹岭以东的一都至五都和膺符乡的七都;乐清县迁弃 94 里,只存 42 里,玉环岛及江北老岸都迁弃一空,连乐清县政府也迁往大荆;瑞安县先迁弃 28 里,后又迁弃 6 里;平阳县迁弃 100 多里(里不指长度单位,而是基层政区单位)。迁弃之地均无人居住,但乡、都、里的建置并未撤销。直到康熙二十二年(1683 年)统一台湾后,迁弃之地始渐恢复。

康熙四十年(1701 年),泰顺县城由原来的东、西两隅改设东、南、西、北四隅,仍不设乡,仍辖 8 都 18 里。

雍正六年(1728 年),从台州府太平县分出二十四都、二十五都、二十六都和乐清县玉环岛设置玉环厅,归属温州府。玉环厅治设置东、西两隅,不设乡,下辖 22 都。

明清两代的隅厢制和乡都制在温州实行了 540 年之久。直到清末光绪三十四年(1908 年),清政府颁布《城镇乡自治章程》,规定县以下改设城区、镇、乡等自治区域,隅厢制和乡都制才被废除。当时,永嘉和瑞安两县率先执行。永嘉县划分为城区和永强、膺符、会昌、钟山、承化、西内 7 镇以及仰山、孝义、永安、临江、江北、七都、贤宰、水东、水西、龙沙 10 乡;瑞安县划分为城区和罗阳、集广 2 镇以及清泰、南岸、芳山、来安、嘉安、嘉义 6 乡。宣统三年(1911 年),平阳县划分为城区和江南、金乡、南港、北港 4 镇以及万全、小南、蒲门 3 乡。乐清县、泰顺县和玉环厅未及划定,武昌起义爆发,《城镇乡自治章程》随之废除。

4. 民国时期

民国元年(1912 年),政府颁布《地方自治试行条例》,永嘉、瑞安、乐清和玉环等县相继划分出若干个自治区域,平阳和泰顺未及改划,"南北和议"达成,《条例》即被废除。

北洋政府时期,温州基层政区的体制和划分比较紊乱。永嘉县分为 17 个区,即城区、永强、膺符、会昌、钟山、承化、江北、贤宰、七都、仰山、永临、安溪、西内、水东、水西、龙沙和孝义。瑞安县分为 10 个区,即城区、罗阳、清泰、南岸、来安、嘉安、集广、芳山、嘉义和海岛区。玉环县分为 11 个区,即城区、坎门、楚门、南大、陈岙、芳社、桐林、密溪、三盘、黄大岙和灵昆。平阳县分为 5 隅 7 乡镇,即城隅、东隅、南隅、西隅、北隅和万全镇、江南镇、金乡镇、南港镇、北港镇、小南乡和蒲门乡。乐清县分为 5 个自治区域,即东区、南区、西区、北区和小东区。泰顺县仍按明清体制,分为 4 隅 8 都 18 里。

民国十六年(1927 年),南京国民政府成立后,县以下实行村里制,即县下设区,区下在城设里,在乡设村。村以下实行闾邻制,即村下设闾,闾下设邻,十户为邻,十邻为闾。至民国十八年(1929 年)底,已成立的村、里委员会数量,永嘉县 492 个,瑞安县 386 个,平阳县 360 个,乐清县 434 个,泰顺县 134 个,玉环县 108 个。

民国十九年(1930 年),改村里制为乡镇制,县下设区,区下设乡或镇,乡镇以下仍采用闾邻制。此后温州各县相继设置完成。永嘉县设 10 区 3 镇 221 乡,瑞安县设 5 区 17 镇 213 乡,平阳县设 6 区 21 镇 192 乡,乐清县设 6 区 17 镇 353 乡,玉环县设 4 区 6 镇 44 乡,泰顺县不设区,下辖 2 镇 88 乡。

民国二十三年(1934 年),废闾邻制为保甲制。乡镇以下设保,保下设甲;10 户为甲,10 甲为保,10～15 保为 1 个乡镇。温州共分为 6 个县,34 个区,55 个镇,425 个乡,5292 个保,56463 个甲。

表 2-2　　　　　　　　**1934 年温州基层行政区划**

县名	区　　　　名						区数	镇数	乡数	保数	甲数
永嘉县	城区 沙头	永强 西内	梧埏 水东	郭溪 水西	永临	罗浮	10	11	108	1484	15573
瑞安县	城区	塘下	仙降	陶山	高楼	大峃	6	13	79	1139	11224
平阳县	城区	鳌江	灵溪	宜山	水头	马站	6	15	88	1070	13336
乐清县	城区	柳市	虹桥	大荆			4	12	46	817	8121
泰顺县	罗阳	百丈	泰南	泗溪			4	2	78	438	4357
玉环县	城区	南大	楚门	三盘			4	2	26	344	3852
合计	——						34	55	425	5292	56463

注:永嘉县城区设 9 镇,城垣内为中央镇、海坛镇、南市镇、莲池镇、落霞镇,城垣外为城东镇、城南镇、广化镇、集云镇。

民国二十七年(1938 年),福建寿宁县葛藤岭、张家垟、卓家坑、东溪头、双港渡等村 9 平方千米区域划归泰顺县,并树界碑。此后,泰顺与寿宁两县以东溪(寿泰溪)为界。

民国后期,上表中的政区有所变化。民国三十年(1941 年),永嘉县水东区改称枫林区,水西区改称岩头区,西内区改称碧莲区,基层政区调整为 119 乡镇 1243 保 14343 甲。其中城区、永强、梧埏、郭溪 4 区共 52 乡镇 581 保 6783 甲 85913 户,永临、罗浮、沙头、枫林、岩头、碧莲 6 区共 67 乡镇 662 保 7560 甲 90404 户(今藤桥镇当年属于永临区,七都属于罗浮区,郭溪区包括三溪、泽雅、双屿、仰义等地)。此外,瑞安县调整为 93 乡镇 979 保 10519 甲,平阳县调整为 87 乡镇 1047 保 11818 甲,乐清县调整为 56 乡镇 750 保 7815 甲,泰顺县调整为 38 乡镇 340 保 3725 甲,玉环县调整为 28 乡镇 239 保 3786 甲。

民国三十五年(1946 年)12 月,从瑞安县中分出大峃区的大峃镇和龙凤、金樟、周阳、玉壶、金龙、峃口、桂阳、珊溪、巨屿 9 个乡,从泰顺县中分出汇溪、两岸 2 个乡和翁山乡、白云乡的一部分,从青田县中分出南田、西坑、峃里、黄坦、三阳 5 个乡和万源乡的一部分,设置文成县。新建的文成县下辖大峃、南田、玉壶、黄坦、珊溪 5 区 19 乡镇 266 保 2855 甲。同年,将永嘉县的温溪、西岙、石染 3 乡划给青田县。

民国三十七年(1948 年),温州基层政区又作了调整。调整后,永嘉县辖 10 区 83 乡镇 1177 保 13510 甲,瑞安县辖 4 区 48 乡镇 654 保 8266 甲,平阳县辖 6 区 56 乡镇 690 保 7465 甲,乐清县辖 4 区 44 乡镇 263 保 2631 甲,泰顺县辖 4 区 23 乡镇 293 保 2900 甲,文成县辖 5 区 19 乡镇 266 保 2855 甲。

二、温州历史开拓地理

新石器时代以来,温州从原始土著居民瓯人,发展成为独立的东瓯族,继而形成东瓯方国,再被西汉中央政府封为东瓯王国,经历了发展——停滞——衰落——再发展的曲折过程。汉代以来,温州人从逃归山林,到被迫出山,经历了开拓山麓洪积扇和冲积扇,至开拓河谷平原,再到开拓沿海平原,直至开拓海洋等不同的发展阶段,创造出今天辉煌的成就。为了叙述方便,温州开拓历史以三国为界,三国以前作为一阶段,三国以后作为另一阶段。

（一）东瓯国以前的温州开拓历史

根据最新的深海沉积有孔虫氧同位素测定、黄土高原的黄土沉积和极地冰岩芯研究成果，准确地将地球 260 万年的第四纪大冰期划分出 37 个亚冰期、74 个副冰期和 110 个寒冷期。距今 2.3 万～1 万年的寒冷期发生海退，致使海平面下降到－110 米。距今 1 万年进入第四纪全新世，气候转暖，海平面开始回升。大约距今 7000 年，我国东南沿海浙闽地区生活着三群不同语言、不同文化的原始土著人类，后人称之为越人、瓯人和闽人。越人生活在浙北宁绍平原，瓯人生活在浙南瓯江流域，闽人生活在福建闽江流域。大约在距今 6500 年的新石器时代中期，越人创造出比黄河流域仰韶文化更先进的"跨湖桥文化"和"河姆渡文化"，闽人也创造出先进的"壳丘头文化"，由于温州考古发掘工作落后，瓯人文化的发展程度无从得知。

距今 6500 年前，宁波平原上的河姆渡居民已经拥有榫卯结构和企口地板的木质房屋，已经使用骨耜耕种并食用籼稻，已经有了经纬织布工具和髹漆技术。闽人已经使用圜底器、圈足器及蘑菇状陶支脚等陶器，但温州的土著居民却过着非常原始落后的渔猎生活，吃鱼、蛙、蛤、蛇为生。此后，全球气温继续上升，发生海侵，海平面上升到今天海拔 55 米的高度，温州平原又沦为一片浅海，地质学界称之为"最后一次海侵"（不是卷转虫海侵，见本书温州自然地理分册第一章）。距今 6000 年开始沿海平原受淹，河姆渡居民被迫退居四明山区，温州平原上的瓯人也退居丘陵山区及大罗山、平阳半天山等海岛上。温州原始居民在山区度过了两千年之久，其间仍过着落后的渔猎生活，用磨制的石镞、石锛、石斧、石凿等石制工具来捕猎动物和防止野兽袭击。这时期温州出土的遗物中，70％的石器是石镞，而石犁、石锄等石制农具一件也没有，全是投掷、切削和捕鱼用具。可见这些居住在山区的瓯人还没有过上农耕生活。

大约距今 4000 年的夏代早期，浙闽境内的三群原始先民由部族逐渐形成三支不同的民族，越人形成"于越族"，瓯人形成"东瓯族"，闽人形成"闽越族"，他们是我国南部"百越"中的不同民族。于越族分布在钱塘江两岸的宁绍地区、杭嘉湖地区和金衢盆地部分地区，中心在今绍兴，他们创造出辉煌的"良渚文化"。东瓯族分布在瓯江流域、飞云江流域和灵江流域，中心在今温州，他们创造出"好川文化"。闽越族分布在闽江流域，中心在今福州，他们创造出"昙石山文化"。这三支民族中，于越族文化最发达，也是历史文献记载最早的民族；闽越族次之，东瓯族文化最落后。因此，现代的杭州人和绍兴人多认为于越人"一统东瓯",甚至东瓯的首领也是于越人派来的统治者,他们认为东瓯的人民是瓯人,统治者是越人,所以东瓯称为"瓯越",实际上温州古代从来没有称呼瓯越,瓯越也不指温州(见胡珠生《瓯、东瓯、瓯越考辨》)。于越人说东瓯王是句践的后裔,这是司马迁"百越同源"的错误观点所造成的。现代的福建人也认为东瓯是闽越族"七闽"中的一个分支,所以秦始皇把东瓯纳入闽中郡受闽越人统治,至汉代才分出东瓯国。这些统统都是贬低温州历史的胡言。厦门大学蒋炳钊《东瓯族三大学术悬案的历史考察》明确指出,东瓯族不是闽越族的分支,是一支独立的民族,东瓯族与闽越族是百越中两个不同的民族。

由于地缘的原因,东瓯文化与闽越文化相接近,而与于越文化相差甚远。所以司马迁在《史记》中将东瓯和闽越放在一起列传,合称"东越",与岭南地区的"南越"相并列。于越后来发展成为越国,成为春秋五霸之一。闽越族也建立闽越国,东瓯族建立自己的东瓯国,当然这是早期城邦式的原始国家,不是领土国家,史界称之为"方国"。东瓯方国建立时间大约在商代晚期。成书于战国的《逸周书·王会解》记载西周初期第二个皇帝周成王(前1063~前1027年在位)在洛阳会见天下千余方国诸侯时,四方纳贡,"东越"国向周成王贡献的是海蛤,这是有文字记载的最早史料。这个"东越"有人认为是指闽越,笔者从上下文连读认为是指东瓯,而且今温州龙湾是全国产量最高的"中国文蛤之乡"。由此可见,东瓯方国在商代晚期就已存在。

第四纪最后一次海侵后期,即商代后期,这些退居山区的温州原始居民开始制造和使用陶器。1953年永嘉黄田屿门村屿门山的山坪上首次出土了灰色蓝纹陶片,同年永嘉上塘前村正门山的山坪上又出土了红色、黑色、灰色的绳纹、菱形纹、网眼纹陶片,以后又陆续在乐清、永嘉、鹿城、瓯海、瑞安、平阳、苍南、文成、泰顺各地100多处遗址中发现为数众多的陶片。尤其是2003年以来发掘的鹿城藤桥上戍渡头村的老鼠山、藤桥临江下湾村的下龙山、鹿城双屿牛岭村的卧旗山、鹿城藤桥镇的仁山、瓯海仙岩穗丰村的杨府山等遗址出土众多陶片和陶器。这些红色、黑色、黄色和灰色的泥质陶片、夹炭陶片、夹砂陶片、硬陶和着黑陶等都是在陶器表面拍打几何纹饰,称为"印纹陶",史称这种文化为"印纹陶文化"。几何印纹陶分布遍及我国南部"百越"地区,浙江、江苏、江西、福建、台湾、广东及桂东、皖南、湘南等地区都有出土,是百越古文化的代表作。考古界普遍认为印纹陶文化产生于新石器时代晚期,兴盛于商周,衰落于战国秦汉。据其几何纹饰的差异分为七个区,温州出土的印纹陶多似闽台区,与浙北的太湖区差异较大。由此可见,于越文化不是夏族文化的传承,东瓯文化更不是于越文化的模仿。温州出土的印纹陶都分布在海拔 60 米左右的临江小山坪上,常见的是拍打条纹的黄灰色薄胎硬陶,有的两面涂成黑色,器形以"瓯"类器皿居多,这就是温州古称"瓯"的原由。在温州方言中,至今仍称小碗、小盆、小盏类器皿为"瓯儿"。

公元前 1000 年,约当殷末周初时期,第四纪最后一次海侵结束,温州沿海平原成陆。此时温州虽然海退形成很多河谷平原和河口平原,但平原地势低洼,多潟湖和沼泽,灌莽相属,草莱丛生,东瓯人开始从丘陵和海岛山区迁居山麓洪积扇和冲积扇地区,开始了农耕生活。西周是温州山麓洪积扇和冲积扇的开拓时代。

西周初期,中原地区奴隶制已发展到更高的阶段,而温州仍处于落后的原始氏族制阶段。随着东瓯人从山区迁居山麓洪积扇和冲积扇,短短的二百五十多年的西周时代,瓯人的生产和生活得到很快发展。1984 年在乐清白石杨柳滩水底出土的西周文化遗物中,有一批青铜农具和兵器;1993 年浙江省考古所和温州市文物处正式进行全面发掘瑞安莘塍岱石山的西周石棚墓群时也发现青铜器文物。珊溪水库建设时,在泰顺百丈镇牛头岗西周遗址中也发现一件青铜器。2009 年 3 月瓯海仙岩穗丰村杨府山西南坡山腰发掘两件西周青铜鼎。可见西周时期温州进入了青铜器时代。

春秋战国时期是温州河谷平原开拓时代。春秋中期,今江苏泗洪一带的徐国被楚所灭,徐国王室和贵族子弟纷纷南逃浙江,也有一部分迁居瓯江流域。今永嘉的济口、河岙等地都有徐偃王庙的分布便是一证。春秋后期,宁绍平原上崛起越国。到了战国中期,越国被楚所灭。楚灭越后,宁绍平原上的部分臣民南逃,从灵江流域进入瓯江流域和闽江流域。以上两起南逃迁居事件,使先进的周文化在南下过程中,推动和加速了温州经济的发展。1963 年 3 月在永嘉桥下西岸村出土的春秋战国遗址中除有大量青铜器外,还发现铁臿。这说明战国时期温州已进入铁器时代,社会生产力得到快速发展,能在较大范围内扩大耕地面积。至战国末期,东瓯人已从山麓洪积扇和冲积扇开拓到河谷平原。

从西周初期的东瓯人出山到战国末期的八百年间,温州从落后的原始氏族时代进入了铁器时代,从渔猎时代进入了农耕时代,从而接近或赶上落后了五千年的宁绍文化。

秦始皇兼并六国后,对我国南部的百越诸族进行了大规模的征服战争。

秦始皇三十三年(前 214 年)废除东瓯国和闽越国,两国国王被废为君长,并在两国地域设置闽中郡,建立郡级行政区,但未建立县级行政区,也没有委派官吏予以有效管理,而是实行羁縻管理,实际上还是东瓯人和闽越人的自治区域。陈涉起义时,东瓯人在摇领导下,闽越人在无诸领导下,参加了推翻秦王朝的战争,立下了战功。西汉高祖五年(前 202 年),刘邦封无诸为闽越王,建都东冶(今福建闽侯县东北冶山山麓)。惠帝三年(前 192 年),封摇为东海王,仍俗称东瓯王,建都东瓯。司马迁在追述封摇为东海王时,用"复立"一词,可见东瓯国在先秦时代就已存在。汉初将秦代的闽中郡分为闽越和东海两个王国,东海国就是原东瓯国,东海国是西汉 103 个王国之一。至此,温州从城邦国家"方国"正式成为领土国家"王国"。

这里有两个悬案,一是东瓯国都在何地?二是国王摇是何许人?西汉初期,东瓯既封为领土王国,必有国都和国王。古籍只说"都东瓯",却不知在何地,至今东瓯都城是一座无准确地点,无王城遗址,无东瓯文物的"三无虘都",这是温州考古界的最大憾事。由此引起了温州与台州的东瓯都城之争。笔者认为东瓯都城绝对不可能在台州温岭市大溪镇岙里村,也不可能在鹿城瓯浦垟。因为西周时期温州已进入山麓洪积扇和冲积扇的开拓时代,春秋战国时期是温州河谷平原开拓时代,西汉所建的东瓯国都绝对不可能建在大溪镇岙里村这样的山沟沟里边,就像闽越国都建在冶山山麓洪积扇上一样,东瓯国都一定建在山麓洪积扇和冲积扇上。迟至三国时的罗阳县城也建在集云山麓洪积扇上,西晋时横阳县城也建在仙坛山麓洪积扇上,西汉的东瓯国都绝无可能建在深邃的山谷地带,战国时的徐偃王城才有些许的可能。鹿城瓯浦垟没有发育洪积扇和冲积扇,山脚的平原今海拔只有 7 米,西汉时温州平原地势非常低洼,湖沼遍地,灌草丛生,绝无建造都城的可能;山麓的东瓯王墓海拔也只有 8 米,也不可能修建王墓,明弘治《温州府志》载,瓯浦山东瓯王冢"居山最高处"。无庸置疑,这是一个假王墓。笔者推断东瓯都城建在今永嘉瓯北安丰岙至清水埠一带的永宁山南麓洪积扇和冲积扇上,最大可能在今马岙、白水和珠岙之间的山麓洪积扇和冲积扇上,那里的扇面很大,仅一个珠岙洪积扇就有 200 多亩,足以容纳一个古都城。只是我们苦于拿不出考古证据。

温州所有的论著和文章都说东瓯王驺摇是句践第七世孙,这是受司马迁的误导,必须予以纠正。驺摇不是句践后裔,也不是越国人,而是土生土长的温州人。句践在位 33 年,下传至第一代叫"鼯与(鹿郢)",第二代叫"不寿",第三代叫"翁(朱句)",第四代叫"翳",第五代叫"诸咎",第六代叫"错枝"，第七代叫"无余之(莽安)"，第八代叫"无颛"，第九代叫"无彊"。无彊继位越王后，举兵北伐齐，西伐楚。楚威王兴兵征讨，大败越，杀死无彊，越以此散。无彊死后到秦统一越国，期间还有 111 年。这 111 年中，越国起码还经历三世，依次是无彊→之侯→尊→亲。最后到亲"走南山"为止，根本没有驺摇这个后裔，更加不是第七代孙。句践死于公元前 464 年，驺摇被封为东海王是公元前 192 年，其间 272 年绝不可能只历七世。这是司马迁的一派胡言。另外，越国国王姓姒，东瓯国王姓欧阳，根本不是一个家族；司马迁误说成东瓯国王姓驺，欧阳摇被误传成驺摇。据考证，东瓯王欧阳摇上面已知的有 6 代国王，依次是欧阳宰勋(前 333 年继位)→欧阳伟→欧阳鸿业→欧阳海宇→欧阳历→欧阳安朱→欧阳摇(前 192～前 185 年在位)。从欧阳宰勋历 141 年传 6 世至欧阳摇，欧阳摇被西汉王朝封为东海王，在位 7 年。然后传至一世欧阳昭襄(前 185～前 176 年)，再传至二世欧阳建(前 176～前 163 年)，再传至三世欧阳贞复(前 163～前 138 年)，最后传至四世欧阳望(前 138 年)东瓯国灭亡，迁居至安徽庐江郡后就不知欧阳家的下落了。

　　无彊死后，楚国占领越国的只是原吴国故地，越国没有灭亡，无彊子孙逃到宁绍平原于越老家，"服朝于楚"。无彊之前称王，无彊以后称君长。君长亲执政时，楚再次伐越，亲败走"南山"。很多学者认为南山是终南山，即今武夷山，亲的子孙逃到东瓯和闽越，这又是一大错误。南山指会稽山，指于越故地。据厦门大学蒋炳钊考证，楚败越后，越国君长没有一个南迁进入东瓯和闽越境内。由此可见，东瓯王欧阳摇根本不是姒句践第七世孙，东瓯人也不会接受一个败君当作自己的领导人。

　　西汉武帝建元三年(前 138 年)，闽越攻打东瓯，东瓯告急，汉武帝发兵救援。东瓯解围以后，东瓯王欧阳望带领 4 万多臣民迁居江淮之间的庐江郡(今安徽舒城一带)，这就是温州历史上著名的第一次东瓯"举国内徙"。至此，东瓯国亡。内徙之后，东瓯故地便在闽越控制之下。建元六年(前 135 年)，闽越对南越发起战争，汉武帝派兵分两路攻打闽越。闽越王死后，汉王朝封无诸之孙居股为越繇王，管辖闽越地，封闽越王郢的弟弟余善为东越王，管辖东瓯地。于是东瓯国改称东越国。元鼎六年(前 111 年)，东越王余善反叛，自立为武帝，汉王朝发兵四路大军水陆并进征伐。次年，元封元年(前 110 年)余善被杀，东越国亡。因此汉武帝撤废东越和闽越两国，再次将其臣民迁徙江淮，这是第二次"东越内徙"。从此东瓯和闽越不再有王，"地遂虚"。由于闽越和东越的两次反叛，西汉王朝将东瓯和闽越故地并入会稽郡管辖,此时东瓯人才第一次投入越人的怀抱,受越人管理。元封五年(前106年),汉武帝在全国的郡之上设置"十三刺史部",东瓯故地属于扬州刺史部会稽郡管辖。汉昭帝始元二年(前85年),在东瓯故地设立回浦县,温州是扬州刺史部会稽郡回浦县下面的一个乡"东瓯乡"。西汉王朝对东瓯和东越的两次内徙,使温州人口骤减,对东瓯故地的发展和开拓不可避免地起了延续和停滞作用。

东瓯和东越的两次内徙,虽然迁走了大量的臣民,但也有一批居民不愿北迁,逃居"溪谷之间,篁竹之中",成为"山越人"。西周初期瓯人出山是历史的进步,带来经济和文化的发展;而东瓯和东越人逃归山林,这是历史的倒退,带来经济和文化的停滞和萧条。山越人在山区足足呆了三百年之久。在这漫长的三百年中,温州开拓处于停滞和倒退的时期。直到三国东吴孙权对山越人展开了长达47年的残酷进攻,山越人才从山区被迫迁居平原。

(二)东瓯国以后的温州开拓历史

汉末和三国时期,中原地区成为军阀大混战的战场。为了逃避战乱,北方流民大量南逃。南逃温州的中原人民既为温州经济发展补充了大量劳动力,又带来了先进的生产技术;再加上山越人被迫出山,迁居平原,因而停滞了三百年之久的温州经济,在孙吴时代重新获得蓬勃生机。沿海平原得到开发,耕地大量被垦殖,由火耕水耨的粗放农业开始向精耕细作方向发展,粮食产量提高,人口得以增长。浙东南地区从西汉的1个县,至三国末期增至6个县,并设置了郡级行政机构。三国时期,温州造船业得到惊人的发展,一跃而成为孙吴全国三个规模最大的造船基地之一。可见孙吴时期的温州已开始向海洋开拓。

1. 两晋时代

西晋统一中国以后只获得37年的短暂统治,其中有16年是"八王之乱"大混战,有17年是各族人民起义和少数民族贵族反晋战争。因此,连年战争使北方经济遭受严重破坏,大批北方贵族、地主带领臣民南逃江南。东晋时代,北方又陷入长达130年之久的十六国战乱,再一次促使北方大批流民渡江南徙。从三国、西晋至东晋的二百年间,经三次大规模的北人南徙,使温州经历了两汉三百年停滞之后,在经济、文化、人口各方面都获得了空前的发展,又一次接近和赶上了时代的步伐。

东晋明帝太宁元年(323年)永嘉建郡。分原临海郡的温峤岭以南地区设置永嘉郡,这是温州设置郡级政区的开始。同年着手营建郡城"白鹿城",行政中心从瓯江北岸迁至瓯江南岸,这是温州开拓历史中划时代的里程碑。今温州境内,从三国东吴山越人出山时的1个永宁县,到东晋中期发展到永宁、安固、乐成和横阳4个县。

从三国到两晋的两百年间,北方人民三次大规模南迁温州,不仅带来了丰富的劳动力,也带来了先进的生产工具和生产技术,更推动了封建土地所有制的发展,因而耕地得到大规模的开垦。三国东吴时期,温州是"地广人稀,且少陂渠,田多恶秽"的地方,沿海平原有众多的湖泊、沼泽和未垦耕地。两晋时代,人们在沿海平原的湖泊四周筑起堤塘,在沼泽地区开沟排水,开垦出大片耕地,这些耕地称为"湖田"。新辟湖田土壤肥沃,又不怕旱,收获量比一般稻田高得多。此外,兴建农田水利灌溉工程,牛耕和粪肥的使用,粮食产量得到成倍增长。

2. 南朝时代

南朝170年的温州开拓历史,以侯景之乱为界分为两个阶段。侯景之乱前的130年是开拓发展阶段,侯景之乱后的40年是经济停滞衰退阶段。

南朝初期,刘宋政权减轻农民负担,注重发展农业生产。在宋文帝统治的30年中,我国南方出现了少有的社会安定、经济繁荣的"元嘉之治"。著名的史学家裴松之就在这时出任永嘉太守。此时,温州社会经济出现了空前大发展。但到刘宋后期,宗室骨肉相残,君臣互相猜疑,出现"诸王内乱";接着,萧齐政权检查户籍,贫苦民众为逃避苛捐杂税和繁重徭役,更为逃避检籍官吏的讹诈勒索,纷纷逃亡到山林川泽中去。《南史》记载当时横阳县(今平阳县和苍南县)的逃亡情况非常严重。历史重演了一幕两汉山越人的逃亡悲剧。直至梁武帝时期,温州的社会经济才有了一定程度的恢复。

在这长达130年的发展阶段中,温州虽然经历了种种扰乱和曲折,但总的来看,社会经济是发展的,特别是水利工程建设得到空前发展,滨海平原的土地比两晋时期得到更充分的垦殖。温州劳动人民在平原上开挖众多的河渠,使山区的水流经河渠排入江河和海洋,而不蓄在湖沼里,因而湖沼面积缩小,大量湖田得以开垦。到南朝后期,温州东部平原的荒地基本上都已开发为耕地。此外,牛耕和粪肥已普遍使用,平原地区推行水稻一年两熟的耕作制度。刘宋谢灵运任永嘉太守时,今乐清境内的滨海平原已是"千顷带远堤,万里泻长汀,川流涓浍合,连绕塍埒并"的膏壤沃野了。

随着沿海平原土地的大规模开发和社会经济的发展,温州西部山区得以开始开拓。谢灵运任永嘉太守时,永嘉郡的西部仍是"恶道"、"恶溪"。与谢灵运同时期的郑缉之在《永嘉郡记》中说到当时安固县(今瑞安)山区有"山鬼",宿住原始森林中,善于石洞中捉鱼蟹炙噉之,并有群居现象。现代有人认为是"野人",其实是山越人的孑遗。可见南朝时期温州西部山区还处在非常落后的氏族阶段。到了梁武帝时,在瓯江中游碧湖盆地上修建了当时永嘉郡最大的水利工程"通济堰",灌溉农田 20 万亩。这说明此时西部山区得到开发,但只局限于山间盆地和河谷平原。南朝侯景之乱前的 130 年中,由于土地大规模垦殖,农业生产技术提高,以及手工业和商业的发展,温州社会经济已经达到了中原地区的水平。

侯景之乱后的南朝后期 40 年是温州经济停滞和衰退阶段。紧接着侯景之乱的是地方割据势力的崛起,温州故境相继在豪强张彪和沈孝彻所占据,与中央政府对抗顽战。这时温州战争连年不断,经济凋敝不堪。

3. 隋唐五代时代

从隋文帝开皇十年(590 年)平定永嘉沈孝彻地方豪强割据势力开始,至隋炀帝大业十三年(617 年)江淮起义军苗海潮攻占永嘉止,隋政权在温州只维持了 27 年的统治。这 27 年中,隋王朝做了两件有益于温州开拓发展的事。第一,撤并郡县。隋文帝改革南朝州、郡、县三级制为州、县两级制,废永嘉、临海两郡为县,并入处州,州治移驻括苍(今丽水)。这样,不仅废去了一级地方政权,撤并了不少州、县,改变了民少官多,冗官碍事的弊端,从而节省了财政开支,提高了行政效率,而且有利于开拓西部山区,发展山区经济。第二,实行均田制。隋政府规定,豪门士族聚居和人口稠密的地方称为狭乡,反之称为宽乡。当时浙南西部山区的宽乡大部分土地未被开垦,荒地很多,这就为政府提供较多的荒地进行授田,农民也可以比狭乡授到更多的田地。这就是隋政府撤并平原各县,并且将州治迁往西部括苍的原因,加快了温州西部山区的开拓步伐。

唐代统治 290 年期间,安史之乱前的唐代前期是长达 138 年的连续发展时期,出现我国历史上著名的"贞观之治"和"开元盛世"。此时温州的社会经济同步获得迅速发展。隋炀帝大业年间,永嘉郡户数是 10542 户,到唐玄宗开元年间增至 37554 户,130 多年间增长了 3.5 倍。虽然当时户籍统计的误差很大,但足以说明唐代前期温州经济快速发展的西部山区耕地的大量垦殖。然而,历时 8 年的安史之乱使唐王朝由强盛转向衰落,紧接着是长达一百多年的藩镇割据和农民战争。安史之乱前后,温州受吴令光和袁晁起义影响,以及统治阶级的残酷镇压和屠杀,以致经济衰退,田园荒芜,米价腾贵。唐代后期,温州受浙东仇甫起义和浙西王郢起义的影响,接着落入了朱褒兄弟交替割据的局面。《元和郡县志》记载,唐玄宗开元年间温州有 37554 户,到唐宪宗元和年间降至 8484 户。惊人的户数骤减,反映了当时隐匿人口和经济衰退的严重程度。在唐代后期经济衰退的一片鸦声中,值得一提的是两起水利开拓工程。唐德宗贞元四年(788 年),温州刺史路应在乐清、平阳两县修筑堤堰,使两县开拓出大片"上田",抵御洪灾,提高产量。唐武宗会昌四年(844 年),温州刺史韦庸发动民工在温州城的西南"西湖"上开挖疏浚通江排洪河道 10 里,并筑堤塘,使上河乡平原的瞿溪、郭溪、雄溪三河之水汇通于西湖。由此西湖改称会昌湖,所筑堤塘称为韦公堤。

五代十国时期,温州在吴越国钱氏的版图之内。吴越在十国中是一个弱小的国家,北有吴国,南有闽国的威胁,因此钱氏的基本国策是"保境安民",并向北方小朝廷称臣纳贡,这与邻国一些军阀扩张黩武政策迥然不同。钱氏在温州"政尚宽惠",减轻赋役,奖励垦荒,与民休息,发展生产。而近邻闽国,暴君苛吏,内乱兵患,因此从福建迁居温州各县的移民很多。外来人口的徙居对温州山区的开拓效应很大,吴越国对山区的开拓已经到达泰顺筱村和莒江一带。此外,后梁乾化四年(914 年),钱氏在平阳(今苍南)开挖江南内河,对鳌江南岸的大片平原带来巨大的灌溉和航运之利。直至宋太宗太平兴国三年(978 年),钱氏纳土归宋,吴越国在温州度过了 72 年的太平发展时期。

温州在隋唐五代的 388 年期间,虽然在唐朝后期有过一段田地荒芜,经济倒退的历史,但总的趋势是快速发展的,其开拓的功绩主要是对西部山区的开发。在南朝完成沿海平原开拓的基础上,隋唐五代对西部山区的河谷平原和山间盆地向纵深开拓。这种开拓带来经济发展和人口繁衍的同时,也开始造成原始植被破坏和水土流失的加剧。

4. 两宋时代

温州自从唐代后期的均田制破坏以后,到了北宋时期租佃制已经普及温州全境。租佃制是温州封建社会发展史上一件大事,它促使温州经济继吴越国之后持续发展。根据《太平寰宇记》记载,北宋初年温州户口总数40740 户,其中主户 16082 户,客户 24658 户,主客户之比为 2 比 3。到了北宋后期,《元丰九域志》记载温州户口总数增至 121916 户,其中主户 80489户,客户 41427 户,主客户之比为 2 比 1。宋代规定有土地者为主户,无土地的佃农为客户。人口的迅速增长,主客户数量变化,即北宋后期主客户数量倒置情况,表明当时温州自耕农的数量大增,并远远超过了佃农,反映出北宋温州社会经济的持续增长已进入了一个新的阶段。

南宋时期,温州临近京畿,社会安定,发展经济自有得天独厚的优势。而且,宋高宗曾避金驻跸温州,有一批扈驾来温的群臣、宗室、贵戚和官僚地主而留居温州,促使温州商品消费市场的扩大,也刺激了温州手工业生产,使温州的社会经济得到更大发展,成为温州历史上空前繁荣的时期。据清乾隆《温州府志》载,"宋时永嘉之薛、吴、周、戴、王、宋,瑞安之蔡、曹,平阳之陈、林,贵盛无比,几与宗室赵氏同。"这些温州世家的富贵程度与皇亲宗室相媲美。

从钱俶纳土归宋(978年),到元兵南侵温州陷落(1276年),赵宋在温州统治达298年。近三百年的赵宋时代是温州开拓历史长河中的黄金时代,其开拓功绩主要有四个方面。第一,开垦农田。在滨海滩涂上叠土作堤,围垦作田,清洗盐碱,种植庄稼,这种田称为"涂田"。在丘陵低山的缓坡上,驳坎造田,形成许多梯级农田,这种田称为"梯田"。在河流的河床两侧河漫滩上筑堤拦水,进行耕作,这种田称为"砂田",两宋时期温州开垦的砂田面积很大。在沿海平原的湖泊和低洼处垒土筑围,围内蓄水,围外垦田,这种田称为"围田",也叫湖田,又称圩田。南宋绍兴年间,瑞安陶山湖废湖为田,是温州最大的湖田。由于涂田、梯田、砂田、湖田等大量开垦,耕地面积进一步扩大,粮食产量达到历史上最高水平。宋代农户拥有耕地面积分为五个等级。据宋代叶适《水心别集》记载,永嘉近城30里内,有400亩以上的一等户49户,150～400亩的二等户268户,30～150亩的三、四等户1636户,30亩以上的农户共1953户。以此计算,宋时仅温州市郊的耕地面积就有30万亩之多。

第二,兴修水利。北宋太平兴国年间,永嘉县在沿海平原进行大规模的浚治陂塘,以备水患。例如熙宁年间,乐清县在县城东、西两溪上修筑石塘以障水;元丰年间,瑞安县修筑了石岗陡门等。南宋时期兴修水利的规模更大。绍兴年间,瑞安县由政府发动,大姓出钱,下户出力,用以工代赈的办法兴修了陶山湖的陂塘;平阳县修筑了沙塘陡门;永嘉县的永强修筑了军前大埭和水埭,使数百顷良田免遭海潮侵袭;乐清县修筑了从城西承流门外至琯头长达50多里的堤塘,名为"刘公塘",改善了周围农田的灌溉条件。淳熙四年(1177年),开浚了长达5589米的温州城环城河道。淳熙十一年(1184年),重建瑞安石岗陡门,以石更造,最为著名。次年建成平阳沙塘陡门。淳熙十四年(1187年),沈枢率众重新疏浚整治温州至瑞安的"百里塘河"(今温瑞塘河),不仅获得了沿河农田的灌溉之利,又与乐清的刘公塘连接起来,成为当时贯通温州南北的水上通衢。嘉定元年(1208年),平阳金舟乡(今苍南金乡)海滨修建阴均埭和万全埭,并建造阴均陡门,使附近4个乡40多万亩农田免受咸潮侵害。淳熙年间,乐清又修建黄华东、西两大埭和胡埭、章岙埭等。大规模兴修水利工程,增强了抵御自然灾害的能力,再加上优良稻种的推广,粮食产量大幅提高。两宋时代,温州平常年份的亩产"上田收米三石,次等二石",折合现代稻谷产量约430～285斤,这在当时已是高产农田了。

第三,加大向海洋开拓的力度。除上述围垦海涂外,还大力发展造船业、海上贸易、海洋捕捞和海盐业等。北宋政府认为"国家根本,仰给东南",而东南沿海的温州资源优势在于海洋,因而赵宋时代温州的海洋开拓有了重大突破。北宋元祐五年至政和四年间(1096～1114年),温州每年官营造船数量达600多艘,居全国11个造船中心之首。南宋绍兴元年(1131年),温州设置了海上对外贸易的管理机构"市舶务",温州成为南宋全国七大对外贸易的重要港口。此后,温州港口桅樯林立,商旅云集。宋代温州海洋捕捞业和海盐业有了长足的拓展。北宋元丰年间,温州的鲛鱼皮被列为贡品。南宋温州的海鲜鱼、蟹、鲞等都盛销京城和江浙各地。宋时温州的海盐生产方式已由过去的海水煎盐改为晒灰淋卤煮盐,并发明莲管法试卤技术,海盐的产量和质量都有了很大提高。北宋至道三年(997年),温州海盐产量达74000多石,在两浙路中仅次于明州(今宁波),居第二位。

第四,城镇建设的繁荣和发展。北宋时,温州城被誉为"小杭州"。温州城内废除了原有的坊、市严格区分的旧制,城内沿街设铺,店铺、酒楼、歌馆等热闹喧嚣;坊门晨昏启闭制度和街鼓制度也随之废除,出现夜市热闹景象。南宋时,温州城内人口剧增,住房日渐拥挤,咫尺隙地不易得,所以重屋层楼相望,水屋浮屋相拥,河道侵塞,舟楫难通,不少居民迁出城外,各城门外又形成了新的住宅区,温州城由此扩大到郊外。北宋时温州城设有三十六坊,到了南宋绍兴年间增加到六十坊。北宋后期,温州各县出现了瑞安、永安(今江溪)、前仓(今钱仓)、杷槽(今肥艚)、泥山(今宜山)、柳市、新市(今虹桥)、白沙(今永嘉桥头白沙)等8个商业镇,商品生产和商业贸易空前繁荣。

5. 元明清时代

元代是落后的蒙古族建立的政权。蒙古人统治温州的 91 年期间,由于实行残酷的武装镇压,野蛮的民族歧视压迫政策,以及繁重的科役赋税负担,因而温州的社会经济开始出现萎缩和衰退趋势。从此,温州的开拓历史走上了迂回曲折和停滞衰落的道路。

蒙古族统治温州期间,也做了一件有益于开拓的事,这就是发展海上运输和对外贸易。蒙古帝国幅员辽阔,需要发达的水陆交通来维系各汗国之间的联系,因此特别重视发展海上交通。南宋中期温州的市舶务被撤销后,到了元初就恢复了对外贸易的管理机构"市舶司",鼓励中外商人积极经营海外贸易。元代温州对外贸易规模比南宋还大,其原因有二。一是温州政府组织的对外贸易由宁波港转口,民间对外贸易则直接出海,在政府和私商的双重经营下,获得了很大的发展;二是大幅度降低关税税率,由宋代的10%下降到 3.33%。

从元至正二十七年(1367 年)明军攻占温州,到清顺治三年(1646 年)温州入清版图,明王朝在温州维持了 279 年的统治。明代前期,《大诰》和《大明律》颁行全国,吏民守令畏法,洁己爱民,抚循休息,人民安乐。此时,大规模增修温州城,又修筑永嘉的宁村所、瑞安的海安所和沙园所、平阳的蒲门所和壮士所、乐清的蒲岐所和后所等卫所的城寨。明初模仿唐代的府兵制,寓兵于农,大力推行垦荒,厉行军卫屯田。这不仅可以得到足够的军粮、减轻人民负担,还可以安插失去土地的农民。当时温州卫有屯田34021 亩,金乡卫有 9938 亩。这些屯田中,有的是士兵领种,有的是农民承种。此外,明初也重视农田水利建设。洪武二十七年(1394 年),平阳县修筑了吴南堰。永乐十年(1412 年),平阳县又修筑了长达 130 里的捍潮堤堰。接着修建了瑞安海塘、永强沙村海塘、蒲州埭、谢婆埭、海坛陡门、沙头陡门、瞿屿陡门等。

明代政治经济,从中期英宗开始走下坡路。从皇帝的昏庸到中枢的腐败,宦官擅政和厂卫横行,朝臣朋党倾轧和地方吏治弛懈。在这种大气候下,温州社会经济出现明显的停滞和衰落的迹象。明代从世宗开始进入后期。明代后期,政治糜烂,经济萎缩,国势日趋衰败。温州缙绅多倚势恃强,视人民为弱肉,大量侵占民田,甚至非法侵占官田,屯田面积日渐减少。例如永强张璁,47 岁才中了进士,是二甲第 78 名,只做了 14 年朝官,可他在温州城内敕建宝纶楼,大造府第,小民供役以千计,又在瑶溪修建贞义书院、御书楼、抱忠堂、来春园、富春园、敬一亭、万竹亭、观荷亭、留胜亭等,穷极园林之胜。

明代实行海禁政策,这与历代积极拓海背道而驰。明代初期,从洪武四年(1371年)开始,多次下令"禁海",禁止与外国通商,禁造双桅海船,甚至禁止民间使用番货。洪武二十年(1387年),信国公汤和奏准添设沿海卫所防御倭寇,在平阳县设置金乡卫和壮士、蒲门二千户所,在乐清县设置磐石卫和蒲岐、楚门、隘顽三千户所,在瑞安县设置沙园、海安、瑞安三千户所,在永强设置宁村千户所。明代统治者目光短浅,他们只防海岸,不防海岛,废弃沿海岛屿,强迫岛民迁入陆地,致使藩篱尽撤,门户洞开,导致永乐十五年(1417年)乐清遭受倭寇惨重的屠城。明政府错误地认为倭患起源于市舶,便撤销各地的市舶司,对外贸易就完全中止,但事与愿违,结果却是倭寇浩劫和海上走私风行。明代后期,嘉靖八年至四十年(1529~1561年)温州遭受了长达33年的倭害。倭寇蹂躏范围遍及温州城乡各地,甚至泰顺三魁、莒江、永嘉枫林,直至青田、缙云、仙居等穷山僻壤也深遭倭劫。特别是嘉靖三十七年(1558年)的一次倭患,郡城戒严二十多天,永、乐、瑞、平各县城和金乡、海安等卫所均据城自守,城外任其焚劫,乡间民居十毁八九,杀人以数千计,饥溺困病死者无数。这是温州历史上从未有过的一次大浩劫,生命财产损失绝不亚于抗日战争时期的温州三次沦陷。

满清入关前还是由奴隶制刚刚进入封建制不久的一个少数民族,仍保存着浓厚的奴隶制残余制度。由这样一个落后的少数民族来统治当时已经高度封建化的汉族,显然是历史的大倒退。它对中国历史的发展起着严重的障碍作用,它对温州地方的社会经济同样造成一落千丈的后果。满清王朝对温州人民实行民族压迫和军事镇压,使封建专制主义进一步强化,造成了政治腐败、经济萧条、列强入侵、鸦片泛滥、学术窒息的局面。可叹的是,这样一个政权居然能维持二百七十多年的统治。

清代实行海禁和闭关政策。早在清初就颁布"海禁令"和"迁界令"。将乐清县城、永强茅竹岭、瑞安城关到平阳鳌江一线以东的沿海平原居民都迁到界内,界外所有村庄和船只一律烧毁,严禁居民迁居界外平原和海岛耕作,不准下海捕鱼,不准晒制海盐,不准出海贸易,犯禁者不论官民一律处斩。于是濒海一带成为无人区,而"徙民人众,界内屋少,贫而无亲者,凡庙宇及人家内外皆设灶塌,男号女哭,四境相闻"。从此温州传统的商品生产一蹶不振。原先曾显赫一时的温州制瓷业、漆器业、造船业、纺织业、造纸业等都遭到严重的摧残。

三、温州历史自然地理

历史自然地理是研究历史时期自然地理环境各要素的分布、结构和发展变化的规律,主要是研究历史时期的海岸变迁、河流变迁、气候变迁、植被变迁和沙漠变迁等,从而为现代人类合理利用自然和改造自然提供经验和依据。例如研究历史时期海岸变迁可为今天的港口建设和海涂围垦提供参考价值,研究历史时期气候变迁对今天的中长期气候预报和防灾抗灾都有裨益。限于篇幅,本节仅论述温州历史时期的河口和海岸变迁及气候变迁。

(一) 历史时期温州河口和海岸变迁

距今1万年进入第四纪全新世,人类历史开始进入新石器时代,这时气候转暖,海平面开始上升。至距今6000年的新石器时代中期,海平面上升到今天的高度。接着全球气温继续上升,温州东部平原又沦为一片海洋,地质学界称之为"最后一次海侵"。最后一次海侵鼎盛时期,温州海平面上升到今天海拔55米的高度。这时瓯江下游平原、飞云江下游平原、鳌江下游平原、虹桥平原、马站平原等沿海平原都成为汪洋大海,今海拔55米以下的乐清芙蓉、永嘉岩头、鹿城藤桥、瓯海瞿溪、瑞安湖岭、平阳水头、苍南灵溪等地都遭到海水淹没,海浪直拍山崖,这些地方至今遗留古海蚀崖、古海蚀穴、古海蚀平台等海蚀地貌。今龙湾、瓯海和瑞安之间的大罗山及平阳半天山等都是这片海洋中的孤岛。接着全球气温转冷,海平面随之下降,到距今3000年,最后一次海侵结束,温州沿海平原开始成陆。

温州海岸主要有基岩海岸和淤泥海岸两类。基岩海岸主要分布在苍南舥艚琵琶山以南到浙闽交界虎头鼻,其次是乐清南岳沙港头以北的一些岸段。淤泥海岸主要分布在乐清沙港头至苍南琵琶山之间的瓯江、飞云江、鳌江"三江"口岸段,即瓯飞滩、飞鳌滩和鳌舥滩。历史时期温州基岩海岸的变迁主要是侵蚀后退。由于基岩坚硬,侵蚀幅度不大,几千年来岸线后退不过几十米,最多的岸段也只有上百米,海岸的基本轮廓保持不变。温州淤泥海岸的变迁主要是沉积淤涨过程,海岸不断向外延伸,而且幅度很大,三千年以来向海延伸十几千米。这种变迁不仅改变了海岸的廓线形状,而且产生从沙质海岸向淤泥质海岸的质的变化。

研究温州"三江"口沉积海岸的变迁,首先应从泥沙来源着手分析。目前温州三条大河的年平均输沙量总共约336万吨,其中瓯江273万吨,飞云江54

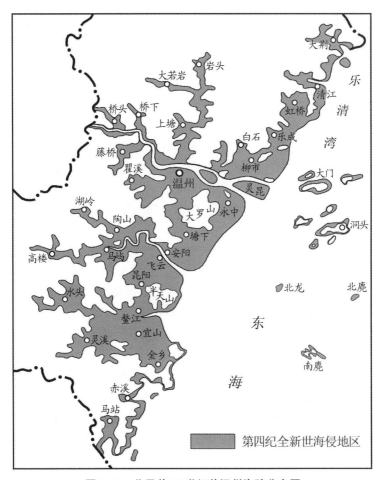

图 2-5 公元前 11 世纪前温州海陆分布图

万吨,鳌江 9 万吨。与全国各主要河流相比,这样的输沙量是极小的。然而,东海沿岸流从长江口和杭州湾等海域带来每年约 3000 多万吨泥沙在温州"三江"口沿海沉积。海域来沙是河流输沙量的 10 倍。温州三条河流下游感潮河段内,涨潮的平均含沙量明显大于落潮的含沙量,即涨潮输进泥沙量大于落潮输出泥沙量。这样,大量海域来沙在河口及感潮河段与河流输沙汇合而沉积。

人类大规模开垦丘陵山地,造成水土流失,加大河流的固体径流,以致河口三角洲和海岸向外延伸,这是世界河口海岸发育的普遍规律。南朝后期,温州东部平原的可垦荒地基本上都得到开发。从隋文帝撤并郡县,废永嘉郡为县,并入处州开始,温州西部山区开始得以开发。到了五代吴越时期,温州西部山区已开拓到今泰顺筱村和莒江一带。两宋时期,温州人口剧增,开始开垦低山丘陵的梯田。特别是明代洪武年间从福建传入番薯种植,明代万历年间从安徽传入玉米种植以来,造成温州山区三分之二的缓坡地迅速垦荒,在粮食产量和人口数量成倍增长的同时,河流泥沙径流量也随之达到空前的程度。温州西部山区的开垦历史,始于隋唐,盛于两宋,登峰造极时期是明代后期和清代。长江流域的山区开垦比温州早,始于魏晋,盛于隋唐。长江三角洲的海岸推进在隋唐开始更为迅速,温州沿海的海域来沙在隋唐开始就日益增多。综合上述两个方面,可以得出结论,唐代以前由于缺乏足够数量的泥沙运动,温州"三江"口的泥沙沉积和海岸推进速度十分缓慢;宋代以后,特别是清代康熙以来,河口和海岸的推进速度日渐加快。

1. 瓯江下游和河口的变迁

凡是以"夅"命名的地方都是温州古海岸线所在地。温州有众多的含"夅"地名,如果把它们连成一线,就是公元前 11 世纪的海岸线,见图 2-6。在图示范围内,公元前 11 世纪的海岸线依次通过象阳的汤夅、柳市的上夅、苏夅、南沙夅、白石的泥夅,北白象的涂夅、车夅、南夅、沈夅、高夅、项夅、东夅,乌牛的西夅、河口夅、横岚夅、吴夅,三江的长夅,罗东的南夅、北夅、箬夅、东夅,黄田的驹夅、黄田夅、东占夅,瓯北的泥夅、珠夅、马夅、安丰夅,桥下的六夅、梅夅、西夅、小京夅、方夅,上戍的枫林夅、支夅,仰义的河夅,双屿的正夅、上夅、下夅、西夅、箬笠夅,新桥的旸夅,郭溪的宋夅,瞿溪的瞿夅、雄夅,潘桥的丁夅、方夅、陈夅,娄桥的东夅,南白象的竹夅,丽夅的泊夅、丽夅,仙岩的梓夅、沈夅,罗凤的银夅、沙夅、彭夅等地。此外,大罗山古海岸线依次通过天河的郑夅,永昌的双夅,龙水的皇夅,状元的西台夅、干夅、大夅,三垟的樟夅,茶山的丁夅、舜夅、霞夅,罗凤的吴夅,场桥的西夅、陈夅,梅头的东夅等地。笔者在绘制第四纪最后一次海侵鼎盛时期的古海岸线时,以今海拔 55 米等高线为基准,结果发现上述含夅地点无一例外地位于该线外侧边缘。

公元前 11 世纪,瓯海的上河乡平原是一个海湾。在这个海湾的口上有两个岬角,北面的岬角是景山,南面的岬角是平天镬山,两者之间有一个岛屿牛山。平天镬山—岭头山—莲花山—白云山及头陀山—慈湖山等组成的吹台山是一个伸入海洋的半岛。景山—雪山—君子山—梅屿山—饭甑山—龙头背—嵇师山也是狭长的半岛。瓯海南白象到瑞安塘下之间是一条海峡,这条海峡拐弯处就是古代著名的"帆海",帆海位于大罗山西脉帆游山与吹台山东脉头陀山之间。大罗山古称"泉山",是当时这片海洋中最大的岛屿。此外,还有磐石山、黄石山、黄龙山、杨府山等众多的岛屿。

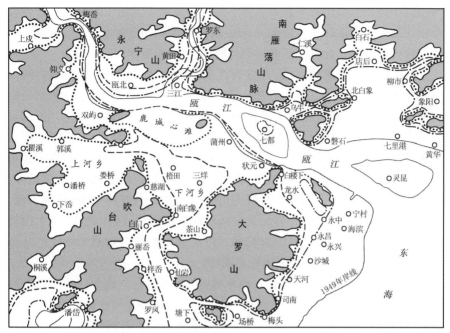

公元前11世纪岸线 ⋯⋯⋯⋯ 西汉初期岸线 ━━━━ 东晋初期岸线 ━·━·━ 唐代中期岸线

图 2－6　瓯江下游及河口海岸变迁图

　　过了九百多年，到了公元前2世纪末的西汉初期，随着第四纪最后一次海侵的结束，海平面下降，瓯江及其大小支流挟带泥沙在山麓和河口沉积，形成众多的山麓洪积扇和冲积扇，海洋面积明显缩小。但今瓯北平原、柳市平原、上河乡平原东部、下河乡平原、永强平原等仍是一片海洋，古称"歧海"。这时，瓯江河口入海水道分两支，北支大致沿今瓯江河道入海；南支从今黄龙山与君子山之间的"风门"南下，经今下河乡平原，再经帆海，在今瑞安塘下以南入海。在南北两支水道之间，瓯江泥沙沉积形成一个面积广大的心滩。这个心滩西起翠微山和黄龙山，东至杨府山，位于今鹿城老城区，暂且取名为"鹿城心滩"。杨府山以东到大罗山北支茅竹岭之间的蒲州—状元平原还没有成陆，仍是一片海域。茅竹岭以南的大罗山仍是歧海中的一个孤岛。

　　成书于先秦时代的《山海经》卷十《海内南经》中有"瓯居海中"记载，晋郭璞注"今临海永宁县，即东瓯，在歧海中也"。南朝刘宋郑缉之《永嘉郡记》载，瓯水（今楠溪江）"出永宁山，行三十余里，去郡城五里入江，昔有东瓯王都城，有亭，积石为道，今犹在也。"《汉书·朱买臣传》载"东越居保泉山"。顾祖禹《读史方舆记》载"大罗山，一名泉山"。可见，先秦时代的温州这片

"歧海"中分布着泉山孤岛和一系列小岛。公元前2世纪末的东瓯王居住在今瓯江北岸与楠溪江交汇处的永宁山南麓的洪积扇和冲积扇上,东越王居住在今大罗山上。此时瓯江南岸仍是低地、浅滩或海洋。

从欧阳摇的东瓯国以后,再过五百多年,到东晋初期永嘉建郡时,瓯江下游平原已基本成陆。其中鹿城心滩和上河乡平原已完全成陆;蒲状平原和柳市平原虽已成陆,但地势低洼;永强平原尚未成陆,仍是海洋。下河乡平原中的梧埏至三垟一带的"西洋底"成为面积广阔的潟湖;永嘉郡城南面原来瓯江南支入海水道演变成水面宽阔的内河,古称"西湖"。南朝宋武帝永初三年(422年),谢灵运出任永嘉太守时曾游帆海,留下《游赤石进帆海》诗。有人以此为据,认为南朝时帆海仍然"浩瀚海面,波涛滚滚,百舸争流,千帆竞发"。这是错误的。与谢灵运同时代的郑缉之在《永嘉郡记》中说帆游山"地昔为海,多过舟,故山以帆名。"可见昔日的帆海到刘宋时代已从海峡完全演变为河流,只不过河面较宽而已。

西汉初期的瓯江河口南支入海水道,到了两晋完全成为一条河流。这条河流北起黄龙山与君子山之间的"风门"南下,流经郡城南面的"西湖",再流经"南塘(今温瑞塘河)",最后在今瑞安塘下和海安石岗两处入海。唐武宗会昌四年(844年),温州刺史韦庸发动民工整治西湖,开挖疏浚排洪河道,并筑堤束水,由此西湖改称会昌湖。

三国两晋时期,今梧埏和三垟一带的古浅海演变成为潟湖。潟湖的西北面截断了瓯江来水,东北面的蒲状平原成陆,南面帆海湮废,隔断了海洋来水。由于缺乏足够数量的泥沙来源,成陆速度极其缓慢,至今仍是一派水乡泽国的"水团潭"。

公元前11世纪瓯江河口在今永嘉六岙瓯江大桥附近,公元8世纪唐代中期推进到乐清磐石山与龙湾茅竹岭之间。

2. 永强海岸的变迁

公元前11世纪以前,永强海岸线在今大罗山东侧海拔55米的地方。此时,永强平原是一片汪洋海域。在这片海域北部分布着黄石山、炮台山等岛屿,南部分布着长蛇山、老鼠山等岛屿。公元前3世纪末的西汉初期,大罗山东麓生成许多山麓洪积扇和冲积扇,海岸线位置向东移动,位于今白楼下—底岭下—瑶溪—青山—孙垟—郑宅—钟桥一线。公元4世纪东晋初期,海岸线推移到今下坦—龙水—双何—朱垟一线。从公元前11世纪至两晋的一千三百多年中,永强海岸向外延伸速度极其缓慢。

全国海岸带和海涂资源综合调查队在《温州试点区报告文集》(1981年)

中,认为永中寺前和海滨宁村一带有两条古沙堤,其中寺前沙堤形成于8世纪前后。但是《报告文集》中没有说明寺前沙堤是滨岸堤,还是离岸堤。笔者认为寺前沙堤是离岸堤,该离岸堤后面有一个潟湖。这个潟湖紧靠黄石山西南侧,位置在今金岙到上京一带。因此,8世纪唐代中期,永强海岸线在今黄石山北麓和东麓—永中寺前街—永昌堡—殿前—度山—刘宅—三甲—二甲—后爿—司南一线。

明初洪武二十年(1387年),汤和临海筑宁村千户所城,可见当时海岸线在宁村所城东侧附近。此时,永强海岸筑有土堤,当地人称为"土城",以抵御海浪咸潮侵袭。以明初土城作为当时海岸线所在地,那么海岸线就在今黄山—黄石—蓝田—宁村—教新—沙村—蟾钟—小塘—永兴下垟街—榕树下—八甲—七甲—五甲—四甲—金益—永庄—新河一线。这时,金岙至上京的潟湖已经湮废成陆。

明初的捍海土城不牢固,经常被海浪冲垮,而且屡修屡垮。于是明嘉靖十三年(1534年),永强海岸修筑了坚固的石堤,当地人称为"沙城"。沙城故址在何处?众说纷纭,没有定论。笔者认为在明初土城以东垂直距离约700米的地方。

据海滨渔池村《吴氏宗谱》记载,始祖于清乾隆年间(1736~1795年)从平阳大龙下迁此定居,挖池养鱼。据永兴五溪村宗谱记载,清末平阳金乡人迁此垦涂成村,故又名平阳荡。据天河新河村《郑氏宗谱》记载,始祖于清咸丰年间(1851~1861年)从平阳蒲门迁此定居,建厂(指茅草房)三处,其中上厂(今新河村)距海最远,下厂(今蒲门村)紧靠海岸。上述宗谱资料说明清代永强海岸线向外推进速度比历史上任何时期都快。

到了清代光绪初年(约1875年),在沙城外面重新修筑滨海长堤,当地人称为"总垟"。清代总垟现已圮平,荡然无存,但解放初期还有断断续续的垟体存在。笔者根据1958年编制的一万分之一《永强人民公社地形图》的垟体量测,清代总垟位置距宁村东城墙垂直距离1千米,距永兴下垟街3.2千米,距七甲2.5千米,距五甲2.5千米,距四甲2.3千米。也就是说,垂直中横河往外,下垟街外面的中横河至总垟距离为1.4千米,七甲外面为1.1千米,五甲外面为1.7千米,四甲外面为1.5千米。总垟位置在渔池至新川一线。

综上所述,永强海岸线向外推进的速度,唐代以前非常缓慢,唐代开始渐快,明代较快,清代很快,清末至今更快。唐初至明初750年中,平均每年向外延伸1.7米;明代二百七十多年中,平均每年向外推进4.7米;清代二百七十多年中,平均每年向外推进6.2米;新中国成立至今,平均每年向外推进达10米。

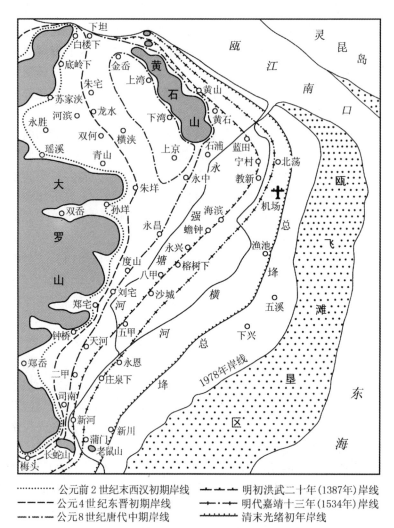

图 2－7　永强海岸变迁图

公元前 2 世纪末西汉初期岸线 ┄┄┄┄　明初洪武二十年(1387年)岸线 ┼┼┼┼

公元 4 世纪东晋初期岸线 ┅┅┅┅　明代嘉靖十三年(1534年)岸线 ┿┿┿┿

公元 8 世纪唐代中期岸线 ┄·┄·　清末光绪初年岸线 ╬╬╬╬

　　世界河流发育的一般规律,多在河流的口门形成一个冲积岛,例如长江口的崇明岛,瓯江口的灵昆岛等。这是因为河口水流速度很慢,加上海水顶托,泥沙沉积而形成,在成因上属于冲积岛。由于瓯江河口逐渐向外推移,河口冲积岛也随之向外移动,所以七都岛的形成时间早于灵昆岛。因为公元 8 世纪唐代中期瓯江河口在乐清磐石山与龙湾茅竹岭之间,所以在当时的河口形成七都冲积岛。七都岛形成初期面积很小,称为"老涂"。南宋后期老涂得以开垦,它的农垦历史有七百五十多年。吟州和门前沙的形成时间较晚,18 世纪初期清康熙年间形成,至今只有三百多年历史;清咸丰十一年(1861 年)才得以垦田,农耕历史只有一百五十年。过去吟州与门前沙之间相隔一条很宽的河港,后来两端经人工堵塞,成为一条淡水河,现仍为七都岛最大的淡水河流。七都岛的南北两岸冲淤交替进行。1945 年以前北淤南冲,1945 年以后南淤北冲,1958 年以后又是北淤南冲,目前是南淤北冲。

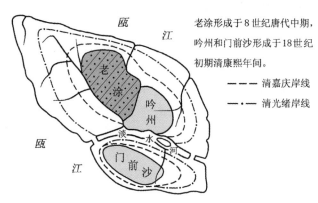

图 2-8　七都岛的岸线变迁

灵昆岛形成于元代,至今只有七百多年历史。明初洪武年间(1368~1398 年)得以开垦,至清代嘉庆年间(1796~1820 年)才有三百多户人家居住。明清时期,灵昆岛由东、西两岛组成,中间隔一河港。清代道光年间(1820~1850 年),该河港堵死,两岛合而为一。现在这条河港依稀可辩,称为"干河港"。明清以来,灵昆岛一直是西坍东涨,向东移动。一百多年前的清末,灵昆岛的西端双昆山以西还有田宅,今天荡然无存。

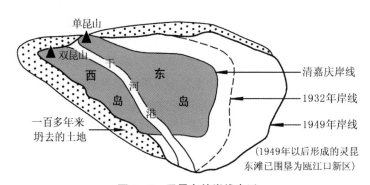

图 2-9　灵昆岛的岸线变迁

3. 乐清海岸的变迁

公元前 11 世纪以前,乐清海岸线在今北雁荡山脉东侧海拔 55 米的山麓地带。此时,今柳市平原、乐成平原、虹桥平原、清江平原、雁荡平原等沿海平原都是一片海域,乐清湾的面积比今天大得多。在这片海域北部分布着西门岛、横床岛、茅埏岛等海岛,南部分布着盐盆山、柳市山、三屿山、岐头山、北山、南山、磐石山等岛屿。今虹桥平原是一个海湾,海湾的口门有东、西两个岬角,东面岬角位于今蒲岐的后宅,西面岬角位于今城东的牛鼻洞。今虹桥平原与清江平原之间是一条南北走向的狭长半岛。

随着第四纪最后一次海侵结束,海平面下降。至公元前 3 世纪末的西汉初期,北雁荡山脉东麓生成许多山麓洪积扇和冲积扇,海岸线位置向东移动,位于今北白象镇的高岙、旺林、南岙、车岙、下庠、东斜,白石镇的皇岙、坭岙、白石、密川、合湖,柳市镇的桥后、南沙岙、店后、荷岙、上屋、刘宅、峡门,乐成的界岱、万岙、盖竹、潘家垟、湖上岙、乐成老城区、后所、半沙、龙山头、黄良、上叶、梅湾、牛鼻洞,石帆的竹屿、下贾岙、上贾岙、郭路、陈岙、下雪,淡溪镇的孙家垟、湖边、黄塘、龙川,虹桥镇的霞村、岢前、瑶岙、严宅、薛宅、大乌石、小乌石、龙泽、南阳、信岙、凰岙、湾底,蒲岐镇的后宅、华秋,南岳的小水坑等地一线。公元 4 世纪东晋初期,海岸线进一步向外延伸,但从公元前 11 世纪至两晋的一千三百多年中,乐清海岸向外延伸速度极其缓慢。到了公元 8 世纪唐代中期,乐清海岸线在今乐琯塘河(古运河)一带。

今天乐清沿海平原上有三条古海塘,最西边的第一条古海塘建于唐代中期以前,宋代在这条古海塘内侧开挖河路以通舟楫,称为运河塘,就是古运河。唐德宗贞元四年(788 年),温州刺史路应亲临乐清考察,见泥塘久废多水患,便发动民众重修加固。南宋绍兴二年(1132 年),乐清县令刘默,发动西乡民众,以石更造,改泥塘为石塘,自此乐清城西承流门外至琯头长达五十多里的石塘称为刘公塘,既获得农田灌溉之利,又改善了交通条件。由此可以断定 8 世纪唐代中期的海岸线位于刘公塘位置,即后所—万岙—峡门—新屋—店后—下庠—南岙—白鹭屿—乌牛码道一线。此时,白石溪河口平原已成陆,金溪和银溪的河口平原(乐成县城)、淡溪下游和梅溪下游平原及四都盆地都已成陆,但广大的柳市平原、乐成平原和虹桥平原仍为海洋。

唐代后期和宋元时期,乐清海岸向外推进速度加快。至南宋时期,今瓯江口北岸磐石山至岐头山,即磐石—七里港—黄华一线形成一条离岸沙堤,沙堤后方(北侧)的浅海便遗留下来一个巨大的海迹湖,即潟湖。该潟湖的范围在今柳市横带桥—北白象西岑—磐石西横河一带,面积约 21 平方千米。逾四百多年,至明末清初该潟湖才淤积湮废,完全成陆。因此,乐清第二条古海塘于明代洪武至万历年间(1371～1595 年)陆续建成,全长 60.67 千米。其位置在瓯江北岸白鹭屿—琯头—磐石—七里港—黄华,过岐头山以后沿乐清湾沿岸向北,依次经过塔头山—塘头山—沙角山—石马山—印屿山—东山根—白沙岭。明代乐成平原与柳市平原之间由于白沙海和白沙岭所隔,河路不通。该古海塘从白沙岭往北经乐成平原进入虹桥平原,依次经过白沙岭—姥岭西—沙角山—竹屿山—万家桥—万桥东岸—娄呑山等地。由此可知,明末的柳市平原和虹桥平原大部分区域都已成陆,只是滨海和滨江地区仍是一片海涂。

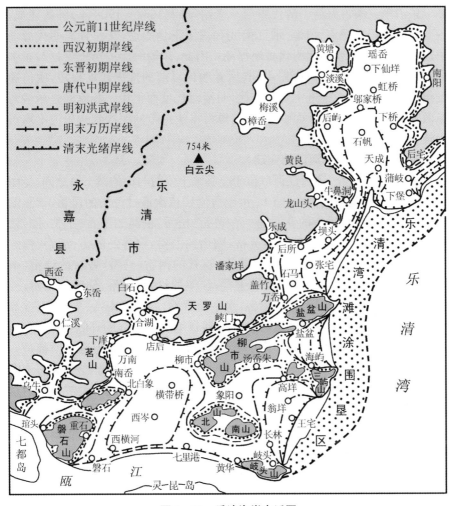

图 2 - 10　乐清海岸变迁图

145

黄华岐头山往北至蒲岐娄岙山之间的乐清湾西侧,古代分布着四个海湾,自南向北分别是翁垟湾、海屿湾、乐成湾、虹桥湾。翁垟湾的唐代中期海岸线在象阳附近,明初洪武年间推进至高垟至长林一线,明末万历年间延伸至翁垟,清末光绪年间东扩到王宅村附近。海屿湾位于盐盆山至三屿山之间,即今乐清经济开发区位置。海屿湾的明初海岸线在田垟村附近,明末扩展至后湖埭。乐成湾的古海岸线,唐代中期在后所至万岙一线,明初延伸至坝头至石马一线,明末更推进至东山南—张宅—南岸一线,清末到达百岱会村附近。虹桥湾的古海岸线,唐代中期在瑶岙附近,明初延展到邬家桥,明末南扩至天成附近,清末到达埠头村以南。

乐清第三条古海塘于清代康熙至光绪年间(1662~1908 年)陆续建成,主要分布在乐成城南、慎海、清江南北和白溪下塘等地,其位置离明代海塘很近,有很多地方就利用明代海塘捍潮。因此,乐清海岸的历史变迁与永强海岸、飞云江和鳌江河口海岸不同,后者明代以前的推进速度很慢,明清速度很快;而乐清海岸推进主要在宋代,明清时代反而很慢。其原因是乐清海岸濒临乐清湾,没有直接面临东海,东海沿岸流挟带的泥沙到达乐清沿海沉积较少。

4. 飞云江下游和河口的变迁

公元前 11 世纪,飞云江河口位于今马屿上安村与梅屿柴下村之间,见图 2-11。在图示范围内,公元前 11 世纪海岸线依次通过汀田的凤岙,莘塍的双岙,安阳的西岙,潘岱的谢岙、林岙、曹岙、梧岙,桐浦的下岙、丁岙、陶岙、西岙、沙岙,碧山的均岙,潮基的贾岙,陶山的上岙,荆谷的陈岙、潘岙,梅屿的大岙、黄岙、霞岙,马屿的朱岙、藤岙,篁社的河岙、马岙,曹村的许岙、南岙、东岙、丁岙、宋岙、女岙,马屿的玉岙,江溪的徐岙、碓岙,仙降的项岙,云周的卓岙,宋桥的吴岙,万全的溪岙,水亭的后岙,昆阳的南岙、皇岙、阳岙等地。上述含岙地点无一例外地位于公元前 11 世纪海岸线的外侧边缘。

公元前 11 世纪,今飞云江下游的莘塍平原、飞云平原和万全平原都是一片浩瀚海洋。今陶山平原、马屿平原和仙降平原是一个大海湾,这个大海湾内分布着陶山湾、马屿湾和桐浦湾三个小海湾。大海湾口门的两个岬角分别是北面的横山和南面的西山。横山—集云山—李山—青岙山—永丰山组成的半岛位于今丽岙—塘下平原与陶山—仙降平原之间;西山—白岩山—万盘尖—大布山组成的半岛位于今马屿—曹村平原与万全平原之间。在这海湾和海洋之中,分布着众多的海岛,其中最大的海岛是半天山。半天山位于今飞云江口与鳌江口之间,是第四纪最后一次海侵时期温州仅次于大罗山的第二大岛。

　　此后,过了九百多年,到公元前 2 世纪末西汉初期,海洋面积缩小,出现大量的山麓洪积扇和冲积扇及地势低洼的河谷平原、河口平原。曹村港河谷平原、金潮港河谷平原和桐溪河谷平原都已成陆,但今莘塍平原、飞云平原和万全平原尚未成陆,仍为一片海洋,横山和西山两岬角以西仍是一个面积缩小了的海湾,仙岩—塘下仍是一条海峡。

　　再过五百多年,到了公元 4 世纪的东晋初年,原先横山和西山两岬角以西的马屿湾、陶山湾和桐浦湾三个小海湾已基本成陆,它们之间遗留下一个面积广大的潟湖。这个潟湖东起潘岱,西至荆谷,北起陶山,南至仙降,即今飞云江下游大河曲的地方,面积大约 58 平方千米。此外,岬角以东的今瑞安安阳和飞云西部一带已成为冲积平原。当时的安固县城由北湖鲁岙(今安阳西岙)的洪积扇迁到邵公屿(今瑞安老城区)冲积平原上重建扩建。成书于北宋初年的乐史《太平寰宇记》卷九九记载,"瑞安江东连大海,西合四溪,以三溪为湖,湖际有瑞安山,又有安固山。"这里的"湖"就是指这个面积巨大的潟湖,"三溪为湖"就是指大溪(今飞云江干流)、小溪(今金潮港)和桐溪三条河流汇入潟湖,造就了浩瀚的粼粼湖波。虞世南《北堂书钞》卷 158 引载郑缉之《永嘉郡记》说"安固江口东北有仙石,又山里虚洞中有钟乳。穴口出县山前,跨江底,潜通□江南。采人深入洞内,常闻有波涛声,且不穷其遥,莫知所□。"虽然郑缉之的"钟乳"记载是错误的,但南朝刘宋时的飞云江口已移到今瑞安城区的隆山一带是无疑的了。

　　东晋和南朝时期,金潮港东下的泥沙在河口由于流速减慢,泥沙沉积,在今陶山沙洲村附近形成一条沙堤。沙堤以上积水成为"陶山湖",这在成因上也属于潟湖。到了北宋时期,陶山湖淤积日浅,很多地方湖底露出水面,沼泽遍地,草莱丛生。于是,南宋初年绍兴年间(1131~1163 年)由县政府发动,大姓出钱,下户出力,用以工代赈的办法修筑陂塘,废湖为田,成为当时温州最大的湖田。与此类似的桐溪下游也出现一个小潟湖"横塘",不久也湮废了。

　　形成于秦汉时代的潘岱至荆谷的"三溪为湖"的大潟湖,与瓯海三垟"西洋底"的潟湖不同,它有三条河流汇入,带来大量泥沙,沉积速度较快。大约到宋代,湖底就露出水面。刚刚露出水面的河漫滩是由松散的沉积物组成,极易被河水和潮水冲刷侵蚀,凹岸不断侵蚀后退,凸岸不断沉积淤涨,因此飞云江下游就发育成九曲回肠的弯曲河道。这种弯曲的河道在地貌学上称为"自由河曲"。瑞安境内这种由潟湖演变而来的自由河曲,由于形成时间较短,所以未能自然裁弯取直,当然没有牛轭湖的分布。

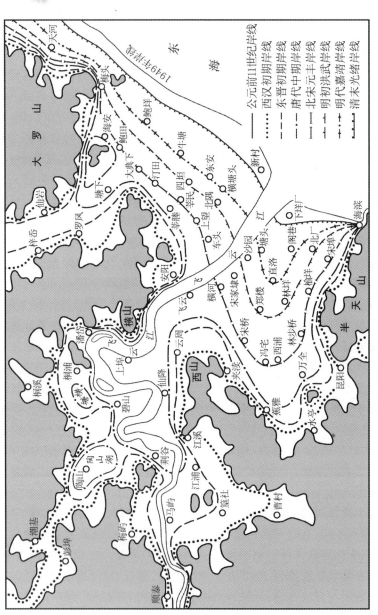

图 2－11　飞云江下游及河口海岸变迁图

到了元代至正二十四年(1364 年),瑞安县城进行大规模扩建时,在县城的西侧沿飞云江河岸修筑了捍潮石堤"沙城"10 多里。可见当时飞云江河口东岸在砚山(今烟墩山)南麓至上河埭(今东山车头村)一带。

5. 飞云江口海岸的变迁

公元前 11 世纪以前,飞云江口的海岸线在今梅头东岙—罗凤吴岙—汀田凤岙—安阳西岙—宋桥吴岙—水亭后岙一线以西及昆阳老城区—榆垟麻车—宋埠海滨村一线以南的海拔 55 米的地方。这时,从大罗山到半天山之间的瑞安沿海平原都是一片汪洋大海。

从公元前 11 世纪至公元 8 世纪唐代中期,在这漫长的一千七百多年中,飞云江口的海岸线向外延伸的速度极其缓慢,几乎原地踏步,廓线基本保持不变,这是因为缺乏足够数量的泥沙来源。一方面唐代以前飞云江流域的山区没有得到开发,植被非常茂盛,河水含沙量极小;另一方面长江口和杭州湾南下的海域来沙量也极小。据河口水文专家陈吉余《长江河口和长江三角洲的历史变迁》论述,长江流域山区的开垦始于孙吴征服山越和晋室东渡以后,盛于隋唐,长江三角洲海岸的推展在唐代以后才渐加快。因而,南下温州的海域泥沙在唐代开始才渐增多,飞云江口海岸的延展在唐代前期以后才见明显。

北宋元丰年间(1078～1085 年),修建塘下石岗陡门。石岗陡门遗址在今海安石岗村,东距场桥 2.4 千米,距海安 2 千米。可见迟至元丰时场桥和海安尚未成陆,仍是被海潮所淹的滩涂。由于北宋元丰的地方史料较多,笔者选用元丰作为海岸推进的时间分界线,那么元丰时飞云江口海岸线位于今梅头—场桥—海安—鲍田—南河—大典下—小典下—汀田—董田—莘民—薛里—上望—车头—横河—宋桥—冯宅—西浦—林步桥—榆垟—宋埠—海滨村一线。

明代开始飞云江口海岸线向外推进速度加快。明初洪武二十年(1387年),汤和临海而筑沙园所城时,海岸线向外延伸到梅头—董五—四坦—东沿—北隅—沙园—郑楼—林垟—荷花—北厂—海滨村一线。

明代嘉靖二十七年(1548 年),飞云江口海岸线大致在今中塘河的西侧,位于今邱宅—鲍垟—牛塘—东安—横塘头—南隅—塘头—直洛—阁巷—海滨村一线。

到了清末光绪年间(1875～1908 年),飞云江口海岸线进一步外延到新村和下垟厂附近。

唐代以来,飞云江口海岸线向海推进的距离比永强海岸线大,推进速度也比永强海岸快。从唐初至清末的一千二百年中,永强海岸平均向外推进3.7 千米,最大处下垟街向外推进 4.5 千米;而飞云江口海岸平均向外推进

10 千米,最大处蕉雅向外推进 15 千米,最小处海安向外延伸也有 5.6 千米,最小处的推进距离超过了永强最大处的推进距离。从推进速度看,从明初至清末的五百多年间,永强海岸平均每年向外延伸 5.5 米,最多处为 6.5 米;而飞云江口海岸平均每年向外延伸 8 米,最多处达 12.5 米。从历史角度看,飞云江口海岸向外推进速度,唐初至元丰的 375 年中,平均每年 3.5 米;元丰至明初的 307 年中,平均每年 5.3 米;而明初至清末的五百多年中,平均每年达 8 米。为什么飞云江口海岸推进的距离和速度都远大于永强海岸呢? 主要原因是古代飞云江口南边耸峙着高大的半天山,从长江口南下的东海沿岸流受到半天山的阻挡,海流流速减慢,海流中的泥沙更易沉积下来,从而形成今天温州全市最大的海积平原。

6. 鳌江下游和河口及海岸的变迁

公元前 11 世纪,鳌江下游和河口一带的海岸线依次通过鳌江镇的峃底,昆阳的阳峃、皇峃,务垟的大峃,钱仓的箭峃,梅源的孙峃,梅溪的凤峃、双峃,桃源的包峃,麻步的西峃,腾蛟的薛峃,水头的内峃,凤卧的金峃、东峃,水头的章峃,山门的郭峃、大峃,南雁的周峃,闹村的李峃,麻步的范峃,沪山的凤峃,凤池的板峃,浦亭的浦峃、下峃,灵溪的金峃、南峃、秦峃,藻溪的内西峃、三峃、高峃、内峃、蔗峃、丁峃,望里的北峃、南北峃、凤峃,括山的新峃,金乡的黄泥峃,炎亭的崇家峃等地,见图 2 - 12。

从"鳌江下游及河口海岸变迁图"中可以明显看出,平阳县的杨屿山和苍南县的琵琶山这两个小岛以西地区在公元前 11 世纪前曾是一个大海湾。这个大海湾的口门有半天山和肥艚的北岭山对峙耸立,犹如一对鳌钳。这对鳌钳的里边各有一个小海湾,北面是务垟湾,南面是金乡湾。这两个小海湾的西边都有半岛—海湾—半岛—海湾相间排列的共同特点。

公元前 11 世纪,注入鳌江河口大海湾的主要河流有四条,最大河流是鳌江,其次是横阳支江,还有梅溪和藻溪。鳌江的最早记载见于唐代李吉甫《元和郡县志》卷二六,书中称之为"横阳江"。明末顾祖禹《读史方舆纪要》把这四条河流称之为顺溪、平水、梅溪和燥溪。清乾隆年间的齐召南《水道提纲》把横阳江称为北港,把横阳支江称为南港。公元前 11 世纪,横阳江河口位于今麻步附近,横阳支江河口位于今灵溪附近,梅溪河口位于今钱仓北面的茶亭附近,藻溪河口位于今藻溪镇附近。

瓯江年输沙量很小,是黄河的六百分之一,鳌江年输沙量更小,仅为瓯江的三十四分之一。因而,鳌江凭借自身的输沙能力,根本无法使这个大海湾沉积淤涨成为平原。所以唐代以后,随着海域来沙增多,这个大海湾的海岸线

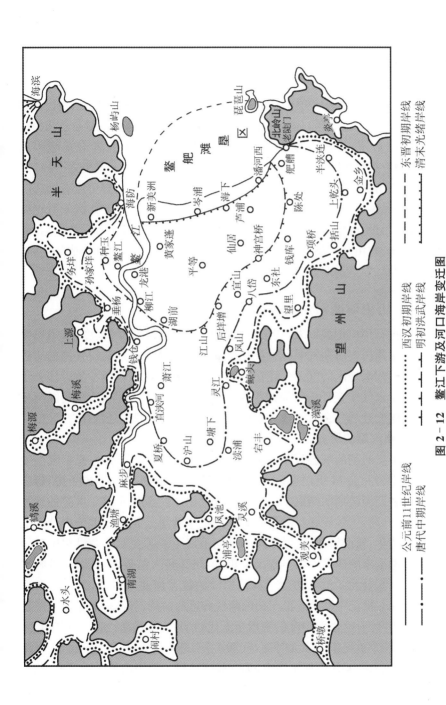

图 2-12　鳌江下游及河口海岸变迁图

——— 公元前11世纪岸线　　·········· 西汉初期岸线　　——————— 东晋初期岸线
——— 唐代中期岸线　　—·—·— 明初洪武岸线　　————— 清末光绪岸线

151

延伸速度日渐加快。与飞云江口一样,鳌江下游平原未成陆以前,它的南面耸峙着高大的望州山。南下的东海沿岸流受到望州山的阻挡,海流速度减慢,海流挟带的泥沙更易沉积,它的成陆速度也远远超过了永强平原。公元8世纪唐代中期的海岸线大致在海防—孙家垟—钱仓—直浃河—夏桥—沪山—渎浦—灵江—凤山—八岱—项桥—上乾头—半浃连—老陡门一线。至明代初期洪武年间(1368~1398年),海岸线延伸到海防—种玉—柳江—湖前—江山—后垟增—神宫桥—陈处—肥艚一线。再过五百多年,到了清末光绪年间(1875~1908年),海岸线进一步推进到新美洲—岑浦—海下—潘河西一线。

值得指出的是清乾隆二十三年(1758年)修的《平阳县志》里没有"鳌江"这个地名;民国十四年(1925年)修的《平阳县志》记载"鳌江警察分所在鳌江,宣统元年设立,借用太阴宫"。可见鳌江居民点的出现在清代乾隆后,宣统前。钱仓、宜山和肥艚三地在北宋元丰(1078~1085年)时已经成陆,并且成为商品经济发达的商业镇。

(二)历史时期温州气候变迁

温州自有历史记载以来,甚至包括考古发掘所反映的气候变化,难以系统整理出温州历史时期气温和干湿状况的变迁规律。幸好温州气温的历史变迁与我国东南地区的气温变迁在时间上具有同一性。若参考竺可桢关于我国五千年来气候变迁的研究成果和中科院地理研究所张丕远《我国历史时期的气候变迁》等文章,大致可整理出温州气温的一般变迁规律。

1. 温州气温的历史变迁

温州历史时期的气温发生过多次寒暖变化,大体上可分为九个气温变化时期。①公元前11世纪至公元前8世纪的西周时期,气温急剧下降,标志着全新世中期温暖期的结束。②公元前8世纪中叶至公元前5世纪的春秋时代,气温升高,气候转暖。③公元前5世纪中叶至公元前2世纪中叶的战国至西汉初年,气候转寒,气温下降到平均值以下。④公元前2世纪中叶至公元后2世纪末的西汉中期至东汉末年,温州又转入温暖期,气温上升到平均值以上。⑤公元3世纪初至6世纪中叶的魏晋南北朝时期,又进入寒冷期。⑥公元6世纪中叶至8世纪初的隋代和盛唐时期,气温略有上升。⑦公元8世纪中叶至10世纪中叶的中唐至五代初期,为气候寒冷期。⑧公元10世纪中叶至13世纪末的宋元时期,气温上升,进入温暖期。⑨公元14世纪初至19世纪末的元代后期至清末,为气候寒冷期。据国内外学者研究表明,1500~1900年是世界性的气候寒冷期,即所谓小冰期。就中国而言,也是近五千年来四个低温期中气温最低、持续时间最长的时期。至 17 世纪下半叶达到气温最低点,年均温比现代低 1℃以上。此后气温上升,至 19 世纪末气温上升到平均值。近百年来全球气候明显变暖,海平面上升了 10～20 厘米,又进入一个温暖期。

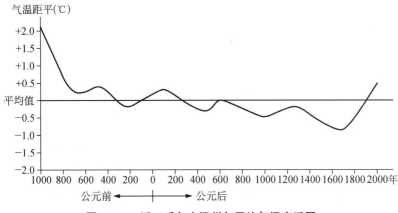

图 2‑13　近三千年来温州年平均气温变迁图

2. 温州干湿状况的历史变迁

干湿状况的历史变迁有很大的地区差异性。最能反映温州不同历史时期干湿状况的是历史旱涝灾害的记录。造成温州历史时期干湿状况异常的有梅雨、台风和伏旱三种灾害性天气。笔者对历代温州各地汗牛充栋般的志书野乘进行整理,凡发生在农历四、五月份的旱涝划归梅雨,发生在农历六、七、八月份的划归台风和伏旱;有的只发生在乐清,有的只发生在平阳,有的遍及温州全境,都作为温州全市的统计对象;有的年份仅一次,有的年份多次,例如清乾隆二年(1737 年)从农历七月初至八月十五的 44 天中共有台风 7 次,统计时都算作 1 年。从公元 291 年至公元 1911 年之间的 1620 年中,梅雨造成的水灾有 9 年,梅雨造成的旱灾有 14 年,台风引起的水灾有 109 年,伏旱引起的大饥有 51 年。当然,由于古代文献记载的不完整性,这些旱涝灾害的年数比实际情况少得多。

（1）梅雨

温州地处我国梅雨区的南缘,因而梅雨来去时间的迟早、降水历时的长短、降水量的多寡与我国其他梅雨地区相比有很大的差异。造成梅雨降水量的年际变化取决于西太平洋副高的高压脊西伸和北跳。当西太平洋副热带高压势力弱的时候,温州为"丰梅"年份,造成严重的涝灾;当副热带高压势力强的时候,温州为"少梅"或"空梅"年份,造成旱灾。所以,梅雨仅次于台风和伏旱,是造成温州旱涝灾害的一个重要原因。上述历史时期的 1620 年中,温州梅雨降水过多而造成严重水灾的有 9 年,分别列下。

南宋乾道六年(1170 年)	明宣德元年(1426 年)	明成化二年(1466 年)
明嘉靖十八年(1539 年)	明崇祯四年(1631 年)	清乾隆二十八年(1763 年)
清道光十一年(1831 年)	清光绪十六年(1890 年)	清光绪二十九年(1903 年)

温州梅雨降水过少而造成严重旱灾的有 14 年,分别列下。

南宋淳熙九年(1182 年)	南宋嘉定八年(1215 年)	元至正六年(1346 年)
明永乐二十二年(1424 年)	明宣德九年(1434 年)	明正统四年(1439 年)
明正德三年(1508 年)	明嘉靖二十三年(1544 年)	明万历三十五年(1607 年)
清康熙二十四年(1685 年)	清康熙四十五年(1706 年)	清嘉庆二十五年(1820 年)
清道光二十六年(1846 年)	清光绪十五年(1889 年)	

由此可知,温州历史时期梅雨造成的旱灾年份多于水灾年份。梅雨降水过多,固然带来江河横溢,死伤人畜,冲毁田宅;但少梅或空梅影响早稻收成而产生大旱大饥的灾难,比梅涝更为深重。温州双季稻种植始于东晋,至北宋大中祥符四年(1011 年)以后普遍推行"岁稻两熟"制。在水利灌溉不普及的古代,温州早稻生长主要靠梅雨,晚稻靠台风雨。当梅雨降水过少,早稻歉收甚至颗粒无收而产生大饥大疫的记载,屡屡见于温州各地志书。

(2) 台风

台风是造成温州人民生命财产损失最严重的自然灾害。台风带来的狂风暴雨不仅引起山洪暴发,江河横溢,淹没庄稼,冲毁庐舍,而且遇到天文大潮,产生风暴潮,对沿海沿江地区造成更为深重的灾害。温州每年都有台风入侵,历史时期的 1620 年中记录到台风造成巨大损失的有 109 年。在 109 年的大台风中,损失最严重的特大台风有下列 7 次。①唐代总章二年(669 年)农历六月,台风带来的狂风暴雨,并发风暴潮,永嘉和安固两县坍毁民宅 6848 间,溺死居民 9070 多人,淹没农田 4150 顷(41.5 万亩)。②南宋乾道二年(1166 年)农历八月十七,大风雨,驾大海潮,拔树毁屋,覆舟漂盐场。温州夜潮入城,存者什一,潮退浮尸蔽川。永乐瑞平四县溺死二万多人,田禾不留一蕾。相传今鹿城九山水电局门口石狮眼睛发红的故事就是这次台风水灾而演绎出来的。③元代大德元年(1297 年)农历七月十四,永嘉县(包括今

温州历史时期的 109 年台风灾害

西晋元康元年(291 年)	东晋太元十七年(392 年)	唐显庆元年(656 年)
唐总章二年(669 年)	唐文明元年(684 年)	北宋治平二年(1065 年)
北宋熙宁九年(1076 年)	北宋熙宁十年(1077 年)	南宋绍兴九年(1139 年)
南宋绍兴十四年(1144 年)	南宋绍兴十六年(1146 年)	南宋绍兴三十二年(1162 年)
南宋乾道二年(1166 年)	南宋乾道五年(1169 年)	南宋淳熙六年(1179 年)
南宋庆元二年(1196 年)	南宋庆元五年(1199 年)	南宋景炎二年(1277 年)
元至元二十四年(1287 年)	元大德元年(1297 年)	元延祐五年(1319 年)
元泰定元年(1324 年)	元泰定四年(1327 年)	元泰定五年(1328 年)
元至顺二年(1331 年)	元至元二年(1336 年)	元至正四年(1344 年)
元至正六年(1346 年)	元至正八年(1348 年)	元至正十二年(1352 年)
元至正十六年(1356 年)	元至正十七年(1357 年)	元至正二十二年(1362 年)
明洪武八年(1375 年)	明洪武九年(1376 年)	明永乐八年(1410 年)
明宣德六年(1431 年)	明成化十六年(1480 年)	明弘治二年(1489 年)
明正德十三年(1518 年)	明嘉靖八年(1529 年)	明嘉靖十三年(1534 年)
明嘉靖二十六年(1547 年)	明嘉靖二十七年(1548 年)	明嘉靖三十一年(1552 年)
明嘉靖三十三年(1554 年)	明嘉靖四十年(1561 年)	明隆庆二年(1568 年)
明隆庆三年(1569 年)	明万历二年(1574 年)	明万历十三年(1585 年)
明万历十七年(1589 年)	明万历十九年(1591 年)	明万历三十五年(1607 年)
明万历三十六年(1608 年)	明万历四十二年(1614 年)	明万历四十七年(1619 年)
清顺治二年(1645 年)	清顺治五年(1648 年)	清康熙六年(1667 年)
清康熙七年(1668 年)	清康熙二十六年(1687 年)	清康熙五十年(1711 年)
清雍正二年(1724 年)	清雍正四年(1726 年)	清雍正五年(1727 年)
清乾隆二年(1737 年)	清乾隆三年(1738 年)	清乾隆六年(1741 年)
清乾隆十五年(1750 年)	清乾隆二十八年(1763 年)	清乾隆三十年(1765 年)
清乾隆三十四年(1769 年)	清乾隆五十二年(1787 年)	清乾隆五十五年(1790 年)
清嘉庆元年(1796 年)	清嘉庆二年(1797 年)	清嘉庆三年(1798 年)
清嘉庆五年(1800 年)	清嘉庆七年(1802 年)	清嘉庆十二年(1807 年)
清嘉庆十四年(1809 年)	清嘉庆十七年(1812 年)	清嘉庆二十三年(1818 年)
清嘉庆二十五年(1820 年)	清道光十年(1830 年)	清道光十二年(1832 年)
清道光十三年(1833 年)	清道光十四年(1834 年)	清道光二十三年(1843 年)
清道光二十六年(1846 年)	清道光二十七年(1847 年)	清道光二十八年(1848 年)
清咸丰三年(1853 年)	清咸丰五年(1855 年)	清光绪二年(1876 年)
清光绪七年(1881 年)	清光绪八年(1882 年)	清光绪十年(1884 年)
清光绪十一年(1885 年)	清光绪十二年(1886 年)	清光绪十五年(1889 年)
清光绪十七年(1891 年)	清光绪二十年(1894 年)	清光绪二十四年(1898 年)
清光绪二十七年(1901 年)	清光绪二十九年(1903 年)	清光绪三十四年(1908 年)
清宣统三年(1911 年)		

温州市区)飓风暴雨,海浪高两丈,淹没农田 4.4 万多亩,冲毁庐舍 2000 多间;瑞安和平阳两县溺死 6800 多人。④明代洪武八年(1375 年)农历七月初二,永乐瑞平四县飓风挟雨,并发海溢,潮高三丈,沿江居民多淹死,仅平阳一县溺死 2000 多人,朝廷派人至平阳赈济灾户。⑤清代乾隆二十八年(1763年)农历八月,飓风大雨,并发风暴潮,瑞安和平阳陆地可行舟,潮退尸骸蔽野,农田颗粒无收。⑥清代咸丰三年(1853 年)农历六月十八至二十九日,台风暴雨连下 12 昼夜,水溢街衢,淹田地,坏庐舍,乐清平地水涨 4～5 尺,平阳平地水深 6～7 尺。⑦清代宣统三年(1911 年)农历七月初三,平阳飓风大水,三港各乡三十余都淹没居民数万。同年八月二十八和二十九两天,永瑞平三县淹死居民数万,飞云江上死尸横流。该年由于两次大台风,年降水量达 2909 毫米,创历史最高记录。

(3)伏旱

伏旱是温州西太平洋副热带高压脊下沉气流控制而造成久晴无雨的灾害性天气,它对晚稻播种和生长危害极大,历史上往往出现大旱大饥、饿殍遍地的惨境。温州历史时期的 1620 年记录到的大旱中,剔除春旱、秋旱和冬旱,伏旱有 51 年,分别列下。

唐咸亨五年(674 年)	唐开成四年(839 年)	南宋绍兴三年(1133 年)
南宋绍兴六年(1136 年)	南宋绍兴十九年(1149 年)	南宋绍兴二十四年(1154 年)
南宋隆兴二年(1164 年)	南宋乾道六年(1170 年)	南宋乾道九年(1173 年)
南宋淳熙九年(1182 年)	南宋嘉定八年(1215 年)	南宋嘉定十四年(1221 年)
南宋嘉熙四年(1240 年)	元至元十五年(1278 年)	元元贞二年(1296 年)
元至元二年(1336 年)	元至元六年(1340 年)	元至正元年(1341 年)
元至正五年(1346 年)	元至正十三年(1353 年)	明洪武二十一年(1388 年)
明宣德二年(1427 年)	明宣德九年(1434 年)	明正统四年(1439 年)
明成化二十二年(1486 年)	明弘治三年(1490 年)	明正德三年(1508 年)
明正德七年(1512 年)	明嘉靖五年(1526 年)	明嘉靖六年(1527 年)
唐咸亨五年(674 年)	唐开成四年(839 年)	南宋绍兴三年(1133 年)
明嘉靖十二年(1533 年)	明嘉靖十三年(1534 年)	明嘉靖二十七年(1548 年)
明万历二十一年(1593 年)	清康熙二十年(1681 年)	清康熙四十五年(1706 年)
清康熙六十年(1721 年)	清雍正元年(1723 年)	清乾隆十八年(1753 年)
清乾隆三十六年(1771 年)	清嘉庆元年(1796 年)	清嘉庆十六年(1811)
清嘉庆二十五年(1820 年)	清道光十五年(1835 年)	清咸丰十一年(1861 年)
清同治五年(1866 年)	清光绪十五年(1889 年)	清光绪十八年(1892 年)
清光绪二十八年(1902 年)	清光绪三十三年(1907 年)	清宣统三年(1911 年)

温州伏旱出现的频率虽然没有台风大,但是伏旱受灾的地区范围大。它不仅可以使温州东部平原"晚禾无收",而且殃及占全市面积 80% 的丘陵山地。同时,伏旱常导致严重病虫害的发生。因此,温州历史记载中,"大旱"总是和"大饥"连在一起;台风受灾人数多为数万,而伏旱的饥民多为数十万。据《资治通鉴》卷 112 记载,东晋元兴元年(402 年)"三吴大饥,户口减半,会稽减什三、四,临海、永嘉殆尽。"温州地方志记载的"民鬻子食","草根树皮食之殆尽,死者无数",均是伏旱造成的。可见伏旱造成灾难的深重程度绝对不亚于台风。

郑斯中《我国东南部地区近两千年来旱涝灾害及湿润状况变化的初步研究》中,根据地方志中 36750 次旱涝记载,分析我国东南地区的干湿变迁,发现公元初以来,水灾相对减少,旱灾相对增多。并且以公元 1000 年作为分界线,分成两段,前段一千年中的干旱期持续时间短,湿润期持续时间长;而后段一千年中的干旱期长,湿润期短。笔者根据温州近八百年以来的古代旱涝记载,以每 20 年为一个时间单位,计算出旱涝灾害出现的相对值,绘制成温州近八百年以来干湿指数变化曲线图,见图 2-14。图中纵坐标为干湿指数,它是水灾年数的两倍与水旱灾总年数之比。从图中可以看出,北宋晚期至清末的 800 年中,温州干旱期与湿润期的持续时间大致相等,湿润期持续时间稍长于干旱期,干旱期与湿润期的时间长度比为1∶1.08。干旱期主要分布在 12 世纪后半叶至 13 世纪前半叶、14 世纪后半叶至 15 世纪前半叶、15 世纪末至 16 世纪前半叶、17 世纪末至 18 世纪前半叶等四个时期。

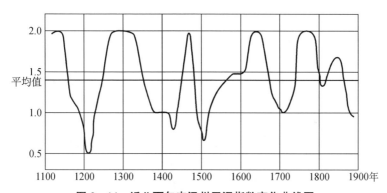

图 2-14　近八百年来温州干湿指数变化曲线图

四、温州历史经济地理

历史经济地理领域包括历史时期的农业地理、工业地理、交通运输地理和商业贸易地理等。这四个方面的兴衰演变就是一部温州古代经济地理史。它们包罗的范围很广,现择其重要者简述之。

(一)历史时期温州农业地理

农业是古代文明的标志,是古代经济决定性的生产部门。主要从耕作制度、粮食作物和经济作物三个方面表现出它的特点和兴衰过程。

1. 耕作制度

公元前1000年第四纪最后一次海侵结束,约当殷末周初之时,温州原始居民瓯人开始从丘陵山区迁居山麓洪积扇和冲积扇,这时温州出现农耕,比宁波平原上的河姆渡越人推迟了4000年左右。温州农耕出现的初期,是一种渔猎和迁徙农业并举的生产方式。战国时期,生活在山麓洪积扇和冲积扇上的瓯人开始利用铁耜和铁耨,农耕面积和范围才得以扩大,使农耕代替渔猎而占主要地位,才真正完成了由迁徙农业向定居农业的转变。三国孙吴时代温州的山越人出山以后才放弃以"遏长川以为陂,燔茂草以为田"的火耕水耨耕作方法,向以牛耕和粪肥为标志的精耕细作方向发展,作物产量始得以提高。

山越人出山以前,温州是一年一熟的耕作制度。山越人出山以后,随着东部平原的开拓和湖田的垦殖,温州开始出现双季稻的种植。温州东部平原"岁稻两熟"的耕作制度始于东晋,但当时双季稻种植范围和面积很小,产量也低。到了北宋大中祥符四年(1011年),温州从福建引入早熟品种"占城稻"(占城在今越南归仁)以后,才大规模普遍推广种植双季稻。

岁稻两熟作为一种耕作制度的出现,温州比全省其他地区都早。丽水地区双季稻种植最早出现在南朝后期,这是由于南朝梁武帝时修筑"通济堰"水利灌溉工程,大大改善了稻田的供水条件,从而出现岁稻两熟制。杭嘉湖地区由于气候和灌溉条件限制,水稻一熟制持续了很长时间,继后逐渐向稻麦两熟制发展,双季稻的种植是近代才普及的。而温州沿海平原地处中亚热带,全年≥10℃积温5640℃,海拔100米以下的河谷平原5930℃,苍南南部马站平原更达6000℃以上;一年中≥10℃的持续日数261天,海拔100米以下的河谷平原265天,热量资源丰富。更重要的是温州多台风,台风带来的夏季降水为晚稻的播种和生长提供了丰富的水源。另外,东晋时期温州东部平原开发的湖田不仅土壤肥沃,而且不怕旱,为岁稻两熟提供了有利的种植条件。

明弘治《温州府志》载"腴田沃壤一岁三获",可见明代温州耕作制度已经实行一年三熟制。一年中除种植双季稻外,冬季还栽种油菜、芥菜等,谓之"冬种"。但温州冬种不能种植麦类,即温州不能实施"早稻＋晚稻＋小麦"三熟制。冬种若种植大麦和小麦,俗称"寅吃卯粮",不合算,只能在荒年时不得已而为之。

2. 粮食作物

西周时期,温州农业生产刚刚从山区转入山麓洪积扇和河谷平原,粮食作物主要是黍子、麦类、豆类等,水稻尚未占优势。战国时期,随着平原农业的发展,粮食作物逐渐转为以水稻为主,水稻品种也不断增加。温州东部平原以水稻作为主要粮食作物的历史至少有两千年。大体上,前期以粳稻型品种为主,后期由于岁稻两熟制的发展,籼稻型品种逐渐增加。南朝梁时,有"山中宰相"之称的陶弘景曾在温州进行水稻品种"白谷"的培育和推广,今瑞安福泉山还有他培育良种的"种玉畦"遗迹。北宋初期大中祥符四年(1011年)政府组织从福建运来大量占城稻稻种,鼓励农民种植。占城稻源出越南,温州人称之为"金城"或"百日黄",穗长粒小,有红、白两色,最耐旱,早熟而捍,一年可两熟,产量较高。宋时温州平常年份亩产达到"上田"430斤,"次等"285斤。占城稻在温州种植一直延续到解放初期,历九百四十多年而不衰,而且亩产从未超过宋时水平。

温州古代水稻品种很多,除占城稻外,明弘治《温州府志》记载有白散、地暴、水棱、软秆、孕稻、百箭、白西、辩白、磊晚、龙籼、早糯、晚糯、青糯、金水糯、红罗障、金里银等。明万历《温州府志》记载的温州水稻品种更达40种之多。

温州古代麦类作物主要有大麦、小麦、荞麦、米麦、光头麦等,主要分布在温州西部山区。由于历史时期的温州西部山区地广人稀,它们的种植面积较小,产量也低,绝没有像杭嘉湖平原那样"田畴万顷,一望无际,麦浪层层"的景象。既是北宋太平兴国年间(976～984年)朝廷诏谕江南地区改变专种粳稻的习惯,从淮北调入粟、麦、豆的种子,要农民"益种诸谷",温州粟麦豆种植也很少。温州杂粮的大规模种植要数番薯和玉米两种作物。

番薯是明代洪武二十七年(1394年)由福建传入温州种植,大规模种植番薯是在清代乾隆中期。玉米原产墨西哥,古籍史书称"御麦",温州俗称"苞芦粟",是明代万历元年(1573年)由安徽经丽水传入温州种植。"百谷之中,惟苞芦不烦灌溉,不忧旱潦,不计土之肥硗";番薯"虽陡绝高崖,皆可栽种,止宜去草,不必用肥。"番薯和玉米种植的地区适应性很强,产量高,极易推广。这两种粮食作物引入温州后,人们在丘陵低山的缓坡地滥垦滥伐,争先垦殖,一来耕地面积剧增,人口繁衍,二来水土流失加剧。"山遭垦松,遇雨则沙土随水入河,屡为农田水利之患";"山经开掘,遇雨则泥土崩裂,填塞溪间,稍晴即涸,旱潦之忧,害实不浅。"到了清代嘉庆初年,浙江巡抚曾出示禁令,但未收效果,滥垦滥伐和水土流失如故。历史时期温州山林植被遭受大规模破坏以及人口快速增长,与番薯和玉米的引种密切相关。

3. 经济作物

历史时期温州最著名的经济作物是柑桔,其次有桑蚕、茶树及麻、葛、苎、棉花等纤维作物。

(1)柑桔

温州柑桔种植历史十分悠久,从瓯人出山时代开始就已在山麓洪积扇和冲积扇上种植柑桔,至今至少有两千五百多年历史。三国孙吴时,沈莹《临海异物志》就有介绍温州"鸡桔子"的记载。《新唐书·地理志》和《元和郡县志》都载唐高宗上元元年(674年)起,温州柑桔正式列为贡品,供朝廷享用。北宋天圣六年(1028年),朝廷规定温州贡柑"不得饷遗近臣"。北宋晚期"宣、政间,温州贡柑每棵一、二千。"说明北宋瓯柑是一种珍贵价高的果品,不比岭南荔枝逊色。然而北宋时期温州柑桔种植面积和产量都不高,大规模种植并占领全国市场是南宋及其以后的时代。

从历史角度看,中国柑桔产区分为老柑桔区和新柑桔区。老柑桔区是北宋及其以前的宁绍地区、杭嘉湖地区和太湖平原地区。当时的苏州是全国最大的柑桔集散地,越州、明州、杭州、湖州等柑桔产区通过江南运河和浙东运河汇集到苏州,然后远销全国各地。老柑桔产区中,越州的种植面积最大,产量最高,远在南朝时代今绍兴一带已经出现专业化桔农。然而,从南宋开始,老柑桔区日趋衰落,新柑桔区取而代之。新柑桔区的主要产地是温州、黄岩和衢州,温州是我国柑桔生产历史长河中的后起之秀。

柑桔是亚热带经济作物,要求气候条件是年平均气温12～18℃,年降水量1200～1500毫米,每亩年蒸发蒸腾量365吨。柑桔喜暖怕冻,冻害是柑桔减产的最重要因素。根据农业部门对柑桔产量分析表明,1月平均气温与柑桔产量成正相关。当1月平均气温在5℃以下时,当年为减产年;1月上旬平均气温增高1℃,当年亩产可增加70.6千克;1月日绝对最低气温≤0℃的天数增加1天,当年亩产则减少12.3千克。老柑桔区的1月平均气温均低于5℃,新柑桔区均高于5℃,这就是新柑桔区取代老柑桔区的主要原因。新柑桔区中的温州、黄岩、衢州三地的 1 月平均气温和≤0℃的天数,都是温州条件最优越。此外,如果以年平均气温 15℃和≥10℃积温 4200℃作为柑桔栽培的临界指标,那么温州各地海拔 600 米以下的丘陵低山的山坡地都是柑桔栽培的理想场所,而黄岩和衢州的种植范围都没有温州广阔。

从南宋开始温州各地柑桔栽培范围很快扩大,今鹿城西山、瓯海梧田、苍南宜山等地到处种植柑桔,出现"有园皆种桔,有林皆桔树"的景观。南宋淳熙五年(1178 年),温州太守韩彦直花了几年功夫,调查研究,搜集资料,写成一部《桔录》,《宋史·艺文志》称为《永嘉桔录》。这是世界最早一部完整的柑桔学专著,后被翻译成英、法、日等国文字。《桔录》对温州柑桔的品种、育苗、栽培、嫁接、防寒、除虫、采摘、贮藏、加工和运输等方面总结了一整套经验和方法,至今仍有参考价值。《桔录》记载当时温州的柑有 8 个品种,桔有 14 个品种,橙有 5 个品种。8 种柑分别是真柑、生枝柑、海红柑、洞庭柑、朱柑、金柑、木柑和甜柑。其中真柑又名乳柑、黄柑,宋代京都一带称为春柑,是最珍贵的品种,它以泥山(今苍南宜山的一座孤屿山)所产为最佳。乳柑皮薄味珍,肉厚多汁,脉不粘瓣,食不留滓,初摘时色青味微苦,过一、二月后色转金黄,果肉柔甜,味如乳酪。据浙江农业大学柑桔专家吴耕民在《浙江柑桔栽培史考》中分析推断,其中的海红柑就是今天的瓯柑。瓯柑果皮粗糙褶皱,果肉橙黄色,味甜而微苦,可长期贮藏。温州柑桔从唐初开始至晚清光绪五年(1879 年)多被列为贡品。清时温州官府还有承办官柑、礼柑的名目。温州岁贡瓯柑一千担,每年九月间清廷派人来温向各园户采买。

根据日本高桥都郎写的一段记载,明洪武二十七年(1394 年)日本智惠和尚来天台山朝香。到温州时顺便带了一些柑桔回国,并在鹿儿岛的长岛村育苗成林结果。一天,他偶尔发现一个枝头上结的蜜柑是无核的,味道更加香甜。于是他培育和推广这种无核蜜柑,这就是现在遍及日本,还远传到美洲的"温州蜜柑"。美国加利福尼亚大学柑桔研究中心用温州蜜柑和"王桔"嫁接,培育成良种"卡拉柑"。其实,日本智惠和尚发现的无核蜜柑就是南宋《桔录》中记载的无核真柑,但后来温州这种无核真柑失传了。直至 1914 年瑞安农务会函托许璇从日本东京附近选购无核蜜柑种苗引回瑞安种植;1916 年温州人黄溯初从日本兴津园艺场和兵库县川边郡稻野村带回无核蜜柑种苗,在鹿城九山和平阳郑楼种植。这就是现在温州的"温州蜜柑"。

南宋韩彦直在《桔录》中还介绍了温州桔的品种和栽培。14 种桔分别是黄桔、塌桔、包桔、绵桔、沙桔、荔枝桔、软条桔、油桔、绿桔、乳桔、金桔、自然桔、早黄桔和冻桔。温州桔品质优良,皮薄,味甜,色艳,果形娇好。《群芳谱》载"桔出台州、苏州,西出荆州,南出闽、广、抚州,皆不如温州为上。"

（2）桑蚕

种桑养蚕在温州历史上可谓昙花一现。南朝刘宋永初三年（422年）谢灵运任永嘉太守时曾率众种桑。据郑缉之《永嘉郡记·八辈蚕》记载,东晋和南朝时"永嘉有八辈蚕,蚖珍蚕三月绩,柘蚕四月初绩,蚖蚕四月绩,爱珍五月绩,爱蚕六月末绩,寒珍七月末绩,四出蚕九月初绩,寒蚕十月绩。"文中并有世界上养蚕低温催青法的最早记载。当时育蚕一年可以八熟,因此温州有"八蚕之乡"称号。由于养蚕业的发展,当时桑树种植很普遍。谢灵运在永嘉任太守时所写的《种桑》诗中道"浮阳鹜嘉月,艺桑逌闲隙,疏栏发近郊,长行达广场。"可见郡城郊区简直全是桑园了,温州桑树有黄桑、青桑、花桑等种类。

然而好景不长,侯景之乱后的南朝后期,温州战乱不断,经济凋敝,桑蚕业也随之衰落。《隋书·地理志》载温州"一年蚕四、五熟"。《唐六典》和《唐书·地理志》载唐代前期处州（今丽水）仍贡丝织物,而温州不贡丝织物,仅贡土布。这说明从东晋、南朝的岁蚕八熟,到隋代四、五熟,到唐代前期几乎销声匿迹了。

明代中期以后温州崛起的瓯绸,所用原料蚕丝多来自湖州的"辑里湖丝",温州本地产的蚕丝数量很少,而且粗细不匀,不能用作瓯绸原料。明代温州育蚕一年三熟,即春蚕、蚖蚕和三眠蚕。难怪有人总结温州的桑蚕业是"瓯绸仍取湖丝织,浪说温州八辈蚕"。

清代温州桑蚕业规模很小,乡间几乎看不到桑树。据清末温州丝纺织业用丝统计,外地的临平丝、碤石丝、诸暨丝、牌头丝的年销售额9.6万元,占市场份额的94%;本地的乐清丝、瑞安丝、平阳丝、楠溪丝的年销售额0.6万元,只占市场份额的6%。

（3）茶树

唐代温州丘陵山区已经种植茶树,但茶叶品质不佳。唐肃宗时陆羽《茶经》记载,唐代中期温州已有茶山茶园,但是越州茶叶为上品,明州和婺州为中品,台州为下品,温州无好茶。两宋温州茶树种植面积不断扩大,全境山区都盛产茶叶。平阳在北宋晚期崇宁年间曾设官营茶园,茶叶品质有所提高,升为"中等",但远不及会稽山的日铸茶叶。南宋绍兴三十二年（1162年）,温州永乐瑞平四县年产茶叶56511斤,台州五县年产量仅19258斤,温州几近台州的3倍。从当时不同级别的市场价格来看,温州茶叶质量已赶上杭州和越州,超过了睦州、湖州、台州和处州,但宋代瓯茶尚未列为贡品。

到了明代,温州茶叶品质终于赶上了上品水平,列入贡品。明代茶叶专家许次纾在《茶疏》中说乐清雁荡山茶叶与绍兴日铸茶叶"相为伯仲"。明代温州茶叶以乐清雁荡、瑞安湖岭、平阳蔡家山出产的最为著名,明弘治年间雁荡山茶叶已被列为朝廷贡品,明万历年间乐清、瑞安、平阳和永嘉各县都有"岁进贡茶"。

清代温州各县均产茶,以乐清雁荡山的毛岸茶为第一,泰顺五里牌的黄汤茶、北港圣井山的黄汤和旗枪茶、南港桥墩的珠茶、永嘉乌牛的眉茶、瑞安的凤山茶等都是当时温州的名茶。据清末《光绪三十四年永嘉县实业统计表》的茶叶种类有虾目茶、贡熙茶、凤眉茶、秀眉茶、蛾眉茶、珍眉茶、麻珠茶、贡珠茶、宝珠茶、宝圆茶 10 种,主要销往上海,年销售量 1.1 万多箱,其中价格最高的是虾目茶和凤眉茶,销量最多的是贡熙茶,次为凤眉茶。温州出口茶叶数量,清光绪二年(1877 年,开埠那年)仅 279 担,1880 年增至 2339 担,1895 年增至 20585 担,1903 年更至 39644 担,达到晚清时期高峰。这一阶段是瓯茶生产的黄金时期。然而,此后温州茶叶开始走下坡路,1910 年出口降至 25627 担,1917 年更降至 22269 担。温州茶厂数量从 1919 年的 9 家减至 1931 年的 2 家。

(4)纤维作物

历史时期温州纤维作物主要有麻、葛、苎、棉花等,其中种植历史最早的是麻,最晚的是棉花。温州的麻称为络麻,即黄麻,属椴树科植物,它的茎皮是制作麻布、麻袋、麻绳的原料,也可浸洗加工成白麻,制作地毯、窗帘、帽子、袋子等。葛是豆科草本植物,茎可编篮做绳,纤维可制葛布。苎又称苎麻,是荨麻科草本植物,茎秆表皮用以制作苎布。这三种纤维作物早在战国以前温州就有种植,已有几千年的种植历史。

棉花种植历史较短,北宋时还局限于两广和福建。南宋后期,棉花种植范围北移到长江流域。元末平阳金乡人陈高《不系舟渔集》中有《种橦花》诗,描述棉花的形状、种植和用途。元代温州开始种植棉花,明代比较普及,明代棉纺织成为温州农户的副业。当时棉花称为"吉贝",织成的棉布称为"吉布"。由于温州土壤粘重以及雨水太多,棉花种植很快衰落,清代偶见乐清等地有少量种植。

(二)历史时期温州工业地理

古代工业包括手工业和金、银、铜、铁、锡五种金属的采矿业及冶炼业。温州古代五金矿冶业极少,所以这里介绍陶瓷制造业、造船业、纺织业、漆器制造业、造纸业、印刷业、刺绣业等。

1. 陶瓷工业

温州陶瓷制造业早在第四纪最后一次海侵后期,即殷商后期就已出现。在温州发掘的一百多处新石器文化遗址中出土了大量的红色、黑色、黄色、灰色的泥质陶、夹炭陶和夹砂陶。其中绝大部分是几何印纹陶,也有彩陶。陶坯制作有手制和轮制两种,以轮制为多。几何印纹陶器物有罐、瓿、尊、杯、盆、釜、豆、网坠等。拍打的纹饰有篮纹、回纹、网纹、席纹、水波纹、方格纹、云雷纹、人字纹、折线纹、编织纹、凸线棱纹、方格带点纹及附加堆纹和镂孔纹饰。值得一提的是,在釜、罐类陶器的口沿部分印有下列六种示意符号,这种具有独特地方色彩的符号也许是温州古代先民使用的示意文字。

$$\mid X、\vee\!\vee、-\mid、+\!+、X\mid L、\wedge\!\wedge\mid$$

上述这些陶器说明三千多年以前温州制陶业早期的发展情况。温州从几何印纹陶发展为印纹硬陶,再发展为原始瓷器,经历了大约2000年的发展历史。温州原始瓷器出现时间应当在距今约3000年的西周初期。1983年在瑞安莘塍和汀田交界处的凤岙村岱石山发掘我国南方罕见的西周早期的石棚墓群中,发现大量几何印纹硬陶片和一件原始黑釉瓷。继后,在岱石山东北的凤凰山发掘出土5件西周晚期的原始黑釉瓷,在瑞安仙降垟头村金坪山出土一件西周早、中期的原始黑釉瓷。这三宗原始黑釉瓷是我国目前发现的时间最早、器形最完整的一批标本,它说明温州是中国瓷器发源地之一。瑞安岱石山出土的釉陶的陶坯为粘土,器壁较厚,并在表面打上印纹纹饰,然后涂施黑色、灰褐色的釉;原始瓷是用高岭土作原料,器壁较薄,火候很高,质地坚硬。原始瓷器业是瓯人出山以后在山麓洪积扇和冲积扇上随着农耕出现而发展起来的。

温州从原始瓷器发展到真正瓷器,时间应当在东汉中、晚期。东汉至三国的温州古窑址分布在今楠溪江下游的罗东境内,如芦田村殿岭山、箬隆村后背山、炉湾村小坟山等处。出土罐、碗、盆、壶、钵、洗、罍、瓿等瓷器,颜色分为青瓷和黑瓷两类。纹饰多方格纹、斜方格纹、米字纹、垂线三角纹、水波纹、弦纹等,类似于印纹硬陶和原始瓷,尚未形成独有的纹饰风格。这些瓷器都是高岭土做胎,胎质细密,呈灰白色或青灰色,涂施黑釉、青绿釉或水青釉,有的釉层不匀,并有剥落现象。由于永嘉罗东境内高岭土中的 Al_2O_3 含量比浙东上虞等地稍高,而 Fe_2O_3 和 TiO_2 含量比上虞低,所以当时永嘉瓷器的胎质和釉色与上虞等地有明显不同。中国有名的"汉代瓷窑"几乎都分布在浙江境内,而浙江著名的汉代瓷窑有上虞、宁波、慈溪、奉化和永嘉等地。可见温州东汉和三国的瓷器制造业也走在全国的前列。

在东汉瓷窑基础上发展起来的是全国著名的越窑、瓯窑和婺窑。越窑的鼎盛时期在唐朝和五代,而瓯窑早在东晋时代就已闻名全国,这就是著名的"东瓯缥瓷"。东晋时期温州生产的瓷器,釉色为淡青色,所以称为缥瓷(缥意为淡青色)。东瓯缥瓷胎骨灰白细腻,淘炼很纯,杂质很少,瓷器通体着釉,粘固而不剥落,制造技术已达很高水平。在造型和装饰工艺上有长足的进步,具有明显的地方特色。解放后,温州各地晋墓中出土了大量晋代缥瓷,器物的种类很多,形式不一,除日常生活用品外,还有殉葬的瓷质冥器。常见的器物种类有碗、盆、瓯、洗、夜壶、笔筒、砚台、烛台、水注、熏炉、辟邪、盘口壶、天鸡壶、双系罐、四系罐、谷仓罐、点彩盒、牛形灯、羊形水盂、狮形水盂等。东晋缥瓷造型美观,大多素面无纹,少量的纹饰以弦纹为主。到了南朝,由于佛教兴盛,因而出现一种与佛教有关的莲瓣纹。南朝东瓯缥瓷造型比东晋更加丰富。东晋缥瓷的窑址仍旧分布在永嘉楠溪江下游罗东境内,最著名的窑址是芦田村的夏甓山。到了南朝晚期,缥瓷的烧制已发展到大罗山麓和瓯江中游的昌步坑(今丽水莲都西面5里)。大罗山麓的"窑底角"窑址位于今瓯海三垟樟岙村,是温州市区至今发现的唯一南朝窑址。

东晋、南朝曾盛极一时的东瓯缥瓷就像温州八辈蚕一样,到了唐代很快就萎缩和衰落,浙江北部的越窑超过了瓯窑而被取代。然而,唐代晚期在发展商品交换的推动下,温州制瓷业再度兴起。温州制瓷业从晚唐历五代,至北宋时期达到顶峰。这时期,不仅继承了东晋缥瓷的优良传统,而且在造型和纹饰等方面吸取越窑的优点,生产工艺和产品质量都有很大的提高。温州制瓷中心也从楠溪江下游转移到今鹿城区西山护国寺岭脚一带,瓷窑也逐渐向北发展到乐清,向南发展到瑞安、苍南、文成、泰顺等地。瓷窑数量急剧增加,制瓷业范围迅速扩大,窑炉技术也由古老的"馒头窑"发展到"龙窑",因而产量显著提高。根据对当时的瓷片作科学化验,火候温度已在$1310 \pm 20^\circ C$,吸水率为0.28%,抗弯强度达710千克/平方厘米。可见当时温州瓷器质量已超过越窑。

晚唐时期,温州著名的瓯窑窑址有永嘉罗东坦头村的大头坟山窑和小头坟山窑、罗东观下村的溪头龙窑、罗东箬隆村的后背山2号窑和3号窑、黄田新寿湾村的龙夏山窑和黄岙底村的南湖山窑、鹿城西山护国寺岭脚的护国岭窑、鹿城景山北麓双桥村蓬垟山麓的政和堂窑等。五代吴越时期,温州著名的瓯窑窑址除上述各窑外,还有瓯海丽岙的寨盘山窑、瑞安陶山寺前村的上瓷窑和门前山村的缸窑岭 1 号、2 号窑、苍南藻溪盛陶村的下山虎、北山脚、贡子头、龙山头、大岭脚、源美内等 8 处窑群、永嘉乌牛斤底村的 1 号、2 号窑、七圣庙窑和仁家垟村的蛇山窑等。北宋是瓯窑的鼎盛时期,现已发现的窑址多达二百多处,遍布温州各地,由于篇幅所限,不能一一俱列。

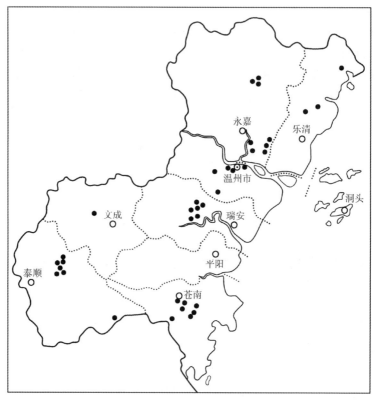

图 2－15　北宋时期温州瓯窑窑址分布图

鹿城西山护国寺岭脚一带是晚唐开始发展起来的著名瓷窑,到了五代和北宋成为温州最大的制瓷工业中心,史称"西山窑"。据 1986 年浙江省文物考古研究所对西山窑的整体考察,其发展可分为政和堂窑、小山儿窑和乌岩庙窑三个阶段。它的窑场南北横亘 3 里多,东西蜿蜒约 10 里,瓷窑林立,日夜烟火缭绕,盛况空前。西山窑中发现的一座龙窑,依山坡建筑,高约 2 米,长达几十米,前设燃烧室,后置排烟孔,窑顶采用卷拱式,宛如巨龙卧于西山之坡。龙窑窑腔庞大,可大大增加产量。龙窑中部呈弧形,可以降低火焰流速,增加热量利用率,火候均匀,老嫩一致。西山窑的瓷器都是青瓷,胎骨坚硬白净,里外均施薄釉,釉层润泽均匀,并且出现了莲花、莲蓬、葵花、菊花、牡丹、海棠、云朵、鸳鸯等多种纹饰。西山窑瓷器通过山前的西山河进入瓯江,由海运远销全国各地。

此外,泰顺玉塔和百丈等地还烧制一种青白瓷,是温州古代瓷器中少见的品种。据玉塔村发掘的7处青白瓷窑址的调查,生产时间是北宋中后期至南宋前期,烧制方法采用我国著名的河北曲阳定窑的覆烧技术,因而产品多是口沿无釉的芒口器。有人说玉塔有白瓷窑址,这是错误的。玉塔没有生产过白瓷,它生产的青白瓷大部分釉色是白中泛青,也有少量白中泛黄或白中泛灰,釉色不稳定。

温州青瓷的衰落始于北宋后期,取而代之的是蜚声中外的龙泉瓷。龙泉瓷的兴起在南宋,它继承了越、瓯、婺三窑的成果,造型古朴幽雅,色泽青莹柔和,多为壶瓶之类的高级青瓷。龙泉章氏兄弟的哥窑和弟窑是当时全国民窑的巨擘。哥窑成为宋代全国的官、哥、汝、定、均五大名窑之一。哥窑的"百圾碎"和弟窑的"粉青"都是为世所珍的佳品。龙泉窑瓷器通过温州港和宁波港行销海内外。在龙泉窑产品畅销的同时,永嘉的桥头、朱涂、罗溪、岩头、港头、鲤溪和泰顺的百丈、洪口、文成的珊溪、南田、黄坦等地也建窑烧制"仿龙泉"产品,以满足外销的需要。根据温州市文物部门调查,南宋和元代温州仿龙泉窑址多达五十多个。这些窑场生产的瓷器坯体细薄坚硬,器物以素面居多,纹饰为印纹和划纹,图案主要有卷草、云气、篦梳、莲花、双凤穿花、水藻双鱼、出水芙蓉等。

到了明代,由于白瓷和五彩瓷的兴起,全国制瓷业的重心转移到江西景德镇,温州一带的青瓷生产从此更趋衰微了。明清时期,温州出现青花瓷器窑场,主要分布在苍南桥墩碗窑村、瑞安鹿木碗窑底村、瑞安曹村碗窑村等地。其中桥墩碗窑窑址至今仍遗留下来三个窑场作坊,水碓池、沉淀池、漂洗池和窑床的布局井然有序,窑炉属阶梯式龙窑,采用正叠烧法。温州所产的明代青花瓷器胎骨精细,釉质细密,釉面光润;产品以碗为大宗,还有杯、盘、盏、洗、炉等;纹饰有人物、树木、梅花、菊花、荷花、船只、鱼藻等。温州清代青花瓷器的胎质不及明代精细,青料色泽浓得发紫,罩釉薄,绘图草率,不规整。

2. 造船工业

温州先民瓯人在殷末周初使用的水上交通工具是竹筏和木筏。到了战国,温州进入铁器时代,出现了独木舟,这才是真正意义上的船只。先秦时代,由于"瓯居海中",瓯人"善用船,多食海产"。西汉元鼎五年(公元前112年),汉武帝大规模南征战争时,温州的东越王余善已经拥有一支8000士兵的海上部队。可见西汉时期温州已经会制造航海大船了。

三国东吴赤乌二年(239年),在大罗山以南地区设置罗阳县,并在罗阳县的横屿(今平阳县宋埠仙口村南)开办官营造船厂"横屿船屯",建造和修理船舶。中央政府委派官吏"典船校尉"监督工人和罪徒造船。横屿船屯和温麻船屯(今福州闽江口附近)、番禺船屯(今广州)成为我国当时南方规模最大的三大造船基地。

自三国以后至唐代前期,长达五百年时段内温州造船业在规模和数量上都没有重大突破。安史之乱后的唐代后期,由于吐蕃强盛,河西受阻,丝绸之路日渐衰落,而东南海上"陶瓷之路"日益兴盛,再加上这时已掌握海上季风规律,温州才成为日本、新罗等国贸易商船进出的港口,此时温州造船业才重新获得生机。然而,这时温州未成为对外贸易港口,温州远洋贸易的出口物资只得通过明州港(今宁波)和泉州港再行出口。所以,温州历史上造船业的鼎盛时期在宋代。

北宋时代,指南针开始应用于航海,航海技术有了重大突破,而且促进了造船业的蓬勃发展,温州和明州成为我国东南沿海最大的造船工业中心。温州最大的造船基地是府城郭公山下沿江一带和平阳蒲门寨(今属苍南)。该两处都有规模庞大的官营造船场,郭公山下的官营造船场共有官兵252人,并雇有大量熟练工匠。所造"尖底船只,吃水深浚",航速快,抗风力强。史载当时温州造一种叫"快哨船",桅高5丈6尺,船长4丈8尺,舱深5尺,可见北宋温州造船业的高超水平。温州官营造船场主要建造漕船、海船、战船以及专供官方使用的大型游览船,也造民用船只。例如天圣六年(1028年)澶州(今河南濮阳)49艘浮桥用船也是温州和台州官营造船场建造的。此外,温州还有众多的私营造船作坊,他们主要建造商船和游船。北宋时代,温州造船技术有了突破性的提高,对造船技术三大重要部分,即推进、操纵和系泊装置都有了显著的改进,达到全国一流水平。北宋天禧五年(1021年),包括温州在内的全国造船工业中心有11处,漕船总额为2910艘,而温州造船数额高达605艘,占全国的21%。北宋元祐五年(1090年)至政和四年(1114年),温州每年造船数额都达600艘,与明州齐名,居全国第一位。

南宋时代,因漕运额减少,全国每年建造的漕船数额也随之大幅度下降,而温州漕船的年建造数额还有340艘,仍居全国前列。绍兴三十一年

(1161 年),平阳进士王宪上书朝廷,建议两浙战船仿依平阳蒲门寨所造战船的式样,"船阔 2 丈 5 尺,船板上平坦如路,堪通战斗"。

元代,温州造船业还保持相当规模。元至元二十九年(1291 年),元世祖下令征战爪哇(今印度尼西亚),命令温州建造渡海战船。明初的洪武、永乐年间,温州仍建造大批漕船和战船。当时温州所造的"遮洋船",用于漕运,一次能装米 400~500 石(20~25 吨)。明洪武五年(1372 年),明太祖对高丽使臣宣谕中,特别提到温州每年可造战船 500 艘,供征战之用。然而,不久之后明王朝实施禁海政策,温州造船业从此一蹶不振。清王朝实施迁界和闭关政策,温州造船业更是一落千丈。

3. 纺织工业

纺织业发轫甚早,可以说人类进入现代人时代之始就有了纺织业。温州的原始纺织业可以追溯到第四纪最后一次海侵时期。史籍记载西周时期的瓯人"错臂左衽",说明瓯人时代已经有了"布"做的衣服。这种布是什么布? 不得而知。迟至唐代中期元和年间,温州的近邻处州(今丽水)还向中央朝廷上贡一种"树皮布"。可见先民的布是五花八门的。

温州历史时期的纺织业,按出现时间先后,依次有麻纺织业、丝纺织业和棉纺织业三种。麻纺织业始于战国时期,当时麻纺织品有葛布、麻布和苎布,其中葛布产量最高。葛布中以"荃葛"为最佳,当时常用荃葛作为馈赠的礼品。到了东晋时代,麻布产量超过葛布,跃居第一,而且麻布是政府赋税征收的重要实物。唐代前期,苎布生产跃居麻纺织品中的第一位,麻布退居第二位。当时织纻和织麻是温州民间家庭的主要副业生产。两宋时代,麻纺织品种类增多,除苎布、麻布、葛布外,还有葛兼苎、葛兼丝、麻兼丝、苎兼丝等多种混织物。明代嘉靖年间,温州织染局每年监织宫廷或官府用的各色花素串五纻丝 265 匹。清代黄汉《瓯乘补》记载当时有一种叫"苎绸",是"苎经丝纬,春夏裁衣,凉软堪珍,产瑞安者佳"。

温州棉纺织业出现最晚,到了元末明初才开始普及,当时的棉布叫"吉布"。棉纺织品的种类也很多,夏布叫"腰机",冬布叫"双梭",后来又有"斜纹"等。棉纺织品中最有名的是永嘉的双梭布和乐清的斜纹布。明代万历《温州府志》载,家家户户女孩老媪惟勤纺织,富者自纺自织,贫者代人分纺分织。棉纺织业成为明代温州最重要的家庭副业。清代由于棉花种植面积锐减,棉纺织业规模不及明代,但各县都仍产棉布和棉纱。

温州丝纺织业始于三国东吴时代。东晋和南朝时代,随着"八辈蚕"的大量养育,温州丝纺织业才兴盛起来。随后,历经隋唐五代和北宋,温州都没有突破性的发展,生产技术落后,产品质量远远落后于杭嘉湖地区,甚至落后于处州。直至南宋,温州丝纺织业迎头赶上,生产水平明显提高,并出现"机户"。机户在宋代两浙路中是罕见的,这说明南宋温州丝纺织业的生产方式已居于全国一流水平。元代温州丝纺织业曾一度停滞,明初又获得新的发展。

温州历史上丝纺织品以缂丝和瓯绸最为著名。温州缂丝在唐代以前叫"织成",后来又有刻丝、克丝、刻丝作、刻色作等多种称呼。它是以五种不同颜色的丝线织成楼阁、花卉、龙凤等花纹图案的丝织物。织缂丝时,先架好经线,按底稿在经线上描出图样的轮廓,然后对照底稿的色彩,用小梭子引着各种颜色的纬线,织成各种不同的图案。据明万历《温州府志》载,温州缂丝"每尺价一百五十或二百,精巧夺绮縠",是一种非常名贵的丝织品,也是驰名中外的工艺品。

瓯绸是温州历史上著名的丝织品。绸是一种薄而软的平纹丝织物,早期大多素色,后来有平纹上织本色花案的"暗花绸"。温州将它织成红绿成行的纵横格子,叫做瓯绸。清乾隆间诗人王又曾赞咏瓯绸是"纵横围作格,朱碧灿成行"。清《瓯乘补》所载古镜水写的《鄞中日记》说,当时行销宁波一带的瓯绸就有"雪里青、火里烟、出炉银之类,似觉精彩独擅"。还有一种"正侧互看,色彩炫变,谓之闪色"。瓯绸可用作被面、衣料、镜罩、手帕等。有一种以双丝织成有彩色纹理的被面,其纹如锦,很惹人喜爱。瓯绸中的绸巾最为畅销,因为绸巾幅面窄,可随意织出多种花纹,花色图案多姿多彩,所以瓯绸又称瓯巾。温州在南宋时已有零星的瓯绸生产,大规模生产在明代中期以后。明弘治年间,瓯绸之名已传遍我国东南各地。明万历元年(1573年),温州设立织染局,派官监织宫廷和官府用的瓯绸。在当时众多的织工名手中,有一位平阳的织绸名手高机,他织的瓯绸花纹新颖,色彩鲜艳,绸面细密光滑,技艺高超,俗称"高机绸"。著名的瓯剧《高机与吴三春》就是以此为素材而创作的。19世纪末叶晚清时期,是瓯绸的鼎盛时期。当时温州的瓯绸作坊多达六十多家,年产量达七万多匹,产品远销华北、东北和内蒙古等地以及日本、美国、印度、朝鲜、东南亚等国家。这时候的瓯绸声誉已与我国著名的杭纺、湖绉、潞绸、广葛、东茧等并列齐名了。清末宣统元年(1909年),温州城区鼓楼下的严日顺瓯绸曾参加南洋劝业会,并获得优等奖。1915年曾在美洲巴拿马博览会上展销,并获得镀金奖章,名传全球。可惜瓯绸的黄金时代并不长,第一次世界大战爆发后,瓯绸严重积存滞销,从此一蹶不振。到1925年,温州的瓯绸作坊倒闭殆尽。

4. 漆器制造业

历史上温州以盛产漆器著名于世。温州漆器制造业开始于唐代,兴盛于两宋。南宋时号称全国第一,到明初仍是重要的输出商品,以后逐渐衰落,直至失传。

两宋时代,温州漆器的制作技法和品种很多,有鹍色、绿色、牙色、锦犀、纯朱、刻花、退光、磨光、卷素、贴金、洒金、泥金、嵌螺、漂霞等名目。温州宋代著名漆器有识文漆器和戗金漆器两大类。识念"制",意为凸起来的地方,文即纹饰,识文是漆器中极为奢侈的工艺。1966 年瓯海仙岩寺慧光塔中出土的两件北宋庆历年间(1041~1048 年)制造的漆器就是识文漆器。一件是经盒漆器,称为"识文经函";一件是骨灰盒漆器,称为"识文舍利函"。这两件漆器都是檀木为胎,方形篮顶,通体紫色,在漆地上用金笔描绘佛像、飞天、花鸟、神兽等图案,线条纤若游丝,极其精微,并有漆质堆成的纹饰,无雕琢痕迹,漆质细润明亮,光可鉴人,识文深浅有致,近似浮雕,显目处嵌以小颗珍珠。王世襄在《髹饰录解说》中列举这两件漆器的特点后指出:"识文漆器不仅目前举不出其他宋代实例,就是明代制品传世也绝少。此两函的发现,为我们提供了可贵的例证。"1965 年瓯海白象塔中出土的三件北宋初期制造的彩塑识文描漆菩萨像也是识文漆器。三尊菩萨像颈饰璎珞,腕戴金钏,纹饰是用类似做蛋糕花纹的工具,挤出漆来形成各种纹饰,然后再描金或描漆,无雕琢痕迹,并富有金属和珠宝的质感。

戗金漆器是宋代温州漆器中的一个著名品种。在朱色或黑色漆地上用刀或针刻出纤细花纹,花纹凹槽中填漆或胶,然后将金箔或银箔贴上去,形成金色或银色花纹。据《文物》杂志 1979 年第 3 期刊载,1977 年和 1978 年间江苏武进县宋墓中出土了三件南宋时期制造的温州戗金漆器。一件是温州新河金念五郎制作的绘有人物和花卉纹饰的"奁";一件是温州五马钟念二郎制作的朱漆细钩"长方盒";一件是温州丁字桥巷俞七叔制作的黑色细钩填漆"长盒"。前两件是细钩纤皴戗金漆器,是国内仅有的宋代实物;后一件的工艺技艺与"攒犀"相仿。王世襄在《髹饰录解说》中指出,这三件漆器是"十分难得的施加了多种髹饰法的南宋精品,有可能是戗金间犀皮未定前的一种做法"。

由于温州漆器制作精美,销路很广,除销往全国各地外,还远销海外。据孟元老《东京梦华录》记载,北宋首都开封曾开设"温州漆器铺"。据吴自牧《梦粱录》记载,南宋首都临安有好几间温州漆器专卖店,如"彭家温州漆器铺"、平津桥的"温州漆器"和水漾桥下的"温州漆器铺"等。温州漆器向为外国所重。元代温州人周达观著的《真腊风土记》记载,温州漆器曾远销真腊(今柬埔寨)。

5. 造纸工业

温州造纸工业起步较晚,迟至唐代后期才发展起来。温州造纸业出现以后,发展速度很快。到了五代吴越时期就制造出一种高级的"蠲纸"。钱氏政府规定,凡生产此纸者,蠲免赋役,所以称为蠲纸。此后"温州蠲纸"这一名称一直沿用到明代。温州蠲纸洁白坚滑,与当时著名的徽州名纸"澄心堂纸"不相上下。张秀民《印刷史论文集》载"温州出蠲纸,洁白坚滑,过于高丽纸。"然而,五代温州蠲纸产量甚低,远远不能满足市场需求,所以被人称为"稀有的珍贵高级纸"。温州蠲纸供不应求的主要原因是制造工艺极其繁琐复杂。先以嫩竹为原料制成原纸,然后将原纸通过明矾水,晾干;再用大笔将含有极细的面粉、食盐、硝酸钾、硫酸钠等组成的药水刷在纸的正反两面,晾干;再以粗布捆扎的磨盘在纸的正反两面反复揩磨,直至磨得平滑如镜为止。

两宋时代,随着温州印刷业的发展,造纸业出现欣欣向荣的局面。至北宋圣和年间(1054～1056年),温州蠲纸被列为贡品,供朝廷享用。现存瓯海出土的北宋大中祥符八年(1015年)的《妙法莲华经》写本的用纸就是温州蠲纸,质地坚细,光洁如新。日本学者斯波义信《宋代商业史》中,也将温州蠲纸列为名纸。然而,宋代温州蠲纸仍旧供不应求,不能满足市场需求,比当时产量大、行销广的"越州竹纸"大为逊色。

明代,温州继续生产蠲纸,在今瓯海瞿溪设立纸局,派官监造。后来瞿溪水质污染,纸质转黑,温州蠲纸渐趋衰落。此外,在永嘉楠溪五十都的下呑生产的"大贡纸"也很有名,它是野藤根皮为原料,"洁白有棉",是一种高级纸张。

清代,温州造纸业衰落殆尽,只能生产一些又黄又粗的屁股纸和包装纸,书写纸产量很低。据清末《光绪三十四年永嘉县实业统计表》,温州市场上99%的书写纸是外地纸,而泰顺机溪纸、泰顺花笺纸、皮纸等本地生产的市场份额只占1%。

6. 印刷工业

北宋时代,随着全国雕版印刷的盛行和活字印刷的发明,温州印刷工业发展很快,雕版印刷技术已达到很高水平。1965年瓯海白象塔出土的北宋大观三年(1109年)刊印的《妙法莲华经》和永嘉显教院沙门子坚刻印的《佛说观无量寿佛经》,以及1966年瓯海仙岩慧光塔出土的北宋明道二年(1033

年)永嘉郡知事胡则印施的《大悲心陀罗尼经》等刊本,刻工精细,书法隽秀,墨色均匀,反映了当时温州雕版印刷技术的卓越水平。

1965年2月瓯海白象塔第二层出土的《佛说观无量寿佛经》残页,经文回旋排列12行,可辨字166个。经鉴定,该残经是胶泥活字印刷品,印刷时间为北宋崇宁二年(1103年),距离毕升首创活字印刷约50年。温州市博物馆馆长金柏东以此在1987年第5期《文物》杂志上发表《早期活字印刷术的实物见证》文章,迅即在海内外产生巨大反响。美国芝加哥大学教授钱存训、中国科学院潘吉星等学者在国际科技史会议上对此作了专题评价。1997年9月底在韩国召开的"东西方印刷史国际讨论会"上,中国学者反驳韩国提出的金属活字发明权姓"韩"的论点,其中重要证据就是温州这活字残经,捍卫了我国发明活字印刷术的国际地位。韩国学者认为毕升泥活字易脆,不能实用,只是一种想法,温州《佛说观无量寿佛经》活字印刷品就是泥活字印刷术的最早实物见证。

南宋时代,温州印刷业更上了一个新台阶。现存的宋版《大唐六典》30卷就是温州的刻本,出于温州州学,刻印于南宋绍兴四年(1134年),列为国子监官方名版书,书上列有温州刻工姓名11人。此外,还有《白石诗卷》、《周礼井田谱》、《仪礼》等书都是温州的刻本。南宋淳熙年间,温州出了个大雕版家王师法,刀法精纯,毫发不差,闻名遐迩。

尽管宋代温州印刷业有了长足的发展,但论水平和规模远不及杭州和绍兴,也不及金华和余姚。余姚当时已能承担中央政府给予的篇幅浩繁的《资治通鉴》雕版印刷任务。

7. 刺绣业

温州的刺绣称为"瓯绣"。瓯绣、瓯绸和瓯柑是温州历史地理中著名的"三瓯"。瓯绣与京绣、苏绣、湖绣、粤绣、蜀绣一起,素来被称为全国六大名绣。瓯绣在温州历史地理上占有一席之地。

瓯绣最早始于北宋,历南宋、元、明、清而不衰,直到民国初期仍保持旺盛的生命力。究其原因,瓯绣具有广泛的群众基础。古代温州妇女多习"女红",能工妙手辈出,花色针法丰富,形式种类繁多,绣品精美诱人。瓯绣区别于其他名绣的特点是绣画结合,以绣带画,在手法上虚实并用。传统瓯绣运用锦衣彩线,有平针、稀针、侧针、套针、扎绣、打子、盘线等绣法。后来吸收苏绣和粤绣的优点,又增添了掺绣、垫绣、单彩、盘金等绣法。到了后期,瓯绣又创造出滚针、游针、扇形针等针法二十多种,发展了双面绣、头发绣、水墨绣等新品种。后期绣品色彩绚丽,绣面光滑,针脚平整,神韵生动。题材广及人物、花卉、山水、鸟兽、虫草、云龙、伏虎等方面。

现存的仙岩寺慧光塔中出土的北宋庆历年间（1041～1048 年）的瓯绣品"经袱三方"，是三件双面绣珍品。它们以青红色单丝素罗为地，用黄白等色彩线，以平针绣成对飞的凤鸾、团花双面图案，正背两面一样。元明清三代，温州佛教兴盛，寺庙中的各种神佛绣像、宝盖、长幡、帐帷、莲座的刺绣都是瓯绣，光彩灿烂，华丽夺目，有些仍保留至今。温州古代民俗，在祭神拜佛时动用数十张八仙桌"搭九台"，每张桌子前的"桌围"都是图案各异的瓯绣，琳琅满目，美不胜收。

到了清代咸丰三年（1853 年），温州开始出现专业绣铺，瓯绣产品开始进入国外市场。这些绣铺最初为官员绣制锦服、蟒袍，后来发展到绣制民间用品。民间用品有日用品和装饰品两大类，如绣制枕头、被面、鞋帽、衣裙、寿屏、桌围、幡帐、戏装等。到后来，温州民间办起了瓯绣作坊，一些画家也参加到瓯绣行业中来，专为设计画稿。1916 年温州设立刺绣局，兼雇男工，专做出口瓯绣品。1921 年温州刺绣局下的瓯绣艺人达到六百五十多人，绣品远销欧美和南洋等国家。抗日战争开始瓯绣凋零衰落，绣铺几乎全部停产，艺人到处流亡。

（三）历史时期温州交通运输地理

温州地处东南海陬，山峦叠嶂，交通闭塞，古代陆路交通非常困难而落后，海上交通比较便利。因而温州海洋运输在古代交通中占据重要地位。

1. 远洋交通运输

唐初显庆四年（659 年），日本遣唐使贡船首次驶抵温州。唐开成四年（839 年），温州开始与日本有民间商船往来。唐会昌二年（842 年），宁波商人李处人建造的楠木海船从日本肥前国值嘉岛（今五岛列岛）出发，历时 6 天，驶抵温州，日本僧人惠运随船到达温州，开辟了日本直达温州航线。北宋咸平元年（998 年），温州人周伫随商船到高丽（今朝鲜和韩国），后留居高丽，封为高官。南宋绍兴年间（1131～1162 年），除日本外，温州还与高丽及东南亚各国有海上往来。南宋淳祐年间（1241～1252 年），温州人王德用远赴交趾（今越南），交趾国王大喜，亲与宴会，给厚礼而留之。南宋景定年间（1260～1264 年），温州人薛氏随商船到真腊（今柬埔寨）经商，后留居真腊。元初元贞二年（1296 年），温州人周达观出使真腊。明清两代由于禁海政策，海上交通中止了 314 年之久。康熙二十三年（1684 年），解除海禁，重新开放海上交通。此后温州与日本及东南亚各国的海上往来逐渐增多，例如康熙二十七年(1688年)温州商船满载货物驶往日本长崎港。直至光绪二年(1876年)《中英烟台条约》签订,温州辟为对外通商口岸,次年温州设立瓯海关。此后,温州对外海上交通渐趋频繁。例如光绪十一年(1885年)新加坡英籍帆船特克里号抵达温州,开辟了温州经香港至新加坡航线。同年,有三艘海船从槟城(马来西亚)抵温。光绪十九年(1894年)有英籍轮船从印度尼西亚运输煤油到达温州港。民国时期1923～1931年,朝鲜、越南、泰国、美国、英国、法国、意大利、葡萄牙、荷兰、挪威、苏联等国家的海轮纷纷航抵温州港。1931年"九一八"事变后,温州至日本航线中断,温州至香港船舶往来增多。

温州远洋交通史上最有名的是元代温州人周达观随元政府使团出航柬埔寨。这一雄举,《元史》失载,而周达观著的《真腊风土记》一书记载了13世纪末柬埔寨吴哥时代的文化、风俗和生活等真实事物,受到世界各国学者普遍重视。元初元贞二年二月二十日(1296年3月24日)周达观一行从温州港架船出发,途经福州、泉州、广州、琼州等港口城市,越过七洲洋、交趾洋,于三月十五日抵达占城(今越南归仁港)。然后循占城海岸南下,到达真蒲港口,再过昆仑洋,进入湄公河口。溯河北上,抵达查南。在查南换乘内河小船,经过半路村、佛村,渡过淡洋(今洞里萨湖),到达干磅,再步行五十里,于当年七月抵达柬埔寨首都吴哥。周达观在柬埔寨逗留一年,于元大德元年(1297年)六月动身返回温州。

2. 沿海交通运输

沿海运输又称近海运输。战国时代,温州已有沿海交通。唐代,温州与福州、明州等地有海上贸易往来。五代时期,温州与北方的登州、莱州等港口建立了直接贸易关系。南宋时期,温州与明州、泉州的海上运输往来非常密切。元代温州沿海运输的航线和规模更大。清康熙二十三年(1684年),浙海关温州口建立后,温州与上海、宁波、福州等港口的海上运输日趋频繁。光绪二年(1876年)温州开埠后,温州沿海运输的航线不断扩大,南通福州、厦门、泉州、汕头、广州及台湾的基隆,北达宁波、上海、青岛、烟台、天津及长江下游的南通、镇江等地。

光绪三年(1877年),英籍康克斯特号客货轮开辟了上海至福州航线,中途靠泊温州,这是温州沿海客运之始,运营6个月后停航。同年,英籍太古轮船公司宜昌号客轮航行温甬线,运营4个月后停航。光绪五年(1879年),招商局永宁号轮船行驶温沪线,中途兼靠宁波。光绪二十年(1894年)永宁号改由普济号客货轮继续运营,后又增加了广济轮。光绪三十一年(1905年)

以后,航行在温沪线上的客货轮,除招商局公营的海晏轮外,还有私营的益利号、台州号、大华号、鸿兴号等轮船。抗日战争初期,行驶在温州至上海、宁波、福州、厦门、汕头等地的外籍轮船多达数十艘,温州港成为我国东南沿海的一个中转站。

3. 河流运输

温州河流运输分为外港运输和内河运输两种,外港运输主要是瓯江、飞云江和鳌江三大河流感潮河段的运输,内河运输指没有潮汐的平原塘河的运输。宋代,温瑞塘河和瑞平塘河成为漕运的要道,沿河一带逐渐形成许多内河运输埠头。尤其是晚清开始,大批洋货通过内河运往各县,各县的土货也通过内河运到港埠再行外运。清光绪三十二年(1906年)永瑞轮船公司的永瑞号小火轮拖带客货驳船航行于温瑞塘河上,从温州府城小南门埠头出发,沿途经梧埏街、白象街、帆游、河口塘、塘下、岑岐、莘塍等7个停靠埠,至瑞安城区东门外白岩桥终点埠,每日来回两次。这种一轮拖数驳的驳拖,温州土话变音为"盘汤"。民国年间内河汽轮船逐年增加。民国三年(1914年),投入新安号和永安号运营。民国二十六年(1937年),永乐、同益、济瓯、通济、安平、通利、仁济等7家内河轮船公司经营温瑞塘河和瑞平塘河的客运,先后投入运营轮船10多艘,驳船20多艘,开通14条航线。抗日战争结束后,温州共有26艘私营船舶,计4300多吨位从事内河运输。

瑞平塘河航道北起瑞安飞云码道(底河头埠)往南抵平阳昆阳北门埠,全长30.5里。昆鳌航道北起昆阳坡南,南抵鳌江陡门头,长约26里。昆钱航道北起昆阳坡南,往西南至钱仓下埠,长约32里,其中8里与昆鳌航道重复。这些航道在民国时期都有驳拖从事客货运输。

此外,清宣统二年(1910年)温州至乐清琯头的外港客货运输"鸿发号"开始运营;民国八年(1919年)固定为客班轮,隔日来回1个航次;并与乐琯塘河的班轮相衔接,使温州府城可以乘达乐成、柳市、北白象及翁垟等地。民国八年(1919年),济瓯轮船公司顺得利号轮船开始运营于温州至温溪航线,从府城西郭太史码道起航,经永嘉礁头埠头、江南上村的科甲岭埠头、临江的横山埠头等,抵达青田温溪,全程90里。后来,又开辟温州至藤桥航线,从麻行僧街埠头起航,沿瓯江西上,经永嘉梅岙埠头,再进入戍浦江感潮河段,到达藤桥北街终点埠,全程70里。另外,同益轮船局运营于温州至楠溪沙头航线,西岸轮船行运营于温州至西溪韩埠、温州至菇溪桥头航线。至此,瓯江下游有了6条客运外港航线。

4. 驿道

温州古代陆路交通非常落后,一直是"出门皆步行,货物靠肩挑"。古代陆路分为大路和小路两种,大路称为驿道,小路就是乡村小道。驿道是古代官方修筑的传递文书和邮件的大路,驿道上设有驿站,驿站是途中歇宿、换马的地方。据 2013 年 2～6 月温州市林业局古道普查统计,温州古道共有570 条,总长度 3016.9 千米,其中驿道 205.1 千米,发现驿站(亭)514 处,保存比较完整的有 365 处。570 条古道分布在鹿城 14 条,龙湾 15 条,瓯海 71条,瑞安 63 条,乐清 22 条,永嘉 83 条,平阳 19 条,苍南 52 条,泰顺 84 条,文成 147 条。古代达官富人和小脚女人出门坐轿和兜,官轿 8 人抬,花轿 4 人抬,便轿 2 人抬。兜是竹结构的交通工具,双人抬,无遮无盖为仰天兜,兜椅四角竖柱子,上面铺布篷或竹席为篷兜。

唐代,温州有两条驿道,一条是温州经乐清、临海至上虞,通杭州,温州境内称为温台驿道;另一条是温州沿瓯江谷地经括州(今丽水)和婺州(今金华),通睦州(今建德),温州境内称为温青驿道。这两条驿道能与浙江境内其他 9 个州相通。温台驿道从温州出发,水路经瓯江进乌牛溪,至上浦(今乌牛仁溪,在横屿村东南)。唐开元年间(713～741 年)设立上浦馆驿站。从上浦馆出发走旱路,翻越上浦岭,往东北方向经白石,过密溪(今密川),越山岭,经过下步母、潘家垟,到达乐成县城。然后翻越白沙岭、芳林岭(今上叶村),到达新市(今虹桥)。再翻越窑岙岭(今瑶岙村北面),至芙蓉。再越筋竹岭,沿今北雁景区的碧玉溪谷地至白溪。然后翻越白箬岭,渡过石门潭,到达大荆,再经溪坦村、石坦村,最后穿越盘山岭进入台州黄岩境内。

北宋时期,温台驿道的乐成以北路径不变,南段不走乌牛上浦,改走乐清琯头,上浦馆移址琯头,改称横春驿。即温州水路至琯头,然后往东北经沙岙桥,再过岭头堂,抵乐成县城。南宋初年,北段驿道改从雁荡山中出入。南宋末年,废去雁荡山中一段驿路,恢复北宋时的旧路,仍从芙蓉越筋竹岭和白箬岭至大荆。明初温台驿道上设有馆头、西皋、窑岙、岭店 4 个驿站。位于琯头的横春驿改称馆头驿,位于乐清县城西隅迎恩桥之西的箫台驿改称西皋驿,窑岙驿位于今虹桥瑶岙村,宋元时的大荆驿移址岭店而改称岭店驿。明代洪武三年(1370 年)规定驿道中每隔 10 里设置一个铺舍,以供歇息和管理之用。每铺有铺司 1 名,铺兵 4 名。温台驿道自温州府前总铺出发,水路至磐石卫前铺,经琯头铺、石船铺、塘下铺、湖横铺、添仙铺,至乐清县前铺,计 7 铺 70 里。然后从乐清县前铺出发往北,经白沙铺、大林铺、新市铺、乌石铺、缆屿铺、石榉铺、桎岗铺、黄山铺、驿头铺、大荆铺、盘山铺,进入台州境内,计 11 铺 110 里。此外,另辟一条沿海驿道,从大林铺至蒲岐所前铺,然后往东北方向,经过长山铺、三江铺、屏峰铺、蔡岙铺、跳头铺、小桎岗铺、小黄山铺、湖雾铺、小球铺,然后进入温岭境内,最后到达玉环县,该段新驿道在乐清境内共计 10 铺 100 里。清代道光和咸丰年间(1821~1861 年),温台驿道进行拓宽扩建,平原段建成 2 米宽的砌石路面,越岭段建成 2.5 米宽的石级。清代铺兵数量也随之增加,总铺 14 名,大铺 6~12 名不等,小铺仅2 名。

温青驿道沿瓯江南岸向西北方向进入青田。宋代温州境内设有白沙驿站(今永嘉桥头白沙村)。明代温处驿道上设有 9 个铺舍,从温州府前总铺出发,往西北经广化铺、下仙铺、林头铺、上戍铺、江南铺、下砻铺、桑溪铺、小檐铺、茭洋铺,计 9 铺 90 里。

温州第三条驿道是温州通往瑞安、平阳和福建的驿道,称为温瑞平驿道,何时始建已不可考,只知是明代洪武三年(1370 年)以前,大概是宋代始建。该驿道从温州府前总铺出发,出永宁门(小南门),经城南铺、慈湖铺、坊塘铺(今丽岙丽塘)、紫岙铺(今仙岩梓岙)、寺庄铺(今罗凤前庄)、仙居铺(今塘下新居)、马岙铺(今河埭桥第一山北端),经瑞安城北门,抵瑞安县前总铺(今尉衙桥南),计 8 铺 80 里,其中永嘉境内 2 铺,瑞安境内 6铺。明万历年间(1573~1620 年)疏浚整治温瑞塘河,深挖塘河,堆土成塘,沿温瑞塘河东面堤塘新辟温瑞驿道,老驿道及铺舍均予废除。新驿道宽敞平直,缩短了距离。新驿道从温州府前总铺出发,出永宁门,经城南铺、慈湖铺、帆游铺、仙岩铺(今河口堂)、岑崎铺(今汀田岑歧)、新塍铺(今莘塍),入瑞安城东门,抵瑞安县前总铺,计 7 铺 70 里。再从瑞安县前总铺出发,渡过飞云江,到达江南总铺(飞云铺),沿今瑞平塘河并行,经章岙铺、迎恩铺,抵达平阳县城,计 3 铺 30 里。然后从平阳县城昆阳出发,出南门,途经夹屿桥、塘边、垂阳、钱仓、东江,过萧江渡,再经萧江街、杨梅庄、中平桥、黄坑、横渎浦、河口、灵溪、南水头、相公亭、杨柳、桥墩门、关帝庙,抵达浙闽交界的分水关。沿途依次设有平阳县前总铺、长山铺、蔡店铺、大驿铺、萧渡铺、塘下铺、横渎铺、灵溪铺、象口铺、西陈铺、泗州铺、分水铺,计 11 铺 110 里。今平阳和苍南境内的昆阳以南路段称为南港驿道,南港驿道除关帝庙至分水关一段是山区陡岭外,其余路段平坦宽敞,均为石板路面。今萧江至灵溪段尚留存,其余都建为公路。温州府城至分水关的温瑞平驿道全长 21 铺 210 里。

　　温州第四条驿道是温州通往沿海卫所的驿道。明洪武二十年(1387年)信国公汤和奏准添设沿海卫所防御倭寇,在平阳设置金乡卫和壮士、蒲门所,在乐清设置磐石卫和蒲岐所,在瑞安设置沙园、海安和瑞安所,在永强设置宁村所。因此新辟通往卫所的两条驿道,一条是温州—宁村—海安—瑞安驿道,从温州府前总铺出发,出瑞安门(大南门),经瞿屿铺、蒲州铺、新建铺,通乐清磐石卫,自新建铺经任洲铺、岭下铺、上湾铺、宁村所前铺、南门铺、长沙铺、龟山铺、海安所前铺、汀田铺、东山铺,入瑞安城东门,抵瑞安县前总铺,计14铺140里。这条驿道可通达永嘉盐场(永强)和场桥的双穗盐场。明万历年间新辟一条驿道,瑞安经新塍铺、岑歧铺、龟山铺,抵双穗盐场和永嘉盐场。另一条是瑞安—沙园所驿道,从瑞安县前总铺出发,出南门,渡飞云江,经飞云铺,至沙园铺(今阁巷沙园村),计2铺20里。

　　平阳境内的沿海卫所驿道是从仙口出发,直抵今苍南最南端的蒲门,称为横阳驿道。平阳仙口是三国东吴赤乌二年(239年)设置的官营造船厂“横屿船屯”所在地,位于半天山北麓,今宋埠仙口村南侧。从仙口出发,经蒲歧、头沙、二沙、三沙、四沙、墨城,越山过塘后,到达鳌江口北岸,渡过横阳江,至江口南岸(今龙港),经象岗、刘店、方良、章良、二河、缪家桥、芦浦、宋家港、马鞍桥、灵峰、黄家宅,进入金乡卫城,过卫城后翻越梅岭,经小岙、石塘、沙坡,再翻越后陇岭和双牌岭,渡过赤溪,翻越三步擂岭和车岭,经马站至蒲门。沿途依次设有仙口铺、烽火铺、麦城铺、江口铺、包桥铺、鹭鸶铺、夏口铺、官园铺(金乡卫前铺)、渔墅铺、龟峰铺、石塘铺、后峒铺、双牌铺、赤溪铺、黄禅铺、壮士铺、蒲门铺,共计16铺160里。该驿道为石板路面,至今多数路段仍是民间往来要道。

　　明代景泰三年(1452年),新设泰顺县,次年新辟一条瑞安至泰顺罗阳的驿道。从瑞安县前总铺出发,出南门,渡飞云江,沿飞云江南岸经江南总铺、钱桥铺(今飞云徐库桥)、项岙铺(今仙降项岙)、五尺铺(今仙降垟头)、团屿铺(今马屿团屿)、石碑铺(今马屿石牌)、潘山铺(今马屿潘山)、戈溪铺(今平阳坑戈溪)、汪屿铺(今平阳坑下社)、官岩铺(今高楼官岩),然后进入今文成境内。文成境内依次经过大垟口、峃口、方前、坛岐、龙斗、东湾坑等地,沿途依次设有大洋铺、滩坤铺、黄楼铺、龟溪铺、苔湖铺、黄山铺、龙斗铺,进入泰顺境内。泰顺境内依次经过方岙铺、白水漈铺(今下革)、新塘蒲、方村铺(今莒江)、周坑铺、洪口铺、陈岱铺、上忍铺(今上稔)、赤坑铺,最后进罗阳城东门,到达泰顺县前铺。该条驿道很长,计27铺270里。

温州经瑞安至泰顺计 34 铺 340 里。若逢雨季多水时,从泰顺百丈口乘木帆船顺流而下,当天可达瑞安县城,再坐船可抵温州府城。泰顺县城出北门,经三滩、百丈坑至百丈口,陆路行程 60 里,百丈口坐船至瑞安水路 248 里,再转温州水路 70 里,水陆合计 378 里。这条水陆兼程在清代中期以后颇为盛行。

清乾隆二十一年(1756 年)温州境内共有铺舍 108 个,铺司和铺兵共 365 人。以温州府前总铺为中心,分为四路驿道。东南路出瑞安门(大南门)通宁村、海安两所城;南路出永宁门(小南门),经瑞安、平阳,通福建;东北路从拱辰门(朔门)外的象浦驿渡水路至瑭头,旱路经乐清,通台州;西北路出迎恩门(西门),沿瓯江南岸至青田,通处州。

5. 乡村小道

温州古代乡村小道很多,据普查统计,全市乡村小道总长度 2811.8 千米。这些小道路面很窄,宽 1.2～1.5 米,初期为泥路,后来改为块石路面或卵石路面,在岭头和荒野建有路亭,过溪水常筑有碇步。解放以后有些改建为公路,有些留存路段成为乡间古道。山区的乡间古道一侧或两侧多栽植枫树,今天称为红枫古道,秋末冬初成为赏枫的旅游热线。

(1) 永嘉古道

永嘉境内的古道很多,主要有永嘉至乐清、黄岩、仙居、缙云、青田等县的古道。永嘉—乐清主要有六条古道,自南而北依次简述如下。

① 挂彩岭古道 起点在永嘉千石山麓凉亭,东渡楠溪江,往东翻越胜美尖(海拔 562 米)南面的挂彩岭至滕公桥,再经过乌牛尖南坡至乌牛西湾,在乌牛码道渡过乌牛溪,最终到达乐清瑭头,全长约 22 里。

② 长界岭古道 起点在楠溪江下游东岸罗溪,沿罗溪谷地往东南方向,穿过今半岭水库,再翻越胜美尖北面的长界岭,进入乌牛境内。然后沿岭下溪谷地依次经过岭下、西垟、王宅,最后跨过乌牛溪抵达乐清瑭头。这条古道全长约 30 里,是明万历时期乐清王允麟督民开辟的。

③ 大溪古道 起点在楠溪江下游东岸的溪头,沿陡门溪北岸谷地往东北方向,依次经过河屿、大岙坦、旁岸、大溪、乌炮等地,进入乐清境内。在乐清境内经过马鸟(今玛瑙村)后分南北两路,南路经石门槛、仰根、十八主等地,到达乐清县城。北路经樟岙,沿梅溪谷地经四都梅溪、淡溪湖边,最后达虹桥。

④ 花坦古道 起点在楠溪江中游西岸的石柱,东渡楠溪江,沿花坦溪北岸谷地东行,依次经过珍溪、花坦、廊下、西湾头、石公田等地,至张田庵(今

小溪)分南北两路。南路经龙抢珠、岭窟,进入乐清境内,再经过埭头、赤岩坑、硐垟,穿过今淡溪水库后,转向东南沿淡溪谷地前行,最后到达虹桥。北路经双溪、水岩,进入乐清境内,再经过车马鸟、泽基,到岭底南充,沿前垟溪谷地东行,过下林头后穿过长约10里的峡谷,最后到达芙蓉。

⑤ 箬袅古道　起点在永嘉鹤盛宫前,沿东皋溪的支流鹤盛溪北岸谷地往东南方向,经过岩上、黄坑等地,再翻越霞岭,进入下岙溪谷地,然后经过新庵、谷庄、箬袅。过箬袅后分南北两路,南路越过一个山岭后进入乐清黄金溪谷地,依次经过巨坑庵、上岙垟、丹灶里等地,最后到达芙蓉。北路翻越锯板岭后进入乐清硼头溪谷地,依次经过硼头、仙人坦、南阁等地,最后到达大荆。

⑥ 岭头古道　起点在楠溪江中游西岸的渡头,沿东皋溪北岸谷地东行,经过东皋、宫前等地,然后北行经过鹤湾、西源、岩舟等地,再沿梅坦溪南岸谷地东行,经过梅坦、岭头、南陈等地,再翻越竹房的打碗坪,进入乐清甸岭溪谷地,东行经大岩、甸岭下、仙溪等地,最后到达大荆。

▲ 永嘉—缙云主要有以下三条古道。

① 桥下—界坑古道　起点在永嘉桥下的韩埠,翻越望钟岭,经桥下街,过西溪古桥,沿西溪谷地往西北方向,经过西溪下、山根、前村、上吴、湖庄、里村、坑口、济根等地,翻越济岭,经过下嵊、石染、黄济坑、郭坑、界坑、上董等地,进入缙云境内。这条古道两侧有很多支路,主要支路有六条。第一条支路是从西溪下往东经徐岙,翻越昆阳岭至昆阳,最后到达小楠溪沿岸的白泉。徐岙有一条支路,经茗岙至碧莲。第二条支路是从上吴(今吴宅)经瓯渠,翻越石马岭,到巽宅的麻埠,也可以经章岙到巽宅的东岸。第三条支路是从坑口往西经朱山、阮山、茶坑等地,通青田的东溪。第四条支路是从石染往西经上横,向北可达青田的西溪,向南可达青田的石平川。第五条支路是从黄济坑向西经珠龙、西坑等地,可达缙云的西峰。第六条支路是从界坑向北经界鸟、五里稍,进入仙居境内,可通溪港。

② 渠口—界坑古道　起点在大、小楠溪汇合处的渠口,沿小楠溪谷地往西北方向,经过桐州、白泉、碧莲、汤店、应坑、半坑、炉山、坑口等地,到达界坑,最后由上董进入缙云境内,直入江西内地,古为民间贩运食盐的主要通道。这条古道很长,永嘉境内有110里,并有很多支路,主要支路有四条。第一条支路是从九房往北经大东、小若岩,穿过芙蓉峰的东南坡,再过里岙,到达岩头的芙蓉古村。第二条支路是从桐州店往南经蒋山、藤溪、芬星、山平、中峰等地,然后往东可达上塘,往西可达徐岙。第三条支路是从白泉往西可达昆阳,昆阳南行可达徐岙和桥下,昆阳北行可达茗岙。第四条支路是从碧

莲往北经澄田、周山、胡坑等地,然后可达五漈和岩头。碧莲往南可达茗岙和桥下。

③ 岩头—汤店古道　起点在楠溪江西岸的岩头,沿五漈溪谷地西行,经五漈、岭里、石匣、碎坑、九垟等地,至汤店与渠口—界坑古道相连。这条古道是大楠溪谷地通往缙云的主道,长约 51 里。清同治年间(1862～1874 年)重修成卵石路面。

▲ 永嘉—青田主要有以下两条古道。

① 菇溪古道　起点在桥头的壬田,沿菇溪谷地往西北方向,经桥头、前庄、梨村等地,翻越石坑岭,至坳外进入青田,长约 10 里。该古道有两条支路,一条是从桥头的街头往北经溪心、龙村,到达西溪沿岸的坦头垟;另一条是从桥头的窑底往西经宋坑,通往木材市场白沙。

② 江北古道　起点在江北陡门头(今龙桥),沿瓯江北岸西行,经六岙、梅岙、小京桥、韩埠、壬田等地,至白沙兴庆寺,然后进入青田境内,长约 53 里。这条是瓯江北岸的古道,瓯江南岸则是唐代以来的温青驿道。

▲ 永嘉通往仙居和黄岩各有一条古道。

① 永嘉—仙居古道　起点在江北陡门头(今瓯北龙桥),沿楠溪江谷地往北经上塘、沙头、渔田、霞川、九丈、枫林、渡头、鲤溪、双庙、张溪、十里岙、张寮、双溪口、老树坑、道基等地,在永嘉最北端翻越道基岭,进入仙居境内。长约 154 里,是永嘉境内最长的古道。

② 永嘉—黄岩古道　起点在永嘉—仙居古道上的张溪,往东北方向经外岙,翻越小木岭,至大老红进入黄岩境内,长约 14 里。

(2) 乐清古道

乐清境内除唐代和宋代两条驿道以及上述永嘉—乐清六条古道外,还有温州岭古道、福溪古道、甸岭古道、白石古道等。

① 温州岭古道　起点在大荆,沿双峰溪谷地北行,经龙避岙、平园、智仁,再沿石井坑谷地,到达乐清最北端,翻越温州岭,进入黄岩境内,长约 34 里。

② 福溪古道　起点在大荆,沿仙溪谷地和福溪谷地西行,经仙溪、高塘,过今福溪水库,再经福溪,转北行进入黄岩境内,长约 37 里。

③ 甸岭古道　位于大荆溪上游的福溪与甸岭溪之间,南起甸岭下,北抵福溪,长约 4 里。

④ 白石古道　起点在柳市,往西北方向经后西垟、荷岙、里岙、湖头、前州、沙岙、白石等地,过白石后往北经下马岭、半岭山,最后到赤水垟,长约 28 里。

（3）温州郊区古道

温州府城至郊区的古道很多,主要有向东通往永强,向西南通往上河乡,向西通往藤桥、泽雅等地的古道。温州—永强的古道主要有五条,都是翻越大罗山的古道。

① 茅竹岭　位于大罗山最北端,东起瑶溪白楼下二圣庙道院,西至状元茅竹岭隧道西口,全长只有 600 米,宽 1.5 米,条石板路面,高不到 100 米,最高处建有平山禅寺。古为驿道官路,是温州通往永强的必经古道。古道两侧竹篁成林,繁荫如盖,登高看瓯潮起伏,天水一色,今辟为公园。

② 底岭　又称马鞍岭。位于大罗山北部,东起瑶溪底岭下,西抵状元御史桥东南山坳,长约 3 里,宽 1.2 米。古为府城至永嘉场的要途。岭南有大型粘土矿,民国时期就已开采。2009 年重修古道,纳入茅竹岭公园。

③ 都堂岭　又称督堂岭、山西岭。起点在状元山西岙,往南越过大罗山拜佛尖峰东坡,到达瑶溪河口村,长约 3 里,宽 1 米,最高处海拔 130 米。此岭是山西岙状元王净于明嘉靖年间修建。

④ 皇岙岭　起点在状元响动岩村,往东经张璁衣冠冢至瑶溪皇岙村,长约 2 里,宽 1.5 米。响动岩往西沿大岙溪谷地西行,可到达状元大岙溪村,这是瑶溪至三垟的必经古道。

⑤ 后京山岭　起点在茶山舜岙村,往东北经后京山村、罗山村（大茶山村）、老陈山村,至响动岩南侧,长约 5 里,宽 1.5 米。后京山岭东接皇岙岭,可达瑶溪皇岙,这是茶山至瑶溪的捷径古道。

▲ 温州南部郊区的古道主要有以下两条。

① 丽塘岭　起点在慈湖南村特产场,往南至丽岙丽塘村,长约 3 里,宽 2 米,是古代永嘉与瑞安之间的通道,明以前的温瑞驿道就从此岭经过。

② 渔潭岭　又名霞岙岭。位于大罗山最西端,北起茶山下岙,南至仙岩渔潭,长约 2 里,宽 1.6 米,是古代永嘉与瑞安之间的通道。

▲ 温州—上河乡的古道主要有下列五条。

① 渚浦岭　起点在鹿城瓯浦垟,往西南至郭溪渚浦村,长约 3 里,宽 1.5 米,有路亭 1 座,是府城西郭外通往上河乡的主要古道。瓯浦垟的渚浦岭脚有东瓯王墓。

② 梅屿岭　起点在双屿箬笠岙,往西南至郭溪梅屿,长约 2 里,宽 1.5 米,是府城西郊通往上河乡的最短古道。

③ 漈岭　起点在双屿上岙村,往西南至郭溪梅园村,长约 3 里,宽 1.5 米,岭坳有路亭 1 座,是府城西郊通往上河乡的古道。

④ 四古庵岭—坳头岭　起点在仰义林里,往南经北朋垄山东坡,再往南至郭溪东山村止。四古庵岭长约 4 里,坳头岭长约 5 里,宽均为 1 米。

⑤ 慈湖岭　起点在慈湖北山下村,往西经岭头山北坡,至娄桥前村止,长约 4 里,宽 1.5 米,是慈湖与娄桥之间的主要古道。

▲ 上河乡古道主要有下列七条。

① 天长岭　古称铁场岭。起点在郭溪郑山头村,往西北至泽雅天长村,长约 9 里,宽 2~2.5 米,块石路面,最高处海拔 212 米,沿岭有路亭 4 座。是上河乡平原通往戍浦江流域的重要古道。北宋末宣和年间,方腊军队自处州经此岭攻占温州城;清同治元年(1862 年)太平军自青田经此岭攻入温州城;抗日战争期间,日寇亦经此岭入侵温州。

② 钟铜岭　起点在郭溪西部岭根村,往西至郭溪岭头村,长约 4.5 里,宽 1.6 米,块石路面,有路亭 1 座,是郭溪至泽雅周岙的古道。和平解放温州的谈判地点景德寺位于该古道北侧。

③ 枫树岭　起点在瞿溪金岩头村的南岸,往西南经锯板坦山南坡和分水城尖北坡,至分水城村止,长约 10 里,再往西南进入瑞安林溪境内。光绪十九年(1893 年)栽植的枫树,今高大茂盛,是典型的红枫古道。

④ 桐岭　起点在潘桥岭根村,往西南经岭背村,通往瑞安桐溪桐岭村,全长 9 里,宽 2.5 米,条石路面,是上河乡平原通往瑞安的重要古道。清咸丰十一年(1861 年)平阳金钱会起义军经此岭攻入温州城。

⑤ 泥坑岭　起点在潘桥焦下村东南泥坑山垄,往东南至丽岙茶堂,长约 11 里,是上河乡平原通往瑞安塘下的主要古道。

⑥ 船放岭　起点在瞿溪大川的大岙村,往西至泉东川村,长约 2.5 里,有路亭 1 座。大岙往东接黄岭至瞿溪林桥,泉东川往西南可达瑞安岭雅。

⑦ 水车岭　起点在瞿溪雄溪,往东南至潘桥丁腰,长约 3 里,宽 1.3 米,块石路面。这是雄溪至潘桥的捷径古道。

▲ 温州—藤桥的古道主要有下列三条。

① 官岭　起点在仰义前京,往西北至上戍下岸村,长约 6 里,宽 1.2 米,块石路面。这是仰义平原通往上戍平原的必经通道,也是唐宋时代温青驿道经过之岭,今 330 国道和金温铁路的隧道均从此岭下面经过。

② 塘岭　起点在仰义的笼川,往西北经塘岭头至上戍岭下村,长约 7 里,宽 1.2 米,块石路面,是仰义通往上戍的古道。

③ 宝昌岭　起点在仰义澄沙桥,往西经今仰义水库,在库尾翻越宝昌岭,抵达藤桥新村。宝昌岭长约 5.5 里,宽 1.2 米,是仰义通往藤桥的古道。

▲ 藤桥境内的古道主要有下列六条。

① 山洲岭 起点在呇底山洲岭脚,往西北至临江金呇村,长约12里,宽1.3米,块石路面,最高处海拔约300米,是藤桥至外垟的捷径古道。

② 山根岭 又称小呇岭,起点在藤桥的山根岭脚,往西北至呇底的小呇村,长约4.5里,宽1.4米,块石路面,是藤桥至呇底的古道。

③ 石垟岭 东起藤桥埭马(埭头),西至石垟村,长约10里,宽1.2米,是藤桥南街通往泽雅的必经古道。

④ 林路岭 起点在呇底的丁埠头,往西北经林路、新厂、利八坑,至双潮茅垟村,长约11里,宽1.2米,块石路面,是呇底至双潮的重要古道。

⑤ 西坑岭 起点在双潮茅垟,往西南经西坑至双潮师姑基村,长约8里,宽1米,块石路面。师姑基往西北可达青田境内,往西南可达五凤垟。

⑥ 东坑岭 起点在双潮茅垟,往南经东坑至呇底白脚坳村,长约8里,宽1.5米,块石路面,是沟通荫溪流域与戍浦江流域的古道。

▲ 泽雅境内的古道主要有下列六条。

① 大岭 又名下支岭。起点在泽雅的下支岭脚,往西北至五凤垟的洞桥头村,长约3里,宽1米,条石路面。此岭东可通藤桥,西可通泽雅。

② 马支坑岭 起点在泽雅的马支坑村,往西南至泽上村,长约4里,宽1米。东连石垟的石垟岭,是藤桥至古泽雅的重要古道。

③ 长脑头岭 起点在泽雅雷锋村,往北经长脑头、杨梅坑、门槛山、三亩田等村,至门槛山巅,再往北到达藤桥陈良村,长约5里,宽1米。

④ 南山岭 起点在泽雅泽新村,往西南经潘庄,至北林垟的黄山,长约7里,宽1.5米,条石路面。西接黄山岭,可达北林垟。

⑤ 外山岭 起点在周呇下陈,往东经大同至大呇止,长约6.5里,最高处海拔三百多米,有路亭3座。古为周呇至瞿溪的主要通道,今有瞿源公路经此。下陈往西可达西岸。大呇往东接黄岭(长5里),抵瞿溪东林。

⑥ 界牌岭 起点在五凤垟,往西北经吊马岭,到达青田麻宅,长约5里,宽1.5米,块石路面。这是古代泽雅通往青田县城的主要古道。

(4) 瑞安古道

瑞安境内除温瑞平驿道、瑞泰驿道、沿海卫所驿道外,还有往北通往青田,往南通往平阳,往西通往文成诸多古道,主要有下列八条古道。

① 湖岭—北林垟古道 从瑞安湖岭北行,经芳庄的山坑、下瑶、朱山、宋坑,在莘莘嶂与金岗尖两山峰之间穿过,进入瓯海境内,抵达泽雅北林垟山后村。下瑶往西北可达青田境内。此古道就是著名的白沙岭古道。

② 林溪—瞿溪古道　从瑞安林溪往东北,经桥头、林源、岭头、自然村,至分水城,进入瓯海境内,由枫树岭抵达瞿溪。

③ 潘岱—丽岙古道　从瑞安潘岱出发,往北经下岙、董夏、东寺前、张坑、阮坑等地,在永丰山与青岙山之间进入瓯海境内,然后转东行,抵达丽岙茶堂。

④ 曹村—梅源古道　起点在瑞安曹村,往南经上都、南岳、碗窑等地,抵达平阳梅源,长约14里,是沟通飞云江流域与鳌江流域的古道。该古道北通马屿,南达钱仓。

⑤ 江溪—宋桥古道　起点在仙降的江溪,往东南经寺东、上垟、山皇,进入平阳境内,再经岭下、湖岭、林庄,最后到达宋桥。江溪在宋代是著名的永安商业镇,该古道当年商旅蜂拥,今遗留山皇古寨。

⑥ 湖岭—枫岭古道　从瑞安湖岭西行,经永安、直根、均路、千坑、桂峰等地,至瑞安最西部的枫岭,长约38里。由于均路与枫岭之间有海拔1132米的茅景山所阻隔,所以往北绕道桂峰经过。

⑦ 枫岭—腾蛟古道　从枫岭出发,沿高楼溪谷地南行,经岙口、坟庵、宁益、溪口等地,南渡飞云江,经石龙、张基、翻越老岭,进入平阳境内,再经过梅村、驷马,到达腾蛟。枫岭往北经文成的李林,可抵青田的汤垟。该古道与今57省道基本相同。

⑧ 三都岭古道　起点在塘下的新居,往西南方向翻越三都岭,经安阳北郊牛伏岭,抵达瑞安县城。三都岭是安阳至丽岙的捷径,宋元时期的温瑞驿道就从此岭经过。

(5) 平阳古道

包括今苍南在内,平阳境内除温瑞平驿道和沿海卫所驿道外,还有下列六条主要古道,集中分布在通往瑞安和苍南的西北部山区。

① 昆阳—天井古道　起点在平阳县城昆阳西门,往西翻越沙岗岭和葛岙岭,经枫树坦至梅源曹堡,穿过梅溪,翻越鹤皋岭,渡过鹤溪,经詹家埠、水头街,翻越蒲岭,过交溪桥,再经迳岩(矾岩)、苔湖、顺溪、石包源、戈场,至天井。天井位于今苍南最西端,天井往南进入泰顺境内。这是平阳境内东西方向最长的古道。

② 南雁—莒溪古道　从南雁出发,往南经五十丈、迳岩,渡过岳溪,经周岙、青街、十五亩,翻越阳半岭,进入今苍南境内,往西南可到莒溪,从往东南可到腾垟。从莒溪再往南,越黄土岭和半山岭进入泰顺境内;从腾垟经大石坪至碗窑,可通桥墩。

③ 水头—巨屿古道　从水头街西行,翻越云岭和梅岭,经屿边至山门街,再往西北经晓坑、怀溪、穿岭头,翻越穿岭,进入文成境内,抵达巨屿。

④ 水头—公阳古道　从水头街出发,往西北过三桥,经金山垟、凤卧、凤林、内塘,翻越马迹岭和凤峡岭,进入文成境内,抵达公阳,可通峃口。

⑤ 腾蛟—高楼古道　从腾蛟出发,往西北经驷马、梅村,翻越齿岭(基岭),进入瑞安境内,再经张基、岩头咀,到达高楼石龙。

⑥ 鹤溪—平阳坑古道　从鹤溪街北行,经秀溪、缸窑、凤巢、洞桥头、大岭、秀垟,进入瑞安境内,最后抵达平阳坑。

(6) 文成古道

文成境内古道很多,并且坡陡岭高,枫树蔽日,景色诱人,是温州市民最主要的赏枫景区。除瑞泰驿道外,还有下列六条主要古道。

① 大峃—瑞安古道　从文成县城大峃出发,往东南经樟台、鱼局,进入瑞泰驿道,转东行至大垟口进入瑞安境内,长约30里,宽1～1.5米。沿途坡陡岭高,鱼局岭长约5里,最为险峻。该古道北通青田,南连平阳,西达泰顺,古称要道。明嘉靖二十六年(1547年)在樟台设城堡,继设铺舍。

② 大峃—平阳古道　从大峃出发,往南经周村,翻越猫狸擂岭,再经垟丼、溪口、双桂、城底、摇岭头等地,进入平阳境内,长约42里,宽1～1.5米。该古道有屿根村的猫狸擂岭(长5里)、李山村的郑山岭、城底村的摇岭等峻岭,其中以摇岭最陡峻。过了摇岭后抵平阳余潘,可达晓坑。

③ 大峃—青田古道　从大峃镇筏头街过珊门桥,往东北经珊门、西山岭头、大壤、玉壶,转西北经漈门坑、雅龙、朱寮坳头等地,进入青田境内,长约100里,宽1～1.5米。沿途平坦路段很少,有高峻的岩庵岭、大壤岭、玉壶岭、朱寮岭等,以朱寮岭最为险峻。

④ 大峃—景宁古道　从大峃镇过泰亨桥,往西北经徐村、大会岭脚、大会、石庄(百丈漈)、敖里、西坑、石门、上垟、吴垟、下垟等地,进入景宁境内,长约85里,宽1～1.7米。该古道人居稀少,山野荒僻,险峻难行。全线峻岭占三分之二,著名的有大会岭、西坑岭、石门岭、上垟岭等。大会岭长10里,三分之二路段是花岗岩石板台阶路面,宽1.2～1.7米,陡直而上,雄伟壮观。其中一段称为"斗米直",意谓吃一斗米才有力气攀登。大会岭两侧古枫蔽日,景色迷人,历来是通往景宁和云和的咽喉要道,商贾行旅往来频繁。

⑤ 大峃—泰顺古道　从大峃镇出发,往西南经龙川、中樟、林坑、王宅、雅梅、黄垟、湖背、汇溪,进入泰顺境内,长约30里,宽1～1.5米。沿途有西

山岭、葛藤坳岭等崇岭。该古道是文成通往百丈、泗溪、筱村等地的物资运输要道,也是旧时大峃、黄坦等地民工远赴福建做工的出入通道。

⑥ 南田—青田古道　从文成北部南田出发,往东北经龙岙至青田万阜,长约 15 里,宽 1~1.5 米,古为西坑和南田通往青田的要道。

(7) 泰顺古道

泰顺山路古道又长又多,往东可到文成、平阳,往南可达福鼎、柘荣,往西可通寿宁、福安,往北可抵景宁、云和。当你对照地图读了下列古道,你会被泰顺人的脚力所折服。除瑞泰驿道外,还有下列五条主要古道。

① 罗阳—桐山古道　从泰顺县城罗阳出发,往东南经交垟、下察溪、下彩、上洪、大安、峡屿、三魁、墩头(柳峰)等地,进入福建境内,再经福鼎的南溪村,到达福鼎县城桐山,全程 160 里。

② 罗阳—景宁古道　出县城罗阳北行,经三滩、司前、竹里、上燕等地,进入景宁境内,抵达东坑,长约 100 里。再继续前行 60 里,可达景宁县城。

③ 罗阳—昆阳古道　从县城罗阳出发,往东南经交垟、下察溪、上洪、大安,转东行经戬州、积库、莲头、彭溪、富垟、内垟等地,进入平阳(今苍南)境内,再过分水关,进入瑞平泰驿道,经桥墩、南水头,抵达灵溪,全长约 210 里。再继续前行 60 里,可达平阳县城昆阳南门。

④ 罗阳—寿宁古道　从罗阳南门出发,往西经白溪,行 10 里即达福建寿宁境内,再向西南前行 70 里可抵寿宁县城鳌阳。这是古时罗阳人出门最近的一条古道。

⑤ 罗阳—福安古道　从罗阳南门出发,先到寿宁县城鳌阳,再南行至寿宁斜滩、武曲,进入福建福安境内,再经社口、沙溪,抵达福安县城,全程长150 里。

(四) 历史时期温州商业贸易地理

商业贸易在温州古代经济地理中占据重要地位,其原因除本地农副产品丰富、手工业发达、水路交通便利等有利条件外,还有"永嘉学派"重商文化有力推动温州商业贸易的繁荣。宋时叶适就指出"抑末厚本非正论也",推崇"以国家之力扶持商贸"。因而温州古代经济显示出重商经济的特点。

1. 商业

东晋和南朝前期,由于温州自然经济占绝对优势,手工业与农业结合在一起,因而商品生产和交换仍很落后。到了南朝后期,温州城内寺庙所在的丛林地区出现了"廛",廛就是定期的集市。萧梁时任永嘉太守的丘迟在《永嘉郡教》中有"遨游廛里,酣酺卒岁"句,可见当时温州已有"里"和"廛"的区分。此时温州也出现了少数从事货物囤积或操纵市场或长途贩运的商贾。

唐代前期,首都长安的商业已发达到具有东、西两市,400多个行,几千个肆,还有很多邸店;洛阳的南市也有100多个行,3000多个肆,400多个邸店;南方运河沿岸形成一批货物流通旺盛的商业城市;全国每年铸钱达32万贯,耗铜200多万斤。而温州地处僻远的东南海陬,交通不便,商品经济发展缓慢,手工业仍以家庭手工业的形式依附于农业。东晋和南朝时的八辈蚕及丝纺织业反而萎缩衰落,永嘉缥瓷也一蹶不振。到了唐代后期和五代时期,温州商业才有了较大的发展。其原因有三方面,一是均田制的彻底破坏,庄园经济得以发展;二是金属货币的广泛使用,"飞钱"的出现;三是掌握了季风规律,海上交通日益发展。这时,温州商业由定期集市转变为固定市场,政府设置官吏予以管理。这时期温州工商业的发展为后来的两宋商品经济空前繁荣奠定了基础。

近三百年的赵宋时期是温州历史长河中的黄金时代,大批工农业产品投放市场,温州作为浙南和闽北城乡货物的集散地,商业呈现一派繁荣景象。北宋时期,城市商业贸易的繁荣和农村集镇的兴起,反映了温州商业新的发展。北宋绍圣年间,知事温州的杨蟠有诗赞咏道"一片繁华海上头,从来唤作小杭州,水如棋局分街陌,山似屏帏绕画楼。"可见此时温州的商业繁荣已经赶上了杭州。这时温州城内废除了原有的坊、市严格区分的旧制,城内沿街设铺,店铺、酒楼、歌馆等热闹喧嚣;坊门晨昏启闭制度和街鼓制度也随之废除,每天早晨五更,早市开店营业,夕阳西下,夜市又热闹起来。此外,由于农村集市的发展,出现了许多商业镇(不是今天行政区域的镇)。据《元丰九域志》记载,北宋后期温州设置了平阳的前仓镇(今钱仓)、泥山镇(今宜山)、杷槽镇(今肥艚)、瑞安的瑞安镇(今安阳)、永安镇(今江溪)、乐清的柳市镇、新市镇(今虹桥)、永嘉的白沙镇(今桥头白沙)等8个商业镇。各镇设有"场务",政府收取商业税。规模较大镇的商业税收入甚至超过县城,仅永嘉一个县的商业税年收入高达2.54万贯,是全国各县平均数的7倍。据《宋会要辑稿》记载,北宋熙宁以前,温州6个场务年收商税22140贯。熙宁十年(1077年),温州场收25391贯,瑞安场收6287贯,永安场收4704贯,平阳场收2041贯,前仓场收1512贯,乐清场收2050贯,以上6个场共收商税4.2万贯,比熙宁前增长近1倍。

南宋时期,温州城内人口剧增,商业更趋发达。南宋绍兴年间中书舍人程俱在《北山集·席益差知温州》中记载，温州"其货纤靡，其人多贾"。温州城内设有各种专供交易的场所"市"、"行"等，例如菜市、米市、柴市、鱼行、麻行、皮行等就是这种专业市场或专卖店。当时温州城内除店铺林立外，还出现了许多酒楼、茶坊、饭铺、浴堂、瓦舍、勾栏、妓院等服务性行业。著名的官营酒楼有八仙楼（在今百里东路）、挟海楼（在今康乐坊口）等。棠阴坊（今仓桥街买醋桥）有浴堂，竹马坊（今瓦市殿巷）有瓦舍、勾栏。瓦舍又称瓦市，是一种游艺娱乐场所，里面有勾栏。勾栏是戏院，演出伎艺，名目繁多。温州城和临安城一样，在商业贸易空前繁荣的同时，也出现了淫靡逸乐的社会风气。南宋时期，温州临近京畿，社会安定，生产发展，因而是温州历史上的商业极盛时期。

在北宋后期设置的 8 个商业镇的基础上，明代发展为 10 个商业镇，即永嘉的白沙镇，瑞安的瑞安镇、三港镇（今高楼），乐清的石马镇、琯头镇，平阳的平阳镇（前镇）、前仓镇（东镇）、蒲门镇（南镇）、松山镇（西镇）、肥艚镇（北镇）。明代初期，在定期集市的地方设置"市"。在永嘉县有西郭市、西山市、永嘉场市、瞿溪市、荆溪市，在乐清县有柳市、新市，在瑞安县有澄头市（今桐浦）、永安市、陶山市，在平阳县有县市、迳口市、仪山市、南监市、将军市、垂杨市、南湖市等。明代后期，永嘉县增设南郭市、外沙市，乐清县增设蒲岐市、万桥市、大荆市、水涨市、窑岙市，平阳县增设白沙市，泰顺县增设洪口市、百丈市等。至明末温州全境设有 27 个商业市。明代温州商业贸易虽不及南宋，但仍保持相当规模。

清代的温州商业渐趋衰落。上述明代所建的商业市多半由于买卖萧条而撤销，例如乐清县在道光年间（1821～1850 年）废除了柳市、万桥市、蒲岐市、水涨市、窑岙市等。直至晚清光绪二年（1876 年）《中英烟台条约》签订，温州辟为对外通商口岸以后，温州商业重获生机，日渐复苏。以光绪三十二年（1906 年）温州商会（即温州商务局）成立为标志，温州进入现代商业时代，其商业规模才超过了古代商业。

据《光绪三十四年永嘉县实业统计表》，温州城区有木行、鱼行、药行等 22 行 278 家大型商业机构，从业人员 1200 多人，经营资本 40 多万元，年赢利 20 多万元。还有米店、绸布店、鱼咸店等 35 类 2333 家专业商店，从业人员 7880 多人，经营资本 75 多万元，年赢利 38 万元。此外，温州郊区乡村地区还有鱼行 9 家，专业商店 217 家，从业人员 600 多人，经营资本 4 万多元，年赢利 3 万多元。温州各县商业贸易规模也随之增大，例如瑞安城区有山货行 30 多家，以隆记为最大；鱼行 30 多家，以生记为最大。

2. 对外贸易

安史之乱后,吐蕃占领河西、陇右大片土地,我国对外贸易的丝绸之路受阻,东南海上贸易开始发展起来。就在这时,温州对外贸易才开始兴起。唐代开成四年(839年),温州开始与日本有民间商船往来。日本承和九年(842年)宁波商人李处人在日本值嘉岛(今五岛列岛)用楠木建造一艘海船,借助季风往来于日本与温州之间。当时温州出口的是经卷、佛像、佛画、书籍、药品、香料等,进口的是沙金、水银、锡、绵、绢等。这就是温州对外贸易初始的情况。唐代后期和五代,温州已拥有近海贸易的活动能力,而缺乏远洋运输能力,因而日本商船时常进出温州港,而温州出口物资须转运到明州港或泉州港再行出口。

到了宋代,温州对外贸易有了进一步发展,特别是南宋时期达到鼎盛。南宋绍兴元年(1131年),温州设置了海上对外贸易的管理机构"市舶务",这是温州对外贸易的里程碑。我国最早在唐代开始于广州设立市舶使。北宋时先后在广州、杭州、明州、泉州、密州和秀州设置市舶司。南渡以后,除密州被金兵占领外,其余照旧,并增设温州和江阴两处市舶务,一度还在浙江海盐县澉浦镇和上海华亭县青龙镇设立过市舶场务。这就是说,南宋时温州成为全国七大对外贸易的重要港口。

宋代的市舶机构相当于近现代的海关,中外商船的进出口商品要征收10%关税。南宋初年,市舶机构的税收占政府总收入的20%。至南宋绍兴末年,浙、闽、广三地的市舶收入达200万贯,超过北宋最高额的两倍多。因此,政府对海外贸易采取多方鼓励政策。在这种情况下,温州海上对外贸易取得了长足的发展,港口桅樯林立,商旅云集,并涌现出大批长期从事海外贸易的商人。洪迈《夷坚志》载,南宋绍兴时"温州巨商张愿,世为海贾,往来数十年未尝失。"同时,温州也招来了许多外国商人。温州城内设立接待外商的宾馆,如待贤驿、容成驿、来远驿等。外商抵埠,温州市舶机构官员亲自前往码头迎接;外商返航,市舶人员要上船赠送酒食,有时还设宴饯行。这些都说明当时温州对外贸易的繁荣景象。

南宋庆元元年(1195年),温州市舶务被撤销。此后,温州出口商品由泉州港转运。因此温州与泉州之间的海上交通非常频繁,温州对外贸易并没有中断。

蒙古帝国地跨亚欧两洲,幅员辽阔,需要发达的水陆交通来保持所属汗国之间的联系,因此特别重视发展海洋交通,鼓励中外商人积极经营海外贸易。早在元世祖至元十四年(1277年),当元军取得闽、浙等地而未统一全国时,就在泉州、庆元(今宁波)、上海、澉浦四地设立市舶司,接着又在广州、温州、杭州三地增设市舶司。但不久,到至元三十年(1293 年)又撤销了温州市舶司,并入庆元。此后,温州出口商品由宁波港转运。元代温州的市舶机构虽被撤销,但民间的海外贸易仍十分频繁。温州元代对外贸易不同于宋代,宋代只准官营,不准私营,而元代则是国家贸易由宁波港转口,民间贸易可以直接出海,在国家和私商的双重经营下,获得了很大发展;再者,降低市舶关税,由宋代的 10% 下降到 3.33%。因此,温州元代对外贸易规模比宋代更大。

温州是浙南和闽北地区,特别是瓯江流域外贸物资集散的重要港口。宋元时期出口商品种类繁多,其中主要是瓷器和漆器,瓷器主要是龙泉青瓷和温州"仿龙泉"青瓷。出口地区有日本、韩国、越南、柬埔寨、印度尼西亚、文莱以及西亚的波斯等国家。

温州海上对外贸易的顶峰时期是南宋和元代,明清时代逐渐衰落殆尽。明代和清代都是实行禁海和闭关政策。明代从洪武四年(1371 年)起,多次下令禁海,"禁止交通外邦","片版不准入海",甚至禁止民间使用番货,下令禁造双桅海船,防止人民扬帆出海。明王朝错误地认为倭患起于市舶,便撤销全国的市舶司,中日之间的贸易就完全中止了。许多日本海商纷纷转为倭寇,我国沿海商民反对禁海而转为走私。

清廷在顺治十二年(1655 年)颁布"海禁令",顺治十七年(1660 年)颁布"迁界令"。所谓迁界,就是强迫山东至广东等省沿海居民一律内迁,离海30~40 里的地方划为界,凡界外的村庄、田宅、船只一律烧毁。温州永强以茅竹岭为界,界外的一都至五都及七都的濒海居民一律内迁,弃地 1000 多顷;乐清沿海迁弃 94 里,仅存 42 里,弃地 3000 多顷,连县政府也迁往大荆;瑞安迁弃 34 里,弃地 300 多顷;平阳迁弃 100 多里,弃地 5000 多顷(里不指长度单位,而是基层政区单位)。严禁居民迁居界外和海岛耕作,不准下海捕鱼,不准晒制海盐,不准出海贸易,犯禁者不论官民一律处斩。康熙二年(1663 年)又钉定界桩,"筑墩堠台寨,竖旗为号,设目兵若干名,昼夜巡探,编传烽歌词,互相警备。"满清政府实行海禁和迁界政策,不仅断绝了沿海人民的生计,使界外田地荒芜,界内经济凋敝,饥荒连绵,而且渔舟商船绝迹,温州海上贸易戛然而止。

康熙二十三年(1684 年),台湾回归清廷后,宣布解除海禁,开放海上运输,在温州、瑞安和平阳三处设置海关分口。温州海关分口下面又设宁村、状元桥、黄华、蒲岐四个旁口,平阳海关分口下面又设大渔一个旁口。温州

海关设立标志着明清海禁的结束和港口的复苏。例如康熙二十七年(1688
年)温州商船盛装蚕丝、茶叶、瓷器、药材、纸张等货物运往日本长崎港。但
是这时温州港的船舶只准驶往外国,外国船舶不准在温州港靠泊;而且出海
船舶只准使用载重 500 石以下的单桅帆船。康熙四十二年(1703 年)以后,
出海船舶虽准配置双桅,但船舶梁头不得超过 1 丈 8 尺,船员水手不得超过
28 人,实际上仍没有放宽对出海船舶吨位的限制。乾隆二十二年(1757
年),清廷宣布关闭江、浙、闽各地海关,温州、瑞安、平阳三个海关分口随之
关闭;乾隆二十五年(1760 年),清廷又颁布《防夷五条》,禁止外国商船靠泊
我国所有港口。满清政府实行的闭关自守政策,一直持续到晚清光绪二年
(1876 年)《中英烟台条约》签订,温州港的大门才真正被打开,温州辟为对外
通商口岸。次年,温州设立瓯海关。温州开埠之后,"榷场林立,海舶辐辏,
北通吴、会,南达闽、广,殊言异服,联袂接踵,商务以是大盛。"(《孙诒让遗文
辑存》)

据《1877～1919 年瓯海关贸易册》记载,此时温州出口之货以茶叶、瓯
柑、明矾、木炭为四大宗,另有纸伞、烟叶、木板、原木、滑石器等;进口之货以
棉布、金属、煤油、糖类为四大宗,另有棉纱、鸦片、卷烟、火柴等。据进出口
净值统计,各年份均为逆差贸易。

五、温州历史人口地理

历史人口地理是研究历史时期的人口数量、增长速度、人口密度、地区
分布、人口迁移和流动的变迁。在古代,人口数量和迁移直接影响到社会
经济的盛衰,因此人口地理的变迁在整个历史地理中占有十分重要的
地位。

(一) 历史时期温州人口数量及分布

历史时期人口数量变化是研究人口地理的首要问题,但历史时期温州
人口数量研究,至今是个空白点,也是温州学者不愿涉足的棘手问题。这不
单单是因为古代资料欠缺,或资料本身存在逻辑关系上的舛误,或不同时期
隐匿人口数的千差万别,更是由于古代人口统计的口径不一致。有的时期
人口统计数量是男丁数,有的时期是男丁女口数,有的时期是"大小男妇"
数。如果没有精湛的史学功底和敏锐的辨别能力,犹如堕入雾谷之中,不知
所措。

1. 战国

西周初期,今温州境内的瓯人数量大约有 5 千人。随着第四纪最后一次海侵的结束,瓯人的出山,山麓洪积扇和冲积扇的开发,再加上春秋中期徐国臣民的迁入和战国中期越国臣民的南逃入境,瓯人数量增长较快。从西周初期开始,经过八百年的发展,到战国末年,今温州境内人口数量已超过 3 万。早在春秋末年,浙江北部的于越人口数已达 30 万,相比之下,温州当时的确是"地旷人稀",人口密度仅 2.53 人/平方千米。

2. 西汉

西汉初期,东瓯方国已发展成为东瓯王国。西汉武帝建元三年(前 138 年),东瓯国人口数已发展到 8 万左右,其中今温州境内大约 5 万人,今台州和丽水境内共约 3 万人。主要分布在瓯江北岸、楠溪江下游和飞云江下游的山麓洪积扇、冲积扇和河谷平原上。今温州境内人口密度 4.21 人/平方千米。

3. 东汉

西汉武帝建元三年闽越攻打东瓯,东瓯国灭亡,东瓯王带领 4 万余臣民"举国内徙"。现代多数学者认为当时只迁走了一半人口,今温州境内仍留有大约 2 万人。28 年以后又发生第二次"东越内徙",又迁走了部分东瓯人。经过这两次人口迁徙之后,当时留下而逃居山林,后来成为山越人的人口很少。至东汉光武帝建武元年(25 年),今温州仅是鄞县下属的一个"东瓯乡",人口数量大约 1 万人,人口密度降至 0.84 人/平方千米。

经过百余年的繁衍,至东汉顺帝永和三年(138 年),温州设置永宁县,这是温州单独设县之始,说明温州这时经济复苏和人口增长。据《太平御览》卷 171 记载,当时永宁县"地广千里,户不满万"。梁方仲在《中国历代户口、田地、田赋统计》中,研究得出当时永宁县所属的会稽郡每县平均户数为 8792.14 户,每户平均口数为 3.21 人。可见东汉中期永宁县人口数约为 2.8 万,人口密度 2.36 人/平方千米。根据汉代窑址的分布,当时永宁县人口仍然主要分布在瓯江北岸、楠溪江下游和飞云江下游一带,特别是今永嘉罗东境内人口最多,而广大山区山越人居住的地方人口稀少。

4. 西晋

西晋时代,北方连年战乱,温州却是太平发展时期,人口随经济而发展。至晋武帝太康四年(283 年),今温州境内已设永宁、安固和横阳三县。据梁方仲统计,此时临海郡下辖 8 县,共 18000 户,平均每县 2250 户。今温州境内三县计有 6750 户。《晋书·地理志》记载会稽郡余姚县豪强挟藏人口 1 万多,约合 2000 户,以此户均规模 5 口计算,温州当时人口应为 3.38 万人,人口密度 2.86 人/平方千米。

5. 东晋

东晋是温州历史上难得的发展时期。由于经济发展,生齿日繁,加上北方移民大量迁居入境,温州人口增长较快。东晋明帝太宁元年(323 年),温州政治中心从瓯江北岸迁到瓯江南岸,并建设永嘉郡城;安固县城也从集云山麓洪积扇迁建瑞安平原上。永嘉郡在建置上已发展到 5 个县,今温州境内已有 4 个县。由于《晋书·地理志》的人口记载过于粗略,永嘉建郡时的东晋前期没有户口史料,只能用上述方法推测人口数量。每县 2250 户,四县共9000 户。按每户 5 口计算,当时温州境内人口约为 4.5 万人,人口密度 3.79人/平方千米。此时,人口地区分布有了明显变化,从瓯江下游北岸发展到瓯江南岸、飞云江和鳌江下游平原,以及乐清山前平原。

然而,到东晋后期的隆安和元兴年间,温州发生了严重的饥荒,饿殍遍地,人口锐减。据《资治通鉴》卷 112 记载,东晋元兴元年(402 年)"三吴大饥,户口减半,会稽减什三、四,临海、永嘉殆尽。"估计这次灾荒使今温州境内人口数减少到 2 万以下,人口密度也随之降至不足 1.68 人/平方千米。

6. 南朝

据《宋书·州郡志》记载,南朝刘宋大明八年(464 年),永嘉郡有 6250 户,36680 口。平均每户 5.87 口。这时永嘉郡辖五县,今温州境内的永宁、安固、横阳、乐成四县虽然社会经济和人口较为发展,但松阳县境域广阔,包括今丽水市的绝大部分地区,所以今温州境内的人口数约为永嘉郡总数的五分之四,约为 2.9 万人,人口密度 2.44 人/平方千米。东晋和南朝时期,温州隐匿人口的情况很严重,有很多隐漏人口未包括在内。

7. 隋代

隋代重视户籍检查工作,但由于各地豪强的干扰,江南地区的户籍检查未获成功。据《隋书·地理志》,隋炀帝大业五年(609 年),永嘉郡有10542 户。当时永嘉郡辖四县,今温州境内仅永嘉一县。以平均数计算,每县 2635.5 户,若按每户 6 口计算,每县有 1.58 万人。这个数字的意义就不大了,此时温州不可能只有 1.58 万人。当时浙南豪强势力很强大,他们荫庇着众多的匿报人口。据估计,隋代永嘉县实际人口数至少在 4 万,人口密度约为 3.37 人/平方千米。隋末以前温州人口数量极少,八百多年间多在 4 万人以下;人口密度也极小,多在 4 人/平方千米以下,约当今天青藏高原的水平。

8. 唐代

唐代前期,轻徭薄赋,与民休息,发展生产,奖励婚嫁,生齿日繁,而且非常重视户口检查。特别是开元盛世时期,唐政府实行"三年一造户籍"的户口统计制度,并派专职官员宇文融两次检查逃亡户籍。所以这时的人口统计数是史上最准确的。据《元和郡县志》记载,开元年间(713~741 年)温州有 37554 户,口无载。若按天宝的每户 5.65 口计算,温州人口数为 21.22 万人,是隋末的 5 倍多。人口密度增至 17.86 人/平方千米。

然而,天宝以后的户口数字准确性稍差,它是从租税中推算出来的。据《旧唐书·地理志》记载,天宝元年(742 年)永嘉郡有 42814 户,241694 口。但《新唐书·地理志》记载为 141690 口,相去 10 万,相差 1.7 倍。孰是孰非?近代学者引用各异。笔者经过研究,以天宝元年每户平均口数来看,《旧唐书》应为 5.65 口,《新唐书》则为 3.31。比照邻郡的每户平均口数,吴郡 8.28 口,吴兴郡 6.52 口,余杭郡 6.79 口,新定郡 6.96 口,会稽郡 5.87 口,信安郡 6.43 口,缙云郡 6.01 口,临海郡 5.83 口。由此可知天宝年间浙江境内各郡的每户平均口数为 6 口上下,所以笔者认为《旧唐书》的温州人口数是正确的,而《新唐书》则是错误的。也就是说,唐代天宝初期温州人口数是 24.17 万人,人口密度 20.35 人/平方千米。

据《元和郡县志》记载,到了唐宪宗元和年间(806~820 年),温州人口下降到 8484 户,若以平均每户 5.65 口计算,温州人口约为 4.8 万人。这又是胡扯,因为安史之乱以后赋税等于公开的抢劫,百姓大批逃亡,不报户口,不纳赋税,人口隐匿非常严重。安史之乱后的唐代后期 150 年中,藩镇割据,农民战争,以及佛教泛滥,加重了人民的贫困,破坏了人口增殖的物质条件,全国人口减少 44.4%。温州人口若以减少半数 22.2%计算,大约从天宝初期的 24.17 万人下降到唐末的 18.80 万人,人口密度降至 15.83 人/平方千米。

9. 北宋

宋王朝建立以后,工农业生产和商业贸易有了长足的发展,温州人口也随之迅速增长。但北宋温州人口数字五花八门,有人说增长,有人说减少。其原因在于宋代人口统计口径与历代不同,只计男不计女,只计丁不计老幼。宋政府规定 20 岁为丁,60 岁为老,以丁算赋;户均规模不是以人口数计算,而是以成丁数来衡量。譬如,北宋崇宁年间温州有 119640 户,162710 口,这就是说户均规模为 1.36 口。这个"口"不是人口数,而是成年丁口数,即温州全境 20~59 岁的男性劳动年龄人口为 16.27 万人。根据世界和我国人口增长历史的类型研究成果,笔者设定北宋0～19岁的男性人口占男性总人口的46.8％,60岁及以上男性人口占男性总人口的5.7％,可以计算出男性总人口数为34.25万。再设定北宋男女性别比为130：100,可以计算出当时女性总人口数为26.35万。由此,北宋崇宁年间温州总人口数为60.6万,丁口比为1：3.725,户口比为1：5.056。

利用这种方法可以推算北宋各个时期的温州人口数量。据《太平寰宇记》,北宋初期太平兴国年间(976～984年),温州主户16082户,客户24658户,共40740户,根据户口比1：5.065,总人口数为20.63万,人口密度17.37人/平方千米。

历经一百年发展之后,到了北宋神宗元丰八年(1085年),据《元丰九域志》记载,温州人口发展到主户80489户,客户41427户,共121916户,此时温州总人口数为61.75万人,是太平兴国人口数的3倍。人口密度增至51.98人/平方千米。

北宋后期徽宗崇宁年间(1102～1106年),据《宋史·地理志》记载温州有119640户,成丁162710人。根据丁口比1：3.725,计算出此时温州总人口数为60.61万人,人口密度51.02人/平方千米。

10. 南宋

宋室南渡以后,温州临近京畿,社会经济的发展是温州开拓历史上的黄金时代,人口数量随着社会生产力的发展而迅猛增长。南宋末期比北宋末期人口增加了三分之一。据明万历《温州府志》记载,南宋孝宗淳熙年间(1174～1189年),温州户数增至170035户,总人口数增至910657人,人口密度也增至76.66人/平方千米。此时的户口比为1：5.356。

11. 元代

元代人口统计口径改成男女入册,南人和北人分别建立户籍。据《元史·地理志》记载,元初温州有187403户,497848口。这里的人口数又出错了,若以此数为依据,元初温州户均规模只有2.657人;而南宋淳熙户均规模有5.356人,只过了82年,就跌了一半多,这是不可能的事。元初浙江境内各路的户均规模在4.87～5.26口之间,当时温州路不可能是2.66人。笔者采用浙江各路户均规模的中数5.065人计算,元初温州总人口数为94.92万人,人口密度79.91人/平方千米。

12. 明代

明代人口统计虽然男女入册,男为丁,女为口,但16岁成丁而役,60岁老而免役,只载男女劳动年龄人口,即16～59岁的男丁女口数。根据明万历

《温州府志》、嘉靖《浙江通志》等文献记载,明初太祖洪武二十四年(1391年),温州有178599户,599068口。根据人口增长类型研究成果,笔者设定0~15岁的人口数占总人口数的38.2%,60岁及以上的人口数占总人口数的5.8%,可以计算出明初温州人口数为106.98万人,人口密度90.06人/平方千米,户均规模5.99人。

永乐十年(1412年),温州有166440户,488588口。用同样的丁口数占总人口数的56%计算方法,计算出温州总人口数为87.25万人,人口密度73.45人/平方千米,户均规模5.24人。

弘治十七年(1504年),温州有104576户,351091口。用同样方法计算出温州总人口数为62.69万人,人口密度52.77人/平方千米,户均规模5.99人。

嘉靖四十一年(1562年),温州有109755户,352653口。用同样方法计算出温州总人口数为62.97万人,人口密度53.01人/平方千米,户均规模5.74人。

万历十年(1582年),温州有109922户,353066口。用同样方法计算出温州总人口数为63.05万人,人口密度53.08人/平方千米,户均规模5.74人。

由上述人口数量可知,明代初年温州人口仍然保持增长,由元末的95万人增长到107万人,而且突破了温州历史上百万人口大关,这是人口增长规律的惯性使然。然而好景不长,朱元璋死后,温州人口开始走下坡路,人口数量直线下降,至明末降至63万人以下。这是因为明代从皇帝的昏庸到中枢的腐败,宦官擅政和厂卫横行,朝臣朋党倾轧和地方吏治弛懈,经济萎缩,国势日趋衰败。温州缙绅多倚势恃强,大量侵占民田和官田,屯田面积日渐减少。此外,明代实行海禁政策,这与历代积极拓海背道而驰。从明初开始多次下令"禁海",废弃沿海岛屿,强迫岛民迁入陆地,致使藩篱尽撤,门户洞开,导致永乐十五年(1417年)乐清遭受倭寇惨重的屠城。明代后期嘉靖年间温州遭受长达33年的倭害,倭寇蹂躏范围遍及温州城乡各地。特别是嘉靖三十七年(1558年)的一次倭患,乡间民居十毁八九,杀人以数千计。

明代温州下辖"永乐瑞平泰"五县,其中府城所在的永嘉县人口最多,约占总人口数的29%,其次为瑞安和平阳两县,泰顺县刚成立,人口很少,只占总人口数的1.85%。

表 2 - 3　　　　　　　　**明代温州各县人口数量**　　　　人口数单位:万人

年份 县名	户口	洪武二十四年 (1391年)		永乐十年 (1412年)		弘治十七年 (1504年)		嘉靖四十一年 (1562年)		万历十年 (1582年)	
		户口数	人口数	户口数	人口数	户口数	人口数	户口数	人口数	户口数	人口数
永嘉县	户数	51949	30.26	51681	25.49	39501	18.56	42298	18.62	39501	17.39
	丁口数	169460		142717		103937		104265		97359	
瑞安县	户数	36710	22.64	36190	20.78	18410	14.21	18386	14.26	21326	16.19
	丁口数	126782		116395		79575		79829		90658	
乐清县	户数	35130	23.66	34667	20.50	17228	13.39	17346	13.45	17350	12.82
	丁口数	132468		114787		74959		75321		71772	
平阳县	户数	54809	30.42	43902	20.48	27015	15.38	29293	15.49	29293	15.49
	丁口数	170358		114689		86132		86716		86719	
泰顺县	户数	—		—		2422	1.16	2432	1.16	2452	1.17
	丁口数	—		—		6488		6522		6558	
温州合计	户数	178599	106.98	166440	87.25	104576	62.69	109755	62.97	109922	63.05
	丁口数	599068		488588		351091		352653		353066	

说明:(1)此表户口数是明万历《温州府志》数据。丁口数是16～59岁的男丁女口数,即男女劳动年龄人口数。人口数依据丁口数占总人口数的56%计算所得。

(2)泰顺县始建于景泰三年(1452年),所以洪武和永乐没有数据。成化十八年(1482年)泰顺有2259户,6170口,人口数1.10万人。

13. 清代

清代初期,由于抗清斗争,战事连绵,人口数继续下降。顺治十八年(1661年)颁布海禁令和迁界令,造成大批沿海居民流离失所,温州人口数量显著下降。康熙九年(1670年)撤销迁界令,开始"展界",人口得以回升。康熙三十年(1691年)实行"以丁配田"。康熙五十一年(1712年)下诏"新增人丁,永不加赋"。从此,隐匿逃亡人口开始载入户籍。雍正四年(1726年)开始实行"摊丁入亩"制度,按耕地亩数计征赋税,替代了历代以丁口计征的人头税,人们申报户口的顾虑进一步消除。因此,除清初外的清代人口增长很快,至嘉庆二十五年(1820年),温州人口数创历史最高值,几近200万人。然而,鸦片战争以后,政治腐败,经济萧条,列强入侵,鸦片泛滥,民不聊生,温州人口回落,至清末宣统元年(1909年)降至165万人。

清代有前后两种不同的人口统计口径。清代前期以成年男丁为统计对象,这与宋代相似,不同之处在于宋代以 20～59 岁,清代则以 16～59 岁的男性成年劳动力为人口统计对象。清代中后期改为以男女老幼全体人口作为统计对象。这是我们认识清代人口数量及增长状况的关键前提。

清代前期的人口统计只有男丁数量,没有人口数量。要把男丁数量换算成人口数量,我国学者有两种意见,一种以乔志强为代表,是以 1∶5 关系换算;另一种以郭松义为代表,是以 1∶4 关系换算。笔者认为这两种方法过于粗略,换算结果与实际人口数量都有较大差距,不宜采用。笔者用上述宋代人口换算方法,求得清代前期的丁口比为 1∶4.75。根据雍正《浙江通志》、乾隆《温州府志》等文献记载,康熙二十年(1681 年),温州男丁数 191989人,以丁口比 1∶4.75 计算出当时总人口数为 91.19 万人,人口密度 76.77人/平方千米。

康熙四十年(1701 年),温州男丁数 194933 人,以丁口比 1∶4.75 计算出当时温州总人口数为 92.59 万人,人口密度 77.94 人/平方千米。

康熙六十年(1721 年),温州男丁数 199878 人,以丁口比 1∶4.75 计算出当时温州总人口数为 94.94 万人,人口密度 79.92 人/平方千米。

乾隆二十年(1755 年),温州男丁数 219370 人,以丁口比 1∶4.75 计算出当时温州总人口数为 104.20 万人,人口密度 87.72 人/平方千米。

清政府改变男丁编审制度为"大小男妇"人口统计制度的起始时间是乾隆六年(1741 年),而温州具体执行时间则是乾隆后期。所以乾隆二十年的温州人口统计仍为成年男丁数量,此后温州人口统计则改为全体人口数量了。清代还有一个很重要的人口编审事件。清代前期户口是五年编审一次,雍正四年(1726 年)停止人口编审,乾隆三十年(1765 年)"永停编审",所以清代后期的户口失载。因此,温州清代后期的人口数都是推算出来的,没有实际统计数据。

根据嘉庆《大清一统志》记载,嘉庆二十五年(1820 年)温州人口总数为1933655 人,即 193.37 万人,人口密度 162.78 人/平方千米。

根据民国《中国教育志》记载,宣统元年(1909 年)温州人口总数为1652459 人,即 165.25 万人,人口密度 139.11 人/平方千米。

清代温州下辖"永乐瑞平泰"五县,其中府城所在的永嘉县人口最多,约占总人口数的 47%;其次为平阳县,约占 25%;再次为瑞安县,约占 17%;乐清县约占 9%,泰顺县仅占 2.75%。与明代比较,永嘉县人口增长最快,次为平阳县。

表 2-4　　　　　　　　　清代温州各县人口数量　　　　人口数单位:万人

年　份	康熙二十年 (1681 年)		康熙六十年 (1721 年)		乾隆二十年 (1755 年)		嘉庆 25 年 (1820 年)	宣统元年 (1909 年)
县　名	男丁数	人口数	男丁数	人口数	男丁数	人口数	人口数	人口数
永嘉县	92874	44.12	95294	45.26	102463	48.67	90.64	77.48
瑞安县	34007	16.15	35225	16.73	35874	17.04	31.52	26.93
乐清县	16014	7.61	18222	8.66	20105	9.55	17.67	15.10
平阳县	44079	20.94	45629	21.67	54926	26.09	48.27	41.23
泰顺县	5015	2.38	5508	2.62	6002	2.85	5.27	4.51
温州合计	191989	91.19	199878	94.94	219370	104.20	193.37	165.25

说明:(1) 此表根据清雍正《浙江通志》、乾隆《温州府志》及各县地方志汇总编制。表中男丁数是 16～59 岁男性成年人口数,男丁数乘以 4.75 换算作全体人口总数。

(2) 温州乾隆后期以前为男丁数,以后则为全体人口总数。乾隆三十年(1765 年)开始人口统计"永停编审",所以表中嘉庆和宣统人口数是推算出来的。

14. 民国时期

民国时期采用现代人口统计方法。但民国前期人口数据存疑较大,后期统计数据比较准确可信。温州人口数量和人口密度,民国七年(1918 年)215.58 万人和 181.48 人/平方千米,民国十七年(1928 年)239.92 万人和 201.97 人/平方千米,民国二十七年(1938 年)253.21 万人和 213.16 人/平方千米,民国三十六年(1947 年)253.63 万人和 213.51 人/平方千米。整个民国 38 年中,温州人口数都在 200 万人以上,总的趋势是持续快速增长,年平均增长率达 11.34‰,这是温州历史上仅次于唐代前期的人口迅猛增长时期。温州人口的地区分布差异较大,永嘉和平阳两县均在 70 万人以上,瑞安50 多万人,乐清 30 多万人,泰顺仅 10 多万人。

表 2-5　　　　　　　　民国时期温州各县人口数量　　　　单位:万人

县　名	民国七年 (1918 年)	民国十七年 (1928 年)	民国二十七年 (1938 年)	民国三十六年 (1947 年)
永嘉县	72.6542	67.8316	72.1785	76.9569
瑞安县	43.2025	51.6161	52.2679	53.5792
乐清县	28.5010	36.7209	37.6424	36.3177
平阳县	59.7631	67.4263	72.3513	70.7291
泰顺县	11.4628	16.3249	18.7684	16.0485
温州合计	215.5836	239.9198	253.2085	253.6315

说明:本表民国七年(1918 年)数据存疑,其他三年为统计数据,比较准确可信。

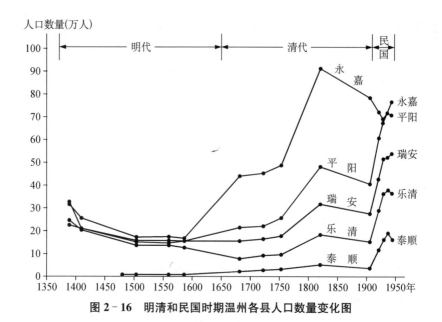

图 2-16 明清和民国时期温州各县人口数量变化图

表 2-6　　　　　历史时期温州人口数量及年均增长率

统　计　时　间	人口数量	人口密度（人/千米²）	年平均增长率
战国末期(前 222 年)	约 3 万	2.53	+0.34‰(840 年中)
西汉前期建元三年(前 138 年)	约 5 万	4.21	
东汉初年建武元年(25 年)	约 1 万	0.84	
东汉中期永和三年(138 年)	约 2.8 万	2.36	
西晋中期太康四年(283 年)	约 3.4 万	2.86	
东晋前期太宁元年(323 年)	约 4.5 万	3.79	
东晋后期元兴元年(402 年)	约 2 万	1.68	
南朝初期刘宋大明八年(464 年)	约 2.9 万	2.44	
隋代后期大业五年(609 年)	约 4 万	3.37	
唐代前期开元十四年(726 年)	21.22 万	17.86	+14.61‰(124 年中)
唐代中期天宝元年(742 年)	24.17 万	20.35	
唐代末年天佑四年(907 年)	18.80 万	15.83	−1.52‰(165 年中)
北宋初期太平兴国四年(979 年)	20.63 万	17.37	+1.29‰(72 年中)
北宋后期元丰八年(1085 年)	61.75 万	51.98	+7.41‰(201 年中)
北宋末期崇宁二年(1103 年)	60.61 万	51.02	
南宋前期淳熙七年(1180 年)	91.07 万	76.66	

(续表)

统 计 时 间	人口数量	人口密度 （人/千米²）	年平均增长率
元代初期至元八年(1271 年)	94.92 万	79.91	+0.76‰(211 年中)
明代初期洪武二十四年(1391 年)	106.98 万	90.06	
明代前期永乐十年(1412 年)	87.25 万	73.45	−4.72‰(113 年中)
明代中期弘治十七年(1504 年)	62.69 万	52.77	
明代后期嘉靖四十一年(1562 年)	62.97 万	53.01	+0.07‰(78 年中)
明代末期万历十年(1582 年)	63.05 万	53.08	
清代前期康熙二十年(1681 年)	91.19 万	76.77	+2.91‰(173 年中)
清代前期康熙四十年(1701 年)	92.59 万	77.94	
清代前期康熙六十年(1721 年)	94.94 万	79.92	
清代中期乾隆二十年(1755 年)	104.20 万	87.72	
清代中期嘉庆二十五年(1820 年)	193.37 万	162.78	+9.56‰(65 年中)
清代末期宣统元年(1909 年)	165.25 万	139.11	−1.76‰(89 年中)
民国七年(1918 年)	215.58 万	181.48	+11.34‰(38 年中)
民国十七年(1928 年)	239.92 万	201.97	
民国二十七年(1938 年)	253.21 万	213.16	
民国三十六年(1947 年)	253.63 万	213.51	

说明：人口密度是以温州总面积 11879 平方千米计算。

根据上表不同时期的人口数量,绘制成图 2-17 历史时期温州人口数量变化图。从图中可以看出,历史时期温州人口数量变化明显分为前后两个阶段。以 7 世纪初,即唐初为界,前一阶段温州人口数量极少,多在 4 万人以下,人口密度多在 4 人/平方千米以下,而且人口增长极其缓慢。若从战国末期至唐初的 840 年时段内计算,平均每年人口增长率为 0.34‰。其主要原因是当时温州的社会生产力极其低下,其次是灾荒、饥荒、疫病和战乱等原因造成的。

后一阶段,即 7 世纪初以来,人口增长速度明显加快,人口数量快速增加。但悠悠一千三百多年中又有四个人口迅速增长时期和三个人口减少时期。四个人口迅速增长时期分别是:①7 世纪初至 8 世纪中期,即唐代前期的贞观之治到开元盛世,这时期人口增长速度是温州古代历史上最快的,124 年间的年平均人口增长率为 14.61‰。②10 世纪末至 14 世纪末,即北宋初年到明代初年,这时段 484 年间的年平均人口增长率为 3.60‰,其中北宋初期到南宋前期的 201 年间的增长速度更快,年平均增长率为 7.41‰。

③17世纪中期至19世纪初期,即除清初以外的清代早、中期,这时期176年间的年平均人口增长率为6.39‰,其中乾隆和嘉庆年间的65年中更高达9.56‰。④20世纪初至20世纪中期,即民国时期,这时期38年间的年平均人口增长率为11.34‰,仅次于唐代前期,居历史上第二位。这四个时期中的前两个时期人口迅速增长的主要原因是社会经济快速发展,生产力水平明显提高,人民生活丰衣足食。特别是北宋初年温州引入占城稻良种,开始大规模普及岁稻两熟耕作制度,粮食产量显著提高,人口迅速繁衍。第三个时期,即清初到嘉庆时期的人口快速增长的主要原因是温州广大山区引入番薯和玉米两种粮食作物的广泛种植,粮食产量成倍提高,导致嘉庆末年温州人口数量达到接近200万人,创温州古代历史最高纪录。第四个时期的主要原因是由于封建体制的崩溃,生产关系转变导致生产力的发展,人口随之迅猛增长。

7世纪初以后的三个人口减少时期分别是:①8世纪中期至10世纪末,即天宝以后的唐代后期,165年间的年平均人口增长率为−1.52‰。②14世纪末至16世纪初,即除明初以外的明代前期,113年间的年平均人口增长率为−4.72‰,这是温州历史上人口倒退最严重的时期。③19世纪初至20世纪初,即嘉庆以后的清代后期,89年间的年平均人口增长率为−1.76‰。分析温州人口负增长的原因,主要是政治腐败,经济衰退,社会生产力倒退所致。其次是苛税盘剥,横征暴敛,土地兼并,百姓粮食短缺,饥病流离等原因造成的。

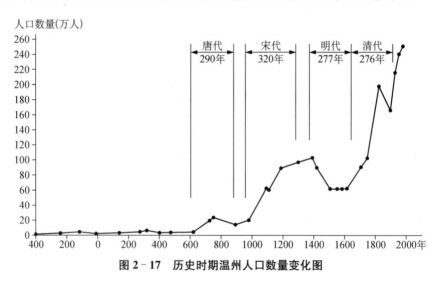

图 2 - 17　历史时期温州人口数量变化图

（二）历史时期温州人口迁移

人口迁移是影响人口数量机械变动的基本因素。除经济和人口因素外，社会因素和自然因素对人口迁移也有着多方面的影响。在各个历史时期，受不同的生产方式和社会性质制约，人口迁移也具有相应的不同规律。历史时期温州人口迁移主要是温州境内和境外之间的人口迁移，规模较大的有下列五个人口迁移高潮时期。

1. 先秦时期的人口迁移

春秋中期，在今江苏泗洪一带的徐国被楚国所灭，徐偃王走死失国，其王室、贵族和臣民纷纷南逃浙江，其中有一部分迁居温州境内。至今温州各地有许多关于徐偃王的传说和遗迹，例如永嘉济口和河岙等地都有徐偃王庙的分布。"徐偃王故城"遗址位于紧靠乐清边境的温岭市大溪镇大岙村大唐岭麓。徐国臣民南迁是温州历史上最早一次大规模的人口迁移。

战国中期，长江中游的楚国日益强盛，它一方面向西南略取巴蜀滇黔地区，另一方面于公元前333年向东进攻越国，杀死越王无彊，占领吴国故地和钱塘江流域的大片土地。越国臣民有些臣服于楚，也有大批南逃，从灵江流域进入瓯江流域和闽江流域。这是温州历史上第二次大规模的人口迁移。

秦始皇三十七年（前210年），秦王朝进行一次政治性的强制移民，将生活在浙江北部和钱塘江以南的"大越"居民迁移到浙西、皖南一带；又将中原的汉族吏民迁移到大越。这次大越居民外迁中，有一部分与秦对抗，就向南流徙，迁入瓯江流域和闽江流域的闽中郡境内居住。这是温州历史上第三次大规模的人口迁移。以上三次都是人口迁入，温州大规模人口迁出有下列两次。

西汉武帝建元三年（前138年），福建的闽越王攻打东瓯，东瓯告急，汉武帝派兵救援，闽越遂退。于是东瓯王带领4万余臣民迁居到江淮之间的庐江郡（今安徽舒城），这是温州历史上著名的第一次东瓯"举国内徙"。

东瓯举国内徙之后，东瓯故地便在闽越的控制之下，东瓯改称东越，闽越王的弟弟余善就成为东越王。西汉元鼎六年（前111年），东越王余善反叛，自立为武帝，汉王朝发兵四路大军水陆并进征伐。次年余善被杀，东越国亡。因此汉武帝撤废东越和闽越两国，再次将其臣民迁徙江淮，这是温州历史上第二次"东越内徙"。

2. 两晋时期的人口迁移

西晋末年发生"八王之乱"，导致北方边疆匈奴、鲜卑、羯、氐、羌5个草原少数民族南下中原，迫使中原地区汉族人口向南播迁，因而出现历史上著名的大规模北人南迁现象。从西晋永嘉元年至南朝刘宋泰始二年（307～466

年)的150年间,据官方统计,南迁的流民达90万人之众,这个数目约占西晋北方人口的七分之一,约占刘宋人口的六分之一。事实上,南迁流民的实际规模远在官方统计之上。这时迁入温州境内的人口数量很多。这些南迁来温的多数是劳动人民,也有不少的北方豪门士族。这些豪门士族凭借他们雄厚的经济力量和优越的社会地位,在温州各地封山占水,霸占土地,建立豪华的田庄,而且还把持温州地方政权。

永嘉建郡之初,草莱初辟,可垦荒地很多,只要有足够的劳动力,很容易垦占无主荒地。这些南下的士族通常是按籍贯结集若干家,节节迁移。他们往往随带宗族、乡里、宾客、部曲南下,很快就开垦出荒地,建立庞大的庄园。例如山东高平大族郗鉴的儿子郗愔就在永嘉郡的木榴屿霸占山林湖沼,开辟湖田,建立田庄,很快就"居人数百家"。

3. 唐代后期和五代时期的人口迁移

隋唐两代在政治上能量很大,但在人口迁移上的作为却远不如秦、汉,原因在于秦汉经历了几个世纪的动乱,人民饱尝流离之苦,安土重迁。而且秦汉屯垦戍边的官方移民大多未能终善其事,往往利未见而害先形,教训是深刻的。因此,隋、唐两代政府组织的人口迁移甚少。唐代大规模的人口迁移发生在安史之乱以后,黄河流域再次沉入血海,触发了又一次人口南迁大潮。"天宝末,安禄山反,天子去蜀,士多南奔,吴为人海"(《全唐文》)。"天下衣冠士庶,避地东吴,永嘉南迁,未盛于此"(李白)。这次人口南迁大潮的余波一直持续到唐末和五代十国时期。由此,中国南方人口规模首次超过了北方。

唐代后期的人口南迁中,流入温州境内的人口很多,例如山西汾阳忠武王、唐代相国郭子仪之后的郭氏南迁至平阳钱浦定居;原籍安徽歙县的余仁穆南迁至乐清芙蓉西塍定居。唐僖宗乾符五年(878年),黄巢起义军攻取湖州和杭州后,由衢州绕道仙霞岭,开山七百里进入福建,攻克福州。这时闽人纷纷逃往温州,例如迁居瑞安的有陈氏、潘氏、黄氏、贾氏、朱氏等,迁居乐清的有侯氏、邵氏等,迁平阳的有陈氏,迁居永嘉的有薛氏等。从晚唐开始,从福建迁居温州的人口越来越多。温州现有本地人口中,祖先从福建迁入的占70%以上。

五代时期,温州在吴越王钱氏统治下,经济发展,社会安定。而近邻福建闽国多暴君,王延钧、王昶、王曦、王延政和朱文进等先后为君(933~945年),相互攻杀,内战迭起。这时闽人为避战乱,纷纷迁入温州境内。尤其是为避王曦战乱,从长溪赤岸(今霞浦县赤岸村)迁居温州的人数最多,规模最大。例如瑞安吴氏、周氏、曹氏、孙氏、狄氏由长溪迁入,许氏由建州(今建瓯)迁入;平阳陈氏由长溪迁入,顾氏、郑氏由赤岸迁入,吴氏、许氏、王氏、章氏、韩氏、宋氏等都由福建迁入;永嘉章氏由漳州迁入,李氏、金氏、林氏、许氏等都由福建迁入;乐清刘氏、林氏、薛氏、徐氏由赤岸迁入;今泰顺林氏由建阳(今属南平市)迁入。

4. 两宋时期的人口迁移

北宋末年,北方又一次陷入战乱,宋室南迁,我国历史上又一次出现大规模的北人南迁现象。这次南迁从北宋末年金人大规模南侵造成的"靖康之难"开始,一直宋、金对峙,持续到忽必烈入主中原,历时一百五十年左右,其中靖康元年至绍兴十二年(1126~1142年)的移民规模最大,超过了"永嘉丧乱"和"安史之乱"。这次移民的特点是更加深入我国南方,因此移居温州的人口数量超过历史上任何一次人口迁移。北宋晚期崇宁年间,温州人口60.61万人。到了南宋中期淳熙年间,温州人口增至91.07万人。短短七、八十年间,温州人口增加了三十多万。这些增加的人口中,除了自然增长外,相当一部分是北方移民入境的机械增长所造成的。

建炎四年(1130年),宋高宗赵构避金驻跸温州,有一大批扈驾来温的侍从、宗室、勋戚和文武大臣。宋高宗回到临安后,部分扈从留居温州,例如濮王、商王、魏王、鄂勤孝王等。随后,他们又从各地陆续迁来一些"关系户",在温州定居蕃衍。这些人留居温州各地,以永嘉和乐清为最多。例如乐清《赵氏宗谱》载"宗室徙温者二十八人"。今乐清赵氏三大宗都是这次宗室随驾寓居乐清的后裔,留居乐成金溪的"花园赵宗"是宋太祖赵匡胤七世孙赵伯药后裔,留居乐成北门石塘岙的"石塘赵宗"是赵匡胤六世孙赵不繙后裔,留居乐成城河的"城河赵宗"是宋室魏王赵匡美六世孙赵廷之后裔。这些宗室依仗权势,掠夺土地,建置家业;也有生活腐败,挥霍浪费,横行霸道,为非作歹。因此朝廷派高世则以节度使名义前来温州慑服这些"寄生虫",可他来到温州后,也"慕永嘉山水之胜"而留居温州"买田负郭,作园囿,莳名葩,植佳木",在温州大造他的安乐窝。这批留居温州的扈从中,著名的是原滑州白马人、中书令冯信的孙子冯成留居永嘉夹屿(今藤桥双潮下冯村),原河南祥符人、龙图阁直学士康执权留居永嘉孝义(今鹿城太平岭至瓯浦垟一带),原河南洛阳人、徐州金判南巏留居乐清重石(今磐石重石村)等等。

南宋乾道二年(1166年)八月十七,温州遭受特大台风和风暴潮袭击,拔树毁屋,夜潮入城,"浮尸蔽川,存者什一",永乐瑞平四县溺死二万多人,田禾不留一蕾。温州知州传檄,要求福建移民补籍,闽人相继迁入温州定居,为数甚众。例如永嘉徐氏迁自晋江,薛氏迁自长溪,陈氏、王氏、戴氏、张氏等都迁自福建,另有李氏迁自虔州(今江西赣州),赵氏迁自浚义(今河南开封);瑞安王氏、池氏、郑氏、应氏、缪氏、杨氏迁自长溪,何氏迁自福鼎,曾氏迁自晋江,蔡氏迁自仙游(今属莆田市),单氏、周氏、尤氏、戴氏、程氏、苏氏、张氏、陈氏、郭氏、徐氏、胡氏、柳氏、邱氏、季氏、吕氏、林氏、施氏等都迁自福建,另有包氏迁自合肥,钟氏迁自湖南,马氏迁自河南;乐清瞿氏、杨氏、叶氏迁自莆田,黄氏、翁氏迁自福清,蔡氏、叶氏迁自仙游,贾氏迁自仁溪(今闽清县坂东镇仁溪村),包氏、陈氏、徐氏等都迁自福建;平阳林氏迁自长溪,章氏迁自浦城(今属南平市),张氏、柳氏等都迁自福建。

5. 明初时期的人口迁移

靖康之难至元末的两个多世纪中,北方中原地区屡遭劫难,到明初已是"中原草莽,人民稀少"(《明太祖实录》卷34),与人口高度稠密的江南地区形成鲜明对照。这种不平衡的人口分布格局,产生了对人口迁移的现实需求,再加上开疆卫边的需要,使明初出现一个政府组织的人口迁移高潮,但其性质与前几次因动乱产生的自发大移民完全不同。明初为了巩固边防,在长城一线设立了称为"九边"的9个镇,在沿海设立了许多驻兵设防的卫所,仅洪武一朝31年中设卫即达136处。

洪武二十年(1387年),明王朝在温州设温州卫,在平阳设金乡卫和壮士、蒲门二所,在乐清设磐石卫和蒲岐、楚门、隘顽三所,在瑞安设沙园、海安、瑞安三所,在永强设宁村所。大批外籍军官率军来温州各卫所戍卫,其中不少留居温州,成为温州人。例如洪武二十七年(1394年)调宁波卫前所千户沈忠率军一千二百多人到瑞安所屯戍,调宁波卫左所千户崔旺率军一千多人到海安所屯戍,调昌国卫(今定海)钱仓所副千户廉高率军一千多人到沙园所屯戍,这些卫所的外籍军官和士兵后来多数留居瑞安。此外,原籍江阴的戴福任磐石卫指挥使,后定居磐石;原籍郑州的董元任磐石后千户所千户,后定居乐清后所;江西的何氏、安徽定远的崔氏、安徽滁县的芮氏、宁波慈溪的张氏等先后任蒲岐所军官,后都定居蒲岐;原籍和州(今安徽马鞍山市和县)的冯增、冯斌父子分别任温州卫前副千户和平阳所千户,后都定居平阳;原籍江苏高邮的马俊移戍平阳,后定居平阳(今苍南金乡)。平阳金乡卫来自五湖四海的外籍官兵留居金乡后,演变出今天独有的"金乡话"方言岛。蒲门所城的方言,当地人称为"城内话",附近人一概听不懂,也是来自抗倭官兵的各地方言演化而成。

六、温州历史城市地理

中国古代没有严格的城市标准,也没有完整可靠的城市人口数字,因此往往只能以行政区划的级别来确定城市的规模和等级。东瓯方国的都城建于公元前 473 年,即句践灭吴国那年。过了 281 年以后,至西汉惠帝三年(前 192 年),东海王建东瓯王城。东瓯城是温州历史上最早的城市雏形。东汉永和三年(138 年)建永宁县,这是温州出现县级城市的起始。三国东吴赤乌二年(239 年)建罗阳县,这是瑞安设县之始,至此温州出现两个县级城市。西晋太康四年(283 年)建始阳县,这是平阳设县之始,至此温州出现三个县级城市。东晋太宁元年(323 年)修建永嘉郡城,至此温州拥有一个郡级城市和两个县级城市。东晋宁康三年(374 年)建乐成县,至此温州拥有一个郡级城市和三个县级城市。这种城市分布状况一直延续了一千多年而不变。到了明代景泰三年(1452 年)增设泰顺县,至此温州形成"永乐瑞平泰"五个城市的分布格局,一直延续到解放前夕而不变。

(一) 温州城的建设历史

西汉惠帝三年(前 192 年),东海王建东瓯王城。南朝刘宋郑缉之《永嘉郡记》载"昔有东瓯王都城,有亭,积石为道,今犹在也。"可见东瓯故城的遗迹在刘宋时还存在,今不见踪迹,遗址也无考。东瓯城是历史时期温州城市的嚆矢,但比浙江北部的越王句践建"大越城",迟了 298 年。

东晋太宁元年(323 年),在瓯江南岸修建永嘉郡城,即今温州白鹿城。白鹿城是当时永嘉郡的郡治所在地,规模很大,城墙长约 9000 米,占地面积 3.8 平方千米。白鹿城成为郡级城市比全省出现第一个郡级城市迟了 194 年,但在东晋时代全省六个郡级城市中,白鹿城的用地规模位居第一。

1. 温州城的规划和设计

由于受南宋中期的《永嘉谱》影响,温州所有的古代地方志和今人论著都众口一词地说温州城的选址和规划是晋代郭璞所为,这是民间传说,不是历史事实,应予纠正。可喜的是 1998 年版《温州市志》不再收录郭璞卜城这一传说。2002 年温师院侯百朋《郭璞永嘉郡卜城说质疑》道出了我们的心声。郭璞是晋代阴阳五行家,是专事卜筮的方术士,他不是城市设计专家,而是专门挑选墓地的丧葬专家。他一生的最后一年半岁月中,去职丁母忧,王敦聘他为记室参军,羁录幕中,不曾来瓯,何以卜城永嘉郡? 所以永嘉建郡以后的 870 年中都没有郭璞卜城记载。成书于南宋绍熙三年(1192 年)的《永嘉谱》(今佚)最早记载此传说,所记加有"俗传"两字,以示根据民间传说入载。此后的南宋嘉熙年间祝穆《方舆胜览》及元明清所有的地方志都据此,或详或略作为史实予以录载。事实上,永嘉郡的选址和规划是温州当地劳动人民和父老乡亲的智慧和成果,只不过永嘉建郡时间恰与"洞五行天文卜筮之术"的郭璞同时。更有甚者,瑞安古城迁址及横阳县治的选址都说成是郭璞所为,这些都是笑话。

　　温州城的选址、用地规模、城市职能、给排水、交通运输以及城市功能分区等城市设计问题,当时的温州父老乡亲都有精辟的见解和独到的安排,使温州城经历一千六百多年的荣辱沉浮,而它的城址位置和规模范围都保持不变,这是我国建城史上的一个罕例。

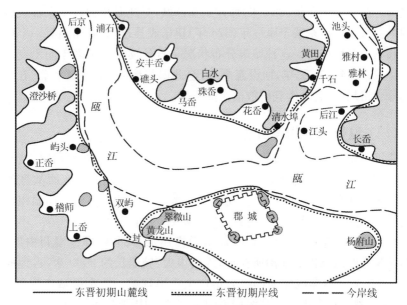

图 2-18　永嘉郡城选址图

　　东晋初年,原来的永宁县城位于瓯江北岸的贤宰乡,即今永嘉瓯北永宁山南麓洪积扇上。由永宁县城扩建为永嘉郡城的选址问题,当时提出三个方案,一是在今乐清白石的白石溪河口平原,二是今永嘉瓯北永宁山南麓珠岙附近的洪积扇,三是瓯江南岸的今白鹿城所在地。前两个地区虽然地势较高,但面积太小,发展潜力不大。当时瓯江南岸是一片成陆不久的由心滩发育而成的冲积岛,地势低洼,多潟湖和沼泽,灌莽相属,草莱丛生,但面积广大,足以容纳一个郡城,发展潜力巨大。在瓯江南岸这片湖沼平原上错立着七座小山,正东为华盖山(今海拔 56.8 米),东北为海坛山(32.5 米),东南为积谷山(38.7 米),西南为松台山(36.4 米),西北为西郭山(17.2 米),南面还有巽吉山(今巽山)和仁王山(即东屿山,今已圮平)。这七座山的分布形状近似北斗七星,松台山为天枢星,西郭山为天璇星,海坛山为天玑星,华盖山为天权星,积谷山为玉衡星,巽吉山为开阳星,仁王山为摇光星。前四山为斗魁,后三山为斗杓。根据中国古代风水理论,这是"下列方位,上应列宿"的好地方。就这样,永嘉郡城的选址就定了下来。

城市的用地规模是关系到城市前途的至关重要的问题。"城绕山外,当骤富盛,然不免兵戈水火;城建于山,则寇不入斗,可长保安逸。"显然,第一个方案"城绕山外",城市用地规模大,发展潜力大,日后可迅速发展成为大城市。例如唐末吴越王钱镠修筑杭州城时,用地规模定为周70里,这为南宋临安发展成为百万人口的特大城市奠定了基础。唐末黄晟修建宁波城时,用地规模定为周18里,这就框定了宁波城经济怎么发展也赶不上杭州。五代吴越时,建嘉兴城定为周12里,建金华城定为周10里。这样日后嘉兴和金华两城的发展潜力都不及宁波。第二个方案"城建于山",虽然城市用地规模小,日后不能发展成为大城市,但可以利用山头作为制高点,增强了城市的防御能力,可长保太平安逸。当时的永嘉父老乡亲狃于积习,力赞第二方案,跨松台山、西郭山、海坛山、华盖山和积谷山而筑城。这样永嘉郡城的用地规模定为"周18里"。按古代度量衡制度换算,1里等于1800尺,东晋1尺等于24.5厘米,唐代1尺等于30厘米,宋代1尺等于31.2厘米,明清营造1尺等于32厘米,所以温州城墙长度约为9千米,用地规模3.8平方千米,即5700亩。这种规模在当时已属全省第一,但到了南宋,温州城内人口剧增,商业繁荣,住房如蜂房,重屋层楼相拥,水屋浮屋相挤,咫尺隙地不易得,严重束缚了城市经济的发展。

如何解决地势低洼带来的涝淹问题?永嘉的父老乡亲用"挖地成河,堆土成基"的方法来规划设计的。挖地成河,这种河既可提供丰富的水资源,解决城市居民生活用水问题,又可防洪排涝,更可为城市提供方便的舟楫之利。堆土成基,就是将挖河之土堆在两河之间形成基。这种基,地势高亢,无涝淹之虞,成为理想的宅基地和菜园地。当时温州城内所挖河道纵横交错,成棋盘格式状分布。全城有两条西北—东南走向的干流河道,即今解放街和信河街,宽度能容四条小船并行。干流两侧有密密麻麻的东西走向的支流河道,宽度能容两条小船并行。两条支流河道之间的间距在70~100米。干支流交汇处多为丁字形交错的河汊。城外也有大河,这是挖河取土填筑城墙时留下的,便成了"护城河"。城外大河的上游水经水门流入城内,再由城内两条干流北流,出水门注入瓯江。见图2-19。我国古代这种"河网城市"在江南平原地区较为普遍,但城内河道如此稠密的程度在全国也是罕见的。

永嘉郡城的选址、用地规模和给排水三个重大的规划设计问题解决了,东晋太宁元年(323年),永嘉郡城就动工兴建了。因地形上七山如北斗,故

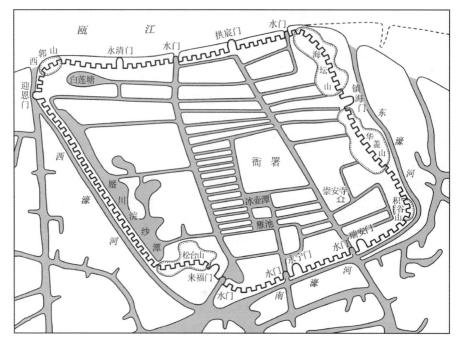

图 2 - 19　永嘉郡城城池河道布局图

取名斗城。传说在筑城过程中,曾有一只白鹿衔花从城中穿过,永嘉父老认为白鹿就是天鹿,是祥瑞的象征,所以又称白鹿城或鹿城,沿用至今。

白鹿城北依瓯江,南临西湖,西湖水经城内和城外河道排入瓯江。瓯江可以作为城防的天然屏障和对外交通的通道。城墙位置大致通过今天的松台山—九山路—大桥头—郭公山—望江西路—瓜棚下—屯前街—望江东路—海坛山—华盖山—中山公园—积谷山—人民路—松台山。今人民路和九山路就是一千六百多年前的古城基所在地。城墙用石块砌成,跨五山而筑,城基坚硬,经久牢固,克服了温州平原松软地基的弊病,这是运用建筑工程学原理的先知之明。当时城内原有五个较大的湖沼,建城后也就保留了下来,称为“五行之水”,即东面的伏龟潭,西面的蜃川浣纱潭,南面的雁池,北面的潦波潭,中央的冰壶潭,并且开挖小河把它们连贯起来。这些河湖水为市民提供洗涤之用,而城内居民的饮用水是用“三垣四象二十八宿”的天文原理,布局 28 口水井,利用地下水优质水源解决饮用水问题。

地方官吏办公的衙署坐落在全城几何中心的中轴线上,即今广场路小学(原温州市公安局所在地),成为城市的核心。衙署中除办公的地方外,还有读书堂和西堂,后来有谢灵运"西堂赋诗"的传说。衙署以西到今信河街一带是当时全城的住宅区。白鹿城的居民住宅区都是"一河一街"布局,几乎全部民居都是临河而筑,形成"前街后河"的建筑风格。城内居民居住的地方称为"里",里是由干、支流河道纵横交错划分出来的一块块东西向狭长的地块。里的东西两侧建里门,由里门出入。每里设"里正"一人,"掌里门管钥,督察奸非"。里角都有士卒守候,"日暮击鼓闭里门,日出击鼓启里门"。建城之初的东晋太宁年间,在城内东南部修建了一座崇安寺(唐代改称开元寺,在今公园路新华书城所在的原新华印刷厂址),是人们宗教活动的地方。从东晋永嘉建郡以来的一千六百多年中,温州城一直延续"东庙,南市,西居,北埠,中衙"的城市功能分区格局。

东晋初年的白鹿城基面海拔在4米以下,地势很低,因而民宅的地面标高很有讲究。最高的地方是里进(俗称底退)的厅堂大院,最低的地方是前后两进住宅之间的天井。厅堂与天井之间的相对高度很大,多在0.6~1米,这样的标高设计能确保多雨季节的排水流畅。白鹿城的河道走向也很有学问。城内两条干流河道中,东面一条(今解放街)是北偏西33°,西面一条(今信河街)是北偏西23°;支流河道中,城北的多为东偏北8°,城南的多为东偏北18°。这样的河道走向在气候学上有明显的优越性。温州夏季盛行东南风,冬季盛行西北风,全年主导风向是东东南。所以房屋朝向东东南,夏季最为凉爽。但朝向过分偏东,会导致夏季上午日晒受热时间过长。因此,温州房屋朝向东南南受益最佳。白鹿城的河道走向正好满足房屋的最佳朝向要求,确保当时几乎所有民居朝向都是东偏南72°~82°之间。

2. 温州城的嬗变

白鹿城建成以后,永嘉郡发展很快。过了一百八十年,到南朝萧梁初年已成为浙南地区政治、经济、文化和交通中心。萧梁天监三年(504年),丘迟出任永嘉太守,在他的名作《永嘉郡教》中,称永嘉郡是"控山带海,利兼水陆,实东南之沃壤,一都之巨会。"

白鹿城是一座历史悠久的古城,至今已有1690年的历史。其间久经历史的风雨沧桑和兵火灾祸的磨炼,城墙多次倒塌,多次修复。其中修复规模较大的有七次,第一次是五代后梁开平元年(907年),全线修复。第二次是北宋宣和二年(1120年),只修筑了3947步(6315米),占全线的70%。第三次是南宋嘉定年间(1208~1224年),重修城墙,建城门10座。第四次是元代至正十一年(1351年),因海寇登岸而重修。第五次是明代洪武十七年(1384年),大规模全线重修。第六次是明嘉靖三十八年(1559年),因倭寇攻城毁城楼,修筑城堞、楼橹(即马面,用作瞭望的矩形高台),四面增筑炮台8座。第七次是清道光二十一年(1841年),因城墙年久坍塌,进行大规模修复。历史上的这些修复都是在原来城址的基础上进行修葺或重建。民国十六年(1927年)为建设中山公园,拆除华盖山至积谷山一段城墙。抗日战争爆发后,日寇飞机经常轰炸温州城,为便于市民疏散,民国二十七年(1938年)政府下令拆除城墙,至民国三十四年(1945年)城墙拆除殆尽,今仅存华盖山一段残垣遗迹。

白鹿城建成以后,经过580多年的风风雨雨,城垣倒塌损坏严重。五代吴越国钱氏占领温州的当年(907年),马上动工修筑外城和内城。外城即罗城,是城外之大城,即原来的城墙;内城即子城,是城内之小城,为新建的城墙。钱氏修筑外城,除了北面的拱宸门(唐有双门)改筑"止存其一"外,城墙的位置、范围、长度、宽度和高度等都与旧制一样,保持不变。同时,钱氏在白鹿城的正中位置增筑一个内城,史称"钱氏子城"。内城是政府官吏衙署所在地,故又称"衙城"。钱氏子城的城墙位置大致通过今天的鼓楼街—解北后巷—仓桥后巷—道前桥菜场—康宁巷—鼓楼街,子城的四周都有护城河。城墙开设四个门,其中南面一个城门至今保存完好,就是今天的"谯楼",俗称"鼓楼洞"。内城以内"上下岸各有街",是一河二街布局,内城以外的居民区仍是一河一街布局。根据明嘉靖《温州府志》记载,钱氏子城的规模是"周围三里十五步"。按明代度量衡制度,1里等于360步等于1800尺,1步等于5尺,1尺等于0.32米,可知城墙长度是1752米,用地面积是17.1万平方米,即257亩。城墙宽度为"外城十步,内城十五步",即外城宽度16米,内城24米。到了元代至正十三年(1353年),内城城墙全线拆除,只存谯楼。内城在温州历史上只存在446年,而外城城墙直到1945年拆毁最后一段为止,历时长达1622年。

明代洪武十九年(1386年),由王铭指挥进行温州城垣的大规模修复工作。经修筑后的城墙长2777.8丈,即8889米(明弘治和万历《温州府志》均误作2977.8丈)。城墙高3.2丈(10.24米),基宽2.3丈(7.36米),面宽1.2丈(3.84米)。全城设有七个门,即东面的镇海门(东门),南面的瑞安门(大南门)和永宁门(小南门),西南面的来福门(三角门),西北面的迎恩门(西门),北面的永清门(麻行门)和拱宸门(双门)。唐代的拱宸门开设两个门,所以又称双门。到了吴越钱氏修建的时候,把双门改建成单个门,但双门的名称仍延续下来。温州方言中,双、朔两字同音,于是双门今称朔门,朔门意谓北门。七个城门外面各增筑一道半圆形的城墙,叫做月城,也叫瓮城。除七个城门以外,还有五个水门,南面两个水门各位于瑞安门和永宁门的西侧,北面两个水门位于永清门与拱宸门之间(今星河广场)、拱宸门与海坛山之间(今望江东路水门头),西南面的水门位于来福门的南侧。全城还建有四座城楼,即东楼(华盖楼)、南楼、西楼、北楼(临圃楼),以及敌台和警铺。东、南、西三面城墙外边挖有濠河,东濠河长 576 丈(1843 米),宽 2 丈,深 1 丈多;西濠河长 670.5 丈(2146 米),宽 5 丈多,深 2.6 丈;南濠河长 500 丈(1600 米),北临瓯江无濠河。

东晋初年白鹿城刚建成时,城内只有官吏办公的衙署、居民居住的"里"和一个宗教活动的崇安寺,没有商业贸易的场所。到了南朝萧梁大同年间(535~546 年),在永宁门内修建兴业寺(后改称大云讲寺、大雄寺,在今小南门大雄寺巷内)。南朝后期,温州商业贸易有了一些发展,在崇安寺和兴业寺这些宗教活动的丛林地方逐渐形成一些定期集市的"廛"。隋代以后,廛发展成为"市",市是开设店铺的固定商业区。此时居民区的"里"改称"坊"。坊和市是严格分开的,商业活动只能限制在商业区"市"内,而"市"所占面积极小。到了唐代后期和五代时期,温州坊和市的界限开始松动,有的坊内开始设立店铺。直到北宋,才废除了坊、市严格区分的旧制,大街小巷到处可以开店设铺,而且出现了夜市。另外,坊门晨昏启闭制度和街鼓制度也被废除了。北宋初年,据《祥符温州图经》记载,温州城内设有五十七坊。到北宋绍圣年间改为三十六坊。这时"坊"不再专指居民区,已变成了街名或巷名;"市"也失去了专指商业区的意义,转变为单纯的地名;坊门也变成类似后世牌坊的建筑物了。由北宋绍圣年间所建的三十六坊坊门,经过八十多年风霜水火的损毁,已残破不堪,到南宋淳熙年间按旧制重新改建。又经过五十多年,到南宋绍定年间,将三十六坊增至六十坊,又将坊门重修,焕然一新。

宋室南渡以后,温州城内人口大增,住房日渐拥挤,很多人在河道上填河建房,或在河边搭建浮屋,因而河道侵塞,舟楫难通。同时不少居民迁到城外居住,于是各城门外面形成新的居民区。到了明代,温州城外形成了望京厢、城南厢、集云厢、广化厢四个大型居民区。清代以前,温州城内的闹市区在今信河街两侧 72 条半的坊巷一带。清末以后,闹市区逐渐东移到五马街、府前街、北大街(解放北路)和南大街(解放南路)一带。

古代温州城内全是木质结构的房屋,极易发生火灾。南宋从孝宗至理宗的 74 年间就发生严重火灾四起。乾道九年(1173 年)九月的一起火灾烧毁民居七千多家,几乎烧掉了半个温州城;淳熙十二年(1185 年)一起火灾烧毁城楼和民房四百多家;绍定元年(1228 年)六月一起火灾烧毁庐舍 600 多家;淳祐六年(1246 年)十一月城内东门发生火灾,烧毁民宅 600 多家。特别是元代两起大火灾损失最为惨重,元代元贞二年(1296 年)九月,火灾从拱宸门(朔门)烧起,烧毁大半个城区;元代延祐元年(1314年)八月,火灾从拱宸门一直烧到瑞安门(大南门)。清代康熙二十年(1681年)九月的一起火灾损失也很大,烧毁民舍五千多家。

(二)温州县城的建设历史

中国古代县吏办公的地方叫县衙,清末宣统三年(1911年)县衙改称县公署,简称县署,民国十六年(1927年)改称县政府。永嘉县的衙署设在温州府城内,即今解放街东侧的县前头和县后巷之间。因此1947年以前,温州县级城市有瑞安县城、平阳县城、乐清县城和泰顺县城四座。

1. 瑞安县城

三国东吴大帝赤乌二年(239年)设置罗阳县,这是瑞安建县之始,县城在北湖鲁岙,位于今瑞安老城区北面的西岙村的集云山南麓洪积扇上,今遗址荡然无存。84年之后,至东晋太宁元年(323年),即建设永嘉郡城的同年,瑞安县城迁至邵公屿(今瑞安老城区人武部址)重建扩建。

迁址后的瑞安县城城垣始筑年代失考,相传建于南朝刘宋时代。当时城垣"周1里204步,高1.2丈,厚7尺",即城墙长902米,高3.84米,宽2.24米,城区用地面积约5.1万平方米(76亩)。可见当时瑞安县城的规模极小。

元代至正二十四年(1364年),瑞安县城进行扩建,城垣长度增为"周937.6丈",即城墙长3000米,城区用地面积增至50.1万平方米(752亩),比旧城扩大10倍。明洪武三年(1370年)和永乐十五年(1417年)先后增修,并加挖濠河。

明嘉靖三十一年(1552年)为防御倭寇入侵,再次大规模扩建,城垣长度再次增至"周1140丈"(3648米),高度增至1.7丈(5.44米),基宽增至1.3丈(4.16米),顶宽增至8尺(2.56米),城区面积增为74万平方米(1110亩)。城垣上建有敌台13座,窝铺(供士兵睡觉的铺棚)44座,垛口900个,并建城门5座,水门3座。5座城门分别是东门称宾阳门,小东门称武精门,西门称永胜门,南门称镇海门,北门称瞻阙门。每个城门上安装火炮,东门火炮最大,号称500斤炮。3座水门分别是北面永清门、东面龙波门和东北面环璧门,均改木栏板水门为石砌铁叶水门。扩建后的瑞安城外东、南、北三面濠河总长684丈(2189米),深1丈。其中东濠河140丈(448米),宽5丈;南濠河302丈(966米),宽3丈;北濠河242丈(775米),宽5丈;西面跨山临江无濠河。城内河道密布,呈三纵四横格局;城内大小街道32条,依河成街,具江南水乡城市特色。此外,沿飞云江东岸增筑"沙城",即捍潮石堤,北起砚山南麓,南至上河埭(今东山车头村),全长十多里,高度和宽度都为 1 丈。

明嘉靖三十八年(1559 年),小东门和南门两面临江城墙加厚 5 尺,垛墙增高 3 尺。清顺治十五年(1658 年)全城垛墙再增高 2 尺,并上压横石。乾隆四年(1739 年)重修。乾隆二十二年(1757 年)添建炮房。嘉庆元年(1796年)遭台风袭击,部分城墙坍塌,再行重修。道光二十一年(1841 年)海上有警,又一次进行修葺。抗日战争期间屡遭日寇飞机空袭,为便于居民疏散,民国二十七年(1938 年)十二月政府下令拆毁城墙,先拆西、北、东三面,后拆南城,三年内全线拆除,片石无留。

2. 平阳县城

西晋武帝太康四年(283 年),在今平阳和苍南境内设置始阳县,县城在横阳,即今平阳昆阳老城区,位于仙坛山与九凰山之间。东面仙坛山又名东门山,海拔 237.3 米,西面九凰山又名昆山,海拔 294 米。平阳县城就位于东、西两山之间的山麓洪积扇上,呈西北—东南向的长卵形。城区地势南高北低,南面海拔 8.4 米,北面海拔 5 米。平阳县城在设县之始立即构筑城垣,当时城垣"周 1 里,高 1.2 丈,厚 8 尺",即城墙长度 576 米,高度 3.84 米,宽度 2.56 米,城区用地面积约 2.1 万平方米(31 亩)。虽然当时平阳县城的规模极小,但它是温州最早修建城墙的一个行政中心。

元代曾下令禁止各地修筑城墙,平阳县城的城墙一度拆除。到元至正十三年(1353 年),平阳县城进行扩建,重修城墙。城垣规模增至"周 3 里 80步,高 1.3 丈,厚 1.3 丈",即长度为 1856 米,高度和宽度都是 4.16 米,城区面积增至 18 万平方米(270 亩),这比旧县城面积扩大了近 9 倍。可叹的是新城垣建成后不久即毁于战祸。

明洪武七年(1374 年),大规模重筑重修城垣。这次修筑的城垣"周 632丈,高 1.6 丈,面宽 9 尺,基宽 1.3 丈,敌台 6 座,堞 580 口,城区南北长 258丈,东西宽 100 丈。"即城墙长度 2022 米,高度 5.12 米,顶宽 2.88 米,基宽 4.16 米,城区面积约 26.42 万平方米(396 亩)。这次重修城门 4 座,东门称挹仙门,通仙坛寺(今平师旧址);南门称通福门,通坡南;西门称登瀛门,通沙岗;北门称迎恩门,通瑞安。4 座城门之上都建有城楼。平阳南门通福门位于岭门的关隘之上,它的城门和城楼至今保存完好,是平阳古城的象征。4 座城门之外皆有备城,均设吊桥,经吊桥出入。4 座吊桥东称长青桥,南称普济桥,西称白石桥,北称永安桥。并重修水门 3 座,东水门在挹仙门北首,西水门在登瀛门北侧,北水门在迎恩门东边。此外,还加挖濠河,东濠河和北濠河都是宽 5 丈,深 2 丈;南濠河宽 7 丈,深 3 丈;西濠河宽 7 丈,深 2 丈。

这些濠河的遗址大部分仍保留至今。明清时代,白石河是平阳城内东西向的主要河道,河畔有白石河街,解放初填塞后,白石河街扩建为白石街,成为城内主要商业街。明代城内有街道12条,巷17条,纵向从南门到北门是南门街—大街(今解放街)—市心街,全长850米,宽5米;横向有白石河街、东门街、县前头(今县前街)、雅河街、司后街(今城隍路)等。

明万历二十年(1592年)增筑敌台2座。清康熙二十二年(1683年)重建东门城楼,二十五年(1686年)重建西门城楼。乾隆初年,备城拆毁。乾隆三十一年(1766年)、道光十七年(1837年)、同治十二年(1873年)、光绪三年(1877年)、光绪十七年(1891年)、光绪二十四年(1898年)曾先后多次修葺。最后于民国三十一年(1942年)二月因日机轰炸,便于居民疏散,政府下令拆除城墙,先拆城门和月城,后拆城墙,至民国三十三年(1944年)三月全部拆毁。

3. 乐清县城

东晋孝武帝宁康三年(374年),始建乐成县,县城也称乐成,在今乐清老城区北部山麓。乐成设县初期有城无垣,而且有城无垣的历史长达370年之久。主要原因是乐成县城三面有高山峻岭环峙,只有东南一面靠尚未完全成陆的潮间滩涂,与外界往来交通要往西、往北翻山越岭。这种有险可守的地理位置使之迟迟未能建造城垣。乐成城垣始筑于唐代天宝三年(744年),当时城垣规模是"周1里,高1.2丈,宽1.4丈",即长度576米,高度3.84米,宽度4.48米,城区面积约2.1万平方米(31亩)。这种规模跟460年前修筑的平阳县城一般大,不能不说是一种时代的落后。

元代,乐清县城的城墙一度拆除。直至明代洪武六年(1373年)为了防御倭寇侵扰,重修城墙。以东、西两塔山为石城,至溪则树以木栅,周环濠堑,水陆各有门。东门称登瀛门,南门称清远门,西门称承流门,北门称翔云门。洪武二十年(1387年)因沿海设置卫所,石城渐废,只存濠址。明代正德年间(1506~1521年),重修城门6座,东为鸣阳门,南为镇海门,西为迎恩门,北为拱宸门,东北为通济门,西北为肃清门。嘉靖三十一年(1552年),倭患大作,重筑城垣,东、西两面仍以塔山为石城,南面拓至三桥。建成后的城垣高2.4丈(7.68米),基宽2.3丈(7.36米),重新修筑城门3座。嘉靖三十七、三十八两年(1558~1559年),倭寇接连来犯,于是重修城墙,南仍其旧,东包小河,北截翔云山址,西距西溪,共设10个城门,其中6个大门,4个小门。

清雍正四年(1726年)重修城垛1604堵,并建北门城桥。到了嘉庆元年(1796年),因台风损坏,进行大规模修筑城墙。这时修复的城墙"周8里,高2.3丈",即长度4608米,城区面积约1.25平方千米(1875亩)。并筑城楼6

座,东为忠节门,南为镇海门,西为迎恩门,北为拱宸门,东南为鸣阳门,西北为肃清门。还筑有东皋、文笔、箫台、仓桥4座小门,城垛1720堵,敌台18座。明清时代,乐清县城的主要街道有北大街、南大街、东大街和西大街4条,街宽3.5~4米,路面石板铺设。4条街道组成"十"字形的街道格局,交会处的十字街口俗称"市头",是县城闹市中心。北大街(旧称县前街)是主要商业大街,两侧巷路对称,呈"非"字形排列,这种古代街巷布局一直保留到今天不变。

民国二十七年(1938年)二月因日机轰炸,便于居民疏散,政府下令调集全县壮丁拆除城墙,次年一月大部分被拆除,尚存几处残垣,今仅留丹霞山旧城残迹。

4. 泰顺县城

明朝代宗景泰三年(1452年),划瑞安和平阳两县部分区域设置泰顺县,县城在罗阳老城区,海拔492米,是典型的山区城镇。罗阳城的西北面是千丘万壑的风门坳和龙岩岭,北面是高耸入云的蚊虫垒,东西排岭虎踞龙盘,易守难攻。这些崇山峻岭是保护县城的天然屏障,再加上财力所限等原因,泰顺县城有城无垣的历史也有78年之久。没有城垣,并不影响泰顺的"建县治境、亲政教化"之效。泰顺首任知县四川涪县人郭显宗到任后,各方面都按县城的规范要求治县,如建县学,筑驿道,定户口田赋,甚至也修起了祭祀保护城池的城隍庙。明嘉靖九年(1530年)开始修筑城墙,仅用150天时间奇迹般地建成城墙。当时城墙北跨凤凰山,南至今南大街与化工路交会处,东靠学前溪,西城墙基就是今天的环城路。城内正中有小阜万罗山,城区略呈三角形。新建的城墙周3里(长1728米),高2丈(6.4米),基宽2.2米(7.04米),城区用地面积约16.6万平方米(249亩)。设城门4座,水门3座。4座城门分别是东门称通瑞门,南门称通福门,西门称永安门,北门称拱恩门。建城后,城内设太平、土林、登俊、永安、文明、承宣六坊,城外设东、西两厢。明清时期城内有"三街三路一巷"的道路布局,即北门街、县前街、阳心街(今垟心街)、溪沿路、儒学路、董氏义路、横巷,皆块石路面。

明嘉靖三十八年(1559年),为了防御倭寇侵扰,重新增高城墙7尺,加宽1.8丈,增加城堞800口,窝铺18座,4座城门和3座水门上都加建城楼,并改易城门的名称,东门改称宣阳门,南门改称迎薰门,西门改称受成门,北门改称拱宸门。明万历二十年(1592年),在南面城外霞阳山增筑敌台,周20余丈,高2.8丈。清顺治六年(1649年),在4座城门之外各筑月城。康熙十年(1671年)增建楼橹木栅。雍正六年(1728年)曾加缮饰，并改称东门为阳春门。乾隆和嘉庆年间，城墙遇有坍坏，随时修补。道光年间坍坏益甚，咸丰年间(1851～1861年)重新修葺，并加筑女墙。1952年起罗阳城墙开始陆续拆除，目前仅留烈士墓后墙长96.7米的一段残垣遗址。

七、温州历史村落地理

村落是农村聚落的简称，是聚落的一种基本类型。聚落是人类聚居的场所，聚落分为农村和城市两种类型，以及介于两者之间的乡镇。历史时期的村落就是古村落。温州古村落历经数千年的风雨，大多已随岁月而消逝。保存下来的古村落，除了极少数为宋元时期外，多为明清时期遗留下来的，而且绝大多数目前正处在摇摇欲坠的风烛残年之中。因此，及时开展温州古村落的地理学、历史学、建筑学、社会学、民俗学、景观学、旅游学等多学科、多视角、多方位的研究，有利于保护和抢救这一"传统文化的明珠和国宝"，是至关重要的。

(一)历史时期温州古村落发展概述

温州古村落的形成和发展经历了漫长的历史阶段，它随着社会生产力的发展而不断嬗变。人类居住历史经历了穴居、巢居到地面居的进化过程。地面居从"冬窟夏庐"、"茅茨土阶"到"秦砖汉瓦"的发展过程，逐渐从原始古村落演变为真正古村落。

第四纪全新世早期，我国进入新石器时代的半坡文化和河姆渡文化时期。北方渭河平原上的半坡村已经出现由四十多座房子组成的真正意义上的村落；南方宁波平原上的河姆渡村也出现采用榫卯技术的干栏式木结构房屋的村落，并且建筑技术水平高于同期的黄河流域古村落。这时候，温州原始居民却过着非常落后的渔猎生活，他们的生活方式仍是迁徙和聚居相结合。这种聚居形态属原始村落。温州原始村落的房屋形式类似于远古时期云南、四川一带的"风篱"，即用树干和树枝斜插入土中，形成一面坡式斜面，上面覆盖树皮、茅草等遮盖物，以避风雨。

到了第四纪最后一次海侵后期，即商代后期，温州出现了陶器。这时才出现真正意义上的村落，它的房屋形式出现了粗糙的窝棚建筑，这就是"庐"。温州印纹陶文化时期的远古村落的地理分布，可以用印纹陶片的出土遗址看出大致的轮廓，笔者把印纹陶出土遗址绘制成温州远古村落分布

图 2-20。这时温州远古村落绝大部分分布在今海拔 50～100 米的山坪、孤丘上，今海拔 50 米以下的沿海平原和河谷平原当时是一片浅海和湖沼，当然没有远古村落的分布。今海拔 100～150 米的山间盆地中，远古村落仅见于泰顺的司前、新浦以及苍南矾山等少数盆地中。

公元前 1000 年，第四纪最后一次海侵结束，约当殷末周初时期，瓯人开始从丘陵山区移居山麓洪积扇和冲积扇，并进入农耕时代。这时的村落数量明显增加，规模也随之扩大。村落的建筑已经普遍使用测向技术和测平技术，但房屋仍是土墙茅顶的"茅茨土阶"。该时期的村落分布，除了上述印纹陶文化时期的山区村落外。还出现一大批山麓村落，主要分布在今含"畲"地名的山麓洪积扇和冲积扇上。

战国末期，东瓯人已从山麓洪积扇和冲积扇开拓到河谷平原，出现河谷村落。由于当时河谷平原地势低洼，地面潮湿，且多虫蛇野兽侵袭，河谷村落出现了干栏式木质房屋。先在地面上竖起几十根木柱，在木柱上拴上横木，再铺上木料作地板，屋顶盖茅草。人住在"楼上"，可防虫蛇，可避暑湿；"楼下"四周无墙，有利于通风，可存放农具或拴养牲畜。

东瓯和东越"内徙"以后，温州经历了三百年的"山越人"时期，这时温州村落的发展处于停滞和倒退的阶段。到了三国东吴时代，山越人出山迁居平原，再加上北方流民南逃入境，带来先进的生产技术，于是温州开始进入沿海平原村落的开拓时期。原始的平原村落仍以干栏式木构房屋为主，间或出现夯实地基、烧烤地面的木架土墙的民居建筑。

我国北方周原地区在西周早期发明了瓦，当时瓦只用于屋脊；西周中晚期出现全部用瓦铺盖的屋顶。到了春秋时期，全国各地已普遍使用瓦，在山西、河南、湖北等地的春秋遗址中都发现大量的板瓦、筒瓦和瓦当。然而温州汉代遗址中没有发现瓦和瓦当。温州古村落建筑中使用瓦的时间应当是东晋开始。

我国的砖最早出现在汉代。西汉时代创造了用作拱形建筑的楔形有榫砖，但当时的砖未用于砌墙。温州在三国时代就已有用于砌墓穴的"坟砖"，但元代以前砖用于建塔、砌墓穴和拱形水道等，在民居建筑上还是木架土墙或木架卵石墙为主，砖仅用于铺地或砌筑台基。明代开始，温州的砖才广泛用来砌墙，出现砖瓦木结构的民居古村落。在温州漫长的封建社会中，由于经济发展缓慢，这种土墙茅顶和砖瓦木架构的古村落建筑变化不大，直到民国时期仍保持不变。

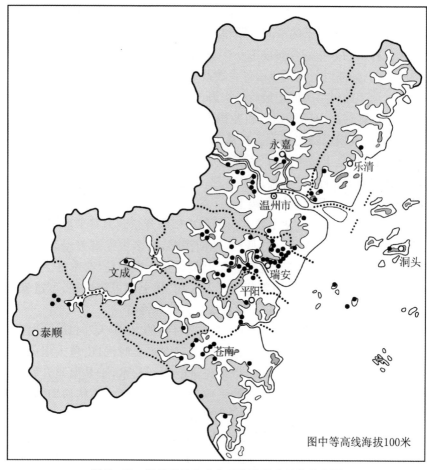

图 2-20   温州印纹陶文化时期的远古村落分布图

（二）温州古村落的地理分布类型

古村落的类型划分有很多种类,有按功能分类,有按成因分类,有按地形特征分类等。笔者根据地理分布特征,温州古村落可分为下列九种类型。

1. 山坡村落

山坡村落属于山地村落中的一种,村落位于山坡上。由于温州地处北回归线以北地区,无论冬夏南坡都是向阳坡,因此温州这种古村落大多位于南坡或东南坡上。从垂直高度看,山坡村落多分布在海拔800米以下的丘陵和低山的缓坡上,村落民居渐次降低,形成立体空间上的高低错落,民居的远视眺望效果极佳。从水平位置看,山坡村落又分为外凸型和内凹型两种型式。外凸型山坡村落是沿等高线外凸的弯曲处布局,即村落位于山脊附近的山坡上。这种村落具有离心和发散的感觉,视野广阔,通风条件极佳。例如永嘉花坦东光村、瑞安高楼铁山村、文成东龙彭山村、泰顺司前黄步山村等。

内凹型山坡村落是沿等高线内凹的弯曲处布局,即村落位于山坳附近。这种村落具有向心和内聚的感觉。虽然视野和通风条件比外凸型逊色,但从心理和感觉来说,它可以借助周围山体作屏障而具有更多的安全感。由于地处山坳,通常都有溪水流经村中,村民饮水和洗涤更为方便。这些正是古村落选址和布局时考虑的重要内容。温州山区常见的内凹型村落多位于山坳溪谷的一侧,跨两侧的不多见。例如瑞安枫岭垄头村、永嘉桥头夏园村、文成东溪九龙村、泰顺碑排板岱头村等。

2. 山顶村落

温州山地和丘陵形成于中生代侏罗纪和白垩纪的燕山运动,继后是强烈的外力侵蚀作用,所以温州山区常见第三纪夷平面。另外,构造台地进一步遭受外力切割,形成山顶平坦的桌状山,这种平顶山叫做方山。人们在这些山顶夷平面和方山上开垦农田,发展生产,构筑山顶村落。但由于山顶风力强盛,气温较低,土壤瘠薄,生产和居住条件较差,所以温州山顶村落为数不多。例如文成珊溪高山村、泰顺包垟杜山头村等。

3. 阶地村落

由于山区河流下切侵蚀作用,河床不断加深,原先的河漫滩地面超出洪水期的水面,呈阶梯状分布于河谷两侧,称为河流阶地。永嘉楠溪江谷地、瑞安西部和文成的飞云江谷地、平阳西部的鳌江谷地多有这种阶地村落的分布。温州阶地村落多分布在河流二级阶地,而河流三级阶地和冲积扇阶地村落并不多见。由于阶地村落分布的前提必须要有沉积物组成的耕地,所以温州阶地村落多分布在沉积阶地和基座阶地上,而侵蚀阶地就没有村落的踪迹。

4. 台地村落

通俗地说,台地就是小高原。地表起伏较缓,周围有陡坡,状如桌子,故名台地。温州境内的台地在成因上属于构造台地,例如文成的南田台地、桂山台地等。温州面积最大的台地是文成南田台地,它位于文成县中北部的南田镇和百丈漈镇境内,著名的百丈漈水库(天顶湖)就位于南田台地上。

该台地南北长 18.9 千米,东西宽 12.6 千米,面积约 196 平方千米,地势西北较高,东南较低,台地中部海拔 650 米。南田台地平畴千顷,土壤肥沃,灌溉便利,农耕条件优越,古村落鳞次栉比,分布着较大的古村落就有 66 个,而且这些古村落保护较好。

5. 盆地村落

温州的盆地是地壳局部差异升降而形成,多数分布在丘陵地区,少数分布在低山地区,故称山间盆地。温州盆地数量很多,但面积都很小,发育不典型。本书自然地理分册第二章介绍了面积稍大的 17 个盆地,每个盆地底部的古村落分布都比较密集。例如乐清四都盆地底部海拔约 75 米,面积约 9 平方千米,清代古村落就有 7 个,其中梅溪村是南宋王十朋的故乡,山麓有王十朋墓。苍南莒溪盆地底部海拔约 200 米,面积约 11 平方千米,分布着较大的古村落就有 10 个,这些古村落保护也较好。

6. 山麓村落

山麓村落指分布于山麓洪积扇和冲积扇上的古村落。这种古村落最早出现在殷末周初的第四纪最后一次海侵结束时期,但笔者在野外调查时发现,随着河谷平原和沿海平原的形成和开发,周初的洪积扇古村落大多向外侧平原挪动了位置,今天保留下来的明清古村落真正位于山麓洪积扇上的为数不多。因此温州有许多含"岙"地名的古村落并不位于岙内。例如永嘉瓯北珠岙村的岙内山麓洪积扇面积足有二百多亩,但明清时期的珠岙古村落就已向外侧挪动到岙外的冲积平原上了。

7. 河谷村落

河谷村落位于河谷平原上。河谷平原区别于沿海平原的最主要特征是沉积物为冲积物,而沿海平原则为海积物和冲积—海积物。即河谷平原由沙砾和粉沙组成,而沿海平原由粘土组成。温州河谷村落分布于所有大小河流的中游或下游,以及支流的下游地区,地表高程大多海拔 20~50 米。比较宽阔的河谷平原,在近河岸处有高爽的自然堤,所以河谷村落多坐落在自然堤上。在自然堤与山麓洪积扇、冲积扇之间地势稍低,多为耕地。温州面积较大的河谷平原有 15 片,其中面积最大的是楠溪江河谷平原,次为鳌江中游河谷平原(北港平原)。它们上面分布的古村落数量众多,保存较好,是温州古村落研究的重点地区。

8. 平原村落

平原村落位于沿海平原上。温州沿海平原主要有瓯江下游平原、飞云江下游平原和鳌江下游平原。这三大平原上的村落密度和村落规模最大,居住人口最多,社会经济最发达。正是由于这种原因,古村落大多被现代城镇所替换,古村落保留很少,野外工作无法整理出古村落的头绪,只能从史籍志书以及地方宗谱资料中开展平原古村落的研究。

9. 水乡村落

温州沿海平原的河道非常稠密,纵横交错,密如蛛网,故称河网平原。河网平原上自古形成独特的水乡村落。瓯海三垟中心区域甚至河道的水面面积超过了陆地面积,以致每个村落都位于岛屿上,犹如平原地区的岛屿村落。在桥梁建设落后的古代,这种水乡村落的陆路交通极差,"三垟水团潭,出门不离船",但农田灌溉水源充足,无旱象之虞。正因为这种村落饶水上交通和灌溉之利,古村落密度很大,三垟湿地 11.66 平方千米中分布着明清古村落就有 33 个。每个村落都一面或两面,甚至三面临水,多沿河呈条带状布局。

(三) 温州古村落的选址和布局思想

学术界普遍认为,中国古代有城市规划思想,而没有村落规划思想。这是因为中国古代城市建设有所谓"方九里,旁三门,经涂九轨"、"左祖右社"、"前朝后市"等规划定制,更有像《周礼·考工记》那样的营造城市的经典;而中国古代村落建设没有固定不变、规整划一的规划模式。从温州古村落的选址和布局研究中,可以明显看出古代村落有下列六种规划思想。

1. 宗族礼制

早在原始社会,居住在山区和海岛的瓯人就以血缘关系为纽带形成一种聚族而居的村落雏形。费孝通在《乡土中国》中说"地缘上的靠近是血缘上亲疏的反映","左尊于右,南尊于北,这是血缘的坐标"。可见,中国古代是以血缘为坐标展布千丝万缕关系的宗族社会。宗族社会在古村落布局中的主要表现就是宗族的象征"宗祠"。宗族祠堂不仅是古代村民在空间上的活动中心,也是村民心目中政治和精神的中心,而且是古村落文化景观的焦点和醒目标志。

宗祠和宗谱是温州乡村的一个重要社会和历史现象。我国宗族制度起源很早,但广修谱牒之风始于大肆标榜门第贵贱的南北朝时代。温州留存今天的宋代宗谱已极为少见,明清宗谱占绝对多数。宗祠的出现基本上与宗谱同步,唐宋时期温州的祠堂只不过是家祠,而非宗祠。温州民间大兴宗祠之风,是在明嘉靖十五年(1536 年)礼部尚书夏言上《令臣民得祭始祖立家庙疏》之后,才有"联宗立庙"、遍修宗祠的风俗。因而,明清时代温州每个村落几乎都有一个或数个宗族祠堂。笔者曾做过调查,瓯海三垟境内有 33 个古村落,共有清代遗留下来的大小祠堂 47 个。

由于宗祠在中国传统宗族社会中具有核心地位,因而古村落布局首先强调宗族祠堂的建设。清代林牧《阳宅会心集》载"君子营造宫室,宗庙为先,诚以祖宗发源之地,支派皆多源于兹。"所以,整个村落在初始布局时便以宗族祠堂或宗族首领住房为中心地,宗族长者居中心,村东为长房,村西为次房,在平面形态上形成一种向外自然生长的村落格局。随着宗族人口的繁衍,大的宗族派生出许多小的支系。因此,规模较大的古村落中除了总祠外,还有多个支祠,作为副中心。总祠的用地面积和建筑规模最大,全村的供奉、祭祀、议事、修宗谱和礼仪大事在总祠举行;各支系内部的议事活动在支祠进行。温州多数总祠原本位于村落的几何中心,有的因为后来村落扩展而偏离中心;有的宗祠位于村落的交通中心,宗祠是村落主干道路网的结集点;有的宗祠建在进村的地方,这里有通往村内外的道路系统,宗祠所在地成了出入村落的要地;也有的宗祠前有广场,这类宗祠既可朝宗,也可赶集。

永嘉东皋蓬溪的古村落形态和古建筑保存较好,它是谢灵运后裔的宗族聚居地。谢灵运是南朝刘宋政权派往温州的第一任郡守,他的第二个孙子谢超祖留居温州侍候祖母太夫人,遂成温州人。越 20 世,裔孙谢诜于北宋太平兴国年间(976~983 年)因"漕运亏折"从温州积谷山下避居楠溪鹤阳(今鹤盛鹤垟村)。南宋绍兴年间(1131~1162 年),谢灵运后裔谢复经自黄岩路桥迁居谢岙(今东皋村前岙),越 5 代,至元延祐年间(1314~1320 年)28世裔孙谢棋再迁蓬溪。从谢灵运出任永嘉太守至今历一千五百余年,今永嘉境内出现谢氏聚族而居的行政村 16 个,其中蓬溪规模最大。蓬溪村始建于五代,原为李氏所居,后逐渐成为谢氏宗族的聚居地。南宋乾道九年(1173 年)朱熹来温时,慕名前去楠溪看望谢灵运后裔,在蓬溪村前馒头状的"凤凰屿"屿山东北山麓峭壁下的"映月湖"畔,一边饮酒,一边钓鱼,留下"索觞"和"把钓"四字摩崖石刻,至今犹在。宋时蓬溪村位于今蓬溪村西,村西有"谢氏宗祠"总祠一个。总祠规模宏大,两进两厢,面宽 5 间,正中"存著堂"有始祖康乐公石刻容图,存著堂前有能容数百人的天井,天井前有戏台。此外,全村还有谢氏支祠 11 个。

永嘉枫林古村原为柯、朱、郭、蒋、木等二十多个姓氏居民聚居地。北宋崇宁五年(1106 年)徐氏入赘柯门,从此徐氏家道日兴,宗族滋大,清末至今全村为清一色的徐姓族人所居。徐姓宗族枝荣叶茂,徐氏宗祠众多,成为枫林古建

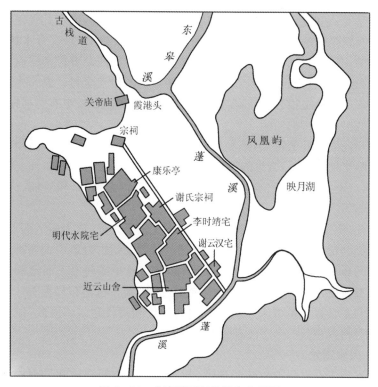

图 2-21　永嘉蓬溪村选址和布局图

筑的一大特色。全村有大小宗祠 36 座,现尚遗存 27 座。年代最久远的是徐氏七世徐文辉(1333～1396 年)的"八房祠",历六百多年仍完整保留原貌。

　　瑞安永安六科村的卢氏宗祠,建于清康熙九年(1670 年),占地面积 370 平方米,两进五间,面宽 15.6 米。后进为正殿,正殿前左右有厢廊,天井中有戏台,戏台上有乡间少见的八角重拱复斗式藻井。全祠布局典范,用材粗壮,举架高敞,是清代典型的木构祠宇建筑,现为瑞安市文物保护单位。

　　2. 民间信仰

　　民间信仰是历史时期人们精神生活的重要组成部分,它对古村落的空间形态有着重要影响。古代温州笃信鬼神,瓯俗多敬鬼乐祠,千百年来形成多姿多彩的民间信仰。民间信仰是一种对鬼、神、祖先的崇拜,包含人间、天庭、冥府三大世界超现实力量的行政管区。温州乡村民间信仰首推土地神,他能福荫土地,兴隆村落,庇佑产业,纳福消灾,求雨抗旱,劝民为善等。因此,温州古村落空间布局上到处都有为数众多的土地庙、土地祠、土地公祠、土地爷亭等,它的地理位置、占地面积、建筑规模的不同,决定其管辖范围的差异。有管全村的,有管村东的,有管村西的,有管桥头的,有管水尾的,有管田垟的,有管山丘的,等等。常见的村落布局中的四个方位都建有土地祠庙,它的布局由点控面,由多个相互连接的祭祀圈涵盖全村。温州古村落中土地祠庙的选址也很有讲究,多数是坐西朝东,紫气东来;也有背村向外,以显示其庇护和防御的功能。

温州民间信仰的特点,不是一神教,而是多神并存。因此,温州古村落布局中除土地祠庙外,常见的还有财神庙、文昌阁、魁星阁、顺济庙、天后宫、天妃宫、三港庙、关帝庙、卓公祠、晏公庙、广应宫、永瑞宫、杨府庙、许府庙、忠靖王庙等。

清代《宅谱指南》指出,宗祠"自古立于大宗子之处,族人阳宅四面围位,以便男妇共祀其先,切不可近神坛寺观"。所以温州古村落中祠庙神坛与宗族祠堂的布局位置都相去较远。虽远,却都在村中或村沿。而道观和寺院则都远离村庄,位于山清水秀的山坳或岩壁处,与古村落布局无关。温州天主教堂和基督教堂是清末和民国时期的近代和现代建筑。因此,以上四大宗教对温州古村落的形态没有影响。

3. 风水理论

风水理论对温州古村落的选址、朝向、布局、空间结构和景观构成等所产生的影响是深刻而普遍的,是左右古村落格局的最显著因素。在生产力低下的古代,人们无法凭借自身的力量对环境进行根本性的改造,唯一可行的是对自然环境作出正确的选择,风水就是由此而产生的关于自然环境选择的学问。风水理论所倡导的人类与自然环境相和谐的思想,对理想生活环境的追求,始终是人类生存和发展的主题,所以风水是我国古代的一种环境观。通俗地说,风水理论中的"风"就是挡风,也叫避风或藏风。所谓"藏风聚气"就是避开凛冽刺骨有"杀生"的偏北风,迎纳温和滋润有"生气"的偏南风,保持小环境的"生气"不受散失,这成为温州古村落和民宅建设普遍重视的问题。风水理论中的"水"有特别重要的意义,它具有荫地脉、养真气、聚财富、出人才的功能,村落中不可缺水。温州绝大部分古村落都以水为脉络进行布局的。

风水理论对村落和民宅的选址和布局有明确的要求。例如明代《阳宅十书》说,明堂(村址)要大,要能容万马,而且要高爽、平坦,后面要有玄武之山作为依靠,前面要有流水或湖池,周围要有山水环抱,前方远处要有朝拱之山耸立,前方近处要有案山横搁,水口要收紧。"左有青龙,右有白虎,前有朱雀,后有玄武,为最贵地。"这就是风水理论中的最佳村落模式。

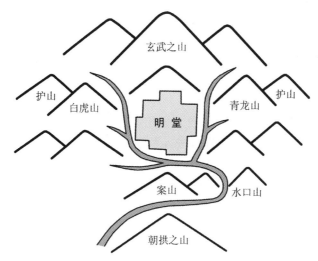

图2-22　风水理论中的最佳村落模式

古村落是聚族而居的宗族村落,几乎每个宗族都把村落好坏作为首件大事来抓,当然最重要的是从村落选址做起。温州广大农村中,前有流水,后有靠山,左右有群山拱卫的古村落十分普遍。例如永嘉东皋蓬溪村,它的后方紧靠寿星岩,作为玄武之山;前方有蓬溪和东皋溪大小两溪,作为朱雀;前方远处有高脑头、棋盘岩、山园垟三座山峰,作为朝拱之山;前方近处有屿山,作为案山;左侧有龙泉山,呈青龙倒挂吸水之势,作为青龙山;右侧有五雷尖,呈旗锣鼓伞之状,作为白虎山;水口明显,而且收紧,水口处有一株数百年的大樟树点缀其间,形成"两水环罗带,三山列画屏"的典型风水村落。

然而,不是所有古村落都符合风水理论中的村落模式。对风水形局不全的村落环境,可以采用一定的补救措施予以完善,通常有下列三种补救方法。第一,引水聚财。没有水的村落要引水入村,或开沟渠,或挖池塘,来通畅村落气运,改善水资源环境。第二,植树补基。在没有靠山的平原地区常采用植树的方法来补救。《阳宅会心集》指出:"背后左右之处有疏旷者,则密植以障其空。"植树可以起到挡风纳气的功效,使村落风水形态更趋完整,还能改善村落小环境的生态条件,显得生机勃勃。第三,立文笔峰,以兴文运。清代高见南撰写的风水秘籍《相宅经纂》中说:"凡都省府州县乡村,文人不利,不发科甲者,可于甲、巽、丙、丁四字方位上,择其吉地,立一文笔尖峰,只要高过别山,即发科甲。或于山上立文笔,或于平地建高塔,皆为文笔峰。"这种思想在永嘉楠溪江流域古代耕读文化发达的村落表现尤为突出。

永嘉岩头镇苍坡村是楠溪江著名的古村落旅游区。该村始建于五代吴越时期的后周显德二年(955年),始祖李岑从福建长溪(今霞浦县)迁来入赘成为一世祖,遂成李氏家族的聚居地。该村风水和文化创意的村落规划开始于南宋孝宗淳熙五年(1178年),当时第九世祖李嵩邀请国师李时日,以五行学说和风水理论进行规划设计。村中街巷呈八卦形辐射状布局,以方形环状的鼓盘巷为中心向四周铺设八条街路,经村寨的八道村门通往村外。村落西面有笔架山,形似火焰山,按五行西方属金,会越烧越旺;北方属水,却无深潭厚泽,灭不了火;东方属木,火有可能延烧过来;南方属火,是火的源地。四周都有祝融回禄之虞,故在村落东南面建东、西两方池塘,形如砚台,取名砚池;又在村落四周开挖沟渠,引溪水环绕,以水克火。两方砚池的旁边搁着两条各长4.5米、厚0.5米的青石条,一端砍斜,表示磨过的墨,村四周3000亩平畴就是一张纸。村内还铺有东西走向长306米的砖石长街,形如毛笔,取名笔街,与西面的笔架山遥相对应。这样,该村文房四宝皆备,意在激励后代读书入仕,光宗耀祖。笔街的西端建有苍坡村的正门"车门",车门是一座木制牌楼式礼制建筑,斗拱和下昂构建粗壮,属宋代建筑技法。车门内有小石拱桥,象征虎头。李时日为车门题书"四壁青山藏虎豹,双池碧水储蛟龙",道出了村落规划的主题——藏龙卧虎,人才辈出。两方砚池之间有祀奉西晋周处的仁济庙,四合院式建筑,五开间,前后两进之间的天井挖一方池,东、南、西三面临水,设有美人座靠。庙前有3棵古树名木,已有八百多年树龄,仍遒劲强健,生机蓬勃。此外,村落四周用卵石垒砌石墙,作为寨墙,形成一个封闭的村落,既有防御盗匪,又有锁住风水之意。该村李氏家族至今已历四十多代,而村落的位置、范围、布局仍保持原样,尚有明清时代建造的寨墙、民居、宗祠、寺庙、亭台等古建筑。见图2-23。

永嘉岩头镇芙蓉村,地处大楠溪西岸,芙蓉溪北岸,位于海拔30米的楠溪江中游河谷平原上。据当地《陈氏宗谱》记载,北宋太平兴国年间(976~984年)九世祖陈拱因其地"前横腰带水,后枕纱帽岩",遂从瑞安长桥迁居于此,芙蓉村便成为陈氏家族的聚居地。村落的西南面有三座山峰,色白透红,状似含苞待放的三朵芙蓉,故名芙蓉崖。由于陈氏家族的勤奋耕读,该村宋代有18人在朝廷任职,世称"十八金带"。南宋咸淳元年(1265年),族人陈虞之高中进士,官至秘书省校勘兼国史院校勘。宋末他率子侄乡亲坚决抗元,退至芙蓉崖据险坚守,最后在南崖策马跳崖殉国,子侄乡亲连同妻

图 2-23　永嘉苍坡村选址和布局图

子八百多人全部壮烈牺牲,芙蓉村被元军烧为废墟。元顺帝至正元年(1341年)重建,至今保持六百七十多年前的聚落旧面貌。芙蓉古村按"七星八斗"布局,意谓纳上天星宿,企望后辈簪缨迭出,子孙发迹。"星"指道路交会处的方形平台,"斗"指水渠交汇处的方形水池。村中心最大的芙蓉池东西长43 米,南北宽 13 米,俗称大斗。池中建有两层楼阁式的方形芙蓉亭,南北两岸都有石板小桥通达方亭。芙蓉村原先的平面形态略呈正方形,坐西朝东,围以卵石垒砌的寨墙,寨墙长 2000 多米。重建后的村落向南北两侧扩展,平面形态略呈长方形。东面寨墙正中建八字形重檐门楼,是芙蓉村的正门。寨门内建谯楼,可瞭望四方。两边稍远处开两小门,其余三面共开五小门,门上有射箭孔,边设炮楼和瞭望亭。南面寨墙沿溪而筑。寨内"八斗"与寨

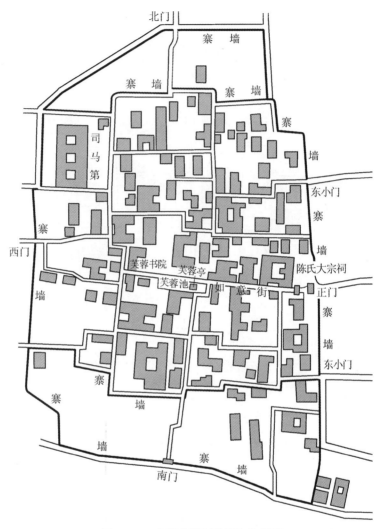

图 2‐24　永嘉芙蓉村选址和布局图

外芙蓉溪沟通,形成流动水流。寨内铺设九条街巷,五纵四横,主街如意街
(又称长塘街)长 195 米,宽 2 米,东西走向。寨内民居多为木构瓦房,家家石
砌矮墙,户户绿树成荫。今村落西北部仍保存清代康熙年间建造的三进大
宅"司马宅",面宽 70 米,有 15 个中堂,6 个天井,24 个道坦,58 间房屋,占地
6400 平方米,现仍居住着陈氏家族 36 户人家。宅内兼有古井、池塘、花园、
月洞门和镂花墙,这种宅园结合布局是清初典型的庭院大宅建筑。芙蓉村

古建筑群是全国重点文物保护单位。

永嘉渠口豫樟村位于小楠溪下游南岸,始建于元代,也是一个风水规划和"兴文运"创意的古村落。它坐西南朝东北,背靠笔尖山,作为玄武之山;正前方对着凤凰山,作为朝拱之山;凤凰山下有水资源丰富的小楠溪流过;村前建一砚池,砚池位置和大小正好将笔尖山高耸的笔峰倒映入池内,形同毛笔蘸墨。据当地宗谱记载,该村曾出过一门三代五进士,其原因就是由于"豫樟胜地也。襟青葱之山,带激潋之水,且有文笔之峰拥其秀,砚沼之泉发其祥"。

最后,还要提一下我国古代风水理论分为两个派系,一派是以唐代著名风水大师杨筠松为代表的江西派,又称形势派或峦头派;另一派是宋代王伋为代表的福建派,又称理气派。温州古村落规划思想多采用江西形势派的理论,因此温州风水村落不仅具有良好的生态环境,而且还有生动形象的自然景观和人文景观。而福建理气派则主张以主人生辰八字的命卦来确定村落和民居的朝向,因而每个村落的方位朝向都不一样,同一村落中不同住宅的朝向也都各异。这就把风水思想引向歧途,歪曲了风水理论关于人与自然相和谐的思想,其结果导致了村落形态和布局的无序化。这种福建派风水理论对粤东地区的古村落形态影响较明显,对温州古村落无甚影响。

4. 生态环境

明代《阳宅十书》是我国古代集阳宅理论与实践之大成的代表性著作,此书开篇就对村落和住宅选址的自然环境条件作了概括,"人之居处,宜以大地山河为主"。这表明人类的居所应与大自然保持密切联系,应与生态环境相协调、相和谐。古人对生态环境质量高低的评价,是在长期的实践观察和经验总结的基础上作出逻辑判断。所谓"内气萌生,外气成形"就是对生态环境质量内外因关系的经验总结。常见的背山面水古村落环境本身就是一个典型的具有生态学意义的好例子。

温州地处北回归线以北的亚热带季风气候区,境内80%是丘陵山地,因此村落和民居多选择坐北朝南、依山傍水的自然环境。这种选址的生态学价值很高,背后的山地丘陵能抵挡冬季风的寒流入侵;面朝流水既有利于夏季风的暖湿滋润,还能享受饮水、洗涤、灌溉、舟楫和渔利之便;坐北朝南可获取良好的日照和通风条件;地处山麓既有利于排水流畅,避免涝淹之灾,又可获取开阔的视野;群山植被既可涵养水源,保持水土,又有樵柴之利,还可调节小气候;更重要的是附近有广阔的洪积扇、冲积扇、山间盆地或河谷平原,可以辟为田园,以供糊口生计。这些因素综合在一起,造就了一个整体良好的古村落生态环境。

温州古村落的民居多为木构架瓦房,平面布局的基本模式为三合院,中轴对称,即分正屋和两厢房。正屋有三间正、五间正、七间正、九间正等,以五间正居多。正屋的正中叫中堂,又称堂屋,中堂面阔最大,屋内供奉着祖先的神座。中堂的两侧叫正间,正间的两侧叫二间,二间的两侧叫叶间。以五间正为例,正间为卧室,二间前面为餐厅,后面为厨房。中堂和正间的前面有2米宽的半露天檐廊,日常家务和手工等活计都在檐廊进行。厢房又称横楼,横楼亦分三间、五间。规模大的民居有三进,叫"三退九明堂"。温州现存的明代住宅多三进两院,规模宏大,形制整齐,用料和施工考究,现留存不多。清代住宅数量众多,但规模和质量有所下降。温州古村落这种明清住宅形制实用,空间开敞,给人以自然明朗的感觉,能亲近自然,与环境融洽协调。

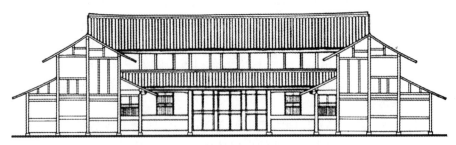

图 2-25　永嘉苍坡村明代住宅立面图

平阳西部山区的青街和顺溪是有名的生态古村落,"青街竹,顺溪屋"是流行于民间的古老谚语。顺溪村位于南雁荡山脉的眉峰南麓、鳌江上游的干流北岸,北山南溪,山青水秀,环境清幽。明代隆庆年间(1567～1572年),始迁祖陈育球举家从大峤迁至顺溪落户,顺溪便成为陈氏家族的聚居地。经过一百多年的发展,传至陈嘉询(1691～1760年)一代,在这生态环境优雅的顺溪开始大兴土木,陆续营造著名的"陈氏大屋"7座。其中清代康熙后期陈嘉询所建的"陈氏祖屋",平面形态呈"東"字形,以中心纵轴为主体,依次建有门台、前厅、中厅和后厅,每厅九开间,厅间是宽敞的天井。两边横厢都有走马楼,横厢后边又有廊厢别院。整个建筑以回环廊道分隔为6个庭院,彼此形似独立,却又毗连相通,门户相对,回廊串接。大小天井6个,套房99间,总面积4200平方米。四周围以高墙,门台前两旁竖立旗杆石。陈嘉询儿子陈永千生育7个儿子,均从祖屋分出,各立门户,各筑大屋。现存的陈氏大屋5座,除祖屋外,还有清乾隆年间建的陈显仁、陈安仁、陈作仁大屋,以及嘉庆年间建的陈崇仁大屋。现均为浙江省文物保护单位。

苍南桥墩碗窑村位于玉苍山南麓、鳌江最大支流横阳支江上源莒溪北岸的山坳内,是一个内凹型的山坡村落。据当地宗谱记载,清康熙年间(1662~1722年)福建汀州连邑擅长制瓷的巫、余、华、江、胡氏五族先祖为寻觅栖身之地,行路至此,看见这里尽是储量丰富的高岭土,且林木葱郁,燃料充足,加上水运通畅,具有发展制瓷业得天独厚的生态环境,便迁此定居。当时村名蕉滩,后因制瓷业著称,改名碗窑。当地《巫氏宗谱》记载:"清初时,实业瓷矿,屋宇连亘,人繁若市。"产品远销福建、广东、安徽、山东等地。该村落至今仍保留完整的水碓、瓷土漂洗池、沉淀池、手工作坊及窑床等古老制瓷设施,尤其是清代18座瓷窑保存完好,有的甚至仍在点火焙烧。碗窑古村落的空间布局,在水平方向上民居沿等高线呈内凹型分布,在垂直方向上民居由下而上呈阶梯状分布。至今仍保留着清初的民屋、戏台、庙宇等古建筑。村口有一座八面八角二层悬挑式木构吊脚楼。临近小街处有一座同治年间建的古戏台,戏台前方是三官大帝庙,庙的中央大厅由四根立柱支撑。戏台和三官庙中有乡间古村落少见的清代螺旋式藻井。戏台与庙宇隔一天井相对峙,通过厢房形成一个连体建筑群,不管风云雨雪,台上照演,台下照看。

5. 防御意识

曾有人对元谋猿人、蓝田猿人、北京猿人生活过的环境作效应分析,认为原始人类选择的居住环境有三种效应,即边缘效应、闭合及尺度效应、豁口及走廊效应。这三种效应都可获取丰富的采集和狩猎资源,又具有防御野兽和敌人、庇护同族的功能。这种原始的防御意识逐渐发展为古村落布局的一个原则,而且制约着中国几千年的聚落形态和聚落空间的布局。温州古村落选址和布局中的防御意识,最为典型的实例就是明代沿海卫所和堡寨的城墙建筑。

永强东濒东海,北临瓯江口,地处海防前哨,明代屡遭倭寇侵掠。为防倭袭,明洪武二十年(1387年),汤和在永强修筑宁村所;明嘉靖三十七年(1558年),凌儒在永强二都海口修筑永兴堡;同年,王叔果和王叔杲兄弟俩在永强二都英桥修筑永昌堡。从此,永强三城堡成鼎足之势,彼此呼应,联合防御,形成强有力的抗倭堡垒。明代永强三城堡都是具有明显防御意识而兴建的古村落,前者是政府建的所城,后两者是民众集资建的民堡,其防御意识的标志就是高大坚固的城墙。

宁村所位于今永强海滨街道宁村。当时的村落规模为千户人家,故称千户所,隶属磐石卫。所城的城墙总长度2280米,用地面积32.5万平方米(487亩),比当时的平阳县城和乐清县城都大。宁村所平面形态成正方形,每边城墙长度都是570米,每边城墙的正中都开设一个城门,每边城墙外都挖有濠河。四个城门上都建有城楼,外跨濠河都建有吊桥,与城外道路相连。全城开设三个水门,使城内河道与城外河网相通。城内用青砖铺设十字交错的主街道两条,名为宁城街和宁城横街,与四方城墙下的跑马道组成规整的"田"字形道路网。然而,宁村所城只存在274年,至清顺治十八年(1661年),奉命全城迁弃,城墙全部拆除,不复存在。清康熙九年(1670年)改宁村所为宁村寨。今天,城垣虽圮而遗址犹存,城周护城河除东南部一小段已淤塞外,其余河段仍是水利和交通河道,因此城址清晰可辨。

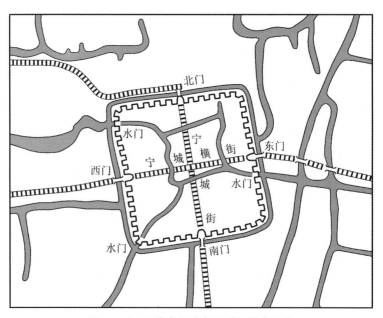

图2-26 明代永强宁村所城位置布局图

永兴堡位于今永强永兴乐二村(八村)至榕树下村一带。原是永强二都海口的煮盐坛地,是永嘉盐场所在地,屡遭倭寇焚掠。明嘉靖三十七年(1558年)巡盐御史凌儒率众筑城建堡。城墙四周总长度720丈(2304米),高度2.4丈(7.7米),基宽1.3丈(4.2米),用地面积22.9万平方米(344亩),比宁村所城小,但与当时的泰顺县城相当。平面形态呈东北—西南向的狭长状长方形,城墙南北长280丈(896米),东西宽80丈(256米)。全城建6座城门和2座水门。6座城门为前大门、南门、北门、西门、东大门、东小门(俗称小门儿)。城墙四周都有濠河,今上河就是当时的西濠河,今下河就是东濠河。城内东城墙下开挖一条城内河道,供灌溉和交通之用,并由南北两个水门与城外河网相通。城内正中铺设一条南北大街(今下垟街),由南北两城门与城外道路相连。逾103年后,清顺治十八年(1661年),全城奉命迁弃,城垣拆除。残存一段城墙于1950年全部拆除,今荡然无存。

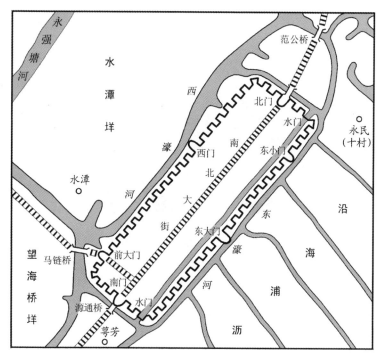

图 2-27　明代永强永兴堡位置布局图

永昌堡位于今永强永昌新城村。它的东面是永强塘河,南面是李浦河,北面是林浃河。堡城呈长方形,城墙南北长738.3米,东西宽445.4米,总长度2367米,占地面积32.9万平方米(493亩)。城墙高4米,基宽3.9米。城墙内外壁都用块石垒砌,中间夯土。全城开设四个城门,东门称环海门,南门称迎川门,西门称镇山门,北门称通市门。城门拱券用青砖砌成,建闸、门两重设防。城门上都有谯楼,谯楼面宽三间,砖木结构,歇山顶,上下城楼的左右台阶用长条石铺设。城外四周环绕濠河。城内开挖两河。西面称上河,东面称下河,经南北4座水门与城外中路河相通,城外船只经水门可入城。水门上架石桥,下置水闸。城中上河建造 7 座桥梁,开挖 5 条河浃;下河建造 4 座桥梁,开挖 5 条河浃。永昌堡自明嘉靖三十七年(1558 年)冬动工,一年后建成。过了 102 年,至清顺治十八年(1661 年)奉命迁弃,全城拆除。后来又按原址原样修复,当地人称修复后的永昌堡为"新城"。现基本保存完整,是全国重点文物保护单位。

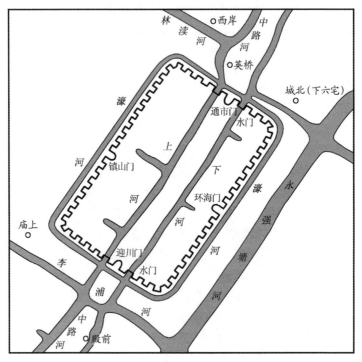

图 2 - 28 明代永强永昌堡位置布局图

蒲城位于苍南南端马站镇南部的龙山山麓,是明代修筑的防御倭寇侵扰的古村落。蒲城所城兴建于洪武十七年(1384 年),历时三年建成。它与宁村所一样,是我国明代沿海 59 个抗倭所城之一。蒲城依山临海,形势险要。城墙总长 5 里 30 步(2928 米),高 1.5 丈(4.8 米),顶宽 1.2 丈(3.84 米),占地面积约 50.4 万平方米(756 亩),超过了元代瑞安县城面积,是温州明代规模最大的一座所城。所城平面呈规则的长方形,北面城墙依山而建,不设城门,不挖濠河,其余三面均设城门,皆挖濠河。三面濠河与西溪相通,汇入蒲江,南流至沿浦附近入海。三座城门中的东门称威远门,南门称正阳门,西门称挹仙门。城门外侧都有瓮城护城。城门的拱券由石板错缝砌成,城楼都是三开间木构建筑。全城建城垛 611 口,敌台 6 座,窝铺 22 座。城外设有南堡烽火烟墩,由北而南分别有顶魁山、大尖山、对面山、霞关等多处烽火台,海上敌情通过烽火烟墩迅速传递到所城。城内建筑布局为"一亭二阁三牌坊,三门四巷七庵堂,东南西北十字街,廿四古井八戏台。"目前该古村落的城垣、街巷、古井等仍保存当初格局,城内西南角的社仓巷、铁械局、马房巷等是当时后勤装备区域。城内绕东、南、西三面城墙的跑马道,至今保留如旧,成为全国重点文物保护单位。

寿宁堡位于今乐清虹桥瑶岙村,背靠巍峨奇秀的白龙山,前接宽阔的虹桥平原,扼温台驿道的要冲,有"温台第一关"之称。据明嘉靖《乐清县志》记载,"嘉靖数十年间,倭连岁入寇,东西乡河上闻鬼哭,井中嗅人腥,有邑以来未经此惨。"据乐清芙蓉村《朱氏宗谱》记载,嘉靖三十七年(1558 年)四五月间,倭三次自瑶岙进犯芙蓉。寿宁堡就在这年由朱守宣倡筑,历时四年,嘉靖四十一年(1562 年)秋建成,属于民堡。城墙周长 500 丈(1600 米),高 2.6 丈(8.32 米),基宽 1.6 丈(5.12 米),顶宽 1 丈(3.2 米),占地面积约 14.8 万平方米(222 亩)。全堡建有 5 个城门,东门称迎曦门,北门称登龙门,还有临清门、驻景门和来熏门。城门之上都筑有城楼。现存的东门城门洞宽 3 米,深 5.5 米,高 2.8 米;北门宽 1.75 米,深 5.6 米,高 2.2 米。

蒲岐寨位于今乐清蒲岐。始建于南宋淳熙年间(1174~1189 年),至明洪武二十年(1387 年),汤和加筑城垣,成为蒲岐千户所。明代蒲岐所的城墙总长 600 丈(1920 米),高 2.2 丈(7.04 米),基宽 2 丈(6.4 米),用地面积约 21.6 万平方米(324 亩)。全城建城门 4 座,敌台 12 座,窝铺 24 座,城垛 750 口。到了清代顺治十八年(1661 年),奉命迁弃,城墙拆毁。清康熙九年(1670 年)按原址修复如故。目前,蒲岐所城的城门和水门保存完好,四周护城河如旧,城墙虽毁,但城址范围清晰可辨。现为乐清市文物保护单位。

上述具有防御意识的古村落实例,说明明代沿海平原卫所堡寨的建设是经过严密规划的,它们的平面布局方整而规则,城内都有河流和田地,给排水系统完善,水陆交通方便,它们的选址、设计和施工等都表现出明显的规划意匠。

6. 耕读风俗

南朝初年,我国山水诗的鼻祖谢灵运出任永嘉郡守。他迷恋永嘉山水,在任 13 个月中所写永嘉山水诗占他一生山水诗的一半,并且成为温州耕读文化的倡导者和推动者。特别是宋代以来,科举之风盛行,乡村读书蔚然成风。村民一面以农耕生活为本,一面通过发愤读书入仕。人们向往一种悠然而居的田园耕读生活,"使居有良田广宅,背水临流,沟池环匝,场圃筑前,果园树后"。山水秀丽、气候宜人、土壤肥沃的楠溪江流域是温州古代耕读社会的理想境地。清光绪《永嘉县志》称楠溪江"山峰挺秀,涧水呈奇,而人生其地者皆惠中而秀外,温文而尔雅。"这显然是耕读社会使人知书达理、修身养性的结果。

温州古村落大多具有耕读风俗的布局形态,至今仍可见遗风旧貌的为数众多。例如楠溪江流域的芙蓉村、苍坡村、岩头村、花坦村、渠口村、坦下村、豫樟村、蓬溪村、溪口村、屿北村等。楠溪江各地许多传世宗谱都说,人们迁居楠溪江并非为了经济上的原因,而是崇尚秀丽的田园山水和僻静的耕读环境。例如位于大、小楠溪交汇处的渠口塘湾村是郑氏家族的聚居地。据《塘湾宗谱》记载,祖上原是永嘉郡城太守,世居郡城棠阴坊(今鹿城仓桥街),宋代第十六世祖爱慕楠溪山水之胜,徙居永嘉四十三都清通乡两溪口(即今塘湾村)。

耕读古村落景观最醒目的古建筑是牌楼,例如永嘉花坦村的"宪台牌楼"、岩头上村的"进士牌楼"等。花坦牌楼原有 12 座,现存宪台、溪山第一、乌府 3 座牌楼。宪台牌楼是明代弘治十八年(1505 年)温州知府李端和永嘉知县刘经为表彰该村朱良以(1384～1470 年)任四川按察司佥事而建,牌楼平面呈长方形,为六柱木构建筑,高 5.95 米,宽 6.28 米,深 5.05 米。明间两柱为方形石柱,外侧四柱为方形木柱,斗拱规整精致,形式古朴庄严。"溪山第一"是六柱牌楼,上悬明孝宗赐给布衣状元朱道魁的"溪山第一"匾额。岩头进士牌楼是明代嘉靖四十四年(1565 年)明世宗为表彰该村金昭(1516～1581 年)荣登进士第而建造,为四柱三间三楼木构建筑,高 7.63 米,宽 9.9 米,深 2.35 米。明间两柱为方形石柱,次间两柱为方形木柱,柱脚前后置石抱鼓,现为浙江省文物保护单位。

除楠溪江流域的耕读社会外,温州其他地区也有耕读村落的分布,例如乐清北部仙溪南阁村就是一个颇出成果的耕读村落。它位于北雁最高峰百岗尖(海拔 1056 米)北麓,扼显圣门景区入口处,有马家岭与北雁灵峰景区相通,砩头溪流经该村北面。南阁村始建于唐代,是章氏家族的聚居地,至今已有一千多年历史。该村历代以耕读传家,至明代正统四年(1439 年),族人章纶荣登进士,成为明代名臣,其子侄章玄应、章玄梅皆以政绩文章著称于世。该村至今仍保留明代牌楼群、尚书第、笃忠堂等古迹。村中沿着一条铺有红褐色卵石图案路面的直街,从北到南相继排列着"世进士"、"恩光"、"方伯"、"尚书"、"会魁"五座牌楼,另有两座今已倒塌失传。该牌楼群高约 10

米,都是六柱单间形制,具有典型的明代建筑风格,是全国重点文物保护单位。尚书第是章纶致仕后的故居,位于村后凤凰山山脚,坐北朝南,与笃忠堂、藏书楼连接,是三进合院式建筑,规模颇大。

耕读风俗不仅使人们陶醉于田园山水之美,而且能把山水诗、山水画的意境引入古村落的选址、布局和营造中,从而实现村落形态与诗画意境的统一。温州耕读古村落普遍盛行传统的"八景"手法,就是强调营造一种"可居可游"的理想生活环境,例如笔峰耸翠,笔山倒映,龙岗夕照,象岩野渡,马岭樵云,甑峰毓秀,山寺晓钟,索筋把钓,环带列屏,贝田耦耕等。即使今天,这些优美的乡村画卷仍是楠溪江旅游的兴趣所在。

古代温州农村多为普通百姓栖居之地,乡里之人社会经济地位低微,庶民庐舍不过三间五架,但有些达官贵族和富商巨贾在真山真水的乡村建造村落园林。这些园林通常建造在村口的河溪水口地带,称为水口园林。水口园林因地制宜,巧于因借,利用天然山溪,点缀凉亭水榭,广植高大乔木,将山水、田园、村舍融于一体,具有"自成天然之趣,不烦人事之工"的景观效果,成为村民游憩的理想场所。温州古代的水口园林,虽然比不上全国著名的皖南徽州水口园林,但也比较常见,平阳鲍氏、陈氏、江氏等望族都以善于园林布局而著称于世。可叹的是温州古代水口园林保留至今的甚少。

本章主要参考文献

[1] 邹逸麟《中国历史地理概述》,上海教育出版社 2009 年 2 月
[2] 中国历史地图集编辑组《中国历史地图集》1~8 册,中华地图学社 1975 年
[3] 陈桥驿《浙江地理简志·历史地理篇》,浙江人民出版社 1985 年 8 月
[4] 路遇、滕泽之《中国人口通史》,山东人民出版社 2000 年 1 月
[5] 刘沛林《古村落:和谐的人聚空间》,上海三联书店 1997 年 12 月
[6] 俞光《温州古代经济史料汇编》,上海社会科学院出版社 2005 年 3 月
[7] 林华东主编《瓯文化论集》,浙江人民出版社 2009 年 4 月
[8] 温州博物馆《文物与考古论集》,天马图书有限公司 1998 年 10 月
[9] 张镇中《温州地方史稿》,鹿城区政协文史资料第七辑 1993 年 10 月
[10] 陈志华《楠溪江中游古村落》,生活·读书·新知三联书店 1999 年 10 月

第三章　温州经济地理

中国猿人都知道到何处捕鱼,到何处打猎,到何处采集食物;发展到今天,哪里生产甘蔗?哪里生产甜菜?工厂办在什么地方经济效益最高?这就是经济地理。经济地理学作为一门研究经济布局规律的科学,走过了漫长而曲折的道路,迄今已成为活跃又成熟的学科。新中国成立后的前30年,人文地理的各个学科多受到打压和封杀,惟经济地理一枝独秀,连续发展了六十多年,以至于有人误认为人文地理就是经济地理。但是在前30年中,我国把欧美国家的经济地理作为资产阶级理论加以批判,取而代之的是苏联的社会主义经济地理,一度走入了死胡同。改革开放以后,我们博采众长,经济地理获得了新生,取得了长足的进步,形成了比较成熟的学科体系。温州经济地理属于区域经济地理学,是经济地理学的基本分支,主要包括温州的工业地理、农业地理、交通运输地理三大领域。

一、温州经济的主要特点

1978年中共十一届三中全会后,温州进入改革开放时代。在国家很少投资、集体经济又极其薄弱的条件下,依靠广大人民群众的聪明才干,发展商品经济,有效地解决了城乡剩余劳动力的出路问题,走出了一条颇具温州特色的脱贫致富之路。从一个交通闭塞、耕地狭小、资源匮乏、科技落后的沿海小城市发展成为富裕发达的大都市,从落后的农业地区实现了向工业化和城市化的腾飞,从三分之二的百姓处于贫困线以下穷困生活到温饱再到小康,实现了从贫困到富裕的历史性跨越,成为产业集聚的工业基地和品牌之都,堪称中国改革开放中一颗极为耀眼的新星。回眸三十多年的改革开放历程,温州经济具有以下五个方面的显著特点。

(一)改革开放以来温州经济发展迅速

温州商品经济的起步归功于农民兄弟。温州农民率先敢于冲破阻碍生产力发展的旧框框,从旧体制的束缚中解脱出来,千家万户兴办家庭企业,涌现出 10 万农民供销大军,搞活流通领域,创办数以百计的专业市场。商品经济的发展带动农村小城镇的蓬勃兴盛,因而家庭企业、专业市场、农民供销大军、小城镇建设是温州模式初期阶段的主要特色。继后,随着社会经济的不断发展,温州经济的组织形式有了很大的变化和发展。20 世纪 80 年代中期,温州农民创建了股份合作企业制度,并很快在农村社会经济中占据主体。90 年代以来,又出现了大量有限责任公司、企业集团等现代企业组织形式。在经营方式上,从分散的家庭小作坊、前店后厂形式转向集聚的工业园区的格局。在市场建设上,如今温州不仅拥有众多的农副产品市场、工业品市场和生产资料市场,还拥有与之配套的资金、劳动力、技术、信息、房地产等生产要素市场。昔日长年奔波于全国城乡的农民供销大军,今天大部分成为创办商场、兴办企业的实业家,有的成为某些行业的全国领军人物。

1978～2012 年的 34 年间,温州工业化和城市化快速发展,综合经济实力显著增强。地区生产总值 GDP 从 13.22 亿元猛增到 3650.06 亿元,翻了 8 番多,增长 275 倍,平均每年增长 14.38%(按可比价格计算)。人均 GDP 从 235.5 元增至 38686.8 元,越过了人均 6000 美元线,增长 163 倍,平均每年增长 13.01%。财政收入从 1.35 亿元增至 500.18 亿元,增长 370 倍,平均每年增长 19.00%。

温州人民生活水平显著提高,民间资本丰盈。34 年间城市居民人均可支配收入从 423 元增加到 34820 元,增长 81 倍,平均每年递增 13.85%;农民人均纯收入从 113.5 元增加到 14719 元,增长 129 倍,平均每年递增 15.38%。温州城区人均住房面积从 3.87 平方米提高到 41.25 平方米,平均每年增加 1.1 平方米。居民人均储蓄从 8 元提高到 8.15 万元,平均每年递增 31.19%。温州市区居民每百户拥有汽车 76 辆,平均每 3.63 人拥有 1 辆汽车。大多数城镇居民拥有投资性资产,积累了高达 8000 亿元的民间资金,走上了民营民富的康庄大道。

温州基础设施建设突飞猛进,城乡面貌发生翻天覆地的变化。改革开放之初,温州没有机场,没有铁路,只有一条海上水路和两条路况极差的沙石国道与外界相通。34 年来,温州建成了一大批高速公路、高速铁路、深水大港、通信设施、摩天大楼等,城镇基础设施基本完善,农村一半人口过上了城镇生活。

温州社会事业发展成效显著,社会保障体系初步建立。34 年以来,温州教育事业实现了跨越式发展,形成较为完整的基础教育、职业教育和高等教育体系。卫生事业快速发展,医疗条件大大改善,城镇职工基本医疗保险实现了全覆盖。科技馆、博物馆、图书馆、大剧院等文化设施相继建成,人民群众的文化生活丰富多彩。

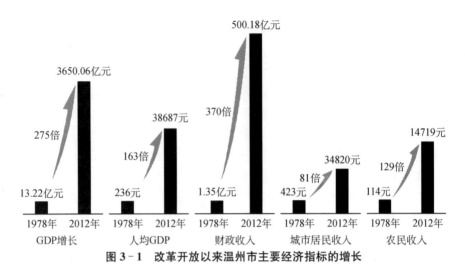

图3-1 改革开放以来温州市主要经济指标的增长

表3-1　　改革开放以来温州市 GDP 和工农业总产值的增长　　单位:亿元

年份	生产总值 GDP	工农业总产值	年份	生产总值 GDP	工农业总产值	年份	生产总值 GDP	工农业总产值
1978 年	13.22	18.90	1990 年	77.90	129.99	2002 年	1055.00	2368.90
1979 年	15.02	21.49	1991 年	92.92	163.30	2003 年	1220.30	2777.63
1980 年	17.97	25.70	1992 年	126.86	229.27	2004 年	1402.57	3112.84
1981 年	19.18	26.86	1993 年	196.06	387.91	2005 年	1600.17	3653.56
1982 年	21.37	30.21	1994 年	295.87	580.48	2006 年	1834.38	4247.48
1983 年	24.34	34.52	1995 年	401.66	791.45	2007 年	2157.00	5070.16
1984 年	30.21	46.06	1996 年	507.05	1085.44	2008 年	2424.29	5450.19
1985 年	37.80	61.54	1997 年	601.85	1332.45	2009 年	2527.88	5509.72
1986 年	44.91	70.96	1998 年	672.06	1477.31	2010 年	2925.57	6670.62
1987 年	54.96	88.95	1999 年	729.07	1647.41	2011 年	3350.87	7250.10
1988 年	69.21	112.57	2000 年	828.12	1901.54	2012 年	3650.06	7025.47
1989 年	72.84	123.12	2001 年	932.08	2105.76	2013 年	4003.86	7441.71

表 3－2 　　　　　　2000～2012 年温州经济主要指标的增长

年份	GDP		人均GDP（美元）	财政总收入（亿元）	地方财政收入（亿元）	城市居民年收入（元）	农民年收入（元）
	总量(亿元)	增速(%)					
2000 年	828.12	12.7	1323.8	73.87	44.52	12051	4298
2001 年	932.08	12.3	1467.0	96.11	63.41	13200	4683
2002 年	1055.00	13.0	1637.2	126.26	68.75	14591	5091
2003 年	1220.30	14.8	1865.2	151.77	78.96	16035	5548
2004 年	1402.57	14.1	2106.9	182.40	95.90	17727	6202
2005 年	1600.17	13.0	2362.1	204.90	109.60	19805	6845
2006 年	1834.38	13.3	2738.4	241.10	128.80	21716	7543
2007 年	2157.00	14.3	3303.5	293.30	157.00	24002	8591
2008 年	2424.29	8.5	4006.1	339.78	180.15	26172	9469
2009 年	2527.88	8.5	4150.9	360.72	195.64	28021	10100
2010 年	2925.57	11.1	4737.6	411.43	228.49	31201	11416
2011 年	3350.87	9.5	5591.5	485.62	270.87	31749	13243
2012 年	3650.06	6.7	6128.6	500.18	279.01	34820	14719

　　说明：此表数据来自历年《温州市国民经济和社会发展统计公报》。GDP 增速按可比价格计算。人均 GDP 按常住人口计算，不按户籍人口计算，2012 年为 943.5 万人；美元汇率按每年平均中间价折算，各年不同，2012 年为 1 美元等于 6.3125 人民币元。城市居民收入指可支配收入，农民收入指纯收入。

　　改革开放以来 34 年间，温州 GDP 的年均增速 14.38％，这是惊人的。尤其是 1992～2001 年十年间，温州 GDP 的年均增速更高达 19.7％，超过了经济特区的速度，领跑全国，这是惊天的。然而，后来的十年（2002～2011年）增速显著减缓，年均增速降至 11.9％，增幅比前十年下降 7.8 个百分点，远低于厦门、杭州、嘉兴等地，甚至低于邻居的小弟弟台州。特别是 2008～2012 年五年间，温州 GDP 年均增速仅为 8.9％，甚至 2012 年降至 6.7％，不仅位居全省倒数第一，而且处于全国各地的下游水平。

表 3－3 　　　　　　　　两个十年的年均 GDP 增速比较　　　　　　　　单位：%

区域	全国	浙江	杭州	宁波	嘉兴	台州	青岛	厦门	温州
1992～2001 年	10.3	14.3	16.8	15.7	14.5	16.3	14.1	19.1	19.7
2002～2011 年	10.6	12.3	13.0	12.6	13.2	12.4	14.5	15.0	11.9
升幅(百分点)	+0.3	-2.0	-3.8	-3.1	-1.3	-3.9	+0.4	-4.1	-7.8

衡量国民经济和社会发展水平的指标很多,其中最主要的是人均国内生产总值 GDP。联合国和世界银行认为,人均 GDP 在 1000 美元以下为低收入国家,1 千至 1 万美元为中等收入国家,1 万美元以上为发达国家。2012 年浙江省人均 GDP 首次跨入 1 万美元行列,标志着浙江率先达到发达国家水平,跨入高收入国家行列,这是非常可喜可贺的大事。然而,温州人均 GDP 还只有六千多美元,仅为杭州、宁波、舟山的一半,比地处僻壤山区的丽水市还低,在全省 11 个地级市中排名倒数第一,这是温州经济最沮丧、最倒霉的事情。人均 GDP 低,标志着温州经济和社会发展水平远落后于兄弟城市。温州人的聪明才智和拼搏精神赢得世界的赞誉,被称为"中国的犹太人"。曾经创造辉煌的"温州模式"使全国上下观止仰止。全国前来考察温州模式、学习温州经验的人络绎不绝,仅 1986 年一年中来温的考察和学习的人员达到 1132 批,21886 人,其中副部长、副省长以上的有 98 批,一百多人。未经温州市政府接待处接待的学习人数更多,以致国务院发通知要求各地控制来温参观,以免影响温州的正常工作。然而,时过境迁,如今温州经济停滞倒退,成为全省殿后。主要原因是温州政府部门不作为和瞎指挥,在温州经济形势的认知上存在错误判断,在经济战略决策上偏离正确方向,在具体经济发展的措施上尽干一些荒唐的蠢事。最典型的是温州城市化水平与社会经济发展相适应,偏说成"城市化滞后";温州第三产业滞后于社会经济发展水平,偏要遏制和打击第三产业的发展,提出所谓的"温州产业空心化"谬论。

从目前状况来看,温州很有可能跌入中等收入陷阱。根据中国社会科学院学部委员张蕴岭研究,导致一个国家或地区不能跨越中等收入陷阱的最主要因素是生产要素效率不升反降,而导致生产要素效率下降的主要原因是经济增长长期停滞在依靠劳动、资本投入的阶段上。为了成功跨越中等收入陷阱,一是必须形成新的经济增长机制,加快实现经济增长由依靠劳动和资本投入拉动,向依靠技术和创新拉动转变;二是必须扭转生态环境恶化的趋势,加快向绿色经济、节能经济结构转变;三是必须建立经济社会发展的包容机制,缩小基尼系数,提高经济发展成果社会共享度。从那些成功跨越中等收入陷阱的国家和地区的经验来看,主要是靠积极的升级政策和良好的体制。具体来说,主要表现为采取积极的产业升级政策,大力推动技术和管理体系创新,以创新来推动产业结构、经济结构不断升级;重视对人力资源的培养和利用,不断改进管理,提高经济运行效率;形成支持经济增长和社会变革的包容性机制。从那些陷入中等收入陷阱的国家和地区的教训来看,主要是没有形成推动改革创新的政策,经济缺乏改进升级的动力和支持,其次是因为政府对市场的直接干预过多,市场缺乏活力。

表 3 - 4　　　2012 年浙江省地级市 GDP 总量和人均 GDP 比较

地级市	GDP 总量		人均 GDP		
	排序	人民币(亿元)	排序	人民币(元)	美元(元)
杭州市	1	7803.98	1	89696.80	14209.39
宁波市	2	6524.70	2	85786.98	13590.02
温州市	3	3650.06	11	40013.37	6338.75
绍兴市	4	3620.10	4	73696.10	11674.63
台州市	5	2927.34	8	49044.03	7769.35
嘉兴市	6	2884.94	5	64085.57	10152.17
金华市	7	2700.12	7	50360.34	7977.88
湖州市	8	1661.97	6	57438.05	9099.10
衢州市	9	982.75	9	46297.17	7334.21
丽水市	10	885.17	10	41812.47	6623.76
舟山市	11	851.95	3	75978.77	12036.24
浙江省	—	34606.30	—	63583.08	10072.57

说明:为了可比性,此表计算人均 GDP 的人口数量采用 2010 年"六普"常住人口数,而不用户籍人口数。美元汇率采用 2012 年平均汇率的中间价 1 美元等于 6.3125 人民币元。

(二) 轻工强,农业弱,第三产业滞后

2012 年,温州国民经济产值结构中,第一产业增加值 112.90 亿元,占 GDP 总量的 3.1%;第二产业 1843.06 亿元,占 50.5%;第三产业 1694.10 亿元,占 46.4%。据 2010 年第六次人口普查数据,温州劳动力构成中,第一产业 54.75 万人,占 9.49%;第二产业 327.24 万人,占 56.72%;第三产业 194.95 万人,占 33.79%。1985 年开始的三次产业旧划分方法中,第三产业分为流通和服务两大领域、四个部门,2003 年新的划分方法不再把第三产业分为四个层次。

根据中山大学李江帆的三次产业产值方程和就业方程,可以求出温州当前人均 GDP 为 6000 美元时的三次产业增加值比重的理论值为第一产

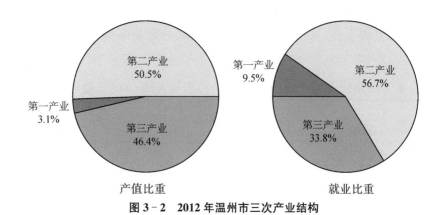

图 3-2　2012 年温州市三次产业结构

业 4.9%,第二产业 43.4%,第三产业 51.7%;就业比重的理论值为第一产业 3.0%,第二产业 33.1%,第三产业 63.9%。以此对照温州三次产业的产值构成和就业构成,一产比重偏小,二产比重偏大,三产比重明显偏小。

温州第一产业的产值比重比理论值偏低 1.8 个百分点,比大多数工业化国家还低。其原因一方面是温州耕地狭小,人均耕地面积仅 0.29 亩,是全国平均数的 1/4.5,是世界平均数的 1/12,大批耕地被征为建筑和工交用地,温州市的郊区已基本看不到成片的耕地,而广大山区林地的土地生产力又很低。另一方面是温州各级政府对农业不重视,全市三分之一的耕地由双季稻改种单季稻,三分之二的耕地由一年三熟抛荒为一年两熟,三分之二的农村劳动力从事第二、第三产业,1982~2007 年的 25 年间平均每年粮食减产 18.6%,温州从一个商品粮输出地区转变为三分之二的粮食和农产品依赖外地输入。温州第一产业的就业比重比理论值偏高 6.5 个百分点,这说明一方面温州农业是劳力密集型农业,并非工业化国家的资金和技术密集型农业,机械化程度很低,温州农业生产具有精耕细作的特点。另一方面温州蔬菜一类的园艺业在种植业中所占比重较高,因而所需劳动力数量就更多。

温州第二产业的产值比重比理论值高出 7.1 个百分点,就业比重比理论值高出 23.6 个百分点,第二产业在国民经济中占绝对优势。温州第二产业中,工业占 91%,建筑业占 9%。由于温州缺矿产,缺能源,所以温州重工业比重很低,轻工业比重很高,由此,温州市政府提出"打造国际轻工城"的战略方针。这种布局战略不能说不妥,但社会上有一种很流行的观点,认为轻工业赚钱少,重工业和高新技术工业赚钱多,甚至有人提出要关闭和驱逐温州的轻工企业,这样才能实现温州经济的转型目标。这种观点是非常错误的,必须予以纠正。温州轻工业发达,轻工业产值高,轻工业就业人数多,并不意味着产业结构失调。在产业布局中应该本着因地制宜原则,宜农则农,宜工则工,宜服则服(务),宜轻则轻,宜重则重,无须削足适履。例如苏黎世发展金融业,拉斯维加斯发展旅游业,普拉托发展纺织业,澳门发展博采业,这些都是正确的产业布局,根本不存在产业布局失调。

温州第三产业的产值比重比理论值低 5.3 个百分点,就业比重比理论值低 30.1 个百分点,这才是温州产业布局不合理的关键所在。温州第三产业比重低,而且难以提高,其关键原因是第三产业市场化程度不够。民营企业是最有活力的,温州第一、二产业的民营经济比重均超过了 90%,而第三产业的民营经济比重至今仍只有 69.2%,低于全社会民营经济比重 12.7 个百分点。从第三产业的行业看,商贸、交通等传统行业的民营经济成分已比较高,均在 80% 以上,而金融、电信、文教、卫生等公共服务行业的民营经济比重仍很低,都在 50% 以下。随着经济的发展和社会的进步,世界各国第三产业比重都在增大。经济越发达,居民越富裕,第三产业比重就越高,所以发达国家的第三产业比重都在 70% 以上,中低收入国家也已超过 50%。第三产业的兴旺已成为全球性的经济发展趋势,已成为现代社会具有重要战略地位的产业部门。因此,今后温州必须积极拓展服务领域,大力发展第三产业,尽快提高第三产业的产值比重和就业比重。

长期以来,我国第三产业落后,第三产业比重低,发展缓慢,其影响因素主要有三个方面。第一是错误的经济理论的误导。有人把服务部门看作不创造社会财富的"非生产部门",看作资产阶级腐朽性和寄生性的突出表现。由此导致在实践中对"非生产部门"的歧视,使第三产业资源投入受阻,发展被遏制。第二是发展战略的偏差。在工农业现代化的同时,没有及时把第三产业发展列入国家经济发展战略之中。"四个现代化"只把工农业现代化列入议事日程,忽视了第三产业现代化及其同步发展。第三是政策失误。长期实行服务低价制度,损害了服务业利益,挫伤了服务业发展的积极性。正因为上述的原因,我国不仅第三产业落后,而且连政府官员都不知第三产业为何物。例如政府文件中沿用从苏联那里学来的把服务业视为"非生产部门",这种旧产业观对第三产业的打击是致命的,殊不知第三产业就是生产部门,而且是国民经济的"先行官"。例如政府文件中要把精简政府机构的富余人员"转移到第三产业中去",殊不知政府本身就是第三产业。例如有人批评"教育产业化",有人提出"教育是产业,但教育不能产业化",这些都是荒谬的,教育本身是第三产业,是属于"吃皇粮"的免费或半免费的服务业,把教育产业化误为教育市场化。教育当然是产业化,但教育不能市场化。不仅教育是产业,政府机关、社会团体、警察、军队等公共服务业都属于第三产业。解放军为老百姓提供保驾护航的服务,与教育服务一样都是产业,但不能收费,不能市场化。上述例子说明当今政府层面的工作人员对第三产业的内容知之甚少,更何况老百姓。

1984年,我国提出大力发展第三产业的方针,第三产业得到全面快速的发展。但是温州目前第三产业的发展与经济发展水平仍不相称,仍不协调,即第三产业仍滞后于工业化和城市化。具体表现在第三产业总量不足,比重偏低,结构失衡,服务领域狭小,服务质量不高等。温州第三产业滞后的原因主要有五个方面。①市县领导认识问题。不少领导对发展第三产业的战略地位认识不足,甚至有些市县第一把手对第三产业的概念和范围都不明底里。对第三产业必然超越第二产业,成为GDP增长的第一推动力的远景缺乏预见性,还把"工业立市"当作经济发展的惟一战略,甚至个别领导对温州第三产业迅猛发展忧心忡忡,斥之为"产业空心化"。②体制问题。在体制转轨中,不少服务领域执法不严,无法可依,行业管理松弛,使服务市场混乱。③供给问题。在短缺经济基本结束的形势下,服务业对服务需求的变动缺乏预见性,开拓服务增长点的创新能力弱。④垄断问题。垄断严重的服务业,价格高,质量次,效率低。⑤投入问题。资本、管理、技术、信息要素对第三产业的投入不足。

2011年初以来,出现一种"温州产业空心化"谬论。"产业空心化"又称"离制造业",意谓第三产业迅猛发展,甚至超过工业,即无论是劳动力的数量和质量还是社会资本的流向都聚向第三产业,逐渐远离制造业。近年来,温州专业技术人员数量的2/3配置在第三产业,而第二产业只占1/4,其中制造业仅占1/6。温州制造业无论在基本建设投资层面,还是在更新改造投资层面,所占社会投资总额的比重都呈下降趋势。因而这种谬论制造者就斥之为"温州产业空心化",这伙人认为如果任由资本和劳动力远离制造业,温州会过早地进入后工业化或服务化阶段,制造业就不可能获得良性发展。笔者认为这是杞人忧天,目光短浅,是对产业结构高级化的必然趋势缺乏前瞻认识,也反映了对以市场为导向配置产业资源的认识不足。首先,从产业结构高级化的演变规律看,英国经济学家科林·克拉克(Colin Clark)1940年在《经济进步的条件》中揭示的劳动力随人均国民收入的提高由第一产业向第二产业,再向第三产业转移的规律,即著名的"配第—克拉克定律",如今已被我国政府决策部门和学术界所普遍接受并熟知,已被我国改革开放以来产业结构的演变事实所印证。产业结构高级化的重要标志就是第一产业比重下降,第二产业比重先升后降,第三产业比重日趋增大。可见温州最高决策者连这一点常识都不知道,如何带领温州人民进行经济的赶超? 实为市民所不齿!

第二,根据中山大学李江帆拟定的三次产业模型,温州一产比重持续下降,迄今已降至3.1%,已经很低了;二产比重逐步增大到45%左右即呈饱和状态,随后缓慢回落,温州已达50.5%,理应处于回落之中;三产比重逐渐增大,产值比重和就业比重都呈持续上升,这符合正常的规律。今天温州三产的产值比重明显大于就业比重,今后势必出现就业比重增幅显著高于产值比重。因此,"离制造业"是温州产业结构高级化的必然趋势,不必杞忧。"产业空心化"论者实质上是用传统的旧产业观观察问题的片面看法,把温州目前"退二进三"说成是"产业空心化",是因为他们把制造业看成产业部门,否认服务业也是产业部门。这是常识性的概念错误。事实上,制造业比重下降与服务业比重上升是同时发生的,有形产业退出造成"空心",被无形产业填补,这正是产业结构高级化的表现,在经济学上叫做产业的软化。根据发达国家现代化历程和产业结构演变规律,可以预见温州经济软化过程,即第一产业比重下降,第二产业比重先升后降,第三产业比重持续上升;居民消费结构中将表现为实物消费比重下降,服务消费比重上升。

第三,从市场对产业资源的配置看,在市场经济中,一个产业能否形成和发展,关键因素是有没有市场需求,需求量多少。在需求达到起点规模的基础上,有没有相应产品的供应能力是最重要的。目前,我国短缺经济已基本结束,第一、第二产业正处在结构调整和优化升级阶段,主要工业品相对过剩,仅靠数量扩张带动经济增长的余地不大。而第三产业的潜在需求量很大,发展空间广阔,带动经济增长和扩大就业的作用越来越突出,面临发展的新机遇。而温州产业空心论者却企图要把这种新机遇扼杀在摇篮之中,实在太卑鄙!

第四,从服务需求看,我国国民经济对服务产品的需求正在迅速提高。就生产服务来说,第一产业的市场化发展将促进农业服务发展,对农业信息、农业科技和农产品的销售服务有越来越广泛的需求。第二产业的结构优化升级将加大对金融、证券、研发、中介、市场营销、网络等服务的需求。

第三产业专业化和现代化水平提高也需要专业服务,例如教育信息化、后勤服务社会化、社会保障制度改革和服务营销等服务。就生活服务来说,收入水平提高,消费观念变化和消费结构升级,将使服务消费成新热点,教育、旅游、娱乐、文化、体育、医疗保健需求迅速上升。此外,城市化水平提高和规模扩大,将促进城市内部专业化分工细化,创造广阔服务需求空间。

第五,从服务供给看,我国经济体制改革为第三产业发展提供了强大动力。首先,与第三产业发展相关的许多改革难点将有重大突破。国有垄断性服务行业改革深入,使其加速发展。市场体系的建立完善为相关行业提供更多的发展机会。破除垄断和放宽市场准入,形成多元化市场结构,公平竞争充满活力的发展环境。其次,加快开放将激发第三产业发展的活力。第三产业将成为外商投资的热点。第一、第二产业开放早,领域多,外资规模大,基本进入买方市场,高利润领域不多,外商兴趣减弱。而第三产业开放程度低,巨大市场,高额利润,外资看好。外资进入使国内竞争国际化,带动第三产业整体水平提高。

第六,从第三产业特征看,服务需求的高收入弹性,使第三产业增长速度高于收入水平的增速;第三产业因需求坚挺且增长快,易维持较高价格,形成相对较高的收入水平,引起社会劳动由第一、第二产业向第三产业的转移,使第三产业以快于国民经济增长的速度快速增长,比重日趋增大,在国民经济中的地位日益提高。

这些事实表明,所谓"离制造业"趋势是产业结构高级化规律作用的必然结果,是市场配置产业资源的自然过程。顺应这种发展趋势,将会促进三次产业的协调发展和升级优化,没有必要对此忧心忡忡,更不能扼杀温州的第三产业。

(三) 民营经济为主体

温州经济的腾飞主要依靠民营经济的推动。因国家投资少,温州国有经济比重一直很低,集体经济也不像苏南、浙北那样的镇办企业遍地开花,温州经济而是以个体私营企业、股份合作企业以及在股份合作制基础上组建的企业集团为主体。温州民营经济数量及所占比重极大。在全市经济结构中,2012年温州民营企业数量占全市企业总数的99.5%,民营经济的生产总值占全市 GDP 总量的 81.9%,远远超过了全国 65% 的平均值。温州民营企业的工业产值占 95.6%,工业增加值占 91.5%,服务业增加值占 69.2%。民营企业上缴税收占 82.4%,从业人员占 92.9%,外贸出口额占 79.7%。

民营经济的社会消费品零售总额占全社会的 89.5%,民营经济固定资产投资占全社会的 68.4%。民营经济对 GDP 的贡献率已超过 80%。民营经济已成为温州城乡就业的主渠道,是温州财政收入的主要来源,是温州外贸出口的主力军,民间投资已成为温州全社会固定资产投入的重要力量。温州是全国民营经济的发祥地,"温州模式"和"温州经验"的本质特征就是民营经济,放手让老百姓实现民营、民有、民享、民富,就是温州经济的精髓。民营经济是温州的最大特色,是温州的立市之基,是百姓的致富之本,是温州经济发展的动力之源。

表 3-5　　　　　　　　2012 年温州民营经济的数量及比重

指　　标	数量	占温州全市比重(%)
民营企业数量(万家)	14.54	99.5
民营经济生产总值 GDP(亿元)	2799.80	81.9
其中:工业增加值(亿元)	1424.00	91.5
服务业增加值(亿元)	1072.56	69.2
民营企业上缴税收(亿元)	396.08	82.4
民营企业从业人员(万人)	534.69	92.9
民营企业外贸出口额(亿美元)	171.82	79.7
民营经济消费品零售总额(亿元)	1582.54	89.5
民营经济固定资产投资(亿元)	1198.39	68.4

温州民营经济起步早,发展快,实力强,成为温州经济发展的支柱力量。改革开放三十多年来,温州民营经济发展大体可分为三个阶段。第一阶段,从 1978 年至 1990 年,是温州民营经济起步和早期发展阶段。温州民营经济是从农村家庭经营起步的。1978 年开始,温州农民充分利用传统工艺、自家劳力、家庭场地和设施,从事投资省、上马快、技术简单的家庭工业,因地制宜发展小商品生产,很快形成一村一品、一乡一品的经济格局。例如永嘉桥头的纽扣,乐清柳市的低压电器,苍南宜山的再生纺织,苍南金乡的徽章和标牌,平阳萧江的塑料编织袋,瑞安仙降的塑革鞋等,形成闻名遐迩的十大商品产销基地。这些小商品的市场需求量大,原料容易获取,适宜于家庭生产。而国营和集体工厂因其利润低,批量少,销售困难等,普遍不愿生产。这个市场空档就被善于捕捉商机的温州农民捷足先登去占领,形成"小商品,大市场"的局面。经过多年的打拼,温州家庭企业不断发展壮大,到 80 年

代中期,温州出现一批以雇佣劳动为主的私营企业。经过政府的引导,温州私营企业积极经营,增加投入,扩大生产经营规模,走向联合式合伙经营,组建有限责任公司,出现各种类型的股份合作企业。生产技术从手工操作向机械化转化,有的企业装备了自动化生产线;生产场地由前店后厂、弄堂殿角向工业开发区集聚。

改革开放初期,温州以街办企业和乡镇企业等集体经济为主要成分,民营经济的占比极小。1978年,温州集体经济的工业产值占55.1%,国有经济占35.7%,各类民营经济只占9.2%,其中城乡个体经济仅16万元,占比几乎为零。温州集体经济的占比比浙江省同期平均值高18.9个百分点,其中一个重要原因是当时认为家庭企业姓"资",集体企业姓"社",很多家庭企业挂靠在集体企业的"红帽子"之下。继后,在邓小平"以公有制为主体,发展多种经济成分"的倡导下,对民营企业的认识观念有了突破,温州民营经济才得以大踏步发展。至1990年,民营工业产值比重从9.2%提高到32.7%,国有工业产值比重从35.7%降至16.5%,集体工业产值比重从55.1%降至50.8%。此外,在商业、建筑业等领域,民营经济也得到快速发展。在这一阶段,民营经济投资力度逐年增大,1978年温州民间资金投资163万元,占全社会投资比重4.3%;1990年民间资金投资达11.72亿元,占全社会投资比重66.5%,12年间增长了7倍多,占比提高了62.2个百分点。

表3-6   **温州三种经济成分的工业产值和占比变化**   单位:亿元、%

经济成分	1978年		1990年		1997年		2002年		2012年	
	产值	占比	产值	占比	产值	占比	产值	占比	产值	占比
国有经济	3.97	35.7	15.67	16.5	137.24	10.3	145.51	6.4	275.04	4.0
集体经济	6.13	55.1	48.33	50.8	299.80	22.5	34.10	1.5	29.41	0.4
民营经济	1.02	9.2	31.07	32.7	895.41	67.2	2094.05	92.1	6534.91	95.6
总共合计	11.12	100.0	95.07	100.0	1332.45	100.0	2273.66	100.0	6839.36	100.0

第二阶段,从1990年至2002年,是温州民营经济发展的黄金时期,创造了举世闻名的"温州模式"。在股份合作经济发展初期,由于无章可循,不少企业出现"一年合伙,两年红火,三年散伙"现象。1987~1994年,温州市政府先后制定颁发了7个文件加以引导和规范,使股份合作经济健康发展。到1994年7月《中华人民共和国公司法》颁布和实施,温州民营企

业开始进行现代企业制度建设，一批实力较强的股份企业组建企业集团。企业集团通过股份制式的兼并和联合，实行资产经营一体化，增强企业集团的整体实力和主体功能。市政府通过政策引导和行政服务，为企业集团牵线搭桥，支持和推进企业集团的顺利发展。1988年9月组建的瓯登集团公司是温州市第一家企业集团，继后组建的有正泰集团、天正集团、德力西集团、荣光集团等，至今温州有上百家集团企业，他们成为温州民营企业的中坚力量。

1992年邓小平的南巡讲话为温州民营经济发展带来了难得的历史性机遇，坚定了进一步发展的信心，民营经济迅速发展。至中共十五大召开的1997年，温州登记注册的私营企业达到5616家，个体工商户增至19.78万户，其中个体工业户达到9.58万户。个体工业户数量比1990年增加7.31万户，比1980年增加9.45万户。个体工业户的产值达到433.23亿元，占比为32.5%，比1990年提高24.2个百分点。从三种经济成分的变化来看，民营工业产值比重从1990年的32.7%提高到1997年的67.2%，国有工业产值比重从1990年的16.5%降至1997年的10.3%，集体工业产值比重从1990年的50.8%降至1997年的22.5%。

表3-7　　　　　　　　温州个体工业户的增长

年份	1990年	1997年	2002年	2012年
数量(万户)	2.27	9.58	10.60	11.28
工业产值(亿元)	7.89	433.23	694.73	1264.47
产值比重(%)	8.3	32.5	30.6	18.5

说明：这里指个体工业户。若个体工商户，2012年底全市为40.7万户。

中共十五大召开和随后通过的宪法修正案，确立了民营经济在国民经济中的重要地位，温州民营经济的政治环境和社会环境更为宽松，公司制在民营经济中得到快速发展。至2002年，温州全域3685家规模以上工业企业中，民营工业企业达3295家，占89.4%。其中民营公司制企业2071家，实现工业产值567.54亿元，占规上工业总产值的53.9%，比1997年提高35.8个百分点。与此同时，个体工业户的数量和产值虽有所增加，但比重呈下降趋势，由1997年的32.5%下降到2002年的30.6%。三种经济成分的比重更发生翻天覆地的变化，国有经济降为6.4%，集体经济降至1.5%，民营经济骤升到92.1%。

第三阶段,从2002年至2012年,温州民营经济的增速减缓,民营经济的先发优势逐步弱化,对经济社会的推动作用渐趋减弱。2012年,全域个体工业户11.28万户,比2002年增加6.4%,产值1264.47亿元,比2002年增加82.0%,但产值比重却由2002年的30.6%下降到18.5%,下降了12.1个百分点,非常惊人。此外,民营经济的比重由2002年的92.1%升至2012年的95.6%,上升了3.5个百分点;国有经济由6.4%降为4.0%,集体经济由1.5%降至0.4%。

2002年中共十六大提出毫不动摇地鼓励、支持、引导非公有经济发展,全国经济进入新一轮增长周期,民营经济发展的大环境明显改善,各地民营经济发展步伐迅速加快。然而,温州民营经济增速反而减缓,先发优势弱化明显。特别是2008年以来,全球金融危机和债务危机对温州民营经济的影响远甚于其他地方。银行抽资压贷使温州民营企业尤其是小微企业遇到的融资难困境,很多民营企业不得不以高息向民间借贷,不仅增大了企业的生产成本,更严重的是有些企业因资金链断裂而老板跳楼和"跑路",出现暴力讨债、非法拘禁、哄抢企业财物、堵塞交通等极端事件。2011年,这一问题因宏观经济体制环境变化而更为突出,引发全国著名的"温州金融风波",最终导致2012年温州工业产值出现负增长,人均GDP降至全省末位,仅为杭州、宁波、舟山的一半,比地处僻壤山区的丽水市还低,使温州人丢尽了脸面。

最后,要提一下温州民营企业光彩的一面,即中国民营企业500强榜单。2012年营业收入超77亿元的中国民营企业500强榜单中,温籍企业占有21家,若剔除总部迁驻外地的8家企业外,温州本土企业达到13家。这13家民营企业的2012年营业总收入达2443.92亿元,占全市工业总产值的35.7%。中国民营企业500强的前100位中,温籍企业占6家,其中本土企业就有5家,依次为青山控股集团(居第39位)、正泰集团(71位)、人民电器集团(88位)、德力西集团(89位)、天正集团(95位)。其他8家依次是奥康集团(202位)、环宇集团(215位)、华峰集团(297位)、兴乐集团(323位)、人本集团(354位)、法派集团(376位)、华仪电器(429位)、万控集团(482位)。

2013年中国民企制造业500强中,温籍企业占22家,其中温州本土制造业达18家。

表 3‐8　　2013 年中国民营企业 500 强中温州本土企业入榜名单

入 榜 企 业 名 称	2012 年营业收入(亿元)	2012 年名次	2013 年名次
1. 青山控股集团有限公司	424.48	54	39
2. 正泰集团股份有限公司	311.81	91	71
3. 人民电器集团有限公司	278.66	78	88
4. 德力西集团有限公司	276.33	110	89
5. 天正集团有限公司	265.07	101	95
6. 奥康集团有限公司	154.52	201	202
7. 环宇集团有限公司	141.67	186	215
8. 华峰集团有限公司	113.50	261	297
9. 兴乐集团有限公司	108.38	277	323
10. 人本集团有限公司	102.78	346	354
11. 法派集团有限公司	100.12	424	376
12. 华仪电器集团有限公司	86.45	420	429
13. 万控集团有限公司	80.15	442	482

说明:(1)2013 年排名按 2012 年营业收入为业绩依据,入榜门槛为 77 亿元。温州荣登榜单的企业数量比 2012 年少了 6 家。

(2)除 13 家本土企业外,另有 8 家总部迁驻外地的温籍企业,依次为上海人民企业集团、新湖集团、上海均瑶集团、上海胜华电缆集团、泰地控股集团、港龙控股集团、天津现代集团、上海美特斯•邦威服饰公司。

(四) 拥有庞大而繁荣的市场体系

温州民营经济发达,带动市场的繁荣。两者相互依存,密不可分。企业所需的原料、燃料、资金、劳力、技术、信息以及产品销售都依赖市场,市场的繁荣又促进了民营经济的快速发展。改革开放以来,经过三十多年的市场发育和完善,温州已经形成完整的市场体系。温州市场分为商品市场和生产要素市场两大类,商品市场包括工业品市场、农副产品市场、生产资料市场等,生产要素市场包括金融市场、劳动力市场、技术市场、信息市场、房地产市场等。

截至 2012 年底,温州有各类市场 500 家,市场年成交额 916.64 亿元,市场面积 8425.3 万平方米,摊位 98413 个,经营户总数 73484 户,从业人员132522 人。其中消费品市场 379 家,年成交额 693.81 亿元,占市场总份额的 75.7%;生产资料市场 92 家,年成交额 184.76 亿元,占市场总份额的 20.4%。温州超 10 亿元的市场 20 个,年成交额 452.34 亿元,占总成交额的 49.3%;超亿元市场 74 个,年成交额 607.57 亿元,占总成交额的 66.3%。温州开展市场信用分类监管的市场 424 个,其中 A 级市场 315 个,B 级市场 60 个,C 级市场 38 个,D 级市场 11 个,市场信用情况良好。

商品市场中,最引人瞩目的是工业品市场,它是在"一村一品、一乡一品"的基础上形成和发展起来的,因此大多表现为专业市场形式。温州工业品市场既是专业产品的生产基地,又是产品销售的集中场所。所以在这里可以产销直接见面,既可节省交易费用,降低价格,又使企业能及时了解市场行情。温州的工业品专业市场数量多,分布广,著名的有柳市低压电器市场、瓯北泵阀市场、桥头纽扣市场、蒲州紧固件市场、矮凳桥东方灯具市场、鹿城打火机市场、温州文化用品市场、金乡标识工艺品市场、平阳商务礼品市场、仙降塑胶鞋市场、桥下教玩具市场、鹿城鞋革市场、双屿中国鞋都、平阳中国皮都、站前服装市场等。

温州农副产品市场大多由传统的城乡集市贸易基础上发育而成。初期上市的多属当地农副产品,主要为居民的"米袋子"、"菜篮子"服务。如今向全国各地采购名优特农副产品,琳琅满目,应有尽有。2012 年温州有 272 家农副产品市场和 28 家农副产品批发市场,成交额共 485.42 亿元,占市场总份额的 53.7%,包含粮食类、油脂油料类、肉食禽蛋类、水产品类、蔬菜类、干鲜果类等商品。市场库存充足,购销平稳。有些农副产品市场能辐射周边地区和邻省地域,成为远近闻名的农副产品集散中心。著名的有瓯海浙南粮食批发市场、温州干鲜果批发市场、灵溪中药材滋补品交易市场、瑞安东山水产品批发市场、鳌江浙南水产品批发交易市场、温州浙南农副产品批发市场、虹桥综合农贸市场、灵溪副食品批发市场等。

温州生产资料市场数量和种类繁多,全市有 92 家,2012 年成交额 184.76亿元,占市场总份额的 20.4%。主要有钢材市场、废旧钢材市场、不锈钢市场、铁皮市场、化工原料市场、燃料和成品油市场、建材市场、木材市场、汽车市场、二手车交易市场、综合生产资料市场等。著名的有温州钢材市场、柳市有色金属材料市场、乐清金茂家具建材市场、永中不锈钢市场、温州木材交易市场等。

除上述商品市场外,温州还有多种类型的生产要素市场,其中最受人关注的是金融市场。温州金融市场分为银行金融市场和民间金融市场两大体系。温州银行系统金融市场网点和自助设备多,存贷规模大,全市有 31 家银行(含 6 家村镇银行)。2012 年底本外币存贷款余额达 1.48 万亿元,其中存款余额 7744.9 亿元,贷款余额 7013 亿元,不良贷款率从 2011 年 9 月爆发的民间借贷风波前的 0.37%提高到 2012 年末的 3.75%。中国人民银行温州市中心支行在温州市金融市场中具备基层央行职能,调控和监测温州经济金融的稳步发展。全市 31 家银行中,2012 年存贷款总额在 1000 亿元以上的有 6 家,中国农业银行温州分行居首(2444.59 亿元),其次是温州农村合作银行(2177.40 亿元),第三是中国工商银行温州分行(1746.59 亿元),第四是中国建设银行温州分行(1699.51 亿元),第五是温州银行(1080 亿元),第六是中国银行温州市分行(1074.57 亿元)。

表 3-9　　　　　　2012 年温州市主要银行的经营规模　　　　　单位:亿元

银 行 名 称	存贷款总额	存款余额	贷款余额
中国人民银行温州市中心支行	—	—	—
中国农业银行温州分行	2444.59	1426.44	1018.15
温州农村合作银行(农村信用联社)	2177.40	1273.20	904.20
中国工商银行温州分行	1746.59	914.24	832.35
中国建设银行温州分行	1699.51	855.60	843.91
温州银行	1080.00	630.00	450.00
中国银行温州市分行	1074.57	485.45	589.12
浦发银行温州分行	865.31	390.42	474.89
交通银行温州分行	641.89	342.68	299.21
中国民生银行温州分行	461.38	209.53	251.85
中信银行温州分行	411.44	212.00	199.44
华夏银行温州分行	350.93	177.46	173.47
平安银行温州分行(原深发银行)	338.94	158.19	180.75
招商银行温州分行	336.78	123.28	213.50
中国邮政储蓄银行温州市分行	301.36	204.01	97.35
浙商银行温州分行	257.91	133.37	124.54
兴业银行温州分行	247.64	120.89	126.75
广发银行温州分行	229.01	103.36	125.65
中国光大银行温州分行	88.33	39.05	49.28
宁波银行温州分行	64.72	36.04	28.68
浙江稠州商业银行温州分行	52.17	27.86	24.31

（续表）

银 行 名 称	存贷款总额	存款余额	贷款余额
杭州银行温州分行	45.12	24.34	20.78
中国农业发展银行温州市分行	43.44	11.00	32.44
台州银行温州分行	35.00	12.33	22.67
温州 6 家村镇银行	117.15	50.42	66.73

说明：本表数据采自《2013 年温州年鉴》。

温州保险业发展也很快。2012 年，全市 11 家保险机构保费总收入 118.5 亿元，其中财产险保费收入 48.8 亿元，人身险保费收入 69.7 亿元。共支付各类赔款和给付 37 亿元，其中财产险赔付 26 亿元，人身险赔付 11 亿元。温州各类保险公司经营范围包含车、财、意三大险种，上百个产品，为客户及各类基础建设项目提供全面的风险管理和风险保障。温州主要保险公司有中国人民财产保险公司温州市分公司（年保费收入 14.6 亿元）、中国人寿保险公司温州分公司（41.77 亿元）、中国人寿财产保险公司温州中心支公司（2.49 亿元）、中国太平洋财产保险公司温州分公司（10.62 亿元）、中国太平洋人寿保险公司温州中心支公司（5.92 亿元）、中国平安财产保险公司温州中心支公司（5.09 亿元）、中国平安人寿保险公司温州中心支公司（5.70 亿元）、中华联合财产保险公司温州中心支公司（2.34 亿元）、天安保险公司温州中心支公司（1.54 亿元）、永安财产保险公司温州中心支公司（1.03 亿元）、中国出口信用保险公司温州办事处（支持外贸出口 50 多亿美元）等。

温州银行系统金融市场在证券、期货、上市方面也颇为活跃。2012 年底，温州有证券分公司 2 家，证券营业部 38 家，期货营业部 16 家。全市证券营业部开户数 64.67 万户，股票交易总额为 0.61 万亿元，保证金余额 35.27 亿元。全市期货营业部开户数 2.8 万户，期货交易额 2.76 万亿元，总成交量 2472.17 万手，保证金余额 9.06 亿元。2012 年底，温州共有境内外上市企业 12 家，累计融资金额 173.19 亿元，其中首发融资 124.25 亿元，再融资 20.94 亿元，发行公司债券 28 亿元。公司债券中，正泰电器 15 亿元，华仪电气 7 亿元、报喜鸟服饰 6 亿元。见表 3-10。

除上述银行、保险、证券、期货外，温州民间金融市场也非常繁荣。温州早期的民间金融市场，除了私人之间的直接借贷外，还有"银背"、私人钱庄和名目繁多的"会"等。"银背"是私人为资金余缺双方牵线搭桥并从中收取

表 3-10　　　　　　温州市本土 12 家上市企业情况

上 市 公 司 名 称	主 营 业 务	上市时间	上市板块
东日股份有限公司	房地产销售、租赁和物业管理	1997 年 10 月 21 日	主板
瑞立汽车零部件股份有限公司	汽车零部件生产	2004 年 7 月 16 日	纳斯达克
华峰氨纶股份有限公司	氨纶产品制造销售和技术开发	2006 年 8 月 23 日	中小板
华仪电气股份有限公司	高压电器和风电设备制造	2007 年 2 月 2 日	主板
报喜鸟服饰股份有限公司	西服、衬衫等男士服饰生产销售	2007 年 8 月 16 日	中小板
金龙机电股份有限公司	超小型微特电机生产销售	2009 年 12 月 25 日	创业板
正泰电器股份有限公司	低压电器研发、制造和销售	2010 年 1 月 21 日	主板
森马服饰有限公司	服装、鞋帽制造销售和设计开发	2011 年 3 月 11 日	中小板
温州宏丰电工合金股份有限公司	电接触复合新材料生产	2012 年 1 月 10 日	创业板
奥康鞋业股份有限公司	男女皮鞋及皮具研发生产销售	2012 年 4 月 26 日	主板
乔治白服饰股份有限公司	西服、衬衫、职业服等生产销售	2012 年 7 月 13 日	中小板
金卡高科技股份有限公司	电子设备及燃气设备生产销售	2012 年 8 月 17 日	创业板

　　说明：（1）另有 14 家总部迁驻外地或在外地子公司的温籍上市企业，它们是奥康国际、华峰超纤、美邦服饰、首旅股份、鸿博股份、中发科技、万好万家、南都电源、运盛实业、新疆城建、哈高科、大东方、新湖中宝、大龙地产。

　　（2）东方造船集团有限公司 2011 年 8 月 18 日在伦敦证券交易所 AIM（创业板）上市，因遭受资金链断裂困境，于 2012 年 6 月 8 日摘牌退市。

佣金的角色。私人钱庄是直接开展存贷业务的私人机构，最著名的是 1984 年苍南钱库方培林创办的"方兴钱庄"，存款利率活期月息 10‰，定期月息 12‰～15‰，贷款月息 15‰～20‰。"会"作为群众性自我调节资金供求的普遍形式，对温州民营经济和农业生产及百姓生活曾起积极作用。1986 年以来，温州城乡创办了 51 家股份制城市信用社和农村金融服务社，这类民间金融机构产权清晰，权责明确，政企分开，又能在人民银行指导和监督下进行规范管理和运行，从而成为温州民间金融市场最为有效的组织形式。90 年代初，苍南和瑞安农村出现"合作基金会"，能公开办理存贷业务，至 1993 年发展到 89 家。1995 年以来，所有这些非常活跃的民间金融市场的各种组织形式统统被政府收编、改造、取缔，至今荡然无存。这是后来出现民间高息借贷及爆发"温州金融风波"的重要原因。

　　目前温州民间金融市场，主要是担保公司、小额贷款公司、典当行等。

1988 年 2 月温州创立解放后第一家"金城典当商行",半年之内发展到 33 家典当行。2010 年全市 48 家典当行的典当贷款业务有 16386 笔,金额 22.46 亿元,其中房地产典当占 70%,财产典当占 20%,实现综合收入 5540.7 万元,利润 1087.6 万元。此后典当生意日落西山。至 2012 年底,全市典当行减为 34 家,注册资金 3.85 亿元,典当总额 13.42 亿元,利润 48.33 万元,平均每家典当行一年只有 1.42 万元利润,连糊口都困难,面临倒闭的窘境。

在温州民间借贷链条上,担保公司充当着重要角色。近年来企业规模和商人生意越做越大,资金需求与日俱增,担保公司应运而生。担保公司通常以月息 2～3 分吸储,再以月息 3～6 分放贷,每笔借贷少则数百万元,多则上亿元。所以温州的担保公司实质上是民间放高利贷的"地下钱庄"。2011 年上半年全市取得经营许可证的担保公司只有 48 家,实际上有 270 多家,其中永强就有 100 多家。因为无序集资,过度担保,过度投资,一旦某个节点出现问题,就会产生多米诺骨牌效应,资金链断裂,导致很多企业主和担保公司老板出逃或跳楼。至 2012 年初仍在经营的不到 20 家,几乎都处于歇业状态,民间借贷的业务基本停止,地下钱庄不复存在了。

2011 年,全市有小额贷款公司 35 家,注册资金 69.2 亿元,贷款余额 110.6 亿元。但是小额贷款公司不能向社会吸储,这是致命之伤,因而规模做不大。2012 年底,温州有 4 家民间借贷服务中心开业,借贷登记总额 14.1 亿元,成交 4.2 亿元,借贷成功率 29.8%,平均年利率 15.82%。温州已建立民间融资监测体系,编制并定期发布温州民间融资综合利率指数(简称温州指数)。当前,温州民间金融市场存在"两多两难"问题,即民间资金多而投资难,中小企业多而融资难。虽然温州成为全国金融综合改革试验区,但借贷利率和民间银行这两个关键问题没有放开,严重制约温州民间金融市场的发展。因此,温州中小企业促进会会长周德文向中央递交了建议国家对民间借贷进行立法的报告以及他起草的《中华人民共和国民间借贷法》建议稿。周德文的立法建议稿认为,民间借贷与金融机构借贷应当具有平等的法律地位和平等的竞争权,任何机关、金融机构不得非法干涉民间借贷;要允许开办村镇银行、社区银行等民营银行;民间借贷应按成本最低、财富最大化的双赢原则形成借贷合意,公平行使借贷权力,诚信履行借贷义务。

温州劳动力市场又称人才市场。温州早期的劳动力供求大多通过无形市场实现,全市个体工商户、私营企业和股份企业就业的上百万职工多由供求双方直接接洽和通过熟人介绍。80年代后期开始出现职业介绍所一类的有形市场。1989年,仅鹿城区正式和非正式职业介绍机构就多达270余家,其中最著名的是大同劳动服务社和长城人才开发公司。2012年,温州规模最大的三家劳动力市场分别是温州市劳务市场、温州市人才市场、温州市技能人才市场。各县市区还有瑞安人才市场、柳市技术人才交流中心、瓯北劳动力交流市场、平阳劳务中心市场、苍南人才市场、龙港劳动力中心市场等。此外还有多家办理出国的劳务机构。

温州技术市场形成于80年代初期。1984年温州市科委设立温州市技术市场管理办公室,继后又设立温州技术市场开发中心。一些科技型企业特别是民营科技企业,除了为本企业的研发外,还从事技术产品交易。1999年成立温州市技术市场管理促进中心,全市科技中介服务机构越来越多。2002年成立中国浙江网上技术市场·温州市场,2012年底温州网上技术市场已拥有上网企业24621家,发布技术难题项目4211项,提供研发经费9.78亿元,发布技术成果和专利项目3900项,成交技术金额23.58亿元。目前温州网上技术市场已成为推动温州科技创新的一个重要平台。2013年又成立浙江技术市场促进会温州工作站。

温州信息市场发育较早。改革开放初期,对于刚刚涉足市场的农民来说,全国各地的企业名录和邮政编码都具有很大的信息市场。苍南金乡许方枢被称为"信息权威",从1981年起订阅全国上百份报纸,雇用5个人专门从报纸上收集各地工商企业名录和电话号码,然后有偿转让他人发放订货业务信。1986年,仅金乡一地就有这样的信息专业户30多家,并成立信息协会。90年代以来,随着互联网高级信息形式的出现,专门经营信息的民间机构大为减少,推销粗浅信息的专业户便失去了存在的价值。1986年,温州市成立经济信息情报研究所,后更名为温州经济信息中心,其主要任务为政府宏观经济决策及编制国民经济计划服务。1994年,温州创办瓯仁信息网络,拥有5条卫星数据通讯信道和8条微机数据通讯线路,每天从全国各大权威网络接收250余万字信息,并向全国发送2万余字的温州经济信息和市场动态。如今信息更加发达,温州信息网、温州信息港等各种各样的信息网站应有尽有,鼠标一点,一览无遗。

温州房地产市场最早于1954年设立的房地产交易所,负责温州市区房屋买卖、租赁的管理工作。十年"文革"期间被撤销,1981年恢复建制,成立温州市房屋产权交易中心。目前,温州市房管局设置的房地产市场管理机构的职能和义务包括房屋买卖、租赁、抵押、拍卖、价格评估、商品房预售、房产经纪人管理以及调解、处理房地产纠纷和提供政策咨询服务等。2012年全市有房屋介绍所数百家,房屋经纪行为日趋规范,对搞活房地产流通和完善房地产市场体系起了积极作用。

(五)东西地域差距大

温州东部和西部的经济发展很不平衡,东西地域差距很大。东部沿海平原地区主要包括瓯江、飞云江、鳌江三大江下游平原和滨海平原,面积约占全市的20%,常住人口约占85%,城镇人口约占89%,经济总量占全市的88%。这里地形平坦,气候适中,交通便捷,经济发达,基础设施完善,工业化和城市化水平高,人均GDP已超过6000美元,人均年收入3.2万元以上。温州西部山区包括文成、泰顺两县以及瑞安西部、平阳西部、苍南西部和南部、永嘉西部和北部、乐清西部、鹿城和瓯海西部等地,面积约占全市的77%,常住人口约占9%,城镇人口约占6%,经济总量只占全市的6%。这里地处山区,交通闭塞,文化教育落后,经济发展迟缓,工业化和城市化水平很低,人均GDP不到3000美元,人均年收入1.5万元以下。介乎东部和西部之间的是中部河谷平原地区,面积很小,它的经济和社会发展水平处于中间状态。

表 3-11 温州三个地域的经济发展水平的差异

三个地域	面积比重(%)	常住人口比重(%)	城镇人口比重(%)	GDP比重(%)	人均GDP(美元)	人均年收入(万元)
东部沿海平原	20	85	89	88	>6000	>3.2
中部河谷平原	3	6	5	6	4000	2.3
西部山区	77	9	6	6	<3000	<1.5

从县级政区来看,温州市区三区的经济总量最大,占全市的40.57%,瑞安和乐清两市占32.62%,而文成、泰顺、洞头三个山区县和海岛县之和只占3.98%。人均GDP最高的是龙湾和鹿城,达8000美元;其次是洞头和乐清,6000多美元;最低的是泰顺、文成和苍南三县,均在3000多美元。见表3-12。

在国民经济产业构成中,第一产业比重最高的是文成和泰顺两县,均超过11%,这说明该两县农业特征明显,但不能说明农业发达。而农业产值最高的是苍南,达23亿元;其次是乐清和瑞安,约18亿元。一产比重最低的是温州市区,小于1%,这是城区产业结构的一般特征。第二产业比重最高的是龙湾,达69%;次为瓯海、永嘉和乐清,均超过60%;最低的是鹿城区,仅29%。二产比重最高与最低相差1倍多,这说明温州西部山区和海岛正处在工业化前期,龙瓯永乐正处在工业化中期,唯独鹿城区已进入后工业化时代,温州各地工业化水平差距甚远。第三产业比重当然是进入后工业化的鹿城区最高,高达70.96%,已跨入发达国家水平。其次是文成、泰顺、洞头三个山区县和海岛县,三产比重在50%多,这是由于它们具有山清水秀、大海沙滩等优越的旅游资源,吸引众多中外旅客前来观光旅游,导致旅游业比重高;其次,该三县工业比重相对较低而拉升了三产比重。其他县、市、区的三产比重都在30%~45%之间,属于落后的低收入国家水平,特别是作为温州城区的龙湾和瓯海都只有30%多,这是典型的第三产业严重滞后现象,它粗暴地违背了产业构成的经济规律。

表3-12   **2011年温州各县(市、区)经济差异**   单位:亿元

县市区	GDP 总量	人均GDP (美元)	第一产业		第二产业		第三产业	
			产值	比重%	产值	比重%	产值	比重%
鹿城区	636.12	7615	1.65	0.26	183.06	28.78	451.42	70.96
龙湾区	407.09	8412	3.90	0.96	280.81	68.98	122.37	30.06
瓯海区	316.12	4910	5.63	1.78	195.73	61.92	114.77	36.31
瑞安市	521.71	5670	17.96	3.44	263.39	50.49	240.36	46.07
乐清市	571.49	6369	18.73	3.28	346.62	60.65	206.15	36.07
永嘉县	237.40	4657	8.91	3.75	146.90	61.88	81.59	34.37
平阳县	232.46	4725	12.69	5.46	115.89	49.85	103.88	44.69
苍南县	294.92	3855	23.09	7.83	143.56	48.68	128.27	43.49
文成县	47.75	3486	5.53	11.58	16.17	33.86	26.06	54.57
泰顺县	46.44	3081	5.14	11.07	16.46	35.44	24.84	53.49
洞头县	39.32	6942	3.78	9.61	15.78	40.13	19.76	50.25
全市合计	3350.87	5687	107.01	3.19	1750.65	52.25	1493.21	44.56

说明:此表计算人均GDP的人口数采用2010年"六普"数据,美元按2011年平均汇率中间价1美元等于6.4588人民币元折算。

二、温州工业地理

工业是利用物理变化、化学变化和微生物作用过程来获得产品,是国民经济最基本的物质生产部门之一,在国民经济中居主导地位。工业的发展为国民经济各个生产部门和人民生活提供各种生产资料和生活资料,对实现国民经济现代化具有重要意义。本节阐述温州工业的发展、现状、区位因素、主要工业部门及分布等。

(一) 温州工业发展概述

新中国成立以来,温州工业得到迅速发展。从工业总产值来看,1949 年只有 0.64 亿元,1978 年 11.12 亿元,1990 年 95.07 亿元,2000 年 1806.60 亿元,2012 年达到 6839.36 亿元。2012 年温州工业总产值是 1949 年的 10687 倍,按可比价格计算,63 年间平均每年递增 12.69%,这种速度是非常惊人的。若以十年作为一个计量阶段来观测,20 世纪 50 年代至 70 年代为每十年增长 6 倍,80 年代十年增长 8 倍,90 年代十年增长 18 倍,最近 10 年增长 3 倍,可见增长速度最快的是 90 年代,增长速度最慢的是最近 10 年期间。这种增长轨迹正好符合世界工业化发展的规律:工业化前期增速较慢,中期增速很快,后期增速趋缓,但温州作为区域整体仍未进入后工业化时代,只有鹿城区已进入后工业化时代。

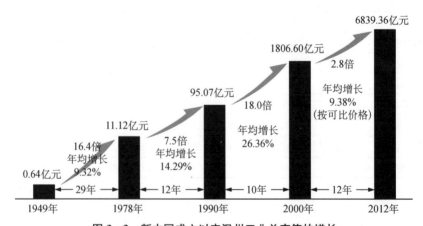

图 3-3　新中国成立以来温州工业总产值的增长

　　改革开放以来的 34 年间,温州工业总产值从 1978 年的 11.12 亿元增加到 2012 年的 6839.36 亿元,按可比价格计算,平均每年递增 14.38%,超过解放后 63 年平均年增长率 1.69 个百分点,超过解放以后前 30 年平均年增长率 5.45 个百分点。特别是 20 世纪 90 年代增长速度最快,从 1990 年的 95.07 亿元增加到 2000 年的 1806.60 亿元,按可比价格计算,平均每年递增 26.36%,这个速度是惊天的,全世界任何国家、任何地区、任何时期都找不到这样的工业发展速度,这就是"温州模式"惊人之处。然而,最近 10 年增速趋缓,从 2002 年的 2273.66 亿元增加到 2012 年的 6839.36 亿元,平均每年递增 9.31%。最近 5 年增速更低,从 2007 年的 4951.22 亿元增加到 2012 年的 6839.36 亿元,平均每年只增加 5.67%。更有甚者,2012 年为负增长,增速为-0.5%。

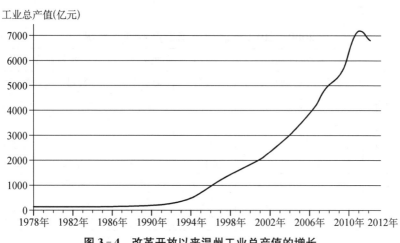

图 3-4　改革开放以来温州工业总产值的增长

　　衡量工业发展水平的指标,除了工业总产值外,还有一个叫"工业增加值"。三次产业的三个增加值之和就是国内生产总值 GDP。温州工业增加值从 2000 年的 420.34 亿元增加到 2012 年的 1615.07 亿元,按可比价格计算,12 年间平均每年递增 9.73%,大致与工业总产值增速相符。最近 5 年温州工业增加值的增速明显下降,从 2007 年的 1063.30 亿元增加到 2012 年的 1615.07 亿元,平均每年增速仅 7.41%,低于计划经济时代 30 年的年平均增速 8.93%。其原因一方面是工业化发展规律使然,另一方面是受世界金融危机和债务危机的影响,温州企业订单减少,外贸出口受阻,加上温州民间高息借贷引发金融风波,导致温州大量工业企业停产和倒闭。

表 3-13   **改革开放以来温州市工业总产值的增长**   单位:亿元

年份	总产值	年份	总产值	年份	总产值	年份	总产值
1978 年	11.12	1987 年	62.21	1996 年	1003.64	2005 年	3545.12
1979 年	12.81	1988 年	80.72	1997 年	1242.40	2006 年	4136.12
1980 年	16.51	1989 年	89.89	1998 年	1384.60	2007 年	4951.22
1981 年	17.29	1990 年	95.07	1999 年	1554.95	2008 年	5319.35
1982 年	17.73	1991 年	123.37	2000 年	1806.62	2009 年	5377.06
1983 年	21.31	1992 年	180.83	2001 年	2005.47	2010 年	6516.50
1984 年	29.07	1993 年	343.38	2002 年	2273.66	2011 年	7073.61
1985 年	42.11	1994 年	527.34	2003 年	2676.95	2012 年	6839.36
1986 年	48.99	1995 年	719.45	2004 年	3000.52	2013 年	7253.84

表 3-14   **2000~2012 年温州市第二产业增长情况**   单位:亿元

年份	工业总产值		工业增加值		建筑业增加值	
	数量	增长率%	数量	增长率%	数量	增长率%
2000 年	1806.62	15.1	420.34	13.3	55.81	12.6
2001 年	2005.47	12.1	464.60	12.2	63.72	13.8
2002 年	2273.66	13.4	524.51	13.1	70.03	22.3
2003 年	2676.95	17.7	631.59	16.8	73.93	18.6
2004 年	3000.52	19.1	721.51	16.1	74.63	8.5
2005 年	3545.12	18.2	794.77	14.6	79.01	11.6
2006 年	4136.12	17.5	915.90	13.3	87.91	22.6
2007 年	4951.22	20.0	1063.30	14.2	105.43	10.3
2008 年	5319.35	7.4	1170.35	7.0	116.41	−1.7
2009 年	5377.06	1.1	1223.66	6.1	124.09	8.7
2010 年	6516.50	24.0	1389.31	12.7	145.82	6.2
2011 年	7073.61	12.8	1546.23	8.7	204.43	25.8
2012 年	6839.36	−0.5	1615.07	4.5	227.99	18.1

此表采自历年《温州市国民经济和社会发展统计公报》,增长率均按可比价格计算。

从工业企业类型结构来看,2012 年全市工业企业总数 14.54 万家,其中规模以上企业只有 4202 家,仅占 2.89%,即全市有 97%属于小微企业。而规模以上企业的工业总产值达 4166.68 亿元,占 60.92%,即数量占 97%的小微企业的工业产值只占全市的 39%。

　　温州国有工业企业只有 35 家,占全市工业企业总数的 0.02%;集体工业企业 320 家,占总数的 0.22%;民营工业企业多达 14.5 万家,占全市总数的 99.76%。国有企业的工业总产值 275.04 亿元,占全市工业总产值的4.02%;集体企业 29.41 亿元,占 0.43%;民营企业高达 6534.91 亿元,占全市工业总产值的 95.55%。由此可见,不论企业数量还是工业产值,温州民营工业企业占绝对优势。

表 3-15　　　　　　　2012 年温州市工业企业类型结构

工业企业类型	企业数量(家)				工业总产值(亿元)			
	总数	比重%	规上数	比重%	总数	比重%	规上数	比重%
国有企业	35	0.02	19	0.45	275.04	4.02	246.82	5.92
集体企业	320	0.22	13	0.31	29.41	0.43	15.98	0.38
股份合作制企业	2963	2.04	186	4.43	217.49	3.18	84.80	2.04
有限责任公司	1291	0.89	810	19.28	932.56	13.64	892.13	21.41
股份有限公司	210	0.14	63	1.50	402.51	5.89	345.74	8.30
私营企业	27103	18.65	2805	66.75	3289.25	48.09	2188.72	52.53
"三资"企业	587	0.40	306	7.28	427.98	6.26	392.49	9.42
个体工业户	112836	77.63	—	—	1264.47	18.49	—	—
其他	13	0.01	—	—	0.65	0.01	—	—
全市合计	145358	100.00	4202	100.00	6839.36	100.00	4166.68	100.00

　　说明:"规上"是规模以上工业企业,即大中型企业,2010 年之前是指工业年产值 500万元以上的企业,2011 年及以后是指 2000 万元以上的工业企业。小微企业是小型企业、微型企业、家庭作坊式企业、个体工业户的统称,工业年产值 300 万～2000 万元为小型企业,300 万元以下为微型企业。国家统计时,一般只对规上企业作出统计,小微企业不作统计。

　　2012 年,温州规模以上工业企业中,国家级企业技术中心 5 家,省级企业技术中心 58 家,市级企业技术中心 186 家。高新技术工业的总产值1242.59 亿元,占 29.82%。全年新产品产值 492.46 亿元,新产品产值率为 11.8%。全市工业年产值超亿元企业有 838 家,超 5 亿元有 97 家,超10 亿元有 41 家。全市有 419 个工业产品获温州名牌产品称号,由国家工商总局认定的中国驰名商标 42 个,浙江名牌 247 个。全市有国家级品牌生产基地 38 个,省级专业商标品牌基地 16 个,市级专业商标品牌基地 14 个。

2012 年,规模以上工业企业的主营业务收入 3890.61 亿元,利税总额 330.46 亿元,其中利润总额 191.22 亿元。由于 2011 年以来,温州企业融资困难加剧,陆续出现企业资金链断裂、个别企业主出逃现象,面临金融风波的冲击,亏损企业出现面状扩散,2012 年全市亏损企业达到 444 家,亏损面 10.57%,亏损金额 15.12 亿元。

(二) 温州工业的区位分析

工业区位因素就是影响工业生产和工业布局的自然因素和社会经济因素,是工业地理研究中的重要内容,尤其是主导区位因素更是关键,如果主导区位因素搞错了,就会导致全盘皆输,在这方面我国曾有惨痛的历史教训。1958 年"二五"计划开始,毛泽东错误地认为中国工业生产和工业布局的主导区位因素是国防安全,因而放弃了区位优越的沿海老工业基地不干,盲目地把工业建设重点放到内地。1964 年更加肆无忌惮地推出"三线建设",限制沿海工业的发展,把沿海大型骨干企业和新建的工厂搬建到内地的山沟沟里,甚至将工厂建到山洞里,工业布局强调"进山、入洞"。从此,我国内地的长城以南、南岭以北、京广铁路以西、乌鞘岭以东的 13 个省区的山区展开了一场旷日持久、长达 25 年的"三线建设",总计完成固定资产投资 2052 亿元,建成大中型骨干项目 1100 个,涉及航天、航空、冶金、化工、军工、机械、水电、汽车制造、造船等部门,并建成 10 条铁路干线。这种工业布局重心西移的"三线"战略,不仅粗暴地违背了工业布局的区位规律,而且使巨额投资难以获得回报,导致中国工业长期踟蹰不前。1983 年,邓小平在没有批判毛泽东错误的"三线"布局的情况下,毅然实施沿海战略,将内地三线的骨干企业重新迁回沿海并进行改造。累计用了二十多年时间耗资数百亿元,对三线数百个大型项目进行关、停、并、转、迁等方式实施工业布局的战略调整。至 2005 年,付出了宝贵的时间和昂贵的代价,"三线"建设的布局失误才得以调整完成。

新中国成立后,我国死搬硬套斯大林"优先发展重工业"的经济模式,大力发展重工业。毛泽东认为国民经济各部门中钢铁工业最重要,钢铁工业上去了,其他工业就会跟着上去,因此提出"以钢为纲"发展工业的战略,导致 1958 年下半年全国出现"全民大炼钢铁"运动,几乎在一夜之间全国建起了数以万计的小型炼钢炉。由此形成我国钢铁工业布局分散化的后遗症,迄今经历五十多年的调整，仍不奏效。1983 年，邓小平纠正了"以钢为纲"的错误做法，大胆提出"能源和交通为先行官"的工业发展战略。实践证明邓小平的发展工业战略是完全正确的。

1. 温州工业发展的区位优势

各个地区的工业生产和工业布局有非常明显的地区差异，有的地方工业发达，有的地方工业落后，有的地方生产力高，有的地方生产力低。对此，欧美国家的经济地理学家从各个不同的角度去寻找解释，概括起来有两大方面，一方面是用自然地理环境去解释的"环境论"，另一方面是用社会经济方面去解释的"区位论"。在计划经济时代，环境论被斥为"地理环境决定论"而受到严酷的批判。今天，我们终于可以理直气壮地说影响工业生产和工业布局的因素有自然地理和社会经济两大区位因素。自然地理区位因素有土地、水源、原料、燃料（能源）4 个因子，社会经济区位因素有市场、交通、劳动力、科学技术、信息通信、农业基础、国家政策、环境污染等 8 个因子。我们用这两大类 12 个因素来综合分析温州发展工业生产有哪些有利条件和不利条件。

温州工业发展的区位优势就是发展工业的有利条件。首先，温州水资源丰富，工业用水充足。温州水资源的数量等于瓯江、飞云江、鳌江三条大江一年流入海洋的入海水量，这叫做河流年径流总量，这就是水资源丰歉的指标。温州水资源总量有 281.57 亿立方米，人均水资源数量达 3087 立方米，位居全省第三位，仅次于丽水和衢州。温州丰富的水资源能满足任何大型企业工业用水的需求。宁波只有一条甬江的水资源，仅相当于温州的飞云江，人均水资源只有 1048 立方米，是温州的三分之一。所以当年我国最大的年产一千多万吨钢铁企业布局选址上海北郊、长江口南岸的宝山，其中一个重要原因是长江口的年径流总量全国第一，而不选址号称"东方第一深水大港"的宁波北仑。宁波北仑港具有无与伦比的澳大利亚、巴西铁矿石巨型运输船舶 10 万吨级泊位的优势，而北仑落选就是因为宁波水资源欠缺，不能满足世界一流规模的工业企业的用水需求。

第二，温州人口稠密，城镇众多，市场广阔。市场需求量是社会经济区位因素中最重要的条件，对工业生产和布局有决定性影响，它取决于人口和城镇的规模。温州有九百多万人口，在全省 11 个地级市中位居首位，人口密度达 768 人/平方千米，是全国平均值的 5.5 倍，比浙江平均值高 46.8%，比杭州高 46.6%，居世界一流。温州城镇人口高达六百多万人，城市化水平达到 66.02%。温州巨大的人口和城镇规模造就了温州广阔的消费市场，这为工业发展,特别是轻工业生产开辟了广阔的天地。

第三,温州劳动力丰富。人既是生产者,又是消费者。作为生产者和消费者的人口数量、密度、劳动技能和素质对工业生产和布局影响很大。近年来,在工业生产机械化、自动化不断解放体力劳动的同时,工业对劳动技能和劳动力素质的需求逐渐增强,因此劳动力素质往往成为吸引外资,尤其是吸引技术密集型的大型跨国公司来温州投资办厂的重要因素。温州是著名的轻工业城市,丰富而廉价的劳动力为温州劳力密集型的轻工业生产提供了充足的劳动力资源。根据 2010 年"六普"资料,温州劳动力数量有 712 万人,劳动力比重高达 78%,其中外来民工有 284 万人,他们吃苦耐劳,任劳任怨,能干最苦最累最脏的活,为温州经济发展作出了不可磨灭的贡献。

第四,温州海陆空交通运输便捷。交通运输是现代工业发展的先行条件,是工业区位因素中很重要的一个方面,直接影响工业的原料、燃料输入和产品输出的便捷程度,以达到减少运输费用,降低生产成本,提高经济效益。经过三十多年的建设,温州目前已具备发达的海陆空交通运输网络和广阔的人流、物流市场。在航空运输方面,温州已建成平均日出港 1 万人以上的龙湾国际机场;在铁路运输方面,温州已建成甬台温和温福两条高速铁路及金温铁路;在公路运输方面,温州已建成沈海高速、温丽高速、诸永高速、绕城高速 4 条高速公路,正在建设的有甬台温沿海高速、龙丽温高速及文泰支线高速等。此外,还有众多的国道、省道组成的稠密公路网。温州交通运输最突出的是海洋运输,2008 年 9 月已建成洞头状元岙两个 5 万吨级泊位的深水港区,2012 年"一港七区"的年吞吐量达六千多万吨,成为全国 25 个大型港口之一。

第五,温州信息通信发达。近年来,信息通信网络的通达性作为工业区位因素的重要性越来越突出。温州市实施信息化建设"十大项目"以来,信息产业增长很快,蓝江软件园(二期)等信息产业园区建设突飞猛进,全市规模以上电子信息产业总产值 440.9 亿元,其中软件信息服务业主营业务收入137.3 亿元。此外,温州通信基础设施建设日臻完善,全市通信运营企业完成光纤铺设 72 万芯千米,新建通信基站 1720 个,新建 WLAN 热点 4500 多个。其次,温州投资 2000 多万元建设政府信息资源交换网络,打造出一个联接 50 个部门、涵盖全市人口数据、法人数据的信息资源交换平台。2012 年中国移动浙江公司在"十二五"期间投资 60 亿元用于温州通信网络和信息化建设,推进 4G 网络在温州的全覆盖,使温州成为浙江省首批"无线城市"的重点示范城市。

第六，温州发展工业的农业经济基础雄厚。农业作为工业发展的后盾，可以为工业生产提供吃、穿、用、市场、劳动力等，成为工业发展不可或缺的必要条件。温州是江南鱼米之乡，农林牧渔业全面发展，农副产品极大丰富，为工业发展开辟"食无忧，吃必精"的优越天地。最值得温州人炫耀的是鲜美的海洋食品。温州大陆海岸线 355 千米，海岛海岸线 677 千米，合计海岸线长度达 1032 千米，大小岛屿 438 个，海域面积 68954 平方千米，是陆地面积的 5.8 倍，鱼、虾、贝、藻等海洋生物种类多达 1944 种，2012 年温州渔获量达 57.7 万吨，渔业总产值 58.9 亿元。

第七，应用管理学的态势分析（SWOT 分析法），温州还有民间资金雄厚、商业文化底蕴深厚、品牌优势、块状经济优势四方面的有利条件。①无论过去或现在，温州经济的发展主要靠民间资金，而温州经济快速发展又使民间资金实力越来越雄厚。温州民间资金高达 8000 多亿元，仅银行存款就有 3500 多亿元，温州民间资金对全国房地产、煤炭、棉花等行业的投资引起全国性的关注，甚至有人将全国房地产价格飙升归咎于"温州炒房团"。②温州商业文化浓厚是从南宋永嘉学派的重商主义开始的，永嘉学派反对中国传统的"重本轻末"、"重农抑商"思想，认为应该"通商惠工"、"扶持商贾"。在学术思想上，永嘉学派重视事功之学，认为讲"道义"不可离开"利益"，反对传统儒家所谓的"正其义不谋其利，明其道不计其功"观念，提出"以利和义，不以义抑利"的观点。这种"言功利，重商贾"的思想及其价值取向造就了温州人强烈的经商意识和创业精神，也正是这种精神推动了温州民营经济的蓬勃发展。③改革开放三十多年来，温州人在产品质量上经历了"图数量、重质量、创品牌"三个发展阶段，摒弃了劣质低价来扩充市场，走上了"质量立市"、"品牌战略"的发展道路。截至 2012 年底，温州拥有国家工商总局认定的中国名牌商标 7 个，中国驰名商标 36 个，浙江名牌商标 247 个，温州名牌商标 459 个。④块状经济是以某一行业一两个产品为龙头，众多关联企业相互支撑，在空间上大量集聚，形成区域化布局，专业化经营，市场化联动，社会化协作四大特征。这些企业群的产品齐全，相互配套，信息成本低，显示出旺盛的生命力，形成相当规模的生产和销售基地，产生区域性的规模效应和品牌效应。目前温州已形成电器、服装、制鞋、皮革、眼镜、制笔、汽摩配、不锈钢、打火机、印刷、礼品等块状行业经济。

2. 温州工业发展的限制性因素

工业发展的限制性因素就是发展工业的不利条件。首先，温州山区面积广大,平原狭小,发展工业的土地空间有限,土地供给量不足。目前,温州主要工业园区的企业密度几近饱和状态,导致温州工业用地价格昂贵,达到北京、上海等一线城市的一流价格。以今天的土地价格看,政府出手的工业用地价格80万元/亩,民间转让高达100万元/亩以上,最高达200万元/亩,有的工业园区甚至超过上海浦东的地价;商住用地价格全市平均500万元/亩,温州市区城郊750万元/亩,城区1000万元/亩以上。温州经济的先发优势已经丧失,外地很多城市大有后来居上之势,他们凭借廉价的地价,强劲的智力支持,良好的接待,优良的服务和完善的招商引资管理体制吸引温州企业大量外迁。因此,温州大中型企业外迁现象普遍而严重,很多企业总部也外迁外地。近十年温州企业外迁的对外投资额至少在1025.6亿元,相当于温州本地限额以上工业投资的52%。例如温州有三十余家市化学工业协会成员的化工企业外迁到沪、苏、鲁、闽、赣、川、湘、皖和省内丽水、杭州等地,化工企业在外征地超过2000亩。再例如温州21家中国民营企业500强中有8家企业总部迁往外地,总部仍留在温州的只有13家。温籍25家上市企业中,有15家在外地,只有10家仍留在温州本土。因此,温州土地空间狭小,地价昂贵,这是影响温州工业发展的瓶颈和致命的弱点。

第二,温州缺矿产,缺能源,工业原料和燃料短缺。原料和燃料是工业生产和布局的物质基础和必备条件。一个地区原料和燃料的种类、丰歉、质量以及分布状况,对工业的发展方向、结构、规模和布局都有重要的影响。温州除了明矾石、叶蜡石、伊利石和高岭土"三块石头一把土"之外,几乎没有金属矿产资源和一次能源,所以发展工业,特别是重工业缺乏原料基础,缺乏燃料和能源基础,这长期困扰着温州工业的发展。温州在交通落后的计划经济年代,缺原料,缺燃料,缺国家投资造成温州工业长期落后,发展缓慢;在交通日趋发达的今天,原料和燃料靠外地长距离输入,造成工业成本增加,经济利润降低,这是温州重工业不发达的根本原因。

第三,温州工业科学技术落后,科技投入不足,人才匮乏,技术创新能力薄弱。科学技术是将资源转变为生产力的纽带,高新技术能提高生产力,能增加投入和产出比,能扩大工业领域,最终提高经济效益。工业科学技术水平高低的主要标志是高等院校和科学研究所的数量和质量。温州高等院校不多,科研所稀少,高水平的科研所更是缺乏,连一个出版社也没有。最要命的是温州人口文化素质构成中,高学历人数少,科技人员更少。据"六普"数据,温州平均每10万人中的大学人数仅7625人,只占7.63%,比成人文盲率还低 0.61 个百分点,远低于全国和全省的平均水平,还达不到世界低收入国家的平均值。2012 年底,温州在职的科技人员 4.86 万人,比上年增长 7.2%,增幅居浙江末位;平均每万人口科技人员 53.22 人,居浙江省倒数第三位,只有杭州的 28%、宁波的 38%。此外,温州本地人才大量外流,外地引进人才又留不住,这就造成了温州科技人才匮乏。2012 年,温州全社会科技经费投入总额 57.02 亿元,占温州 GDP 的比重为 1.67%,在浙江省排名倒数第二位,仅高于丽水(1.15%),明显低于杭州(5.06%)、宁波(3.25%)、嘉兴(4.04%)、绍兴(3.53%)等地级市。温州 R&D 经费(全社会研究与试验发展经费)投入 36.80 亿元,占 GDP 的比重为 1.08%,也远低于杭州(2.88%)、宁波(1.89%)、嘉兴(2.20%)、绍兴(1.86%)等市。科技经费投入少是温州技术创新能力薄弱的重要原因,也是缺少核心技术和核心竞争力低的重要原因。受此影响,温州新产品产值率一直很低。科技进步监测结果显示,温州新产品产值率为 11.6%,在浙江省排名倒数第一,远低于杭州(22.2%)、宁波(18.6%)、嘉兴(31.0%)、绍兴(24.7%)等市。显然,企业自主创新能力差,新产品更新换代速度慢,难以根据市场变化及时开发新产品,无疑减缓了企业国际化经营的脚步。因此,温州科技落后,人才短缺,科技投入少,技术创新能力差,业已成为温州发展工业,特别是高新技术工业的严重限制性因素。

第四,温州环境污染严重,大气污染、水污染和垃圾污染日益加剧,已成为危害居民生存和经济发展的社会公害。首先,由电煤燃烧排放的硫氧化合物和汽车尾气排放的氮氧化合物,使温州成为重酸雨区(强酸雨区)。近年来,温州酸雨发生频率都在 95% 以上,有的年份甚至达到 100%;自然降雨的 pH 值为 3.07~6.70,均值为 4.47,即所谓"逢雨必酸"和"醋雨"发生,酸雨危害一直名列全国前茅。其次,温州城区的可吸入颗粒物(PM10)的浓度年均值都在 0.09 毫克/立方米上下,连同细颗粒物(PM2.5)形成的灰霾天气愈加增多,2010 年温州城区霾日数仅 87 天,2011 年增加到 209 天,占全年日数的 57%。没有了蓝天白云,市民整日累月生活在灰蒙蒙的雾霾环境中。第三,温州城镇的水污染都非常严重,所有的城区和镇区的水体都是又黑又臭的"黑臭河",水质都是劣五类,而且存在由点向面、由城镇向农村扩展的趋势,水污染和水环境恶化已经到了令人发指的地步。2012 年全市 39 个平原塘河断面监测点中,劣五类的有 32 个,占 82%;温瑞塘河 23 个监测点中,劣五类的有 20 个,占 87%,瑞平塘河和平鳌塘河 7 个监测点中,劣五类的占 86%,乐清塘河 100% 为劣五类。第四,温州垃圾污染严重。2012 年全市生活垃圾和工业垃圾数量已达 552.52 万吨,日均产生垃圾 1.5 万吨。而全市 8 座垃圾焚烧发电厂的垃圾无害化处理率仅 56.3%,因而乱倒垃圾和偷倒垃圾随处可见,垃圾围城,垃圾山遍地。

(三) 温州主要工业部门

工业部门有两种分类,一种分为采掘工业和加工工业,加工工业又称制造业。另一种分为重工业和轻工业。温州由于缺矿产,缺能源,所以几乎没有采掘工业,多为加工工业,成为"制造业王国"。温州重工业落后,轻工业发达,成为"国际轻工城"。这是温州工业部门结构的一个显著特点。另外,温州以传统工业部门为主,先进制造业相对滞后。温州主要工业部门是电器、鞋革、服装、塑料制品等传统工业部门,2012 年这四个部门的规模以上企业的工业总产值 2034.48 亿元,占全市的 46.4%;而石化、医药、通信电子设备 3 个先进制造业的工业总产值 119.47 亿元,仅占全市的 2.7%,这表明温州工业部门结构仍以劳动密集型工业为主,工业部门结构层次较低。本节介绍温州 20 个主要工业部门及一些大型的工业企业。

1. 电力工业

截至 2012 年底,温州电力工业的总装机容量共 479.84 万千瓦,其中省直调电厂 430.32 万千瓦,市直调电厂 49.52 万千瓦。省直调电厂有四家,乐清电厂 252 万千瓦,温州电厂 126 万千瓦,龙湾电厂 32.32 万千瓦,珊溪水电站 20 万千瓦。市直调电厂有两类,一类是 8 座垃圾焚烧发电厂共 8.7 万千瓦,另一类是除珊溪以外的众多小水电站共 40.82 万千瓦。

温州电网 35 千伏及以上线路长度 5123.54 千米,变电容量 3174.26 万千伏安。其中 500 千伏变电所 4 座,变电容量 900 万千伏安;220 千伏变电所 28 座,变电容量 1089 万千伏安;110 千伏变电所 120 座,变电容量 1010.4 万千伏安;35 千伏变电站 74 座,变电容量 174.86 万千伏安。"十二五"期间,温州电网总投资 153 亿元,将逐步形成东部沿海电厂主供、西部特高压送出支援、各级电网协调发展的智能电网。

2012 年,全市供电量 318.93 亿千瓦时,售电量 314.38 亿千瓦时,用电量 326.95 亿千瓦时。全市最大供电负荷 601.06 万千瓦。其中生产用电量 255 亿度,占 78%;生活用电量 71.95 亿度,占 22%。生产用电中,工业用电量达 210.51 亿千瓦时,占生产用电的 82.6%;农林牧渔业用电量 1.03 亿千瓦时,占生产用电的 0.4%。

表 3-16　　　　**2012 年温州市用电分类情况**　　　单位:亿千瓦时

用 电 项 目			用电量	占总用电比例%
生产用电	产业用电	1. 第一产业	1.03	0.32
		2. 第二产业	215.88	66.03
		3. 第三产业	38.09	11.65
	行业用电	1. 农林牧渔业	1.03	0.32
		2. 工业	210.51	64.39
		3. 建筑业	5.37	1.64
		4. 交通运输、仓储和邮政业	2.70	0.83
		5. 信息传输、计算机服务和软件业	3.55	1.08
		6. 商业、食宿和餐饮业	12.35	3.78
		7. 金融、房地产、商务和居民服务业	7.67	2.34
		8. 公共事业和管理组织	11.82	3.61
生活用电	1. 城镇居民		41.05	12.56
	2. 乡村居民		30.91	9.45

说明:全市总用电量 326.95 亿度,其中生产用电 255 亿度,占 78%,生活用电 71.95 亿度,占 22%。

温州各县、市、区用电量相差非常悬殊。在 11 个县级政区中,瑞安用电量最大,达 59.99 亿千瓦时,占全市 18.35%;其次是苍南、龙湾、乐清、鹿城、瓯海等地;而文成、泰顺、洞头三个山区县和海岛县用电量很小,三县合计才 8.67 亿千瓦时,仅占全市 2.65%。

表 3-17　　　　**2012 年温州各县、市、区用电量**　　　单位:亿千瓦时

区域	鹿城	龙湾	瓯海	瑞安	乐清	永嘉	平阳	苍南	文成	泰顺	洞头
用电量	36.66	45.46	34.75	59.99	45.64	22.30	23.15	46.87	3.64	3.04	1.99
比例%	11.21	13.90	10.63	18.35	13.96	6.82	7.08	14.34	1.11	0.93	0.61

说明:加上其他用电量和电网损电量 3.46 亿度,全市用电总量为 326.95 亿度。

温州大型发电厂有乐清电厂和温州电厂两家燃煤热电厂,其他热电厂和水电站的发电规模都较小。

(1)乐清电厂

浙江浙能乐清发电有限责任公司简称乐清电厂,位于乐清市南岳和蒲

岐境内,距乐清市中心 20 千米,是温州市最大的新建电厂。2008 年建成两台装机容量 60 万千瓦发电机组,2010 年建成两台 66 万千瓦发电机组。目前 4 台超临界燃煤发电机组总共装机容量 252 万千瓦,今后拟再建两台百万千瓦级燃煤机组。乐清电厂位于乐清湾西岸,地理条件优越,拥有天然的深水良港,煤炭运输方便,年发电量达到 138 亿千瓦时。为了减少燃煤发电对环境的影响,乐清电厂建设高效率的除尘装置和化学脱硫设备。但水资源短缺是乐清电厂的限制性因素,因此乐清电厂的生产和生活用水全部采用海水淡化来解决,目前已建成日产 2 万吨的海水淡化工程。浙能乐清电厂作为优质高效环保型电厂,将朝着国际一流的现代化大型火力发电厂目标迈进。

(2)温州电厂

浙江浙能温州发电有限公司简称温州电厂,位于温州老城区东北 15 千米的乐清磐石。前身为 1990 年 5 月成立的温州发电厂,2008 年 4 月更名为浙能温州发电有限公司。厂区占地面积为 1153 亩,总装机容量为 126 万千瓦,是浙江沿海地区主力电厂之一。2010 年 8 月 8 日,按照国家"节能减排"要求,关停一期两台小容量机组,拟在原址上建设两台 66 万千瓦机组。至 2012 年 6 月末,温州电厂累计发电量 990.97 亿千瓦时,为温州工农业生产和人民生活用电提供了可靠的电力保障。同时,供热改造项目向周边用热企业提供热能,提高资源综合利用率,减少温室气体排放。温州电厂供电煤耗为 329 克/千瓦时。

2. 电器工业

温州电器工业的总产值居全市各个工业部门之首,是温州的支柱工业。全市电器生产企业有 9030 家,其中规模以上企业 500 家,无区域企业 106 家,集团企业 53 家,年产值超亿元企业 77 家,超 10 亿元企业 15 家。2012 年实现生产总值 964 亿元,其中乐清占 89%。乐清低压电器占全国市场份额的 60% 以上。乐清电器工业集聚基地以柳市为中心,含北白象、乐成、翁垟、七里港、黄华、象阳等区域,整个集聚区面积约 200 平方公里,有 28 个工业园区,规模较大的有乐成经济开发区、柳市外向型工业园、柳市新光工业园、温州大桥工业园等,总建筑面积 3000 多万平方米。整个集群区的电器品种齐全,有电工仪器仪表、电工建筑、工业控制、通信电器、矿山防爆、防雷产品、电源设备、电焊机、电线电缆、材料金具等 200 多个系列、6000 多个种类、25000 多种型号规格,形成了庞大而完整的产业链,成为集发电、输电、变电、配电、工业控制电器和各种特殊用途电器装备于一身的工业电器生产基地。

乐清电器工业获部颁生产许可证 5000 多张,600 多家企业获 CCC 认证证书 10500 多张,获美国 UL、欧盟 CE 认证等国外证书 350 多张,通过 ISO 9000 国际质量体系认证企业约 360 家,ISO 14000 环境体系认证 25 家。大约 20 万的营销大军在全国各地设立销售公司和销售点 15000 多家,在国外尤其是东南亚、中东、西欧、南美等地区设立代理点 230 多个。2012 年,乐清电器工业从业人员 20 多万人,集聚区实现生产总值 858 亿元,外贸出口总值 13.5 亿美元。乐清电气产业集群被列为省产业集群信息化、工业化"两化"深度融合第一批实验区。

2013 年中国企业 500 强名单中(以 2012 年营收为依据),温州本土企业有 5 家上榜,除青山控股集团外,其余 4 家全部是电器企业。它们分别是正泰集团(第 326 位,营收 311.81 亿元),人民电器集团(第 369 位,278.66 亿元),德力西集团(第 370 位,276.33 亿元),天正集团(第 378 位,265.07 亿元)。2013 年中国民营企业 500 强名单中,温州本土企业有 13 家上榜,其中 7 家是电器企业,它们分别是正泰集团、人民电器集团、德力西集团、天正集团、环宇集团、兴乐集团、华仪电气集团。

(1)正泰集团

正泰集团始建于 1984 年。现下辖正泰电器、正泰电气、正泰电缆、正泰电工、正泰仪器仪表、正泰建筑电器、正泰中自控制工程、正泰太阳能科技等 8 家专业公司、2000 多家国内销售中心和特约经销处、40 多家海外销售机构,产品畅销世界 111 个国家和地区,2012 年出口额 1.07 亿美元。产品覆盖高低压电器、输配电设备、仪器仪表、汽车电器、建筑电器、工业自动化、光伏发电和高端装备制造等,是全国工业电器领军企业。集团旗下的浙江正泰电器股份有限公司系国内低压电器行业产销量最大的企业,也是上海 A 股首家以低压电器为主营业务的上市公司。浙江正泰太阳能科技有限公司已研制出世界领先的二代光伏高端硅基薄膜产品和制造装备,成为全球光伏发电领域产业链最为完整的厂商。

(2)人民电器集团

人民电器集团是中国工业电器行业产销量最大的企业之一,位居世界机械 500 强、中国企业 500 强、中国制造业 500 强、中国民营企业 500 强。据世界品牌实验室测评,"人民"品牌价值达 112.85 亿元,已成为中国工业电器领域第一价品牌。人民集团投资 50 亿元的智能电网项目落户广东省英德市英红工业园。英德智能电网产业园以建设国家级智能电网产业园为目标,包括智能输变电、自动化智能设备、基础材料与元器件、风能光伏新能源、智能家居、智能照明与 LED、电力高端智能研究院七大高新产业园区,用地总面积约 2000 亩。此外,人民电器独家投资建设的武汉蔡甸区 CBD 项目,占地 810 亩,建筑面积近 80 万平方米,集商务中心、贸易中心、金融中心、研发中心、文化中心、物流中心、信息中心、动漫产业园等八大功能为一体,总投资逾 30 亿元。

(3) 德力西集团

德力西集团拥有温州、上海、杭州、芜湖四大电气生产基地,连续十年上榜中国企业 500 强。德力西电气获酒泉卫星发射中心颁发的"天宫一号与神舟八号交会对接贡献单位"奖牌与证书。德力西集团在嘉兴投资建设浙江盛企能源技术股份公司 LED 照明项目,在江门投资建设 LED 外延片及芯片生产基地,与湖北赤壁晨鸣纸业有限公司共同投资建设湖北德力纸业有限公司,建设林浆纸一体化生产项目。此外,还开展地质勘探、权证办理、矿区建设等方面工作,并涉足山东的德地项目、上海的德美项目、台州和平湖的环保项目、乐清柳市垃圾焚烧发电项目等。

(4) 天正集团

天正集团是一家以工业电气为主、房地产为辅、金融投资为补充的多元化大型企业集团。综合实力位列中国企业 500 强,中国民营企业 500 强。天正集团旗下的浙江天正电气股份有限公司在第 12 届中国电气工业 100 强榜单上排名第 40 位,入榜中国电气工业创新力 10 强。集团旗下的上海天正机电有限公司连续九年被认定为上海市高新技术企业。天正牌高、低压成套开关设备被评为上海名牌产品。天正智能电网产业园区落户嘉兴市秀洲工业园区,占地面积 169 亩,投资 15 亿元。此外,天正集团重视人才培养,成立应天学院,是全国民营电气制造业中第一所企业大学。香港大学专业进修学院与应天学院联合举办香港大学—天正高级工商管理研修班。

3. 化学工业

温州化学工业不是强项,2008 年开始温州化学工业明显滑坡,产值下降,企业外迁,小微停产。2012 年全市所有化工企业的总产值仅 265 亿元,入库税收仅 3.37 亿元,只相当于乐清一个电器企业的产值。温州化学工业的地区分布有"一厂独大"的特点,即华峰集团跻身于中国企业 500 强、中国制造业 500 强、中国民营企业 500 强、中国化工行业 200 强、中国石化工业 100 强。一家华峰的年产值占全市化工行业的 42%,而其他化工企业就显得微不足道了。

2007 年,温州化学工业鼎盛时期,全市化工企业有 500 多家,规模以上企业有 340 家,年销售额超亿元的有 18 家,全行业产值 240 亿元,年增长率达 17%,利税 17 亿元。全市 15 家农药企业生产农药品种 367 个,其中 13 家生产原药,原药品种 75 个。各类农药总产量为 26271 吨,产值 17.14 亿元,出口创汇 1.09 亿美元,产值超亿元的农药企业 7 家,超 2 亿元 2 家,超 3 亿元 1 家。2008 年开始温州化学工业产值进入负增长、低增长的困境。除少数企业停产倒闭外,大量化工企业外迁,有 30 多家企业外迁到沪、苏、鲁、闽、赣、川、湘、皖和省内丽水、杭州等地,在外征地超过 2000 亩。

温州化工产品以精细化工为主,包括农药、染料、颜料、涂料、食品添加剂、印刷油墨、化学试剂、催化剂、皮革化学品、塑料助剂、橡胶助剂、化肥、氯碱、树脂、橡胶制品、化工机械等。其中 10 家农药企业生产 4 大类 94 个农药品种,有 4 家农药厂被评为全国农药百强企业。

表 3-18　　　　　温州市化学工业总产值的增长　　　　单位:亿元

年份	2005 年	2006 年	2007 年	2008 年	2009 年	2010 年	2011 年	2012 年
年产值	185	205	240	227	230	240	260	265
年增长%	15.6	10.8	17.0	−5.4	1.3	4.3	8.3	1.7

(1) 华峰集团

华峰集团创建于 1991 年,是一家生产化工新材料为主,以金属、金融、物流、贸易、新能源等产业为辅的大型民营企业。2012 年,华峰集团营业收入 110 亿元,净利润 9.85 亿元,上缴税金 5.02 亿元。集团有员工 6200 余名,总资产 136.4 亿元。在浙江、上海、重庆、江苏、辽宁、广东等 12 个省市建有生产基地,下辖 30 余家全资及控股公司,两家自主上市公司。集团旗下有国家高新技术公司 4 家。与宁波工业园区签约投资 116 亿元在宁波建立华峰工业园。集团综合实力连续多年名列中国企业 500 强,但 2013 年落选,掉出榜单。华峰集团主要研发生产聚氨酯树脂、聚氨酯弹性纤维(氨纶)、超纤合成革、热塑性聚氨酯、己二酸、尼龙 6、尼龙 66、环己酮和保温材料等系列产品,是聚氨酯鞋革树脂、氨纶长丝、超纤合成革等五大产品国家行业标准的起草制定单位,成为亚洲最大的聚氨酯生产企业。聚氨酯树脂、氨纶两大系列产品被评为中国名牌产品,"聚峰"和"千禧"两枚商标被评为中国驰名商标。

（2）温州矾矿

温州矾矿位于苍南矾山镇境内，明矾石储量丰富，探明储量2.4亿吨，占全省储量的68%，全国储量的37%，在全国矾矿储量排名中位居第一，素有"矾都"之称。矾山的明矾石开采可追溯到明代洪武年间，迄今已有600余年历史；明矾石的炼制始于清代乾隆九年，至今已有300余年。1956年初，成立浙江省平阳明矾厂矿联合公司，建矿初期整个矿区的产值约占温州地区工业总产值的38%。1998年，浙江省平阳矾矿更名为温州矾矿，是一家采炼联合的国有中型化学矿山企业。主要生产钾明矾、铵明矾和矾石综合利用系列产品，其中主要产品"明星"牌钾明矾被广泛应用于食品添加剂、水产品腌制、净水、制革和制药等领域，并有部分出口。目前，温州矾矿每年保持近4万吨的市场供应量。此外，还经营井巷建筑工程、设备安装，兼营医疗卫生等，通过第三产业的开发寻求新的经济增长点，形成"一业为主，多业并举"的格局。

4. 造船工业

世界造船工业规模以载重吨位计算，中国第一，韩国第二，第三日本，中、韩、日三足鼎立，占全世界产量的92%。中国造船工业中，江苏第一，上海第二，浙江第三；浙江造船工业中，舟山第一，宁波第二，台州第三，温州第四。温州造船工业起步于20世纪80年代，至2004年达到高峰，年造船201艘，产量90万载重吨，产值30.6亿元。2005年初，乐清连续发生三起新建船舶质量事故，被交通部等四个部委列为全国低质量船舶专项治理的重点整治对象。这次乐清造船业"生死劫"中，造船企业倒了一大半，只有18家企业通过评估存活下来。继后逐渐恢复发展，船舶质量迅速改善，船舶档次逐渐提升，竞争能力不断增强，出口船舶数量逐渐增多。在技术上与国际船级社德国GL和英国LR合作，大大提高了船舶质量和技术水平。温州造船企业在制造散货船、油船、二类化学品船、集装箱船等传统船型的基础上，开始向制造沥青船、工程船、科考船、多用途船、拖轮、游轮等高端市场转型。

2008年终于恢复元气，达到劫后的顶峰。2008年全市造船企业有53家，共有船坞5座，船台201座，其中5000吨级以上船台121座，2.5万吨7座，3.2万吨5座，5.7万吨2座。生产最大船舶5.2万吨，年生产能力可达200多万吨。2008年在建船舶137艘，共63.2万载重吨，产值44.1亿元，其中下水48艘，产值30.38亿元，是2001年的13倍，几近翻了4番。

表 3 - 19　　　　　温州市造船工业发展情况

年　份	2001	2002	2003	2004	2005	2006	2007	2008	2009	2010	2011	2012
造船数量（艘）	38	66	84	201	132	63	65	137	86	82	51	18
载重吨（万吨）	12	20	32	90	77	65	59	63	69	40	36	27
产值（亿元）	2.3	6.6	12.1	30.6	26.5	16.2	30.8	44.1	39.3	33.8	31.2	23.4

近年来,受世界航运业疲软影响,温州造船业订单明显减少,产量滑坡,有的造船企业关门倒闭,目前跌入低谷。至 2012 年底,温州船舶制造企业减至 30 家,其中乐清境内 23 家。乐清是温州最主要的船舶制造基地,另有配套企业 20 多家,分布在黄华、七里港、磐石、乐清湾四个片区。2011 年,乐清在建船舶 46 艘,34.45 万载重吨,其中出口船舶 14 艘,26.29 万载重吨;下水船舶 30 艘（乐清造 22 艘、安徽造 8 艘）,产量 38.2 万载重吨（乐清造 32.58 万载重吨）,其中出口船舶 11 艘,9.57 万载重吨。在建和下水船舶两者合计总产值 30.6 亿元。2011 年 1 月,温州造船史上最大载重吨位 5.5 万吨散货船“欣田 6”号建成下水,这艘货船由欣顺集团欣田船业公司与温州华顺船务有限公司联合建造,总长 199.98 米,型宽 32.26 米,型深入 16.60 米,续航力为 7000 海里,总造价约 2 亿元。2012 年,温州造船业更加萎靡不振,全年下水船舶仅 18 艘,产量 26.6 万载重吨,同比下降 30.37%;出口金额只有 0.93 亿美元,下降 68.9%。

表 3 - 20　　　　　温州市主要造船企业的地区分布

区域	造　船　企　业　名　称	生产最大船舶（载重万吨）	年生产能力（载重万吨）
黄华片	好运船业　威化船业　江海船业　顺航船业　远洋船业　欣田船业　中瑞船业　欣顺船业　帆顺船业　华夏船业　长虹船业　远帆船业　东港船业　中扬集团	5.5	100
七里港	七里港船业　欣万宇船业　东方船业　江南船业　奥泰船业	5.0	50
磐石片	庄吉船业　江海船业	2.7	25
乐清湾	中欧船业　澳力船业	3.5	25
瑞安片	江南船业　南港船业	0.4	3
洞头片	安泰船业	1.3	2
苍南片	强乐船业	2.0	3

温州东方造船集团有限公司创办于1986年,经过20多年打拼,发展成为温州造船业的龙头老大,是中国机械工业500强企业。拥有乐清七里港和安徽枞阳两个造船基地。乐清基地占地面积530亩,岸线1000米,1万～5万吨级船台13座,年造船能力20万吨以上。2007年开建的枞阳基地投资10亿元,年造船能力30多万吨,年产值40多亿元。东方造船集团采用国际一流的TRIBON软件进行船舶设计,按照GL、BV、CCS等国家船级社的船舶建造标准和规范,承建6万吨级以下的集装箱船、化学品船、多用途货船、散货船等各类船舶。致力于高附加值、高技术含量的出口船舶的研发和制造,在国际船舶市场特别是欧洲市场赢得了较高的声誉和广泛的知名度。2011年8月,东方造船集团在伦敦证券交易所AIM(创业板)上市,融资3200万英镑,成为温州造船界惟一在境外上市的企业。然而,在全球航运业和造船业遭遇寒冬之际,一些国外船东纷纷"弃船",其中两个总额5260万美元的造船合同和1450万美元的8艘小型散货船的合同被取消,以致前期垫资难以收回,再加上安徽枞阳造船基地投资过大,同时遇上银行抽资压贷,欠债12亿元,最终陷入资金链断裂的困境,导致2012年6月"伦交所"摘牌退市,而且被多家银行告上法庭,濒临破产边缘。东方造船集团在鼎盛时期也未涉足房地产,也未卷入民间借贷,一直专心造船实业,却遭此厄运,实为不幸。实际上这种不幸不止东方一家,乐清有80%的船厂已陷入运营困境,其中六成以上的船企已退出造船行业,有的将龙门吊拆卸变卖,有的将厂房出租转为他用。

目前,国际造船市场低迷,BDI指数在800点附近波动,导致航运公司订船意愿大幅下降。BDI指数即干散货运输市场波罗的海综合运价指数,是衡量国际海运综合运费的权威指数,一般认为BDI指数2000点是航运公司的盈亏线,跌破2000点后,航运公司即亏损运营。温州乐清向来以造传统的散货轮、油轮为主,产业层次和技术含量较低,受国际市场波动影响尤为显著。造船业与光伏和钢贸行业一起,被多数银行列入授信黑名单,造船业是被严控的产能过剩产业。由于造船业产能过剩,新船价格被推至8年来新低,导致全国1500多家造船厂损失49%的订单,初露端倪的破产大潮更让金融机构惶恐万分,不仅银行抽资在跑,巨大的民间资本也从造船业撤出。2011年11月,南通最大民营船厂宣布倒闭。2011年12月江苏启东法院宣布惠港造船欠债22.4亿元而进入破产保护。2012年5月宁波恒富船业、蓝天船业、台州规模最大的金港船业向法院申请破产。2012年6月大连东方精工宣告破产。

5. 泵阀工业

温州泵阀生产企业有 2900 多家,包括锻造、铸造和密封材料的配套生产企业,除 5 家中外合资企业外,其余均为股份制民营企业。在分布上以永嘉的瓯北和龙湾的沙城、海滨、永兴最为集中,其次分布在瑞安的塘下、锦湖、汀田,乐清的柳市以及鹿城和瓯海的工业园区。瓯北和龙湾分别拥有"中国泵阀之乡"和"中国阀门城"称号。全市泵阀企业的年销售额超亿元的企业有 70 多家,被评为国家级高新技术企业有 23 家,被评为省级高新企业有 42 家。其中浙江石化阀门有限公司、江南阀门有限公司、超达阀门股份有限公司 3 家企业被评为国家重点高新技术企业。据中国通用机械工业协会阀门分会统计资料,全国阀门骨干企业 141 家,温州占 22 家;全国阀门企业生产销售 20 强中,温州占 5 家。然而,温州泵阀工业的小微企业数量众多,约占 70%,其产品档次较低,竞争能力较弱,影响整个行业的发展。

2012 年,温州泵阀工业总产值 290 亿元,销售总额 240 亿元,上缴税收 8.7 亿元,出口总额 10 亿美元。出口地区从非洲、中东等地区扩展到东亚、欧美等发达国家。全市有中国驰名商标 19 枚,国家免检产品 23 个,省名牌产品 14 个。受全市金融风波影响,泵阀工业很多企业出现资金链断裂,导致2009 年以来全市泵阀工业产值负增长。

表 3－21　　　　　温州市泵阀工业产值和销售变化　　　　单位:亿元

年份	2007 年	2008 年	2009 年	2010 年	2011 年	2012 年
产值	320	370	300	240	270	290
销售	305	350	275	210	230	240

6. 汽摩配工业

温州是全国汽车、摩托车配件的重要生产基地,享有"中国汽摩配之都"称号。全市有汽摩配生产企业 3000 余家,其中规模以上企业 700 多家,年产值亿元以上 60 多家,中国无区域集团企业 25 家。主要分布在瑞安、瓯海、平阳等地,形成各具特色的三个汽摩配工业集聚区。2012 年全市汽摩配总产值 480 亿元,外贸出口值 6.97 亿美元。温州逐步形成与全球采购体系相适应的汽摩配零部件生产基地。

温州汽摩配产品种类繁多,覆盖货车、客车、轿车、摩托车、电动车及动车等配件。据不完全统计有 12 大类 5000 多个品种,包括底盘附件、车身附件、发动机部件、制动系统、转向系统、汽车电子电器、汽车仪表、车用标准件、锻压件、滤清器以及汽车用品等。产品结构从中低端逐步向高端产品发展,已开发成功或正在开发的高新技术产品有汽车发动机、摩托车发动机、电喷系统、ABS 防抱死制动系统、自动变速箱执行系统、空气独立悬架系统等。产品品牌已拥有中国驰名商标 7 枚、中国名牌产品 1 只、国家免检品牌 2 个、浙江名牌产品 13 个、浙江省著名商标 17 枚。

除汽摩配件外,温州整车生产发展很快,主要有云顶集团生产的中、重型卡车,中欧集团生产的奔驰豪华商务车,南洋汽摩配集团生产的电动汽车,立峰集团生产的混合动力摩托车,浙江幸福摩托车机械有限公司生产的男士摩托车等。

瑞立集团创办于 1987 年,是温州首家在境外上市的民营企业,主要从事汽车零部件的研发、生产和销售。瑞立集团制造的汽车气制动系统、液压转向系统、汽车电器、汽车电子、汽车灯泡系列产品,被国内各大汽车制造厂广泛应用。瑞立已发展成为中国最大的汽车气制动系统生产企业、国家汽车零部件出口基地企业、国家高新技术企业、中国民营企业 500 强(2013 年掉榜)。2012 年,瑞立集团总产值达到 20 亿元,出口额超 6000 万美元。瑞立香港公司、印度公司、美国公司的市场年销售额增幅均超过 38%。瑞立集团还在比利时布鲁塞尔成立欧洲营销总部。

7. 制鞋工业

温州皮鞋享誉全世界,制鞋工业是温州经济的支柱产业。温州制鞋企业数量多,规模大,产量高,现有制鞋企业 2694 家,其中规模以上企业 717 家,占 26.6%。加上与制鞋相关的鞋机、鞋材、鞋底、鞋饰、皮革、合成革、皮鞋化工等企业 2500 多家,总共 5000 多家企业,从业人员 40 多万,每年生产各类鞋子 10 多亿双,占全国总产量的四分之一,占世界总产量的八分之一。2001 年温州被命名为"中国鞋都"。温州鞋业主要集中在鹿城、永嘉和瑞安三地。鹿城制鞋起步最早,鞋业产值占全市的的 40%,著名的有康奈、东艺、吉尔达、富士达、澳伦等鞋业,主要分布在双屿的鹿城工业区和"温州鞋都"内。鹿城鞋业早先以外销为主,随着世界鞋业格局的变化,近年来转向内销为主。永嘉制鞋发展很快,近年来涌现出一批很有前途的企业,如奥康、红蜻蜓、日泰、统邦、杰豪、陆陆顺、赛王等,主要分布在瓯北。目前永嘉鞋业无论品牌和知名度,还是国内市场占有率,都处于全市领先地位,已形成品牌群体优势。瑞安是全国著名的休闲鞋、注塑鞋的生产基地,知名的企业有邦赛、路标、春达等。此外,温州还有众多的制鞋配套体系,著名的有乐清白石的鞋底专业生产基地、永嘉黄田的鞋饰专业生产基地、永嘉乌牛的制鞋机械生产基地、瓯海瞿溪的牛皮加工基地、平阳水头的猪皮加工及交易市场、鹿城河通桥的鞋材市场等。

2012年,温州制鞋工业总产值832.5亿元,外贸出口额46.85亿美元,占温州外贸出口总额的23.65%,在温州出口商品中居首位。温州各种鞋类产品销往100多个国家和地区,美国市场居首,占总出口额的13.98%,俄罗斯市场占12.69%。美国、俄罗斯、德国等14个国家的市场出口额均超1亿美元,巴基斯坦、巴西、新加坡、南非等国家则成为新兴市场的亮点。康奈、奥康、吉尔达、巨一、东艺、金帝、日泰等60家鞋企被授予中国鞋类出口基地龙头企业称号。"中国真皮鞋王"品牌全国只有10个,温州就独占5个。温州制鞋工业拥有中国出口名牌产品3个,中国名牌产品7个,中国驰名商标76枚,中国出口免验商品2个,浙江出口名牌9个,浙江名牌45个,温州名牌52个。但是温州没有一家上市鞋企。

温州制鞋工业经过多年高速发展后,近年来由于制鞋成本不断上涨、人民币汇率升值、出口退税下降、受美国和欧盟的反倾销等因素影响,导致鞋业利润急剧下降,温州鞋企面临严峻的挑战。温州大型鞋企外迁,三分之一的小微鞋企关停歇业。温州鞋企如何在困境中突围,关键要看企业如何进行产业升级和梯次转移了。

（1）康奈集团

康奈集团创办于1980年,主营中高档男女皮鞋,兼营皮件、鞋材、服饰、内衣、商业地产、俄罗斯乌苏里斯克经贸等。现有两大生产基地,一个位于温州双屿鞋都产业园,占地160亩,建筑面积14万平方米;另一个位于安徽宿州工业园,占地257亩,投资1.05亿元。康奈集团现有员工2万多人,固定资产5亿元,拥有国际一流水平的制鞋工艺和装备,年产中高档皮鞋1000多万双,国内外设立14个营销分公司,国内有2800多家专卖店,国外有230多家专卖店。2012年营业收入28亿元,外贸销售收入3055万美元。康奈集团获中国轻工业皮革行业十强企业、中国十大真皮鞋王企业、国家高新技术企业等称号,并获中国名牌、中国驰名商标、中国真皮标志名牌等称号。

（2）奥康鞋业

奥康鞋业股份有限公司创办于1988年,总部位于永嘉千石,是以皮鞋为主,兼营房地产、商贸开发、生物制药、金融投资的中国民营500强企业。现有两大研发中心和三大鞋业生产基地,现有员工1.5万人,固定资产10多亿元,拥有30多条世界一流的生产流水线,年产皮鞋1000多万双,2012年营业收入 154.52 亿元。奥康在国内外设有 4000 多家连锁专卖店,在温州、广州、米兰设立三个鞋样设计中心,每年开发 3000 多个新品种,产品始终走在潮流的前列。奥康重视品牌营销,已拥有奥康、康龙、美丽佳人、红火鸟四个自主品牌以及意大利知名品牌 VALLEVERDE 的大中华区品牌所有权。2012 年"奥康"品牌价值达 123.18 亿元,位列中国最有价值品牌 100 榜第 29 名,位居温州鞋业第一,荣获中国驰名商标、中国名牌产品、中国十大真皮鞋王等称号。

8. 服装工业

服装工业是温州的支柱产业,现已成为中国服装业五大产业集聚区域之一,浙江三大服装基地之一。现有服装企业 2777 家,其中从事服装制造的 1921 家,从事商贸流通的 856 家,规模以上企业 313 家。2010 年温州服装生产达到顶峰,年生产服装 3.91 亿件,总产值 620 亿元,其中规模以上企业产值 302.91 亿元,占 49%。产值超 10 亿元企业 7 家,超 1 亿元企业 26 家,获中国服装行业"双百强"企业 11 家。在全国各地的加盟连锁店已逾 1 万家。拥有的中国驰名商标 17 枚,中国名牌商标 9 枚,国家免检产品 17 个。

温州服装工业发展很快,特别是服装外贸出口额增长更快。全市服装工业总产值从 2006 年的 368 亿元增加到 2010 年的 620 亿元,4 年间增长了 68%。但由于生产成本急速增长和"金融风波"的影响,温州服装工业开始下滑,2012 年全市服装工业总产值跌至 600 亿元以下,规上企业产值由 2010 年 302.91 亿元跌至 2012 年的 281.11 亿元。但温州服装出口额仍保持增长态势。温州服装及衣着附件出口额从 2006 年的 9.17 亿美元增加到 2012 年的 18.62 亿美元,6 年翻了一番。

表 3－22　　　　　　　温州服装及衣着附件出口额的增长　　　　　单位:亿美元

年份	2006 年	2007 年	2008 年	2009 年	2010 年	2011 年	2012 年
出口额	9.17	11.71	12.29	12.95	15.77	16.33	18.62

多年来温州外贸服装主要以华侨外贸为主,但是"侨贸"存在着价格低、品质差的不足之处,近年来在进一步提升"侨贸"产品质量、扩大销售渠道的同时,温州服装加大了国际贸易一手接单的能力,实现外贸服装发展形式由 OEM 向 ODM 转变,成为 2008 年全球金融危机爆发以来,中国服装业出口逆市飘红的榜样。如今杰尼亚、阿玛尼、酷奇等很多国际一流名牌产品都在温州合作生产。2010 年在国家商务部的支持下,温州成功在意大利罗马和

马尔凯大区设立两个境外贸易代表处,温州外贸服装对外接单和合作的渠道进一步拓宽,外贸形式更趋多元化。

温州服装工业致力发展自主品牌的战略,推进产业结构调整,企业规模得以提升,产业集聚不断提高。温州服装精品制造能力不断增强,业已形成以森马、报喜鸟、美特斯·邦威、乔治白、庄吉、法派、乔顿、夏蒙、高邦、拜丽德、奥奔妮、红黄蓝等为代表的规模大、实力强、装备先进、工艺精良、管理规范、设计时尚的精品制造企业集群。2010 年 10 月,在上海环球金融中心举办的全球高端男装发展论坛上,温州服装业的实力和地位被广泛认同为"全球高端男装制造基地"。

温州服装业还有一个特点,就是虚拟经营发展强势。以美特斯·邦威、森马、高邦、拜丽德等为代表的温州服装企业在实践中创造性地提出了虚拟经营的模式,发展迅速,潜力巨大,销售业绩连年翻番,成为温州服装业的一大亮点。虚拟经营模式已经成为全行业公认的最佳发展模式。

(1)森马服饰

森马服饰股份有限公司创办于 1996 年,是以虚拟经营为特色,在珠三角、长三角、山东、湖北等地组织了 160 多家生产能力强大、技术力量雄厚、产品质量过硬的专业服装生产厂家,实行订单生产,质量管理,建立了一套快速反应的供应链体系,构建成"大物流、大管理"的发展格局。森马是以成人休闲服饰和儿童服饰为主导产品的品牌服饰企业,现已建立森马上海产业园。公司旗下拥有"森马"和"巴拉巴拉"两大服饰品牌,巴拉巴拉童装品牌被评为中国驰名商标。森马品牌在全国各地的销售网点有 5000 多家,巴拉巴拉品牌有 3000 多家。2011 年营业收入 77.6 亿元,净利润 12.23 亿元,税费 8.08 亿元,跻身于中国民营企业制造业 500 强和中国民营企业 500 强(2013 年掉榜)。2011 年 3 月,森马服饰在深圳证券交易所中小板挂牌上市。

(2)报喜鸟集团

报喜鸟集团创办于 1996 年,拥有永嘉瓯北和上海两大工业园区,职工6000 多人,总资产 20 亿元,是温州首家上市的服装为主业的大型鞋服类企业。拥有报喜鸟、宝鸟等六大原创品牌,还代理意大利经典男装索洛塞里、东博利尼、巴达萨里及韩国哈吉斯等国际知名服饰品牌。在全国建立 700 多家特许加盟店组成的销售网络,2012 年销售收入 30 多亿元,连续 15 年进入全国服装行业销售收入、利润双百强企业前列,获中国驰名商标、中国名牌产品等殊荣。报喜鸟集团在上海成立商学院,开设精英教育、核心岗位、专业技能三大类别十多个序列的课程体系,为企业培养高端人才。

(3) 乔治白服饰

乔治白是意大利的服装品牌,1995 年引入温州,成立浙江乔治白服饰股份有限公司。现有平阳和河南两大生产基地,平阳基地占地 90 亩,建筑面积 4.2 万平方米,是一家以西服、衬衫、休闲服、职业服为主的生产和销售企业。年产中、高档西服 20 万套、衬衫 100 万件,2012 年产值 10 亿元,上缴税收 7000 万元。乔治白公司投资 7000 万元建成河南乔治白服饰有限公司,占地 73 亩,年产西服 20 万套、衬衫 100 万件。在北京、上海、浙江、福建等省市有 370 多家销售网点。乔治白拥有世界一流的服装生产流水线,数字化控制生产全过程,乔治白衬衫获中国名牌产品、中国驰名商标和国家免检产品称号。2012 年 7 月成功登陆 A 股市场,成为中国职业装第一股。

9. 眼镜工业

温州眼镜工业发端于瑞安马屿,至今形成瑞安和瓯海两大眼镜生产基地,温州成为全国四大眼镜生产基地之一,2005 年被授为"中国眼镜生产基地"。鼎盛时期的 2007 年,温州眼镜及其配套生产企业有 1000 多家,其中成镜企业 624 家,配件企业 200 多家,机械设备企业近 100 家,专用模具企业近 50 家,专业电镀企业近 100 家,从业人员 15 万余人。年产值超亿元企业 10 家,超 5000 万元企业 20 多家,超 3000 万元企业 40 多家,拥有自营出口权企业 50 多家。全市眼镜年产值 75 亿元,占全国的 35%,入库税收 2.1 亿元。温州眼镜业拥有中国驰名商标 2 枚、省名牌产品 4 个、省著名商标 4 枚、市知名商标 5 枚、市名牌产品 12 个。2008 年温州建成娄桥眼镜工业园区,占地 572 亩,入驻企业 37 家。目前温州规模较大的眼镜企业有泰恒、信泰、远洋、黎东、东田、顺威、爱氏、三杉、瓯海、东瓯、通达、中民等 12 家,其员工人数均在 1000 人以上。

温州是世界著名的眼镜生产基地,但在温州本地没有一个大型的眼镜市场,这是因为温州 80% 的眼镜是供出口的。产品远销美国、欧盟、拉美、中东、俄罗斯、东南亚等 150 个国家和地区,2007 年出口额 61 亿元,占全国的 30%,占全省的 81%。其中太阳镜出口量占世界市场的 40%,被外国人称为"太阳镜之城"。据海关统计,2012 年温州眼镜出口额 7.55 亿美元,其中出口美国 2.75 亿美元,占出口总额的 36.4%;出口欧洲 2.28 亿美元,占出口总额的 30.2%。国外的前十大市场出口总额 5.57 亿美元,占出口总额的 73.8%。

表 3 - 23　　　　　　　**2012 年温州眼镜出口额前十大市场**　　　单位:万美元

国家	美国	英国	德国	巴西	日本	印度	意大利	西班牙	墨西哥	法国
出口额	27473	5388	4762	3493	3430	3036	2704	2170	1698	1608
份额%	36.38	7.13	6.31	4.63	4.54	4.02	3.58	2.87	2.25	2.13

说明:该十大市场出口总额 5.57 亿美元,占全市出口总额的 73.84%。

目前温州眼镜行业面临两大挑战。一方面遭遇国际贸易壁垒,出口受阻;另一方面突遇融资困难,资金链断裂,生产难以为继。2011 年 9 月 20 日,温州眼镜龙头企业信泰集团董事长胡福林欠债 20 多亿元而离境出走,不仅影响信泰上下游企业,还影响到为信泰担保互保的眼镜同行,引发多米诺骨牌效应,受到市政府及国务院的高度重视,并相继出台相关政策,及时解决温州眼镜行业危机。

(1)泰恒眼镜

浙江泰恒光学有限公司原名温州泰恒眼镜城集团有限公司,成立于1996 年,位于瓯海经济开发区牛山沙门双堡西路,占地 127 亩,建筑面积 8.5 万平方米,现有员工 2500 余人。年生产太阳镜、老花镜、光学镜架、劳保镜等各类眼镜 5000 多万副,各类镜片(树脂片、AC 片、PC 片等)3000 多万副,产品 95%以上出口欧美、东南亚等 100 多个国家和地区,具有自营进出口权。2006 年销售额 2.7 亿元,是中国最大的眼镜企业之一。泰恒公司的厂区分为东、西两片,其中西片厂区 2007 年建成后未投入使用,现 8 幢厂房改建为温州建材批发市场。

(2)信泰眼镜

温州市信泰光学眼镜有限公司成立于 1993 年,位于瓯海经济开发区北纬一路,占地 9 亩,在娄桥工业园区征地 120 亩,建设新厂房。信泰共有员工5000 人,拥有完善的光学框、太阳镜、老花镜等生产与装配线,年产各类眼镜3000 多万副,年销售额 5 亿元,90%产品销往欧美、东南亚、中东等国际市场。拥有自主品牌"海豚"、"金棕榈"、"梦幻骆驼"等商标,"海豚"是温州惟一获得中国驰名商标称号的眼镜品牌。由于投资面过大,融资困难,资金链断裂,2011 年 9 月 20 日,董事长胡福林欠债 20 多亿元而离境出走,导致员工聚众上街,造成交通阻塞,并掀起了众多温州老板"跑路"的危机大潮,引致温州全市乃至国内外各界震动,国务院总理温家宝亲临温州调研此事,将信泰事件推至高峰。

10. 打火机工业

打火机的盛衰最能代表温州特色,最能反映温州经济的起落。温州打火机生产始于 1988 年,是模仿日本打火机开始的。继后温州出现数量众多的作坊式打火机企业,1989 年底温州就有 500 多家金属打火机厂,而且专业化分工也越来越细,大大小小的配件厂迅速串珠成链,温州信河街成了世界有名的打火机配件一条街,大量的金属打火机潮水般地涌向国外市场。1994 年美国通过 CR 法规,使温州打火机失去了美国市场,但依然拥有欧盟这个庞大的市场,打火机生产仍然强盛不衰。至 1999 年,温州拥有 4000 余家打火机企业,金属打火机的年产量达到 1 亿只,其中 70% 以上出口,占据全球 70% 的份额。2001 年 9 月,温州获得"中国金属外壳打火机生产基地"的称号。当时温州打火机成功的原因主要是产业高度集聚和细致的专业化分工,在很小的区域内形成从配件到组装的完整产业链,必然带来廉价的优势,出厂价不到日本的五分之一。压倒性的价格优势促进了温州打火机工业的蓬勃发展。2003 年前后达到鼎盛,打火机成为温州的支柱产业之一,全市有打火机企业有 5000 多家,主要集中在鹿城和瓯海两区,年生产金属打火机 6 亿多只,超过了日本、韩国和台湾,远销世界 100 多个国家和地区,其中三分之一出口欧盟,占据了全球金属打火机 80% 的份额,占国内打火机市场的 98% 份额。温州成为世界上最大的金属打火机生产基地,打火机也成了最能代表温州轻工产业特色的产品之一。

然而,从 2002 年起,春风得意的温州打火机遇到了欧盟 CR 法案、反倾销等国际贸易摩擦,开始呈现衰落迹象。2008 年世界金融危机以来,温州打火机工业一落千丈,生产企业从 5000 多家减为 2009 年的 168 家,年产 4 亿多只,产值 14 多亿元,主要靠日本市场维持经营。2010 年 12 月日本也实施 CR 法案,对温州打火机生产又一重创,温州打火机企业只得关门倒闭,全市只剩 117 家。2012 年,温州市打火机企业减至 99 家,仍在生产打火机的只有 8 家,其余只生产烟缸、烟盒等烟具产品。温州著名的打火机企业主要有日丰、大虎、摩登、特灵、东方等公司。2012 年温州出口打火机、点火枪类商品 1.07 亿只,出口额 0.86 亿美元。

温州打火机曾经在世界上占据垄断地位,曾经是温州制造业的当家花旦,如今却面临着市场萎缩、成本剧增、利润低薄、资金短缺等问题,特别是政府经济决策上歧视打火机生产,认为打火机工业低技术、同质化,在产业价值链中处于低端,产品附加值和技术含量有限,所以当企业遇到危机时政府没有出手相救,任其萎缩,而一味强调转型。例如目前温州所有的打火机企业的营业执照上都有一个括号说明："一次性打火机除外"。这就是说，在温州这片土地上是不允许生产一次性打火机的。其原因是考虑到一次性打火机存在潜在危险性，所以政府禁止生产一次性打火机。目前打火机行业处境艰难，政府连放开一次性打火机生产的政策也不给。无庸置疑，温州打火机已经从最红火、最风光的行业，跌落到最夕阳、最挣扎的行业了。

11. 塑料制品工业

温州塑料制品主要是塑料薄膜，其次是塑料人造革，还有少量的泡沫塑料、日用塑料制品等。2012 年温州塑料制品行业步履艰难，多项指标均呈大幅负增长，其中利润总额负增长－28.2％，泡沫塑料负增长－26.0％，龙湾区产量负增长－24.7％，全市亏损企业 39 家，亏损额 10943 万元。

2012 年，温州塑料制品总产量 408 万吨，总产值 623 亿元，其中出口额 29.62 亿元。全市 193 家规模以上塑料制品企业的资产共 261.33 亿元，从业人员 4.8 万人，塑料制品年产量 129.02 万吨，年产值 267.36 亿元，利润总额 5.61 亿元。温州塑料制品工业的产值 20 亿元以上企业 1 家，10 亿元以上 2 家，5 亿元以上 10 家，1 亿元以上 31 家。

表 3－24　　　　2012 年温州市规模以上塑料制品企业的产量

类　别	塑料薄膜	塑料人造革	泡沫塑料	日用塑料	其他塑料	合计
企业数（家）	33	59	4	4	93	193
年产量（万吨）	46.30	24.01	2.83	1.08	54.80	129.02
产量比例（％）	35.88	18.61	2.20	0.84	42.47	100.00

温州塑料制品工业主要分布在瑞安、苍南、平阳、龙湾四地，2011 年龙湾区居第二位，2012 年掉到第四位。该四地的规模以上企业数量占全市的 94％，产量占全市的 97％。其中瑞安居首，规模以上企业 33 家，2012 年产量 35.95 万吨，占全市的 27.86％。

表 3－25　　　　2012 年温州市规模以上塑料制品企业地区分布

区　域	瑞安市	苍南县	平阳县	龙湾区	乐清市	泰顺县	鹿城区	瓯海区
企业数量（家）	33	36	53	60	8	1	1	1
年产量（万吨）	35.95	33.47	30.82	25.35	2.19	0.65	0.36	0.23
产量比例（％）	27.86	25.95	23.89	19.65	1.70	0.50	0.27	0.18

12. 合成革工业

温州有"中国合成革之都"的称号。2012年,面对市场冷,订单少,成本高,融资难等问题,温州合成革工业总产值降至103.79亿元。年产值超亿元企业44家,超2亿元企业7家,半数企业产值下降,停产和外迁企业17家。全行业各类品牌56个,其中国家级2个,省级15个,品牌产品销售占全行业销售总额38%。著名的人造革企业有温州人造革有限公司、温州合力革业有限公司、浙江龙跃科技有限公司、温州长丰人造革有限公司、浙江科一合成革有限公司等。其中温州人造革有限公司年产值6.76亿元,出口额3.06亿元,位居全市第一位。

温州合成革产品的四分之一出口亚洲、非洲、南美、北美和欧洲等106个国家。2012年出口额4.70亿美元,其中亚洲出口交货值占总额的50.09%。出口排名前十位的国家和地区是印度、墨西哥、伊朗、叙利亚、埃及、土耳其、香港、韩国、印尼、摩洛哥。

13. 金融设备工业

全国点验钞机年销售量700多万台,温州籍企业就占600多万台,全国市场占有率保持在85%。全国拿到点验钞机新国标生产许可证的企业105家,温州就有63家,占六成。2012年温州金融设备企业有90家,总产值达29亿元,同比增长35%,已经成为全国最大的金融设备生产基地。温州金融设备工业主要分布在温州市区、平阳鳌江、苍南龙港、瑞安林垟等地。全市已形成集研发、生产、营销为一体的经营体系,产品包括纸币处理、硬币处理、票据处理、卡类制造及写读、安防监控、银行信息及网络安全工程设备等,涵盖金融行业的所有领域。特别是由微机控制、数码处理、智能识别的光机电一体化高科技系列产品,格外受到青睐。

引人瞩目的是国家金融设备及零配件质量监测检验中心落户温州滨海园区,这个国家级质检中心现有21个项目和126个产品标准获国家实验室认可和计量认证。此外,为了赶上国外银行的外包业务,温州的经纬、依特诺、凯勋、新大、然鹏、人杰、滨海橡胶、内利8家企业出资2000万元,抱团转型,成立浙江融金科技股份有限公司。一旦国内银行放开第三方外包业务,温州金融设备工业必将出现几何倍数的增长,前景非常广阔。

14. 印刷工业

2012年,温州印刷企业2953家,其中包括印刷机械企业350家。全年实现工业总产值216.79亿元,利润总额11.41亿元,其中印刷机械企业产值40亿元,出口额6亿元。全市印刷企业中,属于国家级高新技术企业

5 家,产值超亿元的企业有 20 家,其中超 3.55 亿元的"中国印刷百强企业"有 5 家,依次为立可达包装有限公司,新雅投资集团有限公司,金石包装有限公司,富康集团有限公司,曙光印业集团有限公司。温州印刷设备不断更新,日趋先进。2011 年温州进口高端印刷胶印机 27 台,新增数字制版的 CTP 直接制版机 20 多台,印刷装备制造业引进"数控加工中心"100 多台。全市印刷机械企业数量约占全国印机行业三分之一,销售收入约占全国印机行业的 34%,温州印刷机械制造业为全国印机业三大集聚区之一。

15. 制笔工业

温州制笔工业的主要产品有各类水彩笔、活动铅笔、圆珠笔、自来水笔、水性笔、中性笔、记号笔、白板笔、荧光笔、蜡笔、木杆铅笔、毛笔等 12 大类 200 余个品种,配套产品有橡皮擦、三角板、直尺、圆规,有镍白铜笔头、不锈钢笔头、纤维笔头、铅芯、墨水等。2012 年,温州制笔企业有 200 多家,从业人员 3 万余人,年产量突破 140 亿支,年产值 38 亿元,位居全国第一。产品一半供出口,年出口金额 19.5 亿元。因此温州荣获"中国制笔之都"的称号。温州制笔工业有 30 多家企业获得自营进出口权,全行业拥有笔业知名品牌 42 个。温州爱好笔业公司从瑞士引进 22 台米克朗制笔机,建立国内最大的不锈钢圆珠笔头生产车间,其产品获"中国名牌产品"称号。天丰文具公司生产的书写笔,凯文文体用品制造公司生产的水彩笔,天骄笔业公司生产的书写笔,盛丰笔业公司生产的书写笔等都获得"温州名牌产品"称号。

16. 剃须刀工业

温州剃须刀工业的产品包括电动剃须刀、电推剪、电吹风、电热烫发器、电动脱毛器、按摩器等六大小家电,所以 2013 年 9 月温州剃须刀行业协会更名为温州个人护理电器行业协会。全市这类企业有 100 余家,主要分布在鹿城、瓯海、龙湾三个区。2011 年和 2012 年的年销售总额均为 33 亿元,占全国市场 70% 的份额,成为中国电动剃须刀行业规模最大的企业集群区,获"中国剃须刀生产基地"称号。2012 年全市这六类小家电出口总额为 2.52 亿美元,产品主要销往美国、欧洲、日本及中东等 100 多个国家和地区。全市 20 家规模以上企业年销售额占全行业总额的 80%,年销售超亿元企业 7 家。其中著名的有飞科公司生产的飞科牌剃须刀,朗威公司生产的朗威牌剃须刀,鼎铃公司生产的鼎铃牌剃须刀,日峰公司生产的日峰牌剃须刀、健康按摩器,百特公司生产的 PAITER 牌剃须刀、理发剪等。

17. 家具工业

2012 年,温州家具工业企业有 800 多家,年产值约 80 亿元,销售商场 100 多个,家具销售商 300 多家。拥有平阳万全家具基地和苍南家具基地两个产业基地。温州家具拥有庞大的本地市场,还出口欧美、中东、澳大利亚等地。温州家具商会创办《温州家具》杂志刊物,还牵头组建行业资金互助会,创建融资平台,帮助企业解决短期资金周转困难。2011 年温州市家具商会与温州职业技术学院联合筹建温州家具学院。

18. 锁具工业

温州是全国锁具的主要生产基地,获"中国锁都"称号。2012 年全市锁具企业有 400 多家,其中规模以上企业 180 余家,主要分布在瓯海、龙湾、鹿城、永嘉等地。全年锁具工业总产值 118 亿元,外贸出口额 43 亿元,出口世界 160 多个国家和地区。温州年产各类锁具近 6 亿把,其中车锁在全国市场的占有率为 85%。"中国十大锁王"称号中,温州独占 4 家,即通用、中立、天宇、宝得利四家锁具企业。温州拥有"省级科技中心"的锁具企业 3 家,中国驰名商标 1 枚,国家免检产品 4 个。

19. 纽扣工业

永嘉县桥头镇拥有"中国纽扣之都"称号。全镇因纽扣生产形成集拉链、织带、化工、电镀等产业于一体的服装辅料企业集群。2012 年,全镇纽扣生产企业 290 家,其中重点企业 49 家,规模以上企业 16 家,全年产值达 20 亿元,从业人员超过 2.8 万人。产品销往全国各地以及中东、北非及欧洲等地。拥有中国驰名商标 1 个,省著名商标 5 个,市知名商标 7 个,县名牌商标 11 个。永嘉桥头纽扣职业培训学校编写《纽扣制作工》一书,由浙江科技出版社出版发行,成为全国第一本纽扣制作培训教材。

20. 拉链工业

温州是全国主要拉链生产基地之一,获"中国拉链之乡"称号。温州拉链工业包括拉链制造、拉链机械、模具制作、金属配件、电镀喷漆、印染加工、原辅料供应等相关行业。温州拉链工业主要分布在永嘉桥头镇和龙湾、瓯海两区。2012 年,有拉链企业 400 多家,工业总产值约 50 亿元,占全国拉链总产值的 10%。近年来温州拉链工业面临原材料涨价、企业成本提高、资金周转受阻等困境,行业受到冲击很大,部分小微企业关门停产。温州服装工业发达,但作为衣着附件的拉链却不选用本地产品,特别是有品牌的服装企业只知道日本的 YKK 拉链,而不知道温州的 YQQ 拉链,这是一个怪现象。

21. 建筑业

建筑业不属于工业,也不包括建材工业,但建筑业与工业一起构成第二产业。由于全国性的房地产泡沫和国家的商品房"限购"政策,2008~2010年三年中,温州建筑业陷入低迷状态,产值和增加值均呈低增长和负增长。2011年,温州市住房和城乡建设委员会制定建筑业振兴政策,引导企业加大要素投入,拓展业务领域,发展总部经济,实施"走出去"战略。全年建筑业增加值204.43亿元,同比增长25.8%;总产值770亿元,同比增长26%,其中省外产值280.5亿元,增长35.8%。2012年温州建筑业继续快速增长,年增加值227.99亿元,同比增长18.1%,占GDP比重达6.25%。全市拥有三级以上资质的建筑企业651家,总产值964.68亿元,利润总额24.14亿元,年末拥有资产591.13亿元,其中固定资产原价95.36亿元。

(四)温州主要工业园区

温州开发区和工业园区数量众多,有国家级、省级、市级、县级、镇级、村级等,其中国家级2个,省级8个,分别是温州经济技术开发区、温州高新技术产业园区、鹿城轻工产业园区、瓯海经济开发区、瑞安经济开发区、乐清经济开发区、乐清工业园区(虹桥)、永嘉工业园区、平阳经济开发区、苍南工业园区。经过新一轮规划布局、机制创新、项目推进、产业升级等方面的整合提升,这10个开发区和工业园区(以下统称工业区)的基础设施投入强度和企业固定资产投资力度显著加大,外向型经济和工业企业的经济效益都引领温州全市,产业结构调整逐渐优化,同时不断引进第三产业,使各个工业区更具活力。

至2010年底,温州十大工业区的规划面积125.84平方千米,已开发面积70.43平方千米,已投产面积34.37平方千米。总共入园企业4185家,其中工业企业2762家,占66%。主导产业有皮鞋工业、服装工业、皮革工业、机械工业、化学工业、泵阀工业等。工业企业中,小微企业1256家,占45.5%;大中型企业1506家,占54.5%;年产值1亿元以上的287家,占10.4%。

表3-26　　**2008~2010年温州十大工业区的工业企业规模**　　单位:家

企业规模	500万元以下	500万~1000万元	1000万~5000万元	0.5亿~1亿元	1亿元以上
2008年	851	219	554	132	239
2009年	997	256	628	164	245
2010年	1256	260	750	209	287

2010 年,温州十大工业区的工业总产值 1363.1 亿元,产品销售收入 1302.9 亿元,利润总额 74.3 亿元,进出口总额 47.3 亿元,其中出口额 41.1 亿元。最引人注目的是引进内资达 86.4 亿元,比 2009 年的 28.5 亿元,增长了 2 倍。

表 3-27　　　　　2009～2010 年温州十大工业区的主要指标

主要指标	2009 年(亿元)	2010 年(亿元)	增幅(%)
工业总产值	1094.7	1363.1	24.5
产品销售收入	1053.8	1302.9	23.6
利润总额	59.5	74.3	24.9
全年引进内资	28.5	86.4	203.2
全年进出口总额	34.6	47.3	36.7
全年出口额	29.3	41.1	40.4

经过多年的努力,这十大工业区内的企业逐渐壮大和成熟,促进了工业区的经济加密。据统计,2010 年工业区用 34.37 平方千米的投产工业用地,创造了 1302.9 亿元的产品销售收入,形成每亩 252.7 万元的经济密度。

至 2010 年底,温州十大工业区总共完成投资 1284.8 亿元,其中基础设施投入 161.1 亿元,入园企业投入 1123.7 亿元。由此可知,投资强度为每亩 121.6 万元,其中温州经济开发区、瑞安经济开发区、永嘉工业园区的投资强度在平均值以上,瑞安经济开发区投资强度最大,为每亩 177.3 万元。

近年来,温州各大工业区注重研发高新产品,加快转型升级步伐。一方面各工业区注重引进高新技术企业,至 2010 年末已入园高新技术企业 139 家。另一方面,经过金融危机的洗礼,工业区的各企业积极寻找转型升级的出路,进一步加大研发力度,不断开发高新技术产品,提升市场份额。2010 年工业企业投入研发经费 14.1 亿元,其中高新技术企业研发经费 7.5 亿元,推动高新技术产品销售收入 188.1 亿元,同比增长 34.5%。

2010 年底,十大工业区的入园三产企业 1394 家,其中投产企业 293 家,实现营业收入 355.2 亿元,相当于区内工业总产值的 26%,上缴税收 16.6 亿元。从工业区服务业发展现状来看,以批零商业、房地产业和住宿餐饮业等为主。

表 3 - 28　　　　　　**浙江 11 个地级市的国家级和省级开发区比较**

地级市	2010 年工业总产值			1 亿元以上内资项目(个)		1000 万美元外资项目(个)	
	亿元	占比%	排名	2010 年	2009 年	2009 年	2010 年
杭州市	4097.0	15.59	2	75	63	85	99
宁波市	6038.4	22.97	1	41	55	47	79
温州市	1363.1	5.19	7	4	7	1	2
嘉兴市	3044.9	11.58	4	17	27	65	78
湖州市	2877.3	10.95	5	24	77	65	50
绍兴市	3997.9	15.21	3	25	49	27	59
金华市	2032.2	7.73	6	27	86	10	21
衢州市	569.7	2.17	10	34	81	3	10
舟山市	255.2	0.97	11	3	12	0	0
台州市	1286.4	4.89		18	25	1	0
丽水市	723.9	2.75	9	20	26	0	1
全省合计	26286.0	100.00	—	288	508	304	399

　　然而,从横向来看,温州不少工业区开发建设进程仍然较慢,发展过程中出现的新问题、新矛盾没有及时得到解决,服务意识不强,提供给企业的服务有限,影响工业区的有效、长远的发展,与"大投资、大发展"为主旋律的差距较大。首先,与省内兄弟地级市比较,温州工业区的综合发展水平明显偏低,整体乏力。一是经济密度低于浙江省平均值,位列杭州、宁波、湖州之后,杭州的经济密度在 400 万元/亩以上,宁波和湖州在 300 万元/亩以上,温州只有 253 万元/亩。二是工业总产值名次跌到第 7 位,产值不到宁波的四分之一,全省过半数的地级市跃入 2000 亿元以上的行列,而温州仍然只有 1363 亿元。三是招商引资差距不断拉大,单项资金 1 亿元以上的内资项目个数连年排名倒数第一,2010 年金华 86 个,衢州 81 个,而温州只有 7 个,占全省总数的 1.38%。注册资本 1000 万美元以上外资项目个数也寥寥无几,2010 年杭州 99 个,宁波 79 个,而温州只有 2 个,占全省总数的 0.5%。

　　其次,外资及港澳台企业落户温州很难很少,招引的内资和外资企业数量和产值的差距更大。温州市开发区统计监测调查显示,2006~2010 年期间连续 5 年出现外资及港澳台企业数量下降现象。据统计,2010 年已入园的外资及港澳台企业撤资或注销 11 家;新增外资及港澳台企业为 4 家,减少了7家,新增外资企业数呈逐年递减的趋势。全年共计外资及港澳台企业销售收入190.2亿元,对温州工业产品销售收入的贡献未见加大;实现出口交货值49.1亿元,同比增长9.7%,远低于开发区出口交货值的增速。与区内内资企业相比,无论是企业数量还是产值比重,两者之间的差距越来越大。另外,2010年底开始我国境内的所有内资和外资企业统一所得税税率,并开始实施外资企业征收城市维护建设税和教育费附加,其他地级市对外资及港澳台企业的投资积极性影响不大,但对温州的外资企业入驻影响很大。

表3-29 2008～2010年温州十大工业区内外资企业及产品销售收入

企业数量和销售收入	2008年	2009年	2010年
外资及港澳台企业(家)	393	396	389
内资企业(家)	3196	3417	3796
外资企业销售收入(亿元)	140.6	155.1	190.2
内资企业销售收入(亿元)	864.4	898.7	1112.7

第三,政府对工业区的扶持能力很弱,循环经济发展步履蹒跚。温州各个工业区的优惠政策、筹资融资、科研技术指导等方面缺乏有效平台,对企业的帮扶作用不大,服务功能不强。主要表现在四个方面,一是配套服务支撑体系建设多年未见成果。从调查结果来看,由工业区设立的技术开发研究中心、产品质量检测机构、信息中心、综合服务中心和创业投资服务中心(孵化器)少之又少,为企业服务能力亟待有效提高。二是尚未建立现代物流配送中心,全市仅温州经济技术开发区拥有4家物流企业,其他工业区都没有物流企业。三是重用地指标,轻生态环境建设。多年来在用地指标上下了一番大功夫,规划面积大幅增加,扩大了开发区地域范围,但从工业废水和生活污水集中处理率、生活垃圾无害化处理率、中水回收率等指标来看,各个工业区普遍对生态建设重视不够,特别是淘汰高能耗、高污染企业的决心不大,行动不坚决。四是区内企业未形成有效的产业链。很多区内大企业并没有形成以龙头产业为主的产业群,区内小企业尽管数量众多,但也没有起到协调配套作用,很多小型企业纯属加工型,与当地企业没有任何配套关系,在平阳经济开发区这种情况尤为突出。

第四,拆迁征地困难,开发建设进程缓慢,土地利用率不高。统计显示,2010年十大工业区共拆迁安置补偿款6.1亿元,同比增长34.2%,但这部分多来自成熟工业区,新开发的工业区长期无实际拆迁面积,个别工业区多年来一直停留在进园阶段,毫无进展,对工业区开发建设极为不利。从总体来看,十大工业区中,近半土地仍未开发。开发面积只有规划面积的 56%,投产面积只有规划面积的 27%,在建面积仅为规划面积的 7%。

第五,体制紊乱,规划管理不到位。有些开发区行使的只是一个建设指挥部的权力,开发区管委会在很多方面只有服务的职能,没有管理的权限,导致一些能解决的问题不能解决,一些能协调的问题不能协调,一些能处理的问题不能处理。另一方面开发区部分规划区域涉及多个乡镇,但与土地利用总体规划、市域总体规划及海域利用总体规划等进行衔接有一定难度。

1. 温州经济技术开发区

1984 年初,温州确定为全国 14 个对外开放港口城市。凡列入对外开放城市,国务院都拟批准建设一个国家级经济技术开发区,但温州没有铁路,没有机场,国务院批复温州经济开发区"近期内不宜动工"。这意味着向国家要政策,要贷款的期望成为泡影。于是 1987 年温州建立"龙湾出口工业区"自费开发区,这就是温州经济技术开发区的前身。1992 年 3 月经国务院批准设立国家级"温州经济技术开发区",规划面积仅 5.11 平方千米,至今已有 21 年发展历程。温州经济技术开发区原址位于温州新城区以东的蒲州—状元的"蒲状园区",1998 年 12 月在其南面扩展区内设立省级"高新技术园区",2000 年 4 月在永强东海之滨创建"滨海园区",开发区管委会也由蒲状园区迁址滨海园区,温州经济开发区实行"三区合一"建制。2012 年 8 月国务院批准成立国家级温州高新技术产业园区,蒲状园区划归高新园区,所以今天的温州经济技术开发区只剩下滨海园区及其东侧的金海围垦区、北侧的天成围垦区和南侧的丁山围垦区。至 2012 年底,金海园区已建成 27.2 万平方米标准厂房,天成垦区南片 4900 亩吹填造地已完成 3500 亩。

滨海园区位于龙湾区南部的涂园上,北接永兴农场,南邻海城街道(梅头),西起滨海大道,东至在建的甬台温沿海高速公路。规划面积 30 平方千米,现已建成滨海一路至滨海十六路,面积 6 平方千米。滨海园区现有规模以上工业企业 378 家,已初步形成了服装、皮鞋、眼镜、制笔等为主导的传统产业和以新能源、新材料、生物医药、光电信息、关键汽车零部件等高新技术产业并存的工业格局,拥有了较为完善的基础设施体系、现代服务体系和社会配套体系。2012 年,滨海园区工业总产值 247.41 亿元,完成全社会固定资产投资 79.51 亿元,实际利用外资 3806 万美元。

2. 温州高新技术产业园区

温州高新技术园区是 1998 年 12 月设立的省级高新区,位于蒲状园区南面,面积很小,区内建有2万平方米的孵化大楼(创业服务中心),是高新园区科技成果转化和技术创新的基地。2012年8月经国务院批准升级为国家级高新技术产业园区,蒲状园区和温州工业园区并入,面积扩大,成为浙江省继杭州、宁波、绍兴之后第四个国家级高新区。温州高新技术产业园区规划面积24.65平方千米,位于温州城区东部,西接温州市行政中心区,东至瓯江口南岸,北临瓯江,南靠三垟湿地。分为东西两个园区,东园为原温州工业园区(旧称温州市扶贫开发区),面积4.42平方千米;西园为原温州经济技术开发区蒲状园区和温州农业对外综合开发区,面积20.23平方千米。高新区管委会迁至原经济技术开发区管委会大楼。

目前,温州高新技术产业园区共有2000多家企业,其中规模以上企业214家,科技型企业66家,高新技术企业28家,涉及新材料、新能源、电子信息、生物医药、激光与光电等行业。2012年,温州高新区规模以上企业的工业总产值618亿元,高新技术工业产值112亿元,进出口总额31.5亿美元。现已建成国家级创业服务中心、留学生创业园等创新创业基地,拥有科技孵化器面积20.5万平方米。区内3.5万平方米的国际激光与光电孵化器已投入使用,温州博纳激光科技有限公司等5家高端激光与光电产业项目和中科院上海技术转移中心温州分中心等4家科研机构,相继入驻高新区,温州金融综合改革试验区、温州"人才特区"也已落户高新区。计划重点培育激光与光电、电子商务与信息软件、文化创意三大主导产业。

3. 鹿城轻工产业园区

鹿城轻工产业园区位于鹿城区西部的藤桥上戍平原,创建于2002年,原名鹿城轻工特色园区,2006年确定为省级经济开发区,现已成为全省28个重点省级开发区之一。整个园区规划面积18.3平方千米,分三期建设。至2012年底,一期6.65平方千米,投资28亿元,已基本建设完成,入园企业65家,其中美国、英国、法国、日本、瑞士等15个国家的外资企业29家。2012年工业总产值31亿元。

2003年温州市政府提出打造国际轻工城的战略,园区引进眼镜、打火机、剃须刀等十几家轻工企业,从2008年开始园区进行产业转型,提高企业入园门槛,入园企业必须符合国家标准的省级以上的科技企业,或者自有核心知识产权的企业等。目前已初步形成电子信息、机械装备、高端轻工三大产业集群。

4. 瓯海经济开发区

瓯海经济开发区位于温州城区南部,前身为梧埏工业区,创建于1992年

10月,1994年8月批准为省级开发区。规划面积8.43平方千米,分为三个小区,北小区为高新技术工业园区,中小区为通用工业园区,南小区为外资和出口工业园区。2012年,瓯海经济开发区投产企业522家,工业总产值236.69亿元,销售产值231.03亿元,出口交货值92.87亿元。区内有国家级高新技术企业1家,省级高新技术企业10家,市级高新技术企业5家,区级高新技术企业3家。已拥有国家驰名商标5枚,中国名牌产品1个,省级名牌产品9个,省级著名商标8枚,市级品牌产品和知名商标34枚。开发区荣获"中国锁都"、"中国眼镜生产基地"称号。

目前,瓯海区范围内的所有工业园区都纳入瓯海经济开发区统一管理,作为开发区的托管工业基地,例如仙岩工业园、三溪工业园、梧白工业园、娄桥工业园、新桥工业园(原称高翔工业园)、电镀园区等。

5. 瑞安经济开发区

瑞安经济开发区是1994年8月设立的省级开发区,位于瑞安城区东部的飞云江口北岸,原规划面积7.86平方千米。2002年9月批准设立经济开发区拓展区,其中北岸拓展区9.86平方千米,南岸拓展区27.20平方千米,所以现在的规划面积44.92平方千米。现已建成的开发区位于飞云江口北岸,初步形成高分子材料及制品、机电、轻工、水产品精加工等四大主导产业,2012年,开发区的工业产值230.4亿元,其中规模以上企业124家,工业产值210.5亿元,占瑞安市规模企业产值的30.5%。

飞云江南岸拓展区分为飞云新区和阁巷新区两部分,飞云新区规划面积23.28平方千米;阁巷新区又称瑞安高新技术产业园区,是海滨滩涂上围垦吹填而成的新区,面积3.92平方千米(5878亩)。新开发的瑞安高新技术产业园区以十字形主干道路划分为四片,其中东北片为高新科技研发中心及生活区,成为园区的公共中心,其余三片为新兴产业和转型升级项目的工业用地,各自配备服务中心。目前,已引进机械制造、汽车零部件、电子信息、高分子材料及制品、新材料、生物医药等高新技术企业26家,迅达汽车部件等少数几家已投产,大部分还在土建之中。

6. 乐清经济开发区

乐清经济开发区创建于1993年11月,属首批省级经济开发区。位于乐清市区南部的盐盆海滨,所以俗称盐盆工业区。国土资源部核准的5.95平方千米已全部开发完毕,入园企业269家。其中一期3440亩,入园125家;二期2990亩,入园96家;三期1790亩,入园48家。2012年工业总产值163亿元,其中高新技术企业产值63亿元。现已形成电子、电器、风电装备、机械制造为支柱的产业格局,高新技术企业 20 家,省级企业研发中心 4 家。今后,乐清经济开发区将采取东扩战略,向海涂围垦进军。它的东面乐海围垦工程 2005～2011 年已修筑海堤 7247 米,围涂面积 9142 亩(6.1 平方千米),现已进入吹填和软基处理阶段。在不远的未来将能解决已与乐清市政府签定投资协议的国际性企业"恒基伟业"的用地问题,恒基伟业拟在乐清经济开发区投资 100 亿元,打造大型现代化生产基地,将为乐清的经济转型产生深远影响。

2001 年 9 月,经省政府批准,设立乐清市中心工业园区,作为乐清经济开发区的新区。开发区新区位于乐清市南部,包括柳市、南白象、翁垟、象阳、黄华、七里港等地,规划面积 22.07 平方千米,战略规划面积 58 平方千米。所以今天的乐清经济开发区为"一区六园",包括乐清高新技术产业园、柳市电器产业园、北白象智能电器产业园、乐清湾港区临港产业园、虹桥电子信息产业园、雁荡山旅游文化创意产业园。其中"中国电器之都"的柳市电器产业园建成面积 6.05 平方千米,集聚了正泰、德力西、天正、长城、人民等规模企业 158 家,建成了翔来商住区、东风工业区、智广工业区、外向型工业区等四个基础设施完善、交通便捷、功能齐全的现代化工业园区。

7. 乐清工业园区

乐清工业园区位于乐清中部的虹桥镇西部的 104 国道东西两侧,其前身是 2001 年经国家农业部批准设立的浙江虹桥科技园区。2006 年 9 月经国家发改委批准保留为省级开发区,并更名为乐清工业园区。规划面积 3.76 平方千米,其中一期用地面积 2.87 平方千米。该园区以现有的电子元器件(模具)产业为基础,利用高新技术和先进适用技术改造传统的电子产业,引导发展高新技术产业,提升成为国家级电子元器件产业基地和精密模具制造基地。

8. 永嘉工业园区

永嘉工业园区位于瓯北,始建于 1998 年 10 月,前身为瓯江三桥工业区,现扩大为"一区三园",即东瓯泵阀工业园、黄田五金工业园、罗东高新科技工业园,列为省级特色工业园区。整个园区开发面积已达 7.8 平方千米,入园企业 588 家,其中产值亿元以上企业 53 家,无区域企业 45 家,高新技术企业 24 家,总共完成固定资产投资 135 亿元,2012 年工业总产值 255 亿元,上缴税收 12 亿元。园区的支柱产业为泵阀、制鞋、服装、五金等,共拥有中国名牌产品 5 个,中国驰名商标 29 个,被誉称为中国名牌之乡和品牌园区。今后,永嘉工业园区将向西扩大到桥头林福,向东扩大到乌牛岭下,桥头林福和乌牛岭下两大新区为其新增工业用地 3000 余亩。

9. 平阳经济开发区

平阳经济开发区是 1994 年 8 月批准设立的省级经济示范区,位于平阳县鳌江镇区东北面。规划面积 9.68 平方千米,分为三个小区,即鹤河工业小区、种玉工业小区和鞋业园区。鞋业园区由于很多鞋企转产或停工,2006 年开始引进金融设备制造业和亨力电子公司等。平阳经济开发区现已形成以制革、机械、塑编、化工和水产品加工为支柱的产业优势。平阳经济开发区不包括昆阳服饰工业园区。

10. 苍南工业园区

苍南工业园区的前身是灵溪特色工业园区,创建于 1998 年。2003 年更名为温州灵江山海协作园区,2006 年 3 月以"苍南工业园区"名称升级为省级开发区。该园区位于灵溪、龙港两个中心城镇结合处,东起龙港镇的山湖路,西至灵溪镇的苍南大道,南临玉苍大道,北接世纪大道、温福铁路和 104 国道,规划面积 27.72 平方千米,其中工业用地 11.47 平方千米,控规面积 6.7 平方千米。现已建成"五纵七横"道路网,入园企业 55 家,年产值 60 多亿元,基本建成家具产业园区、机电产业园区、服装产业园、新能源产业园等一批特色产业区。

三、温州农业地理

农业是利用动植物的生长繁殖来获得产品,必须依靠土地才能进行生产活动。农业是国民经济最基本的物质生产部门,是国民经济的基础,是安天下、稳民心的战略产业,是衣食之源,发展之本。农业、农村和农民问题始终是关系到我国经济和社会发展全局的重大问题,中央经济工作会议高度重视"三农"工作,会议强调,要夯实"三农"发展基础,把加强"三农"工作与经济发展方式转变和经济结构调整紧密结合起来,加快发展现代农业,扎实推进社会主义新农村建设,稳步扩大农村需求,巩固和发展农业农村大好形势。

农业有很多分类,按生产对象,分为种植业、畜牧业、渔业和林业;按投入多少,分为粗放农业和密集农业,密集农业又称集约农业,集约农业又分为资金集约农业和劳力集约农业;按产品用途,分为自给农业和商品农业;按发展水平,分为传统农业和现代农业;按地域类型,分为水稻种植业、商品谷物农业、大牧场放牧业、混合农业、乳畜业、游牧业、种植园农业、热带雨林迁徙农业等。

(一)温州农业发展概述

农业是中华文化的基础,中国是具有五千年悠久文化的农业大国而著称。但是在长期的封建枷锁下,农业却处于落后停滞状态,甚至到了农民破产、民不聊生、饿殍遍地的境地。新中国成立后实行土地改革,即没收地主和富农的田地,无偿分发给贫农和雇农,实行"耕者有其田"的土地私有制,农民生产积极性空前高涨,农业生产得到大发展。1949 年 5 月 7 日温州和平解放,8 月 26 日成立温州专区公署和温州市人民政府。1950 年 9 月开始,温州农村进行土地改革,历时一年半,至 1952 年春天结束。温州专区共没收地主和富农的耕地 116.25 万亩,雇农分得耕地 3.94 万亩,贫农分得 71.11 万亩,中农分得 23.07 万亩,其他阶层分得 4.54 万亩,而地主也分给耕地 7.42 万亩。农民有了属于自己的耕地,劳动生产率骤然上升,粮食产量大幅提高。1949 年温州粮食总产量 53.5 万吨,至土改结束的当年 1952 年增至 78.0 万吨,增产 24.5 万吨,提高了 45.8%,这就是土地改革运动的获益之处。

然而,农民手中的私有土地只耕作了一年多,接踵而来的是推行"农业生产合作社"的集体土地所有制。农民把从地主那里分得的耕地拿出来成立合作社,统一经营,定产收入的一半按耕地分红,超产不分红;其余一半按劳动评工记分,按劳分红。1953 年春温州完成初级社的试验工作,1954 年冬进入初级社的全面发展阶段。1955 年底,温州专区共建立了 12486 个初级社,入社社员达 35.03 万户,基本实现了农业合作化,集体土地所有制基本确立。

继初级社之后是高级农业生产合作社。1955 年春试办高级社,至 1956 年底,温州专区高级社急速发展到 2674 个,入社社员多达 62 多万户,占总农户的 95%以上。然而,在高级化的急速发展中,带来了诸多问题,例如办社干部只凭上级布置,急于"赶任务,争上游",社内经济政策紊乱,被打乱的原有生产秩序没有恢复,影响农民劳动热情和办社信心,出现"生产一窝风,出工人等人,干活人看人,收工人赶人",劳动窝工现象非常严重。于是引起群众闹粮食、闹退社等问题,温州专区发生群体性的闹粮食、闹退社恶性事件 800 多起。因此,1957 年春,温州开展大规模的"整社"运动。整顿三级社,调整高级社规模,改善财务管理,建立"三包"生产责任制,向广大农民进行社会主义方向教育,巩固了温州的农业合作制。这次整社的负效应,最突出的是 1956 年 5 月永嘉县委副书记李云河推行的"包产到户",很快温州专区自发推行"包产到户"的高级社多达 1000 多个,约 17.8 万户。对此《浙南大众》日报受旨发表《不能采取倒退的做法》文章,对"包产到户"进行公开批判,最终"包产到户"被镇压下去,李云河一伙被划为"右派分子"受到管制,有的干部被判刑坐牢,温州所有的高级社都重新恢复统一经营,集体劳动。50 年代的这场合作化运动是优是劣?是善是恶?按邓小平"不论黑猫或白猫,会捉老鼠就是好猫"的评判原则,1952 年温州粮食产量 78.0 万吨,1957年 93.5 万吨,四年间增产 15.5 万吨,增幅 19.9%,远不及土改时期的45.8%;平均每年增长仅 4.6%,远不及土改时期的 13.4%。这就是说,温州土改时期农业生产高增长,到了合作化时期变为低增长,到了公社化时期再转为负增长。

　　1958 年,温州高级社并社升级,建立农村人民公社,由合作化进入公社化阶段。温州公社化从创立到消亡历时 26 年之久。1958 年 9 月 1 日温州成立第一个农村人民公社——瑞安先锋人民公社(后改称莘塍人民公社),由瑞安城郊、东山、上望、民公和横山 5 个乡 35 个合作社合并而成。瑞安和永嘉等县一个月之内就实现了公社化,乐清和文成等县 10 天内实现全县公社化。初期的人民公社特点是"一大、二纯、三高",群众称之为"一大二公"的"共产风"。公社规模大,比原先的合作社大几十倍,甚至上百倍。一律实行全民所有制,"一切财产归公社",农民家中不准保留锅灶,一律吃公共食堂,农民实行工资制,生活必需品实行供给制。公社的社会化程度很高,完全实行"政社合一",不论组织生产劳动或安排生活,都推行"组织军事化,行动战斗化,生活集体化",采用"大兵团作战"方法组织生产。当时温州专区共办农村公共食堂 19215 所,用餐人员多达 383.89 万人;托儿所、幼儿班和哺乳站 19961 个,受托儿童达 64 万人;卫生所和保健站 1392 个,敬老院 490座。这些做法与当时的社会生产力水平根本不适应,不仅侵犯了人民财产和家庭生活的私有权,而且挫伤了农民生产积极性,生产上出工不出力,分配上"瞒分私分",出现屠宰耕牛、乱砍山林等现象。更糟糕的是公社干部瞎指挥,瞒上骗下,虚报高产,大搞平调,以权谋私,贪污受贿,酿成灾难性后果,最终导致粮食总产量和农业总产值双下降,出现 1959～1961 年的三年大饥荒。1957 年温州粮食总产量 93.5 万吨,1958 年减至 92.31 万吨,下降 1.29%;1959 年减至 87.05 万吨,下降 6.04%;1960 年减至 84.30 万吨,下降 3.26%;1961 年再减至 83.32 万吨,下降 1.18%。粮食产量四年连续下降,共减产 10 多万吨,降幅 12.22%。温州农业总产值从 1958 年的 5.50 亿元逐年递减至 1961 年的 4.43 亿元,下降了 24.2%,其中下降最多的是家庭饲养业,从 1958 年的 6400 万元减至 1961 年的 2800 万元,降幅达 128.6%。

针对人民公社体制的弊病,1959～1962 年四年间进行了三次体制调整。1959 年第一次调整,规定"三级所有,队为基础"的经营体制,温州专区共设 157 个公社,9077 个生产队,57634 个生产小队。改变农民的固定工资制为评工记分制,继续举办公共食堂,保留伙食供给制,其他供给部分的比重大幅压缩至 20%～35%;恢复农民自留地制度,允许农民经营家庭副业。1960 年第二次调整,将"三级所有"的原生产队改称生产大队,原生产小队改为生产队,废除管理区一级机构。1962 年第三次调整,进一步缩小三级体制的规模,调整为一乡一社,生产大队缩至 100～200 户,生产队减为 20 户左右,山区更小一些。这样,温州专区的公社由 157 个增为 462 个,生产大队减为 6022 个,生产队减为 53543 个。这样的规模实际上已恢复到高级社时的建制,而作为基本核算单位的生产队则相当于初级社的规模。通过三次调整,纠正了公社化初期的弊病和错误,温州农村经济从 1962 年开始复苏,粮食总产量从 1961 年的 83.3 万吨增至 1963 年的 106.9 万吨,增长 20.3%;农业总产值也从 1961 年的 4.43 亿元增至 1963 年的 5.33 亿元,增长 20.3%;1964 年增至 5.70 亿元,年增长 6.9%。

经过体制调整定型后的农村人民公社,1963～1978 年进入相对稳定时期,历时 16 年。这时期开展"四清"和"农业学大寨"两场运动。由于人民公社制度引起基层干部与农民群众的关系对立紧张,1963 年开始温州开展清理农村基层干部的"四清"运动,即清政治,清经济,清组织,清思想运动。1966 年秋"文化大革命"开始,"四清"运动不了了之。1964 年中央树立山西省大寨大队为农村建设标兵,温州进入"农业学大寨"运动,开展农村山、水、田治理工作。但由于"文化大革命"的歪曲导向,农业学大寨运动发生由生产到政治的转向。温州各地纷纷收回农民的开荒地和扩种地,还进行并队,回复到公社化初期的盲目状态。更有甚者,将开展农田基本建设的农业学大寨运动引向人为的阶级斗争,推行"以阶级斗争为纲"的极左政策,又一次影响农业生产和农村经济。温州粮食产量从 1972 年的 138 万吨减至 1976 年的 116 万吨,降幅达 19%,平均每年减产 5.5 万吨。

70 年代后期,在温州每个农村劳动力日均收入仅两毛钱的民不聊生状态下,温州农村又一次出现"分小小队"、"包产到户"和"分田到户"现象,人民公社经济体系已经名存实亡。1984 年 4 月,温州实行政社分设,恢复乡镇建制,原来的人民公社改称乡镇,原来的生产大队改称行政村,被人民唾弃的政社合一的农村人民公社体制终于消亡,温州农业生产和农村经济终于走上了一条健康发展的快速之路。

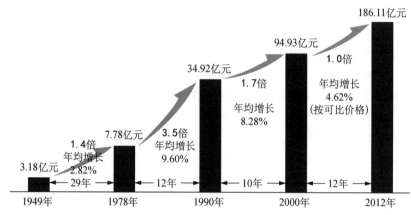

图 3-5　新中国成立以来温州农业总产值的增长

　　中共十一届三中全会以来,温州进入了改革开放时代。1980 年中央 75 号文件下达以后,温州农村彻底结束了大而公的集体经营管理体制,实行"家庭联产承包责任制",就是将耕地和山林分发给每个农户,以家庭作为生产经营单位的"承包到户"制度,这从根本上改变了束缚农业生产力发展的旧体制。经过定型到完善,至 1982 年底,温州地区分田到户的联产承包责任制已经确立,极大地调动农民兄弟的生产积极性,农业生产发生历史性的转折。温州农业总产值从 1981 年的 9.57 亿元猛增至 1982 年的 12.48 亿元,一年中提高 30.4%,这是绝无仅有的历史记录;粮食总产量从 1981 年的 166 万吨增至 1982 年的 186 万吨,成为温州历史最高记录,一年增产 20 万吨,年增幅 12%,这是合作化和公社化集体经营不可想象的奇迹。

　　经过延长土地承包期和完善承包责任制,以及后来的土地转包和土地流转,温州农村联产承包责任制得到发展,农业总产值迅速攀升。从 1981 年的 9.57 亿元升至 2012 年的 186.11 亿元,31 年间翻了四番多,增加了 18.4 倍。按可比价格计算,平均每年递增 8.04%,快于同期的全国平均水平 7.9%。然而,一方面由于大量农村劳动力离开土地,从事第二、第三产业活动,农活留给半劳力承担,三分之一的耕地由双季稻改种单季稻,三分之二的耕地由一年三熟抛荒为一年两熟,传统的精耕细作的劳力集约型农业变成粗放经营。另一方面由于工业化和城市化的发展,大批耕地良田被征用于城镇建设和工交用地,耕地面积急速减少,最终导致温州粮食大幅度减产。温州粮食产量从最高值的 1982 年 186 万吨减至最低值的 2007 年 71.15 万吨,减产 161.4%,平均每年递减 18.6%。温州从一个商品粮输出地区转变为三分之二粮食和农产品靠外地输入。

2000 年以来,温州农业总产值从 94.93 亿元增加到 2012 年的 186.11 亿元,12 年间翻了一番,按可比价格计算,平均每年增长 4.62%,明显慢于改革开放以来的 8.04%。从粮食作物种植面积来看,从 2000 年的 343.68 万亩下降到 2012 年的 234.89 万亩,共减少 108.79 万亩,平均每年减少 9.07 万亩,年均减幅 3.22%。从粮食产量来看,从 2000 年的 125.46 万吨降至 2012 年的 92.71 万吨,12 年间减产 32.75 万吨,平均每年减产 2.73 万吨,年均减幅 2.55%。从蔬菜产量来看,从 2003 年的 167.01 万吨减至 2012 年的 129.44 万吨,9 年间共减产 37.57 万吨,平均每年减产 4.17 万吨,年均减幅 2.87%。从渔业的水产品产量来看,从 2004 年的 63.45 万吨减至 2012 年的 57.69 万吨,8 年间共减产 5.76 万吨,平均每年减产 7200 吨,年均减幅 1.20%。近十年来,这些主要农产品的产量都呈大幅下降态势,说明温州农业生产的负增长和萎缩速度是惊人的。

图 3-6　改革开放以来温州粮食产量递减曲线

表 3 - 30　　改革开放以来温州农业总产值和粮食产量的变化

年份	农业总产值(亿元)	粮食产量(万吨)	年份	农业总产值(亿元)	粮食产量(万吨)	年份	农业总产值(亿元)	粮食产量(万吨)
1978 年	7.78	158.11	1990 年	34.92	141.34	2002 年	95.24	99.20
1979 年	8.68	170.44	1991 年	39.93	144.85	2003 年	100.68	87.29
1980 年	9.20	175.05	1992 年	48.44	146.56	2004 年	112.31	94.00
1981 年	9.57	166.40	1993 年	44.53	145.85	2005 年	108.43	85.83
1982 年	12.48	186.00	1994 年	53.14	127.63	2006 年	111.36	90.12
1983 年	13.21	175.92	1995 年	72.00	147.16	2007 年	118.94	71.15
1984 年	16.99	182.25	1996 年	81.80	158.45	2008 年	130.84	89.42
1985 年	19.43	167.28	1997 年	90.05	154.92	2009 年	132.66	93.85
1986 年	21.97	152.79	1998 年	92.71	148.17	2010 年	154.12	87.56
1987 年	26.74	151.62	1999 年	92.46	145.88	2011 年	176.49	93.10
1988 年	31.86	154.22	2000 年	94.93	125.46	2012 年	186.11	92.71
1989 年	33.24	163.90	2001 年	100.29	113.73	2013 年	187.87	83.06

（二）温州农业的区位分析

农业生产依靠动植物的生长繁殖,需要良好的光照、热量、水源、地形、土壤、植物、动物等自然条件,更需要市场、交通、工业、劳动力、科学技术、国家政策等社会经济条件。不同的生物,生长繁殖要求的自然条件各异;不同的国家和地区,社会经济条件差异很大,因此农业生产具有地域性特点,有的地方农业生产力很高,有的则很低。这种差异都是农业区位条件造成的。温州发展农业具有很多优越的区位条件,但也存在相当多的限制性缺点。

1. 温州农业生产的区位优势

温州发展农业生产的优越条件,首先是得天独厚的气候。温州地处北纬 28°的中亚热带东岸,夏季承受海洋来的暖湿气流,冬季西部山地又阻挡了寒潮入侵。这种自然地理环境使温州具有优越的热量条件。其热量条件的优越性表现在三个方面。第一,冬季温暖。温州东部沿海平原一月平均气温为 7.7℃,出现 0℃以下的低温日数只有 8 天,符合最低标准的寒潮每年只有 1.9 次,很多年份终年不见寒潮。全年日平均气温≥0℃的日数达 365 天,全年都是农耕期,≥10℃的日数为 261 天,占全年日数的 72%;≥0℃积温为 6540℃,≥10℃积温为 5640℃;全年无霜期为 276 天。冬季温暖,积温量高,为温州的农业生产创造了优越的环境条件。第二,夏季高温日数少。农作物生长温度并不是越高越好,当气温超过 35℃时,光合作用缓慢或停止,高温能阻碍或延缓农作物的生长发育速度,甚至灼伤死株。温州东部沿海平原日最高气温≥35℃的高温日数年平均仅 8.8 天,比杭州少 17 天,比丽水少 39 天。相同的积温条件下,高温日数越少,积温的有效性就越高。第三,秋季降温慢。秋季低温是农业气象灾害之一。温州日平均气温 20℃的终日是 10 月 10 日,比杭州迟 14 天,比丽水迟 7 天;温州日平均气温 10℃的终日是 12 月 5 日,比杭州迟 15 天,比丽水迟 10 天。秋季低温俗称寒露风,温州寒露风出现的概率为 35%,约为三年一遇,这在全省也是最低值。温州秋季降温慢为晚稻安全齐穗和灌浆结实创造了有利条件。

温州年降水量 1749 毫米,西部山区很多地方超过 2000 毫米,北雁荡山脉北部的乐清李家山高达 2253 毫米,居世界前列,全国一流。温州城区年降水量是北京的 2.6 倍,是哈尔滨的 3.2 倍,比上海多 620 毫米,比杭州多 348 毫米,比广州多 68 毫米,比海口多 181 毫米。充沛的降水为温州的农业灌溉用水提供了充足的水源。温州亚热带季风气候的特点是夏季高温多雨,冬季温暖少雨,这种高温期与多雨期一致的水热配合为温州农作物、林木和牧草生长提供了优越条件。温州气候湿润,湿润指数高。温州年降水量 1749 毫米,年最大蒸发蒸腾量 1031 毫米,两者相除所得的湿润指数高达 1.70。这样的湿润指数不仅远大于东北、华北、江淮和江南地区,而且比华南的广州还大,仅次于台湾山脉迎风坡的火烧寮和喜马拉雅山脉迎风坡的墨脱、察隅等地,居全国一流。此外,年降水量与年最大蒸发蒸腾量之差称为年水分盈亏量。温州的年水分盈亏量为＋718 毫米,比北京多 981 毫米,比上海多 555 毫米,比广州多 154 毫米,同样说明温州气候的湿润程度居全国一流。无庸置疑,温州湿润的气候为植物和作物生长提供了良好的水分条件。

温州灌溉水源丰富。温州单位面积产水量为 120.77 万立方米/平方千米,是全国平均值的 4.18 倍。加上瓯江中上游流入温州的入境水量 140.44 亿立方米,两者相加,温州水资源总量达 281.57 亿立方米,人均水资源数量达 3087 立方米,位居全省第三位,仅次于丽水和衢州,属于丰水地区。温州丰富的水资源能满足农业灌溉用水的需求。但问题是温州水资源的利用率太低,2010 年全市平均利用率只有 10.8%,海岛仅 6.3%,广大的西部山区低至 3% 以下。一旦遇到大旱之年,农业就歉收或颗粒无收。温州水资源利用率低的原因除降水季节变化大和年际变化大的自然原因外,关键是平原塘河水污染严重和山区蓄水工程建设滞后。

温州东部平原地区和中部河谷平原及西部山间盆地的土壤都为水稻土,有机质含量高,土壤肥沃。温州水稻土包括渗育型水稻土、潴育型水稻土、脱潜潴育型水稻土、潜育型水稻土4个类型,经过长期的耕作,施用大量的有机肥料和绿肥,土壤肥力高,平均亩产最高达到676公斤。然而,温州西部山区的红壤和黄壤却是低产的贫瘠土壤,既酸又粘,有机质含量少,需要化大力气加以改良才能获得高产。

高温多雨的自然条件造就了温州植物种类繁多,植被茂盛。温州蕨类植物有39科83属232种,裸子植物有9科23属44种,被子植物有139科615属1435种。种子植物共148科638属1479种。维管植物共187科721属1711种,组成森林的乔木和灌木树种共112科378属1016种,温州堪称"物种基因库"。温州植被类型有六种,一是中亚热带常绿阔叶林,二是中亚热带常绿针叶林,三是中亚热带常绿阔叶和落叶阔叶混交林,四是中亚热带常绿针叶和常绿阔叶混交林,五是中亚热带竹林,六是中亚热带灌木丛林。温州森林面积976.26万亩,森林覆盖率很高,达到54.79%,居世界和全国的前列。

温州海洋植物资源也很丰富,不仅拥有数量巨大的海洋浮游植物,还有相当可观的海洋底栖植物。温州海洋浮游植物有7门20科43属459种,广泛分布于近海和外海,有温带种、亚热带种,也有热带种。温州海洋底栖植物包括海草和底栖海藻,全市底栖海藻有3门41科80属173种,除暖温带种和亚热带种外,还有冷温带种和热带种。丰富的海洋植物资源为温州农业领域增添了广阔的空间。

温州海洋动物种类繁多,资源丰富,拥有海洋浮游动物、海洋底栖动物和海洋游泳动物三个基本生态类型。温州海洋浮游动物有243种,海洋底栖动物有652种。海洋游泳动物以海洋鱼类占绝对优势,游泳鱼类有374种,底栖鱼类有31种。鱼、虾、贝、藻等海洋生物种类多达1944种。更令人望尘莫及的是温州海域面积达到68954平方千米,是陆地面积的5.8倍。经计算,2亩浅海生物的年生产能力超过1亩良田。温州40米等深线以内的浅海有1592万亩(10616平方千米),如果充分利用它的生物生产力,就相当于796万亩农田,是目前温州现有耕地的4倍。

除了上述自然条件的优越性之外,温州发展农业还有诸多社会经济方面的有利条件。其中最显著的是人口稠密,城镇众多,市场广阔。温州有940多万常住人口,600多万城镇人口,720多万劳动力,人口密度高达768

人/平方千米。农业经济发展是以土地和劳动力为基础,人口众多不仅为农业生产提供充足的劳动力,使农业生产沿着精耕细作的劳力集约化方向发展,这比美国资金集约化的"石油农业"更具优越性。另外,人口稠密,城镇众多,使农产品拥有巨大的市场需求量,为农林牧渔产品销售提供广阔的市场。温州有 284 万外来民工,其中有一部分民工在温州各地农村承包土地,种粮种菜,成为温州农村劳动力的补充力量。

温州农业的科技投入日益加强,主要表现在农业机械装备水平的提高,作物栽培技术的革新,农作物和畜禽良种的培育推广,动植物疫病和虫害的防治,水利工程建设和灌溉技术的创新,土壤改良和肥力培育,防灾抗灾减灾能力的提高等方面。农业科技的投入有力地支撑了农业的结构调整和效益提升,加快推进了现代农业的发展。

2. 温州农业生产存在的不利因素

在自然条件方面,在地形上山区面积广大,平原狭小,耕地比重很小;在气候上由于降水多和雨日多导致光照不足,这是温州发展农业生产两个致命的弱点。中国三分之二是山区,日本四分之三是山区,温州五分之四是山区,平原面积只占 18.9%,因此温州耕地比重仅 13.28%,是印度的四分之一,居世界后列。温州水田面积更小,只占全市陆地面积的 9.9%。近年来温州城镇建设和工交用地面积不断扩大,水田耕地日趋减少,人均耕地仅0.29亩,耕地奇缺严重制约着温州种植业的发展。其次,温州年太阳辐射总量 441 千焦/平方厘米·年,年光合有效辐射量 216 千焦/平方厘米·年,年日照时数 1840 小时,年日照百分率 41.3%。这些衡量光照资源丰歉程度的指标值都很低,均居全国和全世界的后列,仅比"蜀犬吠日"的四川盆地西部的邛崃山区和"天无三日晴"的贵州大娄山区稍好。光照不足使农作物的光合作用减弱,导致产量降低,尤其是温州 6 月份连续 20 多天的梅雨天气使早稻严重缺少光照而减产。

温州季风气候显著,季风气候的显著特点是大陆性强,具体表现在降水季节变化大,年际变化大。温州各地 8 月降水量是 1 月降水量的近 5 倍;温州各地降水的年变率为 17.6%,台风雨期的月变率高达 78%,比长江中下游地区大,与华南地区差不多,因此导致温州旱涝灾害严重。旱涝灾害是温州农业生产最严重、损失最大的自然灾害。温州暴雨洪涝主要是台风洪涝,其次是梅雨洪涝和秋末洪涝。温州年均暴雨 5.1 次,山区更达 7.4 次。暴雨造成山洪暴发,河水泛滥,农田淹没,山塘水库垮坝。如适逢天文大潮,更造成严重的风暴潮,带来巨大的经济损失和人员伤亡。例如 1994 年 17 号台风登陆龙湾海城,一夜之间卷走了当年币值 177.6 亿元人民币,是温州 1949 年以来损失最惨重的一次悲剧。温州旱情严重,主要是伏旱,其次为秋旱和春旱,危害最大的是伏秋连旱。据统计,温州一百年中出现小旱概率为 76%,中旱为 36%,大旱为 20%;伏旱概率为 62%,秋旱为 49%,春旱为 21%,冬旱为 45%,连旱为 44%。例如 1967 年伏秋连旱,乐清连续 147 天无雨,平阳连续 123 天无雨,苍南连续 109 天无雨,瑞安连续 107 天无雨,河流断流,温瑞塘河见底,晚稻颗粒无收。温州农业基础设施比较薄弱,原有基础设施老化,新的基础设施投入不足,因此抗御自然灾害的能力较弱,提高农业防灾抗灾减灾能力刻不容缓。

农业现代化包括机械化、电气化、科学化、专业化、商品化和社会化等,温州与这些现代化的距离仍很远,温州农业至今仍然属于传统农业。温州农业机械化水平低,农用拖拉机数量少,农业生产大多靠人力和畜力;电气化水平低,2012 年全市农林牧渔业的年用电量仅 1.03 亿度,只占总用电量的 0.32%,仅占全市生产用电 0.4%;科学化水平低,农技人员少,农技普及率低,农业科技创新体系和三级农技推广体系建设明显落后,科学种田停留在口号上,农民仍然凭经验种田,仍然存在"生产靠天,运输靠肩"的原始生产方式。例如永嘉全县有果园 13.33 万亩,果树技术推广的农科人员只有 4 人,重点生产村镇也没有专业技术人员,农业科学化严重滞后。温州至今没有区域专业化,连经营专业化和生产专业化水平都很低;商品化水平低,农业商品基地少,多数仍属自给自足的自然经济;农工商联合的农业社会化服务体系尚未健全,农民种田要自己去买种子,自己耕地,自己插秧,自己收割,甚至农产品还要自己挑到市场上去销售。当前,温州农业的产业发展水平整体不高,农业经营主体弱小,生产规模偏小,农业科技支撑薄弱,外向型农业发展程度低,农产品品牌和市场竞争力不强。我们必须清醒地认识到,温州农业发展的体制性、结构性、素质性矛盾还没有根本解决,与"千斤粮万元钱"的高效优质农业还有很大差距。

此外,还有一个农业限制性因素,城乡收入差距大,贫困农户多。2005年温州城市居民收入是农民的 2.89 倍,尽管实行"工业反哺农业,城市带动农村"政策,各级财政每年用于"三农"建设资金达 155 亿元,占全市财政收入的 31%,但 2012 年城市居民收入仍然是农民的 2.37 倍,没有明显的改观。温州欠发达地区面广量大,目前仍有 1168 个低收入农户集中村,低收入农户达 13 万户,33 万人,村数和户数这两个数值在浙江省均居首位。低收入农户集中村占全市行政村数量的 21.6%;低收入农户数量占全市农户总数的

15.3%。欠发达地区农民因病致贫、因病返贫问题仍然严重。温州城乡经济发展不平衡,城乡社会发展不协调成为温州农业生产和农村经济发展的制约因素。

农村治安问题和农民上访问题一直困扰着温州农村经济的发展。具体表现在农村两委选举、村级财务管理、土地征用补偿、农村定销户和农嫁女分配集体资产等纷扰不止,社会治安和安全事故等方面的上访事件时有发生,影响了农村社会的稳定、农民生活的提高和农业生产的发展。随着农村改革的持续深入,利益分配格局重新调整,还将引发新的问题,亟需引起各级政府的高度重视。

(三) 温州主要农业部门和布局

我国不同时期的农业部门分类和经营范围都不同。1993 年以前,农业分为农、林、牧、副、渔五大部门,1993 年取消副业,只剩四大部门。2003年起增加农林牧渔服务业,所以今天农业包括种植业、畜牧业、渔业、林业、农林牧渔服务业五大部门。此外,在农业总产值统计时,1958 年以前副业包括农民自制衣服、鞋、帽、袜及自己从事粮食初步加工等农民自给性手工业。1958 年予以取消,并增加了村办的工业产值;林业中增加了竹木采伐产值,渔业中增加了海洋捕捞水产品产值。1980 年及以后在副业中增加了农民家庭兼营工业商品部分的产值。从 1984 年起村办工业产值划归工业,不属于农业。从 1993 年起取消副业,并将野生动物的捕猎划入畜牧业,野生植物采集和农民家庭兼营商品性工业划归种植业。2003 年起将第三产业中的农林牧渔服务业划入农业,这是因为这些服务业是围绕农、林、牧、渔业产前和产后相关的服务活动,是农、林、牧、渔业生产活动中不可或缺的组成部分。

新增加的农林牧渔服务业是指对农、林、牧、渔业生产活动进行的各种支持性服务活动,但不包括各种科学技术和专业技术服务活动。例如种植业服务业包括灌溉服务、病虫害防治服务、农业机械服务活动等,也包括农产品净化、晒干、剥皮、包装、初级加工等服务活动,但不包括水利工程的建设和水利工程的管理,也不包括农业技术推广活动和农业研究单位以及农学家提供的服务。例如渔业服务业包括鱼苗及鱼种场、水产良种场和水产增殖场等进行的活动,但不包括水产品质量监督检验测试活动,也不包括水产技术推广活动。

农业总产值反映一定时期内农业生产的规模和成果,农业增加值是组成 GDP 的三大要素之一,而农业产值结构是农业五大部门的产值在农业总产值中的比重,它对农业各部门合理发展、农民增收和农业现代化有着重大影响。我们各级政府的领导有一句整天挂在嘴巴上的口头禅"优化农业结构",现在来看看温州农业结构"优"到何种地步。

改革开放三十多年来,温州农业产值结构发生了质的变化。首先从国民经济三次产业结构的比例来看,温州农业增加值占 GDP 的比重从 1978 年的 35.25% 降至 1990 年的 26.47%,再降至 2000 年的 6.57%,最后降至 2012 年的 3.09%。另一方面,温州农业产值占工农业总产值的比重从 1978 年的 41.16% 降至 1990 年的 26.86%,再降至 2000 年的 4.99%,最后降至 2012 年的 2.65%。这种农业产值比重下降是温州从农业经济向工业化发展的必然产物,是经济结构优化和高级化的反映。但问题是目前温州的 3.09% 和 2.65% 这两个数字太低了,比发达的工业化国家还低,这不是说明温州已经完成了工业化,而是农业没有受到应有的重视,呈快速萎缩态势。最典型的是温州城市化水平与社会经济发展相适应,而很多领导却认为"滞后",要把温州这个特大城市做成超级城市,因而原本稀缺的大批耕地良田转变为建设用地。其次,温州广大农村有大批农田由双季稻改种单季稻,由一年三熟抛荒为一年两熟,这些痛心的事都无人过问。

表 3-31　　改革开放以来温州农业产值在国民经济中比重的变化

项　　目	1978 年	1990 年	2000 年	2012 年
生产总值 GDP(亿元)	13.22	77.90	828.12	3650.06
工农业总产值(亿元)	18.90	129.99	1901.54	7025.47
农业总产值(亿元)	7.78	34.92	94.93	186.11
农业增加值(亿元)	4.66	20.62	54.42	112.90
农业增加值占 GDP 比重(%)	35.25	26.47	6.57	3.09
农业产值占工农业总产值比重(%)	41.16	26.86	4.99	2.65

其次,从农业本身的五大组成部门的产值比重来看,2012 年,温州种植业居首位,占农业总产值的 42.76%,大约与 2000 年持平;第二位是渔业,占 31.65%,比 2000 年下降 9.6 个百分点;第三位是畜牧业,占 21.49%,比 2000 年上升 8.3 个百分点;第四位是林业,占 2.35%,比 2000 年升高 0.4 个百分点;末位是农林牧渔服务业,占 1.76%。温州这种农业产值结构和变化趋势总体上是合理的,改变了过去那种单一的生产结构,农业生产不再以种

植业为主,而是多种经营,农林牧渔业都得到全面发展。进一步分析,温州农业产值结构有两优两劣。首先,与发达国家比较,我国农业结构不合理,表现在种植业比重过大,畜牧业比重过小,而渔业和林业比重太小,这是发展中国家的一般特征。温州种植业比重已经降至 42.76%,比全国平均值低 8.9 个百分点,比浙江平均值低 3.3 个百分点。国际上公认的标准是发达国家的畜牧业占一半以上,发展中国家种植业占一半以上,温州种植业比重已经降至一半以下,而全国还在一半以上,这是温州农业结构的"一优"。其次,温州渔业比重高达 31.65%,远远超过全国平均值 22.4 个百分点,超过浙江平均值 5.9 个百分点,这是世界前列的水平,这是温州人引以为自豪的"二优"。此外,温州畜牧业比重只有 21.49%,比全国平均值低 11.1 个百分点,比发达国家的最低值低了 28.5 个百分点,是发达国家的二分之一或三分之一,这是温州农业结构的"一劣"。温州林业比重仅 2.35%,比全国平均值低 1.6 个百分点,比浙江平均值低 3.2 个百分点,这是温州农业结构的"二劣"。要知道温州的森林覆盖率高达 54.79%,是世界平均值的两倍,在世界和全国都属前列,而林业产值比重却跌居后列。中国的林业非常落后,这与计划经济时代的"全民大办钢铁"和"农业学大寨"运动导致全国性的乱砍滥伐和毁林开荒有关,但今天全国 20.36% 的森林覆盖率能产生 3.90% 的林业比重,而温州 54.79% 的森林覆盖率只产生 2.35% 的林业比重,这说明温州国有林业、集体林业、承包林业和个体林业的体制、经营方式和经济效益都存在很大的缺憾。

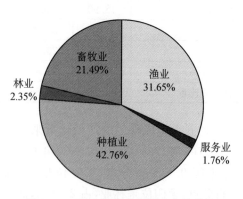

图 3-7　2012 年温州市农业产值结构

表 3-32　　　　2000～2012 年温州市农业产值的增长　　　单位:亿元

年份	农业总产值	农业增加值	种植业产值	畜牧业产值	渔业产值	林业产值	农林牧渔服务业产值
2000 年	94.93	54.42	41.44	12.54	39.13	1.82	—
2001 年	100.29	57.63	44.39	14.19	39.15	2.56	—
2002 年	95.24	55.68	37.48	15.86	39.52	2.38	—
2003 年	100.68	56.89	39.82	17.01	40.83	2.26	0.76
2004 年	112.31	64.74	45.27	19.22	44.18	2.40	1.24
2005 年	108.43	65.42	43.95	19.47	41.51	2.11	1.39
2006 年	111.36	64.92	45.48	19.07	42.66	2.48	1.66
2007 年	118.94	71.24	45.19	24.44	44.51	2.55	2.25
2008 年	130.84	76.68	50.92	28.87	46.36	2.74	1.94
2009 年	132.66	79.89	55.76	27.75	43.82	3.17	2.16
2010 年	154.12	92.78	64.60	33.22	50.39	3.44	2.47
2011 年	176.49	107.01	73.12	40.57	56.06	3.90	2.83
2012 年	186.11	112.90	79.59	39.99	58.90	4.37	3.27

表 3-33　　　　2000～2012 年温州农业产值结构与全国比较　　　单位:%

年份	种植业比重		畜牧业比重		渔业比重		林业比重		服务业比重	
	全国	温州	全国	温州	全国	温州	全国	温州	全国	温州
2000 年	55.68	43.65	29.67	13.21	10.89	41.22	3.76	1.92	—	—
2001 年	55.24	44.26	30.42	14.15	10.75	39.04	3.59	2.55	—	—
2002 年	54.51	39.35	30.87	16.65	10.85	41.50	3.77	2.50	—	—
2003 年	51.09	39.55	32.78	16.90	10.78	40.55	4.26	2.24	1.10	0.75
2004 年	50.64	40.31	33.94	17.11	10.11	39.34	3.71	2.14	1.60	1.10
2005 年	50.15	40.53	34.03	17.96	10.27	38.28	3.65	1.95	0.90	1.28
2006 年	53.77	40.84	30.19	17.12	9.92	38.31	4.02	2.23	2.10	1.49
2007 年	50.88	37.99	33.27	20.55	9.22	37.42	3.83	2.14	2.80	1.89
2008 年	48.84	38.92	35.85	22.07	9.06	35.43	3.75	2.09	2.50	1.48
2009 年	51.35	42.03	32.66	20.92	9.44	33.03	3.95	2.39	2.60	1.63
2010 年	50.93	41.95	33.65	21.55	9.03	32.70	3.89	2.23	2.50	1.60
2011 年	51.64	41.43	32.72	22.99	9.33	31.76	3.81	2.21	2.50	1.60
2012 年	51.68	42.76	32.57	21.49	9.25	31.65	3.90	2.35	2.60	1.76

　　说明:2012 年浙江省农业总产值 2658.3 亿元,其中种植业占 46.06%,畜牧业占 20.77%,渔业占 25.72%,林业占 5.52%,农林牧渔服务业占 1.92%。

1. 种植业

种植业又称耕作业,指种植庄稼的农业活动。庄稼分为粮食作物和经济作物两大类。粮食作物包括谷物、薯类、豆类三类,但温州的豆类不作为粮食作物,而归入经济作物,所以温州粮食作物只有谷物和薯类两类。温州粮食作物的种类比较单一,谷物中以水稻为主,麦类很少,玉米更少,没有谷子、糜子、高粱、青稞等。温州麦类有小麦、大麦、元麦(稞麦)三种,以小麦为主。温州小麦属于冬小麦,没有春小麦。因为温州的中亚热带热量条件不能满足"早稻+晚稻+小麦"三熟种植,所以只有西部山区的少数河谷平原和山间盆地有"单季稻+小麦"或"甘薯+小麦"种植,因此小麦种植面积很小,产量很低。2011年全市小麦种植面积仅3.92万亩,产量7600吨,只占粮食总产量的0.82%。玉米俗称苞芦粟,目前温州种植极少,仅作为菜市场上的蔬菜销售。温州薯类作物主要是旋花科的甘薯、茄科的马铃薯、天南星科的芋艿、薯蓣科的薯蓣等,以甘薯为主,其他薯类种植面积很小,产量很低。甘薯俗称番薯,属于粗粮、杂粮,主要分布在山区坡地和沿海涂园等贫瘠耕地上,以耐瘠、耐盐、高产而受农民欢迎。过去温州三分之二的山区耕地都种植甘薯,晒干的番薯丝是山区农民的主食;改革开放以后随着农民生活水平提高,甘薯种植面积大为缩减,现主要用于山区农家乐来接待城镇居民,或者用作饲料,或者用作生产乙醇、丁醇和丙酮等。

经济作物包括纤维作物、油料作物、糖料作物、饮料作物及蔬菜、水果、烟草、热带作物等。从作业技术上可分为农艺、园艺、树艺作物三大体系。狭义的经济作物仅指棉、麻、油、糖、烟、药、菜等大田经济作物,即农艺作物体系。温州经济作物的种类也很少,主要有蔬菜、水果、茶叶、油菜四种。由于经济作物用途广,与人们生活息息相关,又是轻工业的主要原料来源,商品价值高,市场销路广,对繁荣市场、换取外汇、提高人民生活水平、增加就业机会等裨益颇多,所以改革开放以来温州经济作物发展快,势头猛。由于经济作物栽培有其特殊的生产特点和市场条件,所以在布局上有特殊的要求。例如需要较高的生产技术和较多的劳力与资金投入,需要特定的自然环境、严格的地域要求和便捷的交通运输条件等,我们必须遵循自然和价值规律,和谐地发展温州经济作物的生产和布局。

近年来,温州种植业呈萎缩态势,种植面积逐年缩小,产量逐年降低,但仍是农业的主体。2012年,温州农作物种植面积370.69万亩,比2000年减少196.79万亩,平均每年减少16.40万亩,年均减幅3.61%。粮食作物种植面积234.89万亩,比2000年减少108.79万亩,平均每年减少9.07万亩,年均减幅 3.22%。经济作物种植面积 135.73 万亩,比 2000 年减少 88 万亩,平均每年减少 7.33 万亩,年均减幅 4.25%。从粮食作物的产量来看,从 2000 年的 125.46 万吨降至 2012 年的 92.71 万吨,共减产 32.75 万吨,平均每年减产 2.73 万吨,年均减幅 2.55%。产量最低的是 2007 年甚至降至 71.15 万吨,一年减产 19 万吨,年减幅达 26.67%,多么惊人!

2012 年温州种植业产值 79.59 亿元,平均每亩产值 2147 元,比 2000 年的亩均产值 730 元提高了 2 倍。这种经济效益的提高主要归功于经济作物的发展,而粮食作物的增效甚微。2012 年,温州粮食种植面积 234.89 万亩,占耕地总面积的 63.38%,平均粮食亩产 394.70 公斤,比 2000 年提高 29.65 公斤,平均每年亩产只提高 2.47 公斤。2007 年平均亩产甚至跌至 312.06 公斤。这样的亩产水平在我国江南地区是很低的,属于中产地区。而 2012 年浙江省平均亩产 417 公斤,宁波鄞州区最高亩产达 1014.3 公斤,温州明显落后了。

表 3-34　　　　2000~2012 年温州市种植业面积和产量变化

年份	农作物种植面积(万亩)	粮食作物种植面积(万亩)	粮食产量(万吨)	蔬菜产量(万吨)	水果产量(万吨)	茶叶产量(吨)
2000 年	567.41	343.68	125.46	144.30	27.24	2686
2001 年	514.38	311.55	113.73	153.90	32.90	2866
2002 年	462.13	279.91	99.20	163.35	35.27	3057
2003 年	406.65	246.30	87.29	167.01	41.27	3106
2004 年	413.52	257.67	94.00	157.96	47.13	3209
2005 年	414.03	257.93	85.83	145.16	38.57	3100
2006 年	400.65	246.96	90.12	147.56	37.75	3400
2007 年	370.85	228.00	71.15	135.37	38.46	4000
2008 年	367.46	236.57	89.42	125.09	38.51	4400
2009 年	384.00	245.36	93.85	125.73	40.15	4600
2010 年	384.44	244.61	87.56	131.01	37.13	4600
2011 年	373.91	237.45	93.10	134.84	40.33	4800
2012 年	370.62	234.89	92.71	129.44	40.74	5000

(1) 水稻

水稻是温州最主要的粮食作物,不论种植面积或产量都占绝对优势。2012 年,全市水稻种植面积 170 万亩,占粮食作物的 72.6%;稻谷产量 75 万吨,占粮食总产量的80.9%。所以,从农业地域类型分类,温州农业属于水稻种植业。

温州水稻有籼、粳、糯三类品种,早、中、晚三个栽培期。在耕作制度上有单季稻和双季稻之分,平原地区以双季稻为主,山区梯田以单季稻为主。北宋大中祥符四年(1011年)温州开始种植"稻岁两熟"的双季再生稻和双季间作稻,解放后由双季间作稻改种双季连作稻。双季再生稻是早稻收获后,不用再插秧,利用早稻茎基部休眠芽的再萌发抽穗结实来获取晚稻收获。由于再生稻的抗病力差,病虫害严重,所以产量低。双季间作稻是在早稻收割前20~25天,赶在丰水时节在早稻行间插入晚稻秧苗,待早稻收割后,晚稻就会快速成长结实来获取一年两熟。双季连作稻就是今天常见的早稻收割后,经翻耕再插秧、耘田至收获。这些变化叫做栽培技术的革新,能使水稻产量不断提高。

解放后的50年代,温州水稻品种很多。据1960年温州专区农科所编写的《浙南地区农家水稻品种》记载,温州有籼稻品种386个,其中早籼117个,中籼35个,晚籼234个;粳稻品种69个,其中晚粳60个;糯稻品种56个,其中晚糯48个,总共511个品种。20世纪60年代,温州水稻品种进行大更换,取而代之的是矮脚南特,以及后来推广的广场矮、二九矮、珍珠矮等矮杆高产品种。1976年开始温州推广汕优系列杂交水稻,全市粮食生产发生历史性的转变,亩产超500公斤,比常规品种增产50%。目前温州水稻品种向超级稻发展,稻谷产量更上一层楼。

温州水稻主要分布在东部沿海平原,以苍南东北部、平阳东部的鳌江下游平原的种植面积最大,产量最高,水稻种植面积约占全市的50%,是温州目前最大的水稻主产区。而原先温州水稻高产区的瓯江下游平原、飞云江下游平原和乐清沿海平原的水田耕地流失殆尽,水稻种植面积萎缩很快,产量显著下降。其次,温州水稻分布在中部的飞云江中游河谷平原和楠溪江河谷平原,水稻种植面积约占全市的15%。再次,温州西部的山间盆地也有相当数量的水田种植水稻,面积约占全市的10%。温州西部山区丘陵缓坡地的水平梯田的水稻种植面积较大,约占全市的13%,但由于海拔高,热量低,多为单季稻;而且分布散,地块小,多为自流水灌溉,多数不能旱涝保收,产量相对较低。

(2) 蔬菜

温州人口稠密,城镇众多,蔬菜的市场需求量大;由于温州气候温和湿润,一年四季均可露地种植蔬菜,蔬菜生产常年常青,因而蔬菜生产成为温

州种植业的第二大门类。2012 年,全市蔬菜种植面积 88.57 万亩,产量
129.44 万吨,产值超 20 亿元,位居温州经济作物的首位。但近十年来,温州
蔬菜种植面积逐年萎缩,产量逐年下降,从 2003 年的 167.01 万吨降至 2012
年的 129.44 万吨,共减产 37.57 万吨,平均每年减产 4.17 万吨,年均减幅
2.87%。

温州蔬菜历来是农民自给性生产,城镇的近郊虽然有商品菜生产,但多
为稻菜兼营,专业菜农不多。20 世纪初期,温州城郊的张府基、窦妇桥、西
郊、巽山一带,瑞安城郊的岭下、涌泉巷、十八家、塘干、北门头等地出现一批
专业菜农和专业菜地。一些距城不远、交通方便的宜菜园地也形成单项商
品菜生产,例如梓岙盘菜、驮山菜头、莘塍酱瓜、阁巷笋菜等。1959 年开始,
温州在市郊建设商品菜生产基地,实行蔬菜统购包销政策,温州蔬菜生产热
潮甚至超过了粮食生产,以至于三年饥荒时期,市民"以菜代饭"来充饥。
1980 年以来,随着农村家庭联产承包责任制的实行,温州郊区蔬菜基地的统
购包销制度也随之结束,温州蔬菜产销全面放开,自由交易,随行就市,生产
和上市的蔬菜种类和数量显著增加,质量明显提高。

温州蔬菜品种繁多。1987 年温州市园艺学会蔬菜学组编写的《温州蔬
菜品种志》列有 16 类 170 多种。根据栽培学分类,目前温州蔬菜品种有 10
类 250 多种。

① 叶菜类 温州主要有芥菜、白菜、菠菜、芹菜、蒿菜、苋菜、蕹菜、甜菜、
笋菜、芫荽(香菜)等 80 多种。芥菜是温州传统的大宗菜,多数种植于冬季稻
田。其中温州芥菜(大叶芥菜)面积最大,属名优特蔬菜,在全省享有盛名;
其次是花叶芥菜;第三是雪里蕻,包括九头芥,第四是榨菜,包括圆叶冬菜和
大叶春菜。白菜是温州鲜销菜类的大宗菜,分为小白菜和大白菜两类。小
白菜即普通白菜,有白梗和青梗两种,油冬菜和香菇菜属于青梗小白菜。油
菜的菜苔俗称菜子头,是腊月炒年糕的佳品,也属于白菜类。大白菜又称结
球白菜,叶卷心者称为卷心菜,叶缘相抱者称为山东菜。乌塌菜(太古菜)也
属大白菜类。此外,蒿菜又称茼蒿,有大叶、中叶、小叶之分。蕹菜又称空心
菜。甜菜又称莙荙菜,味不甜,并非东北的糖料作物甜菜。笋菜又称莴苣,
俗称莴苣笋,以茎作蔬,但属叶菜类。

② 甘蓝类 也属叶菜类蔬菜,温州主要有结球甘蓝和花椰菜两种,共
40 多个品种,种植面积大,产量高,是温州最大宗的蔬菜。结球甘蓝俗称球
菜或包心菜,按栽培季节分为冬球和春球两种,按球形分为平头型和尖头型
两种,以平头型居多,牛心球菜和鸡心球菜属尖头型。花椰菜俗称花菜,是

温州的名牌蔬菜。温州花菜有 60 天、80 天、100 天、120 天不同生育期的品种。温州花菜以瑞安马屿花菜最著称,球大,洁白,紧实,产量高,品质好,远近闻名。

③ 根菜类 温州主要有芜菁、萝卜、胡萝卜、芜菁甘蓝等 16 个品种。芜菁俗称盘菜,分大缨盘菜和小缨盘菜两个品种,是温州特有的名优特蔬菜,原产瓯海梓岙,现各地多有引种。萝卜的学名莱菔,俗称菜头,山区种植更多。本地萝卜品种以瑞安驮山菜头最著称,其次有永嘉黄屿菜头、瓯海横塘头迟菜头、瓯海丽岙早菜头等。温州胡萝卜有红皮、黄皮两种,主要产于瓯海慈湖和瑞安陶山的娄渡一带。芜菁甘蓝俗称大头菜,属腌制菜类,主要分布于永强和瑞安塘下、莘塍一带的涂园。

④ 茄果类 温州有番茄、茄子、辣椒、甜椒等 20 多个品种。番茄又称西红柿,因大量制作番茄酱罐头出口,所以温州种植面积较大。茄子是温州夏季蔬菜,按形状分为长茄和圆茄两类,按表皮颜色分为红茄和白茄两类,以本地良种乌油绿(菜园茄)最著称,果形细长,果色黑紫,皮薄子少,肉质细嫩,熟后酥烂,味美好吃,但植株高大,怕台风,需立支架,费时费力,所以渐趋衰落,现已绝种,殊属可惜。目前温州茄子种植,平原以红茄为主,山区以白茄为主。

⑤ 瓜类 温州有黄瓜、冬瓜、瓠瓜、丝瓜、南瓜、越瓜、苦瓜、佛手瓜等 20 多个品种。黄瓜品种有白皮黄瓜(鱼肚白)、青皮黄瓜、绿皮刺瓜等。冬瓜分大型种和小型种,大型冬瓜以白门、梓岙、丽岙一带的白肤冬瓜最著名,小型的早熟冬瓜以九山菜园瓜最著名。瓠瓜俗称蒲瓜,温州以长蒲为主,圆蒲少见。丝瓜分普通丝瓜和棱角丝瓜两类,普通丝瓜以青顶白肚丝瓜(俗称天罗瓜)为主栽品种,是温州名优特蔬菜;棱角丝瓜以八棱为最著称,外形有十条明显的棱角,故又称十棱瓜。南瓜俗称金瓜,果形有扁圆、长圆或葫芦形,著名的品种有慈湖瓜、麻疯瓜、牛轭瓜。越瓜又称菜瓜,其中墨绿色称为支瓜,绿白色称为酱瓜(白支瓜)。支瓜多生食,酱瓜多分布在瑞安莘塍、阁巷一带的涂园上,其嫩瓜被酱园收购加工。苦瓜分甘苦两种,味苦者为苦瓜,作菜熟食;味甘者俗称红娘,可生食。

⑥ 豆类 温州豆类不属粮食作物,归入蔬菜类。品种很多,有菜豆、豇豆、莱豆、扁豆、刀豆、大豆、豌豆、蚕豆、绿豆、红豆等 40 多种。菜豆俗称龙芽豆或四季豆,有矮生种和蔓生种之分,以矮脚龙芽豆为主栽品种。豇豆俗称子带豆或更豆,温州品种很多,均属长豇豆。莱豆俗称白银豆,仅一个品种,是温州特有种,外地引种多失败。扁豆分白扁豆、红扁豆、红边扁豆、阔荚扁

豆等。刀豆分羊角豆、大猫豆等。大豆分黄豆、乌豆,成熟前摘荚剥豆为毛豆,温州粮用极少,多为菜用,或制豆腐,或孵豆芽,或制酱油,或制豆瓣酱。豌豆俗称蚕豆,有乌蚕、白蚕等品种。蚕豆俗称槐豆,豆形似蚕茧,可熟食,也可制粉丝。绿豆可制绿豆芽和绿豆粥。红豆又称赤小豆,有赤褐色、紫色、淡黑色、赤黄色等多个品种。

⑦ 葱蒜类　是葱属植物,旧植物学分类属于百合科,今独立为葱科。温州有葱、香葱、大蒜、韭菜等10多个品种。温州种植的葱有分葱、常葱、薰葱、大葱等多个品种。香葱俗称洋葱,有红皮和白皮两种,以红皮为主。大蒜以紫皮蒜为主,有整株上市,也有蒜苔或鳞茎蒜球应市。韭菜只有本地韭菜一个品种。

⑧ 笋类　温州有竹笋和芦笋两大类10多个品种。温州竹笋有毛竹笋、马蹄笋、麻竹笋、石竹笋等。毛竹笋分布很广,以泰顺的里光、碑牌、竹里、黄桥、岭北、翁山、仙稔,文成的双溪、汇溪、黄寮为重点产区。毛竹的冬笋品质好,但产量不高;春笋产量高,除鲜食外,还可加工成白笋干、乌笋干、盐渍笋和油焖笋等。马蹄笋又称绿竹笋,是温州的特有竹笋。绿竹材质不佳,但笋质特优,笋形似马蹄,节间特短,壳薄且少,笋肉饱满,是食用笋中的佳品。主要分布在飞云江以南、鳌江以北的山区,重点产地有平阳的万全、鳌江、麻步、水头、山门、腾蛟等地,共6.5万亩;瑞安的鹿木、梅屿、马屿、高楼等地,共5万亩。因而平阳和瑞安被国家林业部命名为"中国马蹄笋之乡"。麻竹对气温要求高于绿竹,所以主要分布于温州南部的低纬度和低海拔的半山区,麻竹笋肉质细嫩,品质独特。石竹笋又称刚竹笋,温州各县山区均有生产。芦笋学名石刁柏,又名龙须菜,1987年引入美国3个品种在瑞安、乐清、永嘉种植,瑞安高楼旺垟村成为芦笋专业村。

⑨ 食用菌类　温州有蘑菇、香菇、草菇、金针菇、凤尾菇等,以蘑菇和香菇为主。蘑菇产于苍南、平阳、瑞安、泰顺各地,以苍南最著称。1999年苍南被国家农业部命名为"中国蘑菇之乡",主要分布于马站、沿浦、岱岭、蒲城、渔寮、赤溪、凤阳等地,目前种植面积达2万多平方尺,年产量2万多吨,年产值1亿多元。香菇以文成和泰顺两县栽培最多,原先采用露地段木栽培,后来以木屑瓶栽,今天发展为尼龙袋栽。

⑩ 水生类蔬菜　温州主要有茭白、菱角、荸荠、莲藕等。茭白有本地的早茭、中茭、迟茭,还引进无锡中介茭白等外地品种。温州菱角品种多为二角菱中的扒菱,俗称黄菱,三角菱很少见。荸荠有红黑两种,分布于平原各地,以瑞安马屿和苍南马站种植较多。莲藕有红花和白花两种,瑞安和平阳

有零星种植,以鲜藕作菜用。

(3)水果

温州水果种植面积大,产量高,是全市种植业中仅次于粮食和蔬菜的第三大门类,是第二大经济作物,是温州农民种植业增收的最主要行业。2012年,温州各种水果种植面积达66.52万亩,产量40.74万吨,产值16.94亿元,占全市种植业产值的21.3%。与温州粮食和蔬菜减产不同,温州水果生产方兴未艾,连年增长,2012年比2000年增产13.5万吨,增长49.6%,年均增幅3.41%,是温州种植业中增长最快的行业。

温州水果生产历史悠久,两千多年以来一直以柑桔著称,唐宋至晚清都被列为朝廷贡品,温州柑桔素以产量和品质享誉全国和世界。解放以后,在"以粮为纲"的年代,由于水果与粮食争地的矛盾,水果发展受到限制。经过好几次的"柑桔上山"运动,提高了山地柑桔的成活率和结果率,既节省了平原耕地,又扩大了水果种植面积。1956年在梧田慈湖南村牛皮坦建立国营果树苗圃,培育各种果树的嫁接苗、实生苗、砧苗等,为温州扩大水果生产提供了各种苗木。然而,1957年温州柑桔列为统购产品,1961年实行派购,桔农每人自留10公斤外,全部由国家以牌价收购,不得自销。农民积极性受挫,桔园也趋荒芜。温州柑桔种植面积由1958年的9567亩减至1963年的7639亩,年产柑桔由1958年的11905吨减至1963年2684吨,低于1949年的产量。1964年随着人民公社体制调整,开展多种经营,温州柑桔生产得以恢复。到了改革开放初期的1978年,温州柑桔园达81587亩,其中山地柑桔63308亩,平原柑桔11684亩,涂园柑桔6595亩。80年代在联产承包责任制的推动下,温州水果生产达到史无前例的盛况。1990年,温州柑桔园达到历史最高记录的24.45万亩,其中山地柑桔17.04万亩,平原柑桔3.92万亩,涂园柑桔2.59万亩,其他柑桔0.9万亩,比1978年增长了200%。

然而,近二十年以来温州柑桔生产走下坡路,种植面积迅速缩小,产量大幅下降。2012年温州柑桔园缩减至13.28万亩,几乎是1990年的二分之一,仅占全市水果种植面积的20.0%,远远落在了杨梅的后面,退居为温州第二大水果。取柑桔而代之的是温州杨梅。近二十年以来,温州杨梅发展很快,遥居温州第一大水果。2012年,温州杨梅种植面积33.81万亩,占全市水果总面积的50.8%,超过一半。体轻的杨梅产量17.26万吨,也远超过了体重的柑桔12.26万吨。

除了这两种著名水果外,温州其他水果的种类很多,但种植面积都很小,产量都很低,都不能形成规模性的商品生产。种植面积在2万多亩的有枇杷和梨,1万多亩的有葡萄,其余都在1万亩以下。

表 3 - 35　　　　2012 年温州市主要水果种植面积和产量

水果种类	杨梅	柑桔	枇杷	梨	葡萄	其他水果	合计
面积(万亩)	33.81	13.28	2.52	2.55	1.26	13.10	66.52
产量(万吨)	17.26	12.26	1.45	1.25	1.04	7.48	40.74

　　温州杨梅的种植范围很广,海拔500米以下的丘陵山区和半山区都有分布,著名的产地有瓯海茶山、龙湾大岙溪、瑞安高楼、马屿潘山、文成仰山等,这些产地均通过了省绿色农产品和无公害农产品基地认证。温州杨梅的优质品种有丁岙杨梅、东魁杨梅、荸荠种杨梅三个良种,以丁岙杨梅最著称。丁岙杨梅原产瓯海茶山丁岙村,是全国四大良种杨梅之一。1996年在全国杨梅科研生产协作研讨会上丁岙杨梅被评为第一名。2003年瓯海和龙湾两区均因丁岙杨梅被授予“中国杨梅之乡”称号。东魁杨梅原产黄岩江口东岙村,原名东岙大杨梅,1979年浙农大《果树栽培学概论》将其定名为东魁杨梅。荸荠种杨梅原产宁波余姚,也叫余姚杨梅。温州杨梅的著名品牌有8个,即“茶山”、“大罗山”、“大岙溪”、“高楼”、“潘山”、“刘基贡”、“仰山”、“大楠溪”。其中“大罗山”牌和“大岙溪”牌丁岙杨梅荣获浙江省十大精品杨梅称号。

　　温州柑桔的种类很多,南宋《永嘉桔录》记载有柑、桔、橙3类27个品种。到了现代,柚类发展势头强劲,目前温州有柑、桔、橙、柚4类168个品种。温州柑类以蜜柑和瓯柑最著名,其次为椪柑、金柑、金弹、罗浮等。温州蜜柑又称无核蜜柑,是温州柑桔中产量最高的主产品。温州蜜柑古称真柑、乳柑,明代洪武二十七年(1394年)传至日本,经改良后再传至美国,美国加利福尼亚大学柑桔研究中心用温州蜜柑与“王桔”嫁接,培育出良种“卡拉柑”。温州是世界蜜柑的祖产地,享誉全球。瓯柑古称海红柑,可长期贮藏,久负盛名,但因有核且苦味,市场萎缩到了“挂在树上而无人收摘”的地步,习近平曾对此深表痛惜。椪柑又名芦柑,由广东汕头引进。温州桔类以温州桔(光桔)最著名,其次为漳州桔、瓯海迟红、茶山金桔、乐清本地早等品种。温州橙类柑桔又称甜橙,温州是浙江省唯一的发展甜橙适宜区,近年来发展很快,产量剧增。温州甜橙栽培面积较大的品种有雪柑、血橙、暗柳橙、锦橙、伏令夏橙、脐橙等。其中雪柑是温州目前种植面积最大的甜橙品种,分布广,山区、平原、海涂等地均有种植。温州柚类柑桔的市场需求量越来越大,种植面积和销售量连年递增,2012年柚类种植面积达6万多亩,已超过柑类、桔类和橙类,成为温州最大柑桔门类。温州最著名的品种有四季柚、早香柚、文旦等。四季柚原产苍南马站下魁村,至今已有260多年栽培历史,清代中期曾被列为朝廷贡品,1990年以来连续被评为全国柚类金杯奖,是全国柚类珍品。2002年获"中国名牌"和"中国四季柚之乡"称号,著名商标有"马站"、"蒲门"、"苍果"等。四季柚果树的经济寿命很长,地域性很强,仅分布于苍南的马站、霞关、赤溪、渔寮、岱岭、矾山、桥墩等地,北移别地,品质即劣化。早香柚原产永嘉碧莲对埠村,早熟形大,1995年以来多次获全国柚类评比金质奖,全国农博会金奖,深受市民青睐,并行销全国各地。文旦有楚门文旦和水港文旦两种,楚门文旦原产于玉环楚门,现引种于乐清和永嘉各地,曾在全国柚类评比中获特等奖。水港文旦原产于平阳麻步水港村,现已扩种于整个麻步镇,故又称麻步文旦。此外,温州各地还有很多土柚品种,例如苍南有19种,瑞安有13种。其中苍南灵溪的大红柚、古桑柚、木乃柚等品质好,驰誉一方。

温州枇杷种植面积很少,市场份额很低。2012年全市种植面积仅2.52万亩,产量1.45万吨,只有杨梅的1/13。主要分布在乐清的虹桥、清江、大荆,永嘉的桥下、巽宅、徐岙、黄田、渠口等地。以永嘉上吴和乐清瑶岙最有名气。温州枇杷品种很多,分红砂和白砂两类,目前种植的名优良种有洛阳青枇杷、解放钟枇杷、早钟6号枇杷、东官6号枇杷、大五星枇杷、大红袍枇杷等。

温州梨的生产规模与枇杷不相上下,2012年全市种植面积2.55万亩,产量1.25万吨。主要分布在文成境内,主产区是南田台地,其次是黄坦、西坑、富岙、云湖以及龙川、大峃、樟台、巨屿、玉壶等地。主要品种有翠冠、脆绿、清香、七月酥、西子绿等,授粉品种有黄花、杭青、新世纪等。著名品牌有雁荡雪梨。

温州葡萄种植面积只有1.26万亩,年产量仅1.04万吨。分布甚广,北从乐清、永嘉,南至平阳、苍南,各地都有种植,只是文成和泰顺两县较少。温州葡萄品种甚多,多为水果葡萄,而非酿酒葡萄,主要优新品种有西子早红提、美国红地球、美人指、粉红亚都蜜、西子双味、西子无核王、里扎马特等16种。

除上述五类主要水果外,温州还有众多的水果种类,例如桃、李、梅、柿、枣、杏、板栗、橄榄、猕猴桃、樱桃、荔枝等。除木本水果外,温州还有西瓜、甜瓜、草莓等草本水果。著名的产地有瑞安马屿黄桃、平阳塘川橄榄(老黄香)、瑞安桐溪董夏橄榄(檀香榄)、乐清清江红心李、永嘉东皋糯柿、文成公阳红柿、苍南马站樱桃、永嘉楠溪板栗、永嘉和泰顺猕猴桃等。

在地区分布上,温州水果种植面积和产量最高的是永嘉,种植面积达13.33万亩,年产量8.16万吨,占全市总产量的20%;其次是乐清,种植面积11.67万亩,年产量7.16万吨,占全市总产量的18%;再次是瑞安和苍南,而鹿城、龙湾和洞头分布很少,这三个县区的产量仅占全市的6.7%。

表 3-36　　　　2012 年温州各地水果种植面积和产量

区　域	鹿城	龙湾	瓯海	瑞安	乐清	永嘉	平阳	苍南	文成	泰顺	洞头
面积(万亩)	1.31	2.60	6.39	8.01	11.67	13.33	4.07	7.28	6.06	5.25	0.55
产量(万吨)	0.80	1.59	3.91	4.91	7.16	8.16	2.49	4.46	3.71	3.21	0.34

（4）茶叶

温州茶叶生产历史悠久,相传东晋永和年间雁荡山就有茶树种植,至今已有1600多年历史。20世纪80年代以前,温州主要生产大宗茶"温炒青",在当时炒青类中出类拔萃。改革开放以来,调整优化茶业结构,大力发展具有温州本地特色的名优茶叶,先后开发出永嘉乌牛早、平阳早香茶、瑞安清明早、瓯海黄叶早、乐清智仁早茶、文成半天香、泰顺三杯香和雪龙茶、苍南翠龙和五凤香茗等名优茶叶,并挖掘恢复了历史名茶乐清雁荡毛峰、香菇寮白毫、文成刘基贡茶等品种。截至2012年已有46个茶叶产品分别获得国际、国内有机茶认证和绿色食品认证,其中永嘉乌牛早和泰顺三杯香荣膺中国著名商标。2012年全市茶园面积27.75万亩,其中无性系良种茶园21.37万亩,无性系良种覆盖率77%,比全省平均值高出17个百分点。温州各县有茶农6万多户,产量5253吨,比2000年增长2314吨,增幅86.2%,平均每年递增5.31%。2012年温州茶叶总产值7.14亿元,比2000年翻了一番多。最具市场竞争力的是温州名优早茶,经济效益很高,目前温州名优早茶产量已占全市茶叶总产量的43%,名优早茶的产值已占全市茶叶总产值的82%。

然而,温州茶叶生产存在四个方面的缺陷。第一,品种结构不合理。温州虽然无性系茶叶良种比率高,但特早生品种比重过高,导致春茶生产季节短,高峰期集中,采制劳力严重短缺,设备利用率低,特别是倒春寒冻害危害极大。根据正常茶园的采收规律,夏秋茶产量占全年总产量的50%,而永嘉、乐清、瑞安、瓯海等县、市、区几乎不采夏秋茶,其他几个县也很少采收夏秋茶,茶园资源未能充分利用。第二,早茶品质总体不佳。温州早生茶叶滋味不浓,一泡清淡,二泡如水,这是早生茶致命的短处。同时早生茶叶干品含水量高,往往超过了7%的绿茶国家标准,保质期短,贮藏期间易变质。另外,鲜叶采摘不规范,有的按数量计工资,造成只求数量不讲质量,出现夹带蒂头、茶梗、老叶、茶籽现象;有的采摘人员用指甲掐采,造成叶底出现与绿叶不相称的红蒂。第三,茶叶品牌太多太杂太乱。温州现有茶叶注册品牌多达80余枚,有的一家企业有多个品牌,品牌多得群龙无首,品牌多得令人眼花缭乱。品牌多,企业负担重,无法把自有品牌打响;品牌多,造成政府扶持资金分散,难以把区域品牌做大做强。第四,茶叶加工企业规模小,实力弱,卫生差,设备陈旧简陋,质量管理水平低。温州高中档扁形名茶加工的关键工序辉锅仍以手工为主,机制很少。由于手工加工体力活重,技术要求高,本地工人辉锅技术不精,春季需大量聘请外地技师,依赖性强,工资支出猛增,生产成本逐年提高。

温州五分之四面积是酸性的红壤和黄壤的山区,加上亚热带湿润气候,为温州茶叶生产创造了得天独厚的自然条件,因此温州茶园分布很广,各县、市、区都有茶树种植。其中泰顺县是温州茶园面积最广、茶叶产量最高的产区,2012年全县茶园面积10.66万亩,年产茶叶2100吨,占全市总产量的42%;年产值2.12亿元,占全市总产值的38%。其中名优茶产量862吨,名优茶产值1.11亿元。因此,早在1996年就被国家农业部命名为"中国茶叶之乡",2005年联合国科教文组织选为优秀民族歌舞的《采茶舞曲》被定为泰顺县县歌。目前泰顺茶叶中,有省著名商标1枚,省名牌农产品1个,市知名商标5枚,市名牌产品5个。其中"三杯香"和"承天雪龙"品牌的产量占全县名优茶总量的80%以上。

早茶良种"乌牛早"原产于永嘉乌牛岭下村,原名岭下茶,后来广栽于乌牛和罗东地区,更名为乌牛茶,20世纪30年代注册商标为"天都珍眉"。因于清明前采摘,2月下旬便可大量上市,比西湖龙井、洞庭碧螺春早上市1个月,1985年开始改制扁型类名茶"永嘉乌牛早"。乌牛早已成为中国著名商标。乌牛早芽叶嫩壮,茶味清香,早品价格每公斤3000元,平均价格每公斤300元,经济效益很高。1990年开始向全国推广,至今已在浙、闽、苏、皖、赣、桂6个省区60多个县推广种植,累计繁育推广茶苗1亿多株。在乌牛早品牌的推动下,永嘉县茶叶生产发展很快,1990年被国家农业部命名为"中国乌牛早茶之乡"。2012年永嘉全县茶园面积5.5万亩,年产值超1亿元,仅次于泰顺,是温州第二产茶大县。

(5)油菜

油菜是温州最主要的油料作物,通常作为晚稻收割后的冬田主产作物。2012年温州油菜种植面积16万亩,油菜籽产量1.68万吨。油菜籽榨出来的食用油称为菜油。在旧社会和解放初期,菜油不仅是温州百姓最主要的食用油,而且还要用于点灯照明,所以温州油菜种植面积很大,达到 30 多万亩,1952 年为 34.3 万亩,是今天的 2 倍。在"以粮为纲"的饥荒年代,为了果腹,压缩油菜面积,扩大冬麦面积,至 1962 年油菜缩减至 11.52 万亩,是解放初期的三分之一。1978 年恢复到 24.25 万亩,1981 年达到历史最高峰 37.31 万亩,超过了解放初期的种植规模。此后一路下跌,跌至最低值的 2009 年的 5 万亩,仅峰值的 1/7.5,几乎被挤出了温州经济作物的行列。近几年,温州油菜面积增缩幅度很大,2009 年 5 万亩,2010 年 9 万亩,2011 年 17 万亩,2012 年又降为 16 万亩。这种增缩与各级政府部门的重视与否有关,前几年假如农民冬种抛荒,政府要去罚款,油菜就上去了;假如政府任其撂荒,市民就无处寻觅油菜花美景了。

温州油菜种植面积逐年缩小,但油菜籽的亩产逐年增加。1949 年亩产 24.24 公斤,1952 年 24.34 公斤,1954 年 31.95 公斤,1962 年 23.34 公斤,1965 年 35.56 公斤,1980 年 50.33 公斤,1990 年 58.77 公斤,2011 年猛增至 104.89 公斤,比 1949 年增加了 3.3 倍。

温州油菜分布在水稻田地区,与水稻分布一致,但由于很多水稻产区冬田撂荒严重,所以油菜主要分布在瑞安、乐清、平阳、苍南、永嘉、文成等地。城镇居民春季赏花的最佳美景有瑞安桐浦、瑞安马屿祥凤、瑞安碧山涂厂渡头、瑞安潘岱砚下和山南、乐清乐成田垟、平阳昆阳烟台、永嘉乌牛岭下、永嘉茗岙茗上、文成南田高村、文成黄坦塘底垟等十大油菜花基地。

2. 畜牧业

温州畜牧业类型属于畜禽饲养业,没有放牧业,更没有大牧场放牧业,所以畜牧业生产的规模小,产值低,畜牧业在农业中的比重很低。2012 年全市畜牧业产值 39.99 亿元,仅占农业总产值的 21.49%,比渔业比重低 10.16 个百分点,比全国平均值低 11.1 个百分点,比发达国家的最低值低了 28.5 个百分点,是发达国家的二分之一或三分之一,所以说,温州人是吃外地的肉、外地的蛋,喝外地的奶长大的。然而,从发展的角度看,近十多年来,温州畜牧业是农业各部门中发展速度最快的门类。2000 年温州畜牧业产值只有 12.54 亿元,2012 年增至 39.99 亿元,12 年中增加了 27.45 亿元,按可比价格计算,平均每年增长 8.12%;近六年来,年均增幅更高达 10.51%,远远快于种植业、渔业和林业。

通过上述指标数量分析,我们可以获知温州畜牧业产值增长很快,而产量增长很慢,这反映温州畜牧业朝着精细化、优质化和效益化方向迈出了一大步。这是现代农业发展的趋势,也是今后温州农业发展的根本出路。倘若种植业、渔业和林业也像畜牧业一样,朝着高产优质方向发展,那么温州农业就有希望了。见表 3 - 32。

温州畜牧业的主要产品是肉类和禽蛋,奶类产量很低。2012 年,温州肉类产量 13.15 万吨,比 2000 年增加 3.05 万吨,12 年只增长 30.2%,平均每年增长 2.22%。禽蛋产量 6.24 万吨,比 2000 年增加 3.64 万吨,12 年增长 140%,平均每年增长 7.57%,远高于肉类增长速度。温州肉类产品主要是猪肉和禽肉,其他牛、羊、兔肉产量很少。2012 年,温州猪肉产量 9.24 万吨,占肉类总产量的 70.3%,比 2000 年只增加 1.52 万吨,12 年仅增长 19.7%,平均每年增长 1.51%,增长速度极慢。禽肉产量 3.06 万吨,占肉类总产量的 23.3%,比 2000 年增加 1.22 万吨,12 年增长 66.3%,平均每年增长 4.33%,比猪肉增长稍快。

表 3 - 37　　　　2000～2012 年温州市畜牧业主要产品的增长

年份	肉类产量 (万吨)	猪肉产量 (万吨)	禽肉产量 (万吨)	禽蛋产量 (万吨)	年末生猪存栏 (万头)	年末家禽存栏 (万只)
2000 年	10.10	7.72	1.84	2.60	77.36	805.52
2001 年	10.87	8.31	1.98	2.99	79.68	846.60
2002 年	11.13	7.90	2.60	4.13	74.96	999.05
2003 年	11.17	7.96	2.59	4.31	72.34	1048.51
2004 年	11.04	7.94	2.38	4.63	73.68	957.76
2005 年	11.46	8.24	2.48	4.70	77.18	1046.22
2006 年	11.12	8.03	2.36	4.71	73.15	972.84
2007 年	11.21	7.21	3.32	5.70	61.43	1330.26
2008 年	12.63	8.66	3.16	5.49	77.68	1145.98
2009 年	13.01	9.14	3.03	4.92	84.66	1128.45
2010 年	13.65	9.59	3.18	5.75	89.91	1153.39
2011 年	13.74	9.65	3.20	6.49	91.63	1160.66
2012 年	13.15	9.24	3.06	6.24	87.69	1139.69

衡量畜牧业发展水平还有一个指标,就是畜禽年末存栏数量。2012 年,温州年末生猪存栏 87.69 万头,比 2000 年增加 10.33 万头,12 年间增长 13.4%,平均每年增长 1.05%,与猪肉产量一样,增长速度极慢。温州年末家禽存栏 1139.69 万只,比 2000 年增加 334.17 万只,12 年增长 41.5%,平

均每年增长 2.93%,比禽肉增长速度慢得多。

温州畜禽饲养动物种类很多,分为猪、牛、羊、兔、禽、蜂、犬七大类,每类的品种繁多,详见本书自然地理分册第七章《温州饲养动物》。

3. 渔业

温州濒临海洋,海域辽阔,水质肥沃,饵料丰富;海岸曲折漫长,海岛和港湾众多,沿海滩涂广阔;温州东部又是河网平原,河流纵横交错,淡水水面宽阔;温州西部山区的溪涧和水库星罗棋布,渔业资源丰富,渔业生产源远流长。温州渔业生产与东瓯族先民同步发展,到了今天温州成为渔业大市,渔业产量仅次于台州和舟山,居浙江第三位,但渔业产值不及台州和舟山的一半。温州渔业在农业各部门中的地位和比重是很高的,仅次于种植业,居第二位。2012 年温州渔业产值 58.90 亿元,占农业总产值的 31.65%,比种植业低 11.11 个百分点,比畜牧业高 10.16 个百分点,比林业高 29.30 个百分点。温州渔业比重超过全国平均值 22.4 个百分点,超过浙江平均值 5.9 个百分点,也超过美、英、法、德、俄等国,仅次于"打渔为生"的冰岛、挪威等国,这在世界上都属于前列。

新中国成立以来,除大跃进和人民公社时期外,温州渔业生产突飞猛进。1949 年渔业产量 2.8 万吨,到了 2012 年增至 57.69 万吨,增长了 20 倍。尤其是 20 世纪 90 年代增长特快,从 1990 年 18.49 万吨增至 2000 年 61.10 万吨,10 年间增加 42.61 万吨,增长了 230%,平均每年增长 12.7%。然而,这种高增长好景不长,2000 年以后就进入低增长,2005 年开始进入负增长。2000~2004 年的 4 年间的年均增长 0.95%,2005~2012 年的 8 年间的年均增长为－1.20%,特别是最近 5 年的年均增长为－1.80%,负增长速度越来越快。温州渔业生产的发展轨迹与温州工业生产乃至国民经济发展是同步的,一致的。温州渔业的衰落不是渔业资源的衰竭造成的,温州渔业高增长是"温州模式"带动的,温州渔业低增长和负增长是温州经济衰落造成的,只是渔业衰落更快更彻底。无庸置疑,随着围海造地的疯狂推进,今后温州渔业将进入灾难性的衰退阶段。

表 3－38　　　　　新中国成立后温州渔业产量增长　　　　　　单位:万吨

年份	1949 年	1952 年	1957 年	1965 年	1980 年	1985 年	1990 年	2000 年	2005 年	2012 年
总产量	2.80	5.78	15.88	7.65	12.78	15.09	18.49	61.10	62.34	57.69
海水产量	2.77	5.68	15.71	7.57	12.59	14.67	17.87	58.80	59.69	55.28
淡水产量	0.03	0.10	0.17	0.08	0.19	0.42	0.62	2.30	2.65	2.41

温州渔业分为海洋捕捞、海水养殖和淡水渔业三大门类。按水产品产量，海洋捕捞产量占渔业总产量的77.7%，海水养殖占18.1%，淡水渔业占4.2%。按渔业产值，海洋捕捞占67.5%，海水养殖占26.5%，淡水渔业占6.0%。

（1）海洋捕捞

温州海洋捕捞分为近海捕捞和远洋捕捞两类。自古以来温州都是近海捕捞，近海渔场主要有本市的洞头渔场、北麂渔场、南麂渔场和乐清湾渔场，还赴闽东渔场、台州渔场、舟山渔场以及钓鱼岛、济州岛、长崎五岛附近海域捕捞作业。1991年开始温州打造了大马力的巨型渔轮，发展远洋捕捞，远赴西太平洋、南太平洋、西非、密克罗尼西亚的帕劳等海域作业。温州海洋水产品分为鱼、虾、贝、藻四大类，根据它们的栖息场所和活动方式分为海洋浮游动物、海洋底栖动物和海洋游泳动物三个生态类型，共计31类1320种。详见本书自然地理分册第七章《温州海洋动物》。近年来，温州海洋捕捞的年产量在万吨以上的品种主要有毛虾、带鱼、鲳鱼、鲐鱼、鳗鱼、鳀鱼、沙丁鱼、虾蛄等。

2012年，温州海洋捕捞产量44.81万吨，产值39.72亿元。全市重点渔业乡镇12个，渔业村163个，渔业户4.59万户，渔业人口16.73万人，其中传统渔民7.36万人，专业捕捞人员2.36万人。全市机动渔船8210艘，其中登记在册的海洋捕捞渔船3940艘，总吨位21.3万吨，总功率42.7万千瓦。值得温州人炫耀的是瑞安华盛公司花巨资打造的"华盛渔加1号"和"华盛渔加2号"，苍南宏利公司打造的"浙苍渔冷00888号"，这三艘大型"航母"式的渔船，全国仅温州三艘，是亚洲最大的水产干制品加工船，每艘巨轮前后跟随着25～30艘约300匹马力的中小型渔船随同作业，常年随着毛虾洄游在苏北连云港至闽东渔场之间捕捞毛虾等海产品。

温州沿海有大小港湾88个，岙口69个，形成众多的渔港和避风锚地。2012年，温州已建成或正在扩建的渔港有50多座，其中中心渔港4座，一级渔港5座，二级渔港8座，三级渔港11座。此外还有许多够不上国家等级的渔港和渔埠，通称为群众性渔港，1990年国家农业部公布确定的温州沿海群众性渔港共40座。渔港是专供渔船停泊和使用的港口，是渔货的集散地，也是渔业生产的重要基础设施。渔港担负着渔货装卸、冷冻、保鲜、储运、加工、渔船维修、渔需物资供应、船员休息和医疗以及渔货交易等任务。渔港建设标准和规模涉及温州渔业生产和合理布局。我国现行的国家标准，渔港分为中心渔港、一级渔港、二级渔港、三级渔港4个等级。中心渔港可停泊800艘以上的渔船，年渔货卸港量8万吨以上；一级渔港能停泊600～

800 艘渔船,年卸港量 4～8 万吨;二级渔港能停泊 200～600 艘渔船,年卸港量 2～4 万吨;三级渔港主要供本地渔船使用,能停泊 200 艘以下渔船,年卸港量 2 万吨以下。温州现有的渔港很多达不到上述标准,那是今后扩建的目标。

表 3‑39　　　　　　　　温州四种等级渔港的分布

渔港等级	渔港名称
中心渔港	洞头渔港　苍南肥艚渔港　苍南霞关渔港　瑞安渔港
一级渔港	洞头鹿西渔港　洞头东沙渔港　苍南大渔渔港　苍南中墩渔港　平阳西湾渔港
二级渔港	苍南炎亭渔港　苍南石砰渔港　苍南信智渔港　平阳下厂渔港　平阳南麂渔港　瑞安东山埠渔港　乐清杏湾渔港　龙湾灵昆渔港
三级渔港	洞头大门潭头渔港　洞头花岗渔港　洞头霓屿布袋岙渔港　洞头柴岙避风港　苍南渔寮渔港　瑞安北麂渔港　瑞安铜盘渔港　乐清清江渔港　乐清蒲岐渔港　乐清天成渔港　龙湾蓝田渔港

洞头渔港又称温州中心渔港,是温州最大的国家中心渔港。它位于洞头岛与半屏岛之间,由(西)防波堤、东防波堤、渔用码头、陆域配套工程、水产品交易中心五大工程组成。西防波堤长 1200 米,东防波堤长 450 米,港池面积达 4 万平方米,最大容量能停泊 2000 艘渔船,码头长 600 米,泊位 17 个,最大年卸港量 10 万吨。建设中的水产品交易中心占地 166 亩,一期投资就达 2 亿元,占整个渔港总投资的 40%,填补了温州最大渔场没有渔货交易市场的空白。

目前,温州标准渔港建设严重落后,在浙江省内处于中下水平。现有大小渔港 50 多个,登记在册的渔船 3940 艘,实际渔船有 8000 多艘,而遇到 11 级台风的时候,全市所有渔港只能安全停泊 1000 艘,其他 7000 艘渔船只能任其船碰船,船砸船。所以 2005 年台风“海棠”造成温州渔船受损 655 艘,2006 年台风“桑美”受损 2127 艘,2007 年台风“韦伯”受损 2316 艘。2010 年台风“鲇鱼”在福建登陆时,苍南 1300 多艘渔船的四分之三开赴福建沙埕港避风。目前稍上规模的近海渔船都得 30 多万元,一张渔网也要 1 万元,所以渔民最怕台风,最盼有可避风的标准渔港。温州标准渔港建设的口号叫得震天响,“5121 工程”可谓家喻户晓,可实际砸进的投资额很小,只占计划的 10%。因此,温州距离标准渔港建设的“全停靠”指标还很远。

（2）海水养殖

2012 年,温州海水养殖面积 31.5 万亩,产量 10.47 万吨,产值 15.63 亿元。其中海上养殖 16.61 万亩,产量 7.19 万吨;海涂养殖 14.89 万亩,产量 3.28 万吨。海上养殖又分为浅海围网养殖和深水网箱养殖两种,全市浅海普通网箱有 9673 只,养殖水体 17.2 万立方米,年产量 4.99 万吨;深水网箱有 274 只,养殖水体 42.7 万立方米,年产量 2.20 万吨。陆基工厂化养殖水体 4.75 万立方米。目前,温州已经形成乐清湾虾贝类养殖、龙湾和瑞安贝虾蟹围塘养殖、洞头鱼藻浅海养殖、苍南大渔湾和沿浦湾藻鱼蟹类养殖、瑞安和平阳海水生态养殖五大优势海水养殖园区。

温州海水养殖的水产品也分为鱼、虾、贝、藻四大类。鱼类养殖主要有大黄鱼、小黄鱼、黄姑鱼、石斑鱼、鲻鱼、梭鱼、鲈鱼、真鲷、黑鲷、弹涂鱼、海鳗等。虾蟹类又称甲壳类,主要有对虾、蚕虾、梭子蟹、锯缘青蟹等。贝类养殖主要有牡蛎、缢蛏、泥蚶、毛蚶、文蛤、青蛤、杂色蛤、彩虹明樱蛤、贻贝、扇贝、鲍鱼等。藻类养殖主要有海带、紫菜、羊栖菜、裙带菜、石花菜、江篱等。

温州著名的国家级海水养殖基地有龙湾区"中国文蛤之乡",苍南县"中国紫菜之乡",洞头县"中国羊栖菜之乡",乐清市"中国泥蚶之乡",乐清清江镇"中国牡蛎之乡",苍南炎亭镇"中国梭子蟹之乡"等。然而,随着温州疯狂地大规模的围海造地,几乎全部的海涂即将湮灭,这些国家级的养殖基地都将遭受灭顶之灾。

（3）淡水渔业

淡水渔业分为淡水捕捞和淡水养殖两类。2012 年,温州淡水渔业产量 2.41 万吨,产值 3.55 亿元。其中淡水捕捞产量 0.25 万吨,产值 0.37 亿元;淡水养殖产量 2.16 万吨,产值 3.18 亿元。也就是说,温州淡水渔业主要指淡水养殖,占 90%,而淡水捕捞所占份额很少。

温州淡水捕捞主要分布在瓯江、飞云江、鳌江三大江流域,以楠溪江的渔获量最多。捕获水产品以溯河类和河口类的鱼、虾、蟹为主,有鲥鱼、香鱼、银鱼、鲈鱼、鳗鲡等季节性洄游鱼类以及中华绒螯蟹(河蟹)。

温州淡水养殖面积 17.49 万亩,其中河流 10.39 万亩,水库 3.73 万亩,池塘 2.81 万亩,湖泊 0.56 万亩。由于温州河流水污染非常严重,所以淡水养殖萎缩很快,目前以水库、山塘养殖为主。主要养殖青、草、鲢、鳙四大家鱼以及鲤鱼、鲫鱼、罗非鱼、革胡子鲶鱼、鳗鲡等,此外河蟹和中华鳖(甲鱼)的养殖面积也较大。另外,温州山区稻田养殖面积 12.17 万亩,年产量 0.39

万吨,主要分布在永嘉碧莲、桥下、巽宅、乐清淡溪、大荆、文成黄坦、瑞安高楼等地,以沟坑式稻田养殖模式为主。

表 3 - 40　　　　2000～2012 年温州市渔业产量的变化

年份	水产品总产量 (万吨)	海洋捕捞产量 (万吨)	海水养殖产量 (万吨)	淡水产品产量 (万吨)
2000 年	61.10	47.60	11.20	2.30
2001 年	61.92	47.85	11.47	2.60
2002 年	62.15	47.10	12.22	2.84
2003 年	62.46	46.60	13.06	2.80
2004 年	63.45	47.65	12.97	2.83
2005 年	62.34	47.40	12.29	2.65
2006 年	62.87	47.92	12.30	2.65
2007 年	63.07	48.10	12.30	2.67
2008 年	61.79	47.93	11.25	2.61
2009 年	60.52	46.13	11.87	2.52
2010 年	58.70	45.13	10.98	2.58
2011 年	56.29	43.30	10.50	2.49
2012 年	57.69	44.81	10.47	2.41

4. 林业

　　根据温州市第八次森林资源调查数据,剔除灌木林、疏林、未成林和苗圃地面积,温州森林面积 976.26 万亩,林木蓄积量 1250.78 万立方米。温州森林面积除以土地总面积 1781.8 万亩,所得森林覆盖率为 54.79%。温州森林覆盖率很高,是世界平均值 27.6% 的两倍,是全国平均值 20.36% 的 2.7 倍,远远超过了我国远期 30% 的奋斗目标,也远远超过了"国家森林城市"评审的 35% 指标,在世界和全国都属前列。然而,温州林木蓄积量却很低,亩均蓄积量只有 1.28 立方米,是世界平均值的 1/3,是全国平均值的 1/4,甚至个别国有林场的亩均蓄积量低至 0.97 立方米。特别是人均蓄积量更低,仅 1.37 立方米,是世界平均值的 1/32,是全国平均值的 1/7,是浙江平均值的 1/3。为什么温州森林覆盖率属世界前列,而林木蓄积量却居世界后列? 这不是调查数据不准确,而是因为温州森林都是幼龄林为主的人工林和次生林,没有丁点真正意义上的原始森林。温州森林的龄组结构中,幼龄林占 75%,中龄林占 20%,近熟林占 3%,成熟林占 1.7%,过熟林占 0.3%。幼林立木的胸径很小,大径材很少,这说明温州森林资源的采伐消耗量已达到"竭泽而渔"的地步。详见本书自然地理分册第六章《温州森林资源》。

由于温州林木蓄积量低和林地生产力低,所以温州林业生产的产值很低。2012年,温州林业产值只有4.37亿元,占农业总产值的2.35%,比全国平均值低1.6个百分点,比浙江平均值低3.2个百分点。这种低能落后状况主要是林业经营体制不合理造成的。温州林业有四种经营方式。首先,全市16家国有林场是国家经营的事业性生产单位,虽然开展"以林为主,多种经营",大力兴办养殖场、化工厂、凉席厂、玩具厂、家具木器厂、木材加工厂、花岗岩石材厂,有的还经营水电业、森林旅游业,他们抚育间伐收入不用上缴地方财政,他们多种经营和综合利用项目所得利润不征所得税,但是温州所有国有林场在经济方面都是度日艰难,有的林场甚至亏损负债严重。其次,温州集体林业有乡镇林业和村办林业两种,乡村林场的山林权益归村镇所有,经营状况很差。据调查,全市93个乡镇林场中,有经济效益,能自给的占41.9%,不能自给的占58.1%。全市214个村办林场中,能自给的占17.4%,不能自给的占82.6%。这些没有经济效益而不能自给的林场需要村委会支付管护工资。第三种是承包林业,山权林权归集体所有,由联户、大户、分户承包或家庭联产承包经营,即所谓"责任山"。这是温州面积最大、比例最高的林业领域。但是由于山林开发投资大,周期长,产出慢,而家庭经营势单力薄,农户资金投入少,大批农民外出务工经商造成山林建设劳力奇缺,所以山林承包和林地流转也走入死胡同。这种典型的小农经营是温州林业建设的最大绊脚石,必须打破这种桎梏,才能发展温州林业建设。第四种是个体林业,指农民自留山,林木收益全部归农民所有,并有世袭继承权,农民可以没有后顾之忧地去经营开发,所以经济效益较好,但这也是小农经营,而且林地面积小,只占全市森林面积的18.8%。

四、温州交通运输地理

交通运输业是利用各种交通工具实现人和物空间位移的生产部门,属于第三产业的流通部门。交通运输业不是物质生产部门,而是联系生产与消费、工业与农业、城市与乡村、此地与彼地的纽带和桥梁,是进行社会生产的必要条件和先行部门。交通运输有公路运输、铁路运输、水路运输、航空运输和管道运输五种方式。工农业生产有很多部门,生产各种各样产品,而交通运输业只生产同一种产品,就是位移的吨千米和人千米。

（一）温州交通运输业发展概述

由于温州地处东南海陬，山峦叠嶂，地形崎岖，与外界交通极不方便，所以自古以来温州交通运输非常闭塞落后。区内运输靠小河船和舴艋舟，区外运输只有一条海路。公路运输是民国时期才出现的，抗日战争时期公路毁坏殆尽，解放前夕温州几乎没有公路运输。新中国成立后，经过3年的公路修复和内河航运的复苏，1952年温州货物运输量为41.61万吨，其中水路运输占92.5％，公路运输占7.5％；旅客运输量为70.38万人，其中水路运输占74.5％，公路运输占25.5％。

改革开放以前，温州没有铁路，没有机场，仅有杭温公路和金温公路与外界相通，路基宽7米，路面由沙石铺成，路况极差，雨天坑洼颠簸，晴天沙尘蔽日，即所谓"汽车跳，温州到"。此外，还有一条温州至上海的民主轮船海运航线，交通运输非常落后。1978年，温州综合交通的货物运输总量265.85万吨，旅客运输总量2858万人。从发展速度来看，1952～1978年的26年间，货运总量增加5.4倍，平均每年增长7.39％；客运总量增加39.6倍，平均每年增长15.31％。

改革开放以来，温州交通运输业进入兴旺发达时期。1990年，温州综合交通的货物运输总量增至1985.72万吨，旅客运输总量12704.71万人。从发展速度来看，1978～1990年的12年间，货运总量增加6.5倍，平均每年增长18.24％；客运总量增加3.4倍，平均每年增长13.24％。与改革开放以前相比，货运量的年均增幅上升了10.85个百分点，客运量的年均增幅却下降了2.07个百分点。

2000年，温州综合交通的货物运输总量5455万吨，旅客运输总量21944万人。从发展速度来看，1990～2000年的10年间，货运总量增加1.7倍，平均每年增长10.63％；客运总量增加0.7倍，平均每年增长5.62％。与20世纪80年代相比，货运量的年均增幅下降了7.61个百分点，客运量的年均增幅下降了7.62个百分点，年均增长率双双大幅度下降。

2012年，温州综合交通的货物运输总量21481万吨，旅客运输总量34770万人。从发展速度来看，2000～2012年的12年间，货运总量增加2.9倍，平均每年增长12.10％；客运总量增加0.6倍，平均每年增长3.91％。最近十年以来，四种运输方式的货运量中，增长最快的是公路运输，年均增长11.4％；其次是铁路运输，年均增长10.7％；再次是水路运输，年均增长6.9％；增长最慢的是航空运输，年均增长仅2.7％。四种运输方式的客运量中,增长最快的是铁路运输,年均增长 5.1%;其次是航空运输,年均增长 4.4%;再次是公路运输,年均增长 3.2%;而水路运输是负增长,年均增长－13.0%。此外,海洋运输发展很快,港口货物吞吐量年均增长 12.9%,集装箱吞吐量年均增长 13.2%,比任何一种运输方式都快。

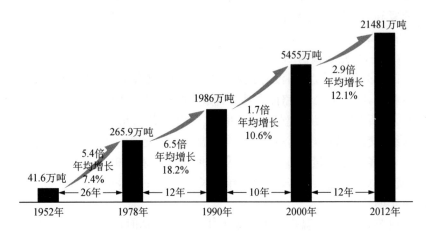

图 3-8　新中国成立以来温州市综合运输货运量的增长

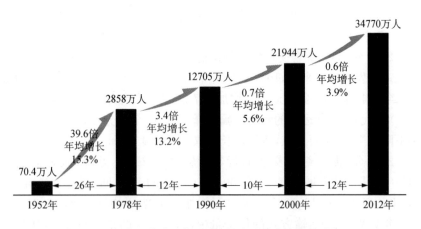

图 3-9　新中国成立以来温州市综合运输客运量的增长

表 3 - 41　　　　　　　温州综合交通运输量的增长

年　份	货物运输		旅客运输	
	货运量（万吨）	货运周转量（亿吨千米）	客运量（万人）	客运周转量（亿人千米）
1990 年	1986	35.45	12705	41.89
1995 年	3336	61.70	12211	51.29
1996 年	4411	79.43	17341	60.26
1997 年	4408	76.66	16971	70.98
1998 年	4432	79.63	17467	74.74
1999 年	4695	90.03	19491	66.28
2000 年	5455	101.29	21944	64.31
2001 年	6289	122.94	23469	72.08
2002 年	7713	164.12	25165	90.03
2003 年	8623	235.44	24108	95.88
2004 年	10728	250.35	25154	120.50
2005 年	15349	291.09	26148	125.62
2006 年	16044	308.40	27111	133.27
2007 年	17860	375.46	28385	159.23
2008 年	18309	389.07	28871	163.85
2009 年	18861	447.85	34019	253.17
2010 年	21011	498.90	34417	256.13
2011 年	22083	524.36	34745	258.57
2012 年	21481	510.06	34770	258.76

1. 温州海洋运输的发展

南宋、元代和晚清时期，温州海洋运输颇为兴盛，有的方面走在全国的前头，但是 1930 年以后走向衰落。1930 年温州港进出口货物吞吐量为 30 万吨，1936 年降为 16 万吨。抗日战争初期温州港口经历了一年又三个月的畸形繁荣，1938 年港口吞吐量 70 万吨，达到旧中国的峰值。1939 年 4 月 20 日，温州突然遭到日军频繁空袭，日寇将满载石块的 30 多艘木帆船凿沉在洞头大门岛与状元岙岛之间的咽喉航道中，封锁了温州港的进出船舶。1941 年 4 月 19 日至 1945 年 6 月 17 日温州三次遭日寇沦陷，温州港运输一落千丈。1945 年 8 月日本投降后，温州港才得以复苏，但紧接着国共内战，温州港又一次陷入衰落。据《温州港史》记载,1947年和1948年的港口吞吐量均仅20万吨,1949年降至13.47万吨。若剔除瓯江河流运输量,1949年温州海洋运输量仅3.62万吨。

1949年5月温州解放后,农工商业马上出现转机,但温州沿海众多岛屿在国民党残军的盘踞和封锁下,海上运输仍然奄奄一息。1952年1月洞头列岛全部解放,1955年2月南麂、北麂、披山、大陈、一江山等岛屿解放,从此结束了温州港封锁的局面,为温州的海上运输创造了有利局面。剔除瓯江河流运输的货运量,1950年温州沿海运输的港口吞吐量仅1.85万吨,到1955年增至31.44万吨。

1958年5月,中共八届二中全会通过了"鼓足干劲,力争上游,多快好省地建设社会主义"总路线,发动"大跃进"运动。温州港吞吐量突然猛增到1959年的144.26万吨,达到改革开放前的峰值,一年递增44.29%。劳民伤财的大跃进和反右倾运动使国民经济陷入毁灭性的困境,紧接着是连续三年的大饥荒,温州港的年吞吐量从1959年的峰值下降到1963年的85.50万吨,4年间下降58.76万吨,降幅68.73%,平均每年下降13.97%。继后进行国民经济调整方针,各行各业有所好转,温州港的年吞吐量也回升到1966年的115.29万吨,3年间的年均增幅10.48%。然而,好景不长,紧接着是十年"文化大革命"浩劫,温州港年吞吐量从1966年的115.29万吨下降到1976年的53.22万吨,10年间下降62.07万吨,降幅116.73%,平均每年下降8.04%,特别是"文革"第一年下降48.36%,降幅远远超过了大跃进以后的饥荒时期。十年"文革"浩劫,温州港处于大灾难、大崩毁时期。

1976年10月,十年"文革"结束,温州港逐步得以恢复,结束多年亏损局面,1977年9月开始转亏为盈,海洋运输出现新气象。1977年一年的货物吞吐量提高99.40%,翻了一番。此后,温州港的产量逐年稳步上升,1985年增至263.84万吨,1990年404.39万吨,1995年达到600.62万吨。1976~1995年的19年间,货物吞吐量翻了三番半,增长10.3倍,平均每年增长13.61%,这种增速与"文革"时期相比是不可同日而语的。

1995~2012年的17年间,温州港的货物吞吐量从600.62万吨增加到6996.95万吨,增长10.7倍,平均每年增长15.54%,比前19年提高1.93个百分点。17年间集装箱吞吐量从2.13万标准箱增加到51.75万标准箱,增长了23.3倍,平均每年增长20.64%,比货物吞吐量增长更快。

然而,最近10年,特别是最近5年,温州港发展速度明显趋缓。2002~2012年10年间的货物吞吐量年均增速为12.90%,2007~2012年5年间更降为 10.50%。更有甚者,2012 年增速仅为 0.68%。在集装箱吞吐量方面,最近 10 年的年均增速降为 13.16%,最近 5 年更降至 8.07%。这种双双减速的态势与温州整个国民经济的大形势是一致的。无庸置疑,温州港在全国规模以上港口中的地位不断下降,今后还将继续下降。

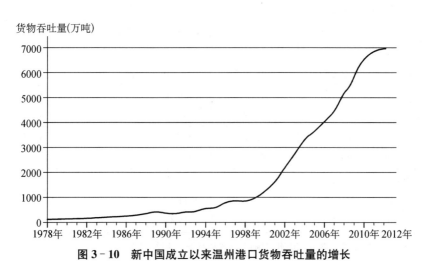

图 3-10 新中国成立以来温州港口货物吞吐量的增长

表 3-42　　　　1949～1988 年温州海洋运输的货物吞吐量　　　单位:万吨

年份	吞吐量	年份	吞吐量	年份	吞吐量	年份	吞吐量
1949 年	3.62	1959 年	144.26	1969 年	69.45	1979 年	181.59
1950 年	1.85	1960 年	143.70	1970 年	89.90	1980 年	187.22
1951 年	4.00	1961 年	100.85	1971 年	112.98	1981 年	199.86
1952 年	8.95	1962 年	92.65	1972 年	110.98	1982 年	209.66
1953 年	11.88	1963 年	85.50	1973 年	103.74	1983 年	216.83
1954 年	29.47	1964 年	91.47	1974 年	69.88	1984 年	232.41
1955 年	31.44	1965 年	113.48	1975 年	58.50	1985 年	263.84
1956 年	47.66	1966 年	115.29	1976 年	53.22	1986 年	299.75
1957 年	73.08	1967 年	77.71	1977 年	106.12	1987 年	340.55
1958 年	99.98	1968 年	65.43	1978 年	154.20	1988 年	386.90

说明:采自周厚才《温州港史》,表中数据仅为沿海运输的吞吐量,不包括瓯江运输量。

表 3 - 43　　　　　　1989～2012 年温州港货物和集装箱吞吐量

年份	货物吞吐量 (万吨)	集装箱吞吐量 (万标准箱)	年份	货物吞吐量 (万吨)	集装箱吞吐量 (万标准箱)
1989 年	451.30	—	2001 年	1648.40	10.03
1990 年	404.39	—	2002 年	2080.38	15.03
1991 年	456.96	1.45	2003 年	2933.68	18.11
1992 年	514.45	1.58	2004 年	3291.11	21.31
1993 年	532.63	1.70	2005 年	3637.10	23.02
1994 年	609.67	1.91	2006 年	3923.97	28.17
1995 年	600.62	2.13	2007 年	4246.58	35.11
1996 年	748.88	2.37	2008 年	5043.33	38.05
1997 年	897.13	2.57	2009 年	5772.55	39.34
1998 年	850.77	3.44	2010 年	6408.11	41.45
1999 年	952.73	4.72	2011 年	6950.41	47.03
2000 年	1117.47	7.41	2012 年	6996.95	51.75

说明：本表采自各年《温州市国民经济和社会发展统计公报》。

　　温州港第一座码头建于清代光绪十年(1884 年)，名招商码头(今朔门一号码头)，为钢质浮式码头。至 1938 年温州港有 6 座码头，即招商码头、宝华码头、永川码头、平安码头、株柏码头、振华码头。1949 年解放前夕温州港只剩下招商和宝华两座码头。新中国成立后，温州港建设为振华、安澜、朔门、西门 4 个港区，其中西门港区为煤炭专运港区，俗称煤场。1977 年，这 4 个港区共有码头 10 座，其中货运 7 座，客运 3 座；2 座为固定式码头，其余 8 座都是浮式码头；靠泊能力 3000 吨级以上码头 4 座，最大可靠泊 7500 吨级的客货轮。从西门郭公山至东门株柏，4 个港区总面积 7 万平方米，岸线共 3000 米；仓库 11 幢，面积 7063 平方米；堆场 15645 平方米，其中三分之二被煤炭和黄沙占用。

　　1984 年建成杨府山港区 5000 吨级煤炭码头，21180 平方米堆场，西门煤场转移至此，杨府山港区成为温州最大的煤炭装卸基地。1990 年温州港共建成 72 座码头，89 个泊位。其中靠泊能力 1000 吨级以上的码头 24 座，最大能靠泊 7500 吨级的码头 2 座。另外，龙湾港区建成 1 万吨级泊位 2 个，乐清磐石温州电厂建成 2 万吨级煤炭泊位 1 个。

　　2012 年温州港建设成为"一港七区"，七大港区共拥有各类泊位 232 个，其中万吨级以上泊位 15 个，即状元岙港区 5 万吨级泊位 2 个，小门岛 5 万吨级泊位1个,乐清电厂3.5万吨级泊位2个,七里港2.5万吨级泊位4个,磐石温州电厂2万吨级泊位2个,龙湾港区1万吨级泊位4个。

表3－44 　　　　　**2012年温州港万吨级以上泊位分布** 　　　共15个

港区名称	泊位规模 (万吨级)	泊位数量 (个)	泊位类型
状元岙港区	5	2	集装箱泊位
小门岛港区	5	1	石油和天然气泊位
乐清电厂(乐清湾)	3.5	2	煤炭泊位
七里港港区	2.5	4	多用途泊位和件杂货泊位
温州电厂(磐石)	2	2	煤炭泊位
龙湾港区	1	4	多用途泊位、散货泊位和件杂货泊位

2012年,温州水运企业62家,其中沿海货运企业41家。全市从事海洋运输的货轮934艘,总吨位93万吨,其中万吨船17艘,共42.54万吨;特种运输船68艘,共29.19万吨。全市从事沿海客运企业11家,客船23艘,1728客位。2012年完成水运客运量50.21万人次,其中海运37.84万人次,河运12.37万人次。

温州市所有的官方规划和文件中都说自己的温州港是全国25个沿海大港口之一,这是十年前的"陈话",今天温州港沦落到全国第41位的窘境了,在全国海港中掉到第32位。2004年10月国家交通部发布《全国主要港口名录》公告,公布的25个海港中确有温州港的席位,根据港口吞吐量指标排名,温州港居第22位,海口、防城和汕头三港在我们的后头。然而时过境迁,全国很多海港都超过我们,连一些河港都超过我们海港,这是很丢人的!这种落后掉队的局面,与温州港的定位极不相称,也严重影响了温州外向型经济的发展和加入全球经济一体化的步伐。

在宋元和晚清时期,温州港名声鹊起。民国时期孙中山在《建国方略》中还说温州港胜似宁波港。1949年后温州港屈居宁波港之后,但仍然是难兄难弟的兄弟辈,相差不远。可是2012年宁波港的年吞吐量高达4.53亿吨,温州却只有0.70亿吨,相差甚远。2006年元旦宁波港与舟山港正式合并后,大型国际远洋船舶经虾峙门深水航道进出,成为集装箱远洋干线港、国内最大的矿石中转港和国内最大的原油转运港,2012年吞吐量达到7.44亿吨,超过上海、新加坡、香港、鹿特丹,成为世界第一大港。温州港只有宁波港的十分之一不到。2000年温州港排名第24位的时候,全国亿吨大港只有上海、宁波、广州三港,如今全国亿吨以上大港增至 31 座。过去在浙江所有港口中,温州港始终名列第 2 位,可今天杭州港、湖州港这些河港都超过了温州海港,湖州港都成为 1.8 亿吨大港了,温州港还只是 0.7 亿吨小港。不出三年嘉兴港也将超过温州港。温州港沦落的主要原因是本地外贸集装箱的外流,2002 年温州外贸集装箱外流量达 92%,2008 年为 87%,2012 年仍占 80%以上。2010 年 1 月甬台温高速铁路开通温州至宁波北仑港集装箱动车专列,每晚一班可载 88 个标准箱,无论有无货柜都准时开行,运行时间 3 小时 57 分。集装箱在宁波出港,温州客户可在本地提取空箱,在本地报关、放行,提单一票全程到底。宁波港的这种经营模式一经推出,吸引了更多的温州外贸集装箱流向宁波,运往世界各地。温州港连集装箱支线航班也难以搜罗到货源,罔论干线航班直接挂号了。

表 3-45   **2012 年全国主要港口吞吐量排名**   单位:万吨

排名	港口名称	年吞吐量	排名	港口名称	年吞吐量	排名	港口名称	年吞吐量
1	上海港	73600	18	南通港	18500	35	扬州港	8822
2	天津港	47600	19	连云港	18500	36	芜湖港 *	8620
3	宁波港	45300	20	湖州港 *	17800	37	珠海港	7745
4	苏州港	39111	21	厦门港	17200	38	武汉港 *	7516
5	青岛港	37489	22	湛江港	17092	39	锦州港	7355
6	广州港	36061	23	镇江港	13500	40	徐州港 *	7208
7	大连港	34214	24	江阴港	13248	41	温州港	6997
8	京唐港	32471	25	泰州港	13200	42	常熟港	6312
9	舟山港	29099	26	重庆港 *	12500	43	威海港	6200
10	营口港	27753	27	黄骅港	12500	44	海口港	6123
11	秦皇岛港	26328	28	福州港	11410	45	嘉兴港 *	6004
12	日照港	26107	29	岳阳港 *	10400	46	淮安港 *	5700
13	张家港	25000	30	泉州港	10372	47	钦州港	5622
14	深圳港	22807	31	防城港	10058	48	台州港	5358
15	无锡港 *	21278	32	丹东港	9656	49	佛山港	5253
16	烟台港	20034	33	杭州港 *	9097	50	漳州港	5161
17	南京港	19197	34	常州港 *	8998	51	汕头港	4563

    说明: (1) 本表数据采自各个港口城市的《2012 年国民经济和社会发展统计公报》。京唐港原名唐山港,首钢迁至该港的曹妃甸港区。北海港 1404 万吨,未列入;也未列入港澳台各港口。

    (2) 带星号 * 为河港,其余均为海港。这是根据交通部《全国主要港口名录》划分。

2. 温州河流运输的发展

瓯江、飞云江、鳌江三大水系的干支流遍布温州全境,加上温州东部水网平原上的温瑞塘河、永强塘河、瑞平塘河、平鳌塘河、江南塘河、灵溪塘河、沪山内河、乐琯塘河、乐虹塘河九大平原水系,温州河流分布可谓纵横交错,四通八达。能通航的航道有 199 条,通航里程达到 1254.5 千米,其中平原的内河航道 934.6 千米。近年来由于公路交通的发展和城镇的建设,有的河段已经失去航运功能,目前温州河流通航里程约 1050 千米,其中市区尚存近 200 千米。

自古以来,河流运输是温州区内最重要的交通运输方式,出行"平原坐船,山区乘轿",河流运输非常红火。清代光绪三十二年(1906 年)就有"小火轮"拖带货驳船、客驳船航行于温瑞塘河,民间称之为"驳拖"。民国年间内河汽轮船逐年增加,抗日战争前夕温州经营内河客货运的企业有 7 家,几十艘驳拖,开通 14 条航线。抗日战争结束后,全市有 26 艘船舶,计 4300 多吨位从事河流运输。

新中国成立后,温州河流运输蓬勃发展。1957 年全市内河货运量 56.64 万吨,货运周转量 2348.06 万吨千米。1958 年"大跃进",内河货运量猛增至 102.21 万吨,货运周转量达到 3931.53 万吨千米。1960 年货运量更达到 259.36 万吨,货运周转量 6629.38 万吨千米。此后,温州河流货物运输趋于衰落萧条,到"文革"结束时的 1976 年货运量仅 53.83 万吨,比 1957 年还低。改革开放以后,温州河流运输得到复苏和发展,1990 年内河货运量达到 402.58 万吨,货运周转量 9256.24 万吨千米,其中个体运输户占 85%。1990~2002 年的 12 年间,内河货运量从 403 万吨增至 1330 万吨,增长了 2.3 倍,平均每年增长 10.46%,这种速度非常惊人。2002~2012 年的 10 年间,内河货运量从 1330 万吨增至 2598 万吨,增长了 95.34%,平均每年增长 6.92%。与十年前相比,内河货物运输发展速度大大放缓。如今运输船舶数量减少了,吨位变大了。过去货运船舶共约 4000 多艘,今天约 2000 多艘,其中经港航管理局核发许可证的船舶有 685 艘,总载重吨 7 万吨,很多乡镇船舶都没有登记在册。过去每艘载重 6~10 吨,今天多为钢质船,载重 100~200 吨。

与内河货物运输量持续增长不同,内河旅客运输量经历了增长和萎缩两个截然不同的阶段。新中国成立后至改革开放初期,客运量飞速增长,改革开放以来客运量猛然下降。1949 年下半年温州内河客运量 32.51 万人,客运周转量 752 万人千米;1952 年 45.18 万人,周转量 1065.89 万人千米;1958年"大跃进"猛增至485.99万人,周转量8151.19万人千米;1966年867.42万人,周转量11525.64万人千米。大跃进以后的饥荒时期和万恶的文革时期,温州海洋运输、公路运输和河流货物运输都遭受重创,唯独内河客运一枝独秀,呈现持续增长态势。至1984年达到历史峰值,客运量3175.74万人,周转量18323.29万人千米。1957～1984年的27年间,内河客运量增长了11倍,平均每年增长9.67%,这是温州交通运输史上罕见的史例。在那个内河客运火爆的年代,温州内河航运站位于城区小南门公共码头,共有7条航线,18个船队,44个班次,小南门码头停靠的船舶多达200多艘,一直排到任宅前。客运航线往南经过温瑞塘河、飞云江、平鳌塘河、鳌江通达瑞安、平阳、苍南等地,往北通过瓯江可以到达乐清、永嘉、丽水等地。在内河客运鼎盛时期,船舶数量多达5000多艘,而且超载现象非常严重。

表3-46   **温州内河运输量的变化**

货物运输量(万吨)				旅客运输量(万人)			
年份	货运量	年份	货运量	年份	客运量	年份	客运量
1952年	11	2005年	1910	1952年	45	2002年	59
1957年	57	2006年	1983	1957年	263	2003年	46
1958年	102	2007年	2218	1958年	482	2004年	32
1960年	259	2008年	2260	1966年	867	2005年	21
1976年	54	2009年	2341	1983年	2878	2006年	16
1990年	403	2010年	2681	1984年	3176	2007年	15
2002年	1330	2011年	3021	1985年	2557	2008年	13
2003年	1672	2012年	2598	1990年	2911	2012年	12

说明:温州河流分为内河和外港两类,内河指平原塘河水系,外港指具有潮汐现象的瓯江、飞云江、鳌江三大河流及其支流,它们之间都有大型水闸分开。因此,本表指内河运输量,不包括三大河流的外港运输量。例如温州外港货运量2002年330万吨,2007年552万吨,2012年646万吨。

然而,1984年以后,由于公路客运迅猛发展,内河客运很快萎缩,而且为个体联户船舶所代替。1985年客运量降至2557.13万人,周转量降为17857.41万人千米,客运量一年下降了24.19%。继后,客运量持续下降,一直下降到2012年的12.37万人次,内河客运几近消失。1984～2012年28年间,客运量从3176万人降至12万人,下降了264倍,平均每年下降

21.91％。目前,温州市港航管理局登记在册的 10 艘河流客运船舶当中,塘河运输仅有 6 艘客船,有的还是客货两用的。内河运输是廉价水运,与其他运输方式相比,具有很大的价格优势。温州内河运输的运量和占比任其萎缩,反映了温州运输方式配置的不合理性。

3. 温州公路运输的发展

温州公路始建于 1922 年(民国 11 年)6 月,至抗战初的 1937 年,温州境内公路通车里程 231.02 千米,主要是杭温公路温州段和金温公路温州段。1938 年 6 月开始,为阻滞日寇进犯,第三战区下令破路为田,温州公路绝大部分均被毁坏。抗日战争结束后动工修复公路,未几内战爆发,修路工程停止。这就是说,解放前夕温州境内几乎没有公路。

新中国成立后,加紧修复杭温公路、金温公路,并修建温分公路,至 1955 年底全市公路通车里程 253.09 千米,超过了 1937 年的公路长度。到改革开放初的 1978 年,全市公路通车里程 1454 千米,其中的国道和省道公路共 770 千米。所有公路均为沙石路面,路况极差。从公路建设速度来看,1955～1978 年 23 年间公路长度增加 4.7 倍,平均每年修建 52 千米,年均增幅 7.90％。

改革开放以来温州公路建设突飞猛进,1990 年底公路总里程达到 3333 千米,其中 2 条国道温州段 261 千米,8 条省道温州段 565 千米,县乡村公路 2431 千米,专用公路 76 千米。全市 87％的乡镇通上公路,沥青路面和水泥路面的公路占公路总长度的 16.2％,大部分仍然是沙石路面。从公路建设速度来看,1978～1990 年 12 年间公路长度增加 1.3 倍,平均每年修建 112 千米,年均增幅 7.16％。

2012 年温州公路网络体系日臻完善,公路总里程达到 14158 千米,其中高速公路 289 千米,一级公路 363 千米,二级和三级公路 1826 千米,四级及以下公路 11680 千米。温州境内已建成通车的国道 458 千米,其中高速国道 198 千米,普通国道 261 千米。已建成通车的省道 620 千米,其中高速省道 91 千米,普通省道 529 千米。温州境内的县道通车里程 3462 千米。温州公路密度达到 1.2 千米/平方千米。全市等级公路占 96％,高级和次高级路面占总里程的 93％,也就是全市 93％的公路为水泥路面和沥青路面。从公路建设速度来看,1990～2012 年 22 年间公路长度增加 3.2 倍,平均每年修建 492 千米,年均增幅 6.80％。特别是 2006～2012 年 6 年间公路建设速度最快,平均每年修建 1392 千米,年均增幅 16.02％。

表 3 - 47　　　　　2002～2012 年温州公路运输主要指标的增长

年份	公路总里程(千米)	高速公路(千米)	一级公路(千米)	二三级公路(千米)	机动车数量(万辆)	汽车拥有量(万辆)	公路货运量(万吨)	公路客运量(万人)
2002 年	5209	0	138	1090	42.74	15.47	5992	24531
2003 年	5448	152	155	1145	52.29	20.00	6477	23550
2004 年	5455	152	155	1220	56.89	22.33	8277	24517
2005 年	5565	198	182	1264	66.17	27.56	12942	25500
2006 年	5804	198	214	1492	77.39	33.69	13500	26500
2007 年	13055	198	227	1505	88.05	41.43	14916	27689
2008 年	13479	198	232	1607	99.55	50.48	15175	28164
2009 年	13716	198	261	1683	114.91	63.35	15707	33260
2010 年	13965	289	221	1803	131.99	78.57	17269	33487
2011 年	14085	289	230	1810	146.82	107.44	17727	33765
2012 年	14158	289	363	1826	157.09	109.28	17587	33549

除公路建设外,温州公路运输发展也很快。在公路货物运输方面,解放初期的 1954 年温州公路货运量 15.76 万吨,货物周转量 1505.25 万吨千米;1960 年货运量增至 76.90 万吨,周转量达到 7567.30 万吨千米。1954～1960 年的 6 年间,公路货运量年均增长 30.24%。接着是饥荒时期和文革时期,运输量逐年下降,降至 1976 年最低值,货运量仅 18.68 万吨,周转量只有 1851.70 万吨千米。1960～1976 年的 16 年间,公路货运量为负增长,年均下降 9.25%。改革开放以来,公路运输迅猛发展。1986 年货运量 414.13 万吨,周转量 5.33 亿吨千米;至 1990 年货运量 1218.59 万吨,周转量 8.40 亿吨千米。1976～1990 年的 14 年间,公路货运量年均增长 34.77%,达到惊天的历史最快值。嗣后,增长速度趋缓,年均增长率越来越小,直至 2012 年负增长。1990～2002 年 12 年间的年均增长 14.19%,2002～2012 年 10 年间的年均增长 11.37%,2007～2012 年 5 年间的年均增长 3.35%,2012 年为-0.80%。

传统的公路货运概念指汽车运输,不包括板车运输和人力三轮车运输,1956 年以前温州有汽油车和木炭车两种,但在 1959 年至 1995 年的统计数据中包括拖拉机运输。1959 年温州市区、瑞安、乐清、平阳 4 个国营拖拉机站购置拖拉机 30 台,农忙从事机耕,农闲从事公路运输。1969 年全市共有拖拉机 233 台,1980 年投入运营的有 940 台。1990 年全市运营的拖拉机达

1万台,占拖拉机总数的80%,货运量为43.35万吨,货运周转量6466.63万吨。继后,拖拉机运输逐渐减少,直至消失。

表3－48　　　　　　　　温州公路货运量的年均增长幅度

时　段	年数	公路货运量(万吨)	平均每年增长率(%)
1954～1960年	6年	15.76～76.90	30.24
1960～1976年	16年	76.90～18.68	－9.25
1976～1990年	14年	18.68～1218.59	34.77
1990～2002年	12年	1218.59～5991.67	14.19
2002～2012年	10年	5991.67～17587.30	11.37
2007～2012年	5年	14916.11～17587.30	3.35

　　在公路旅客运输方面,温州最早开通公路客运的是1934年11月青田鹤城至永嘉清水埠班线,每天4班。后来开通温岭泽国至永嘉港头(今瓯北三江)班线,每天6班。1937年开通温州—瑞安—平阳公路客运。1938年因公路炸毁而全部停开。14年后的1951年3月恢复温州至黄岩班车,1953年开通温州至金华班车。1953年温州公路客运量28.90万人,客运周转量2122.10万人千米。1956年1月开通温州至福安班线,全年客运量384万人,周转量1.17亿人千米。"文革"期间,各线公路班车时开时停,运行不正常。直至1975年10月开通温州至杭州班车,29条县际客运线路恢复正常运行。1979年跨市班车线路增至41条。截至1990年底,温州投入客运汽车849辆,2.15万客位,温州开往省内各县、市班线29条,289个班次。其中温州至杭州每天78个班次,温州至金华69个班次,温州至宁波21个班次,温州至义乌17个班次。此外,温州开往外省、市的客运班线32条,150个班次,其中每天发往上海28个班次,南京14个班次,福州19个班次,福鼎20个班次。1990年全市公路客运量9650.95万人,客运周转量38.24亿人千米。1997年温州公路客运量更达15994.19万人,客运周转量达到75.82亿人千米。

　　从公路客运发展的速度来看,1953～1958年的发展速度最快,5年间翻了四番多,平均每年增长76.22%。1958～1966年8年间的年均增幅减缓至7.51%,文革时期的1966～1977年11年间的年均增幅仅4.52%。改革开放以后的1977～1990年13年间的年均增幅达到15.94%。接着增幅趋缓,1990～2002年12年间的年均增幅8.08%,2002～2012年10年间的年均增幅只有 3.18%。

表 3-49   温州公路客运量的年均增长幅度

时　　段	年数	公路客运量(万人)	平均每年增长率(%)
1953~1958 年	5 年	28.90~485.99	76.22
1958~1966 年	8 年	485.99~867.42	7.51
1966~1977 年	11 年	867.42~1411.34	4.52
1977~1990 年	13 年	1411.34~9650.95	15.94
1990~2002 年	12 年	9651~24531	8.08
2002~2012 年	10 年	24531~33549	3.18

2012 年末温州机动车保有量 157.09 万辆,其中载客汽车 95.56 万辆,载货汽车 13.69 万辆,摩托车 47.33 万辆。全市私人汽车 96.42 万辆,占汽车总量的 88.2%。近十年以来,温州汽车增长速度极快。全市汽车拥有量从 2002 年的 15.47 万辆增加到 2012 年的 109.28 万辆,10 年间增长了 6 倍,平均每年增加 9.38 万辆,年均增幅 21.59%,这是惊天的速度。

2012 年温州拥有班线客车 5833 辆,班线 1657 条,其中省际班线 586 条,班车 803 辆;市际班线 244 条,班车 367 辆;县(市)际班线 265 条,班车 1232 辆;县(市)内客运班线 561 条,班车 3431 辆,县(市)公交线路 94 条,公交车 797 辆;出租汽车 7698 辆;旅游包车 472 辆。温州市区公共交通营运线路 129 条,年载客量 2.84 亿人次,农村客运班车通村率 88.4%。2012 年全市客运量 33549 万人,客运周转量 231.81 亿人千米。

2012 年温州拥有营运货车 43343 辆,其中普通货车 39432 辆,专用货车 3911 辆。普通货车中的厢式货车 14546 辆,专用货车中的集装箱车 651 辆,危险品专用车 1928 辆。全年完成货运量 17587 万吨,货运周转量 251.56 亿吨千米。温州公路运输经营业户共 2.85 万家,其中客运经营业户 140 家,货运经营业户 28325 家,客货兼营业户 36 家。此外。公路运输相关经营业户共 4699 家,其中客运站 78 家,货运站 12 家,机动车维修业户 3181 家,机动车驾驶员培训学校 46 家,汽车租赁业户 166 家,其他相关业户 1216 家。全市公路运输从业人员共 128442 人,其中客运从业人员 19912 人,货运从业人员 68454 人,机动车维修及综合性能检测从业人员 25324 人,机动车驾驶员培训学校从业人员 6956 人,其他相关从业人员 7796 人。

4. 温州铁路运输的发展

温州第一条铁路——金温铁路是 1998 年 6 月建成通车的,至今只有 14 年铁路运输历史。2009 年 9 月,温州又同时建成甬台温铁路和温福铁路两条电气化高速铁路,此后铁路运输量增长较快。2012 年这三条铁路温州段的营运里程共 220.2 千米,年运输货物 647 万吨,年运输旅客 607 万人次。

由于金温铁路是旧式内燃机车的单线铁路,运行速度慢,运输量小,建成后的 8 年时间里运输量增长很慢,有的年份还出现负增长。至 2006 年的货运量还只有 64.89 万吨,占全市货运总量的 0.4%;客运量仅 383.45 万人次,占全市客运总量的 1.4%。在当时温州综合交通运输总量中所占比重极小。1998～2006 年的 8 年间,平均每年货运量增长 5.58%,客运量增长 2.59%,增长速度很慢。

2007 年金温铁路换轨大修后,运行时速从 80 千米提升到 120 千米,运输量增长才得以加快。至 2009 年货运量增至 231.72 万吨,客运量增至 450.45 万人次。2007～2009 年的 3 年间,平均每年货运量增长 65.4%,客运量增长 5.6%。

温州铁路运输在国民经济和社会发展中真正发挥作用的是 2009 年 9 月甬台温铁路和温福铁路建成运营后,2010～2012 年的 3 年间,平均每年货运量增长 40.8%,客运量增长 10.5%。2012 年铁路货运量达到 646.93 万吨,占全市货运总量的 3.01%;客运量达到 607.41 万人次,占全市客运总量的 1.75%。

表 3-50　　　　　　1999～2012 年温州铁路运输量的增长

年份	货运量(万吨)	客运量(万人)	年份	货运量(万吨)	客运量(万人)
1999 年	44.37	320.50	2006 年	64.89	383.45
2000 年	53.76	340.20	2007 年	170.66	445.19
2001 年	54.71	364.34	2008 年	308.55	443.85
2002 年	55.65	369.40	2009 年	231.72	450.45
2003 年	59.22	338.32	2010 年	391.84	597.30
2004 年	49.64	382.08	2011 年	582.24	634.19
2005 年	32.81	383.77	2012 年	646.93	607.41

5. 温州航空运输的发展

民国时期,温州曾建过四个简易机场,三个是军用机场,一个是民用机场。最早建造的机场是南塘机场,建于 1932 年,占地面积 1500 多亩,飞机跑道从南塘的上塘殿起,至横渎止,长约 500 多米,宽 10 米,用黄泥碎石铺成。南塘机场用作军用飞机临时停降和加油,每次仅停 2~3 架,最多一次停放 13 架。1938 年 5 月遭日寇轰炸,投弹 33 枚,将其炸毁。1948 年 12 月动工修复,1949 年 5 月温州解放后停止使用。

中央涂机场位于温州城区西郊下寅中央涂的涂坦上,四周堆砌石块护岸,面积不足千亩。建于 1934 年,也是军用机场,使用时间短,起降飞机少,不久即废弃不用。

乐清机场位于磐石镇的前坛、莲岐头、东屿之间的田坪上,占地面积 1000 多亩,飞机跑道用泥土沙石铺成,长约 2000 米,宽 40 米,是日寇建造和使用的军用机场。该机场建于 1944 年 9 月,次年 6 月日军败退前夕炸毁。

瓯江水上机场位于江心屿与麻行码头之间的瓯江水面,1933 年 7 月中美合资的中国航空公司经营上海至广州的民航航线,途经温州,在瓯江水面供水上飞机上下旅客使用,每周北上、南下各二班,次年开通香港航班。开始时用一艘大舢舨上下旅客,一年后改用一艘长 12.2 米,宽 6.7 米的木质趸船,趸船上建有候机亭,供旅客候机和装卸行李。1937 年抗日战争爆发时停航弃用。

现在的温州机场位于永强海滨街道东面的东海之滨,1990 年 7 月建成通航。初建时机场面积 1810 亩,按一级规模二级机场标准建造。飞机跑道长 2400 米,宽 45 米;停机坪长 200 米,宽 95 米,面积 1.9 万平方米,可同时停放 3 架飞机;机场指挥中心航管楼面积 1407 平方米,塔台高 27 米;候机楼面积 4697 平方米;站前建有 9800 平方米的停车场,供接送旅客停车使用。1990 年底,温州机场开通温州至上海、成都、武汉、北京、广州、西安、南京、厦门、合肥、杭州、宁波等 11 条航线,次年又增加温州至哈尔滨、沈阳、大连、兰州、乌鲁木齐、南昌、长沙、太原、汕头等航线。投入运行的有中国国际航空公司、南方航空公司等 17 家航空公司,每周 39 个航班。机场建成之初的 1990 年下半年旅客吞吐量就达 6.64 万人,平均每月增长 49.06%,当年排名全国民航机场第 37 位,因此当年就动工加宽跑道和滑行道道肩,跑道拓宽至 60 米,1991 年竣工。

1999 年 2 月 24 日 16 时 30 分,中国西南航空公司一架图 154(B2622

号)飞机在执行成都至温州的 SZ4509 航班飞行时发生事故,掉落在距温州机场 30 千米的瑞安阁巷塘头村农田中,机上 50 名乘客和 11 名机组人员全部遇难。这次空难事故使当年温州机场的旅客数量同比下降 10.12%,并且连续三年萎靡不振。温州机场在全国排名从空难前的第 19 位连续下跌至今天的第 32 位。

2002 年 3 月温州机场的名称由"民航温州站"改称"温州永强机场"。2005 年 12 月永强机场第二次征地 197 亩,扩建停机坪,由原 3 个机位扩大为 6 个机位。2008 年 11 月,温州机场建成新航站楼(即后来称为 T1 航站楼),面积 2.25 万平方米,有 7 个安检通道和 26 个值机柜台,4 条登机廊桥,可满足每年 700 万人次的吞吐量需求。2011 年 6 月,温州机场新国际候机楼建成启用,面积 1.05 万平方米,每年可满足 30 万人次国际旅客的运输需求。此外,2011 年 11 月开工建设 T2 航站楼,面积 75 万平方米,设计旅客吞吐量可达 1300 万人次。待 T2 航站楼竣工后,T1 航站楼将改作国际航站楼。

2013 年 9 月在老跑道东面 262.5 米处建成一条新跑道,长 3200 米,宽 60 米,并将老跑道向南延长 800 米,改造成为平行滑行道。机场面积扩大至 4200 亩,停机坪面积扩大到 15.4 万平方米(231 亩),可同时停放 25 架飞机。

2012 年 2 月温州机场正式对境外航空公司开放,成为浙江省第三个国际机场,机场名称也由永强机场改称龙湾国际机场。2012 年底,龙湾国际机场已与中国 73 个城市(包括港澳台)开通航线,并有泰国曼谷、菲律宾长滩岛、韩国济州岛等航线通航。航线 67 条,其中长期运营航线 38 条,17 家航空公司投入运行,每天进出港航班总数 138 个。2012 年旅客吞吐量 563.73 万人次,在全国 180 个运行机场中排名第 32 位;货邮吞吐量 4.97 万吨,排名第 31 位;飞机起降 50211 架次,排名第 38 位。

温州机场建成通航 22 年来,发展速度很快,走在全国地级市机场的前列,这是有目共睹的。旅客吞吐量超过宁波机场,名列浙江 7 个机场的第 2 名。然而,近三年来增长速度突然减慢,排名明显下跌。客运量的年增长率从 2009 年的 21.2% 降至 2012 年的 0.7%,全国机场排名从 28 位下跌至 32 位;货运量的年增长率从 2009 年的 20.3% 降至 2012 年的 1.5%;飞机起降架次的增长率从 2009 年的 15.8% 降至 2012 年的 0.4%,排名从 31 位下跌至 38 位。乘坐飞机的旅客减少的原因,是近年来温州"金融风波"导致经济下滑,实体经济萎靡造成的。

表 3 - 51　　　　　1990~2012 年温州航空运输的发展状况

年份	机场旅客吞吐量			货邮吞吐量		航班起降架次	
	万人次	同比(%)	排名	吨	同比(%)	架次	同比(%)
1990 年	6.60	—	37	369	—	1198	—
1991 年	35.20	—	34	2704	—	5163	—
1992 年	59.10	67.90	31	6055	123.93	6806	31.82
1993 年	83.30	40.95	29	8635	42.61	9241	35.78
1994 年	111.00	33.25	24	13702	58.68	12382	33.99
1995 年	155.70	40.27	21	15837	15.58	16348	32.03
1996 年	168.40	8.16	20	17203	8.63	18173	11.16
1997 年	164.44	−2.35	20	17311	0.63	20116	10.69
1998 年	177.88	8.17	19	19709	13.85	23930	18.96
1999 年	159.88	−10.12	20	20998	6.54	24983	4.40
2000 年	162.77	1.81	21	22991	9.49	22632	−9.41
2001 年	154.97	−4.79	22	22106	−3.85	22788	0.69
2002 年	191.32	23.46	22	27554	24.64	25747	12.99
2003 年	198.35	3.67	22	27555	0.01	27363	6.28
2004 年	243.94	22.99	26	25436	−7.69	29742	8.70
2005 年	243.11	−0.34	27	26100	2.61	29328	−4.75
2006 年	304.59	25.29	27	31008	18.80	31524	11.3
2007 年	358.79	17.79	29	37341	20.42	34762	10.3
2008 年	397.65	10.83	29	36848	−1.32	38697	11.3
2009 年	482.15	21.25	28	44326	20.29	44800	15.8
2010 年	532.68	10.48	28	50024	12.85	49854	11.3
2011 年	559.87	5.10	29	48997	−2.05	49995	0.3
2012 年	563.73	0.69	32	49714	1.46	50211	0.4

(二) 温州交通运输业的结构和布局

2012 年,温州交通运输业的货物运输构成,公路运输占 81.87%,水路运输占 15.09%,铁路运输占 3.01%,航空运输占 0.02%。旅客运输构成,公路运输占 96.49%,铁路运输占 1.75%,航空运输占 1.62%,水路运输占 0.14%。这样的运输结构中,公路运输占绝对优势,比重太大;水路运输比重太小,与沿海大港口的地位不相称,浙江八大河流之一的瓯江、飞云江、鳌江以及遍布大江小河的水网平原的水运资源远没有得到充分开发利用。铁路运输比重更低,两条国家Ⅰ级电气化高速铁路和一条内燃机车常规铁路都在"睡大觉"。这是造成温州农工商业运费高昂,成本提高,经济效益低下的根本原因。当然,温州经济格局远没有达到"临空型",所以航空货运比重只有 0.02%,这是全国性的问题,但航空客运比重仅 1.62%,这是无可奈何的憾事。温州这种运输结构充分反映出发展中国家落后的交通运输特点。

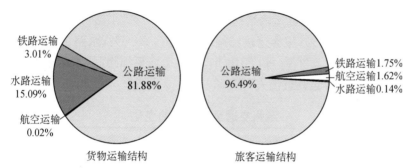

图 3-11　2012 年温州市交通运输结构

表 3-52　　　　　2012 年温州各种运输方式的客货运输量

运　输　方　式	运输量	运输结构(%)	近十年每年增长(%)
货物运输量(万吨)	21481.06	100.00	10.79
其中:公路(万吨)	17587.30	81.88	11.37
铁路(万吨)	646.93	3.01	10.66
水运(万吨)	3241.86	15.09	6.93
航空(万吨)	4.97	0.02	2.66
旅客运输量(万人次)	34770.35	100.00	3.21
其中:公路(万人次)	33549.00	96.49	3.18
铁路(万人次)	607.41	1.75	5.10
水运(万人次)	50.21	0.14	-12.95
航空(万人次)	563.73	1.62	1.87
港口货物吞吐量(万吨)	6996.95	—	12.89
集装箱吞吐量(万标准箱)	51.75	—	13.21

从温州运输结构的变化来看,建国初期1952年水路运输占绝对优势,公路运输比重很小,水路货运比重高达92.5%,公路货运比重只占7.5%;水路客运比重占74.5%,公路客运比重占25.5%。改革开放初期1978年,同样也是水路运输占优势,但水路运输比重缩小,公路运输比重提高。水路货运比重占73.6%,公路货运比重占26.4%;水路客运比重占50.6%,公路客运比重占49.4%。至1990年温州运输结构发生明显变化,公路运输远超过水路运输,公路货运比重占61.3%,水路货运比重占38.7%;公路客运比重占75.9%,水路客运比重占24.0%。1990年7月温州开始出现航空运输,1998年6月开始出现铁路运输,但航空和铁路运输所占比重极小,仍以公路运输为主。2000年温州货物运输结构中,公路占77.7%,水路占21.2%,铁路占1.0%,航空占0.1%;旅客运输结构中,公路占93.6%,水路占4.0%,铁路占1.5%,航空占0.9%。到2012年,公路运输更加膨胀,水路运输相对萎缩,特别是水路客运几近消失。

表 3 - 53 温州交通运输结构的变化

年份	货物运输结构(%)				旅客运输结构(%)			
	公路	水路	铁路	航空	公路	水路	铁路	航空
1952年	7.5	92.5	—	—	25.5	74.5	—	—
1978年	26.4	73.6	—	—	49.4	50.6	—	—
1990年	61.3	38.7	—	—	75.9	24.0	—	0.1
2000年	77.7	21.2	1.0	0.1	93.6	4.0	1.5	0.9
2012年	81.9	15.1	3.0	0.1	96.5	0.1	1.8	1.6

交通运输业布局是整个社会生产力布局的组成部分,是以线状布局为特色的生产力布局形式。首先,交通运输业布局要以满足整个国民经济发展的需要为前提,必须与工农业生产布局、人口和城镇发展相适应,要保证各种生产原料、燃料和消费品及时、安全运抵目的地。其次,交通运输业布局要与全国和全省各地区的交通线联系成网,不仅要重视公路和铁路建设,还要加强水路、航空、管道等运输方式的建设。第三,交通运输业布局要有利于资源开发,有利于农工商业发展,有利于政治、文化、教育、卫生、旅游的发展,还要有利于国际友好往来和巩固国防。第四,交通运输业布局要在原有运输网的基础上,因地制宜,合理发展。不论建新线,修复线,拓机场,造码头,都应对现有运输网的完善和发展有利。第五,交通运输网的布局和建

设要尽量少占耕地,做到节约用地。第六,交通运输线的布局和建设切忌好高骛远,劳民伤财,搞政绩工程,一定要重视投入和产出的效益功能。

1. 温州公路布局

根据公路的功能、使用任务和承担的交通量,我国公路分为高速公路、一级公路、二级公路、三级公路、四级公路 5 个等级。根据政治、经济、国防上的使用性质,我国公路分为国家公路、省公路、县公路、乡公路、专用公路 5 个行政等级,即国道、省道、县道、乡道等。此外,还有非等级公路。

(1) 高速公路

高速公路分为国家高速公路和省级高速公路两种。高速国道用 G 表示,高速省道用 S 表示。浙江境内已建成通车的高速国道有 10 条,高速省道有 20 条。温州境内投入运营的高速国道有 2 条,高速省道有 2 条,在建和拟建的高速公路有 4 条。4 条已通车高速公路温州段总长 289 千米。

① G15 沈海高速公路(甬台温高速公路)

沈海高速公路从沈阳至海口,原属同三高速公路(黑龙江同江至海南三亚)的一部分,是贯通我国东部沿海地区的主干高速公路,全长 3642 千米。目前大连至烟台的渤海海峡、徐闻至海口的琼州海峡两段暂时使用轮渡连接,其他路段已经全线建成通车。沈海高速浙江段由嘉兴段、杭州湾跨海大桥、甬台温高速公路三部分组成。嘉兴段从沪界南下经嘉善、南湖、平湖、海盐四地。杭州湾跨海大桥于 2008 年建成通车,全长 35 千米,超过了上海芦潮港至洋山港的东海大桥,在港珠澳大桥和波斯湾的卡塔尔—巴林大桥尚未竣工之前,为世界首长。

甬台温高速公路北起宁波,经台州,南抵温州。它的起点是宁波姜山枢纽,与宁波绕城高速相接;终点在浙闽交界的分水关,与福建高速公路连接,全长 252.7 千米。从杭州湾跨海大桥南端的慈溪水路湾开始,经庵东、附海、师桥、慈城,至前泽枢纽与宁波绕城高速相接,这路段称为“杭州湾跨海大桥南岸连接线”,长 58.7 千米。姜山枢纽另有高速 S1 线通往宁波北仑港区,长 29 千米。甬台温高速公路共设 5 个互通枢纽和 24 个互通出入口,自北而南是姜山北、姜山、奉化、宁海北、宁海、宁海南、三门、吴岙、临海北、临海南、水洋、台州、台州南、大溪、雁荡、蒲岐、乐清、北白象、大桥北、七都、温州东、温州南、塘下、瑞安、飞云、平阳、萧江、苍南、观美、浙闽收费站。此外,还有 6 对服务区,即奉化、梅林、台州、清江、南白象、苍南服务区。在三门吴岙枢纽与 G15W 常台高速公路(江苏常熟至台州)连接;在临海水洋枢纽与 S28 台金高速公路(台州至金华)连接,并且水洋枢纽往东与正在修建的甬台温高速复线连接;在乐清白鹭屿的北白象枢纽与 S10 温州绕城高速北线连接;在瓯海南白象的温州南枢纽与 G1513 温丽高速公路连接。此外,温州段内,在雁荡、蒲岐、乐清、白鹭屿、南白象、塘下、飞云、平阳、萧江、苍南、观美、分水关等互通出入口和枢纽与 G104 国道相连接,在飞云互通与 S330 省道连接,在萧江互通与 S230 省道连接,在观美互通与 S232 省道连接,在分水关与 S331 省道连接。沈海高速公路温州段长 151.7 千米,2003 年 12 月建成通车。

②G1513 温丽高速公路

温丽高速公路从温州至丽水,是金丽温高速公路的组成部分。金丽温高速公路的起点在沪昆高速公路(杭金衢高速公路)金华二仙桥的仙桥枢纽,往东南经金华、武义、永康、缙云、丽水、青田、永嘉、瓯海,终于温州南白象枢纽,与甬台温高速公路连接,全长 234 千米。温丽高速公路长 116 千米,其中温州段长 46 千米,2005 年 11 月建成通车。由于丽水、青田、永嘉段地处瓯江谷地的崇山峻岭之中,凭着"沿江不占江,沿山少开山"的建设原则,沿线桥梁和隧道的数量和长度惊人惊天,因而温丽高速公路成为"桥隧之路";丽青段造价高达 7500 万元/千米,温州段也达 7100 万元/千米,成为世界高速公路中的"天价之路"。

温丽高速公路温州段设 5 个互通出入口和枢纽,从东南往西北依次为南白象的温州南、双屿的温州西、仰义、梅岙、桥头,并设南白象和桥头两个服务区。在仰义枢纽与 S10 温州绕城高速北线连接,与建设中的温州绕城高速西南线连接,还与 G104 国道和 G330 国道连接。此外,在梅岙和桥头互通与 S333 省道连接,在双屿温州西枢纽与 G104 国道和温州主城区道路相连接。

③S26 诸永高速公路

诸永高速公路从绍兴诸暨至温州永嘉。起点在沪昆高速公路(杭金衢高速公路)的诸暨直埠枢纽,往南经诸暨、东阳、磐安、仙居、永嘉 5 个县、市,最后抵达永嘉楠溪江东岸罗溪的永嘉枢纽,与温州绕城高速北线连接。沿线在诸暨高湖沿枢纽与绍诸高速公路相接,在金华东阳怀鲁枢纽与甬金高速公路相接,在台州仙居白塔枢纽与台金高速公路相接。全长 225 千米。这是温州至杭州最近的交通线。

诸永高速公路温州段北起永嘉与仙居交界的括苍山隧道,南抵楠溪江下游的永嘉枢纽,长 64.6 千米。其中隧道 17 座,长 22.5 千米;桥梁 46 座,长 22 千米,桥隧长度占 68.9%。温州段自南向北设置永嘉(崎口)、古庙、花坦、枫林、岩坦5个互通出入口。2010年7月建成通车。

由于诸永高速公路不能直达温州城区,所以2010年12月开始修建城区灰桥浦东岸至瓯北三江的瓯江特大桥,作为诸永高速公路的延伸工程。现特大桥已建成通车,但与诸永高速连接路段未建成。待延伸工程竣工之时,从永嘉枢纽沿楠溪江东岸穿过启灶隧道、后江隧道,跨过新104国道、老104国道,由特大桥跨越瓯江,直抵温州城区民航路,长8.1千米。

④ S10温州绕城高速公路北线

温州绕城高速公路北线西起温丽高速公路仰义前京枢纽,往东跨瓯江至永嘉瓯北,经黄田,再跨楠溪江,在罗溪永嘉枢纽与诸永高速公路相接。然后继续东行,经乌牛进入乐清境内,最终在北白象白鹭屿枢纽与甬台温高速公路相接。全长26.7千米。沿线除3座枢纽外,另有瓯北"和三村"互通与G104国道连接,在黄田互通与S223省道连接。2010年7月建成通车。

由于甬台温高速复线已开工建设,绕城北线也同步向东扩建,称为温州绕城高速公路北线二期工程,即北白象枢纽向东至黄华枢纽,与建设中的甬台温高速复线连接。该线东段柳黄段高架桥抬高,桥下建北环南路。另外在七里港设互通立交和服务区。二期工程长13.4千米,已于2012年11月开工,未通车。温州境内的高速公路、国道和省道公路地图见图3-12。

表3-54 **温州高速公路一览表** 单位:千米

高速公路名称	全线里程	温州段里程	时间
G15甬台温高速公路	252.7	151.7	2003年12月建成通车
G1513温丽高速公路	116.0	46.0	2005年11月建成通车
S26诸永高速公路	225.0	64.6	2010年7月建成通车
S10温州绕城高速公路北线	26.7	26.7	2010年7月建成通车
S19甬台温沿海高速公路	378.0	135.7	2011年11月开工(在建)
S10温州绕城高速公路西南线	56.3	56.3	2012年11月开工(在建)
S34龙丽温高速公路(景宁至温州)	113.5	78.8	2014年2月开工(在建)
S35龙丽温高速公路泰顺支线	57.5	57.5	未开工(待建)

⑤ S19甬台温沿海高速公路(在建)

又称甬台温高速公路复线、浙江沿海高速公路。起点在宁波绕城高速公路鄞州云龙枢纽,往南经栎斜、管江、里蔡,越象山港斜拉跨海大桥,经象山县黄避岙、白墩港、戴港,然后经过台州的三门蛇蟠、六敖、浬浦、临海桃渚,跨椒江口大桥,经路桥金清、温岭箬横、玉环沙门、芦浦,再越乐清湾跨海大桥进入乐清境内的南塘。南塘枢纽至乐清互通 23.65 千米路段不再新建公路,而是将沈海原路拓宽至 8 车道。然后,从乐清互通继续往南,经盐盆、翁垟,至黄华三层立交互通枢纽以后,以"三桥合一"的特大桥跨越瓯江北口,再经灵昆岛和瓯江南口,在永强、瑞安新围垦的滩涂南行,经机场东侧,再穿越飞云江口特大桥,至瑞安阁巷。过阁巷、平阳宋埠后,穿过半天山和鳌江口大桥,沿苍南江南平原东缘南下,再经肥艚、龙沙、中墩、赤溪、魁顶、蒲城,最终到达苍南南端的云亭,然后进入福建境内,在秦屿与沈海高速公路相连接。这条高速公路途径 3 个地级市,14 个县、市、区,跨越象山港、三门湾、乐清湾 3 个海湾,穿越椒江、瓯江、飞云江、鳌江 4 大河流的口门。沿途除苍南南部山区外,其余路段多为平坦的沿海平原和滨海滩涂,是浙江省风景最秀美的高速公路。全长 378 千米,温州境内长 135.7 千米,全线 6 车道,设计时速 100～120 千米。

沿线设置临海杜桥、乐清南塘、乐清、黄华、瑞安阁巷 5 个枢纽。在椒江口北岸的杜桥西岸枢纽与台金高速公路东延线相接,在南塘枢纽和乐清枢纽与沈海原路相接,在黄华枢纽与温州绕城高速北线相接,在阁巷枢纽与温州绕城高速西南线相接。此外,温州段还设置 10 个互通出入口,自北而南为蒲岐、灵昆、机场、滨海、瑞安东、鳌江、龙港、钱库、龙沙、马站。还有乐清、瑞安、苍南三对服务区。为了节约土地,该复线大量建造高架桥。其中从乐清黄华至瑞安阁巷 46 千米路段全部连续为高架桥,将成为国内最长的公路桥梁。该复线温州段著名工程还有乐清湾跨海大桥和"三桥合一"的瓯江北口大桥。乐清湾跨海大桥东起玉环芦浦镇分水山,往西北经茅埏岛的海山,至乐清南塘枢纽,长 13.1 千米,其中 8.9 千米在玉环境内,4.2 千米在乐清境内。瓯江北口大桥是甬台温高速复线、南金公路(乐清南岳至苍南金乡,又称滨海大道)、市域铁路 S2 线一起过江的大通道。南起灵昆岛,北至乐清黄华,跨越瓯江北口和岐头山,长 8 千米。大桥上层为 6 车道、时速 100 千米的甬台温高速复线通过,下层为 6 车道、时速 80 千米的南金一级公路以及双线国铁Ⅰ级、时速 140 千米的城市轻轨 S2 线通过。工程浩大,耗资 93 亿元,2014 年开工建设。

⑥ S10 温州绕城高速公路西南线(在建)

原称温州绕城高速公路西线、南线,2012 年 4 月更名为温州绕城高速西南线。起点在鹿城仰义前京枢纽,与绕城北线和温丽高速相连接,往南穿过洞桥山隧道,经瓯海瞿溪埭头、潘桥雄溪、岷岗、桐岭,穿过桐岭隧道进入瑞安境内,再经桐溪、街路、林华、石埠、荆谷,跨过飞云江进入南岸仙降的江溪、灯垟,在灯垟设置江溪互通枢纽与龙丽温高速公路相接。然后转向往东进入平阳境内,经岭下、林庄、郑楼,又进入瑞安境内,过林垟南爿、直洛,最后到达阁巷。在阁巷枢纽与甬台温沿海复线相接。沿线布设 3 座互通枢纽,5 座互通出入口和陶山 1 对服务区。该高速公路全长 56.3 千米,其中鹿城段 5.03 千米,瓯海段 15.90 千米,瑞安段 25.42 千米,平阳段 9.98 千米。全线 6 车道,设计时速 100 千米。2012 年 11 月动工兴建。

⑦ S34 龙丽温高速公路(在建)

龙丽温高速公路的起点在衢州市龙游县吕塘角枢纽,与杭金衢高速公路和杭新景高速公路龙游支线相连接。往东南经遂昌、松阳,至丽水莲都区大港头枢纽与丽龙高速公路(丽水至龙泉)相接。然后往西南经云和石塘、云坛,至云和枢纽与丽龙庆高速公路相接。再从云和枢纽往东南过安溪,进入景宁境内。经过景宁县城和东坑杨斜后,进入文成境内。在文成转向东行,经西坑畲族镇、文成县城大峃镇,在樟台枢纽与泰顺支线相接。然后沿飞云江南岸东行,经峃口,进入瑞安境内,再经高楼、平阳坑、马屿,最后在仙降江溪枢纽与温州绕城高速西南线连接。该公路景宁以北早已建成通车,其中大港头至云和一段与丽龙高速公路合一。景宁以南即将开工。该线温州段布设樟台、江溪 2 座枢纽,另有西坑、高楼、平阳坑、马屿 4 座互通出入口。景宁至瑞安段长 113.5 千米(不包括泰顺支线),其中景宁段长 34.7 千米,温州段长 78.8 千米。全线 4 车道,设计时速 80 千米。2014 年 2 月瑞安江溪至文成大峃段已开工。

⑧ S35 龙丽温高速公路泰顺支线(待建)

又称文泰支线。起点在龙丽温高速公路文成大峃樟台枢纽,往西南经巨屿、珊溪、仰山,进入泰顺境内。再经联云、新浦、筱村,至泰顺县城罗阳新城,终点至浙闽交界的友谊桥接福泰高速公路(福安至泰顺)。沿途建 4 座互通出入口。全长 57.5 千米,4 车道,设计时速 80 千米。泰顺支线沿线被 5 条深谷切割,桥梁和隧道长 37.4 千米,占全线的 65%。其中洪溪特大桥高出谷底 200 多米,相当于 60 多层高楼,创下全省建路之最。

(2) 国道公路

国道是国家干线公路的简称,是全国性综合交通网中的重要公路,分为高速国道和普通国道两类。发展到今天,大部分普通国道属于一级公路,也有小部分仍属二、三级公路。国道的标识由"国"字汉语拼音的第一个字母"G"表示。我国的国道编号分为三类,第一类是首都北京始发的国道,呈放射状伸向全国各地,它的编号为 1 字当头,例如"G104"国道是北京至福州,这类国道共有 12 条。第二类是南北走向的国道,即纵向国道,编号为 2 字当头,例如"G207"国道北从内蒙古锡林浩特,南至雷州半岛的海安,这类国道共有 27 条。第三类是东西走向的国道,即横向国道,编号为 3 字当头,例如"G330"国道东从温州,西至建德寿昌,这类国道共有 29 条。由于横向国道中缺失"G313",所以温州的"G330"国道是东西编号中的最后一条。除高速国道外,浙江境内的国道有 6 条,温州境内有"G104"和"G330"两条国道。

① G104 国道是北京—南京—杭州—温州—福州,全长 2280 千米。杭州至温州段旧称杭温公路,温州段始建于 1929 年(民国十八年)。杭温段通过杭州—萧山—绍兴—上虞—嵊州—新昌—天台—临海—黄岩—温岭大溪,然后进入温州境内,在浙闽交界的分水关伸向福建,终至福州。上虞以南的北段与上三高速公路平行,南段与甬台温高速公路平行。G104 国道温州段从乐清湖雾三界桥开始,依次经雁荡、清江、虹桥、乐成、北白象、乌牛、三江、楠溪江大桥、瓯北、东瓯大桥(瓯江三桥),在双屿与温州城区的过境公路相接。然后从瓯海南白象经瑞安塘下,分老路和新路两径,老路经瑞安城区跨飞云江大桥至南岸飞云,新路经瑞安东郊跨飞云江三桥至南岸飞云。从飞云往南经平阳宋桥、昆阳、鳌江、萧江,再经苍南灵溪、桥墩,最后抵浙闽交界的分水关。G104 国道温州段长 224.5 千米。

② G330 国道是温州—青田—丽水—缙云—永康—金华—兰溪—建德寿昌,全长 361 千米。在全国 68 条国道中,长度居倒数第 9 位,但公路等级并非全国后列。温州至金华段旧称金温公路,建成于 1934 年(民国二十三年)。温州段旧路从永嘉境内沿瓯江北岸西行,该路段今改称 S333 省道。G330 国道温州段今从温州城区始发,沿瓯江南岸西行,依次经过双屿、仰义、官岭隧道、临江、双潮、沈岙,进入青田温溪境内。G330 国道温州段很短,仅 36 千米。

(3) 省道公路

省道又称省级干线公路,分为高速省道和普通省道两类,其标识由"省"字汉语拼音的第一个字母"S"表示。与国道编号一样,从省会城市出发呈放射状分布的编号为 1 字当头,南北走向为 2 字当头,东西走向为 3 字当头,例如"S330"省道东从瑞安飞云起,西至景宁东坑止。尤其要注意的是省道旧编号为两位数,2008 年 12 月开始改为三位数的新编号,至今很多人还不习惯,仍用旧称呼,应尽快改正。除高速省道外,浙江境内普通省道共有 68 条,温州境内有 8 条。8 条省道温州段总长 529 千米。

表 3 - 55　　　　温州境内 8 条省道名称及起止点　　　　长度:千米

新编号	旧编号	省道名称	全线长度	温州段长	起　止　点
S223	S41	仙清线	147.1	101.8	台州仙居—永嘉清水埠
S228	S52	云寿线	99.0	36.0	丽水云和—福建寿宁
S230	S57	青岱线	113.5	72.6	青田鹤城—平阳岱口
S232	S78	水霞线	37.1	37.1	苍南南水头—苍南霞关
S330	S56	瑞东线	145.1	132.5	瑞安飞云—景宁东坑
S331	S58	分泰线	59.3	59.3	浙闽交界分水关—泰顺罗阳
S332	S77	温强线	66.7	66.7	温州市中心—永强—状元岙
S333	S49	六东线	139.6	23.0	永嘉六岙—缙云东渡

① S223 省道(旧名 41 省道)仙清线:从仙居县城南下,经方山水库进入永嘉境内,依次经过黄南、岩坦、溪口、鲤溪、苍坡、岩头、狮子岩、九丈、沙头、上塘、黄田,最后抵瓯北清水埠。全长 147.1 千米,永嘉境内长 101.8 千米。

② S228 省道(旧名 52 省道)云寿线:从丽水云和开始,往南经景宁、泰顺,至福建寿宁,全长 99 千米。泰顺段从景宁与泰顺交界的童岭头隧道起,经泰顺竹里、司前、三滩,至泰顺县城罗阳,最后到浙闽交界的磨米潭止,长 36 千米。

③ S230 省道(旧名 57 省道)青岱线:从青田县城鹤城南下,经山口、仁庄、汤垟,在青田与文成交界处的十字坳口进入文成境内。文成段很短,便进入瑞安境内,经瑞安枫岭、大梅、宁益、高楼,跨飞云江以后继续南行,经张基岩,过老岭后进入平阳境内,再经平阳腾蛟、詹家埠,沿鳌江北岸东行,至平阳岱口止。过岱口大桥与 G104 国道相接。全线长 113.5 千米,温州境内长 72.6 千米。

④ S232 省道(旧名 78 省道)水霞线:从苍南观美的 104 国道南水头起,往南经观美、东阳、南宋、矾山、马站、沿浦,最后到苍南最南端的霞关。全长 37.1 千米,全线在苍南境内。

⑤ S330 省道(旧名 56 省道)瑞东线:从瑞安飞云江南岸的飞云起,沿飞云江南岸西行,经仙降、马屿,在塔石村跨飞云江大桥,沿北岸往西,经高楼,沿赵山渡水库北岸西行,过黄岙进入文成境内。再经文成县城大峃、百丈

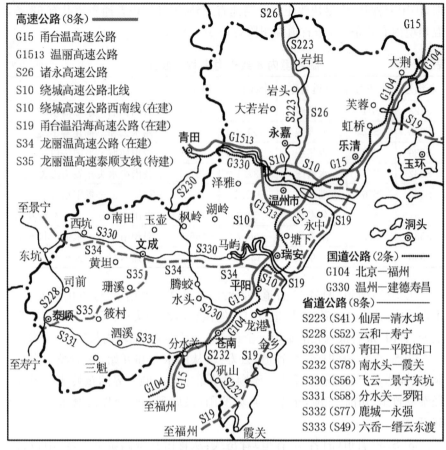

高速公路(8条) ━━━━━
G15 甬台温高速公路
G1513 温丽高速公路
S26 诸永高速公路
S10 绕城高速公路北线
S10 绕城高速公路西南线(在建)
S19 甬台温沿海高速公路(在建)
S34 龙丽温高速公路(在建)
S35 龙丽温高速泰顺支线(待建)

国道公路(2条) ━━━━━
G104 北京—福州
G330 温州—建德寿昌

省道公路(8条) ━━━━━
S223 (S41) 仙居—清水埠
S228 (S52) 云和—寿宁
S230 (S57) 青田—平阳岱口
S232 (S78) 南水头—霞关
S330 (S56) 飞云—景宁东坑
S331 (S58) 分水关—罗阳
S332 (S77) 鹿城—永强
S333 (S49) 六岙—缙云东渡

图 3－12 温州国道、省道和高速公路分布图

漈、西坑,在杨顶峰北坡石垟林场进入景宁,至景宁东坑镇止,在东坑与 S228 省道相接。全长 145.1 千米,全线绝大部分在温州境内。

⑥ S331 省道(旧名 58 省道)分泰线:该省道的老路已废弃,2007 年 12 月建成新路,新路与老路完全不同。新 331 省道从浙闽交界的分水关往西,经月湖、双溪口、泗溪、曲尺潭、罗汉、贝谷、鹤联、泰顺新城,最后至罗阳。全长 59.3 千米,比老路缩短 31.3 千米。全程限速 70 千米/小时,全线在泰顺境内。

⑦ S332 省道(旧名 77 省道)温强线:从温州市中心往东,经茅竹岭至龙湾永强,长 26.3 千米。该省道在功能上已属于城市道路,所以又称机场大道。茅竹岭至永强有老路和新路两径,老路又称茅永线,新路又称机场大

道。2010年12月开工建设的S332省道延伸线,即龙湾至洞头疏港公路,起点在机场大道的上吞,经灵昆大桥、灵昆岛、灵霓大堤、洞头下社、桐吞、浅门、深门,终点至状元吞深水港区,长度40.4千米。该省道延伸线不包括状元吞港区至洞头县城的五岛公路。

⑧ S333省道(旧名49省道)六东线:从永嘉六吞瓯江大桥沿瓯江北岸西行,经梅吞、垟湾、桃湾、朱涂、林福、闸水坑,在花岩头进入青田温溪境内。然后经温溪、鹤城、石溪、船寮、海口、腊口,再经丽水城区,最后抵达缙云东渡。全长139.6千米,永嘉境内只有23千米。该省道的青田鹤城至丽水莲都城区路段与330国道合一。永嘉段是原G330国道的旧路。

(4)县道公路

县道又称县级公路,主要是县域公路,也包括不属于国道、省道的县际间公路。其标识由"县"字汉语拼音第一个字母"X"表示,X后列三位数字,例如永嘉县X124县道从徐吞经著吞至碧莲。温州境内县道数量众多,运营里程很长,2012年温州境内的县道通车里程达3462千米。例如永嘉的县道就有24条,有的直达外县。限于篇幅,不能详细罗列,其他乡镇公路更无法一一介绍。

2. 温州铁路布局

铁路是国民经济的大动脉,在综合运输网中,无论长途货运或长途客运都起着中坚作用。温州铁路建设起步晚,发展速度快,但铁路运输效率低,所占比重小。温州现有金温铁路、甬台温铁路、温福铁路三条铁路,温州段总长220.2千米,还有一条正在建设的新金温铁路。

(1)金温铁路

金温铁路北接金华沪昆铁路(浙赣铁路),南抵温州龙湾港区。起点在金华金东区东孝,往东南经武义县、永康市、缙云县、莲都区、青田县、鹿城区、瓯海区、龙湾区,贯穿3个地级市,9个县级行政区。金温铁路沿线地形崎岖,沟谷纵横,施工难度堪比成昆铁路。全线桥梁135座(15千米),隧道96座(37千米),平均1.9千米有一座桥梁,2.6千米有一座隧道。金温铁路全长251.5千米,温州段长56.1千米,全线1998年6月建成通车。

金温铁路沿途设26个车站,其中温州段设双潮站、横山站、江南站、温州货运西站、温州客运站、龙湾港区站6个火车站,客运由金华火车南站至温州火车站。金温铁路不能与甬台温铁路、温福铁路相接相通。目前,每天开行温州至北京、广州、汉口、徐州、成都、贵阳、南昌、哈尔滨、沈阳、亳州等16对旅客列车和15对货物列车。2012年温州客运站日均运输旅客1.66

万人次,成为铁路一等站。温州西站货运站年运输量 647 万吨,具有整车运输、零担运输、集装箱运输、五定班列等多种运输产品。显然,金温铁路承担的运输任务非常繁重。然而,由于当初建造时资金拮据,建设标准很低,全线采用最低型号的 P43(43 千克/米)钢轨,加上钢轨疲劳损伤,产生严重的安全隐患。于是 2006 年进行换轨大修,全部换成轨道结构稳定的 P60 钢轨。

金温铁路属于旧式内燃机车的单线铁路,加上弯道多,转弯半径小,桥隧涵众多,危险边坡多,最高时速仅 80 千米。由于运速慢,运量小,难以满足日益增长的运输需求,因而 2010 年 1 月开工建设"新金温铁路",老线改为货运铁路。新金温铁路是高标准的双线电气化高速铁路,铁路等级为国铁 I 级,设计时速 200 千米,速度是老路的 2.5 倍;日开客车 69 对,年货运量 1500 万吨,流量是老路的 4.3 倍。新金温铁路走向与老线平行,但与老线不重叠。经截弯取直,线路里程 188.3 千米,比老线缩短 63.2 千米。新线起点为金华东孝站,比老线的金华南站延长了 5.3 千米;终点站改为温州南站动车站,温州火车站将废弃。金华南站至温州南站长 183 千米。新金温铁路中途布设金华南、武义北、永康南、缙云西、丽水、帧埠(预留)、青田 7 个火车站。温州段长 32.76 千米,其中瓯海段 23.73 千米,鹿城段 9.03 千米,另有疏解线 8.1 千米。新金温铁路建成后,能与沪昆铁路、甬台温铁路、温福铁路相连接,届时温州的交通运输和经济发展必获大利。

(2)甬台温铁路

甬台温铁路北接宁波的杭甬铁路,南连温州的温福铁路。起点是宁波南站,往东与萧甬铁路北仑支线并行,至宁波东站分岔南行,经海曙区、江东区、鄞州区、奉化市、宁海县、三门县、临海市、黄岩区、路桥区、温岭市、乐清市、永嘉县、鹿城区、瓯海区,贯穿 3 个地级市,14 个县级行政区,终点在瓯海区的温州南站动车站。全程长 268 千米,温州段长 94.9 千米,2009 年 9 月建成通车。

甬台温铁路是一条双线有砟轨道电气化高速铁路,铁路等级为国铁 I 级,设计时速 250 千米,最高测试时速达 292 千米。2011 年 7 月该路发生动车追尾撞车特大事故后,运营时速由 250 千米减为 200 千米。设计流量为日开客车 46 对,年货运量 1090 万吨;远期日开客车 58 对,年货运量 1370 万吨。目前,温州南站已开通 41 对动车组线路。经停温州南站的动车组列车往北可达宁波、杭州、上海、南京、北京等地,往南可抵福州、厦门、深圳等地。

甬台温铁路全线设置 14 个火车站,温州境内有雁荡站、绅坊站(在石帆)、乐清站(在白石)、永嘉站(在黄田)、温州南站、瓯海货运站 6 个火车站。温州火车南站位于瓯海潘桥境内,用地面积 19 万平方米(285 亩),其中铁路站房占地 7.12 万平方米,是甬台温铁路线上规模最大的火车站,"4 台 10 线"标志着它的规模浩大。车站分为地面层、地下一层、地下二层,"垂直交换,水平疏散",旅客进站、出站很是方便。2010 年 2 月建成投入使用。

2011 年 7 月 23 日 20 时 27 分,北京至福州 D301 次(今为 G55 次)列车行驶到温州双屿路段时,与杭州至厦门的 D3115 次(今为 D3117 次)列车追尾相撞,造成 D301 次列车 4 节车厢掉落高架桥下,致使 40 人死亡,211 人受伤。这次特大动车事故是温州交通史上的噩耗,也是中国高铁发展史上的一大悲剧。

(3) 温福铁路

温福铁路从温州至福州,北接甬台温铁路和新金温铁路,南连福州的福厦铁路和福马铁路(福州至马尾),也可与来福铁路(南平来舟至福州)相通,不久将与昌福铁路(南昌至福州,即向莆铁路)、合福铁路(合肥至福州)、福平铁路(福州至平潭岛)相连接。甬台温—温福—福厦—厦深四条铁路连成一线,是沟通长三角与珠三角的快速通道,是我国东南滨海地区的交通大动脉。

温福铁路起点是温州火车南站,往南经瓯海区、瑞安市、平阳县、苍南县、福鼎市、霞浦县、福安市、宁德市、罗源县、连江县、福州马尾区、晋安区,终点至福州站(北站)。贯穿两个省,3 个地级市,12 个县级行政区,全长 298.4 千米,其中温州段长 69.2 千米。沿途设 12 个火车站,自北而南是温州南站、瑞安站(在飞云)、鳌江站、苍南站、福鼎站、太姥山站、霞浦站、福安站、宁德站、罗源站、连江站、福州北站。2009 年 9 月与甬台温铁路同时建成通车。

温福铁路是一条双线有砟轨道电气化高速铁路,长度 6 千米以上的隧道铺设世界先进的无砟轨道。铁路等级为国铁 I 级,设计时速 250 千米,日开客车 45 对,年货运量 1114 万吨。温福铁路行经浙闽山地,山峦叠嶂,地形崎岖,建设难度极大。桥梁和隧道长度占全线的 78.8%,温州段有飞云江大桥、鳌江大桥、平阳大桥等 7 座特大桥,福建段有宁德跨海大桥、白马河大桥、田螺大桥等 21 座特大桥(34.9 千米),23 座大桥(6.2 千米),另有分水关隧道、霞浦隧道、硖门隧道、秦屿隧道等 53 座隧道(140.5 千米)。

表 3 - 56 　　　　　　　　温州铁路一览表　　　　　　　单位:千米

铁路名称	全线里程	温州段里程	时　间
金温铁路	251.5	56.1	1998 年 6 月建成通车
甬台温铁路	268.0	94.9	2009 年 9 月建成通车
温福铁路	298.4	69.2	2009 年 9 月建成通车
新金温铁路	188.3	32.8	2010 年 1 月开工(在建)

3. 温州港口布局

温州大陆海岸线和海岛海岸线总长 1031 千米,可供利用的港口岸线 185 千米,其中深水岸线 67 千米。温州港经济腹地广阔,直接经济腹地包括温州、丽水、金华、衢州和台州南部地区,面积 4 万多平方千米;随着集疏运输条件的改善,温州港的间接经济腹地将扩大到闽北、赣东、皖南等部分地区,面积可达 16 万平方千米。近年来,温州港由河口港逐步向外海深水港发展,核心港区由瓯江港区转移至乐清湾、状元岙、大小门岛等深水港区。同时,飞云江和鳌江的河口和沿海也逐步发展形成瑞安、平阳、苍南三个港区。目前,温州港已形成"一港七区"的港口布局新格局。

2005 年,瓯江港区的货物吞吐量占温州港的 78.9%,是温州港的核心港区;其次是瑞安港区,年吞吐量占 8.7%;其他港区运输量都很小,乐清湾港区仅占 0.8%,几乎连雏形都没有形成,状元岙港区尚未开工建设。7 年后的 2012 年,瓯江港区仍然是核心港区,但年吞吐量的占比由 78.9% 降至 45.6%;乐清湾港区发展速度很快,占比由 0.08% 升至 25.3%,超过瑞安港区,居七大港区第 2 位;大小门岛港区占比 4.1% 升至 10.4%,居第 3 位;状元岙港区占比为 6.5%,居第 4 位;瑞安港区占比由 8.7% 降至 5.3%,从第 2 位掉到第 5 位,倒退幅度尤甚;苍南港区占比由 2.7% 升至 2.8%,居第 6 位;平阳港的占比由 3.3% 降至 2.5%,居七大港区末位。

表 3 - 57 　　　　　温州港七大港区货物吞吐量变化　　　　单位:万吨

港区名称		瓯江港区	乐清湾港区	大小门岛港区	状元岙港区	瑞安港区	苍南港区	平阳港区	其他小港区
2005年	吞吐量	2870	28	148	0	317	99	119	65
	占比%	78.9	0.8	4.1	0	8.7	2.7	3.3	1.8
2012年	吞吐量	3188	1772	731	455	372	193	172	114
	占比%	45.6	25.3	10.4	6.5	5.3	2.8	2.5	1.6

(1) 瓯江港区

瓯江港区包括城区老港、杨府山港、灵昆港、龙湾港、七里港五个作业区,俗称五个港区。瓯江港区岸线总长 172.43 千米,可作为港口岸线使用的有 58.16 千米。目前,在温州港七大港区中,瓯江港区的年吞吐量仍居首位,是温州港的核心港区。由于温州城区修建了瓯江南岸防洪堤"外滩"江滨公园,温州老港区几乎废弃,杨府山港区整体搬迁至灵昆港区和龙湾港区。所以目前和今后的瓯江港区主要由七里港、龙湾港和灵昆港三个作业区组成。原杨府山港区位于鹿城主城区的瓯江南岸瓯江路江滨,港区使用岸线 481 米,码头前沿水深 7.2 米。拥有 5000 吨级浮码头 1 座,可泊 1 万吨级的浅水轮;另有大小固定泊位 5 座,最大可停泊 5000 吨级船舶。这里的地理位置和水深条件无论如何是温州港的重要宝地,今遭废弃实在令人惋惜。

① 七里港　位于乐清南部的瓯江口北岸的里隆,距瓯江口门 6.8 千米。港区使用岸线 867 米,泊位总长 582 米,占地面积 25 万平方米(375 亩),前沿水深 8~13 米,是瓯江口内港口区位条件最好的天然良港。目前拥有 2.5 万吨级多用途泊位 4 个,1000 吨级和 500 吨级泊位各 1 个。集装箱堆场面积 12 万平方米,拆装箱仓库面积 3000 平方米。此外,磐石温州电厂现有 2 万吨级煤炭专用泊位 2 个。

② 龙湾港　位于龙湾区北部的瓯江口南岸的白楼下,所以又称白楼下港区,距瓯江北口口门 14.8 千米。由于龙湾港区位于温州城市建成区,金温铁路直达港区,其地理位置和集疏运输条件非常优越,因而是温州市主要外贸港区。港区占地面积 16.7 万平方米(250 亩),使用岸线 575 米,码头前沿水深 9 米。目前拥有 1 万吨级多用途泊位 4 个,堆场 12 万平方米,仓库 3000 平方米。

③ 灵昆港　位于龙湾区灵昆岛东北侧,距瓯江北口口门 3.6 千米,原是民用的沙石料码头,2007 年确定为杨府山港区的拆迁安置码头,2010 年 7 月杨府山的浦西港区正式搬迁到灵昆港区,所以是一个新开辟的港区。灵昆岛北侧的自然岸线长 10 千米,它的东部已经建成多用途码头,现有 5000 吨级泊位 2 个,271 米长的引桥 2 座,可兼靠万吨船舶,设计年吞吐量 80 万吨,其中集装箱吞吐量为 16 万标准箱。另有 2 个 5000 吨级的待建泊位,4 个泊位全部建成,年吞吐量可达 193 万吨,其中集装箱年吞吐量可达 25 万标准箱。2013 年 3 月省交通厅通过灵昆码头加固改造工程方案,由 5000 吨级提升为 1.5 万吨级泊位,今后发展潜力很大,但是它的集疏运输条件远不及龙

湾港区。此外,灵昆港区还建有温州海运公司多用途码头、宏丰码头、航标码头、卸灰码头、沙石码头等。

(2)乐清湾港区

乐清湾港区位于葫芦状的乐清湾中部最窄岸段的新围垦区,北起乐清市南塘黄家里,南至天成梅溪西干河口,自北而南贯穿南塘、南岳、蒲岐、天成四地。港区陆域面积111.2平方千米,可开发港口岸线34千米,码头前沿水深10.8米(不涨潮的最浅处),经疏浚后可达15米,涨潮达到18~20米,可以满足5万吨级船舶不乘潮进港,5~10万吨级船舶乘潮进港,但不能通过10万吨级以上的巨型船舶。乐清湾有东、西两条航道,东航道从玉环半岛与横趾岛之间拐弯北上,进入乐清湾东侧,水深13.5米,底宽170米,可满足10万吨级散货船乘潮单向航行和5万吨级集装箱船全天候进出港。西航道从外海至大门岛龙船嘴头段,底宽300米,30万吨级船舶可单向通航;然后分东、西两汊,东汊底宽250米,为10万吨级航道;西汊底宽300米,为20万吨级航道;进入乐清湾的支航道只能满足5万吨级集装箱船舶双向航行。现已建成位于南岳与蒲岐之间的浙能乐清电厂3.5万吨级煤炭泊位2个。2012年乐清湾港区货物吞吐量1772万吨,占温州港总吞吐量的25.3%,仅次于瓯江港区,居七大港区第2位。

根据乐清湾港区的规划,自南向北分为六大作业区,A区为南港区集装箱作业区,B区为打水湾煤电作业区(乐清电厂),C区为沙港头支持保障及预留发展区,D区为北港区散杂货作业区,E区为鹅头湾石化基地,F区为南浦嘴头船舶修造基地。目前正在建设的乐清湾港区一期工程位于蒲岐的A区南港,规划区域60.8平方千米,开发岸线16.6千米。功能布局分为码头作业区、临港工业区、现代物流区和船舶制造基地四部分。沿着岸线将布设泊位43个,其中5万吨级及以上泊位18个,设计吞吐能力8200万吨,集装箱吞吐量595万标准箱。一期南区6个5万吨级泊位将于2016年建成投产,年吞吐量达2000多万吨。其中2个5万吨级泊位,水工结构按照10万吨级设计,陆域用地面积850亩,使用岸线676米,将于2014年10月建成投产。

乐清湾港区二期工程位于D区北港区,布设3个10万吨级通用泊位,水工结构按靠泊15万吨级船舶设计。其中散货泊位2个,散杂货泊位1个。设计年吞吐量1200万吨,项目总投资22亿元。

温州港规划中指出,乐清湾港区是温州港最具发展潜力的港区。它的海域条件虽不及洞头的状元岙和大小门岛港区,但陆域条件远具优势。后方背靠平坦广阔的虹桥平原,道路和仓库堆场用地面积很大,甬台温高速铁路和高速公路以及 104 国道穿行而过,新金温铁路、温州滨海大道(南金公路)、市域铁路 S2 线均可达港区,更重要的有经济强大的乐清市作为依托,这些陆域优势与洞头的两个港区是绝对不能相提并论的。无庸置疑,五年以后乐清湾港区定能超过瓯江港区,成为温州港的核心港区。

(3) 大小门岛港区

大小门岛位于洞头列岛北部,地处乐清湾口和瓯江口外,北望玉环半岛,东临鹿西岛,西有大门跨海大桥与乐清翁垟相接,大、小门岛之间有小门大桥连接。它的港口海域条件是温州七大港区中的最优者,东有黄大峡,南有北水道,北有大门水道等深水航道,是温州港唯一能进港和靠泊 30 万吨级巨型海轮的深水港区。1998 年建有小门岛 5 万吨级石油和天然气泊位 1个,是温州港的油气运输和中转基地。2012 年港口吞吐量 731 万吨,占温州港总吞吐量的 10.4%,居七大港区第 3 位。

大小门岛港区是液化天然气、石油、化工品的运输、中转、储存、加工基地的石化港。港区由大门岛东部、小门岛东部、小门岛北部、大门岛西部 4个作业区组成。港口岸线总长 19.6 千米,其中深水岸线 9.5 千米,总共可建设泊位 60 个。为了改善港口仓库堆场的陆域条件,拟筑围堤 15 千米,围海造地 3.65 万亩(24.33 平方千米)。由于具有优越的港口区位优势,中石化大型能源 LNG(液化天然气)项目落户小门岛港区,包括 LNG 专用码头、LNG 接收站和天然气外输管道。其中 LNG 专用码头可停泊 27 万立方米LNG 运输船的接卸泊位 1 座以及 5000 马力工作船的泊位 1 座。接收站LNG 储罐 8~10 座,每座 16 万立方米,一期工程建设 4 座,LNG 的年接收规模为 300 万吨,二期年接收规模达 600 万吨,总共投资 113 亿元。此外,2013 年 5 月,泰地控股集团签约在小门岛北部作业区建设泰地港口石化基地,一期用地 1200 亩,建造 5 万吨级和 3 万吨级公共石化码头各 1 座,并建设总容量为 60 万立方米的液体化工品储罐区、加工区及其附属设施,总投资80 亿元。这些项目的开工标志着大小门岛石化产业基地建设进入快车道。

(4) 状元岙港区

状元岙港区位于洞头状元岙岛的西北侧,南连洞头本岛,西接霓屿岛和灵霓大堤,北与青山岛相望。地处瓯江口外南水道的南岸,港区可利用岸线10 千米,码头前沿水深 14.2 米,进港航道自然水深 15 米以上,距国际航道仅 30 千米,可乘潮进港 10 万吨级货轮,是温州港的深水港区。2005 年开始围涂 1200 亩,并兴建 8 号、9 号两个 5 万吨级集装箱泊位,兼顾多用途功能,可靠泊 10 万吨级海轮。设计年吞吐能力 230 万吨,其中集装箱 20 万标准箱,杂货 70 万吨。2008 年 8 月建成开港,开港后惨淡经营,当年的 4 个多月仅接卸一宗 4.36 万吨的散杂货。2009 年货物吞吐量只有 60 万吨,其中集装箱 900 标准箱(不足 1 万吨),其余均为散杂货。令人笑掉牙齿的是 2009 年 10 月 19 日上海海华轮船公司途经状元岙港的温州至台湾的集装箱首航中,由于缺货空舱,结果用石头装满舱位,幸好泰顺有稻草价的叶蜡石可充竽。2010 年状元岙港货物吞吐量也只有 78 万吨,2011 年大幅增至 344 万吨。2012 年达到 455 万吨,占温州港总吞吐量的 6.5%,居七大港区第 4 位。

状元岙港惨淡经营的原因是多方面的,第一是港口陆域集疏运受阻,公路、桥梁卡脖子,没有一条像样的疏港公路。洞头半岛公路(五岛公路)双向二车道按山岭重丘二级公路设计,路基窄,转弯半径小,行驶速度慢;深门大桥、窄门大桥、浅门大桥、灵昆大桥的承载能力只能通过 60 吨以下的汽车,无法满足大量超大型集装箱卡车通行。这是状元岙港发展的致命弱点,疏港公路和疏港大桥的承载能力如果不能改善,状元岙港很难有作为。第二是缺乏货源,成为无米之炊。状元岙深水港开港后的前两年,生意寂寥,货物吞吐量很小,至 2012 年的集装箱吞吐量仅 6000 标准箱,发挥能力不足 3%。这种"吃不饱"缘于温州本地外贸集装箱外流量达 80% 以上,宁波北仑港开辟温州至宁波的海铁集装箱五定班列,与温州港抢货源;状元岙港的服务层次和服务质量并非一朝一夕能赶上宁波港。其结果只能以廉价航运来争取附加值很低的货源。第三是状元岙港的设计和定位存在偏差。温州市政府在开发状元岙港时的定位是集装箱为主营业务,兼营散杂货,目前实际运营状况却南辕北辙。政府在招商引资时,眼睛只盯住钱,没有同时引进航线,结果导致占股 55% 的香港新创建公司股东退股撤资,居然能全额返还投资款及全部利息,因为温州市政府违犯了双方签订的《承诺函》中的十多条承诺。假如当初合资时,能同时引进香港大公司的航线,其结果就不是今天的状况了。当前,状元岙港虽然有上海海华轮船公司的上海—温州—台湾、上海—温州—那霸两条集装箱周班航线,但集装箱运输量很小,其他支线或近海航线的设置遥遥无期,更不用说远洋干线航班了。

(5) 瑞安港区

瑞安港一直是温州市第二大港,但港口吞吐量向来很小,1978 年 11.6 万吨,1993 年 39.3 万吨,达到历史峰值的 2007 年也只有 396.1 万吨。2012 年瑞安港区货物吞吐量 372 万吨,占温州港总吞吐量的 5.3%。2008 年乐清电厂 2 个 3.5 万吨级煤炭泊位建成后,瑞安港退居第 3 位;洞头大小门岛石化基地和状元岙深水港建成后,瑞安港更退居七大港区第5位。

瑞安港区位于瑞安城区飞云江南、北两岸,北岸港区东起东山下埠浦口,西至城区小横山,岸线约7千米;南岸港区东起飞云浦口,西至飞云码道,岸线约3千米。飞云江航道由内航道和外航道组成,内航道长11.4千米,外航道从飞云江口门至口外的齿头山,长15.1千米,共长26.5千米。整条航道水深较浅,最浅处水深只有2.5米,1000吨级船舶需候潮进港,历史上进港船舶的最大吨位为2000吨,需候大潮进港。目前,瑞安港区拥有经营性码头30座,其中1千吨级码头10座(含兼靠)。随着北岸河口经济技术开发区的建设,新建了北岸肖宅浦3000吨级货运码头,这是瑞安港区迄今最大的码头。

瑞安港区缺乏深水码头和深水航道,港口现有规模小,装卸设备落后,而且发展迟缓,直至最近才开始开发飞云江口南岸作业区(阁巷),新建南岸新港区3000吨级货运码头。但是受飞云江口外航道水深制约,只能满足3000吨级船舶乘潮进入南岸新港区,发展潜力不大,而且疏港公路和仓库堆场设施的配套也不尽完善。因此,瑞安港正在谋划建设凤凰山深水港作业区。凤凰山是飞云江口外大北列岛中的一个小岛,它的东北面有铜盘山岛,西北面有上干山岛,南面有下干山岛和齿头山岛。凤凰山西端距离瑞安上望原海岸线10.4千米,由于规划中的丁山围垦三期工程(未开工)的外缘海堤要到达大北列岛的丁山岛和双桃屿岛,致使凤凰山与丁山围垦区距离只有3.7千米。凤凰山是一个火山岛,山顶海拔183米,可以炸山挖土填海,使凤凰山与下干山连成一体。它们的四周岸线长7800米,陆域面积232.5公顷(3487亩)。飞云江外航道的口门在齿头山,齿头山航道水深7.5~9米,宽度1.8千米。这样凤凰山南部就具备了建设万吨级泊位的条件(万吨级船舶满载吃水为7.9米)。然而,凤凰山港区建设的难点在于要建造一条凤凰山至丁山围垦二期的跨海大堤,长9.6千米,超过了洞头的灵霓大堤。目前,丁山围垦二期的围堤已合拢,尚未吹填成陆,如果凤凰山深水港工程马上开工,就需要建造一条长度达10.4千米的海堤。我们必须清醒地认识到,洞头建造9.3千米的灵霓大堤可以获取10万吨级的深水港,瑞安建造10.4千米的跨海大堤仅能得到1万吨级的港口,这种投入和产出的效能相差甚远。更重要的是这种大手笔截断海洋而产生的生态灾难是非常深重的。笔者曾多次呼吁要炸掉灵霓大堤,改建跨海大桥,目的就是保护海洋生态环境,免遭子孙唾骂。在此奉劝瑞安市政府还是死了这个念头为好,即刻停止北隅至丁山疏港公路的施工。

(6)苍南港区

苍南港区位于鳌江南岸以及苍南东部沿海。主要由龙江、舥艚、霞关三个作业区组成。2012年港口货物吞吐量192.5万吨,占温州港总吞吐量的2.75%,居七大港区第6位。

龙江作业区原名龙港港区,位于鳌江下游南岸,与平阳港区的鳌江作业区隔江相对。岸线总长4.9千米,沿岸现有大小泊位31个,其中1000吨级4个,500吨级2个,100～300吨级25个。龙江进港航道长17千米,其中口内航道5千米,口外航道12千米,大潮低水位时水深只有0.7～1.5米。由于鳌江潮差大,候潮可通航1000吨级船舶。龙江作业区由龙江老码头、龙江新码头和鳌江口码头三部分组成,龙江老码头位于瓯南大桥下游的方岩下,岸线长800米,泊位长365米,现有2个1000吨级泊位和4个500吨级泊位,年吞吐能力60万吨。龙江新码头位于老码头以东,西起殿后,东至下埠,岸线长1.5千米,泊位长1.1千米,可建9个1000吨级泊位,年吞吐能力180万吨。鳌江口码头岸线长2.6千米,作为临港工业区开发,拟建10个1000吨级泊位。

舥艚作业区位于鳌舥滩南端的舥艚镇琵琶山(原为海岛,现填海为陆),除渔港外,舥艚港由四个货运码头组成。琵琶山西部商货码头岸线990米,泊位长915米,可建6个5000吨级泊位,年吞吐能力180万吨。琵琶山东部商货码头岸线长3507米,泊位长2370米,可建6个5000吨级泊位和10个万吨级泊位,年吞吐能力700万吨。琵琶山西部石化码头岸线长640米,泊位长308米,可建2个5000吨级原油泊位,年吞吐能力100万吨。崇家岙码头位于琵琶山以南海滨,岸线长950米,泊位长580米,可建4个5000吨级泊位,年吞吐能力120万吨。毫无疑问,舥艚是苍南港区的重点建设对象。

霞关作业区位于苍南县最南端的浙闽交界附近,东望北关岛,南临南关岛和老鼠尾岛,北靠烟墩山,西接沿浦湾。霞关港现有规模很小,仅有一个300吨级的客货码头,但南面的南关岛发展潜力很大。南关岛岸线长9千米,特别是西侧的马祖岙一带,岸线100米之外水深超过10米,具有天然良港的开发条件。规划在南关岛修建深水码头和大型油气中转库。

(7)平阳港区

平阳港区位于鳌江下游北岸,主要由鳌江、下厂陡门、西湾三个作业区组成。鳌江作业区的岸线长1000米,泊位长490米,由鳌江老码头和鳌江新码头组成,年吞吐能力80万吨。下厂陡门作业区位于平鳌塘河的东塘河东支河口,岸线长1370千米,泊位长590米,有500～1500吨级码头多个,年吞吐能力 130 万吨。西湾作业区位于半天山东部海滨,岸线长 1200 米,泊位长 590 米,最大泊位 3000 吨级,年吞吐能力 250 万吨。这三个作业区组成的平阳港区年吞吐能力共 460 万吨,而 2012 年货物吞吐量仅 171.6 万吨,占温州港总吞吐量的 2.46%,是温州七大港区中最小的一个。

2013 年 5 月 7 日,由于大连港集团打算投资平阳港,平阳港起步工程举行开工典礼,并且平阳县政府公布平阳港建设规划。规划中的平阳港位于飞云江口与鳌江口之间的飞鳌滩上,即半天山以东的围垦滩涂上,拟建设成为由 6 个港池组成的环抱形有掩护的港区。港区陆域面积 158 平方千米,岸线长 44 千米,各类泊位 140 多个,其中 10 万吨级及以上泊位 70 多个,成为年吞吐能力 4 亿吨以上的现代化深水大港。"十二五"期间,计划投资 100 亿元,建成 8～10 个 3 万～5 万吨级通用泊位和散杂货泊位以及附属配套设施,年吞吐能力 3000 万吨。消息一出,温州全市立即一片哗然,大量网民讥讽平阳人不懂什么叫"4 亿吨大港",牛逼吹到天上去,严重损坏了平阳人的形象。

4. 温州龙湾国际机场

温州龙湾国际机场原名永强机场,位于龙湾永强海滨街道东部海滨,介乎滨海大道与东海大堤之间,距温州市中心 21.7 千米,由机场大道、瓯海大道与温州市中心相连接。它是国家一类航空口岸机场,国内二级民用机场,飞行区等级为 4E。1990 年 7 月 12 日建成通航。2012 年 2 月正式对境外航空公司开放,成为国际机场,机场名称也由永强机场改称龙湾国际机场。

截至 2012 年底,龙湾国际机场占地面积 4200 亩,垫建后的场址海拔 4.4 米,有运行的飞机跑道一条,长 2400 米,宽 60 米,只有一套 ILS 系统(仪表着陆系统,俗称盲降系统),能满足波音 737、空客 A320 等 C 类中型飞机起降。机场指挥中心航管楼面积 1407 平方米,塔台高 27 米。停机坪面积 15.4 万平方米(231 亩),可同时停放 25 架飞机。航站楼一座,面积 2.25 万平方米,有 7 个安检通道和 26 个值机柜台,4 条登机廊桥,可满足 700 万人次的吞吐量需求。国际候机楼一座,面积 1.05 万平方米,每年可满足 30 万人次国际旅客的运输需求。2011 年 11 月开工建设 T2 航站楼,面积 75 万平方米,设计旅客吞吐量可达 1300 万人次。T2 航站楼竣工后,T1 航站楼将改作国际航站楼。

2012 年底,龙湾国际机场已与中国 71 个城市(包括港澳台)开通航线,并有泰国曼谷、菲律宾长滩岛、韩国济州岛等航线通航。航线 67 条,17 家航空公司投入运行,每天进出港航班总数 138 个。龙湾国际机场已成为温州、台州、丽水、宁德、闽北地区旅客出行的首选机场。2012 年旅客吞吐量 563.73万人次,在全国 180 个运行机场中排名第 32 位;货邮吞吐量 4.97 万吨,排名第 31 位;飞机起降 50211 架次,排名第 38 位。

2013 年 9 月建成新跑道一条,长 3200 米,宽 60 米,并将原跑道向南延长 800 米,改造成为平行滑行道,结束了 22 年来温州机场没有平行滑行道的历史。新跑道能满足波音 747、波音 777、空客 A330 等 E 类大型飞机起降,并有 2 套 ILS 系统,可在雨雾天气安全着陆。经国家民航总局验收后,2013 年底开通欧美航线。

本章主要参考文献

[1] 杨万钟《经济地理学导论》,华东师范大学出版社 2003 年 4 月

[2] 孙敬之《中国经济地理概论》,商务印书馆 1983 年 12 月

[3] 胡欣《中国经济地理》第五版,立信会计出版社 2006 年 2 月

[4] 李江帆《中国第三产业发展研究》,人民出版社 2005 年 8 月

[5] 周厚才《温州港史》,人民交通出版社 1990 年 2 月

[6] 温州市政府《温州市国民经济和社会发展统计公报》,1995～2012 年

[7] 温州市地方志编纂委员会《温州年鉴》,中华书局 1995～2013 年

温州地理

人文地理分册·下

姜竺卿 著

上海三联书店

序

　　九旬之年，读到我早年学生姜竺卿君的《温州地理》，真是不胜惊喜，无限欣慰。

　　竺卿君的生平与我颇有相似之处，毕生从事地理教学，是同行。同时也专心埋头治学、写作，取得了不错成绩，获得了不少奖项。在社会文化工作上都担当过一些职务，领受过为民间学术团体服务的滋味。但也有较大的差异，例如在学历方面，我不要说大学，连一张高中文凭也没有。竺卿君是六六届高中毕业生，并且还有一张"工农兵大学"的毕业文凭。"工农兵大学"是我国负面历史时期产生的怪物，几近摧毁中华文化，对中华民族造成了极大的伤害。令人庆幸的是在我教过的当年地理系的工农兵学生中也有有抱负、要读书的，凭借着他们自己的努力，竟从中脱颖而出，不但学业有成，还对社会作出了贡献，本书的作者便是其中之一。

　　我与竺卿君确有机缘，这种机缘在当时是十分难得的。因为1970年当竺卿君有幸进入"工农兵大学"时，我按理还应被禁锢在"牛棚"之中，是见不到他的，更是无缘为他讲课。恰恰由于国务院发了一个关于翻译外国地理书籍的文件，浙江是文件中落实的有翻译力量的九个省市之一，但要物色一位能够承担这个任务的负责人，却成了浙江的难题。当时杭州只有四所大学，主持此事的省出版局革委会在这四所大学中经过反复而仔细的挑选，结果却把这个任务落在"牛鬼蛇神"我的身上。而且因为有人知道我念过梵文，在全国九个省市分配任务的时候，领导者就把原版书上可能夹有梵文的南亚国家分配给我。尽管我自知我的梵文水平有限，但作为一个"牛棚"人物，也只好勉为其难。而省出版局方面却又大大地抬举我，除了提供一切经费和各种介绍信外，手上又持有一份国务院文件。我的身份从"牛鬼蛇神"一下子提高到执行国务院文件的主持人。为此，我才有到这种特殊"大学"讲课的资格。当时办"工农兵大学"的目的，旨在永远消灭传统的大学。因为生源来自基层，人民公社干部掌控了生源的予夺大权，他们首选的是自己的子女和亲戚，不管是否是"半文盲"式的货色。他们勒紧入学生源网，要让进入这种"大学"的人，程度越低越好，并赋予"上、管、改"的大权。但天地间终有"漏网之鱼"，他们却是受过传统的教育，从高中毕业而进入这种"大学"的。他们有胆识和勇气，并不在乎旧文化人的可悲遭遇，仍然甘冒风险，入学苦研精读，向有学问的教师求教，下定决心，既拒绝洗脑筋，也不惧搞汇报，即使再苦，也要传承我们民族的正统文化。在我执教的这批学生中，这样的"漏网之鱼"就有两条，竺卿君就是其一。这就是我和他的难得机缘。

竺卿君在离开这种"大学"以后，一秉初衷，仍以地理研究作为自己的终身事业，并矢志要写一部温州地区前无古人的乡土地理专著造福桑梓。几十年来，竺卿君读万卷书，行万里路，一方面不分昼夜，无论寒暑，查资料，翻档案，钩玄提要，细大不捐，把冷板凳坐穿。另一方面沐风栉雨，实地踏勘，名山必探其幽，江河必溯其源，访乡贤，拜耆宿，夺讹正误，有得必录。由于涓流山积，终有今朝煌煌巨著《温州地理》的付梓杀青。

和竺卿君一样，我也十分重视自己家乡的文化。我在1952年出版第一部著作《淮河流域》以后，一直与区域地理和城市地理打交道，也出版过《绍兴史话》和《绍兴历史地理》，并利用出国讲学的机会，从美国国会图书馆引回了家乡流落在外的手抄孤本《越中杂识》，此外也发表过不少有关家乡的论文。所以这次读了竺卿君巨著后，倍感亲切，深深体察到竺卿君是位功力深湛且接地气的学者。竺卿君长年寝馈乡土地理，潜心于索隐探赜，旁搜远绍，故其述事则条分缕析，立论则精辟允当，学、识、才均胜人一筹。该巨著体大思精，称为精品，实当之无愧矣！

最近得"吴玉章人文社会科学奖"的拙著《水经注校证》算是我的一部大书，也不过八十万字。而竺卿君的《温州地理》三册稿本，竟精雕细琢，写到一百四十万言。在自愧勿如的同时，我要说，真正做学问的人，必然是青出于蓝而胜于蓝，否则文化就不会发展进步。除了"文革"那个荒唐、恐怖的年代以外，中华民族的五千年文化，就是这样一代胜过一代地绵延下来的。

竺卿君的《温州地理》，我已通读，这是一部区域地理和城市地理的煌煌巨构和佼佼杰作，最后以"精品"一语作为这部巨构的总评。

陈桥驿

2014年6月于浙江大学

陈桥驿，著名历史地理学家，浙江大学地球科学系终身教授，中国地理学会历史地理专业委员会主任，国际地理学会历史地理专业委员会咨询委员。2013年12月获中国地理学界最高奖项"中国地理科学成就奖"。

目　录

第四章 温州人口地理

　　人口地理是研究人口与环境之间的关系。人类的自身生产,即人口的繁衍,不仅受经济发展水平的制约,而且受环境承载量的限制。在一定的历史阶段、一定的生产力水平、一定的地理环境中,社会各项事业所需要的劳动人口数量总是一个可以计算出来的有限数值。如果劳动年龄人口多于社会所需要的数量,就会出现人口过剩的问题;相反,就会出现劳动力不足,即生产资料过剩的问题。两者都会影响社会经济的发展,影响人民生活水平的提高。当前,人口与环境的主要矛盾是人口增长过快,环境承载量受到的压力过大,生态系统有失平衡、导致恶性循环的危险。因此,人口地理的研究可以更好地为制定人口政策,为区域经济规划和城市化建设,以及合理安排人口迁移等提供科学依据。

一、温州人口增长

　　人口增长分为自然增长和机械增长两种,人口自然增长是"生命的生产",即人类种的繁衍,所以又称人口再生产;人口机械增长是指人口迁移和流动而引起人口数量的增减,所以又称人口再分布。对于一个国家或地区而言,人口再生产是构成人口状况的基本要素,它同人口再分布一样,不断塑造着人口地理的面貌和特征。

(一) 新中国建立后温州人口增长

　　温州人口增长历程可分为三个阶段。第一阶段是唐初以前,在这漫长的历史时期温州人口增长极其缓慢,几乎原地踏步,唐初以前的 840 年间人口年均增长率仅 0.34‰。第二阶段是唐初至新中国成立,人口增长速度加快,这段 1330 年期间的人口年均增长率 3.19‰。第三阶段是新中国成立以后,人口迅猛增长,1949~2010 年的 61 年间,总增长率 230.43%,年均增长率 19.79‰,其中年均自然增长率 17.32‰。前两个阶段属于历史人口地理范畴,这里讲述新中国成立后的温州人口增长。

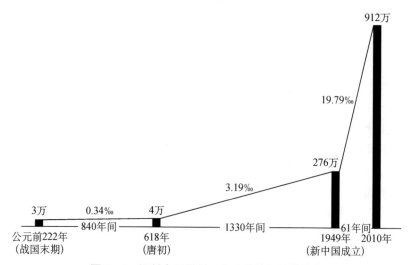

图 4-1　温州人口增长三个阶段的年均增长率

　　新中国成立后,随着社会经济逐步发展,人民生活水平不断提高,医疗卫生保健事业不断进步,温州人口进入一个迅速、持续增长的阶段。从表 4-2 和图 4-2 中,可以看出温州人口增长有两个明显的特点。第一,人口年平均增长率高。从 1949 年底至 2010 年的 60 年零 10 个月期间,年均增长率达 19.79‰,高于同期的全国平均水平的 15.9‰和世界平均水平的 17.3‰。特别是 1949～1984 年的 35 年间,温州年均增长率高达 23.41‰,最高的 1962 年甚至达到 32.64‰。这意味着平均 1 个妇女要生 6 胎以上。从 2000 年至 2010 年,温州人口总量的增长与 1990 年前单纯依靠人口的自然增长不同,这十年间人口总量变化受自然增长和机械增长双重因素拉动。其中因外来人口大量涌入,导致人口机械增长率远比自然增长率高。十年间温州增加人口 156.41 万人,增幅达到 20.69%,年均增长率高达 18.99‰,其中自然增长率为 8.18‰。

　　第二,人口绝对数量增长快。新中国成立后的 61 年间,全市总人口从 276.07 万人增至 912.21 万人,净增人口 636.14 万人,增长了 230.43%,平均每年增加 10.46 万人。20 世纪 70 年代后期以来实行计划生育,人口自然增长率大幅度下降,但由于人口基数大,人口绝对数量增长仍很快。

90 年代以来大量民工涌入,温州人口总量更是突飞猛进。1985～2010 年的 26 年间,总人口从 620.52 万人增至 912.21 万人,净增人口 291.69 万人,平均每年增加 11.22 万人;其中自然增长 166.28 万人,平均每年自然增长 6.40 万人,仍与 50 年代不相上下,所以温州人口数量增长曲线呈现持续上升的态势。2010 年温州人口总量达到 912.21 万人,占全省总人口的 16.8%,超过了杭州(870.0 万人)和宁波(760.6 万人),成为全省第一的人口大市。

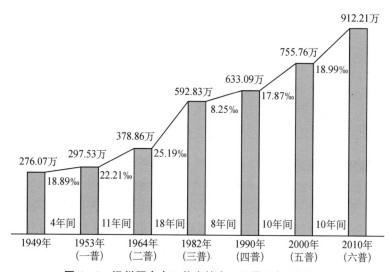

图 4-2 温州历次人口普查的人口总量和年均增长率

从县级行政区的人口增长来看,从 2000 年"五普"至 2010 年"六普"的十年间,温州各地人口增幅和年均增长率相差非常悬殊。其中瓯海增长最快,十年间常住人口增加 43 万人,增幅高达 75.85%,年均增长 58.07‰;其次是龙湾,十年间增加 27.20 万人,增幅 56.99%,年均增长 46.13‰;再次是鹿城,十年间增加 30.23 万人,增幅 30.50%,年均增长 26.98‰。第四是瑞安,十年间增加 32.72 万人,增幅 29.81%,年均增长 26.44‰。第五是乐清,十年间增加 22.65 万人,增幅 19.48%,年均增长 17.96‰。平阳和苍南两县人口增长很慢,年均增长率仅 2.84‰和 1.45‰。然而文成、泰顺和洞头三县都是负增长,文成十年间减少 19.93%,泰顺减少 16.58%,洞头减少 9.02%;文成年均增长率为－22.48‰,泰顺为－18.30‰,洞头为－9.50‰。

表 4-1   2000～2010 年温州各地人口增长   单位:万人

区域	五普(2000 年)	六普(2010 年)	增减人口	增长幅度(%)	年增长率(‰)
鹿城区	99.10	129.33	30.23	30.50	26.98
龙湾区	47.73	74.93	27.20	56.99	46.13
瓯海区	56.69	99.69	43.00	75.85	58.07
瑞安市	109.75	142.47	32.72	29.81	26.44
乐清市	116.28	138.93	22.65	19.48	17.96
永嘉县	71.05	78.92	7.87	11.08	10.56
平阳县	74.04	76.17	2.13	2.88	2.84
苍南县	116.76	118.46	1.70	1.46	1.45
文成县	26.49	21.21	-5.23	-19.93	-22.48
泰顺县	27.98	23.34	-4.64	-16.58	-18.30
洞头县	9.64	8.77	-0.87	-9.02	-9.50
温州全市	755.80	912.21	156.41	20.69	18.99

1. 温州人口自然增长

人口自然增长是由出生和死亡两个基本要素决定的。自然增长率等于出生数减去死亡数,再除以同期平均人口总数,也就是等于出生率减去死亡率。20 世纪 90 年代以前,人口迁移规模极小,温州户籍人口与常住人口相差不大;近 20 年以来,大量民工涌入温州,温州也有大批户籍人口外出务工经商,温州人口增长数量和增长率与自然增长相差很大。

从人口自然增长来看,新中国成立以来温州人口增长经历了四个不同时期。第一时期,从 1949 年至 1958 年,是温州第一个人口增长高峰时期。这 9 年间,平均每年人口出生率为 31.98‰,死亡率为 9.61‰,自然增长率为 22.38‰。年均增长率与全国同期平均值 22.4‰持平,大大超过温州民国时期的 11.34‰。9 年间总共出生 63.58 万人,平均每年出生 7.06 万人。死亡率从解放前的 20‰以上,下降到 10‰以下,从高死亡率过渡到低死亡率。这一时期,新中国刚刚建立,社会安定,生产发展,生活稳定,医疗卫生事业不断进步,特别是妇幼保健工作有了很大进展,因而出现高出生率、低死亡率、高自然增长率的"高低高"人口快速增长特征。面对这种史无前例的人口迅猛增长,不少有识之士发出节制生育的呼吁,可惜未被采纳。与此同时,日本面对二战后罕见的补偿性生育高峰,在世界上率先大规模推行节制生育工作,在不长时间内取得了控制人口增长的显著成效。当时中国若能听从马寅初的建议,国家的现代化定能获益良多,可惜我们失去了一次永远不可再得的历史机遇,走上了一条人口恶性膨胀的弯路。

第二时期,从1959年初至1961年底,由于受大跃进、总路线和人民公社"三面红旗"浮夸风和瞎指挥的影响,国民经济急剧滑坡,粮食生产处于"大崩溃"地步,由于粮食极端匮乏致使人口数量陡然减少。在这3年饥荒时期,温州人口年出生率从33.89‰降至17.05‰,死亡率从6.90‰升至13.64‰,达到新中国建立以后的峰值,自然增长率从26.46‰下降至8.95‰。笔者认为当时很多地方政府为掩饰工作失误故意压低死亡人数,1960年温州非正常死亡人数绝对不止4.79万人。据《中国人口统计年鉴》,1960年全国人口增长率为－4.57‰,实际上根据1964年第二次人口普查数据回溯,1960年增长率应为－26.6‰(许涤新,1987)。1960年负增长的幅度,安徽为－57.2‰,四川为－42.24‰,全国有几十个县达到－100‰以上,实际数要比这些统计数高得多。根据《中国统计年鉴》数据,1958～1961年的4年间,中国人口自然减耗量达到6000多万人,饿死数至少在3000多万人,超过了8年抗战死亡的军民总数。然而,温州人口年增长率仍保持在8.95‰以上,令人难以置信。

第三时期,从1962年初至1984年底,是温州第二个人口增长高峰时期。这23年期间,经过经济调整,工农业生产得到恢复和发展,加上十年"文革"动乱,使生育处于无政府状态的失控局面,人口自然增长呈现猛升状况,重新出现"高低高"的人口快速增长特征。全市平均每年出生率为28.41‰,死亡率为5.29‰,自然增长率为23.12‰。23年中,全市总共出生222.44万人,平均每年出生9.67万人。人口增长态势比新中国成立初期的9年更为迅猛,达到当时世界上出生率最高、死亡率最低的一类国家的水平。特别是1962～1976年的15年间,年均出生率为32.32‰,年均增长率为26.76‰,超过当今非洲一个妇女平均生6胎的23‰,多么可怕的生育!多么不可思议的人口增长!这次生育高峰所产生的人口学后果,深刻制约着温州人口形势,今后还将深受其影响。与此形成鲜明对照的是该时期内多年经济发展缓慢,致使人口和经济发展极不协调的矛盾日趋激化。

第四时期,从1985年初至今,是人口增长得到控制而放慢的时期。这期间,人口问题已得到中央到地方的各级政府重视,温州全面落实计划生育国策,人口自然增长率显著下降。我国计划生育开始于70年代后期,温州同步效应开始于1978年,至1985年出生率降至13.54‰,自然增长率降至8.93‰。这时期的26年间,全市平均每年出生率降至12.73‰,自然增长率降至8.01‰。温州人口出现"低低低"的人口缓慢增长特征,人口形势发生了划时代的重大转变。然而,在人口增长减缓、生育率下降的同时,人口结构出现了一系列的蜕变,已对人口的性别、年龄、代际的生态平衡构成一定的负面影响,其中突出的问题就是低龄人口数量和占比急剧减少,老龄人口骤增,以及性别比严重失调。对此,不少学者提出现行计划生育制度的改革。"如果再沿袭长期以来控制人口的惯性思维,继续进行逆向调节,将使中国人口从相对萎缩走向绝对萎缩,最终导致人口优势的丧失,酿成更大的历史性失误"(包永辉,2006)。2013 年 2 月 25 日中国社会科学院《法治蓝皮书》中发布了《中国计划生育法治状况》报告,建议逐步取消超生罚款,设定社会抚养费的征收从第三孩开始。2013 年 3 月全国人大和政协两会上,代表们的"放开二胎生育"呼声甚高。

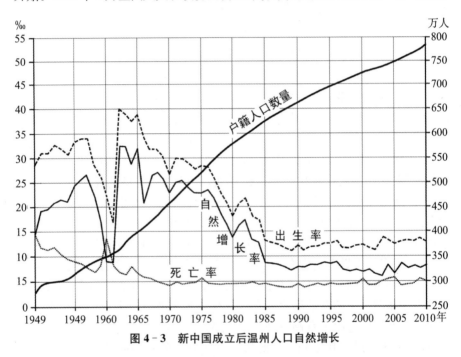

图 4-3 新中国成立后温州人口自然增长

从县级行政区的人口自然增长来看,龙湾增长最快,2010 年自然增长率 11.49‰,其次是乐清 10.09‰,再次是瓯海 9.62‰和苍南 9.49‰,而文成和洞头两县的自然增长率很低,只有 3.77‰和 1.14‰。这种自然增长率的地区分布很不平衡的主要原因是人口的迁入和迁出,经济发达地区民工迁入多,特别是 15~49 岁育龄妇女的迁入拉升了出生率和自然增长率,致使出生率和自然增长率高于全市和全省平均水平;经济相对落后地区的户籍人口外出务工经商,人口呈低增长和负增长,人口出生率和自然增长率就低于全市和全省平均水平。

表 4 - 2　　　　　1949～2010 年温州人口自然增长

年份	户籍人口（万人）	出生率（‰）	死亡率（‰）	自然增长率（‰）	年份	户籍人口（万人）	出生率（‰）	死亡率（‰）	自然增长率（‰）
1949	276.07	28.94	14.72	14.22	1980	581.42	18.64	4.67	13.98
1950	283.98	31.07	11.89	19.18	1981	592.83	21.00	4.82	16.18
1951	289.38	31.08	11.41	19.67	1982	602.13	22.04	4.85	17.19
1952	294.18	33.11	12.06	21.11	1983	611.46	18.36	4.93	13.43
1953	300.40	32.12	10.29	21.83	1984	620.52	17.65	4.55	13.10
1954	306.97	30.39	9.25	21.14	1985	629.19	13.54	4.61	8.93
1955	315.23	33.43	8.87	24.56	1986	636.21	13.23	4.47	8.76
1956	323.96	33.86	8.42	25.44	1987	643.99	13.01	4.36	8.65
1957	332.79	33.89	7.43	26.46	1988	652.97	12.23	4.15	8.08
1958	339.65	28.91	6.90	22.01	1989	659.74	11.53	4.14	7.39
1959	346.84	26.05	8.54	17.51	1990	666.98	12.40	4.48	7.93
1960	350.90	22.76	13.64	9.12	1991	672.58	11.78	4.08	7.70
1961	355.24	17.05	8.10	8.95	1992	678.99	12.58	4.32	8.26
1962	365.91	39.63	6.99	32.64	1993	685.57	12.23	4.13	8.10
1963	376.12	38.97	6.41	32.56	1994	692.40	12.68	4.20	8.48
1964	385.05	37.39	8.17	29.22	1995	697.89	13.14	4.30	8.84
1965	398.08	38.97	6.84	32.13	1996	704.37	13.60	4.38	9.23
1966	409.76	34.37	5.60	20.71	1997	708.35	12.06	4.59	7.47
1967	420.81	32.03	5.35	26.68	1998	718.04	11.91	4.68	7.24
1968	433.33	32.03	5.06	26.97	1999	721.62	12.26	4.84	7.42
1969	449.78	30.64	4.80	25.84	2000	736.32	12.46	5.19	7.27
1970	460.04	27.15	4.24	22.91	2001	738.81	12.00	4.50	7.50
1971	473.05	29.99	4.89	25.10	2002	739.12	11.36	4.58	6.78
1972	485.69	29.66	4.63	25.03	2003	742.28	14.28	5.00	9.29
1973	498.83	29.01	4.92	24.09	2004	746.19	13.70	5.41	8.29
1974	511.21	27.98	4.97	23.01	2005	750.28	12.78	5.91	6.87
1975	524.20	28.66	5.64	23.02	2006	756.48	13.51	4.36	9.15
1976	537.66	28.29	4.92	23.37	2007	764.57	13.55	4.84	8.71
1977	549.89	26.70	4.83	21.87	2008	771.99	13.31	4.88	8.43
1978	561.26	23.20	4.79	18.41	2009	779.11	13.90	5.91	7.99
1979	571.63	21.04	4.77	16.28	2010	786.80	13.71	4.95	8.76

　　说明：为了增加可比性，本表选用户籍人口数量。表中数据来自 1998 年版《温州市志》和各年温州市国民经济和社会发展统计公报。

表 4 - 3　　　　2000～2010 年温州各地人口自然增长　　　　单位:万人

区域	2010 年常住人口	出生率‰		死亡率‰		自然增长率‰	
		2000 年	2010 年	2000 年	2010 年	2000 年	2010 年
鹿城区	129.33	8.72	10.76	4.30	3.30	4.42	7.46
龙湾区	74.93	10.35	13.83	2.48	2.35	7.87	11.49
瓯海区	99.69	12.14	12.39	3.73	2.77	8.41	9.62
瑞安市	142.47	15.65	13.86	8.93	4.94	6.72	8.92
乐清市	138.93	16.29	14.83	7.79	4.74	7.50	10.09
永嘉县	78.92	12.96	14.81	5.19	5.97	7.77	8.84
平阳县	76.17	14.01	13.06	7.99	6.59	6.02	6.47
苍南县	118.46	15.65	15.52	7.40	6.03	8.25	9.49
文成县	21.21	12.23	15.27	6.00	11.50	6.23	3.77
泰顺县	23.34	10.83	15.86	6.11	9.86	4.72	6.00
洞头县	8.77	13.39	11.02	5.24	9.88	8.15	1.14
温州全市	912.21	12.46	13.71	5.59	4.96	6.87	8.76

人口再生产与年龄构成有直接关系。由于人口出生率是育龄妇女比重与她们生育率的乘积,因此育龄妇女数量和比重,特别是 20～29 岁生育旺盛期的育龄妇女对温州人口再生产的影响最大。2010 年全市育龄妇女 281.76 万人,占女性总人口的比重为 82.27%。比 2000 年增加 55 万人,年均增长 21.95‰,高于总人口 18.99‰的增长速度。其中生育旺盛期的育龄妇女达 87.58 万人,占育龄妇女的比重为 31.08%,比 2000 年增加 7.06 万人。常住人口中的外来育龄妇女 110.02 万人,占全市育龄妇女的 39.05%;其中外来生育旺盛期妇女 41.05 万人,占全市生育旺盛期妇女的 47.4%。这些说明温州人口自然增长的一个特点,育龄妇女人数增多,其中外省迁入育龄妇女迅猛增长。大量外来生育旺盛期妇女大大提高了温州常住人口的生育率、出生率和自然增长率,经济发达地区表现尤为明显。

表 4 - 4　　　　1990～2010 年温州育龄妇女数量及比重　　　　单位:万人

年　份	女性总人口	育龄妇女人口		生育旺盛期妇女人口	
		数量	比重%	数量	比重%
四普(1990 年)	302.22	162.20	53.67	60.42	37.25
五普(2000 年)	356.98	226.76	63.52	80.52	35.51
六普(2010 年)	342.47	281.76	82.27	87.58	31.08

2009年11月1日至2010年10月31日的第六次人口普查年度,温州出生婴儿12.30万人,比2000年普查年度多生2.94万人;出生率为13.71‰,比2000年普查年度上升了1.25‰。2010年育龄妇女一般生育率为36.50‰,比2000年上升了1.96‰。分年龄组来看,20~24岁的一般生育率比2000年下降33.60‰,其他年龄组都有所上升,其中30~34岁年龄组升幅最大,达到30.84‰。育龄妇女峰值生育年龄从2000年24岁移至2010年25岁,生育年龄中位数从24岁后移到27岁。这些说明温州人口自然增长的生育峰值年龄后移的特点。同时,法定婚龄前生育率有所增加,15~19岁年龄组育龄妇女生育率为9.19‰,比2000年提高了5.52‰。在15~19岁当年有生育的妇女中,外省人口占90.3%。

表 4-5   **温州育龄妇女分年龄组构成和生育率**

年龄组	育龄妇女构成(%)			一般生育率(‰)		
	2000年	2010年	增减	2000年	2010年	增减
15~19岁	17.0	15.4	−1.6	3.67	9.19	5.52
20~24岁	17.8	15.2	−2.6	102.74	69.14	−33.60
25~29岁	15.7	14.8	−0.9	72.29	89.47	17.18
30~34岁	13.1	15.9	2.8	19.18	50.02	30.84
35~39岁	10.6	14.9	4.3	3.58	18.09	14.51
40~44岁	9.8	12.0	2.1	0.72	4.50	3.78
45~49岁	15.9	11.9	−4.0	0.40	2.15	1.75
温州全市	100.0	100.0	0.0	34.54	36.50	1.96

说明:一般生育率指普查年度的出生数与平均育龄妇女人数之比。

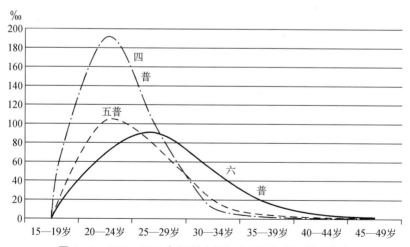

图 4-4 1990~2010年温州育龄妇女不同年龄组的生育率

死亡率和平均预期寿命是衡量人口身体素质及健康水平的重要指标。随着社会经济的发展,人民生活水平的提高,医疗卫生条件的改善,温州人口死亡率不断下降,平均预期寿命不断延长。温州人口死亡率1949年为14.72‰,1954年开始降至10‰以下。除1960年饥荒时期升至13.64‰外,其余年份均持续下降,1969年降至5‰以下。2010年普查年度内,温州死亡人口44423人,其中男性26410人,女性18013人。全市常住人口死亡率4.95‰,比2000年度下降0.64‰。这种死亡水平在全世界和全中国都是很低的。大量外来青壮年人口掩盖了温州户籍人口的死亡水平和老龄化程度。温州山区县和海岛县由于青壮年外出,人口老龄化严重,死亡率很高,例如文成死亡率高达11.50‰,泰顺9.86‰,洞头9.88‰;而温州三区两市因外来务工的青壮年很多,人口年龄构成较轻,死亡率也很低,例如龙湾死亡率仅2.23‰,瓯海2.77‰,鹿城3.30‰,乐清4.74‰,瑞安4.94‰。

2010年度温州75～89岁年龄组死亡人口2.04万人,占总数46.0%。死亡的峰值年龄83岁,比2000年度提高3岁。低年龄组尤其是婴幼儿死亡率是反映社会经济发达程度和人民生活水平高低的敏感指标,2010年度0周岁婴儿死亡率4.44‰,其中男婴4.04‰,女婴4.98‰;1～4岁死亡率1.30‰,其中男婴0.85‰,女婴1.02‰。近年来,多胎妊娠增多,拉升了温州婴儿死亡率。

人口平均预期寿命是指刚出生的一批人平均一生可能存活的年数,它不是测定和统计出来的,而是通过繁琐的蒋氏法五步公式计算得到。它摆脱了年龄构成的影响,能综合地反映人口死亡水平,是衡量人口健康状况和生活质量及医疗卫生事业的一个重要的民生指标。2010年温州人口平均预期寿命为78.95岁,比2000年提高4.03岁,比1982年提高7.31岁。其中男性76.82岁,比2000年提高4.32岁;女性81.46岁,比2000年提高3.55岁。城镇人口81.0岁,其中男性79.2岁,女性83.2岁;乡村人口76.3岁,其中男性73.9岁,女性79.4岁。温州人口平均预期寿命已经达到世界发达国家水平。

表4-6　　　　　　温州人口平均预期寿命的增长　　　　单位:岁

年　份	三普(1982年)	四普(1990年)	五普(2000年)	六普(2010年)
全体人口	71.64	75.57	74.92	78.95
男性人口	69.92	73.45	72.50	76.82
女性人口	73.64	78.05	77.91	81.46

2. 温州人口机械增长

人口机械增长是由人口迁移的迁入和迁出两个基本要素决定的。机械增长率等于迁入人口数减去迁出人口数,再除以同期平均人口总数,也等于迁入率与迁出率之差,在人口迁移中称为净迁移率。解放后的前40年,温州人口迁移规模极小,外来人口极少,机械增长近似于零。1990年"四普"的外来人口只有9.74万人,至2000年"五普"时猛增至135.47万人,10年间增加125.73万人,增幅达1290.86%。"五普"至"六普"的10年间,外来人口增加148.75万人,增幅109.80%。由此可知,1990年以来的20年间,温州人口迁移的规模很大,人口机械增长率很高。

据"六普"调查,2010年温州迁入人口284.22万人,迁出人口127.31万人,净迁入人口156.91万人;迁入率31.16%,迁出率13.96%;机械增长率为17.20%,远大于自然增长率0.88%。也就是说,近20年来温州人口增长主要是人口迁移引起的机械增长。

温州县级行政区的人口机械增长相差非常悬殊,三区两市为人口迁入地区,2010年净迁入人口达188.13万人,机械增长率为32.14%。其余六县为负增长,是人口迁出地区,2010年净迁出人口31.23万人,机械增长率为−9.55%。温州市区机械增长率很高,龙湾52.02%,瓯海51.38%,鹿城39.47%;其次是瑞安21.55%,乐清11.65%。六县中负增长率最高的是泰顺,达−41.01%;其次是文成−29.84%和洞头−17.79%。

表 4-7　　　　　　　　2010 年温州各地人口机械增长　　　　　　　单位:万人

区域	总人口	外来人口		外出人口		净增减人口	机械增长率(%)
		数量	迁入率%	数量	迁出率%		
鹿城区	129.33	54.14	41.86	3.09	2.39	+51.05	39.47
龙湾区	74.93	41.89	55.91	2.91	3.88	+38.98	52.02
瓯海区	99.69	52.88	53.04	1.66	1.67	+51.22	51.38
瑞安市	142.47	45.66	32.05	14.96	10.50	+30.70	21.55
乐清市	138.93	46.15	33.22	29.97	21.57	+16.18	11.65
永嘉县	78.92	20.40	25.85	23.55	29.84	−3.15	−3.99
平阳县	76.17	9.00	11.82	13.27	17.42	−4.27	−5.61
苍南县	118.46	11.81	9.97	18.16	15.33	−6.35	−5.36
文成县	21.21	0.58	2.73	6.91	32.58	−6.33	−29.84
泰顺县	23.34	0.72	3.08	10.29	44.09	−9.57	−41.01
洞头县	8.77	0.99	11.29	2.55	29.08	−1.56	−17.79
温州全市	912.21	284.22	31.16	127.31	13.96	+156.91	17.20

(二)温州人口再生产类型的转变

人类历史上存在着四种人口再生产类型,即原始型、传统型、过渡型和现代型。它们分别以出生率、死亡率和自然增长率三者的"高高低"、"高低高"、"低低低"为其人口学特征。随着社会生产力的发展和人们生活方式的现代化,人口再生产类型逐渐由较低层次向较高层次演变,这个过程称为人口再生产类型转变。1990年联合国人口司针对现代世界各国的特点,把人口再生产类型的转变归纳为四个阶段。①传统型:高出生率,高死亡率,育龄妇女总和生育率大于6.5,平均预期寿命不到45岁,人口增长缓慢。②过渡型前期:以死亡率下降为标志,死亡率先于出生率开始下降,总和生育率在4.5~6.5之间,平均预期寿命45~55岁,人口加速增长。③过渡型后期:以生育率下降为标志,出生率和死亡率均加速下降,总和生育率为2.5~4.5,平均预期寿命在55~65岁之间,人口自然增长减缓。④现代型:出现"低低低"三低特征,总和生育率降至2.5以下,平均预期寿命超过65岁,人口低增长或负增长。

根据上述联合国人口再生产类型转变的指标,我国学界多认为旧中国为"高高低"的原始型和传统型,大约在20世纪30年代,即抗日战争前夕,中国一部分经济文化相对发达地区开始转变为过渡型前期,在全国范围内转变为过渡型前期则是新中国成立后。20世纪70年代后期我国实施计划生育,开始转变为过渡型后期,至今已完全进入"低低低"的现代型类型,从而完成了历史性的人口转型。

温州人口再生产类型,在唐初以前为原始型,那时是极高出生率,极高死亡率,极低自然增长率。唐初以后进入传统型,人口增长开始加快,出现典型的"高高低"传统型。一般认为出生率和死亡率均在35‰以上属于原始型,35‰以下属于传统型。温州传统型人口类型维持了1330年,至新中国成立才进入过渡型前期。有人认为温州早在清代早期就进入过渡型,这是错误的,原因是当时的死亡率并未出现实质性的下降。温州死亡率明显下降是解放后由于医疗卫生事业进步所致。温州解放后的50年代,死亡率迅速下降,出生率持续偏高;60年代的死亡率降至很低水平,但出生率仍居高不下;70年代的死亡率降至5‰以下,属于极低水平,出生率有所下降,但仍在21‰以上,属于高出生率。因此,笔者认为温州过渡型前期的时段在1949~1982年,维持了33年。1983年开始温州出生率明显下降,降至15‰以下,温州进入过渡型后期。由于温州强制性的计划生育执行力度很大,过渡型后期的时段很短,几乎可以忽略不计。1985 年人口自然增长率降至 8.93‰,这标志着温州进入"低低低"现代型类型,比全国平均水平约早 15 年。从传统型转变为现代型的转型时间来看,韩国和新加坡用了 90 年,日本和欧美国家用了一百多年,温州只用了 35 年。

如何认识和评价人口低增长,学界对此意见不一。美国、加拿大和澳大利亚 6‰的低增长和欧洲的负增长,已造成严重的劳动力不足和赡养老人负担加重,这是不争的事实。如果中国再坚持"一对夫妇只生一个小孩",100 年后中国总人口将降至 6 亿以下,200 年后只剩 3 亿人口,可以想象那时将是怎样的后果。人口增长有个惯性规律,当人口低增长降至 6‰以下,人们的生育意愿和生育规律将起一个质的变化,那时即使实行鼓励生育政策也无济于事。所以温州的生育率和自然增长率不是越低越好,我们的政府,特别是计生委的官员对此要有清醒的认识。

总和生育率是平均一个育龄妇女所生的孩子数量,是衡量生育水平最常用的指标之一。按照人口学理论,总和生育率 2.1 才能达到世代更替水平,维持既有人口数量不变,达到人类"种的延续"。总和生育率 1.5～2.1 称为低生育率,1.5 以下则为超低生育率。维基公布的 2012 年数据,世界总和生育率平均值为 2.47,最高的非洲尼日尔 7.52,乌干达 6.65,马里 6.35,索马里 6.26,尼日利亚 5.38;拉美的阿根廷 2.29,墨西哥 2.27,巴西 2.16;亚洲的巴基斯坦 3.07,印度 2.58,印尼 2.23,蒙古 2.19 等。属于低生育率的国家有法国 2.08,美国 2.06,朝鲜 2.01,英国 1.91,越南 1.89,澳大利亚 1.77,泰国 1.66,加拿大 1.59 等;属于超低生育率的国家有俄罗斯 1.43,德国 1.41,意大利 1.40,日本 1.39,韩国 1.23 等。排在世界最后五位的是中国大陆 1.18,台湾 1.16,香港 1.09,澳门 0.92,新加坡 0.78。据 2010 年"六普"调查,我国总和生育率为 1.1811,其中城市为 0.8821,建制镇为 1.1534,乡村为 1.4376。省级行政区中倒数 5 位依次是北京 0.7067,上海 0.7367,辽宁 0.7410,黑龙江 0.7514,吉林 0.7600。我国"六普"的这些数据公布时,普京马上表示要花 530 亿美元在未来 4 年内把俄罗斯的生育率提高上去,欧洲、日本、以色列各国都在拼命做这件事,但世界上没有一个国家做得成功。人家在升,我们在降,升得不成功,降得很成功。

温州总和生育率在 20 世纪 90 年代末就已低至 1.15,2010 年"六普"甚至降至 1.02,属于超低生育率的世界末位,不到世界平均水平的一半,比发达国家的平均水平还低许多。倘若温州的总和生育率这个指标持续走低,将对现行的计划生育政策提出严峻的挑战,0～14 岁婴幼儿和少年数量及占比越来越低，小学和初中的学校倒闭率越来越高，65 岁及以上的老年人口恶性膨胀，畸形的人口出生性别比愈趋严重，四个现代化要落空。更可怕的是"温州人"这个物种将在地球上消失，取而代之的是尼日尔和索马里人要来接管温州经济文化建设。

二、温州人口分布

人口地理分布反映人口在空间位置上的分布状况，它是人口自然变动和迁移变动不断调整人口再分布过程中的产物。从世界和中国人口分布的地理规律来看，温州位于世界四大人口密集地区的中国东部沿海人口稠密地带。因此温州人口总量很大，居全省第一；人口密度很高，居世界前列。

（一）温州人口数量及地区分布

2010 年 11 月 1 日第六次全国人口普查，温州市常住人口数量 912.21 万人，占全省总人口的 16.8%。在浙江省 11 个地级市中，位居首位，比杭州（870.04 万人）高 4.8%，比宁波（760.57 万人）高 19.9%，是湖州（289.35 万人）的 3.2 倍，是衢州（212.27 万人）的 4.3 倍，是丽水（211.70 万人）的 4.3 倍，是舟山（112.13 万人）的 8.1 倍。

温州人口地理分布的特点是极不平衡。东部多，西部少；平原多，山区少；农耕地区多，林牧地区少；沿海沿江地区多，僻远贫穷地区少；开发历史悠久地区多，发展迟缓地区少。据统计，海拔 50 米以下的平原和河谷地区居住着全市 85% 人口，海拔 200 米以下的平原、河谷和盆地居住着全市 92% 人口。也就是说，全市 21% 的土地居住着 92% 人口，而占全市土地面积 79% 的广大山区只居住着 8% 人口。概括来说，与世界和中国人口分布规律一样，温州各地自然条件优越、经济总量大的区域，人口数量多，人口密度高；反之，乡村和山区人口数量少，人口密度低。

以县级行政区作为统计对象，2010 年"六普"常住人口数，瑞安第一（142.47 万人），乐清第二（138.93 万人），鹿城第三（129.33 万人），苍南第四（118.45 万人），瓯海第五（99.69 万人），永嘉第六（78.92 万人），平阳第七（76.17 万人），龙湾第八（74.93 万人），泰顺第九（23.34 万人），文成第十（21.21 万人），洞头最少（8.77 万人）。瑞安已经替代苍南，成为全市"人口第一大县"，其人口数占全市总人口的 15.6%。瑞安、乐清、鹿城、苍南四地已突破 100 万大关，四地合计占全市总人口的 58.0%。温州市区三区合计 303.95 万人，占全市总人口的 33.3%。文成、泰顺和洞头三个山区县和海岛县合计只有 53.32 万人,仅占 5.85%。

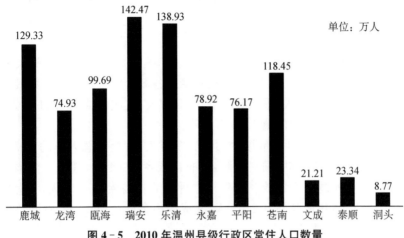

图 4-5　2010 年温州县级行政区常住人口数量

以县以下的乡镇和街道作为统计对象,全市 60 个街道共 469.11 万人,占总人口 51.43%。其中鹿城区的街道人口规模最大,例如双屿街道 31.27 万人,滨江街道 22.60 万人,南汇街道 22.38 万人,五马街道 20.50 万人。一个街道人口规模就是一座中等城市,这是全中国绝无仅有的怪胎。而另一些街道人口极少,例如鹿城七都街道 1.08 万人,龙湾灵昆街道 2.16 万人,瓯海丽岙街道 3.50 万人,瑞安南滨街道 3.13 万人,乐清盐盆街道 2.58 万人,白石街道 3.50 万人,天成街道 1.96 万人,永嘉东城街道 2.64 万人,北城街道 2.69 万人,三江街道 2.86 万人,洞头东屏街道 1.57 万人,霓屿街道 0.73 万人,元觉街道 0.42 万人。这些街道的人口数量不及一般的镇,不到温州大镇的 1/11。这些 3.5 万人以下的"微型街道"和 20 万人以上的"超级街道"组成了温州县以下政区人口分布的特色。

温州建制镇人口规模相差也极大。全市 64 个建制镇共有 441.21 万人,占总人口 48.4%。其中人口规模最大的是苍南龙港镇,达到 39.60 万人,其次是乐清柳市镇 32.65 万人,瑞安塘下镇 31.21 万人,苍南灵溪镇 29.88 万人,平阳鳌江镇 21.01 万人。这 5 个镇占全市镇人口数的 34.98%。这些 20 万人以上的"巨无霸",有的甚至还达不到全国经济"千强镇"和浙江省"百强镇"标准,有的还达不到国家城市审批的最低标准。温州建制镇人口在 10 万~20 万人的有乐清虹桥镇 19.89 万人,北白象镇 17.74 万人,平阳水头镇

15.22万人,昆阳镇13.32万人,苍南钱库镇13.62万人,金乡镇10.74万人。这些10万人以上的11个镇占全市镇人口数的55.50%。人口在3.5万~10万的有21个镇,人口3.5万以下的有31个镇。这31个人口小镇的常住人口只占全市镇人口数的13.1%,但他们往往是幅员大镇,例如瓯海泽雅镇2.70万人、乐清仙溪镇2.16万人、平阳山门镇2.70万人、南雁镇1.71万人、顺溪镇0.85万人、苍南藻溪镇2.16万人、赤溪镇2.11万人、洞头大门镇1.29万人,此外还有永嘉7个镇,文成和泰顺各8个镇。其中人口数最少的是泰顺百丈镇0.55万人、平阳顺溪镇0.85万人、文成西坑镇1.01万人、巨屿镇1.09万人、泰顺司前镇1.16万人等。

温州6个乡的人口数量极少,共1.89万人,占全市总人口的0.21%。平均每个乡3147人,其中洞头鹿西乡(非畲族乡)5904人,其余5个畲族乡共1.30万人,平均每个畲族乡2595人。平阳青街畲族乡4658人,苍南岱岭畲族乡3283人,凤阳畲族乡2103人,文成周山畲族乡1905人,泰顺竹里畲族乡1027人。见表4-8。

(二)温州人口密度及地区差异

人口密度是单位面积土地上居住的人口数量,是表示人口密集和稀疏程度的主要指标。2010年温州市"六普"总人口912.21万人,土地总面积11879平方千米,人口密度768人/平方千米("六普"公报为774人/平方千米),比1990年增加了202人/平方千米。

全世界陆地面积14800万平方千米,居住者70亿人口,平均人口密度47人/平方千米。中国大陆面积963.4897万平方千米,居住者13.3973亿人,平均人口密度139人/平方千米;包括港澳台的全中国面积967.2018万平方千米,居住者13.7054亿人,平均人口密度142人/平方千米。浙江省面积10.4141万平方千米,居住者5442.6891万人,平均人口密度523人/平方千米。由此可知,温州人口密度是世界平均值的16倍,是中国大陆平均值的5.5倍,比浙江省平均值高46.8%。

在世界上,除摩纳哥、梵蒂冈、新加坡等城市国家和马耳他、马尔代夫、巴林等岛屿国家外,人口密度最高的是孟加拉国(1023人),此外再也找不出高于温州的国家。温州人口密度高于第二位的韩国(491人)、第三位的荷兰(395人)、第六位的日本(338人)、第七位的印度(333人)等国,更高于欧盟(114人)、美国(31人)、巴西(22人)、尼日尔(9人)、俄罗斯(8人)、加拿大(3.2人)、澳大利亚(2.5人)、蒙古(1.7人)等国。

表 4-8　　　　　温州乡镇和街道人口数量和人口密度

乡镇街道	总人口(人)	人口密度(人/千米²)	乡镇街道	总人口(人)	人口密度(人/千米²)	乡镇街道	总人口(人)	人口密度(人/千米²)
鹿城区	**1293266**	**4393.2**	**瑞安市**	**1424667**	**1120.9**	北城街道	26914	417.9
五马街道	204999	28314.8	安阳街道	108298	7219.9	东城街道	26436	253.5
滨江街道	225977	14062.0	玉海街道	79917	12108.6	南城街道	65124	957.7
松台街道	168688	16685.3	锦湖街道	88922	1450.6	江北街道	162545	6829.6
南汇街道	223798	11841.2	东山街道	58347	2040.1	东瓯街道	73508	3585.8
双屿街道	312747	12264.6	上望街道	68206	2783.9	三江街道	28568	546.2
仰义街道	63948	2276.5	莘塍街道	129822	6332.8	黄田街道	47296	1424.6
七都街道	10797	451.8	汀田街道	73476	3465.8	乌牛街道	42780	542.9
藤桥镇	82312	500.2	飞云街道	99439	1957.5	桥头镇	74839	807.3
龙湾区	**749303**	**2684.7**	仙降街道	87529	2566.8	桥下镇	68914	243.5
永中街道	128374	2754.8	南滨街道	31337	1099.5	大若岩镇	12319	132.5
海滨街道	70014	2465.3	塘下镇	312080	3824.5	碧莲镇	19064	106.7
永兴街道	52798	1571.4	陶山镇	88963	586.8	巽宅镇	17279	66.5
瑶溪街道	72148	2944.8	湖岭镇	62852	224.6	岩头镇	35729	159.3
状元街道	102005	7183.5	马屿镇	91864	485.0	枫林镇	16574	220.1
蒲州街道	99300	13985.9	高楼镇	43615	157.2	岩坦镇	23648	41.8
沙城街道	63041	2472.2	**乐清市**	**1389329**	**1135.6**	沙头镇	28549	152.0
天河街道	51790	2830.1	城东街道	45751	1475.8	鹤盛镇	19082	71.0
海城街道	52157	3548.1	城南街道	88389	4189.1	**平阳县**	**761713**	**724.7**
灵昆街道	21564	420.4	乐成街道	79362	1182.7	昆阳镇	133215	1321.6
星海街道	36112	2423.6	盐盆街道	25769	1257.0	鳌江镇	210116	992.0
瓯海区	**996870**	**1622.2**	翁垟街道	56887	2163.0	水头镇	152180	768.2
景山街道	38079	9763.8	白石街道	35021	731.1	萧江镇	98633	1123.4
新桥街道	93531	8426.2	石帆街道	43779	1368.1	万全镇	64134	967.3
娄桥街道	93151	3034.2	天成街道	19647	1423.7	腾蛟镇	46234	524.2
郭溪街道	122982	2236.0	柳市镇	326455	3548.4	山门镇	26991	234.1
潘桥街道	73379	974.5	北白象镇	177391	2132.1	顺溪镇	8456	76.5
瞿溪街道	52428	1149.7	虹桥镇	198947	2203.2	南雁镇	17096	355.4
梧田街道	223735	6678.7	淡溪镇	40700	475.5	青街乡	4658	192.5
三垟街道	41705	2453.2	清江镇	54273	1154.7	**苍南县**	**1184450**	**931.0**
南白象街道	58673	3577.6	芙蓉镇	38956	254.3	灵溪镇	298817	1598.0
茶山街道	76219	1929.6	大荆镇	94761	479.1	龙港镇	396000	2394.2
丽岙街道	34976	780.7	仙溪镇	21587	154.1	宜山镇	56008	3784.3
仙岩街道	60983	1275.8	雁荡镇	41652	559.1	钱库镇	136153	1301.7
泽雅镇	27029	139.4	**永嘉县**	**789168**	**295.1**	藻溪镇	21591	254.6

（续表）

乡镇街道	总人口（人）	人口密度（人/千米²）	乡镇街道	总人口（人）	人口密度（人/千米²）	乡镇街道	总人口（人）	人口密度（人/千米²）
桥墩镇	50874	252.5	黄坦镇	14621	74.8	雅阳镇	22228	174.6
金乡镇	107360	1147.0	百丈漈镇	14213	160.4	仕阳镇	26647	163.5
矾山镇	37849	307.2	峃口镇	12403	141.1	三魁镇	28002	155.4
赤溪镇	21071	191.9	巨屿镇	10858	193.9	司前镇	11630	55.7
马站镇	53341	376.4	西坑镇	10144	50.6	竹里乡	1027	21.8
凤阳乡	2103	89.5	周山乡	1905	136.1	**洞头县**	**87683**	**843.4**
岱岭乡	3283	146.6	**泰顺县**	**233421**	**132.5**	北岙街道	41761	1720.0
文成县	**212077**	**164.0**	罗阳镇	78538	183.3	东屏街道	15653	1081.0
大峃镇	81360	520.5	百丈镇	5450	36.5	元觉街道	4234	540.1
珊溪镇	22476	149.2	筱村镇	19059	107.5	霓屿街道	7274	632.5
玉壶镇	24463	134.3	泗溪镇	28387	149.3	大门镇	12857	359.1
南田镇	19634	121.2	彭溪镇	12453	138.7	鹿西乡	5904	586.9

说明:本表人口数为2010年11月1日"六普"常住人口数量。

在我国338个地级以上大中城市中,温州人口密度排行第43位,远高于省会城市的南昌(681人)、石家庄(641人)、福州(585人)、贵阳(538人)、重庆(350人)、南宁(301人)、西宁(288人)、兰州(276人)、乌鲁木齐(236人)、哈尔滨(200人)、呼和浩特(169人)、昆明(151人)等。在浙江省11个地级市中,温州人口密度居第4位,仅次于嘉兴(1150人)、舟山(779人)和宁波(775人),比杭州市(524人)高46.6%,是衢州的(286人)的2.7倍,是丽水市(122人)的6.3倍。

温州人口密度的地区差异极大。以11个县级行政区作为统计对象,鹿城第一(4393人),龙湾第二(2685人),瓯海第三(1622人),乐清第四(1136人),瑞安第五(1121人),苍南第六(931人),洞头第七(843人),平阳第八(725人),永嘉第九(295人),文成第十(164人),泰顺末位(133人)。温州市区三区人口密度很大,达2559人/平方千米,永嘉、文成和泰顺三个山区县密度很小,平均仅216人/平方千米。

县级政区人口密度最高与最低之间的差距可以反映人口分布均衡度的大小。人口密度最高的鹿城区与最低的泰顺县相差33倍。与全国各地比较,新疆2万多倍,甘肃1万多倍,多省区为100倍左右,最低的以平原为主的江苏、河南、湖南、安徽、江西等省为20倍左右。由此可见,温州人口分布在全国来看还是比较均衡的。

表4-9 温州县级行政区的人口密度

县级政区	常住人口（万人）		面积（平方千米）		人口密度（人/平方千米）	
	2000年	2010年	2000年	2010年	2000年	2010年
鹿城区	99.10	129.33	88.4	294.4	11210	4393
龙湾区	47.73	74.93	61.4	279.0	7774	2685
瓯海区	56.69	99.69	918.3	614.5	617	1622
瑞安市	109.75	142.47	1360.0	1271.0	807	1121
乐清市	116.28	138.93	1223.4	1223.4	950	1136
永嘉县	71.05	78.92	2698.2	2674.1	263	295
平阳县	74.04	76.17	1051.1	1051.1	704	725
苍南县	116.76	118.46	1272.3	1272.3	918	931
文成县	26.49	21.21	1293.4	1293.4	205	164
泰顺县	27.98	23.34	1761.6	1761.6	159	133
洞头县	9.64	8.77	104.0	104.0	927	843
温州全市	755.80	912.21	11879.0	11879.0	636	768

以县以下的乡镇和街道作为统计对象,温州60个街道中,人口密度达1万人/平方千米以上的街道有7个,其中鹿城老城区的五马街道密度最大,达到2.83万人/平方千米,其次是松台街道(1.67万人)、滨江街道(1.41万人)、双屿街道(1.23万人)、南汇街道(1.18万人),还有龙湾蒲州街道(1.40万人)和瑞安玉海街道(1.21万人)。60个街道中人口密度不到1000人/平方千米的有12个,分别是鹿城的七都街道(452人),龙湾灵昆街道(420人)、瓯海潘桥街道(975人)、丽岙街道(781人)、乐清白石街道(731人)、永嘉南城街道(958人)、北城街道(418人)、东城街道(254人)、三江街道(546人)、乌牛街道(543人),洞头霓屿街道(633人)、元觉街道(540人)。这些所谓的"城区街道"人口密度不及一般的镇,更不到镇区的平均水平,他们都达不到国家统计局关于城乡划分的规定1500人/平方千米的指标,其实就是"乡下"地区,这是2011年4月温州行政区划调整"闹剧"中出现的畸形政区。

温州71个乡镇中,大部分人口密度在500～2000人/平方千米。2000人/平方千米以上的有6个,分别是瑞安塘下镇(3825人),乐清柳市镇(3548人)、虹桥镇(2203人)、北白象镇(2132人),苍南宜山镇(3784人)、龙港镇(2394人)。71个乡镇中,有10个僻远山区乡镇人口密度不到100人/平方千米,分别是平阳顺溪镇(77人),苍南凤阳畲族乡(90人),永嘉鹤盛镇(71

人)、巽宅镇(67 人)、岩坦镇(42 人)，文成黄坦镇(75 人)、西坑畲族镇(51
人)，泰顺百丈镇(37 人)、司前畲族镇(56 人)、竹里畲族乡(22 人)。有些山
区乡镇外出务工经商人口很多，导致人口密度很小，例如泰顺百丈镇的户籍
人口密度有 124 人，常住人口密度仅 37 人。

　　在温州 131 个乡镇和街道绘制的人口密度图中，5000 人/平方千米以上
的有 14 个街道，2000～5000 人/平方千米的有 25 个镇和街道，1000～2000
人/平方千米的有 21 个镇和街道，200～1000 人/平方千米的有 37 个乡镇和
街道，100～200 人/平方千米的有 24 个乡镇，100 人/平方千米以下的有 10
个乡镇。见图 4-6。

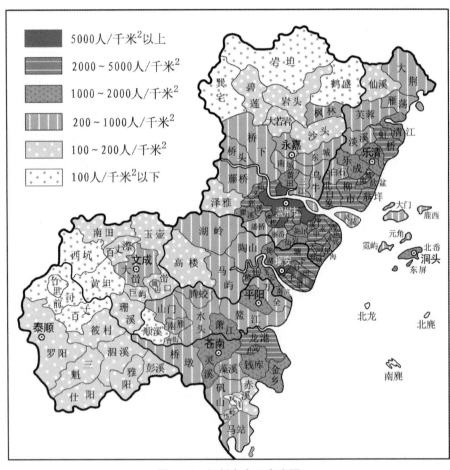

图 4-6　温州市人口密度图

三、温州人口构成

人口构成中,如性别、年龄、寿命等属于自然构成,如民族、宗教、文化、计划生育等属于社会构成,如在业、职业、行业、收入状况等属于经济构成。社会越发展,对人口构成的统计要求就越具体。人口构成的统计,对于研究分析人口的再生产,研究社会和经济发展都有重要意义。

(一)温州人口的性别构成

人口性别构成是指男女两性人口数量的比例关系。两性人口的比例是否平衡,直接影响到社会的婚姻、结婚率和妇女生育率。衡量指标有两种,一种是男子或女子在人口总数中所占的比重;另一种是性别比例,即男子数与女子数之比,也就是每100个女性中有多少男子数。据2010年"六普"数据,温州男性人口479.74万人,占52.59%;女性人口432.47万人,占47.41%;性别比为110.93。与以前历次人口普查相比,温州人口性别比从1953年"一普"的120.65,下降至2010年的110.93,性别比呈缓慢下降趋势。但与省内各地区相比,温州人口性别比一直居全省第一。

表4-10   **温州市人口性别构成的变化**   单位:万人、%

历次普查	男性人口		女性人口		性别比
	数量	比重	数量	比重	
一普(1953年7月1日)	162.69	54.68	134.84	45.32	120.65
二普(1964年7月1日)	203.72	53.77	175.14	46.23	116.32
三普(1982年7月1日)	312.27	52.67	280.56	47.33	111.30
四普(1990年7月1日)	330.87	52.26	302.22	47.74	109.48
五普(2000年11月1日)	398.66	52.75	357.10	47.25	111.71
六普(2010年11月1日)	479.74	52.59	432.47	47.41	110.93

从县级行政区的人口性别比来看,各地差异较大。龙湾最高,达118.69;其次是瓯海117.04,永嘉112.34;洞头最低,仅99.07,男性少于女性,这是罕例。11个县级政区中,人口性别比在110以上的有市区三区、永嘉、泰顺5个县、区。由于男性死亡率高于女性,因此越往高龄,两性存活的概率相差就越大,致使人口性别比逐渐降低。随着温州人口老龄化加剧,这个"111"的人口性别比是非常高的。

表 4 - 11　　　　　　2010 年温州县级行政区人口性别构成　　　单位:万人、%

县级政区	男性人口		女性人口		性别比
	数量	比重	数量	比重	
鹿城区	67.75	52.39	61.58	47.61	110.03
龙湾区	40.67	54.27	34.26	45.73	118.69
瓯海区	53.76	53.93	45.93	46.07	117.04
瑞安市	74.38	52.21	68.09	47.79	109.25
乐清市	72.34	52.07	66.59	47.93	108.64
永嘉县	41.75	52.91	37.16	47.09	112.34
平阳县	39.39	51.72	36.77	48.28	107.13
苍南县	61.96	52.31	56.50	47.69	109.67
文成县	11.07	52.19	10.14	47.81	109.16
泰顺县	12.29	52.67	11.05	47.33	111.27
洞头县	4.36	49.76	4.40	50.24	99.07
温州全市	479.74	52.59	432.47	47.41	110.93

　　除上述男女人口比重和性别比之外,人口性别构成还有一个很重要的指标,就是出生人口性别比。20 世纪 80 年代中期以前,温州普查年度出生人口性别比是比较正常的,例如 1982 年"三普"为 105.90。此后,由于执行严厉的计划生育政策,温州出生人口性别比急剧升高,至 1990 年"四普"升至 144.87,2000 年"五普"稍有下降,也达 127.36。2010 年"六普"的普查年度高达 131.85,比"五普"高出 4.49 个百分点,比全国平均水平高出 13.75 个百分点,比浙江平均水平高出 12.91 个百分点。见图 4 - 7。温州成为全国和全省出生人口性别比失调最严重的地区之一,苍南和永嘉两县都超过 140,有的乡镇甚至在 150 以上。温州出生人口性别比畸高是"六普"人口构成的一个显著特点。

　　人口结构中,出生人口的性别比尤为关键,国际上出生人口性别比的标准值是 105。由于女性寿命普遍长于男性,而且各年龄段男性死亡率都高于女性,所以事实上新生儿的男孩数量比女孩略高一些,103 至 107 的出生人口性别比都属于正常范围。然而,温州是全国和全省出生人口性别比最高的地区之一,且一直居高不下。自 20 世纪 80 年代计划生育政策实施以来,人口性别比随着社会"重男轻女"和"传宗接代"的性别偏好以及 B 超胎儿性别鉴定技术的滥用,出生人口性别比再一次被拉升,一直处于畸高水平。据调查,农村女胎被流产的可能性是男胎的 20.5 倍,其中已有一个姐姐的女胎被流产的可能性更大。"六普"数据显示,温州普查年度出生的男婴比女婴多出 31.85%,远超出国际警戒线的 25.7%,这意味着 20 年后,理论上将有 31.85% 的男性将遭遇"娶妻难"。

既然出生人口性别比畸高已经持续二十余年,现在 20～34 岁婚育年龄中,难道是"剩男"当道吗? 这倒未必。目前 20～34 岁的常住人口中,男性为 141.92 万人,女性为 129.52 万人,性别比为 109.57,反倒趋同于国际标准。这主要的原因是温州现有的鞋革、服装、服务行业吸引了大量婚育年龄的女性外来务工者,"外来妹"的迁入大大平衡了性别比,也给了温州诸多"剩男"以迎娶的机会。此外,在人口学上还存在"挤占现象",即出生人口性别比在长期失衡的影响下,同龄适婚女性短缺,男性就会向低年龄女性中择偶。挤压到一定程度,就要向别的地区发展,出现城里哥娶乡下妹,富裕地区的男性娶欠发达地区的女性,"剩男"在发达地区就比较少,反倒是沉积到欠发达地区、低收入的贫困阶层。近年来,我国中西部落后的农村地区"娃娃亲"和"童养媳"歪风陋习死灰复燃,这就是"婚姻挤占"的必然结果,无疑是当今社会的一大隐忧。

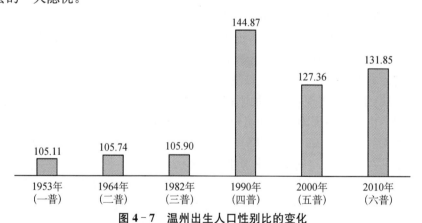

图 4-7 温州出生人口性别比的变化

(二)温州人口的年龄构成

人口年龄构成是指不同年龄人口数量的比例关系。人口年龄统计,以实足年龄,即周岁来计算。统计时可以逐龄计算,也可以按 5 年分档,还有学龄、劳动年龄、兵役年龄、生育年龄等特殊的划分。国际上通常的做法是划分为三大类,即0～14岁为少年儿童,15～64岁为青年和成年,65岁及以上为老年。其中青年和成年是劳动人口,少年儿童和老人是被抚养人口。衡量人口年龄构成的指标很多,常用的有少年儿童比重、老年人口比重、老少比、劳动人口比重、年龄中位数、总抚养比、少儿抚养比、老年抚养比、高龄化系数、百岁老人比重等。从这些指标中可以看出,温州人口年龄结构变化,呈现少儿人口减少,成年人口和老年人口增加,人口平均年龄增大,人口年龄众数前移和人口年龄中位数后退,劳动年龄人口的内部结构老化,人口抚养比持续走低,人口年龄金字塔出现纺锤状等特征。

1. 少年儿童比重

2010年"六普"资料显示,0～14岁的少年儿童人口130.53万人,占总人口的14.31%。比世界平均26.8%低12.5个百分点,比全国平均16.57%低2.26个百分点。与历次普查比较,少儿数量和比重显著下降。少儿数量从计划生育初期1982年"三普"的215.08万人,下降到2010年"六普"的130.53万人,28年间减少了84.55万人,降幅为39.29%,年均减少1.8%。少儿比重从1964年"二普"的42.56%,下降到2010年"六普"的14.31%,减少了28.25个百分点。见表4-12。

2010年温州中小学的学龄人口113.03万人,其中6～11岁的小学适龄人口48.70万人,12～14岁的初中适龄人口22.54万人,15～17岁的高中适龄人口41.79万人。与2000年相比,学龄人口持续减少,10年间中小学学龄人口减少30.68万人,其中小学减少18.74万人,初中减少12.25万人,高中微增0.31万人。这种学龄人口变化状况预示着今后温州小学和初中生源继续短缺,学校倒闭现状将会加剧;5年后温州高中学校也会开始生源不足,大学招生也会出现困难。例如温州中考报名人数已连续4年"四连降",2010年中考人数9.9万人,2011年降至8.3万人,2012年更降至7.3万人,2013年低至7.2万人,4年间全市中考生源减少2.7万人,平均每年要关闭高中200个班级。2012年因高中生源不足,温州市教育局不得不宣布温州十二中学高中部、五十二中学、五十六中学等学校停止招收高中班级。2013年温州三中、温州四中、温州十一中、温州十二中、温州十九中、温州二十三中等学校停止招收高中学生。

温州少儿人口比重的地区分布相对比较均衡,留守少儿较多的泰顺和文成比重较高,泰顺为19.37%,文成为17.23%;市区三区比重较低,瓯海10.71%,鹿城10.92%,龙湾13.24%;其他各县、市多在14%～16%之间。

表 4－12　　　　　　　　**温州市人口年龄构成的变化**　　　　　　单位:万人、%

年龄段		0～14 岁	15～59 岁	15～64 岁	60 岁及以上	65 岁及以上	人口总量
一普 1953 年	数量	107.81	169.14	176.98	19.67	11.84	297.53
	比重	36.35	57.02	59.67	6.63	3.99	
二普 1964 年	数量	161.25	192.45	202.49	25.15	15.11	378.86
	比重	42.56	50.80	53.45	6.64	3.99	
三普 1982 年	数量	215.08	332.50	347.16	45.24	30.59	592.83
	比重	36.28	56.09	58.56	7.63	5.16	
四普 1990 年	数量	190.56	383.85	403.53	58.71	39.00	633.09
	比重	30.10	60.63	63.74	9.27	6.16	
五普 2000 年	数量	149.41	527.98	550.50	78.37	55.85	755.76
	比重	19.77	69.86	72.84	10.37	7.39	
六普 2010 年	数量	130.53	680.92	712.14	100.76	69.54	912.21
	比重	14.31	74.65	78.07	11.05	7.62	

说明:"一普"中有年龄未详者 9073 人,"二普"中有年龄未详者 544 人。

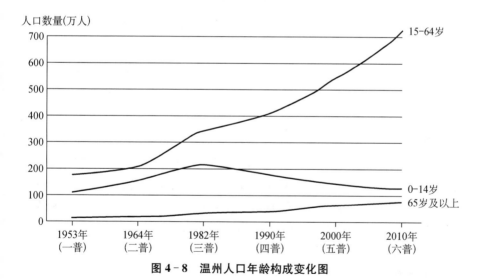

图 4－8　温州人口年龄构成变化图

2. 老年人口比重

2010 年温州常住人口中,60 岁及以上人口为 100.76 万人,占全市总人口的 11.05%,比全国平均水平低 2.2 个百分点,比全省低 2.8 个百分点。

65 岁及以上老年人口为 69.54 万人,占全市总人口的 7.62%,比全国平均 8.87%低 1.25 个百分点。比 1964 年"二普"的 3.99%上升了 3.63 个百分点,比 1982 年"三普"的 5.16%上升了 2.46 个百分点。温州 65 岁及以上的老年人口数量和比重明显上升。

表 4 - 13　　　　　　　2010 年温州各地人口年龄构成　　　　　单位:万人、%

区域	总人口	0~14 岁		15~59 岁		60 岁及以上		65 岁及以上	
		数量	比重	数量	比重	数量	比重	数量	比重
鹿城区	129.33	14.12	10.92	103.42	79.97	11.78	9.11	7.77	6.01
龙湾区	74.93	9.92	13.24	60.45	80.67	4.56	6.09	2.97	3.96
瓯海区	99.69	10.67	10.71	82.44	82.70	6.57	6.59	4.27	4.29
瑞安市	142.47	20.81	14.60	106.18	74.53	15.48	10.87	10.52	7.38
乐清市	138.93	21.59	15.54	102.08	73.47	15.26	10.99	10.50	7.56
永嘉县	78.92	13.08	16.58	54.97	69.65	10.86	13.77	7.73	9.80
平阳县	76.17	11.47	15.06	53.69	70.48	11.01	14.46	7.78	10.21
苍南县	118.46	19.29	16.29	84.66	71.47	14.51	12.25	10.13	8.55
文成县	21.21	3.65	17.23	12.73	60.01	4.83	22.76	3.55	16.74
泰顺县	23.34	4.52	19.37	14.43	61.84	4.39	18.79	3.23	13.84
洞头县	8.77	1.39	15.89	5.88	67.03	1.50	17.08	1.08	12.34
全市合计	912.21	130.53	14.31	680.92	74.64	100.76	11.05	69.54	7.62

国际上通常用 65 岁及以上老年人口比重、少儿人口比重、老少比和年龄中位数四项指标来划分人口年龄结构类型。温州人口年龄结构类型,在 1982 年"三普"和 1990 年"四普"时属于成年型,2000 年"五普"时就完全成为老年型,继后温州继续快速老龄化。见表 4 - 14。人口老龄化是由出生率和死亡率下降以及平均寿命延长引起的,是生产力发展、社会文明进步和人口再生产正常运行的结果,只是温州人口老龄化来得太早,速度太快。

2013 年 3 月,国家人口计生委高官杨玉学在全国政协大会上说"想通过增加生育来冲淡老龄化,那是饮鸩止渴"。这是一种错误的人口宣传,错得非常荒唐。众所周知,老龄化是由低生育率和寿命延长两个原因造成的,寿命延长是现代社会的共同规律,而中国的超低生育率是强制执行"一对夫妇只生一个小孩"政策的结果。放开二胎,增加生育无疑会减轻和放缓老龄化的危害。例如美国总和生育率长期维持在 2.1 世代更替水平,老龄化发展一直非常缓慢,年龄中位数长期维持在中等水平,在发达国家中最具有活力。而我们中国总和生育率只有1.18,温州更低至1.02,属于超低生育水平的世界末位。在这种现状下,还出现这样的错误宣传,这些计生委高官究竟要把中国人口问题带到何种死胡同里去?

表4-14　人口年龄结构类型划分标准及温州人口年龄结构变化

指标	划分标准			普查年份			
	年轻型	成年型	老年型	1982年	1990年	2000年	2010年
老年人口比重(%)	小于4	4～7	大于7	5.2	6.2	7.3	7.6
少儿人口比重(%)	大于40	30～40	小于30	36.3	36.1	19.8	14.3
老少比	小于15	15～30	大于30	14.2	20.5	37.4	53.3
年龄中位数(岁)	20岁以下	20～30岁	30岁以上	21.1	24.6	29.1	34.1

说明:老年指65岁及以上,少儿指0～14岁。世界人口年龄中位数为29.1岁,比温州低5岁。

温州人口老龄化的另一个特点是老年人口趋向高龄化。2010年全市80岁及以上的高龄老年人口15.28万人,比2000年增加66.8%,远高于同期老年人口的增幅。高龄老人占60岁及以上人口比重高达15.17%,比1990年增加4.53个百分点,比2000年增加3.48个百分点。2010年全市百岁及以上的祥瑞老人277人,与2000年146人相比,十年内几乎翻了一番。2011年温州祥瑞老人达356人,远高于杭州的202人和宁波的169人,居全省首位。其中男性110人,女性246人;居住在城镇46人,居住在农村310人。2013年温州百岁老人达到454人,其中男性166人,女性288人;居住在城镇61人,居住在农村393人。2012年7月永嘉县被中国老年学会评授为浙江省第一个"中国长寿之乡",排名全国第28位。

温州老年人口的地区分布很不平衡。从65岁及以上的老年人口数量来看,瑞安和乐清达到10万人以上,鹿城、平阳和永嘉都在7万多人,瓯海4万多人,文成和泰顺3万多人,洞头只有1万人。从65岁及以上老人比重来看,文成达到惊人的16.74%,泰顺13.84%,洞头12.34%,这三县由于青壮年外出人口多,导致留守老人比重高。温州市区三区的老人比重很低,尤其是龙湾只有3.96%,瓯海也仅4.29%。温州市区三区和瑞安、乐清两市的老人比重都在8%以下,这是大量青壮年外来人口涌入所致。见表4-13。

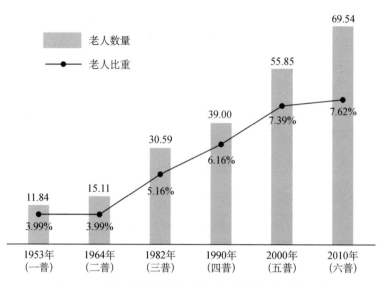

图 4-9　温州 65 岁及以上老年人口数量和比重的变化

表 4-15　　　　　　　温州不同年龄段老年人口的变化　　　　单位:万人、%

普查年份	60 岁及以上人口数量	60~69 岁		70~79 岁		80 岁及以上	
		数量	比重	数量	比重	数量	比重
一普 1953 年	19.67	13.33	67.77	5.43	27.61	0.91	4.63
二普 1964 年	25.15	17.47	69.46	6.53	25.96	1.15	4.57
三普 1982 年	45.24	26.10	57.69	14.67	32.43	4.46	9.86
四普 1990 年	58.71	34.61	58.95	17.86	30.42	6.25	10.64
五普 2000 年	78.37	42.86	54.69	26.35	33.62	9.16	11.69
六普 2010 年	100.76	51.40	51.01	34.08	33.82	15.28	15.17

　　由于大量青壮年外来人口掩盖了温州本地人口的老龄化程度,我们换一个角度,从本地常住的户籍人口来看温州的人口老龄化,这对决策和规划温州社会养老事业,建设养老体系,提高社会公共赡养能力很有参考价值。与常住人口老龄化相比,温州本地人口老龄化要严重得多。本地 60 岁及以上老人比重达到 15.86%,比常住人口老人比重高出 4.81 个百分点;65 岁及以上老人比重达到 10.93%,比常住人口老人比重高出 3.31 个百分点。全市已有 7 个县级政区的本地 60 岁及以上老人比重超过 16%,65 岁及以上老人比重超过 11%,达到非常严重的老龄化程度。尤其是泰顺和文成两县更

超过了 18% 和 13%,老龄化严重程度超过了人口负增长的欧洲国家。

表 4-16　　　2010 年温州各地常住的户籍人口老龄化程度　　单位:万人、%

县级政区	户籍人口	外出人口	常住的户籍人口	60 岁及以上		65 岁及以上	
				数量	比重	数量	比重
鹿城区	71.40	3.09	68.31	11.6	16.98	7.8	11.42
龙湾区	37.92	2.91	35.01	4.2	12.00	2.8	8.00
瓯海区	40.62	1.66	38.96	5.8	14.89	3.9	10.01
瑞安市	119.05	14.96	104.09	16.0	15.37	10.8	10.38
乐清市	124.05	29.97	94.08	15.9	16.90	10.9	11.59
永嘉县	92.31	23.55	68.76	11.9	17.31	8.3	12.07
平阳县	86.73	13.27	73.46	11.9	16.20	8.3	11.30
苍南县	129.78	18.16	111.62	15.6	13.98	10.8	9.68
文成县	37.64	6.91	30.73	5.6	18.22	4.0	13.02
泰顺县	36.34	10.29	26.05	4.8	18.43	3.5	13.44
洞头县	12.81	2.55	10.26	1.7	16.57	1.2	11.70
温州全市	788.63	127.31	661.32	104.9	15.86	72.3	10.93

　　65 岁及以上老人比重达到 7% 称为老龄化社会,翻番达到 14% 以上称为老龄社会或超老龄化社会。人口老龄化必然会对社会经济发展带来影响甚至冲击,例如造成劳动力不足和老化,赡养老人负担加重,大量老人需要看护照料,而且大家拼命储蓄养老,会使国内消费疲软,拖慢经济发展速度。日本作为世界上人口年龄中位数和平均预期寿命最高的国家,老人比重已达 24% 以上,业已受到"白发浪潮"的冲击。忧心忡忡的日本家庭积极储蓄,准备养老,遏制了经济的增长;成本高昂且不断老化的劳动力增加了企业的薪资支出,侵蚀了企业的利润。日本作为人口老龄化的前车之鉴,对温州人口年龄构成很有参考价值。日本在 1970 年开始进入老龄化社会,那时日本已经完成了工业化,并成为世界第二经济大国;至 1994 年日本老人比重翻番达到 14%,进入超老龄化社会,用时只有 24 年,是世界上老龄化速度最快的国家。老人比重从 7% 至 14%,世界上第一个老龄化国家法国用了 115 年,瑞典用了 85 年,美国用了 75 年,英德用了 45 年,日本仅用 24 年。相比之下,温州开始进入老龄化社会是在 1997 年,比全国平均水平早 4 年。时逾 13 年,至 2010 年温州本地人口老龄化程度已达 11%,预计 2020 年温州本地人口老龄化将翻番达到 14%,需时 23 年,老龄化速度比日本还要快。因此

可以得出结论,温州未完成工业化已进入老龄化,即所谓"未富先老",而当今世界所有的老龄化国家都是"先富后老";而且温州老龄化进程很快,超过了世界上任何一个国家。未富先老和老龄化速度快是温州人口年龄构成的一个显著特点。

温州由于生育率超低,并持续走低,以及独生子女家庭数量剧增,传统的家庭养老成为"无源之水"。在家庭养老功能急剧弱化的状况下,国家和社会又不能承担起赡养老人的责任,这就使身边无子女的空巢老人家庭,特别使失独和失能老人处于孤立无援的境地,既不能从子女那里获得经济供养、生活照料和精神慰籍,又极少能获得国家和社会的帮助,这是一种非常可怕的老龄化社会。目前温州老人经济收入很低,农村老人养老金每月57.50元,城镇老人养老金每月120元,职工退休金平均每月2000元,欧美国家都在人民币1万元以上,而我们的失能老人雇请保姆的月薪高达3000元以上。在社会养老保障机制很不健全的状况下超前进入老龄化社会,这对温州社会经济无疑具有很大的挑战性,必须引起全社会的高度重视。

3. 人口抚养比

人口抚养比又称抚养率,是指非劳动人口与劳动人口数量的比率,抚养比越大,表明劳动力人均承担的抚养人数就越多,抚养负担就越重。人口抚养比分为总抚养比、少儿抚养比、老年抚养比三种。总抚养比是"人口红利"的表现形式,总抚养比越低,人口红利越高。所谓人口红利是指15~64岁劳动年龄人口占总人口比重较大,抚养率比较低,为经济发展创造了有利的人口条件,整个国家或地区的经济形成高储蓄、高投资和高增长的局面。它的经济学意义在于,当抚养比下降时,由于全社会用来抚养的压力减轻,GDP构成中消费率降低,储蓄率增高,投资高速增长,进而推动经济以超常规的速度发展。2010年温州人口总抚养比很低,而且持续走低。按60岁及以上组标准计算的总抚养比,从1982年78.28%降至2010年的33.98%;按65岁及以上组标准计算的总抚养比,从1982年70.77%降至2010年的28.09%,远低于全国平均水平34.90%,也低于全省平均值的29.11%。据此,温州目前处于经济发展的黄金时期,然而大约到2015年温州人口抚养比将出现拐点,到达人口红利期的顶峰。继后温州人口抚养比开始上升,大约到2035年升至53%的人口红利期标准。因此,温州人口红利期从"六普"后将再持续25年。

人口抚养比由少儿抚养比和老年抚养比组成,两者之和等于总抚养比。2010年温州少儿抚养比仅为18.33%,低于全国平均水平的22.2%,比1982

年下降了 43.62 个百分点,比 2000 年下降了 8.81 个百分点,呈明显下降趋势。2010 年温州老年抚养比为 9.76%,低于全国平均水平的 12.7%,比 2000 年下降了 0.39 个百分点。主要原因是大量外来劳动人口涌入温州,导致劳动年龄人口大幅增加,一定程度上降低了温州少儿抚养比和老年抚养比。

表 4-17　　　　　　温州人口抚养比的变化　　　　　　单位:%

普查年份	60 岁及以上			65 岁及以上		
	总抚养比	少儿抚养比	老年抚养比	总抚养比	少儿抚养比	老年抚养比
三普 1982 年	78.28	64.68	13.60	70.77	61.95	8.81
四普 1990 年	64.93	49.65	15.29	56.89	47.22	9.66
五普 2000 年	43.14	28.30	14.84	37.29	27.14	10.15
六普 2010 年	33.98	19.17	14.80	28.09	18.33	9.76

4. 人口年龄金字塔图

人口年龄金字塔图是一种表示人口年龄构成的直观形象的常用表述方式。图中纵轴为不同年龄组,横轴为年龄组人口占总人口比重%,左侧为男性人口比重,右侧为女性人口比重。从温州历次人口普查的 6 幅人口年龄金字塔图中可以看出,1953 年"一普"和 1964 年"二普"的低龄组人口数量十分庞大,金字塔底部宽大,图形类似于钟状,呈典型的金字塔形状。此后,低龄组开始收缩,至 2000 年呈现急剧收缩,图形接近于纺锤状。如果对这 6 幅金字塔图进一步逐龄观察,就会发现峰谷参差不齐,收放波动剧烈。从大轮廓上看,1953 年图中 10～14 岁年龄组出现凹陷现象,这是抗日战争时期人口减少,生育率下降遗留的痕迹。1964 年图中 20～24 岁年龄组也有凹陷,这是 1953 年 10～14 岁年龄组的收缩传递下来的。1982 年图中除计划生育造成 0～4 岁婴儿比重收缩外,还有两处凹陷,一处是 40～44 岁年龄组,这是以前凹陷的惯性作用所致;另一处是 20～24 岁年龄组的凹陷,这是知识青年支边和上山下乡导致的收缩。此后知青返回家乡,在 1990 年图中的 30～34 岁年龄组恢复正常。1990 年图中的 45～49 岁年龄组的凹陷是前次传递的结果。2000 年图中出现 5～9 岁年龄组收缩,2010 年图中出现 5～9 岁及 10～14 岁两个低龄组的巨大收缩,其原因是计划生育和生产力大发展加快了人口转型进程,使低龄组人口再度明显减少。此外,2010 年图中的 35～39 岁年龄组出现膨胀,这是外来青壮年迁入导致的外扩现象。由此可知,温州人口年龄构成确实不理想,它增大了人口与社会经济协调发展的困难。

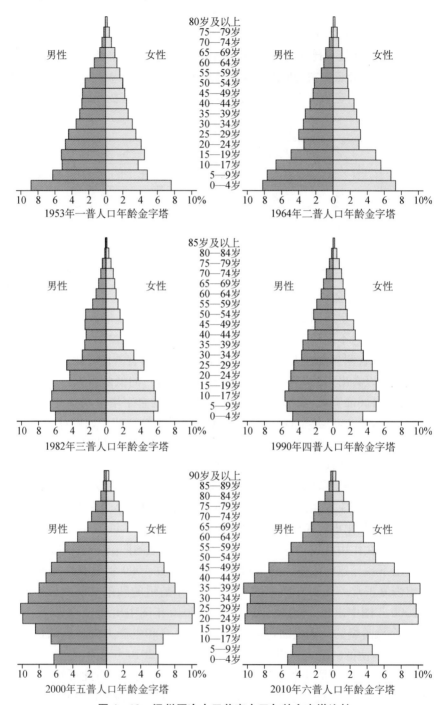

图4-10 温州历次人口普查人口年龄金字塔比较

（三）温州人口的文化构成

世间万物都是数量和质量的辩证统一。人口质量又称人口素质,它包括人口的身体素质、文化素质和道德素质三个方面的内容,人口地理学对人口素质的研讨,核心是文化素质。文化素质就是科学文化素质,是构成人口总体状况的一个基本因素。一个屠弱、封闭、愚钝的人群,同另一个强壮、开放、聪慧的人群之间,不可能展开势均力敌的竞争。在这种情况下,人口数量多少反而成为次要因素,人口素质成为经济建设和社会发展的基础,成为民族振兴的最重要和最具潜力的因素。国际上都用具有可比性和测度性的受教育程度和文盲率这两个指标来衡量人口文化素质高低。我国人口普查受教育程度分为未上过学、扫盲班、小学、初中、高中、中专、大学专科、大学本科、研究生9个调查类别,其中最主要的是每10万人中的大学人数和文盲人数。温州历史上曾出现过大批名家,今天温州籍的专家和科学家遍布全国各地,但目前温州人口的文化构成状况很差,远落后于全国和全省平均水平,远不能适应改革开放和经济发展的需求,已经成为经济社会发展的严重限制性因素,令人十分担忧。

1. 每10万人中大学人数

国际上都采用6岁及以上的每10万人中的大学人数来衡量人口文化素质高低。据2010年"六普"资料,温州市大学文化程度的人数只有65.03万人,每10万人中的大学人数仅7625人,大学人数占6岁及以上人口的7.63%,大约与文盲数和文盲比重相持平,比成人文盲率还低0.61个百分点。这个7.63%是温州人最丢脸面的事情,与发达国家和国内兄弟市相比,差距很大。世界银行发布的《世界发展指数》,高收入国家大学人口比重为60%,低收入国家为8%,温州只有7.63%,还达不到低收入国家的平均数。在中国包括中西部地区在内的全国平均数为8.82%,温州低了1.26个百分点;浙江省平均数为9.33%,温州低了1.71个百分点。也就是说,每10万人中大学人数,温州比全国平均数少1257人,比全省平均数少1706人,比杭州少11256人,比宁波少2708人,比舟山少2657人。当今中国高等教育已进入大众化阶段,温州的大学人数及比重还如此低,可见温州人的文化素质程度很低。

表 4 - 18 温州市人口文化构成的变化

普查年份		二普 (1964 年)	三普 (1982 年)	四普 (1990 年)	五普 (2000 年)	六普 (2010 年)
≥6 岁人口(万人)		309.2	508.6	567.4	708.6	852.9
大学	人数(万人)	0.5948	1.4678	3.9772	17.42	65.03
	比重(%)	0.19	0.29	0.70	2.46	7.63
	人/10 万人	192	289	701	2458	7625
高中	人数(万人)	3.3188	17.7421	27.6619	69.52	115.04
	比重(%)	1.07	3.49	4.88	9.81	13.49
	人/10 万人	1073	3488	4875	9811	13488
初中	人数(万人)	13.8776	76.3966	118.2728	251.34	334.44
	比重(%)	4.49	15.02	20.85	35.47	39.21
	人/10 万人	4488	15021	20845	35470	39212
小学	人数(万人)	97.9732	213.4894	273.2477	292.97	267.99
	比重(%)	31.69	41.98	48.16	41.35	31.42
	人/10 万人	31686	41976	48158	41345	31421
文盲	人数(万人)	149.0435	160.6672	124.2809	53.33	64.51
	比重(%)	48.20	31.59	21.90	7.53	7.56
	人/10 万人	48203	31590	21904	7526	7564
成人文盲率		68.49	42.53	27.69	8.80	8.25

说明:表中比重是指占 6 岁及以上人口的比重,成人文盲率是指 15 岁及以上不识字或识字很少的人数占同龄人口数的比率。

世界上发达国家采用对计算机软件、DNA、克隆等科学术语和基本科学概念的理解程度来评估国民文化素质,这对受教育程度调查是个很好的补充。中国科协曾多次采用国际通用的指标体系和统计方法,进行全国范围内的抽样调查,结果表明,美国、日本和欧盟国家公众达到的基本科学素质标准的人口比率比中国高出 22~35 倍,比温州恐要高出 40 倍。

从地区分布来看,每 10 万人中大学人数鹿城最高,达到 13195 人,虽超过了全省平均值,仍远落后于杭州市的平均值 18881 人。其他所有的县、市、区都在 8400 人以下,文成只有 4553 人,泰顺仅 4800 人;甚至经济发达的龙湾仅 6041 人,瑞安仅 5884 人,乐清仅 6642 人。难怪人家讥笑温州是"财富的殿堂,文化的沙漠"。

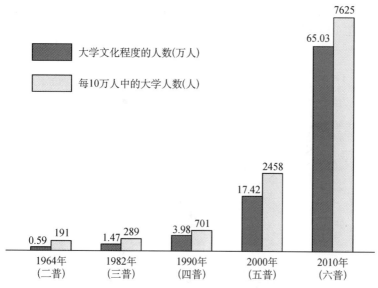

图 4-11　温州的大学文化程度人口增长

2. 文盲数和文盲率

世界各国通常以 15 岁及以上人口作为文盲统计对象,因此文盲率是指成人文盲率,即 15 岁及以上不识字或识字很少的人数占同龄人口数的比率。文盲率是衡量人口文化素质高低的一个重要指标,联合国开发计划署制定的人类发展指数(HDI)来测量世界各国的人文发展状况,就用了文盲率这一指标。据 2010 年"六普"数据,温州总人口 912.21 万人减去 0～14 岁的 130.53 万人,温州 15 岁及以上的成人数为 781.68 万人,其中成人文盲人口数达 64.51 万人,成人文盲率为 8.25%。这个 8.25% 也是温州人最丢脸面的事情,也是沉甸甸地压在温州社会经济发展翅膀上的一块顽石。

温州成人文盲率比全国平均值 4.89% 高 3.36 个百分点,比全省平均值 6.47% 高 1.78 个百分点。也就是说,温州 10 万个成人中有文盲和半文盲 8253 人,比全国 4885 人多出 3368 人,比全省 6472 人多出 1781 人,比杭州 4204 人多出 4049 人,比宁波 4332 人多出 3921 人。

特别要指出的是我国人口普查中,文盲者是自报的,不是实测的,有很多自称小学文化程度的人实际上是文盲或半文盲。根据我国国务院扫除文盲办公室规定的脱盲标准,包括文字的音和义,乡村居民识字 1500 个,城镇居民识字 2000 个,能阅读通俗书报,能写便条的人才算脱盲。假如以此标准用国际通行的实测方法来抽样调查,温州成人文盲数估计在 150 万以上,成人文盲率在 19% 以上。

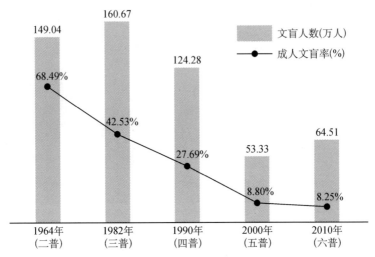

图 4-12　温州历次人口普查的文盲人数和文盲率

　　量测文化素质还有一个指标,就是大学文盲比。温州的大学文盲比只有 100.81%,比全国平均 218.44% 低 117.63 个百分点。也就是说,全国平均 2 个大学生对应 1 个文盲,温州 1 个大学生就对应 1 个文盲。温州比浙江平均 166.12% 低 65.31 个百分点,浙江的大学文盲比在全国 31 个省级行政区中排名第 22 位,文盲率排名第 24 位。可见温州人口受教育程度在全国落后到何等地步。温州有 7 个县级政区的大学文盲比在 100% 以下,即大学人数少于文盲人数。连经济发达的瑞安市也只有 63.39%,平阳 72.87%,苍南 48.81%,永嘉 62.44%,洞头 52.31%;经济落后的文成更低至 33.80%,泰顺 36.60%。可叹的是温州至今没有一家扫除文盲机构,也没有一家媒体去报道遍地文盲的惨状,更没有人来劝谏政府去抓扫盲工作。

　　从地区分布来看,温州文盲主要分布在山区和海岛的偏远、落后地区。成人文盲率最低的是市区三区,鹿城 3.06%,瓯海 3.91%,龙湾 4.60%。山区县和海岛县都很高,泰顺 16.26%,文成 16.34%,洞头更高达 17.62%。然而,经济发达的瑞安居然高达 10.87%,苍南更达 13.55%,这与经济发展水平极不相称。

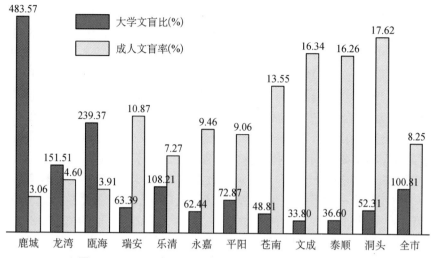

图 4-13　2010 年温州县级行政区大学文盲比和文盲率

3. 平均受教育年数

人口文化素质高低与受教育年数的长短成正比例关系,这是在国际上得到公认的。据 2010 年"六普"统计,温州 6 岁及以上人口平均受教育年数为 8.21 年,比 1990 年提高 2.75 年,比 2000 年提高 0.98 年。欧美发达国家平均受教育年数达到 12 年以上,即达到大学水平,最高美国达到 16 年,连韩国也有 13 年。我国平均为 9.05 年,上海为 10.55 年,杭州为 9.79 年,达到高中低年级水平;而温州平均受教育只有初中水平,位于全省倒数第四位,即所谓"老三的个头却只有小八的智能"。

从地区分布来看,鹿城区平均受教育年数最长,为 9.56 年,达到高中一年级水平,比上海、杭州稍高,比全国平均值稍低。其他所有的县、市、区都在 9 年以下,只有初中水平,其中泰顺和文成最短,仅 7 年,只有初中一年级水平。

表 4-19　　　2010 年温州各地平均受教育年数　　　　单位:年

区域	鹿城	龙湾	瓯海	瑞安	乐清	永嘉	平阳	苍南	文成	泰顺	洞头
年数	9.56	8.55	8.83	7.80	8.41	7.84	7.82	7.57	7.00	6.98	7.45

上述温州的大学人数比重、成人文盲率和平均受教育年数三方面可以看出温州人口文化素质极其低下,其原因主要受四个因素影响:①生产力发展水平,②城镇化或非农化水平,③对教育的重视和投入程度,④政府部门

的行政职责不清。生产力发展水平和经济收入决定了对人口文化素质的需求程度及培育文化素质的能力,因此对人口文化素质高低起着最基本的制约作用。根据世界人口文化素质类型的研究,目前温州以小学和初中的中、低文化素质者为主,说明温州尚处于工业化初期,连工业化中期的水平都未达到。在当今经济全球化的大背景下,劳动者的文化素质实际上决定了他在国际劳动分工中所处的地位。像温州这样大学文盲比很低的地区在经济全球化中已被边缘化,只能侧身于分工链的低端,靠劳动力的量大价廉赚些"辛苦钱",而主要利润则被拥有智力优势的发达国家所占有。

据 2005 年全国 1‰人口抽样调查数据,6 岁及以上人口平均受教育年数与人均 GDP 的相关系数为 0.7130,与城镇人口比重的相关系数为 0.8002,与第一产业从业人口比重的相关系数为-0.7202。这里的 0.8002 大于0.7130,说明人口文化素质还受经济以外的一些其他因素影响,其中很重要的就是城乡人口不同的居住密度和分布方式。平均受教育年数与人口密度的相关系数为 0.5592,说明城镇人口密度高,分布集中,有利于就近入学和提高教育的投入产出比。与之相反的农村地区人口密度低,居住分散,上学路远,就学率低,辍学率高。至今温州山区小学仍有复式班存在,其教师工资糊口都成问题,遑论提高教学质量。目前我国义务教育经费是按学生人数下发的,这就加剧了乡村特别是山区教育水平的严重滞后。

公共教育支出占 GDP 比重是教育现代化的重要参数,广泛用于度量政府对教育的重视程度和对教育经费投入的数量。当今世界教育经费的投入占 GDP 比重平均为 4.57%,高收入国家为 5.26%,中等收入国家为4.24%,以色列 6.25%,新西兰 6.22%,乌克兰 6.21%,美国 5.69%,南非 5.40%,伊朗 5.06%,印度 4.31%等。中国 1995 年 2.41%,2002 年 3.32%,2008 年3.48%,2012 年终于首次达到 4%。然而全国有浙、琼、藏、宁 4 个省区未达到《教育法》规定的教育投入增长要求,浙江居然是其一。根据温州市政府教育督导室发布的公报,2012 年温州市教育经费投入 125.58 亿元,只占 GDP的 3.44%,远低于全国平均水平,处于世界低收入国家水平的后列。另外,从人均公共教育支出来看,2012 年温州为 305 美元,美国为 2684 美元,相差 9倍。由此可知,中国对教育投入落在世界中等收入国家的后面,温州落在世界低收入国家的后面。这是温州人口文化素质落后的又一重要原因。

我国计划生育国策的具体内容是"控制人口增长数量,提高人口素质"。我们的计生委只抓前半句,不管后半句;我们的教育行政部门只抓本地人口,不管外来人口。这又是造成温州人口文化素质低下的原因所在。

表 4－20　　　　　　　**2010 年温州各地人口文化构成**　　　　　单位:万人

区域	大学		高中		初中		小学		文盲		成人文盲率（%）
	人数	人/10万人	人数	人/10万人	人数	人/10万人	人数	人/10万人	人数	人/10万人	
鹿城区	17.07	13195	20.73	16028	55.40	42838	25.39	19636	3.53	2729	3.06
龙湾区	4.53	6041	9.55	12744	32.26	43050	20.33	27137	2.99	3990	4.60
瓯海区	8.33	8359	11.95	11986	45.21	45354	24.88	24960	3.48	3491	3.91
瑞安市	8.38	5884	14.99	10520	50.48	35431	45.03	31608	13.22	9279	10.87
乐清市	9.23	6642	19.89	14316	51.15	36814	39.70	28572	8.53	6140	7.27
永嘉县	3.89	4925	9.14	11576	27.78	35202	25.79	32686	6.23	7894	9.46
平阳县	4.27	5609	9.03	11854	23.73	31160	27.53	36150	5.86	7693	9.06
苍南县	6.56	5541	15.06	12715	34.18	28855	39.58	33415	13.44	11346	13.55
文成县	0.97	4553	1.75	8264	6.03	28448	7.68	36209	2.87	13531	16.34
泰顺县	1.12	4800	2.03	8707	5.69	24373	9.34	39988	3.06	13111	16.26
洞头县	0.68	7789	0.92	10539	2.53	28823	2.73	31135	1.30	14823	17.62
温州全市	65.03	7625	115.04	13488	334.44	39212	267.99	31421	64.51	7564	8.25

　　说明:表中 5 种文化程度的人口比重是每 10 万人中的人数除以 1000 即得,例如鹿城区每 10 万人中大学人数为 13195 人,大学人口比重即为 13.195%。

（四）温州人口的民族构成

　　温州人口的民族构成中,绝大多数是汉族,汉族占总人口的 96.69%。温州的汉族,古为东瓯族,汉代以来受汉文化的同化,特别是接受了汉字,就演变成今天的汉族。但温州的汉族与中原地区的汉族有明显的差异,主要表现在温州人的语言是汉族人听不懂的瓯语,其次是风俗习惯也有很大差异。严格来讲,温州人不能归并为汉族,因为民族的划分最主要的依据是语言,其次才是文字。例如浙闽的畲族讲的是汉藏语系汉语族的客家语支的畲语,用的是汉字;温州人讲的也是汉藏语系汉语族的吴语支的瓯语,用的也是汉字。倘若温州人真的具有"中国犹太人"的魄力,我们的子孙后代就会恢复温州人的东瓯族。

　　如果严格按照民族划分的依据,我国民族种类多如牛毛。新中国成立以后,对民族种类进行大幅裁减,1954 年全国登记的有 400 多个民族,1964年裁为 173 个,1979 年法定为 56 个民族。20 世纪 90 年代以前,温州少数民族主要是本地户籍的畲族和回族,其他少数民族人口非常少。近 20 年以来,随着外来人口的大量涌入,温州的少数民族人口逐年增多,少数民族的个数也显著增加。据 2010 年"六普"统计,全国 55 个少数民族中,温州居住着 51 个少数民族,从 1964 年"二普"的 13 个少数民族增加到 2010 年的 51 个。2010 年全市少数民族人口共 30.17 万人,占总人口的 3.31%,比 1964 年"二普"增长了 8.31 倍,比 2000 年"五普"增长了 1.68 倍。温州全市有 7 个民族乡镇和 143 个民族村,是浙江省最重要的民族工作地区之一。

表 4-21 温州少数民族增长表

少数民族	一普 (1953 年)	二普 (1964 年)	三普 (1982 年)	四普 (1990 年)	五普 (2000 年)	六普 (2010 年)
人口数量	2.62 万	3.24 万	5.50 万	6.67 万	11.32 万	30.17 万
比重(%)	0.88	0.85	0.93	1.05	1.50	3.31
民族个数	4	13	23	39	45	51
畲族人口	26086	32048	50210	54353	52588	49070
回族人口	55	202	4221	10276	9650	12109

表 4-22 温州主要少数民族人口的变化 单位:人、%

序	民族名称	四普(1990 年)		五普(2000 年)		六普(2010 年)	
		数量	比重	数量	比重	数量	比重
1	土家族	238	0.36	20721	18.30	75540	25.04
2	苗族	379	0.57	15242	13.46	75383	24.99
3	畲族	54353	81.49	52588	46.45	49070	16.26
4	侗族	163	0.24	6438	5.69	31306	10.38
5	布依族	90	0.13	2522	2.23	20562	6.82
6	回族	10276	15.41	9650	8.52	12109	4.01
7	彝族	47	0.07	578	0.51	7500	2.49
8	壮族	663	0.99	1620	1.43	6727	2.23
9	仡佬族	8	0.01	655	0.58	5617	1.86
10	黎族	17	0.03	292	0.26	2289	0.76
11	瑶族	45	0.07	358	0.32	2251	0.75
12	白族	41	0.06	355	0.31	2033	0.67
13	其他民族	380	0.57	2184	1.93	11325	3.75
	温州全市	66700	1.05	113203	1.50	301712	3.31

温州少数民族人口快速增长是外来少数民族人口的大量涌入。普查资

料显示,温州本地户籍的少数民族人口只有 6.38 万人,占 21.15%;来自外省的有 23.79 万人,占 78.85%。迁入温州的前五位省份是贵州 11.44 万人,湖南 4.54 万人,湖北 3.20 万人,重庆 2.08 万人,云南 0.86 万人。这 5省、市合计 22.12 万人,占迁入少数民族人口的 92.98%。目前温州本地少数民族主要分布在山区农村,来自外省的少数民族主要分布在城镇。

2010 年温州的少数民族中,土家族第一,人口 7.55 万人,占 25.04%;苗族第二,人口 7.54 万人,占 24.99%,这两个民族人口占温州少数民族总人口的一半。而温州本地的畲族人口外出务工经商逐渐增多,常住人口从 1990 年的5.44 万人下降到 2010 年的 4.91 万人,只占 16.26%,由第一位退至第三位。

2010 年温州少数民族人口的地区分布,市区三区最多,达 11.43 万人,占全市少数民族人口数的 37.90%;其次是瑞安 4.36 万人,乐清 3.74 万人,苍南 3.10 万人;最少的是泰顺 1.34 万人,文成 0.75 万人,洞头 0.22 万人。这与外来人口的分布规律一致。从少数民族人口占常住总人口数的比率来看,泰顺第一,达到 5.74%,比第五次全国人口普查的 5.03% 上升了 0.71 个百分点,比温州全市平均水平 3.31% 高出 2.43 个百分点。

1990 年温州畲族人口占比高达 81.49%,居全市少数民族的第一位;回族占比为 15.41%,居第二位;其他 37 个少数民族只占 3.10%。2000 年畲族仍以 46.45% 的占比居首位,回族占比以 8.52% 退居第 4 位,2010 年更后退至第 6 位。但这两支是温州本地的少数民族,在温州人口的民族构成中有很重要的地位。

畲族是温州少数民族中迁入最早、分布最广的一个民族。全市现有畲民 4.91 万人,占浙江畲族人口的 29.51%,居全省第一位。畲族先民在 7 世纪初的隋末已居住在粤、闽、赣三省交界处的凤凰山区,广东潮州凤凰山是畲族的发祥地。畲族大量迁入温州是在明清之际的万历至乾隆年间的两百多年里,迁入温州共 159 个支族,其中明代 38 支,清代 121 支。迁徙路线从广东潮州由海路至福州连江马鼻登岸,再经闽东北的罗源、霞浦、福安、福鼎等地进入温州。随后,又有部分畲民从温州各地再迁往浙江的景宁、桐庐等二十多个县及安徽宁国、江苏宜兴等地。今天温州畲族主要有蓝氏、雷氏、钟氏、李氏 4 个支族。畲族的户籍人口分布在苍南(16485 人)、泰顺(15121人)、文成(10878 人)、平阳(9790 人)、乐清(850 人)、瑞安(726 人)等县市。主要聚居地有苍南的莒溪、凤阳、岱岭、腾垟、昌禅、华阳、南宋,泰顺的司前、仕阳、竹里、黄坑、彭溪、罗阳、雅阳、仙稔、里光、五里牌,文成的周山、富岙、敖里、西坑、双桂、雅梅,平阳的青街、闹村、朝阳、顺溪、新田、怀溪、维新、梅

表 4－23　　　　　　温州少数民族人口的地区分布　　　　　单位:万人、%

行政区	四普(1990 年)		五普(2000 年)		六普(2010 年)	
	数量	比重	数量	比重	数量	比重
鹿城区	892	1.34	9628	8.51	35740	11.85
龙湾区	35	0.05	5216	4.61	39592	13.12
瓯海区	249	0.37	13420	11.85	39007	12.93
瑞安市	4464	6.69	11532	10.19	43569	14.44
乐清市	1234	1.85	7648	6.76	37356	12.38
永嘉县	391	0.59	4905	4.33	28509	9.45
平阳县	10910	16.36	12928	11.42	23814	7.89
苍南县	20421	30.62	22694	20.05	30997	10.27
文成县	11016	16.52	9652	8.53	7545	2.50
泰顺县	15141	22.70	14074	12.43	13403	4.44
洞头县	1947	2.92	1506	1.33	2180	0.72
温州全市	66700	1.05	113203	1.50	301712	3.31

溪等地。温州畲族语言是畲语,但与广东畲语不同,广东畲语属于汉藏语系苗瑶语族的苗语支,接近"布努语",也有学者认为是苗瑶语族的未定语支,或独立为畲语支。而闽浙畲语则属于汉藏语系汉语族的客家语支。温州畲语与客家话相似,又有瓯语和闽语的成分。然而温州很多畲民不会讲畲语,例如平阳宋埠陡北村、宋桥鲍村的畲民讲平阳瓯语,文成三源高村讲文成瓯语,泰顺垟溪大山村、东溪前岭村讲泰顺土话。温州畲族没有自己的文字,他们的族谱、歌谣、传说等都用汉字书写。

　　温州回族现有常住人口 1.21 万人,占全省的 31.71%。主要分布在瑞安(3199 人)、苍南(3324 人)、洞头(1325 人)、平阳(770 人)4 个县市。他们从元代开始迁入温州,多数是明代前期移入。温州回民以丁氏和郭氏居多。丁氏回族在明宣德十年(1435 年)从福建晋江陈埭迁入瑞安马屿后姜村、苍南桥墩松山,后来从松山移居桥墩后隆村。然后,后姜回民分衍曹村丁凤、曹东、仙降下社、湖岭大同等地,后隆回民分衍苍南大渔、马站、赤溪双剑、平阳宋埠、塘川、鳌江、瑞安城关、莘塍下村、丰和娄渡、荆谷新岙、丽岙泊岙、梧埏等地。郭氏回族在明万历五年(1577 年)从福建泉州迁入苍南霞关库下村、坝头村,后来分衍霞关三星、蒲城、沿浦牛乾、马站后岘等地。另一支郭氏回族在清顺治十五年(1658 年)从福建惠安白奇迁至洞头东屏寮顶村和大门沙岙村,后来分衍岙仔、双朴、北沙、半屏等地。瑞安马屿后姜村是一个典型的回族聚居村,全村 268 户,1029 人,其中丁姓回民占 73.7%,至今仍保留着过节回福建祭祖的习俗。洞头东屏寮顶村人口 1005 人,回民占 34.9%。这些回族居民讲闽南话,信奉伊斯兰教,每逢伊斯兰教开斋节,回民聚集在一起做礼拜,宰牛羊,品油香。

(五) 温州人口的劳动力构成

国际上人口普查通常将 15～64 岁年龄组列为劳动适龄人口,世界银行指出"15～64 岁的人口经常被用于粗略地估计潜在的劳动力"。而中国《劳动法》采用男性 16～59 岁、女性 16～54 岁的统计口径,这是计划经济时代的产物,是按原苏联在 20 世纪 30 年代的标准拟定的,它只适用于在城镇工作的干部职工,而占人口大部分的农民与之没甚关系。此外,有些青年提早就业,有些干部职工退休后仍在干活。因此,中国人口普查资料有 15～59 岁和 15～64 岁两套数据。在没有说明的情况下,劳动力均指 15～64 岁年龄组的劳动适龄人口。

2010 年"六普"数据显示,温州 15～59 岁劳动年龄人口 680.92 万人,占总人口的 74.65%。与历次普查比较,劳动年龄人口呈增长态势。从 1953 年"一普"的 169.14 万人增至 2010 年"六普"的 680.92 万人,57 年间增加了 511.78 万人,增幅 302.58%,年均增长 2.47%。劳动年龄人口比重从 1964 年"二普"的 50.80%,增加到 2010 年"六普"的 74.65%,增加了 23.85 个百分点。

若以国际上通行的 15～64 岁作为劳动年龄人口统计,2010 年温州劳动年龄人口 712.14 万人,占总人口的 78.07%。与历次普查比较,比 1953 年"一普"176.98 万人增加 535.16 万人,57 年间增幅达 3 倍,年均增长2.47%;比 2000 年"五普"550.50 万人增加 161.64 万人,年均增长 2.61%。其中 1964 年"二普"至 1982 年"三普"的 18 年间增长最快,年均增幅达 3.04%。劳动力的增长速度明显超过总人口的增长速度。劳动年龄人口比重从 1964 年"二普"的 53.45%,增加到 2010 年的 78.07%,增加了 24.62 个百分点。显著超过了世界上绝大多数国家,仅略低于从国外招收大量石油工人的科威特、阿联酋等少数国家。

表 4－24 温州市劳动适龄人口的变化

时　　间	一普 (1953 年)	二普 (1964 年)	三普 (1982 年)	四普 (1990 年)	五普 (2000 年)	六普 (2010 年)
劳动力数量(万人)	176.98	202.49	347.16	403.53	550.50	712.14
劳动力比重(%)	59.67	53.45	58.56	63.74	72.84	78.07

　　温州劳动年龄人口的内部结构日趋老化。30 岁以下的年轻劳动力比重下降,30 岁以上的年长劳动力比重上升。以 15～59 岁为劳动力统计对象,15～19 岁年龄组比重从 1990 年的 17.22%降至 2010 年的 10.53%,20～29 岁年龄组比重从 1990 年的 31.51%降至 2010 年的 26.85%;而 30～39 岁年龄组比重从 1990 年的 24.20%升至 2010 年的 26.77%,40～49 岁年龄组比重从 1990 年的 14.68%升至 2010 年的 22.42%,50～59 岁年龄组比重从 1990 年的 12.39%升至 2010 年的 13.43%。

　　以 15～64 岁为劳动力统计对象,按国际惯例,通常分为三个年龄组,第一组 15～24 岁,共 164.06 万人,占 23.04%;第二组 25～44 岁,共 357.78 万人,占 50.24%;第三组 45～64 岁,共 190.29 万人,占 26.72%。显然温州劳动力数量主要分布在 25～44 岁的中青年组。年轻人精力充沛,但经验欠缺;年长者经验丰富,但体力衰退,接受新知识和新技术较慢;中年人兼而有之,是劳动力资源中的精华和社会的中坚。据调查,40～44 岁年龄组的人均生产量最高,年龄往上和往下,人均生产量趋于递减,其中 50～59 岁组是40～44 岁组的 71%,20～24 岁组是 40～44 岁组的 59%。

表 4－25 温州劳动年龄人口内部结构的变化 单位:万人、%

普查 年份	15～19 岁		20～29 岁		30～39 岁		40～49 岁		50～59 岁	
	数量	比重	数量	比重	数量	比重	数量	比重	数量	比重
一普	28.80	17.03	49.08	29.02	36.83	21.77	30.69	18.14	23.74	14.04
二普	32.23	16.75	51.57	26.80	47.92	24.90	34.42	17.89	26.30	13.67
三普	70.91	21.33	100.54	30.24	68.46	20.59	50.56	15.21	42.03	12.64
四普	66.11	17.22	120.93	31.51	92.89	24.20	56.36	14.68	47.56	12.39
五普	74.84	14.17	168.40	31.90	137.79	26.10	91.84	17.39	55.11	10.44
六普	71.73	10.53	182.83	26.85	182.29	26.77	152.64	22.42	91.43	13.43

　　国际上把参加有经济收入的劳动人口称为经济活动人口,中国人口普查中称为在业人口。按照国际人口普查惯例,经济活动人口或在业人口指15周岁及以上在普查时点前1周从事1小时以上有收入的社会劳动人口,这一界定与日常统计的就业人口有较大差异。因为本文中数据均采自人口普查,故称为在业人口,不称就业人口。在业人口与15岁及以上人口之比就是在业率,也称劳动参与率。据此标准,2010年温州在业人口576.94万人,在业率为73.81%。

　　温州劳动力参与率呈下降趋势。劳动适龄人口中有些没有参加社会经济活动,如求学、待业、失业、懒汉、离退休、操持家务、丧失劳动能力等,温州劳动力参与率为73.81%。从劳动年龄段来看,两头低、中间高,35~39岁年龄段的参与率最高,达88.11%;15~19岁仅39.62%,60~64岁仅41.01%。

表4-26　　　2010年温州不同年龄组的劳动力参与率　　　　单位:岁、%

年龄组	15~19	20~24	25~29	30~34	35~39	40~44	45~49	50~54	55~59	60~64
参与率	39.62	83.03	87.92	87.63	88.11	86.45	80.56	67.96	57.00	41.01

　　温州男性劳动力参与率为81.0%,女性仅59.2%,这种男性参与率明显高于女性的现象,说明温州"男主外,女主内"观念根深蒂固。从受教育程度看,初中的劳动力参与率最高,达83.35%;文盲的参与率最低,仅33.95%。

表4-27　　　2010年温州不同受教育程度的劳动力参与率　　　　单位:%

受教育程度	文盲	小学	初中	高中	大学专科	大学本科	研究生
劳动力参与率	33.95	68.88	83.35	63.18	75.98	74.82	66.94

　　在人口的劳动力构成中,除劳动力数量、比重、年龄构成、劳动力参与率外,还有行业构成和职业构成两个方面。例如张三是校长,李四是教师,两人的行业相同,都是教育行业;但张三的职业是单位负责人,李四的职业是专业技术人员。我国"一普"和"二普"只对国民经济十大部门职工人数进行统计,"三普"开始全面进行在业人口的行业和职业调查统计。人口普查中,行业分为15个类别,职业分为6个类别。

1. 行业构成

　　温州在业人口的行业构成中,从业人数最多的是制造业,达到293.09万人,占50.80%;其次是从事批发和零售业,共84.64万人,占14.67%;第三是从事农、林、牧、渔业,共54.75万人,占9.49%;第四是从事建筑业,共

27.06万人,占4.69%;从事其他11个行业的总共117.40万人,占20.35%。可见温州制造业的在业人口过大,真是所谓"制造业王国";而农业和服务业的从业人员比重太小。

表 4-28 　　　　　　　2010 年温州在业人口的行业构成　　　单位:万人、%

行业类别	农业	制造业	建筑业	批发和零售业	交通运输、仓储和邮政业	住宿和餐饮业	居民服务和其他服务业	其他行业
人数	54.75	293.09	27.06	84.64	22.44	20.08	15.81	59.07
比重	9.49	50.80	4.69	14.67	3.89	3.48	2.74	10.24

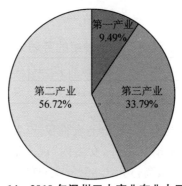

图 4-14　2010 年温州三大产业在业人口比重

从三大产业的从业构成来看,第一产业的在业人员占9.49%,第二产业占56.72%,第三产业占33.79%。与历次人口普查相比,第一产业的在业人员比重越来越小,第二、第三产业比重越来越大。与2000年比较,"一产"下降12.0个百分点,"二产"上升9.5个百分点,"三产"只上升2.5个百分点。在业人员的"三产"比重很重要,国际上通常作为衡量经济发展水平的一个重要指标。温州在业人员的"三产"比重很小,只有33.79%,而且增长缓慢,这正说明温州经济的落后一面。若干年后温州人均GDP赶上欧美国家,但"三产"比重达不到70%,也称不上进入发达国家的水平。

2. 职业构成

目前,我国的职业类别多达1838种,人口普查中将其归并为6大类,63中类,413小类。据2010年"六普"统计,温州在业人口的职业构成中,从业人数最多的是生产工人和运输设备操作人员,达到289.65万人,占50.20%;其次是从事商业和服务业工作人员,共145.89万人,占25.29%;第三是从事农、林、牧、渔业和水利业生产人员,共 55.49 万人,占 9.62%;第四是各类专业和技术人员,共 38.98 万人,占 6.76%;第五是办事人员和有关人员,共 32.84 万人,占 5.69%;第六是各种单位负责人,共 14.09 万人,占 2.44%。由此可知,温州在业人口的职业构成有以下几个特点:①从事智力劳动人数少,占 14.89%;从事体力劳动人数多,占 85.11%。②直接从事物质生产的劳动者多,非直接生产者少,这与行业构成的特征一致。③各类专业、技术人员比重偏小,与现今世界各国相比,不仅远远低于发达国家,而且与中等收入国家也有较大差距。④国家机关、党群组织、企事业单位负责人的比重及办事人员和有关人员的比重过大,不仅产生办事效率低下,而且易致内耗和扯皮现象。⑤各类职业的在业人口几乎分布在所有行业,这反映各部门普遍存在大而全、小而全的现象,专业化和社会化程度不高,这体现了经济发展的落后性。

表 4-29　　　　　　　2010 年温州在业人口的职业构成

职 业 类 别	人数(万人)	占在业人口比重(%)
1. 生产工人、运输设备操作人员及有关人员	289.65	50.20
2. 商业和服务业工作人员	145.89	25.29
3. 农、林、牧、渔业和水利业生产人员	55.49	9.62
4. 各类专业、技术人员	38.98	6.76
5. 办事人员和有关人员	32.84	5.69
6. 各种单位负责人	14.09	2.44

(六) 温州人口的城乡构成

中国人口统计上一向有两组并行不悖的指标,一组是城镇人口和乡村人口,一组是非农业人口和农业人口,它们既有联系,又有区别,在不同的领域有着不同的用途。前四次人口普查侧重非农业和农业人口,后两次普查侧重城乡人口。城镇人口和乡村人口属于两个不同的范畴,既有空间上聚居的集中程度不同,又有基本经济职能不同。两者在概念上比较容易理解,也容易取得共识,但在人口统计上划出一条明确而清晰的界线是极难的。解放以后我国对于城乡的划分有 1955 年、1999 年和 2008 年三种不同的文件和划分方法,历次人口普查的城乡统计口径都不一样,例如“五普”的城镇概念增加了人口密度的指标,“六普”城镇的概念变成“城区”和“镇区”,并增加了“实际建设连接”的指标。所以温州历年的城乡人口数量和比重都没有可比性,与世界各国也都无法进行对比,以至于联合国和世界银行等国际机构在每年公布的各国城市人口数量和比重中,停止发布 1982 年以后的中国官方数据。

表 4 - 30 **2010 年温州各地城乡人口数量和比重** 单位:万人、%

县级政区	常住人口	城 镇 人 口		乡 村 人 口	
		数量	比重	数量	比重
鹿城区	129.33	115.15	89.04	14.18	10.96
龙湾区	74.93	67.24	89.74	7.69	10.26
瓯海区	99.69	86.30	86.57	13.39	13.43
瑞安市	142.47	92.74	65.09	49.73	34.91
乐清市	138.93	72.60	52.26	66.33	47.74
永嘉县	78.92	44.17	55.97	34.75	44.03
平阳县	76.17	37.51	49.25	38.66	50.75
苍南县	118.46	64.82	54.72	53.64	45.28
文成县	21.21	8.39	39.56	12.82	60.44
泰顺县	23.34	9.37	40.15	13.97	59.85
洞头县	8.77	3.92	44.70	4.85	55.30
温州全市	912.21	602.20	66.02	310.01	33.98

在人口地理研究中,城乡人口构成是绕不开的重要课题。温州城乡人口和比重在本册第五章"温州城市化"中有详细论述。城镇人口比重是衡量经济发展水平,特别是现代化和工业化水平的重要指标,是城市化水平最重要的评价指标。按照 2008 年国家统计局《统计上划分城乡的规定》标准,2010年温州"六普"的城镇人口为 602.20 万人,城镇人口比重为 66.02%。比 2000年增加 213.25 万人,城镇人口比重上升 14.56 个百分点。比全国平均水平49.7%高出 16.3 个百分点,比全省平均水平 61.6%高出 4.4 个百分点;但比杭州 73.2%低 6.3 个百分点,比宁波 68.3%低 2.3 个百分点。10 年间,温州总人口年均递增 1.9%,而同期城镇人口年均递增 4.5%,大大快于总人口的增长速度。由于温州城市化发展加快,大量农村人口向城镇集聚,以及外来人口涌入城镇,两者叠加在一起,使温州城镇人口比重大幅提高。

温州城镇人口比重的地区差异很大,温州市区三区凭借其城市的中心地位和良好的经济发展基础,城镇人口比重均超过了 85%,鹿城 89.04%,龙湾 89.74%,瓯海 86.57%。瑞安作为飞云江流域的中心城市,近年来沿温瑞塘河和飞云江两岸的城镇化发展加快,城镇人口大量集聚,城镇人口比重达到 65.09％,位居温州市区之外的各县级政区之首。然而乐清城镇人口比重只有 52.26％,低于永嘉和苍南,城镇化水平相对滞后,与经济发展不相协调。文成、泰顺和洞头三县由于受地理环境和经济发展的影响,户籍人口大量外出,城镇建设相对落后,城镇人口比重很低,文成只有 39.56％,泰顺仅40.15％,洞头仅 44.70％。

四、温州人口迁移

人口迁移是指居民在县级政区之间变换住所达 1 年或 1 年以上的人口移动。从温州老城区的东门搬家到西门,不算人口迁移;从永强搬家到温州老城区,跨过了县级政区,就算人口迁移;温州学者到美国进修一年半,属于人口迁移;温州人到美国旅游 7 个月,时间上不到 1 年,不算人口迁移,称为人口流动。所以外来民工到温州居住 1 年及以上,不能称为流动人口,应称为迁移人口。有学者认为改变户籍登记地为迁移人口,不改变户籍登记地为流动人口,这是计划经济时代的观念,应予纠正。在我国户籍管理制度下,人口迁移须作户籍移动,这是人口迁移的统计依据。但也有为数众多的不进行户籍随迁的人口迁移,特别是改革开放以来,大量外地民工来温州务工,也有许多温州人口外出经商,他们都没有随迁户口。因此,温州人口迁移的规模难以用确切的数字来说明,例如有的学者论著中称 2010 年温州外来人口为 372 万人,笔者在本书中采用"六普"数据 284 万人,两者差距甚大。

(一)温州的国际人口迁移

鸦片战争以后随着列强入侵而进入温州的外国人,1949 年后绝大多数都回迁,留居极少;近年来聘请国外的专家、教师以及归侨,这些人口数量与温州迁居国外的人口相比是微不足道的,所以温州国际人口迁移主要指移居外国的人口迁移。

温州是著名的侨乡。早在 19 世纪后半期,温州已有人口迁向海外,为数不多。20 世纪初期开始,移居海外的人口逐渐增多。1920～1922 年的 3 年间,温州和处州(今瑞安、瓯海和青田三地)赴日本做工和小本经商人数有5000 多人。1923 年 9 月日本关东大地震期间,日本暴徒杀害中国旅日华工及留日学生 716 人,其中温州和处州籍华工 661 人。血案发生后,在北洋政府外交部的交涉下,日本政府将包括温州籍华工在内的 3500 多名华工遣送回国。这批华工返乡后,有一部分转赴欧洲和南洋谋生。此后温州人移居日本几乎销声匿迹。

20世纪30年代,一部分温州人赴南洋各地做木工或受雇橡胶园当苦力,一部分赴欧洲做挈卖生意。1935～1936年,今文成出国移民334人,瑞安丽岙173人。1937年芦沟桥事变发生及1939年第二次世界大战爆发后,温州出国移民人数骤减。

解放以后直至1971年的二十多年间,温州直接移居国外的人口极少。至1971年底,侨居国外的温州人只有3.8万人。1972年以后,温州的国际移民逐渐增多,特别是1979年起实行开放政策以来,迁移增速加快。1982～1983年温州市公安局批准出境护照4508人。1984年4月起,温州进一步对外开放,人口的国际迁移进入高潮,至1994年底的11年内,温州移居海外共71138人,年均移民6467人。1995年以来,温州的国际人口迁移规模更大,1995～2012年的18年间,迁移人口达18万人,年均移民1万人。考虑到国外温州籍人口的自然增长,温州的华侨华人数量,1971年底仅3.8万人,1994年底达24.8万人,23年间增加了21万人,年均增加9130人。截至2012年底,温州的华侨华人已达43.5万人,比1994年底增加了18.7万人,18年间的年均增长1.04万人。这是一个惊人的数目。综上所述,温州人口的国际迁移中,91%人口是改革开放以后移居海外的。

温州籍的43.5万华侨华人分布在世界131个国家和地区,其中欧洲最多,达33.7万人,占77.5%。欧洲主要分布在意大利、法国、荷兰、德国和西班牙5个国家,这五国的温州华侨华人达31.2万人,占欧洲总数的92.6%。除欧洲外,其次是美洲,约6万人,占13.8%,其中美国约5万人。侨居东南亚约2.8万人,占6.4%,其中新加坡约1.5万人。侨居大洋洲的澳大利亚和新西兰约0.8万人,占1.8%。侨居非洲最少,约0.2万人,占0.5%。与全国各地比较,中国大陆的国际移民4543万人,73.5%集中在东南亚,11.7%分布在北美,欧洲只占4.4%。而温州的国际移民集中在欧洲,东南亚较少,这是温州华侨华人分布的一个显著特点。

除上述国际移民之外,还有温州籍的台胞20万人,这些人主要是解放前夕国民党溃逃台湾的军政人员的后裔。

温州华侨华人集中聚居的海外城市主要有意大利米兰、普拉托,法国巴黎,荷兰阿姆斯特丹、海牙,德国法兰克福等,其次是意大利都灵、罗马、佛罗伦萨,荷兰鹿特丹、乌得勒支,奥地利维也纳,美国纽约、旧金山、洛杉矶等。目前,国外约有60条华人街都有温州人聚居。被称为"中国城"的巴黎第三区内有"温州街",巴黎十三区称为"中国皮件街"的经营者多为温州人。意大利普拉托是欧洲著名的纺织和服装中心,人口只有 22 万,温州籍华侨有 3 万多,当地注册的 3500 个企业中有 3000 个作坊式服装企业是温州人开设的。当地年轻人多在学习温州话,当地执勤警察能用温州话为人指路,温州话在普拉托成为"普通话"。

这些国际移民的原居地称为侨乡。温州重点侨乡有文成玉壶、周壤、东溪,瓯海丽岙、白门、仙岩、瞿溪,鹿城七都、杨府山涂村,龙湾蒲州,瑞安桂峰、枫岭,乐清磐石,永嘉瓯北等地。文成玉壶户籍人口只有 3.96 万人,国外侨胞达 4.12 万人,分布在欧洲、北美等 39 个国家,主要侨居意大利、荷兰和法国三个国家,其中担任华侨社团副会长以上职务有 400 多人,称为"侨领之乡"。瓯海丽岙户籍人口 2.25 万人,海外侨胞 2.52 万人,归侨和侨眷 1.2 万人,分布于 27 个国家和地区,主要侨居法国,其次是荷兰和意大利。鹿城七都户籍人口 1.01 万人,旅居海外 1.52 万人,其中美国 5478 人,法国 3169 人,意大利 1251 人,归侨和侨眷 8550 人,90% 以上家庭有直系亲属在国外。鹿城黎明街道杨府山涂村的户籍人口 4089 人,旅居国外有一万多人,分布在 18 个国家,主要侨居美国、法国、荷兰等。

由于温州人移居海外人口多,规模大,互相帮扶,凝聚力强,温州人建立的海外社团有 227 个。海外的乡贤每 5 年一次回乡团聚,在家乡召开世界温州人大会。

(二) 改革开放以前温州国内人口迁移

在旧中国,温州的国内人口迁移主要有四种方式和流向。第一,逃荒。例如民国十九年(1930 年),由于连年饥荒,温州部分灾民迁往东北。第二,温州农民迁往嘉兴、嘉善等杭嘉湖地区农村落户。第三,由于求学、经商、从政或学习新技术,温州迁往杭州、上海、南京等大城市。第四,温州范围内的农村人口迁往城镇,从第一产业转向第二、第三产业,特别是朝着温州城区的向心迁移。以上四种迁移中,迁移人口数量最多的是乡村迁往城镇,所以这是解放以前温州人口迁移的主流,这是一种自发性的具有近代城市化性质的人口迁移。

新中国成立后,随着政治、经济和社会条件变化,人口迁移的性质和流向也发生了根本性的改变。旧中国那种由于经济原因而进行自发迁移的现象基本消失,代之而起的是在国家政策指导下的截然不同的迁移现象。归纳起来,解放后的前 30 年温州人口迁移有五个特点。第一,在严格的户籍管理制度下,同二战后的世界各国相比,人口迁移数量少,迁移率低,净迁移率在 1.5% 以内。第二,从以经济原因为主要动力的人口迁移转变为以政治原因为主要动力的人口迁移,这是全世界现代人口迁移中罕见的现象。第三,国家根据不同时期的政治需要,采取一定的政策措施,在集中统一的领导下,有组织地进行人口迁移。第四,政治性人口迁移中,数量最多的是压缩城镇人口的迁移,这与全世界产业革命后形成的城市化人口迁移背道而驰,是一种逆向迁移。第五,与二战后世界各国的方向明确而稳定的连续性人口迁移相反,温州的人口迁移具有多目标、不连续的事件性迁移特点,每一事件都有一定的迁移方向和迁移强度,但不能连贯地反映整个时代特征的相对稳定的人口迁移状况。这些事件性人口迁移是温州人口地理记述中不可忽视的重要现象。

1. 战争迁移

温州因战争原因产生的人口迁移包括迁入和迁出两个方面。第一方面,1949 年中国人民解放军挥师南下,解放温州。当时华东野战军第七兵团连同随军南下的地方工作干部,以及后来连续迁来的家属,很多人在温州定居下来。由于事先按行政区划对口编队迁移,所以入温人口绝大多数是山东籍人员,温州市民称呼这些南下干部为"山东人"。他们入温后,先被分配到各县、区、乡做各级政权建设工作;到了 60 年代,随着本地基层干部的成长,他们上调到专区、市、县各个部门担任领导。这些"山东人"就成为温州人,极少回迁。在解放军南下的同时,还有从浙南游击纵队配合南下大军一起成为迁移人口,这些人也担任市、县各部门的负责人。所不同的是前者为省际迁移,后者为省内迁移。

第二方面,解放前夕一部分国民党军政人员和士兵、地方豪绅和富商逃离温州。他们中有的直接从温州逃离,并挟走一部分群众;有的温州籍人员从南京、上海等地逃离。这些人主要流向台湾,也有些富商流入香港。这是温州因战争原因引起的人口迁移中的迁出人口。

2. 垦荒迁移

这是温州青年响应毛泽东"农村是一个广阔的天地,在那里可以大有作为的"号召,首次迁往农村垦荒。1955 年 9 月 17 日,温州第一批垦荒队员 114 人迁往庆元(当时属温州专区)垦荒,9 月 26 日第二批 589 人迁往龙泉、云和、黄岩金清(当时均属温州专区)垦荒。至 1955 年底,温州共有 3300 人迁往农村垦荒。次年 1 月 29 日温州青年垦荒队员 204 人赴今台州大陈岛垦荒。

1957年9月9日,温州首批城市中学毕业生22人迁往农村务农,10月20日第二批106名高中和初中毕业生迁往农村务农。至1957年底,温州专区共有26000多名中、小学城镇毕业生被迁到农村种田。由于当时还没有"上山下乡"这一名词,暂且将其归入垦荒迁移。

3. 支边迁移

温州支边迁移主要有三次。第一次是50年代后期,国家动员全国青年参加边疆和少数民族地区的社会主义建设,组织了一次大规模的移民运动。按国家统一部署,温州青年被迁往宁夏,所以温州人称之为"支宁运动"。温州在1959年和1960年先后两批共13644人迁赴宁夏。迁出者90%以上是未婚的农民和工人。迁入地按事先部署好的对口安置,绝大多数安置在宁夏银川以北的石嘴山、平罗、贺兰等县。他们被迁往宁夏后,由于生活、住房、收入、医疗等方面困难不易解决,很快就有大量人员返乡和外流,至1961年底80%移民返回温州。

第二次是1965年至1966年的两年时间里,温州专区组织市区、瑞安、乐清、洞头、平阳(包括今苍南)五县、区中学刚毕业的1571名知识青年迁往新疆生产建设兵团。其中首批229人于1965年11月5日离温,第二批997人于1966年10月15日离温,第三批345人于1966年11月5日离温赴疆。迁入地主要是北疆的玛纳斯垦区和伊宁垦区的生产建设兵团。6年后,这批移民绝大多数逃离兵团,返回温州。1972年1月10日新疆军区生产建设兵团农3师43团写信向国务院和浙江省革命委员会反映温州支边青年擅离工作岗位,返回温州问题。

第三次是1969年至1972年的4年时间里,温州组织因"文化大革命"运动长期停课而积压在学校里的大批城镇中学生,先后分9批共9415人迁往黑龙江、吉林、内蒙古等边疆省区。1969年4月29日首批900名"老三届"中学生被迁往黑龙江,1970年5月16日第二批1300多人被迁往黑龙江。9批高中和初中学生中,迁赴黑龙江插队落户1566人,迁赴黑龙江农场落户2083人,迁赴黑龙江大兴安岭林场落户1100人,迁赴黑龙江生产建设兵团务农3799人,另有迁赴吉林白城插队落户500多人,迁赴内蒙古生产建设兵团1师367人。迁入地主要是黑龙江省东北部三江平原各县农村,具体地点是同江、饶河、勃利、七台河、桦南、桦川、宝清、汤原等县。至1977年,这些支边知青绝大多数都已返回温州各城镇。

表 4 - 31　　　　**1969～1972 年温州地区支边迁移人口数量**　　　　单位:人

迁移形式	迁入地点	温州市	平阳县	瑞安县	乐清县	合计
插队落户	黑龙江勃利	309	—	—	56	365
	黑龙江七台河	288	125	—	—	413
	黑龙江桦南	389	60	166	1	616
	黑龙江桦川	80	15	33	—	128
	黑龙江宝清	—	42	—	2	44
	吉林白城	300	200	—	—	500
农场落户	黑龙江莲江口	1103	93	—	—	1196
	黑龙江梧桐河	363	93	331	100	887
林场落户	黑龙江大兴安岭	1100	—	—	—	1100
兵团务农	黑龙江 2 师	1866	—	—	—	1866
	黑龙江 3 师	1774	—	106	53	1933
	内蒙古 1 师	—	206	87	74	367
温州地区合计		7572	834	723	286	9415

　　说明:平阳县包括今苍南。莲江口监狱农场位于黑龙江省佳木斯市北面郊区,占地180 平方千米。梧桐河劳改农场位于黑龙江省汤原县,占地 313 平方千米。

　　类似于这种支边性质的人口迁移,世界各国都有,例如美国在 20 世纪30 年代向国土的西部和南部,50 年代前苏联向西伯利亚地区,德国向南部,日本向南北两端,都进行过大规模的移民。我国向东北、西北、西南边远落后地区进行人口迁移,"建设边疆"这种做法在理论上是对的,在具体做法上世界各国多以物质鼓励为主,而我国则以政治动员为主要手段。迁移以后对移民的生产、生活撒手不管,这种移民很难产生良好的经济效益和社会效益,因而这种移民的回迁率很高,达不到建设边疆的作用。尤其是"文革"期间向黑龙江省的知青移民,温州城区人民广场出发地一片哭声震天的惨象,至今令人毛骨悚然。特别是 1970 年 5 月 16 日第二批知青出发时,人民广场门口发生严重的踩踏血案,导致踩死 16 人,踩伤 60 多人。难怪群众称"支边"为"充边"。

4. 压缩城镇人口的迁移

　　温州压缩城镇人口的迁移共有三次。第一次是 1961 年至 1963 年,因国家政策失误而发生全国性的饥荒,国家实行精简职工政策,动员原籍在农村的城镇职工、干部及家属迁回农村,以减少城镇人口,减轻国家商品粮供应的压力。三年间温州共动员回乡、下乡人员及携带家属和子女近 20 万人离开城市,回到农村种田,其中近 90％为回乡人员。据 1998 年版《温州市志》统计,1962 年全市非农业人口 65.73 万人,1964 年降为 46.36 万人,两年间非农业人口减少 19.37 万人。群众称这种人口迁移为"下放"。下放运动对于被下放者全家是一种赴地狱般的打击,对于没有被下放的留守职工必须要听领导的话,努力工作,因而产生一种警戒作用。这些下放人员都没有回迁,直至改革开放后,学有专长的下放者才得以重回城市。

第二次是 1964 年至 1966 年初,由于国民经济发展弛缓,大批不能继续升学又找不到工作的城镇中学生(当时称为知识青年,今天称为失业者)闲置社会,对政府造成很大压力。1964 年中央下发文件,动员这些知识青年和社会闲散劳动力到农村去务农。三年间温州共动员了一万多人下乡回乡,其中下乡插队占 70％。这些移民中,87％是知识青年,13％是社会闲散劳动力。当时的政策称这种移民为"上山下乡"。1977～1983 年期间,这批上山下乡者的绝大多数返回了城镇。

第三次是 1968 年至 1979 年,这 12 年间一直采取动员城镇知识青年上山下乡和支援边疆的政策,开始时是强制"文革"期间长期停课而积压在校的大批城镇中学生到农村去,到边疆去;后来各市、县政府都设立"上山下乡办公室",动员中学毕业生上山下乡。1970 年至 1971 年温州上山下乡运动达到高潮。这次上山下乡全市总共约 5 万人,其中绝大部分到温州市域内的农村插队落户,2793 人到浙江省建设兵团(余杭等地)务农。这 5 万名知青当中有一半左右是十五六岁的初中毕业生。1977～1983 年期间,绝大多数的知青都返回温州城镇。

从 60 年代初到 70 年代末,持续 20 年之久的压缩城镇人口的强制迁移,这种做法在理论上是错误的,在具体实施办法上是恶劣的。它对于个人和家庭造成几代人的悲剧暂且不说,它对国民经济和工业化的危害极大。这种人口迁移导致大批城镇人口移向农村,与全世界产业革命后形成轰轰烈烈的工业化和城市化的人口迁移方向背道而驰,是一种逆向迁移。这与二战以后欧美国家的"逆城市化"有着本质的区别。

5. 农村人口的自发迁移

1949 年新中国成立后,随着工业和农业的发展,农村人口迁往城镇的自发人口迁移渐趋活跃,成为当时人口迁移的主流。但 1953 年 4 月 17 日中央发出《关于劝止农民盲目流入城市的指示》,1957 年 12 月 18 日中央又发出《关于制止人口盲目外流的指示》,最终在 1958 年 1 月全国人大通过《中华人民共和国户口登记条例》,以法律形式明确截断了乡村迁往城镇的人口自发迁移。这是一件令人痛心疾首的事情,该《条例》把全国所有的人分为城镇户口和农村户口两大类,对农村人口向城镇迁移作了非常严格的限制,农村户口受到种种歧视,新生儿户口必须随母登记,这些在全世界都是绝无仅有的。从此就法定地形成中国二元社会结构,这种祸害至今无法消除。

该时期温州农村人口自发迁移主要发生在 1959 年至 1961 年的三年饥荒时期,由于人均粮食大幅减产,村民饥饿难耐,因此全市范围内出现农村人口盲目流动现象。他们有的在温州市域内流动,有的流入福建境内;有温州流出的,也有外地流入的。农民大量外流无疑增大了社会的不安定因素,1959 年 2 月发布《中共中央关于制止农村劳动力流动的指示》,各地成立制止农民盲目外流办公室、收容站、遣送站等,一经发现,遣返原籍。据温州市遣送站统计,1960 年一年内共收容遣送一万多人。这场大规模的人口流动,群众称之为“逃荒”。逃荒者大多在矿山、建筑工地、水库工地、农林牧场等处落脚,成为这些生产单位的建设者。这场逃荒随着 1962 年经济状况好转而停息,它本来是一次暂时性的人口流动,但由于一部分外来人员被流入地所接受,成为移民人口。温州专区(包括今丽水地区)至今约有二十多万人口长期留居在福建省北部的建瓯、建阳、崇安(今武夷山市)、浦城、南平、邵武、松溪、福安、霞浦、宁德、福鼎等地。

6. 常态迁移

除上述事件性人口迁移外,还有一些常态迁移,例如国家工作人员的调动、家庭迁居、婚嫁迎娶、水库淹没区移民、征兵和复员、退伍,以及大中专学校招生和毕业分配等。这些人口迁移,就一个项目来说,涉及面和影响力较小,但若合在一起,30 年中的迁移规模也比较大。

(三)改革开放以来温州国内人口迁移

1978 年十一届三中全会以来,随着改革开放的不断深入发展,温州人口迁移开始进入空前的大规模的阶段,规模之大是过去根本无法想象的。改革开放的最大特征是计划经济转变为市场经济,市场经济放宽了对农民进城的限制,因而大批农民脱离土地的束缚,涌向城市,或者外出务工经商,同时温州商品经济发展吸引了大量外地民工到温州务工。这时期的人口迁移特点是由原来国家组织的人口迁移转变为经济原因为主要动力的自发迁移,由断续的事件性迁移转变为连贯的相对稳定的人口迁移,人口分布模式由农业社会型向工业社会型演化。

1. 城市化的人口迁移

改革开放初期,广大农村实行联产承包责任制以后,温州农村有大批剩余劳动力,这些剩余劳动力自带口粮外出打工,也有到附近镇区甚至温州市区办厂或经商,这就产生了城市化人口迁移。随着他们资本的逐渐积累、经营能力和技术水平的不断提高,这种人口迁移的规模越来越大。1978年改革开放初期,温州城市化水平只有9.92%,到2010年达到66.02%。这就告诉我们,33年间涌入温州城镇的农业人口达到548万人,这是一个惊天的数字。这些城市化的迁移人口中,有的是本地农村移往城镇,也有外地农民工迁往温州各地城镇,两者迁移规模一样庞大。2010年外来人口284.22万人中,其中农业户口达272.67万人,占95.94%;外出人口127.31万人中,其中农业户口为86.02万人,占67.57%。这些说明农村迁往城市的城市化人口迁移的规模极大,成为温州改革开放以来人口迁移的主流。

温州城市化人口迁移的另一个显著特点是贫穷落后的山区农民"下山"移民。这是过去在计划经济时代根本无法想象的,与上山下乡的"上山"截然相反。事实证明,下山移民是比扶贫更有效的脱贫方式。在这一点上温州各地的山区政府做得很好。温州山区面积广大,山区面积占81.1%。这些广阔的山区位置偏僻,交通闭塞,土壤瘠薄,晴即旱,雨即涝,生产条件很差,群众生活困苦。要使他们从根本上脱贫致富,就是政府发起下山移民,把整村、整乡人口就近搬迁到平原地区的大村、大镇附近安居,甚至分散迁移到县城和温州市区的郊区。各级政府舍得划拨下山移民迁村点的土地,多渠道采取"规费免,财政挤,政府补,集体筹,社会捐,个人贷"等方式筹措下山移民建设资金,取得了良好的社会经济效益和山区生态效益。据统计,1994～2001年的8年间,温州各地总共迁建移民点866个,下山移民户数62377户,下山移民人数达到25万人。泰顺百丈峰门乡将整个乡全部人口搬迁到司前镇安置,这是开全国先河的大胆举措。这些移民离开了大山,向城镇集聚,由第一产业向第二、第三产业转移,这是很多发达国家工业化和城市化进程中的普遍现象,其中有着深刻的地理学和经济学上的原因。

表4-32　　　　　1994～2001年温州各地下山移民统计

区域	瑞安	平阳	市区	泰顺	文成	永嘉	乐清	苍南	洞头	合计
迁建点	153	90	15	229	123	142	64	48	2	866
户数	12843	10100	9786	8715	8100	5260	3868	3568	137	62377
人数	52888	39500	37535	36298	33000	21785	14012	14563	578	250159

2. 外出务工经商的人口迁移

改革开放初期,农村中的剩余劳动力和城镇中的闲置人员,跑到外市、外省去经商,他们在外走街串巷或者承租商品柜台、店面,销售温州产品,最典型的是永嘉的弹棉郎和桥头的纽扣商。后来外出经商者携带家眷常年在外定居,有的在外既办工厂又开商店,甚至有人在外创办大型商城,最著名的是北京丰台区的"温州城"。经过三十多年的发展,目前温州在外经商人员及家属100多万人,成为全国著名的"温州商人"大军。截至2012年底,温州在遍布全国31个省、自治区、直辖市的地级及以上城市设立了245个异地温州商会,在河北、宁夏等地温州商会已实现省域全覆盖。

温州山多田少,发展经济的区位条件较差,这就决定了温州人必须通过人口和资本的输出来获取更高的经济效益。温州人外出经商所产生的轰动效应,使更多的外地城市来温州招商引资,温州因此成为全国著名的输出产品、资金和人才的一个活跃地区,更多的温州人走出温州,走遍天下。温州外出人口迁移具有下列三个特点。

(1) 外出人口数量多,增长快。

据2010年"六普"统计,全市外出人口达127.31万人,占常住人口的13.96%,占户籍人口的16.18%;占全省外出人口的23.0%,是浙江省外出人口最多的地级市。与2000年相比,10年间温州外出人口增加42.07万人,增长了49.36%,增加近五成,年均增长4.09%。与1990年相比,20年间温州外出人口增加86.48万人,增长了211.81%,年均增长5.85%。

这些外出人口的迁移原因主要是务工经商。据统计,外出人口中务工经商的有80.99万人,占63.62%。外出务工经商人员的随迁家属有20.77万人,占16.31%。两者合计101.76万人,占79.93%。"百万大军"是名副其实的。此外,外出求学和培训的有10.91万人,占8.57%;其他原因的外出人口14.64万人,占11.50%。

乐清是温州外出人口数量最多的区域,达到30万人,占全市外出人口的23.54%;其次是永嘉,外出23.55万人,占18.50%;再次是苍南,外出18.16万人,占14.26%。瑞安、平阳和泰顺三个市、县都超过10万人。外出人数最少的是市区三区和洞头四地,每地都在3万人以下,瓯海只有1.66万人。

温州外出人数占常住人口的比重最高的是泰顺,占比高达44.09%,100个泰顺人有44人外出务工经商,100个泰顺劳动力中有66人外出务工经商,比例高达66.00%。其次是文成,外出人数占常住人口的32.58%,占劳动年龄人口的49.32%。再次是永嘉和洞头,外出人数都占常住人口的29%

以上。外出人口比例最小的是市区三区,都在 1%～4% 之间。

温州外出人口以出省为主,迁往省外人数共 96.12 万人,占外出人口的 75.50%。比 2000 年增加 24.62 万人,增长了 34.4%,年均增长 3.00%;比 1990 年增加 65.98 万人,增长了 218.91%,年均增长 5.97%。出省人口增加最多的是苍南,比 2000 年增加 6.88 万人,乐清、平阳、永嘉三地均增加 3 万人以上。

表 4 - 33　　　　　2010 年温州各地外出人口数量和比重

县级政区	外 出 人 口			其中出省人口	
	数量(万人)	占常住(%)	占外出(%)	数量(万人)	出省比重(%)
鹿城区	3.09	2.39	2.43	2.17	2.26
龙湾区	2.91	3.88	2.29	2.30	2.39
瓯海区	1.66	1.67	1.30	1.23	1.28
瑞安市	14.96	10.50	11.75	12.26	12.75
乐清市	29.97	21.57	23.54	23.23	24.17
永嘉县	23.55	29.84	18.50	18.77	19.53
平阳县	13.27	17.42	10.42	10.51	10.93
苍南县	18.16	15.33	14.26	12.25	12.74
文成县	6.91	32.58	5.43	3.89	4.05
泰顺县	10.29	44.09	8.08	7.47	7.77
洞头县	2.55	29.08	2.00	2.04	2.12
温州全市	127.31	13.96	100.00	96.12	100.00

(2) 外出人口主要迁往经济发达的大城市。

中国东部沿海大城市具有科技、人才、信息、市场、交通等优势,吸引温州众多企业外迁,或者把研发中心和销售总部设在外地大城市。因此,温州外出人口主要迁往东部沿海经济发达的大城市。2010 年温州出省人口中,迁往上海、江苏和广东的人口最多,迁往这三个省、市共 33.91 万人,占出省人口的 35.28%。其次是迁往北京、福建、山东、云南、山西、湖北、四川 7 个省、市,共 30.96 万人,占 32.21%。与 2000 年相比,十年间出省人数增加最多的也是粤、沪、苏三个省市,广东增加 5.91 万人,上海增加 5.62 万人,江苏增加 4.85 万人。北京增加 1.32 万人,其他省份增加很少,山西甚至是负增长。

表 4－34 　　　　　　　**2010 年温州迁往省外的十大迁入地** 　　　单位:万人、%

迁入地	上海	江苏	广东	北京	福建	山东	云南	山西	湖北	四川	合计
迁入人数	11.52	11.32	11.07	8.47	5.25	4.34	3.58	3.28	3.07	2.97	64.87
迁入比重	11.99	11.78	11.52	8.81	5.46	4.52	3.72	3.41	3.19	3.09	67.49
比五普增加	5.62	4.85	5.91	1.32	0.06	0.12	0.75	—0.01	0.26	0.06	18.94

（3）外出人口的文化程度高。

温州外出人口受教育程度比温州常住人口高,比外来人口更高。2010年外出人口中,大学人数为 12.12 万人,比重 9.52%,比温州常住人口的7.63%高出 1.89 个百分点,比外来人口的 3.37%高出 6.15 个百分点。温州外出人口中的高中人数 19.13 万人,比重 15.03%,比常住人口的 13.49%高出 1.54 个百分点,比外来人口的 9.27%高出 5.76 个百分点。这说明一方面温州外出读大学的人数不断增加,另一方面由于温州产业异地转移和企业外迁而造成高素质的人才外流。

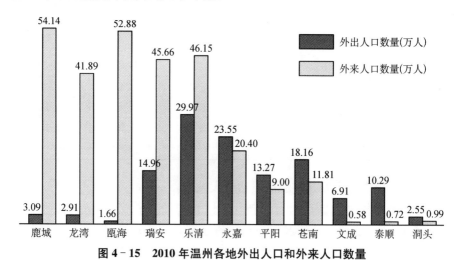

图 4－15 　2010 年温州各地外出人口和外来人口数量

3. 外地民工涌入温州的人口迁移

随着温州商品经济的蓬勃发展,市场经济日趋活跃,外地民工大量涌入温州,这种人口迁移的数量和规模很大。从打工到经商,到创业定居,越来越多的外来人口迁入温州,扎根温州,为温州的社会经济发展作出巨大贡献,被称为"新温州人"。温州的外来人口迁移具有下列三个特点。

（1）外来人口数量庞大，增速很快，流动频繁。

据 2010 年"六普"统计，温州外来人口多达 284.22 万人，占常住人口的 31.16%，接近 3 人中有 1 个是外地人。温州是全省外来人口最多的地区。89.37% 的外来人员是 15 至 59 岁的劳动年龄人口，尤其是 20～39 岁的青壮年有 170.45 万人，占 59.97%。这为温州经济建设和社会发展提供了必需的劳动力资源，也说明温州经济的活力和社会的包容性。

这些外来人口中，离开户籍登记地 3 年以下有 151.88 万人，占 53.44%，其中半年至一年的占 20.70 万人；而离开户籍登记地 3 年以上有 132.34 万人，占 46.56%，其中 6 年以上的只占 23.90%。这说明温州外来人口的流动性很大，"打一枪换一个地方"是外来人口的通病。

温州外来人口中，男性 158.71 万人，占 55.84%；女性 125.51 万人，占 44.16%。性别比为 126.5，比 2000 年下降 14.5 个百分点，但比温州平均水平高出 15.6 个百分点。这说明温州男性外来人口远多于女性，但近年来女性数量增加很快。

温州外来人口绝大多数是外省人。从外省迁入的有 272.45 万人，占外来总人口的 95.86%，比 2000 年"五普"的 102.12 万人，增加了 170.33 万人，年均增加 17 万人，10 年间增幅 1.67 倍，年均增量约是户籍人口自然增量的 3 倍。外省迁入温州的人口中，居首位的是江西籍，人数达 49.69 万人，其次是贵州籍 39.62 万人、安徽籍 37.82 万人、湖北籍 35.91 万人、四川籍 25.32 万人。这 5 个省份的外来人口合计达 188.36 万人，占外省人口总量的 69.14%。与 2000 年相比，10 年间增量最多的是贵州，增加 31.77 万人，其次为湖北 24.30 万人、安徽 22.06 万人、江西 22.02 万人。

表 4-35　　　　2010 年外省人口迁入温州的十大来源地　　　单位：万人、%

来源地	江西	贵州	安徽	湖北	四川	河南	湖南	重庆	福建	云南	合计
人口数量	49.69	39.62	37.82	35.91	25.32	20.26	20.08	19.88	4.99	4.95	258.52
人口比重	18.24	14.54	13.88	13.18	9.29	7.44	7.37	7.30	1.83	1.82	94.89
比五普增加	22.02	31.77	22.06	24.30	10.29	15.69	12.46	15.70	2.39	4.51	156.68

（2）外来人口集中分布在三区两市的经济强镇。

温州外来人口迁入地主要分布在三区两市，其中鹿城最多，达到 54.14 万人，占常住人口的 41.86%，占外来人口的 19.05%；其次是瓯海，为 52.88 万人，占常住人口的 53.04%，占外来人口的 18.61%；第三是乐清，为 46.15 万人,占常住人口的33.22%,占外来人口的16.24%;第四是瑞安,为45.66万人,占常住人口的32.05%,占外来人口的16.07%;第五是龙湾,为41.89万人,占常住人口的55.91%,占外来人口的14.74%。而文成、泰顺和洞头三县的外来人口很少,合计只有2.29万人,仅占常住人口的4.29%,只占外来人口的0.81%。

外来人口达到5万人以上的镇和街道有16个,依次为双屿27.33万人(外来人口是本地户籍人口的6.93倍),梧田17.80万人(3.92倍),瓯北17.80万人(1.33倍),柳市15.41万人(0.72倍),塘下14.51万人(0.87倍),郭溪8.38万人(2.14倍),北白象7.93万人(0.64倍),蒲州7.78万人(3.61倍),新桥7.43万人(3.86倍),状元7.39万人(2.63倍),乐成6.56万人(0.38倍),娄桥6.49万人(2.30倍),虹桥6.35万人(0.38倍),永中5.67万人(0.79倍),安阳5.59万人(1.07倍),莘塍5.46万人(0.73倍)。这些经济强镇和街道具有区域特色的产业,为众多外来人员提供了就业机会。外来人口过度集中于经济发达地区,给迁入地的资源、环境、住房、交通、劳动力成本等都带来了一系列挑战,如治安恶化、交通拥堵、停车难、房价飞涨、入园入托难、垃圾围城等"大城市病"日益严重。

温州的外来人口具有"老乡带老乡,亲戚带亲戚"的特点,这些老乡、亲戚、朋友、熟人聚居在一起,形成外来人口集聚村。温州外来人口集聚村数量

表4-36　2010年温州各地外来人口数量和比重　　单位:万人、%

县级政区	外来人口			其中男性人口	其中外省人口	其中外省男性人口
	数量	占常住比重	占外来比重			
鹿城区	54.14	41.86	19.05	30.35	50.98	28.68
龙湾区	41.89	55.91	14.74	23.58	40.80	22.98
瓯海区	52.88	53.04	18.61	29.89	49.20	28.03
瑞安市	45.66	32.05	16.07	25.38	44.90	24.95
乐清市	46.15	33.22	16.24	25.25	44.68	24.43
永嘉县	20.40	25.85	7.18	11.56	19.54	11.07
平阳县	9.00	11.82	3.17	4.97	8.79	4.85
苍南县	11.81	9.97	4.16	6.47	11.50	6.30
文成县	0.58	2.73	0.20	0.28	0.46	0.22
泰顺县	0.72	3.08	0.25	0.36	0.67	0.34
洞头县	0.99	11.29	0.35	0.62	0.94	0.59
温州全市	284.22	31.16	100.00	158.71	272.45	152.44

多,规模大。经统计,2010年外来人口1000人聚居的行政村有692个,其中5000人以上的行政村有86个,1万人以上的行政村有27个。这86个规模庞大的外来人口集聚村中,有78个集中分布在温州市区,只有8个分布在瑞安、乐清和平阳。外来人口是本地人口10倍以上的集聚村有19个,5~10倍的有23个。例如前三位的双屿稽师村外来人口3.5万人,本地人口1680人,相差20.83倍;双屿牛岭村外来人口2.9万人,本地人口1788人,相差16.22倍;双屿营楼桥村外来人口3.2万人,本地人口2847人,相差11.24倍。

(3)外来人口受教育程度很低,但就业状况良好。

据2010年"六普"调查,温州外来人口中,大学文化程度的人数仅9.58万人,比重仅3.37%,比全市平均水平低4.26个百分点。高中文化程度人数也很少,全市只有26.35万人,比重仅9.27%,比全市平均水平低4.22个百分点。外来人口绝大多数是初中和小学文化程度,初中160.15万人,比重56.35%;小学69.16万人,比重24.33%。另有文盲18.99万人,比重高达6.68%,成人文盲率高达8.45%,都高于温州平均水平。

15岁及以上的外来人口就业率高达90.75%,就业状况良好。由于温州产业结构以劳动密集型为主以及外来人口文化程度低,外来劳动力主要从事制造业(73.8%),其次是批发和零售业(7.6%)、建筑业(4.8%)、住宿和餐饮业(4.0%),这4个行业集中了外来人口的90.2%。而从事金融保险、科学研究、公共管理和社会组织、水利环境和公共设施管理、信息传输计算机服务和软件等5个行业合计比重只有0.7%。按产业构成统计,从事第一产业的占0.7%,从事第二产业的占78.8%,从事第三产业的占20.5%。

综上所述,2010年温州迁入人口284.22万人,迁出人口127.31万人,净迁入人口156.91万人。其中三区两市为人口净迁入地区,净迁入人口达188.13万人;其他六县为人口净迁出地区,净迁出人口为31.23万人。迁入人口减去迁出人口与总人口之比称为净迁移率,2010年温州人口净迁移率为17.20%,远高于新中国成立后前30年的1.5%。其中三区两市人口净迁移率为32.14%,其他六县为-9.55%,两者相差甚远。温州高迁移率的人口迁移推动了产业非农化和人口城市化,满足了经济高速发展对劳动力的需求,为农村剩余劳动力的转移开辟了广阔的空间,有利于形成劳动力及其他生产要素最佳配置的社会环境和经济环境。然而,大量民工涌入温州,不可避免地造成社会管理和治安、交通拥挤、环境脏乱差等不良影响。我们要清醒地认识到,一方面未来温州经济不可能靠二百多万低文化素质的外来打工仔和打工妹来支撑,另一方面我们要有开阔的胸襟和宏大的包容性,克服"社会拒入"心态,以吸引更多更优质的外来人口,共同建设美好的温州。

本章主要参考文献

[1] 张善余《中国人口地理》,科学出版社 2007 年 1 月

[2] 温州市志编委会《温州市志·人口卷》,中华书局 1998 年 2 月

[3] 温州市第五次全国人口普查办公室《温州人口发展报告》,2000 年

[4] 浙江省第六次人口普查办公室《2010 浙江人口发展报告·温州篇》,浙江工商大学出版社 2012 年 10 月

第五章 温州城市地理

聚落是人类聚居地的总称,它不单是房屋建筑的集合体,还包括与居住直接有关的生活和生产设施。聚落作为人类适应和利用自然的产物,是人类文明的结晶。聚落的外部形态和组合类型无不深深打上当地地理环境的烙印,聚落又是重要的文化景观,在很大程度上反映了区域的经济发展水平和风土民情等。一般将聚落分为乡村和城市两大类。乡村聚落出现于人类社会第一次大分工,即畜牧业和农业分离时。城市聚落是从乡村发展而成的,出现于人类社会第二次大分工,即手工业和农业分离时,与定居农业差不多同时出现。古代城市发展水平一直很低,工业革命以后城市得以快速发展,二战以后城市发展以惊人的速度迅猛直上。

城市地理学原先归属于聚落地理学,二战以后才发展成为一门独立的学科。1949 年以后我国城市地理研究经历了封杀、萧条和停滞阶段,终于在1985 年无锡召开了第一次全国性城市地理学术讨论会,标志着我国走进了现代城市地理学研究的殿堂。因此,我国城市地理的研究起步晚,水平低,至今尚未形成有中国特色的理论体系,跟发达国家有很大的差距。与城市规划学、城市经济学、城市社会学、城市生态学不同,城市地理学注重研究城市形成和发展的区位条件、城市地域空间结构和布局、区域城镇体系、城市化过程及其出现的问题和对策等。

一、温州城区和都市区的界定

古代中国或温州,"城"指城垣,是一种大规模永久性的防御设施,用于防御野兽和敌人侵袭。城垣以内称为"城底",城垣以外称为"乡下"。"市"是商品交易的场所,最早的"市"没有固定的位置,后来在特定的地点按特定的时间进行商品交易,形成集市。再后来"市"被吸引到人口比较集中,又有贵族居住的"城"中,便产生了"城市"。到了近现代,"市"才作为非农业人口为主的聚居地,并成为行政建制单元。改革开放以来,温州城市发展很快,城区面积迅速增大。东晋太宁元年(323年)建设的白鹿古城只有3.8平方千米,南宋时期向城外延伸出东门外、南门外、西郭外三小片住宅小区。至1949年新中国成立时温州城区面积才6.3平方千米,城区人口仅15.83万人。改革开放初期的1979年城区面积为9平方千米,城区人口34.7万人。1986年温州城区迅速扩大为27平方千米,1994年为38平方千米。2000年更上一层楼,达到108平方千米,2011年底温州城区面积增至194.8平方千米。在广大的城市空间中,常见的城市地域范围有城市中心区、城区、市区、都市区等。

(一) 温州城区(城市建成区)

与全国各地一样,温州有自然村—行政村—乡—镇—城市—大城市这样一套居民点系列。乡和村并为一类,称为乡村;镇和市并为一类,称为城镇。因而有乡村和城镇两大聚落分类,其实乡和镇是介于村庄和城市的过渡类型。城镇不同于乡村的本质特征有五个主要方面:①城镇是以非农业活动为主的居民点,乡村主要从事农业活动,在产业构成上不同;②城镇的聚居人口多,乡村聚居人口少,在聚居规模上不同;③城镇有较大的人口密度和建筑密度,在景观上不同;④城镇具有大型商场、街道、交通网、污水处理厂等市政设施和公共设施,在物质构成上不同;⑤城镇是工业、商贸、交通、文教的集中地,是一定地域的政治、经济和文化中心,在职能上不同。此外,还有人们的生活方式、价值观念、文化素养等许多方面的城乡差异。然而,城乡的划分在世界上还没有一个统一的标准,各国差别甚大,在我国不同时期有不同的城乡划分标准。

1955年我国公布第一个市、镇标准,规定10万人以上的居民点可设市,县级机关所在地可设镇,2000人以上并有50%以上非农业人口的居民点可设镇,1000~2000人并有75%非农业人口的居民点也可设镇。据此标准,1956年10月温州全境只有1个市和19个镇。

1963年修改标准,市的10万人指标不变,但规定市的总人口中农业人口不能超过20%,故撤销了一批市建制,并缩小了城市郊区的范围。此外,规定3000人以上并有70%以上非农业人口的居民点可设镇,2500~3000人并有85%以上非农业人口的居民点也可设镇。此时大大提高了设镇标准,温州城镇发展非常缓慢,至1984年温州只有1个市和46个镇,28年间只增加27个镇,平均每年增加不到1个镇。

1984 年颁布新的设镇标准,规定总人口 2 万人以下的乡,乡政府驻地非农业人口超过 2000 人可以撤乡建镇;总人口 2 万人以上的乡,乡政府驻地非农业人口占全乡 10% 以上的也可撤乡建镇。此时大大降低了设镇标准,温州一下子冒出大批镇建制,仅 1985 年一年内就增加了 50 个镇,全市建制镇达到 96 个;至 1991 年 9 月全市共有 89 个乡改镇,建制镇多达 134 个。

1986 年修改了设市标准,规定非农业人口 6 万以上,年国民生产总值 2 亿元以上的中心镇可以设置市建制。总人口 50 万以下的县,县政府驻地的非农业人口 10 万以上,农业人口不超过 40%,年国民生产总值 3 亿元以上的可以撤县设市;总人口 50 万以上的县,县政府驻地的非农业人口 12 万以上,年国民生产总值 4 亿元以上的也可以撤县设市。市区非农业人口 25 万以上,年国民生产总值 10 亿元以上的中等城市可以实行"市管县"体制。据此标准,1987 年瑞安撤县设市,温州有了 1 个中等城市和 1 个县级小城市。

1993 年又一次提高了设市标准,增加了人口密度、财政收入、非农产值比重、城区公共基础设施等指标(详见本书人文地理分册第一章《温州政区地理》表 1 - 24)。这时乐清得以撤县设市,温州拥有 1 个中等城市和 2 个县级小城市。

2005 年更提高了设市标准,GDP 总量要 40 亿元以上,财政收入要 2 亿元以上,非农产值比重要 70% 以上,详见《温州政区地理》表 1 - 24。

上述设市标准不断提高,但仍有许多县达到新的设市标准,纷纷要求撤县设市。同时,也有很多已设的市又不符合新的设市标准。在这种两难的境况下,1994 年 10 月中央发函停止撤县设市,1997 年正式冻结"县改市",至今已逾 20 年。20 年以来,这些县级小城市多数成长为中等城市。因此,我国的镇就是小城市,欧美国家的一些小城市规模还不及我国的镇。这个问题的症结,显然出在设市的模式和标准本身。主要原因是我国没有建立城镇的实体地域概念,一直以市镇行政区界线作为城乡划分的基础。

城市在空间上有三种地域概念,一是城市的行政地域,二是城市的实体地域,三是城市的功能地域。城市行政地域是指不同级别的市或镇的行政区范围,它有明确的行政管理边界,这是很容易理解和识别的。例如"温州市区"就是一个城市行政地域的概念,它包括鹿城、龙湾、瓯海三个行政区的范围,有非常明确的边界和范围,面积 1187.98 平方千米。

城市实体地域就是城市的建成区,即城区,对它进行严格科学界定绝非易事。古代城市筑有城墙,城墙内常有大片农田,但城墙可作为城乡的明显界线。到了近现代,因工业和商业的发展,城市突破城墙膨胀起来。改革开放以来,由于汽车普及和郊区城市化的结果,城市变成了城区和城郊的复合体,城市到乡村的渐变和复杂交错的特点,令人很难找到城市消失和乡村开始的明显标志点。

为了解决这个问题,明确划定城市实体范围,世界各国政府和学者都作了不懈的努力。其中美国的处理方法比较完整,在发达国家中具有代表性。美国国情普查局规定,全国城镇人口由居住在"城市化地区"(urbanized area)及其外围人口密集的"居民点"(place)两部分人口组成。对这两部分的最低居住人口数量和最低人口密度都作出了明确限定,并对"城市化地区"与"地方"之间不相连的公路或水面距离、锯齿形缺口的深度等做了详尽的规定,还对所有人口居住地进行命名代码编号,便于电脑处理和统计。有迹象表明,我国城乡划分规定逐渐向美国的处理方法靠拢。例如第五次人口普查引入"人口密度"的规定,第六次人口普查引入"城区"和"镇区"的规定。城区相当于美国的"城市化地区",镇区相当于美国的"地方"。同时也引入美国的"实际建设连接"的概念,也使用了城乡命名代码,县级2位码,乡村3位码,每个居住区都有城乡属性的代码,电脑就能快速汇总统计出市、镇、乡、村的人口数据。然而,我国《统计上划分城乡的规定》远没有美国那样的严格而详细的规定,因而在人口普查实际工作中,使很多城乡结合部的归属产生两难和分歧,从而使我国城市实体地域和城镇人口数量偏大。

中华人民共和国《城市规划基本术语标准》(GB/T 50280 98)明确指出,"城市建成区"是指一个市的行政区域范围内经过征用的土地和实际建设发展起来的非农业生产建设的地段,包括市区集中连片的部分以及分散在近郊区域与城市有密切联系,具有基本完善的市政公用设施的城市建设用地。国家标准还指出,并不是建了房屋的地区就是建成区,还必须要有完善的市政基础设施配套区域才能计入城市建成区。对于那些没有市政设施配套的居住区,无论建造了多少楼房,都不能算入建成区。2011年8月,一位网友在新华论坛里发帖,公布了国内近千区域的城市建成区面积和排名,并以此向国家发布的数据叫板。其方法是用"谷歌地球"专业版的自动计算面积功能,在卫星地图上量出每个城市区域的房屋覆盖面积。文中温州建成区面积155平方千米,排名第37位。文章发布后,迅速被四处转载,影响很大。更有甚者,一些排名狂将这些数据用于地域歧视,反响相当恶劣。这种量算方法的谬误是非常明显的,没有考虑到城市建成区的市政设施和公共设施。

温州城区面积和范围在逐年增大,每年城市建成区的面积都不一样,据温州市政府办公室公布的数据,2011 年底温州城市建成区面积为 194.8 平方千米,是解放初期的 31 倍,是改革开放初期的 22 倍,比 20 世纪末扩大了 1 倍。但是远小于杭州的 432.98 平方千米和宁波的 284.91 平方千米,是名副其实的浙江第三大城市。需要说明的是本书采用温州市政府办公室公布的数据,而《中国城市统计年鉴》和《中国城市年鉴》的各年数据都要小得多。

表 5-1　　　　　　　**温州城市建成区的发展**　　　　单位:平方千米

年份	1949	1979	1986	1994	2000	2005	2006	2007	2008	2009	2010	2011
面积	6.3	9	27	38	108	146	153	164.1	170.3	174.6	185.0	194.8
增加	—	2.7	18	11	70	38	7	11.1	6.2	4.3	10.4	9.8

表 5-2　　　　**2011 年浙江省地级市建成区面积比较**　　　单位:平方千米

城市	杭州	宁波	温州	台州	绍兴	嘉兴	湖州	金华	衢州	舟山	丽水
面积	432.98	284.91	194.80	116.00	109.47	88.09	85.00	73.74	59.89	54.02	33.13

本表数据来自《2012 年浙江省统计年鉴》

温州城区面积是市区面积的六分之一。温州城区的范围包括鹿城区的 7 个街道、龙湾区的 11 个街道、瓯海区的 12 个街道,不包括藤桥和泽雅两镇。其中鹿城区的七都街道和龙湾、瓯海两区的很多街道只有部分区域建设成为建成区,不包括整个街道的所有区域,更不包括街道境内的山区。也不包括瓯江以北的永嘉瓯北和三江、乐清的柳市和北白象以及大罗山以南的瑞安塘下等地。它的范围北起瓯江南岸,南至仙岩工业区以南的瑞瓯路,西起瓯海瞿溪,东抵海滨,西北到瓯江大桥以南,东南到龙湾海城街道。包括双屿的中国鞋都、鹿城工业区、瞿溪的三溪工业园、娄桥工业园、新桥工业区(高翔工业区)、瓯海经济开发区、温州大学科技园、温州高教园区、仙岩工业园、温州高新技术产业园区两大片、永强高新园区、龙湾标准厂房蓝田园区、温州经济技术开发区滨海园区等。但不包括藤桥上戍的鹿城轻工产业园区,待其配套基础设施建设完成后再纳入温州建成区。此外,还包括永强机场、江心屿公园、景山公园、翠微山公园等城市公园,但不包括三垟湿地、大罗山、黄石山、牛山、黄龙山、娄桥横屿山及以南的上河乡平原南部等地。见图 5-1。

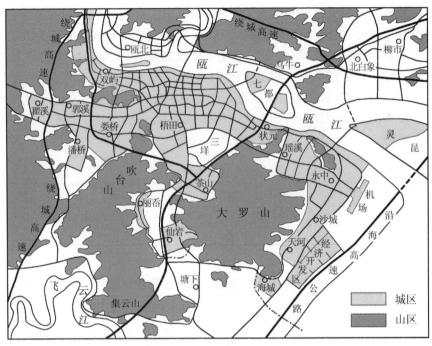

图 5-1　2012 年底温州城区范围

　　除温州城市建成区外,温州 8 个县级行政区政府所在地的建成区面积总共 87.32 平方千米。其中瑞安城区最大,为 21.56 平方千米;其次为乐清城区 19.30 平方千米;再次为苍南城区 16 平方千米;文成城区最小,仅 3.5 平方千米。有人说瑞安建成区面积 67.67 平方千米,是全省县级行政区中最大,这是不对的。

表 5-3　　　　　　**2011 年温州各县(市)建成区面积**　　　　单位:平方千米

县市	瑞安城区	乐清城区	苍南城区	平阳城区	洞头城区	永嘉城区	泰顺城区	文成城区
面积	21.56	19.30	16.00	8.73	6.69	6.44	5.10	3.50

本表数据来自《2012 年浙江省统计年鉴》

　　每个城市都有一个"城市中心区",它是指城市最早形成和发展的区域,是建成区内社会、政治、经济、文化、生活活动的核心。城市中心区的鲜明特点是地价最高,拆迁成本最大,人口密度最高,商业零售额最大,学校和医院最多,交通流量最大,逛街人数最多,交通最拥挤的区域。我国城市地理学界通常认为城市中心区以新中国成立初期的城区范围为基准,有的略作调整。例如周一星等人对北京、沈阳、杭州调研时,就以解放初期的城区作为今天城市中心区的范围,得出城市中心区面积,北京 87.1 平方千米,沈阳 25.8 平方千米,杭州 13.45 平方千米。宁越敏等人对上海、广州调研时,在解放初期城区范围基础上略有修正,得出城市中心区面积,上海 98 平方千米,广州 52.4 平方千米。据此,笔者认为温州城市中心区就是老城区,面积为 6.3 平方千米,东起株柏码头,西至翠微山东麓,南起巽山,北抵瓯江南岸,即解放初期的温州城区范围。与世界各国城市一样,我国城市中心区存在集聚和扩散两个阶段,新中国成立后的前 30 年为集聚阶段,人口数量增多,人口密度加大,人口为正增长;改革开放以来 30 年为扩散阶段,人口数量减少,人口密度降低,出现人口负增长。1949 年温州老城区人口 15.83 万人,密度 2.51 万人/平方千米;1982 年人口增至 28.04 万人,密度增为 4.45 万人/平方千米,33 年间人口年均增长率为 1.75%。2010 年温州城市中心区人口降至 17.83 万人,密度减为 2.83 万人/平方千米,28 年间人口年均增长率为 -1.63%。

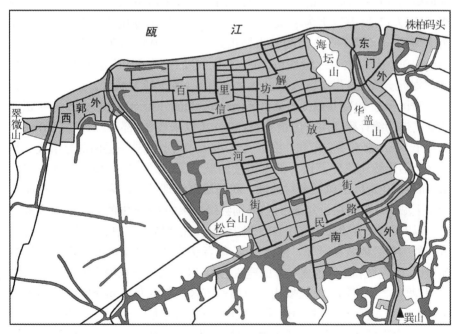

图 5-2　解放初期的温州老城区

（二）温州都市区

我国的城市建成区和美国的城市化地区反映了城市作为人口和非农活动高度密集的地域而区别于乡村,代表城市的实体地域。这是城市地理研究中最基本的城市地域概念。但是随着城市发展中的离心扩散过程,城市实体地域的边界易于变动,每年都不一样。城市的商业、教育、医疗、就业、娱乐等城市功能所波及的范围超出城市建成区和城市化地区,城市社会越发达,城市和周围地域之间的社会经济联系越频繁,城乡之间的分界也越模糊,这就要求建立一种城市的功能地域概念来适应这种变化。"都市区"是当今世界上最常用的城市功能地域概念,它是一个大的人口核心区以及与之具有高度的社会经济一体化的邻接地域组成。具体地说,就是温州城区与瑞安城区、乐清城区、永嘉城区、平阳城区、苍南城区及其周围地域共同组成"温州都市区"。由于温州都市区人口超过 500 万人,所以又称"温州大都市区",以区别规模相对较小的温州城区。然而"温州大都市"这个称谓是语文上的概念,既不是城市功能地域概念,也不是城市规模分类等级。因为世界上城市规模大小分为六个等级,城区人口 20 万以下为小城市,20 万～50 万为中等城市,50 万～100 万为大城市,100 万～500 万为特大城市,500 万～1000 万为超级城市(super city),1000 万以上为巨型城市(mega city),没有"大都市"这个城市分类类型。据此分类,温州城区人口已达 270 万人,属于特大城市。

美国早在 1910 年就提出都市区(metropolitan district)的概念,1949 年正式建立具体的统计标准用于国情普查,1980 年以来改称"都市统计区"(MSA)。每一个 MSA 都有中心市和外围市(县),或者中心县和外围县两部分组成。都市区包括连续建成区及以外的不连续的城镇、城郊发展区,甚至部分乡村地域,而城市化地区不包括乡村地域。我国城市地理学界认为中心市只有地级及以上城市才有资格设立都市区,外围县级地域的 GDP 中的非农产值比重在75％以上,非农劳动力比重在 60％以上,而且在地域上与中心市直接毗邻,或者与外围县级地域相毗邻。据此标准,笔者认为温州都市区的中心区域为温州城区,指鹿城和瓯海连成一片的鹿瓯组团,以及孤居于东海之滨的龙湾永强组团,两者之间相隔一座大罗山。但温州市区西部的藤桥和泽雅两镇的山区范围不能列入都市区。外围地域有五大片区:①瓯北—上塘片区,简称上北片区,包括永嘉城区、瓯北、三江等地,而沙头及以北地区、桥下及以西地区不能列入都市区。上北片区与鹿瓯组团相隔一条广阔的瓯江。②柳市—乐成片区,简称乐柳片区,包括乐清城区、柳市、北白象、虹桥等地,清江及以北地区达不到指标,不能列入温州都市区。乐柳片区与永强组团相隔河口段的瓯江,与上北片区相隔一条北雁荡山脉。③瑞安—塘下片区,简称瑞塘片区,包括瑞安城区、塘下等沿海平原,以及马屿、陶山以下的飞云江沿岸地区,但不包括马屿以西和陶山以西的瑞安西部山区。瑞塘片区与鹿瓯组团相隔一条吹台山脉,与永强组团相隔一座大罗山。④昆阳—万全片区,简称昆万片区,包括平阳城区、万全等地,平阳西部山区不能纳入都市区。昆万片区与瑞塘片区相隔一条人为的县界。⑤龙港—鳌江片区,简称龙鳌片区,包括苍南城区、龙港、宜山、钱库、金乡及平阳鳌江、萧江等地,也包括水头、腾蛟等北港地区,但苍南西部和南部山区不能归入都市区。龙鳌片区与昆万片区相隔一座半天山。值得注意的是温州都市区不包括洞头、文成、泰顺三个海岛县和山区县,因为它们的各项指标达不到要求,而且今后发展潜力不大。

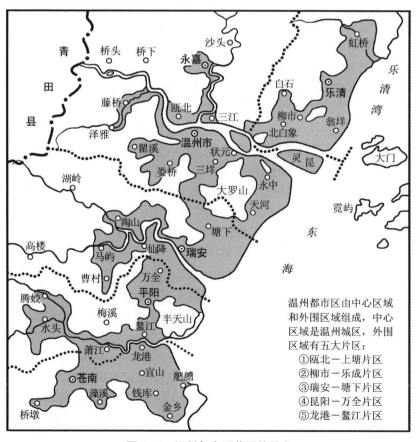

图 5-3 温州都市区范围的界定

以上温州都市区的范围界定是笔者的独家学术观点,与其他学者的界定有较大差异。例如清华大学城市规划专家顾朝林的《温州大都市区形成机制及其空间结构研究》,认为温州都市区分为近期都市区和远期都市区,并出示两幅地图分别划定范围。他界定的温州近期都市区的中心区域为温州主城区,并包括永强片区和瑞云片区;外围地域有乐柳片区、上塘片区、洞头片区三个片区,不包括平阳的昆万鳌萧地区及苍南的灵龙地区。温州远期都市区的中心区域是近期都市区,它的外围地域包括乐清北部、永嘉北部和西部、市区西部、瑞安西部、平阳西部、苍南西部和南部等地山区。这里有两个观点是笔者无论如何不能苟同的,其一,都市区是一个相对稳定的地域,不会随着时间的推移和城市化发展而扩大,绝无近期都市区和远期都市区之分,范围能扩大的是城市建成区和城市化地区,两者的概念不能混淆。其二,乐北、永北、瑞西、平西及苍西南等地山区是不能划入都市区的,一万年以后也成不了城市建成区和都市区,这是城市的行政地域和实体地域不分的常见的典型错误。

此外,由中国城市规划设计研究院、温州市规划局、温州市城市规划设计研究院等单位编制,并于 2005 年 12 月审批通过的《温州市城市总体规划》第四章温州都市区规划中,认定温州都市区范围为"一主二辅五组团"。"一主"为中心城市,包括温州主城区和永强副城区;"二辅"为瑞云和乐柳两个辅城区;"五组团"为上塘组团、洞头组团、半岛组团、藤泽组团、桐浦组团。并列出温州都市区的 31 个次级分区,称为"发展概念区"。且不说洞头组团和半岛组团的区别,也不论藤泽和桐浦归入都市区的正确与否,单单是平阳的昆万鳌萧地区及苍南的灵龙地区没有划入温州都市区,这足见编制者眼光短浅,见识寡陋,概念不清。对此网民意见很大,有一位叫"光明人家"的网友发表了很有见地的文章,笔者甚为赞赏。

城市功能地域中还有一个概念叫做"都市连绵区",市面上很多文章和论著中多用错了这一概念,他们错误地认为都市连绵区是两个都市区之间的连接地域,应予纠正。国外没有"都市连绵区"这个称呼,这是中国著名城市地理学家周一星在 1986 年提出并广泛使用的。它的含义与国外发达国家的"城市带"(megalopolis)和"城市群"(urban agglomerations)相仿,是指若干大城市为核心并与周边地区保持强烈交互作用和密切社会经济联系,沿一条或多条交通走廊分布的巨型城乡一体化地区。都市连绵区的形成有五个必要条件和五项指标。因为温州城市地理没有涉此,故都市连绵区、城市带、城市群等城市功能地域的概念不再赘述。

二、温州城市的区位因素

世界上为什么有的地方城市多,有的地方城市少? 一个城市为什么建在这里,而不建在那里? 为什么上海成为巨型城市,杭州成为超级城市,温州成为特大城市,而瑞安成为中等城市? 要回答这些问题,就必须了解城市的区位因素。城市的区位因素分为自然地理因素和社会经济因素两大类。自然地理因素包括地形、气候、河流、自然资源等因素,社会经济因素包括政治、交通、军事、科技、旅游、宗教等因素。这些因素通过影响人口分布而影响城市的形成和发展。

(一) 自然地理因素

自然地理因素影响温州城市的形成和发展是非常深刻的,主要表现在地形、气候、河流和自然资源四个方面。

1. 地形因素

世界上的大城市多数分布在平原地区,例如美国的波士顿—纽约—费城—巴尔的摩—华盛顿、芝加哥—底特律—匹兹堡、西雅图—旧金山—圣迭戈—洛杉矶三大城市带分别位于美国东部大西洋沿岸平原、中部低平原和西部太平洋沿岸平原上。我国大城市中的67%位于地势第三级阶梯的东部平原上,而第一级阶梯上的大城市只占1%。这是因为平原地区地形平坦,耕地广阔,土壤肥沃,水网密布,农耕发达,人口众多,有利于交通联系和节省建城投资,是城市发育的理想环境。

温州全市有三大平原,从城市发展的地形区位因素来看,今后能发展成为大城市和特大城市的只有温州、瑞安和龙鳌三个城市。温州位于瓯江下游平原,该平原面积473平方千米,包括老城区平原、仰双平原、蒲状平原、上河乡平原、下河乡平原、永强平原、瓯北平原、柳市平原、七都岛和灵昆岛平原。加上今后围海造地,可供城市建设的用地面积能达到600多平方千米,足够温州发展成为特大城市或超级大城市。

瑞安位于飞云江下游平原,该平原面积约500平方千米,是温州最大的平原,包括莘塍平原、飞云平原、万全平原、仙降平原、陶山平原、马屿平原、仙塘平原。加上今后围海造地,可供城市建设用地面积能达到600多平方千米,也能满足瑞安发展成为大城市或特大城市的用地需求。

龙港—鳌江位于鳌江下游平原,从地形这一区位因素来看,龙港所在的江南平原和南港平原(合计 229 平方千米)远比鳌江所在的小南平原(76 平方千米)大,城市发展的前途远比鳌江好。鳌江下游平原面积(305 平方千米)远比乐清所在的乐成平原(35 平方千米)大,在可以预见到的 50～100 年时期内,龙鳌城市的规模肯定要超过乐清。因为乐成平原实在太小,今后乐清城市发展潜力不大。

永嘉城区所在的上塘位于楠溪江河谷平原上,面积狭小,仅 6.5 平方千米,如今城市建设空间已处于饱和状态,缺乏发展余地,当年永嘉县城选址在上塘,本身就是一个错误。1949 年 8 月 26 日永嘉县城选址岩头,9 月 2 日迁址枫林,这是正确的,因为枫林—岩头—港头一带是楠溪江谷地中最大的一块平原,面积约 30 平方千米。然而 1958 年 7 月永嘉县城迁址上塘,这是农民出身的首长"瞎指挥"造成的不可挽回恶果。为永嘉的子孙后代谋划,笔者在此呼吁永嘉县城即刻迁址枫林,时间上越拖越被动。永嘉县政府驻地决不能移驻瓯北,因为瓯北迟早属于温州城市的建成区,决不能再犯一次错误。

同样道理,文成县城所在的大峃盆地是一个非常狭小的山间小盆地,面积只有 3.5 平方千米,如今城建空间也已处于饱和状态,是温州 8 个县城中面积最小的区域,这是文成县城发展的死症。只有马上迁址南田才是唯一出路,因为南田台地地形平坦而广阔,面积达到 196 平方千米,是温州最大的一个台地,足够一个山区县城今后 100 年的发展空间需求,而且南田台地上河流纵横,有百丈漈水库(天顶湖)提供丰富的城市用水。倘若迁址拖后,到了高速公路等基础设施都已定局,那时苦不堪言。

泰顺县城所在的罗阳也是一个山间小盆地,面积只有 5.1 平方千米,早已人满为患,屋满为患。近年来向南沿 331 省道(58 省道,泰分线)新路沿线开山建城,发展组团式新城区,投资和费用很大,而且新城面积也很小。由于罗阳盆地的平地空间所限,又没有比罗阳更大的河谷平原和山间盆地可以迁城,从地形区位因素来看,可以说罗阳是温州最没有发展前途的山区小县城。

洞头县城位于洞头海岛上,县城所在的平地面积仅 3 平方千米,当然不够一个县城建设用地的需求,除开山梯级造城外,围海造地是解决城建用地的最好选择,目前已开辟了新城组团和杨文组团,建成区面积达到 6.7 平方千米。今后还有可围之地"北岙后二期围垦"区可以用于城建,但是围海造地不是永无止境的,围垦到了一定程度,洞头县城的发展规模也就到顶了。

表 5-4		温州各县(市、区)平原面积和比重					单位:km²、%		
区域	市区	瑞安	乐清	永嘉	平阳	苍南	文成	泰顺	洞头
面积	535.51	415.54	371.14	186.58	267.23	333.96	49.39	11.43	10.52
比重	47.1	33.1	30.0	7.0	27.6	28.8	3.8	0.7	10.5

2. 气候因素

在地理上,气候评价有发展农业的气候评价、人口和城市区位因素的气候评价两种,即农业评价和生活评价,两者完全不一样。人口和城市的气候评价就是两个字"适中",即气温适中和降水适中,不冷也不热、降水不多也不少是城市发育的最佳环境条件。例如欧洲西部属于温带海洋性气候,夏凉冬暖,气温变化小,降水各月分配比较均匀,年降水量 800 毫米左右,这种气候造就了西欧成为世界三大城市密集地区之一。全球气温和降水适中的地区分布在纬度 20°～55°的沿海地带,因而世界大城市多数分布在这种纬度的沿海平原地带。而气候恶劣的三种地区几乎没有人口和城市分布,一是湿热地区,即热带雨林气候区;二是干旱地区,即热带沙漠气候区和温带沙漠气候区;三是高寒地区,即高纬度或高海拔的严寒地区,如冰原气候和苔原气候区、亚寒带针叶林气候区、高山气候区等。

温州属于典型的亚热带季风气候,又濒临海洋,深受海洋对气候的调节作用,因而夏季无酷暑,冬季无严寒,一月平均气温 7.7℃,七月平均气温 28.0℃,年平均气温 17.9℃,多年平均气温日较差只有 7.1℃,年较差仅 20.3℃,是一个非常宜居的城市。然而,从城市气候的高标准来衡量,温州城市气候有两个缺陷,一是夏季天数过长,温州城区达到 131 天,超过全年的三分之一(春季 82 天,秋季 81 天,冬季 71 天)。二是降水过多,雨日太长。温州城区年降水量多达 1749 毫米,超过了上海、杭州、福州、广州、海口等城市;泰顺城区罗阳年降水量更达 2004 毫米,接近全国之最的台北。更可怕的是温州雨日很多,温州城区多达 175 天,泰顺城区罗阳更达 203 天,达到了全国之最的"蜀犬吠日"的四川盆地西部的邛崃山区和"天无三日晴"的贵州大娄山区的雨日天数。

温州东部沿海平原的城镇气候相差不大,都可算作宜居气候。只是大峃、上塘等县城地处山间盆地和河谷地带,盆地地形夏季热量不易扩散,加上盆地下沉气流"焚风效应"加剧了它的炎热程度,形成高温天数过多的暑热难耐的气候。例如文成大峃的极端最高气温达 41.7℃,永嘉上塘达 42.1℃。温州西部山区有很多类似的乡镇都同样遇到夏季"太热"问题。

3. 河流因素

世界或中国的主要河流沿岸常常布满了大大小小的城市,越往中下游,河流越开阔,城市也越密集,这一事实说明河流对城市区位的影响是非常深刻的。这是因为河流有供水和运输的功能,古代还有军事防御的功能。城市作为人口高度集聚的大型聚落,每天需要大量的生活用水和生产用水,这就吸引城市临河布局。城市与周围地区、城市与城市之间需要建立物质交换、人口流动等各种联系,这种联系越方便,越频繁,城市就越繁荣。在铁路和公路没有普及以前,河流运输功能最为重要,所以中国绝大部分城市都是沿江沿河布局而发育壮大起来的,特别是我国南方,沿河设城是城市分布的一般规律。

温州沿海平原属于水网平原,河流纵横交错,有利于城市的布局和发育。分析归纳温州城市沿河布局有三种区位。第一,位于河流通航河段的上游起点。河流上游河道狭窄,常有跌水、急流等水运障碍的地方,交通不便,少有城市的发育。到了水流平稳的地方,可以行船通航,此地就是通航河段的上游起点,上游货物通过肩挑马驮在此装船转运,这个地方便出现城市。例如泰顺县城罗阳位于罗阳溪通航河段的上游起点。罗阳溪发源于天关山(海拔 1269 米)东北坡,向东南流经樟树垟村,在泰顺县良种场附近接纳白溪,与白溪汇合后,到溪坪村进入泰顺县城。溪坪村以上的罗阳溪不能行船通航,溪坪村以下水流平稳,称为南门溪。泰顺县城就是在这种通航河段的上游起点的环境下发育起来的一个小城市。

第二,位于河流干支流交汇处。干流与支流汇合的地方是城市选址的良好区位,因为有大量的人流和物流在此集聚和中转。例如温州古城就位于瓯江与它的下游最大支流楠溪江汇合处而发育起来的城市。文成县城大峃位于泗溪与它的支流象溪、凤溪汇合处,泰顺县城罗阳位于罗阳溪与它的支流学前溪汇合处。温州还有更多的小城市"镇"位于河流干支流汇合处,例如永嘉岩头位于楠溪江与它的支流五䲞溪汇合处,港头位于楠溪江与它的支流东皋溪汇合处。从城市的河流区位因素来看,可以肯定永嘉岩头—港头—枫林一带必将发育出一个比永嘉县城更大的城市。泰顺泗溪位于东溪、南溪、西溪、北溪四条干支流汇合处,这里也必将发育出一个比泰顺县城更大的小城市。

第三,位于河口。例如我国最大的城市上海位于长江河口,浙江最大的城市杭州位于钱塘江河口,浙南和闽北的最大城市温州位于瓯江河口,温州第二大城市瑞安位于飞云江河口。无庸置疑,龙䲞位于鳌江河口,必将发展成为温州著名的大城市或特大城市。其原因是河口既有河运的便利,更有海运的优势,它的河运量和海运量是整个流域最大的地方,自然成为整个流域最大的城市。因此,乐清北部的大荆溪干流长 32.2 千米,流域面积 321.7 平方千米,它的河口水涨村及其盛家塘岛必将发展成为小城市。同样道理,乐清清江河口的清江镇、淡溪河口的蒲岐、苍南赤溪河口的赤溪镇、马站河河口的沿浦等地都是发展小城市的良好区位选址。

4. 自然资源因素

自然资源分为六大类,其中矿产资源的开发利用对城市的区位影响最大,因此世界上出现了一大批矿业城市,例如南非最大的城市约翰内斯堡就是采掘黄金而出现的城市,美国的匹兹堡是采掘煤炭而兴起的城市。我国也有为数众多的煤炭、石油、铁矿、镍矿等矿业城市。温州苍南矾山镇就是采掘矾矿发展起来的矿业城市。此外,泰顺龟湖大量采掘叶蜡石,很有可能发展成为小城市。

温州矿产资源欠缺,但温州是海洋资源大市,有着辽阔的海域,众多的海岛,漫长的海岸线,拥有许多发展深水良港的港湾,海洋资源利用潜力很大,温州正在由沿江城市迈向滨海城市。例如龙湾滨海园区就是在一片海涂上崛起的温州最大工业城,乐清经济开发区也是在海涂盐场上发展而成的城区。

(二) 社会经济因素

影响城市形成和发展的社会经济因素包括政治、交通、军事、旅游、科技、宗教等因素。

1. 政治因素

无论古代或现代,许多城市都是一个国家或一个地区的政治中心。古希腊的雅典城和古罗马的罗马城作为首都曾是当时世界上最大的城市,我国古代的西安、洛阳、开封、杭州、北京作为国家首都的时期,都是当时最大的城市。如今我国省级行政中心,除呼和浩特外,都是该省或自治区的最大城市。这些政治中心也都成为区域经济中心。例如清代和民国时期的安庆是安徽省的省会,是安徽省最大的城市,而合肥是一个普通的县城;解放以后合肥被确定为安徽省省会,它的工业、交通、城市建设迅速发展,一跃成为安徽省的最大城市,而安庆很快衰落为"皖 H"(第 8 位)。

东晋太宁元年(323 年),温州作为郡治,一直以来都是郡(府)级行政区的政治中心,因而始终是浙南地区最大的城市。温州、乐成、安阳、昆阳、罗阳一直是温州"永乐瑞平泰"五县的政治中心,因而也是每个县的最大经济中心。解放初期,永嘉县的上塘是一个普通的小山村,1958 年被确定为永嘉县政府驻地后,工交和城建迅速得以发展,不久就成为永嘉县政治、经济、文化、交通中心。由此可知,在中国的政治体制下,政治作为城市区位因素是城市发展的最重要的社会经济因素。但是,这不是世界城市发展的一般规律,例如美国州政府驻地都不是州域内的最大城市,而是小城市或中等城市。

城市的政治区位因素还包括国家的城市政策,例如计划经济时代推行"搞小城镇"政策,温州在长达四十多年中都长不大,始终是一个中等城市。然而,2000 年开始中央取消"严格控制大城市规模"的政策,短短的十几年中温州就从一个中等城市发展成为特大城市。

2. 交通因素

世界上的城市,尤其是大城市,多建在主要交通沿线或交通枢纽上。沿海、沿江、沿铁路线、沿高速公路线可以形成城市轴线,世界城市分布的趋势是向交通方便的区位集中。

在不同的交通运输时代,城市产生的区位有所不同。在帆船和马车时代,城市多建在河流或大道的汇合处,我国南方城市多建在河流汇合处,北方城市多建在大道会合处,例如古代邯郸城就是在两条驿道交会点上发展起来的。随着公路和铁路运输的发展,在公路和铁路沿线或枢纽出现了一批城市,例如我国京广线上的石家庄、京沪线上的蚌埠、陇海线上的宝鸡等,湖南株洲更是典型的"火车拉来的城市"。

距今 2486 年以前,温州古代东瓯方国的都城选址在瓯江与楠溪江交汇处,主要区位因素就是交通方便。距今 1774 年以前,瑞安县城选址在飞云江河口,也是考虑到交通因素。古代乐清县城位于温州至宁波的温台驿道上,平阳县城位于温州至福建的温瑞平驿道上。560 多年以前的明代,泰顺设县之时开辟的瑞安至罗阳的驿道经过今文成峃口,1949 年以后,文成设县时的县城选址在邻近这条驿道的大峃,而不是南田。

改革开放以来,温州沿海的公路和铁路运输发展很快,取代了过去的河流和驿道交通,因而东部沿海平原上的城镇数量和规模突飞猛进,而西部山区交通建设滞后,城镇的发展也随之相对衰落。这些现象说明交通区位因素对城市的形成和发展有着深刻的影响。

3. 军事因素

在城市文明扩散过程中,军事活动也起着重要作用。军队为了控制新占领的土地,需要在当地的物资汇集地建立军事中心或军事要塞。随着战争的结束,政治和经济生活的安定,商业的繁荣,以及人口的集聚,当年这些部队驻扎的地方就逐渐发展成为新的城市。例如万里长城终点的甘肃嘉峪关原是部队驻扎的军事要塞,后来发展成为嘉峪关市。

温州苍南金乡是一个典型的军事原因形成的小城镇。明代洪武二十年(1387年)为了防御倭寇,信国公汤和奏准建立金乡卫,大批来自五湖四海的外籍军官率军驻扎金乡。抗倭战争结束后,这些军官和士兵大多留居金乡,形成今天的金乡镇,并演变出金乡城里特有的"金乡话"方言岛,与城外方言不能交流。类似现象还有苍南的蒲城、乐清的蒲岐等地。

4. 旅游因素

旅游是经济效益很高的第三产业,越来越受到各国各地重视。改革开放以来,随着经济水平的提高,我国的国内旅游和国际旅游蓬勃发展,旅客数量和接待能力迅速提高,从而出现了一批旅游城市。温州最著名的是国家级的雁荡山旅游风景区,2013年景区旅客达到390多万人,门票收入8000多万元,乐清雁荡镇就是旅游而兴起的城镇。雁荡镇前身叫白溪,是一个普通的小村庄,因旅客纷至沓来,现已成为5万人规模的旅游小城镇。此外,温州的旅游小城镇还有平阳南雁镇、永嘉大若岩镇等。

三、温州城市的地域结构

城市的形成不能脱离一定的区域环境,区域条件的改善可以促进城市的发展。同时,城市在区域中总是居于核心地位,对区域的发展起主导作用。具体地说,温州城市在温州地区中的作用可以归纳为三个方面。第一,城市是区域的管理中心。在中国现行的行政管理体制下,城市是各级政权机构的所在地,它对一定区域内的政治、经济和社会活动行使着领导和组织管理作用。温州是温州地区的行政管理中心,维持温州地区的经济和社会秩序,保障区域内各项活动的正常运行和发展。同理,瑞安、乐清、永嘉、平阳、苍南、文成、泰顺和洞头各县级城市是各县级行政区域的管理中心;小城市——镇是镇域范围内的行政管理中心。第二,城市是区域的服务中心。温州地级城市及其下属县级城市相应地集中了很大部分的文化、教育、科研、体育、卫生等设施,可以为区域提供多方面的服务,是一定区域范围内的科技、教育、医疗、文化等活动的中心。第三,城市是区域经济的增长中心。城市是区域的生产中心,区域中的第二产业和第三产业主要集中在城市中。一方面城市生产的各种工业产品,满足区域内人们生产和生活的需要;另一方面,随着城市中工业和交通运输的发展及人口的集聚,众多的商业贸易被吸引到城市中来,实现各种供需的商品流通,使区域的生产和生活能顺利进行。因此,城市在区域经济中起龙头作用,成为区域的工业、交通运输、商业贸易、金融的中心。

城市是有等级的,除了世界通用的大、中、小城市等级外,中国还有直辖市、省级市、副省级市、地级市、县级市等。各种等级城市在区域中的作用不同,因此它们的服务范围的大小也不同。例如永嘉县城的服务范围只为本县,温州城市的服务范围为整个温州地区,杭州则为整个浙江省。这样一来,在一定区域内,各级城市的服务范围在空间上相互重叠、交错,形成一个层层嵌套的城市体系。在这个体系中,城市等级越高,数目越少,服务范围越大;城市等级越低,数目越多,服务范围越小。

(一)温州城市的地域形态

每个城市地域都具有某种特定的外部形态,这与城市所处的地理环境密切相关。一般情况下,平原地区的城市形态比较规整,山区的城市形态受地形、河流等条件的制约,不同地区差别较大。总的来说,城市的地域形态可以分为集中式、组团式、条带式、放射式四大类型,不同类型具有不同的特点。

1. 温州城区的地域形态

就温州城区来说,城市地域形态是由两个组团组成。一个是鹿城和瓯海组成的鹿瓯组团,它们连成一片,属于集中式;另一个组团是龙湾的永强组团,孤居于东海之滨,两个组团之间隔了一座高大的大罗山,以至于方言上“永强话”与“温州话”有很大差异。集中式的鹿瓯组团各组成部分比较集中,连成一片。它的优点是便于建设完善的城市基础设施和生活服务设施,各种设施的利用率高,方便市民出行和生活,也便于政府的行政管理,并节省市政建设的投资。然而,永强组团与鹿瓯组团分离,不相连属,显得离心分散,要单独建设各种市政工程设施和生活设施,城建投资相对较高,开凿大罗山交通隧道费用高,市民到城市中心区购物的距离远,区政府和市政府之间联系也不大方便。

2. 瑞安城区的地域形态

明代嘉靖时期,瑞安城区只有 0.74 平方千米,清代晚期仅 1.23 平方千米,1940 年拆毁城墙后城区面积得以扩大。1949 年瑞安城区为 1.70 平方千米,1985 年增至 2.34 平方千米,1995 年扩大为 7.50 平方千米,2011 年达到21.56 平方千米,占瑞安市区面积的 7.4%,居全市县级城区面积之首。瑞安城区由江北和江南两个组团组成。两个组团之间由飞云江隔开,并由飞云江大桥、飞云江二桥、飞云江三桥 3 条大桥相通。江北组团位于飞云江东北面,是瑞安的主城区,包括玉海街道、安阳街道、锦湖街道、东山街道、莘塍街道、上望街道、汀田街道 7 个街道。它的地域范围包括瑞安经济开发区、莘塍工业园区、隆山公园、西山公园等,但不包括烟墩山、万松山、牛伏岭等区域。江南组团位于飞云江西南面,名义上由飞云街道、南滨街道、仙降街道 3 个街道组成,实际上建成区范围不包括仙降街道,因为仙降街道与飞云建成区之间有广阔的非城地域,不能归入瑞安建成区。瑞安江南组团目前还不能包括飞云江口南岸的瑞安经济开发区南拓展区。

3. 乐清城区的地域形态

乐清市区由 8 个街道组成,总面积 259.7 平方千米,2011 年乐清建成区面积 19.30 平方千米,比瑞安城区稍小。乐清城区由乐成街道、城东街道和城南街道 3 个街道组成,地域形态呈典型的集中式,城区的各个组成部分连成一片,具有理想的形态特征。乐清城区三面环山,东面是东塔山,北面是大肚山,西面是西塔山和盖竹山,老城区位于建成区西北部山麓,由金溪、银溪、东运河三条河流向东南方向敞开,因而城区主干街道也向东南方向延伸,呈现典型的放射状分布。放射状河流和街道及三角形的地域形态是乐清城区最大的特色。近年来乐清城区发展很快,所以城区的东南面呈现很不规整的锯齿状边缘,它的边界大致在千帆路,但城南已突破千帆西路,城东有的地方仍在千帆东路之内。

4. 永嘉城区的地域形态

永嘉城区位于楠溪江下游西侧的上塘镇,故又称上塘城区,由东城街道、南城街道、北城街道 3 个街道组成,2011 年建成区面积 6.44 平方千米。永嘉城区的东北面是浦东山,西北面是下堡山,西南面是乌岩山,东面临楠溪江,目前永嘉城区没有越过楠溪江,但东、西两岸有越江大桥和楠溪江五桥两座大桥沟通。城区的东北部有鹅浦河南流汇入楠溪江,城区的南部有中塘溪东流汇入楠溪江。永嘉城区平面形态略呈三角形,也是集中式的地域形态。

5. 平阳城区的地域形态

平阳城区位于昆阳镇,故又称昆阳城区,它位于仙坛山西麓,九凰山北麓。仙坛山又称东门山,九凰山又称昆山,两山之间有一狭长的谷地,谷地中有东北—西南向的昆鳌路通往鳌江镇。昆阳古城位于这两座山的山前洪积扇上。改革开放以来,城区沿瑞平塘河向西北方向发展,并沿 104 国道向北迅速扩展,沈海高速(甬台温)公路建成以后,城区又向西延伸,至 2011 年城区面积达到 8.73 平方千米。平面形态大致略呈六边形,瑞平塘河从城区中部向西北方向流淌,城区属于集中式的地域形态。

6. 苍南城区的地域形态

苍南城区位于灵溪镇,故又称灵溪城区。城区位置在鳌江南岸的南港平原的西端,位于鳌江最大支流横阳支江以北,沪山内河以南,灵溪塘河自西南向东北流经灵溪主城区。目前城区的南界已越过横阳支江,到达横阳支江的南岸,北界直抵沈海高速公路和温福铁路,东面从苍南家具产业园区开始,西面直至汽车西站以西的下东垟。由于所处的南港平原辽阔,城区面积较大,2011 年达到 16 平方千米,仅次于瑞安和乐清城区,居温州县级城区第三位。苍南城区平面形态略呈东北—西南向的长卵形,属于集中式的地域形态。

7. 文成城区的地域形态

文成城区位于大峃镇,故又称大峃城区。2011 年建成区面积仅 3.5 平方千米,是温州县级城区中面积最小的山区小城镇。文成城区位于旗山和猪娘山之间的山间小盆地——大峃盆地,城区沿飞云江的支流泗溪布局,泗溪及其支流凤溪、象溪交汇于城区南部。大峃老城区位于泗溪南岸,呈东北—西南向的条带式延伸。改革开放以后,城区越过泗溪,到达泗溪北岸的山麓,并向东南延伸到达凤溪的南岸山麓,所以今天的文成城区平面形态略呈三角形,也是属于集中式的地域形态。

8. 泰顺城区的地域形态

泰顺城区位于罗阳镇,故又称罗阳城区,是一个山间小盆地的山区小城镇,2011 年建成区面积 5.1 平方千米。罗阳盆地的东面有葛光镜山,西面有旋顶山,盆地中有罗阳溪(南门溪)与它的支流学前溪在城区的南部交汇,并有云和至寿宁的 S228 省道(52 省道)与分水关至泰顺的 S331 省道(58 省道)在泰顺城区交会。泰顺老城区位于盆地中部,改革开放以后,城区向四周扩展,所以泰顺城区是略呈长方形的集中式地域形态。然而,限于盆地狭小,城区建设处于极度饱和状态,目前新城区只能越过山地,向南面 331 省道新路沿线扩展。因此新城区在形态上属于组团式,大大提高了新城区开山建设的投资和费用,而且与原城区的联系不大方便。

9. 洞头城区的地域形态

洞头城区位于洞头海岛上,由北岙街道和东屏街道组成,2011 年建成区面积 6.69 平方千米。洞头城区由北岙组团、新城组团、杨文组团组成,属于组团式地域形态。新城和杨文是近十年围海造地新开发的城区,北岙城区是原有的主城区。北岙老城区面积很小,改革开放以后,沿中心街向西南发展,沿城南路向南拓展,沿育才路向东南延伸,沿车站路向东北扩展,至今北岙城区形成放射式的城市形态特征。洞头新城区的海滨大道以西有大片的

"北岙后二期围垦"区,今后可用于城市建设用地。

(二) 温州城市地域的功能分区

1933 年,世界各国的城市规划师在希腊雅典集会,对大工业化以后出现的城市环境恶化、污染加剧、疾病蔓延等现象,发表了《雅典宪章》,提出了对城市实行严格的功能分区。因此,1933 年以后世界各地的城市规划和建设强调功能分区。由于城市土地面积相对有限,各个地块的交通通达性和地价各不相同,所以城市的各项活动之间必然要发生空间竞争,导致同类活动在空间上高度聚集,就形成了功能区。例如住宅区、商业区、工业区、行政区、文化区等,这就是城市地域的功能分区。这些功能区之间并无明确的界线,每种功能区以某种功能为主,也可兼具其他功能,例如温州绝大多数住宅区的底层都是商业和服务业用房。

1. 温州城市的功能区

住宅区、商业区、工业区是城市地域的基本组成部分,是大、中、小各类城市所共有的功能区。温州行政上作为地级城市,人口规模上作为特大城市,城市功能复杂,所以还形成行政区和文化区等功能区。但是,瑞安市、乐清市、各县城及镇作为中小城市,政府部门和文化部门占地面积很小,或者分散布局,形成不了相应的功能区。

(1) 住宅区

住宅区为城市居民提供居住的场所,是城市最基本的一项功能。所以城市中最为广泛的土地利用方式是住宅功能用地,在大多数城市中,住宅区面积占一半以上。温州 194.8 平方千米的城区空间中,住宅用地面积达到64.6 平方千米,占整个城市空间的 33.2%,占所有功能区的 51.7%,居各种功能区中的首位。

在旧中国,温州城市工业、交通落后,工人人数少,市民的活动范围小,居住单元无法脱离工作场所而独立存在,所以居住单元和劳动单元混杂布局,没有形成明显的住宅区。改革开放以来,随着工业和交通的迅猛发展,工厂大量集中的同时,迫使居住单元相互聚拢,形成住宅区,特别是住宅小区在温州大地上像雨后春笋般地冒出来。

在建筑质量和房屋价格上,有高级住宅区和低级住宅区之分。高级住宅区指高楼林立的高层家园,或者带有独立庭院的别墅;低级住宅区的房屋拥挤密集,人均居住面积小,配套设施差。在国外,高级住宅区多建在城市的外缘,配套有相应的学校、医院、大型商店和绿地等公共设施,生活方便,环境优美。而温州由于大规模进行旧城拆迁改造,在城市中心区也有高级住宅区布局。国外的低级住宅区多分布在拥挤的旧城区或工业区附近,而温州则分布在未改造的旧城区、城中村和城郊结合部,主要供外来民工居住。国外的高级与低级住宅区分布具有背向发展的规律,即高级住宅区向城市西侧发展,低级住宅区则在东侧集中;低级住宅区多与工业区相邻,高级住宅区多与文化区毗连,而温州几乎看不到这种分布规律。

(2)商业区

商业区是城市中商业和服务业最繁荣的地域,但用地面积很小。温州城区商业金融和文化娱乐用地约 13.9 平方千米,只占整个城市空间的 7.1%,仅占所有功能区的 11.1%。在国外,商业区多呈块状分布于城市中心,或者主干街道交会处;在温州,大多呈条带状或点状分布于城市街道两侧或街角路口处,例如五马步行街、人民东路、大南门等商业区是温州城市地域结构中一种特殊的景观。

商业区的区位必须具备市场优势和交通优势两个基本条件。因为商业区的主要功能是商品交换,影响商店营业额的直接因素是商业区所服务的人口,而只有便捷的交通才能吸引大量的消费人口,所以商业区都位于城市中心区。随着城市的发展和城区的扩大,在人口密集和交通发达的地方也出现新兴商业区,例如温州火车站和汽车南站之间的站前商业区就是一个新兴的商业区。然而,在长官的个人意旨下,有的城市规划在人气冷落的城市偏隅选址商业区,这注定要失败的。例如温州城市规划中选址杨府山以北的瓯江南岸作为温州最大的商业区——中心商务区 CBD,这显然是错误的,因为那里不具备市场优势和交通优势,通俗地说,那里不具备人气优势。

在发达国家和我国特大城市的市中心,由于多种交通工具都可以方便到达,服务范围遍及整个城区,甚至有的覆盖整个都市区,往往形成一个中心商务区。中心商务区又称中央商务区,国外称为 CBD。例如纽约的曼哈顿、巴黎的拉德方斯、东京的新宿、香港的中环等都是世界上著名的中心商务区,我国上海的外滩—陆家嘴、北京的国贸中心—世贸天阶、广州珠江新城、重庆解放碑等中心商务区也都初具规模。温州城市相对较小,至今还没有形成一个中心商务区。中心商务区 CBD 通常具备下列四个特征:①中心商务区是城市经济活动最繁忙的地方。这里不仅是大型商场、购物中心、专业化高级商店等专门从事商品交流的中心,还是金融、贸易、信息、展览、会议、证券、期货交易的中心,有知名大公司的总部、各种经营管理和旅游机构,以及豪华旅馆、五星酒店、娱乐和文化设施,是城市中地价最高、交通最便捷、商务活动和人流最集中、吸引力和服务范围最大的地域。②中心商务区的建筑物高大稠密。CBD 常常位于城市的中心地带,这里土地有限而地价高昂,建筑物只能向高空发展来增加利用空间,因此 CBD 的建筑物在整个城市中是最高的,往往出现多座摩天大楼,成为城市的天际线。③中心商务区内部存在明显的分区。在水平方向上,最中心的地方以零售活动为主,以大型百货商场和高档购物商店为主;周围则是各种银行、保险、旅游等服务机构的活动区域;最外围是超市、家具店、汽车修理厂等商业性较弱的商务区。在垂直方向上的分异主要表现在高层建筑物内,一般来说,地下多为副食百货超市,零售商场多在低层,办公室多在高层,中间多为餐饮、娱乐等一般商业活动。④人口数量昼夜差别很大。白天人流、车流川流不息,热闹非凡;到了夜晚,商店关门,机构下班,人流减少,整个场区变得安静。

(3) 工业区

工业集聚而形成的片状地域称为工业区。目前温州城市的工业生产,无论是产值或从业人员都是最大的产业,因而工业区的面积仅次于住宅区居第二位。据统计,温州工业区面积 31.3 平方千米,占整个城区的 16%,占城市功能区的 25.1%。

现代工业生产分工越来越细,工业部门越来越多,工艺日益专业化和自动化,各部门、各企业之间的联系越来越广泛,这为工业区的形成和发展创造了有利条件。温州工业区有自发形成和规划建设两类工业区。自发形成的工业区是由有投入—产出联系的工厂自发地在地理上相互靠拢,以满足降低生产成本的需要而形成的,这类工业区的形成时间早,规模小,如今多数改造为住宅和三产用地。规划建设的工业区是把生产上投入—产出联系密切的工厂布局在一块,多数是在规划的工业用地上,先建成基础设施,再引资建厂。这类工业区中的具有工业联系的工厂可以充分利用基础设施,加强彼此之间的信息交流和协作,降低运输费用和能源消耗;可以扩大生产能力,最终降低生产成本,提高利润,获取更高的经济效益。

温州规划建设的工业区的区位具有以下两个特征:①不断向城市外缘移动。改革开放以后,随着温州工业蓬勃发展和第三产业的兴起,城市土地日益紧张,工业污染问题日益突出。为了降低成本,保护城市生态环境,工厂企业纷纷被迫向城市外部边缘迁移,因此今天温州工业区大多分布在城市外缘。②沿交通干线布局。工业生产活动中产生了大量的运输需求,每天有大量的原料和燃料运入,又有很多产品运出,这就使工厂企业必然选择靠近河流、铁路、公路等交通线的低平地带来布置厂房、货场、仓库等设施,所以今天温州的工业区都沿交通干线布局,具有良好的交通运输条件。

(4) 行政区

市委、市政府、市人大、市政协等机关单位集中的地域叫行政区。温州行政办公用地面积很小,仅 1.5 平方千米,占整个城区的 0.8%,占城市功能区的 1.2%。

在我国,政府往往是土地的支配者,在法律上政府可以强行收购和征用所需要的土地,因此行政区的区位不必考虑地价问题,而交通方便和邻近服务对象是行政区的主要区位因素。过去温州行政区是在白鹿故城的正中央,今天迁址到绣山公园以南、锦江路以北的城区几何中心。

(5) 文化区

文化区又称文教区,在温州指高教园区,俗称大学城,是高等院校集中的地域。文化区的区位是远离闹市区,安静肃穆,污染少,环境优美。温州高教园区位于瓯海茶山,背靠大罗山,面临温瑞塘河,现已建成的区域占地面积 4.3 平方千米,建筑物面积 184 万平方米,包括温州大学、温州医科大学、职业技术学院、城市学院等。

2. 温州城市功能区的地域结构

在同一城市中,不同的功能区在城市中的分布位置不同;在不同城市,其内部各类功能区的空间组合也各异。因此,不同城市具有不同的城市地域结构特点。例如欧美国家,大城市的中心都是商业区或 CBD,这与城市中心对商业活动所具有的巨大吸引力有关。但在中国,城市的中心多为旧城区,旧城区的中央都是皇宫、府衙、县衙,演变到今天,城市的中心并不是商业区,而是行政区。

城市地域结构,旧称城市土地利用结构。一讲到城市地域结构,马上使人想到世界上传统的经典的"地域结构三模式",甚至部编教材高中地理教科书上都曾有"三模式"章节。一是伯吉斯的同心环模式,二是霍伊特的扇形模式,三是哈里斯和厄尔曼的多核心模式。城市地域结构三模式在城市地理学中占有重要地位,虽然都有地租理论的支持,可是由于他们的创始人都是美国人,其理论基础是以美国城市为依据,不适用于欧洲国家,更不适用于中国。因此,英国学者曼(Manna)提出一个适用于欧洲的"英国城市模式",英国地处终年西风带,城市西侧为上风地带,多为高级住宅区和文化区;东侧为下风地带,多为工业区和贫民区。另有加拿大学者麦基(Mcgee)提出适用于殖民地和发展中国家的"二元经济城市模式",一个城市中有两组不同的商业中心,其一为西式商业中心,以国际贸易的高档货品为主;其二是外来移民的商业中心,以当地货品买卖为主;介于其间的是混合性土地利用,工商业和住宅混杂布局。笔者认为这些看似权威的城市地域结构模式都不适用于温州,因为国体不一样,政体不一样,自然环境不一样,若死搬硬套,只能把温州城市搞得不伦不类,我们只能用"中国特色"来建设美丽的温州城。

城市功能区的形成有历史因素、经济因素、环境因素、社会因素、行政因素等多方面的原因,其中经济因素,即地租理论和实践是城市地理研究的重要领域。地租理论对于城市土地的分等、定级、估价、合理规划利用以及功能区的合理布局均有重大指导意义。地租就是土地使用者付给土地所有者的款额。1949 年以前我国与世界各国一样,实行土地私有制,1950 年以后实行土地公有制,城市土地收归国有,农村土地属于集体所有。在计划经济体制下,对城市土地实行无偿和无限期的使用制度,土地的使用配置通过行政划拨方式进行。随着经济体制改革的深入,土地行政划拨制度带来的弊端日益凸现,特别是外资进入使得土地无偿使用难以为继。1988 年 12 月修正后的《中华人民共和国土地管理法》正式规定实行国有土地有偿使用制度,以城镇国有土地使用权有偿出让和转让为核心的新土地权利体制基本确立。但是,目前我国城镇土地使用实行出让和划拨"双轨制",加上土地市场发育不成熟不完善,使城市土地使用出现一些不利于城市健康有序发展的问题。

影响城市地租高低的因素主要有交通通达度和距离市中心远近两个方面。一方面城市中心有多条主干道路穿过,交通通达度最高,地租最贵;从市中心延伸出来的主干道路的两旁和交会处,通达度较高,地租较贵;远离主干道路的地区通达度较差,地租较低。另一方面,商业区靠近市中心,可以接近最大的消费人群,因而商业家愿意付很高的租金;一旦远离了市中心,顾客减少,效益降低,只能付很低的租金。因此,根据地租理论,商业支付的地租最高,所以城市的中心为商业区。靠近市中心的外围对商业的吸引力下降,地租也下降,这里作为住宅用地既有利于上下班,又方便购物,而工业支付的租金不如住宅高,所以形成住宅区。城市的最外围离市中心最远,地租最低,适宜辟为工业区。

地租直接影响城市空间形态的变化和空间结构的形成。在计划经济年代,城市土地由政府无偿划拨,温州各个单位想方设法通过关系多要地,要好地,因而市中心出现工业企业,城市地域中出现工业区、住宅区、商业区混杂布局,单位制空间成为城市的基本要素细胞,城市空间割据形成"马赛克"式镶嵌结构。20 世纪 90 年代以来,土地有偿使用引发温州城市地域结构的大幅调整,中心城区"退二进三"步伐加快,大批工厂外迁。通过旧城改造、拓宽道路、置换工业用地、房地产开发、公共服务设施配套、绿地建设等,逐渐实现城区土地的优化配置和城市地域结构的合理布局。然而,温州城市地域结构还存在很多的弊病,与欧美发达国家还有较大的差距。2013 年 4 月 26 日温州市规划局局长叶建辉做客《温网议事厅》时,直言不讳地说"温州城市布局很糟糕",其中主要原因是城市规划问题。一方面城市规划做得不好,《温州市城市总体规划》的编制者是由不熟悉温州城市环境的外地"砖家"和不懂窍的本地"鬼划"人员组成,连大的空间布局和大的产业布局都没有做好。另一方面,城市规划执行不好。按理说,城市规划是城市建设的"宪法",各长官、各部门、各地区都要严格执行这一"宪法",偏偏有人对城市规划不屑一顾。例如随意改动道路布局,出现众多的"断头路";随意改变产业布局,当拿到一个大型的投资项目,就按照业主的意愿随意布局在规划不允许的地方。

与上述城区空间结构变化相伴随的是郊区城市化的推进,温州郊区和农村城市化的直接经济动力是土地的级差地租。一方面,城郊和农村的土地升值为土地所有者的政府攫取征收、转让土地的价差提供了巨大的寻租空间,诱发政府征地的巨大热情。由此导致了 90 年代以来的全国性的畸形开发热,并引发了一系列严重的土地"后遗症"。另一方面,企业购买使用城郊和农村土地能够节省运营成本,扩大经济利润,因而城郊和农村土地的级差地租往往造成政府、企业和原地产使用者的利益纷争。越是级差地租高的地方,这种纷争和矛盾越尖锐;越是征地收益高的地方,原地产使用者抗拒征地的行为越激烈。政府、企业和居民在土地征用上的矛盾,主要是级差地租Ⅱ的分配矛盾,都内源于级差地租Ⅱ的评价和使用问题。综上所述,随着市场经济改革的深入,城市规模的扩大,城市区位差异日益明显,城市级差地租的差幅也随之扩大。同时,随着城市功能的复杂化,各种功能区之间相互影响和相互辐射作用进一步增强,因而使土地所有者对地租量的决定更加处于被动状态。特别是温州中心城区的繁华地段,由于多年投资建设的积累,垄断地租和地价已达到天文数字。这些不仅影响温州城市功能区的构成,也是造成温州房地产泡沫的根本原因。

在亚非拉地区发展中国家,很多城市的各种用地的区位因素差异不大,分化不强,所以工业、住宅、商业功能往往混杂在一起,称为混合土地利用。温州多数小城市——镇区就是这种情况。过去认为这是一种落后的土地利用模式。然而,70 年代以来,欧美国家城市功能区的土地利用模式遭人诟病,受到了不少批评,很多学者认为功能区的土地利用过于分化,肢解了城市的有机组成,忽视了城市中人与人的和谐联系,导致城市缺乏活力。因此,很多学者提出城市地域多功能综合区的概念,认为这是解决上述问题的重要途径。1978年12月,世界各国的城市规划师和建筑师在秘鲁利马集会,对《雅典宪章》的功能分区内容进行修改。会议发表的《马丘比丘宣言》指出,为了有效地使用人力、土地和资源,更好地协调生活环境与自然环境,要努力创造一种综合的多功能的生活环境,而不是把各种功能区机械分离。在这种大背景下,我国城市规划实践中,不是特别强调欧美国家那种严格的城市功能分区。1991年3月1日,国家建设部公布的《城市用地分类与规划建设用地标准》,将中国城市用地分为10大类、46中类、73小类。十大类别为居住用地、公共设施用地、工业用地、仓储用地、对外交通用地、道路广场用地、市政公用设施用地、绿地、特殊用地、其他用地。2011年温州城区用地中,面积最大的是住宅用地,为64.6平方千米,占整个城区的33.2%;其次是道路广场用地33.7平方千米,占17.3%;第三是工业用地31.1平方千米,占16.0%;第四是公共设施用地21.3平方千米,占10.9%。这四项用地就占温州城市空间的77.4%。

表 5 - 5　　　　　2011 年温州城区用地面积和比例

序号	用 地 大 类 名 称	面积(平方千米)	比例(%)
1	住宅用地	64.6	33.2
2	公共设施用地(包括6个中类)	21.3	10.9
3	工业用地	31.1	16.0
4	仓储用地	2.9	1.5
5	对外交通用地	7.5	3.9
6	道路广场用地	33.7	17.3
7	市政公用设施用地	5.0	2.6
8	绿地	28.6	14.7
9	特殊用地	0.06	0.03
	温 州 城 区 总 用 地	194.8	100.0

公共设施用地包括行政办公用地、商业金融用地、文化娱乐用地、体育用地、医疗卫生用地、教育科研用地。

四、温州城镇规模和空间分布体系

温州市域内分布着大大小小城镇 73 座,这些城镇的规模大小如何? 城市规模大好还是小好? 它们在空间分布上有什么规律? 这是城市地理需要探讨的重要课题。

(一)温州城镇规模分布

不同城市有不同的职能分工和服务范围,由此形成不同的城市规模。城市规模主要有人口规模和用地规模两种表达方式,因人口数据容易获取,所以城市规模通常用城区或镇区的人口数量来表示。城市人口规模是城市空间体系中极重要的一种综合性特征。温州市域内有温州一座特大城市、瑞安和乐清两座中等城市以及 70 座镇级城市。70 座镇级城市中有苍南龙港和永嘉瓯北两座进入中等城市规模的行列,其余都属于小城市。

1. 温州 3 座大中城市

温州、瑞安和乐清是有行政市建制的城市,温州是地级市,瑞安和乐清是县级市。在城市规模上,温州城区人口超过 100 万人,属于特大城市;瑞安和乐清城区人口在 20 万人以上,属于中等城市。

2011 年底,温州市区面积 1187.98 平方千米,城区面积 194.8 平方千米,建成区面积占市区面积的 16.4%。据 2010 年"六普"数据,温州市区总人口(常住人口)303.94 万人,城区人口 268.69 万人,占 88.4%。也就是说,温州市区城市人口比重为 88.4%,即城市化水平为 88.4%。

同样时间的数据,瑞安市区面积 291.1 平方千米,城区面积 21.56 平方千米,建成区面积占市区面积的 7.41%。瑞安市区总人口 82.53 万人,城区人口 62.57 万人,城市人口比重为 75.21%。

乐清市区面积 259.7 平方千米,城区面积 19.30 平方千米,建成区面积占市区面积的 7.43%。乐清市区总人口 39.46 万人,城区人口 24.87 万人,城市人口比重为 63.03%。

表 5-6　　　温州三座城市的市区人口和城市人口

城市名称	市区面积(千米²)	城区面积(千米²)	市区人口(万人)	城区人口(万人)	城市人口比重(%)
温州市区	1187.98	194.8	303.94	268.69	88.40
瑞安市区	291.1	21.56	82.53	62.07	75.21
乐清市区	259.7	19.30	39.46	24.87	63.03

说明:城区面积就是建成区面积,为 2011 年数据;人口则为 2010 年"六普"数据。

2. 温州 70 座镇级城市

温州行政建制本应是三个城市的城区设街道,六个县城设镇,但永嘉和洞头两县搞得不伦不类,不仅县建制的县城设街道,而且县城以外的瓯北和乌牛、元觉和霓屿也设街道。为了全市各县的可比性,暂且将这 12 个不伦不类的街道纳入建制镇叙述,其中永嘉县城上塘镇包括北城、东城、南城 3 个街道,瓯北镇包括江北、东瓯、三江、黄田 4 个街道,洞头县城包括北岙、东屏 2 个街道。这样一来,温州 64 个建制镇变成了 71 座镇级城市。根据 1984 年颁布的我国现行设镇标准,镇区非农业人口必须超过 2000 人,而洞头元觉的镇区人口至今只有 1800 人,不能算作镇级小城市。因此温州市域的镇级城市为 70 座。见表 5-8。

温州 70 座城镇中,镇区人口 20 万人以上的有龙港和瓯北,龙港 25.68 万人,瓯北 24.41 万人,规模达到了中等城市的标准。镇区人口 10 万~20 万人的有塘下、灵溪、柳市 3 镇,塘下 18.47 万人,灵溪 18.15 万人,柳市 17.89 万人。其余 65 座都是 10 万人以下的小城镇。镇区人口 5 万~10 万人的有 8 座,鳌江 9.62 万人,昆阳 8.95 万人,虹桥 8.80 万人,北白象 8.24 万人,上塘 7.43 万人,水头 5.93 万人,萧江 5.28 万人,钱库 5.09 万人。镇区人口 1 万~5 万人有 28 座,占 40.0%;镇区人口 1 万人以下的有 29 座,占 41.4%。

表 5-7   **温州 70 座镇级城市规模分类**

规模分类	20 万以上	10 万~20 万	5 万~10 万	2 万~5 万	1 万~2 万	0.2 万~1 万
城镇座数	2	3	8	17	11	29
比例%	2.86	4.29	11.43	24.29	15.71	41.43

温州 71 个建制镇的镇域人口共计 495.34 万人,镇区人口共计 250.98 万人,城镇人口比重只有 50.67%。由于 2011 年 4 月温州进行乡镇政区大撤并,原先的很多"镇"改称"村",使得温州各镇的城镇人口比重大大缩减,大部分建制镇的城镇化水平都在 50% 以下。唯独苍南宜山岿然不动,保持区域范围不变,因而城镇人口比重高达 73.21%。永嘉瓯北邻近温州城区,城市建设突飞猛进,城市化水平高达 78.26%。苍南灵溪和龙港、平阳昆阳以及永嘉上塘在 60% 多,瑞安塘下、乐清柳市和芙蓉、平阳万全和萧江在 50% 多,其余 60 座镇的城市化水平都在 50% 以下,尤其是永嘉的岩头、沙头、碧莲、巽宅、鹤盛、岩坦 6 座镇都在 30% 以下。全市城镇人口比重最低的是幅员最大的岩坦镇,仅为 20.34%。这就是撤并乡镇带来的恶果。

2007 年浙江省全面启动"中心镇培育工程",全省布局了 200 个左右的中心镇,其中温州 22 个。2011 年乡镇大撤并中有 6 个中心镇被撤销,根据"撤一补一"原则,增补清江、陶山、桥下、岩头、萧江、钱库 6 个为中心镇。

表 5-8　　　　　温州建制镇的镇域人口和镇区人口　　　共 71 个

镇名称		镇域人口（万人）	镇区人口（万人）	城镇人口比重(%)	镇名称		镇域人口（万人）	镇区人口（万人）	城镇人口比重(%)
鹿瓯	藤桥镇	8.23	3.82	46.42	平阳	南雁镇	1.71	0.56	32.75
	泽雅镇	2.70	1.34	49.63		顺溪镇	0.85	0.33	38.82
瑞安市	塘下镇	31.21	18.47	59.18	苍南县	灵溪镇	29.88	18.15	60.74
	马屿镇	9.19	4.29	46.68		龙港镇	39.60	25.68	64.85
	陶山镇	8.90	4.03	45.28		钱库镇	13.62	5.09	37.37
	湖岭镇	6.29	2.34	37.20		宜山镇	5.60	4.10	73.21
	高楼镇	4.36	1.54	35.32		金乡镇	10.74	4.07	37.90
乐清市	柳市镇	32.65	17.89	54.79		桥墩镇	5.09	2.21	43.42
	虹桥镇	19.89	8.80	44.24		马站镇	5.33	1.98	37.15
	北白象镇	17.74	8.24	46.45		矾山镇	3.78	1.60	42.33
	大荆镇	9.48	3.71	39.14		藻溪镇	2.16	0.94	43.52
	清江镇	5.43	2.63	48.43		赤溪镇	2.11	0.77	36.49
	芙蓉镇	3.90	2.08	53.33	文成县	大峃镇	8.14	3.48	42.75
	雁荡镇	4.17	2.06	49.40		玉壶镇	2.45	0.93	37.96
	淡溪镇	4.07	1.44	35.38		珊溪镇	2.25	0.87	38.67
	仙溪镇	2.16	0.88	40.74		南田镇	1.96	0.71	36.22
永嘉县	上塘镇	11.85	7.43	62.70		百丈漈镇	1.42	0.53	37.32
	瓯北镇	31.19	24.41	78.26		黄坦镇	1.46	0.52	35.62
	桥头镇	7.48	2.96	39.57		峃口镇	1.24	0.48	38.71
	桥下镇	6.89	2.55	37.01		巨屿镇	1.09	0.43	39.45
	乌牛镇	4.28	1.93	45.09		西坑镇	1.01	0.36	35.64
	岩头镇	3.57	1.07	29.97	泰顺县	罗阳镇	7.85	3.57	45.48
	沙头镇	2.85	0.80	28.07		泗溪镇	2.84	1.07	37.68
	枫林镇	1.66	0.56	33.73		三魁镇	2.80	1.06	37.86
	大若岩镇	1.23	0.53	43.09		仕阳镇	2.66	1.01	37.97
	碧莲镇	1.91	0.53	27.75		雅阳镇	2.22	0.83	37.39
	巽宅镇	1.73	0.51	29.48		筱村镇	1.91	0.71	37.17
	岩坦镇	2.36	0.48	20.34		彭溪镇	1.25	0.46	36.80
	鹤盛镇	1.91	0.41	21.47		司前镇	1.16	0.41	35.34
平阳县	昆阳镇	13.32	8.95	67.19		百丈镇	0.55	0.21	38.08
	鳌江镇	21.01	9.62	45.79	洞头县	北岙镇	4.18	2.07	49.52
	水头镇	15.22	5.93	38.96		东屏镇	1.57	0.69	43.95
	萧江镇	9.86	5.28	53.55		大门镇	1.29	0.47	36.43
	万全镇	6.41	3.72	58.03		霓屿镇	0.73	0.28	38.36
	腾蛟镇	4.62	1.92	41.56		元觉镇	0.42	0.18	42.86
	山门镇	2.70	1.02	37.78	合　计		495.34	250.98	50.67

　　1939 年,美国学者马克·杰斐逊(M. Jefferson)提出了城市首位律,概括了世界普遍存在的城市规模分布规律。城市首位律理论的核心内容是首位城市在区域城市体系中的重大影响,提出城市首位度的概念。城市首位度是最大城市与第二大城市人口数的比值,用来反映一个国家或地区的城市规模和人口集中程度,它是衡量城市规模空间分布状况的一种常用指标。温州首位城市人口 268.69 万人除以第二大城市瑞安 62.07 万人,得出温州城市首位度为 4.33。这个 4.33 大得异乎寻常。一般认为,城市首位度小于2,表明城市规模空间分布正常,人口集中适当;大于 2 则存在结构失衡、集中过度的趋势。发达国家城市首位度偏小,发展中国家偏大。我国东部沿海地带平均值为 1.9,中部地带为 2.3,西部地带为 4.1,青海省最大,达 8.3。

　　此外,还有一个叫"首位度指数"。2 城市指数是最大城市与第二大城市人口数之比,3 城市指数是最大城市人口数除以第二与第三大城市人口数之和,其余依此类推。温州 2 城市指数即首位度 4.33,3 城市指数为 3.09,4城市指数为 2.39,5 城市指数为 1.96,6 城市指数为 1.73,7 城市指数为1.55,8城市指数为 1.40,……。正常的城市规模空间分布中,4 城市指数接近 1,而温州 20 城市指数才接近 1。这就是说,第 2 位瑞安直至第 19 位万全的所有城区和镇区人口相加才抵上温州一个城区人口数。温州这种城市规模分布类型称为"首位分布"。

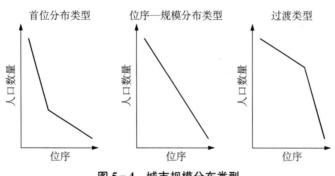

图 5-4　城市规模分布类型

　　学术界一般按城市指数把城市规模分布分为首位分布、位序—规模分布两种基本类型,介于这两种之间的是过渡类型。到底是首位分布好,还是位序—规模分布好,这是中外学者争论不休的问题。有许多学者对首位分布提出种种指责,例如首位分布对国家经济发展有一种寄生作用;首位分布的空间集中是资源的一种低效利用方式,有损于资源的合理利用;首位分布代表一种超国家的倾向,不利于全民动员,因此对经济增长有害;首位分布反映了许多社会方面的不平等,等等。也有学者从规模经济和集聚经济的角度提出不同见解,例如首位分布允许资金和人才的更大积累,有利于知识的更加专门化和思想的广泛交流;大城市内的各种运输成本比城市间的运输成本低,因此大城市的劳动生产率是最高的;首位城市常常是交通运输网络中效益最好的地方,是革新的源地,比小城市更能吸引投资,等等。

如果换一种角度来考虑,首位分布和位序—规模分布与区域的经济发展水平有没有联系?一种很流行的观点认为,城市的首位分布是和经济发展的低水平联系在一起的。甚至有人说,经济不发达是造成城市首位分布的主要原因,反之,经济发达是城市体系均衡发展的主要原因。斯图尔德(C. T. Jr. Steward)则把首位分布与农业经济联系在一起,位序—规模分布与工业经济联系在一起。然而,世界上一些实证研究并未证明这种观点是普遍正确的。当前,世界城市首位分布的国家既有发达国家,也有发展中国家;欧美国家也有首位分布,亚非拉国家也有位序—规模分布。而且世界城市规模分布类型与城市化水平之间的关系也没有存在必然的联系。因此,不能一概而论地说城市首位度大一定不合理,首位度小就一定合理。问题是我们还没有真正理解城市规模分布形成的机制。

由于城市规模体系的观点分歧,引发了新中国建立以后关于城市规模发展政策的大讨论。中国城市发展的战略重点应该放在什么规模的城市?是大城市还是小城市?温州城市规模已发展到了特大城市,今后要控制发展还是大力发展?

1953~1957年的"一五"计划期间,我国城市建设方针是"重点建设,稳步前进",取得了较好的效果。但从20世纪50年代后期开始,毛泽东强调"控制大城市规模和发展小城镇",并多次说"将来的城市可以不要那么大,要把大城市居民分散到农村去,建设许多小城市。"此后我国就开始执行"搞小城市"的方针,城市人口反向流入乡村,工业不搞集中建设,"三线"工业强调进山、入洞,否定用城镇形式来组织工业。因此在长达二十多年的岁月中,我国大城市发展极为缓慢,小城市和建制镇也没有发展起来。在这种大背景下,温州在"大跃进时期"、"饥荒时期"和"文革时期",连城市规划工作也被迫停止,城市处于乱占乱建的无政府状态。

令人匪夷所思的是"文革"结束后,1978年全国第三次城市工作会议把"控制大城市规模,多搞小城镇"正式确立为国家的城市建设方针。1980年全国城市规划工作会议又确定"控制大城市规模,合理发展中等城市,积极发展小城市"作为国家的城市发展总方针。1990年生效的《中华人民共和国城市规划法》明确规定我国的城市发展方针是"严格控制大城市规模,合理发展中等城市和小城市"。

20世纪80年代关于我国城市发展战略大讨论的焦点是大城市规模要不要控制,发展小城镇是不是中国城市化的唯一道路。显然,在这场大讨论中,小城市重点论占上风,因为他们手上有马克思主义的"城乡关系理论"这张王牌。马克思"城乡关系理论"认为"缩小以至消灭城乡差别是社会主义的重要任务","大工业在全国的尽可能平衡的分配,是消灭城市和乡村的分裂的条件"。他们认为大城市姓"资",小城镇姓"社"。小城市重点论者出于对巨量的农村剩余劳动力涌入大城市的担心,他们接过费孝通"小城镇大问题"的题目,提出"剩余劳动力就地消化","离土不离乡,进厂不进城","发展小城镇是我国城镇化发展的唯一道路"等。这些观点成为影响中央决策的主流思想,认为这正是建设具有中国特色的社会主义的一个重要特征。与这种思想相配合,1984年我国降低了设置市、镇的标准,大力推行"乡改镇"、"县改市",小城市和建制镇的数量一路飙升。"就地转化"这一条以分散为特征的城市化道路对我国城市建设的影响尤其深远,造成了经济发展的低效益,宝贵耕地的过量占用,环境污染的面状扩散,丧失了大量第三产业的就业岗位。

大城市重点论的主要观点有三个方面。①大城市的超前发展是工业革命以来存在于世界各国的普遍规律,即大城市人口增长速度比城市人口增长快,比总人口增长更快。大城市是国家的"超级金库",是带动中小城市和乡镇快速高效发展的"火车头",控制大城市发展是违背客观经济发展规律和城市发展规律的人为办法,是脱离了财政经济利益的片面方针。②从成本效益分析,发展大城市是最经济的。大城市在经济上的集聚效益和规模效益远高于中小城市,不同规模等级城市的经济效益具有随城市等级提高而提高的规律性。③大城市除了具有经济规模效益优势外,还有社会规模效益、环境规模效益、建设规模效益等方面的种种优势,"城市规模越大,城市效益越高"是不以人的意志为转移的客观规律。

中国改革开放的深入实践证明,控制大城市的发展是眼光短浅的愚笨做法,所以从2000年"十五"计划开始,中央一系列文件中不再提城市发展方针,不再提严格控制大城市规模,而是提出"发挥大城市的辐射带动作用"。然而,社会上又有一种新的潮流,不论大小城市都在追求把城市规模"做大",这是从一个极端走向另一个极端的新的规模政策思潮,其背后的根源是通过"做大"城市来扩大城市用地,通过圈地出让来增加 GDP 和财政收入,显然这又不符合科学发展观的要求。2000 年以来,温州城市的人口规模和用地规模在这种背景下突然膨胀起来,从一个中等城市突然变成为特大城市。

2013~2030 年的《温州市城市总体规划》第四章规定,温州城市发展的人口规模为 650 万人,建成区用地规模为 1100 平方千米。我们不知道规划编制者凭什么计算出温州城市发展规模的这两个数字,但人口规模从目前的 270 万人发展到 2030 年的 650 万人,用地规模从目前的 195 平方千米发展到 2030 年的 1100 平方千米,从现在的特大城市转变为超级城市,显然这是"做大"城市规模思潮的典型代表。我们希望在制定温州城市建设的"宪法"时,对温州城市发展规模必须严格符合科学发展观,做到慎之又慎。

关于大、中、小城市发展的战略讨论虽然也涉及城市的社会效益和环境效益,但主要的分歧是在城市经济效益上。那么,在经济效益上,城市有没有最佳规模或合理规模?在理论上是有的。英国城市经济学家约翰·巴顿(J. Barton)给出了城市规模的成本效益曲线,在城市由小渐大的过程中,效益曲线是先升后降,生活费用曲线是先降后升。当城市大到一定程度,效益下降,生活费用上升,城市人口就会扩散,人口密度就会下降,就会出现目前欧美国家的逆城市化现象。所以城市规模不是越大越好。与人口地理中的合理人口容量一样,城市合理规模只是一个相对的概念,没有一个确切的数值。从不同的评价角度和采用不同的评价标准,可以得出不同的最佳规模。而且还会随着时间的推移,技术水平的变化,人们的价值观标准的变化而变化。德国、意大利等国提出最佳规模是 20 万~50 万人,我国有学者提出最佳规模是 100 万~200 万人。城市规模与城市产业特征关系极大,欧美城市是高度化的第三产业,我国城市则是充斥廉价劳动力的第二产业,所以我国城市规模比欧美城市大,这也无可厚非。像瑞士的日内瓦人口只有 20 万人,却是众多国际机构云集的国际城市;苏黎世人口 38 万人,却集中了全球 120多家银行,是世界七大国际金融中心之一,多年在世界最佳居住城市评选中位居全球榜首。洛桑人口仅 15 万,却是国际奥委会总部所在地。这些城市的国际辐射能力很强,在某些方面它们的辐射能力超过了人口两千多万的上海。因为它们做到了服务的专门化和高度化,所发展的越是高度化、专门化、紧密化的产业,城市之间的互补关系就越紧密。城市的服务功能是互补的,像温州这样的城市与其他城市之间没有互补关系,或者说互补关系很弱,那只能靠"做大",在本地区内"自我称霸",所以温州的首位度就越来越高。温州市政府提出"把温州建设成为国际大都市",这不是"温州梦",而是"黄粱梦"。温州首先要加强与全省、全国兄弟城市的互补功能,进而提高世界的互补性,否则是痴人说梦话。

目前,全国各地非常热衷于特大城市、超级城市和巨型城市的建设,这种错误做法的原因有五个。①首位度误区,错误地认为城市首位度越大越好。温州首位度已经很高了,已经远远超过了欧美国家,居世界一流。温州城区人口占全市总人口的29.5%,超过了韩国汉城的25%,超过了日本东京圈的20%,只是低于拉美的一些小国家。最典型的是智利,首都圣地亚哥人口占全国总人口的41.4%,那是城市化畸形发展的代表,我们绝不能效仿。②大城市决定论,片面强调只有大城市才有规模经济效益,才能推进区域经济发展。根据城镇体系功能,大城市要成为与国际接轨的跳板,中等城市成为区域发展的龙头,小城市主要为周边的乡镇和村庄服务,各自的功能是不能相互替代的。这一功能排序是市场分工逐渐演进的结果,绝不是领导人主观能决定的。事实证明,中小城市也可以进入国际市场,参与全球产业间的分工和合作。③城市等级制的推动。我国城市的行政等级和社会经济管理权限是不同的,城市规模做大后,城市等级可以提高,官员可以集体升官提薪,这个动力很强。目前,我国企业等级制已经取消,但城市等级制还没有取消。④大城市本身集聚能力非常强。如不予以有效控制,其蔓延的可能性极大,所以规划调控的难度和强度都集中在大城市。大城市的发展存在极化和扩散两个阶段。在极化阶段,犹如海绵吸水一样把周边的人、物、财吸引过来。当大城市的集聚能力提高到一定程度后,就会出现扩散效应,那些不适应在大城市发展的产业将向外扩散。目前温州尚处于极化阶段,对其集聚规模应加以有效控制。⑤现行的财政和税收体制的弊端。我国的财政、税收体制是分灶吃饭,地盘越大,税收越多,可用的财政开支就越高。所以,谁都不愿意把自己的城市行政区域变小,例如萧山、余杭两个县级市划归杭州市区后,财政就不再独立了,纳入杭州市级财政。原先它们之间政治上是父子关系,财政上是兄弟关系,现在都变成了父子关系。在土地出让和规划管理上,以前作为县级市,是独立的执法主体,现在由杭州市级部门统一管理。此外,2013年5月全国经济强县长兴县将要并入湖州市区,原先长兴财政是"省直管县",财政80%留给自己,20%交给省里,撤县变区后,一半要交给湖州市。这就引发了长兴县四套班子、企业和群众的强烈反对,所有党政机关、乡镇、街道、园区的第一把手誓言将集体辞职,甚至出现示威游行和罢工的局面。因此,现行的财政和税收体制决定了城市必然要扩张,必然要以大吃小。

城市盲目扩展带来严重的问题,主要有下列五个方面。①污染加剧,治污费用高昂。城市越大,环境污染越严重。温州属中小城市的20世纪,能过上蓝天白云的美好日子,今天不仅没了蓝天白云,市民整日累月生活在灰蒙蒙的雾霾环境中;20世纪温瑞塘河是温州自来水水源地,今天变成了劣五类的黑臭河。大城市的1人排污量相当于农村10人的排污量,小城市的自然净化作用强,特大城市只能通过人工净化工程来完成,治污成本非常高。②交通拥堵,经济成本提高。城市越大,交通越堵。变成超级大城市后,城市的交通运输活动、基础设施的投入成本就高得出奇。例如在温州出行,一天能办三件事情,在北京一天只能办一件事情;在温州上下班,一天在路上只需一个小时,在上海一天要化两个小时去挤公共汽车。③环境代价和资源利用成本很高。例如温州人洗澡可以连续洗半个小时而无人指责,在北京只得洗十分钟;温州人去北京当保姆,不到十天便遭辞退,就是大手大脚的用水习惯改变不了。北京的水资源紧缺到了山穷水尽的地步,只有南水北调一个解决办法,花5000亿元巨资,年调水量仅10.5亿立方米,比温州赵山渡调水量还少,但引起的南方和北方生态环境的恶化是有目共睹的了。温州城市发展的瓶颈是土地空间狭小,只得疯狂地去围海造地,而围海造地带来的环境问题将殃及子孙后代,"人类每一次改造自然的结果都是受到自然的惩罚"(恩格斯)。④生活舒适度降低。城市越大,生活舒适度越低,特大城市并不适宜人类居住。发达国家每次评选最适宜人类居住的城市,多是50万人以下的中小城市,没有一个特大城市入列。从市民的满足感来看,小城市的低工资、低生活费用与特大城市的高工资、高生活费用有同等的富足感。⑤城市管理困难。城市越大,管理越困难。毋庸讳言,我们的城市管理水平是很低的,尤其是特大城市的管理水平更低。外国人说过一句我们不中听的话:"对中国共产党最大的挑战是管理城市,特别是管理特大城市。因为共产党是农民的党,是农村包围城市取得胜利的党,而西方城市化有300多年的历史,你们只有30年的历史。现在面临的主要挑战是管理城市,而不是管理农村,所以城市管理水平能否跟上高速发展的城市化,这是你们不能承受的挑战。"

澳门面积仅29.5平方千米,只有温州的1/403;人口55.23万人,仅是温州的1/16.5。但2011年澳门GDP总量达2353.01亿元人民币,温州为3350.87亿元人民币。因此2011年人均GDP澳门达到42.60万元人民币(约7万美元),温州却只有3.67万元人民币(约6千美元),澳门是温州的

11.6倍。每年年终澳门政府向每个市民卡中充送7000澳元，温州市民卡是0元。由此可见，做大城市可以升官升职，但对老百姓是毫无好处，只能增大生活成本和呼吸污浊空气。德国城市规模的模式是值得我们学习的。除了柏林、汉堡等少数城市外，全国65％的城市人口居住在50万人以下的中小城市，这种以中小城市为主的城市化模式同样可以使德国成为经济强国，而且德国城市经济和社会发展的持续性和协调度非常好。近十几年来，美国城市规划学界提出"精明增长"（smartgrowth）理论。针对美国城市化高速发展所带来的都市蔓延，导致经济成本、社会成本、环境成本不断提高，提出城市建设应该相对集中，就是建设密集型的组团。一个组团里生活和就业单元应该适当混合，混合中要特别注意到生态平衡和生活的舒适度。美国的"精明增长"是总结了德国、荷兰的经验后提出来的，现已成为美国现代城市规划的法则。在这之前，美国与温州当前城市发展状况一样，城市以摊大饼式扩展，然后再治理，走的是先发展后治理的路子。然而，摊大饼式扩展带来的损失和浪费是巨大的，是经受不起的，特别是对生态的破坏，要殃及子孙，代价太大了。人类应与自然和谐共存。温州城市建设不仅使市郊耕地殆尽，1949年以来围海造地达到二百多平方千米，超过了日本二战以后全国围海造地面积的总和，而且今后围海造地规模还要更大。人家荷兰已经在退田还海了，我们又大又好的灵昆东滩湿地毁于城建，劳民伤财的瓯飞滩围垦，既夺走了海涂养殖优越的经济效益，又破坏了潮间带的生态环境，这种不精明的"做大"迟早会遭受自然界的惩罚。借鉴人家的经验，总结自己的错误，愿温州也来个"精明增长"，尽早结束"愚蠢增长"。

（二）温州城镇空间分布体系

城镇体系又称城镇系统，是指在一个相对完整的区域中，以中心城市为核心，由不同职能分工、不同等级规模、密切联系和互相依存的城镇的集合。也就是以温州城区为核心，与周围的8个县级政区的所有县城和镇区共同组成的在经济上紧密联系、生产上互相协作、在社会地域分工过程中形成的城镇地域综合体。这个综合体的空间分布规律是地理学从区域角度研究城市的重要内容之一。在理论上，城市的空间分布有没有规律？在实践上，温州城镇的空间分布有什么规律？这是我们需要研究的课题。

世界上任何一座城市都不可能孤立地存在。为了保障生产、生活的正常运行，城市之间、城市和区域之间总是不断地进行着物质、能量、信息和人口的交换，我们把这些交换称之为空间相互作用。正是这种相互作用，把空间上彼此分离的城市结合为具有一定结构和功能的有机整体,即城市空间分布体系。城市空间分布体系理论中,最著名的是瑞典学者哈格斯特朗(T. Hagerstrand)的空间扩散理论和德国城市地理学家克里斯塔勒(W. Christaller)的中心地理论,被誉为20世纪人文地理学研究中两项最重大的贡献,部编高中地理教科书中都曾有专章介绍。此外,还有国际联盟学者纳克斯(R. Nurkse)的均衡增长理论、美国学者赫希曼(A. O. Hirschman)的不均衡增长理论、法国经济学家普劳克斯(F. Perroiix)的生长极理论,以及后来发展的核心—边缘理论等。这些理论从不同角度阐明城市空间分布的规律。然而,在全球经济一体化的今天,通信手段高度发达,全球金融网络的形成,跨国公司的发展导致全球工厂的出现,货物流不再成为重要的制约空间相互作用的因素,而货币流和信息流在空间相互作用中的地位日益凸显,因此这些理论在今天的实际运用中,往往不能尽如人意,假如生搬硬套,不免出现简单的错误。

在城市空间分布的实践中,世界上没有一个区域的城市空间分布是有规则的,不规则的城市空间分布用统计分析方法可以归纳为均匀型、随机型和聚集型三种类型。"最邻近"分析指出,当最邻近指数大于1时,属均匀分布;当最邻近指数为1时,属随机分布;当最邻近指数为0时,属聚集分布。我们采用柯尔摩哥洛夫—史密尔诺夫公式和罗伦兹曲线来检验温州73座市镇的空间分布规律,得出温州市镇分布属于聚集型。温州市镇空间分布上的集聚特点,无论从面上还是线上都非常明显。

温州市镇主要分布在东半部。就市镇数量而言,东部沿海平原分布着1座特大城市、4座中等城市、21座镇级小城市,市镇数量占全市的35.62%;中部河谷平原为14座,占全市的19.18%;西部山区为29座,占全市的39.73%;海岛为4座,占全市的5.48%。就城区和镇区的城镇人口数量而言,东部沿海平原集中了538.81万人,占全市城镇人口的88.85%;中部河谷平原为35.44万人,占5.84%;西部山区为28.67万人,占4.73%;海岛为3.51万人,只占0.58%。由此可知,温州东部沿海平原的市镇数量稍少于西部山区,但城镇人口数量是西部山区的19倍。东部沿海平原面积只占全市的20%,而城镇人口集中了全市的89%;西部山区面积占75%,城镇人口只占5%,这是温州城镇人口地区分布的显著特点。

城镇分布还可以用城镇密度来度量。温州2000人以上的城镇密度为6.145座/千平方千米,这个密度是很小的,小于浙江省的平均值7.557座/千平方千米。温州万人以上的城镇数量只有44座,城镇密度仅3.704座/千

图 5-5　温州 73 座市镇空间分布

平方千米,也小于全省平均值。有学者研究了城镇密度的影响因素有 6 个,即 GDP 总量、城镇人均工业产值、农业人均粮食产量、铁路和公路长度指数、人口密度、城镇扩散系数。这 6 个因子中,人口密度与城镇密度的相关性最重要最密切,相关系数为 0.87;GDP 的相关系数为 0.63,城镇人均工业产值的相关系数为 0.41,交通和农业的相关系数都较低。这种分析说明人口密度大的区域,城镇密度也大。然而,温州人口密度为 768 人/平方千米,浙江省为 523 人/平方千米,温州比全省平均值高 46.8%。但是,温州城镇密度却比全省平均值低 18.7%。究其原因,主要是 2011 年温州乡镇大撤并后,大量乡村地区并入镇域内,数量庞大的原先的"镇"多变成为"村",现今镇的幅员极大,而数量很少。例如苍南龙港镇的人口规模居然成为一个中等城市,永嘉岩坦镇一个镇的幅员相当于鹿城和龙湾两个区面积之和。这种愚蠢的做法不仅减少了温州的城镇密度,更降低了温州的城市化水平。

表5-9 温州市73座市镇的地区分布 人口单位:万人

区域	市 镇 名 称		市镇数量		城镇人口	
			座数	比例%	人口	比例%
瓯江下游平原	温州 瓯北 乌牛 柳市 北白象		5	6.85	321.16	52.96
飞云江下游平原	瑞安 塘下 陶山 马屿 昆阳 万全		6	8.22	101.53	16.74
鳌江下游平原	鳌江 萧江 灵溪 龙港 宜山 钱库 金乡 藻溪		8	10.96	72.93	12.03
滨海平原	乐清 虹桥 清江 芙蓉 雁荡 赤溪 马站		7	9.59	43.19	7.12
中部河谷平原	上塘 大若岩 岩头 枫林 沙头 鹤盛 水头 腾蛟 大荆 桥头 桥下 藤桥 高楼 桥墩		14	19.18	35.44	5.84
西部山区	泽雅 湖岭 淡溪 仙溪 碧莲 巽宅 岩坦 山门 南雁 顺溪 矾山 大峃 玉壶 南田 珊溪 黄坦 峃口 百丈漈 巨屿 西坑 罗阳 百丈 筱村 泗溪 雅阳 仕阳 三魁 彭溪 司前		29	39.73	28.67	4.73
海岛	洞头 东屏 大门 霓屿		4	5.48	3.51	0.58

五、温州城市化

城市化英文是 urbanization,英语中 urban 包括 city 和 town,所以又翻译为城镇化。中国很多镇的规模相当于欧美国家的小城市,因此汉语中的城市化就是城镇化,两词完全同义。由于汉语在学科命名上多使用"城市"一词,所以大多数学者采用"城市化"这一术语,本书也不例外地用"城市化",而不用"城镇化"。

城市化是指乡村人口向城市集聚和乡村变为城镇的过程。它的本质是人们的聚居模式、就业模式、经济模式、交往模式发生了重大改变,它涉及经济、社会、文化等一系列的变革。当今世界各国的这种变化过程存在着三种情况。第一种是真正的、正统的城市化,即既有人口和非农活动的地域集中,也有城市景观的地域推进,又有城市文化的地域扩散,它们之间协调发展。第二种是只有人口和非农活动的地域集中，以及城市景观的地域推进，而没有或很少城市文化的扩散，即在城市中居住着大批没有城市文化的人，这种现象被称为"假城市化"（pseudo-urbanization）。假城市化在亚非拉落后国家是普遍现象。另外，拉美的一些国家城市人口比重很高，但经济落后，失业率高，大量人口生活在贫民区，这种情况称之为"过度城市化"（hyper-urbanization）。除上述两种外，第三种是只有城市文化的地域扩散，没有或很少有人口和非农活动的地域集中。在一些发达国家，由于厌恶城市的恶劣生活环境，追求宽裕的活动空间和新鲜空气，以及交通信息的高度发达，城市人口和工业、商业活动纷纷迁往郊区甚至农村，出现郊区城市化（suburbanization）和逆城市化（coun-terurbanization），在这个过程中伴随出现城市景观的地域推进。

（一）温州城市化进程

城市化有四个标志，即城市数量增多，城市人口增加，城市用地规模扩大，城市人口在总人口中的比重上升。因此，衡量城市化水平主要是城市人口比例和城市用地规模两个指标。因为城市人口比例比城市用地在表示城市成长方面更典型深刻，更便于统计，所以世界各国通常用城市人口比重来衡量城市化，作为城市化水平最重要的测度指标。然而，在我国的行政体制下，统计城镇人口数量绝非易事。长期以来，我国没有恰当而稳定的城乡地域划分标准，主要原因是我国没有建立城镇的实体地域概念，一直以城镇行政地域界线作为城乡划分的基础。而我国市镇行政管辖范围都远大于市镇景观上的实体范围，包括了相当一部分的乡村和农业人口。在此基础上统计出来的城镇人口比重是没有意义的。

1955年我国公布的第一个城乡划分标准，规定城镇人口包括建制市和建制镇的辖区总人口，即包括市、镇辖区内的非农业人口和农业人口及城镇型居民区的人口。由于当时市和镇的郊区较小，统计出来的城镇人口数比实际多15%左右，这还是可以接受的。

1963年修改了上述城乡人口统计标准，规定城镇人口只计算建制市和建制镇的非农业人口，不再包括农业人口。自此，城镇人口与城镇地域之间开始脱节，居住在市镇建成区内的农业户口的居民不计入城镇人口，这种统计标准得出的城镇人口数据比实际偏小，1964年"二普"的全国城镇人口比重只有14.10%。这一城乡人口划分标准连续使用了18年之久。

针对这种统计标准的弊端，1982年第三次人口普查时重新使用1955年的标准,公布的"三普"城镇人口比重为 20.55%。然而,不久我国设置市、镇的标准大幅度下降,市镇的数量急剧增加;加上普遍推行"乡改镇"、"镇管村"、"县并市"和"撤县设市"的行政措施,市镇的辖区范围迅速扩大,使我国城镇人口统计数量出现超常增长。1989 年全国城镇人口比重一下子串升到 51.7%,其中农业人口占 63.5%。这时候,城乡的概念和城镇人口的统计已完全失去了实际意义,以至于联合国和世界银行等国际机构也停止公布我国 1982 年以后的城镇人口统计资料。

1990 年第四次人口普查不得不重新制定新的城乡人口统计标准。新标准规定城镇人口由"市人口"和"镇人口"两部分组成。市人口是指设区的市所辖的区人口和不设区的市所辖的街道人口;镇人口是指镇所辖的居民委员会人口。普查结果,全国城镇人口比重一下子跌到 26.23%,减少了一半多。这种城镇人口统计的双重标准导致设区市的统计数量偏大,不设区市和镇的统计数量偏小,不仅造成两者之间的不可比性,而且使同为设区市之间,乃至省级行政区之间也没有可比性。

2000 年第五次人口普查的城乡人口划分试行了新的统计标准。新标准的核心内容有两方面。①引入"人口密度原则",用人口密度把设区市的区分成两类,只把 1500 人/平方千米以上的区(城区和近郊区)人口全部算作城镇人口,而把 1500 人/平方千米以下的区(远郊区)只计算真正的城镇部分,区的乡村部分不再计入城镇,从而一定程度上克服了"四普"对设区市的城镇人口偏大问题。②引入"建成区延伸原则",对不设区市和镇除街道和居委会人口外,还包括建设用地相连的乡村地域,从而一定程度上克服了"四普"对不设区市和镇的城镇人口偏小问题。

2010 年第六次人口普查采用 2008 年国家统计局《统计上划分城乡的规定》。改"市人口"为"城区人口",改"镇人口"为"镇区人口",即城镇人口由"城区人口"和"镇区人口"两部分组成;而且增加了"实际建设连接"的概念,即与城区和镇区实际建设连接到的其他区域也算作城镇部分。

由于长期以来我国城乡的概念变来变去,城乡人口统计的标准改来改去,六次人口普查中每次得到的城镇人口比重都无法衔接,每次普查后都不得不对以前公布的数据进行修正,修正中就难免夹杂一些人为的非理性因素。例如 1990 年"四普"的全国城镇人口比重,按老口径为 53.21%,按新口径为 26.23%,相差甚大。有鉴于此,在阐述城市化进程时所用的各年对比数据就成为天大的难题。幸好,1949~2010 年的 62 年间有完整的非农业人口统计数据,将非农业人口除以修正系数,便可得到城镇人口的参考数量。

笔者采用全国各年的平均修正系数推算出温州历年的城镇人口数量和比重,得出的温州城市化进程反倒与实际情况更接近,但与人口普查数据相差很大。

表 5 - 10 温州市城镇人口数量和比重的变化 单位:万人

年份	户籍人口	非农业人口		城 镇 人 口		
		人口	比重%	修正系数	人口	比重%
1949 年	276.07	34.75	12.59	1.64	21.19	7.68
1950 年	283.98	37.13	13.07	1.48	25.09	8.84
1955 年	315.23	46.79	14.84	1.13	41.41	13.14
1957 年	332.79	51.98	15.62	1.06	49.04	14.74
1960 年	350.90	58.27	16.61	1.05	55.50	15.82
1962 年	365.91	65.73	17.96	0.97	67.76	18.52
1965 年	398.08	46.99	11.80	0.93	50.53	12.69
1966 年	409.76	48.67	11.88	0.93	52.33	12.77
1970 年	460.04	53.40	11.61	0.88	60.68	13.19
1975 年	524.20	55.02	10.50	0.88	62.52	11.93
1977 年	549.89	54.54	9.92	0.88	61.98	11.27
1980 年	581.42	59.04	10.15	0.88	67.09	11.74
1985 年	629.19	85.10	13.53	0.88	96.70	15.37
1990 年	666.98	98.28	14.74	0.75	131.04	19.65
1995 年	697.89	111.24	15.94	0.75	148.32	21.25
2000 年	736.32	130.93	17.78	0.70	187.04	25.40
2005 年	750.28	152.61	20.34	0.65	234.78	31.29
2010 年	786.80	170.20	21.64	0.60	283.67	36.05

　　说明:表中非农业人口数量是统计的准确数据,而城镇人口数量是推算的参考数据。推算方法是非农业人口除以修正系数等于城镇人口数量,各年修正系数采用全国平均值。

　　世界城市化进程始于 18 世纪中期的第一次技术革命,盛于二战以后的新技术革命。世界城市化水平,1700 年仅 3.0%,1800 年为 5.1%,1900 年为 13.6%,1950 年为 29.0%,2000 年为 46.7%,2010 年达到 50.9%。中国城市化进程始于改革开放初期,盛于 21 世纪,比欧洲国家迟了 230 年,比亚非拉国家迟了 45 年。中国城市化水平,1840 年为 5.1%,1900 年为 6.1%,

1949 年为 10. 64％,1990 年为 26. 41％,2000 年为 36. 22％,2010 年 49.90％,2012 年为 52.57％。我们作为老年地理工作者,在 1980 年以前还不知道"城市化"一词,更不懂城市化原理,可见解放后的前 30 年,中国是没有城市化发展战略。例如 1949 年底中国大陆城镇人口 5785 万人,占总人口的 10.6％,城市化相当于 18 世纪英国工业革命早期的水平。逾 30 年后的 1979 年,中国城市化水平仍只有 19.99％,低于 18 世纪末的英国水平。30 年间城市人口数量的增长甚至低于总人口的增长,30 年间城镇人口比重停滞在百分之十几,这在全世界范围内是绝无仅有的。

温州城市化进程可分为五个阶段。第一阶段为 1949~1957 年,城镇人口迅速增长。全市城镇人口从 1949 年的 21.19 万人,增至 1957 年的 49.04 万人,8 年间的年均递增率为 11.06％,远高于全国平均值的 7.06％。城镇人口比重由 7.68％提高到 14.74％,平均每年上升 0.88 个百分点。这期间温州城乡之间和工农业之间的比例关系比较协调。

第二阶段为 1958~1962 年,受"大跃进"的影响,城镇人口也呈快速增长。从 1957 年底的 49.04 万人增至 1962 年的 67.76 万人,5 年间的年均递增率为 6.68％,低于全国平均值的 9.53％。城镇人口比重由 1957 年底的 14.74％提高到 1962 年的 18.52％,达到解放后前 30 年的峰值,平均每年上升 0.76 个百分点。这时期温州工农业比例严重失调,粮食产量下降,国民经济大幅倒退,与城镇人口迅速膨胀形成鲜明反差。与全国各地相比较,温州城镇人口数量和比重的增长速度反而低于全国平均值,这说明温州大跃进的狂热程度逊于全国各地。

第三阶段为 1963~1977 年,城镇人口大量减少,城镇人口比重迅速下降,是温州城市化大倒退时期。从 1962 年底的 67.76 万人减至 1977 年的 61.98 万人,15 年间城镇人口反而减少 5.78 万人,年均递减 0.60％。城镇人口比重由 1962 年底的 18.52％降至 1977 年的 11.27％,达到 1953 年以来的最低值。为扭转"大跃进"带来的饥荒,1963 和 1964 两年中,温州动员了近 20 万的城镇人口返回农村,加上压缩城镇建制,缩小郊区范围,使城镇人口数量及比重出现大退潮。据统计资料,1962 年底全市非农业人口 65.73 万人,至 1964 年底减至 46.36 万人,两年间减少 19.37 万人。十年"文革"浩劫期间,温州社会经济几近崩溃,大量城镇知识青年上山下乡和赴边务农,城镇人口比重大幅缩水,从 1966 年的 12.77％降至 1977 年的 11.27％,平均每年减少 0.14 个百分点。这种城市化大倒退粗暴地违背了一切经济法则,残酷地破坏了社会生产力,对整个社会经济造成了强烈的"大地震",实为人类城市化进程史上最痛心的实例。

第四阶段为 1978～1990 年,是温州城市化复苏时期。十年动乱结束,温州从铁幕时代走向开放时代,政治和经济形势发生了深刻变化,大批被迫流放农村的"知青"返回城镇,进而引起补偿性的生育高峰,推进了温州城市化的发展。全市城镇人口从 1977 年底的 61.98 万人,增至 1990 年的 131.04 万人,13 年间增加 69.09 万人,年均递增 5.93%。城镇人口比重从 11.27% 提高到 19.65%,平均每年上升 0.64 个百分点,温州城市化得到了复苏和恢复,这是令人欢欣鼓舞的一件大好事。

第五阶段为 1990 年以来,是温州城市化快速发展时期。随着改革开放的深入,生产力获得大解放,走上了城市化的工业化道路,大量农村剩余劳动力聚集城镇从事第二、第三产业,温州城市化得以快速发展。全市城镇人口从 1990 年底的 131.04 万人,猛增至 2010 年的 283.67 万人,20 年间增加 152.63 万人,翻了一番多,年均递增 3.94%。城镇人口比重从 19.65% 提高到 36.05%,平均每年上升 0.82 个百分点,达到历史峰值。

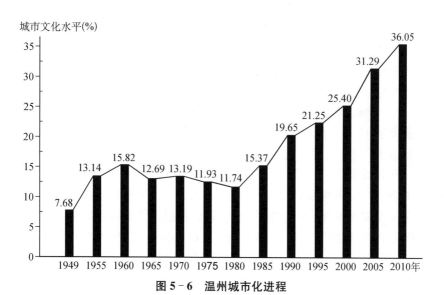

图 5-6 温州城市化进程

请读者注意,第五阶段的这些增长数字只是针对温州本地户籍人口而言,而实际上 1990 年以来有大量外来人口涌入温州各个城镇,成为"新温州人",若包括新温州人,2010 年温州城市化水平为 61.0%,而"六普"统计更高,达 66.02%。这三个数字不要混淆。

（二）温州城市化基本特点

温州正处在快速城市化时期，与外国和外地相比较，温州城市化具有哪些不同的特点？温州城市化与经济发展水平是否相适应？只有明确这些问题，才能引导温州城市化走上正确的坦途。

1. 起步晚，发展快

英国是世界上最先实行工业革命，也是城市化发展最早的国家。1800年英国城市人口比重已达 26%，1851 年成为世界上第一个城市人口超过乡村人口的国家，1900 年城市人口比重增加到 75%，二战以后达到 93% 的峰值，近三十年以来由于逆城市化，降至目前的 90%。这是发达国家"起步早，水平高"的共同特征。相比之下，发展中国家具有"起步晚，发展快，水平低"的特征。二战以前，大多数发展中国家的城市化水平很低，多在 15% 以下。二战以后，随着殖民体系的垮台，亚非拉国家纷纷取得独立，民族经济和城市化得以迅速发展。1975 年，发展中国家的城市人口数量开始超过了发达国家，目前世界城市总人口的 73.5% 分布在发展中国家，发展中国家城市人口比重从 1950 年的 17.9% 升至 2010 年的 45.9%。

温州城市化起步比亚非拉发展中国家更晚。新中国成立后的前 30 年，温州城市化处于倒退和停滞状态，至 20 世纪 80 年代末，温州城市人口比重还只有百分之十几，相当于英国 200 多年前的水平。1990 年开始，温州城市化才"奔 2"，标志着温州城市化真正起步，这比发达国家晚了 230 年，比发展中国家晚了 45 年。然而，在 90 年代以来短短的二十多年中，温州城市化以惊人的速度飞快发展。包括外来民工在内，全市城镇人口从 1990 年的 131.04 万人增至 2010 年的 602.20 万人，年均递增 7.92%；城镇人口比重从 1990 年的 19.65% 提高到 2010 年的 66.02%，平均每年上升 2.32 个百分点。这种速度远超过了同时期的发达国家，也超过了发展中国家。

据人口普查资料，2010 年温州城镇人口比 2000 年增加 213.25 万人，城镇人口比重上升 14.56 个百分点。10 年间，温州总人口年均递增 1.9%，而同期城镇人口年均递增 4.5%，大大快于总人口的增长速度。由于温州城市化发展加快，大量农村人口向城镇集聚，以及外来人口涌入城镇，两者叠加在一起，使温州城镇人口比重大幅提高。

2. 城市化水平相对较低

根据世界银行 WDI 数据库，2010 年全世界国家和地区的城市化水平平均值为 50.9%，发达国家为 76.1%，发展中国家为 45.9%。其中委内瑞拉

94.0%,阿根廷 92.4%,以色列 91.7%,英国 90.1%,澳大利亚 89.1%,巴西86.5%,荷兰 82.9%,美国 82.3%,韩国 81.9%,加拿大 80.6%,法国 77.8%,德国 73.8%,俄罗斯 72.8%,意大利 68.4%,日本 66.8%,南非 61.7%,中国44.9%,印度 30.1%。由此可知,中国城市化水平远低于发达国家和拉美国家,也低于世界平均值和发展中国家平均值。但是,中国统计局公布的 2010 年我国城市化水平为 47.5%,2010 年"六普"公报数据为 49.7%。

根据 2010 年第六次人口普查数据,温州城镇人口为 602.20 万人,城镇人口比重为 66.02%。比全国平均水平 49.68%高出 16.34 个百分点,比全省平均水平 61.6%高出 4.4 个百分点;但比杭州 73.2%低 6.3 个百分点,比宁波 68.3%低 2.3 个百分点。然而,人口普查数据普遍偏大,不可全信。2010 年温州市统计局公布的温州城市化水平为 61.0%,与"六普"相差 5.02个百分点。这个 61.0%是比较可信,是可以接受的。所以温州城市化水平相对较低,远低于发达国家和拉丁美洲国家,但高于世界平均值,高于亚洲和非洲的发展中国家,也高于中国平均值。若剔除温州"假城市化"部分,温州真城市化水平只有 36.05%,那就更低了。

表 5 - 11　　　　　　城市化水平比较　　　　　　　　　　单位:%

年份	世界	发达国家	发展中国家	中国	温州
1950 年	29.1	52.5	17.9	11.18	8.84
1960 年	32.9	58.6	21.7	19.75	15.82
1970 年	36.0	64.7	25.2	17.38	13.19
1980 年	39.2	69.2	29.6	19.37	11.74
1990 年	43.2	71.8	35.2	26.41	19.65
2000 年	47.1	73.9	40.5	36.22	51.46
2010 年	50.9	76.1	45.9	49.68	66.02

说明:温州 2000 年和 2010 年是人口普查数据,即包括外来人口。若扣除外来人口,温州 2000 年为 25.40%,2010 年为 36.05%。

3. 假城市化现象严重

2010 年 11 月 22 日,温州市委书记陈德荣在龙湾调研时说:"温州市按城镇居住人口统计,城市化率达到 60.7%,而按城镇户籍人口统计,城市化率只有 21.45%。这两组数据的落差,说明温州市还有三分之一的人住在半城半乡的地方,他们有非农的生产方式,但户籍身份还是农民,生活方式还处在农村的层面,这就是城市化不彻底带来的半城市化问题。"陈书记的"半城市化"在学术上叫做"假城市化"(pseudo-urbanization),指在城市中居住着大批没有城市文化的人,这说明温州城市化质量很差。假城市化现象在亚非拉落后国家是普遍现象。2010年温州全市户籍人口786.80万人,非农业人口170.20万人,以此得出温州城市化水平为21.64%。但温州有好多户籍人口外出经商务工,也有好多居住在建成区内的农业人口,这些农业人口应算作真城市化范围内,所以采用修正系数0.60得出温州真城市化水平应为36.05%。因此,温州假城市化现象非常严重。

例如龙湾区最南面有个海城街道,旧称梅头。既称街道,街道中心区当然属于温州城区的一部分,但这里是"城不城,村不村"的假城区,其实就是一个小乡镇。首先,从景观来看,除唯一的一座9层政府大楼外,其他都是齐刷刷的8层"落地房"。海城是没有城市规划布局的,房屋和道路布局杂乱无章,"房子不能超过8层"是城建的唯一规矩。所有的民房都是居民自家与邻居一起商量设计建造的。这里没有城市的公共空间,没有绿地,没有红绿灯,没有娱乐设施,没有宽敞的街道,只有七拐八弯的小巷子和众多的断头路。"人家建房我也建",所以多数房屋建成不足20年又被推倒重来。第二,交通混乱,汽车、摩托车、人力三轮车是可以见缝插针随意穿行,公共道路是可以用自家建材封堵的,地摊小贩占满了街道。在这里几乎看不到政府管理的影子,各村"老年协会"就是管理者,他们有权收取管理费、停车费、安全费等。第三,环境脏乱差,生活污水和生活垃圾是可以随便拨倒在大街上,这里垃圾遍地,有的地方垃圾堆积如山,所有的河道都是黑臭河,地面污水横流,沙尘飞舞。第四,海城的寺庙、道观和教堂特多,是人们祈求财富、保佑发财的圣地。周边的青山从山麓到山顶布满了崭新的坟墓。这里有大讲排场的各种酒席,大手大脚的请客送礼,借钱买豪车修好房,丧事游街浩浩荡荡,赌博吸毒站街女横行。这就是温州城区的一角。当前,小城镇的无序建筑和无人管理,这是全国的通病,所以在《城市规划法》改为《城乡规划法》的今天,设立规划建设小城镇的机构是当务之急。只有正确规划建设好小城镇,认真管理好小城镇,温州的假城市化才能变为真城市化。

4. 城市化水平的县际差异显著

根据2010年第六次人口普查统计数据,温州城镇人口比重的地区差异很大。温州市区三区凭借其城市的中心地位和良好的经济发展基础,城镇人口比重均超过了85%,鹿城89.04%、龙湾89.74%、瓯海86.57%。瑞安作为飞云江流域的中心城市,近年来沿温瑞塘河和飞云江两岸的城市建设发展加快,城镇人口大量集聚,达到92.74万人,城镇人口比重达到65.09%,

位居温州市区以外的县级政区之首。然而,乐清城镇人口比重只有
52.26％,低于永嘉和苍南,城市化水平相对落后,与经济发展水平不相协
调。另外,平阳县域除昆万鳌萧外,其他地区城镇建设也很落后,城市化水
平不到50％,落后于世界平均值。文成、泰顺和洞头三个山区县和海岛县,
由于受地理环境和经济发展的影响,户籍人口大量外出,城镇建设相对滞
后,城镇人口比重很低,低到不及非洲落后国家的水平,文成只有39.56％,
泰顺仅40.15％,洞头仅44.70％。

表 5-12　　　　　　　**2010 年温州城乡人口数量和比重**　　　　单位:万人、％

县级政区	常住人口	城镇人口		乡村人口	
		数量	比重	数量	比重
鹿城区	129.33	115.15	89.04	14.18	10.96
龙湾区	74.93	67.24	89.74	7.69	10.26
瓯海区	99.69	86.30	86.57	13.39	13.43
瑞安市	142.47	92.74	65.09	49.73	34.91
乐清市	138.93	72.60	52.26	66.33	47.74
永嘉县	78.92	44.17	55.97	34.75	44.03
平阳县	76.17	37.51	49.25	38.66	50.75
苍南县	118.46	64.82	54.72	53.64	45.28
文成县	21.21	8.39	39.56	12.82	60.44
泰顺县	23.34	9.37	40.15	13.97	59.85
洞头县	8.77	3.92	44.70	4.85	55.30
温州全市	912.21	602.20	66.02	310.01	33.98

说明:本表采自 2010 年"六普"统计数据。

5. 城市化与经济发展水平相适应

发达国家的城市化是由于农业机械化导致农村劳动力过剩,大批农村
劳动力涌向城市,这时城市里的工业化蓬勃发展需要大量工人,于是他们在
城市里找到工作,就在城市安家。这种城市化的发展是合理的,城市化与工
业化是协调发展的。但是,发展中国家的城市化是由于农村人口增长过快,
农村劳动力过剩,大批农村劳动力涌向城市,而这时城市的工业化水平低,
无能力为这些农村劳动力提供大量的就业岗位,有的只得流浪街头,偷、抢、
杀人等自然而生。这种城市化是不合理的,是畸形发展的,城市化与经济发
展水平不相适应。那么,温州城市化与经济发展水平是否相适应?

目前,几乎所有的首长讲话和学术文章都认为温州城市化滞后于工业化,其依据是 GDP 中的第二、第三产业比重远高于人口城市化比重,这种认识是错误的。错误之处是搞错了非农增加值比重与城镇人口比重是两个不同的统计指标,两者之间没有太大的可比性。衡量城市化是否与经济发展水平相适应,应把人口城市化水平与就业的非农化水平相比较,因为两者都属于人口的结构指标。现代经济的发展主要是第二产业和第三产业两个部门,它们的发展会带动非农就业人员的增加,由于城市是非农产业的集中地,非农就业人员的增加可以带动整个城市人口的增加。因此,就业非农化水平与城市化水平之间具有正相关的关系。在统计上,假如非农就业人口比重与城镇人口比重之间的差在 10% 左右,都可以认为城市化和经济发展水平相适应。改革开放初期的 1980 年,温州就业非农化水平为 31.3%,城市化水平为 19.4%,两者之差为 11.9%。此后,由于费孝通一伙推行"离土不离乡,进厂不进城"的"就地转化"城市化策略,使温州就业非农化速度远快于人口城市化速度。两者之间的差距扩大到 1995 年的 19.8%,这充分说明此时温州的城市化与经济发展水平不相适应,即城市化滞后于工业化。1995 年以后,特别是 2000 年"十五"计划调整了我国城市化道路策略,温州的非农就业比重减速,而城镇人口比重迅速上升,至 2010 年,两者之间的差距已缩小到 10.4%,这表明目前温州城市化水平与就业的非农化水平已经基本相适应。

然而,获取就业非农人员比重的数据比较困难,人口普查公报中的数据是在业人员,而非就业人员,所以学界多用 GDP 或 GNP 来衡量城市化与经济发展水平是否相适应。美国经济学家兰帕德(E. E. Lampard)在《经济发达地区城市发展历史》的文章中指出:"近百年来,美国城市发展与经济增长之间呈现一种非常显著的正相关,经济发展程度与城市化阶段之间有很大的一致性。"美国地理学家贝里(B. Berry)选用世界 95 个国家的 43 个变量进行主成因分析,也证实了经济增长与城市化之间的密切关系。我国城市地理学家周一星、许学强采用 137 个国家的城市资料分析,得出完全一样的结论,证明人均国民生产总值与城市化水平之间存在着对数相关的关系,城市化前期相关系数为 0.96,中期为 0.81,即城市化水平随国民生产总值的增长而提高,但提高的速度又随人均国民生产总值的再增加而趋缓。进一步分析表明,处于城市化后期的发达国家,城市化水平已很高,城市化水平与人均国民生产总值之间不存在显著相关;对于人均 GDP 在 1000~5000 美元的中等收入国家,由于处在经济起飞阶段,人均国民生产总值与城市化水平呈正相关,相关性最高;对于人均 GDP 低于 1000 美元的低收入国家,它们之间的经济发展水平的绝对差异不大,但城市化水平差异很大。根据美国经济学家钱纳里(H. B. Chenery)总结的资料,人均 GNP 与城市化率的关系是:500 美元为 22.0％,1000 美元为 36.2％,2000 美元为 49.0％,4000 美元为 60.1％,5000 美元为 63.4％,7500 美元为 65.8％。温州当前的人均 GDP 约为 6000 美元,对应的城市化率应为 64％左右,这表明目前温州城市化与经济发展水平相适应,而不是社会上大肆宣扬的"城市化落后于工业化"。

顺便要提一下,目前温州城市化水平已达 60％多,按一般的城市化发展规律,今后城市化进程要进入平缓的发展期。如果温州城镇人口仍按以往的年均递增 4.5％的速度发展,毫无疑问,不久的将来就会落入拉美国家的畸形城市化窠臼,那时温州的城市化与经济发展水平就不相适应,不相协调了。

(三) 温州城市化过程中产生的问题及对策

当 20 世纪 30 年代把"国民生产总值"(GNP)作为国民经济核算体系的核心的凯恩斯主义经济学产生以后,西方工业化国家拼命追求国民经济总值的高速增长。二战以后的新技术革命在短时间内就形成巨大的生产力,促进了人类摄取自然资源的能力空前提高,消费欲望高度膨胀。不仅欧美发达国家狂热追求经济高速增长,就连新独立的贫穷国家也产生了追求经济增长的迫切愿望,掀起了赶超西方发达国家的热潮,全球进入了烟囱产业时代。在短短的几十年里就把饱受战争创伤的世界,推向一个崭新的工业化时代。粮食增长,食物丰富,基础设施完善,人均寿命提高,人们对生活充满希望。然而,事情的发展并不像人们期望的那样,随着工业化和城市化的加速发展,人类对自然资源的掠夺性开发,出现了土地退化、水资源短缺、生物多样性减少、矿产资源加速耗竭,环境污染加剧,生态环境恶化。人类社会与环境资源之间的不和谐状况越演越烈,人类的未来生存蒙上了一层厚厚的阴影。1972 年罗马俱乐部发表了《增长的极限》这一震惊世界的报告,对"人类困境问题"进行深刻反思,对无限增长的传统发展观进行严厉批评,提出停止工业投资的增长,降低单位产品的资源消耗和环境污染,提高对粮食生产和土壤保护的力度。1992 年 6 月联合国在巴西里约热内卢召开 183 个国家参加的首脑会议"联合国环境与发展大会",签署了《21 世纪议程》、《气候变化框架公约》等 5 个重要文件,反映了发展与环境合作的全球共识,推进着全球可持续发展战略的实施。

从城市诞生的第一天起就伴随着城市问题的发生。在城市化进程中,不断出现问题,不断解决问题,这就是进步。在这里,笔者要如实地揭露温州城市化过程中出现的问题,目的是寻找解决问题的办法,追求城市的可持续发展。

1. 环境问题

环境问题表现为环境污染和生态破坏两个方面,城市主要是环境污染,乡村主要是生态破坏。但是温州除了城镇环境的污染外,还有一个其他城市没有的围海造地,导致严重的生态破坏。环境污染已发展成为危害人类生存和经济发展的社会公害,在欧美国家是近代工业诞生之后出现的,在温州是改革开放以后随城市化发展而出现的。温州城市的环境问题主要表现为大气污染、水污染、垃圾污染、噪声污染和围海造地造成的生态破坏。

(1) 大气污染

不是人类向环境一排放废弃物就造成环境污染,而是向环境排放废弃物的数量超过了环境的自净能力时,才出现环境污染。所以当城市人口不断膨胀,工业大量集中,才会出现严重的污染。从大气污染的污染源来看,主要来自工矿企业、交通工具、家庭炉灶三个方面。从污染物来看,大气污染物有100多种,可分为气态污染物和颗粒污染物两大类。气态污染物主要有以二氧化硫为主的硫氧化合物、以二氧化氮为主的氮氧化合物、碳氢化合物、碳的化合物、卤素化合物5种。颗粒污染物主要有沙尘、粉尘、烟尘、悬浮颗粒物、可吸入颗粒物、细颗粒物等。

温州气态污染物主要是煤炭燃烧排放的硫氧化合物和汽车尾气排放的氮氧化合物,这两种酸性气体遇到水汽形成酸雨和酸雾。温州是"逢雨必酸",近年来各地酸雨发生频率都在95%以上,甚至达100%,一直名列全国前茅;自然降雨的pH值为3.07～6.70,均值为4.47,2012年温州城区达到4.23。国家标准pH值小于5.6为酸雨,小于4.5为重酸雨,温州属于重酸雨区(强酸雨区)。温州pH最低值为3.07,接近食醋的2.9,居然有"醋雨"发生。近几年国家对温州城区的环境测评中,酸雨一项都是0分。温州酸雨结构由硫转氮,即硫酸型酸雨转为硝酸型酸雨,可见罪魁祸首不再是燃煤的热电厂,而是汽车尾气的排放。酸雨对环境和人体健康影响很大,不仅腐蚀建筑物和文物古迹,并使土壤酸化,水体酸化。国家规定自来水的pH值要达到7.2,而温州珊溪水库、泽雅水库都在7.0以下,呈弱酸性。长期饮用酸性水,可致人体免役功能下降,易患病,易衰老。

温州大气污染的首要污染物是可吸入颗粒物(PM10),近几年温州城区的可吸入颗粒物浓度的年均值都在0.09毫克/立方米上下。可吸入颗粒物和细颗粒物(PM2.5)形成的灰霾天气愈加增多,2010年温州城区全年霾日数仅87天,2011年增加到209天,占全年日数的57%。五年前温州尚有蓝天白云的日子,今天不仅没了蓝天白云,市民整日累月生活在灰蒙蒙的雾霾环境中。其祸根就是汽车尾气的排放。近五年温州市区的汽车数量翻了两番,从 2007 年的 11.6 万辆增至 2012 年的 44.6 万辆,平均每年增加 6.6 万辆,两年增加的汽车数量超过了前 30 年的总和。汽车尾气造成的灰霾对人体的危害程度远远甚于北方扬沙和沙尘暴形成的灰霾。温州汽车尾气已成为大气污染、影响城市形象、危害人们健康的第一杀手。

（2）水污染

温州城镇的水污染都非常严重,所有的城区和镇区的水体都是又黑又臭的"黑臭河",水质都是劣五类,而且存在由点向面、由城镇向农村扩展的趋势,水污染和水环境恶化已经到了极其严重的程度。根据《2012 年温州环境状况公报》,2012 年全市 76 个地表水监测断面中,位于城区和镇区及其附近的 35 个监测点水质都是劣五类。全市 39 个平原塘河断面监测点中,劣五类的有 32 个,占 82%；温瑞塘河 23 个监测点中,劣五类的有 20 个,占 87%,瑞平塘河和平鳌塘河 7 个监测点中,劣五类的占 86%,乐清塘河 100% 为劣五类。温州城镇水污染已经到了令人发指的地步,以至于发生市民要求环保局长下河游泳,民警跳河救人而染病的悲剧。

温州城镇水污染的重要污染物为氨氮、总氮、总磷、生化需氧量等,其中氨氮量超标 15 倍,生活型有机污染特征明显,局部河段受工业废水污染。造成温州水污染的原因主要是生活污水和工业废水没有经过净化处理,大量直接排入河流。温州截污纳管工程进展缓慢,污水纳管率和污水处理率很低。其原因是污水处理厂和地下排污管网建设周期长,难度大,是埋在地下看不见的隐蔽工程,追求升迁的各级官员都不愿乐行其事,不如形象工程那么实惠。例如温瑞塘河的治污从 2000 年开始,至今已历 14 年,耗资 40 多亿元,治污到了"荡河臀"境地,但是目前水质仍然是劣五类。究其原因很简单,就是"截污"工作没做好,至今每天仍有 57.32 万吨污水没经处理直接排入温瑞塘河,其中居民生活污水 44.50 万吨,工业污水 10.14 万吨,公厕污水 1.45 万吨,餐饮污水 0.82 万吨,畜禽业污水 0.41 万吨,此外还有农业污水排入以及大量垃圾倾倒河内。截污纳管工作不到家,即使再砸进 40 个亿,也是白搭。

（3）垃圾污染

垃圾污染又称固体废弃物污染,国外主要是工业垃圾、生活垃圾两类。温州还多了一个数量极为可观的建筑垃圾。据统计,2012 年全市生活和工业垃圾数量已达 552.52 万吨,其中生活垃圾 313.05 万吨,工业垃圾 239.47 万吨。也就是全市每天产生垃圾 1.5 万吨,其中生活垃圾 8577 吨/日,工业垃圾 6561 吨/日,并且每年以 5% 的速度增加。

2012 年,温州市区垃圾数量达 200.14 万吨,其中生活垃圾 104.35 万吨,工业垃圾 95.79 万吨。也就是温州市区每天产生垃圾 5483 吨,其中生活垃圾 2859 吨/日,工业垃圾 2624 吨/日。

目前温州垃圾无害化处理有两种办法,就是建设垃圾焚烧发电厂和垃圾填埋场。所谓垃圾填埋场,实际上就是垃圾集中倾倒的地方,即俗称垃圾山。温州市区建有三座垃圾焚烧发电厂,一是位于瓯海南白象的东庄焚烧厂,二是位于鹿城临江沙头村的临江焚烧厂,三是位于龙湾永中度山村的永强焚烧厂。此外,还有位于上望街道新村村的瑞安垃圾焚烧发电厂、位于乐清柳市蟾西村的柳市垃圾焚烧发电厂、位于瓯北后江山脚的永嘉垃圾焚烧发电厂、位于平阳钱仓东江村的平阳垃圾焚烧发电厂、位于灵溪观美寨岭脚村的苍南高云岭垃圾焚烧发电厂。至 2013 年 5 月,温州全市已建成 8 座垃圾焚烧发电厂并投入运行,但垃圾增加的数量远超过焚烧厂的建设速度。例如温州市区日产垃圾 5483 吨,三座垃圾焚烧发电厂日处理 3085 吨,焚烧率为 56.3%,每天还有 2400 吨垃圾堆积形成垃圾山。其他县市和乡镇的垃圾焚烧率更低,垃圾山更普遍,更严重。

温州城区有两座规模巨大的垃圾山,一座是双屿卧旗山垃圾填埋场,建于 1983 年,占地 110 亩,堆积垃圾 110 万吨,已于 2003 年 5 月封场。另一座是杨府山城东垃圾填埋场,建于 1992 年,占地 150 亩,堆积垃圾 130 万吨,已于 2003 年 6 月封场。温州新增的垃圾山很多,例如永强海边的永兴垃圾填埋场,占地 105 亩、高 10 米、容积 30 万立方米的垃圾山,双屿鞋都三期上伊村占地 40 亩、高 15 米的垃圾山,柳市苏岙村占地 50 亩、高 50 米的垃圾山等都是近年来新冒出来的垃圾山。"垃圾围城"一点不假。

除上述生活垃圾和工业垃圾外,温州还有数量巨大的建筑垃圾。温州建筑垃圾主要有三类,一是建筑工地的淤泥和泥浆,二是装潢垃圾,三是拆违垃圾。2012 年温州市区在建工地 148 个,挖排的淤泥和泥浆接近 200 万立方米。政府规定的消纳场是东海沿岸的瓯飞滩起步区 2 号隔堤和龙湾二期围垦区,但因运输距离远,运费高,加上监管不力,所以偷倒偷排都是常事。特别是偷排泥浆比较隐蔽,不易被发现,抓现行更难,不能从根本上杜绝偷排行为。泥浆排入塘河和瓯江数量和比例很大,致使河床淤浅,影响行洪安全和河道生态环境,危害极大。温州市区的装潢垃圾和拆违垃圾原先运至杨府山中转站,然后每年两次再运到灵昆东滩终场消纳。但由于灵昆围垦区一期已进入建设开发阶段,从 2012 年 6 月起不再消纳建筑垃圾,所以杨府山中转站超积而停止使用。鹿城城区每天 2000 多立方米的装潢垃圾无处消纳,造成城内各住宅小区垃圾堆积如山,居民叫苦连天。解决问题的办法是将装潢垃圾直接运至海滨的永兴填埋场,但运费要涨 5 倍,装修业主又无法承受。因此,偷倒黑车应运而生,而且生意兴隆,致使温州城内的公园、路旁、桥边、菜地等地到处是偷倒的装潢垃圾。

（4）噪声污染

环境噪声标准的制定主要是以对睡眠和交谈思考的干扰程度为依据。国家《城市区域环境噪声标准》规定,居民区和文教区的白昼 50 分贝、夜间40 分贝,商业区的白昼 60 分贝、夜间 50 分贝,工业区的白昼 65 分贝、夜间55 分贝。超过这些分贝值的区域都属于噪声污染。城市噪声污染主要有交通噪声、工业噪声、建筑噪声、生活噪声等。国外的一些调查表明,来自汽车的噪声污染最严重,80％的城市噪声来自汽车,一辆重型汽车的噪声在 89～92 分贝,轻型汽车在 80～85 分贝。

根据历年《温州环境状况公报》,近十年温州市区区域环境噪声平均值为 58.5 分贝,属于轻度污染;城市道路交通噪声平均值为 70.1 分贝,属于中度污染。2008 年开始由于取消汽车牌照竞投制度后,汽车数量剧增,城市噪声污染加剧,区域噪声超过 60 分贝,交通噪声超过 70 分贝。

据《2012 年温州环境状况公报》,影响城市环境的各类噪声源中,生活噪声源占 38.6％,交通噪声源占 23.8％,工业噪声源占 21.4％,建筑噪声源占3.8％,其他噪声源占 12.4％。可见温州生活噪声和交通噪声是环境噪声的主要来源。

温州噪声环境有所改善,但市民还是感觉很吵,其原因是全市区域噪声监测网格 1101 个,覆盖面积只有 229.2 平方千米,每点监测 10 分钟,取平均等效声级,即区域噪声是所有测点的算术平均值。全市道路交通噪声共设 260 个监测点,监测道路总长只有 400 千米,每点监测 20 分钟,最后取所有测点的道路长度加权平均值。所以,不同地点的瞬间感觉和总体平均值有较大差异。这类似于温州最热的七月平均气温 28℃,但市民经常感受到 37℃ 的高温。

表 5－13　　　　　近十年温州市区环境噪声状况　　　　单位:分贝

年份	2003 年	2004 年	2005 年	2006 年	2007 年	2008 年	2009 年	2000 年	2011 年	2012 年
区域噪声	57.7	57.8	57.5	57.4	58.6	61.0	60.8	60.0	58.0	55.9
交通噪声	68.4	68.5	68.6	68.5	69.3	73.4	71.6	73.3	70.8	68.9

（5）生态破坏

温州城市建设用地空间狭小，是影响温州城市化发展的限制性因素。为了突破这一瓶颈，温州疯狂地进行围海造地。之所以称之为"疯狂"，是因为1949年以来温州已经围垦和正在圈围的海涂面积达到37.9万亩，即252.64平方千米，超过了二战以后日本全国围海造地的总面积。接下来温州围垦向理论基准面以下的海域进军，规模更大，例如温州浅滩二期、瓯飞滩二期、瑞安丁山三期等工程都已立项审批，并已进入促淤阶段，从而使温州城市从"瓯江时代"迈向"东海时代"。

然而，大规模围海造地势必造成严重的生态破坏和环境恶化，会给子孙后代带来始料不及的生态灾难。荷兰人是世界围海造地的先驱，荷兰须德海的围海工程曾使世人仰止，但是今天荷兰人已开始退地还海了，已经建立了围垦区重建盐沼湿地达数万公顷的自然保护区，为生态重建提供了成功案例。此外，西欧和北欧各国已有89处炸毁海堤重建盐沼湿地的实例，我国厦门也已经炸毁高集海堤和集杏海堤，重建海洋生态。而温州却在疯狂地建造海堤，大规模围海造地，这是逆世界潮流而动，注定会失败的。

单就长9280米的灵霓海堤组成的洞头半岛工程而言，生态祸害昭然若揭。首先，灵霓海堤深刻影响着垦区附近的海流、潮汐、波浪等水动力条件，导致泥沙运移发生明显变化，形成新的冲淤趋势，从而对海底地形、海岸淤蚀、港口航运、河口冲淤、海湾纳潮量、河道排洪、台风风暴潮增水等带来严重的影响。最为显见的是瓯江口南岸至苍南琵琶山的"瓯飞滩"、"飞鳌滩"和"鳌舥滩"的泥沙90%来自长江口和杭州湾随东海沿岸海流南下沉积而形成，灵霓海堤阻断了泥沙南下通道，使这些海涂缺乏泥沙来源无法发育而造成海岸线后退，也将使洞头小霓屿岛至永强的瓯飞滩二期和瑞安丁山三期的促淤工程失败。此外，被灵霓大堤阻断的泥沙随潮流进入瓯江北口主航道，从而使瓯江下游河床淤浅，耗费巨资建设的瓯江两岸的防洪堤坝将失去作用，也使洞头海域的航道和港区淤浅，造成状元岙深水港报废。这是非常可怕的事情，对这大手笔将海洋截断而感到毛骨悚然。笔者曾经大声呼吁，尽早炸毁灵霓大堤，马上停止温州浅滩的围涂施工，恢复灵昆东滩的盐沼湿地，改建灵霓跨海大桥，免受我们子孙的唾骂。我们不妨看看人家惨痛的经验教训。例如，韩国灵山河口木浦沿海围垦导致潮汐雍水减少，潮差扩大，并加重了台风的洪水灾害；韩国西海岸的瑞山湾湾口修建长达8000米的海堤对海涂沉积造成极大的影响；珠江口和深圳河口围垦所引起的潮波变形、沿程水位提高和河床冲淤变化非常明显；新津河口围垦对汕头港航道淤浅及河床异常演变,已产生严重后果;福建铁基湾围垦对三沙湾内深水航道已产生明显的影响;台州温岭东海塘的连岛围海工程导致礁山港严重淤积,不得不中途停工;苍南炎亭湾口修筑长500米的防波堤致使炎亭金沙滩变为砾石滩,海滨浴场报废。这种惨痛教训,不胜枚举。勿庸置疑,用不了几年,这些生态灾难都会在灵霓大堤这个祸根上得到报应。

第二,灵霓海堤对海岸带物质循环发生显著改变,涉及对土壤脱盐、土壤肥力、土地利用以及水土流失的影响。使垦区土壤成土过程及肥力特征发生改变,也对潮滩及近海水域生态环境产生影响。例如被海水浸淹的海泥富含硫化铁,当吹泥填陆时海泥暴露地表就被氧化产生强酸性的硫化物,使土壤和水体酸化。这种高酸度的水不仅不能饮用和灌溉,还会杀死大量的鱼虾。这使温州浅滩垦区规划中保持12%以上的水面率流于形式而徒劳。

第三,灵霓大堤对潮滩生物的生态学影响很大。它不仅导致盐沼植被群落结构的演变,如崇明东滩98大堤就是例证,而且产生底栖动物群落及多样性的改变,使底栖动物种类、丰度、密度、生物量、生物多样性等都明显降低或最终绝迹。例如日本九州岛西部Isahaya湾围堤导致底栖双壳类动物大量死亡。苏北竹港围垦后一两个月之内沙蚕全部死亡,适生能力较强的螃蜞7年内也几乎全部消失。上海市围海造地使潮滩河口地区中华绒螯蟹、日本鳗鲡、缢蛏、河蚬等明显减少。2010年已有灵霓大堤两侧虾蟹类和双壳类动物异常的报告。

第四,灵昆东滩面积达五十多平方千米,是温州最大的生态湿地。浙江省滩涂围垦总体规划(2005—2020年)中明确要保护灵昆东滩湿地。因为滨海湿地是自然界最富生物多样性的生态系统之一,滨海湿地的盐沼植被在生物多样性保护方面具有不可替代的作用,而且会捕获潮流挟带的泥沙而快速淤高,因而西方发达国家近年来风行炸毁海堤,重建盐沼湿地。无庸置疑,灵昆东滩湿地的人为毁灭会招致温州多重生态灾难。灵昆东滩湿地的生态作用决不是三垟湿地所能相提并论的,我们再也不能做"抓了芝麻,丢了西瓜"的傻事了。

也许有人会说,灵霓大堤的洞头半岛工程是有环境评估报告的。的确是有浙江大学做的长达150多页的洞头半岛工程环境评估报告和中国海洋大学做的灵霓北堤海洋环境影响后评价报告,这些撰写报告的学者当然知道围海造地的生态危害,在高考地理试题中中学生都答得头头是道。但这是温州市政府出钱要他们这样写的,这些昧着良心写成的御用文章会殃及环境,害人子孙的。

（6）治理城市污染的对策

城市化过程产生的环境问题已引起温州市政府和老百姓的普遍重视，并采取许多治理措施，例如针对大气污染，大力开展节能减排，减少单位产值的能耗，热电厂用化学脱硫法取代高烟囱法，汽车尾气排放实施"欧Ⅳ"标准，企业实行清洁生产，市民提倡文明消费等。针对黑臭河，各地开展"截污清淤"工作，加速地下污水管网建设，加大瓯江翻水站提水水量进行温瑞塘河的冲污蓄清等。针对垃圾围城，各县市区积极建设垃圾焚烧发电厂，把垃圾山改造成为城市公园等。现已全面开展大气、河流、垃圾和噪声等多方面的综合治理。此外，笔者认为还要着重做好三方面的工作。①提高市民科学文化素质。人口增长过快对环境造成巨大的压力，但不是造成环境问题的决定性因素，而是更多地取决于人口科学文化素质的高低。文化素质高的能懂得保护和治理环境，形成人口、环境和发展的良性循环；文化素质低的则缺乏环境意识，任意排放有害物质，形成严重的环境问题。所以发达国家环境保护和治理得很好，发展中国家环境污染和生态破坏非常严重。对于温州那些文化素质低下的外来民工和城中村农民以及中小企业老板要进行宣传教育，提高素质。在宣传教育一时不奏效的情况下，课以严厉的罚款，罚得他们倾家荡产，痛知任意排放的代价，这就是发达国家早期治理的经验。②分散城市职能，分散污染源，积极建设新城和卫星城。十条烟囱分散在十个地方，尽管排放无碍环境，因为自然界有自净作用；假如十条烟囱集中一块，势必乌烟瘴气。现代工业是集中生产，越集中效益越高，所以世界传统工业区都面临污染问题。因而分散城市职能对城市环境治理有意想不到的好效果。③提高政府治污部门的决策水平，把治污经费用到刀刃上。我们政府治污部门的治污水平是很低的，管理工作是惰性的。例如今天请了一个外地治污"砖家"来讲课，提出温瑞塘河"要让一部分河段先清起来"，我们温瑞塘河管理办公室马上实行"分段治理"的策略。要知道瓯江翻水站一开泵提水，一天之内整条温瑞塘河就流个遍，怎能独清其身？这是连脚趾头都想得出来的常识。再例如温瑞塘河治理已砸进去 40 个亿，其中一半多资金用在驳坎和沿河绿化上，没有用在截污上。截污是关键，绿化是后续，这种满身污秽却穿上崭新西装的本末倒置的治污策略被讥为笑柄。

2. 城市交通问题

中国正在步西方国家的后尘，认为私人小汽车有利于个人出行自由和国家经济的发展，私人小汽车拥有量正在快速增加。小汽车的普及导致了城市规模的不断扩大，而城市规模的扩大又刺激了小汽车的增加，这种相互影响最终造成了能源浪费,加剧了环境污染,更使城市交通问题陷入不可救药的地步。在温州市区,由于汽车的增量超过了城市道路网的建设,以及交通警力不够,管理不善,导致交通拥堵,交通事故频发,出行难,停车难等一系列问题,交通问题已经成为温州城市问题的第二大症结。

(1) 交通拥堵

由于城市空间的限制,使得城市对道路空间的需求必然大于供给,这种交通供求关系的不平衡以及长期形成的城市混合交通导致了交通拥挤和阻塞。这是全球任何大城市都普遍遇到的问题。

2007 年温州市区汽车数量仅 11.6 万辆,此后取消小汽车牌照竞投政策以后,汽车数量飞快增加。到 2012 年底增至 44.6 万辆,5 年间几近翻了两番,平均每年增加 6.6 万辆,两年增加的汽车数量超过了前 30 年的总和。市区平均每百户汽车拥有量达到 76 辆,即 1:3.63(每 3.63 人拥有 1 辆车),这个水平仅低于美国的 1:1.3 和的日本的 1:1.7,大约与欧盟国家的平均水平相当,远超过世界平均值 1:6.75,更超过中国平均值 1:17.2。在浙江省 11 个地级市内,温州每百户汽车拥有量位居榜首,但人均道路占有面积13.9 平方米,位居倒数第一,可想而知温州交通拥堵的严重程度,温州号称"堵城"实不为过。温州其他县城和经济强镇的交通拥堵也很严重,例如瑞安现有汽车已超过 20 万辆,四年翻了一番。

2012 年温州市区交警人数 619 名,真正路面警力只有 200 多人,而城区宽 3.5 米以上的道路里程达 832 千米,平均 1 名交警要管理 4000 多米道路交通,可谓疲于奔命又不讨好。

由于温州城区汽车超常增加,加上交通警力不够,城区主要道路在上下班交通高峰时段,汽车的平均时速在 20.3 千米,堵车现象严重。交通阻塞引起时间和能源的严重浪费,影响城市经济的效率。温州城市道路不断建设,汽车数量进一步增加,道路建设和汽车增加形成恶性循环,将会导致更为严重的交通阻塞。

可以预计,以目前的汽车发展速度,五年以后温州市区每百人汽车拥有量将赶上英国伦敦。科学家用电脑模拟测算得出结论,即使把伦敦所有建筑架空,下面全部改为道路,也解决不了交通问题。也就是说,温州城市如果照现有速度摊大饼式发展,五年后即使道路面积等于城市面积,交通问题还是不能解决。这是人类给自己制造的怪胎。

(2) 停车难

在温州城区,人多车多空间小,停车位与汽车数量极不相称,停车非常困难。2012年底温州城区汽车数量44.6万辆,而路内路外停车泊位只有17.8万个,相当于2.51辆车只有一个停车位,而合理的停车位供需比为1.15。假如白昼有一半车子在路上行驶,一半的车子需要车位停放,那么缺口达4.5万个停车位;但夜深人静时,则有60%的汽车找不到停车位。因而市民乱停车,城管就乱罚款,警察就乱拖车,出现司机与城管对簿公堂和司机坐在车里被警察拖走的怪事。温州城区不论大街小巷,道路两旁、非机动车道和人行道都停满了汽车,而且城管执法车也随意停放,不仅影响通行,还存在消防、救险的隐患。可以肯定地说,今后温州停车难绝不会缓解,而是越加严重,这是一个死症。

（3）公共交通问题

温州公共交通问题主要表现在四个方面。①公交线路打圈绕行,这是市民最厌恶的问题,直接丢失了大量的客源。②行车速度慢,市区公交时速12.4千米,仅为全国平均的一半,而且乘车换乘不方便,甚至有的地方存在公交盲区。③公交票价太贵。北京全程1元,刷卡四折,学生二折,乘坐距离远;温州全程2元,没有打折,乘坐距离短。④高峰期人满为患,过度拥挤,非高峰期乘客稀少,收入锐减。这对矛盾是其他城市也遇到的难题。因此,政府要加大对公交的投资和补贴,不能把公交公司作为自负盈亏的企业对待。公交办不好,不仅对公共交通乘坐较多的低收入阶层是一个打击,而且会促进中产阶层对小汽车的依赖性,势必使温州城市交通问题愈加严峻。

（4）治理城市交通问题的对策

温州籍的国家建设部副部长仇保兴针对城市交通问题,提出了五条对策。①城市规划合理化。一定要贯彻《马丘比丘宪章》精神,城市土地要混合使用,像荷兰那样建设紧凑型城市,像美国那样的"精明增长",工业区和居住区尽可能靠近,以减少城市交通量。②实施公共交通优先发展战略。公共交通发展得比较好的欧盟国家,虽然95%的家庭拥有小汽车,但只有10%的居民日常出行靠小汽车,其他私家车主要用于周末度假,日常出行选择公共交通。而温州的私家车则全部用于上下班等日常出行。③控制交通需求。新加坡是一个岛国,693平方千米的小岛上居住着445万人口,人口密度高达6428人/平方千米,是温州的8.4倍,但新加坡是全球交通管理最好的城市之一。新加坡城内设立了几个特别区域,车辆一驶入这些区域,电子收费系统就予以高额收费。这种控制交通需求的方法比中国的"限行"措施要高明得多。最近浙江省在酝酿"限牌"方案,这在无产阶级专政的中国是行得通的,在国外是免谈的。④推行智能交通系统。通过计算机和人工对话,随时告诉司机走哪条路是最佳选择,可以避开拥堵的道路。按照计算机的模拟导航来控制车速,一路绿灯,也就是所谓的"绿波控制工程"。⑤学习库里蒂巴经验。巴西的库里蒂巴市是联合国推荐的示范城市,该市在生态、环境、交通、城市发展四个方面做得非常好。但是,库里蒂巴经验为什么在中国城市难以推广? 库里蒂巴市有一位市长,任职长达12年,12年中一门心思要把该市建设成为世界的典范。而我国的城市长官是上司委派的,本身知识储备不多,加上任期过短,精力不集中,总是搞一些形象工程,以便升官发财,根本无法学习库里蒂巴经验。

3. 城市社会问题

城市社会问题是指城市中存在人与社会、人与自然、人与人之间关系的严重失调或冲突现象,是城市经济发展到一定阶段的产物。城市社会问题种类繁多,具有普遍性、特殊性、复合性和爆发性的特点。具体表现在就业问题、贫困问题、老年人问题、农民工问题、基础设施问题、住宅问题、旧城问题等方面。

(1)就业问题

就业不仅是城市居民谋生的手段,也是一个城市得以维持和发展的基本条件。就业问题以及由此产生的贫富差异、阶级分化、地位悬殊等社会矛盾是城市社会问题的重中之重。温州就业问题的主要表现形式是失业。失业者多为文盲、半文盲、下岗职工、技术过时的工人、失去土地的城中村农民等。在当代技术高度发展的城市社会里,职业需求变化剧烈,某些技术过时的人便会失去职业,某些掌握先进技术的人又供不应求,为了解决这种结构性失业问题,我们国家成立了公营和私营的培训机构,对失业人员进行技术培训,使它们尽快掌握先进技术,重新就业,但这种途径解决就业问题的成效甚微。

2012年6月,温州城镇登记的失业人数为2.54万人,失业率2.1%,低于全国平均水平的4.1%,但这不能说明温州就业状况良好。首先,失业者只有自己主动去登记才被统计在内,很多失业者多没去登记。其次,大量的农民工失业者没有统计在内,近年来农民工失业人数递增很快,就是所谓的"回乡潮"。第三,温州总共有40多万家中小企业,最多的时候共吸纳了200多万的就业人口,占就业人口的30%。近年来随着全球经济的下滑,温州中小企业订单明显减少,企业就压缩用工、辞职、精简、下岗、放长假等愈演愈烈,而且建筑业也陆续跟进。温州全市3998家规模以上工业企业中,2012

年已停产的有 140 家,产值下降的有 2276 家,下降面达 57%。在这种背景下温州就业形势非常严峻。

2012 年温州城镇失业者领取政府给予的失业金为每人每月 917 元,农民工为 367 元。城镇失业者的失业金是按企业最低工资的 70%确定,农民工的失业金是按城镇失业金的 40%确定。欧盟国家的失业金为每人每月 1 万元人民币,相比之下,中国的失业者度日是很艰难的。

在中国一类的发展中国家,就业问题还有一种形式,就是就业不充分,例如硕士毕业生当环卫工人,博士毕业生开出租汽车。不充分就业实质上是失业的一个滞后影响。为了解决失业问题,温州政府部门鼓励自我就业,大幅度降低工商申报门槛,取得了较好的效果。

(2) 贫困问题

西方国家都有法定的贫困线,当低于贫困线的城市贫民的比重超过一定比例后,就意味着城市陷入贫困状态。20 世纪 70 年代以来,欧美工业社会国家都经历了经济结构的转型和挑战,社会经济的转型引起了贫富分化的加剧。我国目前正处在社会经济转型期,城市贫富差距拉大,城市贫民数量正在快速增长,"低保"问题越来越被重视。据统计,1990～2005 年温州城区低收入户收入增长 3.2 倍,高收入户增长 9.5 倍,贫富差距明显增大,城市贫困进一步扩大。城市贫民被称为低等阶层,多数贫民长期失业,生活困难,需要救济,受歧视、被排斥、没技术、不卫生、缺乏教育使这个阶层始终处于不利地位,无法改善贫困状况,不能摆脱贫困窘境。

要消除贫困,必须建立健全保障市民在生存和发展方面的诸项制度,包括社会保障制度、就业保险制度、医疗保险制度、养老保险制度、贫困救助制度、平等教育制度等。我国城市贫困问题在很大程度上是由于体制缺陷而造成的,实质是制度贫困,所以反贫困的重点在于制度创新。具体来说就是要通过建立基本的社会保障制度去预防贫困,通过实施有效的就业、社保、医疗、教育等体制去缓解贫困,逐步创造消除贫困的经济和社会条件。建立健全城市最低生活保障制度是城市反贫困的基本制度,"低保"不仅是市民最低的生活保障和基本权利,也是各级政府应尽的义务。

目前我国人均财政收入水平很低,世界排名在百位之后,仅为发达国家的 10%左右,因而政府对社会保障的投入不多。1999 年国务院颁布《城市居民最低生活保障条例》,经过 10 年的努力,至 2009 年全国城市户口平均低保标准为每人每月 227.8 元,低保金为每人每月 165 元;农村户口平均低保标准为每人每月 100.8 元,低保金为每人每月 64 元。温州的低保标准和低保金位居全国上流水平、浙江中等水平。2012 年末温州市区城市户口低保标准为 524 元，低保金为 580 元；农村户口低保标准为 314 元，低保金为 380元。其他县市的低保标准和低保金还要低。2012 年底全市城乡居民低保人数 13.32 万人，约占总人口的 1.46％；发放低保金总额 3.15 亿元，这个数额甚至低于全市慈善系统的募捐款 3.27 亿元。低保人员平均每人每月领取低保金仅为 197 元。在当今高物价水平下，这一点低保金显然不能糊口，维持最低生活仍有困难。由此得出结论，目前温州低保标准太低，低保金太少，低保救助的覆盖范围太小，还有大量的低保边缘人群未能获得政府救助，贫困问题远没有得到解决。

表 5-14　　　　　　　**2012 年末温州市低保标准和低保金**　　　　　　单位:元

区　　域	最低工资标准	低保标准(每人每月)		低保金(每人每月)	
		城市	农村	城市	农村
温州市区	1310	524	314	580	380
瑞安　乐清	1160	464	278	514	336
永嘉　洞头	1060	424	254	469	307
平阳　苍南　文成　泰顺	950	380	228	421	276

说明:城市低保标准以最低工资标准的 40％计算得出，农村低保标准以城市低保标准的 60％计算得出。

（3）老年人问题

在传统社会，老年人受到社会和家庭的尊重，年龄越大，地位越高，但在现代化、工业化和城市化的社会中，老年人不再被尊重。他们精力下降，健康不佳，收入也低，因此被迫进入依附角色。在美国有三分之一的老年人收入低于贫困线。在温州有三分之二的城乡老年人没有或只享有极低养老金，有三分之一的城镇老年人没有或享受很低的医疗保健，有 80％的城镇老年人住房没有电梯。2012 年底，温州享受基本养老保险的离退休职工 36.23万人，占 60 岁及以上老年人口的 34.43％；全年政府发放的养老金总额 86亿元，平均每人的养老金为 1978 元/月。其中曾经"打天下"的离休人员为每月 1 万元以上，公务员、教师、医生等退休人员平均每月约 5000 元，企业职工退休人员平均每月在 2000 元以下。此外，没有退休单位的城镇老人养老金为每月 120 元，农村老人养老金为每月 57.50 元，这两者合计老年人口达69.01 万人，占 60 岁及以上老年人口的 65.57％。

由于独生子女家庭数量剧增，传统的家庭养老成为"无源之水"。在家庭养老功能急剧弱化的状况下,国家和社会又不能承担起赡养老人的责任,这就使身边无子女的空巢老人,特别是失独和失能老人处于孤立无援的境地。他们既不能从子女那里获得经济供养、生活照料和精神慰籍,又极少获得国家和社会的帮助,这是一种非常可怕的老龄化社会。在社会养老保障机制很不健全的状况下超前进入老龄化社会,这对温州社会经济无疑具有很大的挑战性,必须引起全社会的高度重视。

由于大力推行刚性极强的计划生育政策,使得温州过早步入老龄化社会,并以超常规的老龄化速度增长,经济增长滞后于老龄化速度,以至于社会养老保险体制来不及建立,来不及完善,导致产生老年人的赡养、医疗、助老、住房、婚姻、娱乐等一系列社会问题。因此,必须强化社区养老职能。作为直接联系老年人的社会组织,城市社区可以而且能够为老年人提供"养老、敬老、助老"各种服务,在社区内部构建功能完善的养老服务体系。此外,老年人生活保障、老年产业发展需要强大的经济基础。经济基础的建立,不能依赖社会或个人的捐助,目前也不能指望国家的无偿拨款,所以建立商业化的城市老年金融机构具有重要意义。

(4) 农民工问题

据统计,2012 年温州有 285 万外来的农民工,占总人口的 31.2%,占本地人口的 45.3%。高迁移率的农民工推动了温州产业非农化和人口城市化,满足了经济高速发展对劳动力的需求,为农村剩余劳动力的转移开辟了广阔的空间,有利于形成劳动力及其他生产要素最佳配置的社会环境和经济环境。然而,大量农民工涌入温州,不可避免地造成社会管理和治安恶化、交通拥挤、环境脏乱差等不良影响。特别是城区街道和经济强镇的农民工过度集中,给当地的资源、环境、住房、交通、劳动力成本等都带来了一系列挑战,例如治安恶化、交通拥堵、房价飞涨、入园入托难、垃圾围城等一系列城市病。

温州的农民工还具有"老乡带老乡,亲戚带亲戚"的特点,这些老乡、亲戚、朋友、熟人聚居在一起,形成外来人口"集聚村"。经统计,温州外来农民工 1000 人以上的集聚村有 692 个,5000 人以上的有 86 个,1 万人以上的有 27 个。外来人口是本地人口 10 倍以上的集聚村有 19 个,5~10 倍的有 23 个,最高的双屿街道稽师村达 20.83 倍。这些规模庞大的外来农民工集聚村形成地方割据势力,连当地政府也奈何不了他们。

温州相对的经济繁荣迎来了大批外地农民工的涌入,这些农民工涌入温州各个城镇,使其与当地人群成为就业的竞争者,彼此产生怨恨情绪,甚至发生直接斗殴。在欧美国家也有这种类似的情况,这不能归咎于温州人包容意识低。毋庸讳言，文化素质低下的外来农民工在温州的社会地位不高，甚至受到歧视，但受过高等教育的外来务工者处处受到温州人的尊敬和重用。

由于户籍等二元体制的限制，外来农民工无法享受与当地城市居民同等待遇，因此带来一系列诸如就业和利益分配、劳动保障、社保医疗、子女教育、住房福利、社会地位，以及由此产生的心理疾病引发的犯罪等社会问题。正因为这些问题的存在才会使大量的农民工流来流去，这就是温州每年出现的"民工潮"。我们要清醒地认识到，一方面未来温州经济不可能靠二百多万低文化素质的外来打工仔和打工妹来支撑，另一方面我们要有开阔的胸襟和宏大的包容性，克服"社会拒入"心态，以吸引更多更优质的外来人口。

（5）基础设施问题

城市基础设施是指为社会生产和居民生活提供公共服务的物质工程设施，是用于保证城市的社会经济活动正常进行的公共服务系统。它包括道路、机场、港口、通讯、水电、燃气等公共设施，也包括科技、教育、医疗、体育、文化、住宅、商场、金融保险、园林绿化、垃圾焚烧、污水处理等社会性基础设施。温州城市基础设施严重短缺，这是一个长期问题，不是一下子能够解决的，有时还需要灾害性事件推动才会引起重视。例如1994年17号台风引起的二百年一遇的风暴潮，温州沿海所有县市区的一线海堤全线崩溃，才迎来了温州城区百年一遇的防洪堤和江滨公园。20世纪末温瑞塘河严重污染，再不能作为自来水水源地，温州出现大面积的水荒，才出现了大型的珊溪水库和赵山渡引水工程。2002年温州城区的杨府山城东垃圾填埋场和双屿卧旗山垃圾填埋场的两座巨大垃圾山的沼气起火，才建设了临江、东庄、永强三座垃圾焚烧发电厂。2003年春季爆发全球性的非典（SARS），全国各地城市深受其害，温州才建设了全市最大的温医一院新院区。但是温州每年的梅雨汛期和台风汛期，由于暴雨洪涝引起的大街小巷高水位积水，却没有人发动去建设像巴黎那样的下水道工程。世界银行认为，发展中国家人均GDP达到1000美元以后的中等收入国家，政府的公共投资应是GDP总量的5％以上。但我国各地普遍不足，通常只有3％，甚至2％。温州人均GDP已达6000美元，但政府公共投资只占GDP的3.5％，这种公共投资不足导致温州城市公共基础设施严重短缺，而且历史欠账不能偿还，真可谓积重难返。

城市化过程伴随着市场化改革，充分利用市场配置资源的高效率来加快城市基础设施建设是关键。所以政府与企业应是伙伴关系，应共同来承担城市基础设施建设。城市土地升值是由于政府公共投资渗透带来的，应回收用于全体市民改善生产生活环境,这是城市经营的基本理念之一。城市公共基础设施建设中有一种叫"导向开发模式(TOD)",温州必须推行。例如温州要建设城市轨道交通,道路两侧及站头附近的土地应全部由政府先进行控制收回并做好规划,轨道交通一开始建设,控制区域的土地马上大幅升值,就可以将预先控制的土地进行拍卖,拍卖收益可弥补轨道交通建设的投资。这就是 TOD 模式。温州的公园、奥体中心、商业中心等建设都可以采用这种模式。然而,温州的公园、轨道交通等工程都还没有规划控制好,就马上开工,这种"急中风"带来国有资产的流失和公共基础设施建设资金的短缺。假如土地增值由开发单位或私人掌握,那政府就白投了。

(6) 住宅问题

在计划经济年代,长期实行住房实物分配,公房租金低,数量少,居民租不上房,居住条件差,有的三代同住一套房。1980 年 4 月起,我国开始出售公房、调整租金的住房商品化改革,以期实现城市住宅商品化和社会化。1998 年下半年开始停止住房实物分配,逐步实现住房分配货币化。随着房地产业的迅速发展,温州城市居民的住房条件有了很大改善。1978 年温州城区人均住房面积仅 3.87 平方米,到 2012 年末人均达到 41.25 平方米。

然而,从 2000 年以来温州城区房价上涨过快。1995 年城区高层住宅平均价为 5 千元/平方米,2000 年上涨到 1 万元/平方米,2010 年更涨到 3 万元/平方米,最高为 7 万元/平方米,达到北京、上海一线城市的全国一流水平。与工薪阶层的收入相比,这样的房价是无法接受的天文数字,直接导致中低收入人群无法自身改善住房条件。为了解决中低收入家庭的住房困难,由政府筹资和建设的住房称为保障性住房,包括"四房一改造",即廉租房、经济适用房、公共租赁房、限价商品房和旧住宅区改造。温州保障性住房发展缓慢,而且所占比重很低。2006~2010 年的"十一五"期间,全市城镇投入廉租房建设资金仅 7 亿元,开工建设经济适用房 90.65 万平方米,开工建设人才公寓和外来务工人员公寓等公共租赁房 36.54 万平方米,开工建设限价商品房 25.72 万平方米,完成旧住宅区改造 50.41 万平方米,总共有 44214 户城镇居民和外来务工人员解决了住房困难问题,平均每年解决保障住房 0.88 万户。2010 年温州城市化水平已达 61.0%,预计到 2015 年末将达到 65.7%,按现有人口测算,温州城市化水平每年提高 1 个百分点,就会新增 50 万人的城镇住房需求。按上头交给的任务 10% 的保障要求,这意味着全市每年新增 5 万人的保障性住房需求,现在每年只有解决 0.88 万人的水平,显然目前的速度远不能达到 10% 的保障要求,只能满足 2% 的保障要求。

（7）旧城问题

旧城问题也叫内城问题或城市中心区问题。针对旧城陈旧衰落问题，世界各国的城市掀起了一次又一次的城市更新改造运动，例如20世纪50年代的城市重建（reconstruction）、60年代的城市复苏（revitalisation）、70年代的城市更新（renewal）、80年代的城市再建（redevelopment）、90年代的城市复兴（regeneration）。温州旧城改造始于1988年的人民路改建，至今已历25个年头，大部分社区旧貌换新颜。欧美城市是先衰落，后改造，再复兴；温州旧城改造是与新城建设同步进行的，不存在衰落问题。温州旧城面临的主要问题是吸引力过强带来人口激增和超强度开发，城市基础设施压力过大，环境过度拥挤。

温州旧城改造是市民非常欢迎的民生工程，但问题在于拆建过程太缓慢，耗时太久。一般说来，从动迁至回迁需要10年功夫，其中拆迁和解决钉子户要5～6年，建设工期要3～4年，绿化和验收要1年，如果遇到资金不到位，甚至超过10年。这种蜗牛速度不仅大幅增加政府财政开支，更严重的是民怨四起，居民在外租住费用大，年轻人婚房没着落，老年人早死客乡等。例如温州西门广化路拆迁改造工程动迁于2007年9月，总拆迁建筑面积约29万平方米，涉及5个社区、2个村、2581户居民、34家企事业单位。该工程新建住宅3696套，总建筑面积47.5万平方米，预计动态总投资22.7亿元，直接受益人口超过2万人。然而到2013年4月，C地块才进场打桩施工，尚有1座钉子户没有搬迁，大家担心10年后的2017年能否入住新的安置房，还是一个谜。

温州旧城改造和新城建设有一个显著的毛病，就是没有景观特色，建筑风格单一，欧陆风成灾，城市风貌千城一貌。其原因是规划和设计人员江郎才尽，只有模仿和抄袭，没有创新的知识水平。在国外，一个建筑学博士毕业生十年才能拿到两三个设计项目，而我国一个本科毕业生一年中可以完成几万平方米的设计任务，粗制滥造成风，优秀精品非常稀少。二战以后，法国建立了国家规划师制度，国家向每个城市派驻一位城市规划师，哪些房子该拆，哪些房子该建，必须先经派驻的规划师签字同意后，再由市长签字。所以法国的历史文化遗存保护得很好，建筑风格自成特色。有一种规划叫"控规"，控制性详细规划是城市建设调控中的重要武器。我国的控规编制方法是从美国学来的，而美国的控规学之于德国。德国的控规强调对建筑风貌的控制。但美国只有300年的历史，几乎没有什么古建筑值得保护，所以美国的控规省略了建筑风貌控制的内容，以至于我国所有城市的控规就没有建筑风貌的控制,因而温州城市千城一貌就不足为奇了。

(8)治理城市社会问题的对策

针对上述种种城市社会问题,对其进行改善和整治势在必行。城市社会问题的综合治理是个系统工程,在治理过程中务必坚持以下四个原则。①整体性原则。要对城市社会问题进行历史的、系统的、全面的分析,从社会问题的内容、性质、特点到产生的原因、影响范围和后果进行全面的分析,形成对社会问题的完整认识。在综合整治过程中分清主次,抓住主要矛盾,采取标本兼治的方法。以城市系统协调运行为目的,从整体效益出发考虑具体问题,使具体问题的解决服从于城市整体效益的要求。②综合性原则。城市是人口、物质、经济、社会的综合体,要从综合的角度考虑城市发展的效益,从经济效益、社会效益和环境效益三个方面来制定城市社会问题的防治措施。只有这样,才能找到社会问题的根源和解决办法,才能保证城市经济、社会、环境效益的统一,促进城市的均衡发展,最终实现城市的可持续发展。③协调性原则。城市社会问题是城市系统不协调造成的,所以治理时要以实现城市系统及要素的相互协调为目的。这就要求对城市社会问题的治理要考虑到目标和利益是否与整体以及其他系统的目标和利益相协调,考虑到本系统的社会问题的解决是否有利于其他系统和整体社会问题的解决。④具体问题具体分析原则。同一种城市社会问题在不同城市的形成原因、表现形式、危害程度和防治手段是有所不同的,所以要坚持具体问题具体分析的原则,切不可盲从跟风,切不可一刀切。要从深入细致的调查入手,掌握第一手资料,进行具体分析,对症下药,探索切实可行的解决方案,采取政治的、经济的、法律的、行政的、教育的、思想上的综合措施,调整社会关系,解决社会问题。

4. 城市公共安全问题

由于城市人口急剧膨胀,工业大量集中,贫富差距拉大,城市基础设施脆弱,防灾体系应变不健全,城市公共安全问题已愈来愈凸显。滑坡、泥石流等地质灾害,台风、暴雨等气象灾害,大火、爆炸、瘟疫等人为灾害已对城市构成了很大危害。在恐怖主义蔓延的当代社会,又面临着铤而走险的极端分子的严重威胁,城市文明和城市安全面临着前所未有的严峻挑战,特别是大城市的安全问题已成为当代社会最为关注的问题。

(1)安全防灾问题

城市是人类改造地表最强烈的区域,因而是自然灾害发生最多、危害最严重的地方,城市生命线在自然灾害面前不堪一击,城市安全危机四伏。对温州城市而言,地质灾害主要表现为滑坡、崩塌、泥石流、地面塌陷和沉降等,气象灾害主要表现为台风、旱涝、寒潮、高温以及短时强降水、雷电、冰雹、龙卷风等强对流天气;海洋灾害主要表现为风暴潮、赤潮(引起的有毒海产品)等。

　　台风是温州危害最大、灾情最严重的自然灾害。据统计,1950～2010 年的 61 年间对温州有影响的台风共 177 个,平均每年 2.9 个,最多年份 7 个。其中成灾台风 103 个,平均每年 1.7 个,最多年份 5 个。其中正面登陆台风 15 个,大约四年一遇。温州的台风数量远超过浙江平均值,台风强度和灾情远超过福建省。例如 1994 年 17 号台风弗雷德(Fred)杀得温州人措手不及,使温州人输得体无完肤。登陆时中心气压 944 百帕,10 分钟平均风速达 46 米/秒,温州机场阵风高达 55 米/秒,温州城区阵风也达 42 米/秒,掀起海浪平均高 7.3 米,最高 9.5 米,瓯江口波高 10 米,永强潮位达到 200 年一遇,温州沿海所有县市区的一线海堤全线崩溃,长 300 千米海岸线之内纵深 1000 米地域皆成泽国,最深处超过 3 米,温州旧城区繁华地段水深 1.5～2.5 米。一夜之间温州全市被卷走了当年币值 177.6 亿元,这惨绝人寰的人间悲剧无异于一场地震海啸的袭击。

　　不寒而栗的还有燃烧着的城市,火灾爆炸不时充斥着人们的耳间,熊熊的烈火和隆隆的爆炸声掩盖了城市的文明。例如 2007 年 12 月 12 日上午 8 时 20 分温州城区人民西路温富大厦裙楼舞厅发生特大火灾,烧死 21 名舞者,重伤 2 人,火场救出 143 人。2008 年 12 月 3 日凌晨 1 时 33 分温州城区矮凳桥 31 号宽心老人公寓火灾,当场烧死高龄老人 7 人。2008 年 12 月 5 日凌晨 4 时 50 分瑞安飞云码道村学前路 16 号民房起火,5 人遇难,2 人重伤。2008 年 12 月 8 日晨 5 时 52 分龙湾沙城中宁路一座五层出租房起火,4 人活活烧死,1 人坠亡。六日之内连发三场大火,造成 17 人毙命,惊动中央,实为罕见。2009 年 7 月 19 日 11 时状元文汇路 19 号爱好制笔公司仓库发生大火,持续燃烧 7 个小时,过火面积 3000 平方米,消防部门出动 13 个中队、28 辆消防车、200 多名官兵进行扑救。2010 年 1 月 6 日凌晨 0 时 50 分瑞安塘下场桥五方村龙翔工业区 38 号一座 3 间 4 层民房发生火灾,造成 9 死 2 伤。2010 年 6 月 19 日上午 6 时 50 分温州意迈达鞋业公司火灾,连续烧了 5 个小时,消防战士从火场中救援了 356 名职工。2013 年 1 月 3 日上午 7 时 30 分温州新城文昌路 70 号宏得利皮革厂发生火灾,连续燃烧 6 个小时,消防部门出动了 18 个中队、45 辆消防车、300 多名官兵进行扑救。2013 年 1 月 12 日凌晨 3 时温州城区垟儿路一座民房发生火灾,造成 4 人遇难。

2013 年 3 月 12 日凌晨 4 时瑞安飞云街道前金村一个鞋厂火灾,烧了 6 个多小时,过火面积 1800 平方米。2013 年 3 月 18 日夜 22 时 40 分乐清柳市新市街一个培训机构火灾,烧死 1 名学生,烧伤 6 人。

温州全市一年到底发生多少起火灾? 谁都不知道,因为各级政府上报的数字都大为缩水。据瑞安消防大队统计,仅一个县级市一年就有 1100 多起火灾。温州各类大小火灾每年都在 5000 起以上,每年死亡人数一直居全省首位。据温州市消防部门的"缩水"统计,2005~2010 年的 6 年间,平均每年发生火灾 4897 起,死亡 40 人,受伤 72 人,直接财产损失 1791 万元。

表 5 – 15 近年来温州市火灾概况

年　份	火灾起数	死亡人数	受伤人数	直接财产损失(万元)
2005 年	4977	34	19	1184.8
2006 年	5273	46	74	2154.5
2007 年	5962	79	117	2746.1
2008 年	4763	36	86	1737.4
2009 年	4133	27	76	1737.1
2010 年	4272	17	60	1182.9
平均每年	4897	40	72	1790.5

(2)治安防卫问题

温州虽然没有发生像"9·11"纽约世贸中心倒塌、印尼巴厘岛爆炸、莫斯科轴承厂文化宫劫持人质、西班牙马德里 3 列旅客列车连环爆炸等重大恐怖袭击事件,但恐怖袭击的隐患依然存在,我们必须做好防恐预警工作。

这些年温州城市犯罪案件一直居高不下,并呈上升趋势,治安防卫问题非常严峻。温州城区和各县镇区随处可见的"鸟笼式"防盗窗和越来越厚的防盗门显示了城市安全问题的严峻性。据《温州年鉴》统计,温州全市破获各类刑事案件 2005 年为 26423 起,到 2011 年升至 35669 起,6 年间增加 35%,平均每年增加 1541 起。全市受理立案的刑事案件数量更高,例如 2008 年为 74766 起,2010 年升至 10.22 万起。这两类数字都居全省榜首。温州刑事案件中,外地人犯罪案件占 80%左右,案件类型主要是盗窃、抢劫、抢夺、凶杀、故意伤害和吸毒贩毒,其中侵财型犯罪的比率最高。因医患纠纷引发的外地民工打砸医疗设备和打伤医务人员的群体性事件成为刑事案件的新动向。约 20%案件的主角是本地居民,主要是因为拆迁、拆违等原因引起的群体性上访,最后发展为冲击国家机关等扰乱社会和政府管理秩序的案件。这些刑事案件发生地多集中在各地城区和镇区。

表 5 - 16　　　　　　　　温州市刑事案件上升情况

年份	2005 年	2006 年	2007 年	2008 年	2009 年	2010 年	2011 年
破获起数	26423	29004	31826	33370	32369	31763	35669

（3）公共卫生问题

公共卫生包括对重大疾病尤其是传染病和职业病的预防、监控和医治,对食品、药品、公共环境卫生的监督管制,以及相关的卫生宣传、健康教育、免役接种等。国家卫生部《基本公共卫生服务 2011 版规范》规定为 11 项。

西方国家城市规划的起源就是解决公共卫生问题。从中世纪欧洲大范围的黑死病,到 19 世纪中叶英国的三次大型霍乱,再到 1894 年香港死亡 2547 人的鼠疫,公共卫生问题对城市的发展带来很大的冲击和损害。跨入 21 世纪以来,公共卫生问题同样吞噬人类生命,流行性的瘟疫造成了巨大的经济损失。2003 年春季爆发全球性的非典(SARS),包括中国在内的三十多个国家的城市深受其害,数万人遭受侵袭,近千人死亡。1997 年香港发生 H5N1 高致病性禽流感疫情以来,我国各地几乎每年都有 H5N1 禽流感肆虐。2013 年春季,死亡率更高的 H7N9 禽流感横扫中国东部,对温州造成全市性的恐慌。

此外,苯中毒、尘肺病、苏丹红、吊白块、注水肉、甲醛血、毒奶粉、镉大米等接二连三发生,成为公共卫生的突出问题。例如 2005 年全市发生中毒事件 39 起,中毒人数 663 人。近年来,每年都有各类中毒事件几十起,中毒数百人。因此,城市公共卫生成为人们关注的问题,绝不能马虎行事。

目前温州现状与构建现代化公共卫生服务体系还存在相当大的差距。首先,政府对公共卫生的资金投入严重不足,增速缓慢,而且经费缺乏保障,直接影响医疗设施短缺而导致看病难。例如 2012 年全市医生只有 19537人,医疗病床只有 26159 张,平均每万人仅 21.4 名医生,每万人仅 28.7 张病床,这与发达国家差距很大。其次,公共卫生人员编制不足,职称结构和专业结构不合理,而且现有人员中无学历、低学历和非专业人员的比例偏高。第三,仪器和实验设备短缺,监测手段和监测技术滞后,例如饮用水监测过去只要求 30 多项,现在提高到 100 多项,监测难以适应现实需求。第四,基层疾控机构建设严重滞后,疾控能力和水平普遍低下,专业技术人才短缺。第五,卫生宣传、健康教育和法制普及没有做好。例如企业老板只图经济效益,漠视职工健康权益,导致苯中毒、尘肺病等职业病泛滥。

(4) 危险化学品事故问题

危险化学品事故是指危险化学品大量排放或泄漏后,污染大气、水体和土壤,经呼吸道、消化道和皮肤进入人体,引发群体性中毒甚至死亡的事故。危险化学品大多具有毒性、腐蚀性、易燃性、助燃性、爆炸性等特点,极易发生事故灾害。温州现有危险化学品从业单位 3345 家,有的与居民生活区混杂布局,有的企业设备陈旧,生产工艺落后,有的内部管理混乱,很容易发生危险化学品泄漏和爆炸事故。另外,危险品运输工具和操作不符合国家规定,导致撞车或翻车而泄漏事故。

例如 1979 年 9 月 7 日 13 时 55 分,位于城南山前街的温州电化厂(今马鞍池公园东侧的鑫盛大厦原址)发生震惊中外的氯气大爆炸,10 吨液氯外泄爆炸引发的黄绿色有毒氯气腾空而起,巨大蘑菇状的云柱高达 50 多米,致使山前街以西的下风地带 7.35 平方千米、32 个居民区的范围都笼罩在呛人的毒气之中,几乎遍及当时整个城区,造成 59 人毙命、779 人住院、1208 人送医门诊的严重后果。2003 年 11 月 2 日 23 时 30 分平阳鳌江镇一个采石场 2 瓶液氯爆炸(每瓶 1 吨),导致 2 人死亡,2 人重伤,60 多人中度中毒。2004 年 7 月 16 日苍南分水关高速路段,一辆槽罐车因刹车失灵,追尾撞上桑塔纳轿车后侧翻,致使车内 29.84 吨苯酚泄漏,造成鳌江最大支流横阳支江 20 多千米的河段水体污染。2010 年 3 月 25 日晚 20 时,平阳腾蛟镇南革路一座化工厂内,一个高 6 米、宽 3 米的罐体发生四氯化钛泄漏,引发当地群体性中毒事故。2011 年 7 月 5 日凌晨 0 时 30 分,温州城区西部中国鞋都二期的鹿城染料厂发生氯化氢泄漏,造成大批居民咳嗽、头晕、呕吐等不适症,上万群众出现恐慌情绪而被迫转移。

(5) 治理城市公共安全问题的对策

针对上述城市公共安全问题,我们的政府和社会必须加强下列五方面的建设。①重视立法和体系建设,从程序上保证城市公共安全体系建设和有序运行。组织机构健全是城市公共安全的重要保障,城市公共安全系统需要事故预防、灾害预警、应急反应和灾后处理形成一个整体,而各个环节的协调一致需要政府的统一组织和各级管理部门的积极配合,这需要从立法上给予保证,明确责任,建立统一的组织机构,理顺城市安全综合管理体制,从而建立完整的城市公共安全保障体系。②发挥政府主导作用。城市公共安全是涉及内容十分广泛的系统工程,必须运用政府的宏观调控能力,设定城市安全的总体发展目标,制定科学的安全规划,通过体制和机制创新,保证建设资金的超前投入,运用工程技术以及法律、行政、经济和教育等手段,全面提高城市安全和防灾减灾能力。此外,还要发挥政府在政策制定和舆论导向方面的功能,有效地节制人类自身的行为。③建立完善的城市安全防御体系和保障机制。城市的安全防护应从系统学的角度出发,用系统分析的方法和评价,使之具有总体和综合的特性。对可能发生的灾害及其破坏程度和后果进行预测,制定各种灾害预警、应急反应和灾后处理等行之有效的措施,建立各种综合的防灾系统并使之互相联网。④提高科学技术手段,强化高新技术集成。要加强城市安全方面的科学技术研究,加大科技投入力度,增加科技含量,促进城市防护和防灾的现代化建设。要特别注意发挥现代信息技术和媒体技术在城市安全中的作用,发展数字城市和安全网络等高新技术,建立现代化的城市安全防御系统、灾害预警系统和应急救援系统。⑤动员全社会力量,齐心协力,确保城市安全和持续发展。一方面可通过科技文化教育、政治思想教育、正确环境观教育和可持续发展教育等多种形式,提高市民的城市安全的认识,增强社会责任感和凝聚力,使城市安全系统覆盖到每一个市民。另一方面,要向全体市民广泛普及防灾和自救常识和技巧,要在各个层面开展安全和防灾技术的培训工作,适时进行应对突发事故的演习和训练,全面提高城市公共安全综合保障水平。

5. 违法建筑问题

温州向来有乱搭乱建的习惯,违法建筑日益泛滥,老百姓违建,企业单位违建,甚至政府部门也有违建,特别是城乡结合部混乱不堪,规划管理被架空,规划没有法治权威,国有资产大量流失,使健康的城市形态无法保障。受城市集聚经济的辐射影响,温州城乡结合部的农村经济发展较快,农村集体土地未经征为国有即进行开发建设,农业用地以使用权流转、合作开发等形式转为建设用地,不仅导致了建设布局混乱,基础设施短缺,制约了城市的发展,而且造成了违法建筑屡禁不止、愈演愈烈的趋势。据政府部门统计,截至 2012 年底,全市违建建筑面积达 8000 万平方米。其中温州市区 4000 万平方米,有一半是 2000 年以后违法搭建的。

温州违建泛滥的原因是多方面的,主要是《城市规划法》被规划区范围所限制,以至于规划区以外的城乡结合部基础设施建设、环境保护和产业布局的失调,破坏了城市发展的良性循环。其次是我国土地制度的二元化而导致的城乡管理主体不同。城区土地国有和郊区土地集体所有两种制度并存,在实际管理上往往采用规划部门与土地管理部门分而治之的办法,其结果是城乡结合部成了“两不管”地带,造成了中国特色的城郊病。

2010年8月开始温州城区开展轰轰烈烈的大规模拆违运动,提出"违必拆,六先拆"的拆违口号。继而推及全市所有的县市和乡镇,甚至村庄违建也在"必拆"之列。所拆建筑70%是私企厂房。陈德荣要求把拆违工作与企业用电、房屋产权登记、信用评定等相结合,由城管、公安、银行等十多个部门联动,形成停水、停电、停贷的倒逼机制,所以拆违取得了巨大成绩。截止2013年3月底,经过两年半的努力,全市拆除违建面积4680万平方米,成为全省拆违的模范和观摩榜样,但愿温州的拆违不是搞运动,要拆出真正的实际效益。"十二五"期间,温州计划每年固定资产投资率保持在50%左右,要做到这一点,必须保证每年有5万亩土地供应,但目前每年只有2万亩土地指标,还有3万亩土地缺口,拆违成为解决土地供应的"好办法"。

笔者认为,从根源上解决违建问题,必须做好三方面的工作。①《城市规划法》改为《城乡规划法》。2008年1月1日开始废除《城市规划法》,启用新的《城乡规划法》。规划法的管理范围不能再局限于城区,在法律上确立城市与乡村的规划关系,明确区域规划的法律地位及相应规范。要解决城市与农村在法律适用上的"两张皮",从根本上制止城郊结合部建设活动的无序和混乱。②聘请懂窍又跑遍温州每个角落的学者做好温州城镇体系规划,并由各级政府带头落实实施,不能随意更改。用温州城镇体系规划来强化城市总体规划区以外的规划实施。要统筹安排温州市域内的城镇体系的合理结构和布局,明确重点和优先发展的中心镇及范围,以合理的开发时序来获得城乡协调发展和较好的空间开发效益。结合城镇体系规划、土地利用规划、城市总体规划来编制城乡结合部的控规和详规,没有控规和详规,绝不能动土。③改革征地办法。征地补偿费主要用于失地农民的社会保障,通过用地单位支付足额的社会保障资金来消除失地农民的后顾之忧,而不能再用增加集体土地受益和投资办厂来养人。

6. 城中村问题

随着城市化的快速发展,城市用地急剧扩展,温州越来越多原在郊区的村庄被纳入城区范围,它们在某些方面逐渐具备城市特质,但因土地、户籍、人口、行政管理等多方面的城乡二元体制,它们又没有真正纳入城市的统一规划、建设和管理,其发展往往具有很大的自发性,在生产生活方式、建设景观、社区组织、小农经济思想和价值观念等各方面还保留浓厚的农村特征,从而形成一种独特的地域现象"城市中的村庄"——城中村。

温州的城中村数量极多,有人统计为544个。有的已经完全被城市包围,没有了农业用地;有的处于城郊结合部,还有少量的农田;有的位于郊区,通过道路与城区密切联系,处于城市职能范围内,还有较多的农田。温州城中村的地域特征有三个方面。①景观特征:脏、乱、差。城中村聚落景观形态既不同于传统农村单家独户的单层住宅,也不同于城市的高层和多层住宅,而是介于两者之间的不伦不类的"落地通天房"。具体地说,建筑密度高,层数低,建筑以砖混结构为主,布局杂乱无章,道路狭窄曲折不成系统,基础设施和公共设施不完善。温州城中村的农房分两类,一类是有"四份表"的,即已经土管部门批准的,相当于西方国家的贫民区;另一类是农民擅自搭建的"违建"房屋,相当于西方国家的棚户区。②社会特征:农业人口为主,但从事农业活动的人很少;外来人口集中,职业构成复杂;居民文化程度低,缺乏现代城市文化意识,小农思想严重;治安混乱,消防隐患严重,社会问题众多。③经济特征:征地而获取的集体经济实力强大,第三产业发达;农民个体以房屋租赁为主要经济收入。

温州城中村形成的原因,土地使用制度是核心原因,城乡二元体制是根本原因,规划的失误和管理的欠缺是直接原因,社会调节系统的局限是其社会原因。城中村这种特殊的建筑群体和村落体制的形成,是农村征地收益远低于城市土地出让价格的结果,是政府与农村集体和原住居民博弈的结果,是农民在土地价格和房屋租金快速增值的情况下,追求土地和房租收益最大化的结果,也是政府廉租房缺失和巨大租房市场需求两者共同作用的结果。

由于城中村属性的多元性,问题的复杂性,各村的差异性,使得城中村改造的难度非常大,迟迟不见举动。近年来,政府可支配的财政收入大幅提高,温州开始实施大规模的城中村改造工作。城中村改造要遵循规划控制、分类指导、逐步推进的原则,要处理好政府、村民、开发商之间的利益平衡,基础设施投入由政府财政承担,但绝不能像旧城拆迁改造那样,一切由政府财政包揽下来。为了防止城中村改造带来的房屋供应过剩和房地产市场波动,城中村改造要有步骤、分阶段进行,切忌贪快而一律拆倒,这是目前温州出现的不良迹象。具体而言,城中村改造可供选择有四种模式,即市政基础设施带动模式,整体搬迁改造模式,周转地块改造模式,滚动开发改造模式。在城中村改造中,不能仅停留在物质景观形态的改造,还要促进城中村居民在角色意识、思想观念、文化素质、职业技能、行为模式和生活方式的转变和提升,加快城中村居民融入城市社会。为此,城中村改造必须由政府主导,政府通过政策、规划、计划的适时调控,保证城中村改造符合公共利益,维护改造过程中的社会公平。城中村改造后,必须像城市社区一样,由政府承担起城中村社区的管理职责,而不能再由村"老人协会"来管理。

7. 农房集聚改造问题

2011年,以陈德荣为首的新一届温州市委、市政府启动了"农房集聚改造工程",农民称之为"上高楼"运动。就是农民用原有宅基地与政府交换高楼新房,使农民搬家到县城或中心镇集聚居住,从而使温州"假城市化"变为"真城市化"。该工程源于国土资源部2008~2010年相继推出的城乡建设用地"增减挂钩"政策,通过"拆旧建新"和土地整理复垦,达到增加耕地面积、节约、集约利用建设用地,推进城乡统筹发展和城镇化。为此,温州在各个县城或中心镇附近建设占地80~120亩的农民新住宅小区。制定"拆旧补新"的补偿政策,先建后拆,旧房拆除每平方米补偿300~600元,以旧房占地面积换取1~3倍的新房建筑面积。购房款为成本价,根据不同的新房区位和楼市房价标准,新房价每平方米在2300~4500元之间。这看起来是好事,但实行起来,政府和农民喜忧参半。请看下述两例。

平阳县万全金星家园小区是农房集聚改造的一个示范点,地段区位很好,毗邻万全镇中心区,交通便捷,环境优美,周围二、三产业兴旺,农民就业机会较多。地处僻壤山区的顺溪镇6个行政村428户农民搬入金星小区。一般来说,一位农户拆掉一座占地40平方米的两层老房,换来一套建筑面积120平方米的新房,支出28万元,与市场售价相比,溢价20万元,很合算,但只能自住,不能出售。

永嘉县桥下镇的新区集聚示范点,用地80亩,政府投资10.78亿元,跨镇集聚8个村1000多户农民。土地以出让方式取得,由县财政替农户支付了2.2亿元土地出让金。因区位优越,属于高档小区,置换比例是1∶1.5。一位农户占地50平方米的旧房置换一套75平方米新房,成本价每平方米4500元。但该小区设计的套型面积最小为108平方米,增购部分每平方米7000元(市场价的7折),这位农户购房支出要57万元,若加上装修费和旧房拆除损失费,共计约87万元。这是"上高楼"的最低价,对于贫困山区的农户来说是个天文数字,很多农户叹息:就是砸锅卖铁也买不起新房,宁可住破旧的老房,也不愿"上高楼"。

很多基层干部反映,农房集聚改造有三难。一难是农民想搬却拿不出钱。不同区域、不同类型的集聚点的房价不同,农户至少要拿出30万~100万元才能上高楼,大部分农户无法承受。二难是一些农户想搬却拆不了。许多乡村多户农房合在一个大院里,只要有一户不搬,想搬的就受到牵制。其次,有些人珍惜祖业不愿搬,也让整村迁移难以推进。三难是有些农户对迁到中心镇居住兴趣不大,对政府的行动很警惕,担心政府"骗土地"。前不久,国务院通过《中华人民共和国土地管理法修正案》,对农民集体所有土地征收补偿制度作了修改,这更加坚定了他们不搬的决心。

很多县级干部坦言,政府也有三难。一是融资难,二是用地指标难,三是吸引农民难。温州市委市政府规定每年集聚率要达到全市农户总数的5%,即85702户,投入资金1000亿元。其中农房集聚改造占一半,每年工作量是4万多户,投入资金约500多亿元。由于政府先垫资建设,资金压力很大,很难通过融资缓解资金压力。因为集聚新区的地块是以划拨方式获得,这样的土地办理抵押贷款是不符合银行的贷款政策。永嘉县的干部称,按照5%的集聚率推进,把全县所有用地指标都砸进去,其他建设项目都不要搞,也填补不了农房集聚用地的缺口。由于集聚农房用地是划拨土地,其房屋不能在市场上交易,故其溢价再大也是"空心汤圆",所以农民兴趣不大。另外,集聚工程大面积推开后,大量农民涌入中心镇,就业将面临严峻挑战。

本章主要参考文献

［1］许学强、周一星、宁越敏《城市地理学》,高等教育出版社2009年3月

［2］周一星《城市地理学》,商务印书馆2007年10月

［3］仇保兴《我国城镇化高速发展期面临的若干挑战》,城市发展研究10卷2003年6期

［4］温州市政府《温州市国民经济和社会发展统计公报》,1995～2012年

第六章　温州文化地理

　　现代意义上的"文化"一词,并非中国古代早有,而是外来语。中国古代的"文化"是指"文治教化",而现代意义上的文化是日本人用古汉语中的"文化"两字来翻译西文中的 culture 而来。在现代意义上,什么是文化? 各个学科的定义诠释歧义纷纭,据统计竟有一百六十多种。而对于"文化"所包涵的内容却是相对一致明确的。归纳起来,人类在社会发展过程中创造出来的所有物质财富和精神财富的总和,称为文化。所以,文化分为物质文化和精神文化两大类。物质文化是与人类生产生活密切相关的物质形式的文化,例如建筑文化、园林文化、交通文化、饮食文化、服饰文化等。精神文化是帮助人们认识世界、规范人们社会行为、体现人们情感的文化,例如制度文化、语言文字、宗教信仰、价值观念、道德情操、审美情趣、民族风俗等。因此,文化与人类历史是同步发展的,人类历史有多长,文化就有多深远。然而,文化和文明不同,文明的重要标志是有了文字制度。温州籍考古学家夏鼐认为,欧洲的远古文化只有爱琴—米诺文化可称为"文明",因为它有了文字;其他欧洲各地的各种史前文化,虽然有的已进入青铜时代,甚至进入铁器时代,但都没有文字而称不上"文明"。中国的汉字首现于殷墟小屯(河南安阳西北),小屯作为都城有 254 年历史(前 1300~前 1046 年)。从殷墟追溯到郑州二里冈文化,在众多的卜骨中只发现三片刻有文字;再往前追溯到偃师二里头文化(前 1900~前 1500 年),发现刻有记号的陶片,似乎是文字,姑且认为二里头文化晚期已达到文明阶段。因此中国文明有 3500 年历史,但与"中国有五千年文明史"相差甚远。

　　文化地理是人文地理中的一门重要分支,是研究人类文化在起源、扩散、传承和分布格局,及其所形成的文化景观。高山大川、行云飞瀑是自然景观,与之相对应的是文化景观。文化景观是人类双手通过劳动创造的文化遗留在地球表面的印记,是文化地理研究的重要对象。20 世纪初,西方学者开始研究文化地理,德国的拉采尔、法国的维达尔、德国的赫特纳和施吕特尔、美国的索尔等著名的地理学家都有文化地理学的巨著。解放前,我国早期的地理学家已将这些著述翻译到国内,并开始我国文化地理的研究。然而,1949 年以后我国文化地理被排除和封锁,文化地理被扼杀在摇篮之中。直至 20 世纪 80 年代,人文地理走向复兴之时,文化地理才重新兴起,90年代蔚为显学。文化地理学科中相继出现种族地理、民族地理、语言地理、宗教地理、民俗地理、建筑地理、园林地理、风水地理、人才地理、饮食地理、戏曲地理等论著,人才地理中出现很多状元地理、教授地理、院士地理、武将地理等文章。这些文章和论著纷至沓来,令人眼花缭乱。但很多著述花拳绣腿,错误百出,缺乏实证性的研究成果。有鉴于此,笔者斗胆将温州文化地理作一课题进行探索。限于篇幅,本章仅论及温州的宗教地理和语言地理两个重要领域。

一、温州宗教地理

宗教和信仰都属于社会意识形态,是上层建筑的一种文化现象。但宗教与信仰不同,信仰是某些人群接受一种特别的宗旨或一系列原则,不具有崇拜的偶像形式。宗教是在某些信仰的基础上发展起来的,不是所有的信仰都会发展为宗教。宗教相信在现实世界之外还存在着超自然和超人间并主宰着社会和个人的神秘境界和力量,从而对之敬畏和崇拜。宗教文化是中国文化的重要组成部分,宗教地理的研究是加强社会和谐、巩固民族团结、传承文化和发展的需要。宗教地理作为文化地理的一门分支,不论它的认识论,还是方法论,都还处在成型过程中。最初研究宗教地理的一些学者企图证明宗教是地理环境的产物,但没有成功,因为这个研究方向本身就是错误的。近年来,宗教地理主要研究一定的文化地域中的宗教要素和活动要素的地理分布以及宗教景观的分布。

温州是一个多宗教的地区,宗教门类齐全,既有中国的本土宗教道教,也有从外国传进来的世界性宗教。温州宗教历史悠久,信徒人数众多,宗教活动场所遍布城乡各地。全市寺观教堂共有 3540 座,平均每平方千米就有3.3 座,每 10 万常住人口有 2.6 座,每个村居有 1.7 座,是浙江省宗教活动最活跃的地区,苍南县是全国著名的"道乡"。温州佛教寺院 1224 座,道教宫观 276 座,基督教堂 1855 座,天主教堂 185 座。温州宗教信众最多的是佛教,约有 220 万人,占全市常住人口的 24%,所以佛教是温州第一宗教。第二宗教是基督新教,信徒有 91.1 万人,占常住人口的 10.1%。第三宗教是道教,信众约为 60 万人,占常住人口的 6.6％。第四宗教是天主教,信徒有 11.2 万人,占常住人口的 1.2％。温州回民的伊斯兰教目前没有大型集会和宗教团体组织。温州常住人口中,约有 58％的市民与宗教不沾边。

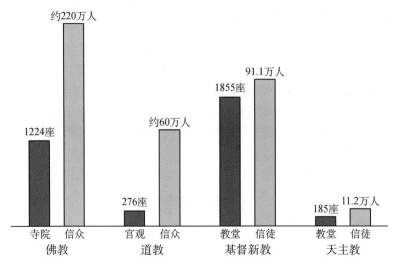

图 6-1　温州四大宗教的寺观教堂和信徒数量

(一) 温州佛教

佛教起源于公元前 6 世纪至前 5 世纪的天竺国(古代印度)。创始人是悉达多,他是北天竺迦毗罗卫国人(今尼泊尔南部提罗拉科特附近),生卒年代(前 565～前 486 年)大致与我国孔子同时。悉达多是释迦族人,他的弟子尊称他为释迦牟尼,意为释迦族的圣人。释迦牟尼 29 岁出家求道,35 岁独坐菩提树下沉思人生真谛,获得"无上正觉",悟出"四谛"、"十二因缘"等道理。苦谛、集谛、灭谛、道谛组成的四谛是佛教的根本教理,其中苦谛和灭谛,即人生极苦,涅槃最乐,是佛教的中心思想。从释迦牟尼成道到他死后约一百多年间,为原始佛教时期。这时期佛教具备了佛、法、僧三宝,佛教拥有了经和律。

公元前 4 世纪左右,由于传承系统的不同,佛教开始分裂,形成各种派别。最初分为上座部和大众部,到公元前 1 世纪又分裂成 18 部(或 20 部)。后来,天竺佛教派别可归为上座、大众、犊子、说一切有部四大系统,即所谓"四系十八部"。这个时期,佛教史上称为"部派佛教时期"。公元前 3 世纪,阿育王统一了古印度大部国土,建立了孔雀王朝。由于阿育王皈依佛教,使佛教从恒河流域传播到印度次大陆的大部分地区,并远及今天的斯里兰卡、缅甸、叙利亚、埃及、希腊等地。

公元1世纪,从部派佛教中又分化出大乘佛教,并迅速兴起,到5～6世纪达到全盛时期。公元1世纪开始,到13世纪佛教在印度消失为止,称为"大乘佛教时期"。大乘佛教把原始佛教和部派佛教贬称为小乘佛教。小乘认为释迦牟尼是教祖和传教师,大乘则奉为至高无上、全智全能的人格神;小乘追求自我解脱,以求得"罗汉"果,大乘则主张普渡众生,以求得"菩萨"果;小乘主张"人空法有",大乘则认为"我法两空"、"一切皆空";小乘主张修戒、定、慧三学和八正道,大乘则兼修六度和四摄的菩萨行。就传播的方向而言,小乘佛教又称南传佛教,主要往南传入斯里兰卡、缅甸、泰国、老挝、柬埔寨、印尼等国家和我国云南少数民族地区,其经典属巴利文系统。大乘佛教又称北传佛教,主要往北传入中国、朝鲜、日本、蒙古、越南等国家,其经典大多从梵文翻译的。

1. 温州佛教历史概述

佛教传入我国的最早时间是西汉末年的汉哀帝元寿元年(前2年),是由西域大月氏国传入我国的,所以1998年是我国佛教2000周年纪念年。到东汉永平十年(67年),大月氏国高僧开始来我国洛阳白马寺翻译佛经,传播佛法。两晋时代,大量佛经译出,佛教在我国有了明显发展。南北朝时代,我国佛教大盛,南朝梁武帝时臻于全盛。唐宋时期,我国佛教继续发展,仍然兴盛。明清时期,佛教基本上陷入停滞,并逐渐衰落。

温州佛教流传始于晋代。西晋元康五年(295年)在永嘉瓯北龟、蛇两山之巅建造佛塔;东晋太宁三年(325年)在永嘉郡城内建造崇安寺(唐改称开元寺,今鹿城公园路新华书城所在的原新华印刷厂址),这是温州最早修建的寺院。到了宋代,温州高僧辈出,徒众繁多,道场林立,寺院多达二百余座。两宋时代是温州佛教的鼎盛时期。20世纪50年代,佛教被视作封建迷信而遭取缔,大量僧尼还俗,寺院改作他用。"文革"时期,寺院、佛像、法器等遭受毁灭性破坏,宗教活动停顿。改革开放以后,重建扩建大量被占寺院,修复重塑数以万计的佛像金身,佛教恢复正常活动。1985年11月成立温州市佛教协会,接着先后成立县级佛教协会。1988年9月开始,温州市佛教协会定期举办"星期佛事讲座"。苍南、瑞安、平阳、乐清等县级佛教协会也相继开办僧尼、信众学习班,培养僧才,宣传佛法。1984年以来,新加坡、马来西亚、日本、台湾、香港等多支僧尼、学者队伍前来温州参加佛事活动和考察佛教史迹。

我国佛教分为汉传佛教、藏传佛教和云南上座部佛教三种。我国汉传佛教有三论宗、法相宗、密宗、律宗、净土宗、天台宗、华严宗、禅宗八种宗派，以及毗昙学派、成实学派、涅槃学派、地论学派、摄论学派五种学派。温州佛教主要是天台宗和禅宗，其次是净土宗和律宗。

（1）天台宗

天台宗又称法华宗。天竺龙树为始祖，北齐慧文为二祖，慧思为三祖，智颙为四祖。一般认为智颙是天台宗的实际创始人。南朝陈代，智颙出家，居住在天台山，因此天台国清寺是天台宗的根据地。由于政治势力的资助，智颙建造寺院 36 座，其中国清寺、栖霞寺、灵岩寺和玉泉寺号称"天下四绝"；他亲自剃度僧人 14000 多人，在全国享有重要地位。天台宗以"一心三观"、"圆融三谛"为宗旨，"三观三谛"和"五时八教"是天台宗教义的主要内容。天台宗的经典主要是《妙法莲华经》，简称《法华经》。天台宗提倡"止观"，止观是入涅槃之要门，止即是定，观即是慧，定慧双修，可以见佛性，入涅槃，意为坐禅与读书求知识并重。

温州邻近天台山，到天台山学教和从天台山来传教的僧人很多，天台宗在温州境内广为流传。温州最著名的天台宗僧人是智颙的四传弟子玄觉。玄觉（665～713 年）字明道，俗家姓戴，唐初永嘉人（今鹿城区）。4 岁出家，初在西山龙兴寺（今护国寺）学经，剃度以后博览群经，精通天台宗止观法。后来仰慕禅宗南宗创始人慧能大师的"心法"，远赴韶州（今广东韶关）曹溪宝林寺参谒慧能，学习禅宗佛法。归来后，倡阐天台、禅宗融合之说，学僧辐辏，成为中国佛教史上一位显赫高僧，温州佛教随之名闻天下。死后葬于鹿城西山（今景山），谥号无相大师。遗著《证道歌》、《永嘉禅宗集》和《禅宗悟修图旨》等，成为我国大乘禅法的重要典籍，通俗易懂，影响颇大，传至天竺，被称为"东土大乘"。玄觉死后百年，温州刺史杜贲在松台山顶修建净光塔院，纪念这位大师。2013 年底在温州松台广场"宿觉名山"前铸造"永嘉大师"玄觉铜像，振锡而立，以供瞻仰。

玄机，唐代永嘉县人，玄觉大师的女弟子，唐初著名的女尼。在平阳大日山（今平阳钱仓埭头）石室中修行学佛多年，后移住永嘉净居寺，曾去福建参见雪峰大师。与玄觉同年圆寂。著有《圆明歌》，与玄觉的《证道歌》组成姊妹篇。

五代时期，吴越王钱俶笃信佛教，创办螺溪道场，邀请温州开元寺（今址在鹿城公园路）僧人羲寂主持法席。羲寂（917～987 年），五代永嘉县人。因唐武宗灭佛以后，天台宗经典大散，经卷残缺不全，羲寂派人远赴朝鲜、日本各地寻回许多天台宗典籍，天台宗因此复兴，羲寂被尊为天台宗第十五世祖。羲寂的弟子遍及国内外，计有数百人，其中以愿齐、义通、谛观最为有名。义通和谛观都是朝鲜僧人，义通在中国近 20 年，成为天台宗第十六世祖。愿齐，原籍钱塘人，少年在温州水心寺（今鹿城）出家，学习羲寂的天台宗佛法，精通止观。曾与吴越王钱俶一起去参见禅宗的法眼宗传人德韶大师，所以《五灯会元》把他列为德韶的法嗣，可见愿齐也是一个融天台、禅宗为一体的入室弟子。后来，愿齐在平阳南雁荡山结茅传教。吴越王钱俶为愿齐在南雁荡山设普照道场，周围修建 18 座寺院，并以数乡赋税供养僧徒。愿齐早于羲寂圆寂，赐号崇法。

北宋初期，天台宗有山家派和山外派之争。山家派的代表人物知礼是羲寂的再传弟子，山外派的代表人物悟恩是羲寂同门志因的法嗣弟子。山家派因"观妄心，明性具"的主张，能适应宋初的社会需求，因而比较盛行，知礼被尊为天台宗第十七世祖。温州天台宗僧徒多属山家派，温州妙果寺第一代天台宗僧人文昌以及后来的继忠都是弘扬山家派的中坚人物。平阳僧人从义授学于继忠门下，立行有规，著述达理，但某些观点赞成山外派，遭到贬斥。

元代，温州开元寺僧人省初著有《五门禅》，弘扬天台宗，是温州天台宗的重要人物。清代，温州著名的天台宗僧人有正庵和晓柔。正庵（1712～1776 年），佛理通达，尤其精通《法华经》，主持江心寺，宣扬天台宗。在培育僧才方面做出卓越贡献，乾隆皇帝也拜正庵为师。晓柔（1827～1886 年），平阳凤巢人，20 岁时进苍南玉苍山法云寺剃度为僧，学习天台宗佛法，是个精通天台佛法的僧人，著有《法华演义》22 卷。清末民初，谛闲大师（1858～1932 年）一生竭力中兴天台宗，在温州期间重建瑞安宝坛讲寺、乐清灵岩寺等寺院，光绪皇帝御赐"龙藏"，并奉旨在温州头陀寺授三坛大戒。

（2）禅宗

我国佛教的八大宗派中，三论宗、净土宗、法相宗、律宗和密宗是照搬天竺的外来宗教，天台宗和华严宗是半自立的宗教，而禅宗是具有中国特色的佛教。南朝梁武帝时，天竺僧人达摩来我国传授天竺禅宗。他以《楞伽经》为依据，以棉布袈裟为传法的凭证。他在我国的第一代传人是"博通群书，尤善老庄"的僧人慧可。从此，我国的禅宗就成为"释迦其表，老庄其实"的中国式玄学佛教。到了第五代传人弘忍，在湖北黄梅形成所谓"东山之学"。弘忍的弟子神秀主张"渐悟"，在北方传"渐教"，佛教史上称为"禅宗北宗"；

弘忍的弟子慧能主张"顿悟",在南方传"顿教",称为"禅宗南宗"。慧能以后,南宗大盛,压倒北宗及其他一切宗派。因此,一般认为慧能是禅宗的实际创始人。慧能的弟子们记录师说,成为《坛经》。《坛经》是南宗传法的经典。南宗的宗旨是"净心自悟"四字。净心即心绝妄念,不染尘俗;自悟即一切皆空,无有烦恼,能净能悟,顿时成佛。谈空说无成为禅宗南宗的特色。禅,梵语禅那,意为坐禅或静虑,所以禅宗南宗提倡坐禅,"一时端坐,但无动无静,无生无灭,无去无来,无是无非,无住无往,坦然寂静,即是大道。"禅宗南宗认为佛在心内,不在心外,并且放弃了琐碎的戒律和诵经礼拜等勤苦的修行,摆脱佛学烦琐的旧解释,因而使唐代至两宋的佛教教义世俗化,扩大了佛教的社会基础。唐武宗灭佛以后,佛教各宗派大体归于消亡,只有禅宗南宗却兴盛起来。唐末五代时期,禅宗南宗更形成五家,即临济宗、曹洞宗、沩仰宗、云门宗、法眼宗。其中以临济宗和曹洞宗的流传最长,影响最大。到了宋代,临济宗又演化出杨岐、黄龙两派,杨岐派成为禅宗的最大派别。因而形成我国佛教史上著名的"五家七宗"。

禅宗南宗的"五家七宗"中,除沩仰宗外,其他各宗派在温州都有重要传人。临济宗的杨岐派有南宋初年的龙翔寺(今江心寺东院)南雅大师,黄龙派有永嘉楠溪人从瑾大师,曹洞宗有南宋初年的中川寺(今江心寺)青了大师,云门宗有北宋中期的乐清人义怀大师、圣寿禅寺(仙岩寺)景纯大师,法眼宗有宋代的温州人环省大师、平阳人文辇大师、圣寿禅寺的遇安大师、瑞鹿寺的本先大师等。他们有的在温州,有的在外地兴办道场,弘扬禅法,有的还对国外佛教发生重要影响。南宋初年青了禅师奉诏主持温州江心寺法席,振兴禅宗。自此江心寺学僧日众,其中有很多是日本、朝鲜的外国僧人。南宋乾道四年(1168年)和淳熙十四年(1187年),日本僧人荣西两度来华求法,第二次拜温州从瑾的嗣法弟子虚庵怀敞禅师为师,学习临济佛法,回国后创立日本的临济宗。温州青了禅师的四传弟子、日本僧人道元于南宋宝庆三年(1227年)回国,创立日本的曹洞宗。南宋后期,道元的弟子义尹、义介又先后从日本来温州江心寺学习禅门宗要。

元代,温州著名禅师有临济宗杨岐派的江心寺了万大师、平阳人法枢大师等。法枢的法嗣瑞安人逆川大师更是名显天下。明代洪武初年,集全国高僧于钟山,建无遮法会,逆川参与法会,开座演说,听者数千人,并被朝廷征选为顾问。著有《五会语》和《善财五十三参偈》。逆川显名后,兴建瑞安大龙山报恩寺、茶山实际寺等十多座寺院。

清初,进士出身的明代遗臣、瑞安人林增志(1593~1667年)削发为僧,法名行帜,别号法幢,重建密印寺(今头陀寺),设临济宗道场,弘扬禅宗佛法。

（3）净土宗

净土宗起源是天竺僧人世亲著的《净土论》,北魏僧人昙鸾作注释,并改书名为《往生论》。天竺僧人龙树著有《阿弥陀经》、《无量寿经》、《观无量寿经》等书,把净土境界说的很具体。到了唐太宗时,经昙鸾的再传弟子善导的宣扬,净土宗大为发达。所以一般认为善导是净土宗的实际创始人。净土宗提倡念佛,念佛的方式主要有持名念佛、观像念佛、观想念佛、实相念佛四种,其中以第一种专念佛名号最为流行。一天念一万声或十万声,"念佛三昧,往生净土"。净土宗提倡修功德,诸如建寺、造塔、立像、布施、供养、烧香、念佛等。净土宗追求死后往生西方净土"极乐世界"。净土佛教只要念佛,修功德,便生佛国,方法很简便,不需要通达烦琐复杂、使人厌倦的佛学道理,所以佛教真正传播到民间民众中去,净土宗的作用和影响很大。

温州历史上天台宗、禅宗、律宗等宗派的大师大德往往兼弘净土,例如宋代温州天台宗的从义大师著有《往生记》和《净土名录记》,宋代禅宗青了大师著有《净土集》。明清以来的温州佛教,净土成为各宗派的共同信仰,他们在弘扬净土佛教方面都作出了贡献。温州民间尊崇信奉净土佛教的民众数量最多,社会影响也比其他宗派更为深远,温州"居士佛教"兴盛就是例证。20世纪以来,一些在家的佛教虔诚信徒自发创办"居士林"或"莲池会"等,定期进行佛教活动,以诵经念佛为主,提倡吃素,戒杀,放生,大修功德,多做善事,求生净土。

（4）律宗

律宗是讲究佛教戒律的一个宗派。佛教著名的律学著作是《十诵律》、《四分律》、《五分律》、《僧祇律》等。我国律宗的创始人是唐初终南山白泉寺道宣僧人,因此律宗又称南山宗。道宣以后,僧人义净远赴天竺考察戒律,广译律学经典共18部,律宗于是盛行。律学经典中,《四分律》流传最广,是律宗的根本戒律。律宗认为学佛首先要遵守戒律,最重要的戒律是"五戒",即不杀,不盗,不邪淫,不妄语,不饮酒。奉持五戒,可以转生人天胜处。律宗强调地狱冥罚,以此来告诫僧徒奉守戒律。我国律宗在元明时期衰落,清初曾一度复兴。

唐武宗会昌五年(845年)灭佛,温州各地寺庙被毁,僧尼还俗或逃入深山,佛学经籍大多焚毁,特别是律学书籍湮灭殆尽。唐末五代之间的永嘉僧人鸿莒远赴长安学习佛教律学,返乡后带来大量律学经籍,严持戒律,弘扬律宗,使温州律宗得以中兴。温州开元寺僧人希觉毕生研习律学,著有《集要记增晖录》20 卷,阐述南山律宗。著名的弘一大师 1921 年来温州,先后在庆福寺、江心寺、景德寺、伏虎寺、宝严寺等地闭关潜修,写成《四分律比丘戒相表记》,对佛教律学作出贡献。

南宋庆元五年(1199 年),日本律学僧人俊芿认为日本律宗未尽要义,需赴中国取经求法,于是带领弟子来到中国。他遍游两浙名刹,最后留住在温州,向广德律师学习"七灭净"。回国后,朝野皈依,天皇也从他受戒,成为日本泉涌寺开山始祖,被认为是宋学在日本的最早传播者。

(5)华严宗

华严宗的根本经典是《华严经》。创始人是终南山僧人杜顺,与天台宗的创始人智顗同时。杜顺著有《华严法界观门》,用"法界缘起"来说明世界一切现象,所以华严宗又称法界宗。杜顺的二传弟子法藏著书很多,被称为"华严大师",深得武则天宠信,受武则天赐号"贤首戒师",华严宗又名贤首宗,因此有人认为法藏是华严宗的实际创始人。法藏借助政治势力的资助,华严宗很快发达起来。但是,唐武宗灭佛以后,华严宗便一蹶不振。华严之学曾一度中断,宋以后也出现过续传学者,但终不见兴盛。华严宗提出"五教十宗"说、"四法界"说、"六相"说、"十玄门"说等。华严宗提出真空观、理事无碍观、周遍含容观三种观法。"理事无碍"和"事事无碍"便成为华严宗的宗旨。理事无碍中的"理"即真如,"事"即万事万物,事物生灭变化,都不离真如,真如与万事,无碍融通。

(6)法相宗

法相宗创始人唐僧玄奘是我国佛教史上的显赫人物。他去天竺拜戒贤法师学习瑜伽佛学,历时 16 年,吸收了天竺佛学的全部要义,著有《会宗论》和《制恶见论》,并战胜五天竺大小乘所有论敌,取得无上荣誉,这标志着唐初中国佛学已经超过天竺。回国后,玄奘专心从事佛经翻译,19 年中译出梵文佛经 75 部 1335 卷。在我国古代四大佛经翻译家中,玄奘译书最多,译文最精,可谓登峰造极的佛经翻译家。玄奘创立的法相宗着重分析佛教诸法的相状,故称法相宗。法相宗以"万法唯识"、"唯识无境"为宗旨,故又称唯识宗;玄奘及其弟子居住在长安慈恩寺,故又称慈恩宗。法相宗是天竺大乘佛教瑜伽行派(有宗)在中国的代表。该宗依据的经论很多,有所谓"六经十一论"。玄奘译撰的《成唯识论》是该宗的代表作。法相宗提出"有时、空时、中道时"三时之说,以及"八识"、"三自性"、"五法"等说。法相宗对介绍天竺佛教因明学(逻辑学)有贡献,但由于注重繁琐的理论分析,跟中国传统思维方式难以融合,所以在唐代四传即趋衰微。近代以来,知识界有人欲振兴其学,但影响范围终究狭窄。

（7）三论宗

三论宗是姚秦时期传入我国,以研习天竺僧人龙树著的《中论》、《十二门论》及其弟子提婆著的《百论》而得名。一般认为到隋代才形成宗派。隋代名僧吉藏著有《三轮玄义》、《二谛义》、《大乘玄论》、《法华玄论》等,所以一般认为吉藏是该宗的实际创始人。该宗提出"二藏三轮"、"诸法性空"、"真俗二谛"、"八不中道"等说。三论宗是天竺大乘佛教中观学派(空宗)在中国的代表。

以上的华严宗、法相宗、三论宗三种佛教宗派,由于讲述的是复杂繁琐的佛学哲理,没有广泛的社会基础和强大的宗教生命力。因此,温州历史上只有各宗派大师的涉猎人,没有重要的宗派传人。

（8）密宗

我国东汉译经中已有密宗的经典,但密宗正式传入我国应是唐玄宗时代。唐玄宗时天竺僧人善无畏来我国译《大日经》,金刚智译《金刚顶经》,后来又经不空传授宣扬,密教渐盛。密宗在唐代曾极盛一时,著名的传法者有一行、慧果等人。五代以后不再是独立的宗派。密宗尊奉最高的神称为大日如来,大日与释迦同为一佛,大日是法身,释迦是应身。大日如来说的佛法都是秘密真言,所以密宗又称真言宗。密宗的法门有金刚界和胎藏界两部,即智差别和理平等两门。智差别的经典是《金刚顶经》,理平等的经典是《大日经》。两者都以大日如来为中心,但金刚界供奉佛、菩萨等神 1461 尊,胎藏界供奉 416 尊。密宗以"身、口、意"三密为主要特征。在修行方法上强调秘密传授,有一套设坛、供养、诵咒、灌顶等复杂仪式。密宗多用咒术驱鬼、捉妖、治病、求雨、治偷盗等。自从密宗演变出以妖法惑世欺众的咒术以后,逐渐堕落。温州密宗流传很窄。1994 年,信行僧人到瑞安场桥龙翔寺创办密宗道场,信行是五台山清海大师的入室弟子,受过清海密宗灌顶和密部法术传授,成为五台山园照寺密宗主要传承密法僧人。场桥龙翔寺是温州密宗的唯一道场。

2. 温州寺院和僧尼的地理分布

佛教的信仰要素和活动要素是指佛教作为一种宗教实体存在时,它所具有的组成部分,如寺院、佛塔、佛像、石刻、僧尼、居士、经籍、财产、僧伽制度等,其中最基本的要素是寺院和僧尼。

佛教徒中出家者有五种人,称为"五众",其中比丘(和尚)和比丘尼(尼姑)均落发受具足戒,仅受十戒者为式叉摩那(带发修女)、沙弥、沙弥尼。还有在家受五戒的优婆塞(男居士)、优婆夷(女居士),合称"七众"。五众中男性所居为寺院,女性所居为庵堂,统称寺院。男女居士及斋公、斋婆(未受五戒的自愿出家者)居住处亦称堂,个别称居士林。笔者在统计时,沙弥归入僧人,沙弥尼归入尼姑,温州式叉摩那极少,斋公和斋婆归入居士。

温州佛教活动和分布有三个特点。第一个特点是寺院多。1997年全国宗教活动场所调查登记时,温州城乡大小寺院有1290座,其中已经登记发证787座,临时登记243座,暂缓登记136座,不予登记84座,未登记40座。笔者调查所得,2012年全市寺院数量有1224座,其中归当地佛教协会管理808座,占66%;没有与佛教协会联系416座,占34%。例如苍南佛教协会管理的寺院有109座,其余64座没有与佛教协会来往。这些不受管理的寺院规模很小,而且没有僧尼住持管理。温州没有僧尼住持管理的寺院为数较多,例如文成没有僧尼的寺院21座,占47%。与其他宗教活动场所相比较,全市道教宫观276座,基督教堂1855座,天主教堂185座,伊斯兰教清真寺0座,温州佛教寺院1224座,仅次于基督教堂,居第二位。从寺院的地区分布来看,平阳寺院数量最多,达228座,其次是温州市区209座,再次是瑞安207座,这三地共644座,占全市总数的52.6%。另外,乐清195座,苍南173座,永嘉97座。文成、泰顺、洞头很少,三县共115座,仅占全市的9.4%。洞头寺院虽然只有10座,居全市末位,但洞头中普陀寺是目前温州规模最大的寺院。从寺院建设速度来看,1990～2012年的22年间,全市新增寺院294座,平均每年增加13.4座,年均增长1.27%,这个速度远低于基督教堂的2.94%,甚至低于天主教堂的1.44%,只是略高于道教宫观的1.02%。

从寺院的人口密度来看,温州每10万常住人口中有寺院13.4座,其中平阳密度最大,达29.9座,是全市平均值的2.3倍;温州市区密度最小,仅6.9座;其余均在11～14座。从寺院的地理密度来看,温州每百平方千米有寺院10.3座,其中鹿城密度最大,达22.8座;其次是平阳21.7座;永嘉、文成、泰顺三个山区县的密度最小,平均只有2.4座。由此可以得出结论:平阳佛教活动最广泛,山区佛教活动最稀少。

第二个特点是僧尼少。2012年全市僧尼只有2430人,平均每座寺院仅1.99人,近40%的寺院没有僧尼住持。这反映出当今温州寺院多,僧尼少的时代特点,这在历史上是绝无仅有的。根据张伟然《南北朝时期的佛教文化区域》研究,全国每座寺院僧尼人数,刘宋为18.82人,齐代为16.13人,梁代为29.06人,陈代为25.97人,北魏更达64.72人。据统计,解放前夕我国汉

表 6-1　　　　　　　　温州市寺院和僧尼分布　　　　　　　单位:座、人

年　度	类别	鹿城	龙湾	瓯海	瑞安	乐清	永嘉	平阳	苍南	文成	泰顺	洞头	合计
1949 年	寺院	67	12	60	303	131	36	130	164	24	55	5	987
	僧尼	100	20	61	482	240	75	650	459	38	156	2	2283
	僧	64	12	36	244	125	60	429	321	22	121	2	1436
	尼	36	8	25	238	115	15	221	138	16	35	0	847
1990 年	寺院	31	40	65	148	156	86	183	138	38	43	2	930
	僧尼	42	20	100	160	226	128	457	292	49	168	1	1643
	僧	35	15	90	103	99	87	295	193	28	100	1	1046
	尼	7	5	10	57	127	41	162	99	21	68	0	597
2012 年	寺院	67	51	91	207	195	97	228	173	45	60	10	1224
	僧尼	169	102	143	228	323	171	626	417	91	124	36	2430
	僧	124	76	107	137	178	113	438	251	59	87	27	1597
	尼	45	26	36	91	145	58	188	166	32	37	9	833

　　说明:1949 年和 1990 年数据来自 1998 年版《温州市志》及各地县志,个别明显错误已作纠正。2012 年数据来自各县、市、区佛教协会网站及与负责人谈话记录。

表 6-2　　　　　　2012 年温州寺院密度和每座寺院僧尼数

类　　别	鹿城	龙湾	瓯海	瑞安	乐清	永嘉	平阳	苍南	文成	泰顺	洞头	全市
人口密度	5.2	6.8	9.1	14.5	14.0	12.3	29.9	14.6	12.7	12.0	11.4	13.4
地理密度	22.8	18.3	14.8	16.3	15.9	3.6	21.7	13.6	2.1	1.6	9.6	10.3
每座僧尼	2.52	2.00	1.57	1.10	1.66	1.76	2.75	2.41	2.02	2.07	3.60	1.99

　　说明:寺院人口密度为常住人口,单位是座/十万人,寺院地理密度单位是座/百平方千米。

传佛教地区共有寺院 56.3 万座,僧尼 395 万人,平均每座寺院的僧尼数为 7.02 人,而温州 1949 年也仅 2.31 人,目前只有 1.99 人。对比之下,温州的这种时代特征更加明显。

　　从僧尼的地区分布来看,僧尼数量最多的是平阳,有 626 人,占全市僧尼的 25.8%;其次是苍南 417 人,再次是温州市区 414 人;洞头最少,只有 36 人。平均每座寺院的僧尼数量,洞头最多,达 3.60 人,其次是平阳 2.75 人,再次是鹿城 2.52 人,苍南 2.41 人;负距平的有永嘉(1.76 人),乐清(1.66 人),瓯海(1.57 人),瑞安(1.10 人)。这种僧尼数与寺院数的比值,较大的是南部四县及鹿城城区,而北部五个县、市、区的比值很小。温州本地僧尼

的出家率极低,很多僧尼是从外地招聘而来的,例如洞头僧尼多是最近十年刚从外地挖来的。

第三个特点是佛教信众队伍极其庞大。如果僧尼数量反映佛教"专业信仰",那么佛教"业余信仰"者就是信众。每种宗教都有教徒和信众两部分组成,这在基督教中就是"受礼者"和"慕道者",温州基督新教的洗礼者占三分之一,听众占三分之二。由于佛教和道教没有严格的入教手续和参与人数统计,所以信徒人数难以明确断定。解放前的1932年,温州曾做过调查统计,佛教信众占总人口的18.03%。近年来没有这种统计数据问世。根据2010年第六次人口普查,温州宗教信仰栏填为"佛教"的人数220万人,约占全市常住人口的24%。因此温州四大宗教中,信众最多的是佛教,佛教是温州第一大宗教。

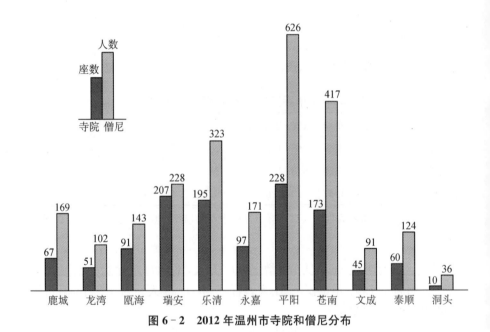

图6-2　2012年温州市寺院和僧尼分布

3. 温州佛教文化景观

宗教文化景观是指人们在地表建立的宗教文化产品,主要为宗教圣地和宗教建筑。有人将宗教礼仪和宗教艺术也列为宗教文化景观,但从文化地理角度来看,不能将其作为文化景观。佛教文化景观主要是布道场所的寺院、庵堂,其次有佛塔、石窟等。

寺院是佛教出家人进行宗教活动的场所，也是佛教信徒顶礼膜拜的地方。寺院又称伽蓝、兰若、精舍、丛林、宝刹等，温州方言称为寺、堂、庵、寮等，和尚居住为寺院，尼姑居住为庵堂。寺院和庵堂统称为寺院，梵文为 Sangharama，音译为僧伽蓝摩，简称伽蓝。阿兰若简称兰若，是天竺僧人独自一人或二、三人共造小房以供居住和修道之所。精舍并非精致的小房子，是佛徒修行精进者的居舍，在天竺佛陀时代是寺院的最早称谓，今泛指寺院。

寺院俗称三宝殿。三宝指佛、法、僧，佛是大知大觉之人，法是佛所说的教义，僧是继承和宣扬教义的人。佛教寺院也由这三部分组成，缺一不可。佛指佛殿和佛像，法指法堂，即藏经楼，僧指僧侣睡觉的禅房（寮房），所以佛教寺院又称三宝殿，是达官显贵和平民百姓必去的地方。中国最早建造的寺院是东汉洛阳白马寺，至北魏寺院建设兴盛起来，宋代以后，汉传佛教寺院的建筑格式逐步模式化，特别是禅宗寺院形成了"伽蓝七堂"制度。七堂为山门、佛殿、法堂、僧堂、职事堂（库房）、浴室、西净（厕所）。明代以后，伽蓝七堂制度已成定规。据此，温州寺院通常坐北朝南，沿中轴线依次是山门、天王殿、大雄宝殿、本寺主供佛殿、法堂（藏经楼）等建筑。东西两侧布局配殿和附属设施，东面钟楼，西面鼓楼；东面伽蓝殿，西面祖师殿；东面观音殿，西面药师殿；客堂、云会堂（禅堂）、斋堂、寝堂、浴堂、寮房、西净等按"东内西外"原则对称建造，东厢是出家人生活区，西厢是居士和施主生活区。正是所谓"山门朝佛殿，库院对僧堂"布局，这是南宋禅宗寺院的典型格局。这样，整个寺院成为排列有序的建筑群。规模大的寺院还有讲堂、经堂、佛塔、放生池等。

头进山门，也称山门殿，即寺院大门。一般有三个门洞，中大两小，即空门、无相门、无作门，象征"三解脱门"。山门常建成殿堂式，殿内左右分塑两个面目狰狞、手执金刚杵的护法金刚。世人根据《封神演义》中的戏言，名之为"哼哈二将"，在佛教经典里不足为据。温州规模较小的寺院，山门殿兼作天王殿。

二进天王殿，又称金刚殿。正中供奉大肚弥勒菩萨，弥勒是释迦的继承人，俗称"未来佛"。弥勒塑像的左右两侧分列高大的四大天王，又称四大金刚，掌管东西南北四大部洲的山河大地。东方持国天王，身白色，手持琵琶；南方增长天王，身青色，手持宝剑；西方广目天王，身红色，手缠一龙；北方多闻天王，身绿色，左手持银鼠，右手持伞。他们各有一从者，分别为乾闼婆、鸠槃茶、龙、夜叉。弥勒佛像的背后是韦驮菩萨，面向释迦牟尼佛。韦驮是护法神，形象为武将，手持金刚杵，是八大神将的首将。

三进大雄宝殿是核心建筑，规模最大，地位最高，俗称大殿或正殿，是僧众早晚诵经及举行重要佛事活动之所。正中供奉三尊大佛，称为三世佛，中间为释迦牟尼佛,两旁侍立两弟子,左边年长的是迦叶(叶读摄),右边年轻的是阿难。净土宗寺院的两侧为观世音菩萨和大势至菩萨,有的寺院两侧为文殊菩萨和普贤菩萨,有的寺院为东方药师琉璃光佛和西方极乐世界阿弥陀佛,各寺院不尽相同。释迦牟尼佛的造型姿势有三种,第一种是成道相,结跏趺坐,左手横置左足上,右手直伸下垂。第二种是说法相,也是结跏趺坐,左手横置左足上,但右手各上屈指作环形。第三种是立相,左手下垂,右手屈臂向上伸,名为栴檀佛像,传说是天竺优填王用栴檀木按照释迦佛的面貌身形所作。大雄宝殿的两边为十八罗汉,每边各立 9 尊罗汉。原为 16尊罗汉,五代以后增为 18 尊罗汉,他们都是佛的守护神。正殿三世佛的背后是三大士或海岛观音,三大士分别是文殊骑狮子,普贤骑白象,观音骑龙。海岛观音立于海岛上,右手据杨柳,左手托净瓶,两旁有善财童子和龙女作为胁侍,四周作"观音救八难"塑像。

四进是本寺主供佛殿,是寺院中仅次于大雄宝殿的主要建筑,是演说佛法、皈戒集会之所。例如作为观音道场的寺院,该殿设为圆通殿,洞头中普陀寺的圆通殿规模甚至胜过大雄宝殿。圆通殿正中供奉观世音菩萨,左右两侧分列善财童子和龙女作为胁侍。

五进是法堂,即藏经楼,是讲经说法和珍藏佛经典籍的场所。禅宗寺院称为法堂,但有的宗派寺院称为讲堂或讲经堂,是演布大法的地方。温州多数寺院建造成高耸的阁状建筑,称为藏经阁。

大雄宝殿东侧的伽蓝殿,供像三尊,中为舍卫国波斯匿王,左为舍卫国祇多太子,右为给孤独长者,两侧常供十八位伽蓝神。伽蓝神是保护伽蓝(寺庙)的神。中国自唐以来,禅宗道场已有供奉伽蓝菩萨的风俗,僧众每日晚课必诵"伽蓝赞"。然而,温州有些寺院伽蓝殿中供奉的是关公,把关公作为伽蓝菩萨来膜拜是天台宗智顗大师创造的中国特色的佛教,更增加了佛教的民间性和群众基础。

大雄宝殿西侧的祖师殿,供奉达摩或该寺的开山祖师。此外,温州有的寺院建有罗汉堂,堂中间塑西方三圣像,左右两侧分别是观世音、大势至菩萨像,两旁供奉五百罗汉像。罗汉又称阿罗汉,是能断除一切烦恼,达到涅槃境界,又具有引导众生向善德行的圣者。

寺院布局中,以阁为主体,阁在前,殿在后,这种前阁后殿的寺院多见于北方辽代寺院。南宋以后多以殿为主体,前殿后阁。温州寺院都将高阁布局在殿后,少数在两侧,把后殿的藏经楼建成藏经阁或观音阁、三乘阁、大悲阁、忘山阁、佛香阁等,有的在大殿左侧建文殊阁,右侧建普贤阁,采用"两阁夹一殿"的布局形式。这样整组寺院建筑群高低错落,极具感染力。

隋唐以前,寺院的佛塔地位很高,佛塔总是建在寺院的最前面或寺院正中,寺院称为"浮屠祠",礼拜塔中舍利是当时信徒巡礼的主要内容。因此以塔为主体是早期佛寺的模式。隋唐以后,佛殿普遍代替佛塔,佛塔渐渐被挤出寺院,或另辟塔院,或置于寺前寺后和两侧。温州最高大的佛塔是洞头永福寺瀛洲万佛护国塔,建在寺后,但温州很多寺院不建造佛塔。

与西方教堂不一样,中国寺庙是一组建筑群,有很多的室外空间,并把周围的自然景观融入到寺院之中。"深山藏古寺"讲究内敛外蓄,"托体同山阿"体现天人合一、建筑与自然融为一体,这就是中国寺庙常选址于名山幽林之故。寺宇建筑只有在山林、流水的烘托下,才显得既典雅庄重又富有深幽意境。所以温州的寺院绝大多数坐落在山区林间,依山建寺,逐级升高,建造在平原旷野的寺庙极少。温州占地面积较大的寺院多建成园林式建筑格局,以殿宇为主,或围以园林,或附缀园林,或穿插园林,灵活多变。园林中水涧溪流,似源头无尽;曲径通幽,似境界无穷。这两种艺术格局构成了寺院既有的典雅庄重的气氛,又有自然情趣和天人融合的欣赏。

中国寺院是以宫殿为蓝本建造的,更多地融合了中国宫殿建筑的美学特征,既显示了佛陀的尊贵,又形象地展现出佛国的富饶安乐。寺院的屋顶造型有庑殿顶、歇山顶、悬山顶、硬山顶、攒尖顶等,庑殿顶和歇山顶又有单檐和重檐两种。屋顶的最高规格庑殿顶,是为皇宫主殿及佛教大雄宝殿专用。屋顶的曲线和微翘的飞檐呈现向上和向外的张力,配以宽厚的正身、廓大的台基,使整个建筑显得庄严浑厚和鲜明的流动美。屋顶的屋面、屋檐、屋角和飞脊都是弯曲的,彼此相形相映,构成中国古典建筑别具一格的屋顶造型。屋顶的正脊、垂脊、檐角上配置多种琉璃瓦饰,如正脊与垂脊相交处的大吻,因它有张牙舞爪欲将正脊吞下之势,故又称"吞脊兽"。大吻产生于汉代,称鸱尾。鸱是大海中的鲸,鸱尾呈鱼尾形,佛经上说它是雨神的座物,能灭火,故造鱼形以压火。黄色琉璃瓦只有宫殿及佛殿可用,而王府及配殿只能用绿色琉璃瓦。寺宇建筑的檐角上常排列一队小兽,具有很强的装饰性,小兽的大小多少视宫殿寺庙的等级而定。最高等级共有十个小兽,顺序是由一个骑凤的仙人领头,后为龙、凤、狮、天马、海马、狻猊、押鱼、獬豸、斗牛、行什。这些小兽象征吉祥安定,能灭火消灾,或是正义公道的化身,能剪除邪恶。

寺院的基座分为普通基座与高级基座,以显示建筑的等级和风格。普通基座一般用于天王殿,随着院落的进深,基座逐渐升高。大雄宝殿的高级基座称为须弥座,须弥是佛教中"世界中心的最高之山",把大雄宝殿置于须弥座上,借助于台基高隆的地势,周围建筑群体的烘托,以显示它的宏伟庄严。

开间就是殿宇的面宽,寺宇开间都是单数,中国古代以单数为吉祥。开间越多,等级越高,如大雄宝殿用九、五开间,以象征尊贵。其余大殿一般为三开间。间的纵深为进深,开间与进深形成一定的比例关系,使整体建筑取得和谐统一的效果。

整座寺院包围在一带黄墙之中,黄瓦耀目,金碧辉煌,晨钟暮鼓,斗拱飞檐,花木成荫。步入寺院之中,看烛屋宝鼎内香烟缥缈,听诵经念佛梵音阵阵,木鱼锤磬伴节声声,给人以庄严肃穆之感,油然而生敬仰之情。

(1) 温州市直属寺院

① 江心寺   位于鹿城区北面瓯江之中的江心孤屿。唐代咸通七年(866年),在孤屿西山东麓始建净信讲院(今博物馆址)。北宋开宝二年(969年)在东山西麓修建普寂禅院。南宋建炎四年(1130年)金兵南下进犯临安,宋高宗避居孤屿普寂禅院,御书"清辉浴光"四字榜其轩。次年,宋高宗回临安后,赐改普寂禅院为"龙翔禅寺"。当时,被奉为"宗室道场",今称"高宗道场",每年春秋两季派京官来寺朝拜进香。南宋时列为天下禅宗五山十刹第六刹,所以今天江心寺大门两侧书题"禅宗"、"六刹"四个巨字。南宋绍兴七年(1137年)西蜀名僧青了禅师奉诏由普陀山来江心屿主持龙翔寺,率众填塞东西塔之间的中川,并在填塞的中川上建殿造寺,取名"中川寺"(今江心寺),把净信、普寂两寺并为一寺。明代洪武、正德年间多次修葺。清代乾隆五十四年(1789年)台风毁后重建,乾隆皇帝御笔"圆通殿"赐额。今存江心寺是清代乾隆年间的建筑。1985年开始大修,1991年11月21日举行佛像开光和木鱼方丈升座典礼。2014年初再次进行大修。江心寺坐落于东西双塔之间,坐北朝南,寺院共三进,前为山门金刚殿(天王殿),中为圆通殿,后为三圣殿,寺前还有七宝如来塔。金刚殿两侧配以钟楼和鼓楼,东厢廊为"三畏堂",西厢廊为"去来齐"。后进三圣殿,中供三圣立像。占地面积5100平方米,建筑面积3100平方米。在佛法系统上,江心寺是禅宗观音道场,所以主体建筑是圆通殿,而不是大雄宝殿。圆通殿为双檐七间,飞檐翘角,高敞宏伟。殿内正中供奉香樟木雕的观世音坐像,高8米,两边侍立善财、龙女。1983年国务院定为全国重点佛教寺院,温州仅此一座。

表 6‑3　　　　　　　　**温州市主要佛教寺院**

区域	佛 教 寺 院 名 称
市直属	江心寺 妙果寺 护国寺 太平寺 天宁寺
鹿城区	仁王寺 永福寺 国僧寺 白鹿寺 照庆寺 莲塘寺 永清寺 观音阁 储庆寺 家福寺 法严寺 清福寺 静福寺 福善寺
龙湾区	国安寺 乾元寺 安仁寺 福圣寺 天柱寺 龙冈寺 大禅寺 妙音寺 云林寺 天阙寺 妙法庵 霞彩寺 前福寺 修善寺 莲花寺 净光寺 集庆寺
瓯海区	圣寿禅寺 头陀寺 无量寺 天护讲寺 永宁寺 宝严寺 宝岩寺 实际寺 香山寺 沙门寺 觉海寺 寂照寺 普宁寺 普明寺 景德寺 无相寺 宝成寺 法通寺 伏虎寺 休凉寺 福聚寺 净社寺 礼慧寺 大庆寺 万年寺 甘露寺 庆云寺 法果寺
瑞安市	龙翔寺 隆山寺 宝坛讲寺 本寂寺 龙圣寺 景福寺 灵峰寺 会真寺 宏济寺 金山寺 昭显寺 常宁寺 云顶寺 拱瑞寺 莲华寺 永福寺 福泉寺 圆通寺 法云寺 明因寺 龙翔寺 广因寺 清心寺 龙平寺 普明寺 吴岙寺 法云寺 兴善寺 广福寺 安国寺 净土寺 善宝寺 镇海寺 纯一寺 西隐寺 观音寺
乐清市	灵岩寺 观音洞 法华寺 能仁寺 沐箫寺 真如寺 宝林寺 双髻寺 胜禅寺 翠云寺 白象寺 白鹤寺 智广寺 龙圣寺 净宗寺 香光精舍 青莲寺 长清寺 八华莲寺 飞泉寺 白云庵 罗汉寺 雪洞 法轮寺 圆觉寺 宝善寺 广福寺 普胜寺 双峰寺 普明寺 穆泉寺 月蟾寺 天竺寺 宝宁寺 塔山寺 报国寺
永嘉县	宝胜寺 天王寺 普光寺 玉泉寺 延寿寺 圆庆寺 普安寺 云山寺 云居寺 昭福寺 罗汉寺 寿昌寺 净心寺 广福寺 正门寺 九峰寺 兴国寺 大乘寺 卧云寺 芙蓉庵 屏山寺 大雷寺 玉莲庵 玉佛寺 兴福寺 集胜寺 普光寺 真诰寺 黄皮寺 越兴寺 隆平寺
平阳县	东林寺 广慧寺 慈云古刹 龙井寺 云祥寺 仙坛寺 报国寺 天明寺 石筠寺 广福寺 玉佛寺 佛日禅院 楞严寺 碧泉寺 荆山寺 香云寺 青山寺 智觉寺 玉泉寺 旸山寺 庆泉寺 法印寺 崇善寺 崇福寺 慈云寺 弥陀寺 白云寺 云源寺 太平寺 天明寺 翠峰寺 善福寺 资福寺 集福寺 象峰寺 栖真寺
苍南县	祥云寺 法云寺 香林寺 吉祥寺 大义净寺 圆觉讲寺 镇西寺 海云寺 福胜寺 集福净寺 水月寺 泗洲庵 龙泉寺 狮山寺 净慧庵 慧云寺 海潮南寺 崇福寺 龙慧寺 安福寺 莲安寺 报恩寺 慈云寺 嘉福寺 普门寺 应安寺 云台山禅寺 中山寺 天福寺 善化寺 南阳寺 能净寺 庄严寺 延福寺 台园寺 护法寺 广福寺 灵鹫寺
文成县	净慧寺 净因寺 栖真寺 玉泉寺 真如寺 岩庵 西安寺 净福寺 鹫峰寺 宝崇寺 庆云寺 福聚寺 净国寺 普济寺 新丰寺 飞云寺 青云寺 云居寺 灵隐寺 合觉寺 宝华寺 明星寺 安福寺 广福寺 叶山庵 降龙庵
泰顺县	三峰寺 宝林寺 崇教寺 明山寺 吉祥寺 崇化寺 广度寺 无相寺 南峰寺 西峰寺 崇寿寺 灵峰寺 华严寺 印山寺 灵芝寺 宝琳寺 龙护寺 香林寺 观音阁 龙头寺 罗汉寺 祥善庵 涌泉庵 观音庵 莘洋庵 龙漈庵 沓石庵 仙岩庵
洞头县	中普陀寺 永福寺 观音寺 宁海寺 感应寺 清福寺 万青寺 海月寺

② 妙果寺 位于温州老城区松台山南麓,面向人民西路。始建于唐代神龙年间(705~707年),为天台宗玄觉大师所建。至北宋,有文昌大师、继忠大师卓锡方丈,大振宗风,一度成为东南沿海朝圣之名刹。继忠圆寂后在寺前建千佛塔珍藏其舍利。寺内有"济陀古钟",俗称猪头钟,铸于北宋元丰年间(1078~1085年)。松台山顶净光塔,妙果寺前千佛塔,截铃相语,丽日共辉,邑人共仰。明代洪武八年(1375年)重建。清代顺治十四年(1657年)曾毁于一场大火,后于康熙十四年(1675年)重建,但规模已非昔日可比。解放以后寺改他用,1983年开工重建,历时十多年终于建成新寺。现今天王殿、大雄宝殿、观音阁及两厢楼房雕梁画栋,金碧辉煌,飞檐斗拱,气势雄浑。赵朴初亲书"大雄宝殿",书坛巨匠沙孟海额书"妙果寺",1996年佛学大师南怀瑾书"宿觉名山"匾,大殿正柱有原住持雪生老僧撰联"净光塔院,普觉钟声,追思唐代宗风永嘉独著;瓯浦云峰,霞潭月色,想见宋僧道积妙果同怀。"目前,妙果寺是浙江省重点佛教寺院,温州市佛教协会驻地。

③ 护国寺 位于鹿城区景山公园内,坐北朝南,背靠莲花芯。始建于唐代贞元年间(785~805年),鼎盛于五代后梁。后梁乾化年间(911~915年)寺僧鸿楚在山麓建塔,塔身镌刻"护国祝延,圣寿宝塔"八字,护国寺从此得名。经两宋,以至元明清诸代,历久不衰,香火炽盛。护国寺梵宇巍峨,僧众精勤,山深林密,曲径迂回,风光秀丽,为温州四大古刹丛林之冠。明末崇祯年间,护国寺毁于兵燹,遂成废墟。到了清代顺治年间(1644~1661年)重建,迨至道光九年(1829年)秀川和尚又一次重建,历时9年,道光十八年落成,规模宏伟,蔚然大观。民国年间倾圮,没有重建,解放以后寺址被部队占用。直至2003年5月正式动工复建,2008年12月落成。新建的护国寺占地面积3.1万平方米(46.5亩),建筑面积8000平方米。按照佛教寺庙"伽蓝七堂"的规制和唐代建筑风格,主轴线上依次分布山门、天王殿、大雄宝殿、玉佛殿、藏经楼五进建筑。大雄宝殿高21米,殿内没有栋柱,三世佛统高10米。玉佛殿供奉的卧佛由整块缅甸玉雕刻而成,佛长8米。寺内罗汉殿有黄杨木雕500罗汉。殿宇巍峨而梵容壮丽,带有厚重博大的唐代建筑风貌。

④ 太平寺 位于温州古城西郊太平岭北侧的翠微山南麓,风景秀丽,殿宇巍峨,素有"城内有嘉福、天宁,城外有护国、太平"之美誉,是温州著名的四大古刹丛林之一。太平寺始建于五代后晋天福七年(942年),始建之初,正值吴越王钱缪统治温州的佛教鼎盛时期。至明代正德七年(1513年),超印法师重建扩建,其寺宇更加雄伟庄严,僧众多达八百之众。高僧辈出,盛况空前,信众盈门,香火旺盛,名闻遐迩。特别是每逢正月初八日,温州城内

外广大信众都到太平寺烧香拜佛,祈求菩萨保佑,人丁兴旺,四季平安。寺院内外烟雾缭绕,人山人海,道路拥塞,尽是一片热闹景象。抗战期间,国民军第三十三师驻兵在太平寺,众僧离寺,僧去寺空。1949年温州解放后,太平寺仍为温州军分区部队驻地,成为汽车修配厂和枪械修理所,拆寺建房,寺院所有名人题咏,如叶适、黄淮、张璁等之碑联、碑石因此湮没,但所幸的是寺前两株古樟和寺后的翠微亭依旧,而香火断灭,梵音久绝。直至2003年3月在太平寺原址上开始重建,按照宋代建筑风格,建造山门、大雄宝殿、藏经楼、钟鼓楼、讲经堂、两厢配殿、僧舍、斋堂等。护国寺是仿唐水泥建筑,而太平寺是仿宋木构建筑。大雄宝殿高大雄伟,高20多米,柱栋径阔70厘米,精选非洲的铁木、印度尼西亚的波萝格等国外名木佳材,造境恢宏,风格典丽。佛像、罗汉及天王造像,仪宇万方,宝相端庄。全寺占地面积29335平方米(44亩),建筑面积8000多平方米。太平寺为广大香客和佛教四众弟子听经闻法、念佛修持提供了一个极好的道场。

⑤ 天宁寺　位于温州老城区永宁巷解放军118医院内。旧名报恩光孝禅寺,北宋政和年间(1111~1118年)改名天宁寺,有华亚、妙峰两阁及贝叶生香阁等建筑。明初毁于火灾,宣德年间(1426~1435年)募缘重建,重建后不久又毁于大火。明代中期景泰年间(1450~1457年)又一次重建。其后寺宇历经修葺,香火鼎盛。抗战时期为国民党永嘉县地方行政干部训练所占用。今仅存殿阁一处,面阔3间,东西朝向,石柱木梁结构,重檐歇山顶。内设立柱30根,檐柱为圆形青石,其余为方形白石。除角柱外,其他柱面均刻有楹联。明间设青石地栿和抱栿,上刻鸟兽及卷草纹。此殿阁的构造形式符合清代营造法式,为温州四大古刹的硕果仅存者。此外,寺内尚有明代石雕十八罗汉及宋、元、明碑刻多方,文物之富,为浙南寺院之最。令人惋惜的是改革开放以后,被占房屋没有归还,寺院没有重建,香火梵音没有恢复,只是圈地为牢,作为省级文物保护单位。

(2) 鹿城区主要寺院

① 仁王寺　坐落在鹿城区南郊东屿路157号。始建于南宋隆兴年间(1163~1164年),历史悠久,香火鼎盛,是温州名刹之一。抗日战争时期,毁于兵乱,遂成废墟。其后,住持阐济和尚只身托钵,徒跣膜拜于鹿城街道,随缘行化三年,得十方善信支援资助,才得以重建。古寺原先建在东屿山南麓今东屿电厂内,1958年因修建电厂,将仁王寺拆建,迁于今址。"文革"时期,仁王寺深受破坏,佛像、法器、经典、文物等荡然无存。改革开放以后,仁王寺获得新生,在住持善庆法师的带领下,温州善男信女虔诚护法,重塑金身

又成伽蓝,今建有山门、天王殿、大雄宝殿等。

② 永福寺　坐落在鹿城双屿卧旗山上。始建于清代嘉庆年间(1796～1820 年)。20 世纪末,迁移至离原址 400 米左右的卧旗山上重建,有上山公路直达寺院门口。今建有山门、大雄宝殿、三圣殿、藏经楼、僧寮、客房等建筑,占地面积 6000 多平方米。该寺依山而建,青龙白虎,左旗右鼓,像把帝王太师椅。永福寺今住持为法武法师,有僧人 16 位,每月初一、十五组织诵经、念佛等活动。

③ 国僧寺　坐落在温州市牛山东麓横塘路 14 号,与温州冶炼厂相邻。该寺初建于北宋仁宗年间(1023～1063 年),为茶院井旧基。相传当初杨文广兵困山上,因缺水,杨文广以神枪掷地,有山水涌现。后筑水库,古迹尚存。1990 年春改名为国僧寺。国僧寺建有龙祥塔一座,六角七层,每层有佛像 4 尊,总高度 40.8 米。

④ 白鹿寺　又名白鹿庵,坐落在鹿城区海坛山西北麓的水门底 17 号。据《永嘉县志》记载,该寺始建于东晋太宁元年(323 年),为纪念郭璞相城功绩而建。旧社会的白鹿庵常住僧人数十名,农禅并重,自耕菜圃,自给自足。1958 年大跃进期间,白鹿庵被朔门小学占为校办工厂,僧人被迫离去,寺院古物荡然无存。改革开放以后,修建了大殿及东西厢房,恢复了宗教活动。但仍有部分寺产被占用,以致金刚殿无法重建。

⑤ 照庆寺　位于鹿城区垟头下三角巷 47 号,始建于清代中期,俗称张公庵。解放前,寺院周边多神庙,照庆寺系唯一佛殿,长期以来供奉释迦牟尼佛,信徒众多,香火旺盛。文革期间,寺遭破坏。1978 年,众信徒在原寺西侧盲河湾进行扩建,取名照庆寺。2003 年 3 月,寺院失火,大殿烧毁,次年重建。今寺院前有山门,中有天井,后为大雄宝殿,两厢为僧房、工作用房,建筑面积 1300 余平方米。

(3) 龙湾区主要寺院

① 国安寺　位于龙湾区大罗山拱钵峰的瑶溪皇岙村,四周林木茂盛,万翠挹胜,环境优雅。该寺始建于唐代乾符年间(874～879 年),原名国安院,宋高宗避金兵南侵,驻跸温州,敕名国安禅寺,以示国泰民安,沿用至今。原寺院建筑有九进,数百间,全是木石结构。后仅存一进,为清代中期建筑的遗存。1994 年开始重建,历十余载,终建成现今的四进宏伟规模。其中大悲楼高 32 米,中座观音佛像高 20 米,用进口檀香木雕制,表面镀金。寺院东首有千佛塔,始建于北宋元祐五年(1090 年),石塔高 18.6 米,六角九层密檐实心阁楼式,台基雕"九山八海"纹,塔身全是青石仿木结构,雕有 1026 尊

大小不同的如来像,双跏趺坐于小壶门内莲台上。现为国家重点文物保护单位。

② 乾元寺　原址位于龙湾区永中寺前街西面,寺前街因此寺而得名。始建于唐代中期,今移建于永中太师路中段。该寺坐北朝南,占地面积 2400 多平方米,建筑面积 900 多平方米。前进为天王殿,其左右均为僧房和客舍。寺正中建有大雄宝殿,面宽 5 间,中间宽 5 米,共计 17 米,深 15.4 米。大殿前庭院左右均建有厢楼,殿左边建有圆通殿。

③ 安仁寺　位于永强永昌双岙村西首,始建于五代后晋开运元年(944年),是一座千年古刹。该寺坐西朝东,背倚山峦,面迎旭日,右靠丰台山峦,左靠双岙水溪,山环水抱,景色清幽,信众络绎,香火旺盛。十年“文革”期间,僧人还俗,寺庙只剩废墟。90 年代,在原址上重建,现已颇具规模,法相庄严的千年古刹重现永嘉场。

④ 福圣寺　位于龙湾金岙村,背靠黄石山,面对金岙河。黄石山酷似一条巨龙,寺在龙口之上,故又称龙口寺。始建于北宋初期的开宝三年(970年),也是一座千年古刹。有御览阁、奎文阁、留云轩、指西亭等,亭阁峥嵘,寺院辉煌,香火盛极一时。元代初年,寺院被毁。到至元年间(1335～1340年)草建寺院五间,古刹留得圣踪。1991 年古寺进行全面拆建修复。现寺庙有三进加轩,规模甚为壮观。

⑤ 天柱寺　位于大罗山东麓的永强永昌天柱峰下的天柱风景区内,右有五折瀑,左有冷水泉,故原名瀑泉寺。始建于晋代,重建于唐代贞元年间(785～805 年间)。寺宇依山而筑,坐北朝南,面向天柱水库,寺院占地面积 3000 多平方米。结构保存完整,分山门、天王殿、大雄宝殿、观音阁四进,现已修葺一新。

⑥ 龙冈寺　位于永强大罗山东侧的龙冈山麓,处在国安寺与瑶溪风景区中间的小岸坑谷地上游,在茅永公路拐弯处向西沿山间公路至尽头即为龙冈寺。寺院坐西朝东,始建于明代。原名白云寺,1986 年大规模重建时因寺院南侧有“龙冈”两字摩崖题刻,故改名龙冈寺。龙冈寺最大特点是全部为花岗岩石材建成的石殿,现有规模远超瑞安圣井山石殿和乐清白龙山石殿,有“江南第一石梁寺”美誉。其中最长的一根石柱达 7.2 米,重约 2 吨。整座寺院除门台外,为四进六殿,占地面积 4380 平方米。该寺 1978 年开始重建,历时三十多年,至今仍在扩建,计划建成九座石殿。头进是天王殿,即金刚殿;二进为圆通宝殿,宽 10 米,深 6 米,1982 年落成,南北两侧为延生堂;三进为大雄宝殿,宽 10 米,深 15 米,1992 年落成;四进为罗汉堂,宽 15

米,深13米,供奉西方三圣、观世音菩萨、大势至菩萨、五百罗汉。每当旭日初升,直照寺中红瓦黄墙之上,金光四射,犹如佛光普照大地。来寺礼佛香客络绎不绝,香火鼎盛,2007年被定为温州市重点寺院。

(4)瓯海区主要寺院

① 圣寿禅寺　位于大罗山西南麓的仙岩风景区积翠峰下,俗称仙岩寺。始建于唐初贞观八年(634年),初建时寺宇规模不大,至唐代大中年间(847～859年)高僧慧通归一大师重修,初成规模,被称为仙岩寺的开山鼻祖。北宋初年,楞严遇安禅师经过数年的苦心经营,拓建梵宇,驻锡开法宣教,于是显名于世。大中祥符二年(1009年),宋真宗敕赐"圣寿禅寺"额,熙宁年间(1068～1077年)宋神宗又赐"昭德积庆禅院"额。今从寺前慧光塔出土北宋经卷题记得知,北宋景祐、庆历、熙宁之际,该寺为东瓯名刹,僧侣多达数百众。此后,寺宇屡经兴废,但香火持续不断。北宋末期宣和年间(1119～1125年)毁于兵乱,乐清籍大师高世则重修。明代洪武、永乐、嘉靖年间多次重新修建。今寺为清代顺治十七年(1660年)重建,共有殿、堂、楼、阁、轩、厅与僧房等共120多间,占地面积2.64万平方米(39.6亩)。中轴线上原有五进,现存天王殿、大雄宝殿、法堂、千佛阁四进,依山起势,一殿高于一殿,气象宏伟。山门在寺院前左侧,门楣上悬南宋朱熹书题"开天气象"匾额。寺内庭院开阔,中凿"佛陀池",四缘设置青石栏杆,供人坐憩。池水上方有如来七佛塔和经幢一座。天王殿是清乾隆年间重建,七开间,尽间两边为钟鼓楼。大雄宝殿面宽七间,高18.4米,彩绘梁枋斗拱,重檐歇山顶,配以造型各异的脊兽,无比雄伟壮丽。门楣上挂当代高僧园澈法师所书的"大雄宝殿"匾额,殿内释迦牟尼佛和侍立两侧的阿难、迦叶弟子塑像全身贴金,两旁十八罗汉造形生动,是工艺美术大师叶润周所作。殿内名家楹联荟萃,以清代孙衣言撰书最为脍炙人口。大雄宝殿西边有"流米岩",东北角有"珍珠泉"。寺院最后一进千佛阁中有一尊睡姿卧佛和两厢千尊镀金佛,卧佛是整块缅甸玉雕琢而成,长4.8米,重4吨,是省内最大的一尊玉石卧佛。此外,寺内尚存明代石雕十八罗汉及宋、元、明碑刻等文物。现为省级文物保护单位。

② 头陀寺　旧称密印寺,又名妙智禅寺,位于瓯海南白象头陀山麓。始建于五代后汉乾祐年间(948～950年),傍山而建,山锐而顶圆,下瞰诸山,如老僧跌坐说法,故称头陀寺。左傍吹台,右眺大罗,峰峦遥挹,景色绝幽。清初顺治五年(1648年),进士出身的明代遗臣瑞安人林增志重建头陀寺,按汉传佛寺"七堂伽蓝"的典型格局建造。历时四载,顺治八年建成,设临济宗道场,弘扬禅宗佛法。解放以后,曾被勤俭中学占用,后又被温州警校占用。改革开放以

后,归还重建寺宇,今金碧辉煌,梵容壮丽,气势雄浑。寺前有莲池,入门为天王殿,前殿为玄觉禅师祖堂,正殿为大雄宝殿,正殿后为法堂,最后为忘山阁。天王殿两侧有钟楼、鼓楼,大雄宝殿两侧有罗汉堂、藏经楼、延寿堂,法堂两侧有方丈楼、禅房、僧寮、客舍等。全寺为五进合院式木构建筑,占地面积5.2万平方米(78亩),建筑面积6000多平方米,宏敞巍峨。前殿左侧有碑亭一座,为方形歇山顶建筑,内立清顺治十七年(1660年)《重修头陀密印禅寺碑记》。1981年被列为温州市第一批文物保护单位。1997年底,从斯里兰卡请得佛陀舍利,创佛舍利自锡兰东传中国第一例,并建造舍利殿供奉之。

③ 无量寺　原名无量梵音寺,简称无量寺。该寺位于瓯海区娄桥与慈湖之间的吹台山上,可从娄桥东耕坐缆车上山,也可从慈湖北村驾车而上。该寺古今信众如云,香火鼎盛,是温州古刹名寺之一。始建于东晋时代,与温州白鹿古城同龄。原为道观,名元妙观。历经千载诸朝,几度兴废盛衰。明嘉靖年间(1522～1566年),首辅张璁在观内建造了许真君祠,从此声名蜚然。清乾隆年间(1736～1795年)改为佛教寺院,以佛语"功德无量"命名为无量寺。民国时期重建。"文革"时期寺院被辟为林场仓库,僧人离寺,佛像法器荡然无存。改革开放以后,陆续修葺了许真君祠、山门、大雄宝殿,并增建了地藏王殿和厢楼,扩建了大雄宝殿。今天的无量禅寺共四进,30多间,占地面积1000多平方米。梵宫依山而建,逐进升高,殿宇斗拱飞檐,古朴典雅,蔚然壮观。更兼吹台山风景之清幽秀丽,每逢农历七月晦日,信众更是人山人海,热闹非凡。

④ 天护讲寺　位于仙岩风景区东面的大罗山狮山山腰,四周群山环抱,林木葱郁。早在清代《康熙山志》中已有天护寺的记载,民国三年(1914年)重建。解放后该寺尚有山田90多亩,"文革"时被改为仙南茶场。1979年寺院归还佛教界,1982年扩建寺宇。目前寺院规模非常恢宏,有天王殿、东土释迦殿、大雄宝殿、药师殿、左右厢房等组成的佛寺建筑群,雄伟壮观。1996年起,后进老殿辟为天台学研习所,这是一所学修并重的天台宗佛教学府,有两年制僧众班和一年制居士班。凡名讲寺,就是天台宗讲经传道,弘扬佛教的场所,每月初一、十五,来听经闻法者一两千众已成定规。2012年,住持能杰和尚又创办了天护寺天台宗文化学习沙龙,农历每月十四或二十九(三十)日晚开展佛法学习活动,吸引当地年轻人加入到学习佛教天台宗文化团队中,对净化人心,构建和谐社会做出了很大贡献。

⑤ 永宁寺　原名保莲寺,俗称白门寺,位于瓯海丽岙白门霞嶂村笔架山麓,傍山而建,坐北朝南。该寺始建于唐代长庆三年(823年),北宋大中符祥

年间宋真宗赐额"宝莲寺"。至民国时千年古寺仅存断壁残垣,若亮法师发心重建,并更名为永宁寺,意为永远安宁。然而,"文革"期间古寺摧毁殆尽。改革开放以后,由式通法师进寺主持寺务,相继重建了大雄宝殿、金刚殿、大悲楼、东西厢房、放生池等,占地面积达1万多平方米。

⑥ 宝严寺 位于茶山徐岙村东北面山坳里,四围山绕,树木葱茏,泉声鸟语,环境绝佳。该寺始建于北宋大中祥符元年(1008年),历史悠久,但由于地处荒僻,加以明代崛起的实际寺,渐使宝严寺变得香客冷落。然而,一代高僧弘一法师曾于1921~1932年间,两度在宝严寺居住,宝严寺因此而名扬海内外。1997年8月,宝严寺内建立了弘一法师纪念堂,有弘一法师在宝严寺的墨迹。此外,宝严寺还保留着宋代古塔4座。

⑦ 宝岩寺 位于大罗山仙岩化成洞之旁,面朝金河水库,坐南朝北,依山而筑。化成洞是一个古老的天然石洞,洞壁岩石外黑内白,有水晶般的明莹光润,故又称宝岩洞。宝岩寺因宝岩洞而得名,宝岩寺因宝岩洞而吸引史上很多名人隐居于此。例如唐代宗室李集曾避乱而隐居于此,在宝岩洞前种下一棵金心山茶花,属日本油茶科。今树高11.8米,胸围1.05米,胸径0.33米,至今已有一千二百多年树龄,人称"唐茶",是目前世界上树龄最高的古山茶花。千年古树,至今盛放花朵,实为世界奇观。明代末年,宝岩洞僧去寺毁洞空,荆棘丛生,无人问津。清代顺治十三年(1656年),天目和尚到仙岩寺主持法席后,因爱宝岩洞岩壑幽绝,于是凿空架险,冠崖跨壑,疏泉剔石,重新建成宝岩寺,并命名宝岩十景,留下许多摩崖题刻,使宝岩洞成为大罗山名胜景点。2001年8月阐成和尚主持宝岩洞,不辞劳苦,先后建成三圣殿、天王殿、大雄宝殿、无量殿等,大罗山宝岩洞更加风光宜人,蔚然壮观。

⑧ 实际寺 位于大罗山西麓的茶山罗丰村五美园,坐西朝东,风景秀丽。实际寺四周有金沙岭、镬丝潭、纺车岩、龙虎斗、顾公洞五大美景,故又称五美院,五美院是五美园景区的主要景点。实际寺始建于五代后晋年间(934~946年),兴盛于明代。明代洪武初年(1368年)高僧逆川重建。逆川大师有一袭袈裟得寺址的美谈,曾被明太祖朱元璋敕封为护国禅师,圆寂后,舍利塔建于寺后山上。清光绪二十八年(1902年)毁于火灾,次年重建。20世纪40~70年代,遭兵扰和"文革"破坏,住僧星散,佛像法器荡然无存,寺宇败落不堪。1983年寺产归还僧人,1985~1990年寺院得以重修。2003年又扩建禅堂7间。

⑨ 香山寺 位于大罗山深处的罗胜村岭下自然村,从茶山汀岙沿茶罗公路上山可直达寺院门口。地势高耸,层峦环绕,景色幽美,四季花香,是以为

名。始建于北宋宣和二年(1120年),兴于明,盛于清。因香火兴盛,屡遭火患,现寺为光绪七年(1882年)重建,近年又有增建。寺朝东南,共四进,有山门、金刚殿、大雄宝殿、大悲楼、观音阁,两侧还有甘露亭、慈云亭、定海崖等建筑。汉传佛教将农历二月十九、六月十九、九月十九定为朝拜观音菩萨的香会日期,民间又有观音送子的传说,所以香山寺每逢香会日期香客和游人络绎不绝。

⑩ 沙门寺 位于瓯海大道与牛山南路交会处的沙门坳北侧牛山南麓。原址旧为尼庵,曾一度废弃辟为番薯园地,1978年庵址重建拓建为沙门寺。整个寺院分三进,头进为山门,二进为金刚殿,三进为大雄宝殿,占地面积1800平方米。山门内有"八功德水"池,池边有七座青石如来塔。寺院左有钟楼,右有鼓楼。正殿后方有莲花池,池左有安乐亭,池右有七层宝塔"欢喜塔"。该寺紧邻温州城区,瓯海区佛教协会驻此。

(5)瑞安市主要寺院

① 龙翔寺 位于瑞安场桥五方村的龙山南麓,始建于南朝梁天监四年(506年)。明代宣德九年(1434年)重建,曾为逆川禅师卓锡处。清康熙二十年(1681年)和清咸丰二年(1852年)又两度重建。光绪年间又圮,民国八年(1919年)重建时,有前后三幢20多间,田园20多亩。20世纪60年代被工厂占用,1990年收回佛用,重修大殿、弥勒殿。1994年,信行僧人到场桥龙翔寺创办密宗道场,并扩建龙翔寺。信行是五台山清海大师的入室弟子,受过清海密宗灌顶和密部法术传授,成为五台山园照寺密宗主要传承密法僧人。密宗以"身、口、意"三密为主要特征,在修行方法上强调秘密传授,有一套设坛、诵咒、灌顶等复杂仪式,多用咒术驱鬼、捉妖、治病、求雨、治偷盗等。所以密宗在温州流传很窄,龙翔寺是温州密宗的唯一道场。龙翔寺建筑为三进,有金刚殿、大雄宝殿、圆通殿、文殊殿、放生池、长廊等,占地面积4000多平方米。该寺甘露苑天井内有石刻造像塔一座,为明代遗物,残存三层,残高88厘米,雕刻精细,具有较高的文物和艺术价值。

② 隆山寺 位于瑞安城区隆山之巅,始建于北宋开宝八年(975年),大观年间(1107~1110年)建造隆山塔。明代嘉靖三十七年(1558年)毁于倭患,清代乾隆三年(1738年)重建,民国十四年(1925年)大修。解放初期隆山寺全部拆毁,1994年择地重建。现有天王殿、大雄宝殿、圆通殿三进,面阔各5间,左右建造钟楼、鼓楼、地藏殿、伽蓝殿、方丈楼、僧寮、斋堂、客舍等。前建九龙石碑,后造藏经宝阁,依山势龙脉逐幢升高。占地面积6000多平方米。整个寺院宝殿楼阁金碧辉煌,梵呗绕梁,钟鼓浑厚,香客盈门,成为瑞安市佛教协会驻地。

③ 宝坛讲寺　坐落在瑞安汀田金岙岑岐山东麓,104 国道旁。始建于北宋元祐年间(1086~1094 年),民国四年(1915 年)重建。1985 年修复观音阁,1990 年重修大雄宝殿,2006 年又扩建了讲堂、居士客房、念佛堂等。寺院坐西向东,依山面水,顺山势逐进升高,主体建筑有山门、天王殿、大雄宝殿、观音阁、五层纪念塔,纪念塔在文革期间塌毁。左右侧轩有僧房、斋堂、库房、客堂等。殿后有甘露泉从地下涌出,清澈如镜。寺右尚保存翠荫洞,有宋代名流摩崖石刻数十条。我国佛教名宿谛闲法师多年在此讲经弘法,培育僧人。宝坛讲寺不仅是温州重要的宗教活动场所,更是中共浙南第一次党代会场所。

④ 本寂寺　坐落在瑞安北门外河埭桥,集云山南麓。始建于唐代垂拱四年(688 年),乾符六年(879 年)唐僖宗赐额"本寂寺"。宋至民国多次重建,民国六年(1917 年)改向重建。1989 年,比丘尼传一法师重建大雄宝殿,1992 年重建天王殿,后又续建左右侧轩、斋堂等。今山门"本寂寺"匾额是赵朴初书写。

⑤ 龙圣寺　又称护龙寺,位于瑞安塘下罗凤双桥村的大罗山南部尖山山顶,海拔 490.5 米,故俗称尖山寺。始建于唐代显庆二年(657 年)。由于山高岭峻,建寺困难,所以流传一个北宋歇了和尚建寺的尖山瓦龙故事。南宋绍兴二十一年(1151 年)重建。后又经明崇祯、清乾隆、道光、宣统多次重修重建,寺内存一方清乾隆十九年(1754 年)碑刻《重修龙圣禅寺碑记》,详细记述寺院兴衰。2003 年 10 月建成 8.1 千米长的尖山公路,使香客能乘车直达龙圣寺。原寺为二进五间,轩二间,田院二十亩。2002 年在原遗址上重建扩建为三进五间,硬山式砖木结构,大殿台基为清代建筑。

⑥ 景福寺　位于瑞安大南圣井山西南麓,始建于晚唐景福元年(892 年),故以年号而得名。据《景福寺碑记》残文得知,唐末天祐年间(904~907 年),朱温避难到此,受住僧款待。梁武帝朱温称帝后,后梁开平元年(907 年)敕诏赐额"景福禅寺",拨田千亩供养该寺,令拓建景福佛刹,筑成九进丛林。在中轴线上依次有山门、天主殿、大雄宝殿、甘露戒坛、大悲楼、千尊罗汉殿、方丈楼、藏经阁、檀越祠、功德堂等,正殿七间,左右僧房、库舍数百间,入山门石塔林立。寺宇规模宏大,气派雄伟,高僧云集,僧众九百,香火鼎盛,与永嘉密印寺、瑞安仙岩寺、温州江心寺齐名,合称温州府四大佛寺,故有"大南佛国"美誉。然而,南宋淳熙以后(1189 年以后)逐渐走向衰落。曾有恶僧行迹,官府借此领兵剿僧灭佛,遂渐衰败。至清光绪十年(1884 年)获重建,民国十年(1921 年)又一次重建,十年"文革"动乱毁坏殆尽。1985 年

重新修建古刹,虽经不懈努力,规模大为逊色。

⑦ 灵峰寺　位于瑞安马屿镇上硐村永峰山莲花盆地上,故俗称上硐寺。始建于唐代乾符二年(875年),五代后梁乾化五年(915年)寺址从许峰山移此。清乾隆三十八年(1773年)重建大殿,弘扬佛法,道风远播,于是同治七年(1868年)圣旨敕令重建,遂成一方名刹。因年代久远,原大殿岌岌可危,1999年修复加高。今整座大殿30根石柱、青石礤子、梁桥斗拱皆为原物。大殿前有两眼龙井,据说水若泛浑,则表示天将下雨,颇为神奇。

⑧ 会真寺　原为雅延道院,俗名斋堂,位于瑞安阁巷二村河汇底。始建于南北朝梁武帝天监三年(504年),明代洪武年间(1368～1398年)扩建为寺院。清雍正十年(1732年)法涵禅师从尖山龙圣寺移讲席于此,道风日盛。清乾隆二十四年(1759年)重修,改名会真寺。而后一度成为诸儒讲学之所,故亦名清辉书院。清末至民国期间,有东权法师驻锡,传说东权及其徒弟妙聪是武林高手,能飞檐走壁,名闻浙闽。

(6)乐清市主要寺院

① 灵岩寺　位于乐清雁荡山的灵岩风景区,寺以岩名。四周群峰环列,古木参天,是雁荡十八古刹之一。该寺始建于北宋太平兴国四年(979年)。因寺境灵秀,名闻京师,宋太宗特赐经书52卷。咸平二年(999年)宋真宗赐额"灵岩禅寺"。宋仁宗赐金字藏经。元末毁于兵火,明洪武十四年(1381年)重建。后屡毁屡建,规模渐小。1969年由乐清县招待所接收为福利旅社。1984年,显广法师率徒5人从天台国清寺返持灵岩寺,恢复佛事活动,并全面修葺宝殿和僧舍,重塑三宝和观音,整座寺宇焕然一新。1996年冬,新建的大殿圆满落成。目前,乐清市佛教协会驻此。

② 观音洞　位于雁荡山风景区的合掌峰下,合掌峰的"掌心"中有一天然岩洞,称为观音洞。洞宽14米,深76米,高113米,为雁荡山第一大洞。寺在洞内,洞中有瀑,瀑水成泉,泉洒甘露。观音洞寺院始建于北宋崇宁五年(1106年),1982年由雁荡山旅游管理局重建。洞内倚崖架屋,建楼九层,从洞口拾级而上,登377级台阶,方可到达最高层的大殿。大殿内供奉观音塑像和十八罗汉。洞内多摩崖碑刻,为宝贵文物。观音洞的佛法系统属于禅宗南宗的临济宗。观音洞内迴旋曲折,别有天地,是登临雁荡的游人必到之处。

③ 法华寺　位于乐清南岳的大嵩山南麓。始建于唐末光化三年(900年),唐昭宗赐额。唐末五代间的律宗高僧鸿莒曾住持该寺。清乾隆二十六年(1761年)和民国二十一年(1932年)曾两度重建。现存三进合院式木构建筑大多保留清代乾隆重建风格。该寺规模宏大,气势磅礴,占地面积5400

多平方米。1991年聘请天台国清寺高僧演通法师来寺住持。寺内左侧有莲花池,满池莲花净翠碧绿,池中有九曲桥和亭子。寺院东边青龙岗上有千佛塔,塔高九层,每层六角。寺院西首有望塔楼,与千佛塔遥相对应,站在望塔楼上可仰望似远犹近的巍峨浮屠。从望塔楼下来,便是诗画走廊,左右纵横数条走廊,错落有致地镶嵌着名人的诗碑,这是法华寺碑林的精髓所在。近年来,到法华寺朝拜和游览的客人与日俱增,而且缅甸、泰国、香港、台湾等等地僧人常有来往,演通法师曾三度前往缅甸仰光大金塔朝觐,使法华寺名播遐迩。

④ 能仁寺　位于雁荡山大龙湫景区锦溪岩畔。始建于北宋咸平二年(999年),南宋以来,在全国的影响越来越大。鼎盛时期有僧人三百,香客每日千人,是雁荡山十八古刹中规模最大的一座。寺中有一烧饭的大铁镬,高1.38米,直径2.4米,镬重18.5吨,北宋元祐七年(1092年)所铸,故又称大镬寺。能仁寺虽然多次遭受兵燹,逐渐衰败,但历代高僧大德的薪火传承,为能仁寺积淀了丰厚的历史文化,成为雁荡山一个重要的人文景观。1999年,能仁寺拉开了重建序幕,历时7年,占地面积1.67万平方米(25亩),仿宋建筑风格。现有大雄宝殿、天王殿、藏经楼、钟鼓楼、竺摩法师书画馆等建筑近20座,建筑群体起伏跌宕,大气磅礴。

⑤ 沐箫寺　位于乐成西门仓桥村箫台山,因傍沐箫泉而得名。建于明代嘉靖年间(1522～1566年),明末天启六年(1626年)和清康熙十二年(1673年)两度重建。后因年久失修,梁柱被白蚁吃空,1946年进行大殿拆建。1957年大殿和右厢被台风摧毁,仅存东轩,故僧去寺空。1981年教玄法师返回寺中,重建大殿,1985年重建右厢楼,1986年修建金刚殿和韦驮亭,1987年建七佛塔、息旅亭及七级浮屠,1988年又建石牌楼。今有沐箫池、子晋桥、十朋亭、天王殿、大雄宝殿、两侧厢房、宝塔等,建筑以石构为主,多以黄红为主色调,色彩明亮。

⑥ 真如寺　位于乐清磐石重石村的庵山东峪内,是乐清最大的寺院之一,占地面积1.46万平方米(22亩)。始建于唐代文德元年(888年),旧名重臻院。后经多次毁坏和重建,现在的建筑大多是1990年以后重建的。真如寺著名的是七座宋代石塔,每座石塔高4米,仿照印度瘁堵波形式,用石材精制而成。塔呈六角形金刚座,浮雕是中国古代传说中的狻猊、麒麟等神兽,栩栩如生。石塔的顶梁枋、斗拱和翼角出檐,都是依据《宋营造法式》的图案,因此造型独特,美仑美奂。但这些石塔历经千年,破损严重,现在看到的是在1993年的修复品。这修复品也弥足珍贵,现为全国重点文物保护单位。

⑦ 宝林寺　位于乐清翁垟三屿村犀牛山西北麓,坐西朝东。犀牛山似

金字塔突兀在乐清湾畔,山麓东南海涂万顷,白浪滔滔,山顶有明烽火台遗址。该寺始建于元代大德五年(1301 年),七百多年来几经沧桑,至晚清时期,天台宗第 39 世法嗣定性大师卓锡于此,其时名僧辈出,影响深远。民国初年该寺拥有水田 70 多亩及不少山场。"文革"时期,全寺被毁。1980 年开始重建,历时 20 多年,相继建成山门、牌坊、天王殿、大雄宝殿、圆通殿、三圣殿、地藏王殿、藏经楼、千佛楼、聚德斋、南北厢房及园林等。殿阁堂皇,雄伟挺拔,色彩优雅,构成一组气势恢宏的庞大佛教建筑群。特别是大雄宝殿的青色石柱,雕龙缠绕,千姿百态,独具魅力。1990 年在宝林寺原址下掘得大悲咒塔、石观音和大明成化二十年(1484 年)住持本清长老青石舍利塔。1994 年 9 月该寺求得台湾佛陀教育基金会赠送的佛舍利子一颗、《大正藏经》一部,继而又获缅甸玉佛一尊、日本的沉香木罗汉雕像 16 尊。近二十多年中,寺院收集了许多齐白石、张大千、徐悲鸿、潘天寿、赵朴初、南怀瑾等名人的书画作品。如今宝林寺已成为乐清新的旅游景点之一。

⑧ 双髻寺　位于乐清虹桥镇西北峃前村白龙山山坳里,俗称下宫(前洞)。双髻寺东首有两块巨大奇岩,名双髻峰、丫髻峰,故以岩名。始建于南宋末年,明代隆庆五年至万历十年(1571～1582 年)道航僧人重建,清康熙十八年(1679 年)续建。整个寺院都是石构建筑,故称白龙山石殿,与瑞安圣井山石殿齐名,2005 年列为省级文物保护单位。整个寺院占地面积 2000 多平方米,建筑面积 1500 平方米。现存明代石山门、石殿、石照屏、石亭、石佛、石桥、石洞、石塔等,佛像及装饰雕刻线条粗犷流畅,保存完整,都是珍贵的明代文物。山门称"仰止门",坐东朝西,屋面用石板并排直铺,正脊两端设龙首凤尾的鸱吻,展翅作迎客状。过山门是平坦的云桥,云桥左侧便是下宫。下宫又名前洞,是一个天然洞穴,深 5 米,宽 6.4 米,高 4 米。洞前建造前殿,坐北朝南,四柱三间,地面用方形块石对角平铺,屋面用石板平排直铺。殿内有浮雕四排石佛 88 尊,皆高髻,双目微启,两耳垂肩,身着交领宽袖袈裟,跏趺坐于莲花座上,手作法界定印,具有浓郁的明代石雕艺术风格。殿前有庭院,正面设照屏,照屏前有一大石潭,名为放生池。殿左有石亭"太空亭"。

⑨ 胜禅寺　位于乐清白石镇崎元村,白石水库坝南,白石溪西岸,坐西朝东,玉甑峰和白石水库映秀山门,枕山傍水,清净优雅,是中雁荡山景区规模最大的寺院。始建于元末至正五年(1345 年),取名崇福院,后圮。明洪武二年(1369 年),迁址于石街池头村,未几迁回今址,易名景清院。1958 年台风倒塌被拆毁,剩下一坦荒基。1987 年开始重建,相继建成大雄宝殿、圆通殿、两侧厢房,占地面积 1150 平方米。2005 年建成的圆通殿,五间双檐八

爪,高甍巨栋,奉千手观音像。山门外有七宝如来石塔,山门"胜禅寺"是蔡心谷手笔,"大殿宝殿"匾额是赵朴初手迹,殿内释迦牟尼贴金佛像为陈岳亭杰作,为中雁荡山增添不少风光。

⑩ 翠云寺 位于乐清七里港上叶村南山,始建于五代后晋天福八年(943年),北宋大中祥符九年(1016年)宋真宗赐额。清康熙十六年(1677年)重建,后又再建,再破败。1980年当地建水库,迁址于半山,兴建大殿三间,1982年再建前殿,1986年又建后殿,现有寺宇建筑三进三幢,院宇宏敞,环境清幽。寺外东首建有九层浮屠一座。

(7) 永嘉县主要寺院

① 宝胜寺 位于楠溪江下游上塘绿嶂村的绿嶂山麓,始建于唐代咸通五年(864年)。原寺院为九进丛林,住有三百余僧人,为浙南十大名刹之一。西安慈恩寺所存《全国名刹录》中有温州宝胜禅寺之名,与宿觉禅寺、净光禅寺等齐名。清咸丰四年(1854年)毁于兵火,后来在原址上改向建成三进,规模大减。解放后被工厂占用。今大殿于1995年移至原址左边建成,大殿内三世佛像仍显示当初大丛林气概。寺旁山上原建有佛塔,今毁,留有塔坪及塔材白石,白石为宋代遗物,另有圆寂比丘卵塔数座。寺内有移来的中兴宝胜寺住持玉峰大和尚舍利塔。

② 天王寺 位于永嘉桥头镇林福村的瓯江北岸天王山麓,面朝东南,三面临瓯江,一面靠屿山。相传汉光武帝刘秀曾敕封永嘉天王寺,汉光武帝距今近2000年,温州佛教最早历史只有一千六百多年,"天王寺是两千年的古刹"显然是捏造的谎言。天王寺创建时间不可考。宋时天王寺拥有良田山园三百多亩,寺僧百余,香火旺盛,朝拜者络绎不绝。然而,南宋乾道二年(1166年)农历八月十七,超强台风引起的风暴潮席卷天王寺,顷间变成废墟。后重建。清咸丰三年(1853年)农历六月廿九又遭超强台风袭击,温州"水满城门齿",天王寺遭灭顶之灾。1942年勉强建成一殿,维系着佛梵的脉络。改革开放以后,八方挚友和绅士名流积极捐资重建,现已建成天王殿、大雄宝殿、地藏王殿、钟鼓楼、僧房、客舍等建筑,宏伟壮观,重现当年的佛法道场。

③ 普光寺 位于永嘉瓯北东瓯大道北端的覆舟山腰,坐北朝南,始建于明代,距今有五百多年历史。原寺院占地3000平方米,建筑面积500平方米,建有一座五间大雄宝殿,坐落于六十多米高的石壁上的一个天然岩洞之内。大殿前有一株五百多年树龄的古樟树,大殿左边有一口玉泉古井,井水从岩缝中渗出,并刻有玉泉石碑立于旁边。覆舟山上樟树、杉树、松树等林

木繁茂,并有栽培杨梅、瓯桔、枇杷等果园两百多亩,毛竹一百多亩,山下有水田9亩。"文革"期间,寺宇、佛像、石碑全部砸毁,林木和果树全部砍光,五百多年的古樟亦遭灭戮。1979年开始重建一座五间两层大雄宝殿,1981年在光秃秃的覆舟山上重新种植树木、果树、毛竹等,1991年建造三间四层天王殿,僧房九间三百多平方米。因岩缝漏水,大雄宝殿墙壁倒塌,成为危房,不能举行佛事活动,于是1998年再次重建五间两层大雄宝殿。目前,普光禅寺规模宏大,占地面积六千多平方米,建筑面积一千多平方米。

④ 玉泉寺　位于瓯北黄田浦边村黄岩山半腰,依岩而筑,坐北朝南。寺院西侧有天外天、黄岩洞诸景。天外天在悬崖峻壁之中,东依黄岩洞,西傍玉泉寺。黄岩石洞高10米,深6米,洞外绝壁,洞内平整,内有龙井一口,水色浅绿,明洁如镜。该寺始建于明代天启三年(1625年),民国十五年(1926年)重建,1986年再建。寺院为三进五间木构建筑,山门有青石柱一对,其联是"石硐千秋玉泉万古,溪山如故寺宇重新","玉泉禅寺"由金定伦题写。寺旁有放生池,上方有摩崖石刻六字真言,峭壁上有观音一座,结跏趺坐于岩上。寺内一楼至二楼的石径内侧石壁中有一清泉,常年不枯,甘冽可口,玉泉寺因此而得名。今山门、金刚殿、大雄宝殿、僧房、客舍等都已修葺完毕,焕然一新。

⑤ 延寿寺　位于永嘉西溪桥下镇延寿村南山北麓,瓯江大桥六岙村沿上山公路东行3.5千米即到,东邻黄龙洞玉泉寺。始建于南宋时期,明嘉靖年间(1522～1566年)和清乾隆年间(1736～1795年)两度重建。直至解放前还有三进二厢。解放后没有维修,只留下后殿一座,岌岌可危。2003年开始重建,使古刹得以保存。今天寺院占地面积2000多平方米,大雄宝殿的前梁是金丝楠木制成,长7米,径阔60厘米,非常珍稀贵重。

⑥ 圆庆寺　位于永嘉菇溪口门桥头镇朱涂村下涂湾,正面朝瓯江,三面环山,背靠官山主峰崖山,左右有官山翼脉金杏林和乌犄角,西邻林福天王寺。333省道和温丽高速公路横贯寺前,交通便捷。该寺始建于南宋初期,明嘉靖三十八年(1559年)重建。明清时期称为圆真堂,供人著作、修谱、养性、修行之用。清嘉庆年间(1796～1820年)遭台风袭击,山洪暴发,江水猛涨,寺院、田园皆成涂滩。直至1978年以后才相继发现寺院石磉、石砣、铜门环、大磬、镶金花瓶等文物。经多方努力,今寺院各建筑均获重建,恢复昔日佛寺风光。

⑦ 普安寺　位于永嘉岩头镇西郊十八垄南麓,始建于唐代先天元年(712年),北宋治平元年(1064年)和清代乾隆年间(1736～1795年)均获重建,民国期间又经修葺。寺院坐北朝南,原为五进七开间,有大小禅房一百

多间,清代僧人最多时达 128 人。今为三进,前为山门殿,中为大雄宝殿,后为观音阁。寺内有两个大鱼池,尚有石狮、石鼓等古物。岩头普安寺自古至今都是浙南天台宗的重要道场。

⑧ 云山寺　位于永嘉鹤盛镇西源藤家垄村云山水库北面的云山山顶,海拔 880 米,东邻岭头的大雷寺,位置很僻远,但群山环抱,山峦叠翠,环境非常清新。始建于唐代先天元年(712 年),五楹四进两厢,三殿一堂,共 26 间。历史上僧众最多时达三百余人,香火鼎盛,红极一时。第一进山门上有联"云来云去云作伴,山前山后山为邻",山门内有两个放生池。第二进天王殿,20 世纪 30 年代初期被毁后重建。第三进大雄宝殿,曾因战乱,三次烧毁三次重建。第四进曾置蒙馆,由和尚设教,直至民国时期与第一进相继倒塌。今寺院重新修建一新,尚存 4 米长的花岗岩半圆形对联 4 条,为珍贵古物。寺内有圣僧之墓卵塔 3 座,附近有仙人桥、青龙桥等名胜古迹。

⑨ 云居寺　因居和车两字同音,云居寺又名云车寺,位于永嘉张溪深固坑村苍基自然村,故又称苍基寺,紧靠台州黄岩区,地理位置非常偏远。始建于东晋,名为苍基庵。唐代开元年间(713～741 年)改名苍基堂,后又改名云车禅寺。宋末元兵南下,寺被毁坏。明代永乐三年(1405 年)重建,恢复原貌,改名云居禅寺。清乾隆二年(1737 年)铸一大钟,重 400 斤,作为镇寺之物。后屡塌屡修,至今有大雄宝殿、藏经楼、诵经楼、钟鼓楼、左右厢房共三进 48 间,大钟仍存寺中。

⑩ 昭福寺　位于永嘉乌牛横岚岙村云峰山麓。该寺自称始建于西汉昭帝年间,有二千余年历史,这是胡编瞎说,不可信。北宋真宗年间臻于鼎盛。解放初期的 1955 年尚存大雄宝殿及佛像,前后左右建筑 19 间。后来逐渐毁坏。1995 年动工重建,现寺院建筑规模宏大。

(8) 平阳县主要寺院

① 东林寺　位于平阳城南的凤凰山南麓,相传南朝梁武帝天监年间(502～519 年)始建,当时分外寺和内寺两部分。唐代大历年间(766～779 年)重建外寺,并改名东林寺,是浙南著名的千年古刹。元代以前是天台宗的弘法道场,元代以后成为禅宗南宗的临济宗弘法场所。清代顺治年间(1644～1661 年)重建,后来的康熙、乾隆、咸丰年间都有增修。民国四年(1915 年)拓建。1949 年以后,寺宇部分殿堂寺舍被当地借用,文革期间改作生产队仓库和民居,寺院破损,面目全非。1984 年占用者全部迁出,归还佛界,并聘请苍南籍的五台山吉祥寺名本法师来寺住持,负责重建古刹,作为温州市首批开放寺院之一。从 1984 年至 1994 年,仅用十年时间,先后建

成大雄宝殿、天王殿、药师殿、三圣殿、观音殿、地藏殿、僧房及山门、围墙等，共四进八十余间，占地面积 5200 平方米。该寺现存大量碑记，其中作为重要文物有《僧会碑记》《东林寺历史碑记》等。1985 年 10 月起，是平阳县佛教协会驻地。

② 广慧寺 位于平阳县城九凰山南坡半山腰，故俗称半山庵，坐西北朝东南。始建于唐代咸通年间（860～874 年），是平阳县著名的古刹之一。清光绪年间（1875～1908 年）大规模扩建，占地面积三千多平方米，殿堂斋房一百多间，僧众八十多人。1931 年在天王殿前面建成青石打制的七佛如来塔，塔高 2.94 米，底座六角形，塔身为瓜棱形，塔顶为重檐六角攒尖式。抗战时期，寺院房舍借给平阳中学和浙南中学办学，不慎失火，仅存五间禅堂，寺院藏经和刘绍宽的木刻版荡然无存。1980 年开始重建，今已建成占地面积四千多平方米的中型寺宇建筑群，古刹面貌焕然一新。

③ 慈云古刹 就是南雁荡山风景区的观音洞，在会文书院右侧山上悬崖下。洞顶有凌霄峰、普陀峰，洞下有净瓶岩、鹦鹉峰。观音洞高 21 米，宽 41 米，寺院殿宇傍崖而建，依洞而筑，错落有致，布局紧凑。寺外壁立千仞，寺内有联珠瀑，水珠由岩顶飞洒入池，终年飞珠不绝，池底有块"狮舌岩"。寺院始建于五代，高僧愿齐曾在此打坐。现有殿宇是清同治年间（1862～1874 年）所建，1982 年大修一新。

④ 龙井寺 原名龙井庵，是南雁荡山风景区十八庵之一。位于山门镇凤岭的平坡上，坐北朝南，面对畴溪水，遥望南雁荡山群峰。寺前左侧有泉井，水质甘美清洌，能满足周围居民饮水而终年不涸，有"龙井"之誉，寺以此得名。龙井寺始建于五代，历经各代寺僧修建。1937 年冬至 1938 年春，该寺曾为闽浙边临时省军区司令部驻地和闽浙边抗日救亡干部学校校址，临时省军区司令员兼校长粟裕的办公室就在寺东首横厢阁楼上，现室内保持原状，以供瞻仰。1981 年开始重修，发现寺内又一泉井，水色碧玉，为寺添一景观。

⑤ 云祥寺 又名百僧堂，位于平阳顺溪镇区以西 1.7 千米，顺溪水库坝址以下 500 米的鳌江上游峡谷中。始建于元代至正七年（1347 年），后为地震所毁，清康熙年间（1662～1722 年）重建。清光绪七年（1881 年）再建，有 7 间平房，兼作办学之所。寺内保存清宣统年间所镌青石碑记一块，记述该寺兴衰历程。1977 年在旧寺之侧建造新寺，新寺共有五进 33 间，建筑面积两千多平方米。该寺坐落在峡谷之中，依山势建造于巨岩之间，石壁、石柱、石梯等别具一格。大雄宝殿为三间三层木石结构，面宽 22 米，高深各 18 米。此外，还有二宜亭、冰廊、七级浮屠双塔等。寺内常住比丘 11 人，沙弥 6 人，护法 7 人。

⑥ 仙坛寺　位于平阳昆阳城区东门仙坛山麓,坐东南朝西北,前临 104 国道,四周林木茂盛,古木参天,翠竹幽篁,环境清幽,为平阳天台宗仙坛派祖庭和活动中心。始建于唐咸通年间(860～874 年),山路石阶 108 级是南宋淳熙年间(1174～1189 年)凿造。明代景泰年间(1450～1457 年)铸造一口铜钟,重 2000 斤,现存寺内。1991 年在原址东移几百步处,依山重建仙坛寺。

⑦ 报国寺　原名玉峰古刹,坐落于平阳闹村西垟村珙山山麓,北邻南雁荡山,南接大玉苍山,三面环山,风景秀丽。始建于唐代景福元年(892 年),明嘉靖二十四年(1545 年)重建,清同治六年(1867 年)再建。清光绪二十七年(1901 年)朝廷兴学,报国寺捐赠精舍办学校,析寺产作办学经费,成为闹村历史上第一所学校"养正学堂"。1994 年夏,在原址右侧山坡重建大殿,现寺院占地面积七千多平方米,并办有养老院供附近老人颐养天年。

⑧ 天明寺　位于平阳墨城长岗村九峰山,虽地处深山,但东临东海。寺内有泉水,甘洌若浆,故俗称圣菜池。该寺始建于唐代至德年间(756～758 年),是释教佛寺。清光绪年间(1875～1908 年)改建为道观,取名天明观。1958 年开始佛教徒在圣菜池旁搭棚修佛念经,改道为释。"文革"期间,僧众星散,寺宇、古木等荡然无存。1990 年建成寺宇殿阁 31 间,占地面积三千多平方米,寺院殿宇为明清宫殿式建筑格局,雕梁斗拱,金碧辉煌,雄伟壮观。

⑨ 石筻寺　位于平阳水头镇章岙村蒲尖山麓,故俗称章岙堂,坐南朝北。始建于北宋初年的建隆年间(960～963 年),高僧愿齐于此开基。鼎盛时期,寺院占地面积 22 万平方米(330 亩),建筑面积 5000 多平方米,田产 300 多亩,僧人过百,有寺基发掘的石脸盆、石水缸等古物为证。清康熙年间(1662～1722 年)重建,为释道结合,曾铸有千斤铜钟和直径 2 米大鼓。民国二十九年(1940 年)改为粮仓,1958 年改办水头碘厂和平阳羽毛球厂。1984年恢复为寺院,并开始在原址北面 400 米外的山坡上重建。新建寺院规模恢宏,占地面积六千多平方米。

⑩ 广福寺　位于平阳钱仓凤山南麓,古时西首为广福寺,东首为宝胜寺。广福寺始建于唐代咸通年间(860～874 年),宝胜寺始建于五代后周时期(951～960 年)。吴越王钱俶曾宿于宝胜寺,今留有"钱王一宿楼"遗迹。宋代两寺鼎盛时僧众多达 1000 人。两寺古代都建有双塔,广福寺一塔早毁,另一塔在 1942 年也全毁;宝胜寺双塔至今屹立不倒。明嘉靖二十三年(1544年)两寺均遭倭寇焚毁,后来重建。清咸丰年间金钱会起义时,宝胜寺被清军焚毁,但双塔巍然屹立。宝胜寺双塔建于北宋乾德三年(965 年),皆为六

面五层砖塔,高 15.16 米。改革开放以后,群众集资重建广福寺,现有寺宇 15 间。寺旁有凤冠岩、摇动岩、龙虎岩诸胜景。龙虎岩是金钱会起义誓师之地,与双塔一起同列为省重点文物保护单位。

（9）苍南县主要寺院

苍南佛教协会管理的寺院 109 座,其中龙港镇 34 座,灵溪镇 30 座,金乡镇 14 座,桥墩镇和矾山镇各 7 座,钱库镇和藻溪镇各 5 座,马站镇 4 座,宜山镇 3 座。

① 祥云寺　位于苍南县城灵溪镇河滨西路龟山北麓,地处闹市区。该寺始建年代失考,清同治六年(1867 年)重建,民国二十六年(1937 年)曾被占用为国民党灵溪区会议室。解放以后,寺址数度迁移,1987 年才定为今址。目前,寺院占地面积 3180 平方米,建有天王殿、大雄宝殿、地藏殿、药师楼、藏经楼、斋房等设施,香火空前兴盛,成为颇具规模的闹市丛林。1993 年起成为苍南县佛教协会驻地,1995 年以后,祥云寺的住持均由县佛教协会会长兼任。

② 法云寺　位于苍南桥墩玉苍山之巅龙头岗上,坐北朝南,是苍南第一禅林。始建于南宋咸淳年间(1265～1274 年),是佛教玉苍派(属临济宗)的创建祖庭。法云寺开山鼻祖、玉苍派创始人是三段僧人,他圆寂前吩咐弟子将其遗体锯为三段,一段喂鸟,一段喂龟,一段喂鱼,故后人称他为三段祖师,今人称其为"环保和尚"。元代大德、明代宣德、明代崇祯、清代康熙年间多次进行重建,民国三年(1914 年)又一次重建。"文革"期间占为他用,寺院遭到严重破坏。1983 年归还了寺产,并进行大修和扩建。现今寺院占地面积四千多平方米,建筑面积一千二百多平方米。由山门、放生池、天王殿、大雄宝殿、藏经殿、观音阁及左右配殿等组成,其中大雄宝殿五开间,面宽 14.6 米,进深 12 米,高大挺拔。大雄宝殿有三对青石柱础,上面雕刻精致的人物、花卉、云纹等图案,刻工精细,是南宋法云寺创建初期留下来的遗物。寺内遗留有清光绪年间铸造的千斤大铜钟和小铁钟各一口。

③ 香林寺　原名香林教院,位于龙港镇徐家庄村,是平原旷野上的一座丛林。始建于南宋淳祐四年(1244 年),清代康熙和光绪年间两度重建,民国三十一年(1942 年)又一次进行重修,原有三进寺宇和钟鼓楼,再扩建东西厢楼。"文革"期间寺院改为造船厂,香火湮灭。1984 年徐家庄众善信予以重建扩建,现在寺院扩大为四进,占地面积 6000 多平方米,黄墙黛瓦,高大恢宏。五间天王殿左右有钟鼓楼,放生池上架拱桥。前天井左右各有三间二楼,为药师殿和地藏殿,后天井左有 11 间三层厢楼,右有 6 间二层厢楼。天井北面有七间三层

玉佛楼,玉佛楼中有观音阁和藏经楼,缅甸请来的二尊大玉佛敬坐楼中。

④ 吉祥寺 位于龙港镇童处村黄家垟东南的东条河畔,远离喧尘,却公路交通便捷,是平原旷野中的一座丛林。始建于南宋嘉定年间(1208～1224年),取名玄照堂。清乾隆年间(1736～1795年)重建。为避康熙皇帝玄烨讳,玄作元,故昔之山门额书"元照堂",也称元照寺。1978年移址重建时,住持释昌法师因在五台山吉祥寺习佛多年,故改名为"吉祥寺"。1996年进行大规模的整修和扩建,现已建成山门、天王殿、大雄宝殿、地藏殿、五圣殿、药师楼等宏伟建筑,尤以七间三层的五圣殿更为壮观。整个寺院占地面积2800平方米。

⑤ 大义净寺 位于苍南南部沿浦大姑村的大姑山麓,与合掌峰对峙,原名大姑庵。始建于唐代大中年间(847～859年),北宋政和六年(1116年)重建,今留有宋代重建时遗物宝幢一座。清道光年间(1821～1850年)又一次重建。解放前夕进行过大修,文革期间寺貌全非。1980年开始进行重建扩建,先后建成大雄宝殿、天王殿、塔墓、放生池、藏经楼、斋僧堂、祖师殿、山门、僧寮、厢房、围墙等,占地面积1.5万平方米(24.5亩)。山门上"大义禅寺"四字题额是上海龙华寺方丈明旸大师手迹,两侧对联"门对浦江九曲水,寺含合掌一仙岩",点明寺院的地理位置。

⑥ 圆觉讲寺 位于苍南桥墩镇西郊。始建于宋代,清同治年间(1862～1874年)重建。名为讲寺,可见是天台宗的弘法道场。现有山门、天王殿、大雄宝殿、观音阁、钟鼓楼、伽蓝殿、祖师殿、药师殿、三圣殿、藏经楼、斋房、僧舍等,这些建筑皆经粉饰,金碧辉煌。大雄宝殿前建有一座自资供养塔,宝殿中挺拔的殿柱上撰有印光大师的联书。藏经楼中藏有清乾隆《龙藏》一部。整座三进寺院占地面积3000多平方米,香火旺盛,香客络绎不绝。

⑦ 镇西寺 位于苍南桥墩镇仙堂村,朝向东南。始建于宋代,明万历年间(1573～1620年)重建,以后历代均有整修。1997年重建五间大雄宝殿和六间二层西厢楼。2004年又扩建五间三层观音楼。现在整个寺院占地面积五千多平方米,建筑面积一千五百多平方米。镇西寺僧人农禅结合,自种自食,日间务农,晨昏礼佛,这是温州佛教的传统美德。

⑧ 海云寺 位于苍南芦浦监后垟村,村内原有南宋咸淳年间(1265～1274年)始建的会善堂,至今破败不堪。1981年村委会选址前垟,新建寺院,因东临大海,故取名海云寺。该寺山门外有七宝如来塔,天王殿左右有钟鼓楼,中有放生池,上筑拱形六和桥,两侧24间厢楼中设药师殿、三圣殿、达摩祖师堂、斋堂等。大雄宝殿的殿柱上有钱库苏渊雷居士联颂。七间三

层藏经楼中藏经繁多,168 卷《龙藏》尤为醒目。左右各有三间厢楼,是千佛楼和大悲楼,上悬匾额是木鱼方丈和林剑丹手书。

⑨ 集福净寺 位于苍南沪山,昔名茶堂。始建于宋代,明万历(1573~1620 年)、清嘉庆年间(1796~1820 年)多次新建扩建寺院。解放以后寺宇破败,"文革"期间几成废墟。1980 年开始发起重建,经过十几年努力,终于建成规模宏大的佛教寺院,占地面积达一万多平方米(约 15 亩)。现在正在建设多功能万佛大楼、清凉广场、居士如意堂、每日念佛堂等一系列的现代佛教建筑,定期开设法师讲经活动。

⑩ 福胜寺 位于苍南龙港镇下垟郑村九龙河畔的龙舌穴上。始建于清代嘉庆年间(1796~1820 年)。由于长年失修,破败不堪,1995 年移址九龙河畔重建,2003 年竣工。今寺院有圣门、山门、天王殿、大雄宝殿、藏经楼五进,占地面积二千七百多平方米。一进是牌坊式圣门,隔东新街公路与兴港中学相对。通过十多米的莲花青石走道是山门,山门内一座长 8 米的连环桥横跨河上,直贯三进天王殿,左右两侧各有石栏杆穿河而筑,形成面积 400 平方米的圆形人造湖,湖上荷花朵朵,菱藕丛丛。过天井至四进是大雄宝殿,五进是三层藏经楼,底层斋堂,中层僧房,三层藏经楼。

(10) 文成县主要寺院

① 净慧寺 位于文成大峃镇南面金炉岚岩村玉泉山腰,因古地名七甲,故俗称七甲寺。始建于唐代元和十五年(820 年),唐广明元年(880 年)毁于战乱,后闽僧重建。北宋端拱二年(989 年)和大中祥符元年(1008 年)重修。元末遭兵燹寺毁,明代重建。清光绪三十三年(1907 年)重修。1972 年全寺拆除,寺址垦为农田。1984 年开始重建,现建成金刚殿、大雄宝殿、三圣殿三进,两边有地藏王殿、讲经堂、方丈室、僧房、斋堂等 25 间,占地面积八千多平方米,建筑面积三千多平方米。金刚殿面宽五间,重檐歇山式;大雄宝殿面宽七间,高 13 米,重檐歇山式;三圣殿面宽五间,单檐歇山式;地藏王殿面宽三间,硬山式。寺前有玉泉佛塔,高 7 层 15 米,脚径 3 米,为石制石塔。该寺农禅双修,兼学教理。

② 净因寺 位于文成峃口镇双桂城底村金钟山麓,四面青山,小溪流绕,林木葱郁,青石板铺就的寺前小路古韵悠悠。始建于清代光绪十五年(1889 年),原为五显公庙。民国四年(1915 年)改建为净因寺。1989 年开始重修扩建,现有金刚殿、大雄宝殿、三圣殿、藏经楼四进,两侧厢房 26 间。寺内还有放生池、花园等。大雄宝殿为重檐歇山式建筑,藏经楼内藏有很多古籍珍版经书。整个寺院占地面积 3500 多平方米,建筑面积 1040 平方米。

③ 栖真寺　位于文成黄坦镇严坽村。始建于唐代元和七年(812年),唐会昌二年(842年)重修扩建,北宋治平四年(1067年)再度扩建。南宋宝祐元年(1253年)重修,据富宗礼《栖真寺记》,当时建有金刚殿、大雄宝殿、三圣殿三进及两侧钟鼓楼、厢房、张氏家庙等。元、明、清几经建修,梵音不绝。解放后部分寺舍改为民房,1959年寺院改为养猪场。"文革"期间被拆毁,仅存青石门台和僧房三小间。1990年开始重建,恢复宋时建筑和规模,占地面积3060平方米,建筑面积969平方米。大雄宝殿面宽5间,为抬梁式重檐歇山顶建筑,东西两侧建有观音殿、地藏殿。山门、金刚殿、三圣殿、观音殿均为穿斗式单檐歇山顶建筑。

④ 玉泉寺　位于文成玉壶镇外楼垟村,地处闹市区。原称崇福寺,始建于明代永乐二年(1404年),后经清道光六年(1826年)、同治五年(1866年)两度重建,易名玉泉寺。清光绪年间(1875～1908年)在寺右复建观音阁,民国十三年(1924年)增建厢房二十多间。解放后改为小学用房,1988年小学迁出,并开始全面修建寺宇,重塑金装佛像。1990年在寺内左侧建造无量佛塔一座。寺院现为金刚殿、大雄宝殿、三圣殿三进合院建筑,占地面积3465平方米,建筑面积2633平方米。

⑤ 真如寺　位于文成大峃镇林店村尾山。始建于元代至正年间(1341～1370年),原称净修庵,毁于元末兵燹。明代嘉靖年间(1522～1566年)重建,改名三岩寺。清光绪二十九年(1903年)毁于火灾。民国十年(1921年)重建,取名贯一堂。"文革"初年1966年堂内尼众遭逐,用作文成县炸药厂试验场所,不慎失火焚毁。1982年募资重建,改称真如寺。现有头门、大雄宝殿、观音殿、藏经阁、厢轩斋房、花木院坦等,占地面积2600平方米,建筑面积一千多平方米。

⑥ 岩庵　又称白云庵,位于文成大峃镇北郊的珊门村云峰山腰。始建于唐代,现存大雄宝殿是明代永乐十五年(1417年)重建,坐北朝南,依悬崖洞壁而筑,金柱后半部处在崖穴之内,脊檐半露,崖壁倾洒而下的水珠常年淅沥脊背。大雄宝殿西首为山门和金刚殿,往东经石梯阶步到地藏殿和观音阁。大殿内外至今保存着明代至民国的珍贵碑刻10方,其中载有唐吕洞宾《游岩庵》诗"风吹洞草三春暖,水溅岩花六月寒"句的清代碑记。岩庵以环境险峻奇特而驰誉,是历代信徒膜拜和世人游览的胜地。

⑦ 西安寺　位于文成珊溪镇南郊的西山村。该寺始建于明代洪武三年(1370年),原名千云寺。清初寺毁,民国十九年(1930年)重建,改称西安寺。1990年当地募资扩建大雄宝殿、两厢斋房、道路等。大雄宝殿面宽五

间,重檐歇山式,中塑贴金佛像。整个寺院占地面积1.3万平方米(19.5亩),规模壮观,环境优雅。

(11)泰顺县主要寺院

①　三峰寺　位于泰顺县城东郊山腰的三仙坪,地处飞龙公园的北侧。始建于五代后晋天福元年(936年),北宋大中祥符年间(1008～1016年)宋真宗赐额,原址在城关凤凰山左翼(今儒学底路)。元初至元年间(1271～1294年)毁后重建。明嘉靖六年(1527年)再度重建。明嘉靖三十三年(1554年)因其地需做他用而拆迁到太平桥东(今县政府大院)重建。清康熙、雍正、道光、同治年间皆经重修或扩建,规模逐渐增大,面积达9000平方米,成为浙闽边区古刹名寺。1955年三峰寺被拆毁,寺址建为泰顺县府大院。1989年,落实宗教政策,在城关东郊东外村三仙坪划拨150亩(10万平方米)山地重建三峰寺。三仙坪离县府中心3千米,原为清代著名学者潘鼎等三人精心研学而建的"石林精舍",民国二十五年(1936年)烧毁,遗址为一大丘坪,90年代以前这里有三间平房,占地面积不足50平方米,称为"三圣寺"。1998年建成大雄宝殿600平方米,两边厢房11间400平方米,塑大小佛像八十余尊,殿前建成花木鱼池,三峰寺初具规模。继后,又陆续建成天王殿、藏经楼、观音阁、祖师堂、盘山公路等。三峰寺群山环抱,层峦叠翠,居高临下,泰顺县旧城新貌尽收眼底,到此信众游客熙熙攘攘,成为泰顺县佛教活动中心。

②　宝林寺　位于泰顺雅阳镇东郊白巢村,故俗称白巢寺。始建于南宋绍兴二年(1132年),历经明嘉靖四十一年(1562年)、清康熙二十五年(1686年)、乾隆三年(1738年)、同治二年(1863年)多次重修和扩建。寺院现有建筑三殿一阁,两侧附有僧舍、客房等,占地面积6600平方米。天皇殿后面有宋代石塔一座,大雄宝殿右侧神龛有三尊宋代舍利塔残件,寺内还有清代石刻三尊(文殊骑狮、普贤骑象、弥勒坐莲),清代铜钟一只。该寺东面5华里是承天氡泉,所以香客和游人络绎不绝。

③　崇教寺　位于泰顺三魁镇卢梨村,故俗称卢梨寺,邻近三折瀑景区。始建于北宋政和元年(1111年),初为小庵。南宋嘉泰三年(1203年)重建,宋宁宗赐额。至明代,因战乱和宗教纠纷,寺院屡毁屡建。清咸丰七年(1857年)和宣统元年(1909年)重修。1966年收藏原三峰寺的宋版《三藏经典》。1981年以来重修,并扩建前堂、藏经楼等。

④　明山寺　位于泰顺三魁镇西旸王家垟村。始建于元代,毁于明代,清光绪二十八年(1902年)重修。原建筑布局呈品字形,中为大雄宝殿,左为观

音阁连云集堂,右为光觉寺同塔院,三堂建筑规整,故俗称明三堂,所以有人误称为明三寺。解放后该寺被社办林场占用。1979年归还并重修,增建两厢,整修门楼、天井、鱼池,外加围墙,后又建设藏经楼,构成四合院式建筑。寺院另有山林、茶园、水田1600多亩。

⑤ **吉祥寺** 位于泰顺城区北门外沙堤村菖蒲垄。始建于民国二十五年(1936年),原名吉祥庵。1984年改庵为寺,重建大雄宝殿,修建僧房、客舍、香房、花坛等,并建六角吉祥石亭。2007年新建观音阁。今寺院占地面积878平方米,建筑面积570平方米。1984年起泰顺县佛教协会由崇教寺迁驻此寺。

⑥ **崇化寺** 位于泰顺雅阳镇东安村,故俗称东安寺。始建于北宋建隆二年(961年),后历经千年诸代,屡塌屡建。改革开放以后,经大规模修建,现在成为泰顺县一大胜景。寺宇枕崖而建,环境幽绝险峻,四周巍峨群峰,有龙盘虎踞之胜。

⑦ **广度寺** 位于泰顺筱村镇新浦新兴村金钟岗,依山而建,东南至西北长75米,东北至西南宽45米,占地面积3400平方米。山门外有巨树古木七株,寺僧谓之"七如来"。始建于五代后唐同光元年(923年),原名瑞峰院。后晋天福四年(939年)扩建。北宋大中祥符九年(1016年)请额易名为广度寺。庆历五年(1045年)新造大雄宝殿,圣和年间(1054~1056年)又建山门、钟鼓楼、罗汉堂、僧堂、厨库等,治平二年(1065年)又建地藏堂。至此,历经一百四十多年,才具备完善的禅寺形制。明洪武初年,日本太初和尚住持本寺。明成化年间(1465~1487年)不慎失火,毁于一炬。在遗址中,尚残存有磉墩、瓦片等物件。可惜这样一座闻名遐迩的千年古刹至今仍是废墟遗址,未获重建,僧众居士冀希古刹重光,梵音再起,重现昔日辉煌。

(12) 洞头县主要寺院

① **中普陀寺** 位于洞头岛南部中龙山南麓,南临洞头中心渔港,坐北朝南,山门正对着半屏山主峰。因地处舟山普陀山和厦门南普陀中间,故取名中普陀寺。它是一座观音道场,所以主体建筑是圆通殿。1999年动工建设,现已投入1亿多元,建成约1万平方米的建筑群,是目前温州市最大的宗教建筑。寺院规划占地面积111052平方米(167亩),规划建筑面积17083平方米,全寺分为弘法、修行及综合服务三个区。在寺院的前方有一个宽阔的广场,广场上是一群庞大的三乘石雕群。进入寺院山门,经过放生池,拾阶而上,分别有天王殿、大雄宝殿、钟楼、鼓楼、斋堂、云水堂、客堂、念佛堂、僧寮、戒坛、妈祖殿、财神殿、长廊等建筑,依次排列而上,分布错落而有层次。最后是圆通殿,是整座寺院的中心建筑。在寺院的后山,还建有别具风格的

海会塔。建筑群的整体格调体现明清建筑风格,红瓦黄墙紫门,呈现出海天佛国的清静、肃穆和吉祥。规划建设的修行区内有光普明殿、伽蓝殿、祖师殿、五观堂、梵行堂、禅堂、讲堂、法堂、戒堂、观堂、圊房、拜亭等建筑。综合服务区内的宾馆、素食馆、安养院等建筑是为香客、游人提供生活服务的。中普陀寺的规模越来越大,影响也越来越广,它的名声已经走出了洞头,走出了温州,甚至走向了海外。该寺的圆通殿建筑面积 600 平方米,面阔 30 米,进深 25 米,高 25 米,殿内供奉的千手千眼观世音坐像,由 13 吨纯铜铸造而成,高 9.1 米。大雄宝殿建筑面积 270 平方米,面阔 15 米,进深 18 米,高 12.5 米,十分雄伟壮观。该寺与其他寺院不同的是建有财神殿和妈祖殿。此外,还成立中普陀寺观音文化研究会。

② 永福寺　位于洞头北岙与东屏之间的岭背后寮村大龙山,坐北朝南,地处东龙路南侧,北侧是道教的太阴宫。始建于明末清初,原名三官堂。1985 年聘请新昌大佛寺智正法师住持,移寺至今址,改名永福禅寺,并进行大规模重建扩建。该寺是汇集禅宗、天台宗、净土宗为一体的佛教活动场所。现已建成天王殿、大雄宝殿、三圣殿、地藏殿、圆通殿、东西二厢、斋堂等,占地面积 24761 平方米(37 亩),建筑面积 5794 平方米。大雄宝殿内的释迦牟尼、观音、文殊、普贤,天王殿内四大天王及弥勒、韦陀,地藏王殿内地藏王等像均为香樟雕塑。寺内共有 352 尊佛像,尚有青铜钟、青铜宝鼎、青铜香炉等。寺院建筑中最吸引眼球是寺后的瀛洲万佛护国塔。万佛塔高 60 米,建筑面积 2500 多平方米,塔内塑有 1.2 万尊释迦牟尼佛像,与洞头岛西首的望海楼遥相对应,塔楼互衬,相得益彰,为洞头百岛的胜景。

(二) 温州道教

道教是中国土生土长的固有宗教,它以长生不老为最高信仰来教化信徒,劝人通过养生修炼和道德品行的修养而达到长生成仙,最终解脱死亡,求得永恒。道教与道家不同,道家是中国古代哲学史上的一个流派,而道教是宗教。我国道家划分为先秦老庄道家、秦汉黄老道家、魏晋玄学道家三个发展阶段。魏晋以后,道家实际上不复存在,道教取代了道家,继承了道家,改造了道家,在社会上发挥宗教的功能。道教创始于东汉顺帝时期(126～144 年),至今已有 1800 多年的历史,如果把道教前身的方仙道、黄老道算在内,道教历史有 2000 多年,这与我国佛教的历史差不多一样源远流长了。方仙道的“方”指不死的神方,“仙”指长生的神仙,形成于战国时期的燕齐一带,主要流行于燕齐的上层社会。齐威王、齐宣王、燕昭王及后来的秦始皇、汉武帝等帝王都信仰方仙道,派方士到海上三神山寻求神仙和不死之药。战国后期至汉武帝时期是方仙道的兴盛时期。它的"神仙长生"说成为后世道教最基本的信仰,其神仙方术也为后世道教继承发展。黄老道继方仙道之后,在东汉桓帝时(147~167年)形成,它是稷下的黄老学与方仙道的神仙学结合的产物。黄老道和方仙道一样,没有系统的教义和宗教理论,也没有形成宗教组织,是道教的前身。

1. 温州道教历史概述

道教的产生以巴蜀的五斗米道和中原的太平道为标志。五斗米道是张陵在东汉顺帝时于蜀中创立,传给儿子张衡,张衡又传给儿子张鲁,他们祖孙三张被后世道教称为"三师"。五斗米道以西南地区少数民族的巫鬼教与燕齐神仙说相结合,以符水咒说为主,后来继续朝着符水章醮方向发展,成为符水道教。张鲁把五斗米道从巴蜀传到汉中,并在汉中实行政教合一制度,雄踞巴蜀、汉中近30年。到东汉建安二十年(215年)蜀汉投降曹操,五斗米道随之传往中原地区。后来随着晋的统一,它又向东南沿海传播,从而遍及全国。早在三国东吴时期,温州一带就有五斗米道的道徒活动。

太平道是河北巨鹿人张角在东汉灵帝熹平年间(172~178年)创立,以《太平经》为宗教理论,短短十几年间,道徒发展到全国数十万人,建置了36方。黄巾起义失败后,太平道销声匿迹,传授不明。原先太平道流传区域被米道取而代之,然后改名换姓为天师道,传播全国南北各地。

东汉的道教发生于民间。从魏晋开始,当政者着手利用和改造民间道教,加上士族知识分子的加入,使道教逐渐演变为官方宗教。其间,代表性人物是东晋葛洪,他所著的《抱朴子》内外篇完成了神仙道教的理论建构工作,丰富了道教较为贫乏的宗教教义,并由符水道教发展为金丹道教,以服食金丹求得长生不老。葛洪曾到永嘉乌牛东蒙山、平阳昆阳东门炼丹。东晋时,永嘉道士刘根在鹿城积谷山飞霞洞修道,乐清道士张文君结庐于乐成丹霞山修炼。东晋末年,五斗米道孙恩起义时,永嘉郡的一批道徒也起而相应。

南北朝时期,道教发展很快,大量道经涌现,教理教义有了进一步提高,完成了向"高级宗教"的转化,进入成熟阶段。刘宋时的刘修静模拟佛教《三藏》而编纂道藏《三洞经目录》,并总结归纳出当时我国南方道教的三个派别——天师道、灵宝派、上清派。上清派的成立跟齐梁时的陶弘景的努力分不开,他总结发展了上清派经典,构建了上清派的宗教理论和传授系统,是我国道教在教理上进一步提高的重要人物。陶弘景曾到过永嘉大若岩、清嶂山和瑞安陶山,留下采药为民治病的美誉。

隋的统一,使我国南北各具特征的道教逐渐交流融汇。这时,由上清派演变而来的茅山宗,不仅巩固了南方的传统地区,而且逐渐占据了北方,为唐代道教以茅山宗为主流派的格局奠定了基础。唐高祖李渊确认道教教主太上老君为先祖,唐太宗李世民实行崇道抑佛政策,唐玄宗李隆基是唐代皇帝中尊崇道教的第一人,甚至将崇道纳入科举教育体系,因而唐代道教的发展也达到了顶峰。隋唐道教的一个显著特点是原先个性十分鲜明的各个道派逐渐融合,互相渗透而呈现难以区分的态势。唐代北方的嵩山、王屋山和南方的茅山、天台山等都是茅山宗传道的热点区域。温州地近天台山,天台山茅山宗道教在温州各地广泛流传,著名的是永嘉道士左元泽居清嶂山玉霄峰传教,曾制《真一颂》,题于其师徐灵府居所天台云盖山方瀛石壁。

安史之乱以后至五代十国时期,虽有唐武宗灭佛崇道之举,但道教中缺乏著名学者和强大的政治活动能力,道教发展缓慢,处于低潮时期。这期间,由茅山宗衍生的南岳天台派最为著名。值得一提的是五代杜光庭兼采道教各宗派于一身,对道教教理和科仪进行总结,创造性地把各种太上老君的传说系统化,使太上老君创造天地的神话完善化,使老子作为道的化身更加全面充实。杜光庭的代表作《道德真经广圣义》归纳总结了汉代以来的道教老学,并开辟了宋元道教老学的新路向。

北宋是我国道教再度兴盛的时期,宋真宗和宋徽宗时是北宋崇道的两个高峰时期。盛唐的道教兴盛以各道派融合为标志,符箓派占主流;北宋的道教兴盛仍以符箓派为主,但金丹派崛起,而且从外丹转向内丹,道派分化趋势萌发。北宋道派仍以茅山宗最盛,但张天师道逐步走向兴盛。南北朝时有北天师和南天师的地域区别。盛唐时天师道被扶持,开始复苏,中晚唐时形成江西龙虎山天师道,并列出传承世系。至北宋,龙虎山天师道逐渐兴盛发达。北宋道教教理发展的特色,一是易、老之学融通开展,二是内丹理论体系化。内丹理论的体系化是我国道教历史的一个转折点。

北宋后期宋徽宗时,出现神霄派、清微派、东华派、净明道等道派。温州有人认为神霄派创始人是永嘉的林灵素,这是错误的,应该是江西南丰王文卿。王文卿托称得到唐道士汪君之传,创立神霄派,宋徽宗授予太素大夫、凝神殿校籍,后又授予金门羽客,升凝神殿侍宸,赐号"冲虚通妙先生"。而温州永嘉林灵素(1075~1119年)曾在京城传授"神霄秘箓",信徒日众。林灵素为迎合宋徽宗崇道,称徽宗是长生大帝君下降于世,为道教之主,于是道录院正式册封宋徽宗为"教主道君皇帝"。因而徽宗特别宠信林灵素,授予侍中大夫,赐号"通真达灵先生",命他删定道史、经箓等,还拜他为师。后来因其虚妄,贬为太虚大夫,斥归故里。

北宋温州著名道士除林灵素外,还有李少和、林仁药等。李少和,初受业于元封观,续修于真华观,后迁居乐清白石洞修炼。宋太宗和宋真宗屡次召见,恩赏甚厚。林仁药,原为吴越节度使,陈桥兵变后弃官归隐平阳苏湖(今苍南望里苏湖山燕窠洞)修道,"习长生久视之道,寿百有二岁"。其后裔林升真将道术传授同乡虚一,再传林灵真,因而平阳苏湖有"道乡"之称。

南宋偏安,形成继南北朝之后又一次南北分治的局面,由此带来道教发展的新格局——宗派纷起。南方以茅山派、阁皂山灵宝派、龙虎山天师道所谓"三山符箓"为中心,还有净明道和内丹派南宗,以及东华派、神霄派、清微派等符箓道派。北方产生太一教、大道教、全真道等新道派。茅山宗的鼎盛时期在隋唐,南宋时已衰退到不居主流地位。主流地位被龙虎山张天师道所取代,尤其是宋理宗时期,钦定龙虎山为江南符箓道派的统领,主管三山符箓,从此张天师道取得了统领符箓诸派的显赫地位。灵宝派在南宋由其衍化出来的阁皂宗所取代,以江西阁皂山为根据地,其影响和地位远不及龙虎、茅山两宗,仅在民间影响较大。南宋道教大力提倡伦理思想,主要表现在何守澄开创的净明道的兴起和大批劝善书的广泛流传,例如宋理宗推荐道教劝善书《太上感应篇》,劝人行善做好事。净明道是对许逊真人"忠孝"形象的崇拜。南宋道教的教义教制都出现新的面貌,内丹学空前兴旺,形成以炼内丹为主旨的道派,金丹派南宗是其代表道派。

南宋时期温州道教盛极一时,宫观福地遍及城乡,名流辈出,信徒众多,著名的道士有谢守灏、夏元鼎、柯可崇、林大敷等人。谢守灏(1134~1212年),瑞安人,通达儒释道,论道议学,纵言时政,无一不通。曾侍奉宋孝宗、宋光宗、宋宁宗三朝,两度出任江西西山玉隆万寿宫,并在寿宁宫管辖高士。晚年回归瑞安,在紫华峰建造九星宫居住而终。曾注释《老子》,并撰有《混元圣纪》,征引丰富,博而不乱,并录入道藏,是道藏中最详细的老君传记。夏元鼎,南宋永嘉人(今瓯海郭溪),是温州金丹派南宗的著名道士,著有《紫阳真人悟真篇讲义》7卷、《黄帝阴符经讲义》4卷、《崔公入药镜笺》等,南宋学者真德秀为之作序,所述丹法强调自身修炼。柯可崇,永嘉道士,隐居清嶂山,凿石为观,导引辟谷。林大敷,平阳人,拜茅山上清派第38代宗师蒋宗瑛为师,曾遍游五岳名山名观,晚年筑坛茅山元洲精舍。

元代仍是我国道教兴盛时期,这种兴盛主要表现在教团组织上的发展和新老道派呈现合流的趋势,形成北方以全真道为代表、南方以正一道为中心的格局。全真道是陕西咸阳人王重阳在金大定七年(1167年)于山东半岛创立,他的七大弟子成为全真道很快兴旺发展的骨干,其中邱处机是关键人物。邱处机以73岁高龄率徒亲赴花剌子模国的撒麻耳干(今乌兹别克斯坦境内)劝成吉思汗戒杀,取得成吉思汗尊敬,被称为邱神仙,令他掌管天下的出家人,并敕免全真道士的差役赋税。1224年东归,住在大极观(后改称长春宫,今北京白云观)。全真道创制了出家制度,从此中国出现了出家道士,但其他教派仍不出家。全真道得势后,全真弟子大建宫观,广收门徒,走向鼎盛,而大极观成为全真道首脑机关的所在地。入元以后,全真道渡江南传,南方的金丹派南宗又合流于全真门下。元代前期,全真道传遍大江南北,盛大一时;元代中后期,全真道呈现外盛内衰,发展平平的局面。

元世祖忽必烈尊崇龙虎山张天师道。首先,封其为真人,尊称为天师,以官方名义正式承认"天师"头衔。张陵后人自称天师,民间也以天师相称,但从未受到官方承认,宋代皇帝仅赐以"先生"称号,只有忽必烈才赐称天师,到明初朱元璋取消了天师称号。其次,忽必烈开始的元代皇帝授予天师执掌三山符箓、主领江南道教的权力,使与全真道分治南北,成为南方势力最盛的道派,获得前所未有的殊荣。元代前期,南方的天师道势力与北方的全真道不相上下;到了元代中后期,天师道超过了全真道,符箓派各道教一步步结合到天师道周围,最后组建成一个大的道派——正一道。元代形成我国南北正一、全真两大道派各据一方的地理格局,为明清时代乃至今天的教派分布奠定了基础。

谈到温州元代道教,不得不涉及东华派。东华派是北宋末年从灵宝派中分化出来的一个支派,创始人是宁全真。宋高宗赐宁全真为"洞微高士"号,后又封"赞化先生",经常主持朝廷的醮祭之事而名震京师。宁氏之后,数传至宋末元初的林灵真。林灵真(1239~1302年)名伟夫,字君昭,号"水南先生",温州平阳林坳人(今苍南繁枝)。他以舍宅为观,称丹元观,传授东华道法;他以济生度死为己任,常建普度大会,被授予"灵宝通玄弘教法师教门高士"。后来主持温州路天清观道务,有弟子一百多人,元代著名的正一道士董处谦和吴全节都曾投其门下,使东华派一度鼎盛。林灵真对灵宝斋醮科仪进行整理增补,使东华派的斋醮祭炼吸取内丹法,以内炼成丹为外用符箓之本,写成《济度之书》10卷,《符章奥旨》2卷。至明英宗时增补成为《灵宝领教济度全书》321卷,集道教斋仪之大成,录入《正统道藏》,是现存《道藏》中卷帙最多的一部,这是对我国道教斋醮科仪的一个突出贡献。林灵真之后,东华派传至第39代张嗣成后融入正一道。林灵真的弟子中有一个叫林任真,平阳人,原为南宋朝廷的修职郎,宋亡后弃官归隐荪湖,学习林灵真的水南道学,又游历四方,采撷道书,藻绘科典黄箓,并多处立坛,修炼普度,是温州元代著名的道教人物。元代温州东华派著名道士还有刘修真、周颐真等。刘修真,平阳人,师从横舟,学习东华道法,后又学习全真内功和佛教禅宗,兼收并蓄。因爱鹿城飞霞洞山水胜景,筑屋以居,其地多水莲,故称"水莲博士"。周颐真,字养元,号山雷子,世称兰室先生,永嘉人,毕生研习灵宝道法,并精通易学,著有《洞浮老人集》传世。

明代开始,特别是明代中期以后,道教从组织上、教理教义上表现出衰微的迹象,上层社会信道者极少,高道名人凤毛麟角,道教自身的文化素质下降,给人一种衰落不振的印象。实际上,道教进入一个回归民间的过程,仍兴盛于底层社会。明代道教以明世宗为界分为前后两个阶段。前一阶段,道教尚能得到朝廷的扶持,正一道兴盛,全真道失势;后一阶段,道教社会地位下降,转入民间下层社会。清代皇帝对道教缺乏信仰和了解,认为道教"蛊惑愚众",限制日趋严厉,道教地位明显下降,组织发展基本停滞,教理教义毫无创新。入清以后,全真道龙门派第7代传人王常月使龙门派出现中兴气象,传播范围扩大到南方的江浙、四川、湖北武当等地。江浙的龙门弟子日益增多,又相继分衍出一些龙门支派。因此,明代正一道活跃,全真道失势;清代全真道中兴,正一道消沉,两者的地位角色正好倒置。

温州明清时代的道教也归结为全真、正一两大派。温州全真道分为紫阳派和龙门派。温州城区的应道观、紫霄观、全真观(巽山斗姥阁)和洞头的应道观属于紫阳派,其余各洞观多属龙门派。温州全真道龙门派是元代延祐年间(1314~1320年)从黄岩委羽山传入,明清间渐盛,至民国时期,龙门派出家入观者有两千多人。温州正一道分为"温州道士"和"师公"两种,温州道士是宋元张天师道演变而来的传统正一道派,师公是明代由福建传入的闾山三奶派。闾山派是华南道教的一个重要流派,以福建为中心,流行于福建、广东、浙江、台湾、江西、湖南、江苏等地。闾山派是在唐代形成,是由古代巫术、巫法、巫教受道教的影响而发展起来的一支教派。以闾山九郎、蒙山七郎、赵侯三郎、张赵二郎等为法神,并且吸收了灵宝派的符咒科仪。闾山派和净明忠孝道都尊奉许真君(许逊)为祖师,具有信仰神明相同的特点。但忠孝道是以道德伦理为主,而闾山派则是以符咒法术为主。福建是闾山派的发源地,除了以许真君为教主外,还有以三奶夫人(陈、林、李)为法神的三奶派,这些派系绝大部分都是以驱邪收妖,押煞纳福来服务民间。

温州明清时期著名的道士有 6 人。林仕真,明代平阳人,水南派的第 18 代嗣师,修炼于平阳广福宫(今昆阳汇头东岳观)。洪熙元年(1425 年)赴京参与修荐杨大斋,得到朝廷的厚赐和褒奖。王涵虚,名家春,字九灵,明代永嘉人,城区应道观道士。注解《道德经》、《参同契》、《悟真篇》、《阴符经》等著名道教经典;又撰写《太极图说》、《易粹篇》等;并书写正楷金字《玉皇经》一部三匣,传至 1966 年文革时被毁。章本旭,清代乐清人,潜心修炼,尤精医理,享年九十多岁。张鹤,字静芗,清代瑞安人,住上海玉清观,擅长古琴,撰有《琴学入门》琴谱,刊于清同治三年(1864 年)。该谱共收琴曲 20 首,附工尺谱,谱中所收《阳关三叠》、《渔樵问答》等琴曲至今仍十分流行。叶明达,清代乐清人,清末民初任乐清道会司(县级道教组织负责人),编立箓规,整顿道门,对阐扬温州道教作出贡献。华理勋,清末玉环人,初为乐清青云观道士,后历十四载,行万里路,遍游粤闽赣皖苏,返温后重振永嘉乌牛东蒙山龙门派。精通医术、占卜、天文、地理,著有《地理虎鸣经图说》。

新中国成立以后,温州道教曾受到歧视和打击,一度衰落。尤其是"文革"期间,宫观被拆毁,道士被游斗,温州道教几近销声匿迹。改革开放以后,温州道教逐渐恢复正常活动,1986 年 12 月成立温州市道教协会,会址设在西山东路紫霄道观。接着各地县级道教协会相继成立,目前除文成、泰顺外,其余各县、市、区都成立了道教协会,都恢复了宗教活动。

2. 温州道教的斋醮科仪

道教的礼仪在宗教活动中占有重要地位,道教信徒通过礼仪行为与神仙建立种种联系,表达自己的信仰和感情。道教礼仪包含斋醮科仪和戒律清规两大部分。斋醮是道教祭祀祈祷的仪式活动。因道教斋醮要设坛,故又称坛醮,俗称为做道场。斋醮的内容很多,主要有清心洁身、设坛摆供、焚香、化符、念咒、上章、诵经、赞颂,又配合上烛灯、禹步、音乐等仪式,以祭告神灵,谢罪忏悔,祈福禳灾。在我国道教斋醮科仪的规范化和程式化中,温州苍南的元初道士林灵真有突出贡献。道教斋醮活动按其功能和形式,通常分为内斋和外斋。内斋指心斋、坐忘、存思等;外斋指"三箓七品",即金箓斋、玉箓斋、黄箓斋等三箓,以及三皇斋、自然斋、上清斋、指教斋、涂炭斋、明真斋、三元斋等七品。

戒律是约束道士行为以防止违反教规的警戒条文,是教徒必须遵守的思想和行为准则;清规是道教对违反了戒律的惩处条例,一般由各道观自行订立,轻者罚跪、杖责、逐出教门,重则火化处死。道教很看重戒律,认为道戒是预防错误、制止邪恶、产生智慧的根本。道戒主要有三戒、八戒、老君五戒、初真十戒、妙林经二十七戒等。道戒内容除自身行为和道德修炼外,还包括尊老爱幼、先人后己、不取不义之财等传统美德,以及不得火烧田野山林、乱砍滥伐、乱捕滥猎等生态环保思想意识。

道教的方术名目繁多,可分为两大类,第一类为内炼外养,长生成仙,如内丹、外丹、导引、服气、守一等;第二类为召神劾鬼,祈福免灾,去魔治病,济世度人,如符咒、灵图等。道教方术往往与斋醮科仪结合在一起操作,构成独特的宗教行为。

温州现行道教常用的斋醮科仪很多,主要有早晚坛功课、祝寿、接驾、进表、炼度等,现择要分述如下。

① 早晚坛功课　是住观道士每日早晚例行的科仪。据《早晚功课经·序》,"功课者,课功也,非科教不能弘大道,非课诵无以保养元和,是人道之门墙,修性之径路。"在观道士每日卯、酉之时上殿做功课,早诵香赞、开经偈、净心咒、净口咒、净身咒以及《清静经》、《玉皇心印妙经》等;晚诵步虚、开经偈、玄蕴咒、《太上洞玄灵宝救苦拔罪妙经》、《元始天尊说生天得道真经》等。唱赞礼拜,讽诵仙经,一是修真养性,二是祈祷吉祥,三是坚定道心,四是超度亡灵,五是体现宫观道风管理。

② 祝将科仪　常用于早坛功课出坛中的一种科仪。祝为恭请之意,将即神真,祝将是恭迎神真登临坛场。早坛功课化天地疏文后,通过高功表白,举威显化天尊,礼拜,上香,宣表,念(唱)咒(灵官咒),显示祖师赫赫威灵,降临坛场,以护经护道护坛庭,达到道门常清静。

③ 祭孤科仪　常用于晚坛功课出坛中的一种科仪。祭为祭祀、超度之意,孤为孤魂,祭孤是祭祀孤魂,为亡灵超度。晚坛功课出坛,各执事如法如仪后,通过高功表白,举太乙救苦天尊,礼拜,上香,洒净水,宣表,高功步罡撒食,以期甘露洒开地狱门,孤魂亡灵升仙都。

④ 祝寿科仪　道教用于祖师圣诞之时的科仪。祝寿即庆贺祖师寿辰。如正月初九、正月十五、正月十九,分别为玉皇、天官、邱祖的圣诞,于当天凌晨零点例行此仪,以贺祖师诞辰。其程式是各执事如威如仪,高功表白,齐举玄教万寿天尊,上香礼赞,举道经师宝天尊,咏"三宝香"韵,举香云达信天尊,宣表念祖师宝诰(某祖师圣诞即念某祖师诰),焚表,退班。

⑤ 庆贺科仪　也是道教用于祖师圣诞之日的科仪。庆贺即庆祝祖师诞辰。一般在祖师圣诞日白天举行。其程式是各执事如列如仪,上香礼赞,举

三清应化天尊,举道经师宝天尊,举香云达信天尊,上祝香咒,上威灵咒,宣表,表白,念诰(某祖师圣诞即念某祖师诰),焚表,退班。通过此仪,恭对醮坛,以贺祖师圣诞。

⑥ 接驾科仪　专用于玉皇巡天之晨的科仪。接为迎接,驾为圣驾,接驾科仪指迎接玉皇大帝时所行的朝科。宫观于农历腊月二十五日子时举行迎接玉帝圣驾大典,简称迎銮接驾。其程式是早课念完《太上灵宝天尊说禳灾度厄真经》,高功跪起启请韵,起小赞韵,监院拈香,刹板,高功说文,提科起步虚韵,高功举大罗三宝天尊,高功起吊挂,高功提纲,表白,说文,起天尊板,众念鹤驾采临天尊,众出殿至天坛,退班。通过此仪恭对瑶坛,延请玉帝降临人间,赐福禳灾,延龄益寿。

⑦ 大回向科仪　道场圆满时的一种科仪,是为道场圆满做的总忏悔。其程式是高功拈香说文,提科起步文,高功举大罗三宝天尊,高功起吊挂,提科提"恭对道前",表白接回向如法,高功朗念回向文,众念《弥罗宝诰》及《洞玄灵宝高上玉皇本行集经》,高功起送花赞,退班。通过此仪,仗道威力,愿罪消除,普度群晶。

⑧ 进表科仪　进表亦称化表、焚疏,是道教斋醮中一种非常重要的科仪,广泛应用于各种大型的斋醮活动中。进表,源于中国古代的祈祷仪式,经南北朝、隋唐诸代的发展,逐渐由简趋繁,直至宋元才渐趋统一和完善。但由于道法师承的系统不同以及传播地域的经济文化,乃至语言、风俗习惯的差异,各地有很大的不同。温州道教现行进表科仪,大体分三个步骤举行。第一步为启坛,法师和众道士入坛敬香,跪奏祝告,醮坛被幻化成瑶坛仙境,以分灯法点燃全坛之灯,击金玉之声,然后漱水,净洒坛场。第二步为请圣,奉安五方神圣,请圣,降圣。第三步为拜表,法师和众道士奉请三师相助,降临坛场,高功默念薰香咒,行祭礼于司表仙官,以劳动仙官递送表文于天庭,然后封表,法师虚画符文于表上,以示封缄;行送表礼,焚表化行;高功步罡踏斗,以示元神飞升天庭,默念表文,禀告上苍,高功在踏表后,收敛元神;众法师和执事致谢众神,献供,上表结束,退堂,此为进表科仪的核心内容。通过此仪,道士将书写信众祈愿的表文呈达天庭,祭告上苍,众圣降临坛场,赐福延龄,先灵受度。

⑨ 水火炼度科仪　道教斋醮中常用的一种科仪。水火炼度指用真水真火交炼亡灵,拔度幽魂。包括九炼生尸、灵宝炼度和南昌炼度三种。举行该仪时,坛场上要设置水池和火沼,水池盛真水,火沼置真火。其中真水是在拂晓时,经焚请水符后,在烛光下,汲水入池内;真火是在日午时,截竹取火,

焚请火符,引火烧沼内木炭。其程式是祝香,启闻上帝,焚降真诏灵符;高功就座召将吏,存将吏降临,次念五帝真讳;收召亡魂,水火交炼;焚符九章,使亡魂之脏腑生神;然后说戒,举道经师宝,鬼神十戒,九真妙戒,举奉戒颂,读符告简牒,高功下座,送魂度桥,焚燎,举三清乐,退班。其核心是收召亡魂,水火交炼。通过此仪,水火交炼,超阴度亡。

⑩ 灯仪　道教斋醮中常用的一种科仪。指以烛灯为主要法器的一种仪式,多在日落后举行。灯仪中的火种来源是从正午阳光中取得火源,然后在分灯仪中点燃坛场各灯。灯仪包括九幽灯仪、北斗灯仪、本命灯仪、血湖灯仪等。灯仪源于中国古代的祭祷仪式,到唐末五代,道教斋醮中就有了完整的礼灯仪。元朝灯仪被广泛运用于金箓、玉箓类道场中。后经发展,大体分为金箓、黄箓两大类。金箓类灯仪的程式是入坛,启白(通意),皈命和赞颂,讽经,宣疏,回向。黄箓类灯仪的程式是入坛,启白,举天尊之号和赞颂,讽经,宣疏,回向。可见两者灯仪在举天尊之号和赞颂部分有所区别,这与破狱度亡有关。通过此仪,照耀诸天,续明破暗,下通九幽地狱,上映无福极堂。

目前,温州有全真道士和正一道士两种。全真道士中男性称乾道,女性称坤道,又称道姑。他们不娶不嫁,不食荤腥,长住宫观内。在统一戒坛确定戒师、戒子后,经戒师讲课,戒子考试及格,发给戒书、戒板、戒牒。未受戒者称为嗣师,已受戒者称为宗师,曾任方丈者称为律师。每日五更开静,洒扫庭院殿堂,诵早坛功课经;晚上诵晚坛功课经。诵经内容主要是《玉皇经》、《三官经》、《真武经》等。每月初一、十五为斋日。每逢道教节日,如玉皇大帝圣诞(正月初九)、天官圣诞(正月十五)、邱祖圣诞(正月十九)、太上老君圣诞(二月十五)、三清节等,要举行隆重斋醮,设坛诵经庆贺。农历五月十五、十六日天地交泰,各宫观要拜大地忏。

正一道士一般都有家室,不居住在道院内,可食荤,主要以符箓斋醮为人祈福消灾,保阳生,度亡灵,从中获取报酬。温州正一道士分为"温州道士"和"师公"两种,温州道士是宋元张天师道演变而来的传统正一道派,师公是明代由福建传入的闾山三奶派。温州道士在法事道场中用温州话诵唱,长于音乐祷祝,音乐延用工尺谱,悠扬动听。师公用闽南话诵唱,并用符箓驱邪。另有所谓"武教"道士,也用温州话诵唱,不作度亡等法事,专事驱魔捉鬼,并使用角螺。闾山派的师公以符咒法术驱邪收妖,押煞纳福来服务民间,以强硬的霸道法术为主,不管是针对鬼魂还是对手,都用攻击性的决和咒,极具杀伤力,其强硬程度胜过茅山派。在有的道场上出现闾山派法师带血下坛或血洒法坛的场面。温州的闾山法师又分为红头和黑头两种,也叫做红头师公和乌头师公,红头师公主要是处理上面的事情,而乌头则是处理下面的事情。闾山派科仪广泛,所用的法器极多,远多于其他派系,其中比较常用的有龙角、帝钟、灵刀、金鞭、宝剑、朝板、马鞭、雷牌、戒尺、天蓬尺、手炉、水盂、木鱼、磬、拷鬼杖、奉旨、天皇等。

温州道教的斋醮法事主要有许愿、暖愿、还愿、十神福、三界福、度关、禳星、遣霞、遣虎、大移星、五斗醮、发财醮、保安醮、超宗醮、回龙醮、安宅醮、财神醮、文昌醮、解结醮、解尤醮、解愿醮、水宫醮、求嗣醮、夫人醮、迎神醮、接香火醮、接地主醮、接仙醮、填还禄库醮、血湖醮以及各项大小平安醮及预修功德、度亡功德和大小普度等。

3. 温州宫观福地和道士道姑的地理分布

为了长生成仙,道教构筑了神仙居住的地方,有的在天上,如三清境;有的在海中,如十洲三岛;有的在地上,称为洞天福地。道教的洞天福地分为十大洞天、三十六小洞天、七十二福地。据温州道教自称,洞天福地有六处之多。为了修道成仙,道教建筑了修道祀神的祠宇,就是道士道姑居住和进行宗教活动的宫观。道教宫观的组织管理体制分为十方丛林、子孙丛林、子孙庙三种。十方丛林是全国重点宫观,可传戒但不能招收徒弟,传戒时由小庙推荐徒弟去集中受三堂大戒。子孙丛林可悬挂钟板,留单接众,也可传戒,但传戒后就不得招收徒弟。子孙庙又称小庙,可招收徒弟,师徒相传,但不能传戒,并不得悬挂钟板,一般不接待十方道众,即道教所说的不留单。通常小城镇和乡村的宫观属于子孙庙。宫观的执事主要有方丈、监院、知客、堂主、殿主、经主、高功等。方丈是一观之主,精通戒律,可以代表太上道君传戒授戒律,传戒以后退居后院,不管观中事务,实际上是一种荣誉职位。监院又称主持、当家,是道观中的实际主持人,由丛林道众公选,三年一任,可连选连任。

清末民初,温州永乐瑞平泰五县中,规模较大的道教宫观共有100座,其中永嘉32座,瑞安27座,平阳21座,乐清18座,泰顺2座。由于种种原因,一批著名的古老宫观先后毁废,如鹿城的飞霞洞观、真华观、元妙观、应道观、三官殿,瑞安的集真观,苍南的环绿观和松山道院等均湮废无存。解放初期的1949年,温州大小宫观182座,全真道士593人,正一道士1608人。1990年宫观增至221座,全真道士减至565人,正一道士增至2167人。截止2012年底,全市宫观共276座,全真道士减至528人,正一道士增至2977人。全市道教信众约60万人(不包括民间信仰人数),占常住人口的6.6%,

居于佛教和基督新教之后。

温州民间存在很多神祇,在宗教文化景观上也相应出现众多的奉祀男神的庙,奉祀女神的宫,这些神庙遍及温州所有的村落,甚至一个行政村有十多个神庙。这些神庙崇拜不完全具备宗教特点,没有系统的教义、经典,所以不能归为宗教,只能作为民间信仰。但是在民宗局统计时,这些与神有关的庙和宫统统作为道教的活动场所,全市共有1915座。这样,真正的道教宫观数量难以确定。例如温州为数众多的杨府殿、杨府庙、杨府观等,究竟属于道教宫观,还是属于民间神庙,温州市道教协会没有明确界定,笔者也不敢妄作定论。暂且以国务院宗教事务局颁发的《宗教活动场所登记办法》规定来区分,由浙江省政府发证的道教活动场所定为宫观,全市共276座;由温州市政府发证的道教活动场所定为神庙,全市共729座;另有民间信仰场所910座,也属于神庙。根据温州市道教协会网站所载,温州道教教职人员3505人,其中全真派道士(乾道)378人,全真派道姑(坤道)150人,正一派道士2977人。另有道教宫观和神庙管理人员7398人。本章只阐述道教的真正宫观和道士的分布,不涉及民间信仰及神庙分布,读者若想了解温州民间信仰和神庙,建议去读温州大学法政学院《温州民间信仰调查报告》。

改革开放以来,温州道教宫观数量逐年增加,1990～2012年的22年间,宫观数量从221座增至276座,增加55座,平均每年增加2.5座,年均增长1.02%,这个速度远低于基督教堂的2.94%,也低于佛教寺院的1.27%,甚至低于天主教堂的1.44%,在温州四大宗教中排末位。温州道教不仅宫观发展速度慢,而且全真道士逐年流失,从解放初期的1949年593人,减至1990年565人,到2012年更减至528人,最近22年间流失37人,平均每年减少1.7人,这与其他宗教蓬勃向上状况相比,形成明显的反差。温州全真道士少,全真道姑更少,道姑数量只占道士总数的28.4%,其比例明显小于佛教尼姑比例的34.3%。然而,温州民间的正一道士为人祈福消灾是一种很赚钱的职业,趋之若鹜,22年间增加810人,平均每年增加36.8人。

从道教宫观的地区分布来看,苍南宫观最多,达88座,占全市总数的31.9%,所以苍南在全国有"道乡"之称。其次是温州市区64座,再次是乐清41座,这三地共193座,占总数的69.9%,而文成和泰顺的宫观极少。温州全真道士的分布与宫观分布一致,苍南占44.5%,温州市区占19.7%,乐清占11.7%,文成和泰顺没有分布。

4. 温州道教文化景观

道教教义的内容丰富多彩,如清静寡欲,柔弱不争,自然无为,济世救人

表 6-4　温州市宫观和道士道姑分布　　　　单位:座、人

年度	类别	鹿城	龙湾	瓯海	瑞安	乐清	永嘉	平阳	苍南	文成	泰顺	洞头	合计
1949年	宫观	22	12	18	21	29	17	12	31	1	1	18	182
	全真道士	60	31	42	24	157	16	45	202	0	0	16	593
	道士	50	26	31	13	141	16	30	180	0	0	16	503
	道姑	10	5	11	11	16	3	12	22	0	0	0	90
	正一道士	40	20	80	200	303	300	200	300	50	60	55	1608
1990年	宫观	19	14	17	17	38	15	6	78	0	1	16	221
	全真道士	46	36	47	40	47	38	34	245	0	0	32	565
	道士	39	31	38	34	39	31	21	145	0	0	22	400
	道姑	7	5	9	6	8	7	13	100	0	0	10	165
	正一道士	43	24	70	194	394	409	256	350	176	136	115	2167
2012年	宫观	24	18	22	27	41	22	13	88	0	3	18	276
	全真道士	43	27	34	41	62	33	26	235	0	0	27	528
	道士	36	23	26	36	45	27	20	147	0	0	18	378
	道姑	7	4	8	5	17	6	6	88	0	0	9	150
	正一道士	104	39	96	266	525	545	351	479	233	186	153	2977

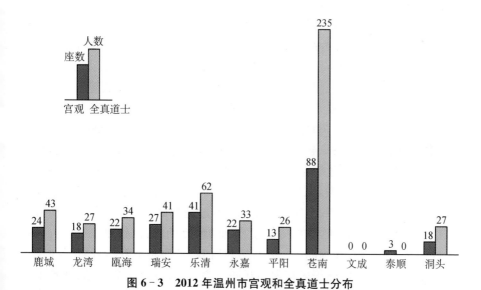

图 6-3　2012 年温州市宫观和全真道士分布

等,但核心思想是神仙长生。神仙不死,长生不老是道教的基本教义和最终追求。因此,道教构建了一个庞大的神仙谱系。道教的主要神仙是"三清"、"四御"和"三官大帝"。三清指玉清原始天尊、上清灵宝天尊、太清道德天尊,是道教的最高尊神。元始天尊在三清中居第一位,地位最高;灵宝天尊在三清中居第二位;道德天尊就是太上老君,即由先秦哲学家老子神化而来,在三清中居第三位。三清是道教"三一"教义的形象化展现,也是道教三洞经法的形象体现,元始天尊主洞真部,灵宝天尊主洞玄部,道德天尊主洞神部。道教宫观多有三清殿,殿中塑三清神像,元始天尊居中,左侧是灵宝天尊,右侧是道德天尊。

四御又称四辅,指辅佐三清的四位天帝,即昊天至尊金阙玉皇上帝、中央紫微北极大帝、勾陈上宫南极天皇大帝、承天效法后土皇地祇(音奇)。玉皇上帝即玉皇大帝,在四御中最为尊贵,地位仅次于三清,是掌管天界诸仙的神,道士升仙须上奏玉皇。每年正月初九是玉皇圣诞。北极大帝居四御中第二位,是协助玉皇执掌天经地纬、日月星辰、四时气候之神,农历四月十八是其诞辰日。南极天皇大帝居四御的第三位,协助玉皇执掌南北极与天地人三才,统御诸星,并主持人间兵革之事。后土皇地祇居四御的第四位,是执掌阴阳、生育万物、大地山河的女神。据说后土是共工之子,古代奉祀为男像,宋徽宗以后的后土神像改为女像。

三官大帝,早期道教指天官、地官、水官。南北朝时,三官与三元结合演变成三位天帝,即上元一品赐福天官,紫微大帝;中元二品赦罪地官,清虚大帝;下元三品解厄水官,洞阴大帝。三官大帝主持考校仙官真人、天神地祇水母、三界万灵、君臣人物善恶。道教宫观中有三官殿、三官庙等。

道教文化景观主要是布道场所的宫观福地。宫观福地是道士道姑进行宗教活动的场所,也是道教信徒祭神礼拜的地方。道教的宫观建筑是从古代中国传统的宫殿、祭坛建筑发展而来的,其建筑布局经历两个发展阶段,即以天尊殿为中心的建筑布局和以三清殿为中心的布局。它们共同特点都是南北中轴线上设正殿,东西两侧设配殿及其他附属设施。其布局原理和建筑样式,与宫殿、佛寺、宅第大体相同,不过道教因为讲究"观星望气",所以多为高耸的楼阁建筑,例如望仙楼、聚仙楼、万仙楼、梳妆楼、三官阁、三茅阁、文昌阁、真武阁、斗姆阁等。并且多建有戏台"酬神演戏",戏台又往往与山门结合在一起。温州很多宫观还开展庙会、花会等节庆活动,表现长生不老、羽化登仙的理想和对吉祥如意、福寿和睦的追求。道教建筑文化成为我国民族文化的重要组成部分,它的艺术魅力和价值是永存的。

　　传统的大型宫观的建筑规制，中路前建影壁，然后是山门、幡杆、钟鼓楼、灵宫殿（有的背后为戏台）、玉皇殿、四御殿、三清殿，还有各自的祖师殿等，两侧有配殿、执事房、客堂、斋堂和道士住房等。大的道院有东西跨院。帝王敕封的大宫观前建有影壁、棂星门、华表、石狮等。影壁可以藏风聚气，还有避邪的功能。棂星门是道士观星望气，迎候神仙之处。又有说法，棂星门为宋人祭祀灵星之坛。华表，上古称为谤木，后称华表木，相传是尧舜时为纳谏而设。后世华表成为宫殿、陵墓的标志，一般小庙不得建华表。帝王宫殿、陵墓的华表柱上雕有云龙，而道教宫观前的华表多为八角柱体，浮雕多为祥云或八卦图案。多数宫观山门前有一对石狮，狮为百兽之王，放在门口以示神威。东边为雄狮，左蹄下踏一绣球，俗称狮子滚绣球，象征混元一体和无限神权；西边为雌狮，右蹄下踏一小狮，俗称太师少师，象征道门昌盛。因多数宫观建于山中，故其大门称为山门。山门多为三个门洞，这样既符合对称的格局，又寓示进山门，过了三界（无极界、太极界、现世界），才称得上真正出家道士。另外宫观建筑在用色和装饰图案也很有独特的讲究。温州多数宫观、道院的建筑体制是不完整、不严格的，也有不少宫观依山势而建，更不可能完全符合规制。

　　太上老君曰："人法地，地法天，天法道，道法自然"，天地与人事的"天人对应"思想，是道教宫观建筑和布局的重要依据，也是道教宫观建筑的重要特点。使供奉尊神的殿堂都设在中轴线上，两侧则根据日东月西、坎离对称的原则，设置配殿供奉诸神。这种对称的布局，体现了"尊者居中"的等第思想。对称的建筑也表现了追求平稳、持重和静穆的审美情趣。在大的宫观，道众住房多在宫观的东部，西部多为配殿，或作为云游道众和香客们的临时客舍。大多数宫观的建筑格局为传统的四合院、三合院。

　　道教是多神教，有着庞大的神仙体系，神仙中的长幼尊卑的等级十分严格。早在南朝梁时，著名道教学者陶弘景撰写的《真灵位业图》，就是专门记述道教神仙排列次序的。根据所记，神仙世界分为 7 个等级，每阶设有一中位主神，左右配有若干诸神，道教认为这些等级不同的神仙居处，也与人间帝王将相居住在不同等级的宫殿、王府、官邸是一样的，故宫观建筑也有等级差别。奉祀道教的天神、帝君，或受到皇帝敕封的道院多为殿式建筑，一般供奉地方神或专用于修行的小庙，多为小式建筑。例如供奉三清、四御、玉皇、五岳、真武等神仙的殿堂多是殿式或大式建筑，殿、堂、阁、门、亭、寝、库、馆、楼、观、廊、庑等无所不有，主殿黄瓦朱甍，回廊环绕，古柏参天，碑碣林立，与帝王宫殿无异。

表 6－5　　　　　　　　　　　温州市主要道教宫观

区域	道 教 宫 观 名 称
市直属	净水紫霄观　华盖山资福道院　横渎水心道观　解放南路白马道观
鹿城区	洞桥山上清宫　洞坛山山元道观　箐箕涂上江道观　杨府山瞿屿道观　翠微山玉皇楼　郭公山陈府观　十八家家庆观　板桥头青云观　永川路显洪观　学院东路柏园观　葡萄棚得胜观　太平岭城隍道院　藤桥太母宫　七都太阴宫
龙湾区	海城东岳观　双岙石胜观　茅竹岭道院　永兴尊芳观　永兴五显观　三郎桥太阴宫　永中东城观　蒲州许五观　海滨忠烈观　海城显应观　沙城清溟观　沙城太保观　灵昆双合宫　状元茅川太阴宫　永中北山杨府观　永昌丰台双龙道观
瓯海区	西山太清宫　南白象白云观　慈湖南村伴云观　瞿溪八仙岩道观　潘桥丁岙玉清观　南白象清凉观　南白象洞文观　慈湖北村三庙观　牛山西路青心观　西山东路华光观　将军桥乌岩道院　新桥新塝观　泽雅龙井宫　茶山洪崖观
瑞安市	西门崇真道院　大南圣井山石殿　白岩山杨府观　桐溪天庆观　万松山玉圣观　塘下山圣观　塘下五显观　塘下得胜观　汀田姜圣观　海安城隍道院　梅屿盘古道院　百家尖杨圣观　镇海观　纯真观　梁储观　梁阴观　玉皇观　寺庄观　龙圣观
乐清市	凤凰山紫芝观　白石玉甑观　杨岙青云观　湖雾玉蟾宫　雁荡北斗洞　白石集云观　潘家垟纯仙观　北白象桥下天师观　万岙临仙观　雁湖龙岩观　虹桥紫虹观　四都大溪三清道院　蒲岐心宫观　万泽三清观　硐垟双桂观　盐盆紫云观　柳市集云道院　白石延寿道院　凤岙凤山观　茗山停云观　黄华同文观
永嘉县	大若岩陶公洞　上塘孝佑宫　东蒙山天然道观　罗浮龟山道观　后江临江观　千石殿山杨府道院　上塘天岩山仙道观　上塘溪头东圣观　瓯北西屿宫　上塘浦口苍龙宫　上塘中山真武宫　上塘乌岩宫　桥下陈府宫　桥头林福戚伍宫
平阳县	昆阳坡南东岳观　南雁仙姑洞　钱仓城隍道院　麻步城隍道院　昆阳南皇观　鳌江兰田三清宫　鳌江河口三清宫　萧江太清宫
苍南县	望里玉虚观　鲸头杨府道观　藻溪丁岙天仙观　灵溪灵山观　桥墩玉苍观　金乡妙峰观　金乡灵善观　龙港忠信观　龙港清华观　肥艚玄妙观　肥艚众振观　钱库瑞云观　钱库会龙宫　观美延寿观　观美三清观　望里宝山观　五凤仙堂观　大渔靖静观　矾山南宋观　云岩鹤仙观
文成县	三源无为观(已圮)
泰顺县	彭溪泰和道观
洞头县	北岙应道观　岭背太阴宫　北岙净明观　东屏玄武殿　北岙紫云道观　大龙岭太阴宫　北岙上街玄天观　小三盘五显宫　北岙慈航观　大溪紫霖观　兰湖洞玉清观　甲山妙玄宫　大门岙底太阴宫

　　殿式建筑在柱上和内外檐的枋上安装斗拱,用以承托梁头、枋头和支撑出檐的重量,出檐越远,斗拱的层数也越多。斗拱除负重外,尚有装饰作用,同时斗拱层数的多少也是衡量建筑等级的标准之一。大多数殿堂用斗拱建

歇山重檐屋顶。屋檐伸出深远,且向上翘起,加上鸥吻、脊饰,形成优美而多变的曲线,使本来沉重的大屋顶变得秀逸典雅。尤其在直立厚重的墙壁和殿宇下宽阔的月台、崇台的衬托下,使整个建筑显得十分庄重和稳定,形成了一种曲与直、静与动、刚与柔的和谐美。

(1)温州市直属道观

① 紫霄观 原址在景山护国寺西侧的莲花芯,1963 年废毁,在原址上建雪山饭店,从此紫霄观不复存在。直至 1981 年在景山东南麓的净水村今址重建,即西山东路 200 弄内。紫霄观始建于元代泰定元年(1324 年),由全真道紫阳派第 17 代大师柯符宗主持创建,后改传全真道龙门派。原宫观有三进二轩一阁建筑,是浙南著名的道教圣地。1942 年 8 月日寇入侵温州时,雪山紫霄观高祥等 11 位爱国道士与日本侵略者展开浴血斗争,直至全部壮烈牺牲,为温州道教谱写了一曲可歌可泣的英勇业绩。1981 年重建净水紫霄观以后,观宇规模逐渐扩大,现有三进二轩二亭一阁一塔等建筑,占地面积 3600 多平方米。由山门进入,钟楼、鼓楼巍然耸立。前大殿两层,上奉玉皇大帝,左奉许府真君,右奉吕祖仙师,六十太岁分列两侧。后大殿供奉三清道祖,副祀黄石公,有联云"道宝经宝师宝宝宝宝中十方宝,玉清上清太清清清清里一气清"。大殿左右建龙门、伏虎两亭,东有云霞阁,西建积善塔。整个宫观红墙碧瓦,飞檐挑壁,恢宏肃穆,为温州市道教协会和鹿城区道教协会驻地。

② 资福道院 位于温州城区华盖山上。始建于东晋,北宋著名道人林灵素曾筑室于此修炼,名通真庵,宋高宗赵构改名为资福寺。元代至元和延祐年间两度俱毁于火。明永乐年间(1403～1424 年)重建,清康熙年间(1662～1722 年)再度重建。解放以后辟为温州市少年宫,后又分配给无房户居住。2007 年 5 月动工重建,2009 年 9 月落成。仿宋建筑有三官殿、三清殿,附设云房、经堂等,占地面积 700 多平方米。山门匾额"资福道院"四字是中国道教协会会长任法融书写。这是温州现存知名度最高的一座道教建筑。

③ 水心道观 俗称水心殿,座落于温州城区惠民路西侧横渎南首十字河口的水心屿上,四面环水。始建于南宋乾道八年(1172 年)。因南宋乾道二年(1166 年)农历八月十七日温州遭超强台风引发的风暴潮袭击,夜潮入城,存者什一,田禾不留一蕾,周公挺身而出,行道作法,带领百姓奋力抗灾,排除水患,因此宋孝宗封他为护国平水圣王,建殿于水心屿,纪念他抗洪功绩,供民瞻仰。1990 年组建水心道观,并重修观宇。1991 年失火烧毁。1992 年初重建,1993 年落成,为三进一廊一台一阁,平水王殿供奉平水圣

王。1999年在大殿北首续建三层琼仙楼,内座三清天尊、玉皇大帝、文昌帝君、六十太岁圣像等,现占地面积4260平方米,建筑面积1300多平方米。

④ 白马道观　原名英济庙,俗称白马殿,位于温州闹市区解放南路214号。始建于南北朝,相传南朝梁昭明太子萧统乘白马来温州赈饥,群民建庙崇祀。历经多次倒塌,多次修复。清代咸丰年间(1851～1861年)重建,当时是三进四廊式木构建筑,中轴线上有门厅、戏台、正殿、观音阁,正殿面阔五间,飞檐翘角,梁枋斗拱,装饰精致华丽。1985年列为温州市级文物保护单位。因年久失修,危墙腐朽,于是信众香客慷慨解囊,踊跃捐资,于1997年进行全面修建,建成二进一廊。大殿八角耸立九龙盘柱,中奉昭明太子白马爷,后殿奉三清圣祖,后楼奉观音大士。并修复古井,古井四周有八仙过海、昭明太子在温州功绩图刻等。整个道观占地面积1200多平方米,壮观威严,古迹焕然一新。1998年2月市长钱兴中视察白马殿,2006年12月市委书记王建满视察白马殿,受到市级领导多次关爱。

(2) 鹿城区主要道观

① 上清宫　位于温州城区西郊仰义与双屿交界的洞桥山之巅。始建于明代嘉靖三十二年(1553年)。今扩建成规模宏大的道院,占地面积8210平方米,建筑面积6554平方米。前后三进,前殿供奉杨府孚佑侯王,中殿供奉三清天尊,后殿供奉玉皇大帝。另有大山门览江楼、龙舟廊、香亭等。仅餐厅就有2800平方米,能满足3000多人同时进餐。这是温州规模最大的一座道观。每逢农历正月廿五庙会节、五月十八侯王寿诞、每月十三日集福祥忏活动,数以万计香客上山祝贺,香烟袅袅,烛光彤彤,神灵显赫,威振四海。

② 山元道观　坐落在温州老城区海坛山上。始建于宋代,清咸丰七年(1857年)重建,两进五间两廊,并有玄台、戏台各一座,主祭杨府侯王,故称杨府庙。解放后被拆建为海员俱乐部。2003年复建,并改名山元道观,2006年竣工。现有大殿五间、两廊、戏台、山门、香亭等建筑,占地面积1328平方米。

③ 上江道观　不位于新城区上江,而位于老城区筲箕涂,即江滨东路北侧,瓯江路南侧,上陡门新浦西侧。始建于清代顺治年间(1644～1661年),至今已有350多年历史。1960年兴修水利,上陡门开挖新浦,旧殿拆除,移至今址兴建新殿,故当地人称为筲箕涂新殿。文革期间,殿堂和神像毁坏殆尽。1981年6月开始重建,现有二进二廊,大殿中供奉李真神、胡三相公、白甲将军、红面将军、仙姑娘娘等,观音楼供奉三官大帝。占地面积1710平方米,建筑面积1100平方米。

④ 瞿屿道观　位于温州城区杨府山北麓瞿屿。始建于南宋端平年间

(1234～1236 年),称北山杨府庙,主祭杨府圣王。因香火甚盛,故瞿屿山改称杨府山。几经兴衰,1993 年终获重建,新观二进一廊一台。正殿正中供奉杨府圣王,左右立吕祖先师、白衣丞相圣像。占地面积 2000 多平方米,观宇砖木结构,飞檐画栋,红门紫柱,雄伟壮观。

(3) 龙湾区主要道观

① 东岳观　位于龙湾海城街道梅头后岗城河路。始建于南宋咸淳二年(1266 年),现存建筑是民国十二年(1923 年)重建。整个道观为二进五间二廊,正殿奉祀东岳大帝,两侧建有太清阁和斗姥阁。梅头东岳观名声显赫,仙威扩及八隅,神功冠盖九霄,不仅是信众香客的朝圣地,更是地方闾里的保护神。原为瑞安市道教协会驻地。

② 石胜观　位于永昌双岙村双岙山北麓,双岙水库坝脚东侧。始建年代失考,至明清时期日渐衰落。民国初年,信徒在观址废墟上搭起茅庐供奉玉皇大帝,民国十年(1921 年)永中桥北王晋庚等人发起兴建大罗宝殿(今称玉皇殿),后来续建左右两庑各三间。数年后在殿后依山而筑三间斗姥阁。今重修一新,王荣年为山门书写"石胜道观"额。石胜观因石刻而得名,有宋代摩崖石刻造像 14 尊,分三组,其中第一组 4 尊为三官大帝和土地神,皆坐南面北,1990 年列为瓯海县第一批文物保护单位。

③ 茅竹岭道院　又名二圣庙,位于龙湾区白楼下茅竹岭脚,故俗称岭脚杨府殿。始建于明代嘉靖四十年(1561 年),重建于清咸丰六年(1856 年)。历经风雨沧桑,破坏殆尽,仅存玄坛财神经碑记残块(现已重刻)。1981 年重建,前殿供奉杨府圣王,后殿为大罗宝殿。1985 年周大仁宗师主持以来,香火日旺,十方信众慕名而至。

④ 蕚芳观　位于永兴蕚芳村下河东侧沙田。旧社会蕚芳村小庙小殿有十多个,多数只有几平方米,条件简陋,破败不堪,多立于祠堂边、水门头、老城脚、古树下、盐场厫基等地。每逢初一、十五,村民多到小庙上香献饭,祈求平安。解放后有的倒塌,有的仅剩残垣断壁,但村民仍然在原址上香点烛,焚化金银纸。1988 年蕚芳村获准建造蕚芳道观,将分散于各处的小庙小殿全部撤除,集中安置于蕚芳道观内。新道观占地面积 1330 平方米,建筑面积 700 多平方米。大殿正堂供奉三官大帝、土地爷、五公大帝、圆梦大师、太保尊神、林氏圣母、太岁爷、童子郎君等神灵。左堂供奉许府真君、杨府圣王、陈府圣王,右堂供奉陈十四娘娘、马氏圣母、云氏圣母。一殿供奉神圣之多,居全市首位。此外,左右两侧还有两层轩廊各四间。每逢初一、十五,信徒纷纷前来点平安灯、发财灯、献饭;每逢初二、十六,经坛人员来作早课;特

别是每月初九,经坛人员和部分老人来作道场,大家在神灵前身披红道袍,
念经吟诗,并有琴箫鼓乐伴奏。

⑤ 五显观 位于永兴南桥北村,旧称永嘉场九甲城门外,因建在塘河边
岸田中,故又名下垟殿。始建于明代嘉靖年间(1522～1566年),三间两进。
历经沧桑,几度废圮。1966年文革时期大破四旧,宫舍俱毁,观院改办糖厂,只
在糖厂边建一小间,12平方米,安炉供奉香火。1992年重建五显观,三间两进,
重现旧时风范。村民富裕之后,求圣心更切,于是2004年9月拆除重建新五显
观,并在殿前新建一座戏台,2005年8月竣工,占地面积1134平方米,建筑面
积819平方米。造形庄严华丽,蔚成胜地。凡祈福祷寿,进学求嗣,无不上香膜
拜,每多灵准;欲解厄决疑,辟邪祛疾,更是有事必求,有求必应。

(4)瓯海区主要道观

① 太清宫 俗称西山包公殿,位于西山桥北面的景山东麓西山东路
116号,坐西朝东。始建于明代万历四十一年(1613年),后经多次重建扩
建,规模逐渐增大。至清代,太清宫是永嘉知县举行"三月清明日,秋月望
日,冬十月朔日"三祭的道场。民国三十二年(1943年)因大殿木质梁柱遭虫
蛀蚀,重建时改用石柱。解放后宫院被水利局占用,1993年全部收回。1996
年重新建成新宫观,三进二廊二亭,占地面积1904平方米,建筑面积2510平
方米。观前西山东路对面河畔建有包公园、神怡亭和如意亭,观后背靠景山
公园,风景优美。宫观前有山门鼎立,一对蛟龙石柱高耸,上悬"太清宫"和
"明察秋毫"金字大匾,是中国道教协会闵智亭会长亲题。一进包公殿,二进
大罗宝殿,三进观音楼。二廊立有包家家训和修造碑志,左右两侧建有清
风、行善两亭。天井内竖立着一对天然钟乳石雕刻而成的石塔,高4米,重4
吨。两侧各建一亭,亭下有阳泉、阴水两井,泉水清澈甘冽。大罗宝殿内,正
堂供奉太上老君,两小童侍左右;左堂奉三官大帝,右堂奉煊灵圣王;内堂奉
有两娘娘,一为崔氏娘娘,是包拯之养嫂,二为李氏娘娘,是包拯之妻。整个
殿宇金龙盘柱,重檐画栋,挂灯结彩,殿内神像鎏金,金碧辉煌,工艺精湛,令
香客游人叹为观止。

② 白云观 位于瓯海南白象的白象街自留街,东邻白象塔。始建于唐
代贞观十四年(640年),原名玄清观。屡经兴替,多次重建。1992年修复,
改名白云观,并增建三座殿宇。现有6座殿宇建筑,占地面积一万多平方米
(约15亩),建筑面积6000多平方米,现住出家道士约20人,规模宏伟,建筑
精美,是温州最具规模的全真道场之一。

③ 伴云观 位于梧田慈湖南村的白云山东北山腰。始建于明代嘉靖年

间(1522~1566年)。现为四合院砖木建筑,占地面积500平方米。土黄色山门上有楹联"风笙吹日上,鹤侣伴云居",是曾耕西手迹。观前有八福砖塔,七层六面平顶,高11米,底围7.5米,是明代建筑。塔侧有石拱桥通向道观,有溪流傍观而过,注入一水潭,景色幽美。

④ 八仙岩道观　俗称岩亲爷庙。位于瞿溪炮台山北麓,传说吕洞宾等八仙曾会集于此,弈棋酌饮,故名。始建于元代,称为吕祖庙。清代嘉庆年间(1796~1820年)重建扩建。清同治元年(1862年)白承恩率太平军在此驻扎四个月。民国初期,永嘉县第四高等小学设此,后又为警察所、瞿溪乡公所驻地。解放后改作工厂。1980年收回,并按清代原貌重修。现观宇由下而上布列于山岩之上,面宽50米,雕梁画栋,飞檐翘角,蔚为奇观。入门有"三溪阆苑"横额,前进是凌云楼,匾额是曾耕西手笔。后进并列三座阁楼,中坛为正殿,东首为文昌阁、观音阁,西首为太阴宫。正殿楼中有望月台,台后有一天然石洞,洞壁彩塑八仙立像。

⑤ 玉清观　位于瓯海潘桥丁岙村五峰山东麓,地处雄溪与丁岙之间。始建于唐代,唐末昭宗皇帝赐御书"玉清观"匾额。旧有上下两观,今仅存上观。现遗石筑的牌坊和一棵高大古老的银杏树。

(5) 瑞安市主要道观

① 崇真道院　俗称道堂,位于瑞安城区西门街。始建于元代至大元年(1308年),清嘉庆六年(1801年)重建。1995年兴建大罗宝殿,奉祀玄天大帝。整个道院为三进二廊建筑,占地面积1100平方米。

② 圣井山石殿　位于马屿镇大南许峰村圣井山南面山坳内。因奉祀许逊真人(239~374年),故俗称许真君殿,相传许逊曾在圣井山炼丹修道。始建于南宋景定元年(1260年),明万历二十八年(1600年)和清康熙十七年(1678年)两度重建扩建。整座道观全为石料仿木构雕刻而成,故称石殿。由山门、牌坊、前殿、后殿、两厢偏殿、新建前座石殿六部分组成,占地面积410平方米,建筑面积229平方米。殿内有泉井一口,终年不涸,清冽可口,誉为"圣井"。现列为全国重点文物保护单位。

③ 白岩山杨府观　位于瑞安陶山西北部的白岩山。唐代武则天初年(684年)杨精义第七子杨国刚独承父志,隐居白岩山白岩洞修道成仙,即为杨府圣王。白云山杨府庙始建于唐代广德元年(763年)。清光绪十五年(1889年)重建,后又经多次重修,1990年进行大规模扩建,最近一次扩建是在2004年。不幸的是2009年5月1日遭遇大火,整观烧毁。灾后又马上重建。该观香火非常旺盛,特别是每年农历五月廿四杨精义诞辰日,举行盛大

法事活动,有上千人参加。

④ 天庆观　位于桐浦桐溪太平山。始建于宋代,明清间屡毁屡建,清光绪二十年(1894年)扩建。解放后50年代拆毁,80年代重建,90年代扩建。现有两进两厢建筑。

(6) 乐清市主要道观

① 紫芝观　位于乐成城区凤凰山麓。原址在乐成九牛山麓东岳庙旁,始建于南宋绍兴七年(1137年),明洪武二十四年(1391年)归并成寺院,后屡毁屡建,至清代扩建为四进大道院。民国三十一年(1942年)改为乐清县师范学校,道人迁居隐龙庙。1987年迁移到凤凰山麓城隍庙西首今址重建,规模大为缩小,建筑面积272平方米,高10.2米,飞檐画栋,气象宏伟。现为乐清市道教协会驻地。

② 玉甑观　位于乐清白石中雁荡山风景区玉甑峰的玉虹洞中,故又称玉虹观。北宋至道元年(995年)由李少和真人创建,宋太宗和宋真宗曾先后召见李少和,并遣使护送还山。大中祥符六年(1013年)宋真宗赐名"白石院",宣和元年(1119年)宋徽宗改赐"集真观"。自明代以后改奉佛,解放后重归道教。1986年重新修建,更名玉甑观。西首有新开发的白龙洞,旁有藏经坞、升仙坛等遗址。

③ 青云观　位于乐成最南边杨岙村西面的杨岙山,邻近象阳。始建于南宋时代,颇具规模,香火旺盛。明嘉靖年间(1522~1566年)毁于兵燹,清同治年间(1862~1874年)重建。解放初期失火焚毁,1959年重建大殿,1981年扩建大殿五间,1985年新建东楼房,1987年又建西楼房,现有观宇三进20间,前殿为天王殿,供四大天王;中殿为旌阳宝殿,供许真君;后殿为大罗宝殿,供三清天尊和玉皇大帝,两侧还有厢房,占地面积2万平方米(30亩)。

④ 玉蟾宫　俗称羊角洞,位于湖雾方岩南面山下,与温岭接壤。宋代就有方岩羊角洞天之称,至清代咸丰年间(1851~1861年)始具规模。因门口有白色岩石如蟾蜍,故名玉蟾宫。当年建有三清殿、三官殿、吕祖殿、紫阳楼、霞高楼等,文革期间被拆除,只留大殿。1987年重建五间大殿。香火之盛,为乐清全市宫观之首。

⑤ 北斗洞　位于北雁荡山灵峰景区,是名山洞府。始建于清代光绪元年(1875年)。洞内殿宇建筑有四层,最上层是灵霄宝殿,奉祀玉皇大帝,三层是集贤阁,二层是海会楼,下层是八仙楼,每层中间都有小厅堂,结构精巧。八仙楼前有小花园,一径清幽。

⑥ 集云观　位于白石横山南麓的东溪村北。始建于唐代龙纪元年(889

年),原为佛寺。北宋政和年间(1111~1118年)改为道观。宣和三年(1121年)焚毁,南宋淳熙三年(1176年)重建,由僧人居住。后屡毁屡建,至民国期间的1920年和1922年连遭台风摧毁,僧侣离去。民国二十年(1931年)重建,从此改为道院。道院分前后两进,占地面积2064平方米。

(7)永嘉县主要道观

① 陶公洞　位于永嘉大若岩风景区,是浙南著名的道教胜地,素有"天下第十二福地"之称。洞分两层,宽76米,深79米,高56米。三国孙吴时辟为石室,是温州有史记载的最早道观。南朝齐、梁时"山中宰相"陶弘景曾居洞中编撰《真诰》,故称陶公洞、真诰岩。唐代建有陶公祠,宋元明清历代先后建有集真观、广福灵真宫、文昌阁、胡公殿等殿阁祠宇。胡公殿供奉北宋名臣胡子正"胡公大帝"。现存建筑是清乾隆年间(1736~1795年)重建。

② 孝佑宫　位于永嘉上塘浦东村龙山山麓,面临楠溪江,坐北朝南。始建于唐代,历经宋、元、明、清诸代修缮。1997年又经大规模修建,建筑巍峨,富丽堂皇,照壁、长廊和藻井上均绘满壁画。现有山门、天王殿、孝佑殿、月台、戏台、左右两厢楼等建筑,为三进四合院,占地2500平方米。一进为戏台,二进为天王殿,三进为大殿。大殿主祀卢氏娘娘,左右陪祀陈十四娘娘和花粉娘娘。主奉"孝祐夫人"卢氏娘娘是经宋理宗敕封的,所以香火特别鼎盛。方圆数十里,上下一千年,全赖卢氏圣母庇佑,风调雨顺,人寿年丰。每年农历二月十五是孝祐夫人的诞辰日,全县要举行盛大的上塘庙会,这是温州孝道文化的体现。

③ 天然道观　位于永嘉乌牛东蒙山上,又名乌牛纂。相传东晋葛洪曾在此建台炼丹。清末以来,经过龙门派华理勋及其弟子的重振重整,名声远播。今辟有小方岩、餐霞洞、长生洞、丹台、青牛坞、紫云亭等。

(8)平阳县主要道观

① 东岳观　位于昆阳城南汇头。始建于北宋治平三年(1066年),原名宋志观。北宋熙宁元年(1068年)宋神宗赐额"圣寿"。南宋绍兴年间(1131~1162年)改名广福宫。清代光绪五年(1879年)重建扩建,并易名东岳观,清时是浙南龙门派重要道观。现有建筑四进和左右厢房,占地面积5000多平方米。主殿东岳殿面宽五间,塑有东岳大帝木雕坐像,额悬"爵与天齐"四字巨匾。大罗宝殿为庑殿式重檐建筑,飞檐斗拱,蔚为壮观,内供玉皇大帝。斗姥阁重建于清光绪十七年(1891年)。此外,还有葛洪炼丹井等遗迹。

② 仙姑洞　位于南雁荡山风景区内,俗称西洞。相传北宋崇宁年间(1102~1106年)当地女子朱婵媛曾居此修道,并采药为民治病。该洞高9.4

米,宽 14 米,深 24 米。洞中建有三层重楼叠阁一座,飞檐高耸,气势巍峨。洞内有玉皇楼、仙姑殿、东西楼等建筑,洞外有怡心院等。

③ 钱仓城隍道院　位于平阳钱仓凤山南麓,靠近龙虎岩金钱会起义遗址。始建年代已失考,原址在钱仓城内北门边上,1965 年因建造电影院将城隍庙拆毁。1975 年在钱仓城外凤山南麓今址易地重建。原有规模很小,1990 年后逐渐扩建,现有建筑宏伟壮丽,香火很盛。古代建城必建城隍庙,城隍庙是城市的管理中心,县令或县长等地方官吏到任,都要先到城隍庙拜城隍爷,然后才去拜会当地士绅,若遇到难断的案件也常求助于城隍爷。这种惯例一直延续到民国后期才逐渐废除。

(9) 苍南县主要道观

① 玉虚观　位于苍南钱库镇望里南茶寮村南面的望州山北麓的荪湖山,又名燕窠洞。燕窠石洞极为曲折奇特,洞中有洞,有五洞十石之奇。荪湖山脚有玉龙湖(护法寺水库),荪湖山上有三折瀑布,高数十米,是苍南著名的旅游景区。燕窠洞的出口便是玉虚道观,站在玉虚道观大罗宝殿的铁栏杆边眺望,龙泉寺就在脚下,可鸟瞰望里全貌。北宋初年林倪(字仁药)弃官归隐此地修道。清雍正年间(1723～1735 年)始建殿宇,后几经毁建。1975 年重整山洞,重建道观。现有观宇三进,有众妙门、大罗宝殿、灵宵宝殿和斋堂、道房、宿舍等十余间。殿堂亭台依山而建,一殿高过一殿,规模宏大,占地面积 2000 多平方米,建筑面积 1000 多平方米。

② 鲸头杨府道观　位于苍南云岩鲸头村,分上殿、下殿两部分,上殿偎依于峻岩嶙峋的灵岩古洞入口处,始建于北宋熙宁七年(1074 年),花岗岩构筑的三间殿;下殿建于清乾隆十六年(1791 年),咸丰、同治年间曾多次重修,民国年间已具五进殿宇,以戏台最为壮观。目前,整个道观占地面积 4800 平方米,建筑面积 2880 平方米。赵朴初、杨忠道、谢云、谷向阳、蔡祖象等名流都为杨府殿留有楹联或匾额。近年来朝山进香的信众骤然增加,特别是正月初一,一天一夜的香客就达数万人,不亚于福建莆田湄洲妈祖庙的盛会。鲸头附近的五扇三十东(5 个行政村、22 个自然村)实行轮流祭祀制度,每年要举行三次庙会,其中以农历五月十八杨公诞辰的庙会规模最大,进香、看戏、赶集的人众达数万人。

③ 天仙道观　位于苍南藻溪镇丁岙村坂头山。始建年代失考,原址在丁岙村三台山,原名金仙道院。迨及民国十年(1921 年)道院遭毁,1946 年迁建于坂头山今址。1958 年人民公社大办集体食堂时仍罹拆毁,残留无几。1986 年民间信士捐资重建,1995 年添建玉皇殿。站在玉皇殿前俯视藻溪渺

渺长流的洞水,令人心旷神怡。

④ 灵山道观　位于苍南县城望江东路南侧的雁头山上,依山临水,环境优美,占地面积近3000平方米,创建于1994年,是一座新建的道观。其主体建筑玉皇殿,五开间,重檐歇山式,黄瓦红柱,气势恢宏。现为苍南县道教协会驻地。

(10) 文成县主要道观

文成境内民间神庙很多,统计到的有186座,绝大部分属于民间纪念性奉祀神庙,不是真正意义上的道教宫观。真正的道观只有一座,名无为观,但今已夷为农田,仅存遗址。无为观位于南田镇三源高村,始建于唐代天宝年间(742~756年),毁于元末兵燹。原观院规模宏大,有头门、前殿、正殿、斋厢房等,占地面积4000多平方米。遗址土层下面遗物颇多,发掘出瓦、盆、碗、罐等碎片以及柱础、围墙基石等。

(11) 泰顺县主要道观

泰顺神庙众多,几乎每个村庄都有宫庙,大小宫庙达1000多座。宫庙供奉的主要是灵官帝、马仙、陈十四夫人、七五相公、田窦元帅、郑二相公、土地公等。但真正意义上的道观很少,只有3座,规模很小。民间正一道士186人,以闾山派居多,同时还有灵宝派、天师派、东华派等。泰顺的三魁、仕阳、雪溪、龟湖一带的道士闾山、灵宝兼修,其他乡镇闾山派和灵宝派只学其一。

(12) 洞头县主要道观

① 应道观　位于洞头北岙双垄村。始建于清代康熙年间(1662~1722年),称为安祖庙。嘉庆年间(1796~1820年)将温州信河街应道观的香火分脉安此,遂改称应道观,所以属全真道紫阳派。道观现为二进三间石木建筑,占地面积1100平方米。

② 太阴宫　位于洞头岛岭背东龙路,与永福禅寺相邻。建于改革开放初期,分山门和主殿两部分,主殿高10.75米,深15米,面宽20米,殿内神龛分上下两层,上层供奉太上老君,下层供奉太阴圣母。主殿东西两侧建有两座配殿,分别供奉天王及真人等神。太阴圣母俗名陈十四娘娘,对她的崇拜源自福建,此地的崇奉是洞头先民由福建移民时带来的。而神龛的背后像洞头其他道观一样供奉的是佛教的观世音菩萨。整座宫观占地面积750平方米,气势恢宏。

③ 净明观　位于洞头北岙东郊村。始建年代不可考,民国年间重修,最近一次重修在1993年3月。面宽12.4米,深26.2米,占地面积325平方米。正面有三个大门,门上皆有神的雕像。前殿有戏台,两侧有廊楼,中有

天井,主祀许真君。

(三) 温州基督新教

广义的基督教包括天主教、东正教、新教等教派,狭义的基督教是新教的自称,温州民间俗称基督新教为耶稣教。

基督教创立于1世纪30年代的以色列。早期基督教是从犹太教发展起来的一个支派,没有独立的教义,而袭用犹太教的经典《旧约全书》。到了4世纪初,基督教成为成熟的完全独立的宗教,在教义上拥有自己的经典《新约圣经》,在组织上也有了自己的教会,并在古罗马帝国的疆域内成为一种社会政治力量。392年,狄奥多西一世正式宣布基督教为罗马帝国的国教。这是基督教发展历史中的转折点,这不仅使基督教成为古罗马帝国的官方宗教,而且还是基督教成为世界宗教的历史起点。随着罗马帝国分裂为以罗马为都城的西罗马帝国和以君士坦丁堡(今伊斯坦布尔)为都城的东罗马帝国,基督教也逐渐分化为以罗马为中心的西方教会和以君士坦丁堡为中心的东方教会。经过长期的明争暗斗,基督教终于在1054年分裂,西部为天主教,东部为东正教。罗马教皇与君士坦丁堡牧首之间一直处于僵持敌对关系。在16世纪的宗教改革运动中,在天主教的势力范围内又分裂出来代表新兴资产阶级利益的新教。新教信奉《圣经》为最高权威,不承认教会享有解释教义的特权,不承认神父在人神之间的中介作用,强调教徒个人直接跟上帝相通,取消教会对神权的垄断。新教简化了宗教礼仪和繁琐的礼节,废弃了神职人员空守独身的规定,取消了隐修和对圣物、圣像的崇拜,只保留"圣餐"和"圣洗"两种圣礼,教堂陈设简朴,并改用民族语言做礼拜。

16世纪下半叶,新教的三大主流派相继从天主教中完全独立出来,它们分别是路德宗(又称信义宗)、加尔文宗(又称归正宗)、安立甘宗(即英国圣公会或英国国教)。新教各派独立发展自己的势力,建立各自的教会组织,并建立各自的世界性教派组织。目前,"路德宗世界联盟"总部设在瑞士日内瓦,信徒主要分布在德国、北欧、北美等地。"归正宗世界联盟"总部也设在瑞士日内瓦,在全世界有173个独立教会,信徒分布在欧洲、北美、亚洲、非洲的86个国家和地区。安立甘宗虽然没有统一的世界组织,但习惯上尊奉英国坎特伯雷大主教为名义上的领袖,英国女王是最高首脑,信徒分布在英联邦国家、美国等148个国家和地区。三宗的世界信徒数量不相上下。据《国际传教研究公报》统计,全世界基督新教教徒的分布,非洲占25.9%,北美24.1%,欧洲22.2%,亚洲20.4%,拉美4.3%,大洋洲3.1%。美国是世

界上新教徒最多的国家,占美国总人口的 30%。新教徒超过全国人口总数
50%的国家有英国、荷兰和北欧五国。从基督新教的派别来看,新教三大主
流派占新教徒总数的 37%,非主流派有异端派、边缘派和非白人本地化教派
三类,其中土著的完全独立的非白人本地化教会信徒占 26%以上。

1. 温州基督新教历史概述

唐代初期贞观九年(635 年),叙利亚人阿罗本从波斯经西域来到长安,
这是第一位来华的基督教传教士。唐会昌五年(845 年)经唐武宗灭佛事件
的株连打击后,基督教在我国便一蹶不振。唐代称基督教为景教,即被基督
教正统派斥为异端的聂斯托利派。虽然景教在唐代受到六代皇帝的保护,
具有浓厚的"奉敕传教"的特点,但最终由于东西方传统文化上存在不可逾
越的鸿沟,使景教在中国流传 210 年之后而退出历史舞台。该时期是景教在
温州流传的初始阶段。

到了 13 世纪的元代,蒙古帝国的统治横跨亚欧大陆,使景教东山再起,
并且罗马天主教也首次传入中国。元代对基督教各派别不加详辨,通称为
"也里可温教"或"十字教"。蒙古族统治中国的 98 年中,一直同罗马教廷保
持使节往来,还设立了管理基督教的行政机构"崇福司"。《元典章》卷 33 记
载,大德八年(1304 年)"温州路有也里可温,并立掌教司衙门,招收民户。"并
载与道士发生纠纷。可见元代温州基督教重新流传起来。元代末期,中西
交通断绝,也里可温也随之消失。

明代后期,由于新航线的开辟,欧洲传教士再次叩开中国的大门,基督
教再度在中国兴起。从 1583 年利玛窦来中国传教开始,到 1742 年清廷与罗
马教廷"礼仪之争"冲突为止,在这明末清初的 160 年中,基督教(主要是天主
教)受到朝廷的礼遇,在全国广泛传播。这期间,中西方文化特别是天文地理、
语言文字、文学艺术、数学、水利等方面进行了大规模的交流,对社会经济产生
了深远影响。然而,由于中、西方文化的差异,而引发的"礼仪之争"持续了一
百多年,最后罗马教廷颁布通谕,禁止祭祖祀孔,满清皇帝也针锋相对,严禁西
方传教士在中国传教。从此,基督教在中国传播又一次转入低潮。

19 世纪初期,随着资本主义的发展和殖民主义的扩张,西方传教活动得
到进一步加强,基督新教也首次传入中国。1807 年,马礼逊受伦敦教会委派
来华传教,成为基督新教来华的第一位传教士,也是将《圣经》完整地介绍给
中国的第一人。早期来华的新教传教士因中国法律所禁,不能深入内地传
教,只能在沿海地区从事传播活动。基督新教是从 1866 年开始传入温州。
尤其是光绪二年(1876 年)温州辟为商埠后,一批外国传教士纷纷来温传教,

温州新教传播得以兴盛。19世纪下半叶,在一系列不平等条约的保护下,基督教在中国的实力增长很快。据统计,到19世纪末,新教在中国约有650名传教士,教徒约5000人;天主教约有400名传教士,教徒约74万人。此两教派在温州都同步得到很快发展。东正教自1716年在北京成立"中国东正教会",成为沙俄驻北京的外交机构以来,传播相对缓慢,主要分布在北京、东北、内蒙等地,温州未见传播。

20世纪初期,辛亥革命和五四运动复苏了中华民族的自觉意识,作为与帝国主义有千丝万缕关系的基督教自然也受到冲击,此时基督教在中国陷入危机。一方面传教活动不得不有所限制,另一方面从八国联军对中华民族进行野蛮践踏的帮凶形象转而在中国扩大文化教育和慈善事业,以争取民众,扩大传教。1949年前,中国天主教徒约有200万人,新教徒约有100万人。1957年,中国天主教会宣布与罗马教廷脱离关系以后,中国天主教传播和发展放缓,而新教发展相对较快。目前,全国新教徒数量反而远远超过了天主教徒。

基督新教于1866年开始传入温州后,经发展演化形成以下六个教派。

① 内地会 1866年10月,英国内地会传教士曹雅直来温州传教。不久在温州城区花园巷设立活动点,并于1877年建立教堂。这是新教传入温州的最早教派。初期信徒寥寥,后来采取办学与传教相结合的措施,就读者必须信教做祷告,一律免费供应膳宿、书籍等,并给予家庭经济补助,因而信徒渐增,逐渐扩大到永乐瑞平泰各县。五卅反帝爱国运动以后,教徒要求自办教会,终于在1927年改名为中华基督教自治内地会。到1949年,温州内地会建有城区、西区、永乐、永瑞、瑞文、平泰6个区联会,分堂121座。

② 循道公会 1877年10月,英国安立甘宗传教士李华庆来温州传教,次年3月在温州城区城西街嘉会里巷购房设堂,当时称偕我会。1882年英国传教士苏慧廉来温州继续传教。1911年与同宗教派合并,改称圣道公会。1934年又改称循道公会。此时循道公会建有城厢、楠溪(枫林)、西内(碧莲)、西外(西溪)、江北、上戍、乐清县西(柳市)、乐清县东(虹桥)、瑞安、平阳10个联区。到1949年建有教堂和教点166座。

③ 中国耶稣教自立会 1907年,平阳林湄川、黄时中等人响应上海俞国桢牧师创立"耶稣教自立会"的号召,从内地会和偕我会中分离出来,成立平阳耶稣教自立会。1912年冬,梁景山、谢楚廷等人在温州府城施水寮设自立会活动点,1914年7月在乘凉桥建教堂,成立中国耶稣教自立会温属分会。1920年中国耶稣教自立会全国代表会议以后,平阳和温州府城分别建

立分总会。平阳分总会曾称浙闽分总会,温州分总会通称温属总会。1941年温属总会会址迁到三牌坊教堂。到1949年,温州五县有自立会教堂116座。

④ 基督复临安息日会　1916年上海曾路德、熊湘元等人来温州宣讲"安息日",并在五马街设立活动点。后又派支访贤、邬天恩来温州传道,活动点迁到甜井巷,再迁沧河巷。1918年夏,华东教区联合会会长美籍韩尚理来温州筹建安息日会浙南区会。次年春,正式成立浙南区会,会址在南塘街,会长为美国传教士韦更生。1924年在头梳脑建立教堂。到1949年,温州建有永嘉、乐清、瑞安、平泰4个区分会,教堂53座。

⑤ 中华基督教自立会　在五卅运动的推动下,国籍牧师尤树勋等人从圣道公会中分离出一批教徒,于1925年7月在沧河巷建立中华基督教自立会。传教活动渐及永嘉、乐清、瑞安、青田、玉环各县。到1949年,温州建有5个联区,74座分堂。

⑥ 基督徒聚会处　又称地方教会。1880年成立于美国马里兰州,1922年倪柝声在福州成立基督徒聚会处,后传入温州平阳。1925年平阳桥墩(今属苍南)王禹亭、张悟生等人在碗窑碇步头建立聚会处。1931年春,温州城区潘活灵、章高来等人脱离内地会,先后在珠冠巷、大厅巷、仓坦前进行聚会活动。1943年在城区西城下建立教堂。到1949年,温州有聚会处121处。

自从1866年基督新教传入温州以后,到1950年9月最后一批外国传教士被遣返回国,先后有英国、法国、美国、加拿大等国传教士26人来温州传播基督新教。据统计,1920年温州各地基督新教教堂有321座,新教徒11726人,其中永嘉(包括今温州市区)6413人,乐清2082人,瑞安(包括今文成大峃)1852人,平阳(包括今苍南)1277人,泰顺102人。

解放前,基督新教在温州发展教会医院、教会学校等附属事业,以扩大它的宗教影响。但温州教会学校主要是小学,少数是中学,而没有教会设立的大学、图书馆等。清光绪二十三年(1897年)英国偕我会传教士约翰·定理(John Dingley)在温州城区杨柳巷创办定理医院,这是温州历史上第一座西医院,设有病床22张,院长是英籍霍厚福。开诊后门诊病人日益增多,于是定理回国募资,在百里坊大简巷易地扩建医院。1906年落成,因亨利·白累德(Henry Blyth)捐资占募捐总数的三分之二以上,故名白累德医院,定理医院并入。医院占地10亩,医疗用房2500平方米,病床118张,医师10人。1930年医护人员增至30人。英籍包莅茂(W. E. Plummer)为第一任院长。1953年1月白累德医院由人民政府接办,改名温州市第二人民医院。2012

年又改称温州市中心医院。

1877 年以来,基督新教在温州城区创办了崇真小学、育德小学、艺文学堂、艺文女学、艺文书院、三育初级中学、永光小学等,在各县创办了平阳培灵小学(在今龙港方岩下)、虹桥循道小学、柳市育德小学、里隆育德小学等教会学校。

新中国成立以后,1950 年 9 月中国基督教发表"独立自主,自办教会"宣言,温州数万基督教徒签名响应。1951 年 1 月温州基督教各派召开首届代表会,建立温州市基督教革新委员会,实行自治、自养、自传,回绝外国差会的汇款电报,与外国差会断绝一切经济联系。1956 年 5 月召开第二次代表会议,成立温州市基督教三自爱国运动委员会。1958 年原六个教派实行大联合,取消原有各派名称,将六个教派的教堂(城西堂、花园巷堂、沧河巷堂、永光堂、头梳脑堂、西城下堂)合并,集中在城西街总堂活动。

"文化大革命"期间,宗教自由政策受到取缔,教堂被占用或拆毁,教牧人员遭驱离,甚至受到迫害,圣经、诗歌、属灵书刊均遭浩劫,基督教徒因此中断主日崇拜、擘饼聚会等活动。然而,在十年动乱年代,教会经历正如《圣经》所说的"我们四面受敌,却不被困住;心里作难,却不至失望;遭逼迫,却不被丢弃;打倒了,却不至死亡。"温州宗教活动从"地上"转入"地下",聚会分散信徒家中,较大型的聚会移至僻远的高山野外,山脚有信徒放哨。

1979 年改革开放以来,逐步恢复原圣职人员的职位和基督教徒的宗教活动,新建教堂像雨后春笋般拔地而起。1983 年 12 月召开温州市基督教第四次代表会议,成立温州市基督教协会。基督教三自爱国运动委员会和基督教协会,简称"两会",温州市两会下设各县、市、区两会,这是温州基督教的组织机构。目前,温州市基督新教的一切宗教活动都已恢复正常,教徒队伍也迅速扩大。

2. 温州基督新教教堂和信徒的地理分布

1949 年,温州各地共有基督新教教堂 628 座。1990 年增加到 981 座,另有教点 500 多处。1997 年全国宗教活动场所调查登记时,温州共有基督教堂教点 1498 处,其中已登记发证 1136 处,临时登记 54 处,暂缓登记 34 处,不予登记 46 处,未登记 228 处。20 世纪 80 年代温州新建教堂 534 座。截止 2012 年底,温州全市基督教堂 1855 座,另有教点 300 多处。这个统计数字分为两种情况,一种是与温州市、县基督教两会有联系的教堂 1067 座,占 57.5%;另一种是与两会没有来往的教堂 788 座,占 42.5%。就教堂数量而言,全市 5405 个行政村和 532 个居民区中,平均 3.2 个村居中就有一座基督教堂,规模较大的行政村多有自己的教堂,甚至个别自然村也建立教堂,例如苍南马站大贡自然村就有大贡基督教堂。温州这个密度在全国是最高的。全市天主教堂仅 185 座,而基督教堂数量是天主教堂的 10 倍。1990~2012 年的 22 年间,基督教堂数量增加 874 座,平均每年增加 40 座,年均增长 2.94%。从速度来看,温州基督教堂居首(2.94%),天主教堂居次(1.44%),佛教寺院排第三(1.27%),道教宫观排末位(1.02%)。温州是中国福音最兴盛的地区,被誉为"中国的耶路撒冷"。

就基督教堂分布而言,永嘉最多,达 437 座,占总数的 23.6%,平均 2.1个村居就有一座基督教堂。其次是温州市区 394 座,再次是苍南 285 座,瑞安 263 座,乐清 205 座,平阳 156 座。泰顺、文成、洞头教堂较少,三县共 115座,仅占总数的 6.2%。教堂分布的一般规律是平原地区多,山区和海岛少;经济发达地区多,经济落后地区少。平原地区甚至出现基督教"福音村",例如苍南钱库的后谢村、龙港的新美洲村、金乡的灵峰村、马站的后岘村、永嘉瓯北的花坦村、龙湾蒲州的下埠村等,信仰基督教的户数占整个村的 90%以上。见表 6-6。

根据不完全统计,温州教会下设 67 个牧区,有的是非两会下属的牧区,有的是根据一个教派作为一个牧区来计算,例如平阳共有 9 个牧区,其中聚会处和安息日会各为一个牧区。温州老城区的城西教堂和花园教堂是温州市直属教堂,不属于任何牧区。每一个牧区分管的堂点有多有少,有的管理几个堂点,有的管理十几个堂点,有的甚至要管理几十个堂点。例如永嘉碧莲牧区下辖 46 个堂点,苍南龙港牧区下辖 26 个堂点,苍南赤溪牧区下辖 13个堂点,矾山牧区下辖 7 个堂点。牧区管理组织叫做牧区教务会,但是牧区管理往往在默认中实施的,没有明文规定牧区管理工作的权限,所以牧区一级的教务管理机构没有公章,公章象征着对外联系行政工作所需的一种权限,所以牧区没有对外联络的行政权力。目前有的县级两会正在考虑给牧区发放公章问题,但公章的实际权限到底有多大,这是很棘手的问题。

根据 1998 年版《温州市志》统计,1949 年温州各地共有基督教信徒 8.33万人,1990 年增加到 38.12 万人。2007 年增加到 86.27 万人,2012 年达到91.10 万人。其中受基督教两会管理的 72.32 万人,占 79.38%;未受两会管理的 18.78 万人,占 20.62%。温州天主教徒仅 10.9 万人,基督教徒数量是天主教徒的 8.4 倍。浙江基督教信徒 170 万人,温州占全省的 53.6%,超过一半。最近 22 年间,温州基督徒增加 52.98 万人,平均每年增加 2.4 万人,年均增长 4.0%,远超过了天主教徒的增速及人口增长的速度,这个速度是非常惊人的。温州基督教信徒中,受礼者 33.18 万人,占 36.42%;慕道者 57.92 万人,占 63.58%,也就是忠实的教徒占三分之一,听众占三分之二。温州信徒数量占全市常住总人口的 10.1%,这个比例很高,基督徒的人口密度在全国居首位。其中受礼者占常住人口的 3.64%,这个比例不高。就信徒分布而言,基督教信徒最多的是温州市区,达 26.15 万人,占全市信徒的 28.7%,占常住人口的 8.6%。其次是苍南 15.15 万人,再次是永嘉 14.57 万人,瑞安 13.81 万人,乐清 10.66 万人,平阳 7.78 万人。而洞头、泰顺、文成信徒较少,三县共 2.98 万人,只占全市信徒的 3.3%。就基督徒占常住人口比例来看,永嘉最高,达到 18.46%;其次是苍南 12.79%;再次是龙湾11.37%;比例较低的是泰顺 6.98%,鹿城 5.96%;比例最低的是文成,仅 2.07%。

1949 年,温州基督新教的教职人员共 1319 人,其中牧师 43 人,教师和长老 163 人,专职传道员 77 人,业务传道员 1036 人。1990 年全市教职人员共 3264 人,其中牧师 25 人,教师和长老 98 人,专职传道员 96 人,业务传道员 3045 人。2012 年全市专职的教牧人员 1013 人,其中牧师 44 人,教师(副牧师)136 人,长老 407 人,专职传道员 426 人。另有业务传道员(讲道义工)4361 人,教职人员总共 5374 人。

表 6-6　　　　　　温州市基督新教教堂和信徒分布

县市区	1949 年		1990 年		2012 年		
	教堂(座)	信徒(万人)	教堂(座)	信徒(万人)	教堂(座)	信徒(万人)	占常住人口比例(%)
鹿城区	22	0.51	32	2.27	89	7.71	5.96
龙湾区	9	0.11	17	0.82	125	8.52	11.37
瓯海区	95	1.20	134	6.17	180	9.92	9.95
瑞安市	84	1.05	103	6.12	263	13.81	9.69
乐清市	72	0.87	85	4.72	205	10.66	7.67
永嘉县	124	1.36	309	7.68	437	14.57	18.46
平阳县	67	0.98	68	2.56	156	7.78	10.21
苍南县	125	1.89	161	6.11	285	15.15	12.79
文成县	6	0.06	11	0.16	17	0.44	2.07
泰顺县	17	0.21	45	0.71	62	1.63	6.98
洞头县	7	0.09	16	0.80	36	0.91	10.38
合计	628	8.33	981	38.12	1855	91.10	10.10

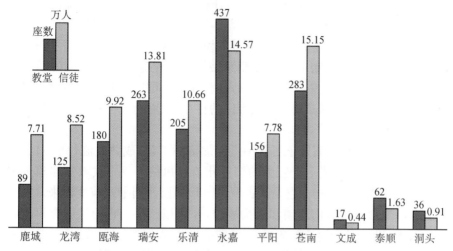

图 6-4　2012 年温州市基督新教的教堂和信徒分布

3. 温州基督新教文化景观

基督教文化景观主要是教堂建筑,它是基督教文化的精华。教堂是建立在现实世界上的神圣建筑,是神在人间的宅第,应该像天国一样尽善尽美,它体现了信徒对上帝的理解与感受,以及信徒对心灵的追求。正是由于人们理解及追求的不同,所以形成了教堂建筑的多样性和不同风格。全世界教堂的建筑风格主要有罗马式、哥特式、拜占庭式三种。一般说来,基督教堂多为罗马式,天主教堂多为哥特式,东正教堂多为拜占庭式。它们在建筑风格上有很大差异。罗马式用内部空间来象征宇宙,体现一种静态的安宁与凝重;哥特式则用外部结构的急剧抬升来象征向天国无限升腾的意象,表示出一种动态的张力。拜占庭式教堂主要特征是在方形的平面上建造巨大的穹窿顶,屋顶重量落在四个独立的支柱上,房顶由中央一巨大圆形穹窿和前后各一个半圆形穹窿组合而成,突出穹顶,提高鼓座,使穹顶更加饱满。例如伊斯坦布尔的索菲亚大教堂、莫斯科红场上的华西里·伯拉仁内教堂、哈尔滨圣索菲亚大教堂都是著名的拜占庭式教堂建筑。但温州没有东正教,因而没有拜占庭式教堂。温州基督教堂多为罗马式建筑,天主教堂多为哥特式建筑。

早期基督教堂建筑艺术受到古希腊文明的影响。但与古希腊神殿在功能、结构和风格上有区别,古希腊神殿重视外部装饰和宏伟风格,而基督教堂重视的却是内部装饰。4 世纪以前,基督教受到罗马帝国的压迫,而在地窟里进行传教和祈祷,这种原始时期的地下活动决定了教堂外部的含而不露,而所有的艺术装饰只能表现在内部。即使到了"米兰敕令"公开后,地窟时代的"巴西利卡式"建筑特色仍然被保留了下来。所以今天温州罗马式基督教堂的内部空间的精心安排与刻意装饰仍然是基督教堂建筑的精华所在,其用意就是要创造一个神圣空间,作为通往天国的"中介"。当信徒踏入教堂,就能在心灵上感受到上帝及天国的存在,从而与外面的现实世界分离开来。

罗马式教堂建筑萌发于西欧中世纪加洛林王朝,成熟并流行于 11~12 世纪的整个欧洲,形成一个宏大的国际化流行风格。罗马式教堂建筑采用典型的罗马式拱券结构。它是从古罗马时代的巴西利卡式演变而来。罗马式教堂的雏形是具有山形墙和石头坡顶,并使用圆拱。它的外形像封建领主的城堡,以坚固、沉重、敦厚、牢不可破的形象显示教会的权威。教堂的一侧或中间往往建有钟塔。屋顶上设一采光的高楼,从室内看,这是唯一能够射进光线的地方。教堂内光线幽暗,给人一种神秘气氛和肃穆感及压迫感。教堂内部装饰主要使用壁画和雕塑,教堂外表的正面墙和内部柱头多用浮雕装饰,这些雕塑形象都与建筑结构浑然一体。意大利的比萨大教堂、法国的普瓦蒂埃圣母堂和阿耳大教堂、德国的沃姆斯和美因茨大教堂、英国的达拉姆大教堂等都是罗马式教堂的典型代表。但在不同民族和地区的建筑风格又有其独特的表现,出现基督教文化扩散与当地文化融合后所表现出来的新风格。

温州基督教堂数量众多,有些是具有独特风味的精美历史建筑,有很高的历史价值和艺术价值。温州城西街基督教堂和花园巷基督教堂都是清代建筑,带有欧洲罗马式基督教堂的代表性风格,但与欧洲的基督教堂迥异其趣,可以看出欧洲基督教文化与温州本土文化的融合与发展。温州将军桥基督教堂采用天主教堂的哥特式风格,这是一个例外。然而,温州很多教堂是由民房改建而成,在外部建筑风格上与周围的中国传统建筑别无二致,仅在主要建筑上装饰有十字架等宗教标志。温州教堂的建筑平面多是常见的十字形,但是教堂整体建筑均采用中国传统建筑元素,屋顶为中国传统的硬山顶。乐清柳市基督教堂是 2013 年刚落成的现代化新建大教堂,十字架高 63 米,能容纳 5000 人同时礼拜,是中国目前最大基督教堂。其建筑风格以帆船和白鸽为基本元素,全新的造型和空间布局塑造宗教建筑的时代特征,成为中国社会科学院基督教研究中心调研基地。

表 6 - 7　　　　　　　　　　　**温州市主要基督教堂**

区域	基 督 教 堂 名 称
市直属	城西街教堂　花园巷教堂
鹿城区	将军桥教堂　南门教堂　西门教堂　城南教堂　蒲鞋市教堂　打绳巷福音堂　头梳脑教堂　垟儿口教堂　上田教堂　西门下桥教堂　南郊牛桥底教堂　双屿双岙教堂　双屿下岭教堂　双屿北山教堂　双屿牛岭教堂　仰义教堂　七都樟里教堂　七都前沙教堂　藤桥呈岸教堂　藤桥金马教堂　藤桥埭头教堂
龙湾区	蒲州教堂　状元教堂　屿田教堂　上江教堂　汤家桥教堂　石坦教堂　三郎桥大岙教堂　永中沧河教堂　永中下六宅教堂　永中五溪教堂　永兴下垟街教堂　联丰教堂　中和教堂　宁村教堂　瑶溪水心教堂　沙城三甲教堂　沙城四甲教堂　七甲教堂　海城埭头教堂　海城梅头教堂
瓯海区	梧田教堂　梧田塘东教堂　梧田丽田教堂　新桥旸岙教堂　郭溪曹埭教堂　瞿溪河头教堂　潘桥横塘教堂　潘桥屏山教堂　南白象东庄教堂　新桥高翔教堂　娄桥教堂　蟠凤教堂　娄桥矸屿教堂　潘桥桐岭教堂　郭溪宋岙底教堂　泽雅天长教堂　泽雅岩角山教堂　泽雅潘宅教堂　潘桥马桥教堂　茶山教堂
瑞安市	衙后教堂　海安教堂　安盛教堂　周岙教堂　新方教堂　城西教堂　塘下教堂　鲍田新华教堂　鲍田教堂　莘塍福音堂　上埠教堂　信心教堂　花园教堂　罗凤塘口教堂　仙降教堂　莘塍教堂　马屿教堂　陶山教堂　高楼教堂
乐清市	虹桥教堂　柳市教堂　乐成教堂　白象教堂　磐石教堂　翁垟教堂　三屿教堂　盐盆教堂　后所教堂　蒲岐教堂　南塘教堂　清江教堂　芙蓉教堂　白溪教堂　大荆教堂　白石教堂　里隆教堂　万岙教堂
永嘉县	瓯北花岙教堂　瓯北千石教堂　瓯北罗浮教堂　瓯北三岙教堂　桥头教堂　桥下教堂　碧莲教堂　上塘城南教堂　上塘山仓教堂　岩头烘头教堂　沙头上路垟教堂　大若岩缸窑教堂　梅岙教堂　山坑小巨教堂
平阳县	昆阳西门教堂　鳌江永平教堂　万全南门教堂　南丰教堂　榆垟教堂　钱仓教堂　麻步教堂　水头后街教堂　凤卧教堂　腾蛟教堂　鹤溪教堂　山门教堂　顺溪教堂　宋桥教堂　郑楼教堂　宋埠教堂　钱仓教堂　萧江教堂　显桥教堂　闹村教堂
苍南县	灵溪永灵堂　灵溪圣恩堂　灵溪永生堂　龙港主恩堂　龙港天恩堂　龙港主爱堂　龙港上光教堂　龙港新美洲教堂　肥艚教堂　肥艚浃底教堂　宜山教堂　宜山环球教堂　钱库颂主堂　金乡教堂　金乡北门教堂　藻溪教堂　桥墩教堂　莒溪教堂　观美教堂　云岩鲸头教堂　矾山教堂　马站教堂　马站城门教堂　沿浦教堂　沿浦新塘教堂　沿浦斗门头教堂　霞关教堂　霞关南坪教堂　渔寮雾城教堂
文成县	大峃教堂　龙川教堂　里阳教堂　峃口教堂　珊溪教堂　大壤教堂　黄坦漈头寮教堂　稽垟塘底垟教堂　富岙周岙底教堂　朱雅吴坑教堂　玉壶东背教堂
泰顺县	罗阳东门教堂　泗溪南溪教堂　司前台边教堂　百丈口教堂　莒江教堂　筱村竹园教堂　彭溪箩五田教堂　富垟教堂　雅阳埠尾教堂　雅中教堂　仕阳教堂　仕阳东溪教堂　雪溪教堂　龟湖教堂　三魁秀溪边教堂　后垟教堂
洞头县	北岙教堂　大门甲山教堂　大门沙岩教堂　状元岙活水潭教堂　霓屿石子岙教堂　大三盘阜埠岙教堂　鹿西口筐教堂

217

温州市基督教两会直属的基督教堂有城西街基督教堂和花园巷基督教堂两座,其他县、市、区的基督教堂多达1853座,现择要简述之。

(1) 城西街基督教堂　位于温州城区城西街73号。清光绪四年(1878年)英国偕我会传教士李华庆来温州购房建立该教堂。1884年10月4日在"甲申教案"中被烧毁。1898年英国传教士苏慧廉重建,教堂坐西朝东,分前后两堂,大堂高13.45米,小堂即福音堂。占地面积1578平方米。1911年以后是温州循道公会总堂。1958年温州基督新教六个教派合并以后成为温州基督教总堂。1966年9月红卫兵关闭城西堂,教堂被占用,教牧人员受批斗,《圣经》和宗教书籍遭烧毁,教会活动完全停止。1979年12月归还教堂,恢复宗教活动。现为省级文物保护单位,温州市基督教三自爱国会和基督教协会驻地。

(2) 花园巷基督教堂　位于温州城区花园巷。1877年英国内地会传教士曹雅直来温州建立的首座教堂,是温州内地会的总堂。当时占地面积4618平方米(6.9亩),是城西街教堂的3倍。1884年在"甲申教案"中被焚毁,1890年重建。1958年该堂被迫停止宗教聚会,大部分堂舍(2977平方米)被温州军分区用作干部住房。"文革"时期,连大堂和小堂(勉励会堂)都被温州棉织厂占用。1989年归还小堂,1990年归还大堂并进行修缮。军分区占用的堂舍至今没有归还,所以今天教堂规模比城西教堂和周宅祠巷天主堂都小。现有大堂坐东朝西,五间一层,建筑面积约400平方米,堂前高悬百年前的匾额"尔道若灯,光烛我径",八个金字仍光彩依旧。但经历百年风雨,教堂现已破损严重,属于C级危房。整体拆建还是作为文保单位加以保护,尚未定夺。

(3) 将军桥基督教堂　又名圣三一堂,位于温州鹿城区雪山路91~93号,即勤奋路和雪山路交叉路口,南面临水心河。2004年11月在原址扩建,历时5年,2009年11月落成,用地面积2521平方米。主入口在教堂东南面,次入口在教堂北面。教堂主体结构地下一层,地上三层。地下层布置食堂和停车库,一层是附堂,二层设办公室、贵宾接待室、祷告室、查经培训室、客房及幼稚班等,三层整层是大圣堂,三层以上是钟楼夹层。钟楼建在主入口正中前方,高45米。建筑造型采用哥特式的尖顶钟楼,这在天主教堂中是常见的,但在基督教堂是少见的。教堂四周均是拱形落地门窗,窗形为玫瑰窗,彩色玻璃。石材外墙,辅以石刻天使浮雕,细腻有质感,是温州基督教堂的一流建筑。

(4) 瑞安衙后基督教堂　位于瑞安城区衙后街。始建于清光绪二十一年(1895年),1991年扩建。现有大堂1座,建筑面积363平方米;旁有栈房15间,建筑面积720平方米。整座教堂占地面积860平方米。

(5)海安基督教堂 位于瑞安塘下镇海安西村。始建于清光绪二十年(1894年),是瑞安创建最早的一座基督教堂。光绪二十六年(1900年)拓建。改革开放后,1993年新建,现有三层大堂一座,面积345平方米;子房多间,面积181平方米。

(6)虹桥基督教堂 位于乐清虹桥镇东街。始建于清光绪十六年(1890年),属循道公会。民国三十三年(1944年)日军侵占时,宿舍楼被焚毁10间。"文革"时被占用为工厂,遭受损坏。1985年收回并修茸,恢复旧时面貌。现有教堂1座和附属楼房十多间,占地面积1400平方米。

(7)柳市基督教堂 位于乐清柳市镇吕岙村。是2013年2月落成的新建大教堂,耗资8000多万元,占地面积13973平方米(21亩),大堂建筑面积6194平方米,十字架高63米,能容纳5000人同时礼拜,是中国目前最大基督教堂。

(8)昆阳基督教堂 原址在平阳昆阳西门莲池巷,故又称昆阳西门教堂。始建于清同治十三年(1874年),是中华基督教内地会建造的温州市最早的第一座基督教堂,当时称为圣耶稣教堂。1990年迁建于教场山脚西马路155号,占地1400平方米,建筑面积840平方米,生活用房二十多间。

(9)鳌江永平堂 位于平阳鳌江镇东河南岸,又称鳌江二堂。始建于1910年,1988年迁建于水深村,故又称水深基督教堂。现有两层大堂一座,生活用房十多间。

(10)灵溪永灵堂 故址位于苍南灵溪镇凤山巷,故又称凤山教堂。始建于1909年,1988年扩建为两层楼房,上层为圣堂,下层为生活用房。1998年11月因灵溪老城改造拆建,教堂移址灵溪镇双灵路木材市场旁重建,2000年5月落成。新堂四层,十字架顶高十层,占地面积3256平方米,建筑面积3665平方米。

(11)龙港主恩堂 位于苍南龙港镇环河路20号。始建于1986年,1990年6月在原址上重建扩建,1991年5月落成,基督教全国两会主席、会长丁光训主教命名为"主恩堂"。楼堂三层,共1380个座位,建筑面积892平方米。由于信徒增长很快,1998年在龙港人民路730号分设天恩堂,2002年在龙港纺织五街160号又分设主爱堂。

(12)龙港天恩堂 位于苍南龙港人民路730号。始建于1995年9月,1998年8月落成,正式开始分堂聚会,取名基督教龙港二堂。由于信徒增长很快,2001 年进行拆建,2003 年 10 月竣工,并改名为天恩堂。新教堂占地面积 2600 平方米,建筑面积 6360 平方米。分综合大楼与教堂两部分,综合大楼高 50 米;教堂高 24 米,宽 28 米,深 40 米,堂内没有一根柱子,共设 1800 个座位。

（13）大峃基督教堂　位于文成县城徐宅巷。始建于清光绪六年(1880 年)。1888 年因误传慈禧太后旨意,教堂财物被毁一空,不久真圣旨下达,教堂建筑方免于难。1966 年以前一直是文成县基督教活动中心。"文革"中被生产队用作牛栏,后被拆毁。1987 年重建,现为 5 开间,建筑面积 550 平方米。

（四）温州天主教

天主教是世界基督教最大主流教派。全世界天主教徒数量占基督教徒总数的 57%,新教占 32%,东正教只占 11%。天主教在世界基督教各派中具有最多的信徒数量和最大的宗教影响力,但是温州天主教的地位远居于新教之下,主要原因是 1957 年开始我国天主教会与罗马教廷脱离关系而引起的。罗马教廷是天主教的国际中心,设在意大利罗马城西北面的梵蒂冈,掌管着世界各国天主教的传教事业,统治着几乎全世界的天主教徒,成为一个超国家、超民族的宗教组织。罗马教廷的最高首领是教皇,教皇终身任职,具有全世界的主教任免权和教区设立权、划分权。教皇下面设枢机主教(即红衣主教),红衣主教下面设都主教和大主教,大主教下面设主教,主教下面设神父。主教通常是一个教区的主管人,神父通常是一个教堂的负责人。天主教有等级森严的教阶制度和严密的组织体制,新教则比较松散。

我国天主教会与梵蒂冈罗马教廷的最大分歧是"祝圣"问题,即教区主教的任命和授权。正因为此,中国与梵蒂冈至今无法建立外交关系。根据上帝的旨意和惯例,全世界所有教区的主教必须由梵蒂冈任命和授权,我国则坚持自行任命,由宗教局授权,所以 1957 年曾遭受梵蒂冈的"绝罚"威胁。半个多世纪以来,我国累积有 40 个教区没有主教司责,温州教区就没有主教,对处理教会事务造成了严重影响。2011 年 7 月,中国天主教会祝圣四川乐山、广东汕头两个教区的主教时,又遭受梵蒂冈的"绝罚"威胁。这对中国天主教广大神长教友是个很大的信仰创伤。中国政府表示,中国天主教坚定地走独立自主自办和自选自圣主教的道路,自己有权开展教务管理和牧灵福传工作,绝不妥协。

天主教的宗教礼仪上有七件圣事,即圣洗、坚振、告解、圣餐、终傅、圣职、婚配。天主教的圣事礼仪由神父主持,新教则由牧师主持。天主教的宗教节日有数十个,重要的是圣诞节、复活节、降临节、圣母升天节等。圣诞节是纪念耶稣的诞生,定于 12 月 25 日。复活节是纪念耶稣复活的日子,在春分月圆后的第一个星期日。降临节是圣灵降临的节日,耶稣复活后第 40 天升天,第 50 天遣圣降临,于是门徒领受圣灵开始传道,所以在复活节后的第 50 天为降临节。圣母升天节是纪念圣母玛丽亚的节日,定在 8 月 15 日(新教无此节日)。

传统上,欧洲各国是天主教分布占优势的地区,后来流传到美洲、亚洲、非洲等地。目前,天主教徒最多的国家依次为巴西、墨西哥、意大利、美国和菲律宾。温州是浙江天主教活动最轰轰烈烈的地区,天主教堂和教徒人数遥居全省第一。全省 17 万天主教徒中,温州教区就达到 11 万人。

1. 温州天主教历史概述

历史上,基督教在中国的流传可谓"三起三落"。第一次兴起是唐代,在我国流传的是非正统的聂斯托利派。第二次兴起是元代,除聂斯托利派外,天主教开始传入中国,温州在元代就有天主教的流传。第三次兴起是明代后期至清代前期,我国流传的基督教主要是天主教。明末清初时期,先后来温州传教的西方著名天主教传教士有西班牙籍多明我会的黎玉范(J. B. Morsles)、法籍耶稣会的朴莱玛尔(P. Premare)等。康熙三十五年(1696年)成立浙闽代牧区。此时,这些外国神父居住在虞师里天主堂的宁波公所,另有花柳塘天主堂、东门天主堂(天宁寺)、西门天主堂(象门街庆云寺),共有四个天主教活动场所。乾隆七年(1742 年)清政府与罗马教廷"礼仪之争"以后,外国传教士被驱逐出境,天主教在温州的传教活动也告中断,浙闽代牧区也被取消。

天主教销声匿迹一百多年后,1840 年鸦片战争外国列强打开中国门户,宁波成为五口通商城市之一,天主教从宁波开始传入。清道光二十六年(1846 年)法国遣使会派传教士以宁波为主教驻地,逐渐发展到杭州一带,后传至台州。1874 年 11 月,黄岩栅桥天主教堂国籍神父马宗良来温州传教,在城区花柳塘建立活动点。1877 年建成周宅祠巷天主教堂,有意大利籍神父董增德主持教务。此时温州天主教教务隶属于宁波教区,是宁波教区下属的"永嘉教区"。1880 年 12 月,温州成立天主教本堂区,1903 年升为总本堂区。此后,永嘉教区还相继成立 8 个本堂区,即平阳、永强、瑞安、虹桥、枫林、钱库、坎门、蒲门本堂区,至此温州总本堂区下辖周宅等 9 个本堂区。永嘉教区主教是意大利籍董增德。

1869 年春,乐清虹桥里岙村陈希林、陈茂庆等人接收洗礼,加入天主教。1871 年乐清里岙建立温州第一个天主教祈祷所,成为温州在鸦片战争以后最早的天主教活动场所。1870 年永嘉西溪茶坑村季长贵、季盛栋等人也受洗入教,成为温州第二批天主教友。1874 年温州城区花柳塘建立天主教活动点。1877 年在城区周宅祠巷修建天主教堂。1878 年温州本堂神父董增德在永嘉茶坑购置一座九间民房,用作经堂,供学习经言及传播教道。与此同时,温州各地也出现了一批天主教徒。到 1880 年温州各地的天主教徒 420 人,1903 年发展到 2181 人,1936 年更达 30342 人。1877 年至解放前夕的 70 年间,来温州传教的外国天主教传教士共有 28 人,其中波兰籍 14 人,法国籍 10 人,意大利籍 2 人,荷兰籍和匈牙利籍各 1 人。1934 年以前以法国籍传教士为主,1934 年以后以波兰籍为主。此外,这 70 年中来温州传教的国籍神父共有 21 人。解放前,温州有副主教 1 人,神父 29 人,修女 22 人。据统计,1920～1948 年罗马教廷付给温州教会的经济津贴平均每年约值大米 9.2 万斤,外国教徒捐助平均每年约值大米 2.5 万斤,两项合计约占温州教会经济来源的 75%。此外,本地教徒捐献平均每年约值大米 2.4 万斤,教会土地和房租收入平均每年约值大米 0.85 万斤。

清光绪十年(1884 年),法军入侵我国福建厦门和浙江沿海一带,中法战争爆发,全国掀起声势浩大的抗议行动。该年农历八月十六日温州民众一夜间焚毁了城西基督教堂、花园巷耶稣教堂、周宅祠巷天主堂等教堂,同时烧了英国税务司瓯海之关的档案室,次日瑞安江浦天主教堂亦被毁,总共烧毁 6 座教堂,史称"永嘉甲申教案"。甲申教案最后由清政府和法国议和,结案赔偿基督教 27641 元银币,天主教 7359 元银币。

解放前,外国天主教会在温州创办医院、学校、育婴堂、孤儿院等,以扩大天主教的宗教影响。清光绪三十二年(1906 年),法国天主教巴黎仁爱会类斯(Louise)资助,在温州城区岑山寺巷南面购地 15.57 亩建造天主教教会医院。1913 年 9 月落成开诊,名为济病院,翌年改称董若望医院。医院分门诊和住院两部,住院部有病床 28 张。聘任国籍教友医师 4 名,护士 6 名。教会先后派遣 10 名外籍嬷嬷来院担任助理。1921 年增建 2 幢楼房,病床增至 160 张,后又增至 230 张。类斯为第一任大嬷嬷(院长)。1951 年 5 月由人民政府接办,改名温州工人医院,后又改称温州市第三人民医院,今名温州市人民医院。

温州天主教会从 1880 年开始在温州各地开办学校。1891 年在周宅祠巷天主堂内举办了一所神教学校"保禄书院",培养天主教神父和骨干分子。

1914年温州各地有教会书院、教会学校56所,学生1868人。1935年增至67所,学生3188人。其中主要学校有城区的增爵小学、保禄小学、昆阳一泉小学、钱库诚德小学、虹桥乾西小学、永强文心小学等。

位于温州城区扬名坊的育婴堂,创办于清乾隆十二年(1747年),原为民间举办的地方慈善机构,名为瓯海道育婴堂。1919年4月转由天主教仁爱会接管,扩大了规模,改善了管理,英籍龚玛丽、法籍方浪沙等先后任育婴堂大嬷嬷。1951年由人民政府接办,当时堂内有乳婴57人,13岁以下儿童50人,13岁以上少年97人,后来改为温州市儿童福利院。此外,温州天主教会还创办孤儿院,又称天神会。创办于清光绪六年(1880年),首任院长是尼姑出身的山莲,黄岩人。1897年岑山寺巷孤儿院落成,迁入新居,孤儿最多时达50人。至1950年停办,70年间共收养孤儿800多人。

解放以前,温州天主教会还为百姓做了三件善事,各界士绅送给教会三块匾额。1912年8月28日至30日超强台风正面袭击温州,沿江200多个村庄无存,死亡3.5万余人;9月11日台风再次来袭,飞云江和瓯江两岸一片汪洋,死亡931人。当时永嘉县议会和瓯海道尹公署请温州天主教会冯烈鸿神父协助赈灾,冯神父从国外购来10万斤大米和面粉,连同4万元大洋分发灾民救饥,事后温州士绅特赠"惠周瓯括"匾额,以表诚忱。1920年8至9月间,台风数起,灾情严重,温州各县农民外出逃荒乞食者10万余人,幸存者挖草充饥,缺衣少被。天主教会先后募捐到西贡米1200袋,银洋20万元,施舍给灾民。次年3月又运来西贡米150吨,其中100吨大米分发给城区和永嘉,50吨发给瑞安、乐清、青田灾民。1922年8月11日至12日、9月11日至12日、9月29日至30日,温州先后三次遭受台风袭击,天主教会调拨20万和10万银元的救济款,以解温州燃眉之灾。

1924年9月,闽浙两省军阀混战,军阀郝国玺占据温州,福建彭德铨欲吞并浙江,闽兵攻占平阳直捣飞云江南岸,两军对峙,形势极其紧张。温州城乡人心惶惶,温州城危在旦夕。当时温州城区著名绅士吕文起受温州道尹委托,请求冯烈鸿神父协助,一起赴平阳闽军营调停战事。最后双方签订了停战协定,闽军撤退,使温州城避免了一场战争的浩劫。事后吕文起等士绅向温州天主教会赠送一块"一视同仁"匾额留念。

1929年夏秋之交,温州霍乱病流行,温州三家医院无法容纳众多病人,天主教会将停办的窦妇桥增爵教会中学的校舍作为临时瘟疫病院,设床位80多张,并派简余兰医师出诊救治,经过三、四个月努力,瘟疫得到控制。温州百姓特赠天主教会一块"乐与为善"匾额,以表谢意。以上三块匾额一直保留到解放后,1966年"文革"时被砸烂。

1944年7月宁波戴安德主教任命苏希达为温州教区总铎和温州市本堂主任,这是第一任国籍神父膺此重任。上任后苏希达最大的贡献是筹划成立温州国籍教区,与罗马教廷新任驻华公使黎培里密切联系,终于在1949年6月29日罗马教廷宣布,从宁波教区中分出设立永嘉教区,温州独立自成教区,教务由宁波教区主教法国籍戴安德兼任,副主教由国籍苏希达担任。苏希达是温州教区的奠基人,此时温州天主教区共有9个本堂区,大小教堂和祈祷所161处,神父30人,修女22人,传道员91人,教友39338人,慕道者7000余人,小学8所,女慕道者培训所2个,医院、育婴堂、孤儿院各1所。

1950年苏希达等神父被逮捕,关押70天后获释出狱。1953年碧莲张乃布神父被捕入狱。1954年温州天主教会主教戴安德被驱逐出境。1955年10月8日,苏希达等神父再次被捕押送至杭州受审,并押回温州解放电影院召开公审大会,最终判处苏希达为反革命分子有期徒刑十年,1958年1月6日,病死狱中。

解放以后,1951年1月发表《温州天主教革新宣言》,坚决拥护和遵守人民政府的一切政令法令,割断与帝国主义的关系,并成立温州天主教革新委员会。1955年12月召开温州市天主教代表会议,建立温州市天主教友爱国会筹委会。在切断外汇津贴后,教会经济拮据,只能自办草帽厂和酒精厂,出租部分堂舍,并开源节流和精简人员,一些传道员回乡参加土改分田,或下海谋生,乡村堂点无人管理而被作他用。1958年大跃进中,温州搞"三献一退"试点,教职人员相继去工厂劳动。

1958年6月召开温州天主教第二届代表会议,正式成立温州天主教友爱国会。1961年4月召开第三次代表会议,温州天主教友爱国会改名为温州天主教爱国会。1964年12月举行第四次代表会议,进行爱国守法教育。"文革"开始的1966年9月温州周宅祠巷天主教堂被抄封,教堂中的一切宗教用品及所有的中外书籍被运至人民广场焚烧一空,从此温州各地所有教职人员被扫地出门,一切宗教和爱国会活动全部停止。

1979年12月,温州市政府决定重新开放周宅祠巷天主堂,恢复爱国会活动。但部分教友因"爱国会脱离教宗"而不愿到有爱国会组织的教堂过宗教生活,因而形成地下教会。经过思想工作,消除了部分教友疑虑,到有爱国会组织的堂口参与圣事的日益增多,自愿到神学院和修女院学习的青年教友亦明显增加。1982年收回周宅祠巷天主教总堂,并经过一年大翻修,1983年圣诞节重新开放。各县也相继收回被占教堂,开展正常的宗教活动。

1992年王益骏神父劳教释放,重新担任"地下主教"。2000年1月21日温州教区进行自选自圣主教,选蔡叔毅为教区正权主教,朱维芳为助理主教。后由于蔡叔毅因病坚辞,而搁置祝圣。2002年9月23日蔡叔毅病逝,朱维芳任教区长。此时,温州教区神职人员有67人,其中神父16人,修女37人,修生14人。驻有神父的本堂区10处,开放天主教活动的堂点363处。

2. 温州天主教堂和教徒的地理分布

1949年温州各地共有天主教堂140座,1990年减少到135座。1997年全国宗教活动场所调查登记时,除文成、泰顺、洞头三县没有天主教团体组织外,温州共有天主教堂173座,其中已登记发证112座,临时登记12座,暂缓登记13座,不予登记20座,未登记16座。截至2012年底,温州全市天主教堂共有185座,另有祈祷所和学习所约200处。1990～2012年的22年间,温州天主教堂增加50座,平均每年增加2.3座,年均增长1.44%,远低于基督教堂的2.94%。就温州天主教堂分布而言,温州市区最多,三个区共40座,其次是苍南36座,再次是永嘉35座,这三地共111座,占全市总数的60%。另外,还有平阳29座,瑞安24座,乐清21座,其他三县没有天主教堂。温州天主教堂的数量远不及基督教堂,仅为基督教堂的十分之一。

1949年温州各地共有天主教徒3.72万人,1990年增加到7.63万人,2012年达到11.15万人。目前,世界基督教的三大宗派中,天主教会的人数最为庞大,全世界天主教徒有11.9亿人,占世界总人口17%,天主教会也是所有基督宗教中最为庞大的教会。但温州信奉天主教的人数很少,宗教的市场份额很小,具体表现两个方面,一是温州天主教徒数量只占常住人口的1.2%,而基督教徒占常住人口的10.1%;二是温州天主教徒数量仅为基督新教的八分之一。但与省内兄弟城市横向比较,浙江全省天主教徒共17万人,温州就有11万人,独占64.7%,这是一个异常现象。1990～2012年的22年间,温州天主教徒增加3.52万人,平均每年增加1600人,年均增长1.74%,远低于基督教的4.0%。就温州天主教徒分布而言,温州市区最多,达2.55万人,占全市天主教徒的22.87%;其次是苍南2.30万人,再次是平阳1.84万人,永嘉1.58万人,瑞安1.54万人,乐清1.34万人,其他三县没有天主教徒分布。

1949年温州天主教有副主教1人,神父29人,修女22人。1990年温州有主教1人,神父11人,修女5人。2002年全市神职人员有67人,其中神父16人,修女37人,修生14人。2012年全市神职人员有78人,其中神父18人,修女40人,修生20人。与1949年相比,神父数量明显减少,但当前温州神父数占全省的24.6%,修女数占全省的37.0%,修生数占全省的

38.9%,均居全省 11 个地级市的首位。

表 6 - 8 温州市天主教教堂和教徒分布

县市区	1949 年		1990 年		2012 年	
	教堂(座)	教徒(万人)	教堂(座)	教徒(万人)	教堂(座)	教徒(万人)
鹿城区	9	0.30	11	0.66	12	0.78
龙湾区	11	0.28	10	0.57	15	0.95
瓯海区	10	0.26	8	0.46	13	0.82
瑞安市	22	0.63	17	0.97	24	1.54
乐清市	17	0.51	14	0.81	21	1.34
永嘉县	27	0.58	29	1.45	35	1.58
平阳县	18	0.48	17	0.97	29	1.84
苍南县	25	0.68	29	1.74	36	2.30
文成县	1	0.003	0	0	0	0
泰顺县	0	0	0	0	0	0
洞头县	0	0	0	0	0	0
合计	140	3.72	135	7.63	185	11.15

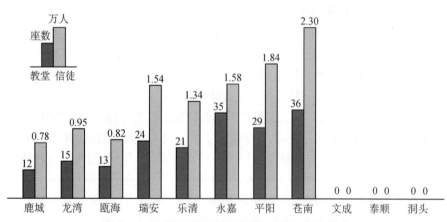

图 6 - 5 2012 年温州市天主教的教堂和教徒分布

3. 温州天主教文化景观

天主教文化景观主要是哥特式建筑风格的天主教堂。罗马式教堂是以乡村修道院为中心而发展起来,哥特式教堂则是以城市"主教座堂"为核心而发展起来。欧洲的城市化是在哥特式时代开始的,是由朝圣运动而形成的。哥特式教堂诞生于法国巴黎北郊圣丹尼斯隐修院,是从罗马式教堂基础上改建而成，所以又称"法国式"。1140～1144年，隐修院院长苏哲（Suger）在主持重建的教堂歌坛部位，为体现新柏拉图主义的光、高、数三个理想，运用了尖肋拱技术，并以明亮的彩色玻璃取代了罗马式的持重墙，它摆脱了罗马式教堂的沉重感而朝向轻巧、雅致的方向发展。此后这一建筑风格经过一个多世纪的实践，在13世纪中叶达到成熟，并推向世界各地。哥特式大教堂以其高超的技术和艺术成就，在世界建筑史上赢得重要地位，它的无价建筑艺术已列入联合国科教文组织的世界遗产，世界著名的代表作有法国的巴黎圣母院、俄罗斯的圣母大教堂、德国的科隆大教堂、意大利的米兰大教堂、英国的威斯敏斯特教堂等。科隆大教堂的双塔高157米，是哥特式建筑的经典之作。

哥特式建筑最明显的特点是尖塔高耸，尖形拱门，大面积的玻璃长窗及绘有圣经故事的斑斓玻璃画。在设计中利用尖肋拱顶、轻盈的飞扶壁、修长的束柱，营造出轻盈修长的飞天感。教堂的平面仍为拉丁十字形，但扩大了祭坛的面积，西端门的两侧增加一对高塔。哥特式建筑取消了台廊、楼廊，增加侧廊的窗户面积。整个教堂采用大面积排窗，这些窗户既高且大，几乎承担了墙体的功能，从玻璃花窗射入五彩斑斓的光线。花窗玻璃以红、蓝两色为主，蓝色象征天国，红色象征基督的鲜血。窗棂的构造十分精巧，细长的窗户称为柳叶窗，圆形的窗户称为玫瑰窗。墙壁和柱身都装饰有形象生动的浮雕和石刻。整个建筑看上去外观宏伟，内部空间十分高旷、开阔、明亮。高耸云霄的哥特式建筑可谓一首屹立在空间的圣诗，一曲回荡在天际的音乐。

温州天主教堂数量不多，仅是基督教堂的十分之一，但外观和规模不逊于基督教堂，现择要简述之。

（1）周宅祠巷天主教堂　旧称圣保禄堂，位于温州老城区信河街周宅祠巷，是天主教温州教区总堂，是温州教区的教务和行政管理中心驻地。1874年，温州天主教初设堂于花柳塘，1877年迁至周宅祠巷。1884年农历八月十六日温州发生"甲申教案"，教堂被焚毁。1888年重建，宁波教区主教赵保禄（法国籍）亲自参与设计图纸，1890年落成。整个教堂分东、西、南三部分，西部为大堂，大堂主厅宽17.5米，深35.5米，面积698平方米，可容千余人。东部是法国式五间二层的神父楼，另有58间办公和生活用房，以及圣母亭和两处花坛等，占地面积5900平方米（8.85亩），建筑面积3390平方米。南部为仁慈堂（女堂），位于天主堂周宅祠巷对面，建于1896～1898年，内分拯灵

表 6－9　　　　　　　　　　温州市主要天主教堂

区域	天 主 教 堂 名 称
市直属	天主教温州教区总堂(周宅祠巷天主堂)
鹿城区	南门天主堂　东门天主堂　西门天主堂　双屿樟岙若瑟堂　藤桥后垟天主堂　双潮小旦天主堂　江南沙头天主堂　临江巽岙天主堂　临江仁地天主堂
龙湾区	永强天主堂　状元天主堂　永中坦头天主堂　永中二都天主堂　海滨宁村天主堂　龙水后郑天主堂　瑶溪金岙天主堂　永兴天主堂　永兴五溪天主堂　永兴八村天主堂　沙城八甲天主堂　天河三甲天主堂　灵昆天主堂　海城天主堂
瓯海区	新桥天主堂　瞿溪天主堂　郭溪塘下天主堂　岷岗金堡天主堂　潘桥马桥天主堂　丽岙下呈天主堂　三垟黄屿天主堂　南白象桥头河天主堂　茶山天主堂　泽雅戈恬天主堂　西岸大石垟天主堂　瓯海堂区金山天主堂
瑞安市	瑞安市天主堂　飞云杜山头天主堂　玉海天主堂　马屿天主堂　马屿马岩天主堂　鹤溪中街天主堂　碧山湾头天主堂　塘下天主堂　仙降横街天主堂　桐浦塔山天主堂　林垟西路天主堂　鲍田天主堂　林溪金山天主堂　阁巷团前天主堂
乐清市	虹桥天主堂　柳市天主堂　柳市横带桥天主堂　柳市麻园天主堂　北白象天主堂　翁垟天主堂　象阳泮垟天主堂　东联湾底天主堂　白石天主堂　白鹭屿天主堂　清江方江屿天主堂　象阳龙根天主堂　南塘天主堂　岐头天主堂　七里港天主堂
永嘉县	枫林天主堂　碧莲天主堂　上塘天主堂　瓯北塘头天主堂　瓯北张堡天主堂　瓯北礁头天主堂　瓯北马岙天主堂　桥下天主堂　西溪茶坑天主堂　西溪湖庄天主堂　岩头天主堂　岩头烘头天主堂　岩头周宅天主堂　桥头洛溪天主堂　桥头沈降天主堂　桥头新华天主堂　桥头林福天主堂　罗东北岙天主堂　罗东木桥天主堂　罗东箬岙天主堂　大若岩阳岙天主堂　渠口天主堂　沙头峙口天主堂　沙头阳岙天主堂　沙头罗川天主堂　黄田天主堂　黄田白岩天主堂　中塘朱家山天主堂　花坦霞山天主堂　巽宅下嵊天主堂　白岩天主堂　埭头天主堂
平阳县	昆阳西坑露德圣母堂　鳌江无原罪圣母堂　萧江天主堂　钱仓天主堂　榆垟麻车天主堂　水亭步廊天主堂　西塘周家坑天主堂　梅溪天主堂　梅源天主堂　梅源曹堡天主堂　桃源无原罪圣母堂　麻步高沙天主堂　麻步西岙天主堂　水头詹家埠天主堂　水头林坑天主堂　水头雅屿天主堂　水头秀尖天主堂　腾蛟天主堂　腾蛟南陀天主堂　腾蛟石碑天主堂　腾蛟岳溪天主堂　鹤溪天主堂　鹤溪石牌天主堂　郑楼圣心天主堂　宋埠天主堂　昆阳郭庄万洋天主堂　鳌江大岙底天主堂
苍南县	钱库圣女小德兰天主堂　龙港无原罪圣母堂　龙港湖前露德圣母堂　龙港黄中耶稣圣心堂　龙港姜里天主堂　龙港周家车天主堂　龙港白沙曹家天主堂　龙港西堂　灵溪礁垟天主堂　钱库岭脚天主堂　钱库张家庄天主堂　宜山天主堂　鲸头天主堂　炎亭天主堂　金乡南门天主堂　金乡半浃连天主堂　石塘天主堂　大观天主堂　淡浦天主堂　芦浦林家院天主堂　赤溪天主堂　赤溪圆屿天主堂　沪山天主堂　桥墩天主堂　腾垟天主堂　马站天主堂　蒲城天主堂　芦浦天主堂　夏八美天主堂　白蓬岭天主堂　牛干村大湖天主堂　凤池天主堂　钱库黄楼下天主堂　灵溪水门天主堂　浦亭罗溪天主堂

　说明:文成、泰顺、洞头三县没有天主教堂。

会修女院、孤儿院、女书院和女慕道者培训所四部分,各有数幢房屋,正中通道后部有圣堂和假山,占地面积 6520 平方米(9.78 亩),有楼房 30 间,平房 47 间,建筑面积 3599 平方米,今东首拆建为广播电视大学。教堂落成时,尚无尖塔,屋顶铺盖瓦片。1904 年法国籍冯烈鸿神父来任后,堂背瓦片换成瓦愣铅板,红色油漆,钟楼加建六层尖塔。大堂为哥特式建筑风格,伞状顶层,孤拱长窗,梅花大柱,前耸六层钟楼,呈四方六角尖塔式,高 35.5 米,当时规模居浙南天主堂之首。抗日战争期间,遭受日寇飞机轰炸,神父楼和花园成了一片废墟,抗战胜利后,教会经济无着,无法重建。"文革"期间的 1966 年教堂被查抄,经籍被焚烧,堂舍改为厂房。1982 年堂舍归还,经过修缮,1983 年圣诞节举行复堂典礼。1985 年列为省级重点文物保护单位。2001 年 12 月被鉴定为危房,停止使用。随着周边高楼的建设,教堂出现了整体沉陷现象,信河街路面高出教堂地面 0.8 米,雨天积水严重,并且教堂钟楼已向南倾斜。为此,2012 年开始对保禄大教堂进行整体顶升 1.2 米修复,同时对教堂其他古建筑群进行加固,实施部分新建。施工时先将下沉的钟楼顶升 35 厘米,将教堂整体恢复水平,然后再一起向上顶升,工程难度很大。

(2)南门天主教堂 原址在温州老城区大南门山前街河屿桥边,始建于清宣统三年(1911 年),是一座砖木结构的小型教堂。经历百年风雨之后,更显简陋破旧狭小。2000 年在旧城改建之际,就近选址飞霞南路(原葡萄糖厂)重建新堂。新址位于闹市区繁华地段的锦绣路塘河之畔,东邻体育中心,南临白鹿洲公园,西依巽山,北靠海螺小区。新堂模仿韩国池山天主教堂现代教堂建筑风格,共三层。一楼为教务办公用房,设大中小会议室、学习室、活动室、神父卧室等;二楼为圣堂,长 30.5 米,宽 19.2 米,高 8.1 米,有千余座位,内设祭台、修和室、唱经室等;半地下室为停车用房。每层建筑面积 700 多平方米,总建筑面积 2280 平方米,占地面积 2634 平方米。新堂南面广场可以举行大型庆典活动,广场建大型露天楼梯直上圣堂。教堂东面还有 8 米宽的沿河绿化带。

(3)东门天主教堂 原址在温州老城区东门交殿下,始建于 1903 年,至今已有一百多年历史。1944 年失火烧毁,1947 年重建。1958 年教堂改办东风皮革厂。1982 年收回,重新恢复宗教活动。1999 年 8 月因旧城拆建,易地江滨路筲箕涂重建。历两年,2001 年 10 月竣工对外开放。新教堂为欧洲哥特式建筑,红色为主色调。共两层,圣堂内有 500 个座位,钟楼高 41.1 米,教堂占地面积 1847 平方米,建筑面积 1674 平方米。

(4)西门天主教堂 原址在老城区西门下横街,始建于 1914 年,面积

825 平方米。1992 年因新建西城路，老教堂被拆除，需外迁至西门外五仓头新坦路 25 号地块重建。由于城市规划变来变去，教堂重建工程被拖延 10 年之久。直至 2003 年 5 月才开工重建，2004 年 10 月落成开堂。新教堂靠近翠微山，是一座独特别致的现代建筑风格的教堂，自成风韵。

（5）永强天主教堂　位于龙湾区永中沧河沧下路 53 号，故又称沧河天主堂。始建于清光绪三十二年（1906 年），宣统三年（1911 年）易地重建。1917 年始驻神父，1920 年成立本堂区，兼管乐清教务。现有教堂和神父楼建于 1926 年，堂前钟楼高 8.6 丈，悬钟 3 口。1986 年重新修复开堂。整个教堂颇具规模，占地面积 1.1 万平方米（16.5 亩），建筑面积 3200 平方米。

（6）瑞安天主教堂　原址位于瑞安城区东门丰湖街，故又称瑞安东门天主堂。始建于清光绪二十九年（1903 年）。1930 年成为瑞安本堂区驻地。1957 年教堂被电力单位占用，教职人员被驱离，宗教活动停止。1988 年另择地于瑞湖路 32 号万松山麓重建。现有大堂 1 座，宽 12.15 米，深 24 米，另有生活用房 13 间，总占地面积 1180 平方米。

（7）杜山头天主教堂　位于瑞安飞云杜山头村。始建于清光绪十六年（1890 年），是瑞安创建最早的天主教堂。1900 年被神拳会烧毁，次年索取赔偿款重建，建有三层钟楼一座，大钟一口，住房 3 间，圣堂 3 间，厨房膳厅 7 间。1920 年瑞安成立本堂区，驻地该天主堂。解放后曾一度占为他用，1981 年收回并予重建扩建。

（8）虹桥天主教堂　位于乐清虹桥镇虹河西路。始建于宣统元年（1909 年），原址在虹桥陆宅巷，原为三进大院，前为书院和小学，中为生活用房，后为大堂。大堂 6 间，300 平方米。1928 年成立本堂区，1931 年添建三间神父楼。1958 年被占为他用，后大堂倒坍，堂基亦被占用。1994 年迁移今址重建，1998 年竣工，为哥特式建筑。大堂长 45 米，宽 17 米，钟楼高 42.7 米，可容纳 3000 余人。整个教堂占地面积 4000 多平方米，建筑面积 1500 多平方米，

（9）柳市横带桥天主教堂　原址位于乐清柳市横带桥村，由于历史原因被侵占几十年而无法归还，经过多场官司，终于省政府拨地 5.21 亩易地新建。新教堂位于柳市西仁宕村南首，2011 年开工，2013 年落成。地上建筑面积 4044 平方米，地下建筑面积 1286 平方米。分为教堂和辅助楼两部分，教堂形制是尖塔高耸的哥特式建筑，平面呈十字形，建筑面积 2255 平方米，整体一层，局部五层，一层为架空式节日大餐厅，二层为大圣堂，三层为小圣堂，四层及以上为神父办公室、休息室、活动室等。辅助楼为七层建筑，面积

1789 平方米,一层为食堂和小餐厅,二层以上为辅助用房。教堂主门两侧建造一对高塔,既是现代建筑风格,又有浓厚的宗教氛围。其规模超过了龙港河底高天主教堂,目前是温州最大的天主教堂。

(10) 枫林天主教堂　位于永嘉枫林镇枫二村。始建于清光绪二十三年(1897 年),1920 年改建。1928 年成立本堂区,先后有两位波兰籍和八位国籍神父驻堂传教。1941 年翻建,教堂面宽 9 间,深 28 米,呈十字形,大堂钟楼高 21.7 米,楼顶悬挂 300 多斤的大铜钟。神父楼 4 间,生活用房四十多间,占地面积 1800 多平方米。1955 年神父被逮捕,教堂被侵占,教产洗劫一空。圣堂一度用作镇政府大会堂,后来改做电影院。1992 年收回,经大修复堂。

(11) 碧莲天主教堂　位于永嘉碧莲镇。始建于清光绪二十二年(1896 年),1906 年重建成为有钟楼的教堂。先后有 6 位神父驻堂司铎,1978 年徐振存神父劳改获释回乡,重振碧莲天主教活动。1986 年重新修缮圣堂(即今西边房屋),1993 年购得北边菜地重建新圣堂。2008 年 12 月鉴定为 C 级危房,故 2009 年 7 月动工拆除重建,直至 2012 年 1 月才竣工落成。现在占地面积 1315 平方米,圣堂占地面积 370 平方米。

(12) 平阳天主教堂　又称西坑露德圣母堂,位于平阳昆阳城区西坑路 45 号。始建于清光绪十九年(1893 年),1909 年重修,1911 年成为温州第二个本堂区,兼管瑞安教务。1915 年添建神父楼 5 间,1918 年增建修女院,1920 年建造新堂,1922 年扩大祭台间,添装天棚,1924 年建西首善导堂(拯灵会修女院)。大堂宽 16 米,深 25 米,平面呈十字形,钟楼高 15 米,悬钟 3 口,占地面积 8427 平方米,建筑面积 2956 平方米。1958 年教堂被政府占用。1982 年收回善导堂作宗教活动场所,其余被拆建他用。

(13) 钱库天主教堂　又名钱库圣女小德兰天主堂,位于苍南钱库镇兴中北路 169 号,是苍南县天主教总堂。清光绪二十八年(1902 年)设祈祷所,光绪三十年(1904 年)修建教堂,民国六年(1917 年)另建新堂。1930 年设本堂区。现有大堂 1 座,神父楼和生活用房三十多间。大堂 7 间,钟楼高 22 米。

(14) 龙港无原罪圣母堂　又称河底高天主教堂,位于龙港镇站前路 477 号,是苍南堂区的本堂所在地。始建于 1930 年,1933 年扩建,隶属钱库本堂区。1980 年收回堂产,1998 年 4 月鉴定为危房,2001 年 4 月开始重建扩建,2004 年 10 月竣工。新教堂建筑风格融哥特、罗马式建筑为一体,正立面为单塔哥特式钟楼,高 81 米;圣殿内西北端设祭台,上为罗马式穹顶,高 45 米;主圣殿前宽 19.6 米,后宽 24.4 米,总长 48.2 米,屋脊高 23 米,有

3000多个座位。圣殿共三层,分别为地下室,一层副圣殿,二层主圣殿,三层半为圆型走廊,再上层设有唱经台。总占地面积4500多平方米,总建筑面积3570平方米。落成时是温州规模最大的天主教堂,现被柳市横带桥天主教堂超过,位居全市第二位。

(五) 温州伊斯兰教

伊斯兰教是世界性的三大宗教之一。它产生于7世纪初的阿拉伯半岛,创始人是生于沙特麦加的穆罕默德。610年穆罕默德开始公开传教,宣称"安拉"是唯一的真神,是宇宙万物的主宰,自己是受命于安拉的使者。622年7月16日,穆罕默德带领伊斯兰教信徒"穆斯林"从麦加迁徙至麦地那,该年被定为伊斯兰教纪元元年,7月16日定为伊斯兰教历法中的元旦。此后的十年中,穆罕默德发动"圣战"65次,攻克了麦加城,赶走了犹太人,统一了阿拉伯半岛,建立起政教合一的阿拉伯国家。在随后的一个世纪内,凭借游牧民族的骠悍和"为安拉圣战"的旗帜,穆斯林大军往西攻占了北非、伊比利亚半岛;往东攻占了伊朗、阿富汗、巴基斯坦、中亚地区,直至今乌兹别克东缘的撒马尔罕城;往北攻占了巴勒斯坦、伊拉克、叙利亚、土耳其东部,直至高加索地区。建立了横跨亚、欧、非三洲的阿拉伯伊斯兰大帝国,从此伊斯兰教发展成为世界性宗教。

伊斯兰教徒中约83%属于逊尼派,16%属于什叶派,其余1%属于哈瓦利吉派、瓦哈比派、苏非派、阿拉维派等。伊斯兰教分布于世界172个国家和地区,主要集中分布在中东阿拉伯国家、北非及东南亚地区。目前,全球以伊斯兰教为国教的国家有29个,这些国家被称为伊斯兰教国家。伊斯兰教国家中,除伊朗是什叶派穆斯林占多数外,其余都是逊尼派占多数。世界上穆斯林人数最多的国家是印度尼西亚,占全国总人口的90%。

根据明代闽人何乔远《闽书》卷七《方域志》记载,伊斯兰教最早传入中国的时间是唐高祖武德年间(618~626年),至今已有1390年的历史。唐代称阿拉伯人为"大食人",所以伊斯兰教在中国的最早称呼为"大食法",后来又有"西域教门"、"回回教门"、"回回教"、"天方教"、"清真教"、"回教"等称呼。唐代阿拉伯人来中国,大多经常住在长安和沿海通商口岸,被称为"蕃客"。在他们聚居的"蕃坊"里,保持着自己的生活习俗和宗教信仰,有进行宗教活动的礼拜寺,但不向外传教。宋代,由于中国与阿拉伯之间的海上贸易日渐发达,来中国的穆斯林有增无减。蒙古人在征服中国的过程中,"西域亲军"随之东来,其中有不少信奉伊斯兰教的阿拉伯人、波斯人等。他们来到中国后,与当地人通婚,其后代成为中国土生土长的穆斯林,元代称之为"回回"。经过长期的共同生活和劳动,最终在明代形成我国的穆斯林民族——回族。明末清初,随着回族社会经济的发展,我国伊斯兰教出现中国化现象。伊斯兰教的汉化主要表现在门宦制度、经堂教育、汉文经著的出现。

信奉伊斯兰教的回族最早迁入温州的时间现已失考,推测在唐代后期。据《闽书》记载,唐初武德年间有穆罕默德门徒大贤四人来中国传教,一贤传教广州,二贤传教扬州,三贤和四贤传教泉州。泉州自唐初开始就成为我国主要的穆斯林分布地区。而温州与泉州的海上通商,在唐代后期就具有一定规模。此时,穆斯林从泉州迁居温州,带来了伊斯兰教。宋代的温州海上贸易日趋发达,与阿拉伯人的通商也日渐增多。许多阿拉伯商人利用北印度洋的季风洋流,夏季来,冬季去,往来于阿拉伯与温州之间,少数阿拉伯人定居温州,这就是温州早期的穆斯林。到了南宋末年,温州出现了"土生蕃客",所以温州元代已有回族分布。但是温州大多数回民是明代前期迁入的,以福建迁入的丁、郭两姓居多。详见本书第四章《温州人口的民族构成》。明代正统三年(1438年)有200多人自西北凉州迁居浙江,其中有的移居永嘉、瑞安、乐清等地。清代乾隆年间(1736~1795年)河南开封人陈国华阿訇随知府来到温州,在温州各地传播伊斯兰教,并负责温州伊斯兰教的教务工作。"阿訇"在波斯语中是对伊斯兰教学者和教师的尊称,在中国则是对伊斯兰教职业者的通称,一般主持清真寺教务和为学员"满拉"教经。旧时,温州回民都信奉伊斯兰教,每逢伊斯兰教开斋节,回民聚集到清真寺做礼拜,宰牛羊,品油香,还有走公墓活动。清乾隆三十五年(1770年)在温州府城木杓巷建造第一座清真寺。该寺在同治、光绪年间两度修葺,民国二年(1913年)重建,占地面积500平方米,坐南朝北,西南为大殿,东南和西北两对角建造阿訇住宅。后来年久失修倾圮,1964年改作他用,现无存。

1915年,河南南阳人王文兴阿訇从北平回文学校毕业,被派往温州负责伊斯兰教教务工作。1923年,山东禹城人马级三阿訇从杭州凤凰寺调来温州总持伊斯兰教工作。解放以后,温州伊斯兰教活动渐少。1966年"文革"开始,所有宗教活动停止。后来因清真寺塌毁,阿訇逝世,温州伊斯兰教集体活动无法恢复。目前,温州各地信奉伊斯兰教的回民没有集体性的宗教活动。

（六）温州摩尼教

摩尼教旧称明教、明尊教,是公元3世纪产生于波斯的古代宗教。创始人是出生于古波斯帝国西部底格里斯河畔的摩尼。摩尼24岁时(240年)创立摩尼教,并远走印度河流域和中亚地区传教。不久受到萨珊王朝沙普尔国王的信奉和支持,摩尼教迅速传遍波斯全境,兴盛一时。然而好景不长,沙普尔国王一死,摩尼教即遭取缔。277年,摩尼被钉死在十字架上,剥皮装革,悬于城门示众。广大摩尼教徒纷纷逃亡,流落世界各地,摩尼教也随之传播到四面八方。中世纪摩尼教曾一度成为世界性宗教。摩尼教教义的核心是"二宗三际"说,该说是一套完整的宗教思想体系,包括对世界的本质、世界的形成和世界的未来的系统看法,特别是对黑暗统治下的下层劳苦民众具有很大的吸引力。因此,尽管摩尼教在历史上不断遭到各国统治者的禁止和镇压,但它仍然在世界各地顽强地暗中流传。

唐高宗时,摩尼教传入中国。武则天延载元年(694年)摩尼教开始在中国公开传播。唐玄宗在开元二十七年(732年)下令禁止汉人信奉摩尼教。天宝十四年(755年),唐王朝因"安史之乱"恳请回鹘派兵助攻洛阳,摩尼教凭借回鹘的支持,重新获得设寺传教的许可。从此,摩尼寺几乎遍布全国各地。但是好景不长,到会昌三年(843年),唐与回鹘交战,唐武宗下令抄捡摩尼寺及僧众。本已受迫害的摩尼教被彻底禁断。然而,摩尼教在我国并未销声匿迹,由公开转入地下,流入民间,演化为民间秘密宗教,它与中亚地区的摩尼教团失去组织上的联系。中国农民改造了摩尼教的一些教义,加入一些新的内容,尊称汉代农民起义领袖张角为教祖,使之成为汉化的摩尼教,史书上多称为"明教"。

五代后梁贞明六年(920年),陈州摩尼教徒发动母乙起义。起义失败后,摩尼教徒流向东南沿海进行传教活动,以福州、泉州一带流行最盛。温州摩尼教是由福建泉州传入的。经过近200年的发展,到了北宋末期,温州摩尼教已经形成教团组织,教势很盛。据《宋会要辑稿·刑法二》记载,北宋宣和二年(1120年),臣僚奏报朝廷:"温州等处狂悖之人,自称明教,号为行者。今来明教行者,各于所居乡村建立屋宇,号为斋堂,如温州共有四十余处,并是私建无名额佛堂。每年正月内取历中密日,聚集侍者、听者、姑婆、斋姊等人,建设道场,鼓扇愚民男女,夜聚晓散。"所念经文及所绘神像有《讫思经》、《证明经》、《太子下生经》、《父母经》、《图经》、《文缘经》、《广大忏》、《妙水佛帧》、《先意佛帧》、《夷数佛帧》、《善恶帧》、《太子帧》、《四天王帧》等。宣和二年方腊起义,以明教会的组织形式"劫富室,杀官吏",深得民心,只用了三个月攻占了6州52县,人数超过百万。永嘉明教徒俞道安聚众响应,并与仙居明教首领吕师襄合兵占领乐清县城,围攻温州府城。俞道安起义失败后,温州明教渐趋藏匿,但仍然改易名称结集会社,如称"白衣礼佛会"、"迎神会"等。

元代的宗教政策比较宽容,但明教仍在朝廷禁止之列。元代温州明教再度兴盛起来,成为半公开活动的民间宗教,表现在温州明教徒重新修建明教寺院,还请地方士绅为之树碑立传。明初时期,温州明教活动仍很活跃。"温有邪师曰大明教,造饰殿堂甚侈,民之无业者咸归之。"当时浙江按察司金事熊鼎"以其蠹俗眩世,且名犯国号,奏毁之,官没其产,而驱其众为农。"温州明教遭此重创之后一蹶不振,或与其他民间宗教相融合,或与佛教、道教相混杂。因此,明代中叶以后温州摩尼教不再见于史载。

我国历史上摩尼教获得朝廷许可的公开活动时间只有唐时的 126 年,其余都是民间的秘密传教活动,因此在宗教分类学上,摩尼教属于中国民间宗教。而且,我国古代摩尼教多为农民起义所利用,受到当局的严厉打击和镇压,保存下来的摩尼教史料、遗址、遗物极其少见。13 世纪以后,世界各地如中亚、西亚的摩尼教都接近绝迹,而我国淮南、两浙、江东、江西、福建等地仍在继续传播。因此,我国摩尼教的研究倍受世界学者的重视。据文献记载,宋元时期我国摩尼教寺院除温州外,仅有宁波崇寿宫、泉州石刀山麓摩尼寺、晋江华表山草庵 3 处,至今已找到遗址的只有华表山摩尼教草庵。可是温州一地就有摩尼教寺遗址 4 处、摩崖刻像 1 处、摩崖题记 1 处。特别是苍南选真寺的《选真寺记》元代石碑更具历史价值。

① 选真寺 位于苍南钱库镇括山下汤村彭家山。始建年代失载,可能建于南宋后期。初建时"故制陋朴,人或隘之",是摩尼教斋堂建筑。到元代末期至正年间(1341~1370 年)重建扩建,规模宏大,有奉祀神主的殿宇,有众教徒礼拜和祈祷的场所,有传道演讲的课堂,有学徒学习和修炼的屋舍,并且厨房、库房、粮仓、水井、浴室、厕所等一应俱全。现存寺内有《选真寺记》石碑,碑文详细记载该寺故址、地理环境、修建过程、寺院规模以及建寺的思想动机和财力来源,是研究我国元代摩尼教活动的第一手重要资料。该石碑碑文楷书 561 字,全文不缺一字,通顺可读。碑文作者孔克表,平阳人,元至正八年(1348 年)进士,明初官至翰林院修撰兼国史编修官。选真寺今已改建改样,唯此碑记尚存。

② 潜光院 位于苍南金乡镇炎亭村。始建于南宋后期。元代进士陈高为在此院修持的明教僧侣石心上人撰写《竹西楼记》,文中记载"明教之始,相传以为自苏邻国流入中土,瓯闽人多奉之"。今已圮废,仅留遗址。

③ 明教寺 位于瑞安马屿镇曹村许岙。始建于五代后晋天福七年(942

年),原称明教院。北宋大中祥符年间(1008～1016 年)赐额。民国二十四年(1935 年)重修,20 世纪 90 年代又经修缮。现在明教寺的门台是明教建筑,二进是道教的东岳观,三进是佛教的三宝堂。这三种建筑,体现了后世的三教合一。

④ 明教瑜珈寺　位于永嘉菇溪桥头镇溪心村。始建于五代后晋天福三年(938 年)。

⑤ 樟山摩崖刻像　位于文成大峃镇龙川樟山村。岩面 12 平方米,刻像 9 平方米,岩面朝东。上用阴线刻画屋檐,下刻侧身神像三尊,身高 1.3～1.5 米。前者持经,中者持钵,后者持旗,均作赤脚行走状。从左右两侧的铭文、纪年、人物造型来看,属元代摩尼教石刻造像无疑,时间可断为元代泰定三年(1326 年),现为县级文物保护单位。

⑥ 吴王山摩崖题记　位于文成黄坦镇稽垟村吴王山(俗称双尖山)吴王洞前数十步的独岩壁上。题记 26 字,落款时间是"龙凤二年七月"。龙凤年号是元末明教韩林儿、刘福通领导的农民起义军政权年号,龙凤二年就是元至正十六年(1356 年),正是浙南吴成七起义军败亡之年,该题记是廿二学士悼念明教地方首领吴成七而在此立坪堂守己,足见当时明教在辖地的活动情况。

二、温州语言地理

语言是人类区别于动物的主要标志之一,也是人类划分民族的最重要依据,在民族的定义中就包括"共同的语言"这样一个基本要素。语言和民族有着非常紧密的联系,语言是维系民族的基本纽带,民族是语言赖以存在的平台。一群人只有在一个共同的地域内长期地共同生活,才会形成共同的语言,共同的语言才会进一步形成民族感、民族意识和民族的排他性。同一种民族的共同语言才能准确地表达思维,外来的翻译是难以胜任的。而且,在民族形成的诸多要素中,语言是相对最稳定的。地域的改变,人口的迁移,经济的发展,甚至政治和文化的变迁,都不会立即引起语言的变化,即使变化也是一个漫长的过程。这就是人们常说的"乡音难改"。最能表现一个地区文化特征的首先是语言,"语言的认同几乎就是文化的认同"。我国著名的人类学和社会学家吴文藻强调,在进行一个地区的文化调查时,重要的调查内容就是当地的语言。

世界上的语言像天上的繁星点点,种类数不清。根据它们的共同性和差异性,人们将其进行分类。语言分类有各种不同的分法,最通用的是形态分类和谱系分类。形态分类是根据词句结构的语法特点,谱系分类是以声韵调的语音近似程度为依据。在《世界民族分布图》《中国语言地图集》中都采用谱系分类法。谱系分类法又称发生学分类法,它将世界繁多的语言按其亲属关系分为若干个语系,语系下面分为语族,语族下面分为语支,语支下面分为语组。例如温州话属于汉藏语系—汉语族—吴语支—瓯语组。语组下面又有很多语种,瓯语组下面有温州城区话、瓯海话、永强话、永嘉话、乐清话、瑞安话、文成话、平阳瓯语、苍南瓯语等语种。根据北京大学徐通锵、胡吉成的论著,世界语言分为 13 个语系,45 个语族。这 13 个语系中的前七位称为世界七大语系,按使用人数量依次为印欧语系、汉藏语系、闪含语系、达罗毗荼语系、班图语系、阿尔泰语系、乌拉尔语系。若以语组档分类统计,全世界共有 5641 种语言,其中汉藏语系包括东南亚和南亚国家在内,共有 250 种语言。

中国语言有汉藏语系、阿尔泰语系、南亚语系、南岛语系、印欧语系、未定语系六种,其中中国的汉藏语系使用人口占全国总人口的 97.50%,阿尔泰语系占 2.23%,其他语系合在一起只占 0.27%。中国汉藏语系分为汉语族、藏缅语族、苗瑶语族、壮侗语族四种语族。汉语族分为北方语支、吴语支、赣语支、湘语支、闽语支、粤语支、客家语支七种,藏缅语族分为藏语支、缅语支、彝语支、景颇语支、未定语支五种,苗瑶语族分为苗语支、瑶语支、畲语支三种,壮侗语族又称侗台语族,分为壮傣语支、侗水语支、黎语支、仡佬语支四种。一般认为中国境内目前使用的语言有 100 多种,其中主要语言有 61 种。必须指出的是汉语族与壮侗语族的亲缘关系很远,西方学者多认为壮侗语族不属于汉藏语系,我国最新的新谱系分类也将壮侗语族排斥在汉藏语系之外。温州的瓯语组与中南半岛及黔桂的侗语组的亲属关系相距更远,是两种风牛马不相及的语言,但温州很多学者都说温州话是侗台语演变而来,甚至顶尖的语言学家郑张尚芳都说"瓯越语原为侗台语一支",这是非常荒谬的。温州话不是侗台语演变而来的,更不属于侗台语族,这种错误必须予以纠正。

语言地理学与语言学或语音学不同,一个地区有多少种语言? 每种语言的分布和使用人口如何? 一种语言的形成核心在哪里? 它在历史的长河中与其他语言的空间关系如何? 其内部各个方言之间相近程度与空间关系如何? 这些都是语言地理学关注的问题。

表 6 - 10   **中国语言系属表**

语系　语族　语支　语组　（语种）	使用人数（万人）	占总人口比例（%）
一、汉藏语系	133626.6	97.50
1. 汉语族	126466.1	92.27
(1) 北方语支　① 北方官话 ② 西北官话 ③ 西南官话 ④ 下江官话	89285.0	65.15
(2) 吴语支　① 苏州话 ② 上海话 ③ 杭州话 ④ 绍兴话 ⑤ 宁波话 ⑥ 婺州话 ⑦ 严州话 ⑧ 处衢话 ⑨ 台州话 ⑩ 温州话	9232.0	6.74
(3) 赣语支　① 南昌话 ② 宜春话 ③ 吉安话 ④ 抚州话 ⑤ 鹰潭话 ⑥ 耒阳话 ⑦ 怀宁话 ⑧ 大冶话 ⑨ 洞绥话	3920.5	2.86
(4) 湘语支　① 长沙话 ② 娄底话 ③ 衡阳话 ④ 永州话 ⑤ 辰溪话	6829.2	4.98
(5) 闽语支　① 闽南话 ② 闽东话 ③ 闽北话 ④ 闽中话 ⑤ 莆仙话	5311.6	3.88
(6) 粤语支　① 广州话 ② 四邑话 ③ 高阳话 ④ 化州话 ⑤ 桂南话	6702.7	4.89
(7) 客家语支　① 梅州话 ② 河源话 ③ 潮汕话 ④ 韶关话 ⑤ 汀州话 ⑥ 宁都话 ⑦ 于都话 ⑧ 铜鼓话	5185.1	3.78
2. 藏缅语族	2926.3	2.14
(1) 藏语支　① 藏语 ② 嘉绒语 ③ 门巴语	603.4	0.44
(2) 缅语支　① 阿昌语 ② 载瓦语	4.2	—
(3) 彝语支　① 彝语 ② 哈尼语 ③ 傈僳语 ④ 拉祜语 ④ 纳西语	1165.3	0.85
(4) 景颇语支　① 景颇语	15.9	0.01
(5) 未定语支　① 土家语 ② 白语 ③ 基诺语 ④ 珞巴语 ⑤ 普米语 ⑥ 羌语 ⑦ 独龙语 ⑧ 怒语	1137.5	0.83
3. 苗瑶语族	1335.8	0.98
(1) 苗语支　① 苗语 ② 布努语	1096.4	0.80
(2) 瑶语支　① 勉语	150.8	0.11
(3) 畲语支　① 畲语	88.6	0.07
4. 壮侗语族(侗台语族)	2898.4	2.11
(1) 壮傣语支　① 壮语 ② 傣语 ③ 布依语	2234.2	1.63
(2) 侗水语支　① 侗语 ② 水语 ③ 毛南语 ④ 仫佬语 ⑤ 拉珈语	438.6	0.32
(3) 黎语支　① 黎语	156.1	0.11
(4) 仡佬语支　① 仡佬语	69.5	0.05
二、阿尔泰语系	3061.5	2.23
1. 蒙古语族　① 蒙古语 ② 达斡尔语 ③ 东部裕固语 ④ 土族语 ⑤ 东乡语 ⑥ 保安语	740.1	0.54
2. 突厥语族	1110.4	0.81
(1) 西匈语支　① 维吾尔语 ② 哈萨克语 ③ 撒拉语 ④ 塔塔尔语 ⑤ 乌兹别克语	1088.7	0.79
(2) 东匈语支　① 柯尔克孜语 ② 西部裕固语 ③ 图瓦语	21.7	0.02

语系　语族　语支　语组（语种）	使用人数（万人）	占总人口比例（%）
3. 满—通古斯语族	1211.0	0.88
（1）满语支　①满语　②锡伯语　③赫哲语	1206.1	0.88
（2）通古斯语支　①鄂温克语　②鄂伦春语	4.9	—
三、南亚语系　佤—德昂语支　①佤语　②德昂语　③布朗语	54.8	0.04
四、南岛语系　印尼语族　①阿眉斯语　②排湾语　③布嫩语　④高山语	0.7	—
五、印欧语系	8.7	
1. 斯拉夫语族　①俄罗斯语	2.4	
2. 伊朗语族　①塔吉克语	6.3	
六、未定语系　①朝鲜语　②京语	301.5	0.22

说明：根据 2010 年第六次人口普查数据。包括港澳台，全国总人口为 137053.7 万人。

（一）温州 12 种语言的地理分布和基本特征

温州地处我国吴语方言区与闽语方言区的交界地带，温州方言种类之多，差异之大，可谓全国之最。在面积仅 1.18 万平方千米的温州市域内，互相听不懂的语言多达 12 种，即温州话、闽南话、闽东话、蛮话、畲客话、大荆话、黄南话、南田话、罗阳话、莒江话、金乡话、汀州话。温州 12 种语言中，相邻两种语言的交界地带没有过渡方言的村庄，即温州语言是截然分开的。在不同语言的相邻区，居民都会讲两种或两种以上的语言，这叫做"双语区"。例如苍南宜山是瓯语区，宜山居民会讲温州话、闽南话和苍南蛮话三种语言。

温州话又称瓯语。瓯语作为一个语组，它又包括很多语种，一般可分为温州市区话、永嘉话、乐清话、瑞安话、文成话、平阳瓯语、苍南瓯语七个语种。每个语种内部又有地区差异，例如温州市区话又可分为温州城区话、瓯海话、永强话，乐清话里边又有芙蓉话、虹桥话、乐成话、柳市话的区别，文成话里边又有大峃话、玉壶话、珊溪话、顺溪话、百丈口话的差异，甚至城墙内外的口音都有不同。温州话总共分为 23 种不同的方言，距离较远的方言之间听起来很吃力。温州语言的纷繁复杂程度可谓"三里不同调，十里不同音"。对于这种语言现象，笔者从大学毕业时就开始致力于温州语言地理的调查和研究，至今已逾四十多年。四十多年中跑遍了温州大小村落，从各地乡村知识老人的口音中记录并分析其语言特点，然后进行归类，得出每种语言的地理分布及其基本特征。

图 6-6 温州市 12 种语言分布图

1. 温州话

温州话是温州市分布面积最大、使用人口最多的核心语言。市域范围内,温州话分布面积 6668.8 平方千米,占全市总面积的 56.33%;使用人口为 520 万人(2010 年"六普"户籍人口,不包括外来人口,但包括温籍外出人口,下同),占全市户籍人口总数的 66.08%。温州话分布在全市所有的 11 个县市区,其中龙湾、瓯海两区全部使用温州话;鹿城区只有藤桥镇原呑底乡讲闽南话,其余全部讲温州话;永嘉县除北部少数村庄讲仙居话、黄岩话外,其余都讲温州话;乐清市清江以北讲台州话,清江以南讲温州话;洞头南部讲闽南话,北部讲温州话;瑞安除龙湖、大南少数村庄及海岛讲闽南话外,其余都讲温州话;文成县的平和、公阳、双桂的部分村庄讲闽南话,南田、西坑、黄坦讲青田话,其余大部都讲温州话;平阳中西部讲闽南话,东部和西南隅讲温州话;苍南只有龙港、沪山、宜山、蒲城等少数地区讲温州话,其余都讲闽南话和蛮话;泰顺只有百丈口一个温州话方言岛。此外,丽水青田县的温溪、万山,台州玉环县的坎门、陈岙、李岙及椒江区的大陈岛等旧属温州的地域也讲温州话。

表 6-11　　　　温州市 12 种语言的分布面积和使用人数

语言类别	归属	分布面积		使用人数	
		面积(km²)	占全市比例%	人数(万人)	占户籍比例%
温州话	独立方言	6668.8	56.33	519.95	66.08
闽南话	闽语闽南话	1897.4	16.03	137.51	17.48
泰顺土话	闽语闽东话	968.9	8.18	23.60	3.00
苍南蛮话	独立方言	124.7	1.05	28.70	3.65
畲客话	闽浙客家话	211.9	1.79	5.50	0.70
大荆话	台州温岭话	511.7	4.32	35.91	4.56
黄南话	台州仙居话	337.5	2.85	3.37	0.43
南田话	丽水青田话	510.5	4.31	11.35	1.44
罗阳话	丽水景宁话	294.3	2.49	10.56	1.34
莒江话	独立方言	286.6	2.42	6.03	0.77
金乡话	独立方言	3.5	0.03	3.82	0.49
汀州话	岭北客家话	23.5	0.20	0.50	0.06

说明:温州市总面积 11838.8 平方千米,2010 年温州市户籍人口 786.8 万人。

温州话是汉语最难懂的方言,与普通话的相似度只有 39.4%,位居汉语所有方言的末位。但温州话是非常有魅力的语言,特别是温州话具有其他方言无与伦比的词汇量,它的表达性和修辞性的精彩程度远远超过了普通话和汉语所有的方言。2013 年初,中国国际广播电台正式确定温州话为第61 种对国际传播的语种。温州话语音的区别性特点是:①普通话和闽语没有浊音声母,温州话音节的声母保留浊音,而且浊音声母多达 11 个。温州话清浊搭配,婉然动听。②普通话中最令人讨厌的是卷舌音,这种"乱乱响"如同俄语中的 P 音卷舌且抖动一样令人发毛,温州话没有卷舌音,讲话时的舌头始终是平直的。③普通话有为数众多的韵尾鼻音,这种"鼻头孔腔"如同感冒患者讲话一样难听,温州话中大多产生韵尾鼻音脱落现象,舒声字不带鼻音尾,入声字不带喉塞尾。④普通话只有四个声调,温州话保留古入声系统,古入声的韵尾 p、t、k 一律消失,完全失去了促音性质,而且入声不短促。温州话声调有八个调类,按古音平、上、去、入分类,清音声母为阴调类,浊音声母为阳调类。温州话有七类声母,类类清浊分明;声调四声,声声阴阳并立。声之清浊与调之阴阳互相配对,互不交错,充分体现了温州话的汉语古音遗风。

2. 闽南话

温州的闽南话跟福建南部的厦门话、泉州话、漳州话相近,但不完全相同,两者之间有许多分歧,互相之间能通话,属于同一语组。为了跟福建道地的闽南话相区别,我们把温州苍南、平阳、洞头、瑞安、泰顺、文成、鹿城等地的闽南话,连同台州玉环、丽水景宁等地的闽南话合称为"浙南闽南语"。温州境内的闽南话分布面积 1897.4 平方千米,占全市总面积的 16.03%;使用人口 137.51 万人,占全市户籍人口的 17.48%。它的分布面积和使用人口都居温州 12 种语言的第二位,在苍南甚至成为第一语言。

表 6-12 　　　　　　　　　温州市闽南话分布和使用人口　　　　　　　　单位:万人

县市区	苍南县	平阳县	洞头县	瑞安市	泰顺县	文成县	鹿城区	合计
使用人口	73.08	45.78	8.05	4.09	3.18	2.20	1.13	137.51
占比(%)	53.15	33.29	5.85	2.97	2.31	1.60	0.82	100.00

温州闽南话主要分布在苍南和平阳两县,共占全市闽南话使用人口的 86.44%。其中苍南县讲闽南话的人数达 73.08 万人,占全市闽南话使用人口的 53.15%,占苍南县户籍人口的 56.31%;分布面积约占全县的 80%,即除苍南东北部外,其余都说闽南话。苍南闽南话分布地区是灵溪、浦亭、凤池、腾垟、桥墩、莒溪东部、五凤、观美、藻溪、云岩、新安、望里、括山、金乡南部、石砰、大渔、龙沙、昌禅、南宋、矾山、凤阳、赤溪、中墩、渔寮、岱岭、马站、沿浦、霞关等地。

平阳境内讲闽南话的人数 45.78 万人,占全市使用人口的 33.29%,占平阳县户籍人口的 52.78%;分布面积约占全县的 50%,即除平阳东部和西南一隅外,其余都说闽南话。分布地区是麻步、鹤溪、凤巢、腾蛟、水头、南湖、朝阳、闹村、青街、南雁、山门、凤卧、龙尾、怀溪、晓坑北部,以及鳌江东部沿海的西湾和东海之中的南麂等地。

表 6 - 13　　　　　　　　　**温州市闽南话分布区域**

县市区	乡镇	分 布 区 域
苍南县	灵溪镇	灵溪 大观 南水头 观美 浦亭 凤池 对务 沪山* 渎浦*
	桥墩镇	桥墩 黄檀 五凤 大龙* 腾垟* 碗窑* 莒溪* 天井*
	藻溪镇	藻溪 渡龙 繁枝 挺南
	矾山镇	矾山 南堡 埔坪 南宋* 昌禅* 华阳*
	赤溪镇	赤溪 中墩 龙沙 半垟 信智
	马站镇	马站 城门 沿浦 霞关 渔寮 澄海 南坪 云亭 魁里* 蒲城*
	钱库镇	项桥 望里* 括山* 新安*
	金乡镇	湖里* 大渔* 石砰*
	龙港镇	云岩
平阳县	萧江镇	麻步 塘北 树贤 渔塘* 夏桥* 后林* 桃源*
	鳌江镇	梅源* 梅溪* 西湾* 墨城* 南麂*
	水头镇	水头 鹤溪 凤卧 内塘 江屿 溪心 小南 南湖 闹村 苍南 朝阳 联山
	腾蛟镇	腾蛟 凤巢 岭门 龙尾 带溪 蔡垟*
	山门镇	山门* 溪源 东屿 怀溪* 晓坑* 晓阳*
	顺溪镇	维新* 吴垟* 新田* 矾岩*
	南雁镇	南雁*
	青街乡	青街* 睦源
洞头县	南部	洞头岛 半屏岛 大瞿岛 南策岛 霓屿岛* 状元岙岛*
瑞安市	西南部	龙湖* 大南* 北龙 北麂
泰顺县	彭溪镇	彭溪 月湖 峰文 三魁镇的垟溪
文成县	峃口镇	双桂* 公阳* 平和*
鹿城区	藤桥镇	岙底

说明:带星号＊的是部分区域,不是全境。

　　洞头、瑞安、泰顺、文成、鹿城五个县市区讲闽南话的人数共 18.65 万人,占全市使用人口的 13.56％。洞头的闽南话分布在洞头峡以南的北岙、北沙、双朴、东屏、半屏等地。瑞安的闽南话分布在龙湖、大南的部分村庄及东海之中的北龙、北麂等海岛。泰顺的闽南话分布在东部的彭溪、月湖、峰文,以及南部的垟溪,垟溪是一个四周被泰顺土话包围的闽南话方言岛。另外,星散在仕阳镇的个别村落也讲闽南话。文成的闽南话分布在文成、平阳、瑞安三个县市交界处的公阳、平和南部、双桂东部。鹿城区藤桥镇原岙底乡是一个四周被温州话包围的闽南话方言岛,包括 12 个行政村,56 个自然村,使用人口 1.13 万人,面积仅 27 平方千米。

温州闽南话的使用人数多,分布广,内部差异不大,互相之间都能通话,而且与福建的厦门话、泉州话、漳州话之间也能通话,但与福州话、福鼎话等闽东话不能通话。温州闽南话以灵溪话为代表,作为浙南闽南话核心语言的灵溪话主要语音特点有以下七个方面。

① 灵溪话声母属于"十五音"系统,这跟闽南话一致。所谓十五音,就是有 15 个声母,包括零声母在内。其中只有 2 个声母与厦门话和漳州话不同,一个是"怒路吕"组声母,厦门话和漳州话读 d 母,灵溪话读 l 母;另一个是"日儒"组声母,厦门话读 d 母,漳州话读 dz 母,而灵溪话读 z 母。厦门话由于古"泥来日"三母合为一类,所以只有 14 个声母,其他闽南话都有 15 个声母。

② 灵溪闽南话没有浊音声母,声母只有送气和不送气的区分,因而古全浊声母今读塞音、塞擦音,不论平声仄声,今白读字多数读不送气清音,少数读送气清音。这是闽南话和温州话的根本区别。例如古全浊今不送气的爬读 pe^{24},豆读 tau^{11},舅读 ku^{31},齐读 $tsue^{24}$;古全浊今送气的皮读 $p's^{24}$,涂读 $t's^{24}$,骑读 $k'ia^{24}$,树读 $ts'iu^{11}$。

③ 灵溪闽南话没有翘舌音声母,古"知照章"三系字多数读 t 和 t'声母,即所谓"舌上归舌头"。例如灵溪话,茶读 te^{24},直读 tie^{24},赵读 $tiəu^{31}$,陈读 tan^{24},耻读 $t'i^{53}$,抽读 $t'iu^{44}$。

④ 灵溪闽南话没有齿唇音声母,古"非敷奉"三系字声母不读 f、v,而读 p、p'声母,即所谓"轻唇归重唇"。例如灵溪话,飞读 $pə^{44}$,分读 pun^{44},放读 $paŋ^{11}$,房读 $paŋ^{24}$,肥读 pui^{24},蜂读 $p'aŋ^{44}$,纺读 $p'aŋ^{53}$。

⑤ 闽南话在韵母上最主要的特征,是没有撮口呼韵母(即 y 或 y 开头的韵母),而且多数文白异读。普通话里读撮口呼的字,闽南话里大部分读成齐齿呼(即 i 或 i 开头的韵母)或合口呼(即 u 或 u 开头的韵母),少数读成开口呼(不是 i、u、y 或 i、u、y 开头的韵母)。例如灵溪话,略读 $liə^{24}$,靴读 hia^{44},原读 $guan^{24}$,军读 kun^{44},旬读 sun^{24},婿读 sai^{11}。

⑥ 福建的闽南话大多有 m、n、ŋ 和 p、t、k、ʔ 等辅音韵尾,而灵溪的闽南话 p、t、k、ʔ 组的辅音韵尾全部脱落,m、n、ŋ 组的 m 尾合并到 n 尾里去,只剩下 n 和 ŋ 尾。40 岁以下的新派,n 尾也已经消失,与 ŋ 尾合流,只剩下一个 ŋ 尾,结果导致"深、亲"同音,甚至"深、亲、清"同音。这是受温州话影响,因为温州话里只有一个 ŋ 辅音韵尾。例如:

	深	亲	清	杂	失	足	雪
厦门话	$ts'im^{55}$	$ts'im^{55}$	$ts'iŋ^{55}$	$tsap^5$	sit^{32}	$tsiɔk^{32}$	$seʔ^{32}$
灵溪话	$ts'in^{44}$	$ts'in^{44}$	$ts'iŋ^{44}$	tsa^{24}	sie^{53}	$tsia^{53}$	$sə^{53}$

⑦ 福建的闽南话大多有 7 个声调,而浙南闽南话只有 5 个声调,即阴平 44,阳平 24,阴上 53,阳上 31,去声 11。闽南话声调的地区差别很复杂,以漳州为代表的福建多数地区,古全浊上声归阳去,成了 7 个声调;以泉州为代表的福建少数地区,古上声今分阴阳,但古去声单字声调今不分阴阳,也是 7 个声调。浙南闽南话声调分类上也有两派,一派同漳州,如平阳麻步话;一派同泉州,如苍南灵溪话。但是,苍南和平阳的闽南话在声调上的一个显著特点,就是入声已经消失。例如甲＝假,索＝嫂,锡_白＝写,百_白＝饱_白,割_白＝寡,末_白＝磨,辣_白＝箩_白,白_白＝爬_白。有些古入声字还保留着独立的韵母,如灵溪话 ie、iɔ、ua 等韵母的字,都是古入声字,但它们都已失去了独立的调类。其变化规则是:福建闽南话的阴入,浙南闽南话归阴上;福建闽南话的阳入,浙南闽南话归阳平。所以,灵溪话、麻步话等浙南闽南话只有 5 个声调,这与福建闽南话、温州话都不同。但是,洞头闽南话与福建闽南话一样仍保留入声。

表 6-14　　　　　　　　　　闽南话的声调差异

古声调	平			上			去			入		
古声母	清	次浊	全浊	清	次浊	全浊	清	次浊	全浊	清	次浊	全浊
例字	东通	农龙	铜红	董桶	勇软	动道	冻痛	用漏	洞事	节百	热辣	局白
漳州	阴平	阳平	阳平	上声	上声	阳去	阴去	阳去	阳去	阴入	阳入	阳入
泉州	阴平	阳平	阳平	阴上	阳上	阳上	去声	去声	去声	阴入	阳入	阳入
灵溪	阴平	阳平	阳平	阴上	阳上	阳上	去声	去声	去声	阴上	阳平	阳平
麻步	阴平	阳平	阳平	上声	上声	阳去	阴去	阳去	阳去	阴上	阳平	阳平
洞头	阴平	阳平	阳平	上声	上声	阳去	去声	去声	去声	阴入	阳入	阳入

洞头闽南话与苍南闽南话、福建闽南话的差别不大,只是语调和语助词的习惯用法稍有不同。例如洞头岛双朴的山头顶话句子降调较明显,语助词常用"啊"。双朴的小朴村人语助词则喜用"着"[tsə]。比较特殊的是霓北的石子岙话,韵母中没有 ʔ 和 ə,分别读作 i 和 e 韵;双朴的山头顶话有个别儿化字还保留原鼻化韵,如"篮儿"、"衫儿",韵母为 ã 韵,而东屏的中仑话和东岙话读 ãi 韵,已发生音变;山头顶话的阴平调值读作 32。但这些现象逐渐消失,慢慢被洞头闽南话的强势口音"北岙话"所同化。

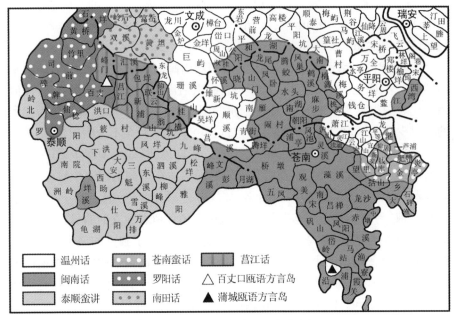

图 6-7　温州南部地区语言分布图

3. 泰顺土话

泰顺土话俗称"蛮讲"。蛮讲是"闽腔"的谐音,与福建的寿宁话比较接近,属于闽语支的闽东话语组。泰顺土话的分布面积 968.9 平方千米,占泰顺全县的 55%,分布面积居温州十二大语言的第三位。但分布区域地处人烟稀少的深山区,所以使用人口只有 23.6 万人,占温州市户籍人口的 3.0%,占泰顺县户籍人口的 64.94%。

泰顺县是温州市语言最复杂、种类最多的区域,互相不能通话的语言就达六种之多,分别为闽东话、闽南话、丽水话、莒江话、畲客话、汀州话。泰顺语言地理分区可分为南区和北区两大部分,南区流行闽语,北区流行吴语,两区都有客家话的方言岛。泰顺南部闽语区分为闽东话的"蛮讲"和闽南话的"彭溪话",北区分为丽水话、温州话、莒江话三种,丽水话又分为"罗阳话"和"司前话",温州话称为"百丈口话"。客家话方言岛又分为"畲客话"和"汀州话"。

泰顺蛮讲分布在泰顺县中部和南部,包括罗阳镇南部、筱村镇西部、泗溪镇、雅阳镇、三魁镇、仕阳镇。具体分布地区有罗阳镇的岭北、仙稔南部、南院、下洪、洲岭,筱村镇西部的筱村、葛垟,泗溪镇的泗溪、东溪、凤垟、横坑、九峰,雅阳镇的雅阳、柳峰、松垟,三魁镇的三魁、西旸、大安,仕阳镇的仕阳、龟湖、雪溪、万排等地。

泰顺蛮讲区内部有一定的语音差异。从语言地理的角度来看,蛮讲区分为北蛮讲和南蛮讲两部分。筱村、下洪、南院及以北为北蛮讲,以南为南蛮讲。北蛮讲受罗阳话影响较大,南蛮讲才是泰顺蛮讲的代表音。两者语音上最明显的差异是,北蛮讲 k 和 kʻ声母不能与齐口、撮口两呼的韵母相拼,而南蛮讲则能相拼。例如:

	基	鹃	金	均	开
北蛮讲筱村话	tsi²¹³	tɕyə²¹³	tɕiŋ²¹³	tɕyəŋ²¹³	tɕʻy²¹³
南蛮讲泗溪话	ki²¹³	kyə²¹³	kiŋ²¹³	kyəŋ²¹³	kʻy²¹³

此外,北蛮讲的筱村"多少"说"几勒",南蛮讲的泗溪说"若夥";北蛮讲"我"读 ŋa³⁴⁴,南蛮讲读 va³⁴⁴。各地蛮讲口音不尽相同,例如南蛮讲的声调就有不同的三套,列表对照如下。

表 6-15　　　泰顺南蛮讲的三套不同的声调

南蛮讲	阴平	阳平	上声	阴去	阳去	阴入	阳入
例字	苏诗低	词时题	使死底	素四帝	事视弟	失答速	舌达熟
泗溪话		31			22		
三魁话	213		344	53		5	2
仕阳话		22		21	31		

对此,笔者选用泗溪话作为泰顺蛮讲的代表音,其语言基本特点有下列八个方面。

① 包括零声母在内,共有 21 个声母。没有浊音声母,古全浊声母字多数读不送气清音,这与闽语相同,与吴语和瓯语不同。例如泗溪话,爬读 pa³¹,排读 pei³¹,题读 tei³¹,桥读 kiey³¹,潮读 tɕiey³¹,钱读 tɕie³¹。

② 古非敷奉三母字今白读多为 p 或 pʻ声母,例如沸读 pei⁵³,浮读 pʻu²²。古知彻澄三母字今白读多为 t 或 tʻ声母,例如茶读 ta³¹,抽读 tʻiou²¹³。

③ 部分古云母(喻三)字今白读多为 h 或 f 声母,例如雨读 hou²²,园读 foi³¹。

④ 包括 m 和 n 两个自成音节的辅音在内,共有 46 个韵母。复合韵母十分丰富,有大量的前响复合韵母,例如雕读 teu²¹³,主读 tsəy³⁴⁴。

⑤ 古入声字今部分白读无喉塞音,多归入去声调,例如麦读 ma²²,客读

$k'a^{53}$。

⑥ 鼻化韵母严重脱落,新派尤甚。例如新派泗溪话,板读 pe^{344},尖读 $tcie^{213}$。

⑦ 泗溪话文白异读很丰富,且有一定的对应关系。文读 iou 韵母,白读为 u 或 au 韵母,例如旧_文 $liou^{22}$,旧_白 ku^{22},流_文 $liou^{31}$,流_白 lau^{31}。文读 iŋ 韵母,白读为 aŋ 韵母,例如林_文 $liŋ^{31}$,林_白 $laŋ^{31}$,惊_文 $kiŋ^{213}$,惊_白 $kiaŋ^{213}$。文读 au 韵母,白读为 a 韵母,例如教_文 kau^{53},教_白 ka^{53},早_文 $tsau^{344}$,早_白 tsa^{344}。文读 i 韵母,白读为 ai 韵母,例如事_文 si^{22},事_白 sai^{22},指_文 tci^{344},指_白 $tsai^{344}$。

⑧ 泗溪话的词语很有特色,很多与温州话、闽南话迥异。例如下雨说荡雨,间歇雨说硬壳雨,地面说地兜,岩石说岩头,上旬说初行,中旬说十行,下旬说廿行,昨天说昨暮日,晚上说冥歌,厕所说东司间,厨房说莽灶寏,陶瓷器皿说[骇]hai^{31},锅说鼎 $tiaŋ^{344}$,电池说电泥,项圈说相伴,嘴说喙 $tc'y^{53}$,接吻说噗喙,嘴唇说喙龙皮,脚说骹 $k'a^{213}$ 或骹骨,指纹说胭 loi^{31},男阴说囊鸟 $noi^{31} tseu^{344}$,女阴说屄 $tci^{33} pai^{344}$,大便说 $na^{31} sai^{344}$,散步说旋 $cyə^{22}$,高说悬,哭说叫,游泳说泅潭,吵架说相鸟,打架说相拍,上学说坐馆,放学说散馆,精神说神水,恐怕说惊乐,非常说没变,刚才说正正,刚刚说都都,总共说全下,故意说特雷,到处说坛圈转,突然说不窿空,说谎说白话讲,勤快说狠,舒服说透套,肮脏说破赖,湿说澹 $taŋ^{31}$,潮湿说润,婚礼主持人说床头把,捉迷藏说摸青盲公,雀斑说蚨蝇屎,麻脸说斑面,眼泪说目珠汁,猪食说潘汁,年糕说麻糍,茶叶说茶散,海蜇皮说[榻]$t'a^{53}$,小孩说傀儡囝 kie^{344} 或阿尾团,奶奶说阿妈,母亲说阿姐,姐姐说阿姊,夫妻说公婆母,老婆说阿妈,娶亲说讨老妈。

4. 苍南蛮话

苍南蛮话是苍南东北部鳌江河口段南岸沿海地区的一种土话,它的语音系统接近温州话,它的词语方面与闽南话相近,它与温州话、闽南话之间不能通话。因此有的学者将其归为温州话,有的学者把它归为闽南话,这些都是错误的。笔者查阅苍南蛮话地区的几个大姓宗谱,多数祖先是五代后晋天福年间(933～944 年)为逃避战乱,从福建长溪赤岸(今宁德地区霞浦县赤岸村)迁移而来。从这一历史社会因素来看,苍南蛮话的底层当属闽东话,后来长期受瓯语影响,才形成今天独具特色的一种土话。有的学者认为广东连州市西北部的东陂、丰阳等地讲蛮话,苍南蛮话与连州蛮话为同一系统,这又是一个大错误。两者的声韵调特点相去甚远,根本扯不到一块。因此,苍南蛮话既不属温州话,也不属闽南话,更不属于连州话,是介乎温州话与闽东话之间的一种独立的方言。

苍南蛮话的分布范围很小,面积仅 124.7 平方千米,约占苍南县的十分之一,但分布地区人口密度大,使用人口 28.7 万人,占苍南县户籍人口的 22.11％。它的分布地区是龙港东南部、芦浦、肥艚、炎亭、仙居、钱库、新安、金乡北部等地。

苍南蛮话有"北腔"和"南腔"之分。北腔指与瓯语相邻的龙港蛮话和宜山蛮话,南腔指与闽语相邻的钱库蛮话和金乡区蛮话,两者差异不大。苍南蛮话以钱库话作为代表,当地人认为钱库话是正宗的苍南蛮话。苍南蛮话的基本特点有下列九个方面。

① 苍南蛮话有浊音声母,古全浊音声母今仍读浊音。这与龙港瓯语相同,而与灵溪闽语不同。例如钱库蛮话,步读 bu^{11},同读 $doŋ^{213}$,道读 do^{11},旗读 $dʑ\varsigma^{213}$,杰读 $dʑieʔ^{21}$,茶读 dzo^{213},治读 $dʑ\varsigma^{11}$。

② 古明母、疑母字读鼻音声母,这与龙港瓯语相同,而与灵溪闽语不同。例如钱库蛮话,模读 mo^{213},埋读 $mε^{213}$,美读 mai^{45},米读 mi^{45},民读 $miŋ^{213}$,牙读 $ŋɔ^{213}$,愚读 $ŋy^{213}$,疑读 $ȵi^{213}$。

③ 古见组字,在细音前读 $tɕ、tɕʻ、dʑ$ 或 $ts、tsʻ、dz$ 声母,这接近龙港瓯语,而不同于灵溪闽语。例如钱库蛮话,居读 $tɕy^{44}$,区读 $tɕʻy^{44}$,琼读 $dʑioŋ^{213}$,鸡读 $ts\varsigma^{44}$,欺读 $tsʻ\varsigma^{44}$,其读 $dz\varsigma^{213}$。

④ 古非组字,大部分白读为 b 或 p 声母,这接近灵溪闽语,而不同于龙港瓯语。例如钱库蛮话,肥读 bai^{213},飞读 $pø^{44}$,浮读 $pʻu^{213}$,分读 $pø^{44}$,妇读 bu^{11},房读 $fiɔ^{213}$。

⑤ 古"知彻澄"三母部分字,白读为 $t、tʻ、d$ 声母,这接近灵溪闽语,而不同于龙港瓯语。例如钱库蛮话,猪读 ty^{44},昼读 $tɔ^{42}$,桌读 tau^{42},抽读 $tʻieu^{44}$,丑读 $tʻieu^{45}$,虫读 $doŋ^{213}$,迟读 di^{213},沉读 dai^{213},潮读 $dieu^{213}$。

⑥ 有撮口呼韵母 y 和鼻化韵母 $ỹ$,这与龙港瓯语相同,而与灵溪闽语不同。例如钱库蛮话,书读 $ɕy^{44}$,朱读 $tɕy^{44}$,趋读 $tɕʻy^{44}$,鱼读 $ȵy^{213}$,权读 $dʑỹ^{213}$,元读 $ȵỹ^{213}$。

⑦ 有鼻化韵母,这与灵溪闽语相同,而与龙港瓯语不同。例如钱库蛮话,天读 $tʻ\tilde{i}^{44}$,泉读 $ỹ^{213}$,官读 $kuẽ^{44}$,生读 $sã^{44}$,听读 $tʻiã^{44}$,请读 $tɕʻiã^{45}$。

⑧ 声调分七类,平去入三声分阴阳,上声没有阴阳之分,古上声全浊声母字归入阳去。七个声调的调值是阴平 44,阳平 213,上声 54,阴去 42,阳去 22,阴入 5,阳入 22。这与漳州闽南话和平阳麻步闽南话相一致,而与泉州和灵溪、洞头闽南话不同,更与瓯语相异。

⑨ 入声字自成调类,这与龙港瓯语相同,而灵溪、麻步的闽南话入声已经消失。

5. 畲客话

畲客话,又称畲语,是温州畲族居民内部使用的语言。畲族人规定,在家里或本族人聚居的地方,一定要说畲语,与外族人交往可以说其他语言。从前畲族人还禁止与外族人通婚,所以畲语的特点保存得比较完整。改革开放以前,温州畲族人口居全市少数民族人口的首位,但由于本地的畲族人口外出务工经商逐渐增多,常住人口从 1990 年的 5.44 万人下降到 2010 年的 4.91 万人,由第一位退至第三位。温州有些畲民不会讲畲语,所以今天温州使用畲语的居民只有 5.50 万人(包括外出务工的畲民),占温州户籍人口的 0.7%。

畲族先民在 7 世纪初的隋末已居住在粤、闽、赣三省交界处的凤凰山区,广东潮州凤凰山是畲族的发祥地。畲族大量迁入温州是在明清之际的万历至乾隆年间的二百多年里,迁入温州共 159 个支族,其中明代 38 支,清代 121 支。迁徙路线从广东潮州由海路至福州连江马鼻登岸,再经闽东北的罗源、霞浦、福安、福鼎等地进入温州。随后,又有部分畲民从温州各地再迁往浙江的景宁、桐庐等 20 多个县及安徽宣国、江苏宜兴等地。温州畲族的畲语,与广东畲语不同,广东畲语属于汉藏语系苗瑶语族的苗语支,接近"布努语",也有学者认为畲语是苗瑶语族的未定语支,或独立为畲语支。而闽浙畲语则属于汉藏语系汉语族的客家语支。温州畲语与客家话相似,兼有瓯语和闽语的成分。温州畲语不能与温州话、闽南话互相通话,属于受浙南闽语影响的客家话。温州畲客话与同属客家语支的泰顺汀州话也不能互相通话。

温州畲族具有"大分散,小聚居"的分布特点,畲民遍布全市 11 个县市区,主要分布在苍南、泰顺、文成、平阳四县山区,其中 300 人以上的畲民聚居地有 40 个村庄。所以,温州畲客话主要分布在苍南莒溪的大坪村、大山村、石亭村,凤垟畲族乡的鹤山村、凤楼村、鹤峰村、顶堡村,岱岭畲族乡的云遮村、坑门村、福掌村,腾垟的王湾村、北山村,昌禅的中岙村,观美的牛角湾村,南宋的半垟宫村;泰顺司前畲族镇的左溪村、林山村,仕阳的桥底村、翁地村,竹里畲族乡的上岱村、竹里村,百丈的上林村,彭溪的昌基村、玉塔村,罗阳的江家山村,雅阳的承天村,筱村的北坑村;文成周山畲族乡的上坑村、九条垟村,富岙的培头村,西坑畲族镇的双山村、西坑村;平阳青街畲族乡的九岱村、王神洞村,闹村的东湾村,朝阳的矮垄坑村,顺溪的溪南村、下垟村、怀溪的畲龙村,梅溪的书阁村。

　　上述这些村庄的畲客话都呈方言岛的形式分布。温州畲民绝大多数使用双语,畲民之间使用畲语,与外界交往时使用当地方言。例如苍南莒溪、凤阳、岱岭和泰顺彭溪等地畲民也通用闽南话,平阳顺溪和瑞安东岙庵等地畲民也通用温州话,乐清仙溪畲民也通用大荆话。但是,也有少数畲民不会讲畲客话而使用当地方言,例如平阳宋埠陡北村、宋桥鲍村的畲民只讲平阳瓯语,文成南田高村只讲南田话,泰顺垟溪大山村、东溪前岭村只讲泰顺土话。

　　温州畲客话的基本特点有下列七个方面。

　　① 古塞音和塞擦音的浊音声母字,不论平仄,多数读送气清音,这是客家话的主要特征。例如盘读 p'uan^{33},洞读 t'oŋ^{21},淡读 t'am^{33},近读 k'ən^{44},坐读 ts'o^{21},直读 tɕ'i^{21}。

　　② 古非组声母字读双唇音,例如飞读 puei^{44},肥读 puei^{33},饭读 puan^{21},浮读 p'ia^{44};古知组声母部分字读 t、t'声母,例如知读 ti^{44},迟读 ti^{44},丑读 t'ieu^{24},郑读 t'aŋ^{21};古见组声母细音多数读舌根音,例如鸡读 kiai^{44},饥读 ki^{44},丘读 k'ieu^{44},休读 hieu^{44}。这种特征跟客家话、闽南话相同。

　　③ 古疑母洪音多数读 ŋ 声母,细音读 ȵ 声母。例如雅读 ŋa^{24},瓦读 ŋo^{24},饿读 ŋo^{21},五读 ŋ^{24},硬读 ŋaŋ^{21},鱼读 ȵy^{33},月读 ȵyet^{2},外读 ȵia^{21},言读 ȵyən^{33},迎读 ȵiŋ^{33}。这种特征跟温州话相近,跟闽南话不同。

　　④ 没有 ɿ 韵,因此古止摄开口三等字多数读 i 或 u 韵。例如支读 ki^{44},字读 tɕi^{21},死读 ɕi^{24},师读 su^{44},二读 ȵi^{21},耳读 ȵi^{24}。"支、字、死"读 i 韵,跟闽语相同;"二、耳、儿"读 ȵ 母,跟吴语相同。

　　⑤ 鼻音韵尾有 m、n、ŋ 三组,塞音韵尾有 p、t、ʔ 三组。例如温州畲语,衫读 sam^{44},山读 san^{44},党读 toŋ^{24},接读 tsap^{5},袜读 guat^{2},结读 tsaʔ^{5}。这与客家话、闽南话相当接近。

　　⑥ 古梗摄开口字多数读 aŋ、iaŋ 韵。例如病读 p'iaŋ^{21},命读 miaŋ^{21},定读 t'aŋ^{21},争读 tsaŋ^{44}。这是客家话的特征,与温州话、闽南话不同。

　　⑦ 声调分六类,阴平 44,阳平 33,上声 24,去声 21,阴入 5,阳入 2。古浊上声字,部分归阴平,部分归去声;古入声次浊声母字,有的读阴入,有的读阳入。这些都跟客家话相似。

6. 大荆话

　　乐清大荆话跟温岭话相似,温岭话又称太平话。由于温岭话与黄岩话很相近,所以有人称大荆话是黄岩话。它们都属于吴语台州话语组,与乐清话之间不能通话。大荆话分布在清江以北的乐清市北部,包括大荆镇的大荆、湖雾、双峰、镇安、智仁,仙溪镇的仙溪、福溪、龙西,雁荡镇的白溪、下塘、西门岛、雁荡山风景区,清江河口以北的清江镇北部原清北乡。另外,永嘉东北部鹤盛镇原岭头乡紧邻台州黄岩,也讲黄岩话,所以也归入大荆话的分布范围。大荆话分布面积511.7平方千米,其中永嘉境内93平方千米。大荆话使用人口35.91万人,其中乐清境内34.06万人,占乐清户籍人口的27.46%。大荆话使用人口占温州户籍人口的4.56%,按使用人口是温州市第三大语言。

大荆话具有台州话的共同特点,大荆话的区别性特征有下列五个方面。

① 大荆话与温州话相差甚大,大荆话韵母比温州话多了6个鼻化韵和5个塞音韵尾。6个鼻化韵是ā(争更)、iā(良墙)、uā(横)、ɔ̃(党床)、uɔ̃(光往)、yɔ̃(况匡)。5个塞音韵尾是əʔ(夹杂)、iəʔ(急灭)、uəʔ(刮活)、oʔ(确俗)、yoʔ(决月)。

② 古见组声母字"举、区、跪、拳"等字,温州城区读舌面音 tɕ、tɕʻ、dʑ 声母,大荆读舌根音 k、kʻ、g声母。

③ 古效摄字"宝、报、桃、好"等字,温州城区读 ɔ 韵,大荆读 ɔ 韵。

④ 大荆话有 7 个声调,去声不分阴阳,入声字带喉塞尾,读短促音。各个声调的调值与温州话相差很大。

表6-16　　　　　　　　　大荆话声调和调值

调类	阴平	阳平	阴上	阳上	去声	阴入	阳入
调值	44	22	53	31	212	5	2
例字	高天对唱	南兰穷神	古口买老	近柱是坐	努漏共助	割切说发	白杂纳六

除上表中所列单字声调外,大荆话里还有一种特殊的变调45和34两个升调,变调后的词义也随之发生变化。例如桃 dɔ²²,变调为 dɔ³⁴,词义由桃子变为桃儿;蝴蝶 ɦu²² dieʔ² 变调为 ɦu²² die³⁴,词义由蝴蝶变为蝴蝶儿。另外,大荆话哥 ku⁴⁴变调为 ku⁴⁵,爹 tia⁴⁴变调为 tia⁴⁵,爷 ɦia²² 变调为 ɦia³⁴,变调后的词义带上了喜爱、亲切的意义。这些变调变义是大荆话的特点之一。

⑤ 大荆话的词语与温州话相差很大。例如大荆话,我们说合能,这里说该搭,晚上说黄坤,下午说暗嘎,爷爷说呀呀,妈妈说嗨妈,姑妈说娘娘,叔叔说松松,看看说毛毛,今天说几宁,昨天说舍宁,美女说度娘,帅哥说西佬,不道德说桥欠,睡觉说困高,拒绝说法脏,糟糕说酒糟,神经病说丹经

东西和工具说勾啥,傻瓜说年度或阿无乱,男孩说后生头,女孩说囡儿头,哪里去说哪丹开,大度说发搭噶,糊涂说年度范,瘪三说清汤滚,国骂说娘卵泡,运气说狗咬靠,后悔说拔卵悔,鼓励说杀克重,嚣张说脏几丘,诅咒说高炮鬼。

7. 黄南话

永嘉北部紧邻台州仙居县的岩坦镇原黄南、张溪、溪下三个乡的北部部分村庄通行仙居话,通常称为黄南话,属于吴语台州话语组。吴语台州片分为南、北、西三个方言区,南区包括椒江城区、黄岩、路桥、温岭、玉环、乐清大荆、永嘉岭头;北区包括临海、三门、宁海南部、仙居东南部的朱溪、双庙等乡镇;西区包括天台、仙居和磐安的方前、高二、维新三乡镇,以及永嘉北部的黄南、张溪、溪下三个乡。永嘉黄南、张溪等地在清代行政区划上属于仙居乡第 52 都。换句话说,乐清北部的大荆话和永嘉东北部的岭头话属于黄岩话,永嘉北部的黄南、张溪、溪下属于仙居话。黄岩话与仙居话,即大荆话与黄南话分属不同的方言,两者之间语音和词语分歧较大,如同属丽水话语组的南田话和罗阳话一样,通话很困难。黄南话分布区域地处括苍山区,人口密度极小,所以分布面积 337.5 平方千米,占全市的 2.85%;使用人口只有3.37 万人,占全市户籍人口的 0.43%。

黄南话的基本特点有下列九个方面。

① 包括零声母在内,声母有 28 个,也有学者认为是 34 个;包括自成音节的辅音在内,韵母共有 46 个。黄南话完整地保存了古浊塞音、浊塞擦音以及浊擦音的辅音声母,还明确区分了尖团音(舌面前音为尖音,舌面后音为团音)。这些特点显现了黄南话的古老性质。

② 黄南话听起来很硬,这是因为仙居方言中很多塞音和塞擦音声母发音都较强,与普通话相比,同部位的发音肌肉紧张度更高。

③ 黄南话舌面前音 tɕ、tɕʻ、dʑ、ɕ、ʑ 的发音部位比普通话更靠前些,有点接近舌尖音 ts、tsʻ、s 的发音部位。但黄南话里没有舌尖后音。

④ 黄南话浊塞音 b 和 d 发音时有明显的紧喉作用,记为 ʔb 和 ʔd,这类发音方法一般认为是侗台语特有的音位,国际上多数学者的看法是紧喉浊塞音只见于东南亚的中南半岛,在我国仅见于广西和海南,但仙居方言中确实存在。

⑤ 遇摄合口三等鱼韵和虞韵的精组、章组、见组字,今韵母读 y,这与宁波话、温州话都不同,而与临绍片相同。而且止摄合口三等支韵、脂韵的一些字也读 y 韵,例如"嘴"读 tɕy,这在吴语中比较少见,与永嘉话、温州话更不同。

⑥ 深摄开口三等侵韵和臻摄开口三等真韵的知组、章组字,今台州话其他方言的韵母都读细音,声母都读舌面音。但仙居话例外,韵母读洪音,声母读舌尖音。

⑦ 古邪母字"松",文读为 ɕ 声母,白读为 z 声母,吴语其他方言没有这种现象,瓯语也没有这种情况。

⑧ 黄南话的声调与温州话一样也有八个调类,但调值不同。

表 6-17　　　　　　　　　黄南话的声调和调值

调类	阴平	阳平	阴上	阳上	阴去	阳去	阴入	阳入
调值	33	23	43	343	44	13	5	23
例字	高天三飞	平神人云	老草好粉	坐近淡厚	对怕送放	大树帽用	急黑桌铁	卖杂白俗

⑨ 黄南话的词语与永嘉话有很大不同。例如骂说 dɔ⁵,早晨说五庚头(温岭说库星头,永嘉说天光头),刚才说眼对(永嘉说刚前),未婚男子说细佬,未婚女子说大娘,小孩说小佬人,丈夫说老倌,脾气说格式,听话说垫债,轻松说调泰,不讲卫生、马虎说老糊,从前说早往先,瞎说说摇天桶,耍无赖说毛卵涂,傻样说木郎僵气,突然说木头勿见簪。

8. 南田话

文成南田旧属处州青田县,迟至解放前夕的 1946 年 12 月才从青田县分出,归入温州文成县,所以南田及其附近地区流行青田话,属于吴语处衢片,与文成县东部的文成温州话差异很大,不能通话。因此,笔者将文成南田话和泰顺罗阳话归属于吴语丽水话语组,但南田话与罗阳话也不能通话。温州很多书籍和论著都将南田话归入瓯语,这是错误的,应予纠正。

明初洪武年间(1368~1398 年),青田县分为 3 乡,18 里,23 都。今文成县南田、西坑、黄坦属于当时青田柔远乡的八都、九都,八都分为八内都和八外都,分置南田东里和南田西里;九都辖 25 村,其中 15 村在今文成境内。清康熙六年(1728 年)将每都划为 10 源,青田全县共分为 182 源,八外都分为 5 个源,名称为一至五源;八内都也分为 5 个源,名称为六至十源;九都分为 10 个源,其中九源 22 个村在今青田境内。晚清时设置城、乡,今文成境内为当时的青田县南田乡、敖里乡、黄坦乡。由此可见,今天文成西部的南田、西坑、黄坦三镇流行青田话是长期的历史政治区划使然,是顺理成章,不足为奇的。

文成境内流行六种语言,即文成话、南田话、景宁话、莒江话、闽南话、畲客话。文成闽南话主要分布在县域东南部的峃口镇原双桂、公阳、平和三个乡中与平阳接壤的部分村庄。文成畲客话分布在周山畲族乡、西坑畲族镇、黄坦镇、百丈漈镇、巨屿镇、大峃镇的少数村庄。1946年底始置的文成县包括三部分,原瑞安部分讲近似于瑞安话的文成话,原青田部分讲类似于青田话的南田话,原泰顺部分讲一种特殊的"莒江腔"的泰顺话。换句话说,文成县东部讲文成话,西部讲南田话,南部讲莒江话。东部文成话分布在大峃、百丈漈、玉壶、珊溪、巨屿、峃口六镇和周山畲族乡;西部南田话分布在南田、西坑、黄坦三镇;南部莒江话分布在地缘上紧靠泰顺的珊溪镇的桂山、仰山和黄坦镇的汇溪部分村庄。然而,笔者深入山区各村落调查时,发现西坑畲族镇的石垟、石垟林场、吴垟、下垟等地不讲南田话,而讲景宁话,与泰顺的司前话一样,属罗阳话的分布范围。因此,除去石垟、下垟等地,南田话的分布面积 510.5 平方千米,占文成县总面积的 39.47%;使用人口 11.35 万人,占文成县户籍人口的 30.15%。

南田和西坑境内的"青田腔"非常明显,黄坦稍带有"文成腔",具有过渡性语音特征,与南田话比较接近,应划入南田话范围。例如"蛇社邪谢"等麻韵字,大峃读 i 韵,珊溪读 ie 韵,而南田、西坑、黄坦读 yo 韵。又例如"均群勋云"等文韵字,大峃、珊溪读 yəŋ 韵,而西坑、黄坦读 ioŋ 韵,南田读 yaŋ 韵。再例如古效摄四等萧韵字,文成多数地方读合口呼,而南田、黄坦读齐齿呼韵母。见下面例字:

	雕	跳	条	料	晓
大峃话	tuo^{55}	tʻuo^{435}	duo^{13}	luo^{312}	ɕyo^{54}
南田话	tieu^{55}	tʻieu^{435}	dieu^{13}	lieu^{312}	ɕieu^{54}
黄坦话	tiə^{55}	tʻiə^{435}	diə^{13}	liə^{312}	ɕiə^{54}

文成县东部的文成话与西部的南田话,在语音上存在明显的差异,分属两种不同的语言。文成话属于温州话语组,南田话属于丽水话语组。南田话带有明显的"青田腔",与青田话能通话,但与温州话不能通话,温州城区人根本听不懂青田话,也听不懂南田话。下面列出南田话与文成话九个方面的差异。

① 古宕摄开口三等阳韵字,文成话的鼻音韵尾脱落,而南田话仍读鼻尾韵。例如:

		良	香	张	枪	昌
大峃话	珊溪话	lie^{13}	ɕie^{55}	tɕie^{55}	tɕʻie^{55}	tɕʻie^{55}
南田话	西坑话	leŋ^{13}	ɕieŋ^{55}	tɕieŋ^{55}	tɕʻieŋ^{55}	tɕʻieŋ^{55}

② 古山摄开口四等先韵字的元音舌位，文成话比南田话高。例如"田"字，大峃、珊溪读 die^{13}，而南田、西坑读 dia^{13}。又如"年"字，大峃、珊溪读 nie^{13}，而南田、西坑读 nia^{13}。此外，古遇摄合口一等模韵字的元音舌位，文成话比南田话靠后。

③ 古深摄开口三等侵韵端系、知系字，文成话读 eŋ 韵，南田话读 aŋ 韵。例如"林"字，大峃读 leŋ^{13}，南田读 liaŋ^{13}；又如"心"字，大峃读 seŋ^{55}，南田读 saŋ^{55}；再如"寻"字，大峃读 zeŋ^{13}，南田读 zaŋ^{13}。

④ 古流摄开口三等尤韵字、梗摄开口三等清韵字，精组与见组的文成话不同音，而南田话都同音。例如酒九、秋丘、井颈、清轻各组字，大峃话不同音，南田话都同音。

⑤ 古宕摄开口三等入声韵字"略削着若脚疟药"等字，文成话读 ia 韵，南田话读 i 韵。例如"药"字，大峃读 ɦia^{35}，南田读 ɦi^{35}。

⑥ 文成话入声不带喉塞尾，南田话清音入声字（阴入）带喉塞尾。例如"百"字，大峃读 pa^{35}，南田读 paʔ^{35}。

⑦ "张猪"等字，文成话读舌面音 tɕ 声母，南田话读舌尖音 t 声母。例如"张"字，大峃读 tɕie^{55}，南田读 teŋ^{55}；又如"猪"字，大峃读 tɕi^{55}，南田读 ti^{55}。

⑧ 大峃话"胡"与"符"同音，都读 vu^{13}；而南田话"胡"与"围"同音，都读 ɦy^{13}。

⑨ "打"字声母，大峃读塞音 ta^{54}，而南田读鼻音 na^{54}。

9. 罗阳话

罗阳话原先只限于泰顺县城的城内居民使用，当地人称为"城底话"，后来逐渐扩散到近郊村落，可以认为罗阳话是一个地域狭小的方言岛。但是它的东北面大片区域流行司前话，司前话与罗阳话的语音相近，与隔壁的丽水景宁话、云和话亦能通话，同属吴语支丽水话语组，但与同属丽水话的文成南田话不能通话。因此，泰顺境内带"景宁腔"的这种罗阳话和司前话，笔者称其为"罗阳—司前话"，因县城人口稠密而众多，政治、经济和社会地位处于绝对优势，所以简称为"罗阳话"。罗阳话分布在泰顺县北部地区，包括罗阳镇北部、仙稔北部、碑排、司前畲族镇、乌岩岭自然保护区、竹里、黄桥等地，而且分布到文成县西北部的石垟、石垟林场、吴垟、下垟等地。包括文成的景宁话在内，罗阳话的分布面积 294.3 平方千米，占全市的 2.49%；使用人口 10.56 万人，占全市户籍人口的 1.34%。

罗阳话—司前话以罗阳城关话为标准音，罗阳城关话具有景宁话的一般特点,其主要区别性特征有下列八个方面。

① 声母很少,韵母很多。包括零声母,只有 21 个声母;包括 m 和 n 两个自成音节的辅音,共有 51 个韵母。声母 v 只作阴调声母。合口呼韵母在实际拼读中,u 读齿唇音 v,例如虎读 fv³⁴⁴,舞读 vv³⁴⁴,关读 kvā²¹³,哭读 k'vʔ²。

② 古浊声母都已清化,阳调类仍然保留。例如爬读 po⁵³,十读 saiʔ²。

③ 蟹摄开口四等的精组和见组与止摄开口三等的精组和见组字的声母为舌尖音。例如其读 tsi²²,妻读 ts'i²¹³,希读 si²¹³。

④ 古知组部分字保留舌头的读法,读 t 声母。例如猪读 ti²¹³,张读 tĩa²¹³,桌读 tyoʔ⁵。

⑤ 有比较丰富的鼻化韵。例如朗读 lõ⁵³,三读 sā²¹³,重读 tɕyõ³¹,甜读 tiā⁵³。

⑥ "打"读 nai³⁴⁴。"遮、车、蛇"读细音。

⑦ 只有一个入声塞韵尾[ʔ]。

⑧ 单字有阴阳四声八调,调值列表如下。

表 6–18　　　　　　　　　　罗阳话的四声八调

调类	阴平	阳平	阴上	阳上	阴去	阳去	阴入	阳入
调值	213	53	344	31	35	22	5	2
例字	诗苏低	时词题	死使底	士是弟	试四帝	事视地	识惜滴	石席笛

10. 莒江话

莒江,原来是泰顺县百丈区的一个著名的乡,解放初期曾为泰顺县人民政府驻地。下辖 12 个行政村,49 个自然村,面积 28 平方千米。1998 年并入百丈镇,2001 年珊溪水库建成后,原乡政府驻地的莒江村及其周围地势较低的村庄被水库淹没而移民到永中、潘桥等地,"莒江"作为政区名称现已消失,作为一个地域名称仍然使用。

莒江话主要分布在泰顺百丈镇和筱村镇东部,具体包括百丈镇的百丈、莒江、包垟、洪口(东北部分),司前镇峰门,筱村镇东部的新浦、联云、翁山、玉溪(北部部分),泗溪镇东北的横坑(部分),以及文成县南部珊溪镇的桂山、仰山和黄坦镇的汇溪部分村庄。莒江话分布面积共 286.6 平方千米,使用人口约 7 万人,但水库移民后,今使用人口减至 6.03 万人。

莒江话分布于瓯江片、处衢片、闽东话的交界地带,其语言特征及其归属,现有资料很少,只有 1998 年版《泰顺县志・方言》中 1 页多的莒江话简单介绍,作者陈圣格认为莒江话属于温州片(瓯江片)。1998 年版《温州市志・方言》没有列出莒江话,将其分布区归属于处衢片的罗阳话。为此,笔者跑了三趟莒江,调查结果显示,莒江话根本不属于瓯江片的温州话,与文成温州话相差甚远,与处衢片的罗阳话差距更远,更加不属于闽东话的蛮讲,与苍南闽南话不接壤不沾边。莒江话是温州方言研究中的一个空白点,它的归属困扰着笔者多年未解。2002 年 8～9 月日本爱媛大学语言学家秋谷裕幸,花两个月时间深入当地进行详细调查,写成《浙江泰顺县新山方言的音韵特点及其归属》论文,论文指出莒江话既不属瓯江片,也不属处衢片,应作为一个独立的片区。

新山,原是泰顺县的一个乡,1998 年与南浦乡合并为新浦乡,2011 年撤销新浦乡,归属筱村镇,是莒江话分布区中与被淹没的莒江村最近的一个乡级村,可以作为莒江话的代表音。日本秋谷裕幸详细研究了新山话,列出其声母的 13 项特点,韵母的 29 项特点,然后与瓯江片、处衢片进行比较,从纵向历时演变的角度、谱系分类的角度讨论其归属。换句话说,研究莒江话的归属,就是研究它的形成过程,而不是共时平面上的划分。秋谷裕幸通过对新山话与瓯江片温州话的四个方面音韵比较,得出结论:莒江话不属于瓯江片,也不属于处衢片,但与瓯江片关系较为紧密,与处衢片之间的关系很疏远,但有某种早期联系。

莒江话经历了十分独特的、在其他吴语中完全观察不到的演变过程。莒江话有两种在吴语区十分罕见的存古现象,一种是深臻摄之间的区别(限精知章组);另一种是山摄开口三等帮组与四等帮组之间的区别,例如"面脸"读 mi²¹⁴,"麵"读 miā²¹⁴,两字不同音。除处衢片外,其他吴语没有发现这种现象。也就是说,绝大多数吴语都经历了深臻摄的合流和山摄开口三四等帮组的合流。在吴语的历史上,这两种语音演变过程产生得很早。莒江话没有经历这两种演变过程,那么它是在吴语发展史很早的阶段就与吴语产生分道扬镳。

莒江话的基本特点有下列九个方面。

① 包括零声母在内,共有 28 个声母;包括 m、n、ŋ 三个自成音节的辅音在内,共有 62 个韵母,韵母数量特别多。

② 古全浊声母字,今逢阳平时为清音,逢阳上、阳去、阳入时为浊音。例如盘读 pē⁴¹²,重读 dzyō³³,大读 do²¹⁴,白读 baiʔ¹³。

③ 效摄一二等字不同韵。例如宝读 pe⁵⁵,饱读 pau⁵⁵。

④ 有些"非敷奉"声母字读塞音声母,分别为 p、p'、b 声母。例如反读 pā⁵⁵,吠读 bai²¹⁴,缚读 bo?¹³。

⑤ 部分微母字读 m 声母。例如微读 mi⁵²³,尾读 māi⁵⁵,袜读 ma?¹³。

⑥ 有丰富的鼻化韵,古阳声韵一般读作鼻化韵或鼻尾韵 ŋ。

⑦ 古入声韵,今均带有塞音韵尾 ? 或 k 音。例如立读 liak¹³,集读 ʑiak¹³,急读 tɕiak⁵,笔读 piak⁵,失读 sak⁵。k 尾入声韵的产生是莒江话最重要的音韵特点之一。

⑧ 句尾有一个被拉长的声调,这在所有方言里是少见的。

⑨ 莒江话的声调分为清浊阴阳八声,各个声调的调值列表如下。

表 6-19　莒江话的声调和调值

调类	阴平	阳平	阴上	阳上	阴去	阳去	阴入	阳入
调值	523	412	55	33	435	214	5	13
例字	东天山	皮田房	等九口	坐舅断	对菜盖	步洞害	笔铁脚	鼻独局

11. 金乡话

苍南金乡旧称金乡卫,明太祖朱元璋为了抗御倭寇侵扰,在金乡筑城置卫,驻军抗倭。金乡话就是明代初期金乡卫驻军使用而传流下来的方言,只在金乡城内,即旧金乡卫内使用,金乡城外的郊外、老城、湖里居民都讲苍南蛮话。金乡话跟周围的闽语、瓯语、蛮话都不能通话。由于明代驻军大多来自浙北和苏皖的江淮地区,所以今天的金乡话既有苏南、浙北的北部吴语特征,又夹杂着大量的北方官话成分,是吴语居民听不懂的独立方言,成为一个典型的混合型方言岛。因此,金乡话分布面积仅 3.5 平方千米,使用人口却有 3.82 万人。

金乡话的基本特点有下列几个方面。

① 假摄开口二等字,金乡话都读 a 韵,这与北京话相同,而与周围的闽语、瓯语、蛮话不同,周围方言有的读 o 韵,有的读 e 韵,个别读 ɔ 韵。例如金乡话,爬读 ba³³,茶读 dza³³,马读 ma⁴⁵,麻读 ma³³,又读 ts'a⁵⁵,把读 pa⁴⁵。

② 古见母二等字,金乡话读 tɕ 声母,这与北京话相同,而周围方言都读 k 声母。例如金乡话,加读 tɕia⁵⁵,架读 tɕia⁴²,介读 tɕiē⁴²,解读 tɕie⁴⁵,交读 tɕiɔ⁵⁵,教读 tɕiɔ⁴²。

③ 部分古疑母字,金乡话读零声母,这与北京话相同,而周围方言读 g、ŋ 或 ȵ 声母。例如金乡话,牙读 ia³³,雅读 ia⁴⁵,咬读 iɔ⁴⁵,眼读 ɦi⁴⁵,言读 ɦi³³。

④ 果摄开口一等字读 o 韵。例如金乡话,歌读 ko^{55},河读 ɦo^{33},贺读 ɦo^{33},饿读 ŋo^{33},多读 to^{55},拖读 t'o^{55},锣读 lo^{33}。

⑤ 假摄开口三等精系字和止摄开口三等见系字读 ɿ 韵。例如金乡话,邪读 zɿ^{33},姐读 tsɿ^{35},写读 sɿ^{35},借读 zɿ^{42},饥读 tsɿ^{55},欺读 ts'ɿ^{55},旗读 dzɿ^{33}。

⑥ 遇摄合口一等精系字读 u 韵。例如金乡话,祖读 tsu^{35},粗读 ts'u^{55},醋读 ts'u^{42},苏读 su^{55}。

⑦ 止摄合口三等字读 ai、uai 韵。例如金乡话,类读 lai^{211},嘴读 tsai^{211},追读 tsai^{55},垂读 ts'ai^{42},水读 sai^{35},鬼读 kuai^{35},贵读 kuai^{42},跪读 k'uai^{42}。

⑧ 效摄开口一等字读 ɔ 韵。例如金乡话,到读 tɔ^{42},道读 dɔ^{211},桃读 dɔ^{33},脑读 nɔ^{35},老读 lɔ^{35},糟读 tsɔ^{55},草读 ts'ɔ^{35},告读 kɔ^{42}。

⑨ 山摄开口一等见晓影三系字读 ɛ 韵。例如金乡话,汉读 hɛ^{42},汗读 hɛ^{33},岸读 ŋɛ^{33},案读 ɛ^{42}。另外,办读 bɛ^{33},慢读 mɛ^{211},反读 fɛ^{35},饭读 vɛ^{33},这些字也读 ɛ 韵。

⑩ 金乡话有鼻化韵,例如"邦忙方党汤桑康葬"等字读 ã 韵,"抢墙匠央"等字读 iã 韵。苍南瓯语没有鼻化韵,这些字分别读 o 和 ie 韵;浙南闽语虽有鼻化韵,但这些字不读鼻化韵,分别读 ɔŋ 和 ɕɔi 韵。金乡话声调分阴阳 7 种,上声不分阴阳,阳上归阳去。它们的调值是阴平 55,阳平 33,上声 35,阴去 42,阳去 211,阴入 4,阳入 2。

正因为金乡话具有上述特征,所以金乡话不能与闽语、瓯语、蛮话等方言通话,而且与北部吴语也不能通话,因此,金乡话不能归入上述任何一种语言类型,是一种独立的方言类型。

12. 汀州话

旧时福建西部汀州府的方言称为汀州话,现在"汀州"这个政区名称已经消失一百多年了。汀州话属于客家语支。客家语集中分布在粤东、闽西、赣南及台湾部分地区,大体上以南岭为界,分为岭北客家音系、岭南客家音系两大类型。岭北客家语分为宁龙片、于桂片、铜鼓片、汀州片,岭南客家语分为粤台片、粤中片、粤北片、潮漳片,共八大片。语言学术研究中,客家语以梅州话为代表,但现实中惠阳话影响很大。汀州话又分为南、北两片,南片包括龙岩市的上杭、武平、永定三县,北片包括龙岩市的长汀、连城和三明市的宁化、清流、明溪五县。由于南片三县的语音接近梅州话和惠阳话,所以新的客家语分类将汀州南片划归粤台片,属于岭南客家语。今天的汀州话只分布在北片五县,属于岭北客家语。

明末清初"三藩"战乱时期,浙江的衢州、处州、温州等地,由于长期战乱,人口大量减少,当地政府便到地窄人稠的福建汀州府招徕民众,前往浙江山区开山垦荒。从康熙至乾隆年间,汀州府长汀、上杭、宁化等县农民掀起了移民浙江的大潮。至乾隆四十一年(1702 年),浙江山区的汀州客家人及其后裔大约有 33 万人。其中客家移民大约占处州府人口的五分之一,在云和、遂昌等县甚至接近或超过了土著。今天丽水市的云和、松阳、遂昌、龙泉、莲都等地,还有众多汀州移民后裔操着"汀州腔",保留着汀州风俗,并自称为"汀州人"。据 2010 年"六普"人口资料,丽水市"汀州人"有 39.6 万人,占总人口的 18.7%。仅云和一县就有 6 万多人,30 多个姓氏,以居住在牛头山周围的紧水滩库区和龙泉溪北岸梓坊坑附近尤为集中,而大源乡则全乡都是"汀州人"。目前,浙江汀州话分布在丽水市的云和、松阳、青田、莲都、龙泉、遂昌、缙云、景宁,衢州市的江山、龙游、常山、开化,温州市的泰顺、苍南,金华市的汤溪,杭州市的建德、淳安、桐庐等地。

温州汀州话主要分布在泰顺境内,能够调查到的有泰顺仕阳镇万排上排村许姓,仕阳镇林垟村的赖姓,罗阳镇碑牌大岗背村的赖姓,三魁镇大安下塔村的赖姓,三魁镇秀溪边村的邱姓,百丈镇碗窑村的江姓、杨姓和华姓。客家人有一警言,"宁卖祖宗田,不丢祖宗言",祖宗的语言成为维系一个族群世代相传的重要纽带。然而,改革开放以来随着社会经济的发展和与外界交流的增多,很多年轻的"汀州人"不会讲汀州话,目前泰顺能讲汀州话的多是老年人和部分中年人,估计数为 5000 人。泰顺汀州话近似于福建长汀话,与其他地方的客家人交流很困难。它的基本特点见下。

① 声调只有五个,没有阳上和入声。阳上字多数读阴平,部分读阳去,阴入归阳平,阳入归阳去。说话时连读变调很多,而且变调规律很复杂。有二字变调,三字变调,四字连读也有变调。多数是后字引起前字变调,也有前字引起后字变调,甚至两字都变调。在变调中出现两个新调值 54 和 34。连读变调频繁和复杂,是长汀话的显著特点。

表 6-20　　　　　泰顺长汀话的声调调值

调类	阴平	阳平	上声	阴去	阳去
调值	33	24	43	55	21
例字	三帮满	六流爬	五死总	四怕汉	二十蛋

② 只有一个辅音韵尾 n,入声塞韵尾已经消失。
③ 来母字大多不读 l 声母,而读 t 声母。

④ "茶"读 tɕyo²⁴，"除"读 k'y²⁴，"贼"读 ts'ei⁴³。

⑤ "猪"读 ty²⁴，"迟"读 ti²⁴，"丑"读 t'iou⁴³。

⑥ 吃早饭说吸早醒，吃中饭说吸九遍，吃晚饭说吸腰部，灰尘说尘灰，公鸡说鸡公，蚂蚁说蚁公，虾说虾公，鼻子说鼻公，猴子说猴哥，男性生殖器说钉子。

(二) 温州话的内部差异

温州话的使用范围遍及温州市所有的 11 个县市区，主要分布在温州市区、瑞安、乐清、永嘉、平阳和文成。温州话的内部一致性较强，即各地温州话都可以互相通话，但各种温州话的地区差异性也很大，包括语音差异和词汇差异，以至于两种不同温州话之间的通话有时很吃力，例如温州城区人初听文成温州话就有似懂非懂的感觉，不能全部听懂。根据温州话的内部差异，可以粗略地分为南北两区，北区瓯语包括鹿城话、瓯海话、永强话、永嘉话、乐清话；南区瓯语包括瑞安话、文成话、平阳温州话、苍南温州话。南北两区瓯语的最主要区别在咸山两摄字，北区读前元音 a 或 ε 韵，南区读后元音 ɔ 韵。例如鹿城、瓯海、龙湾、永嘉桥下、桥头、上塘、岩头、乐清柳市等地的咸摄字，三读 sa⁴⁴，凡读 va³¹，减读 ka⁴⁵，山摄字丹读 ta⁴⁴，扮读 pa⁴²，颜读 ŋa³¹；乐清乐成、虹桥等地，三读 sε⁴⁴，凡读 vε³¹，减读 kε⁴⁵，丹读 tε⁴⁴，扮读 pε⁴²，颜读 ŋε³¹。而瑞安、高楼、大峃、珊溪、昆阳、鳌江、龙港等地，三读 sɔ⁴⁴，凡读 vɔ³¹，减读 kɔ⁴⁵，丹读 tɔ⁴⁴，扮读 pɔ⁴²，颜读 ŋɔ³¹。

稍细一点，温州话可分为七种，即北区瓯语又可分为温州市区话、永嘉话、乐清话，南区瓯语可分为瑞安话、文成话、平阳瓯语、苍南瓯语。由于温州市区和永嘉的旧时行政区划同属永嘉县，所以口音比较接近。由于乐清与永嘉之间相隔高大的北雁荡山脉，乐清与温州市区之间相隔宽广的瓯江河口段，所以温州市区话、永嘉话与乐清话之间的差异较大。它们的语音差异主要是：①咸摄字和山摄字，市区和永嘉读 a 韵，乐清片读 ε 韵。例如"瓣"字，市区和永嘉读 p'a⁴²，乐清读 p'ε⁴²。②宕摄开口一等字，市区和永嘉读 uɔ 韵，乐清读 a 韵。例如"帮"字，市区和永嘉读 puɔ⁴⁴，乐清读 pa⁴⁴。③宕摄开口三等字，市区和永嘉读 i 或 ie 韵，乐清读 ia 韵。例如"娘"字，市区读 ȵi³¹，永嘉读 ȵie³¹，乐清读 ȵia³¹。④人称代词"他"字，市区和永嘉读 gei³¹，乐清读 dʑi³¹。

在行政区划上，平阳瓯语包括万全、宋埠、昆阳、鳌江等地方言，但在自然地理上，万全、宋埠、昆阳与鳌江之间由半天山隔开，两者口音上相差较大。鳌江与龙港之间相隔狭小的鳌江河流,所以平阳的鳌江瓯语与苍南的龙港瓯语差异不大。因此,我们也可以把南区瓯语分为瑞安话、文成话、昆阳话、鳌江瓯语四种。这四种瓯语的语音差异也较大,例如咸摄开口四等字的定母"蝶"字,瑞安话带 u 介音,读 duɔ^{212};文成话带 i 介音,读 dia^{212};昆阳和鳌江瓯语带 y 介音,读 dyø^{212}。

表6-21   **温州话23种方言的分类和分布**

分区	瓯语语种	内部差异	分布区域
北区 瓯语	温州市 区话	温州城区话	鹿城区中东部,龙湾区蒲州、状元,瓯海区上河乡、下河乡
		瓯海话	瓯海区泽雅、鹿城区藤桥
		永强话	大罗山以东的龙湾区东部(不包括海城)、洞头霓屿
	永嘉话	江北话	永嘉县瓯北、黄田、罗东、乌牛,鹿城区七都
		西溪话	西溪和菇溪流域,即桥下、西溪、徐岙、桥头等地
		楠溪话	大楠溪和小楠溪流域(不包括黄南、张溪、溪下、岭头)
	乐清话	芙蓉话	芙蓉、小芙、雁芙、岭底、岭底林场
		虹桥话	虹桥、蒲岐、南岳、南塘、石帆、天成、淡溪、四都、清江南部
		乐成话	乐清城区、城北、后所、万岙、盐盆、慎海
		柳市话	柳市、翁垟、黄华、七里港、北白象、磐石、白石、洞头北部
南区 瓯语	瑞安话	瑞安城区话	安阳、塘下、飞云、仙降、阁巷,瓯海丽岙、仙岩,龙湾梅头
		湖岭话	湖岭、永安、芳庄、林溪、陶山
		高楼话	高楼、营前、东岩、枫岭、马屿、平阳坑
	文成话	大峃话	大峃、龙川、樟台、周壤、金炉、里阳、下百丈
		玉壶话	玉壶、东溪、金星、朱雅、上林
		珊溪话	珊溪、巨屿、峃口、周山
		顺溪话	平阳顺溪、维新、吴垟,苍南莒溪西部
		百丈口话	泰顺百丈口
	平阳瓯语	昆阳话	昆阳城区、临区、石塘、水亭
		万全话	万全、宋桥、郑楼、榆垟、宋埠
		鳌江话	鳌江、钱仓、萧江、务垟、墨城
	苍南瓯语	龙港话	龙港城区、湖前、平等、江山、灵江、沪山、渎浦、宜山
		蒲城话	马站蒲城所城

更细一点,温州话可分为23种不同的方言,即温州市区话可分为温州城区话、瓯海话、永强话三种,永嘉话又可分为江北话、西溪话、楠溪话三种,乐

清话可分为柳市话、乐成话、虹桥话、芙蓉话四种,瑞安话可分为瑞安城区话、湖岭话、高楼话三种,文成话可分为大峃话、玉壶话、珊溪话、顺溪话、百丈口话五种,平阳瓯语可分为万全话、昆阳话、鳌江话三种,苍南瓯语可分为龙港话(宜山话)、蒲城话两种。以上23种瓯语方言之间还有为数众多的过渡和变种类型,例如温州城区就有"城底话"和"城外话"之分,翠微山以东的城底话和翠微山以西的城外话,杨府山以西的城底话和杨府山以东的城外话,都有细微的差异。例如"添、典、甜、鞭"等字,城内读 i 韵,城外读 ie 韵。温州电视台《百晓》栏目"吃碗添"的添读 t'ie⁴⁴,就是"乡下腔",城底话应读t'i⁴⁴。下午点心叫"支力",百晓读"接力",也是乡下腔。郑张尚芳在《温州方言志》中甚至说城底话的东门话与西门话都有不同,西门话称为"西郭腔",这是言之过甚。笔者就是西郭人,世代在西郭居住了二百五十多年,讲一口纯正的城底话,但听不出西郭腔与东门腔的丝毫区别。

1. 温州城区话

温州城区话是指鹿城老城区内的温州话,即旧时郡城或府城内的瓯语,是温州市威信最高、影响最大的核心语言,是温州话的代表音,被称为"正宗的温州话"。随着普通话的推广和城市化的发展,地道的温州城区话正受到普通话的冲击,其语音发生变异,使用范围也在逐渐扩大。例如电视的"视",温州城区话原本读阳去调 22,由于普通话的影响,现在多数人都读作阳平调 31。由于能讲正宗温州城区话的人数较少,很多权威专著中也屡屡错误百出。另一方面,近郊农村变成城区以后,近郊的城外话受到城底话的同化,几近趋同,已听不出它们的差异。所以,今天太平岭以西的双屿和仰义,杨府山以东的蒲州和状元,以及瓯海区的上河乡和下河乡地区都纳入温州城区话的分布范围,但不包括大罗山以东的龙湾永强,也不包括温州市区西部的藤桥、泽雅等地。

(1) 温州城区话的语音特点

语音是由声母、韵母、声调三部分组成。温州城区话的声母,包括零声母在内,共有八类 29 个;韵母包括自成音节的鼻辅音韵母在内,共有四呼33 个。它们组合成 392 个温州城区话的基本音节,其中清音音节 218 个,浊音音节 174 个。见表 6-22"温州城区话音节表"。外地人学习温州话的关键是发准这 392 个音节,实现这一目标就得学好 29 个声母和 33 个韵母的正确发音。偏离这个基本功,学习温州话就走入歧途,必陷"南腔北调"的窘境。

表6－22

温州城区话音节表（△表示有音无字　括号表示白读音）

	开口呼															齐齿呼								合口呼					撮口呼			儿
声韵	1	a	ai	au	aŋ	o	ɔŋ	ɔ	ə	ɛ	øy	e	ei	au	əu	ŋ	i	ŋ	ia	iai	iau	iaŋ	ie	ieu	u	ua	uai	ue	uo	y	yo	yoŋ	ŋ
p		班	杯		奔	巴	蹦		保		半		比				边	兵				标				波				邦				
pʻ		攀	胚		喷	柏	捧		剖		判		批				偏	拼				飘				坡				抛				
b		排	培		盆	爬	朋		抱		般		皮				便	平				瓢				部				旁				
m		埋	枚		门	麻	蒙		毛				眉				棉	明				苗								忙				
f		翻	灰		分				否				飞												俘								
v		凡	回		文				浮				肥												喻								
ts	知	斋			珍	渣	宗		早	栽	钻	栽			邹	宗	章	精	脚	纠		京	招	周					庄	居	桌	中	
tsʻ	痴	差			侵		葱		草	猜	村	猜			搜	怒	昌	清	却	丘		轻	超	抽					抄	区	戳	春	
dz	除				陈	茶	丛			程					愁		长	程	着	及		芹	潮	仇						传	局	重	
ɕ/s	诗	山			新	沙	松			塞	苏	塞			馊	松	商	声	削	吸		兴	烧	休					稍	宣	玉	虫	
z	时	柴			人	坐	崇			裁					愁		杨	成	药	亦		形	绍	油					藏	船	浴	云	
t		丹	堆	斗	灯	朵	东		刀	德	都	德	低	多		东	颠	丁			雕		招		歌				当				
tʻ		滩	推	偷	疼	拖	通		讨	胎	吐	胎	梯	拖		通	添	听			挑		超		枯				汤				
d		谈	队	投	藤	驼	同		桃	抬	透	抬	提	陀		同	田	亭			条		潮						唐				
n		难	肉		能	糯	农		脑	耐	男	耐		奴			(呢)						宁						挠				
l		兰	雷	娄	轮	锣	笼		劳	来	栾	来	利	流		笼	良	灵				辽							郎				
tɕ																																	
k		艰	归	勾	跟	家	工		高	该	刊	(甘)			勾														江	居		中	
kʻ		宽	魁	扣	坤	架	空		考	开	领	(锯)			扣														康	区		春	
g		衔	溃	厚	(嚹)	牙	△		(篙)		玩				厚														(旷)				
ŋ		岩		牛	很	花	红		傲	咽	额	含			牛														咬				
h		哈	嗨		很	花	红		好	海	好		行																方				
ɦ		咸		候	恨	华			号	害															乌			弯	房	渊	唷	痈	
零声母		埃		瓯	恩	娃	翁		傲	哀	恩				欧		衣		呀		要		应						汪			拥	儿

从音节表中可以看出，温州城区话声母的两个主要特点，一是完整地保留了浊音声母，二是没有翘舌音声母。温州城区话的塞音声母比普通话多了 b、d、g 三个浊音，塞擦音声母多了 dz、dʑ 两个浊音，擦音声母多了 v、z、j、ɦ 四个浊音，鼻音声母多了 ɲ、ŋ 两个浊音；另外，比普通话少了四个翘舌音声母。

温州话难懂，与韵母关系特别密切。温州城区话有 11 个单元音韵母，占元音总数的十分之一，远比普通话多；复韵母中的元音尾韵和鼻音尾韵都比普通话少，元音尾韵只有 ai、iai、au、iau、iəu、uai 六个，鼻音尾韵也只有 aŋ、iaŋ、eŋ、oŋ、yoŋ 五个，而没有鼻化韵，也没有塞音尾韵。

温州城区话的声调有八个调类，按古音平、上、去、入分类，清音声母为阴调类，浊音声母为阳调类，阴调调值总比阳调高。温州城区话的声母有七类（除零声母外），类类清浊分明；声调四声，声声阴阳并立。声之清浊与调之阴阳互相配对，互不交错，充分体现了温州城区话的汉语古音遗风。温州话声调的调值比普通话低许多，例如阴平调，普通话读 55，温州话读 44，有的学者认为温州话应读 33，甚至出现阳去 11 的调值。普通话的"天"与温州话的"电"，一个是最高音 55，一个是最低音 11，调值相差甚远。这就是温州电视台《百晓》和《闲事婆》温州话栏目中女声不讨彩，男声讨彩的原因所在，所以应该换一个女低音主持人为妥。

表 6-23 温州城区话的声调和调值

声调	调值	例		字	声调	调值	例		字
阴平	44(33)	颠	州	尖	阳平	31	田	仇	场
阴上	45	典	酒	展	阳上	34	簟	纣	件
阴去	42	店	咒	战	阳去	22(11)	电	宙	强
阴入	323	跌	竹	结	阳入	212	敌	逐	杰

说明：括号中的调值是郑张尚芳和游汝杰的观点。温州上声两调特短，绝不能拉长。

▲温州城区话的声、韵、调拼配关系颇有讲究，主要规律是：

① 双唇音声母 p、p'、b、m 配开口、齐齿、合口韵母，不配撮口韵母。不过同齐齿和合口两呼的相配有较大的限制，只能配 i、ie 和 u、ɕu 四韵，不能配辅音性介音的复合韵。

② 齿唇音声母 f、v 配开口和合口韵母，不配齐齿和撮口韵母。齐齿的 fie、vie 是开口的 fɛ、vɛ 变读产生的。

③ 舌尖前塞擦音、擦音声母 ts、ts'、dz、s、z 配开口和合口韵母,不配齐齿和撮口韵母,跟齿唇音相同,只是 dz 不能配合口韵。

④ 舌尖前塞音、鼻音、边音声母 t、t'、d、n、l 配开口、齐齿、合口韵母,唯独不能配撮口韵。不过跟齐齿和合口两呼的配合与双唇音一样有局限性。

⑤ 舌面音声母 tɕ、tɕ'、dʑ、ȵ、ɕ、j 配齐齿和撮口韵母,一律不配开口和合口韵母,这是十分严格的。

⑥ 舌根音声母 k、k'、g、ŋ 配开口和合口韵母,原则上不配齐齿和撮口韵母。音节表中与 i、iɛ、y 的结合是白读和变读的结果。

⑦ 喉音声母 h、ɦ 配开口和合口韵母,不配齐齿和撮口韵母。在合口韵母中只能与 uɔ 结合。

⑧ 鼻音韵ŋ自成音节,前不能配声,后不能配韵。

⑨ yɔ、iai 两韵只配入声,没有平上去三声。

⑩ ə、ɛ、ɜ、ŋ、uɔ、ue、yɔ、øy、au、iau、an、en、on、ian、yoŋ 十四韵配平上去三声,不配入声。

▲温州城区话声调的另一个重要特征是"连读变调",这比普通话复杂繁琐得多,有前字变调、后字变调、前字和后字同时变调三种类型。多数是前字变调,后字不变,例如:

① 前字阴平:阴平在上声、入声前变为阴上,如"街道"(街 44→45),"知识"(知 44→45)。

② 前字阳平:阳平在平声前变为阳去,如"河流"(河 31→22);阳平在去声前变为阳入,如"财税"(财 31→212)。

③ 前字阴上:阴上在平声、去声前变为阴去,如"火车"(火 45→42),"指示"(指 45→42)。

④ 前字阳上:阳上在平声、去声前变为阳平,如"满意"(满 34→31),"理论"(理 34→31)。

⑤ 前字阴去:阴去在阳平前变为阴平,如"酱油"(酱 42→44);阴去在入声前变为阴上,如"信壳"(信 42→45)。

⑥ 前字阳去:阳去在平声、去声前变为阳平,如"问题"(问 22→31),"号召"(号 22→31);阳去在上声、入声前变为阴入,如"代表"(代 22→34),"认识"(认 22→34)。

⑦ 前字入声:入声在平、上、去、入各调前都变为短调,阴入为 3,阳入为 2,如"国家"(国 323→3),"烈士"(烈 212→2)。

此外,还有前字不变,后字变调。例如:①后字阳平在各调后有时变为阳去,如"戏台"(台 31→22),"铁床"(床 31→22),"冰糖"(糖 31→22)。②后字阳去在平声后面变为阳上,如"军队"(队 22→34),"场地"(地 22→34),"绸缎"(缎 22→34)。

少数词语的前字和后字都变调,例如"磨牙"bei⁴² ŋɔ²¹[备牙],前字 11→42,后字 31→21。

三字连读变调中,有的首字读43,有的首字读轻音 0,后两字按上述两字变调规律连调,例如"飞机票"读 43—11—53(飞 44→43),"烫头发"读 0—34—13(烫 42→0)。

▲温州城区话的语音基本特点有下列八个方面。

① 古全浊声母,温州城区话今读浊音浊流,不像太湖平原的北部吴语读清音浊流,这是瓯语区别于吴语的标志性特点。

② 古效摄一二等字,今温州城区话不同韵。例如"宝饱"不同音,宝读 pə⁴⁵,饱读 puɔ⁴⁵。

③ 古"东钟"两韵字,今温州城区话不同韵。例如"众种"不同音,众读 tɕyoŋ⁴²,种读 tɕyɔ⁴²。

④ 古"山咸宕江"四摄舒声字,今温州城区话的鼻韵尾全部脱落,鼻音变为口音。例如山读 sa⁴⁴,三读 sa⁴⁴,糖读 duɔ³¹,讲读 kuɔ⁴⁵。

⑤ 古深摄和臻摄开口字,今温州城区话读 aŋ 或 iaŋ 韵。例如心读 saŋ⁴⁴,阴读 iaŋ⁴⁴,真读 tsaŋ⁴⁴。

⑥ 古流摄侯韵端系和见系字、尤韵庄组和见系字,今温州城区话读 au 韵;幽韵见系字今读 iau 韵。例如偷读 t'au⁴⁴,狗读 kau⁴⁵,愁读 zau³¹,牛读 ŋau³¹,幼读 iau⁴⁴。

⑦ 古遇摄、蟹摄、止摄(合口三等)的喻母字,今温州城区话声母读 v,韵母读 u。例如雨读 vu³⁴,卫读 vu²²,围读 vu³¹。

⑧ 古宕摄开口三等知组和章组字,今温州城区话读细音,不读洪音。例如张读 tɕi⁴⁴,丈读 dʑi³⁴,商读 ɕi⁴⁴,尝读 ji³¹。

(2)温州城区话的词语特点

温州话最精彩的是词语。词语是语言形态学的基本内容,它的准确表达事情、感情和修饰作用是衡量一种语言先进或简陋的重要标准。在这方面,汉语比西方语言更重视表情和修辞。普通话里的所有词语温州人都会说,吴语和闽语的词语在瓯语里大多都有,所以温州话的词汇数量远远超过了普通话、吴语和闽语,它的表情细腻生动和修辞丰富程度也远远胜过了普通话及汉语所有的方言。温州话的表情修辞变式常用手段有重叠式、附加式、嵌衬式、摹状式、扩展式等,不同的构词形式产生温州话无比丰富的同义词,并准确表达对敬贬、爱憎、亲疏、美恶、轻重、大小的观感,所以温州话是一种精彩而先进的语言。这里不惜篇幅从不同的角度展示温州城区话词语的精彩表情和修辞特点。

首先,温州话形成和发展至少有七千多年历史,它与北方话是同步各自发展,汉字是后来很迟才从北方传入温州的,因此今天温州话里很多字词是无法用汉字表示的,即使有人试图用汉字表达出来,也是非常牵强而不贴切的。在这方面,清代永嘉蓬溪人谢思泽《因音求字》和《瓯音求字》两书是下了很大的功夫,现代学者更把温州音与汉字对应关系列得很详细,用很多字典查不到、电脑打不出的冷僻字来表述温州音,读了之后,总感荒唐又不尽贴切,其原因就是温州话是一种不能书写的语言。可以设想,倘若温州人作为一个独立的民族"东瓯族"而存世,我们肯定会创制出一种像汉语"域外方言"越南语、朝鲜语、日本语那样的文字来表达温州话的发音。现在我们唯一的办法就是用世界通用的国际音标来注音,但这会导致读者面很狭窄,这是两难的事情。

温州城区话中无法用汉字表示的词语很多,现用国际音标举例如下:答应词"是"说 au^{42}[呕](方括号中是温州城区话的同音字,下列字的引号和"说"字省略),没有 nau^{34},看 ts'ʅ^{42}[次],馊 i^{44}[医],藏 k'uɔ^{42}[抗],跨 bie^{31}[彭],跑 zei^{212}[席],站 ge^{34},塞 dzø^{22},推 də^{31}[逃],搂 dzi^{212}[杰],抱 dəu^{31}[头],撕 do^{212}[铎],嗅 hoŋ^{42}[轰],挤 ga^{212}[轧],傻 ŋe^{31}[碍的平声],训斥 zo^{212}[坐的入声],男性骂人 kaŋ^{42}[棍],女性骂人 ts'a^{42}[蔡],娶和索讨 tɕ'iau^{45}[丘的上声],嫁和赠与 ha^{42}[哈去声],坏 mə^{31}[毛],无能 mə^{34}[亩],能干 vai^{22}[会],漂亮 ky^{42}tɕ'i^{323}[贯切],干净 lie^{44}dzei^{34}[廖滞],肥胖 tɕyɔ^{42}[供],消瘦 za^{22}[柴的去声],害羞 teŋ^{45}naŋ^{31}tseŋ^{44}[顶能精],认真 ȵi^{31}tseŋ^{44}se^{323}[年精色],下饭的菜 p'ai^{42}[配],墙 peŋ^{42}ji^{31}[柄墙],抽屉 dzy^{31}ka^{323}[柜格],镰刀 də^{34}tɕi^{323}[稻结],东西和物品 møy^{212}zɿ^{22}[末事],蚂蚁 fu^{42}ŋa^{34}[火眼],蚯蚓 k'uɔ^{42}ɕy^{45}[抗选],口吃 dəu^{31}ji^{212}[头舌],什么 a⁰ȵi^{31}[阿呢],谁 a⁰ȵi^{31}naŋ^{31}[阿呢能],何处 ȵiau^{31}duɔ^{34}[扭宕],那里 buɔ^{34}ta^{44}[旁单],水上漂浮 t'ai^{22}[推],紧握 tɕ'iaŋ^{31}[庆],拉牵 tai^{45}[对上声],添补 zaŋ^{22}[赠],玩耍 va^{31}[顽],揉(面)nai^{31},眼闭上 ky^{323}[割],让利于人 t'aŋ^{44}[透],吸(气)t'au^{42}[透],吸(水)tɕy^{323}[拙],背后贬人 lau^{22}[漏],缺油水感 zə^{31}[曹],伸手高处 do^{45}[朵],跌到 lai^{22}[偏],脚崴或褶皱 no^{323}[诺],抬头 nie^{31},回头 lai^{22}[偏],摇头或荡水 ɕian^{42}[兴的去声],浇 li^{22}[亮],砍 ts'ai^{42}[翠],砍(树)tɕia^{323}[脚],阉(猪)tø^{44}[敦],粪便 u^{42}[喂],粪肥 yɔ^{42}[壅],尘土袭人 ioŋ^{44}[拥],拖耗 ŋa^{22}[涯],谜或花蕾 ȵy^{22}[遇],柚子 p'ə^{44}

[剖的平声]，边沿 jyoŋ³¹[唇]，趟 da²²[大]，都 o³²³[恶]，又 ji²²[叶]，拿 ȵia²¹²[箸]，合并或累积 dø²¹²[夺]，伸手 tɕʻyoŋ⁴⁴[春]，挤干水 li²¹²[立]，用力甩 ɕiai³²³[吸]，扔 ga²²[轧的去声]，吵架 lø²²[乱]，说谎 ha³²³[哈]，罩住 tʻø³²³[脱]，卷 tɕyoŋ⁴⁵[准]，削果皮 pʻei⁴⁴[批]，量比（身高）i⁴²[意]，筋条状凸起 kɔ⁴²[降]，弯曲凹陷 au⁴⁴[瓯]，凸 poŋ⁴⁴[蹦]或 tʻaŋ⁴⁴[慢腾腾的腾]，凹 ha³²³[哈]，线团拉开 tʻau⁴⁵[偷的上声]，折 uɔ⁴⁵[拗]，钻 koŋ⁴²[贡]，晾 luɔ³¹[狼]，擦 tɕie⁴⁵[缴]，埋 au⁴²[呕]，装或喂 ȵai²¹²[逆]，煮 ə⁴⁴[吞的平声]，烙(饼)ta³²³[塔]，(煮)烂 fa⁴⁴[翻]，坡陡 ɕyoŋ⁴²[训]，稀疏 luɔ³⁴[朗上声]，淹死 uai²¹²，绞杀 tsʻei²¹²[尺]，剪 dʑia⁴⁵[着]，错 dza²²[站]，聊天 ȵi²²[念]，传染 vu²²[和]，价格便宜 soŋ⁴⁴[松]，强迫吃饮 o⁴²[喔]，丢了、掉下或原木 daŋ²²[滕的去声]，病后休养和禁忌 dʑiaŋ²²[谨]，鸡鸭的胃 taŋ⁴⁴[登]，婴儿哄尿 tso⁴⁵[渣上声]，晾衣服的竹竿 ɦuɔ²²[巷]，约 20 厘米长叫一[盲]mie³¹。

第二，温州话是汉语的方言，因此温州话有很多词语与普通话相同。但是，温州话里有一大批词语在词形、词义、词音上与普通话有明显差异，这是温州话难懂的又一重要原因。温州城区话与普通话迥异的词语数量很多，举例如下。

常常说清清或刻刻，孬种说颓灰，吝啬说猫屎，凌乱说打蟹酱，全包或约略说团堆，不修边幅说塌脏，擦下的皮垢说淋藏，难讨回的钱说猪牯银，家庭成员多说大蛮阵，久坐不走说烂臀凳，翻跟斗说吸提劲，很肥的猪肉说皮浪荡，登台怯场说发台瘟，AA 制聚餐说斗伍吃，差不多说初勿响，衣裳褴褛挂零落，偶尔说岔见岔，嘶哑说瞎声痧，产后疼痛说压儿痛，假面具说箸糊脸，滑倒说打滑塔，跌倒说打乌栽，跌倒屁股着地说打臀凳，瘟疫说大兆年，与众不同说出挑或过格，过关和放过说过山或过门，两性人（半雌雄）说女男，不过说却情，凝结小水珠子说探汗，用歪理谋利说拉歪，容易生长和长大说滥贱，不爱清洁说烂漫，五花肉说三层，丧冠说三梁冠，行为古怪说歪筋，额外收入说横□fie⁴⁵，失去平衡而弹起来说打跳，陌生说打生，鸡鸟交尾说打放，竹枝说梢西，搬弄是非说倒嘴，天花板说倒吸，东西堆得高状说鳌山，肥胖而懒惰的人说汤猪，努力勤奋说巴级，人多喧闹而快乐说闹暖，男人身材说梢架，风骚的姑娘说娑姐[斋]，撒娇献媚女子说催花姐[斋]，有手柄的木盆说鹤兜，吊桶说挈梁，外出不归的詈语说推萍[嫖]，不还钱物说皮臭，喜爱说作兴 ɕiaŋ³⁴，男子勤于家务说细碎，肥胖而不灵光的人说大[豆]㤴，石头剪刀布说腾丁炮，未婚没有牵挂的人说心清人，詈称愚昧无知的人说凤凰胎，成事不足的人称黄馒头，糊里糊涂说云抬，思想落后说翁脑，棉衣说棉滚身，

270

水泥说水门听［去声］，睡姿转身说转则，拐弯说转会，开始就业说出场，干瘦矮小说干僵，心算说白口夺，且慢说慢尔，心烦意乱说火油心，不三不四说否尼三四或否尼死活，瓯江上游山区说上山，洞头海岛说下山，占便宜说相因，澡堂说混堂，棕褐色说栗壳，前些日子说前境，无能而认输说狗使，慷慨说舍利大，发工资的日子说号头日，夸夸其谈说大颏翻，可耻说夹活利，好久说衔时节，蛮多说有雪堆，结果说后结煞，后脑勺说后枕才dze^{31}，不得了说真生活，门窗搭扣说橡皮钮，描红纸说上大人，炮蹶子说放脚踏，大胆说放胆大，柔术说放软腰，鞋垫说躺底布，讲究说门市，冷空气说报头，雨转晴说朗爽，刚才说头先、觉儿或新觉儿，晾衣架说水盆棚，婴儿坐车说轿车［妻］儿，小孩乖说仙能，小孩顽皮说蛮尼，小孩玩耍说跤调，小孩追逐游戏说挈来呀或挈坛儿，小孩绝交说投皮，小孩周岁说对周，女人撒娇说肉大［豆］，上午点心说小节，下午点心说支力，松树果说柴子卵，卵石说石板卵，泥土说烂污泥，秤尾高些说香，秤尾低些说软，合谋诡计的难兄难弟说摸牌儿摸屑儿，不明事理的人说污堆，青光眼说青见盲，勿使太过说叩门，讲秽语说搭口号，操你娘说滚马颏，接吻说打□tie^{0}poŋ^{44}，聊天说闲勃，发誓说忏愿，差劣说霉斑，不好说推斑，还可以说懵过过，开始说发兴［去声］，一起说做队或做恶，娼妓说头毛或花儿，豪爽大度说大局，随便随机说靠造化，债务说场面，称赞说喜略，不久说不近，说话效率说口劲，心计说子午心，烦人说屄迫，老人说岁大人，女人稳重说静定，女人轻佻说云淡风轻，幸好说白什，更好说份格，名堂说板头，能胜任说吃落，躺下说翻落，漱口说复口，食欲说口餐，厚饼说扁儿，拐杖说棒挂，杀猪说推猪，小礼品说伴手，合适说落事，顺利说顺境，麻烦说生受，皮肤毛孔说毛滚，肚泻说坑松，疥疮说过痨，疮痂说意儿，子宫说儿窠，小孩长不大说痨丁，中暑说热头气逼底，生病说妆勿动，怀孕说拖［塔］身体，出痘疹说做客或做大人，乳房说奶奶 na^{44}na^{44}，疲倦说软场，四周说团圈，任风吹说稍风，感冒说破伤冷，伤风说冻亡，肚子疼说滚肚，稍微说稍丝，同伴说伴队，短面条说短切，傻瓜说呆头［艾头］，中午说日 ne^{31}昼，台阶说踏步级，厨房说镬灶间，卫生间说尿［书］盆间，肋骨说肚排［嫖］骨，眼睛说眼灵嘴，肛门说臀脔孔，白化病人说白羊儿，婆婆说第家娘，舅母说近娘儿，一堆说一唐，房屋三进说三退，第三次渔汛说三水，一根（香蕉）说一荚，一瓣（柑桔）说一散，一排屋说一坛屋，一次小便说一箸尿，睡一觉说睏一昏［雪］。

第三，温州话词语的表达和修饰性极强，有许多摹状式词语令人叫绝，这是西方语言中找不到的一大特色。有二字词语、三字词语，尤其是四字词语花样更多更精彩，举例如下。

二字词语:浅撇,深顿,矮坐,尖溜,长梢,大笨,细雅,绵[咪]软,硬扎,重坠,屁轻,轻可,嫩标,光溜,光烫,白荡,乌青,花斑,喷松,厚墩,薄索,横绷,灵泛,燥索,飞燥,安耽,冰冷,雪白,甜蜜,喷香,碧清,卵圆,铁硬,涌烫,醒索,蛮墩,荧[形]光,小[碎]磊。

三字词语:血滴红,墨炭黑,蓝乌青,咸铁苦,盎腾臭,半卵□taŋ⁴⁵,涌烫热,铜青绿,金丝黄,乌焦臭,柴爿长,散麻花,直笼统,薄朗汤,淡水味,太滥方,长八直,仰翻天,肿内哥,矮颓哥,单独自,眼睛前,塔拉塔,特特能,半燥忍,舢舨荡,破布臭,痒丝痛,调羹爿,拗儿娘,靠造化,懵过过,热头气,板头经,烦相道,三条眉,拆烂糊,烂头饭,烂脚货,烂污兵,烂良心,踏步级,虾扣谈,杨梅芋,莲子搭,贺喜病,当助月,做月里,油炸哥,蓝水笔,猫儿饭,猪槽盂,十手会,背长身,米豆腐,米林禽,透夜冲,花鼓桶,索面汤,马蹄松,马达卡,米达尺,讲说话,讲趣笑,讲大来,当月初,拔长文,拔牌儿,纸蓬包,鼻头串,两间手,两对架,小末卒,硬饭哽,开裆裤,开口腔,开喉奶,倒散烂,槽头肉,打路走,燥风天,眼鳖毛,眼线毛,药王爷,水盘漂,打胡混,满肚肉,满嘴增,乌紫血,热黄臭,麦塌镬,奶哺衣,拉扎下,白路念,派头浪,上间桌,现世报,火种星,无赖骨,无空讲,雨毛西,哭死卒,泥水卒,乌烟鬼,茅坑虫,泥糍眼,鬼抽筋,田驼背,连路哭,字眼拙,八脚蟹,丝网瘟,水鼓胀,大蛮阵,雏鸡梢,芝脚糖,姊妹队,指头枪,起码货,烂脚份,吃满饭,白薄懒(口水),姆姆星(七星鱼),羊儿次(滞留不离开)。

四字词语:圆鼓轮顿,乌焦老炭,黄肿火险,黏脂格拉,迫脂胶黏,落雨滥糟,趁烫火热,半中拦吹,半中拦腰,鬼打糊涂,眼睛黄热,眼泡袋水,条模直缝,打生摸生,痴皮老脸,汗出珠流,赤里巴脚,弯藤巴翘,猪拖[蹋]狗拔,头昏尾滴,头跳尾跳,文长言多,纠皮纠韧,皮吹纠韧,盐蘸卤滴,眠梦晒燥,贼心狗横,冰浆冷气,糊糖迫酱,天色热道,弥丝团缝,半死懒活,红聪里白,逾千达万,吃酒打犷 guo³²³,犷头犷脑,犟头犟脑,大[豆]头大面,自脚自召,陪讲陪话,甚喜甚欢,否里否响,否声否响,牵丝带缆,胶腔塌板,大麻只焦,雨毛西西,应嘴搭对,挑嘴八舌,搭嘴搭舌、对头排面,依顶倒头,开头仰见,赶厨赶到,无故白天,结怨结蘖,解怨释结,打泡做供,有讲有话,耀风耀武,上凳上桌,吃惊吃吓,滴水滴咚,鼻涕澜流,天光冷头,汤汤卤卤,扳扳垒垒,臀儿搭搭,蒲扇跃跃,讲七讲八,七搭八搭,春三八九,正月正头、十二忙月,三九年夜,放长高声,安脉口静,粗细滥段 daŋ²²,云淡风轻(轻佻),头舌拉塌,老把老把,打把摸把,三厨儿到,细儿头气,慢慢似能,扣里扣门,扣打扣门,赤膊祖裸[磊],三面见同,三姑六婆,柴爿筋姿,拣精拣皮,隔远山叫,歪摆误布,行来过去 k'ei[42],行路过人,生毛里笃,生锈八陌,泥昏烂醉[记],咧牙咧齿,麒麟赶龙,知啦皇叫,随队哈拢,密牙细嚼,癫死搏痫,和里夹综,糊翻烂熟,旋迷金刚,白眼死争 dzie[22],大洋广海,唔名唔姓,零碎巴碎,青阁白日,懵讲懵听,推水八淡,断寸无留,茅草火性,当着勿着,糖甜蜜甜,爬起爬倒,假痴[书]假呆[艾],滑头滑脱,急死急活,鼻头钻泥,底里叨唠,透气火力,牛劲马力,狗皮倒糟,多板滥腔,赌抢赌夺,昏头搭脑,盯一把二,摇风摇雨,独自孤命,肚肠心肝,山头吞窟,金漆家生,火霉头纸,皇天三界,丝网蛛蛛,虎眼壅壅,火萤[形]光光,稻秆芯芯,拜佛珠珠,水泡铃铃,眼泪双双,头蛮老人(成年人),老鼠皮翼,滥孵[菢]鸡娘,伤冷咳嗽,拉屁军师,瓦砾爿锋,烂污泥汁,青紫塌泥,行纲水脚,双脚盘花(趺坐),到娘入娘(詈语)。

第四,温州城区话构词有前缀和后缀两种词缀。常用的后缀有"儿、头、佬、相、能、似、客、道、三"等。温州话中的词缀"儿"有极强的构词能力,因而儿尾词极其丰富。"儿"可指大,也可指小,也可他指,不一定指小的人或事物。例如"头儿"是指大,"牛儿"是指小,"花儿"(娼妓)是他指。与普通话的儿化不同,温州话后缀"儿"字自成音节,两者文字书写虽然相同,但音节上有明显区别。温州话儿尾词声调变化,其词义也随之改变,例如羊儿 ŋ[31] 指羊,羊儿 ŋ[45] 指小羊。温州话的儿尾词很多,但不是所有的名词都可以儿化,例如锅说锅儿,也可说铅锅儿,但不能说暖锅儿,也不能说一个字"锅",因为"锅"的同音字很多,哥哥不能说哥儿,姑姑不能说姑儿,以免相混。同理,红枣可说红枣儿,北枣不能说北枣儿;镬说饭镬儿,不能说镬儿;疮疖说瘤儿,不能说冻瘤儿;铁链说链儿,不能说拉链儿;桃说桃儿,不能说水蜜桃儿;簿子说簿儿,不能说账簿儿。这类词语很多,外地人一时难以掌握。温州话儿尾词非常发达,择其精彩者举例如下。

二字儿尾词:茶儿(汤药)、男儿、脖儿、姆儿、细儿(小孩)、梅儿、辫儿、臀儿、丐儿、瓯儿、圈儿、糖儿、扁儿、牌儿、糕儿、虾儿、蚕儿、猫儿、驴儿、豹儿、糊儿、钩儿、棒儿、旗儿、摊儿、痨儿、标儿(画框)、拐儿(小偷或骗子)、飞儿(货运票签)、包儿(指礼包或酬金)、脚儿[脚读去声 42](埋葬尸体的人)。

三字儿尾词:碎个儿(孩子)、承碎儿(小时候)、笑话儿、插科儿、走水儿、忍水儿、拱水儿、泅河儿、仰滩儿、步水儿、瞒桩儿、拔牌儿、挈篮儿、倒摊儿、画花儿、旋圈儿、旋盘儿、接龙儿、翘板儿、戒指儿、项链儿、山嘴儿、手罐儿、镬溜儿、麦鸡儿、咸鱼儿、夹镊儿、佛殿儿、裤头儿、领甲儿、楼阁儿、矮墙儿、烂头儿、酒杯儿、浅碗儿、尾巴儿、耳朵儿、布头儿、手瓯儿、手套儿、汗衫儿、碎门儿、腰门儿、县官儿、小偷儿、嫩臀儿、挡臀儿、棒棒儿、勿响儿、水蓝儿、偏岩儿、口头儿、板头儿、一对儿、米人儿、米碎儿、糖人儿、姆颏儿、后生儿、俩娘儿、俩爷儿、阿婆儿、近娘儿、姨娘儿、当头儿、老囡儿、顶个儿、顶针儿、打钻儿、对糖儿、油当儿、血丝儿、盐花儿、线磊儿、板床儿、饭保儿、麦条儿、鞋锤儿、脑钉儿、代柴儿、翘脚儿、死脚儿、河浃儿、咪嘴儿、打吵儿（打扰）、挈坛儿（小孩追逐游戏）、割脔儿（凌迟）、矮凳［堆］儿、三点儿（酒）、药锅儿（老病号）、米头儿（次要的小事）、殿居儿（庙祝）、端绷儿（手绳游戏）、头毛儿（詈语）、银弯儿（冰锥）、据据儿（小黄鱼）、望潮儿（一种小章鱼）、白薄儿（一种小海鱼）等。声调不同的还有一下儿、媛子儿、兄弟儿、新妇儿、财主儿、乌龟儿（詈语）、棺材儿（骂小孩）。

四字儿尾词：跳舞衣儿、手指头儿、口舌头儿、小口舌儿、双台眼儿、胡须桩儿、耳朵垂儿、耳朵爬儿、酒面店儿、饭店佬儿、烟筒杯儿、镬灶头儿、门前头儿、门口头儿、臀窝脬儿、压岁包儿、眼泪丝儿、洞洞丝儿、菜头条儿、瓜子碟儿、金戒指儿、金手镯儿、角落衔儿、官升篮儿、清明扁儿、利市衣儿、纸板箱儿、洗手盂儿、竹扁担儿、亲眷气儿、中等降儿、乡下颏儿、雄鸡吊儿、三张牌儿、山粉糊儿、摇橹摊儿、棒棒梗儿、摆摆盆儿、搭扫枝儿、老老娘儿、童子痨儿、滥水鸡儿、拉污猫儿、皮领甲儿、恰里恰儿、毡帽屉儿、蜈蚣球儿、鲫鱼板儿、乌贼板儿、白眼鱼儿、烂脚疤儿、破漏船儿、青田船儿、蟑蜢船儿、睏睏宝儿、吃饭宝儿、红花男儿、黄肿男儿、单个囡儿、雀跃囡儿、破屄囡儿、茅篷厂儿、吃谷将儿、讨饭丐儿、喜面人［能］儿、脚眼争儿、米碎黏儿、橡皮箍儿、半死佬儿、饱饱个儿、好好个儿、奶奶头儿、奶嘴头儿、条加条儿、霜加霜儿（柴爿饭很香）、头尾三儿、塔拉臀儿、风车龙儿、布裳头儿、花布裳儿、狮子狗儿、临时边儿、黄昏边儿、变把戏儿、现铜钱儿、草狗娘儿、老鼠黄儿、衫袖套儿、洗手盂儿、楼梯头儿、番薯颏儿、番薯枣儿、猪脚蹄儿、硬污堆儿、细蛎灰儿、办事员儿、白鼻头儿、硬命丁儿、小旦姆儿、仙人姆儿、公子爷儿、坑姑娘儿、木头人 nie[11] 儿、美人带儿（罗海）、白玉瓯儿（栀子花）、打勿倒儿（不倒翁）、鸡登降儿（饭量很小）、道士头儿（浆柄上握手的横木）、长条面脸儿、三脚下猫儿、太阳佛晃儿、马光铁盒儿、破嘴道爷儿（唇裂者）。

温州话的子尾词很少，但"子儿"尾词比较常见。"子儿"尾词可视为一种儿尾词，也可单独作为一种后缀。例如个子儿、麦子儿、米子儿（小孩游戏物）、饭酥子儿、鼻头子儿、脚肚子儿、头粒子儿、快大［豆］子儿、两颌 gøy[34] 子儿等。

温州话中的"头"尾词使用也很广泛，用法多样，可以表示为首的，也可以表示形体、味道、衣着、部位、份量、时间等，并用以组建感情词汇。例如牢头、工头、包头、牌头、媒头、由头、套头、个头、块头、坯头、兴头、滑头、板头、派头、赚头、抽头、花头、风头、势头、劲头、对头、征头、苦头、甜头、辣头、清头、裤头、领头、山头、岭头、坳头、大头、小头、称头、零头、找头、折头、鼻头、脚头、筋头、脏头、樽头、行头、彩头、喷头、盘头、门头、大官头、眼角头、嘴角头、口舌头、领喉头、肩胛头、脚窟头、脚下头、布裳头、衣角头、裤腰头、门台头、瓦檐头、间檐头、瓦背头、屋脊头、屋角头、屋横头、楼梯头、眠床头、床横头、状橱头、茅坑头、猪栏头、河埠头、码道头、水井头、田角头、田岸头、门前头、后半头、上横头、下横头、酒龙头、桌角头、西装头、菜籽头、天光头、黄昏头、日昼头、正月头、初一头、十五头、单佰头、伍拾头、拾个头、单个头、五角头、贱骨头、轻骨头、软骨头、棠梨头、黄馒头、断板头、触霉头、拔长头、手肘骨头、镬灶额头、天光冷头、巷弄口头。此外，温州市区有很多带"头"字的地名，别具特色。例如朔门头、南门头、水窟头、双井头、马槽头、桥儿头、大桥头、涨桥头、教场头、花坦头、水门头、县前头、五仑头、新桥头、下垟头、三角城头。温州"头"尾词有的可以儿化，例如布头儿、套头儿、宕头儿、米头儿、猴头儿、门口头儿、巷口头儿、衫袖口头儿、童子痨头儿、大蛮指头儿。

温州话中的"佬"尾词，常用于人品的名词，不是指年长者。例如哑佬、北佬、姆佬（婴幼儿的爱称）、七佬（老说谎话者）、死佬（骂缺德者）、和佬（易受骗上当的人）、厚佬（喜欢与女人搭讪者）、野佬（好色男人）、退休佬、守门佬、大好佬、华侨佬、亲家佬、丈人佬、佝背佬、皮鞋佬、掉 daŋ²² 牙佬、太监佬（自讨没趣的人）、投皮佬（绝交者）、爬灰佬（与儿媳乱伦者）等。

温州话中的"相"尾词，旧时用在人名后，对士绅和读书人的尊称，是从"相公"省略而来的。今用在形容词后表示某种性状。例如旧相、新相、卖相、有趣相、丐儿相、烂污相、难过相、死人相、短命相、了滞相（干净）、清水相（干净）、肮脏相、孤老相、姆姆相、瓯斗相（样子难看）、滴卤相（向人讨要）、脓汁相（极度肮脏）、坦保相（直率自然）、大［豆］脑相（瞧不起人家）、老银客相、喜美人相（讨人喜欢的小孩）等。

普通话的状词词尾用"地"，温州话不用"地"，而用"能"或"似"词尾。例如慢慢能吃，好好能讲，轻轻能走，骗底深深能，硬强似，慢慢似，轻轻似儿。表示性状的词尾也可将名词转化为形容词，相当于普通话中的"般"，例如假特能，烂着能，花开能，灯旋能，吓死能，呆子［艾豆］能，脓汁能，蟹酱能，梦中能，看［次］胚能。

温州话中的"客"尾词，例如撑客（打扮入时的男人）、男子客、老银客、割稻客、糖儿客、畚扫客、端瓮客、拜年客、牛戾客、猫戾客（吝啬鬼）、打生客（陌生人)、上山客(瓯江上游山区来的人)、烂污客(不守信用的人)、背刀客(招徕妓女的人)、乱博客(赌博者)、难过客(常发脾气之人)、长远客(久未谋面者)等。

温州话中的"道"尾词,例如气道、味道、力道、劲道、运道、相道(相貌)、大[豆]道(傲态)、冇讲道、烦相道。

温州话中的"三"尾词,属贬义词,是温州话构词特色之一。例如疯疯傻傻的人称为唐三、唐头三、呆头三、憨头三,易被愚弄的人称为猪头三,胡来的人称为瞎丬三,说谎者称为瞎屄三,老跌跤者称为偏倒三,快完蛋者称为翘姆三(又谑称阴茎),战争贩子称为安倍三等。

普通话中"子"尾词很多,温州话则极少,例如种子、草子、狮子、石子、银子、腰子、铅角子、大蒜子、算盘子等,这些"子"有实义,读重音,不是后缀。普通话中的"子"尾词,对应温州话很多变成"儿"尾词。例如兔子叫兔儿,燕子叫燕儿,茄子叫茄儿[其儿],篮子叫篮儿,孙子叫孙儿,刀子叫刀儿,梅子叫梅儿,饺子叫饺儿[叫儿],盒子叫盒儿,镯子叫手镣儿,钳子叫夹钳儿,秃子癫头儿,小伙子叫后生儿,未嫁女子叫媛子儿,蹄子叫脚蹄儿。普通话中子尾词对应的温州话词语几乎都没有"子"字。例如聋子叫聋膨,瞎子叫摸堂人,麻子叫麻脸,驼子叫佝背人(佝读hau⁴⁴),疯子叫癫人,妻子叫老安,里子叫葛里,猴子叫猴头,脖子叫头颈,屋子叫屋宕,柱子叫栋柱,窗子叫窗门,椅子叫矮椅,扇子叫蒲扇,梨子叫消梨,袖子叫衫袖,梯子叫楼梯,筛子叫米筛或粉筛,领子叫头颈领。普通话中的"日本鬼子",温州人是发不出"鬼子"这个音的,也不能叫"鬼儿"(小孩),应叫"倭儿贼"。其实,普通话中的子尾词对应温州话,很多只有一个字,例如帽子叫帽,裤子叫裤,裙子叫裙,袜子叫袜,被子叫被,席子叫席,麦子叫麦,橘子叫橘,桌子叫桌,绳子叫绳,筷子叫箸。

温州城区话的常用前缀有"阿"和"老"。"阿"常用于亲属或关系很亲近的熟人称呼,念轻音。例如曾祖父、曾祖母、曾外祖父、曾外祖母都叫阿太,祖父和外祖父叫阿爷,父亲叫阿爸或阿大,母亲叫阿妈,嫂子叫阿嫂,哥哥叫阿哥,姐姐叫阿姐tsa⁴⁴,儿媳叫阿媛,喜娘叫阿婆儿,以及阿兰、阿香、阿琴、阿明等。前缀"老"常用于非亲属尊称,例如老二、老三、老黄、老张、老王、老陈等。撑船者或船长叫老大,师傅叫老司(司与师同音,老师叫先生),年长的师傅叫老司伯,师母叫老师嬷。"老"也可谦称和贬称,例如老婆叫老安,动作笨拙之人叫老逐,谙熟而难以对付的人叫老蟹,狡猾之人叫老猴头,无能之人叫老牡烂,无能又妄为叫老否死、老否大[豆]。"老"也可指物,例如老酒、老鸭、老鸦、老蟾等。

第五，温州话词语除前缀和后缀外，还有中缀，就是中嵌衬字附加在词语的中间。常用的中嵌衬字有"打、加、对、过、显、巴、里、厮"等，例如明打明，赶打赶，扣打扣，平打平，年加年，个加个，紧对紧，寻过寻，红显红，等等。赤脚扩展为赤里脚、赤里巴脚，歪缠扩展为歪厮缠、歪厮牢缠。这类词的修辞作用极强，被广泛使用，其中以四字词语居多。例如中嵌"巴"字的有生臭巴楼、弯藤巴翘、扭死巴藤、眼泪巴沙、眼泪巴汁、零碎巴末、零碎巴碎、蟹汁巴酱、硬撑巴撑、腥臭巴陋、癫死巴懒。中嵌"里"字的有肮里肮脏、混里混沌、弯里弯兜、瞎里瞎搭、光里光生、梦里蒙童、花里斑斓、糙里衔古、古里古怪、奇里古怪、憨里憨气、憨里蹋气、蹋里蹋气、惶里惶气、生毛里督、毛滚里呲。中嵌"里巴"两字的有赤里巴脚、肮里巴脏、拗里巴撑等。

第六，温州城区话中的重叠式词语很多，尤其是重叠式形容词花样最多。重叠形式有 AAB、ABB、AABB、ABAB、A 里 AB 等。例如鹊鹊响、嘭嘭响、辣辣响、腾腾响、特特能、寸寸断、飘飘飞、晕晕动、嘎嘎抖、达达滚、阴阴凉、密密啄［堆的上声］、团团旋、现摸摸、叫绷绷、头岬岬、眼光光、当当中中、半半日日、停停当当、汹汹势势、指指呶呶、牢牢腔腔（脑声脑气）、灵灵清清（很幽静或很清醒）、佾佾倩倩（很漂亮）、光光生生、烂眼糟糟、拉屁龟龟、水泡铃铃、火萤光光、雪白雪白、墨黑墨黑，等等。其中 ABB 形式的形容词最多，例如红东东、红辣辣、黄霜霜、绿□□（音 uɛ⁴⁴有音无字）、黑洞洞、白雪雪、白荡荡、白脑脑（读阳去 22）、四方方、圆卵卵（读阴平 44）、尖溜溜、小溜溜（小孩们）、长丹丹、扁兴兴、短鼓鼓 gu²¹²、矮蹲蹲［灯］、肿内内（肿读 42，内读 44）、柴筋筋、冷丝丝、冷冰冰、凉阴阴、暖昏昏［能纷纷］、汗滋滋、风嘈嘈、好端端、嫩央央、老嘎嘎［衔］、干吹吹、燥飞飞、油拉拉、淡佩佩、花嘟嘟 luɔ⁴⁴、花缈缈、光兴兴（读阴上 45）、光盯盯、滑溜溜、滑滞滞、糊冻冻、糊糯糯、糯绪绪、糯风风、紧裹裹、紧绷绷、实质质、厚秩秩、积坚坚、硬蹦蹦、沙磊磊、呆痴痴、慢腾腾、笑嘻嘻、哭啼啼、瞷垂垂、年真真、屁轻轻、重登登、大膨膨（上声）、生摸摸、粉璀璀、断差差，吃得很饱而舒服叫饱噎噎，吃得很饱而不舒服叫饱耐耐。

普通话中的名词不能重叠，温州话的名词可以重叠，例如手手、脚脚、棒棒、麦麦（豆状物）、蟀蟀［雪雪］、毂毂（这里）、届届（现在）、兜兜（口袋）、老老（老头）、姆姆（小孩）、娘娘 ȵi⁰ ȵi³⁴（祖母和外祖母）、奶奶 na⁰ na⁴⁴（乳房或母乳）等。尤其是婴儿用语的重叠名词更多，例如饭叫妈妈，灯叫光光，眼睛叫眼眼，肉叫肉肉，女阴叫夹夹，男阴叫脬脬，尿叫尿尿，屎叫唔唔等。

此外，温州话与普通话一样，量词和动词也可重叠，例如个个、条条、张张、件件、讲讲、摸摸动、坍坍动、摇摇动等。

第七,温州城区话词语的语素有倒序现象,即修饰成分后置的偏正式复合词较多。例如客人说人客[能客],拖鞋说鞋拖[滩],围墙说墙围,汗酒说酒汗,咸菜说菜咸,干菜说菜干,咸鱼说鱼咸,干虾说虾干,生鱼说鱼生,生豆腐说豆腐生,柔软说软柔,热闹说闹热,腰身说身腰,落潮说潮落,碎米说米碎,砧板说板砧,草纸说纸蓬,等等。

(3)温州城区话的句法特点

温州城区话与普通话不同的句法特点有下列十个方面。

① 普通话中"看看书"、"打打球"、"开开玩笑"等AAB式重叠是动宾关系,而温州话则是动词重叠带形容词构成动补关系。例如吹吹冷(吹凉)、晒晒暖(晒太阳),晒晒燥(晒干),打打滥(弄湿或送礼),捏捏紧(捏紧),缚缚牢(扎牢固),讲讲灵清(说清楚),洗洗光生(洗干净)等。双音节动词也可重叠,例如"商量"可说成"商商量",而不说"商量商量"。动词加完成态助词也可重叠,例如衣洗洗爻[黄](把衣洗掉)、水倒倒爻(把水倒掉)、地下扫扫爻(把地扫掉)等。

② 动词"A过A"式重叠,表示动作反复进行过。例如想过想(想了又想),看过看(看过多次),吃过吃(吃过多次),走过走(走过多次),讲过讲(反复讲过)等。这种动词重叠只限于单音节动词,不能用于多音节动词,不能说"运动过运动"。

③ "……险……"结构,表示性状程度的加强,意为"很、极、非常、十分、格外"。"险"也作"想、兮、显"等,只用其音,不用其义,读重音 $ɕi^{45}$。首先,单音节形容词重叠,例如好险好(好极了),热险热(热极了),灵险灵(十分灵验或十分聪明),苦险苦(非常痛苦、非常艰苦或味道苦极了)等。其次,双音节形容词重叠,例如发达险发达(非常发达),要紧险要紧(非常要紧)等。再次,形容词短语结构也可重叠,例如讲好险讲好(讲得非常好),难卖险难卖(很难卖掉),难走险难走(路很难走),大快险大快(长得很快,大音[豆],下同),用大险用大(花费很大),大个险大个(个子很大),大蛮班险大蛮班(大家庭成员很多)。

④ 副词"快、先、添、罢、道"可用在谓语动词之后,这与普通话明显不同,而与英语相同。例如"门关拢快","你走先,我就来。""打个电话问问先"。温州话"添"是普通话"再"的意思,例如"好吃险,吃碗添。"(很好吃,再吃一碗)"添"也可与"再"连用,表示加强语气,例如"再吃碗添"。"罢"读 ba^{34},温

州城区话中没有同音字,表示动作行为已经完成,例如"纽约走过罢"(纽约已经去过了),"工资低罢,大手大脚添,老安也讨不来。"(工资已经很低了,再大手大脚,老婆也讨不到)"道"表示"马上"的意思,例如"饭煮熟罢,就吃道。"(饭已经煮熟了,马上就吃)

⑤ 副词"险、醉、亡、煞、倒"可置于形容词之后,表示程度和语气的加强,这又与普通话明显不同。普通话"很好"不能说成"好很",但温州话倒置现象很常见。温州话"险、醉、亡"用在形容词之后,表示"很、非常、十分"的意思。例如"好险、好醉、好亡"(很好),"苦险、苦醉、苦亡"(很苦),"飞快险、飞快醉、飞快亡"(飞得很快)。形容词"急"后加这类副词,也表示程度的加强,例如急险、急亡、急倒、急煞、急煞险。但用"死人、棺材、短命、摸堂(瞎子)"表示"很、非常、十分"时不能倒置,例如"死人好"不能说成"好死人","棺材凶[兴]"不能说成"凶棺材","短命呆[艾]"不能说成"呆短命","摸堂漂亮"不能说成"漂亮摸堂"。

⑥ 在双宾语的句子中,温州话的直接宾语置于间接宾语之前,甚至可移到谓语动词之前,这与普通话明显不同。普通话"给我一张纸"不能说成"给一张纸我",温州话说成"哈张纸我"。而且直接宾语也可以移到谓语动词之前,例如"纸哈张我"。带宾语的结果补语,宾语可置于补语之前,例如"你器我起,器我否[复]起?"(你看得起我,看不起我?)

⑦ 温州话的疑问句构成与普通话有很大差异。温州城区话的疑问代词,"什么"说"啊呢","谁"说"啊呢人[能]","多少"说"几[改]来","做什么"说"作[捉]呢","怎么"说"只那"或"只那能","什么时候"说"几[改]能间"或"扭能间","什么地方"说"那 nau⁰ 宕"或"扭宕"。例如"这是什么"说"该[个]是阿呢","什么时候去"说"几[改]能间走","去什么地方"说"走那宕","价格多少"说"几[知]那卖"。温州城区话常用的疑问词还有"啊否、罢未"等,例如"价格贵不贵"说"贵啊否","懂不懂"说"懂啊否","好吃不好吃"说"好吃啊否","漂亮不漂亮"说"割切啊否","船开不开"说"船开啊否","你来不来"说"你来啊否"。有时否定词"否"用"冇"nau⁴⁵(没有)来替代,"啊否"变成"啊冇"。例如"偷了没有"说"有偷啊冇",但不能说"懂啊冇",也不能说"割切啊冇"。疑问词"罢未"使用率也很高,例如"录取了没有"说"考牢罢未","饭吃了没有"说"吃亡罢未","下雨了吗"说"雨落起罢未","作业写好了吗"说"字眼写亡罢未"。

⑧ 温州城区话的指示代词,近指"这"说"该",远指"那"说"许"he⁴⁵[海],这两个指示代词多跟量词一起运用,例如"该头狗,许头猪","该个路亭,许

座佛殿"等。温州城区话"这里"说"该里","那里"说"旁单"或"旁末",不说"旁里",而郊区说"旁里"、"旁来"、"旁个"。

⑨ 温州城区话的量词可以用作结构助词,相当于普通话里的"的"。例如"我的这本书"说"我本书","你的那张桌"说"你张桌"。温州话的量词变读入声,可以用作近指代词。例如"这支笔"说"支笔","这条裤子"说"条裤"。

⑩ 温州话中的谓语动词有阳性、阴性之分,例如男人骂人叫 kaŋ⁴²[棍],女人骂人叫 ts'a⁴²[蔡]。虽然这类动词为数不多,但在现代汉语各种方言中是绝无仅有的,而在英语、俄语等西文中比比皆是。英语有"性、数"之分,俄语更有"性、数、格"的区别,日语的助词花样更多。从这点上来看,汉语在表达上是不及瓯语的落后语言。

2. 瓯海温州话

瓯海温州话,简称瓯海话,使用范围是瓯海区大部、鹿城区西部、龙湾区的蒲州和状元地区。2001 年 8 月,温州市行政区划调整时,将原瑞安市丽岙和仙岩两镇划归瓯海区,这两地讲的是瑞安话,不属瓯海话。瓯海话的使用地区分为平原和山区两种地域类型,平原瓯海话接近温州城区话,山区瓯海话接近永嘉话。温州城区话、瓯海话、永嘉话三者是瓯语 23 种方言中最接近的语言,互相之间听起来很轻松,一点也不吃力。这是因为这三地旧属永嘉县,在历史行政区划上同属一地。

改革开放以前,平原瓯海话包括瓯海区上河乡的三溪、下河乡的梧田,鹿城区的双屿、仰义,龙湾区的蒲州、状元。其中上河乡话包括新桥、娄桥、潘桥、瞿溪、郭溪等地,下河乡话包括梧田、南白象、茶山、三垟等地。这些地区位于温州老城区的东、南、西三面近郊,跟城区往来频繁,语言特征很接近温州城区话。近十多年以来,多数地区已成为温州新城区,其口音逐渐向老城区靠拢,尤其是中青年口音越来越多地失去乡音特色,几乎听不出瓯海话的特点,只是一些不大出门的老年人仍较多地保留着一些平原瓯海话的乡音。因而在语言地理分区上,将其归为温州城区话。

平原瓯海话与温州城区话的区别,比较明显的有下列两个方面。

① 遇蟹止三摄合口三、四等牙喉字,温州城区读 y 韵,而近郊读舌尖的 ɿ 韵。温州城区[章昌商]声母,近郊读[资雌思]声母。例如:

	居专规拘	区窥	虚挥吁麾
温州老城区	tɕy⁴⁴	tɕ'y⁴⁴	ɕy⁴⁴
温州近郊区	tsɿ⁴⁴	ts'ɿ⁴⁴	sɿ⁴⁴

② 山摄开口三、四等仙、先的帮端两系字,温州城区读齐齿的 i 韵,而近

郊读开口的 ei 韵。例如：

	鞭边	骗片	辨辫	棉眠	天添	连怜
温州老城区	pi⁴⁴	pʻi⁴²	bi³⁴	mi³¹	tʻi⁴⁴	li³¹
温州近郊区	pei⁴⁴	pʻei⁴²	bei³⁴	mei³¹	tʻei⁴⁴	lei³¹

$$pi^{44} \quad p'i^{42} \quad bi^{34} \quad mi^{31} \quad t'i^{44} \quad li^{31}$$

平原瓯海话的这种读法，温州老城区也还遗留着残迹，例如温州城区"便宜货"的便读 bei³¹，"眠床头"的眠读 mei³¹。

山区瓯海话包括瓯海区西部的泽雅镇和鹿城区西部的藤桥镇，两镇面积共 358.5 平方千米，占瓯海、鹿城两区总面积的 39.4%；而使用人口只有 14.07 万人，占两区户籍人口的 12.6%。分布地区包括泽雅镇的泽雅、西岸、周岙、五凤垟、北林垟，藤桥镇的藤桥、上戍、临江、双潮等地。该地区的口音与温州城区话分歧比较明显，而且地处山区，与温州城区话同化不明显。因此，在语言地理分区上，不能归入温州城区话，应独立作为瓯语的一个方言区。本书的瓯海话指的就是这个地区的山区瓯海话。与温州城区话比较，主要区别有下列四个方面。

① 端透定系四等字，山区瓯海话部分腭化为 tɕ、tɕʻ、dʑ。例如：

	貂	掂颠	挑	天添	条	田甜	头	豆
温州城区话	tiɛ⁴⁴	ti⁴⁴	tʻiɛ⁴⁴	ti⁴⁴	diɛ³¹	di³¹	dəu³¹	dəu²²
山区瓯海话	tɕyə⁴⁴	tɕi⁴⁴	tɕʻyə⁴⁴	tɕʻi⁴⁴	dʑyə³¹	dʑi³¹	dʑiəu³¹	dʑiəu²²

② 温州城区有 øy 韵，瓯海山区没有 øy 韵。凡温州城区 øy 韵的果摄合口三等字、遇摄合口一等和三等字诸韵，瓯海山区分读 u 和 əu 韵。例如：

	布	磨	夫	符	都	庐	租	苏
温州城区话	pøy⁴²	møy³¹	føy⁴⁴	vøy³¹	tøy⁴⁴	løy³¹	tsøy⁴⁴	søy⁴⁴
山区瓯海话	pu⁴²	mu³¹	fu⁴⁴	vu³¹	təu⁴⁴	ləu³¹	tsəu⁴⁴	səu⁴⁴

③ 咸山两摄开口一、二等入声字，城区口音在失去塞尾后统一变为开口的 a 韵，而瓯海山区则为合口的 uɔ 韵。例如：

	塔獭	蜡辣	插察	挟甲	喝	辖
温州城区话	tʻa³²³	la²¹²	tsʻa³²³	ka³²³	ha³²³	ɦa²¹²
山区瓯海话	tʻuɔ³²³	luɔ²¹²	tsʻuɔ³²³	kuɔ³²³	huɔ³²³	ɦuɔ²¹²

④ 蟹摄开口四等和止摄开口三等的见晓两系字，城区读舌尖 ɿ 韵，而瓯海山区读舌面 i 韵。例如：

	鸡饥基机	奇祁其祈	牺希熙
温州城区话	tsɿ⁴⁴	dzɿ³¹	sɿ⁴⁴
山区瓯海话	tɕi⁴⁴	dʑi³¹	ɕi⁴⁴

3. 永强温州话

永强温州话,简称永强话。分布在茅竹岭以东的大罗山东面沿海地区,旧称永嘉场,今称永强。分布范围包括龙湾区的永中、永兴、永昌、海滨、沙城、天河、灵昆、白楼下、龙水、瑶溪等地。2001 年 8 月,温州市行政区划调整时,原瑞安市塘下镇场桥的 10 个村和 2 个居民区划归龙湾区,组建海城街道。海城讲的是瑞安话,不属永强话。换句话说,龙湾区的蒲州、状元讲温州城区话,海城讲瑞安话,龙湾区其他大部讲永强话。由于高大的大罗山阻隔,旧时交通不便,永强话与温州城区话相差较大,不能作为同一类型,分属瓯语的不同方言。永强话与温州城区话的主要区别有下列五个方面。

① 永强话比温州城区话多一个声母,即全浊摩擦音 z 的清化音ʑ̥,例如"威"字,温州城区读 u⁴⁴,永强读zʮ⁴⁴。

② 永强话比温州城区话多一个舌尖圆唇元音 ʮ,例如"朱租规"、"吹粗窥"、"须苏辉"等字,温州城区不同韵,而永强都同韵为 ʮ。

	朱	租	规	吹	粗	窥	须	苏	辉
温州城区话	tsʮ⁴⁴	tsøy⁴⁴	tɕy⁴⁴	tsʻʮ⁴⁴	tsʻøy⁴⁴	tɕʻy⁴⁴	sʮ⁴⁴	søy⁴⁴	ɕy⁴⁴
龙湾永强话		tsʮ⁴⁴			tsʻʮ⁴⁴			sʮ⁴⁴	

③ 在复韵母中,温州城区有 ei、øy、əu 三韵,而永强没有此三韵;温州城区没有 yə 韵,而永强有 yə 韵。例如:

	批	积	布	苏	毒	初	标	摇
温州城区话	pʻei⁴⁴	tsei³²³	pøy⁴²	søy⁴⁴	dəu²¹²	tsʻəu⁴⁴	piɛ⁴⁴	jiɛ³¹
龙湾永强话	pʻi⁴⁴	tsʮ³²³	pu⁴²	sʮ⁴⁴	du²¹²	tsʻo⁴⁴	pyə⁴⁴	jyə³¹

④ 永强口音最明显的一个特点是 ɛ 韵字很多,凡温州城区读 a 韵的"拜皆客麦"等开口二等字,永强一律读 ɛ 韵。例如:

	拜	豺	街	鞋	百	客	麦	摘
温州城区话	pa⁴²	za³¹	ka⁴⁴	ɦa³¹	pa³²³	kʻa³²³	ma²¹²	tsa³²³
龙湾永强话	pɛ⁴²	zɛ³¹	kɛ⁴⁴	ɦɛ³¹	pɛ³²³	kʻɛ³²³	mɛ²¹²	tsɛ³²³

⑤ 永强话在词语方面与温州城区话也有较大区别。例如永强话,洗脚说荡脚,洗衣说荡衣,洗澡说荡身体,洗脸说浇面,写字说书字,锄头说铁板,院子说坛坛,电脑说地呢,香蕉说些觉,早上说蒙蒙亮,摩托车说马迪卡,很脏说脓闷落,铁锅说乌烂烂。

4. 永嘉温州话

永嘉温州话,简称永嘉话,分布范围是永嘉县大部。永嘉北部紧靠台州仙居县的岩坦镇北部原黄南、张溪、溪下三个乡的北部部分村庄讲仙居话,另有鹤盛镇原岭头乡紧邻台州黄岩,讲黄岩话,永嘉其他区域都讲永嘉话。永嘉话语言特征与瓯海话相近,温州城区人听起来很轻松,没有沟通困难。永嘉是温州11个县级政区中面积最大的县,由于地域辽阔,其内部的口音不很统一。按照语音差异,永嘉话可分为江北话、西溪话、楠溪话三种方言。江北话分布在瓯江以北的瓯北、黄田、罗东、乌牛、七都等地,其口音接近温州城区话。西溪话分布在永嘉西南部的西溪和菇溪流域,包括桥下、西溪、徐岙、桥头等地,其口音接近藤桥和泽雅的瓯海话。楠溪话分布面积最大,大楠溪和小楠溪流域都讲楠溪话,是永嘉话的核心语言,其口音与温州城区话区别较大,主要分歧有下列七个方面。

① 楠溪江中上游地区的楠溪话有一个其他瓯语无法见到的独特现象,双唇塞音 p、p'、b 和舌尖塞音 t、t'、d 声母发音时,前面带有一个发音部位相同而又发音不完全的冠鼻音,即 p、p'、b 前带 m 音,t、t'、d 前带 n 音。发音时,先有一个成阻阶段,还没有除阻时气流即从口腔出来形成塞音。有人认为这是一个喉塞音,或称缩气音(紧喉作用)。这种紧喉塞音很少见,在仙居话和侗台语中有这种音。楠溪话的这种现象显然是受永嘉北部的黄南话影响而形成。

② 温州城区话的见系声母原则上不配撮口韵,多数字的声母腭化为tɕ、tɕ'、dʑ;而楠溪话见系字不仅配撮口独韵,而且还可配 y 作介音的复合韵。

	居	区	渠	捐	圈	拳
温州城区话	tɕy⁴⁴	tɕ'y⁴⁴	dʑy³¹	tɕy⁴⁴	tɕ'y⁴⁴	dʑy³¹
永嘉楠溪话	ky⁴⁴	k'y⁴⁴	gy³¹	kyø⁴⁴	k'yø⁴⁴	gyø³¹

③ 温州城区话的鼻音韵只有一个ŋ,楠溪话m̩、n̩、ŋ̍三者俱全。凡楠溪话读m̩、n̩的字,温州城区话读ŋ̍或 øy、o 韵。例如:

	儿	磨魔	母某	暮慕	幕木
温州城区话	ŋ̍³¹	møy³¹	mo³⁴	mo²²	mo²¹²
永嘉楠溪话	n̩³¹	m̩³¹	m̩³⁴	m̩²²	m̩²¹²

④ 曾摄开口三等和梗摄开口四等的精、知、照三系字,温州城区话介音脱落,读开口的 eŋ 韵,而永嘉都读齐齿的 ieŋ 韵。而且温州城区[资雌思]声母,永嘉读[章昌商]声母。例如:

	征蒸精正	称清蛏青	升声星
温州城区话	tseŋ⁴⁴	ts'eŋ⁴⁴	seŋ⁴⁴
永嘉楠溪话	tɕieŋ⁴⁴	tɕ'ieŋ⁴⁴	ɕieŋ⁴⁴

⑤ 效摄开口三、四等宵、萧两韵字,温州城区读齐齿的 iɛ 韵,永嘉都读撮口的 yə 韵。例如:

	标	雕	燎聊	骄浇	消萧	妖吆
温州城区话	piɛ⁴⁴	tiɛ⁴⁴	liɛ³¹	tɕiɛ⁴⁴	ɕiɛ⁴⁴	iɛ⁴⁴
永嘉楠溪话	pyə⁴⁴	tyə⁴⁴	lyə³¹	tɕyə⁴⁴	ɕyə⁴⁴	yə⁴⁴

⑥ 温州城区话的齿唇声母不配圆唇元音,若逢圆唇元音,齿唇声母一律变为喉音 h 或 ɦ;而永嘉话广泛配圆唇元音。例如:

	方	罚	风	逢	花	虚	欢
温州城区话	ho⁴⁴	ɦo²¹²	hoŋ⁴⁴	ɦoŋ³¹	ho⁴⁴	ɕy⁴⁴	ɕy⁴⁴
永嘉楠溪话	fo⁴⁴	vo²¹²	foŋ⁴⁴	voŋ³¹	fuo⁴⁴	fy⁴⁴	fyø⁴⁴

⑦ 永嘉话与永强话一样,比温州城区话多了一个舌尖圆唇元音 ʮ。而且永嘉话这种 ʮ 韵字数量众多,例如"租粗苏除如、祖癸举著主驻句、趋去吹处暑醋赤、储绪隧巨跪、酥塑书水鞭毁、儒序树谁余"等字都读 ʮ 韵。

5. 乐清温州话

乐清温州话,简称乐清话,分布在乐清市清江以南的乐清市中部和南部。清江以北是大荆话,属于台州话,不属温州话,与温州话不能沟通。乐清话与大荆话之间的中间地带的方言,称为芙蓉话。乐清著名的原生态民歌《雁荡抛歌》唱的就是芙蓉话。芙蓉话分布在芙蓉镇的芙蓉、小芙、雁芙(雁湖)、岭底、岭底林场。芙蓉话与虹桥话相近,大荆人听不懂芙蓉话,所以芙蓉话属于乐清话的范围。但温州城区人初次听芙蓉话、虹桥话较困难,存在较大的通话障碍。

乐清话的地区差异,可分为芙蓉话、虹桥话、乐成话、柳市话四种方言。乐清话的标准音是乐清城区的乐成话,城区以北的乐清中部讲虹桥话,城区以南的乐清南部讲柳市话。乐成话分布在乐清城区、城北、后所、万岙、盐盆、慎海等地。虹桥话分布在虹桥镇的虹桥、瑶岙、南阳、东联、蒲岐、南岳、南塘、石帆(朴湖、西联)、天成、淡溪、四都以及清江南岸的清江镇南部。柳市话分布在柳市平原上的所有村镇,包括柳市镇的柳市、湖头、湖横、茗东、象阳、黄华、七里港,北白象镇的北白象、万家、洪渡桥、茗屿、三山、磐石,以及白石和翁垟两个街道。乐清万岙与湖横很近,但万岙讲乐成话,湖横讲柳市话。湖横与黄华相距很远,相隔30里地,但口音相近,都讲柳市话。此外,柳市话还分布在洞头县北部的一些海岛上。

乐清城区的乐成话与温州城区话的差异主要有下列十个方面。

① 乐成话与温州城区话比较接近,两者的声母和声调一模一样,但乐成话的鼻音 m、n、ɲ、ŋ 和边音 l 有清浊两种读法。读阴调时为清鼻音和清边音,发音时稍带有紧喉作用;读阳调时带有浊流,为浊鼻音和浊边音。另外,

浊喉塞音 ɦ,温州城区话不能与齐齿、撮口两呼相配,而乐成话能与四呼相配,在齐齿、合口、撮口韵母之前表示浊擦音。

② 乐成话的四声八调与温州城区话一模一样,只是乐成话多了一个特殊的变调,即非入声字变读入声调,其作用相当于其他方言的儿化。例如乐清话,虾 ho^{44} 改读 ho^{323},表示虾儿,其他如篮 lɛ$^{31 \to 212}$,糖 dɔ$^{31 \to 212}$,缸 kɔ$^{44 \to 323}$,桃 dɔ$^{31 \to 212}$。

③ 乐成话与温州城区话最大区别在于韵母。乐成话韵母包括 m、n、ŋ 三个自成音节的鼻辅音韵母在内,共有 44 个韵母,比温州城区话多了 11 个韵母。而且有的韵母发音与温州城区话不同,例如介音 i 有长短之分;u 不是标准的圆唇元音,而读唇齿元音;介音 u 都很短,带有辅音性质;y 也不是标准的圆唇元音,而读平唇元音。

④ 在声韵配置上,温州城区话齐齿 i 韵不能与舌尖前音相配,而乐成话则能相配。例如乐成话,奢读 si^{44},写读 si^{45},细读 si^{42},息读 si^{323},蛇读 zi^{31},社读 zi^{34},射读 zi^{22},席读 zi^{212}。

⑤ 咸山两摄字,温州城区读 a 韵,乐成读 ɛ 韵。例如:

	三	丹	凡	扮	减	颜
温州城区话	sa^{44}	ta^{44}	va^{31}	pa^{42}	ka^{45}	ŋa^{31}
乐清乐成话	sɛ^{44}	tɛ^{44}	vɛ^{31}	pɛ^{42}	kɛ^{45}	ŋɛ^{31}

这类字发音是乐清腔中最显眼的地方,而且数量很多。例如乐成话,盼读 p'ɛ^{42},办读 bɛ^{323},蛮读 mɛ^{31},万读 mɛ^{22},慢读 mɛ^{22},翻读 fɛ^{44},滩读 t'ɛ^{44},炭读 t'ɛ^{42},潭读 dɛ^{31},难读 nɛ^{31},蓝读 lɛ^{31},馋读 zɛ^{31},铅读 k'ɛ^{44},衔读 gɛ^{31},喊读 hɛ^{45},咸读 ɦɛ^{31}。

⑥ 宕摄开口一等字,温州城区和永嘉楠溪读 uɔ 韵,乐成读 a 韵。例如:

	帮	饱	豹	抛	跑	旁	棒
温州城区话	puɔ^{44}	puɔ^{45}	puɔ^{42}	p'uɔ^{44}	p'uɔ^{45}	buɔ^{31}	buɔ^{34}
乐清乐成话	pa^{44}	pa^{45}	pa^{42}	p'a^{44}	p'a^{45}	ba^{31}	ba^{34}

这类字还有许多,例如乐成话,网读 ma^{34},交读 ka^{44},较读 ka^{45},敲读 k'a^{44},咬读 ŋa^{34},孝读 ha^{42},校读 ɦa^{22}。此外,温州城区话的 uɔ 韵,乐成话有的读 ia 韵。例如乐成话,抓读 tɕia^{45},抄读 tɕ'ia^{44},炒读 tɕ'ia^{45}。

⑦ 温州城区读 i 韵的字,乐成读 ia 韵。例如:

	姜	强	仰	香	羊	央
温州城区话	tɕi^{44}	dʑi^{31}	ȵi^{34}	ɕi^{44}	ji^{31}	i^{44}
乐清乐成话	tɕia^{44}	dʑia^{31}	ȵia^{34}	ɕia^{44}	ɦia^{31}	ia^{44}

⑧ 温州城区读 əu 韵的字,乐成读 o 韵。例如:

	多	躲	椭	秃	驼	奴	罗
温州城区话	təu^{44}	təu^{45}	t'əu^{44}	t'əu^{323}	dəu^{31}	nəu^{31}	ləu^{31}
乐清乐成话	to^{44}	to^{45}	t'o^{44}	t'o^{323}	do^{31}	no^{31}	lo^{31}

此外,乐成话里读 o 韵的字,与温州城区话相差也较大,例如乐成话,斜读 zo^{31},哥读 ko^{44},可读 k'o^{45},河读 ɦo^{31}。

⑨ 温州城区读 ø 韵的字,乐成读 e 韵,即端读德,吞读胎,男读耐,醋读海,含读害。另外,温州城区读 y 韵的字,乐成读 e 韵。例如:

	答	贪	南	醋	盒	根	鸽
温州城区话	tø^{323}	t'ø^{44}	nø^{31}	hø^{44}	ɦø^{212}	ky^{44}	ky^{323}
乐清乐成话	te^{323}	t'e^{44}	ne^{31}	he^{44}	ɦie^{212}	ke^{44}	ke^{323}

⑩ 人称代词"他她",温州城区和永嘉楠溪说 gei^{31},乐成说 dʑi^{31},差异很大。乐成话的词语,什么说嘎唔 ga^{31} m^{21},谁说嘎人 ga^{31} naŋ^{21},女儿或女孩说 nɛ^{31},抽屉说箆 lau^{323},豆腐脑说豆腐析 si^{323},昨天说昨暮,现在说能间,树苗说树栽,麻雀说将儿瘟,螳螂说转机娘,伤风说伤凉灌,捉迷藏说偃寻,爆竹说炮仗,特殊说各奇经,这些词语与温州城区差异很大。

6. 洞头温州话

洞头县的陆域面积仅 104 平方千米,户籍人口只有 12.81 万人,使用语言有温州话和闽南话两种,温州话又分为乐清柳市话和永强话两种方言。洞头县温州话分布的陆域面积 54 平方千米,占全县的 52%;闽南话 50 平方千米,占全县的 48%。使用人口按 2010 年"六普"户籍人口统计,温州话 4.76 万人,占全县的 37.16%;闽南话 8.05 万人,占全县的 62.84%。也就是说,洞头温州话分布区域稍大于闽南话,而使用人口闽南话远多于温州话。

洞头的温州话与闽南话交错分布,非常复杂。大体来说,以洞头峡水道为界,北部多讲温州话,南部多讲闽南话。北部温州话分布在大门岛、小门岛、鹿西岛、三盘岛的全部区域,南部闽南话分布在洞头岛、半屏岛、大瞿岛、南策岛,以及介于两者之间的霓屿岛和状元岙岛的部分地区。两种语言的中间区域呈犬牙交错分布,霓屿岛原先分为霓北和霓南两个乡,霓北乡共 6 个行政村,其中布袋岙村讲温州话,其余 5 个行政村讲闽南话。霓南乡共 4 个行政村,其中正岙村和长坑垄村全部讲温州话,而下郎村和郎等村有的讲温州话,有的讲闽南话。经笔者实地调查,下郎村的上郎自然村和郎背自然村讲温州话,下郎自然村讲闽南话;郎等村的郎等自然村讲温州话,内东郎自然村和外东郎自然村讲闽南话。状元岙岛共 7 个行政村,其中状元岙村、活水潭村、沙岗村、深门村、小北岙村5个行政村讲温州话,沙角村和花岗村讲闽南话。但状元岙村的状北自然村和小北岙村的部分居民讲的是闽南话。另外,洞头岛北岙街道九厅村的屿仔自然村是被闽南话包围的温州话方言岛。

在洞头温州话流行区域,只有霓屿岛的温州话属于永强话,其余地区都属乐清柳市话。洞头永强话分布面积很小,以布袋岙话为代表;洞头乐清话分布面积较大,以大门岛黄岙话为代表。大门岛、小门岛、鹿西岛的温州话与乐清北白象、白石、琯头的口音一致,而大三盘岛、状元岙岛、屿仔方言岛与乐清岐头、黄华、七里港(里隆)的口音一致。但是洞头的年轻一代温州话更趋同于正宗的温州城区话。

7. 瑞安温州话

瑞安温州话,简称瑞安话,是瑞安市的核心方言,著名的说唱文艺"温州鼓词"就是以瑞安话为标准音的。瑞安话分布很广,几乎遍及整个瑞安市域,而且还分布到瓯海区的仙岩和丽岙,以及龙湾区的海城(梅头)。瑞安境内极少数地区和极少数人口讲闽南话和畲客话,例如邻近平阳的高楼镇龙湖南部、马屿镇大南南部讲闽南话,邻近文成的高楼镇东岩的驮庵村、民族村等讲畲客话,成为畲语方言岛,其余瑞安全境都通行瑞安话。

不像乐清市南部居民听不懂北部的大荆话,瑞安话内部的一致性很强,不同村镇的瑞安话基本相同,不但外地人不能辨别,就是本地人也难以区分。语音敏感的本地人可以分出瑞安话的内部差异,大致可以分为九大片,即瑞安城区片,莘塍—塘下片,丽岙—仙岩片,梅头—场桥片,湖岭—陶山片,营前—高楼片,马屿—平阳坑片,阁巷—林垟片,飞云—仙降片。其中东部片区与西部片区的口音有所不同,例如"外"字,东部平原读 ŋ 声母,西部山区读 v 声母。又如"尖"字,东部平原读 i 韵,西部山区读 ie 韵,东部平原"尖"与"鸡"同音,西部山区不同音。再如"铁"字,东部读 i 韵,西部读 ie 韵。"军"字,东部读 ioŋ 韵,中部读 iaŋ 韵,西部读 yŋ 韵。再说,瑞安南部与平阳接壤,北部与瓯海相连,因此瑞安话也存在南北差异,例如北部"水死"同音 sɿ⁴⁵,南部"水死"不同音,而"水许"同音 səy⁴⁵。又如"梅妹媒昧"字,东北部读 i 韵,中西部读 e 韵,东南部和西南部读 ai 韵。再如"我你"字的声调,靠近平阳的南部读阴上调,与"底体"同调;北部和中西部读阳上调,与"第社"同调。因此笔者把瑞安话内部差异分为瑞安城区话、湖岭话、高楼话三种。

瑞安话以瑞安城区为标准音。瑞安城区话与温州城区话相近,但有明显差异,不存在沟通障碍。两者主要区别有下列几个方面。

① 瑞安城区话"基欺希"读 i 韵,"朱吹书"读 əy 韵,"资雌思"读 ɿ 韵,而

温州城区话这三组字都读 ɿ 韵。例如瑞安城区话，基读 tɕi⁴⁴，朱读 tsəy⁴⁴，资读 tsɿ⁴⁴，温州城区这三字都读 tsɿ⁴⁴。

② 瑞安城区话"火虎府"三字同音，都读 u 韵，而温州城区话"火"与"虎"同音，也读 u 韵，但与"府"不同音，读 øy 韵。又如"铺谱葡夫"字，瑞安城区都读 u 韵，而温州城区都读 øy 韵。但"波肤"等字，两地都读 u 韵。

③ 瑞安城区话的 a 韵字，温州城区话一部分也读 a 韵，另一部分读 ɛ 韵、iɛ 韵或 ai 韵。例如"幸杏行ᵥ"温州城区都读 ɛ 韵，"盲彭孟冷争生耕坑硬"温州城区都读 iɛ 韵，"佛质佺湿失十七漆不"都读 ai 韵，而瑞安城区这些字全部读 a 韵。又如"急吉橘给级及吸一"等字，瑞安城区都读 ia 韵，而温州城区都读 iai 韵，带 i 韵尾。

④ 瑞安城区话的 ɔ 韵字，温州城区话读 a 或 ɯɔ 韵。例如"班板扮办攀盼蛮丹炭兰"等字，瑞安城区读 ɔ 韵，温州城区读 a 韵。"包豹抛跑猫闹抄教孝咬"等字，瑞安城区读 ɔ 韵，温州城区读 ɯɔ 韵。

瑞安城区话的 ɕi 韵字，温州城区话读 ia 或 iɛ 韵。例如"脚雀嚼削晓弱捏疟约药"等字，瑞安城区读 ɕi 韵，温州城区读 ia 韵。"超宵霄萧箫"等字，瑞安城区读 ɕi 韵，温州城区读 iɛ 韵。

瑞安城区话的 uɔ 韵字，温州城区话读 a、i 或 iɛ 韵。例如"关惯宽还环换患顽晚万"等字，瑞安城区读 uɔ 韵，温州城区读 a 韵。"叠蝶碟谍贴帖"等字，瑞安城区读 uɔ 韵，温州城区读 i 韵。"貂雕钓掉调挑条跳疗料"等字，瑞安城区读 uɔ 韵，温州城区读 iɛ 韵。

⑤ 瑞安城区话的 o 韵字，温州城区话读 o 或 ɯɔ 韵。例如"当党荡堂狼浪藏仓桑刚港康杭抗巷"等字，瑞安城区读 o 韵，温州城区读 ɯɔ 韵。因此，瑞安城区"加光"同音，"夏巷"同音，温州城区都不同音。

瑞安城区话的 uo 韵字，温州城区话读 o 或 ɯɔ 韵。例如"巴爬瓜挂花华八录"等字，瑞安城区读 uo 韵，温州城区读 o 韵。"邦帮榜旁"等字，瑞安城区读 uo 韵，温州城区读 ɯɔ 韵。

瑞安城区话的 yo 韵字，温州城区话读 yo 或 yɔ 韵。例如"桌足俗触浊局曲玉浴"等字，瑞安和温州城区都读 yo 韵。"桩窗床霜框王从种共用"等字，瑞安城区读 yo 韵，温州城区读 yɔ 韵。

⑥ 瑞安城区话的 ø 韵字，温州城区话读 ø 或 y 两个韵。例如"刷渴喝拨勃泼沫末没夺脱突粒"等入声字，瑞安和温州城区话都读 ø 韵。"甘杆赶干寒韩旱汗安案"等字，瑞安城区读 ø 韵，温州城区读 y 韵。

瑞安城区话的 yø 韵字，温州城区话读 y 或 iɛ 韵。例如"专捐传篆眷官管雪月绝"等字,瑞安城区读 yø 韵,温州城区读 y 韵。"焦娇侨桥叫笑腰摇要姚"等字,瑞安城区读 yø 韵,温州城区读 iɛ 韵。

⑦ 瑞安城区话的 e 韵字,温州城区话读 e、y、ø、ai 韵。例如"改开海贼台代才菜德色"等字,瑞安和温州城区都读 e 韵。"敢感杆柑"等字,瑞安城区读 e 韵,温州城区读 y 韵。"杂合盒南男潭庵暗"等字,瑞安城区读 e 韵,温州城区读 ø 韵。"梅枚煤媒霉每妹北国墨"等字,瑞安城区读 e 韵,温州城区读 ai 韵。因此,瑞安城区"改感"同音,"贼杂"同音,"暗爱"同音,而温州城区都不同音。

瑞安城区话的 ie 韵字,温州城区话读 i 或 iɛ 韵。例如瑞安城区"鞭彪"同音,"扁表"同音,"篇飘"同音,"棉苗"同音,"面庙"同音,都读 ie 韵,而温州城区各组字都不同音,前字读 i 韵,后字读 iɛ 韵。

⑧ 瑞安与温州城区话口音的区别主要是上述韵母读音的差异,但声母也有不同,例如:

瑞安城区话	温州城区话	例　　字									
ts	tɕ	周	舟	州	帚	昼	咒	竹	筑	祝	酒
tsʻ	tɕʻ	抽	丑	臭	秋						
dz	dʐ	绸	稠	筹	酬	售	仇	囚	轴		
s	ɕ	修	收	羞	手	守	首	兽	秀	绣	锈
z	j	受	授	寿	袖	就	族	熟	辱	褥	

⑨ 瑞安话的词语多数与其他瓯语相同,个别是瑞安话特有的,例如下午,温州城区叫后半日,瑞安叫晚界日。河蟹,温州城区叫田喜儿,瑞安城区叫田亮儿,仙降叫田爬。单人凳,温州城区叫矮凳,瑞安叫牌儿凳。朦胧欲睡打哈欠,温州城区叫打眠块,瑞安叫打哈背。石榴,温州城区叫金杏,瑞安叫金奶。花生,温州城区叫落瓜生,瑞安叫落地生。菜刀,温州城区叫绞配刀,瑞安叫解刀。

8. 文成温州话

文成温州话,简称文成话。文成境内流行六种语言,即文成话、南田话、景宁话、莒江话、闽南话、畲客话。文成闽南话主要分布在县域东南隅的峃口镇原双桂、公阳、平和三个乡与平阳接壤的部分村庄。另有散布的闽南话方言岛,例如峃口镇原塔山乡的林姓村落、大峃镇原大壤乡诸葛岭村董姓、大峃镇原樟台乡东降村林姓、巨屿镇原黄龙乡赤砂村纪姓等。文成闽南话分布面积共 48.0 平方千米,占全县的 3.7%,使用人口 2.2 万人。

　　文成畲客话分布在周山畲族乡的上坑村、周垟村、双新村、际下村、九条垟村,黄坦镇原富岙乡的富康村、培头村、石竹寮村,西坑畲族镇的西坑村、双前村、江山村、旁边垟村、原敖里乡的双山村等,百丈漈镇长垄村、原二源乡的陈钟村,巨屿镇原孔龙乡的金面盂村,大峃镇原龙川乡的乌田村、原里阳乡的余山村。文成畲客话分布范围广,但面积很小,仅 35.5 平方千米,只占全县的 2.8%。

　　1946 年 12 月始置的文成县由原瑞安、青田、泰顺三县部分区域组成,因此文成县东部讲文成温州话,西部讲"青田腔"的南田话,西北部讲"景宁腔"的罗阳话,南部讲"莒江腔"的泰顺话。东部文成话分布在大峃、百丈漈、玉壶、珊溪、巨屿、峃口六镇和周山畲族乡,面积 598.1 平方千米,占全县的 46.2%;西部南田话分布在南田、西坑、黄坦三镇,面积 510.5 平方千米,占全县的 39.5%;西北部的罗阳话分布在西坑镇的石垟、石垟林场、吴垟、下垟等地,面积 47.2 平方千米,占全县的 3.6%;南部莒江话分布在地缘上紧靠泰顺的珊溪镇的桂山、仰山和黄坦镇的汇溪部分村庄,面积很小,仅 54.1 平方千米,占全县的 4.2%。

　　文成话分布区域是文成县域人口、城镇和经济最集中的地区,是文成县的强势语言。根据内部的口音差异,又可分为大峃话、玉壶话、珊溪话三种方言。峃口、巨屿两镇的方言归珊溪话,百丈漈镇的下百丈讲大峃话,百丈漈库区以上讲南田话。此外,文成话还包括平阳的顺溪话和泰顺的百丈口话。文成话在温州话范围内离开温州城区距离最远,与温州城区话的区别也最大,所以初次接触文成话的温州城区人听起来半懂不懂,比乐清虹桥话还难懂,存在较大的沟通障碍。

　　文成话以县城大峃话为标准音,大峃话与邻近的瑞安话、平阳瓯语有很多相似之处,具体表现在:①塞音、塞擦音声母清浊相配,"端探团"三分。②泥母洪音读 n 声母,例如"脑"读 ne^{33};细音读 n 声母,例如"纽"读 nian^{33}。③疑母洪音多数读 ŋ 声母,例如"牛"读 ŋau^{13};细音读 n 声母,例如"宁"读 nian^{13}。④微母白读 m 声母,例如"问路"的"问"读 maŋ^{312};文读 v 声母,例如"问题"的"问"读 vaŋ^{312}。⑤日母白读 n 声母,例如"日子"的"日"读 ne^{213};文读 z 声母,例如"日本"的"日"读 za^{213}。⑥"火虎"同音,都读 fu^{54},"陪妹"都读 ai 韵,"斗狗"都读 au 韵,"党桑"都读 o 韵,"新神"都读 aŋ 韵。这些是大峃话、瑞安话、平阳瓯语的相同之处。

　　大峃话与瑞安话、平阳瓯语也有许多不同之处,其声母差异具体表现在:①塞音、塞擦音声母,大峃话带鼻塞音,或称缩气音,这与青田话、景宁话相似,与瑞安话、平阳瓯语不同。例如"布比"声母 p 的实际音值是 mp,"低短"声母 t 的实际音值是 nt。②宕摄邪母、禅母字,大峃话读 z 声母。例如"详祥常尝"等字读 zie¹³,与"羊杨"不同音,而瑞安、平阳则同音,都是零声母。③有些字的声母归类,大峃与瑞安、平阳也有不同,例如"要"字,其他瓯语读零声母,而大峃读 ŋuo⁴³⁵,与疑母洪音字同归 ŋ 声母。

大峃话与瑞安话、平阳瓯语的韵母差别具体表现在:①蟹摄开口二等字"拜派埋买债柴界"的元音舌位,大峃话较后。例如"拜买柴"的韵母,大峃话读 a 和 ɔ 的中间音。②深摄开口三等精组、照组字"针心沉"与"金钦琴"见系字,大峃话不同韵,而瑞安、平阳则同韵。例如大峃话,针读 tsen⁵⁵,金读 tɕian⁵⁵,而瑞安话、平阳瓯语两字同音,都读 tɕian⁵⁵。③有些古入声字韵母读音不同,例如"结洁接哲节"与"织职积绩",大峃话同韵,瑞安话、平阳瓯语不同韵。又如"笔立灭纳"与"北黑勒肋",大峃话同韵,瑞安话、平阳瓯语不同韵。再如"消箫"两字,瑞安、平阳同韵,大峃话不同韵。"关"字大峃读 kan⁵⁵,瑞安、平阳都是开尾韵。

大峃话的声调也分四声八调,但去声读降升调,例如"志次四闭肺帝"等字尾音上扬。其他调类的字连读时,后字也常常变为升调或降升调,加上语气词的作用,便形成了大峃话难懂的特殊语调。

表 6-24　　　　　　　文成大峃话的声调和调值

调类	阴平	阳平	阴上	阳上	阴去	阳去	阴入	阳入
调值	55	13	54	33	435	312	35	213
例字	诗低丁	时题亭	使底顶	士第锭	试帝订	事地定	识滴得	石敌特

文成大峃话难懂,还表现在词语上与温州城区话、瑞安话等瓯语有较大差异。例如大峃话,闪电说龙躁 tse⁴³⁵,虹说挂琼,结冰说起梗,冰块说霜冰梗,石头说岩头,卵石说岩头卵,山头说降头背或山降背,昨日说昨暮日,白天说日碓,夜晚说夜碓,正在说正生碓,傍晚说晚 mɔ³³ 间暗,刚才说新能更或正能更,从前说早能更,一忽儿说映下过山,秕谷说谷哈头(温州说哈谷),稗子说毛稻子(温州说庆子),芝麻说油麻,石榴说金奶,杜鹃花说石膀 p'ɔ⁵⁴花,小狗说乖狗儿,猪说豛 tɕi⁵⁵,雁说天鹅,老鹰说老雁,蝉说蝗丝丝,蜻蜓说蝇蝗,虾说虾公,天井说台坛,阳台说晒棚,菜刀说解刀,菜柜说解柜,碗柜说解晾,水桶说凉桶,椅子说交椅,抽屉说拔籭,畚斗说页斗,母亲说儿奶,叔父说阿刁,哥哥说阿大 dɔ³¹²,岳父说亲爷,岳母说亲娘,辫子说头毛辫,胸膛说心

头膨,年糕说馍糍,跑说跳,想说忖 ts'ø⁵⁴,本来如此说生成功,慷慨说大码气,常常说密密或歇歇,本领说套乐,一张床说一支床,一盒图钉说一匣捺钉,一条裤说一腰裤,一只箱子说一头箱,一座山说一降山。

9. 平阳温州话

平阳温州话,又称平阳瓯语。平阳当地人把平阳瓯语称为"平阳话",而温州人、瑞安人把平阳闽语称为"平阳话"。平阳东部平原地区讲温州话,平阳中部的鳌江中上游地区讲闽南话,平阳人把平阳闽语称为"北港话"。平阳瓯语与平阳闽语的分界线大致在梅溪流域,即蔡垟、梅源、梅溪、桃源一带。平阳瓯语分布在昆阳镇的昆阳城区、临区、石塘、水亭,万全镇的宋桥、郑楼、榆垟、宋埠,鳌江镇的鳌江、钱仓、务垟、西塘、塘川、垂杨、雁门、种玉、河口、下厂、墨城(部分)、西湾(部分)、南麂(部分)、梅源(部分)、梅溪(部分),萧江镇的萧江、桃源(部分)、夏桥(部分)、后林(部分)、渔塘(部分),腾蛟镇的蔡垟(部分),这些地区都讲平阳瓯语,以县城昆阳话为代表。但是平阳西南部紧邻文成的小块区域却流行文成瓯语,并非平阳瓯语。讲文成话的有平阳山门镇的山门(部分)、怀溪(部分)、晓坑(部分)、晓阳(部分),顺溪镇的顺溪、维新(部分)、吴垟(部分)、新田(部分)、矾岩(部分),南雁镇的部分和青街乡的部分地区。

平阳瓯语具有温州话的一般特征,因而互相之间能通话,但初次接触平阳瓯语的温州城区人,恐怕存在一定的通话困难,与北部吴语上海话相差更大。平阳瓯语的基本特点有下列几个方面。

① 古效摄一等字与二等字平阳瓯语不同韵,效摄二等字与山摄二等字同韵。例如昆阳话,堡读 pɛ⁵⁴,饱读 pɔ⁵⁴,板读 pɔ⁵⁴,高读 kɛ⁴⁴,交读 kɔ⁴⁴,艰读 kɔ⁴⁴。

② 古宕摄、江摄字今平阳瓯语的韵尾脱落,宕摄开口三等阳韵字与咸摄开口三等盐韵、山摄开口三等仙韵字相同,读开尾韵 ie。例如昆阳话,葬读 tɕio⁴²,桩读 tɕyo⁴⁴,仓读 tɕ'io⁴⁴,窗读 tɕ'yo⁴⁴,钢读 ko⁴⁴,康读 k'o⁴⁴,粮读 lie²¹,浆读 tɕie⁴⁴,腔读 tɕ'ie⁴⁴,丈读 dʑie²⁴³。

③ 古梗摄开口二等字和蟹摄开口二等字,今平阳瓯语同韵,都读 a 或 ia 韵,即彭读[排],猛读[买],争读[斋]。梗、蟹两摄开口三四等帮端组舒声字读 eŋ 韵。例如彭读 ba²¹,猛读 ma⁵⁴,争读 tsa⁴⁴,兵读 peŋ⁴⁴,岭读 leŋ⁵⁴,萍读 beŋ²¹,丁读 teŋ⁴⁴。

④ 平阳瓯语的声调虽然与温州城区话一样,分为四声八调,但古上声次浊声母平阳瓯语归阴上,这与温州城区话、瑞安话都不同。例如"米李吕脑

你眼"等字,温州城区话和瑞安话都读"阳上"声调,而平阳瓯语却读"阴上"声调。昆阳话的八个声调的调值为阴平 44,阳平 21,阴上 54,阳上 243,阴去 42,阳去 11,阴入 35,阳入 213。

这里必须指出,昆阳话是平阳瓯语的标准音,但县城以北万全镇的"万全腔"与县城以南鳌江镇的"鳌江腔",两者口音又有不同,主要区别有下列几点。

① 古通摄非敷奉舒声字,万全腔读 f 和 v 声母,鳌江腔读 h 声母。例如"风丰封峰"等字,万全腔读 $fo\eta^{44}$,鳌江腔读 $ho\eta^{44}$;又如"冯逢"等字,万全腔读 $vo\eta^{21}$,鳌江腔读 $ho\eta^{21}$。

② 古山摄、臻摄晓母字,万全腔读 ɕ 声母,鳌江腔北埠也读 ɕ,南埠读 h 声母。例如"欢楦血婚忽"等字,万全腔读 ɕyœ,鳌江腔读 hyœ;又如"勋"字,万全腔读 $ɕy\partial n^{44}$,鳌江腔读 $hy\partial n^{44}$。

③ 古宕摄、山摄精组、照组浊母字,万全腔读零声母,与喻母同音;鳌江腔读 z 声母,与喻母不同音。例如墙与羊、床与王、上与样、禅与延等字,万全腔都同音,而鳌江腔都不同音。

④ 古效摄三四等字与山摄开口三四等字,万全腔同韵,而鳌江腔不同韵。例如表与扁、票与片、庙与面、辽与连等字,万全腔都同韵,而鳌江腔都不同韵。

⑤ 古梗摄开口二等字,万全腔读 a 韵,鳌江腔读 æ 韵。例如:

	猛	冷	省	哽	客	额
平阳万全腔	ma^{54}	la^{54}	sa^{54}	ka^{54}	$k'a^{213}$	ηa^{213}
平阳鳌江腔	$mæ^{54}$	$læ^{54}$	$sæ^{54}$	$kæ^{54}$	$k'æ^{213}$	$\eta æ^{213}$

⑥ 古遇摄一等、果摄一等疑母字,万全腔没有 u 韵,鳌江腔有 u 韵。例如"吴吾午误俄蛾"等字,万全腔读 ŋ 音,鳌江腔读 ŋu 音。

⑦ 古咸摄开口一等覃韵字,万全腔读 œ 韵,"潭"同"团";鳌江腔读 œ 或 e 韵,"潭"同"台"。例如:

	探	南	暗	杂	鸽
平阳万全腔	$t'œ^{42}$	$nœ^{21}$	$œ^{42}$	$zœ^{213}$	$kœ^{42}$
平阳鳌江腔	$t'e^{42}$	ne^{21}	e^{42}	ze^{213}	ke^{42}

⑧ 古知系、见系字读细音的,鳌江腔比万全腔多。例如:

	吃	植	肝	休	兴	兄
平阳万全腔	$ts'\eta^{42}$	$dz\eta^{213}$	$kœ^{44}$	sau^{44}	$sa\eta^{44}$	$so\eta^{44}$
平阳鳌江腔	$t'i^{42}$	dzi^{213}	$kyœ^{44}$	$ɕiau^{44}$	$ɕia\eta^{44}$	$ɕio\eta^{44}$

10. 苍南温州话

苍南温州话,又称苍南瓯语,分布在苍南东北部的鳌江下游南岸地区,是苍南经济最发达的区域,所以苍南瓯语分布范围不大,面积仅 125.2 平方千米,但使用人口较多,达 27.8 万人,占苍南户籍人口的 21.42%。一个小小的苍南县,十分之一的县域讲温州话,而温州话的种类居然有三种,即龙港瓯语、文成瓯语和蒲城瓯语。龙港瓯语分布在龙港镇的龙港城区、沿江、湖前、龙江、平等、江山、凤江、灵江,灵溪镇的沪山、渎浦,宜山镇的宜山、铁龙等地。文成瓯语分布在苍南最西端的天井(部分),这里地处苍南、平阳、文成三县交界处,讲的是"文成腔"的温州话。另外,苍南最南端的马站镇蒲门所城是四周被闽南话包围的瓯语方言岛,古蒲门所城今称蒲城,其使用语言称为蒲城瓯语。蒲城是我国保存完整的一座明代抗倭所城,现为全国重点文物保护单位。蒲城方圆不过里许,城外人说闽南话,城内约 8 千人都操一口"城里话"。当地人称这种城里话是"半闽半瓯的蒲城话"。明初成守蒲门所城的将士主要来自浙北和苏南,经过六百多年的语言交汇融合,形成今天的蒲城话。笔者经过实地调查,蒲城话并非金乡话那样的独立方言,而是温州人能听懂的瓯语,但与龙港瓯语、文成瓯语的口音差别较大。

龙港瓯语是苍南瓯语的代表音,它具有温州话的一般特征,例如塞音、塞擦音声母有清音不送气、清音送气和浊音三套;古平上去入四声因声母的清浊分化为阴调和阳调,共 8 个声调,阴调较高,阳调较低。所以苍南龙港瓯语与平阳瓯语及温州城区话之间能互相通话,但沟通障碍较大,温州城区人听龙港瓯语比较吃力,不是全懂。现将龙港话为代表的苍南瓯语与昆阳话为代表的平阳瓯语作比较,它们的差异主要在韵母方面,而声母和声调差异较微,在词语方面也是大同小异。

① 昆阳话 a 韵字,龙港话分读 a 和 æ 两韵,一般是入声字读 a 韵,舒声字读 æ 韵(个别舒声字读 i、ɔ、ɛ 韵,可视作例外)。例如:

	摆舒	埋舒	冷舒	百入	物入
平阳昆阳话	pa^{54}	ma^{21}	la^{54}	pa^{24}	va^{213}
苍南龙港话	pæ^{54}	mæ^{21}	læ^{54}	pa^{24}	va^{213}

② 昆阳话 yø 韵字,龙港话分读 yø 和 ø 两韵,多数字读 yø 韵母,声母为 k、k'、h 的字和部分零声母字读 ø 韵母。例如:

	标	甜	观	困	欢	温
平阳昆阳话	pyø^{44}	dyø^{21}	kyø^{44}	k'yø^{42}	hyø^{44}	yø^{44}
苍南龙港话	pyø^{44}	dyø^{21}	kø^{44}	k'yø^{42}	hø^{44}	ø^{44}

③ 昆阳话 ie 韵字，龙港话分读 ie、i、e 三韵。从舒声字来看，北京话读 ŋ 韵尾的字，龙港话读 ie 韵母；北京话读 n 韵尾的字，龙港话读 i 韵母；从入声字来看，声母为双唇音 p、pʻ、b、m 的，龙港话读 e 韵母，其他声母读 i 韵母。例如：

	良	战	盐	必	灭	热
平阳昆阳话	lie²¹	tɕie⁴²	ie²¹	pie²⁴	mie²¹³	ȵie²¹³
苍南龙港话	lie²¹	tɕi⁴²	i²¹	pe²⁴	me²¹³	ȵi²¹³

④ 昆阳话 ɔ 韵字，龙港话分读 ɔ、o、a 三韵。舒声字里，北京话读 ŋ 韵尾的字，龙港话读 o 韵母，其余都读 ɔ 韵母；入声字大部分读 a 韵母，少数读 o 韵母。例如：

	方	亡	抓	搭	拿	袜
平阳昆阳话	hɔ⁴⁴	vɔ²¹	tsɔ⁴⁴	tɔ²⁴	nɔ²¹³	mɔ²¹³
苍南龙港话	ho⁴⁴	ɦo²¹	tsɔ⁴⁴	ta²⁴	na²¹³	mo²¹³

⑤ 昆阳话 iɔ 韵字，龙港话分读 iɔ 和 ia 两韵。例如：

	脚	鹊	晓	虐	嚼	药
平阳昆阳话	tɕiɔ²⁴	tɕʻiɔ²⁴	ɕiɔ⁵⁴	ȵiɔ²¹³	jɔ²¹³	jɔ²¹³
苍南龙港话	tɕia²⁴	tɕʻiɔ²⁴	ɕiɔ⁵⁴	ȵia²¹³	ja²¹³	ja²¹³

⑥ 昆阳话 iu 韵字，龙港话读 u 韵母。例如：

	组	菊	初	楚	促	逐
平阳昆阳话	tsiu⁵⁴	tɕiu²⁴	tsʻiu⁴⁴	tsʻiu⁵⁴	tsʻiu²⁴	dʑiu²¹³
苍南龙港话	tsu⁵⁴	tɕu²⁴	tsʻu⁴⁴	tsʻu⁵⁴	tsʻu²⁴	dʑu²¹³

⑦ 龙港话的 8 个声调与温州话相似，只是阴上和阴入两声有差异，其余区别不大，但与苏州吴语分歧较大。

表 6‑25　　苏州城区、温州城区、苍南瓯语的声调差异

声调	阴平	阳平	阴上	阳上	阴去	阳去	阴入	阳入
例字	诗天	龙时	宝口	老士	店太	帽病	节铁	热舌
苏州城区	44	24	52		412	31	4	23
温州城区	44	31	45	34	42	22	323	212
龙港瓯语	44	21	54	45	42	22	24	213

11. 泰顺温州话

泰顺温州话分布面积很小，只有百丈镇的百丈口一地，称为"百丈口话"，是四周被莒江话包围的方言岛。百丈口位于飞云江上游与它的支流洪

口溪交汇处,水路交通便利。古时候,若逢雨季多水时,从百丈口乘木帆船顺流而下,当天可达瑞安县城,再坐船沿温瑞塘河可抵温州府城。明代景泰三年(1453年)开辟的瑞安至泰顺罗阳的驿道也经过百丈口。清末民初,百丈埠头已是船舶林立,仅木帆船就达170余艘,成为浙闽交界景宁、寿宁、庆元、龙泉等7县的物资吞吐口岸。抗日战争时期,国立北洋工学院、英士大学、温州银行、温州国货公司、温州纺织厂等陆续迁移至此。此时,百丈古镇的繁荣达到历史颠峰期,江面上来往的船只就有320余艘,街衢人流熙来攘往,所以百丈口是泰顺著名的一个古镇,当年的经济地位超过了县城罗阳。由此可知百丈口温州话方言岛的形成缘由。

百丈口话是变了调的温州话,当地人称为"下路话"。由于百丈口的最初移民来自文成,所以它的语音与文成话相近,与瑞安人、温州人能够沟通,在语言地理分区中归为文成话。2001年珊溪水库建成后,百丈口被淹没而居民迁移至龙湾、瓯海等地,由于移民语言相通,很快就融入了当地社会。新建的百丈镇政府驻地往东南方向挪动了1.5千米,位于库区沿岸。百丈口下路话方言岛原有使用人口约3000人,水库移民后,当地讲下路话的人恐怕不到1000人,面临方言灭绝的窘境。

(三) 温州话不是吴语的方言

温州话是汉语的方言,不是吴语的方言,更不是闽语的方言,是介于吴语和闽语之间的一种独立的方言。温州人必须要打破陈规滥调的束缚,建立属于自己独立方言的地位。

一种语言不同于另一种语言的区别性特征是由声母、韵母、声调、词汇、句法五个方面组成。声韵调三者称为语音特征,是语言学家非常看重的谱系特征。据此,古今中外很多学者对温州话进行归属分类,民国中期以前温州话归属闽语,民国中期至今归属吴语。温州话归属闽语的权威学者是余杭的章炳麟(章太炎),他在1915年《检论·方言篇》中将汉语方言分为九种,把温州话归属闽语,"属福建而从福宁",曾为民初以后的地理教科书所采用,影响很大,几被视为定论。今天看来这种划分是错误的,这是属于以语感和地域文化观念进行的语言模糊划分。1935年湖南湘潭人黎锦熙在《国语运动史纲》中,将汉语方言分为12系,把温州话归为瓯海系,福建话归为闽海系,把苏、松、常和杭、嘉、湖划为太湖系,把金、衢、严划入浙源系,这是语言区划的一大进步,比章太炎的区划英明得多。然而,1928年赵元任在《现代吴语的研究》一书中,首次将温州话归入吴语。赵元任是我国现代语言学界的泰斗,其权威学术地位无人敢挑战,所以今天中国所有的语言学者都众口一词地说瓯语属吴语,甚至中国社会科学院和澳大利亚人文科学院合编的 1987 年版《中国语言地图集》也把温州话列为吴语六大片中的瓯江片。但赵元任不懂温州话,也从没有来过温州,只是在绍兴找了两位温州籍发音人记音所得立论,而且其中一位王梅庵是永强人,不会讲纯正的温州话。就这样,从此就改变了温州话的地位。

现代语言学家是怎么来区划语言的? 他们利用语言特征,即利用语言的声韵调、词语、语法相同的点,连缀成多条同言线(又称等语言线),再以同言线来划分方言区、方言片和方言小片,这样就得出结论。然而,这个方法在实际应用中遇到很大困难,因为大范围的不同方言之间的变化不是截然的,而是渐变和过渡的,因而同言线也往往是离散和交叉的,很难密集成束,无法作为分界的标准。况且以单一语言特征同言线作为标准,却又难以确定哪一个语言特征更为重要。

语言分布区是形式文化区(formal region)。根据形式文化区的特征,汉语方言区的边界绝大多数是模糊的。美国汉学家罗杰瑞称这种模糊的语言边界为"弱界线",温州方言就处在典型的弱界线上。弱界线和方言岛使得语言文化区的划分存在很大的难度。另一方面,在语言区划时,语言"砖家"往往忽视语言的整体性,犯上瞎子摸象和一叶障目、不见泰山的错误。两种语言区划不能由一个语音或一个词汇特点的同言线来确定。所以国外的语言学家开始考虑用计量地理学的思想和方法来进行语言区划,但中国的语言砖家持反对意见,认为语言计量化会结出"人文淡化的酸果"。正由于这样的原因,笔者认为中国目前的语言归属和分区是草率而不可信赖的。

举闽语为例子来说,根据中国权威的语言"砖家"划分,闽语分为五个方言片。闽南方言片,包括以厦门、泉州、漳州为中心的 24 个县市,以厦门话为代表;闽东方言片,包括以福州为中心的闽江下游地区和福安为中心的宁德地区,共 18 个县市,以福州话为代表;闽北方言片,包括建瓯、建阳、南平、崇安、松溪、政和、浦城南部等地,以建瓯话为代表;闽中方言片,包括永安、三明、沙县等地,以永安话为代表;莆仙方言片,包括莆田、仙游,以莆田话为代表。具有讽刺意味的是福建北部邵武、将乐等地被划分为"闽语邵将片",原先归入闽北方言片,现独立成为闽语邵将片。可是邵武话是浊音清化全送气的,与邻近的建瓯话、沙县话不能通话,当地人称邵武话为"江西话",与邻近的江西居民反而能够通话。这种方言竟然被砖家门异口同声地认定为"闽语",《中国语言地图集》里只有建宁、泰宁归入赣语,邵武、光泽归入闽语,这是天大的笑话,国际的丑闻。北宋一朝的168年间,闽北的经济文化都十分强盛,后因多次农民起义导致人口锐减。据《福建历代人口论考》统计,从明初至明末,建安府人口减少24%,邵武军减少45%。然而到了清代中期,建安府人口增加3.5倍,邵武军人口更翻了五番之多,其增加的人口都来自两宋之后人口剧增的江西。1958年主编《福建编年史》的陈遵统查阅过邵武诸大姓的家谱之后,亦发现邵武的大部分移民十有八九是由江西迁徙而来。江西对福建的移民从宋代一直持续到近代,解放前夕仍有江西移民迁来邵武,最迟的移民只有两三代。大量的江西移民使得原邵武军四县市的当地话转变为赣语。《闽西北七县市的方言》罗列出邵武方言与赣语语音的相同特点多达15项,而与闽语相同的只有9项;常用词与赣语相同的有92条,与闽语相同的只有31条。这些说明,今天的邵武话已经远离闽语,而接近赣语,其赣化程度很高。中国权威语言砖家睁着眼睛说瞎话,还把邵武话归入闽语。由此可见,权威语言砖家们将瓯语归入吴语,同样可笑,同样不可信。

再举吴语为例字来说,赣东北是赣语、吴语、徽语和闽语的交汇地带,还散布着众多的方言岛,这与温州很相似。权威语言砖家们把江西的广丰、玉山归入吴语区,把铅山归入赣语区。而两者之间的上饶市信州区和上饶县的上饶话应当归入赣语区,而语言权威砖家将上饶话归属吴语区,并把铅山县东北的傍罗、青溪和鹅湖也归入吴语区,这又是一个笑柄。上饶话和铅山话非常接近,尤其在词汇上别无二致,而且能够互相通话。能够通话的上饶话与铅山话分属不同的语言区,不能通话的上饶话与广丰话、玉山话反而归属同一语言区,这是中国语言分类上的"奇迹"。笔者在上饶铅山办学多年,深知当地语言的差异。早在宋代朱熹《铅山立春之一》诗中称铅山为"楚尾吴头",清代程鳘《河口竹枝词》说铅山县城河口话"半是吴歌半楚歌"。今天的上饶话只是在语音上保留着浊音和四声八调的格局。铅山话归入赣语,上饶话归入吴语等同于温州话归入吴语一样不恰当。由此看来,仅根据声韵调的语音特点进行分类,这犹如瞎子摸象,会得出与事实相反的结论。这正是我国语言分类中最醒目的歧途。

再说,《中国语言地图集》里把安徽西南部的岳西、宿松一带归入赣语,也是不恰当的。从历史上来看,那里多明代江西移民,但今天那里的赣语特征已经消磨殆尽,渐趋江淮官话的一般特征,与江淮官话能互相通话,应该改归官话语组。

湘语分为新湘语和老湘语,新湘语主要流行于长沙和湘北,老湘语分布在衡阳、湘乡一带,新老湘语之间互通程度较低。新湘语与西南官话有一定的相似性,长沙人能听懂西南官话,而听不懂衡阳话,所以有人提出将新湘语划归官话,却遭到语言砖家们的反对,理由是新湘语比较完整地保留了入声调,官话无入声调;新湘语古浊音字今虽清音化,但仍是不送气音,这又走入了语言分类的歧途。上述这些例子说明中国语言分类只片面考虑浊音清化和四声八调,而忽视了词法和句法的差异,更没有顾及彼此之间的互通性,即只考虑谱系特征,而没有顾及语言的形态特征。

在语系、语族上分类的各种语言是不能互相通话的,但在语支、语组分类中的各种语言是应该能通话的,这是区分语言的一个重要指标。例如宁波人能听懂上海话、杭州话,台州人能听懂苏州话、宁波话,但他们一点都听不懂温州话,这说明温州话与吴语各语组之间存在实质上的区别。同样,温州人听不懂福建话,福建人也听不懂温州话,说明瓯语与闽语是两种不同的语言。因此,笔者认为瓯语既不属于吴语,也不属于闽语,而是汉语的一支独立的方言。但是杭州人、苏州人偏偏要把瓯语归入吴语,福建人也要把瓯语归入闽语。与此相似而滑稽的是新石器时代晚期,钱塘江两岸的宁绍地区和杭嘉湖地区的于越族创造出辉煌的"良渚文化",瓯江流域、飞云江流域和灵江流域的东瓯族创造出"好川文化",闽江流域的闽越族创造出"昙石山文化"。三者中,东瓯族实力最弱,因此杭州人和绍兴人多认为于越人"一统东瓯",甚至东瓯的首领也是于越人派来的统治者,他们认为东瓯的人民是瓯人,统治者是越人,所以东瓯称为"瓯越",实际上温州古代从来没有称呼瓯越,瓯越也不指温州。于越人说东瓯王是句践的后裔,这是司马迁"百越同源"的错误观点所造成的。同样,福建人也认为东瓯是闽越族"七闽"中的一个分支,所以秦始皇把东瓯纳入闽中郡受闽越人统治,至汉代才分出东瓯国。这些统统都是贬低温州历史的胡言。

笔者不是语言学家,只是学了点方言注音的国际音标,在温州各地农村调查语言的类别和分布,当然没有"资格"妄加定论。但是语言学界有一共识,若两种话语之间不能直接通话,则这两种话语可定义为两种不同的语言;若两者可以直接通话,则可定义为同一种语言的两种不同方言。根据这一分类标准,瓯语与普通话,瓯语与吴语之间根本无法通话,应分别归类为两种不同的语言。西方语言学界定义为"互相之间不能通话"的是 language,而非 dialect。近代翻译界将英语 dialect 误译为汉语的"方言"之后,才引起中国的语言与方言之争。自从西汉扬雄《方言》一书诞生以来,中国两千年中并无语言、方言之争。中国学者为了表明汉语的特殊情况,创造了

regionalect 或 topolect 单词来对译汉语的"方言"一词。中国人非常清楚,瓯语是汉语的方言,不是吴语的方言,更非闽语的方言。所以,瓯语既不属闽语,也不属吴语,是介乎两者之间的一种独立的方言。这样独立的方言很多,仅在温州境内就有四种,例如苍南蛮话既不属温州话,也不属闽南话,是介乎温州话与闽东话之间的一种独立的方言;金乡话既有苏南、浙北的北部吴语特征,又夹杂着大量北方官话成分,是吴语居民听不懂的独立方言;泰顺莒江话既不属瓯江片,也不属处衢片,也是一种独立的方言。

温州语言学界人才辈出,学术深湛,就是胆子小,不敢向权威挑战,明知道瓯语不同于吴语,仍仰人鼻息,附会跟从,这是学术之大忌。吴语声母有浊音,瓯语也有浊音,而闽语和普通话没有浊音,这是瓯语"吴语说"最有力的证据,但这只能说明瓯语不归闽语,而不能就此归吴语。温州话里有很多语言特征不同于吴语,而近似于闽语,有的甚至近似于粤语和侗台语。例如温州话的古全浊声母读浊音浊流,而北部吴语读清音浊流。所以不能只顾其一、不顾其他地把瓯语强行并入吴语。如果瓯语在声韵调的语音特征方面偏似于吴语,但瓯语的词法和句法的形态特征方面更近似于闽语。也就是在形态分类上瓯语接近闽语,在谱系分类上瓯语接近吴语,就此也不能把瓯语归入吴语。

瑞典语言学家德·索绪尔提出共时语言和历时语言的两种分类。因此我们必须从纵向历史演变的角度和谱系分类的角度两个方面来讨论语言归属,而不是片面地从共时平面上来划分,这是语言划分非常重要的原则。例如泰顺莒江话,有的砖家认为属于吴语瓯江片的温州话,有的砖家认为属于处衢片的罗阳话,这些都是错误的。从语言演变的历时过程来看,莒江话在吴语发展很早的阶段就与吴语分道扬镳了,所以莒江话既不属于温州话,也不属于丽水话,而是一种独立的方言。温州从西汉武帝元封元年(前110年)开始属于会稽郡管辖,受绍兴人、杭州人的行政管理时间很长,但是温州话受到绍兴话和杭州话的影响并不明显。与此相反,在地缘上温州更靠近福建,与福建的通商、通婚及人口迁移数千倍于绍兴和杭州。温州现有本地人口三分之二的祖宗迁徙自福建,其语言受闽语的影响普遍而深入人心。在措词造句上瓯语与闽语有着惊人的相似之处,有着深层次的发生学上的关系。例如"猪珠"、"煮志"、"帽貌"、"报豹"等组字,温州话都不同音,而上海话、苏州话等吴语都同音。又例如瓯语和闽语都把挑说担,挂说钩,亮说光,宽说阔,窄说狭,蛋说卵,湿说滥,舔说舐,太说忒,玩说嬉,小说细,那说许[海],热水说汤,萝卜说菜头,垃圾说畚扫,舒服说好过,年轻说后生,家具说间底,蟑螂说胶蚤,去年说旧年,起床说爬起,儿媳说新妇,很好说死人好、棺材好、肮脏好、摸堂好,等等。另外,瓯语与闽语在句法上也如出一辙,例如量词可以单独与名词结合,量词可以加形容词,副词可以放在动词之后,副词可以放在形容词之后,补语可以放在动词之后,等等。虽然瓯语有些词句特征,吴语也有,但远没有瓯语与闽语那样接近。

(四)温州语言的渊源和演变

有的语言砖家认为三千多年前的先周时代,有一支移民从陕西渭河平原迁居到江南太湖流域,这支移民就是周太王之子太伯、仲雍为了让贤于其弟季历(周文王之父),而迁徙至今江苏无锡一带。这支移民所带来的语言就是今天吴语的最早渊源。后来吴语再传播到温州,因此温州话的最早发源地也就是先周时代的陕西渭河流域。郑张尚芳《温州方言志》中关于温州话的源流一节中的标题就是"温州方言的发端在汉末东吴",文中指出温州"汉武以前这里住的还不是汉人,自然不会有汉语方言"。这些说法都是非常荒谬的,是用脚趾头想出来的。

人类在进化过程中,先有语言,后有文字,这是不争的常识。人类学家研究发现,猿类出现后经过1800万年的进化,才产生人类的语言;人类语言经过200万年进化后,才出现文字。例如80万年前的蓝田人不是猴子一样的哑巴,他们也有简单的语言。人类语言的历史与人类产生乃至人类文化的历史同等悠久。然而文字的历史则很短,世界最早的古埃及文字仅7000年,汉字历史只有3500年。第四纪全新世早期,即人类历史新石器时代的半坡文化和河姆渡文化时期(距今约7000年),温州大地上就已生活着一群"瓯人"先民。尽管瓯人过着非常原始落后的渔猎生活,但他们不是哑巴,他们使用一种跟渭河平原、宁波平原迥然不同的土著语言。这种土著语言"瓯语"就是今天温州话的最早渊源。后来,温州东部平原地区发生了第四纪最后一次冰期和间冰期引起海侵和海退的沧桑巨变,瓯人经历了被迫退居山区和重新出山的缓慢发展过程。详见本书《人文地理分册》第二章《温州历史开拓地理》。

大约距今4000年的夏代早期,浙闽境内生活着三群讲不同土著语言的部族,他们由部族逐渐形成三支不同的民族。越人形成"于越族",瓯人形成"东瓯族",闽人形成"闽越族",他们都有各自不同的共同语言。经过进化和发展,形成今天的越语、瓯语和闽语。到了殷商末期,瓯人已经有了自己简单的示意文字。温州出土的殷末几何印纹陶器的口沿部位印有

IX、VXV、-I、廾、XIL、/XI

等示意文字,这种独特的具有温州地方色彩的示意文字说明当时瓯语已经发展到了一定的水平。春秋中期,今江苏泗洪一带的徐国臣民迁居温州,汉字开始传入温州,并促使原始瓯语得以进一步发展。战国中期,宁绍平原上的越国臣民南逃温州,带来先进的周文化,从此东瓯人学会了使用汉字,并使土著瓯语与越语产生交融和渗透。西汉武帝初年,闽越攻打东瓯,东瓯国灭亡,东瓯故地便在闽越的统治之下,瓯语又与闽语产生交融。早期的瓯语就这样在越语和闽语的夹缝中演变和发展,而成为今天温州话的雏形。

　　春秋中期以前的五百多年中,即《诗经》时代,全国各地方言极其纷繁歧异,归纳起来有诸夏语言和非诸夏语言。诸夏语言有陕西中部的秦语、豳语,山西南部的唐语、魏语,山东中部的齐语,山东西部的曹语,河南北部的王语、卫语、郑语,河南南部的桧语、陈语,湖北北部的周南语、召南语等方言。非诸夏语言有北方的燕语、狄语、戎语,西南的巴语、蜀语,南方的楚语、吴语、越语、瓯语、闽语、粤语,以及苏北的淮夷语和鲁东的莱夷语等方言。它们相互之间都不能通话。这时期,瓯语不是诸夏语言的一种方言,是一种非诸夏语言,属于"南蛮鴃舌"之类的异族语言。

　　《论语》中说的"雅言"就是"夏言",是王畿一带周室所用的语言,也就是当时诸夏的"官话"或"诸夏共同语"。各国诸侯士大夫都努力学习雅言,以便在朝、聘、令、盟等场合跟中央政府和各国诸侯交流和联系,并以雅言作诗言志。但是到了战国时代,周王朝衰微,周室失去共主的地位,周室王畿方言作为标准音的雅言自然地不再存在,使诸夏方言原本歧异的局面因雅言不复存在而愈演愈烈。秦始皇兼并六国,实施"书同文"政策,不同方言的地域可借助相同的文字表达和交流思想,朝廷与地方之间可以依靠统一的文字来实施统治,这种状况反而使方言的歧异发生惰性,并长期保持下去。汉代的经师们只是热衷于解释先秦经典的雅言,并没有编辑声韵之类提供标准音的书籍。政府的语言政策是任其自然,各地也就仍沿袭使用各自的方言。这种状况一直延续到魏晋南北朝才有所改变。

　　成书于两汉之际的扬雄《方言》,是汉代方言的巨著。《方言》中提到"瓯"和"东瓯"方言,并将其与夷、羌、狄、胡、朝鲜齐名,作为少数民族的方言。从现代语言地理的眼光来看,扬雄《方言》提供的东瓯方言材料很不理想,既看不出瓯语的区别性特征,更看不出与其他方言的亲疏关系。只能断定当时的瓯语是一种跟吴语、越语、扬语、楚语诸语迥异的方言。

汉末离乱、三国纷争以及西晋末年的永嘉丧乱造成我国历史上首次人口大迁移。北方各地之间和北方南方之间都有相当规模的人口流动，引起了北方方言的混化和南北方方言的渗透。这种由人口迁移而造成方言变化，既使北方方言的内部渐趋统一，即产生所谓"北方通语"，又使南方方言产生大变化。

到了唐宋，北方方言进一步互相融合，内部一致性大为增强，"北方话"作为一个整体语言的概念才正式确立，北方话在汉语中的基础地位才得以正式确立。此时北方话内部可分为关中、中原、河朔、巴蜀四个小区。唐宋盛行科举制度，为了适应考试的需要，就得从北方话中借来文读音。瓯语中大量文读音的流布，使瓯语产生重大变化，但瓯语的土著白读音并没有因此而消失。南宋时期，温州方言已经很有特色了，这从南宋温州南戏的戏文作品《张协状元》可见一斑。从宋末温州人戴侗（1200～1285 年）撰写的《六书故》可以看出，南宋时期温州话已经非常成熟，与今天的温州话相差无几。

语言的世代传承力量是非常强大的，犹如一个物种不能与其他物种进行生殖结合的"生殖隔离现象"。语言的世代传承是不会产生"变种"的，产生语言变种是语言的空间扩散。语言的空间扩散是通过人口迁移实现的。人口迁移引起语言相互影响的变化，从而影响语言声韵调的语音上的变化很少，主要反映在词汇上的变化，这就是"借词"现象。借词现象是一种重要的语言扩散现象，是语言相互接触、相互影响的产物。例如文化、经济、革命、咖啡、沙发、坦克、逻辑、啤酒、卡车、民主、激光、足球、冰淇淋、鸡尾酒会等词语都是从西文和日文中借来的。温州话中有很多词汇是从闽语中借来的，从而极大地丰富了温州话的词语量。由于历史上温州迁居福建的人口不多，福建迁居温州的人口极多，所以可以认为今天瓯语与闽语相似的词语多数是向闽语借来的，而闽语向瓯语借得不多。

在语言空间扩散中还可以产生一种畸形现象，就是"洋泾浜化"现象。洋泾浜语的特点是外来语言被当地语言适当改造，从而形成一种新的语言。例如畲语原先发源于粤、闽、赣三省交界处的广东潮州凤凰山区，属于汉藏语系苗瑶语族的苗语支，接近"布努语"。后来畲族居民迁徙到闽浙境内，原来的畲语就洋泾浜化，变成了汉藏语系汉语族客家语支的闽浙畲语，远离了苗语特征，变成了带有大量闽语特点的客家语。

语言扩散的形式有多种划分体系，通常采用谱系扩散和波形扩散两种分类。德国施莱哈尔 1863 年创立了语言谱系扩散理论，他的"谱系树"之说至今风靡全球。谱系扩散是将所有语言看作是从几个基本的根上生长出来的不同树枝。例如印度语言是从印欧语系的"根"上生长出来的,瓯语是从汉藏语系的"根"上生长出来的。各种语支、语族、语组的语言都是"根语言"扩散后的变异结果。因此有人将这种扩散称为根式扩散。显然,根式扩散在解释许多语言现象时具有局限性,例如借词、洋泾浜语等用谱系扩散理论是无法解释的。因此就出现了另一种替代的扩散理论,就是德国语言学家约翰内斯·施密特1872年创立的"波形扩散"理论。波形扩散是将一种语言或语言要素作为波源,它的扩散如同波浪一样向四周散开,两种或两种以上的语言波相遇后,便形成一个新的语言生长点,新的语言生长点发展成熟后又可能成为新的波源。此外,根据人口迁移的距离远近,语言扩散还分为扩展扩散和迁移扩散两种,人口移动距离小的叫扩展扩散,人口移动距离大的叫迁移扩散。这些知识在中学地理教科书上都有,这里不必赘述。

语言扩散还可分为语言要素扩散和语言整体扩散。语言要素扩散包括语音、词汇、语法的扩散。有学者认为,古汉语的句法结构是顺行结构。顺行结构是指无论名词短语,还是动词短语,凡是修饰语都依次置于被修饰语之后,例如"霜叶红于二月花"中的"红"修饰"霜叶","二月花"修饰"红",这就是顺行结构。如今温州话的"我走先"就是顺行结构,而现代北方官话则讲"我先走",这是逆行结构。其原因就是北方官话后来受到北边阿尔泰语言逆行结构扩散的影响。大范围的语言扩散和长距离的语言扩散都是迁移扩散的结果。例如福建闽南话往北跳过了闽中和闽东,向温州扩散,这如同英语向盎格鲁美洲扩散一样,属于迁移扩散。周振鹤、游汝杰专门研究了不同移民方式与方言扩散、方言分布的关系,归纳出六种类型:①占据式移民和方言内部大面积的一致性;②墨渍式移民和蛙跳型方言传播方式;③蔓延式移民和渐变型方言;④杂居式移民和掺杂型方言;⑤闭锁式移民和孤岛型方言;⑥板块转移式移民和相似型方言。这些移民方式和方言分布在温州都可以找到例子,因为历史上温州移民的规模很大,数量很多,类型多样,所以温州方言纷繁歧异。温州设郡之前,人口有迁出和迁入,设郡之后以迁入为主。温州大规模人口迁入有下列六次。

(1)西晋末年发生"八王之乱",导致北方边疆匈奴、鲜卑、羯、氐、羌五个草原少数民族南下中原,迫使中原地区汉族人口向南播迁,因而出现我国历史上著名的大规模北人南迁现象。其中迁入温州境内的人口数量很多,他们在温州各地封山占水,开辟湖田,霸占土地,建立豪华的田庄,而且还把持温州地方政权。

(2)唐代安史之乱使黄河流域再次沉入血海,触发了又一次人口南迁大潮。这次人口南迁大潮的余波一直持续到唐末和五代十国时期。由此,中国南方人口规模首次超过了北方。唐代后期的人口南迁中,流入温州境内的人口很多。特别是唐末黄巢起义军攻取湖州和杭州后,由衢州绕道仙霞岭,开山七百里进入福建,攻克福州,这时闽人纷纷逃迁温州。

(3)五代时期,温州在吴越王钱氏统治下,经济发展,社会安定,而福建闽国多暴君,内战迭起。这时闽人为避战乱,纷纷迁入温州境内。尤其是为避王曦战乱,从长溪赤岸(今霞浦县赤岸村)迁居温州的人数最多,规模最大。

(4)北宋末年,北方又一次陷入战乱,宋室南迁,我国历史上又一次出现大规模的北人南迁现象。这次南迁从北宋末年金人大规模南侵造成的"靖康之难"开始,一直持续到忽必烈入主中原,历时150年左右,其中靖康元年至绍兴十二年(1126~1142年)的移民规模最大,超过了"永嘉丧乱"和"安史之乱"。这次移民的特点是更加深入我国南方,因此移居温州的人口数量超过历史上任何一次人口迁移。

(5)南宋乾道二年(1166年)农历八月十七,温州遭受特大台风和风暴潮袭击,拔树毁屋,夜潮入城,"浮尸蔽川,存者什一",永乐瑞平四县溺死二万多人,田禾不留一蕾。温州知州传檄,要求福建移民补籍,闽人相继迁入温州定居,为数甚众。

(6)明初为了巩固边防,在沿海设立了许多驻兵设防的卫所,仅洪武一朝31年中设卫即达136处。洪武二十年(1387年),明王朝在温州设温州卫,在平阳设金乡卫和壮士、蒲门二所,在乐清设磐石卫和蒲岐、楚门、隘顽三所,在瑞安设沙园、海安、瑞安三所,在永强设宁村所。大批外省籍军官率军来温州各卫所成卫,其中多数留居温州,成为温州人。

上述六次大规模外来人口迁入温州,有的是占据式移民,有的是蔓延式移民,有的是杂居式移民,有的是墨渍式移民,有的是孤岛式移民。这些移民对温州语言产生的影响表现在四个方面。第一,在温州西部山区,特别是人烟稀少的深山区,外来移民的方言取代了当地语言,保留了自己的方言,或形成大面积的外来方言区,或形成小面积的方言岛,造成今天温州纷繁的方言种类和犬牙交错的分布状况。例如苍南南部和西部的闽南话是由福建南部居民占据式移民形成的,鹿城区藤桥原岙底乡闽南话方言岛是闭锁式移民造成的。第二,在外来人口集中的地方,外来方言与当地语言交融、渗透,形成一种新的语言,例如泰顺南部的泰顺土话(蛮讲)是由福建东部居民迁入的闽东话与当地泰顺话渗杂而形成的。第三,在明代设置的卫所区域,由于来自五湖四海的驻军官兵留居,形成与当地语言迥异的独特方言,例如苍南金乡话和蒲城话就是当年抗倭官兵的各地方言演化而成。第四,在人口密度较大的东部平原,由于文化活力强大,外来人口只能放弃自身的语言,接受当地的温州话,融入当地社会,外来方言多被温州话所同化。这种情况的外来方言只能增加当地语言的词汇量,对当地语言别无其他影响。例如温州话是温州的强势语言和核心语言,外来人口再多也无法动摇温州话的声韵调。当今社会,务工经商的外来人员达 280 万之众,三个常住人口中就有一个外地人,其规模超过历史上任何一次移民,但在语言上丝毫不会影响温州话的根基。

本章主要参考文献

［1］王恩涌等《中国文化地理》,科学出版社 2008 年 1 月

［2］胡兆量等《中国文化地理概述》,北京大学出版社 2009 年 9 月

［3］四川大学宗教学研究所李刚等《古今中外宗教概观》,巴蜀书社 1997 年 4 月

［4］张忠成《从温州教会的牧区现象看教会的牧养管理》,金陵神学志 2011 年第 1 期

［5］郑张尚芳《温州方言志》,中华书局 2008 年 8 月

［6］游汝杰、杨乾明《温州方言词典》,江苏教育出版社 1998 年 12 月

［7］温端政《苍南县志·方言》,浙江人民出版社 1997 年 7 月

［8］陈圣格《泰顺县志·方言》,浙江人民出版社 1998 年 12 月

第七章　温州旅游地理

　　旅游是一定社会经济条件下的一种人类社会经济活动,是人们离开常住地的一种综合性的物质文化生活。过去旅游主要以增加知识、陶冶情操、锻炼身体为主,今天表现为娱乐、消遣、享受为主要目的,与娱乐休闲活动的内容越来越接近。旅游目的的娱乐性和消遣性是现代旅游的一大特点,又是旅游发展的一大原动力。旅游者、旅游资源和旅游业构成旅游活动的三个基本要素。旅游者是旅游的主体,旅游资源是旅游的客体,旅游业是旅游的媒介。目前,全世界每年参加旅游的人数已超过40亿人次,旅游业总收入突破9万亿美元,成为世界最大的经济支柱产业。当今全世界各个国家和地区都在积极开发旅游资源,发展旅游业,努力增加旅游收入。最近,国务院提出转变经济发展方式,大力发展第三产业的战略决策部署为旅游业开辟了广阔空间和美好前景。温州旅游资源丰富,发展旅游业的潜力很大。2013年温州市接待中外游客5751万人次,旅游总收入达到582.43亿元,旅游业增加值占全市GDP总量的7.9%;近十年来温州旅游收入的年均增长率达23.5%,远远超过了世界平均值,也远远超过了温州GDP总量的增速。但是温州旅游业长期积累的结构性、素质性问题尚未得到根本性解决,旅游经济模式的转型任重而道远。

　　温州旅游资源状况如何? 开发和接待能力怎样? 客源及其流量有多大? 与兄弟城市的差距在哪里? 并以此为依据制定旅游资源的开发规划和旅游景区和景点的布局,这是温州经济发展的一个重要课题,需要认真加以研究和探索。本章讲述温州丰富多样的旅游资源,客观记录温州旅游业的发展历程,科学总结温州旅游业的成绩和经验,更以专家学者的视角为温州旅游业发展提供有力的理论支持。

一、温州旅游资源的种类和分布

　　旅游资源是指自然地理环境和人文地理环境中具有旅游价值的所有要素,也就是人们在旅游过程中具有感兴趣和吸引力的地理环境因素,包括物质的和非物质的两个方面,也包括已开发和未开发的两个方面。旅游资源的价值大小和效益高低,取决于它的吸引功能。吸引功能大的旅游资源能获得良好的经济效益、社会效益和生态效益。所以,旅游资源吸引效益的研究是旅游地理的焦点所在。

旅游资源的分类有很多方法和标准,常用的有两种分类方法。一种是根据旅游资源的本质属性,分为自然旅游资源和人文旅游资源两大类;另一种是根据旅游资源的吸引级别分类,分为国家级旅游资源、省级旅游资源、市级或县级旅游资源。很多游客把国家级旅游风景区与 AAAA 级旅游风景区这两个概念搞错了,国家级旅游风景区是旅游资源的天生丽质程度的等级,AAAA 级风景区是管理质量好坏的等级。通俗地说,国家级是风景好看不好看,AAAA 级是垃圾扫得干净不干净。显然,既是国家级又是AAAA 级风景区是人们首选的旅游胜地。

图 7-1　国家级旅游风景区的徽志

(一) 温州自然旅游资源

简单地说,自然旅游资源就是组成自然地理环境的岩石圈、大气圈、水圈和生物圈中适宜于人们游览、休养、考察等旅游活动的天然要素。具体包括哪些内容? 不同的学者提出多种方案,具有指导性的是中国科学院地理研究所和国家旅游局规划发展司起草的国家标准《旅游资源分类、调查与评价》(GB/T18972－2003)中提出的分类方案。依此方案,旅游资源分为 8 个主类,31 个亚类,155 个基本类型。其中前 4 个主类属于自然旅游资源,包括 17 个亚类,71 个基本类型;后 4 个主类属于人文旅游资源,包括 14 个亚类,84 个基本类型。从旅游地理角度来说,自然旅游资源包括地质地貌景观、气象气候景观、水文地理景观、生物景观四个方面;人文旅游资源包括建筑景观、文化艺术景观、风土民情、旅游服务等方面。

表 7-1　　　　　　　　　国家标准的自然旅游资源分类

主类	亚类	基本类型
地文景观	综合自然旅游地	山丘 谷地 滩地 沙砾石地 奇异自然现象 自然标志地 垂直自然地带
	沉积和构造	断层 褶曲 节理 地层剖面 钙华与泉华 矿点矿脉与矿石积聚地 生物化石点
	地质地貌过程形迹	凸峰 独峰 峰丛 石(土)林 奇特与象形山石 岩壁与岩缝 峡谷 沟壑地 丹霞 雅丹 堆石洞 岩石洞与岩穴 沙丘地 岸滩
	自然变动遗迹	重力堆积体 泥石流堆积 地震遗迹 陷落地 火山与熔岩 冰川堆积体 冰川侵蚀遗迹
	岛礁	岛区 岩礁
水域风光	河段	观光游憩河段 暗河河段 古河道段落
	天然湖泊与池沼	观光游憩湖区 沼泽与湿地 潭池
	瀑布	悬瀑 跌水
	泉	冷泉 地热与温泉
	河口与海面	观光游憩海域 涌潮 击浪
	冰雪地	冰川观光地 长年积雪地
生物景观	树木	林地 丛树 独树
	草原与草地	草地 疏林草地
	花卉地	草场花卉地 林间花卉地
	野生动物栖息地	水生动物栖息地 陆地动物栖息地 鸟类栖息地 蝶类栖息地
天象与气候景观	光现象	日月星辰观察地 光环现象观察地 海市蜃楼多发地
	天气与气候现象	云雾多发区 避暑地 避寒地 极端与特殊气候显示地 物候景观

温州自然地理环境复杂多样,青山碧水、奇峰异洞、飞瀑碧潭、海滩浴场等旅游景观遍布全市各地,加上优越的气候条件和丰富的生物资源,为温州

发展旅游业奠定了良好的天然物质基础。

1. 温州地质旅游资源

地质旅游资源是指地球岩石圈在地质内营力和外营力的共同作用下，形成各种各样的矿物和岩石，以及地壳运动形成岩层变形和变位的构造形态。因此，地质旅游资源主要有火山旅游资源、岩石旅游资源、构造旅游资源、矿产旅游资源、化石旅游资源等。乐清雁荡山风景区是温州著名的世界地质公园，它以中生代破火山口和流纹岩等地质旅游资源而著称。在中生代，距今 1.65 亿年晚侏罗世初期至距今 1.20 亿年早白垩世，温州全境发生强烈的燕山运动。燕山运动在温州地质演化历史上具有划时代意义，它对温州的大地构造、岩石分布、矿产形成以及地表形态都产生深刻的影响。在整个燕山构造期，温州全境发生强烈的长时间和大规模的火山喷发和岩浆侵入活动，持续了 4500 万年之久，其规模和持续时间可算得上全国一流。因此，温州遗留至今有众多的死火山口。由于历经 1 亿多年的外力风化侵蚀作用，火山口的形态特征渐趋模糊，故称为破火山口。温州破火山口的遗址很多，笔者经常带学生去近郊的永嘉清水埠、瓯海庙后等地参观破火山口，并讲述燕山期温州火山喷发历史。

由于中生代的火山喷发和岩浆侵入活动，温州岩浆岩分布极广，出露面积约占全市陆地总面积的 80%，而沉积岩分布面积很小，变质岩分布更小，这是温州岩石分布的一个显著特点。从时间上来说，晚侏罗世以喷出为主，早白垩世以侵入为主，所以温州上侏罗统的喷出岩和下白垩统的侵入岩量大面广，厚度巨大。最具旅游价值的是上侏罗统的流纹岩和下白垩统的花岗岩，以及花岗岩的球状风化景观，这是构成温州又一吸引眼球的地质旅游资源。流纹岩属于火山喷出岩，以北雁风景区最著名。花岗岩属于岩浆侵入岩，温州侵入岩划分为燕山晚期的三次侵入体，出露面积约占全市总面积的 8%，特别是洞头尤为广泛，约占全县陆地面积的 44%。温州出露的主要品种是花岗岩、钾长花岗岩、二长花岗岩、钾长花岗斑岩、石英正长岩、石英闪长岩和辉绿岩等。经调查，温州花岗岩出露面积在 0.1 平方千米以上的有150 多处，出露面积在 10 平方千米以上的有 32 处，出露面积在 20 平方千米以上的有 13 处。著名的花岗岩出露地区有苍南玉苍山、瑞安陶山、文成石门、温州市区的大罗山、瑞安林溪、永嘉鲤溪、平阳昆阳、乐清仙溪、文成城门、泰顺黄沙坑、乐清芙蓉、平阳钱仓、洞头大门、苍南石聚堂、平阳南麂、文成双桂竹基、泰顺仕阳和南院等地，有些地方已开发为旅游风景区。大家都说绍兴以"石文化"旅游而著称，其实温州的岩石旅游资源远胜过绍兴，绍兴的岩石是凝灰岩,温州的岩石是流纹岩和花岗岩,在旅游上绝不是同一级别上的资源。只是温州在旅游开发和宣传上不懂窍而落后于人家,甚至旅游部门的专家都不懂岩石旅游资源的评价和开发。

地质构造旅游资源,常见的有节理、断层、地垒、地堑、褶皱、背斜、向斜等。岩层受地壳运动产生的地应力作用发生断裂,倘若断裂面两侧岩体没有产生位移,这种构造称为节理;倘若断裂面两侧岩体发生明显位移的断裂构造称为断层。自然界的节理构造远多于断层构造,但成为旅游资源的节理则不多见。例如苍南大渔北行街村、小渔村 5 平方千米的区域分布着典型的柱状节理岩带,其岩质是早白垩世的熔结凝灰岩,柱状节理形成于距今8000 万年的晚白垩世。这种规整度高的柱状节理是非常珍稀的旅游资源,但至今仍被视为荒野,而天然的损坏和人为的破坏非常严重。另外,乐清仙溪镇的大荆溪上游福溪水库(龙湖)的北边仙姑洞附近,2012 年 2 月也发现大面积柱状节理地貌,面积 5 平方千米,属六方形柱状节理,目前仍未得到旅游开发。云南腾冲火山地质公园的柱状节理岩带只有 2 平方千米,成为我国最知名的柱状节理旅游区。韩国济州岛、俄罗斯勒拿河、美国怀俄明州的魔鬼塔、英国北爱尔兰巨人堤的柱状岩都开发为世界著名的旅游区,或列为国家保护区,或列入世界遗产名录,而我们大渔和仙桥的大面积柱状岩却无人顾问,弃若草野。

断层形成的旅游资源主要有断崖、地垒山、地堑谷和断陷盆地等。断层一盘高出另一盘而出露地表的陡崖称为断崖。我国最著名的是陕西秦岭北坡的华山断崖。温州山区断层非常发育,因而断崖分布很广,远足郊游时随处可见,有的规模还很大。地垒和地堑是两个或两个以上的断层形成的组合形态,若中间岩体向上拱起的构造称为地垒,向下拗陷的构造称为地堑。地垒在地貌上往往表现为地垒山,我国最著名的地垒山是泰山和庐山,温州最著名的是乐清白石中雁荡山风景区的玉甑峰,海拔 598 米的山峰拔地而起,形体方正如甑,有"卓立天心"之感。地堑在地貌上往往表现为地堑谷,世界最著名的地堑谷是东非大裂谷,中国最著名的是晋陕的汾渭谷地,浙江最著名的是金华—衢州谷地。温州地堑谷远比地垒山多,例如永嘉西北部的巽宅镇界坑境内,从界坑村往南、往北、往西北方向有很长的地堑谷,谷地两侧断崖壁立,是优质的旅游资源,但仍没有得到开发。

岩层的一个弯曲称为褶曲,两个或两个以上的弯曲称为褶皱,褶皱是褶曲的组合形态。向上弯曲的褶曲称为背斜,向下弯曲则称为向斜。这些构造形态都是很好的旅游资源。例如瑞安林溪下游的支流卧龙峡景区有一条长 300 多米,宽 40 厘米的白色褶皱岩层,像白龙一样游卧在溪床之中,最后钻入深潭,就是很入胜的地质旅游资源。洞头半屏山东侧的海蚀崖有非常壮观的褶皱形态,名"乌龙腾海",可称为旅游奇观。可惜的是我们的导游则称为"黄龙与黑龙打斗",压根不知其为褶皱构造,如果用地质构造的角度向游客介绍景观成因,那是很吸引人的。

除了上述内力作用形成的地质旅游资源外,温州还有众多的外力作用形成的地质旅游资源。最常见的是流水侵蚀作用形成雄伟的峡谷、冲沟、陡坎、涡穴、壶穴、岩槛、河曲、河漫滩、迂回扇等。此外,还有花岗岩的球状风化形成椭球状的石蛋地貌,表现为孤石、大卵石、摇摆石、孤峰等。温州花岗岩球状风化地貌很多,例如苍南玉苍山、浦亭石聚堂、平阳南麂岛、洞头仙叠岩、龙湾瑶溪、大罗山龙脊等地深受游客欣赏。它们虽然没有普陀山的磐陀石、泉州的碧玉球、东山岛的风动石、鼓浪屿的日光岩那么显赫,但是温州的花岗岩球状风化地貌的分布范围、规模和观赏性绝不逊色。温州最吸引眼球的是海浪侵蚀和沉积作用形成的海岸地质旅游资源。例如洞头、南麂随处可见的海蚀崖、海蚀柱、海蚀穴、海蚀洞、海蚀窗、海蚀平台、海蚀拱桥或海穹等海浪侵蚀地貌。这些海蚀地貌在洞头列岛、大北列岛、北麂列岛、南麂列岛分布很广,而且形态发育很典型。海浪沉积作用形成形态各异的离岸堤、沿岸堤、潟湖、沙嘴、拦湾堤、连岛坝、海滩等海积地貌。最具旅游价值的是沙质海滩,可开辟为海滨浴场。温州沙滩按组成分为硅质沙滩、钙质沙滩和硅钙混合沙滩。硅质沙滩由岩石经海浪侵蚀和沉积而成,颜色呈黄色,故称金沙滩,温州大部分沙滩属此类型。钙质沙滩由贝壳碎屑沉积而成,一般呈白色,故称银滩。温州纯钙质银滩很少见,多与硅沙混合分布。温州著名的沙滩有苍南的渔寮沙滩、炎亭沙滩、海口沙滩、大渔沙滩、北关岛沙滩、长沙沙滩、柳垅沙滩、雾城沙滩、后槽沙滩、崇家岙沙滩、洞头大门岛的马岙潭沙滩、半屏岛韭菜岙的大沙龙沙滩、洞头岛的大沙岙沙滩、平阳南麂岛的大沙岙沙滩等。可惜的是苍南霞关的金沙沙滩、玉沙沙滩、石砰沙滩、洞头北岙的双垄和东沙沙滩等由于人为破坏而已经消逝。

2. 温州地貌旅游资源

大范围的地表形态叫地形,小范围的地表面貌叫地貌。现代地理学将世界地形分为五种类型,即"五分法"。温州境内的山地、丘陵、平原、盆地四种地形俱全,只是没有高原。但温州有中尺度的"小高原",称为"台地",例如文成的南田台地、桂山台地等。形态上比四周或一侧高,顶部基本平坦,形似台状的高地称为台地。我国台地主要分布在山西、台湾、海南等地。在成因上,山西境内的黄土台地属于剥蚀台地,温州境内的台地属于构造台地。由于地壳上升地表隆起形成构造高原,构造高原遭受外力切割形成构造台地,构造台地进一步切割缩小形成桌状山,这种平顶山也称方山。与方山对应的尖状山顶称为尖山。温州的方山分布较多,台地分布较少。南田台地是温州最大的台地,它位于文成县中北部的南田镇和百丈漈镇境内,百丈漈水库(天顶湖)就位于南田台地上。南田台地北起南田镇刘基故里武阳村,南抵大峃镇龙川茶寮村;东起南田镇十源斋垄村,西到刘基墓所在的南田镇叶山头村。南北长 18.9 千米,东西宽 12.6 千米,面积约 196 平方千米。南田台地地势西北较高,东南较低,海拔 630～700 米,台地中部海拔为 650米。台地边缘坡度较陡,有"南田九条岭,条条通天顶"之说。岩石由紫红色砂岩、砾岩、流纹岩和凝灰岩组成。台地内溪涧纵横,天顶湖水域广阔;平畴千顷,土壤肥沃,村落众多。北宋《太平寰宇记》称之为万山深处的世外桃源。南田台地除北部的刘基庙、刘基故里、刘基墓已辟为风景区外,其余区域均未开发。南田台地与文成山水一样,具有很高的旅游价值,是亟待有识之士开发的旅游资源。

地貌比地形更具旅游价值。温州地貌类型不多,没有冰川地貌、冻土地貌、荒漠地貌、风力地貌、雅丹地貌、丹霞地貌、黄土地貌、喀斯特地貌等,只有流水地貌、海岸地貌、坡地地貌和构造地貌四种类型。温州地貌旅游资源中,最具旅游价值的是与众不同的"山"和"水"组成的流水地貌,以及千姿百态的海岸地貌。

温州最高的山峰海拔只有 1611 米,绝大多数是 1000 米以下的低山和丘陵,少数是中山,没有 3500 米以上的高山,更没有 5000 米以上的极高山。所以温州旅游资源中的山,不是以高取胜,"山不在高,有仙则名"。湘西张家界武陵源风景区登高远眺,可以一眼看到一千多座山峰,温州没有这种"群峰"景观,而是以"孤峰"著称于世。著名的雁荡山风景区的合掌峰、观音峰、碧霄峰、双笋峰、犀牛峰、天柱峰、展旗峰、玉女峰、双鸾峰、剪刀峰、雄鹰峰等26 座孤峰挺拔,赢得了中国名山之誉。与黄山 72 座孤峰不同之处,黄山是花岗岩孤峰,雁荡山是流纹岩孤峰;黄山是能攀登的孤峰,雁荡山是只能远眺的孤峰,这说明雁荡山孤峰的挺拔更胜黄山一筹。永嘉石桅岩也是不能攀登的孤峰,而乐清中雁荡山的玉甑峰则是能攀登的孤峰,两者的挺拔俊峭远不一样。北雁荡山缺水,所以它的瀑布不是强项;北雁荡山的岩石不是石灰岩,所以它的洞穴绝不能与喀斯特地貌相比美。雁荡山是以流纹岩孤峰及破火山口赢得了世界地质公园的美誉。温州雁荡山孤峰美貌绝不逊色于黄山、庐山、泰山等名山,但是温州市旅游局组织编写的《温州导游词》在宣传上很不理想,不仅在地理学术上错误百出,例如白垩纪、白垩系、晚白垩世、上白垩统都不分的,而且在表述上侧重"像夫妻"、"像双乳"这种见智见仁的描绘,简直把游客当傻瓜。拿到外地外国去,人家会笑话温州人的旅游评价水平低劣。国家旅游局都聘请中国科学院地理研究所专家一起干,温州旅游局擅长于不懂装懂,枉愧于温州大好的美色美景。

洞宫山脉、括苍山脉、北雁荡山脉、南雁荡山脉构成温州地形的骨架,这四条山脉都有众多向两侧延伸的支脉,这些主脉和支脉犹如河流的干流和支流一样,纵横交错,组建成温州最主要的地形类型"山地"。温州山地的组成岩石有的坚硬,有的松软,岩浆岩坚硬不易侵蚀,沉积岩松软容易风化侵蚀。在漫长的地质年代中,地壳运动使岩体产生断裂而形成纵横的节理和断层。在强大的流水作用下,松软的岩石被外力侵蚀搬运走了,坚硬的岩石挺立而形成可供观赏的孤峰;流水沿着节理和断层的断裂面不断侵蚀,形成深邃的峡谷,使孤峰更加高耸陡峭。这种侵蚀叫做区别侵蚀。流水的区别侵蚀造就了温州五花八门、多姿多彩的地貌旅游资源。

流水径流分为片状径流和线状径流两种。片状径流常形成浅凹地、深凹地等片流侵蚀地貌和坡积裙、岩堆、岩锥等片流沉积地貌。线状径流的侵蚀作用形成沟谷地貌,线状径流的沉积作用形成洪积扇、冲积扇、冲积平原、河口三角洲、卵石滩、河漫滩等流水沉积地貌。沟谷地貌在温州山区分布十分广泛。线状径流有间歇性流水和经常性流水两种。间歇性流水形成的沟谷称为山谷,经常性流水形成的沟谷称为河谷,河谷的底部就是河流。山谷流水经常干涸无水,而暴雨时水流湍急,含沙量大,沙砾颗粒大。巨大的水流不仅冲刷着沟床,而且挟带的大量沙砾磨蚀着沟床。流水的这种下切作用和旁蚀作用使沟床不断加深加宽。在沟头地段,侵蚀作用主要以溯源侵蚀的方式进行,使沟谷往上伸长。当沟谷水流夹带着大量的沙砾向下倾泻时,沿途可以形成很多陡坎和涡穴。由于地壳运动常形成节理和断层,流水沿着这些裂隙面或岩石破碎带侵蚀出各种沟谷。这就是所谓的"有沟必断",其实先有断层,而后流水沿断层侵蚀形成深邃的峡谷。

沟谷地貌可分为浅沟、切沟、冲沟、坳沟四种类型。切沟的溯源作用形成岩槛,岩槛就是冲沟的沟头。岩槛是基岩河床中坚硬岩石像门槛一样横亘于河床底部形成跌水和瀑布。这种坚硬岩石是穿插在基岩中的岩脉,特别坚硬,不易被流水侵蚀,常形成岩槛。除岩性外,岩槛的形成也与构造有关,有些断层可直接形成岩槛,岩槛位置和断层位置一致。有些岩槛位于断层上游方向一定的距离,那是岩槛溯源侵蚀后退的缘故。陡坎上泻落下来的水流在冲沟底部形成凹坑。如果河床基岩节理发育,水流会沿岩石节理冲击和掏蚀河床。一旦河床被掏蚀成穴后,就在壶穴处形成漩涡流,一些石块随着漩涡流一起运移,对壶穴产生巨大的磨蚀作用,这样就形成很深的壶穴和很光滑的磨光面。文成境内飞云江支流峃作口溪上游的铜铃山风景区分布着众多吸引眼球的壶穴,堪称"华夏一绝"。

　　温州河谷地貌复杂多样。从河谷纵剖面看,上游河道狭窄,落差大,多瀑布和峡谷;中游河谷拓宽,多心滩、河漫滩、河谷平原和河流阶地,河床的凹岸侵蚀形成深槽,凸岸沉积形成浅滩,浅滩和深槽交替,两岸常有山嘴突出,使河床岸线犬牙交错;下游水流平稳,河道宽广,多形成河曲和汊河。河曲又称蛇流,指弯曲的河床。河曲的成因主要是由于水流横向环流的作用,凹岸侵蚀,凸岸沉积,使河床弯曲越来越大,形成狭窄的河曲颈。洪水时河曲颈可能被冲开,河道就裁弯取直。裁弯取直后,废弃的弯曲河道便成为牛轭湖。河曲多分布在宽广的冲积平原地区,河谷宽阔,河床不易被约束,能自由地迂回摆动,这种河曲称为自由河曲。例如飞云江下游仙降平原有温州规模最大的河曲,瓯江下游第二大支流戍浦江下游的河曲都属于自由河曲。河曲形成后,由于地壳抬升,河曲深切到基岩中,称为深切河曲。深切河曲发育在山区,河曲颈裁弯取直后,被废弃的河曲所环绕的孤立小丘称为离堆山。

　　河流洪水期淹没河床以外的谷底部分称为河漫滩,也就是平时露出水面,洪水期淹在水下的河滩。河漫滩在温州各河流的干支流分布甚广,美丽的楠溪江"滩林"就位于河漫滩上。河谷平原的河漫滩比较宽广,常分布在河床两侧,也分布在凸岸一侧。河漫滩是在河床浅滩基础上发展而来的。枯水期部分浅滩露出水面,河床开始弯曲。如果河床继续向凹岸方向移动,凸岸的河床浅滩不断展宽,以至枯水期有大片露出水面,形成雏形河漫滩。雏形河漫滩的组成物质颗粒粗大,多为卵石和沙砾。河谷再继续展宽,洪水期水流淹没雏形河漫滩,由于水浅,水流慢,雏形河漫滩上沉积了一层颗粒较细的细沙和粘土物质,这时就形成了河漫滩。河漫滩的这种下层粗、上层细的特征叫做河漫滩的二元结构。河漫滩上通常还有滨河床沙坝、迂回扇、心滩沙堤三种微地貌。

　　河口地貌分为三角洲和三角港两种。世界上绝大部分河口多形成三角洲,但温州没有三角洲,连水下三角洲也没有,只有三角港地貌。这是因为海水的搬运作用超过了河流的沉积作用。瓯江、飞云江和鳌江流域的森林覆盖率高达 60％以上，年降水量高达 1800 毫米以上，这两个数字可算作世界一流，仅次于亚马孙河流域的热带雨林。茂密的植被致使河流含沙量极小，丰沛的降水形成河流年径流量很大。温州"三江"的年输沙量小于年径流量的四分之一，就不能形成三角洲，这是世界河口地貌发育的通则。其次，温州"三江"河口潮汐强大，属于强潮汐区，鳌江口甚至达到涌潮的标准。汹涌潮流的强大搬运作用将河流泥沙带到别处沉积，因而只能形成三角港。三角港又称三角湾。在强大潮流作用下，涨潮时潮流以很快的速度溯河而上，形成强烈侵蚀；退潮时积蓄的河水和潮流一起沿河而下，加强了退潮流的力量，使河流泥沙无法在河口沉积，形成三角形的河口港湾。三角港在世界和中国都不多，亚马孙河口、刚果河口、钱塘江口等少数地区才能发育。

波浪、潮汐和洋流三种海洋动力塑造出各种海岸地貌，其中以波浪作用为主。海浪对海岸地貌形成有海浪侵蚀作用和海浪沉积作用，因而海岸地貌分为海岸侵蚀地貌和海岸沉积地貌。海浪侵蚀作用在基岩海岸最明显。基岩海岸水深，外来海浪能直接到达岸边，形成巨大的拍岸浪。波高 6 米，波长 50 米的拍岸浪对每平方米岩壁的压力达 15 吨，最高可达 30 吨。海浪水体的巨大压力及被压缩的空气对岩石产生强烈的破坏，尤其对有裂隙发育的岩石更为明显。海浪挟带的岩屑沙砾对基岩产生研磨作用，加快了海蚀速度。海水对岩石的溶蚀能力比淡水强，虽然温州海岸没有石灰岩，但对岩浆岩也有溶蚀作用。海岸经过海浪冲刷、研磨和溶蚀形成各种海蚀地貌。在海浪长期侵蚀下，基岩不断崩塌后退，形成高出海面的陡崖，称为海蚀崖。洞头半屏山的东海岸就是规模巨大的海蚀崖，它的长度、高度和形态都是全国一流，成为著名的旅游风景区。海蚀崖的下部，大致与海平面高度相等处，在波浪的冲掏下形成凹槽，称为海蚀穴，深度很大的称为海蚀洞。冲入洞中的水流及其对空气的压缩作用，可将洞顶击穿，形成海蚀窗。海蚀穴上面的岩石因下部掏空而不断崩塌，崩塌物若很快被海浪带走，则重新发育海蚀穴，使海蚀崖继续后退。海浪不断冲刷磨蚀位于海蚀崖前方的基岩面，形成微微向海倾斜的浅水基岩平台，称为海蚀平台。在岬角地段，因同时遭受不同方向的海浪侵蚀，可使两侧海蚀穴蚀穿而形成拱门形状，称为海蚀拱桥或海穹。海蚀拱桥崩塌后留下的岩柱，或者坚硬岩脉的差别侵蚀残留形成突立的岩柱，都称为海蚀柱。这些海蚀地貌在洞头列岛、大北列岛、北麂列岛、南麂列岛分布很广，而且形态发育很典型。在洞头大门岛还可以看到古海蚀地貌，那是由于气候的原因使海平面下降，古海蚀崖和海蚀穴位于今海拔 10 多米的高度，公路就从古海蚀平台上经过。乐清盐盆山海拔 50 米处有蜂窝状的海蚀穴,也是古海蚀地貌的遗迹。

3. 温州水文旅游资源

水文旅游资源又称水域旅游资源或水景旅游资源。地球水圈共有十种水体,所以水上旅游项目最为丰富多彩,例如游泳、戏水、潜水、划船、冲浪、帆板、滑水、漂流、海浴、垂钓、溜冰、滑雪、坐雪橇、打冰球、赏瀑布、观涌泉、泡温泉、坐游轮、驾飞艇、看大海、听海涛、观涌潮、品尝海鲜等。温州水文旅游资源主要有海洋水、河流水、湖泊水、地下水四类。

(1)温州海洋旅游资源

温州海域辽阔,海岛众多,海岸漫长,海洋旅游资源非常丰富。大陆海岸线北起乐清湾顶的跃进水闸,南至浙闽交界的虎头鼻,全长355.0千米;海岛海岸线长676.6千米,海岛海岸线长度远远超过大陆海岸线,两者合计1031.6千米。温州海岸就其物质组成来看,主要有淤泥质海岸(泥岸)、基岩海岸(岩岸)和沙质海岸(沙岸)三种。砾质海岸很少,偶尔在苍南大渔滩及洞头列岛发现小片砾石滩。温州海岸就其成因来看,可分为侵蚀海岸、沉积海岸和侵蚀—沉积海岸三种。不论从何种角度看,温州大陆海岸均可分为南段、中段和北段三种不同类型。温州南段大陆海岸是指苍南肥艚镇琵琶山到浙闽交界的苍南沿浦的虎头鼻。该段海岸由于受新华夏系和北西向构造线的控制,形成港湾、岬角和溺谷相间的曲折海岸。这段海岸外的海域广阔,岛屿不多。由于缺少岛屿对海浪的屏障作用,所以海浪侵蚀作用强烈,形成典型的侵蚀海岸。这段陆地多低山丘陵地形,坚硬的岩石受海浪侵蚀而形成基岩海岸。特别在岬角岸段,由于海浪波能的辐聚作用,发育了陡峭的海蚀崖;而在湾岙岸段,由于波能的辐散作用,发育了泥沙质海滩。所以在琵琶山至大渔、大门山至霞关岸段的海蚀岩岸地形非常典型;而在大渔至大门山的大渔湾、三星至岭头的沿浦湾岸段发育了泥沙质沉积海岸。该段海岸是温州沙质海岸分布最多的岸段。著名的沙质海滩有渔寮、炎亭、海口、大渔等地,是海滨浴场的优良场所。渔寮沙滩长约2000米,低潮时宽约800米,可供万人同时入浴,能与夏威夷沙滩相媲美,是温州最大的海滨浴场。此段海岸还有原生态的北关岛沙滩、长沙沙滩、柳垅沙滩、雾城沙滩、后槽沙滩、崇家岙沙滩等。

温州中段大陆海岸是指苍南肥艚的琵琶山到乐清南岳的沙港头。该段是淤泥质沉积海岸,这里有温州宽度最大、面积最辽阔的海涂。瓯江、飞云江和鳌江三条大河分别在这岸段的北部、中部和南部东流入海,这三条河流每年带来340万吨泥沙入海。另外还有东海沿岸流从长江口和杭州湾带来每年 3000 多万吨泥沙,由于半岛状的半天山阻挡,海水流速减慢,海域来沙沉积在该段海岸,形成广阔的海涂。这段海岸外侧岛屿众多,瓯江口外有洞头列岛,飞云江口外有大北列岛和北麂列岛,鳌江口外有南麂列岛。这些海岛遮挡着外海来的强大风浪,构筑了这一岸段海浪的天然屏障。因此,整个岸段都发育了宽阔平缓的淤泥质海涂。该海涂宽度南部大约 9 千米,北部大约 2.5 千米,南部向北部逐渐变窄。海涂坡度 1‰~2‰。这些海涂仍在不断扩展,以平均每年 10 米左右的淤积速度向外海延伸。然而,2006 年 4 月建成灵霓大堤以后,这条该死的海堤阻断了东海沿岸流南下的泥沙,使瓯江口至琵琶山的海涂缺乏泥沙来源而停滞发育,有的地方甚至海岸线后退。该岸段个别地方还发育了侵蚀—沉积海岸,即在老的侵蚀岩岸的外侧沉积了广阔的泥滩。例如平阳半天山沿岸的西湾跳头至鳌江镇杨屿门海岸,瓯江口北岸的翁垟三屿海岸,乐成的盐盆海岸,蒲岐的下堡海岸等都属侵蚀—沉积海岸。

温州北段大陆海岸是指乐清南岳的沙港头以北的乐清湾岸段北部。该段地处乐清湾内,虽然海岸线不长,但海岸类型比较复杂,既有沉积型的淤泥海岸,也有侵蚀型的基岩海岸,更有介乎两者之间的侵蚀—沉积型海岸。沉积型的淤泥海岸主要发育在清江口至白溪河口之间的岸段,以及西门岛至横床岛之间的海域,这里分布着面积较大的海涂。侵蚀型的基岩海岸主要发育在岬角岸段,如南岳的沙港头和后塘、南塘的山下涂和外塘、清江的富岩头、雁荡的朴头和跳头、湖雾的下定头等地。此外还有侵蚀岩岸逐渐向沉积泥岸过渡的类型,这类海岸是在老的侵蚀基岩海岸的外侧沉积了宽窄不一的潮滩。

温州海岛海岸大部分是基岩海岸,少数湾岙地区是泥沙质海岸。海岛东侧迎着海浪的多是侵蚀海岸,西侧背着海浪的多是沉积海岸。例如,温州第一大岛大门岛东部从潭头到头岩岸段发育了海蚀崖、海蚀穴、海蚀平台等侵蚀海岸;而它的西部多有宽窄不同的泥沙质海滩的沉积海岸,特别是乌仙头到潭头的黄岙涂一段,是日本人都垂涎开发的上等海涂。洞头岛东部从九厅到渔岙岸段是典型的基岩侵蚀海岸,而西部多数岸段是沉积海岸。温州海岛海岸中的沙滩分布较多,例如南麂岛的大沙岙沙滩长约 800 米,宽 600 多米,属硅钙混合沙滩。洞头岛东南面的大沙岙沙滩长 300 多米,宽 250 多米,属硅质沙滩。大门岛的马岙潭沙滩长 700 米,宽 600 米,属硅质沙滩。半屏岛韭菜岙的大沙龙沙滩有"千步沙"之誉,属硅钙混合沙滩。此外洞头北岙镇双垄和东沙一带原有很大的沙滩,跨四个岙口两个村庄,因长期取沙建房和修建环岛公路,2000 年前后已基本消逝。

温州沿海岛屿星罗棋布,全市共有大小海岛 435 个,面积 136.48 平方千米。这些海岛散布在东海之中,形成洞头列岛、大北列岛、北麂列岛、南麂列岛、七星列岛五大列岛以及沿岸岛屿。其中洞头 171 个,瑞安 95 个,苍南 84 个,平阳 66 个,乐清 19 个。全市海岛面积大于 1 平方千米有 18 个,住人岛共 37 个。这些星罗棋布的岛屿为温州旅游业提供了弥足珍贵的海洋旅游资源。目前,休闲度假旅游已成为最重要的旅游市场方向,其中海岛和海滨休闲度假是世界旅游业的第一大支柱。2012 年开始,洞头年接待游客数量已超过楠溪江、百丈漈国家级旅游风景区。无庸置疑,用不着五年,洞头旅游业肯定会超过温州王牌景区雁荡山。

(2) 温州河流旅游资源

温州河流众多,能叫出名字的就有一千五百多条。浙江省八大河流中,温州就占了三条。瓯江属于国家标准的二级河流,飞云江、鳌江、楠溪江属于三级河流。温州当地人把河流分为"外港"和"内河"两种,外港指入海河流,有咸潮入侵的河段;内河指平原河流,是淡水河流。大的河流称"江",小些的叫"港",再小些的叫"溪",最小的叫"坑"。温州河流大部分是山区河流,属于羽状水系,沿途接纳众多的一级支流、二级支流或三级支流。沿海平原上的塘河属于网状水系,河流纵横交错,形成温州九大平原塘河。详见本书《自然地理分册》第四章《温州河流分布》。温州河流旅游资源中,最著名的是楠溪江国家级旅游风景区。楠溪江溪水清澈,水质符合国家一级标准。上游多峡谷急流瀑布,中游河谷宽广,多浅滩深潭,有"36 弯 72 滩",滩有急流而不汹涌,潭水平静而不停滞,溪水缓急有度,宜观宜玩宜濯宜泳,乘坐竹筏漂流或舴艋舟是楠溪江悠游的最佳情趣之一。

温州瀑布旅游资源数不胜数,最著名的是国家级旅游风景区文成百丈漈瀑布。百丈漈瀑布由连续三级阶梯状瀑布组成,一漈瀑布高 207 米,宽 60 多米,单级落差居全国瀑布之首;二漈瀑布高 68 米,三漈瀑布高 12 米,三级瀑布合计落差 287 米,超过百丈。近年来,百丈漈瀑布顶部的百丈漈水库(天顶湖)凿渠放水,瀑布水量大增,更为壮观。

温州单级落差 100 米以上的瀑布有乐清北雁荡山的大龙湫瀑布,落差 197 米,居全市第二;雁湖景区的西大瀑(西石梁瀑布),落差 160 米;灵岩景区双珠谷的隐珠瀑,落差 118 米;永嘉大若岩景区的百丈瀑,落差 124.6 米。还有永嘉西溪济根村的虹岩漈瀑布,小楠溪流域应坑的花纹瀑,文成朱阳九峰的龙瀑,龙湾天柱寺景区的美人瀑等,落差均超百米。北雁荡山三折瀑,总落差 280 米,其中上折瀑高 100 余米,中折瀑高 120 米,下折瀑高 50 米;楠溪江源头景区龙凤大瀑布,分上下两折,落差均 90 米,若遇大雨,上下瀑连成一线,瀑水从 180 米高处下泻,惊天动地。

　　温州很多瀑布是多级相连,组成带状瀑布群。例如永嘉大若岩景区九漈石门台,是由九条瀑布组成的瀑布群;瑞安寨寮溪的花岩景区和九珠潭景区的瀑布群,都有九条瀑布相连;乐清中雁荡山西漈景区的八折瀑,共八折瀑布;瓯海泽雅景区的七瀑涧,一水七折瀑;永嘉龙湾潭森林公园的七折瀑,7 瀑 7 潭;永嘉大若岩景区藤溪的五星潭五级瀑布,5 瀑 5 潭,首尾相衔;五星潭上游的连缸潭瀑布,6 瀑 6 潭相叠;文成铜铃山大峡谷的瀑连瀑组成的瀑布群,煞是壮观;文成百丈漈景区峡谷景廊的瀑布群,瀑瀑悬飞,潭潭潋滟;乐清城北灵山景区水飞谷的瀑布群,令人荡气回肠。温州三瀑相连的瀑布群更多,例如文成朱阳九峰的百折瀑,3 潭 3 瀑;永嘉大若岩景区十二峰的三叠瀑,三瀑叠流;永嘉枫林北坑景区的北坑瀑三级瀑布;永嘉花坦水岩景区龙滚洞的三级瀑布;平阳顺溪景区的白云瀑三叠瀑布;苍南莒溪大峡谷中的碗窑三折瀑;泰顺南浦溪的三重漈瀑布;文成岩门大峡谷的三重漈瀑布;泰顺乌岩岭自然保护区白云洞的三折瀑;永嘉大若岩景区醉溪的三连瀑;平阳怀溪青隐界的三折瀑等。

　　温州吸引眼球的单体瀑布还有楠溪江狮子岩景区的龙瀑仙洞瀑布,落差 90 余米;永嘉西溪景区的吊坦漈瀑布,落差 80 余米;永嘉巽宅镇石斑岩景区的一线瀑,落差 70 多米;北雁荡山显胜门景区的散水瀑,落差 70 米;文成双龙景区的仙人瀑,落差 60 多米;瓯海仙岩景区的龙须潭瀑布,落差 60 米;永嘉花坦水岩景区的莲花瀑,落差 50 米。此外,还有文成南田刘基故里景区马尾瀑、铜铃山大峡谷的虎口瀑、泰顺南浦溪的双龙瀑、平阳南雁荡山东西洞景区的梅雨瀑和龙湫瀑、平阳赤岩山景区的飞龙瀑、平阳青街王神洞瀑布、乐清北雁荡山大龙湫景区的燕尾瀑、灵岩景区的小龙湫瀑布、雁湖景区的梅雨瀑和罗带瀑、梯云谷内的梯云瀑、羊角洞景区的双龙谷瀑布、乐清中雁荡山东漈景区的浣纱瀑和马尾瀑;楠溪江狮子岩景区下日川村的龙翔瀑、永嘉西溪娄坑村的娄坑漈瀑布、瑞安寨寮溪玉女谷景区的通天瀑、瑞安枫岭西龙村的甘漈腾烟瀑、瓯海仙岩景区的梅雨瀑、龙湾天柱寺景区的天河瀑布等都是温州旅游资源的胜景。

　　温州河流水文旅游资源中,还有一项是涌潮。鳌江大潮从王桥至麻步河段有涌潮现象,钱仓附近潮头最高达 1 米。涌潮是外海的潮水进入窄而浅的河口后,当潮流的流速大于潮波的传速时,潮波发生强烈变形,就会形成水跃,出现涌潮。世界最大的涌潮是亚马孙河口大涌潮,宽 12 千米的涌潮在河口的马拉诺岛附近骤起,溯河而上可达 200 多千米,波高 4～5 米,时速 20 多千米,潮浪排空,发出令人毛骨悚然的轰鸣。我国最著名的涌潮是钱塘潮,它与南美亚马孙河和南亚恒河被列为世界三大强涌潮。温州鳌江涌潮虽不及世界三大强涌潮,却是全国少见的水文现象。

（3）温州湖泊旅游资源

温州天然湖泊很少,面积很小,但人工湖泊水库却星罗棋布。目前全市已经建成 311 座水库,水库密度达到每 38 平方千米就有 1 座水库,平均每 2.9 万人就有 1 座水库。温州大型水库只有珊溪水库 1 座,中型水库 18 座,小型水库 292 座。珊溪水库坝址在文成珊溪镇区以上 1 千米处,库区位于文成和泰顺两县,泰顺的库区面积大于文成。珊溪水库工程由大坝、溢洪道、泄洪洞、发电引水隧道、发电厂、升压站和牛坑溪排水系统等设施组成。大坝为钢筋混凝土面板的土石坝,坝顶高程 156.8 米,正常蓄水位 142 米,坝高 132.5 米,坝顶长 448 米,总库容 18.24 亿立方米。电站总装机容量 20 万千瓦,年发电量 3.55 亿千瓦时。2002 年 11 月由瑞安赵山渡引水工程和潘桥陈岙泵站向温州市区送水,年供水量 13.4 亿立方米,成为温州市区、瑞安、平阳和苍南的自来水最大水源地,是温州真正的"大水缸"。珊溪水库是一宗很理想的湖泊旅游资源,和千岛湖一样,有巨大的旅游开发潜力。温州有人认为作为饮用水源的水库不能开展旅游活动,以免污染水源,这是不能接受的错误观点。新安江水库(千岛湖)是"农夫山泉"瓶装矿泉水的水源地,却是全国著名的旅游胜地。目前,珊溪水库旅游开发程度极低,门庭冷落,游客罕至。

同样,温州 18 座中型水库的湖泊旅游资源开发程度也很低。它们分别是永嘉楠溪江上游的北溪水库、永嘉巽宅的金溪水库、泰顺黄桥的三插溪水库、泰顺仙稔的仙居水库、泰顺仕阳的双涧溪水库、文成石垟的高岭头水库、文成岭后的高二电水库、文成的百丈漈水库、苍南的桥墩水库、苍南藻溪的吴家园水库、瑞安高楼的赵山渡水库、瑞安湖岭的林溪水库、乐清的淡溪水库、乐清仙溪的福溪水库、乐清的白石水库、乐清白石的钟前水库、瓯海的泽雅水库、鹿城的仰义水库。这些理想的湖泊旅游资源亟待我们开发。在这方面,温州做得最好的是瑞安桐溪水库,一个小型水库居然成为能吸引众多游客的市级 AA 旅游风景区。

（4）温州地下水旅游资源

从全国来看,温州是地下水富水程度弱的地区,全市浅层地下淡水总储量只有 29.3 亿立方米,约是地表水的五分之一。温州地下水主要分布在西部山区。西部山地丘陵地区的地下水储量为 25.35 亿立方米,占全市总储量的 86.58%;东部平原储量仅 3.67 亿立方米,占全市总储量的 12.53%;海岛地区储量更少,只有 0.26 亿立方米,占全市总储量的 0.89%。

根据含水层的空隙特征,地下水分为孔隙水、裂隙水和溶隙水三种类型,温州地下水类型是裂隙水和孔隙水两类,而没有溶隙水。根据埋藏条件,地下水分为潜水和承压水两种类型,埋藏在第一个隔水层之上的叫潜水,埋藏在两个隔水层之间的叫承压水。裂隙水是指埋藏在基岩断裂裂隙或成岩裂隙中的地下水,是温州最主要的地下水类型,分布地区广,储量大。在温州广大的西部山区,由于基岩出露或基岩上覆盖的沉积层较浅,很容易看到这种地下水的出露,温州土话称这种出露的泉水为"山脉"。这种裂隙水的水质良好,是山区居民饮用水的上等水源,也是一种旅游资源。特别是文成南田、苍南矾山、泰顺罗阳和雅阳等地的裂隙水出水量更大,个别地方的单井日出水量可达 500 立方米。泰顺承天氡泉的裂隙水是含氡量很高的热泉。

温州基岩主要是上侏罗统的火山碎屑岩——凝灰岩,出露面积占全市总面积的 72%,厚度达 2359～5279 米;其次是下白垩统的火山碎屑岩和侵入岩,出露面积占全市总面积的 4%,厚度 115～3021 米。温州裂隙类型多为构造裂隙,次为成岩裂隙。构造裂隙是构造运动断裂作用的产物。根据李四光地质力学的观点,通常把断裂构造分为张性断裂、扭性断裂和压性断裂等。温州各地普遍发育的新华夏系构造(北北东向构造)、南北向构造、东西向构造和北西向构造中的绝大部分属于压性断裂。然而,从水文地质学角度来看,压性断裂面的裂隙率最小,它的导水性和富水性最差;相反,张性断裂的富水程度和通透状况最佳。由此可知,温州大部分地区虽然基岩出露面积很大,厚度也大,而且断裂构造十分发育,但是压性断裂构造制约了温州裂隙水的富水程度。成岩裂隙是岩石形成过程中,由于温度和压力的改变而产生原生性质的裂隙,例如温州岩浆岩的柱状节理等。但当裂隙出露地表时易遭风化,常被风化残积物充填,所以富水性也较差。温州闭合裂隙较多,含水空间小,导水能力差,所以温州这种泉水的排泄流量较小。温州各地基岩裂隙水的埋藏条件多为潜水,所以也可以称这种地下水为基岩裂隙潜水。但少数地区也有基岩裂隙承压水,这种地下水恰恰是最佳的旅游资源,例如泰顺承天氡泉就是基岩裂隙承压水。温州有许多高山湖泊和山顶天池多是基岩裂隙承压水补给,成为温州旅游的一道靓丽风景线。例如苍南玉苍山景区有 8 个山顶湖,没有溪流注入,但终年不涸,有的还能划龙舟;永嘉西溪景区瓯渠村石柱岩东南的山顶"天池",有两口涌泉,水涌似沸,可灌溉周围七八百亩耕地；文成铜铃山景区的小瑶池（仙女湖）也是高山湖泊，泉水涌溢；文成石垟森林公园月老山景区的日光池和月华池，也是高山湖泊；平阳南雁景区最高峰明王峰西边的雁池；平阳怀溪下游畴溪景区的仰天池等。温州基岩裂隙承压水出露而成为旅游景点的还有瑞安圣井山石殿的"圣井"、瑞安桐溪景区的"龙井喷泉"、瓯海泽雅景区珠岩寺的清泉"观音圣水"、永嘉巽宅石斑岩背胡公殿旁的清泉、江心屿东塔山西麓的"海眼泉井"、苍南炎亭景区前屿岛上海潮寺旁的两眼清泉等。这些都是很好的涌泉旅游资源。

　　孔隙水是指埋藏在第四纪和第三纪未胶结的松散沉积物孔隙中的地下水。孔隙水主要分布在温州的丘陵、山间盆地、河谷平原和沿海平原的第四纪沉积层中。根据埋藏条件，温州这种地下水又可分为下列两者类型。①丘陵盆地和河谷平原的孔隙潜水。这种孔隙潜水埋藏深度较浅，一般为1～2米，含水层厚度一般为3～8米。它的含水层主要由砂砾组成，具有良好的透水性，大气降水和地表径流可以迅速转化为地下径流，因此这种地下水矿化度低，水质良好。楠溪江、飞云江、鳌江中上游的山前谷地和河谷平原的居民多打井采用这种地下水，例如永嘉枫林、瑞安高楼、平阳山门、乐清大荆等地的民用水井日出水量约100立方米，大水井可达5000立方米。乐清乐成自来水厂冬季枯水期也采自这种山前孔隙潜水。②沿海平原的孔隙承压水。温州沿海平原多由海陆交互相沉积层组成，隔水层为海相淤泥质粘土层，含水层为陆相砂砾层或砂层。这种地下水是具有压力水头的承压水。根据含水层的不同特征，温州沿海平原孔隙承压水可分为山前平原和滨海平原两种情况。山前平原的承压水埋藏深度较浅，一般为1～3米，含水层厚度3～10米，承压程度较低，水质较好。例如瑞安陶山、平阳水头、乐清柳市和白溪等地的水井单井日出水量约为1000立方米。滨海平原的承压水埋藏深度较深，水质较差，矿化度多数在3克/升以上，属于咸水，而且含水层富水程度弱，单位涌水量普遍较小，没有旅游价值。

　　温州地下水中还有一种叫热矿水，它与普通地下水有三个不同之处，第一具有较高的水温，第二含有浓度较高的特殊化学成分，第三富含气体成分。温州地处我国东南沿海的浙闽山地，在地理位置上说明温州热矿水资源丰富；在我国热矿水区域分布上，温州属于中、高温微矿化含氮热水区。温州热矿水的特点是矿化度很低，硅和氟含量高，氮和氡气体含量高，有很高的医疗价值。例如泰顺承天氡泉就是温州最著名的热矿水，它的出水口水温62℃，根据我国对热矿水温度的统一分级，应属于高温热水（60℃～100℃）。在地热资源分级上应属于热泉（45℃～100℃），而非温泉。该高温热泉在埋藏条件分类上属于裂隙承压水，因此它能涌出来，涌水头最高达0.6米，泉眼日出水量500立方米。该热矿水的矿化度0.4克/升，属于重碳酸盐类钠组水，可溶二氧化硅含量70毫克/升，含氟量20毫克/升，含氡量97%，含氨量15埃曼/升，pH值为7.8。此外，还含有40多种微量元素，极具医疗价值。2001年5月被列为国家级浴用医疗热矿泉水名单，成为温州一宗非常优越的旅游资源。

4. 温州生物旅游资源

大家都知道，熊猫、老虎、狮子、大象、猴子、牡丹、郁金香、梅竹兰菊等动物和植物是旅游资源，大片的热带雨林、亚热带常绿阔叶林、温带落叶阔叶林、亚寒带针叶林、草原草甸以及各种自然保护区更是极好的旅游资源。因此，整个地球生物圈的所有生物及其生存环境都是生物旅游资源。温州生物旅游资源有天然动植物，也有人工饲养和栽培的动植物。温州天然动植物的热门旅游区有森林公园70多个，其中国家级森林公园5个，省级森林公园12个，温州市级森林公园29个，县级森林公园20多个。还有生物自然保护区2个，人工培育的动物园、植物园、生态园、苗圃花圃、公园园林、林业观光园、农业观光园等。其中瑞安雅林现代农业园营造的热带雨林馆区更吸引游客，仅2014年春节五天的游客竟达13万人次，而同样五天的国家级风景区百丈漈游客只有2.5万人次。

（1）温州植物旅游资源

温州地处中亚热带湿润地区，地表峰峦起伏，河网密布，这种自然地理环境为植物生长提供了极为有利的自然条件，因而温州植物种类丰富，区系成分复杂，植被类型多样，植物旅游资源多姿多彩。据调查，全市真菌类植物有61科129属212种，海藻类植物有8门45科123属632种，苔藓植物有55科83属101种，蕨类植物有39科83属232种。温州组成森林的乔木和灌木树种共112科378属1016种，其中裸子植物有9科23属44种，被子植物有103科355属972种。全市种子植物共148科638属1479种，维管植物共187科721属1711种。此外，温州有国家重点保护的珍贵树种和稀有树种45种，其中国家一级保护树种6种，国家二级保护树种11种，国家三级保护树种28种。还有省级重点保护的珍稀树种44种，占全省珍稀树种的37%。温州海水水生植物种类也很丰富，有浮游植物和底栖植物两大类。温州海洋浮游植物有7门20科43属459种。这些都是温州丰富而多彩的植物旅游资源。

温州植物区系的地理成分丰富而复杂，比例最大的是中亚热带特有的种类,其次是热带成分,第三是南亚热带成分,第四是北亚热带和温带成分,第五是一些起源古老的孑遗植物和单种特有属或寡种特有属植物。

温州森林植被类型有中亚热带常绿阔叶林、中亚热带常绿针叶林、中亚热带常绿阔叶和落叶阔叶混交林、中亚热带常绿针叶和常绿阔叶混交林、中亚热带竹林、中亚热带灌木丛林 6 种。草场植被有疏林草场、草丛草场、灌丛草场、草甸草场和附带草场 5 种类型。

温州森林面积 976.26 万亩,不包括灌木林 49.12 万亩、疏林 15.33 万亩、未成林 14.33 万亩、无林地 43.44 万亩和苗圃地 0.14 万亩面积,因而温州森林覆盖率为 54.79%。若包括所有林地面积则为 61.66%,温州市林业局公布的官方数据为 60.3%。温州森林覆盖率很高,是世界平均值的两倍,这在世界和全国都属前列,而且远远超过了我国远期 30% 的奋斗目标,也远远超过了"国家森林城市"评审的 35% 指标。

树龄在 100 年以上的树木称为古树名木。据统计,全市现有古树名木 12884 株。其中国家一级保护(树龄 500 年以上)502 株,二级保护(树龄 300~500 年)1654 株,三级保护(树龄 100~300 年)10722 株。经评选,温州十大古树名木是瓯海仙岩派岩村的茶花王、鹿城江心屿的樟抱榕、瑞安潮基贾岙村的银杏王、瓯海新桥老街的大榕树、瓯海北林垟庙后村的红豆杉、平阳宋桥岭下村的夫妻榕、永嘉巽宅麻庄村的柏树王、泰顺垟溪垟边村的古枫、泰顺洲岭垟心村的苦槠王、乐清四都梅溪村的状元樟等。这些都是极好的旅游资源。

(2)温州动物旅游资源

根据食物链和生态金字塔原理,植物种类越复杂的地方,动物种类也就越多种多样。温州植物种类繁多,动物种类也就丰富多样。温州已鉴定的野生陆地动物有 6 大类 3106 种,其中野生陆栖脊椎动物有 32 目 101 科 244 属 551 种、蜘蛛类动物 1 目 23 科 66 属 123 种,昆虫类动物 21 目 2432 种。温州野生陆栖脊椎动物中,哺乳类 8 目 23 科 49 属 72 种,爬行类 2 目 10 科 36 属 66 种,两栖类 2 目 9 科 12 属 38 种,鸟类 20 目 59 科 147 属 375 种。另有人工饲养的陆栖脊椎动物 7 大类 150 多个品种。温州水生动物也很丰富,有海洋浮游动物 17 类 243 种,海洋底栖动物 10 类 652 种,海洋游泳动物 4 类 425 种,淡水鱼类 13 目 29 科 95 属 126 种。温州已鉴定的海洋贝类动物有 5 纲 94 科 425 种,占全国总数 20% 以上。已鉴定的海洋虾蟹类动物有 204 种,其中虾类有 17 科 37 属 76 种,蟹类 17 科 68 属 128 种。已鉴定的海洋鱼类有 136 科 405 种,其中游泳鱼类有 374 种,占 92.3%,底栖鱼类 31

种,占7.7%。温州有53种是国家重点保护的陆栖珍稀濒危动物,其中属于国家一类保护动物 11 种,国家二类保护动物 42 种。另有省级保护动物50 种。

(3) 温州自然保护区

温州现有自然保护区4个,一个是纳入世界生物圈保护网的平阳南麂列岛海洋自然保护区,俗称"世界级"自然保护区;另一个是国家级的泰顺乌岩岭自然保护区。此外还有瑞安大洋山县级森林生态自然保护区,面积很小,只有 37 平方千米。以上三个是保护生物及其生态环境的自然保护区,另有泰顺承天氡泉省级自然保护区,属于地质遗迹保护区,不是生物保护区,不属林业部门而属环保部门管理。

5. 温州气象气候旅游资源

阳光、冷热、干湿、风云、雨雪、冰霜、冻融、云雾、雷电、彩虹、佛光、蜃景、彩霞等大气物理变化现象和过程都是气象气候旅游资源。气象是瞬息万变的,气候是多年平均的稳定天气状况。由于气象气候的季节性变化,导致旅游业旺季和淡季的节律变化,气候条件的优劣对旅游客流具有决定性的影响;气象景观是自然美景,是旅游资源的组成部分。

云、雾、雨构成的气象景观是游客期盼的旅游资源,例如"蓝天、白云、阳光、沙滩"是洞头、南麂海岛旅游的胜景。温州多云雨天气,薄云、淡雾、细雨好似奇妙的轻纱,赋予大自然一种朦胧美。透过云雾、细雨观看风景时,景物若隐若现,虚虚实实,令人产生飘若入仙般的虚幻、神秘的美感,留下无限的遐想。流云飞雾变化莫测,气势磅礴,是云雾美景的另一种景观,温州山区的云海、云瀑都是难得的奇景。有一种旅游叫"赏雨",可赏旱后小雨,也可赏台风来临时的暴雨。例如狂风暴雨时站在雁荡山显圣门景区上游的悬索桥上,既能聆听谷底流水咆哮的轰鸣声,又能体验悬索桥晃动的美趣。

冰、雪、雾凇是温州寒冬季节高海拔山区难能见到的旅游美景,地处南方的温州人特别欣赏。北方有雪,但没有绿叶,只剩枯枝。温州山区的白雪和绿树交相辉映,景致更加诱人,或婀娜多姿,或宏伟壮观,具有极高的观赏价值。温州冬天不能溜冰,也没有冰瀑布,但西部山区可以观赏到冰锥、冰挂、雪凇和雾凇。冰锥的温州土话叫"银弯儿",是冻住的条状冰凌。雾凇是雾气附着在树枝和树叶上直接凝华成白色不透明的絮状小冰粒,特别美观诱人。

日出、日落、朝霞、晚霞的美景也是一种气象旅游资源。由于大气对太阳辐射的折射作用产生的蒙气差的突变,造成橙红硕大的椭圆形太阳光盘和跃然升落的动态,以及托衬太阳的彩云霞光,非常美妙。晨曦初露,先如弯镰,渐渐呈硕大椭圆形,此时太阳并未真正升起在地平线以上,而是大气折射的原因看到太阳。当椭圆光盘的下缘达到地平线位置时,整个光盘一跃而上,离开地平线,光盘变亮变小,这时太阳才真正出来。晴天,天空透明度非常好的时候,在太阳刚露头或即将沉没之际,地平线上会出现一抹美妙的绿光,最长不超过 1.7 秒,最短只有 1 秒。因此,只能站在海滨或山巅才能看清日出日落奇景。

　　明媚的阳光,和煦的清风,宜人的气候是人们旅游活动的重要条件。如何评价旅游的"宜人气候"? 1966 年美国特吉旺(W. H. Terjung)在对人体生理气候的评价研究中,设计了舒适指数和风效指数评价指标。1991 年我国地理学界张剑光、冯云飞提出气候宜人程度的衡量标准。今天,包括温州气象台在内的中国所有气象台和个别气象站都开展了应用气象服务工作,每天预报空气质量指数(AQI)、舒适度指数、紫外线指数、花粉过敏指数、晨练指数、晾晒指数、钓鱼指数、穿衣指数、洗车指数、雨伞指数、感冒指数等。影响人体舒适感的气象因素主要有气温、湿度、风、气压四个方面,最主要的是气温因素。气温适中时,湿度对人体的影响并不显著。当气温偏高或偏低时,湿度对人体的热平衡和冷热感的影响就显得很重要。例如气温在 15.5℃时,即使相对湿度波动达 50%,对人体的影响仅相当于气温变化 1℃的作用。而当气温在 21℃～27℃时,若相对湿度改变 50%时,人体的散热量就有明显差异。相对湿度 30%时,人体的散热量比相对湿度 80%时为多。而当相对湿度超过 80%时,由于高温高湿影响人体汗液的蒸发,机体的热平衡受到破坏,因而人体会感到闷热不适。随着气温的升高,这种情况更趋明显。当冬季阴冷潮湿时,由于空气中相对湿度较高,身体的热辐射被空气中的水汽所吸收,加上衣服在潮湿的空气中吸收水份,导热性增大,加速了机体的散热,使人感到寒冷不适。当气温低于皮肤温度时,风能使机体散热加快。风速每增加 1 米/秒,会使人感到气温下降了 2℃～3℃,风越大散热越快,人就越感到寒冷不适。一般说来,在野外旅游时,气温 15℃～25℃为舒适,低于 12℃或高于 28℃为不舒适,低于 5℃或高于 35℃为极度不舒适。但气温 15℃～20℃的雨天或雾天,并伴有大于 2.2 米/秒的风,这种湿冷天气也为旅游不舒适。因此,气温有时不能确切反映人体舒适程度,旅游地理上用实感温度来表示舒适度。实感温度是指人体在气温、湿度和风速的综合作用下所产生的冷热感觉,实感温度 18℃～23℃为旅游舒适。

　　在旅游地理中评价气候舒适程度是用"舒适度指数"指标来衡量,计算这一指标的经验公式很多,因此各省市的舒适度计算方法和等级划分都不一样,有的分为11级,有的分为7级,浙江省分为9级,列表如下。

表7-2 浙江省人体舒适度指数的等级划分

等级	舒适度指数	实感温度℃	人体舒适感觉
4级	大于85	高于41	很热,极不舒适
3级	81~85	35~41	热,很不舒适
2级	76~80	29~35	暖热,不舒适
1级	71~75	23~29	温暖,较舒适
0级	61~70	18~23	舒适,最可接受
-1级	51~60	13~18	凉爽,较舒适
-2级	41~50	8~13	凉,不舒适
-3级	20~40	4~8	冷,很不舒适
-4级	小于20	低于4	很冷,极不舒适

说明:人体舒适度指数是根据当日最高气温和14时相对湿度的数值计算指数值,再利用指数的大小划分等级并确定舒适程度。推荐舒适度指数的计算公式为:

$DI = 0.4(Td + Tw) + 15$ 或 $DI = Td - (0.55 - 0.55R) \cdot (Td - 58)$ 其中 Td 为干球温度,Tw 为湿球温度,R 为相对湿度。

根据人体舒适度指数来衡量温州旅游的气候条件,显然是非常优越的,旅游旺季很长,舒适和较舒适的旅游季节长达9个月。例如低纬度的菲律宾长滩海滨感觉热的不舒适旅游季节长达10个月,高纬度的东北哈尔滨感觉冷的不舒适旅游季节长达9个月,高海拔的安徽黄山感觉冷的不舒适旅游季节长达7个月,而温州不舒适的旅游季节只有3个月。

(二) 温州人文旅游资源

人文旅游资源是指人类通过劳动创造的能吸引游客的所有物质景观和精神财富,它的内容丰富,涵义广泛,具有明显的历史性、民族性和艺术性。过去,人们外出旅游主要欣赏自然旅游景观。近年来,随着旅游观念的改变,人文旅游超过了以欣赏自然景观为主的"自然旅游",成为旅游业收入的最主要内容,休闲度假旅游已成为最重要的市场方向。特别是娱乐购物的花费占比越来越大,有的年轻人甚至达到三分之二以上。我国国家标准《旅游资源分类、调查与评价》(GB/T18972-2003)将人文旅游资源分为4个主类,14个亚类,84个基本类型。

表 7-3　　　　　　　　国家标准的人文旅游资源分类

主　类	亚　类	基　本　类　型
遗址遗迹	史前人类活动场所	人类活动遗址　文化层　文物散落地　原始聚落
	社会经济文化活动遗址遗迹	历史事件发生地　军事遗址与古战场　废弃寺庙　废弃生产地　交通遗迹　废城与聚落遗迹　长城遗迹　烽燧
建筑与设施	综合人文旅游地	教学科研实验场所　康体游乐休闲度假地　宗教与祭祀活动场所　园林休憩区域　文化活动场所　建设工程与生产地　社会与商贸活动场所　动物与植物展示地　军事观光地　边境口岸　景物观赏点
	单体活动场馆	聚会接待厅堂　祭拜场馆　展示演示场馆　体育健身场馆　歌舞游乐场馆
	景观建筑与附属型建筑	佛塔　塔形建筑物　楼阁　石窟　长城段落　城(堡)　摩崖字画　碑碣(林)　广场　人工洞穴　建筑小品
	居住地与社区	传统与乡土建筑　特色街巷　特色社区　名人故居与历史纪念建筑　书院　会馆　特色店铺　特色市场
	归葬地	陵区陵园　墓(群)　悬棺
	交通建筑	桥　车站　港口渡口与码头　航空港　栈道
	水工建筑	水库观光游憩区段　水井　运河与渠道段落　堤坝段落　灌区　提水设施
旅游商品	地方旅游商品	菜品饮食　农林畜产品与制品　水产品与制品　中草药材及制品　传统手工产品与工艺品　日用工业品　其他物品
人文活动	人事记录	人物　事件
	艺术	文艺团体　文学艺术作品
	民间习俗	地方风俗与民间礼仪　民间节庆　民间演艺　民间健身活动与赛事　宗教活动　庙会与民间集会　饮食习俗　特色服饰
	现代节庆	旅游节　文化节　商贸农事节　体育节

　　旅游资源的价值大小和效益高低,取决于它的吸引力。在境外,人文旅游资源中最具吸引力的是赌博和色情,色情中的雏妓最为游客看好。在国内,赌博和色情是法律禁止的犯罪行为,必须予以取缔和打击。2010年1月国务院发布《关于推进海南国际旅游岛建设发展的若干意见》,将海南建设国际旅游岛上升为国家战略。当时媒体报道国务院批准海南试水博彩业,海南将建赌场和红灯区,至今四年过去了,公开的赌场和红灯区杳无踪影,

国际旅游岛难成美梦。与此同时,新加坡、菲律宾、越南、柬埔寨、马来西亚、韩国、印度等地博彩业大干快上,旅游和经济效益非常显著。李光耀执政时期的新加坡实行"道德治国",这个曾经视赌博当"瘟疫"防范的国家,2005年开闸放赌,2010年建成耗资120亿美元、世界最繁华的滨海湾金沙赌城和圣淘沙赌城,两年后赌场利润就赶上了世界三大赌城之一的美国拉斯维加斯。2009年新加坡经济总量萎缩了1.3个百分点,两个赌城开业后的2010年当年激增14.7%,成为亚洲增速最快的经济体。在博彩业的吸引和刺激下,前往新加坡的游客数量在2010年当年就达到创纪录的1160万人次,2011年更达1320万人次。除新加坡外,东南亚的豪华赌场犹如雨后春笋般涌出,例如菲律宾耗资150亿美元在马尼拉湾娱乐城开设4个赌场度假村,创造20万个就业机会,企图揽下全球10%的博彩市场份额。越南在胡志明市郊区海滨耗资42亿美元开设首家综合赌场度假村,包括两家赌场和五星级酒店。柬埔寨目前有25个赌场,规模都不大,最近在靠近泰国的柬埔寨小城波贝新建了多家赌场,并正在建设一座耗资38亿美元、占地超过130平方英里的综合度假村赌城。这些赌场开设的初衷都是为了拉动旅游业发展,提供更多的就业机会,为国家创造更多的税收,带动本国的经济发展。当今,从博彩业的国际走向来看,理念上变得更加开放,操作上并非传统博彩经营模式,而是现代综合旅游度假模式,之前对待博彩业较为保守的亚洲国家自然成了博彩业新的沃土。近三年来,亚洲博彩业收入以40%以上的惊人速度增长。2013年亚洲的博彩市场已经超越美国,预计2015年亚洲博彩收入将占全球的43%。与此相反,中国内地由于禁赌法律,据2008年统计,每年不仅损失了6000亿元赌资外流,更失去了6000亿元带来的旅游度假产业的综合收益。估计2013年赌资外流在1万亿元以上。业界专家指出,如果一国禁赌,但周边国家不禁,会对这个国家造成巨大的经济伤害。

1. 温州历史古迹旅游资源

截至2014年3月底,浙江省有国家历史文化名城7座,即杭州市、绍兴市、宁波市、衢州市、临海市、金华市、嘉兴市,温州市正在创建,未获成功。浙江省级历史文化名城11座,即温州市、湖州市、舟山市、余姚市、东阳市、瑞安市、兰溪市、龙泉市、海宁市、天台县、松阳县,温州占2座。此外,国家历史文化名镇全省有20座,温州仅岩头1镇;国家历史文化名村全省有28座,温州占4村,即永嘉岩坦屿北村,乐清仙溪南阁村,苍南桥墩碗窑村,苍南矾山福德湾村。浙江省历史文化街区、村镇123座,温州占20座,减去升级了的4座,现为16座,即平阳昆阳坡南街、枫林镇、腾蛟镇、金乡镇、顺溪镇、泗溪镇、筱村镇、永嘉苍坡村、鳌江西塘村、泽雅水碓坑村·黄坑村、瑞安林垟村、雅阳百福岩村·塔头底村、乐清黄檀洞村、淡溪黄塘村、仙溪北阁村、岩坦岩龙村。

温州是一座省级历史文化名城,也是一座历史悠久的文化古城,除年代久远的古人类遗址和新石器时代遗址外,还有丰富的古建筑、古窑址、古城墙、古村落、古寺刹、古道观、古驿道、古石桥、古廊桥、古墓葬、古园林、古水利、古民居、古炮台、古烽燧、古宝塔、古石窟、古摹刻、古碑铭、古雕塑、古绘画、古书院、古藏书楼等。全市有新石器晚期遗址一百多处,古代陶瓷窑址41处,古名人墓葬18处,古文物出土261处;国家重点文物保护单位15处,省级文物保护单位39处,市(县)级文物保护单位493处;文保级的古建筑148处,古塔22座,古井名泉14口,古城垣和古炮台18处。温州15处全国重点文物保护单位是永昌堡、蒲壮所城、刘基庙及墓、南阁牌楼群、圣井山石殿、泰顺廊桥、仕水矴步、玉海楼、利济医学堂旧址、顺溪古建筑群、芙蓉村古建筑群、四连碓造纸作坊、浙南石棚墓群、北白象高氏家族基地、赤溪五洞桥。2013年5月,国家文物局公布第七批全国重点文物保护单位名单,温州又新增加了14处,现有29处全国重点文物保护单位。新增加的14处分别为鹿城区新石器时期的曹湾山遗址,龙湾区北宋的国安寺千佛塔,瑞安市宋代的观音寺石塔、八卦桥和河西桥,苍南县宋代的护法寺桥和塔,乐清市宋代的乐清东塔,乐清磐石元代的真如寺石塔,平阳县宋代的栖真寺五佛塔,永嘉岩头明代的金昭牌楼,永嘉花坦明代的宪台牌楼,永嘉明至清代的楠溪江宗祠建筑群,泰顺县明至清代的玉岩包氏宗祠,泰顺县清代的雪溪胡氏大院,泰顺县清至民国的上交垟土楼,永嘉县红十三军军部。

经过5个月的评选,"最受市民欢迎的温州十大文化古迹"于2014年1月揭晓,依次是鹿城东瓯王庙、鹿城谯楼、鹿城江心屿、苍南矾矿遗址、鹿城籀园、瓯海四连碓造纸作坊、瑞安玉海楼、泰顺廊桥、鹿城墨池、龙湾永昌堡。这些著名的历史文化古迹都是极佳的人文旅游资源,但旅游开发程度很低,全市约80%的市民没有游览过5个十大文化古迹。

2. 温州建筑旅游资源

中国万里长城、埃及金字塔、英格兰巨石阵、罗马大斗兽场、亚历山大地下陵墓、土耳其圣索菲亚圣殿、印度泰姬陵是举世瞩目的"世界七大建筑奇观"。温州虽然没有这种世界级的建筑奇观,但温州有众多吸引眼球的建筑旅游资源。温州古今著名建筑主要有六类。第一类是现代城市建筑,例如温州城区林立的高楼大厦、摩天大楼就是一道靓丽的风景线,还有新建的温州大剧院、博物馆、科技馆、图书馆、国际会展中心等城市建筑。特别是温州世贸中心大厦,地下 4 层,地上 68 层,共 72 层,地上高 333 米,占地 3.1 万平方米,建筑面积超过 25 万平方米,成为温州城市的天际线,是浙江省第一高楼。

第二类是古村落民居建筑。温州古村落很多,大多已随岁月而消逝,保存下来的多为明清时期古村落,而且大多数正处在摇摇欲坠的风烛残年之中。在第三次文物普查中,全市登录了四千余处古民居。温州可供游览的古村落民居建筑多为木构瓦房,平面布局的基本模式为三合院,中轴对称,即分正屋和两厢房。正屋有三间正、五间正、七间正、九间正等,以五间正居多。正屋的正中叫中堂,又称堂屋,中堂面阔最大,屋内供奉着祖先的神座。中堂的两侧叫正间,正间的两侧叫二间,二间的两侧叫叶间。以五间正为例,正间为卧室,二间前面为餐厅,后面为厨房。中堂和正间的前面有 2 米宽的檐廊,日常家务和手工等活计都在檐廊进行。厢房又称横楼,横楼亦分三间、五间。温州规模大的民居有三进,叫"三退九明堂"。温州现存的明代住宅多三进两院,规模宏大,形制整齐,用料和施工考究,现留存不多。清代住宅数量众多,但规模和质量有所下降。温州古村落这种明清住宅形制实用,空间开敞,给人以自然明朗的感觉,能亲近自然,与环境融洽协调。平阳西部山区的顺溪大屋是温州最著名的清代古民居,共有陈氏大屋 6 座,分别是陈氏老屋、陈氏大份大屋、陈氏二份大屋、陈氏老四份大屋、陈氏老七份大屋、陈氏新大份大屋,均为省级文物保护单位。其中建筑面积最大的是陈氏老屋,收取门票的是陈氏老四份大屋。此外,温州可供游览的古民居还有很多,例如泰顺雪溪桥西村的胡氏大院、胡氏凤垅厝与下洋厝、胡氏书斋,泰顺雅阳镇百福岩村和塔头底村的古民居,文成西坑的谢氏大宅院,平阳青街的李氏、郑氏大屋,苍南桥墩碗窑村的木构吊脚楼、古戏台连体建筑群,瓯海泽雅西岸黄坑村的古民居,乐清淡溪黄塘村的古民居,永嘉苍坡村的古建筑群,泰顺罗阳上交垟土楼等,这些都是国家级和省级文物保护单位,都是很好的民居旅游资源。

第三类是塔楼建筑。温州的塔分为佛塔和风水塔两种,佛塔是寺院建筑的组成部分,温州只有少数寺院建有佛塔,多数寺院没有佛塔。风水塔是对风水形局不全的环境而采用的一种补救措施,在文运不济、不发科甲的地方,可在甲、巽、丙、丁四字方位上,择其吉地建高塔,称为"文笔峰",这种风水塔或建于高度较低的山顶,或建于平地,能提高"大学录取率"。温州著名的旅游宝塔有江心屿东、西双塔,松台山的净光塔,仙岩风景区入口处的慧光塔,南白象的白象塔,瑶溪皇岙的国安寺石塔,慈湖南村的八福砖塔,瑞安城区的隆山塔,万松山南麓的观音寺石塔,仙降垟坑石塔,乐清城区东皋山顶的乐清东塔,北白象的白象塔,磐石的真如寺石塔,永嘉瓯北龟山和蛇山的罗浮双塔,平阳昆阳龙山顶的文明塔,鳌江塘川栖真寺五佛塔,钱仓宝胜寺双塔;苍南云岩广福寺双塔,项桥灵鹫寺单檐塔,望里护法寺砖塔;泰顺罗阳南门外的文祥塔,南院笔架山顶的毛垟石塔,东溪矴步桥头石塔;洞头中普陀寺的海会塔,永福寺的瀛洲万佛护国塔等。温州最壮观的佛塔要数洞头永福寺的万佛塔,塔高 60 米,建筑面积 2500 多平方米,塔内塑有 1.2 万尊释迦牟尼佛像,与洞头岛西首的望海楼遥相对应,塔楼互衬,相得益彰,为洞头百岛的胜景。洞头望海楼位于洞头岛海拔 227 米的烟墩山上,楼高 35.4 米,楼的三层和五层设有观景廊。登楼远眺,洞头列岛尽收眼底。2012 年 11 月列入中国名楼,可与"江南三大名楼"的黄鹤楼、岳阳楼、滕王阁相媲美,是温州旅游的一大绝美风景。

第四类是宗祠建筑。宗族祠堂不仅是村民在空间上的活动中心,也是村民心目中政治和精神的中心,而且是古村落文化景观的焦点和醒目标志。温州每个村落都有一座或数座宗族祠堂,有的大姓宗族有总祠和支祠,例如瓯海三垟境内有 33 个古村落,共有大小祠堂 47 座。规模较大的宗祠,既可朝宗,也可集会。永嘉境内谢灵运的后裔聚族而居的行政村有 16 个,其中蓬溪村规模最大,村西有"谢氏宗祠"总祠一座,谢氏支祠 11 座。总祠规模宏大,两进两厢,面宽五间,正中"存著堂"有始祖康乐公石刻容图,存著堂前有能容数百人的天井,天井前有戏台。永嘉枫林古村为清一色的徐姓族人聚居地,徐姓宗族枝繁叶茂,宗祠众多,全村有大小宗祠 36 座,现尚遗存 27 座,成为枫林古建筑的一大特色。其中年代最久远的是徐氏七世徐文辉的"八房祠",历六百多年仍完整保留原貌。永嘉碧莲上村有一座明代开国功臣刘基的世祖祠堂,原名刘氏宗祠,朱元璋登基后敕名永嘉郡祠,为二进二厢四合院木构建筑,面阔五间,占地 2000 平方米,是典型的明代祠宇建筑,今为全国重点文物保护单位。刘基的祖父刘庭槐和碧连上村的始祖刘理胜(号素斋)是两兄弟,永嘉碧莲和文成南田是刘氏参商两地的手足关系,有很高的旅游价值。此外,泰顺泗溪玉岩村的包氏宗祠布局典范,用材粗壮,举架高敞,是明至清代典型的木构祠宇建筑,也列为全国重点文物保护单位。

第五类是城墙、城门和城楼建筑。最典型的实例就是保存至今的明代沿海卫所和堡寨的城墙建筑。永强东濒东海,北临瓯江口,地处海防前哨,明代屡遭倭寇侵掠。为防倭袭,明代洪武和嘉靖年间修建宁村所、永兴堡、永昌堡三座高大坚固的城堡,成三足鼎立之势,彼此呼应,联合防御,形成强有力的抗倭堡垒。宁村所和永兴堡的城墙今已荡然无存,永昌堡城墙现基本保存完整,是全国重点文物保护单位。永昌堡城呈长方形,城墙南北长 738.3 米,东西宽 445.4 米,总长度 2367 米,占地面积 32.9 万平方米(493 亩)。城墙高 4 米,基宽 3.9 米。城墙内外壁都用块石垒砌,中间夯土。全城开设四个城门,东门称环海门,南门称迎川门,西门称镇山门,北门称通市门。城门拱券用青砖砌成,建闸、门两重设防。城门上都有谯楼,谯楼面宽三间,砖木结构,歇山顶。城外四周环绕濠河。城内开挖两河,西面称上河,东面称下河,经南北 4 座水门与城外中路河相通,城外船只经水门可入城。水门上架石桥,下置水闸。永昌堡建成后,逾 102 年,至清顺治十八年(1661 年)奉命迁弃,全城拆除。后来又按原址原样修复,当地人称修复后的永昌堡为"新城"。苍南南端马站镇的蒲壮所城也是明代修筑的御倭古城,是温州规模最大的古城堡,为全国重点文物保护单位。温州老城区的钱氏子城的谯楼、乐清蒲歧的蒲歧所城、虹桥瑶岙村的寿宁堡等都是很好的古建筑旅游资源。

第六类是牌楼和牌坊建筑。顶部有屋檐的叫牌楼,顶部没有屋檐的叫牌坊。牌楼成为古代耕读文化最醒目的旅游景观,例如永嘉花坦村的明代建筑"宪台牌楼"、岩头上村的"进士牌楼"、乐清仙溪南阁村的章氏牌楼群等,都是全国重点文物保护单位。花坦牌楼原有 12 座,现存宪台、溪山第一、乌府 3 座。宪台牌楼平面呈长方形,为六柱木构建筑,高 5.95 米,宽 6.28 米,深 5.05 米。明间两柱为方形石柱,外侧四柱为方形木柱,斗拱规整精致,形式古朴庄严。"溪山第一"是六柱牌楼,上悬明孝宗赐给布衣状元朱道魁的"溪山第一"匾额。岩头进士牌楼是明世宗为表彰该村金昭(1516~1581年)荣登进士第而建造,故又称金昭牌楼。为四柱三间三楼木构建筑,高7.63米,宽9.9米,深2.35米。明间两柱为方形石柱,次间两柱为方形木柱,柱脚前后置石抱鼓。乐清北部仙溪南阁村是一个颇出成果的耕读村落,明代正统四年(1439 年),章纶荣登进士,成为明代名臣,其子侄章玄应、章玄梅皆以政绩文章著称于世。因此村中建有七座明代牌楼,至今保留五座。温州除了牌楼外,还有众多的牌坊,例如苍南龙港张家堡双牌坊是省级文物保护单位。近二十年来,温州各地新建了数量众多的石牌坊,有的规模很大,档次很高,成为醒目的旅游景观。

3. 温州宗教旅游资源

宗教旅游资源主要是寺院、道观、教堂等宗教建筑景观,其次是宗教仪式和宗教音乐。温州佛教、道教、基督新教和天主教非常发达,寺观教堂数量多,规模大,在全国地级市中的分布密度堪称全国第一。目前全市佛教寺院共有 1224 座,道教宫观 276 座,基督教堂 1855 座,天主教堂 185 座,其中最具旅游价值的是佛教寺院景观。从温州寺院的人口密度来看,每 10 万常住人口中有寺院 13.4 座,其中平阳县密度最大,达 29.9 座,是全市平均值的

2.3倍。从温州寺院的地理密度来看,每百平方千米有寺院10.3座,其中鹿城密度最大,达22.8座。从温州寺院建设速度来看,1990～2012年的22年间,新增寺院294座,平均每年增加13.4座,年均增长1.27%。这个速度远低于基督教堂的2.94%,甚至低于天主教堂的1.44%,只是略高于道教宫观的1.02%。这是因为寺院建设占地广,耗资大,每座寺院都是一组建筑群,有很高的旅游价值。温州江心寺是全市唯一一座全国重点寺观(全省14座)。最负旅游盛名的寺院是洞头的中普陀寺,已建成的寺宇建筑面积一万多平方米,是温州规模最大的宗教建筑。游客如织,香火鼎盛的寺院还有温州城区的妙果寺、护国寺、太平寺、龙湾国安寺、永强天柱寺、仙岩圣寿禅寺、南白象头陀寺、吹台山无量寺、仙岩天护讲寺、五美园实际寺、大罗山香山寺、瑞安隆山寺、北雁灵岩寺和能仁寺、上塘宝胜寺、昆阳东林寺、南雁慈云古刹、玉苍山法云寺、大岙净慧寺、罗阳三峰寺、洞头永福寺等。

　　温州著名的道教宫观有景山东南麓净水的紫霄观、景山东麓的太清宫(包公殿)、仰义洞桥山颠的上清宫、南白象的白云道观、瞿溪的八仙岩道观、瑞安的圣井山石殿、中雁荡山的玉甑道观、北雁灵峰景区的北斗洞、永嘉大若岩的陶公洞、上塘的孝佑宫、乌牛东蒙山的天然道观、昆阳的东岳道观、南雁荡山西洞的仙姑洞、苍南望里苏湖的玉虚道观、云岩鲸头的杨府道观、洞头的应道观等。这些宫观红墙碧瓦,飞檐挑壁,恢宏肃穆,即使非道教信徒也是绝好的旅游观光场所。

　　温州基督教堂有1855座,超过佛教寺院数量,平均3.2个村居中就有一座基督教堂,规模较大的行政村多有自己的教堂,甚至个别自然村也建立教堂。温州这个密度在全国是最高的。温州基督教堂数量是天主教堂的10倍。温州是中国福音最兴盛的地区,被誉为"中国的耶路撒冷"。基督教文化景观主要是教堂建筑,它是基督教文化的精华。教堂的建筑风格主要有三种。一般说来,基督教堂多为罗马式,天主教堂多为哥特式,东正教堂多为拜占庭式。温州没有东正教,因而没有拜占庭式教堂。温州有些基督教堂是具有独特风味的精美历史建筑,有很高的历史价值和艺术价值。温州城西街基督教堂和花园巷基督教堂都是清代建筑,带有欧洲罗马式基督教堂的代表性风格。温州将军桥基督教堂采用天主教堂的哥特式风格,这是一个例外。苍南灵溪永灵堂、龙港主恩堂、龙港天恩堂等都是新建的大教堂,都是游客向往的地方。乐清柳市镇吕岙村的基督教堂是2013年刚落成的现代化新建大教堂,占地面积13973平方米,大堂建筑面积6194平方米,十字架高63米,能容纳5000人同时礼拜,是中国目前最大的基督教堂。其建筑风格以帆船和白鸽为基本元素,全新的造型和空间布局塑造宗教建筑的时代特征,成为中国社会科学院基督教研究中心调研基地,是很值得游览的宗教建筑。

天主教文化景观主要是哥特式建筑风格的天主教堂。哥特式大教堂以其高超的技术和艺术成就,在世界建筑史上赢得重要地位,它的无价建筑艺术已列入联合国科教文组织的世界遗产。世界著名的代表作有法国的巴黎圣母院、俄罗斯的圣母大教堂、德国的科隆大教堂、意大利的米兰大教堂、英国的威斯敏斯特教堂等。科隆大教堂的双塔高 157 米,是哥特式建筑的经典之作。温州天主教堂只有 185 座,但外观和规模不逊于基督教堂。具有旅游价值的有周宅祠巷天主教堂、南门天主教堂、东门天主教堂、西门天主教堂等。周宅祠巷天主教堂旧称圣保禄堂,位于温州老城区信河街周宅祠巷,是温州教区的教务和行政管理中心驻地。1888 年重建,大堂为典型的哥特式建筑风格,伞状顶层,前耸六层尖塔式钟楼,高 35.5 米,尖形拱门,大面积的玻璃长窗及绘有圣经故事的斑斓玻璃画,现为省级文物保护单位。尤其值得一游的是龙港和柳市两个大教堂。龙港无原罪圣母堂,又称河底高天主教堂,位于龙港镇站前路 477 号。整个教堂占地面积 4500 多平方米,总建筑面积 3570 平方米。建筑风格融哥特、罗马式建筑为一体,正立面为单塔哥特式钟楼,高 81 米;主圣殿有 3000 多个座位。2004 年 10 月落成时是温州规模最大的天主教堂,现被柳市横带桥天主教堂超过。柳市横带桥天主教堂位于柳市西仁宕村南首,2013 年落成。地上建筑面积 4044 平方米,地下建筑面积 1286 平方米。分为教堂和辅助楼两部分,教堂形制是尖塔高耸的哥特式建筑,平面呈十字形,建筑面积 2255 平方米;辅助楼为七层建筑,面积 1789 平方米。教堂主门两侧建造一对高塔,既是现代建筑风格,又有浓厚的宗教色彩。目前是温州最大的天主教堂。高耸云霄的哥特式建筑可谓一首屹立在空间的圣诗,一曲回荡在天际的音乐。

4. 温州民俗风情旅游资源

寻求差异,开阔眼界,满足猎奇心理,从中获取美的享受,是旅游的基本动机之一,而能全面满足这一需求的旅游资源就数民俗风情了。民俗风情也称风俗民情,是指当地居民的服饰、饮食、娱乐、节庆、演艺、礼仪、宗教、庙会、婚恋、丧葬等方面独特的风尚、传统和禁忌,它们是人文旅游资源中最绚丽多彩的部分。温州民俗风情丰富多彩,经市民投票评选出的"温州十大民俗"为拦街福、板凳龙、水上台阁、鳌山、摆设、珠灯、大寿桃、糖金杏、七月末插香球、二月二吃芥菜饭等。

温州最具旅游意义的是春节的节庆、元宵节灯会、端午节龙舟竞渡、三月三畲族风情节和各地的庙会。在温州,春节是最重要的节日,庆祝规模大而隆重,超过基督教国家的圣诞节和复活节,超过伊斯兰国家的开斋节和古尔邦节。温州过大年,贴春联,放鞭炮,走亲友,看大戏,赏民俗,打起锣鼓唱起歌。近年来,为提高春节欢腾喜庆的年味儿,政府搭台,百姓唱戏,文化味十足。首先,过年看大戏。从正月初四开始至元宵节,温州著名剧团汇聚一堂,名剧名段精彩纷呈,让群众大饱眼福耳福,过足戏瘾。例如温州市哈哈京剧团和瓯海鑫海京剧团正月初四在海坛广场和梧田广场率先开演,《花木兰》《普天同庆》《万花楼》《太岁坊》等大戏热闹开场。正月初六到初八,温州瓯剧团在海坛广场连演三天。随后鹿城天歌京剧团、瑞安立新京剧团、平阳红旗京剧团、永嘉小红芳京剧团、永嘉连大连京剧团、永嘉新花京瓯剧团等本土优秀民间剧团在温州城乡轮番登场,让戏迷们看个够。其次,温州新春祈福的年俗活动非常丰富,大年初三到元宵节,市区每天有春节民俗活动和滚龙灯活动,滚龙、板凳龙、虾蛄龙三龙聚首,游走社区街巷,营造浓厚年味。第三,温州展览馆、博物馆、科技馆、图书馆、大剧院有各种名家书画展、艺术大师作品展、馆藏花鸟作品展、高雅音乐会等供大家观赏。第四,正月初一到初六每天上午10时温州雁荡院线和其加盟影院联合推出春节电影公益放映活动,市民可在城区六家影院享受免费电影大餐。第五,装扮一新的温州乐园有"合家欢乐行"活动,新春游乐园,万朵玫瑰的花海,绚丽多彩的歌舞,幽默滑稽的小丑表演,带你重温那火红热烈的纯正年味。第六,高速公路免费通行营造出新春欢乐、温馨的全家郊游节日氛围,全市各大风景区和农家乐爆满。

　　正月十五元宵节灯会更是热闹,闹元宵,放花灯,舞狮子,踩高跷,猜灯谜,游谜园,逛灯会,还有大型的元宵综艺晚会。每年元宵节温州都举办大型灯会,各类灯彩齐聚,集中展示温州传统灯彩、创意灯彩、卡通灯彩等主题灯彩的艺术佳作。例如乐清龙档、永嘉首饰龙、茶山百鸟灯、洞头跑马灯、翁垟鱼灯、周岙挑灯、李道亮彩扎、平阳发丝吊灯、曹村无骨花灯、竹丝灯、荷花灯、十二生肖灯组等精彩纷呈,令人目不暇接。此外,灯会现场还有演社戏、踩高跷、唱鼓词、猜灯谜、放河灯、舞龙灯等民俗表演活动;福星、魁星、寿星、月老、财神也来助阵,给观众游客送上新年祝福。元宵夜还有戏曲情,越剧、京剧、瓯剧选段轮番唱响,著名戏曲名角登台表演。温州市图书馆每年都会举办元宵广场灯谜晚会,灯谜竞猜活动,为元宵添喜庆。温州少儿图书馆在海坛广场举办"拯救花灯仙子"闯关游园活动,吸引众多少年儿童前来参与。温州悠远的灯会文化拥有浓厚的地域韵味,乡间各地也在演绎着不同的风情,例如瓯海泽雅的挑灯,乐清的板凳龙灯,瑞安曹村的元宵灯,永嘉的首饰龙灯,洞头的跑马灯,苍南蒲城的拔五更等,更具别出心裁的是平阳宋埠的水上赏灯和平阳凤巢的头发吊灯,吸引着众多游客前来玩赏。宋埠林宅村在河道中扎起各式花灯,六盏花灯用竹篾和绸布扎着雷震子、哪吒、南极仙翁、元始天尊、龟丞相、虾兵蟹将等故事人物,制作精巧,形象生动。这些花灯安置在木板和泡沫塑料等漂浮物上,可以平稳停放在水面上,同时还装有机关,通电后不仅流光溢彩,而且人物还可以左右摆动,十分别致。入夜时分,花灯倒影映在河面上,呈现别样的江南水乡美景。元宵佳节,平阳凤巢山边村村民把数盏头发吊灯悬挂在本地的娘娘庙里。天黑时分,娘娘庙里就人头攒动,除观灯赏灯外,还可以抢灯,抢到"灯人仔"(纸糊人物)的人满脸兴奋,因为灯人仔会带来新年好运。这是真正体现闹元宵"闹"的意境。头发吊灯外观精美,灯高1.6米,直径1.2米,呈八角亭台结构,用竹篾、络麻杆、芦苇和彩纸扎制而成。分上、中、下三层,各层都安插着众多"灯人仔",有武松打虎、八仙过海、唐僧取经、姜太公钓鱼等故事人物。头发吊灯是平阳县一项颇有特色且极具艺术含量和观赏性的民间造型艺术,其艺术价值主要体现在穿头发丝上。选用百余根头发丝(长度在60厘米以上,2至3根头发连成一线)贯穿整盏灯,牵引人物、动物造型的头、手、脚等部位,在灯座下木炭火(或用电风扇)产生的气流带动有条不紊地活动。头发吊灯属于花灯一种,但与普通花灯有着明显的区别,各种纸扎人物能自行运动。著名的制作人马必重(腾蛟镇马车村人,1930年生)一家已传承了五代。头发吊灯在中国是绝无仅有的,可以说是平阳人的一大发明创造。

端午节是温州重要的传统节日,编香袋,挂香囊,悬菖蒲,洒雄黄,吃粽子,赛龙舟,家家还有吃薄饼的习俗。薄饼用精白面粉调成糊状,在平底铁锅中烤成一张张形似圆月,薄如绢帛的饼片,然后用绿头芽、猪肉、蛋丝、香菇等作馅,卷成圆筒状,很有滋味。温州端午节划龙舟规模浩大,热闹喧天,观众如潮,被称为"水上狂欢节"。温州龙舟与其他地方的龙舟不同,舟长人多,鼓声响,速度快。旧时有大龙和小龙之分,大龙又叫龙娘,小龙不能与龙娘相斗。现时龙舟统一规格,每条龙舟额定42人,其中划桨36人,前后把稍(司舵)各1人,站在龙舟中间的4人为掌旗、击鼓、敲锣和唱神。龙舟船体设19档,即19排座位,划桨者36人坐18档,最前方空1档供反方向时转身而坐。俗话说"鼓是令,稍是命",锣是听鼓的,旗是分明船色,唱神执神杖、托香斗是为了奉香官神。船身颜色和衣服颜色全依旗色而定,故有青龙、白龙、黄龙、红霓龙之分。温州土话称龙舟为"龙船",龙舟竞渡为"划斗龙"。龙舟竞渡象征蛟龙戏水,以五彩丝带系臂是"断发文身"和"以象龙子"的遗风。温州河道纵横，水面宽阔，每个平原村落都有 2～3 条龙舟，龙舟竞渡的地方往往集聚了数十条龙舟，场面非常壮观。温州各地划斗龙多在水面平静而宽阔的平原塘河"内河"中进行，唯独永嘉上塘、下塘一带在楠溪江下游"外港"进行，斗程十里，往返二十里，如逢涨潮逆水或落潮逆水，都要斗到终点，不得换向转手或中途停止。由于在"外港"竞渡，江流湍急且多漩涡，所以执掌梢桨增为前后各 2 人 2 梢。这种竞渡逆水长途，风紧浪急，锣鼓紧密，喊声震天，最为英勇和壮观。2013 年温州龙舟拉力赛在会昌河鹿城水上公园举行，88 支传统龙舟队与 19 支竞赛龙舟队聚集一起，彩球升天，烟花绽放，锣鼓喧天。龙舟竞渡前，温州市长和地方乡贤为水上台阁和 19 条竞赛龙舟点睛，一点龙眼，二点天庭，三点龙鼻，四点口利，五点龙角。然后，龙舟破浪前行，竞争奖牌；亲水栈道上、河畔岸堤上、两岸楼房上的数万观众翘首争睹龙舟竞渡，呐喊声和喝彩声直上云霄。

温州是全省畲民分布最多的地区，每年农历三月初三，文成、平阳、苍南、泰顺四县的畲族同胞都要举办载歌载舞的畲族风情节，已成为温州旅游的一个品牌。每逢风情节，成千上万的畲民和游客云集畲乡，举行文艺汇演和大型画展，开展山歌对唱、婚嫁表演、竹竿舞、捣糍粑、布袋戏等，表演畲族传统服饰刺绣、织彩带等畲族传统风俗系列活动，共庆传统节日，共同感受浓郁独特的畲乡风情。表演结束后，当地畲民还准备了畲家宴，邀请前来参加风情节的嘉宾朋友们品尝。如今三月三畲乡风情节活动已成为品牌节庆，活动内容和文化内涵极为丰富多彩，影响力和知名度不断提升，成为文化与旅游融合的一场盛会。

温州庙会历史悠久，分布广泛，游客云集，是一种别致的旅游资源，很值得欣赏。温州庙会风俗与民间信仰活动有着密切的关系，早期庙会仅是一种隆重的祭祀活动，随着经济的发展和交流的需要，各地庙会在保持祭祀的同时，逐渐融入集市交易活动。这时的庙会又称为庙市，计划经济时代则称为"物资交流"。近十年来，温州庙会又增加了娱乐性活动，内容更加丰富多样，但各地庙会的具体内容稍有不同，各具特色。温州著名的庙会有农历正月初十的瑞安莘塍庙会，农历二月初一到初三的瓯海瞿溪庙会，农历二月初五的平阳鹤溪庙会，农历二月十二日至十五日的永嘉上塘庙会，农历三月初十的乐清白石庙会等。苍南的庙会更多，人山人海而需要交通管制的庙会各地都有，著名的有云岩鲸头庙会，每年要举行三次，其中以农历五月十八杨公诞辰的庙会规模最大，进香、看戏、赶集的人众达数万人。金乡城隍庙会，包含着追悼明代为抗倭而牺牲的官兵，庙会融入了爱国主义精神的文化特色。金乡庙会,一年中举行五次,即正月开印拜玉隍经,清明出巡祭奠官兵义冢(六处),五月十一城隍爷生日,七月半打蓝盆,十月二十五城隍娘娘生日。其中以九月半庙会的规模最大,是全镇各庙的总庙会。九月半的金乡庙会原为庆贺东门大庙英烈大帝的生日而举行的,后融入了许多民间游艺活动,包括东门拔大龙,南门扎大凤,西门和北门抬阁及舞狮,还有武术表演。庙会地址原是以东门大庙为中心,现归于城隍庙。每年农历十月二十五的灵溪庙会,是庆贺靖明道主许真君的生日而举行,1992年起改名为"灵溪浙闽边贸文化节",灵溪宫庙会文化活动有文艺演出、体育比赛、游行踩街等。农历六月初八的新安庙会,是纪念宋代曾为平阳人民做过贡献的民间医生林泗爷,林泗爷庙叫协天大帝庙。祭祀活动分五扇四地(扇相当于一个大的行政村)举行,大扇出五头猪,小扇出一头猪,摆在四地的林泗爷大殿中祭祀。祭祀用的猪,当地口语不叫"猪",叫"大公",饲养时不能打骂,不能让猪走肮脏的地方,猪圈要特别干净,还要喂上等饲料,俗称"敬猪如敬神"。新安庙会还要在六月初四至初八做四五天的戏,场面非常热闹。农历九月初六的矾山庙会,原是纪念炼矾始祖"窑主爷"秦福的生日,1991年起改名为"矾山明矾节"。明矾节期间矾山镇人流似潮,热闹非凡,各家各户张灯结彩。还要举办体育比赛、文艺演出、游艺活动、剧团演戏、花卉展览、书画摄影展览等,特别是明矾工艺展览引人注目。有的年份还举行伞翼滑翔表演、邀请著名歌舞团献艺、大型杂技表演,并利用矾山山溪办水灯,举办闽南话对诗会等。苍南湖前东岳庙,每年举办两次庙会。一次是农历二月初二,湖前百姓抬泰山神东岳大帝"东岳爷"出巡五扇,当地居民称"湖前抬佛",并在大殿演戏三天三夜,每户人家中午都吃芥菜饭;另一次是农历三月二十八东岳爷生日,湖前家家户户操办东岳爷寿宴。每年二月二日一大早,湖前东岳庙锣鼓喧天,香烟缭绕,红烛高照,道士们身穿法袍,高声颂经,请东岳大帝下殿。八时许,东岳大帝出巡开始,鸣锣开道,火铳震天,队伍威武肃穆。东岳大帝端座在銮驾上,紧跟着皂隶和背枷的囚犯,随后是迎香的群众队伍。迎候两旁的沿街百姓举香跪拜,观看游人如潮。

5. 温州文化艺术旅游资源

温州文化艺术旅游资源包括四个方面。第一,著名的匾额、楹联、书画、题刻、彩绘、雕塑、文艺节目、影视作品、工艺美术作品等,其自身就是游客感兴趣的旅游项目,往往成为旅游观赏的内容。例如原生态的温州话民歌《叮叮当》、乐清话民歌《对鸟》、芙蓉话民歌《雁荡抛歌》、泰顺县歌《采茶舞曲》、瓯塑、瓯绣、米塑、洞头的贝雕、雁荡山灵岩龙鼻洞的摩崖题记、瑞安林溪溪坦村的石马山岩刻、龙湾黄石山雕塑公园等都是脍炙人口的旅游资源。江心寺门口的南宋王十朋叠字楹联"云朝朝朝朝朝朝朝朝散,潮长长长长长长长长消"与山海关孟姜女庙的"海水朝朝朝朝朝朝朝朝落,浮云长长长长长长长消"楹联有异曲同工之妙,使游客流连忘返。

第二,借助文化艺术的魅力而产生的旅游资源。例如法国大仲马《基度山恩仇记》而马赛的伊夫岛古堡成为著名的旅游地,莎士比亚《罗密欧与朱丽叶》而使意大利维罗纳的两个家庭住宅成为旅游者向往的地方,陶渊明《桃花源记》而使湖南桃源县成为旅游胜地,曹雪芹《红楼梦》而冒出北京和上海的"大观园"以及河北正定的"荣宁街"。更有甚者,苏东坡《赤壁赋》和《念奴娇·赤壁怀古》而使不是赤壁的湖北黄冈赤鼻成为赤壁,而且在旅游上超过了蒲圻县真正的赤壁。这类旅游资源在温州也有,例如朱自清的《绿》,而使仙岩风景区为游客所景仰。由此可见,旅游与历史考证有所不同,旅游允许一定程度上的想象和虚构,比如鹿城瓯浦垟山脚的衣冠冢不是东瓯王的坟墓,可以虚构为"东瓯王墓"。再如晋代郭璞根本没有来过温州,可以虚构为温州白鹿古城是郭璞设计,甚至可以虚构为句践的七世孙驺摇设计,但历史学家就不能胡说八道了。

第三,著名文化艺术家故居。几乎所有杰出的文学艺术家的故居和遗迹都成为旅客参观游览和凭吊的地方,这为旅游业增添了一项很有意义的资源。例如成都的杜甫草堂、乐山的三苏祠、绍兴的三味书屋等,游客可借此了解这些文学巨擘的经历和成就。当然,这类旅游资源具有历史真实性。温州没有文学巨擘,但出名的文学家较多,例如南曲之祖高则诚故居(瑞安阁巷柏树村)、戏剧家董每戡故居(瓯海潘桥横屿村)、文学家琦君故居(瓯海瞿溪河头村三溪中学内)、文学家朱自清旧居(朔门四营堂巷 34 号迁建至万岁里公寓 1 幢西首)等都是很好的旅游资源。此外,温州古今名人很多,它们的故居、旧居和祖屋也都是旅游者向往的地方,但旅游开发程度很低,很多省级文保单位的故居游人罕至。温州著名的名人故居旅游资源有南宋"太子讲读"教育学家戴蒙故居(永嘉岩坦溪口村戴蒙书院内)、南宋政治家王十朋故居(乐清四都梅溪村)、明代开国元勋刘基故居(文成南田武阳村)、明代政治家章纶故居(乐清仙溪南阁村)、明代武状元王名世故居(龙湾永昌堡内)、清末经学大师孙诒让故居(瑞安万松路)、清末名臣黄绍箕故居(瑞安小沙巷九曲弄)、清末翰林编修黄绍第故居(瑞安小沙巷 18 号)、近代思想家宋恕故居(平阳万全下薛村)、考古学家夏鼐故居(鹿城仓桥街 102 号)、词学家夏承焘旧居(鹿城登选坊 66 号)、数学家苏步青故居(平阳腾蛟牛山村)、数学家谷超豪故居(鹿城高盈里 11 号迁建至白鹿洲公园谷宅)、教育学家姜琦故居(鹿城三官殿巷 150 号)、百岁棋王谢侠逊故居(平阳凤巢硐桥头村)、报业宗师赵超构故居(文成西坑梧溪村)、国民党将军胡炘故居(鹿城七枫巷)、八路军将军朱程故居(苍南矾山王西村)、抗日名将吴超征故居(永嘉西溪瓯渠村)、水利学家徐赤文故居(鹿城三官殿巷 46 号)、美国行星科学家翁玉林故居(鹿城七都老涂北路 52 号)、民族实业家吴百亨故居(鹿城纱帽河 68 弄 4 号和 6 号)、革命家谢文锦故居(永嘉岩坦潘坑村)、非盟主席程让平祖屋(鹿城临江驿头村)等。

第四,文化艺术节。例如美国奥斯卡和法国戛纳电影节、奥地利维也纳音乐节、泉州木偶节、潍坊风筝节等都是蜚声中外的重大旅游活动。戛纳是只有三万多人口的海滨小城,而电影节期间的游客多达 30 万人,就是因文化艺术旅游而著称于世。温州一年一度的文化艺术节,从每年 6 月启动,延续到 10 月底,历时四个多月,有广场文化艺术节、校园文化艺术节、各县市区文化艺术节等。最精彩的是温州城区文化艺术节(鹿城区文化艺术节),在温州大剧院广场举办 11 个县、市、区"文化走亲联动"文艺晚会,有鹿城乐器合奏《花好月圆》、乐清组歌《对鸟新唱》、洞头群舞《鱼婆婆》、泰顺越剧选段《送凤冠》、苍南群舞《印巴风采》、平阳木偶戏《智斗》等优秀节目。晚会作为艺术节开幕仪式之后,各种载体的文化艺术活动渗透到街道、社区、企业、学校。其中有华盖词场的"温州鼓词"、街道文艺汇演、社区群众才艺大 PK、农村数字放映周等喜闻乐见的群文活动;也有像关牧村、蒋大为等国家艺术名家登台的大型音乐晚会、俄罗斯画家人体素描展、全国青年书法家作品展等高档次的艺术展览;还有摄影比赛、钢琴比赛、声乐舞蹈比赛等让广大艺术爱好者一试身手的赛事。

6. 温州娱乐购物旅游资源

由于旅游观念从观光旅游向休闲旅游的转变,娱乐购物已成为旅游最重要的市场方向,它的收益将超过观光门票、旅店餐饮、交通服务等。温州娱乐购物旅游的建设和开发水平很低,远落后于国外或国内兄弟城市,是亟待重视和发展的旅游命脉。

娱乐旅游资源是指为游客娱乐而建设的各种设施和组织的各种活动,包括赌场度假区、红灯区、迪斯尼乐园、游乐园、娱乐场、大剧院、音乐厅、海滨浴场、高山滑雪、海滨垂钓、采集狩猎等。温州没有澳门那样的赌场,没有洛杉矶、香港、上海那样的迪斯尼乐园,没有三亚那样的亚龙湾国家旅游度假区,甚至没有像邻居丽水那样的"冒险岛"水上乐园。温州没有一个国家级旅游度假区,只有一个名义上的省级旅游度假区"瓯江旅游度假区"。位于鹿城西部瓯江孤屿西洲岛上的瓯江旅游度假区1995年被省人民政府批准为首批省级旅游度假区,面积8.5平方千米,20年过去了,至今没有动工建设,仍是一片荒地。温州唯一能拿得出手的游乐园是"温州乐园"。温州乐园位于瓯海茶山霞岙村,占地只有23万平方米(345亩),投入建设资金仅1.5亿元。整个乐园分为欧陆风情区、美国西部区、恐龙探险区、欢乐天地区、卡通区、冒险谷六个景观活动区,在六个区内分布着各种游乐项目40多项。例如高度50米高速旋转的高空飞翔、三转同步的情侣飞车、436米长的疯狂过山车、惊险刺激的飞旋UFO、穿越山谷的峡谷激流、高度55米的蹦极、360度环幕电影等,让每一位游客亲身体会异国风情的同时,尽情享受惊险刺激、欢乐休闲的乐趣。

购物旅游资源是指能满足游客采购商品的商业设施及琳琅满目的旅游商品,包括大商场、大卖场、高档购物商场、专业商店、古玩商店、土特产品、工艺美术品、旅游纪念品等。旅游商品的竞争力在于它的独特性、地方性和民族性。温州以显赫的商贸业扬名国内外,素有"服装之城"、"鞋业之都"称誉,这里的服装、皮鞋、小商品等款式新颖,名牌众多,品种齐全,价格便宜,具有旅游购物的优势。2010年7月位于温州文化商品市场的温州商旅购物航母"温州名品旅游购物中心"开业,面积8000平方米,设有皮鞋区、女鞋区、眼镜区、打火机区、剃须刀区、食品土特产区、工艺礼品区等,集中了温州名特优商品8000多种,中外游客和郊县居民可在这里一站式购得温州名优产品。此外,温州高档大型购物中心还有时代广场购物中心、财富购物中心、银泰百货温州世贸店、开泰百货、欧洲城、五马街、女人街、温州商贸城,以及龙湾万达广场、瓯海大西洋购物中心、乐清时代广场等。位于马鞍池东路237号的"华宝斋"是温州工艺美术品的展示窗口和交易平台,这里汇集了享有"百工之乡"美誉的温州传统工艺美术大师的精品佳作,是上佳的购物旅游资源。

7. 温州美食旅游资源

随着生活水平的提高,品尝美食是旅游的重要内容。温州美食包括大酒店的酒宴佳肴和街头风味小吃两方面内容。由于外地人口大量涌入,近年来温州各大酒店增加了美食品种,在温州都能品尝到全国的鲁菜、苏菜、粤菜、川菜、浙菜、闽菜、湘菜、徽菜"八大菜系",以及东北菜、京菜、冀菜、豫菜、鄂菜、赣菜、本帮菜、客家菜、清真菜等。中外游客到温州最感兴趣的是饱尝温州瓯菜。瓯菜是浙江菜的四个流派(杭州菜、宁波菜、绍兴菜、温州菜)之一,历史悠久,品种丰富,菜品鲜美滑嫩,脆软清爽,其特点是清、香、脆、嫩、爽、鲜、形美,在中国众多的地方菜肴中别具一格,带有浓厚的地方特色。瓯菜以海鲜为主,口味清鲜,淡而不薄,烹调讲究"二轻一重",即轻油,轻芡,重刀工。瓯菜的烹调方法有 30 多种,拥有各种菜肴达 250 多个,其中列入《中国菜谱》的名肴 46 个,形成了丰富多彩的瓯菜菜系。代表性的美馔珍馐有三丝敲鱼、三扇敲虾、双味蝤蛑、炸溜黄鱼、三层鱼片、火溜鲫鱼、蛋煎蛏子、蛋糊花蛤、明月跳鱼、鸡汁鱼唇、橘络鱼脑、蒜子鱼皮、爆墨鱼花等。八个匦菜(盘头)有凤尾鱼(子鲚)、江蟹生、海蜇头、鱼饼、鸭舌、牡蛎肉、泥蒜冻、白斩鸡、时令水果等。

温州风味小吃品种繁多,地方色彩浓厚,口感极佳,是每个旅游者垂涎欲滴的美食。经市民投票评选出的"温州十大名小吃"为灯盏糕、马蹄松、朝糕、捣镬团、油饺儿、油老鼠、猪油糕、镬溜儿、猪脏粉、鱼丸汤。此外,游客青睐的风味小吃还有矮人松糕、长人馄饨、平阳炒粉干、白蛇烧饼、五味香糕、山楂糕、福寿糕、永强泥蒜糕、瑞安双炊糕、清明饼、芝脚糖、荷花酥、油卵、麻巧(巧食)、薄饼、胶冻、麻糍、素面汤、强能鱼圆(鱼丸)、藤桥熏鸡、楠溪麦饼、县前头汤圆、五味和白带生、平阳黄牛骨、灵溪牛肉羹、龙港牛杂、苍南九层糕等 50 多个品种。其中有的被认定为"中华名小吃"。在温州天一角小吃街上,游客云集,好生热闹,风味小吃成为温州旅游一大热点。

8. 温州社会经济旅游资源

社会经济旅游资源包括爱国主义教育基地、红色旅游、工业旅游、农业旅游等。截至 2013 年底,温州拥有各级爱国主义教育基地 214 处,全年接待游客 461.9 万人次。其中全国示范基地(国家级)1 处,省级 15 处,市级 70 处,县级 128 处,包括历史纪念类、文物博物类、建设成就类、风景名胜类四种类型。2009 年 5 月,"浙南平阳革命根据地旧址群"被中宣部命名为第四批全国爱国主义教育示范基地。该基地包含山门和凤卧境内的中共浙江省一大旧址、闽浙边抗日救亡干部学校、闽浙边临时省委驻地三个点,是中国工农红军挺进师、中共闽浙边临时省委与浙江省委的活动中心,是曾山、刘英、粟裕等同志创建的浙南革命根据地之一。中共浙江省一大旧址位于凤卧凤林村冠尖山半山腰。闽浙边抗日救亡干部学校旧址位于山门镇凤岭的龙井寺内(后为畴溪小学)。闽浙边临时省委旧址位于山门镇北侧大屯村东南面郑永盛家的九间平房里,海拔 400 米,与山门街相距约 5 千米;后来省委机关从大屯村移往凤卧玉青岩村。温州 15 个省级爱国主义教育基地分别是革命烈士纪念馆、革命历史纪念馆、博物馆(含文天祥祠)、龙湾永昌堡、乐清雁荡山革命烈士陵园、瑞安肇平垟革命历史纪念馆、瑞安玉海楼、瑞安烈士陵园永嘉红十三军军部旧址纪念馆、永嘉革命历史纪念馆、洞头先锋女子民兵连纪念馆、文成珊溪革命历史纪念馆(刘英纪念馆)、泰顺中共闽浙边临时省委成立旧址、苍南革命烈士陵园、苍南朱程故居。

表7-4   **温州市市级爱国主义教育基地**   (70处)

市县区	基 地 名 称
市直	池上楼、中山纪念堂、东瓯国历史陈列馆(东瓯王庙)、南戏博物馆、数学名人馆、非物质文化遗产馆、档案馆、体育中心、城市规划建设展示厅、浙江工贸职业技术学院地掷球馆、温州边防检查站边检史馆
鹿城区	田塘头革命烈士陵园、西坑革命纪念园、夏鼐故居、中国鞋文化博物馆、温州预备役团团史馆
龙湾区	龙湾炮台山、赵尔春烈士陈列馆、龙湾区文博馆、张璁祖祠
瓯海区	温州和平解放谈判旧址(郭溪景德寺)、中共浙南一大会议旧址(灵佑殿)、温瑞塘河文化展示馆、瓯海区燎原社史纪念馆、仙岩风景名胜区、丽岙华侨之家
瑞安市	浙南游击纵队司令部旧址、叶适纪念馆、利济医学堂旧址、飞云江大桥
乐清市	永乐人民抗日自卫队游击总队纪念馆、中共乐清1926年支部会址、虹桥起义纪念碑亭、王十朋纪念馆、陈求鲁纪念馆、历史文化名村南阁、岐头山雷达站、清江大桥、东塔公园、浙能温州发电有限公司
永嘉县	永嘉县革命烈士墓、陈虞之纪念馆、吴超征故居与纪念馆、苍坡民俗馆、芙蓉古村、石桅岩景区
平阳县	平阳县革命烈士纪念馆、金钱会起义陈列馆、林景熙墓及霁山碑林、苏步青故居、叶廷鹏纪念馆、宋恕故居陈列馆、会文书院
苍南县	郑成功纪念馆、林夫纪念馆、王国桢纪念馆、苏渊雷纪念馆、蒲壮所城(后英庙陈光道)
文成县	文成县烈士陵园、百丈漈风景名胜区、铜铃山国家森林公园(昭烈亭)
泰顺县	中共浙南特委成立旧址、双溪口红军山洞医院旧址、岭上湾革命纪念公园、廊桥文化园、叶腊石矿
洞头县	胜利岙纪念碑(解放洞头胜利纪念碑)、革命烈士陵园、南炮台山、东岙民间民俗工艺馆

    红色旅游是指1921年中国共产党建立以后的革命纪念地和纪念物,接待旅游者进行参观游览,既可以观光赏景,也可以接受革命传统教育。温州有全国红色旅游经典景区2处,即浙南(平阳)抗日根据地旧址、永嘉五尰的中国工农红军第十三军旧址。温州红色旅游主要景点有平阳山门和凤卧革命胜地、中共浙江省一大会址、闽浙边抗日救亡干部学校、闽浙边临时省委

驻地、闽浙边临时省军区司令部驻地、闽浙边临时省军区政治部驻地、中国工农红军挺进师纪念馆、泰顺松垟灵家山红军驻地旧址、浙南红军路(平阳山门红军挺进师纪念园至泰顺九峰白柯湾红军挺进师纪念馆)、中共浙南特委成立旧址、浙南游击队革命旧址、永嘉红十三军军部旧址纪念馆、泰顺中共闽浙边临时省委成立旧址、文成珊溪革命历史纪念馆(刘英纪念馆)等,此外还有洞头先锋女子民兵连事迹展览馆、洞头海霞军事公园、洞头解放纪念碑等。

浙南(平阳)抗日根据地旧址地处温州南部,2005年2月被列入国家30条"红色旅游精品线路"和全国100个"红色旅游经典景区",2009年4月被评为全国爱国主义教育示范基地。平阳山门、凤卧一带是该根据地的中心,素有"浙江延安"之称。中共浙江省一大纪念园位于凤卧凤林村冠尖山半山腰,包括中共浙江省第一次代表大会冠尖会址、中共浙江省一大陈列馆等。冠尖会址占地面积约1000多平方米,系六间木结构二层楼房,内有图片展览陈列室、刘英同志塑像等。中共浙江省一大陈列馆占地面积约10亩,包括600平方米的旅游服务接待中心、2500平方米广场及周边游步道、绿化带等。中国工农红军挺进师纪念园位于山门镇凤岭山,包括中国工农红军挺进师纪念碑建筑群、中国工农红军挺进师陈列馆、抗日救亡干部学校旧址等。纪念碑建筑群由红旗观光通道、红旗广场、《红旗飘飘》柱阵、艰苦历程、五百将士出征浮雕墙、北上抗日出征门和纪念碑等,组成一个阶梯式的建筑群。红旗广场中的《红旗飘飘》柱阵由198根高低不等的印度红石柱组成,登上山顶平台可见岩柱托起飘动的红旗。五百将士出征浮雕墙是一幅长22米、高2.5米波澜壮阔的铜雕壁画,展现了当年山门群众欢送子弟兵北上抗日的历史情景。纪念碑位于2000平方米的纪念碑广场的中后部,碑身由2根长方形砌体组成,中间由花岗岩碑名石相连。碑体周围布置一组高低不同的6根立柱。纪念碑后面是一墙碑林,上有邓小平同志手书和革命老前辈及书法名家的题词。

全国工业旅游示范点,浙江省共有26家工业企业,温州有大虎打火机厂、正泰集团、报喜鸟集团、红蜻蜓集团、奥康集团、康奈集团6家。其中鞋服企业4家,电器企业1家,打火机企业1家,具有一定的代表性,它们承担着温州工业特色旅游的载体作用。

全国农业旅游示范点,浙江省共有26家农业企业,而温州一家都没有,但温州现有各种休闲观光农业园30多家,农业旅游规模远远超过工业旅游。2010年1月,浙江省农业厅和省旅游局联合组织评审,确定省级休闲观光农业示范园51家,其中温州4家,分别是瓯海白云山农业观光园区、苍南灵溪状元山庄农业示范园、泰顺仙稔大自然生态农业实验场、平阳昆阳瓯南休闲观光农业示范园。2011 年 12 月,浙江省农业厅和省旅游局联合评审,确定省级休闲观光农业示范园 44 家,其中温州 4 家,分别是瑞安金潮港观光农场、文成龙川山水果园农庄、乐清四都清平乐休闲观光农业示范园区、泰顺廊乡休闲观光农业示范园区。2012 年 1 月温州市评定首批市级休闲观光农业示范园区 10 家,分别介绍如下。

①瓯海白云山休闲观光农业示范园区　位于娄桥海拔 400 米的白云山上。占地 1270 亩,园内有各类果树 400 多亩和经济作物观光区,辟有桂花园、茶园、盆景园、名贵中医药园、热带珍稀花果观赏大棚。园内配套有健身游戏活动场、农家菜烧烤区、休闲亭廊和拥有 120 张床位的别墅客房。周边有著名古刹无量寺。

②乐清清平乐休闲观光园区　位于四都樟岙村。占地面积 330 多亩,园内有桑果园、桃园、杨梅园、草莓园等,种植众多的水果和无公害蔬菜,并养殖鸽子、猪、本地鸡、土鸭、红鲤鱼、溪螺等十几种家畜水产。园内设各种风格包厢 50 余间,拥有一个能承包 25 桌的特大餐厅,可同时容纳 600～800 人就餐,获"温州市十大魅力农家乐"称号。

③乐清山水城休闲观光农业示范园区　位于乐清四都。园内种植大白菜、油冬菜、芥菜、白萝卜等二十多种高山蔬菜,养殖野鸭、猪、土鸡、山羊、黄牛、鲤鱼、溪螺、甲鱼、包头鱼等二十多种家畜水产。生态环境优雅,被人们称为天然氧吧,内设农家客房。有游泳、登山、水库垂钓、空中网球、跑马场、农具展示等休闲活动。

④瑞安金潮港观光农场　位于飞云江支流金潮港港口的荆谷山西村五地垟。农场面积 1200 亩,主要种植塔罗科血橙 380 亩,无籽瓯柑 160 亩,尤力克柠檬 80 亩。提供游客采摘血橙、柠檬、瓯柑等瓜果蔬菜,品尝鱼虾鸡鸭。引进钢架越冬大棚柑橘栽培新技术,对大果少籽、无籽瓯柑实施大棚完熟栽培,使人们在春节和清明节还能吃到新鲜的瓯柑。

⑤瑞安雅林现代农业园　位于飞云西垟村甬台温高速公路飞云出口旁边。占地面积 300 多亩,是一座具有地方特色和现代化的"农业公园",建有现代化智能温室 4.5 万平方米,引进国内外瓜果、蔬菜、花卉等优良品种 260 多个,全部采用生态有机栽培。园区分为热带植物园、热带果园、水培园、百果园、露天展示园等九个部分。全年接待游客 65 万人次。

⑥永嘉茗岙休闲观光农业示范园区　位于海拔 450 多米的茗岙马介山村,面积 310 亩。游客可以春赏油菜花,摘蚕豆,摸田螺;秋尝甜玉米,摘青

椒,捉田鱼;冬看冰冻,拔萝卜,挖冬笋。秋天采摘后的玉米地里辟有"发泄区",游客可来撒野和发泄情绪,通过随意踩踏破坏来放松心情。

⑦ 文成精品蔬果休闲观光园区　位于文成大峃镇下田垟、中村、上村。占地面积 1040 亩,园区生产绿色有机特色蔬果,主要有黑色小番茄、蓝莓、草莓、特色油桃、布朗李、杏梅、砂糖橘、瓯柑、杨梅等几十个品种。有鸟巢型智能温室大棚及三维气雾栽培智能化管理设施,运用现代农业科技及欧盟推荐的有机种植技术,着力打造现代科技农业生态园。

⑧ 平阳欧平农业休闲观光农业示范园区　位于平阳南雁镇。面积 1886 亩,其中特色种植园区 1176 亩,养殖业园区 91 亩,休闲观光园区 408 亩。包括名优水果、中药材、獭兔场、梅花鹿苑、孔雀养殖园、本地鸡、淡水鱼场、名优茶园、玫瑰园、小木屋及农家乐园区等。

⑨ 泰顺廊乡休闲观光农业示范园区　位于泗溪镇西溪村西溪森林公园内。园区建有核心水果基地 300 多亩,辐射基地 1260 多亩,其中黑晶杨梅试验园 50 亩、东魁杨梅基地 210 亩、猕猴桃示范园 40 亩。周围有千亩油菜花基地、龙井瀑布、印山寺、众多古民居等。

⑩ 苍南状元山庄休闲观光农业示范园区　位于灵溪镇南水头南岙自然村状元内,毗邻 104 国道。面积 2000 多亩,现已开发利用 1500 余亩,其中种植园区 500 多亩,养殖园区 300 多亩。有天目山雷竹、美国红冠桃、台湾枇杷、东魁杨梅等,有绿壳蛋鸡、贵妃鸡、白鹜鸭等珍禽 18 万羽。

除上述 10 家著名的休闲观光农业示范园区外,温州游客经常光顾的还有瓯海南白象的温州绿色乐园、鹿城仰义观光农业园、平阳昆阳蒙垟山的瓯南休闲观光农业示范园、文成大峃龙川村头村的山水果园农庄、文成峃口的九山村农庄、泰顺仙稔仙居村的大自然生态农业实验场、泰顺白鹤渡生态观光园等。

二、温州旅游业的发展和现状

早在 20 世纪 90 年代,世界旅游业就已发展成为超过石油工业、汽车工业的世界第一产业。目前,全世界每年参加国际旅游的人数已超过 10 亿人次,旅游总人数已超过 40 亿人次,旅游业直接创造了 6500 万个就业机会,旅游总收入突破 9 万亿美元,年均增长 6.5%,成为世界经济中持续高速稳定增长的重要战略性、支柱性、综合性的产业。温州旅游资源丰富,近年来旅游投资量加大,旅游业发展迅速。2013 年温州市接待中外游客 5751.1 万人次,旅游总收入达到 582.43 亿元,旅游业增加值占全市 GDP 总量的 7.9%。1985～2013 年的 28 年间,旅游收入的年均增长率达 19.16%,近十年来更高达 23.49%,远远超过了世界平均值,也远远超过了温州市 GDP 总量的增速。因此,温州各级政府要明确旅游业发展的主流趋势,确立优先发展旅游业战略,提升旅游竞争力,迈向旅游强市。

(一)温州旅游业的基本特点

有学者研究表明,就全球国际旅游者数量而言,二战以后从 1950 年至 2000 年的 50 年间,每隔十年就能翻番。从 1950 年的 0.25 亿人次增加到 2000 年的 6.7 亿人次;2000～2010 年的十年间,由于旅游者基数不断增加,增速有所放缓,但 2010 年达到 9.4 亿人次,平均每年增长 3.44%。就世界旅游收入增长而言,过去 60 年中平均每年增长 6.9%,也基本是每隔十年翻番。其中 1950 年起的第一个十年平均每年增长 10.6%,第二个十年为 9.1%,第三个十年为 5.6%,第四个十年为 4.8%,第五个十年为 4.3%,第六个十年为 6.5%。对比分析可见,世界旅游业收入增速明显高于同期的世界经济年均增速(3%以下)。根据世界旅游组织公布的数据,2010 年国际旅游业的经济总量占全球 GDP 的 10%以上,旅游投资占投资总额的 12%以上。旅游业在世界经济中的地位和权重可见一斑。温州旅游业的发展和现状有以下五个方面的基本特点。

第一,温州旅游业起步晚,速度快。改革开放前,温州没有旅游业,只有政府外事接待工作。1980 年 7 月温州建立第一家旅行社,标志着温州旅游业的发端。1985 年开始温州才有旅游业接待人数统计数据,1988 年建立温州市旅游局。根据公布的统计数据分析,从接待旅游人数来看,1985～2013 年的 28 年间,温州接待入境旅游人数从 3124 人次增至 74.2 万人次,翻了 8 番,大约每 3.5 年翻番,平均每年增长 21.58%,其中第一个五年的年均增长率为 21.68%,第二个五年为 27.43%,第三个五年为 16.47%,第四个五年为 28.84%,第五个五年为 12.97%,近三年为 23.70%。温州接待国内旅游人数从 1985 年的 148.61 万人次增至 2013 年的 5676.9 万人次,28 年间翻了 5 番多,大约每 5 年翻番,平均每年增长 13.89%。其中第一个五年为 11.60%,第二个五年为 5.55%,第三个五年为 12.03%,第四个五年为 18.69%,第五个五年为 20.01%,近三年为 17.64%。从旅游收入增长来看,28 年间的入境旅游年均增长率为 21.58%,其中第一个五年为 23.08%,第二个五年为 27.43%,第三个五年为 15.53%,第四个五年为 21.35%,第五个五年为 18.34％,近三年为 25.86％。28 年间的国内旅游收入的年均增长率为 19.07％,其中第一个五年为 19.63％,第二个五年为 9.45％,第三个五年为 24.07％,第四个五年为 20.62％,第五个五年为 21.21％,近三年为 20.59％。上述这些增长速度都是非常惊人的,远远超过了世界平均值。

表 7-5 　　　　　1985～2013 年温州旅游业的年均增长率

年　　份	入境旅游(%)		国内旅游(%)		合计(%)	
	接待人数	外汇收入	接待人数	旅游收入	接待总人数	旅游总收入
1985～1990 年	21.68	23.08	11.60	19.63	11.62	19.55
1990～1995 年	27.43	27.43	5.55	9.45	5.66	10.88
1995～2000 年	16.47	15.53	12.03	24.07	12.07	23.42
2000～2005 年	28.84	21.35	18.69	20.62	18.81	20.62
2005～2010 年	12.97	18.34	20.01	21.21	19.91	20.85
2010～2013 年	23.70	25.86	17.64	20.59	17.71	20.64
28 年间平均值	21.58	21.58	13.89	19.07	13.94	19.16

　　第二,温州创建了很多全国优秀旅游城市、省级旅游经济强县、强镇和特色旅游村。截至 2013 年底,温州拥有温州市、瑞安市、乐清市 3 座中国优秀旅游城市。浙江省旅游经济强县(市、区)29 个,温州拥有鹿城区、乐清市、文成县、洞头县 4 个。浙江省旅游强镇(乡、街道)41 个,温州拥有乐清雁荡镇、平阳南麂镇、瑞安湖岭镇、瓯海茶山街道 4 个。浙江省特色旅游村 108 个,温州拥有 14 个,即茶山罗胜村、永中坦头村、瑶溪朱宅村、高楼大京村、四都梅溪村、仙溪下北阁村、大若岩埭头村、大若岩大元下村、大门小荆村、北岙海霞村、怀溪金溪村、马站中魁村、渔寮王孙村、文成龙川村头村。

　　第三,从旅游的消费强度和消费结构看,温州仍然处于“低消费,低水平”阶段。2013 年温州入境游客的人均消费 567.4 美元,而世界平均水平是 860 美元,澳大利亚已达到 2500 美元,差距非常明显。2013 年温州国内旅游的人均消费 980 元,比全省平均值低了 250 元,其中农村和外来务工游客人均不到 500 元。就消费结构而言,温州的国内游客消费中,食住行的比重在六成以上,游览、购物、娱乐只占三成,即旅游中的物质消费多,精神消费少。例如法国、新加坡、香港等地的游览、购物、娱乐占到六成,相比之下差距很大。在海外,娱乐消费是各项旅游消费中的大头,是旅游业中最赚钱的项目,而温州的国内游客娱乐消费只占人均总消费的 3.7％,显然温州旅游的消费结构是“抓了芝麻,丢了西瓜”。世界经济论坛(WEF)的《全球旅游竞争力报告》指出,2012年在世界139个国家中,中国旅游的综合竞争力排名第39位,处于世界中游水平。

第四,从旅游市场的发展程度看,温州的观光旅游仍是主体,休闲度假比例较小,这是中低收入国家旅游的一般特征。据温州旅游目的构成统计,入境游客中的观光游览占32.3%,休闲度假仅占14.0%;国内游客中的观光游览占51.3%,休闲度假只占22.7%。温州观光游览比杭州高10.2个百分点,比宁波高14.2个百分点;而温州休闲度假比杭州低0.6个百分点,比宁波低7.6个百分点,位居全省倒数第二位(金华22.5%)。温州旅游的活动内容比较单一,多为走马看花的观光游览,价格低廉的农家乐非常火爆,有的游客甚至自带干粮充饥。而享受型、文化型的旅游项目较少,休闲度假旅游比例更少,连像样的旅游度假区一个都没有,唯一一个省级旅游度假区至今没有开建。这说明温州旅游市场的发展程度很低,离旅游经济转型还很遥远。综观国内外旅游市场,有三大旅游新趋势。首先,观光旅游、度假旅游、商务旅游三大主导项目中,观光旅游是中低收入国家的主导旅游产品,高收入国家则转变为休闲度假旅游为主。在我国休闲度假方面,彰显区域文化特色和生态绿色旅游为支撑的两类度假胜地,将成为旅游市场的主流产品。其次,在追求个性化的浪潮下,中短距离区域内的家庭旅游份额将逐步增加。那些富有情趣活力、具有鲜明特色的旅游场所,那些轻松活泼、丰富多彩、寓游于乐、游娱结合的旅游方式,将受到越来越多旅游者的追捧。地方特色,民俗风情,文化娱乐将成为旅游产品设计开发的重要方向。再次,退休了的老年人有钱有闲,必然是旅游队伍中的一支重要力量,"银发市场"不断扩大,将成为旅游业异军突起的一个重要市场。目前,温州入境游客中的65岁及以上仅占7.2%,国内游客中的65岁及以上只占4.3%,低于全省平均2.6个百分点。

第五,温州旅游的服务质量很低。旅游服务质量评价有两个数据。一个是国内游客按四个等级来评价,综合结果,温州居全省倒数第一,服务质量全省最差。游客评价好的占52.2%,较好占34.8%,一般占12.6%,差的占0.3%。其中评价好的52.2%居全省倒数第三,一般12.6%为全省最高,遥居全省第一。另一个评价是省旅游局一年四次的游客满意度调查,2012年温州排位倒数第二。全省满意度指数依次为宁波81.9,丽水81.8,嘉兴80.9,衢州80.6,绍兴80.2,杭州80.2,舟山80.1,台州79.1,金华79.0,温州78.7,湖州77.9。从各个旅游要素来看,温州的游客满意度最高的是旅行社,最低的是旅游购物和交通。总体来看,散客满意度较低,团队满意度较高。全省10家5A级景区中,温州的北雁荡山满意度位居末位,满意度只有78.6,而溪口滕头高达 82.1。此外,温州导游员水平很低,绝大部分都是初级导游,学历普遍偏低,知识面狭窄,不能胜任旅游景观深层次的介绍,尤其是各大景区接待外地游客的导游词水平极低,多数是不堪入耳的胡言乱语,丢了温州旅游的颜面。

表 7-6 温州市旅游业的发展

年 份	入境旅游		国内旅游		合 计	
	接待人数(万人次)	外汇收入(万美元)	接待人数(万人次)	旅游收入(亿元)	接待总人数(万人次)	旅游总收入(亿元)
1985 年	0.3	177	148.6	4.2	148.9	4.3
1990 年	0.8	500	257.2	10.3	258.1	10.5
1995 年	2.8	1680	337.0	16.2	339.8	17.6
1996 年	3.0	1870	370.3	20.9	373.3	22.5
1997 年	3.2	1993	404.0	26.5	407.2	28.2
1998 年	3.7	2034	462.6	33.5	466.3	35.2
1999 年	4.5	2079	510.9	39.9	515.4	41.6
2000 年	6.0	3457	594.8	47.5	600.8	50.4
2001 年	9.3	4075	704.7	61.0	714.0	64.4
2002 年	12.4	4973	798.1	70.7	810.5	74.8
2003 年	10.9	4770	769.3	66.6	780.2	70.6
2004 年	17.3	7102	1051.9	91.1	1069.2	97.0
2005 年	21.3	9097	1401.1	121.3	1422.4	128.7
2006 年	25.3	10926	1843.0	159.6	1868.3	168.3
2007 年	28.9	14083	2191.8	189.8	2220.7	200.5
2008 年	33.4	16109	2544.9	220.3	2578.3	233.2
2009 年	33.0	17797	2930.2	253.7	2963.7	265.9
2010 年	39.2	21115	3487.1	317.3	3526.3	331.7
2011 年	47.1	25602	4123.1	375.2	4170.1	391.8
2012 年	57.5	31887	4886.6	464.2	4944.2	484.4
2013 年	74.2	42100	5676.9	556.4	5751.1	582.4

说明:本表 1995 年以后的数据来自浙江省旅游局各年《浙江省旅游概览》。另据《温州市志》记载,1985 年温州接待入境旅游人数为 3124 人,接待国内旅游人数为 148.61 万人;1990 年入境旅游人数为 8332 人,国内旅游人数为 257.22 万人。

(二)温州游客人数和旅游收入

游客人数和旅游收入取决于两个关键因素。第一是人们有能力支付价格不菲的旅游费用。例如欧洲居民每月收入 4000～6000 欧元的中等收入家庭，每人每次出国旅游的平均费用大约为 2000 欧元，比月收入还低，这就可以非常容易到亚洲、非洲去旅游。因此，现在欧美国家居民每年出国旅游已成为习惯。而温州人均 GDP 是欧美国家的三分之一，人均收入是欧美国家的十分之一，这就是温州出国旅游不能大众化的关键原因。第二是人们有大量空闲时间用于旅游。例如法国 2000 年起实行每周 35 小时工作制，除了法定节假日外，1981 年起一年带薪假期增至 35 天；日本公务员 30 天，英国 28 天。也就是说，法国人每年有 5 个月不用工作。美国人每年有三分之一的休闲时间、三分之二的收入用于休闲。休闲度假已成为现代社会人们的重要生活方式，休闲经济已成为社会发展的重要经济形态。而温州至今仍是每周 40 小时工作制，不满 20 年的公务员带薪年假仅 10 天，加上法定节假日 11 天，总共 21 天，远低于巴西的 41 天。这就决定了温州人的旅游不可能是休闲度假为主，而只能是走马看花的观光旅游为主。目前温州每年人均出游 2.5 次，而发达国家如美国、日本、韩国均在 7 次以上。温州旅游业包括入境旅游、国内旅游、出境旅游三个方面。

1. 入境旅游

2012 年，温州接待入境旅游人数为 57.5 万人次，占全省的 6.6％，在全省地级市中次于杭州、宁波、嘉兴、金华、绍兴，居全省第六位，是杭州的六分之一，是宁波的二分之一，甚至低于县级市义乌市。2012 年温州入境旅游外汇收入 31887 万美元，占全省的 6.2％，次于杭州、宁波、丽水、金华，居全省第五位，也低于县级市义乌市。但是温州入境人数和外汇收入的同比增速很快，达到 22.3％和 24.6％，均远高于全省平均值，但低于丽水和台州，居全省第三位。根据抽样调查测算，温州入境旅游市场的结构有下列五个特点。

（1）温州入境旅游的客源地构成

2012 年，温州的入境旅游者中，外国人共 37.55 万人次，占入境总数的 65.3％，台湾游客占 18.8％，香港游客占 12.5％，澳门游客占 3.4％。温州外国入境旅游市场主要分布在亚洲，亚洲游客占 51.3％，欧洲占 25.7％，美洲占 12.4％，非洲占 6.5％，大洋洲占 4.1％。温州入境旅游的第一客源国是韩国，韩国游客占外国入境游客的 14.7％。近年来由于日本右倾势力企图复活军国主义，温州的日本游客大减，但日本仍是第二客源国。温州是全国著名的侨乡，温州籍的华侨华人入境占多数，所以温州入境主要客源国依次是韩国、日本、美国、意大利、法国、荷兰、德国、西班牙、马来西亚、新加坡、

表 7-7   **2012 年浙江各地入境旅游比较**

城市	接待入境游客 (万人次)	同比增长 (%)	入境旅游外汇收入 (万美元)	同比增长 (%)
杭州市	331.1	8.1	220165.2	12.5
宁波市	116.2	8.2	73428.3	12.2
温州市	57.5	22.3	31887.0	24.6
嘉兴市	78.2	8.4	27657.8	7.0
湖州市	47.3	18.8	17323.3	17.3
绍兴市	68.7	13.8	24128.1	9.6
金华市	77.7	6.8	42451.3	1.9
其中:义乌市	59.0	11.0	36659.7	5.2
衢州市	13.6	16.8	6658.9	11.2
舟山市	31.0	11.9	15864.9	12.2
台州市	24.0	23.2	8725.7	25.7
丽水市	20.6	27.2	46883.5	28.0
全省合计	865.9	11.9	515174.1	13.4

说明:全省合计不等于各市简单累加。

加拿大、英国、印尼、奥地利、澳大利亚。这 15 个国家游客占接待外国人总数的 78.1%,占入境游客总数的 52.2%。

(2)温州入境游客的性别和年龄构成

温州的入境游客中,男性占 58.8%,女性占 41.2%,男性多于女性 17.6 个百分点。从入境游客的年龄来看,25~44 岁占 47.9%,45~64 岁占 36.3%,15~24 岁占 8.1%,65 岁及以上占 7.2%,14 岁及以下占 0.5%。温州入境游客以中青年群体为主,老人比例较小,小孩比例极小。

(3)温州入境游客的职业构成

温州的入境游客中,商贸人员占 36.3%,职员占 14.4%,专业技术人员占 13.3%,退休人员占 10.3%,家庭妇女占 8.2%,服务销售人员占 4.3%,技术工人占 3.5%,学生占 3.5%,政府工作人员占 2.2%,军人占 0.5%,其他人员占 3.5%。

(4)温州入境旅游的目的构成

温州的入境游客中,商务活动占 39.3%,观光游览占 32.3%,休闲度假占 14.0%,会议占 5.1%,探亲访友占 3.6%,购物占 2.4%,文化交流占 1.8%,宗教朝拜占 0.9%,医疗保健占 0.3%,其他占 0.3%。

（5）温州入境旅游的人均花费构成

温州入境游客平均每人次花费 554.6 美元,其中长途交通占 36.7%,购物占 18.7%,住宿占 15.1%,餐饮占 9.1%,娱乐占 7.5%,游览占3.9%,邮电通信占 2.6%,市内交通占 2.2%,其他占 4.2%。入境游客人均每天花费211.2 美元,其中外国人和澳门同胞均为 213.1 美元,香港同胞 208.4 美元,台湾同胞 205.9 美元。近年来入境游客的人均每天花费增长不快。

2. 国内旅游

2012 年,温州接待国内旅游人数为 4886.6 万人次,占全省的 12.5%,在全省地级市中仅次于杭州和宁波,居全省第三位。2012 年温州国内旅游收入 464.2 亿元,占全省的 10.4%,低于杭州、宁波和绍兴,居全省第四位。从增速来看,温州国内游客人次同比增速低于丽水、衢州和湖州,居全省第四位;温州国内旅游收入同比增速低于丽水、台州和衢州,居全省第四位,两种增速均高于全省平均值。根据抽样调查测算,温州国内旅游市场的结构有下列八个方面特点。

（1）温州国内游客的构成

温州的国内游客中,一日游占 37.6%,过夜游占 62.4%。与兄弟城市相比较,温州一日游比重很低,过夜游比重很高,这说明温州旅游资源对过夜游客吸引力较强,而且外地游客远多于本地游客。过夜游客中,住宾馆饭店的占 70%,这个比例偏低;住亲友家的占 21%,这个比例全省最高;住休闲度假场所的占 9%,这个比例低于全省平均值 1.9 个百分点,居全省倒数第三,这说明温州休闲度假场所建设滞后,对游客吸引力明显落后于全省平均水平。

（2）温州国内游客的性别和年龄构成

温州的国内游客中,男性占 53.7%,女性占 46.3%,男性多于女性 7.4个百分点。从国内游客的年龄来看,25～44 岁占 62.3%（省平均为58.2%）,45～64 岁占 18.0%（省平均 21.1%）,15～24 岁占 14.9%（省平均13.4%）,65 岁及以上占 4.3%（省平均6.9%）,14 岁及以下占 0.5%（省平均0.4%）。近年来虽然"银色旅游"发展火热,但温州的客源仍以中青年游客群体为主,老人和小孩比例很小。

（3）温州国内游客的职业构成

温州国内游客中,企事业管理人员占 25.1%,服务销售人员占 15.7%,公务员占 11.0%,专业、文教、科技人员占 9.7%,工人占 6.5%,学生占5.6%,农民占 4.0%,离退休人员占 3.9%,军人占 0.9%,其他人员占17.5%。近年来学生和农民出游比重增长较快,但农民比重至今仍只有 4%。

(4)温州国内旅游的目的构成

温州的国内游客中,观光游览占 51.3%,休闲度假占 22.7%,探亲访友占 8.8%,商务会展占 4.3%,会议培训占 3.6%,文化、体育、科技交流占 1.4%,健康疗养占 1.0%,购物占 0.5%,宗教朝拜占 0.4%,其他占 6.1%。其中,温州观光游览比杭州高 10.2 个百分点,比宁波高 14.2 个百分点;而温州休闲度假比杭州低 0.6 个百分点,比宁波低 7.6 个百分点,位居全省倒数第二位(金华 22.5%)。这说明温州旅游市场的发展程度很低,离旅游经济转型还很遥远。

(5)温州国内旅游的方式构成

温州的国内游客中,个人或亲朋结伴占 50%,单位组织占 22%,自驾车出行占 18%,旅行社组织占 10%。可见温州国内旅游的散客是主体,单位和旅行社组织的团队游客不到三分之一。

(6)温州国内旅游的人均花费构成

温州的国内游客平均每人次花费 950 元,居全省第五位。其中餐饮占 22.1%,住宿占 20.1%,购物占 19.4%,长途交通占 18.0%,景区浏览占 6.9%,娱乐占 3.7%,市内交通占 1.5%,居民服务占 1.5%,文化艺术占 1.3%,邮电通信占 0.6%,其他占 4.9%。可见吃住行三项就占 61.7%,景区门票和娱乐所占比例很小。一方面说明提高门票价格来增加旅游收入的传统理念一定要摒弃,另一方面娱乐活动是温州旅游中的短板。

(7)温州国内游客的平均游览景点数

温州的国内游客平均游览景点数在 2.7 个,这个数字很高,高于全省平均值 0.7 个景点。除舟山 3.2 个外,温州与金华、湖州并列第二位。近年来,国内游客平均游览的景点数持续下降,而温州居高不下,一方面说明旅游景点的吸引力逐年下降,另一方面说明温州旅游的休闲、娱乐、购物、美食、文化等活动没有及时跟上,丢掉了旅游收入的大头。

(8)温州国内旅游的客源地构成

从客源地来看,温州国内旅游的一级市场是浙江省,浙江游客占60.4%,即大部分游客来自旅游距离较短的周边地区,本市或本省的游客占绝对优势。二级市场是江苏占 5.7%,上海占 4.6%,福建占 4.3%。三级市场是旅游距离较长的全国 27 个省区市,即安徽占 2.7%,湖北占 2.5%,江西占 2.2%,广东占 2.0%,山东占 1.9%,河南占 1.9%,四川占 1.7%,北京占 1.6%,湖南占 1.5%,重庆占 1.0%,其他 17 个省区市均在 1%以下。可见温州国内旅游的市场份额与旅游距离长短成正相关。

表 7 - 8　　　　　　　　**2012 年浙江各地国内旅游比较**

城　　市	接待国内游客 （万人次）	同比增长 （％）	国内旅游收入 （亿元）	同比增长 （％）
杭州市	8236.9	14.7	1253.2	17.8
宁波市	5748.3	11.0	816.4	15.2
温州市	4886.6	18.5	464.2	23.7
嘉兴市	4101.0	16.0	401.6	19.0
湖州市	4190.9	19.1	312.9	23.4
绍兴市	4865.9	17.9	491.1	22.9
金华市	4105.1	16.3	372.8	17.5
其中：义乌市	1022.3	12.8	95.6	18.5
衢州市	2516.7	21.0	145.5	24.2
舟山市	2740.0	12.6	256.7	13.4
台州市	4468.9	12.7	406.7	25.1
丽水市	3561.4	30.1	176.2	33.3
全省	39123.8	14.08	4475.8	18.2

说明：全省数据不等于各市简单累加。

3. 出境旅游

随着人均 GDP 的增长，目前全国各地的出境旅游非常火爆，以每年 30％的增速飞快发展，中国出境人数已超过美国和德国，成为世界第一大出境旅游市场，为世界旅游业的增长做出了 13％的贡献。温州出境旅游也同步得到快速发展。温州出境旅游人数从 1995 年的 900 人次增加到 2012 年的 16 万人次，平均每年增长 35.63％，特别是 2009 年以来出境旅游人数更以每年 41.63％的惊天速度迅猛增长。

2012 年，温州具有组织出境旅游资格的旅行社由 4 家增加到 10 家。温州旅行社组织的出境游客达到 13.26 万人次，其中港澳游 3.59 万人次，台湾游 1.04 万人次，边境游 0.23 万人次，出国游 8.41 万人次。出国游客中，赴韩国 2.15 万人次，占出国总数的 25.6％，占出境总数的 16.2％，一年翻番。其次是泰国 1.61 万人次，占出境总数的 12.1％。以上港澳台韩泰五地是温州出境游的一级市场。二级市场依次是新加坡、马来西亚、菲律宾、日本，三级市场依次是印尼、法国、澳大利亚、意大利、新西兰、马尔代夫、瑞士、德国、荷兰等国。

美国、日本、澳大利亚、新西兰等国都不同程度地放宽了对中国公民的入境签证手续。2012年中国赴澳大利亚的个人旅游签证和商务访客签证的获签率达到94%;美国在2012年的一年中签证处理能力提高了40%,并计划2013年对华签证申请处理量达220万。由于签证手续便捷、直航航班增加、取消了强制购物等原因,温州出境游客大量增加。其中赴韩国济州岛、泰国曼谷、菲律宾长滩岛、越南岘港等地的出国旅游异军突起,成为出国游的最热目的地。例如长滩的机票、住宿、餐饮、娱乐项目的花销,比海南岛还低,这就吸引了更多游客前往。

(三)温州旅游业的经营和接待能力

旅游业是一个多层次、全方位的"泛产业",与农业、渔业、工业、交通、文化、体育等29个部门关联,涉及110个行业,所以旅游业是产业关联度非常高、综合带动作用非常强的行业。旅游业的经营和接待能力包括住宿、餐饮、交通、通信、娱乐、购物、旅行社、导游员、旅游风景区建设等。

1. 温州住宿业

住宿业是旅游产业的核心要素,也是现代服务业的重要组成部门。截至2012年底,温州星级饭店共有103家,其中五星级饭店5家(杭州20家,宁波19家,绍兴10家,嘉兴5家,全省62家)、四星级饭店21家(杭州43家,宁波24家,全省184家),三星级饭店48家(杭州82家,宁波49家,全省379家),二星级饭店26家(杭州68家,宁波62家,丽水30家,全省294家),一星级饭店3家(杭州4家,宁波4家,丽水5家,全省22家)。全市103家星级饭店全年共接待中外游客235.89万人次,其中入境客5.95万人次,占2.52%。

2012年温州各类住宿设施的营业收入25.28亿元,占全省住宿业总收入的7.14%,居全省第三位。其中客房收入8.40亿元,餐饮收入14.53亿元,其他收入2.35亿元。温州客房收入占33.23%,餐饮收入占57.48%,餐饮收入超过客房收入24.25个百分点,这是一个异常现象。餐饮收入对于住宿业的营业收入影响很大,但一般是超过客房收入约10个百分点,温州竟达24.25个百分点。这说明一方面温州饭店餐饮业消费能力很强,另一方面温州星级饭店成为当地居民重要的社交场所。

客房出租率和平均房价是衡量住宿业总体经营状况的重要指标。2012年温州客房出租率为59.01%,居全省第三位;住宿平均房价为每间每夜311.87元,低于全省平均的337.08元,居全省第四位。显然,温州客房空置率很高,这对于高纬度、高海拔地区是可以理解的,但对于人体舒适度指数非常优越的温州来说,这是很不理想的,只能说明温州住宿业或旅游业发展水平低。温州平均房价低,这是温州高星级饭店不多造成的,温州五星级饭店仅5家,只是杭州和宁波的四分之一,是绍兴的二分之一。

住宿业的发展水平取决于经济发展和旅游业发展,即GDP增长带动住宿业发展。2012年温州GDP增速为6.7%,人均GDP为6338.75美元,两者均居全省末位,这是温州经济最沮丧、最倒霉的事情。以GDP增速为基数,对住宿营收的理想增幅与实际增幅进行比较,2012年温州住宿业营收理想增幅为6.12%,而实际增幅为5.71%,这说明温州住宿营收的实际增幅跑输了GDP增长给住宿业带来的红利,这在全省处于中下游水平。另一方面,温州GDP总量在全省的占比为10.55%,住宿业营收在全省的占比为7.14%,两者占比的差距为3.41%,这在全省排名倒数第四,这是住宿单位存量与经济和旅游业发展匹配程度的排名。温州这种匹配程度很弱,说明温州住宿单位存量不足。上述这些指标是衡量住宿业或旅游业发展水平的重要标准,温州旅游行政部门的官员对此必须引起高度警觉。

温州5家五星级饭店分别是华侨饭店、万和豪生大酒店、香格里拉大酒店、龙湾滨海大酒店、乐清天豪君澜大酒店,其中鹿城区占了3家。温州21家四星级饭店中,鹿城区11家,超过一半。通常把五星级和四星级作为高星级饭店,温州高星级饭店中,鹿城区占53.8%。低星级的一星级饭店3家全部集中在瓯海西部山区泽雅境内。值得指出的是,全省旅游经济强县(市、区)共29个,温州有鹿城、乐清、文成、洞头4个,然而文成和洞头两个旅游经济强县的星级饭店只有6家和3家,高星级饭店一家都没有,这种高旅游地位与低接待能力极不相符,值得深思。

表7-9　　　　　　　**2012年底温州103家星级饭店分布**　　　　　单位:家

星级饭店	鹿城	龙湾	瓯海	瑞安	乐清	永嘉	平阳	苍南	文成	泰顺	洞头	全市
五星级	3	1	0	0	1	0	0	0	0	0	0	5
四星级	11	1	2	2	2	1	1	1	0	0	0	21
三星级	15	3	2	6	5	5	2	3	3	2	2	48
二星级	4	2	2	4	3	2	2	2	3	1	1	26
一星级	0	0	3	0	0	0	0	0	0	0	0	3
合计	33	7	9	12	11	8	5	6	6	3	3	103

2. 温州旅行社

截至 2012 年底,温州共有旅行社 211 家,另有分社 21 家,其中具有组织出境旅游资格的旅行社 10 家,温州旅行社数量仅次于杭州和宁波,居全省第三位。温州旅行社的数量众多,但规模都很小,最大的国际旅行社的注册资金都只有 200 万元,一般的国内旅行社仅为几十万元。2012 年平均每家旅行社全年接待中外游客只有 7470 人次,平均每天仅接待 20 人次。而发达国家的旅行社规模都很大,甚至出现旅游跨国公司,例如美国运通公司拥有遍布全球 130 多个国家 1700 多家营业网点,资产总额 2000 多亿美元,年收入360 亿美元。

从旅行社数量发展角度来看,温州从 2003 年的 92 家增至 2012 年的211 家,9 年间增加 119 家,翻了一番多,平均每年增加 13.2 家,年均增幅达9.66%,近三年更达 10.83%,这种超速增长在旅游市场成熟的发达国家是绝无仅有的。从省内横向比较来看,9 年来温州旅行社的增速落后于全省平均 0.3 个百分点,比丽水低 1.73 个百分点,比金华低 1.70 个百分点,也低于杭州、湖州和宁波,居全省第六位。近三年来,温州旅行社建设加快,年均增速超过了全省平均 0.77 个百分点,但仍落后于湖州 3.43 个百分点,落后于宁波 0.96 个百分点,落后于嘉兴 0.85 个百分点,温州增速居全省第四位。

2009 年起浙江省实行旅行社品质星级评定以来,各地相继出现五星级品质旅行社。至 2012 年底,杭州有五星级旅行社 13 家,宁波 4 家,台州 2家,金华和湖州各 1 家,全省共 21 家,而温州至今没有一家五星级旅行社,可见温州旅行社的品质都较低。

规模较大的旅行社可以兼营出境游业务。最近三年,温州出境旅游非常火爆,以超常规的极速增长,例如赴韩国游人数一年翻番。因而,出境旅行社也同步快速增长。2009 年温州只有 3 家出境社,2010 年增加到 4 家,2012 年突然增加 6 家,共有 10 家出境游组团社。出境社增多后,不仅发展了出境旅游事业,而且推出更多的个性化、品质化、多样化的线路,市民出境游的选择余地增大,有利于出境游组团社的有序竞争。温州原来 4 家出境社是温州中旅旅游有限责任公司、温州国旅旅游有限公司、温州海外旅游有限公司、温州交运集团国际旅游有限公司,新增 6 家是浙江仙乐国际旅行社有限公司、温州和平国际旅游有限公司、温州精诚国际旅游有限公司、温州海峡假期旅行社有限公司、瑞安市中国旅行社、瑞安市顺达国际旅游服务有限公司。

温州旅行社的地区分布很不均衡,211 家旅行社中,接近一半分布在鹿城区,鹿城区多达 96 家;其次是瑞安 26 家,乐清 25 家;再次是苍南 14 家,永嘉 13 家,平阳 11 家;而旅行社较少的是瓯海 7 家,文成 6 家,龙湾 5 家,泰顺和洞头各 4 家。

表 7 - 10　　　　　**2003～2012 年旅行社发展比较**　　　　　单位:家

区域	2003 年	2004 年	2005 年	2006 年	2007 年	2008 年	2009 年	2010 年	2011 年	2012 年
杭州市	247	298	339	388	390	435	461	517	563	615
宁波市	125	141	147	174	186	197	209	240	265	292
温州市	92	105	109	119	132	136	155	173	195	211
嘉兴市	57	65	71	75	72	80	84	95	108	117
湖州市	38	40	45	49	49	57	61	70	82	91
绍兴市	59	61	73	89	91	99	102	111	118	128
金华市	49	52	70	82	88	98	108	117	138	129
衢州市	37	44	47	57	54	59	63	66	76	81
舟山市	55	79	84	90	98	100	102	110	118	125
台州市	74	82	90	102	107	113	115	126	136	140
丽水市	25	27	27	28	33	39	49	57	61	66
浙江省	856	995	1104	1258	1300	1413	1509	1682	1860	2012

表 7 - 11　　　　　**2009～2012 年出境旅行社发展比较**　　　　　单位:家

年份	杭州	宁波	温州	嘉兴	湖州	绍兴	金华	衢州	舟山	台州	丽水	全省
2009 年	34	9	3	1	1	2	2	0	1	2	0	55
2010 年	43	10	4	2	1	2	2	0	1	2	0	67
2011 年	46	13	4	4	1	2	2	0	1	5	0	78
2012 年	49	16	10	4	1	4	3	1	3	7	0	99

3. 温州导游员

温州持证导游员数量少,水平低,特别是高级导游员和外语小语种导游员奇缺。这种状况不能满足当前温州旅游业快速发展的需求,而且成为温州旅游业发展的制约瓶颈。

2012 年,温州持证导游员 3911 名,占全省的 10.12%,仅次于杭州和宁波,居全省第三位,但为杭州的四分之一,宁波的二分之一,是宁波五年前的水平。从导游员的增速来看,2003～2012 年的 9 年间,温州平均每年增加 352 名,而杭州每年增加 1274 名,宁波每年增加 631 名。温州导游员年均增长 20.27%,年均增速比宁波低 1.11 个百分点。

导游水平职称分为特级、高级、中级、初级四个等级。至 2012 年底,温州尚无人获取特级导游职称,高级导游原只有雁荡山 1 名,2012 年新增 4 名,但这 5 名高级导游全部从事旅游行政管理工作,没有在一线带队。温州中级导游也很少,绝大部分都是初级导游。初级导游学历普遍偏低,知识面狭窄,不能胜任旅游景观深层次的介绍,只能做一些服务性事务。温州导游中女性占 77%,女性导游职业生涯较短,职业路径多数是"学校毕业—初级导游—结婚—转行"。最要命的是温州接待外地游客的导游词水平极低,例如南雁导游词尽是不堪入耳的胡言乱语,有损于温州旅游颜面,愧对于温州大好山川美景。

表 7 - 12　　　　2003~2012 年导游员数量增长比较　　　　单位:名

区域	2003 年	2004 年	2005 年	2006 年	2007 年	2008 年	2009 年	2010 年	2011 年	2012 年
浙江省	8063	12866	16459	20271	23186	25332	29430	31948	34983	38658
杭州市	4579	6368	7812	9246	9814	11071	12685	13508	14521	16046
宁波市	1203	1995	2451	3210	3492	4105	4832	5435	6114	6878
温州市	743	1016	1294	1630	1840	2080	2431	2706	3258	3911

4. 温州旅游景区

旅游景区建设是旅游业的基础部门,也是整个产业链中的核心环节,它直接关系到旅游业的竞争力和游客对旅游消费的满意度。旅游景区的经济效益高低取决于它的景观吸引力和管理质量水平。就景观吸引力来评价,分为国家级风景区、省级风景区、市级风景区、县级风景区,这就是景区的"天生丽质"程度。就景区的管理质量来评价,分为 5A 级、4A 级、3A 级、2A 级、1A 级五个等级,这就是景区的"衣裳打扮"程度。据不完全统计,截至 2012 年底温州拥有各种类型的旅游景区 200 多个,其中国家级风景区 3 个(全省 19 个),省级风景区 8 个(全省 42 个),市级风景区 12 个,县(市、区)级风景区 11 个。

截至 2012 年底,温州已评级的 A 级景区 32 个(全省 325 个),其中 5A 级景区 1 个(全省 10 个),4A 级景区 11 个(全省 136 个),3A 级景区 10 个(全省 88 个),2A 级景区 10 个(全省 91 个)。从分布来看,温州 A 级景区总数明显少于绍兴、宁波、杭州、嘉兴、丽水,居全省第六位,特别是作为高级景区的 4A 级景区很少,仅占全省的 8.1%,低于省平均水平。从发展来看,温州 A 级景区从 2004 年的 10 个增加到 2012 年的 32 个,平均每年增加 2.75

个,而绍兴每年增加 3.8 个,宁波 3.4 个,杭州 2.9 个,嘉兴 2.8 个,温州景区建设速度居全省第五位,处于中游水平。

表 7 - 13　2004~2012 年浙江 A 级旅游景区发展情况比较　　单位:个

地级市	2004 年	2005 年	2006 年	2007 年	2008 年	2009 年	2010 年	2011 年	2012 年
杭州市	17	18	23	28	27	28	30	37	40
宁波市	14	16	21	23	29	34	35	36	41
温州市	10	19	22	24	24	29	29	28	32
嘉兴市	13	17	21	22	24	29	32	33	35
湖州市	6	6	8	9	10	11	13	17	17
绍兴市	16	18	22	23	30	32	36	45	46
金华市	10	13	14	15	16	18	20	21	22
衢州市	13	15	17	17	18	18	19	22	21
舟山市	6	6	6	11	11	11	11	11	11
台州市	6	7	9	12	19	21	22	23	26
丽水市	16	16	20	26	27	30	32	33	34
浙江省	127	151	183	210	235	261	279	306	325

　　总体来看,温州旅游景区数量和规模不断扩大,旅游景区经营效益逐步提升,特别是高等级景区优势明显,表现在接待量持续扩张,占比逐年提高,规模集聚效应明显上升。2012 年,温州纳入统计的 A 级景区接待游客 2680 万人次,景区总收入 176 亿元,其中门票收入 2.50 亿元,门票收入占总收入的 1.42%,平均每人门票 9.33 元。与全省相比,全省接待游客 42968.1 万人次,门票收入 60.5 亿元,平均每人门票 14.08 元。温州景区接待游客数量仅占全省的 6.24%,每人门票比全省低了 4.75 元。由此可以得出结论,温州景区的游客稀少,门票价格低廉。

　　一般说来,国家级风景区和 4A 级景区的游客数量多,省级风景区和 3A 级景区游客数量相对少些。但温州景区有很多反常现象,例如洞头省级风景区的游客数量超过了楠溪江国家级风景区,瑞安寨寮溪、龙湾瑶溪、瓯海仙岩等省级风景区都超过了文成百丈漈国家级风景区,甚至瓯海泽雅、苍南渔寮等 3A 级景区的游客数量都超过了文成铜铃山、龙麒源等 4A 级景区。而且国家级 4A 景区的文成铜铃山年接待量只有六万多人,龙麒源和刘基故里更少至四万多人,抵不上一个中型的农家乐接待量。例如国家级 4A 景区龙麒源年接待量仅 4.16 万人次,平均一天接待 114 人,除了节假日和黄金周

表 7 - 14　　　2012 年温州主要风景区的游客数量和门票收入

资源等级	管理等级	风景区名称	游客人数排名	接待人数（万人次）	门票收入（万元）	平均每人门票(元)
国家级	5A	乐清北雁荡山	1	324.89	6809.27	20.96
省级	4A	洞头海岛景区	2	291.47	1469.02	5.04
国家级	4A	永嘉楠溪江	3	280.61	1801.15	6.42
国家级	4A	乐清中雁荡山	4	150.46	195.30	1.30
国家级	4A	平阳南雁荡山	5	96.26	232.26	2.41
省级	4A	瑞安寨寮溪	6	91.86	118.85	1.29
省级	3A	龙湾瑶溪景区	7	91.52	免收门票	—
市级	4A	温州动物园	8	76.80	2141.09	27.88
省级	4A	鹿城江心屿	9	75.38	1454.29	19.29
市级	4A	温州乐园	10	59.01	5255.13	89.05
省级	3A	瓯海仙岩景区	11	34.60	122.47	3.54
省级	3A	苍南渔寮景区	12	28.06	399.24	14.23
国家级	4A	文成百丈漈	13	17.96	236.16	13.15
省级	3A	瓯海泽雅景区	14	15.59	58.30	3.74
省级	4A	苍南玉苍山	15	14.13	201.10	14.23
国家级	4A	文成铜铃山	16	6.57	77.60	11.81
国家级	3A	文成刘基故里	17	4.57	28.35	6.20
国家级	4A	文成龙麒源	18	4.16	148.78	35.76

说明:本表接待人数和门票收入数据采自《2013 年温州年鉴》。

外,平均每天不到 50 人。瑞安雅林现代农业园春节五天的游客竟达 13 万人次,二天的接待量就超过了龙麒源一年的接待量,而同样春节五天的国家级 4A 风景区百丈漈游客只有 2.5 万人次。这种大型景区的门庭冷落现象说明自然景观的观光游览的市场份额越来越小,累死累活和攀喘疲劳的旅游活动不再受欢迎。

杭州西湖风景区、绍兴鲁迅故居等国家级大型景区都是免费景区,而温州只有一个小小的瑶溪景区在 2012 年下半年才开始免费。但是温州每人门票却比全省低 4.75 元,比全省低了三分之一。温州票价低廉说明景区档次不高,处于廉价经营状态。最不可思议的是国家级 4A 景区的中雁和南雁平均每票仅 1.30 元和 2.41 元,省级 4A 景区的寨寮溪平均每票只有 1.29 元,省级 3A 景区的仙岩和泽雅都只有 3 元多。这种门票价格比吸一根烟都便宜的怪异现象,也许是谎报接待人数造成的。与此相反,娱乐型景区温州乐园占地只有 23 万平方米(345 亩),投入建设资金仅 1.5 亿元,年门票收入高达 5255 万元,仅次于北雁景区,居全市第二位,是楠溪江、洞头景区的 3 倍;温州乐园平均每票 89 元,是北雁的 4 倍多,是楠溪江的 14 倍,是寨寮溪的 69 倍。因此,娱乐旅游景区的经济效益远比观光旅游大得多,温州娱乐设施滞后是温州旅游致命的短板。

5. 温州旅游项目投资

根据浙江省旅游局《2012 年浙江旅游业发展报告》,截至 2012 年底,温州纳入统计的在建旅游项目 186 个,居全省首位;签约总投资额为 873.66 亿元,居全省第三位。其中投资金额大于 100 亿元的项目 1 个,50 亿~100 亿元的 2 个,10 亿~50 亿元的 23 个,5 亿~10 亿元的 42 个,1 亿~5 亿元的 92 个,1 亿元以下的 26 个,平均每个项目投资额为 4.7 亿元。这种大规模、大手笔投资建设旅游项目,对温州旅游经济的提档升级,提高旅游竞争力,当然是天大的好事。但是,2012 年底累计完成投资只有 196.84 亿元,占投资总额的 22.53%,低于全省平均水平 4.31 个百分点,居全省倒数第四位,其原因主要是有些项目处于前期阶段,尚未进入全面建设推进时期,也有些项目因资金不到位而搁置,这是某些领导说大话和政府债务恶化引起的。

温州在建旅游项目投资中有五个令人匪夷所思的错误特点,第一是政府投资占 47.78%,居全省首位,这个占比高得违反常理。全省政府投资占比为 25.25%,宁波仅为 4.36%,湖州更只有 4.25%。温州国营和民营企业投资比例为 51.81%,居全省末位,而湖州的企业投资占比为 90.34%,舟山为 86.36%,嘉兴、绍兴、宁波都在 77% 以上。温州民营经济相当发达,而民营投资很低,政府投资极高的反常现象说明温州旅游投资的盲目性,必然带来旅游投资的完成率极低的恶劣后果。第二是 2012 年实际完成旅游基础设施建设的投资额仅为 21.69 亿元,占全年实际总投资额(115.12 亿元)的 18.84%。政府投资按理应重点放在旅游基础设施建设上,但温州政府投资比例很大,而基础设施投资比例很小的这种反常现象,同样说明温州旅游项目投资的盲目性。第三是温州旅游景区投资额占总投资的 37.22%,排在全省倒数第四位。温州景区建设或改造升级的投资明显不足,将与兄弟城市的差距进一步拉大,这说明钱没有花在刀刃上,盲目胡干特征非常明显。第四,旅游购物是提高旅游总收入的重要驱动力,越来越受到世界各国的重视,但 2012 年温州旅游购物投资占比仅为 12.24%。虽然这个占比在全省还算高的,但难以改变目前温州旅游购物场所建设的滞后状况。第五是高档次的旅游度假区投资严重不足。2012年,浙江人均GDP已跨入"万美元"时代,全国人均GDP亦达6076美元,温州人均GDP也已达到6339美元,这将必然迎来休闲度假的热潮。当今旅游业正处在由观光旅游向休闲度假旅游转型时期,全国各地都在大张旗鼓地开发建设旅游度假区。截至2012年底,全省已建成1家国家级旅游度假区和24家省级旅游度假区,很多兄弟城市都在积极申报国家级旅游度假区。但温州至今没有一家像样的旅游度假区,位于鹿城西部瓯江孤屿西洲岛上的"瓯江旅游度假区",1995年被省人民政府批准为首批省级旅游度假区,面积8.5平方千米,是温州唯一一家省级旅游度假区,20年过去了,至今仍是一片荒地。高档次的旅游度假区的投资建设是温州旅游投资的重中之重,倘若再不迎头赶上,仍在拼命地搞"农家乐"一类的投资建设,若干年后温州旅游业必将会落在全省的最后头。

三、温州主要旅游风景区

截至2013年底,温州拥有各种类型的旅游风景区200多个,其中国家级风景区3个,省级风景区8个,市级风景区12个,县(市、区)级风景区11个。在管理质量上,温州拥有A级风景区32个,其中5A级景区1个,4A级景区12个,3A级景区10个,2A级景区9个。

表7-15　　　　　　　2013年温州主要风景区的等级划分

等　级	风　景　区　名　称
国家级风景区	雁荡山、楠溪江、百丈漈—飞云湖
省级风景区	洞头、南麂列岛、滨海—玉苍山、寨寮溪、泽雅、仙岩、瑶溪、江心屿
AAAAA景区	雁荡山
AAAA景区	楠溪江、中雁荡山、南雁荡山、洞头、南麂列岛、百丈漈、铜铃山、龙麒源、寨寮溪、玉苍山、江心屿、温州乐园
AAA景区	泽雅、仙岩、瑶溪、渔寮、乌岩岭、刘基故里、苍南碗窑、温州动物园、茶山五美景园、瑞安玉海楼
AA景区	平阳西湾、苍南石聚堂、泰顺承天氡泉、洞头南炮台山、瑞安桐溪、瑞安顺泰青云谷、瑞安隆山公园、乐清东塔公园、瓯海绿色乐园。

(一)雁荡山风景名胜区

广义的雁荡山风景区包含北雁荡山、中雁荡山、南雁荡山三个景区,不包括泽雅景区。泽雅景区有人称为西雁景区，这是错误的，应予纠正，因为泽雅景区根本不在雁荡山脉的范围内。1989 年 5 月 10 日国家建设部批准的雁荡山风景名胜区总面积 289.91 平方千米，其中北雁荡山风景区 150 平方千米，中雁荡山风景区 42.23 平方千米，南雁荡山风景区 97.68 平方千米，是山岳型国家重点风景名胜区。

1. 北雁荡山风景区

通常所说的雁荡山风景区单指北雁荡山景区。它位于乐清市北部，是国家级风景名胜区、国家 AAAAA 级旅游风景区、国家级森林公园、世界地质公园，是温州旅游的王牌风景区。2013 年接待游客 390 万人次，门票收入 8170 万元，均居全市第一位。该风景区由灵峰、三折瀑、灵岩、大龙湫、雁湖、显胜门、仙桥、羊角洞八大景区组成，其中前四个景区是核心景区，是外地游客必到的观光胜地；仙桥和羊角洞景区比较偏远，游客罕至。

雁荡山脉分为南、北两支，瓯江以北称为北雁荡山脉，瓯江以南称为南雁荡山脉。北雁荡山脉位于括苍山脉的东边，两者之间隔了一个广阔的楠溪江谷地，所以北雁荡山脉不是括苍山脉的南支。北雁荡山脉北起黄岩、永嘉、乐清交界处的分水尖，向南延伸，最后没入瓯江。北雁荡山脉的主脉山脊线大部分是永嘉与乐清的分界线，也是楠溪江与乐清境内众多独流入海河流的分水岭。北雁荡山风景区不是位于北雁荡山脉的主脉上，北雁景区的最高峰百岗尖（1056 米）也不是北雁荡山脉的主峰，而是位于北雁荡山脉的一条支脉上。该支脉从主脉东坡的雁湖舟山村附近往东偏北方向延伸，没入大荆溪。该支脉长度约 18 千米，宽度约 3 千米，它是北边的砩头溪与南边的黄金溪之间的分水岭。它的脊部由燕山晚期第三次侵入岩石英正长斑岩组成，外围山体由上侏罗统诸暨组 a 段的熔结凝灰岩组成。由于两种岩石性质的差异，再加上垂直节理的广泛发育，经外力流水的差别侵蚀，岩块崩塌，形成随处可见的悬崖峭壁和峰峦峥嵘景观，成为旅游胜地。

砩头溪是大荆溪中游仙溪的一条支流，黄金溪是清江的上游段。砩头溪与黄金溪之间的这条北雁支脉的东部发育了一条独流入海的短小河流，叫白溪，即白溪位于大荆溪与清江之间。白溪的上游叫碧玉溪，发源于百岗尖的东南坡，向东北方向流去。北雁风景区的核心景区就位于碧玉溪流域。碧玉溪源头的西面是大龙湫景区，东面是灵岩景区。碧玉溪再往东北流去，便是三折瀑景区。至北雁风景区入口处的响岭头，接纳白溪最大支流鸣玉溪，鸣玉溪流域就是灵峰景区。由于白溪非常短小，全长只有 10.1 千米，其中碧玉溪仅 5 千米，整个流域面积为 31.7 平方千米，所以水量极小，多年平均径流量只有 1.32 立方米/秒,平时床底基岩裸露,白石磊磊,故名白溪。因此,北雁作为全国一流的名山风景区,缺水是其致命的硬伤。

(1)灵峰景区

灵峰景区位于白溪最大支流鸣玉溪流域,面积 6.5 平方千米。景区内有26 峰、3 嶂、37 岩、5 石、18 洞、4 谷、8 瀑泉等,大小景点共 132 处,是雁荡山精华景观所在地。代表性的景观是灵峰,灵峰是一座不能攀顶的孤峰,高270 米。灵峰看似由两爿岩峰相依并峙而成,状如合掌,故又称合掌峰。夜幕降临时,形似一对情侣相偎,故又名夫妻峰。合掌峰的中间是一条竖向的裂缝,人称雁荡山第一大洞,其实不是真正意义上的洞穴,而是直立式裂隙崩塌洞。它是流纹岩由断裂作用形成的垂直节理,然后沿垂直节理经过长期的物理风化和流水侵蚀作用及岩块崩落而形成的一条裂缝。古人在这条裂缝腰部高 113 米处,即合掌峰的"掌心"位置修筑了一座寺院,名观音洞。观音洞面宽 14 米,深 76 米,倚缝架屋,建楼九层。从洞口至第九层大殿,需扶栏攀登 377 级石阶,方可到达最高层的大殿。大殿内供奉观音塑像和十八罗汉,其佛法系统属于禅宗南宗的临济宗。观音洞寺院始建于北宋崇宁五年(1106 年),1982 年由雁荡山旅游管理局重建。洞内多摩崖碑刻,为宝贵文物。寺在洞内,洞中有瀑,瀑水成泉,泉洒甘露,洞内迥旋曲折,别有洞天,是登临雁荡的游人必到之处。

灵峰景区还有果盒三景,卷云谷的倚天嶂、白云庵、雪洞、紫竹林、古竹洞、长春洞,道教圣地北斗洞,幽谷南坑的将军洞、古洞、碧霄峰、真际寺等风景。

(2)三折瀑景区

三折瀑景区位于碧玉溪与鸣玉溪交界处响岭头的西面,东北邻灵峰,西南接灵岩,面积约 3 平方千米。景区内有 14 峰、7 嶂、17 岩、7 石、8 洞、3 谷、3 瀑等,大小景点共 77 处。主要景观是三折瀑、森林公园、烈士墓三部分。三折瀑是同一水流历经三处危崖飞流直下形成的上、中、下三条姿态各异的瀑布。下折瀑高 50 多米,瀑布朝南,三面环山,藏在谷中。中折瀑隐藏在下折瀑西北面陡峭的翠楼峰中,瀑水朝东,落差 120 多米,是三折瀑布中最佼入胜者。这里四周危崖壁立,犹如一口百丈大竖井,瀑顶岩壁可见流纹岩形成时岩浆流动的流纹。瀑水悬空而下,注入潭中,潭四周有环形石径,游人可绕到瀑后观瀑,只见水珠随风摇曳,形成一挂巨大的珠帘水。上折瀑位于中折瀑的西北面,地势很高,山路很远,很多游客望而却步,没能成行。上折瀑朝东南,落差 100 多米,瀑水从瓮形洞顶洒入潭中,沙沙作响,卷起朵朵水花,颇为绮丽。三折瀑不同于其他地方的瀑布,在于雁荡山缺水,所以瀑水都呈珠帘水,游客感觉不到它的壮观,而是欣赏珠水纷纷扬扬,犹如珍珠跳跃的美景。

三折瀑景区的森林公园面积 150 亩,是雁荡山国家级森林公园的缩影。它位于碧玉溪支流净名坑流域,由阳光谷、初月谷、净名谷三谷组成,最低海拔 97.5 米。谷中森林覆盖率达 95%以上,植被类型是亚热带常绿针叶林为主,可见不是原生林,而是人工林和次生林。公园内分设服务区、娱乐区和游览区。可游览观光的景点主要有净名坑北侧的铁城嶂、南侧的游丝嶂、水帘洞、维摩洞、一枝香、阳刚峰等。最负盛名的是铁城嶂,高 160 米,长 220 米,由流纹岩组成的嶂壁"势若长城,色若铁黑"。

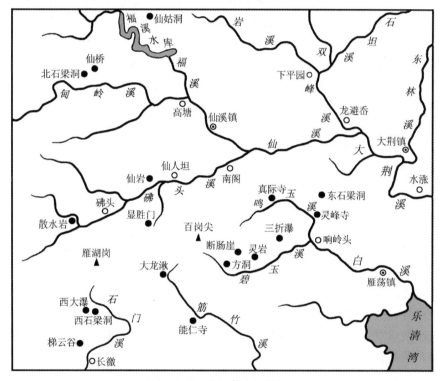

图 7-2　北雁荡山风景区

(3) 灵岩景区

灵岩景区位于三折瀑与大龙湫两景区之间,碧玉溪的支流卧龙溪流域,面积约 5 平方千米。景区内有 18 峰、5 嶂、21 岩、7 石、12 洞、4 谷、10 瀑泉等,大小景点共 95 处。灵岩是一块岩石,其实是一壁巨嶂,高 200 米,长 200 多米,超过了铁城嶂,是真正的"雁荡第一嶂"。石色五彩斑斓,犹如一大锦屏展布在崇山峻岭之间,故又称屏霞嶂。嶂麓是灵岩寺,寺前矗立着天柱峰和展旗峰,两峰对峙如门,称为南天门。天柱峰高 270 米,展旗峰高 260 米,两峰相距 250 米。在这 250 米的南天门上空系一缆索,在缆索上每天都有惊心动魄的飞渡表演,成为游客必看的"雁荡一绝"。灵岩寺西北侧有龙鼻洞,洞高 100 米,宽深均约 10 米,与合掌峰的观音洞一样是裂隙式崩塌洞,由于闪长岩石质细致,易于雕刻,所以这里集聚了唐代至民国名人的 88 处摩崖题刻和碑刻,被称为"雁山碑窟"。沿卧龙溪谷地往西北上行至尽头是小龙湫瀑布和断肠崖。断肠崖在小龙湫的背上,通过一条依嶂壁修造的悬空栈道,到达断肠崖,这里是张纪中版《神雕侠侣》中杨过跳崖自杀的拍摄地,景色非常险峻美妙。另外,从卧龙溪的口门溯溪而上还有钟岩、鼓岩、徐霞客雕像、卧龙亭、普同塔、双珠谷、隐珠瀑等景点以及两侧众多的奇峰和嶂壁。双珠谷中的隐珠瀑,落差 118 米,瀑水像碎玉般从半圆形的崖壁飘洒而下,落入彩虹潭中,与中折瀑有异曲同工之妙。

灵岩景区的西北隅是雁荡山风景区最高峰百岗尖,今天建有非常曲折的盘山公路从下灵岩村到达百岗尖。百岗尖的东南面是玉屏峰(巾子峰),峰下是列仙嶂,嶂下有仙人榜、东绕阙、送子观音等景点。1994 年开发了列仙嶂,称为方洞景点。方洞东西长 1100 米,集奇岩、异洞、天桥为一体,适合游客登高猎奇。

(4) 大龙湫景区

大龙湫景区在灵岩景区的西面,面积 18 平方千米。该景区虽然紧邻灵岩景区,但位于清江支流筋竹溪的源头,不属于碧玉溪流域,有马鞍岭隧道与灵岩景区相通。筋竹溪发源于百岗尖西南坡,上源叫锦溪,流经龙湫背,跌落形成雁荡山最壮观的大龙湫瀑布,然后转向东南流经一帆峰、燕尾瀑、能仁寺、筋竹涧等景点。全景区有 16 峰、5 嶂、14 岩、7 石、6 洞、3 谷、6 瀑等,大小景点共 100 处。一般游客只是游览剪刀峰(一帆峰)至大龙湫瀑布一段,很难游遍整个景区。

大龙湫瀑布是该景区的主景。瀑布从龙湫背悬空跌落,落差 197 米,仅次于文成百丈漈的一漈瀑布 207 米,居全国单级瀑布落差的前列。汛期时,瀑水直捣龙潭,势如排山倒海,数里之外为瀑声所震慑;枯水期时,瀑水不到深潭就已随风飘洒,犹如烟雾,"五丈以上尚是水,十丈以下全为烟"。古人所谓"欲写龙湫难着笔"说的就是瀑水"春夏秋冬变幻多,阴晴雨雪奇景浓"。此外,锦溪东面还有化城嶂、石城嶂、千佛峰、常云峰、抱儿峰观景台,西面有芙蓉峰、诵经岩、飞来罗汉等景观,这些奇峰秀嶂之间星布着众多的寺院,溪东有普明寺、天柱寺、华严寺、瑞鹿寺,溪西有罗汉寺等。

(5) 雁湖景区

雁湖景区位于大龙湫景区的西南面,清江上游黄金溪的支流石门溪源头,不属于白溪流域。石门溪与黄金溪交汇于丹灶里,丹灶里是原雁湖乡政府驻地村,现并入芙蓉镇。所以雁湖景区与雁湖乡不在同一地方,但温州游客驱车经丹灶里至雁湖景区更近,也可绕道响岭头,经马鞍岭隧道至雁湖景区。也可以由诸永高速和新建的雁楠公路,经永嘉东皋、鹤盛至丹灶里,再到雁湖景区。由于雁湖景区山高路远,外地游客很少游览。该景区面积达37平方千米,有11峰、6岩、6洞、8瀑等,大小景点共47处。风景以雁湖、西石梁、梯云谷为最胜。

古代,雁湖是海拔1040米山顶上的一个湖泊,"方可十里,水常不涸",有大雁栖宿,故名雁湖,徐霞客称之为"鸿雁之家"。雁湖在成因上与长白山天池一样,属于火山口湖。这座有着破火山口的死火山,今称雁湖岗。在雁湖岗上,可以北望显胜门景区诸景,南眺雁湖景区各大景点。然而时变景迁,雁湖早已淤积干涸。1956年在雁湖上种植茶树,建立茶场。1986年为了发展旅游,将北湖开挖复原,面积10余亩。今天游客登临雁湖,主要欣赏雁湖日出和雁湖云海美景。在晴朗的日出时分,登雁顶石,旭日从茫无边际的东海升起,海面泛金流赤,绚丽多彩,蔚为奇观。

在含珠峰麓梅雨潭西边1千米处有西石梁、西石梁洞、西石梁瀑布等景观。西石梁瀑布又称西大瀑,在西石梁洞右侧。登上洞口,即闻瀑声如雷。瀑布贴着峭壁从高160米的陡崖上飞湍直泻,在半腰处触石飞溅。瀑水直坠深潭,叫大瀑潭,又称上潭。上潭水满流入下潭,下潭大而浅,游鱼可数。在西石梁附近还有罗带瀑、明阳洞、石柱门、梅雨潭、红岩洞等景点。

梯云谷位于西石梁南面长徽村西侧1华里的山谷中。谷口巨石磊磊,谷中嶂壁夹峙,高耸入云。梯云谷深300米,高70多米,筑有100多级石阶,远望似云梯,狭窄险峻。登上云梯顶,三面崖嶂环合,梯云瀑悬泻而下,倾入梯云潭中。梯云潭广三亩,倒景如画。

(6) 显胜门景区

显胜门又称显圣门。位于雁荡山主景区的北面,所以称山北景区。山南主景区与山北景区之间相隔一条海拔1000多米的雁荡山支脉,交通不便。近几年虽然修筑了灵峰至南阁公路、雁湖景区石门至碚头公路,但温州游客还是驱车经大荆沿碚头溪谷地公路较为方便。虽然高山阻隔,交通不便,外地团队游客没有游此项目,但显胜门峭拔雄伟,可与长江三峡瞿塘峡的夔门相媲美,有"天下第一门"之称,所以很值得一游。显胜门景区面积34平方千米,有10峰、2嶂、15岩、2石、7洞、2门、6瀑等,大小景点共54处。大多数景点散布在碠头溪流过的山谷中,以显胜门和南阁建筑群为最胜。

显胜门位于仙溪镇仙人坦村南面的峡谷中。仙人坦是原龙西乡政府驻地村,现并入仙溪镇。从仙人坦村新桥头往南步行2千米即到显胜门。显胜门是一座山门,两侧崖壁陡立,高200米,相隔仅6米多,两壁对峙如门。从谷底仰望,两壁直上云霄,壁顶复合,仅留一线。门下有碧溪和深潭,溪中有卧石,石上刻有"天下第一门"大字。踏卧石过门数百步,则见绝壁环峙,脚下洞水潺潺,极具幽邃。显胜门左有飞湫瀑,掩藏于石缝之间;右有石洞,洞中有三座佛像。此外附近还有会仙峰、仙仗峰、仙岩、仙岩洞、仙游洞、仙人脚、散水岩、散水瀑、章纶墓等景点。

南阁村位于仙人坦的东边,是明代礼部尚书章纶的故乡,著名的旅游胜景是南阁牌楼群。在村口一条卵石铺成图案路面的直街上,从北到南矗立着五座牌楼,另有两座今已倒塌失传。高高的大红匾额上分别写着斗大的金字楷书"世进士"、"恩光"、"方伯"、"尚书"、"会魁",彰显着章氏几代人的功名和地位。明代正统四年(1439年),章纶荣登进士,成为明代名臣,其子侄章玄应、章玄梅皆以政绩文章著称于世。这五座明代建筑风格的牌楼都是木石结构的三山顶重檐六柱的单间形制,高约8米,脊饰龙吻。两根主柱是圆角方形石柱,四根边柱是圆形木柱。该牌楼群都是全国重点文物保护单位。此外,南阁村还有章纶纪念馆"笃忠堂"、章纶致仕后的故居"尚书第"、藏书楼等建筑景观,规模颇大。

(7) 仙桥景区

仙桥景区位于乐清仙溪镇的大荆溪上游福溪及其支流甸岭溪流域,面积约41平方千米。该景区离温州市区很远,紧邻台州黄岩,当地人都讲黄岩话。由于景区地域大,景点分散,加上位置偏远,在温州市民眼中不是雁荡风景区,十有八九市民没有去过。景区内有6峰、12岩、4洞等,大小景点共31处,以仙桥、北石梁洞、仙姑洞三景为最胜。

仙桥位于甸岭下村,是一座岩石组成的天然石桥,所以又称石梁,区别于雁湖景区的西石梁,这里称为北石梁。仙桥架在两峰间,长约百米,宽约20米,高10余米。远望如长虹横空,登桥俯瞰,脚下行云流水,恍若凭虚御空。

北石梁洞又称仙人洞,位于仙桥西南1千米处,若从龙虎门北上,要登3000余级石阶。该洞宽约50米,深高均为20多米,为雁荡山第二大洞。洞内有上、中、下三层,洞口有悬瀑飞泻,洞顶有龙岩、狮子岩、鲤鱼岩、玉兔望月等景观,洞内建有寺院,大殿东北角的洞内有仙人床。

仙姑洞位于福溪水库(龙湖)的北边,离大坝约3千米。这是一个曲尺形的奇洞,洞深40米,宽30米,高20米,有东、南两个洞口。洞顶似穹窿,洞内幽深而明亮,故称穹明洞。洞外层峦叠嶂,峭壁万仞,恍若蓬壶。游客除游览洞府外,别忘了欣赏龙湖水景风光。

(8)羊角洞景区

羊角洞景区位于与温岭交界处的乐清湖雾境内,甬台温高速公路和104国道的东侧,面积6平方千米,有1峰、2嶂、9岩、7洞、3潭等,大小景点共28处,以羊角洞和双龙谷为最胜。羊角洞位于方岩的南麓,由104国道的三界桥往东便是羊角洞。方岩又称方城山,地貌学上叫方山,又名桌状山,即平顶山,对应的尖顶山叫尖山。方山的成因是构造台地进一步切割缩小而形成,温州的方山分布较多,湖雾的方山规模较大,海拔450米。羊角洞宽18米,深13米,高9米。洞内建有玉蟾宫,是道教圣地,宋代就有方岩羊角洞天之称,至清代咸丰年间始具规模。因门口有白色岩石如蟾蜍,故名玉蟾宫。现有大殿5间,香火之盛,为乐清宫观之首。洞的东边有大狮岩、玉兔岩、葫芦岩、二仙峰,洞的西边有卓笔峰、万象嶂、虾蟆岩、含珠岩、里和洞、峭斗洞、天桥等景观。

双龙谷位于湖雾兴上村的东面,北距羊角洞约3千米。因谷中有白龙潭和乌龙潭,故名双龙谷。东边的白龙潭是一个椭圆形的深潭,潭水向西几折之后,泻注成瀑,瀑布下面便是瓮形的乌龙潭。双龙谷中还有白香潭、幽兰潭、双莲洞、龙明寺等景观,谷口右壁有北宋的摩崖题刻。

2. 中雁荡山风景区

中雁荡山,旧籍称白石山,民间叫道士岩,位于乐清西南部白石街道境内,西面紧邻永嘉。北雁荡山脉南段过了大岗山(785米)后,有人认为经白石山(598米)、茗山(502米),至岩安山(371米,即磐石西山)后没入瓯江,这是错误的。该段是北雁荡山脉南段的一条支脉,不是主脉,主脉在永嘉楠溪江与乌牛溪之间。该支脉与主脉之间隔了一个永乐河(乌牛溪)谷地。换句话说,中雁荡山风景区位于北雁荡山脉南段一条支脉的北部。中雁荡山风景区的核心景观是玉甑峰,称为玉甑景区,是每位游客必到的游览胜地。它的西面是西漈景区,东面是东漈景区。这是三大主要的传统景区。1958年兴修水利,在西漈与东漈之间建造了三个水库,营造出一个"三湖景区"。改革开放以后为了发展旅游事业,1985年将风景区扩展至凤凰山、刘公谷、杨八洞,因此今天的中雁荡山风景区包含七个景区,300多个景点,总面积42.23

平方千米。1989 年 5 月,国家建设部批准将中雁荡山并入雁荡山风景名胜区,这就顺理成章地成为国家级风景区,但管理质量上属于 4A 级风景区。

(1) 玉甑景区

玉甑景区位于中雁荡山的北部,钟前水库的西侧。景区共有 18 个景点,主要是玉甑峰和玉虹洞两个景点。玉甑峰海拔 598 米,是中雁的最高峰。远望玉甑峰形似道士冠,故俗称道士岩;峰石白色如玉,峰形有上下两截,看起来像古代炊具"甑",故名玉甑峰。在成因上,玉甑峰与泰山、庐山一样属于地垒山,即多个断层之间的岩体相对上升隆起,又称块状山。块状山与条带状的褶皱山脉在成因上和形态上都不同,因而可以成为可供观赏的旅游胜景。玉甑峰是可以登顶的孤峰,这与北雁不能攀登的孤峰不同,其原因就是中雁孤峰是断层山,由内力作用形成,而北雁孤峰是外力作用的差别侵蚀形成。

从龙山湖边的下马岭索道乘坐缆车上山,来到玉虹洞。玉虹洞在白龙洞东边,有一条长 50 多米的悬空栈道连接。站在栈道上,近瞰三湖,远眺瓯江,大有凌空揽胜之感。玉虹洞宽 42 米,深 41 米,高 40 米;天井宽 8 米,长 23 米。洞内有玉甑观,旧称集真观,是道教的洞天福地,但建有大雄宝殿,殿内塑像是释迦牟尼,因此集真观也叫玉屏禅寺,是释道合一的宗教圣地。玉虹洞的特点是洞中有洞,大的洞中洞有藏经坞、流米洞、应天洞等。1990 年开凿和铺设了 1100 级石阶,从玉虹洞经云游关通往玉甑峰巅。玉甑峰的最高处是观日台,这里不仅观赏东海日出,还能遥望柳市平原上的所有高楼大厦和灵昆岛上的建筑新貌。

(2) 西漈景区

西漈景区位于中雁荡山西部,玉甑景区的西侧。可从下马岭索道上站往西沿山径进入西漈景区,也可由新建的长 2.8 千米的"玉屏栈道"从玉甑峰往西南进入西漈景区。中雁荡山的河流是白石溪,白石溪发源于乐清城北的黄檀洞背,向南流经中雁的钟前水库和白石水库,再流经白石城区,至含湖村汇入柳市河和白象河,最后柳市河注入乐清湾,白象河注入瓯江北口。白石溪有两条支流,西侧支流叫西漈,东侧支流叫东漈。西漈是条很短的小溪,长仅 5.5 千米,中段溪床基岩平坦如流,绝无沙土积石,在阳光照耀下闪如龙鳞,故称为龙街。龙街的下游段形成 8 级瀑布,名为八折瀑,最后注入龙山水库。西漈景区共有 45 个景点,都沿着西漈两侧谷地分布。谷地东侧有玉屏嶂、卓笔峰、展屏峰、双笋峰、独秀峰、醉仙岩、听泉石等,谷地西侧有天柱峰、百丈峰、中龙湫、水帘洞、云月台等。在高 150 米的百丈峰与高 130 多米的火焰峰之间建有一条铁索,铁索长 200 余米,是中雁飞渡表演区。

中龙湫是西漈新开发的一个景点,瀑布高度介于北雁的大龙湫和小龙湫之间。瀑布的岩壁上可看到明显的褶皱构造,当地人称之为青龙壁。瀑下有潭,名为石龙潭。从中龙湫往北经栈道至水帘洞,水帘洞口悬挂水帘,高 30 余米,洞下有圣水池,站在水帘洞口可远眺群峰林立。从水帘洞往东北到达石门,过了石门便是石门村,石门村有个"石门明镜"潭,石门明镜流出来溪水形成西漈上游第一道瀑布,名浴牛瀑。

八折瀑位于西漈的下游,在长约千米的溪谷中悬挂着风姿各异的 8 条瀑布,这是 1990 年新发现的景观,也是西漈景区最美的地方。沿着深谷绝壁凿出来的小径自上而下,有的瀑布悬空喷射,有的贴壁下注,其中第三折瀑布"龙游瀑"气势最壮观,并设有观景台。过了最后一道龙须瀑后,有一座铁索桥,走过铁索桥便是三湖之一的龙山湖。

(3) 东漈景区

东漈景区位于白石水库的东边,团队游客没有游览此景区项目。东漈溪水发源于白云尖(754 米)南坡的黄村东侧,向西南迂回七折流经东漈景区,形成九曲回肠的瀑潭溪涧景观,最后在白石城区汇入白石溪,长 6.7 千米。西漈又名龙街,东漈又称东龙街;西漈以峰岩取胜,东漈以瀑潭见长。景区内有双龙潭、梅雨潭、连珠潭、小龙潭、莲花潭、上钟潭、下钟潭、浣纱瀑、马尾瀑、珠帘瀑等,瀑潭层层套叠,溪涧蜿蜒曲折,长 1.5 千米。此外,山峰"石夫人"高数丈,可登顶眺望景区全貌。

(4) 三湖景区

三湖景区位于东漈和西漈景区之间,由三个水库组成,平水期总面积10380 亩,总库容 3489 万立方米。其中钟前水库和白石水库是中型水库,而龙山水库极小,面积 25 亩,库容仅 29 万立方米。钟前水库位于钟前村的牛山脚,距白石水库库尾 700 米,坝高 51.5 米,坝顶长 184 米,宽 6 米,总库容2260 万立方米,装机容量 2000 千瓦,年发电量 700 万度。白石水库位于白石镇区上游约 2 千米处的雷盘岩脚,坝高 32 米,坝顶长 198 米,宽 4 米,总库容 1200 万立方米,装机容量 750 千瓦,年发电量 250 万度。两者成为两库一体的套库,每年向柳市平原供水 500 万立方米。这里湖光山色,空气洁净,环境幽静,是垂钓、泛舟和避暑胜地。

(5) 凤凰山景区

凤凰山景区位于白石城区西南 2 千米的凤凰村与坭岙村之间。该景区以峰岩为主,景点有 20 多个。其中鹰嘴岩、板障岩、穿鼻岩三岩横空出世,气势磅礴,尤以穿鼻岩为最胜。穿鼻岩凌空拔起500余米,与玉甑峰遥相呼应。另有老虎洞、洗浴坑瀑布、延祥寺、凤山道观等景观。

(6)刘公谷景区

刘公谷景区位于横湖西岙村后山,即天罗山(451米)东坡谷地,西距凤凰山甚远,东邻乐琯塘河、甬台温高速、104国道较近,所以温州游客驱车不能走白石,而由104国道至柳市茶亭左拐。南宋乐清县令刘黙修筑乐琯塘河,亲自巡督,暇时到谷内观赏美景,后人纪念其功绩,故取名刘公谷,今天梯岭岭背的岩壁上有宋代摩崖"刘公谷"三字题刻。该景区面积不大,以岩景为主,瀑潭次之。主景是仙师岩,岩下有洞,洞内塑刘黙仙师像,故当地人称刘公谷景区为仙师岩。另有马鼻岩、棋盘岩、天梯岭、龙湫瀑、龙珠瀑等景观。

(7)杨八洞景区

杨八洞景区位于刘公谷东北约5千米处,即乐成城南街道盖竹村至乐成街道潘家垟村之间,由104国道至乐成盖竹村左拐即是。该景区旧称"盖竹洞天",由观音、透天、透海、龙滚、八仙、混元、宝光、玉蟾8个洞府组成的岩洞群,有些洞此进彼出,上下相通。可惜今只存六洞,宝光和玉蟾两洞不见踪影。除盖竹洞群外,景区现扩展至潘家垟村以东,所以游客还可欣赏到17座峭秀玲珑的峰峦和怪石。

图7-3 中雁荡山风景区

3. 南雁荡山风景区

南雁荡山风景区位于平阳县西部,南雁荡山脉中段的东侧,鳌江中上游干支流流域,包含水头以上的鳌江干流北岸的凤卧溪、怀溪、岳溪、石柱溪流域,以及南岸的闹村溪、青街溪、坳下溪流域。南雁荡山脉北起瑞安平阳坑的飞云江南岸,南到泰顺与福建交界,大致呈东北—西南走向。它的北段山脊线沿着瑞安与平阳、平阳与文成分界线延伸,是飞云江与鳌江的分水岭;它的南段在泰顺境内,是飞云江与仕阳溪的分水岭。南雁荡山主景区不是在南雁荡山脉的主脉上,它位于主脉上的一座山峰朝天马(1120 米)在怀溪与岳溪之间向东南方向延伸的一条支脉上。换句话说,南雁荡山主脉是向西南延伸,而这条支脉是向东南延伸,而且这条支脉跨过鳌江干流,组成具有峰洞特色的旅游风景区。南雁风景区分为东西洞、顺溪、畴溪、石城、东屿五大景区,总面积 97.68 平方千米。其中核心是东西洞景区,其他四个景区团队游客不能到达,因而通常所说的南雁荡山就是指东西洞景区。1989 年 5月,国家建设部批准将南雁荡山并入雁荡山风景名胜区,这样南雁就成为国家级风景区,但管理质量上属于 4A 级风景区。

(1) 东西洞景区

南雁东西洞景区位于碧溪谷地。碧溪是鳌江中游南岸的一条小支流,位置介于闹村溪与青街溪之间,自南向北汇入鳌江。碧溪的东侧是东洞,西侧为西洞;东洞往上是佛教观音洞,西洞就是道教仙姑洞。游览路径是先西洞,后东洞,绕碧溪两岸逆时针绕一圈。

碧溪与鳌江的交汇处是一个深潭,深潭的北岸是 3 公顷的卵石滩,叫五色石子滩,这里就是景区的入口处,紧靠水头至顺溪公路边。游客可以由竹筏撑渡至对岸进入景区,也可乘坐索道缆车进入景区。沿碧溪西岸南行,第一个景点是东南屏障,是由三块巨岩构成品字形的锦屏峰,峰下有一石门洞,门楣上有"东南屏障"四字摩崖石刻。穿过洞门可看到两岩组成的"龟蛇会"和两巨石构成的"狮虎斗",还可看到碧溪中的"跃鲤滩"。东南屏障南行500 米便是"云关",是南雁的主要景点。云关由两爿崖岩夹峙而成,中间形成天门,天门洞高 30 多米,宽 4 米,其下有高深的拱门。再南行就是西洞,西洞宽 14 米,深 24 米,高 10 米。洞内建有道观,名仙姑洞,所以西洞就是仙姑洞。道观殿宇分前后两殿,前殿大罗宝殿面积 1276 平方米,后殿供奉朱氏仙姑,面积 336 平方米,后殿有一半在洞内。两殿之间有一方池,池水由洞口飘洒而下的水珠积聚而成。仙姑洞西边悬崖下有怡心院,也是道观,三间两层楼房,面积仅 80 平方米。

沿碧溪南行至尽头便是梅雨瀑，瀑高 30 米，最宽处 5 米，瀑底有梅雨潭。瀑潭三面环山，瀑水朝东，所以每天上午七时许，朝阳透进山谷，梅雨潭上便出现五彩虹霓。从梅雨瀑下山，过矴步，越碧溪，折向碧溪东岸北上，来到东洞。东洞宽 6 米，深 107 米，高 10 米，洞顶盖有三块巨岩。进洞登上 95 级石阶，约长 60 米，豁然进入另一洞天，四周峭壁，藤萝摇曳，仰望青天，犹如身在井底。洞的左侧建有"棣萼世辉楼"，有很多名人题书的匾额和楹联。东洞的北边是著名的会文书院，朱熹亲笔题名"会文书院"匾额。东洞的东边是三台道院，在三台峰下，是五间二层仿古道教建筑。从会文书院右侧观音岭上山东行，登上 800 多级台阶便是观音洞，位于凌霞峰悬崖下，是南雁最大的石室。洞分两层，外洞宽 41 米，高 21 米，建有大雄宝殿；从左边正道登上石阶便是内洞，内洞宽 13 米，深 7 米，高 8 米，内洞供奉观音菩萨。观音洞是一座佛教古刹，名慈云寺。寺院殿宇傍崖而建，依洞而筑，寺外壁立千仞，寺内有联珠瀑，水珠由岩顶飞洒入池，池底有块"狮舌岩"。从观音洞左侧走 200 多米是"一线天"。一线天是条 160 级台阶铺就的窄道，两侧孤崖矗立，高 50 多米，窄道底宽 3 米，顶宽 1 米，岩壁中部悬空夹着两块大石头。一线天顶部建有凉亭一座，登亭远眺，景区全貌及附近村镇尽收眼底。

（2）顺溪景区

顺溪景区位于南雁西南面的顺溪镇境内，顺溪是鳌江干流上游河段。该景区分为两片，一片是顺溪街至顺溪水库，另一片是知音涧。顺溪镇区散布着六座陈氏大屋，即陈氏老屋、陈氏大份大屋、陈氏老二份大屋、陈氏老四份大屋、陈氏老七份大屋、陈氏新大份大屋。这是温州最著名的清代古民居"顺溪屋"，规模很大，均为省级文物保护单位。其中收取门票的旅游景点是"陈氏老四份大屋"，为二进三院式木构建筑，面宽 45 米，进深 33 米，总建筑面积 1827 平方米，占地面积 5780 平方米。屋内设天井 3 处，套房 46 间，屋巷 6 条，园内有花厅、花园、鱼池等。

"顺溪屋"中建筑面积最大的是"陈氏老屋"，始建于雍正二年，乾隆中后期续建，是三进六院式木构建筑，面宽 61 米，进深 78.8 米，总建筑面积 4756 平方米。以中心纵轴为主体，依次建有门台、前厅、中厅和后厅，每厅九开间，厅间是宽敞的天井。两边厢房都是走马楼，厢后又有廊厢别院。四周围以高墙，门台前两旁竖立旗杆石。整个建筑以回环廊道分隔为 6 个庭院，彼此形似独立，却又毗连相通，门户相对，回廊串接。大小天井 6 个，套房 99 间，屋巷 12 条。

从顺溪大桥西行 1 千米，来到顺溪及其支流知音涧汇合处的"万壑笙钟"，这里溪流湍急，卵石横卧，水石相激，声如芦笙。再往西北行1.5千米便是元代单孔石拱桥"渡飕桥"，过桥后200米是云祥寺。云祥寺又称百僧堂，这是一座建在石崖上的立体寺院，分旧寺和新寺两部分，并有七级浮屠双塔、二宜亭、冰廊等景点。百僧堂东北800米处有"三叠瀑潭"，瀑布分三叠，全长150米。再往上，在百僧堂上游500米的峡谷地段正在建设顺溪水库，混凝土拱坝高101米，总库容4265万立方米，电站装机容量1万千瓦，年发电量1866万度。这是防控平阳北港地区，尤其是水头洪水的枢纽工程。

知音涧是顺溪南岸的一条小支流，全长3千米。从万壑笙钟沿溪涧谷地南行，至知音涧源头就是顺溪景区著名的白云瀑，切不可漏游。知音涧沿途有锅潭、知音涧湖、应潮潭3处碧水深潭，还有南漈桥、南漈水坝、南漈电站、矴步、栈道等。白云瀑很有气势，瀑布分三叠，上叠高75米，中叠高41米，下叠高59米，总落差175米，宽2～3米，每叠瀑布下方均有深潭，响声如雷。登上瀑布对面的观瀑亭可以综观三叠瀑水全貌。

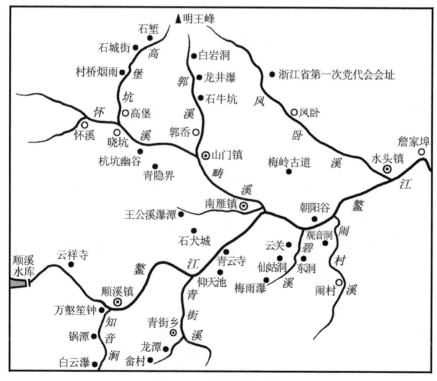

图7-4　南雁荡山风景区

（3）畴溪景区

畴溪是指怀溪下游河段，即山门大桥至南雁镇东门河段。怀溪是鳌江中游北岸的一条支流，从平阳与文成交界的南雁荡山脉主脉发源，向东南流经怀溪、山门，在南雁镇东门汇入鳌江干流。畴溪景区位于畴溪南岸与鳌江干流之间，南起仰天池，往北经青云寺、碧海天城、王公溪瀑潭、小龙岭摩崖、银屏峰，最北至青隐界和杭坑幽谷止。仰天池位于五十丈村的南面、鳌江南岸的蒲扇坞上，是一个山顶湖，湖面呈椭圆形，南北30多米，东西20米，深约2米，池水清澈，终年不涸。碧海天城在八亩村附近的狮子山上，山顶峰崖矗立，环抱如城，巨大山石似百犬聚会，故又称石犬城。八亩村附近有一座竹林水库（竹湖），坝高12米，长37米，库容10万立方米。王公溪是畴溪的一条小支流，长仅3.1千米，流经南雁镇区。它的西面源头有瀑潭景观，瀑潭长6米，宽5米，三面是悬崖峭壁。王公溪山口峭壁上有元代摩崖题刻。王公溪南边有铁削峰，北边有银屏峰，峰形独特，两峰耸立对峙，蔚然壮观。杭坑幽谷在晓坑杭坑村之南，两山夹峙，谷地幽深曲折，两侧茂林修竹。在幽谷里步行，流泉淙淙，鸟语花香，宛如置身世外桃源，这就是青隐界。青隐界附近还有三折瀑、鸡冠峰、莲花峰、青隐寺等景观。

（4）石城景区

怀溪北面有两条支流，东侧叫石牛坑（又称郭溪），西侧叫高堡坑。这两条小溪坑均发源于平阳与文成交界的南雁荡山脉主脉的明王峰（海拔1077.7米），都向南流去，石牛坑在山门汇入怀溪，高堡坑在晓坑汇入怀溪。石城景区就在这两条溪坑谷地，游客可沿石牛坑北上，再沿高堡坑南下，逆时针方向绕一圈。

从山门街出发，沿石牛坑东岸北行1.5千米来到郭岙村寨，该村是一个典型防御型清代古村落。寨墙用卵石垒砌而成，高5.8米，长345米，墙上长满青苔和羊齿类植物。寨内卵石路四通八达，有小溪穿过村寨，游客初到如入迷宫，迂回往返，饶富野趣。从郭岙至石牛坑宫约2.5千米的溪床中，散布很多巨大卵石，黑黝黝像一大群水牛，故名石牛坑。附近有石牛坑宫、钓翁村、钓翁湖等景观。再北行1千米便是蛤蟆岩亭，亭依蛤蟆岩而筑，面临深涧，与龙须瀑、孔雀瀑相近，人坐亭中，瀑声、风声、鸟声，声声入耳。再北行1千米是龙井瀑，瀑布分两层，上层高40米，瀑潭如井，深奥难测，故名龙井；下层瀑布高30米，上窄下宽，瀑水被岩壁撕成缕缕白丝，随风飘洒，若遇斜阳，虹影斑斓。从龙井瀑北上500米，就到白岩洞，洞深25米，宽8米，高10米。附近分布着30多个景点，其中以神剑峰和飞来金钟最为奇观。神剑峰高20

米,宽4米,厚2米,笔直挺立,极似一把倚天宝剑。飞来金钟岩高3.5米,恰似一座金钟,孤悬于四面凌空的石峰顶。

北行的尽头是南雁荡山风景区的最高峰明王峰,俗称大尖,一般游客难以登顶。明王峰西边是雁池,6米见方,深约3米,形似龙井。雁池西南是石堑,呈槽形,故俗名石水槽。石堑分上下两级,下级石堑最为奇绝,宽5米,长60米,内壁高8米。附近岩壁上有元代摩崖石刻。石堑不同于地质构造的"地堑",它是湍急流水冲蚀而成。石堑南侧是龙湫瀑,明王峰之水由石槽飞溅而下,形成龙湫瀑,长300多米,是南雁最长的瀑布。石堑西南是著名的石城街,是一条流水冲蚀而成的高山石街,宽40余米,长70多米,两边峭壁直立,高150米,顶上长满参差的锯齿,犹如古代城墙的雉堞。站在"街"头,可以看到从明王峰奔腾而来的大水沿着"城"根卷去,响声如雷,极其壮观。这是石城景区的主景。石城西边有岩似人安坐在山峰,这叫越王岩,是纪念吴越王钱俶而命名。越王岩高70米,上身和头部为30米。附近还有合掌岩,东边一掌高30米,西边一掌高70米,相距仅10米。岩下是岩门岭,是山门镇通往文成的高山古道,岩门由两块巨岩构成。再南行,在距晓坑村3千米的下潘村有"村桥烟雨"景观,村落依山傍水,村口保留着卵石垒砌的古寨墙门,村头古树参天,石桥流水,岚光竹影,极富诗情画意。最后,在高堡坑出口附近是高堡村,该村沿溪而筑,有古村门、古戏台,也是值得一看的古村落。

(5)东屿景区

东屿景区位于山门和凤卧境内,主要是红色旅游项目,包括山门附近的浙闽边区抗日干校旧址,凤卧附近的中共浙江省委第一次党代会会址。前面已有详细介绍,不再重复。此外,东屿景区还有一条著名的红枫古道,叫梅岭古道。该古道东起水头,西至山门,今有公路相通,但中间一段的公路绕开古道。古道宽1米多,路面由块石铺成,两旁古枫参天,是深秋赏枫的好去处。到山门,别忘了去一趟山门老街和山门大桥。山门老街长300米,宽4米,是卵石路面的清末旧式街肆,一条小溪沿店铺阶前向东流去,溪水终年不断。山门大桥长193米,宽7.6米,是现代修建的11孔拱桥,它跨越畴溪、怀溪、郭溪交汇处,是赏景的好地方。

(二)楠溪江风景名胜区

楠溪江风景区位于永嘉境内楠溪江流域。它的东面相隔高大的北雁荡山脉与北雁风景区相邻,有新建的雁楠公路相通;北面相隔雄伟的括苍山脉与神仙居国家级风景区相邻,有诸永高速公路和223省道(原41省道)相通。

楠溪江风景区面积很大,有 625 平方千米,占楠溪江流域的四分之一。整个风景区景点很多,计有 800 多个,分为楠溪江中游、大若岩、石桅岩、北坑、珍溪、陡门、四海山七大景区。其中前三个是核心景区,是每位游客必到的旅游胜地,后四个景区是外地团队游客不能到达的次要旅游区。楠溪江既是国家级风景名胜区,又是国家 4A 级旅游风景区,并有龙湾潭国家级森林公园,是温州仅次于雁荡山的第二大王牌风景区。2013 年接待游客 337 万人次,门票收入 2160 万元。

楠溪江是瓯江第二大支流,瓯江下游最大支流,干流全长 139.92 千米,流域面积 2489.97 平方千米。源头至岩坦镇溪口高速公路大桥为上游,溪口至沙头下浦大桥为中游,沙头至清水埠汇入口为下游。楠溪江干流又称大楠溪,大楠溪上游是山区河流,两岸高山夹峙,河床滩多流急,基岩裸露,多有跌水;中游流经河谷平原,溪水清澈,水流平缓,可通舴艋舟,河道中分布着众多的河漫滩,形成著名的"楠溪江滩林"景观;下游是感潮河段,咸潮上溯,河水浑黄,可乘潮通航 50 吨轮船。楠溪江风景区的绝大多数景点分布在中游及其支流流域,其景观特点是水秀,岩奇,瀑多,村古,滩林美以及隽秀的田园风光。

1. 楠溪江中游景区

楠溪江中游景区位于楠溪江干流的岩头镇渡头村至沙头镇区一段,长 32.4 千米,包括大楠溪中游水域、滩林、两岸峰岩瀑潭及古村落,面积 199 平方千米,是整个风景区的中心景区,其他六大景区都分布在两侧的支流流域。沿溪而行,一路可见河道弯曲,河床宽窄多变,潭滩相间,潭水深而缓,滩水浅而急。溪流的凸岸发育宽广的卵石滩和河漫滩,卵石滩可玩,河漫滩可观。由于河漫滩的二元结构,所以上面长满了各种草类植被,称为河漫滩草甸,可放牧牛羊。面积大的河漫滩上人工种植马尾松及枫杨、柳树、毛竹、果树等,形成独具风韵的"楠溪江滩林"美景。著名的滩林有溪南滩林、西岸滩林、下烘滩林、九丈滩林、渔田滩林等。滩林背后和公路近旁分布着众多的古村落、古建筑及各种历史文化遗迹,向游客展示楠溪江悠久的宗族文化和耕读文化的深厚底蕴。

(1) 狮子岩

岩头镇下日川村前的楠溪江碧潭中有两座石质小岛屿,一屿似狮子,一屿如狮球,这就是狮子岩。"狮子戏球"形成楠溪江的天然盆景,使中外摄影爱好者着迷。在狮子岩下游方不远处辟有观景台和摄影点。狮子岩雄踞中川,倒影倩景,加上竹筏队队,白帆片片,美不胜收;若遇台风暴雨,浊浪排空,狂涛拍岸,狮子岩独成砥柱。除观景外,这里还有狮子岩度假区、木屋度假村、美食排档、烧烤野炊等,溪中有竹筏和游船,卵石滩上有四轮摩托车,滩边有跑马场,夏季成为热门的天然泳场。

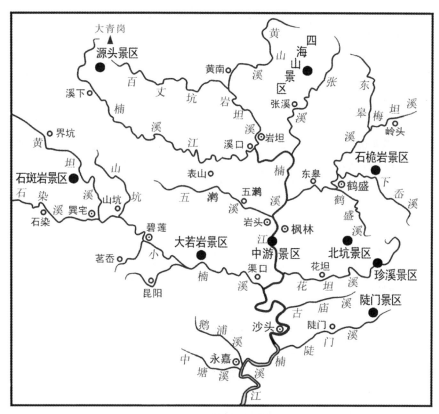

图 7-5　楠溪江风景区

（2）龙瀑仙洞

　　狮子岩往西沿小溪谷地行 2 千米,到了呑底村,便是龙瀑仙洞。龙瀑仙洞旧名龙娘瀑,洞嵌陡壁中,洞宽 20 米,深 25 米,高 8 米,洞中有洞。洞口正中一瀑飞泻而下,犹似银帘,所以该洞是一口庞大的水帘洞。瀑布高 90 米,直捣龙吟潭。洞口在潭上 33 米,潭广 3 亩,潭下筑有水底龙宫,宫中塑有汉白玉龙王和虾兵蟹将。购门票从入口处进入,由电动车接送入园,再经龙吟潭底部隧道和水下龙宫,然后登上 180 级暗洞步道,方可到达龙瀑仙洞。水帘洞右行还有悬空洞、龙凤洞、龙娘洞、太宫洞、琼仙洞、财神洞,然后由石阶山路下山。若再登山攀行,由水帘洞左行,经步云道至天窗、帅崖、飞龙亭、钓鱼池、凌云亭,到达天池,然后转向下行,经奇石坡、观景亭、桃源亭回到山下。

（3）龙翔三潭

龙翔三潭在呑底村西边山谷中,离龙瀑仙洞很近,由月潭、日潭、龙翔潭组成。月潭最高,可望不可及。日潭居中,三面石壁如削,一瀑成"之"字形贴壁下泻入潭,潭口石壁耸立似门。龙翔潭最低,瀑水从日潭门口闯入潭中,瀑高 20 多米。龙翔潭旁有龙翔禅寺。

（4）太平岩

太平岩在沙头镇渔田村北侧,位于楠溪江对岸,须由公路边的西岸入口处进入,再渡船到东岸游览。太平岩是楠溪江边的一座绝壁陡崖,陡崖中部镶嵌着一口石洞,洞中建有一座三重檐胡公殿,殿外深临楠溪江水。殿宇掩映在绿荫丛中,崖洞水树组成的美景引人入胜。

（5）古村落

楠溪江古村落能与安徽南部的徽州古村落相媲美,是楠溪江的主要景观。楠溪江流域古村落很多,可供游览的有 200 多座,其中楠溪江中游景区的经典古村落有岩头、芙蓉、苍坡、枫林四座。岩头村始建于唐代,现存是明代重新规划修建的古村落,著名建筑有丽水街、丽水桥、塔湖庙、水亭祠、进士牌楼等。芙蓉村始建于宋代,元代重建,以"七星八斗"布局,著名建筑有司马宅、陈氏宗祠、谯楼等。苍坡村始建于五代,以"文房四宝"布局,著名建筑有车门、仁济庙、水月堂、望兄亭等。枫林村始建于唐代,村中有圣旨门、御史祠、醉经堂书院等著名建筑,解放初期曾是永嘉县政府驻地。

（6）楠溪江引水工程

楠溪江引水工程的拦河闸位于沙头下浦大桥以上 1 千米处。拦河闸宽240 米,高 24 米,共 14 孔,每孔净宽 12 米,为升卧式平面钢闸门,最大下泄流量 18700 立方米/秒。该工程从楠溪江中游的末端引水穿过北雁荡山脉到达乐清,向柳市平原、乐成平原、虹桥平原及洞头大门等地提供生活及工业用水,2012 年 3 月建成通水。目前,该跨流域调水工程年供水量 1.58 亿立方米,惠泽 95 万人口。

（7）红十三军军部旧址

中国工农红军第十三军军部旧址位于岩头镇西北的五𣲙上村胡氏四分祠堂,祠堂为五间二进二廊四合院建筑。民国十九年(1930 年)五月红十三军军部设此,现为全国重点文物保护单位。军部右侧山坪上耸立高大的纪念碑,碑下方有一群红军战斗雕像。军部左侧是陈列馆,展览当年红军用过的兵器、军用品、史料等。现为省级爱国主义教育基地。

(8) 楠溪江竹筏漂流

乘坐竹筏漂流是游览楠溪江必不可少的旅游项目,只有乘坐竹筏沿溪南下,才能真正领略楠溪江的至美至善。坐在竹筏上,濯足于碧水中,不仅亲水玩水,更能真切地观赏楠溪江的卵石滩和河漫滩的美貌。当竹筏驶经浅滩急流时,须扬帆直上,有时"筏公"要跳入溪中推筏前进,此景胜过"伏尔加河拉纤"。楠溪江竹筏漂流的路径有两条,一条是从东皋溪汇入口的渡头村开始,至狮子岩的桃花源码头止;另一条是从狮子岩桃花源起,至花坦溪汇入口的珍溪村止。游客也可选择价格便宜的短途漂流,例如岩头小港、楠溪江二桥、龙河渡等码头。

2. 大若岩景区

大若岩景区位于楠溪江最大支流小楠溪下游的大若岩镇境内,故称大若岩景区(永嘉话读大赢岩),面积 85 平方千米。小楠溪发源于缙云县大洋镇乌下村西侧,上源叫黄坦溪。黄坦溪向东南流经缙云南溪乡以后进入永嘉县巽宅镇界坑境内,在巽宅镇麻埠村附近接纳支流石染溪,始称小楠溪。小楠溪继续往东南方向流经碧莲、大若岩、渠口,在九丈村附近汇入楠溪江。小楠溪流域的游览景点很多,主要是下游的大若岩景区和上游的石斑岩景区,大若岩景区的主要游览景点有下列八处。

(1) 陶公洞

陶公洞在大箬岩镇黄潭村,位于小楠溪北岸的支流大若溪畔。驱车从大、小楠溪交汇处的九丈大桥沿永缙公路西行 14 千米,再右拐 1.5 千米即到。陶公洞宽 76 米,深 79 米,高 56 米,可容万人集会,是浙南最大的石室。洞分两层,下层建有观音阁,阁前讲经坛可纳数百人;洞内南侧经 56 级石阶通往上层"天台",天台后建有胡公殿,供奉北宋名臣胡子正"胡公大帝",胡公殿前是文昌阁。洞外建有九楹前殿、钟鼓楼、厢房等。这是温州有史记载的最早道教圣地,素有"天下第十二福地"之称,南朝齐、梁时"山中宰相"陶弘景曾居洞中编撰《真诰》,故称陶公洞。陶公洞游人如云,香火极盛,每年农历八月初到九月初九为香期,大若岩进香膜拜者日逾万人。陶公洞前有石柱,高 20 米,上镌"世外蓬莱"四字,称登仙石。陶公洞北侧 200 米处可见三崖峙立如屏障,取名三狮同眠。附近还有龙洞、六螺山、老虎岩、龙头洞、睡美人、朝天龟、赤水亭等景点。

(2) 十二峰

游完陶公洞往里走 3 千米便是十二峰,即沿大若溪上行,往西北方向经大若岩寺后再左拐。这里有一群峰峦如柱石般拔地而起,环列在一座饭甑形半圆的山上,群峰嵯峨峭拔,错落有致,各有所似。根据其肖形,十二峰分别是童子峰、天柱峰、香炉峰、石笋峰、宝冠峰、石碑峰、展旗峰、莲花峰、横琴峰、卓笔峰、仙掌峰、犀角峰。这些山峰海拔 500 多米,相对高度 200 多米。在地质成因上,是火山熔岩冷凝形成的流纹岩,后来由于垂直节理发育和外力风化侵蚀作用而形成。站在观峰亭上北望,可观赏高徐村口的三叠瀑,上瀑如白绢飘飞,中瀑似一缕轻烟,下瀑宛如玉龙飞舞。三瀑叠流,水响谷应,令人荡气回肠。附近还有蓑衣瀑、横虹瀑、净瓶峰、五老峰、熊嘴峰、猴子望月峰、金钟岩、玉鼓岩、朝天龟等多个佳景。

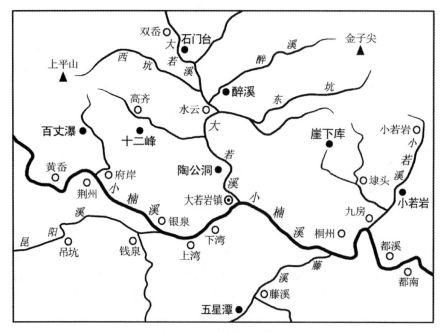

图 7-6 大若岩风景区

(3) 石门台

石门台在大元下村的黄山自然村附近,即陶公洞北行约 4 千米处,位于大若溪上源峡谷中。石门台又称九漈石门台或九漈瀑,是由九级瀑布组成的瀑布群。最高处的九漈落差 20 多米,四周峭壁高围,封闭似井,瀑水从岩巅飞泻而下,往西南方向形成一水九瀑。九条瀑布中,七漈气势最大,落差40 多米,跌入碧潭,潭口寒气袭人。最下面的一漈高 30 米,宽 2 米,旁有观瀑亭,有启功书写的楹联。潭口有石门台,高 3 米,上宽 2 米,下宽 1.5 米,瀑水从石门台中流出。石门台外有一条石门槛,槛高 2 米,长 5 米,瀑水入石门槛从两侧分流而下。

（4）崖下库

崖下库离陶公洞的直线距离较近,但不在大若溪流域,而在埭头古村那条溪坑的源头,所以沿永缙公路西行,在未到大若岩的九房村右拐,往西北行 3 千米便到。崖下库的主景是陡崖,高 200 余米,崖壁上凿架悬空栈道,并建有悬索桥。传说崖壁下曾是李自成的兵库,故称崖下库。从检票亭进入,东上西下,逆时针绕一圈。过矴步登上含羞瀑,瀑布高 70 多米,宛如石井中落下的一条白练,变幻多姿。折回东行,沿山岭石阶攀登至凌云亭,在亭上俯瞰,崖下库美景尽收眼底。从抬轿岩开始走悬空栈道,中途有玻璃观景台。游客可以走完整段栈道,也可从中途的索道悬桥下崖。下山途中经过稻桶岩,两侧山崖壁立,中间仅单人通行,犹如置身于摩天大楼的胡同中,有一块巨石夹在胡同的上空,人从巨石下方穿行。

（5）百丈瀑

百丈瀑在十二峰的西边,两者之间的水平距离不到 2 千米,但没有公路直达,要由永缙公路西行,过大若岩后在府岸村弃车步行,沿一条小溪坑往北 1 千米到瀑布寮自然村,折向西行一段山路,登上虎愁崖,巨瀑赫然显现。所以百丈瀑又称府岸瀑。瀑布高 124.6 米,三面崖壁直立合围,瀑水直泻潭中。雨季瀑水奔腾飞降,五六十米外湿透衣襟;旱季瀑水成缕缕银丝,缥缈迷蒙,人坐潭边,舒心惬意。瀑布附近还有天烛峰、一炷香峰、美人岩、和尚岩等峰石胜景。

（6）五星潭

五星潭是首尾相衔的 5 条瀑布和 5 个深潭,位于小楠溪下游南岸的支流藤溪上游山谷中,所以又称藤溪瀑潭。藤溪上游是五星潭省级森林公园（胜利林场）,这里森林茂密,溪涧众多,涧水碧清,瀑布深潭到处可见,2013 年 5 月建成开园。五星潭的 5 瀑 5 潭紧挤在 100 米之内的峡谷中,其中二潭和三潭的瀑布最高,均为 15 米,四潭的潭面最宽,约半亩。五星潭上游 1 千米处还有"连缸潭",也是在不到 100 米的峡谷中连着 6 瀑 6 潭,串珠状相叠,这些深潭与文成铜铃山的壶穴一样,潭底均是磨光的全石,好像人工制作的一排连缸。此外,由胜利林场场舍进入将军山左山谷行约 1 千米处有"打鼓潭",瀑布高 18 米,半月形深潭广约半亩,潭壁陡险,瀑水跌入深潭,声若击鼓。在藤溪村西坑垟山谷中还有"打锣瀑",这段峡谷长 100 多米,宽 10 多米,两侧削壁夹峙,遮天蔽日,瀑布隐于峡谷尽头,临近始现。该瀑高 40 米,瀑壁中间有一巨石阻挡,瀑水分两股下泻,至半二流齐头触壁,化作千万颗水珠,沙沙散落,其声犹如敲锣。

(7) 小若岩

小若岩位于大东村后山,即九房村北行 1 千米处。小若岩是一个天然山洞,宽深各 30 米,高约 40 米,洞嵌在陡壁半腰,洞口悬高百余米,洞内建有古寺。洞口建有一条凌空栈道,长 100 多米,下临不测之渊,异常奇险。洞前视野广阔,纵目可远眺群山。

(8) 醉溪

醉溪又名麒龙溪,位于水云村东北,即陶公洞与石门台之间,是一条蜿蜒曲折的峡谷。峡谷中碧水清净,景观幽美。该小区有鸡冠山、千佛山、麒麟峰、龙靴岩、龙马岩、老虎岩、狮子岩、金印岩、万岁坑、清风洞、龙门洞、将军洞、三连瀑、龙辗、大猫寨、大醉头等 40 多个景点。

3. 石桅岩景区

石桅岩景区位于永嘉县东北部,东与北雁荡山风景区毗邻,面积 86 平方千米。这是楠溪江风景区的经典景区,最著名的是石桅岩,其次是龙湾潭森林公园,还有陶姑洞、寒坑龙潭、岭上人家、蓬溪古村等游览地。

(1) 石桅岩

石桅岩在鹤盛镇下岙村北边。楠溪江中游上段东岸有一条很长的支流叫东皋溪,东皋溪有一条支流叫下岙溪,石桅岩就坐落在下岙溪的中段。景区的下岙溪流程形态很像黄河中上游,只是上下游方向相反,石桅岩位于"河套"中的"鄂尔多斯高原",三面临水。驱车由诸永高速枫林出口,沿新建的雁楠公路东行,至新庵村附近左拐即到。这叫新路,新路宽敞省时,但不能经过"小三峡"峡谷,走老路能全程观赏小三峡全貌。老路从鹤盛镇区左拐,至鹤湾村后越过东皋溪大桥就进入下岙溪下游峡谷,坐在车上就能欣赏峡谷的深邃和壮观,右侧有溪涧碧水深潭和红岩洞景点。过岭上村吊桥后弃车坐船,九曲回肠的溪流两岸群峰叠翠,是典型的 V 形峡谷地貌。下岙溪下游的陆路和水路组成的小三峡景观带长 8 千米,是不可或缺的游程,它是石桅岩游览的三大组成部分之一。登岸以后即可看到石桅岩。石桅岩是一座由流纹岩构成的岩色红润的孤峰,峰顶如并蒂莲蕾,峰形似船桅,故名石桅岩。它三面环溪,相对高度 306 米,堪称浙南天柱,"远处遥望,无不尽其仰慕惶恐之忧"。游客从石桅岩的西、北、东三面"河套"溪谷绕岩一圈,过阡陌,踏矴步,攀栈道,走卵石游步道,行程约 2 千米。沿途有很多小景点,但别忘了时时处处从不同的角度来观赏主景石桅岩的美貌和高耸入云的气势，即使背景也很漂亮。游欲高的游客还可到石桅岩东面的下岙水库游乐区游玩，然后由新路返回，或径直赴北雁风景区。小三峡、石桅岩、下岙水库是石桅岩的三个主要游览区。

（2）龙湾潭森林公园

龙湾潭国家森林公园位于永嘉国有正江山林场内，又称龙湾潭景区，是国家 AAAA 级旅游景区。它在鹤盛镇岩门底自然村南面，即位于鹤盛溪上游峡谷中，鹤盛溪是东皋溪的支流。由雁楠公路东行，过鹤盛后沿鹤盛溪谷地前行，至岩上村右拐，沿 Y117 山间乡道公路直抵岩门底公园入口。公园面积 16.53 平方千米，森林覆盖率 95.2％，林木蓄积量 6.28 万立方米，维管束植物 162 科 1063 种。由于植被茂盛，这里的每立方厘米空气中负氧离子高达 6.6 万个，要知道城市中的氧吧仅 2 万个，所以森林旅游的一个特点是要大口深呼吸，深享天然氧吧的恩赐。

龙湾潭景区游览路径是沿大峡谷东侧上，西侧下，顺时针方向转一大圈。游客进入景区，大多失去方向感，这是因为景区所有的导游图方向都画反了。最南处是景区最亮点的七折瀑，是长 800 米峡谷中的一水七级瀑布。最下方的瀑布叫七漈，七漈落差 50 多米，三面石壁高耸，瀑水跌入的碧绿深潭叫龙湾潭，潭广亩许，水下 2 米深处有一石窟，称谓龙宫。从龙湾潭右拐西行，登上天梯石栈，来到观瀑台。在这里居高远眺，可以看清七折瀑的全貌。七瀑七潭，上下相叠，首尾相衔，宛若一队白马银甲的骑兵，摇旗呐喊，俯冲出谷，若是大雨过后更为壮观。古代楠溪江两岸多楠木，故名楠溪江，但大跃进以后楠木消失殆尽，唯独该林场四老峰北坡仅存 20 多株古楠木，称为楠木群。森林旅游的一个重要项目是辨认树木，这里的树枝上挂满了牌签，你一定要去找到"雁荡润楠"树，因为这是世界独存的珍稀树种，连雁荡山都灭绝了。在景区的西南端有一挺立如削的孤峰，名石柱岩，又称天柱峰，是一座四四方方的擎天峰柱，高逾百丈，从不同方位观看有四种不同的肖像。过四老峰和楠木群以后，沿陡崖的悬空栈道北行返回。这栈道长 1000 多米，下临 300 多米的深渊，有人称为"浙江第一生态栈道"。栈道的中途设玻璃观景台，站在台上，放眼望去，三面峭壁，四处是一片林海，可欣赏龙湾潭景区的全貌。龙湾潭景区有 50 多处景点，其中揽胜的有七折瀑、龙湾潭、天柱峰、润楠树、悬空栈道、玻璃观景台等。

（3）陶姑洞

陶姑洞位于鹤盛镇西源梅坦村东南的黄坦坑谷地半山腰，梅坦溪是东皋溪上游的一条支流,黄坦坑是梅坦溪的支流。驱车由雁楠公路东行,至鹤盛左拐,沿 X003 县道公路向岭头方向,经过西源到梅坦村即是。梅坦村口有一座古桥,古桥旁有一棵四百年的红豆杉,枝繁叶茂,主干需三人合抱,这棵古树名木是梅坦村的招牌。因此该村建成 200 余亩的红豆杉开发场,育有南方红豆杉、东北红豆杉、云南红豆杉、美国曼地亚红豆杉等品种,前来游赏的客人还可以带回一两株红豆杉苗回家种植。前来寻青踏古的驴友,都被这里的古民居所吸引。村中有一座"梅坦大屋",是清代建筑,门台有青石刻成的对联"梅坡新宅第,兰室旧芳邻",横额是"凝清香"三字,并有四只精巧的砖雕斗拱,托出门檐。

红豆杉基地在梅坦村东南 4 千米的黄坦坑,前往基地的途中,有龙滩、百丈岩、陶姑洞三个名胜景点。黄坦坑是一条小溪坑,素有"十里藤荫,五里龙滩"之称。这条溪坑的床底基岩平坦光滑,流水潺潺,犹如真龙游过的地方,这段数百米长的溪床取名"龙滩"。再往上就是百丈岩,兀然矗立,高耸入云,岩高 200 多米,外形似圆柱,崖壁如刀削,仅次于石桅岩,大有擎天之势。再往上走便是陶姑洞,洞宽 30 米,深 30 米,高 15 米。洞分上下两层,内筑五间三层殿宇,不施椽瓦而雨雪莫入。相传南朝陶弘景的妹妹栖隐于此炼丹而得名,与大若岩的陶公洞互称兄妹洞。同时也是解放前中共括苍中心县委周丕振、徐寿考领导的首期青训班旧址。

(4)寒坑龙潭

寒坑龙潭位于鹤盛镇岭头蔡岙村寒坑自然村溪谷中,寒坑是东皋溪源头的一条支流,这里紧邻台州黄岩。驱车由梅坦往乐清方向继续东行,过岭头后在横山村左拐,走 Y138 山间乡道公路往蔡岙方向北行,在未到蔡岙的寒坑村下车。寒坑龙潭是三级瀑布和三级深潭,头潭上窄下宽,如半埋的酒缸;二潭稍大,前有一条石门槛;三潭最大,广约亩许。三个深潭似三口大铁锅,首尾相衔,如环相扣。这里瀑如蛟龙,潭如龙宫,碧水清洌,森林茂密,环境优美,正在申报森林公园。

(5)岭上人家

岭上人家是一个以烤全羊闻名的农家乐,位于鹤盛镇罗川村岭上自然村内。岭上村位置介于鹤盛与石桅岩之间的雁楠公路的北侧,"小三峡"老路旁,坐落在半山腰山坡上。这个小山村早在明代嘉靖年间就有人家在此繁衍生息,如今还保留着四百多年历史的田园古村落。村口三十多米长的铁索桥,桥下有溪水碧潭,可戏水,可游泳,可垂钓。村中民居沿坡架屋,梯次升高,整村被青山绿水怀抱,四周山色青翠欲滴,景色幽美。岭上村的烤全羊以本地山羊为原料,采用独特配方炭烤而成,外脆里嫩,油而不腻,色香味俱全,是极具地方风味的特色菜。每到周末,停在村边公路上的温州汽车长达几千米,全是冲着美食而来,能容纳 1000 多人的农家乐有 11 家,全部爆满。

(6) 蓬溪古村

蓬溪村位于东皋与鹤盛之间的东皋溪南岸,是谢灵运后裔的宗族聚居地。谢灵运是南朝刘宋政权派往温州的第一任郡守,他的第二个孙子谢超祖留居温州侍候祖母太夫人,遂成温州人。越 20 世,裔孙谢诒于北宋太平兴国年间因"漕运亏折"从温州积谷山下避居楠溪鹤阳(今鹤盛鹤垟村)。南宋绍兴年间谢灵运后裔谢复经自黄岩路桥迁居谢岙(今东皋村前岙),越 5 代,至元延祐年间 28 世裔孙谢棋再迁蓬溪。从谢灵运出任永嘉太守至今历一千五百余年,今永嘉境内出现谢氏聚族而居的行政村 16 个,其中蓬溪规模最大。蓬溪的古建筑保存较好,村西有"谢氏宗祠"总祠,二进二厢一天井一戏台,面宽 5 间,正中"存著堂"有始祖康乐公石刻容图。南宋乾道九年(1173年)朱熹来温时,慕名前去楠溪看望谢灵运后裔,在蓬溪村前馒头状的"凤凰屿"屿山东北山麓峭壁下的"映月湖"畔,一边饮酒,一边钓鱼,留下"索觞"和"把钓"四字摩崖石刻,至今犹在。

4. 北坑景区

北坑景区位于楠溪江东岸支流北坑流域,位置介于东皋溪与花坦溪之间,从枫林镇区往东沿县道公路即进入景区。景区内景点分散,其中著名的是北坑瀑布。北坑瀑在枫林镇里龙村附近的峡谷中,瀑布分三级,上瀑可望不可及,它从半空中泻出,又被林木藤萝遮掩住,半露半藏,犹如闺秀深居高楼。中瀑高 10 余米,瀑水由高崖冲下,跌入深潭,潭似酒缸,口小腹大,深不见底,因而瀑声如雷鸣轰响。下瀑高三十余米,一线垂落,宛如白练垂于崖前。中潭旁边幽谷中建有三重檐木构建筑"龙宫",附近还有摩天崖景观。

5. 珍溪景区

珍溪景区又称水岩景区,位于珍溪(花坦溪)流域,介于北坑景区和陡门景区之间,从珍溪口大桥东行就进入景区。该景区胜景有花坦古村、溪山第一牌楼、廊下古村、水岩等。水岩景区在水岩村,位于珍溪上游深谷中,邻近乐清。珍溪发源于乐清境内,向西流经水岩。景观亮点是水和岩,主要景点有高耸于溪畔的天柱岩、雌雄岩、龙娘岩、仕女岩,雄踞于溪床中的菠萝岩、莲花岩等,还有三亩潭、龙滚洞、小岭坑瀑布等。值得指出的是水岩景区的代表性景点"水响岩"于 1988 年因建造公路而消失,令人痛惜。

6. 陡门景区

陡门景区位于陡门溪上游,由峙口大桥过楠溪江,沿陡门溪往东北方向直至乐清交界附近。该景区主要景点有石壁溪床、鸭落洞群、赤岩洞、虹岩禅寺等。从陡门村至大溪村约 3 千米长的溪涧,溪底基岩平坦如床,无沙无石,水流平缓,溪床中偶有几处龙鳞状青石,在水下闪烁发光,这就是"石壁溪床"。在陡门村口,南宋时建有一座陡门,民国九年(1920 年)被洪水冲毁,今尚留闸门、石条遗址。在陡门村东北 3 千米处的九台山峰顶(海拔 736 米)有多口石洞,称为"鸭落洞群"。正洞高宽均 22 米,深 70 米,有清泉;洞上有洞,洞左有洞,洞右有洞,洞后有洞。大洞小洞,洞洞相连,犹如地府迷宫。洞中建有神庙。站在洞口,纵目远眺,陡门群山美景尽收眼底。

原陡门乡政府驻地村全安村东北 2 千米处有赤岩洞,洞壁赤色,高宽深均为 10 米,前临峭壁,下为万仞深谷,俯瞰胆寒。洞中有神庙,洞右有清泉,洞背有龙舌岩,洞下方溪涧中有龙井。另外,全安村西北 1.5 千米处的山腰也有一口石洞,宽 20 米,深 25 米,高 15 米。洞中建有虹岩禅寺,寺右侧有一条瀑布高悬,寺左侧有一座高 20 米的花瓶岩。

7. 四海山景区

四海山景区又称四海山森林公园,在永嘉北部国有四海山林场内。三者名称不同,区域范围相同,位于括苍山脉的一条支脉上。这条支脉从永嘉、黄岩和仙居交界处的大寺尖(1252 米)开始,向西南延伸,依次经过上潘尖(1197 米)、四海尖(1098 米)、高圩尖(1040 米)、白竹尖(987 米)等山峰,最后没入岩坦溪。换言之,四海山林场介于张溪和黄山溪之间。四海山支脉与北雁荡山脉不沾边,因为两者之间隔了广阔的张溪谷地和东皋溪谷地。驱车沿诸永高速公路和 223 省道(41 省道)北上,至鲤溪福佑村改走 X122 县道,在张溪口左拐,沿乡道盘山公路北行,便进入四海山景区。这条盘山公路很长,尽头是碧水浮云景点。

四海山森林公园面积 25.67 平方千米,森林覆盖率 95.8%,林木蓄积量 23.52 万立方米,亩均蓄积量是龙湾潭森林公园的一倍多。游览森林公园当然是观赏植被和花木为主,舍此便索然无味。景区内百年以上的古松数以百计,观花植物 251 种,观叶植物 102 种,观果植物 172 种。杜鹃花漫山遍野,灿若红霞。桐花、山茶花比比皆是,芳香扑鼻。四海山森林公园是温州夏季避暑、冬季赏雪胜地。主要景点有三杈松、蝙蝠洞、水龟、银坑瀑布、四海山庄、七星抱月、蛙蟆岩、骆驼岩、碧水浮云、圆岩、石蟹嶂、十五坑瀑布、玉带潭、天王岩、捣臼岩、倒骑龙等。脚力好的游客可登上四海山尖瞭望塔,可瞰全貌,可看云海,也可观日出。

8. 楠溪江源头景区

楠溪江源头山高路远,交通不便,没有纳入楠溪江旅游管理局的服务范围,属于驴友们的探险旅游。楠溪江的源头在岩坦镇溪下的大青岗(海拔1271米),它位于永嘉与仙居交界处的括苍山脉。从大青岗流出三条溪流,向北流出的是仙居永安溪支流十三都坑的正源大源溪,向东南流出的是岩坦溪的正源百丈坑,向西北流出的是楠溪江正源。楠溪江还有一个源头在永嘉西北端溪下黄里坑村的高寮岗(海拔1131米)附近,这不是正源。楠溪江源头景区的景点众多而分散,主要有龙凤大瀑布、岩龙古村、北溪水库、罗垟原始森林、黄皮寺、潘坑大峡谷等。

龙凤大瀑布位于溪下罗垟村东南3.5千米的百丈坑上游溪涧中,所以又称百丈坑大瀑布。百丈坑不是楠溪江的上源,而是楠溪江支流岩坦溪的上源。瀑布分上下两折,落差均为90米,中间有一个深潭,潭广亩许,嵌在石壁中,潭口有狮像石把门。深潭左侧有一石洞,晨间或雨天常有白雾从洞中飘出,笼罩潭面。寒冬季节,潭面结冰,坚可履人。若遇雨后,龙凤两瀑连成一线,瀑水从180米高的悬崖急泻而下,犹如巨龙咆哮,惊天动地,站在百米之外,衣襟尽湿。

岩龙村位于佳溪上游,是省级历史文化村。佳溪是楠溪江上游的一条支流,发源于龙凤大瀑布西边的大垄头(海拔1195米)南坡,向东南流经岩龙村、佳溪水库、潘坑村,在陈庄村附近汇入楠溪江。岩龙古村傍溪而建,依坡而筑,毗连而上,布局错落有致。该村与楠溪江其他修葺一新的古村落不同之处是古朴,房屋破旧不堪,木质斑驳剥落,一脸沧桑,古树、古桥、古祠、古民居样样年代久远。最吸人目光的是古树,村头村尾矗立着十多棵百年以上的参天古树。村口宗祠旁的香樟树傍溪而立,树龄860年,树干需几人合抱,树高约30米,枝叶繁茂,树冠蔽日。村中有棵银杏树,树龄600多年,号称"银杏王"。村里大大小小的南方红豆杉共有90多棵,其中最年长的有四百多岁。还有多棵糙叶树(皮果树)、枫香树等古树名木。岩龙村口有座宋代古桥,凌架于溪水之上,桥长30米,宽3米,桥拱宽10米,桥面离溪水高15米,桥石已被岁月磨砺得油光润黄。最具代表性的古建筑是村口的季氏大宗祠,始建于南宋初年的建炎年间,已有八百八十多年的历史。宗祠的正门由大径银杏木板做成,门口有一对抱鼓石,还守着一对宋代石狮。宗祠内有天井和戏台,戏台藻井与斗拱的精美彩绘早已褪色。银杏树旁有座百年古宅,中堂高悬"望重宾筵"匾额,落款为光绪二十五年(1899年)。

北溪水库大坝在大岙北溪村西 1.5 千米处，库尾直抵溪下村附近，是温州 18 座中型水库之一，是永嘉县最大的水库和水电站。大坝为抛物线型钢筋砼双曲拱坝，坝高 82 米，总库容 3820 万立方米，装机容量 3.6 万千瓦，年发电量 7740 万度。北溪水库下游还有二级电站，是远程监控的无人值班的水电站。

9. 石斑岩景区

石斑岩景区位于永嘉最西边的小楠溪上游的金溪水库西侧，所以又称金溪景区。金溪水库在黄坦溪下游的巽宅镇金溪村附近。黄坦溪是小楠溪上游段，发源于缙云，往东南流经界坑、巽宅，在麻埠村与石染溪汇合后始称小楠溪。有人将石染溪作为小楠溪的干流，把黄坦溪作为支流，这是错误的。黄坦溪长 37.8 千米，石染溪长 35.6 千米，根据"最远为正源"原则，石染溪应是小楠溪的支流。1993 年国家建设部关于楠溪江风景名胜区总体规划的批复文件中，金溪景区未被列入七大景区，所以称为娇嫩妖艳的"小八妹"。小八妹景面积 5 平方千米，内有石斑岩、金溪水库、龙潭角凤尾瀑、千年红豆杉等 20 多处景点。该景区为市级森林公园，目前正在建设占地 100 亩、投资 2 亿元的休闲度假村。

石斑岩又名轮船岩，屹立在石板岩坑的峡谷中央。石板岩坑是黄坦溪的一条小支流，在库区西侧，发源于石板岩村附近，东流汇入金溪水库。从大坝处乘船北上，在库区西侧的石板岩坑村登岸，步行即到。石斑岩高 150 米，长 250 米，三面峭壁。远处观之，石斑岩就像一艘起航的巨轮，船头悬着两盏白色而对称的大船灯，岩壁上的水平岩层圈痕，犹如船舶的吃水线。船岩面积大约有 2400 平方米，西侧峭壁有斑纹，西北端陡壁上有一条石径，拾级蜿蜒而上，可达岩背。岩背林木茂盛，花草葱茏，并建有胡公殿，供奉胡公大帝。殿旁有一泓常年不涸的清泉，殿后有一块狮状岩石，名狮岩。顶峰叫玉皇顶，站在峰顶如登天庭，可远眺金溪高峡平湖全貌。船岩南边峡谷对面有天烛岩，高百米，直径约 20 米，俨然一支巨烛插在林海之中；北边峡谷对面有雨伞岩，又称灵芝岩。雨伞岩在千岩头村，岩高 100 多米，岩脚周长 30 多米，上大如伞盖，下小似伞柄，岩下可容百余人避雨。此岩移步换形，像雨伞，像灵芝，像蘑菇，像美人头，像原子弹爆炸的蘑菇云。这里蘑菇状的巨岩不是新疆吐鲁番盆地的风蚀蘑菇，也不是台湾野柳公园的海蚀蘑菇，而是流水侵蚀作用形成的。雨伞岩西侧山梁上有三块巨岩，高 30 米、50 米、60 米不等，排列有序，犬牙交错，称为隐师岩。值得指出的是很多游客找不到石斑岩，误从巽宅麻埠大桥西行，至石染右拐沿 X115 县道公路北上，这是错误的,因为石斑岩与石板岩村远不在同一地方。

金溪水库是一个中型水库。钢筋砼拱坝高64米,坝顶长190米,总库容1937万立方米,总装机容量1.6万千瓦,年发电量3567万度,库区长5000多米,水深五十多米。金溪水库建成后,一碧千顷的"高峡平湖"为金溪景区增添了迷人景观。坐在游艇上荡漾碧波,不亚于千岛湖的游趣。尤当汛期泻洪时,坝顶四孔闸门高启,四条飞瀑并驾齐驱似两对银龙腾跃于青峦翠谷之中,那画面极为壮观,令温州所有的瀑布都拜倒脚下。

除上述景区和景点之外,楠溪江风景名胜区还有很多零散的景点,如鲤溪深固村的青龙湖、鲤溪郑家庄村的仙人桥、黄南的林坑古村、岩坦的屿北古村、溪口下坑村的沐雨潭、应坑的花纹飞瀑、碧莲的刘氏宗祠、茗岙的梯田、渠口的天柱峰等。

(三) 百丈漈—飞云湖风景名胜区

文成县百丈漈—飞云湖风景区是温州市第三个国家级旅游风景区。2004年1月在申报国家级风景区时,把相距甚远的百丈漈和飞云湖两大部分合并一起,所以今天文成境内的十大景区都是国家级旅游风景区。百丈漈风景区包括百丈漈、峡谷景廊、天顶湖、刘基故里、朱阳九峰5个景区,前4个景区都在飞云江支流泗溪流域,朱阳九峰景区在飞云江支流玉泉溪流域。飞云湖风景区包括飞云湖、铜铃山、岩门大峡谷、龙麒源、月老山5个景点,都在飞云江支流峃作口溪流域。合计总面积282.9平方千米。其中百丈漈、铜铃山、龙麒源是国家4A级景区。虽然资源等级和管理等级甚高,但游客稀少,年接待量只是雁荡山、楠溪江的四十分之一,甚至总量不及瑶溪、仙岩、泽雅、渔寮景区。

1. 百丈漈景区

百丈漈是连续三级阶梯状瀑布,位于百丈漈水库(天顶湖)大坝所在的百丈漈镇篁庄村东北1.5千米处。瀑布纵深3千米,团队游客是自下而上游览,散客应选择从上往下走,可以节省体力。瀑布顶部是海拔638米的百丈漈水库,漈头口距离库区100多米,瀑水来自库水。顶部建有观瀑台,从观瀑台对面石阶山路往下,便是一漈。一漈高207米,宽60多米,单级落差居全国瀑布之首,超过北雁大龙湫瀑布(197米)。近年来,由百丈漈水库凿渠放水,瀑布水量大增,更为壮观。漈下有深潭,广1.6亩,潭边有观瀑亭。一漈往下经102级石阶的步云岭,来到二漈。二漈高68米,宽50多米,分为上下两折。上折高25米,瀑布后方有四十多米长的天然廊洞通道,和黄果树瀑布一样可以两头穿越,成为水帘洞。廊道西侧是600多平方米的石坪,站在坪上可端详瀑水美景。下折略凸出一米多,纵高43米,跌入龙潭中。潭广三亩多,可游船,潭中央有块大方石,名仙女梳妆台。再往下便是三漈,高12米,漈口宽八十多米,下方浅潭,广约2亩。百丈漈"一漈高,二漈深,三漈宽",三级瀑布合计落差287米,折合鲁班尺100丈盈17米(106.3丈),故称百丈漈。瀑布底部在百丈漈一级电站,与峡谷景廊相连。

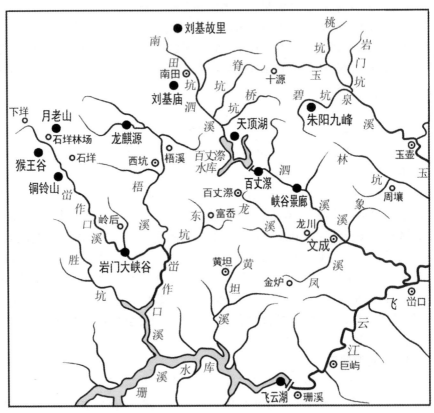

图7-7 百丈漈—飞云湖风景区

2. 峡谷景廊景区

峡谷景廊入口处位于文成县城大峃镇西北4千米,尽头接百丈漈底部,是飞云江支流泗溪(又名大峃溪)中游的一段。峡谷全长4.5千米,最窄处仅10余米,最宽处160多米。峡谷两侧群山翠壁,溪涧多跌水飞瀑,有石林飞瀑、阴阳瀑、三叠瀑、天际瀑、西大屏瀑等瀑布。谷底清流碧潭,有青龙潭、金牛潭、金龟潭、猪狮潭、白龙潭等。瀑潭相间,瀑瀑悬飞,潭潭激滟,步步皆景,并有橡皮艇漂流和水上步行器等游乐项目。峡谷景色四季各异,新春峡谷,万木争荣,百花怒放;初夏峡谷,瀑水怒吼,秀色芳菲;深秋峡谷,红叶似火,红绿皆秀;隆冬峡谷,冰凌垂地,晶莹闪烁,所以称为峡谷景廊。

3. 天顶湖景区

天顶湖就是百丈漈水库,是个人工湖泊,位于飞云江支流泗溪上游的南田台地南部。大坝在百丈漈镇篁庄村附近,坝高 38.7 米,坝顶长 385 米,宽 6 米,总库容 6060 万立方米,仅次于珊溪水库和桥墩水库,是温州第三大水库,属中型水库。因库区在南田台地上,"南田九条岭,条条通天顶",南田台地有"天顶"之称,故水库称天顶湖,其实平水期的库区水面海拔只有 638 米,水面面积 5.4 平方千米。这里时有白鹭、野鹅、雾霭、彩霞,景色万千,是泛舟、游泳、垂钓、休闲、避暑的游览胜地。库区附近还有天湖映日、清波夜月、龟山浴场、刘公钓岛、钟山经幢、西里奇窟、鹤台崖、美猴岛等游览美景。

4. 朱阳九峰景区

朱阳九峰位于百丈漈、玉壶、南田三镇交界处,在水系上位于飞云江支流玉泉溪上游的碧坑流域。碧坑发源于大坳头(海拔 1086 米),源头附近是金珠林场,流经朱阳九峰景区后,在溪源村附近汇入玉泉溪,玉泉溪流经玉壶镇区。景区入口在百丈漈镇东北隅的谈阳村,谈阳是原朱阳乡政府驻地村,驱车应走大峃至南田公路,在二源宫前村右拐即到,不要走玉壶至朱阳的山间小路。景区景观以峰著称,与楠溪江的十二峰有异曲同工之妙。主要的九座峰是玉笙峰、一剑峰、双屏峰、大象峰、美猴峰、将军峰、白岩峰、骆驼峰、三尖峰。九座奇峰屹立在十里山腰,巍峨挺拔,形象多变,其高、大、奇、势、神,令人惊叹。碧坑的碧水碧潭与高大奇峰相映成趣,还有龙瀑、百折瀑、三瀑三潭等景观。1946 年文成设县以前,这里是南田通往温州的交通要道,留下不少古遗址和寺观建筑。例如明初检查走私物品的谈阳巡检司遗址,元末农民起义军吴成七的分寨遗址,清代白衣丞相庙(今明星寺)等。

5. 刘基故里景区

刘基故里景区位于文成县西北部的南田镇,与青田县相邻。刘基,字伯温,封诚意伯,谥文成,为明代开国元勋。学为帝师,才称王佐,是中国历史上卓越的政治家、军事家、文学家,著有兵书《百战奇略》和散文集《郁离子》。刘基树开国勋业,留传世文章,后人尊称为立德、立功、立言的千古人豪。文成县就是为了纪念刘基而命名。该景区主要有刘基庙、刘基故居、武阳书院、武阳三亭、刘基墓等景点。此外,自然景观还有金龟山、宝剑山、寿桃山、亢五峰、神仙崖、龟寿崖、仙叠岩、老鹰岩、龙壁洞、石馨洞、马尾瀑等。

刘基庙坐落在南田镇区的华盖山东南麓,建于明代天顺二年(1458年),是坐北朝南的七间三进回廊合院式木构建筑,占地面积3024平方米,为国家重点文物保护单位。庙分头门、仪门、正厅三进,正厅塑有刘基及二子坐姿仪像三尊,大梁和巨柱上有众多历代名流题书的匾额楹联,最著名的是明代正德皇帝的撰联28字。庙后附有追远祠,头门外建有御题"帝师"和"王佐"两座木牌楼。五百多年来经历次整修,仍保持明代形制和风格。近年来,在刘基庙西侧增设了一个广场(祭坛),广场后方塑有刘基铜像,塑像身后有"通天地人"四个大字。广场西侧建有刘基纪念馆,纪念馆后面山麓有大片"铭廉壁"碑林,上面刻满了名家题书,其中刻有刘基语录"匹夫贪以亡其身,卿大夫贪以亡其家,邦君贪以亡其国与天下,是皆不知贪者也。"华盖山西端为钟山,建有盘谷亭、擎天亭和郁离子长廊;华盖山东端为天耳山,建有联簪坊和忠节公祠,即刘基次子刘璟祠。再往东北登上辞岭就是伯温公园,旁有辞岭亭、观稼亭等。

刘基故里在南田镇区西北5千米的武阳村,刘基及以前五代均住于此,刘基次子刘璟携侄迁居南田。武阳是四面环山的小山村,周围分布五座山峰,称为五指峰,中峰最高,海拔982米,刘基故居在中峰山麓。村边田垟中散布七座土石堆,呈北斗状排列,称为"七星落垟"。村口有高大瀑布,名马尾瀑。村中有刘基故居,史载为茅草屋,现存刘基48岁弃官归隐后修建房舍碑志、马槽、石臼、石磨等,屋后有一古井,后人称聪明泉。现已恢复故居和武阳书院。

刘基墓位于南田镇区西南6千米的坟前村,地处海拔1143米的石圃山(夏山)山腰。建于明洪武八年(1375年),坐西南朝东北,为简朴的砖室封土结构,是刘基与两位夫人的合葬墓。清道光年间,建扶椅式卵石墓圈,民国十九年(1930年)树"明敕开国太师刘文成公墓"墓碑,有章太炎的吊唁碑文。1985年筑围墙,占地812平方米,是国家重点文物保护单位。

6. 飞云湖景区

飞云湖就是飞云江上游的珊溪水库,是温州唯一的一座大型水库。大坝在珊溪镇区以上千米处,为混凝土面板的土石坝,坝顶高程156.8米,坝高132.5米,坝顶长448米。库区位于文成和泰顺两县,平水期库区面积35.4平方千米,泰顺的库区大于文成。水库正常蓄水位142米,相应库容12.91亿立方米;校核洪水位155.2米,总库容18.24亿立方米。水库电站装机4台机组,每台5万千瓦,总装机容量20万千瓦,年发电量3.55亿千瓦时。珊溪水库是以城镇供水为主要功能,每年向瓯江以南各县、市、区供水13.4亿立方米,成为温州真正的"大水缸"。飞云湖碧波浩渺,青山屏立,白鹭栖息,云霞缥缈,景区内有葫芦岛、七星岛、梅坑底、洞背洞等自然景观。这么大的一个人工湖泊,是水上旅游和休闲度假的风水宝地,旅游资源极佳,在省内仅次于千岛湖。但目前旅游开发程度极低,游客及旅游收入远不及小小的桐溪水库。大坝两端铁门封闭,游客免入;在水库游船码头,门庭冷落车马稀。只有极少数游客去珊溪镇品尝水库偷捕的胖头鱼美食,实在是枉愧于国家级旅游风景区。

7. 铜铃山景区

铜铃山景区位于文成西坑畲族镇境内的飞云江支流峃作口溪上游,地处铜铃山国家森林公园内,是文成仅次于百丈漈的王牌景区,是国家4A级风景区。峃作口溪发源于文成与景宁交界处的老昌降头(海拔1336米)东坡,这里是洞宫山脉南支的山脊线,向东南流经石垟林场总部和高岭头水库,离水库大坝下方1.4千米处就是铜铃山景区的核心景点铜铃峡"十二埕",再往下流经高三电水库和岩门大峡谷,最后注入珊溪水库。高岭头水库(金猴湖)位于西坑镇石垟岗山村,大坝为钢筋砼双曲拱坝,坝顶高程795.2米,坝底高程732米,坝高63.2米,坝顶宽3.5米,长220米,总库容1778万立方米,是中型水库,装机容量1.6万千瓦,年发电量4146万度,以发电为主要功能。驱车由330省道(56省道)从瑞安飞云往西经文成大峃至西坑镇区,然后沿高岭头水库西侧南下走县道公路,仅11千米即到景区入口。

铜铃山景区在地域上分为两大块,从景区入口往东先是小瑶池景区,后是铜铃峡景区,两者相距4千米,有公路相连。铜铃峡长3千米,最窄处4米,宽处百余米,呈西北—东南S形走向。两侧山峦叠翠,峡谷幽深,瀑潭相叠,碧溪潺潺,主景是"十二埕"。十二埕是由众多的瀑布和深潭构成的壶穴奇观系列,堪称"华夏一绝"。壶穴是基岩潭底被瀑水冲磨出来的深穴,犹如光滑的酒埕(酒坛)。如果基岩节理发育,水流会沿岩石节理冲击和掏蚀河床,一旦河床被掏蚀成穴后,水流就在壶穴处形成漩涡流,一些石块随着漩涡流一起运移,对壶穴产生巨大的磨蚀作用,这样就形成很深的壶穴和很光滑的磨光面。铜铃峡的众多壶穴中,有的是上升的垂直漩涡流对裂隙基岩的冲击和磨蚀而成的浅壶穴,有的是下降的垂直漩涡流搬运石块所钻凿而成的深壶穴。有人认为这种壶穴是第四纪冰川作用形成的冰臼,这是错误的,在我国南方海拔2000米以下的低纬度和低海拔地区是不可能存在第四冰川地貌。为方便游客观赏,在峡谷西南侧陡崖上修建了 500 米长的森林栈道,从栈道下到十二埕底部的碧玉潭,然后沿埕边慢慢攀登,仔细观赏壶穴美景。沿十二埕绕一圈需走 3 千米的路程,来到电瓶车场。散客可以继续北上 1.4 千米来到高岭头水库大坝,既可欣赏大坝雄姿,又有水上游乐项目。若遇汛期溢洪闸开启时,20 多米宽的帘状库水奔腾下泻,百虹悬空,壮观至极。

小瑶池景区位于胜坑源头,胜坑是峃作口溪西岸的一条小支流,往东南流经叶胜林场总部,在叶山岭脚附近注入珊溪水库。小瑶池又名仙女湖,是一个海拔 1090 米的高山小湖泊,形似葫芦,面积仅 4 亩余,最深处 3 米多。四周都是山,没有溪水注入,湖水竟然大旱不涸,其实是山区地下水补给,湖中有泉水喷溢,可见是裂隙承压水补给。沿环池小道漫步,可欣赏池旁的摩天柳杉林和繁多的鲜花清香,别有情趣。夜晚更有"瑶池映月"佳景。小瑶池南边有"观日台",观日台是建在曦山山顶上的两层石砌亭阁。登上观日台,一览众山小,瑶池美景尽收眼底,而且还能观日出,看云海,听林涛,冬季更能赏雪景。

8. 岩门大峡谷景区

岩门大峡谷位于铜铃峡的下游,即峃作口溪的高三电水库大坝至黄坦镇岩门村一段,长 18.5 千米,人称"华东第一峡"。这里山高壑深,峰奇谷幽,两岸陡崖翠壁,古木参天,壶穴奇潭,硕大无比。主要景点有石柱峰、将军崖、猴孙岩、映月潭、鳄鱼潭、大清潭、三重漈、石牛栏、酒埕洞、风洞、三板桥、岩门楼、红军办公遗址等。三重漈是岩门大峡谷瀑布群最具代表性的景观,有着一漈野,二漈幽,三漈秀的自然特色。岩门大峡谷的尽头是高三电水库,大坝在西坑镇岭后楼跳村,总库容 168 万立方米,装机容量 0.5 万千瓦,是个小型水库。目前,该峡谷景区尚未开发,一般游客不能进入景区游览。

9. 龙麒源景区

龙麒源景区位于西坑镇与南田镇之间的蟹坑下游。蟹坑是梧溪上源的一条支流,梧溪是峃作口溪的最大支流。梧溪发源于石竹栏头(海拔 1327 米)东坡,向东南流经南田镇驮湖村,在景区停车场附近接纳龙麒源流来的蟹坑。驱车由 330 省道(56 省道)至西坑镇区,往南是铜铃山景区,往北便是龙麒源景区。景区内群山嵯峨,如龙似麒麟,腾跃昂首,倒映在郯郯清波的飞翠湖中,至幽至美。飞翠湖上空横贯着 300 多米长的铁索桥,通往度假村。龙麒源的山水精华是金壁滩,长 500 多米,宽 50 多米,分为流金滩、龙珠滩等。光秃秃的金黄色基岩河床上,无沙无石,光滑诱人。过金壁滩后是龙麒峡,峡谷狭窄惊险,有滩潭、壶穴等景观。该景区是国家 4A 级景区,年接待游客仅 4 万多人次。

10. 月老山景区

月老山景区位于石垟林场总部东北 2 千米的水牛塘林区,海拔 1300 米。原为水牛、黄牛寄养的天然牧场,旧称水牛塘景区,2012 年扩建后改称月老山景区。景区内有大面积的半原始森林,绿荫蔽天,是森林沐浴和避暑度假的理想胜地。主要景点是两个高山湖泊,大的叫日光池,小的叫月华池,原为水牛戏泳的池塘,今改称爱情海和月老池。月老池西畔有月老庙,是年轻人祈求婚姻的圣祠,东畔有巨大的红双喜。爱情海西畔建有爱情文化长廊,东畔有大片百年水杉林。景区西北面建有滑索,通往云顶观日楼和中国生态馆。

文成黄坦镇沙垟村的双龙景区,原是文成十大景区之一,后因当地养猪业膨胀,猪粪猪尿横流,严重污染了景区环境和珊溪水库水质,游客绝迹,景区关闭。取而代之的是新开发的猴王谷景区。猴王谷在石垟林场总部与铜铃山景区入口处之间,北距石垟 3 千米,南距铜铃山 8 千米,是石垟林场的组成部分。景区内有高 200 多米的峭壁栈道和悬空观景台,还有猴子广场、猴子观海、猴王台、时空隧道等景点。

(四) 洞头海岛风景名胜区

洞头是全国 12 个海岛县之一,海岛风光秀丽,看大海,观海崖,游海泳,品海鲜,吸引众多游客前来休闲度假。虽然是省级风景区,但每年接待游客数量超过了国家级的楠溪江和百丈漈风景区,仅次于北雁风景区,居全市第二位。洞头风景区主要包括半岛工程、仙叠岩、半屏山、东沙、望海楼、中普陀寺 6 个景区。

1. 洞头半岛工程

洞头是由 171 个海岛组成的列岛,其中住人岛 14 个。2006 年 6 月灵霓大堤和 8 座跨海大桥建成通车,洞头海岛就变成洞头半岛。灵霓大堤是连接瓯江口的灵昆岛与洞头列岛的霓屿岛的跨海大堤,长 9280 米,堤顶路面净宽 10.5 米,堤基最大宽度 210 米,堤高 5.13 米。走在海堤上,可以看到两边海潮起伏,波涛滚滚。海堤中部设有观景台,游客停步观赏惊涛拍岸的佳景。温州往洞头方向,第一座桥是浅门大桥,连接霓屿岛与浅门山岛,桥长 130 米,净宽 9.5 米(8 座大桥同宽),桥头竖有仿古牌坊。紧接着是窄门大桥,连接浅门山岛与毛龙山岛,长 126 米。第三座是深门大桥,连接毛龙山岛与状元岙岛,长 213 米,属钢筋混凝土箱型拱桥,主跨 160 米。深门是海路温州至洞头的主航道,站在桥上可见到快艇由远及近从桥下飞驶而过,激起的白色浪花与碧海蓝天绿树相映,十分秀美。状元岙岛建有温州最大的深水港,现有两个 5 万吨级泊位,可惜有解放军把门,不准游客入内。第五座是状元大桥,连接状元岙岛与中屿岛,长 160 米。紧接着是花岗大桥,连接中屿岛与花岗岛,桥长 150 米,结构是中承式钢管拱型,主跨 141 米,外形似彩虹,大家称其为彩虹桥。花岗桥头有座小公园,是拍照留影的好地方。第七座是洞头大桥,连接花岗岛与大三盘岛,是洞头半岛工程中最长的跨海大桥,全长 1500 米。最后一座是三盘大桥,连接大三盘岛与洞头岛,长 762 米。三盘大桥两侧是网箱养殖区,游客可看到搭建在网箱上的渔民彩色木屋,船过浪滚,屋随浪动,别有情调。

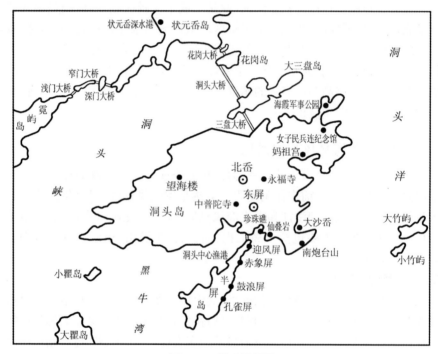

图 7-8　洞头风景区

2. 仙叠岩景区

仙叠岩景区位于洞头岛东南端,由仙叠岩、珍珠礁、南炮台山、大沙岙海滨浴场四块区域组成。这里巨石险峻,礁岩怪异,沙滩平展,是赏礁石、听海涛、戏水游泳的王牌景区。

(1) 仙叠岩

仙叠岩是海滨的一群峰岩,山下远望,这峰岩并不高,它的胜处是众多岩石层层叠叠,有的竟是小岩顶着大岩而不掉落,这种叠法只有神仙才能办到,所以叫仙叠岩。其实是花岗岩球状风化形成的石蛋地貌。仙叠岩的景点很多,例如海天独径、鼓音洞谷、雄鹰独立、蛤蟆欲仙、仙人戴帽、十二生肖、西天取经、祭神石猪、摩崖石刻等。它的最绝处是站在仙叠岩顶远眺大海胜景,往西望去,是半屏大桥和繁华的洞头中心渔港;放眼西南,是半屏山海蚀峭壁;往南远眺,碧波万顷,帆樯点点,千里海疆,尽收眼帘。

（2）珍珠礁

珍珠礁是仙叠岩西北侧的一片海滩,退潮后会露出赤、黑、青三色组成的巨大礁石。有的礁石像观音驯狮,有的像狮抱绣球,有的像乌龟趴岩,有的像海豹蜷伏,有的像青蛙出水,有的像关帝面海等,这里是观赏礁石的绝佳去处。

（3）南炮台山

沿着盘山公路东行,来到南炮台山,海拔153米。南炮台山是一个小半岛,尽头的岬角是尖石屿,往左看是大沙岙沙滩,往右看是浩瀚的洞头洋。这里是海上进犯洞头岛的登陆点之一,历代筑有炮台以防敌人侵犯,所以叫南炮台山,现是国防教育基地。南炮台山南边离岸四十多米的巨大峰石上塑有一尊高4米的抗倭英雄戚继光雕像,头戴缨盔,身披铠甲,手按剑把,横目海天,威武雄壮。现有一座铁索桥相连,游客可过桥走近英雄,细观伟像。铁索桥长48米,桥上铁索摇晃,桥下海涛翻滚,有些惊心骇人。这景观称为"海上泸定桥"。喜欢海钓的游客可去附近的"钓鱼台",该处礁石平整如台,长250米,宽100米,距海面25米,人可坐上垂钓。

（4）大沙岙海滨浴场

洞头的沙滩很多,最著名的是大沙岙沙滩,是理想的海滨浴场。浴场沙滩落潮时长300多米,宽250多米,平坦开阔,呈半环抱形,属硅质沙滩。这里是夏季游泳戏水的热门景区,还可举办沙滩排球赛和沙滩篝火晚会。现已建成欧式别墅群的度假村,食宿娱乐都很方便。

3. 半屏山景区

半屏山是一座东北—西南走向的狭长岛屿,面积2.3平方千米,有半屏大桥与洞头岛相连。岛的西北侧有田园、渔村、渔港等,不是风景区;东南侧海岸却像利斧劈削了一样,峭壁直立千仞,犹如一扇巨大的屏风雄峙海上。这片雄屏长1200米,高100~200米,称为"神州海上第一屏"。屏壁上景观迭出,像巨幅浮雕画屏,从半屏大桥开始,依次有迎风屏、赤象屏、鼓浪屏、孔雀屏4屏18景。导游会告诉你,这是断崖。错了,这不是断层形成的断崖,而是海浪侵蚀作用形成的海蚀崖,半屏山海蚀崖的长度、高度是全国之最,台湾台南县左营镇的半屏山海蚀崖远没有这样的规模。根据海蚀崖发育的规律,它的前方水下一定分布着广阔的海蚀平台,即浅海部分,所以游览半屏山必须乘坐吃水浅的小船,沿屏边慢行,细观屏景。导游会告诉你,屏景上的"乌龙腾海"是黑龙与黄龙打斗,其实是难得一见的"褶皱"地质构造,是众多的背斜和向斜组成的岩层弯曲构造,游客应从地理学的角度去欣赏,而不能一味见智见仁地去描绘。在半屏岛的尽头西南端,外垟头村的白鹭门岙口有一古炮台遗址,清代雍正年间在此建炮台设防,现为青少年德育教育基地。白鹭门炮台附近有拨浪鼓屿垂钓区和拨浪鼓码头。

4. 东沙景区

东沙景区位于洞头岛东北端,这里有洞头先锋女子民兵连纪念馆、海霞军事公园、胜利岙解放纪念雕塑、妈祖宫等旅游景点。

(1)洞头先锋女子民兵连纪念馆

洞头先锋女子民兵连是我国国防后备力量的一面旗帜,是电影《海霞》的故乡。55 年来,先后有两千多名女民兵进出连队,始终坚持队伍不散,传统不丢,战旗不倒,展现出骄人的巾帼风姿。女子民兵连纪念馆始建于 1978年,目前的新馆是 1999 年建连 40 周年时建造的,占地 2950 平方米,建筑面积 1417 平方米。主楼是两层展室,分为 5 个展厅。现为省级爱国主义教育基地。

(2)海霞军事公园

海霞军事公园位于胜利岙的观潮山上,占地 270 亩,2000 年 10 月建成开放。该公园规模不大,不能称为主题公园。这里既是纪念洞头解放,缅怀革命先烈,也是一个旅游景点。胜利岙旧称棺材岙,原是个孤岛,潮水退后涉滩而过,现建造了胜利桥。1952 年 1 月,这里是解放洞头最后一次激战的战场,胜利红旗插上了观潮山顶,从此改名为胜利岙。公园内有解放纪念雕塑、海霞影棚、射击演练、华山险道、丛林战道、战地探雷、国防知识画廊等,还陈列着退役的战机、火炮等。

(3)妈祖宫

妈祖宫又称天后宫,位于东沙渔港的湾顶,面朝东南。建于清代乾隆年间,现在的宫宇为五进五开间,有天井、戏台、两厢、大殿等,面宽 11.2 米,进深 35.8 米,建筑面积四百多平方米,为省级文物保护单位。宫中供奉的是海上救苦救难、普渡生灵的海神"天妃"林默,这是福建莆田湄洲岛传过来的闽俗文化。洞头列岛共有妈祖庙 9 座,东沙妈祖宫是规模最大、香火最盛的一座。

5. 望海楼

望海楼坐落在洞头岛最高的烟墩山上,海拔 227 米,是洞头标志性建筑。原是南朝刘宋元嘉三年(426 年)永嘉郡守颜延之修建的,至唐代宝历元年(825 年)著名诗人张又新任温州刺史时,为追寻颜延之的足迹,前来洞头寻找望海楼,可惜当时楼已毁。后来历代都没有重建,直至 2003 年决定重修望海楼,聘请南昌滕王阁重建的设计师陈星文主持设计,并于 2007 年 6 月落成对外开放。雄伟的望海楼高 35.4 米,建筑面积 2700 平方米,占地 141 亩。楼共五层,内有洞头城市总规模型、名家墨宝碑刻、海洋民俗文化展厅、航标展厅等。三层和五层设有观景廊,登楼远眺,洞头城区、跨海大桥、中心渔港和海天美景尽收眼底。2012 年 11 月列入中国名楼,可与“江南三大名楼”的黄鹤楼、岳阳楼、滕王阁相媲美,是温州旅游的一大绝美风景。除望海楼主体建筑外,还有颜延之雕像、诗词碑廊、同辉亭、泓澄亭、心赏亭等景观。

6. 中普陀寺

中普陀寺位于洞头岛南部中龙山南麓,南临洞头中心渔港,坐北朝南,山门正对着半屏山主峰。它是一座观音道场,所以主体建筑是圆通殿。现有一万多平方米的建筑群,是目前温州最大的宗教建筑。整个寺院分为弘法、修行及综合服务三个区。寺院的前方有一个宽阔的广场,广场上是一群庞大的三乘石雕群。进入寺院山门,经过放生池,拾阶而上,分别有天王殿、大雄宝殿、钟楼、鼓楼、斋堂、云水堂、客堂、念佛堂、僧寮、戒坛、妈祖殿、财神殿、长廊等建筑,依次排列而上,分布错落而有层次。最后是圆通殿,是整座寺院的中心建筑。圆通殿建筑面积 600 平方米,面宽 30 米,进深 25 米,高 25 米,殿内供奉的千手千眼观世音坐像,高 9.1 米,由 13 吨纯铜铸造而成。大雄宝殿建筑面积 270 平方米,面阔 15 米,深 18 米,高 12.5 米,十分雄伟壮观。该寺与其他寺院不同的是建有财神殿和妈祖殿。在寺院的后山,还建有别具风格的海会塔。建筑群的整体格调体现明清建筑风格,红瓦黄墙紫门,呈现出海天佛国的清静、肃穆和吉祥。中普陀寺的规模越来越大,影响也越来越广,它的名声已经走出了洞头,走出了温州,甚至走向了海外。

(五)南麂列岛风景名胜区

南麂列岛位于平阳县东面的东海之中,与平阳大陆海岸线相距 41 千米。列岛由 23 个岛屿组成,其中住人岛 3 个,陆域面积 11.13 平方千米,另有 14 个暗礁、21 个干出礁、55 个明礁和 4 个人造鱼礁。这些岛礁散布在东西长 16.7 千米,南北宽 15.7 千米的海域中,分布的海域面积为 189.93 平方千米,占南麂渔场总面积的十八分之一。行政上原属平阳县南麂镇,现并归鳌江镇管辖。南麂列岛岩石由上侏罗统流纹质晶屑熔结凝灰岩组成,伴有少量花岗岩出露。海岸多为侵蚀岩岸,海蚀崖、海蚀柱、海蚀穴、海蚀平台等海蚀地貌随处可见,因而成为省级风景区。南麂列岛海洋生物资源丰富,有"贝藻王国"称誉,是浙江省重点渔场和海水养殖基地,是我国著名的海洋自然保护区,并被纳入联合国"人与生物圈"保护网,成为"世界级"自然保护区。据调查,南麂列岛海洋自然保护区内有各种门类的海洋生物1817种,包括微小的浮游藻类459种,大型的底栖藻类173种,贝类427种,鱼类368种,虾类79种,蟹类128种,其他海洋动物183种。特别是保护区内的贝藻类资源非常丰富,是我国海洋贝藻的天然博物馆和基因库。除贝藻生物外,南麂保护区的鱼、虾、蟹、龟、虫五大系列海洋动物亦属保护之列。只要你进入坐落在南麂岛的国姓岙与马祖岙之间的南麂海洋生物博物馆,就能看到五光十色的海底世界数百种海洋动物的全貌。

南麂列岛中最大岛屿是南麂岛,面积7.64平方千米,海岸线长24.8千米,最高峰海拔229米。该岛附近海域水深14～29米,最深处达47米。南麂列岛的景点很多,计有75处,游客主要游览三盘尾和大沙岙两个景区,是省级4A风景区。

1. 三盘尾景区

三盘尾景区位于南麂岛最东端的一个小半岛上,小半岛向东南延伸有头屿、二屿、三屿(小屿)3个小岛;按山丘高低来分,最高处是三盘尾村南侧山顶,海拔96.2米,向东南逐渐降低,有头盘、二盘、三盘,一直延伸到海面以下。在三盘的末尾形成一片"海蚀浪滩",在地貌学上叫海蚀平台。三盘尾景区的胜景是海蚀地貌,各种海蚀崖、海蚀柱、海蚀穴、海蚀洞、海蚀台应有尽有,目不暇接。在关帝宫山东岸有一根海蚀柱,高20米,状如观音;旁有一根高15米峰柱,柱顶叠着一块岩石,酷似一跪拜的猴子,形成"猴子拜观音"景观。猴子拜观音的南边有一面硕大的花岗岩海蚀崖石壁,宽40米,高30米,上面有色彩丰富,线条清晰的海蚀裂隙发育,犹如一幅绝佳的山水壁画,称为"天然壁画",能与广西西江上的"赤沙岩画"相媲美。

除了海蚀地貌外,三盘尾还有诱人的花岗岩球状风化地貌,即椭球状的石蛋地貌。花岗岩是侵入岩,后经地壳运动隆起而出露地表,受物理风化和化学风化的共同作用,岩石的外层发生成层裂开和鳞片状剥落,棱角最易被风化,岩石变成椭球状、圆柱状的大卵石、孤石或孤峰。这种孤石是原地风化形成的,没有经过外力搬运,看似摇摇欲坠,其实不会滚落,因为它们是有

"根"的。这种石蛋规模大的可达十几米或几十米高,成为吸引游客的旅游景观。三盘尾的石蛋地貌很典型,例如三盘尾的北部山巅的"八门仙洞",球状岩石重叠,突兀怪异,八面进出,门小洞大。附近还有"飞来石",摇摇欲坠,却不会滚落。"关公磨刀石"长 15 米,高 3 米,石身洁白光滑。在二屿门附近有"风动岩",高 5.5 米,直径 4 米,重 20 多吨,用手轻推即晃,并发出嗡嗡声响,笔者曾带十几个学生齐声力推,却又岿然不动。

三盘尾景区中部的两峰之间有一片广阔的天然草坪,面积约 5 亩,以结缕草为主,绿茸茸,软绵绵,四季常绿,被誉为南麂三绝。草坪东西两面都朝着海口,地处鞍部。草坪上有座万绿亭,亭边千姿百态的岩石装点着天然草坪,分外美丽。

2. 大沙岙景区

南麂岛平面形状呈"王"字形,因而有四个港湾,即国姓岙、马祖岙、火焜岙和大沙岙,其中大沙岙在南麂岛的东南部,规模最大,分布着著名的海滨浴场和南麂港。南麂岛的大沙岙沙滩比洞头大沙岙的规模大。落潮时沙滩长达800 米,宽 600 米,可供千人同时入浴。沙滩坡度极缓,沙色金黄,属硅钙混合沙滩,是非常理想的海滨浴场。夏季来这里戏水游泳的游客人山人海,难争一伞之地。沙滩前方有一座小岛,叫虎屿,犹如虎踞岙口,镇浪息波止鲨,庇护着泳客的安全。大沙岙背靠南麂岛最高的山峰,海拔 229 米,称大山(读头山),山顶设海军雷达站。登上山巅,可望东海万顷涛涛,更能观东海日出的壮景。

大沙岙沙滩的左侧三脚寮下面有奇垄逶迤,峻崖奇洞,称为"三寮奇垄"景观。这里有高数丈的通天洞、东天门、变形金刚岩等,大潮东来,拍击崖岸,白浪滔天,是观潮赏景的好地方。在大沙岙岙口南侧门屿尾村附近有蜡烛峰和南天门。蜡烛峰高 10 多米,方圆 8 米,是一根粗壮的海蚀柱,耸立于碧波之中,形似燃烧的蜡烛。蜡烛峰与后方的陡崖之间形成门状的隙地,称为南天门。天门石壁呈黄色,在阳光照射下金碧辉煌,气势雄伟。南天门的隔岙对面是龙门,龙门位于岙口北面的下百亩坪村附近岸边,是由金黄色岩壁组成的海蚀崖、海蚀柱和海蚀拱桥地貌,很是壮观。

3. 竹柴百屿景区

南麂列岛除主岛外,还有竹屿、柴屿等很多小岛和礁石,遍布众多景点,合称竹柴百屿景区。例如后麂山羊岛、破屿蛇岛、下马鞍鸟岛、平屿蜈蚣岛、大擂山野生水仙花岛、稻挑山领海基点岛等,还有竹屿的仙人桥、空心屿的海蚀洞、门屿的天然雄屏、小擂山岛的一线天等都是游客向往的地方。一线天高 40 多米,宽 5 米,两侧陡崖壁立,从山顶一线到底,犹如摩天大楼之间的小弄堂。

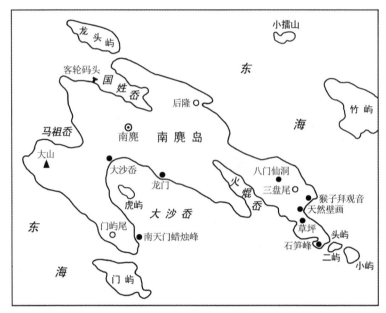

图 7 - 9　南麂岛风景区

(六) 玉苍山风景名胜区

玉苍山风景区位于苍南县西部桥墩镇桥墩水库北面,紧靠平阳县界,这里是鳌江干流与横阳支江的分水岭。驱车从 G15 高速公路观美出口,至桥墩镇区,再沿桥墩水库东岸的盘山公路往北,即到景区天湖入口(东入口)。南雁和顺溪的游客可经腾垟,至大隔入口(西入口)。玉苍山是省级风景区,国家 4A 级风景区,温州十大名胜景区之一,又是国家级森林公园。玉苍山风景区面积 23.8 平方千米。团队游客是从景区中部停车场附近的法云寺开始,先往北,再向西,最后达到最东面的蘑菇石,绕景区一圈是很费体力的。

玉苍山的胜景是花岗岩球状风化地貌,它的石蛋分布面积和规模为温州之冠,远超过了洞头仙叠岩、南麂三盘尾、苍南石聚堂、龙湾瑶溪、大罗山龙脊等地。整个景区遍地是椭球状、圆柱状的石蛋、孤岩或孤峰,有“石海”之称。这里有拔地三层楼高的巨岩,也有小如箩筐的石块。有的外形似鸟,似龟,似蛙,似兔,似马、似蛇,似蟹,似大象,似南瓜,似蘑菇,似海参,似鲨鱼,似木鱼,似算盘,似仙桃,似矴步等;也有的像佛指戏珠,像仙人照镜,像玉兔登天,像僧人坐禅,像济公帽冠,像大鹏展翅,像神蛇捕蛙,像海狮顶球,像仙人晒被,像黛玉葬花等。它们虽然没有普陀山的磐陀石、泉州的碧玉球、东山岛的风动石、鼓浪屿的日光岩那么显赫,但是石蛋地貌的分布范围、规模和观赏性绝不逊色。

（1）摩天栈道

摩天栈道又称通天壁栈道,它不是陡崖上的悬空栈道,而是建在光秃秃岩壁上的石阶步道,长 500 多米,宽 1 米,呈 S 形通往天顶。建于 2005 年,这是每位游客必登的代表性景观。

（2）摩天岭

摩天岭又称好汉摩天岭,由三条并列的光秃秃岩坡组成,坡度 35 度,两侧均临山谷。游客必须双手着地,爬着上坡,非好汉不能上。石头表面看起来很光滑,其实摩擦系数很大,攀爬起来并不难,赤脚上得最快。

（3）石瀑布

玉苍山有好几条石瀑布,最入胜的是景区北部仙叠石附近的石瀑布,高 4 米,宽 9 米,上面没有水流,看起来却像银河飞泻,动感强烈。一般的石瀑布多为火山熔岩流动时,岩浆冷凝而形成的流纹岩石瀑布,而这里却是侵入岩花岗岩经外力风化作用形成的石瀑布,其成因有本质的区别。

（4）玉苍山顶

玉苍山的主峰大玉苍,海拔 921.5 米,绝顶叫望远坪,山顶不是尖山,而是方山,山顶夷平面广阔平坦。登顶能极目远眺数十里,且是凌晨观日出、中午看云海、傍晚赏夕阳彩霞的最佳之处。明代著名诗人和旅行家何白在登玉苍山绝顶时,写下了 300 字的长诗,来赞叹它的美丽和高拔。

（5）山顶湖

相传玉苍山有十八天湖,现存天湖、水鸭湖、龙门湖、放生湖、月牙湖、小天池等 8 个山顶湖,大的有数千平方米,小的也有几百平方米。它们没有溪流注入,但终年不涸,都靠承压地下水补给。湖水与青山相辉映,更加秀美,更奇怪的是山顶居然能划龙舟,真是天方夜谭。

（6）法云禅寺

法云寺位于龙头岗上,坐北朝南,是苍南第一禅林。始建于南宋咸淳年间,是佛教玉苍派（属临济宗）的创建祖庭。法云寺开山鼻祖、玉苍派创始人是三段僧人,他圆寂前吩咐弟子将其遗体锯为三段,一段喂鸟,一段喂龟,一段喂鱼,后人称他为三段祖师。1983 年大修和扩建,由山门、放生池、天王殿、大雄宝殿、藏经殿、观音阁及左右配殿等组成,占地 4000 多平方米,建筑面积 1200 多平方米。大雄宝殿有三对青石柱础,上面雕刻精致的人物、花卉、云纹等图案,刻工精细,是南宋创建初期留下来的遗物。寺内遗留有清光绪年间铸造的千斤大铜钟和小铁钟各一口。

(七) 寨寮溪风景名胜区

寨寮溪是指瑞安西部的飞云江中游末段,即高楼镇营前村至平阳坑镇滩脚村一段,长 17.2 千米。2001 年飞云江上游建成珊溪水库,中游建成赵山渡水库以后,由于水库截流引水而导致飞云江的潮区界上移,从平阳坑上移至滩脚,所以目前的飞云江下游感潮河段是从滩脚开始。同理,今天的寨寮溪上游 10 千米成为赵山渡水库库区,只留水库大坝至滩脚一段 7.2 千米河道。寨寮溪南北两岸支流的上游分布着很多风景点,统称寨寮溪风景区,分为花岩、玉女谷、九珠潭、龙潭、回龙洞、腾烟瀑、潨门溪 7 个景区。面积共64 平方千米。

1. 花岩景区

花岩景区位于竹溪上游,竹溪是高楼溪的支流,高楼溪是飞云江寨寮溪北岸的支流。花岩景区在花岩国家级森林公园内,地处红双林场。红双林场是温州 16 个国有林场之一,面积 26.4 平方千米,森林覆盖率 98.9%,林木蓄积量 9.57 万立方米,维管束植物 167 科 538 属 1005 种,是温州森林覆盖率最高的林场,每立方厘米空气中负氧离子含量高达 3 万个以上。

花岩是寨寮溪风景区的核心景区,所以通常所说的寨寮溪景区就是指花岩景区,是省级风景区,国家 4A 级景区。驱车由 G15 高速公路瑞安飞云出口,沿 330 省道(56 省道)新路西行,在高楼转 230 省道(57 省道)北行,至宁益下巨垟村附近右拐,沿竹溪谷地的山间公路到尽头就是花岩景区入口。竹溪发源于五云山(海拔 1027 米)西南坡,向西南偏南方向流经狭窄的峡谷。在一千多米的峡谷中分布着九个碧水深潭和众多瀑布,所以竹溪上游段又称九龙溪,花岩景区又称九潭景区,饭店也称九潭山庄。在九龙溪峡谷,由下而上依次是一潭古钟潭、二潭龙井潭、三潭飞龙潭、四潭铜镜潭、五潭玉瓶潭、六潭洗心潭、七潭琵琶潭(旧称凝碧潭)、八潭溅玉潭、九潭九龙潭。在这些碧潭之间悬挂着很多规模不等的瀑布,其中峡谷底部的孔雀瀑、峡谷顶部的天外飞瀑和三潭瀑布非常壮观。在景区入口与一潭古钟潭之间分布着众多的景点,例如龙虾出洞、烽火戏诸侯、龙王金椅、金猴出世、双石迎宾、梵音静听等景观,还有杉林幽径、森林木屋、小溪矴步、百步天梯、花岩寺等。九潭峡谷两侧建有石阶步道或悬空栈道,游客可以左上右下,或右上左下,也可以中途折回。

2. 玉女谷景区

玉女谷景区位于瑞安高楼镇南部的顺溪中游,这条顺溪不是平阳鳌江上游的顺溪,而是飞云江中游南岸的一条支流,发源于文成与平阳交界处的龙井山(海拔 1098 米)北坡,向东北流入瑞安境内形成玉女谷景区,最后在高楼镇区注入飞云江,全长 11 千米。在景区 4 千米的溪谷中,分布着大量飞瀑、碧潭、洞穴、象形岩峰、顺溪水库(银湖)、道士宫等胜景,其中七仙潭、浴女潭、通天瀑、三瀑叠泉、银洞已被列为一级景观。该景区天生丽质,加上交通近便,如果开发经营妥善的话,将会超过花岩景区,成为寨寮溪风景区的王牌景区,但目前开发状况和游客数量不甚理想。

3. 九珠潭景区

九珠潭景区位于飞云江南岸的高楼镇区与滩脚之间的平阳坑镇杭山村附近,紧挨 330 省道(56 省道)老路,是一个新开发的景区。杭山溪是飞云江中游南岸的一条小支流,发源于高楼镇与平阳县交界处,全长只有 4 千米。其中景区溪流长 1.5 千米,由九珠潭、龙潭等十几个碧潭,高度不等的诸多瀑布,以及陡峻的杭山峡组成。九珠潭刚好九个水潭,像一串珍珠错落有致地排列在长 250 米的沟谷中,碧水一级级地滑下来,规模虽然不及花岩的九潭,但有独特的美韵。九珠潭下方有冲天瀑,瀑水从耸峙的崖隙中涌出,猛击巨岩,水花飞溅。杭山峡又称羊愁峡,在九珠潭上方两座青山夹峙的峡谷中,长 200 多米,宽仅 4 米。峡中一片浓荫,并有多条瀑布和碧潭。

4. 龙潭景区

龙潭景区位于戈溪中游,戈溪是飞云江中、下游交界处北岸的一条小支流,长约 6 千米。由 330 省道(56 省道)新路西行经隧道后,在江边村附近右拐 3 千米即到景区入口。在戈溪的龙潭山坳,逐级镶嵌着数十潭、瀑、奇岩、怪洞及龙船湖,其中龙口潭、龙舌潭、滚龙潭、四折瀑、水帘洞、猴头岩、观音岩为称道胜景。尤其是四折瀑,由玉盘潭、玉勺潭、玉缸潭、睡狮潭互相连缀而成,侧看为四折瀑,俯视为滚龙瀑,瀑水成“之”字形下泻,似蛟龙出洞,气势非凡。

5. 回龙涧景区

回龙涧景区位于高楼回龙溪上游,回龙溪是高楼溪下游东岸的一条小支流,位置介于花岩与龙潭景区之间,三个景区靠得很近,但没有公路相通。驱车应走 230 省道(57 省道)北行,过大京大桥再折回左拐,或走老路经溪口、下泽、上泽后再右拐。景区沿溪涧盘桓而上,千米长的涧谷中镶嵌着大小不一、各具风姿的龙丝潭、龙浴潭、龙箕潭、龙桶潭等几十个碧潭,潭与潭之间悬挂着多条瀑布,以飞来瀑和白龙瀑为高阔壮观。再往前行便是软山水库,俗称水瑶池。景区内最吸引人的是高约百米的飞来瀑,从山巅水天一色处循着危岩峭壁飞泻而下,终年奔流不息,堪称回龙涧一绝。飞来瀑右边有一巨石狮子岩,顶上平整如床,可容四十多人,看似摇摇欲坠,但几个人齐力推撬,却岿然不动,当地人称它为推动岩。

6. 腾烟瀑景区

腾烟瀑景区位于瑞安西北部偏远山区的高楼溪上源,邻近文成与青田交界处,原属枫岭乡,今并归高楼镇管辖。驱车从高楼走230省道(57省道)北行,一直到枫岭大藏村后右拐,再沿山间公路至西龙村即到。如果从湖岭西行,经永安、均路、桂峰到西龙亦行,但山路崎岖难行。景区的景观是峡谷、奇峰、峭壁、碧潭、飞瀑、茂林等,主要景点有甘漈腾烟瀑、乌龙潭、气象潭、火棍潭等瀑潭,以及东方女神、美人望夫、双猴观瀑、双笋峰、擎天柱等奇岩异峰。著名的腾烟瀑由四条瀑水组成,落差60米,宽10多米,分两折,上折瀑水落入小潭上,激起水珠,被山谷中的强风吹散后,如烟如雾。下折瀑水冲到深潭中,旋转飞散,升起薄薄的烟雾,状如腾烟,故名腾烟瀑。如在上午十时许,在阳光照射下可看到两道七彩虹霓,景色更为迷人。

7. 漈门溪景区

飞云江支流玉泉溪又名漈门溪,是从文成玉壶流过来的,下游一段流经瑞安东岩。东岩原是一个乡,现并归高楼镇,漈门溪景区就在原东岩乡政府驻地东坑村。驱车从瑞安飞云走330省道(56省道)往文成方向,过高楼后沿飞云江北岸新路西行,沿途可欣赏赵山渡水库美景。过漈门溪大桥后右拐,沿漈门溪谷地上溯即到。漈门溪下游景观与楠溪江中游相似,河床中分布着很多卵石滩和河漫滩,河漫滩上也有滩林景观,游览活动也是乘坐竹筏漂流作逍遥游。坐在竹筏上顺流而下,急流与浅滩交替,游客时而悠闲自若,时而提心吊胆。东岩至营前的漈门溪长11.5千米,除了下游库区,漂流河道长度约10千米。筏游起点东坑村有一座著名的"东坑矴步",建于清代光绪七年(1881年),矴石多达172步,长120米,是瑞安现存最长、最古老的古矴步,在温州仅次于泰顺仕水矴步。筏游终点东岸小口村山上有福泉禅寺,俗称岩庵,是当地佛教圣地。

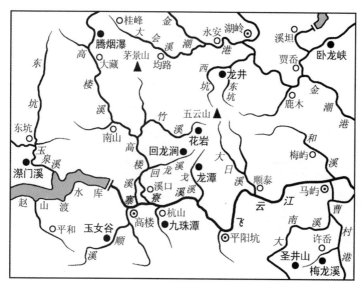

图 7-10 寨寮溪风景区及瑞安其他景区

（八）江心屿风景名胜区

江心孤屿简称江心屿，位于温州老城区北面瓯江之中，是一个东西长、南北窄的冲积岛，面积 71 万平方米（1070 亩）。游客从望江路轮渡码头乘船进入江心屿，也可从瓯江三桥（东瓯大桥）匝道进入景区。江心屿东西双塔耸立，映衬着瓯潮起伏，景色秀美，历史悠久。宋高宗皇帝和历代著名诗人谢灵运、孟浩然、韩愈、陆游、文天祥等都曾留迹江心屿，李白和杜甫也为其留下名篇。是中国诗之岛，世界古航标，历来被誉为"瓯江蓬莱"。东晋初期永嘉建郡时，江心屿还只是两座基岩小屿，东边小屿称东山，西边小屿称西山，两座小山之间隔着江流水域，称为"中川"。唐代咸通七年（866 年）在西山东麓修建净信讲院（今博物馆址），北宋开宝二年（969 年）在东山西麓修建普寂禅院（今烈士纪念馆址），并在两山之巅建造西塔和东塔。南宋绍兴七年（1137 年），西蜀高僧青了禅师奉诏由普陀山来江心孤屿主持龙翔寺和兴庆寺，率众填塞中川，两屿遂连为一体，并在填塞的中川上建造"中川寺"（今江心寺），把两寺并为一寺。这种占地仅 60 亩的孤屿规模一直延续了 837 年之久。直至 1974 年，江心孤屿才开始扩建，先后建成了共青湖、碧波湖、盆景园、小飞虹、凌云桥、花柳古亭、九曲桥、阳光草坪、青少年活动中心、儿童乐园、东瓯文化园等，形成了岛中有岛，园中有园，江中有湖的公园格局。2000 年，东瓯大桥建成通车,把江心孤屿与瓯江南北两岸连成一体,江心屿又迎来了西扩工程,建成了江心西园、水上乐园、游乐园等。今天的江心屿面积扩大了18倍,成为省级旅游风景区,国家4A级风景区,年接待游客达90万人次。

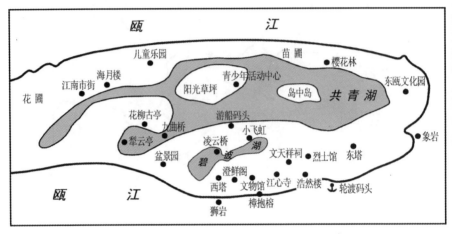

图 7 - 11　江心屿风景区

1. 江心双塔

　　江心屿的胜景是"二塔一寺",二塔指东塔和西塔,一寺指江心寺。东塔坐落于东山之巅,始建于北宋开宝二年(969年),另说始建于唐咸通十年(869年)。曾毁于兵火,南宋绍兴十年(1141年)重建,元代至正、明代万历、清代乾隆年间曾几度重修。塔高28米,底径8米余,六面七层,青砖围砌。旧时每层外围有走廊、栏杆和出檐,塔内有扶梯直上塔顶,可俯瞰瓯江和鹿城全貌。清光绪二十年(1894年)英国人在东塔山下建造英国驻温领事馆,借口警卫工作需要,强迫温州地方当局拆除东塔内外的飞檐、走廊、盘梯和塔顶的塔刹,留下这座中空无顶的塔身。今天塔顶天然生长一棵百年榕树,根垂塔中,无土无壤而冠幅硕大。

　　西塔坐落于西山之巅,始建年代与东塔同年,北宋嘉祐、明代洪武、万历和清代乾隆年间多次修缮。塔高32米,底径7米,六面七层,系楼阁式青砖仿木构建筑。塔身外围每层每面均有小佛龛,内置石雕佛像,42个檐角悬挂铜风铃;塔内原有盘梯直上塔顶,后废。

　　西塔高于东塔,东塔粗于西塔,两塔的塔形各异,峙立一起,相映益彰。江心双塔自宋至清约九百余年间,彻夜灯光高照,为瓯江船舶夜航指引方向,成为重要的航标。1997年,江心双塔被国际航标组织列为世界百座历史文物灯塔之一,国际航标协会正式宣布为世界航标遗产。

2. 江心寺

江心寺坐落在东西双塔之间,是温州唯一一座全国重点寺院。寺院坐北朝南,前后共三进,前为山门金刚殿(天王殿),中为圆通殿,后为三圣殿,寺前还有七宝如来塔。金刚殿两侧配以钟楼和鼓楼,东厢廊为"三畏堂",西厢廊为"去来齐"。占地面积 5100 平方米,建筑面积 3100 平方米。在佛法系统上,江心寺是禅宗观音道场,所以主体建筑是圆通殿,而不是大雄宝殿。圆通殿为双檐七间,飞檐翘角,高敞宏伟。殿内正中供奉香樟木雕的观世音坐像,高 8 米,两边侍立善财、龙女。江心寺门大门两侧有叠字楹联"云朝朝朝朝朝朝朝朝散,潮长长长长长长长长消",这是南宋王十朋撰题,游客对此流连忘返。

江心寺历史悠久,唐代咸通七年(866 年)在西山东麓修建净信讲院,北宋开宝二年(969 年)在东山西麓修建普寂禅院。南宋建炎四年(1130 年),金兵南下进犯临安,宋高宗避居孤屿普寂禅院,御书"清辉浴光"四字榜其轩。次年,宋高宗回临安后赐改普寂禅院为"龙翔禅寺",被奉为"宗室道场",今称"高宗道场",每年春秋两季派京官来寺朝拜进香。南宋时龙翔寺列为天下禅宗五山十刹第六刹,所以今天江心寺大门两侧书题"禅宗"、"六刹"四个巨字。与此同时,净信寺赐名"兴庆寺"。南宋绍兴七年(1137 年),西蜀高僧青了禅师奉诏由普陀山来江心孤屿主持龙翔寺和兴庆寺,率众填塞中川,两屿遂连为一体,并在填塞的中川上建殿造寺,取名"中川寺"(今江心寺),把龙翔、兴庆两寺并为一寺。明代洪武、正德年间多次修葺。清代乾隆五十四年(1789 年)台风毁后重建,乾隆皇帝御笔"圆通殿"赐额,乾隆建筑留存至今。1985 年开始大修,1991 年 11 月 21 日举行佛像开光和木鱼方丈升座典礼。2014 年初再次进行大修。

3. 宋文信国公祠

宋文信国公祠又称文天祥祠,坐落于江心寺的东北侧。南宋德祐元年(1275 年),元军大举南侵,南宋朝廷已趋崩溃。当时担任右丞相的文天祥从元营中死里逃生,泛舟南渡,来到温州,留宿江心寺月余,常悲愤填膺,题诗于壁。1278 年文天祥在广东潮州被俘,1283 年英勇就义,时年 47 岁。逾 200 年,明代成化十八年(1483 年),为了纪念文天祥抗元复宋,在江心屿修建文天祥祠。祠中有文天祥彩色塑像,高 3 米,身穿襕裳,神采奕奕,正气凛然,令人肃然起敬。塑像两旁是 6 幅彩色壁画,祠内四壁嵌有名家碑刻多方,反映文天祥一生的奋斗历程和坚贞不屈的民族主义精神。现为省级文物保护单位。

4. 浩然楼

浩然楼坐落在文天祥祠东首,建于明代万历八年(1580年)。原址在文天祥祠前,清代乾隆三十八年(1773年)重建移今址。现楼为2003年重建。据清光绪《永嘉县志》记载,取意文天祥《正气歌》中的"于人曰浩然,沛乎塞苍冥"而命名,是纪念文天祥而建造浩然楼。也有学者认为唐代诗人孟浩然曾到过江心屿,所以此楼是纪念孟浩然的。清乾隆五十九年(1794年)改名为"孟楼",清光绪元年(1875年)重修时复称"浩然楼"。此楼是三间重檐歇山顶木构建筑,造型雅致,大堂宽敞舒适,栏杆围置,是静听潮韵、饮酒吟诗的好地方。

5. 澄鲜阁

澄鲜阁位于西塔山南麓,旧名水陆阁,又称江上楼,是一座两层三间木结构阁楼。始建于北宋崇宁元年(1102年),明代正统年间重建。明万历十九年(1591年)重修时,以谢灵运名诗《登江中孤屿》中的"云日相辉映,空水共澄鲜"句易名"澄鲜阁"。此阁曾年久失修,破败不堪,现修葺一新,颇具气派。登阁远眺,瓯江如练,潮汐起伏,烟霞聚散,温州城区高楼大厦尽收眼底。

6. 温州革命烈士纪念馆

烈士纪念馆位于东塔山西麓,原为普寂禅院旧址。宋高宗驻跸温州,就住在这里,后改为龙翔寺。寺后有海眼泉井一口,明代文徵明特书"海眼"二字刻于井栏石上。龙翔寺并入江心寺以后,这里破败无遗,1952年夷平为花坛。1956年,为了纪念温州地区为国捐躯的革命烈士,在此建立纪念馆。馆内布局是"二碑一馆","二碑"是中国工农红军第十三军纪念碑和中国工农红军挺进师纪念碑,两碑在同一座碑面上,所以又称双连碑,高15米。照壁背面有温州市人民政府撰写的碑记,记述了十三军和挺进师的悲壮历程和革命斗争的艰难岁月。"一馆"是革命烈士展览馆,馆内陈列着烈士们的遗像、遗物和史料。现为省级爱国主义教育基地。

7. 象岩和狮岩

象岩在东塔山东端岬角的江中,鼻长似象,故名象岩;狮岩在西塔山南麓江中,形似雄狮,故名狮岩。潮汐相间,两"兽"出没江涛之中,时隐时现。落潮时两岩出露水面,游客可登岩戏水;涨潮时两岩就成为暗礁,旧时撞翻了不少船只,今在两岩上安装了航标,保证了过往船只的安全。

8. 樟抱榕

江心屿的古树名木很多,最著名的是文物展览馆门口东首堤岸上的"樟抱榕"。它们是樟树和榕树合抱一起的连理树,其中樟树树龄1300多年,胸径2米,20多米长的树冠平伸到江面上;榕树为黄葛榕,树龄500多年。它们的根部有个大洞,非常离奇,有着许多美丽的传说。

9. 江心十景

千百年来,无数文人墨客咏叹江心孤屿的诗章近 800 篇,从中凝炼成著名的"江心十景"。江心十景之说载于清嘉庆《孤屿志》,今仍为中外游客喜闻乐道。这十景为春城烟雨,瓯江月色,孟楼潮韵,远浦归帆,沙汀渔火,塔院筇风,海眼泉香,翠微残照,海淀朝霞,罗浮雪影。

10. 江心西园

江心西园位于江心屿西部,有东瓯大桥与温州城区连接,有公园电动四轮车与东园相通,占地面积 587 亩,占江心屿总面积的一半多,属于游乐区域。自西向东建有停车场、海景酒店、别墅群、网球场、水上世界、峡谷漂流、风情街、游乐场、竹庄、游船、茶楼等设施,是一个集休闲、娱乐、美食、度假为一体的旅游胜地。

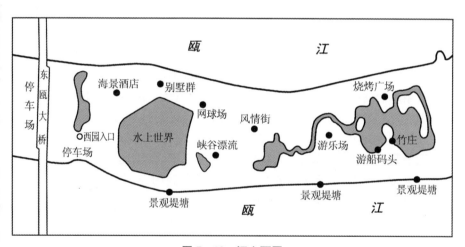

图 7 - 12 江心西园

(九) 其他旅游风景区

除了上述著名的八大风景区之外,温州还有瓯海泽雅、仙岩、龙湾瑶溪、瑞安卧龙峡、桐溪、梅龙溪、圣井山、龙井、铜盘岛、乐清灵山、永嘉西溪、平阳西湾、苍南滨海、泰顺廊桥、承天氡泉、乌岩岭等 100 多个风景区以及 70 多个森林公园。这里介绍温州 16 个热门旅游风景区。

1. 泽雅风景区

泽雅风景区位于瓯海西部泽雅镇境内,地处戍浦江上源,邻近瑞安和青田。这里远离雁荡山脉,绝不是雁荡山脉的支脉,其景观类型也与雁荡山大相径庭,所以称其为"西雁"是错误的,应予纠正,"西雁荡山森林公园"应改称"泽雅森林公园"。戍浦江是瓯江下游第二大支流,发源于瑞安与青田交界处的崎云山(海拔 1164 米)东北坡,它的上游叫龙溪,泽雅风景区就在龙溪上游的干支流上。驱车由瓯海大道西行,过天长岭隧道后,往北是藤桥,往西是泽雅。要注意的是沿泽雅水库南岸公路西行要比北岸公路近得多。目前泽雅风景区辟有七瀑涧、金坑峡、珠岩、高山角、五凤、西山、纸山、崎云、龙溪、泽雅湖 10 个景区,游客主要游览前三个景区。泽雅是省级风景区,国家 3A 级景区,年接待游客 18 万人次。

(1) 七瀑涧景区

七瀑涧景区是泽雅的代表性景区,位于龙溪上游下庵村至庙后村的一段峡谷中,长约 3 千米。从下庵村景区入口,沿着溪涧往西南方向溯溪而上,分布着七级瀑布和十多个碧潭,故称七瀑涧。这里的七折瀑布与别处不同的是每两条瀑布之间相隔好一段山路,有的甚至隔一段宽谷,由此影响游兴。最下面的一漈瀑布称深笋瀑,深潭称深笋潭,瀑高 30 米。深笋漈旁筑有度假村"竹城",由很多座毛竹搭建的小屋,是情侣们寻欢作乐的好地方。往上穿过象鼻洞,就是二漈,称蛤蟆瀑,碧潭称鳄鱼潭。再往上经过好汉坡,到了通幽峡,这里原先的竹桥栈道没有了,取而代之的是竹筏摆渡。登岸后站在观瀑桥上观看第三级瀑布,三漈称姗姗瀑。这三级瀑布总落差一百多米。三漈以上是一个宽谷,称为千岩跳廊,是由很多不同风姿的岩石组成。四漈叫莲花瀑,然后越过铁索桥,爬上通天洞,通天洞的左侧就是五漈,叫龙虎瀑。六漈叫九龙瀑,又叫九条漈,是由很多条小瀑水从 40 多米高的崖坡落下,犹如银丝白练,粗细交织。最高的第七漈叫天窗瀑,瀑水先顺着一个天然水槽由缓而急奔流到槽口,然后飞泻而下。再往前就是终点庙后村。庙后村有一胜景"七寄树",树的主体是紫杉,高 20 多米,冠幅 100 多平方米,常年苍翠欲滴。在紫杉的树杈间寄生着枫杨、漆树、桂花、榆树、松树、杉树六种不同种类的小树,合计七种树,故称七寄树。庙后村有乡间公路坐车下山,也可以沿水库引水渠的边沿徒步下山,沿途还能看到摇摆岩、鹰栖峰等景观。到引水渠的尽头改走竹间石阶小路,回到下庵村。

(2) 金坑峡景区

金坑峡是龙溪上游北岸的一条小支流,发源于青田山口与瓯海泽雅交界处,往东南流经坑源村,在下庵村下游 500 米处汇入龙溪。从溪口溯流往上,峡谷内一片茂林修竹,飞瀑碧潭,险峰幽洞,奇岩怪石,素有"大峡谷"美誉。金坑峡一溪九瀑,形态各异,有半岭飞瀑、金坑银瀑、珠绫瀑、龙须瀑等,瀑瀑入胜。峡内奇峰怪石,移步换形,有天门峰、天柱峰、五指峰、老鹰岩、金鸡石、蜡烛门、金蟾望月、狮子饮水、悟空脸谱、老翁听瀑等,尤其是天门峰,壁立千仞,叹为观止。此外,还有通天洞、穿山洞、盘丝洞、峡谷天池、雄狮舞球和千年红豆杉群落等众多景点。

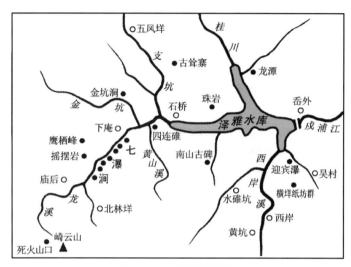

图 7 - 13　泽雅风景区

（3）珠岩景区

珠岩位于泽雅水库北岸,青罗峰南坡的基田村附近,要走往五凤垟的公路。珠岩是一块椭球状的巨石,直径 23 米,足足有七间七层楼的体量,外形滚圆,是花岗岩球状风化的石蛋地貌。岩后有小路"瘦人岭",可登上岩顶,顶部平坦,可容百余人。珠岩的下面建有寂照寺,又称珠岩寺,始建于元代至正年间。寂照寺的观音阁建在珠岩下的石洞边缘,与珠岩连成一体,并有清泉"观音圣水"。

（4）四连碓

四连碓位于泽雅水库西部库尾南岸林岸村的南斗山,金坑峡口东侧对岸 200 米处。泽雅造纸业历史悠久,以生产屏纸著称,素有"纸山"之誉,造纸水碓达 270 多座,其中南斗四连碓是现存规模最大的四座相连的造纸水碓,为全国重点文物保护单位。对古代造纸术有兴趣的游客还可去纸山景区一游。纸山景区位于泽雅水库库头南岸的西岸溪流域,那里有丰富的竹资源,遍布水碓作坊,有横垟纸坊群。尤其是水碓坑村凭借造纸水碓,被列为省级历史文化村,并入选全国景观村落。

2. 仙岩风景区

仙岩原属瑞安,现划归瓯海。温州城区走温瑞大道南行,穿过两个隧道后,至仙岩左拐,沿狮山路东行,到大罗山山脚就是景区售票处。这里地处大罗山西南麓,仙岩河的上游。仙岩河发源于大罗山的寿桃山西南坡,往西南流经秀垟水库、银坑水库、仙岩景区和仙岩平原,最后汇入温瑞塘河,是温瑞塘河东岸的一条支流。这条支流在仙岩景区段,当地人称为"虎溪"。仙岩风景区的主景是"三潭一寺",即梅雨潭、雷响潭、龙须潭和仙岩寺,是第一批省级风景区,国家3A级景区,年接待游客40万人次。

(1) 圣寿禅寺

圣寿禅寺位于仙岩风景区积翠峰下,俗称仙岩寺。始建于唐初贞观八年(634年),至大中年间高僧慧通归一大师重修,初成规模,被称为仙岩寺的开山鼻祖。北宋初年,遇安禅师拓建梵宇,驻锡开法宣教,于是显名于世。大中祥符二年(1009年),宋真宗敕赐"圣寿禅寺"额,熙宁年间宋神宗又赐"昭德积庆禅院"额,遂成东瓯名刹。今寺宇建筑是清代顺治十七年(1660年)重建,中轴线上有天王殿、大雄宝殿、法堂、千佛阁四进,依山起势,一殿高于一殿,气象宏伟,占地面积2.64万平方米(39.6亩)。山门门楣上悬南宋朱熹书题"开天气象"匾额,庭院内有"佛陀池",池水上方有如来七佛塔和经幢一座。大雄宝殿面宽七间,高18.4米,彩绘梁枋斗拱,重檐歇山顶,无比雄伟壮丽。殿内释迦牟尼佛和侍立两侧的阿难、迦叶弟子塑像全身贴金,两旁十八罗汉造形生动,是工艺美术大师叶润周所作。殿内名家楹联荟萃,以清代孙衣言撰书最为脍炙人口。大雄宝殿西边有"流米岩",东北角有"珍珠泉"。寺院最后一进千佛阁中有一尊睡姿卧佛和两厢千尊镀金佛,卧佛是整块缅甸玉雕琢而成,长4.8米,重4吨,是浙江省内最大的一尊玉石卧佛。此外,寺内尚存明代石雕十八罗汉及宋、元、明碑刻等文物。现为省级文物保护单位。

(2) 梅雨潭

沿着仙岩寺东边的翠微岭拾级而上,来到梅雨潭。梅雨潭的上边是梅雨瀑,瀑水从30米高的升仙岩跌下,撞击半空岩壁,水花飞溅,似初夏黄梅细雨,故称梅雨潭。散文家朱自清在20世纪20年代游此,写下了不朽名篇《绿》,称赞它有"醉人的绿","奇异的绿"。梅雨潭旁有梅雨亭、通云洞、观音洞、喷玉矶等景点。观音洞顶上耸立着观瀑亭,可以登临俯瞰全貌,也可以

近观瀑顶的升仙岩,升仙岩海拔 211.5 米,岩畔有轩辕亭。仙岩景区现存 32
处唐宋以来的名家摩崖题刻,大部分集中在梅雨潭附近,书体多样,内容迥
异,实为一大胜景。

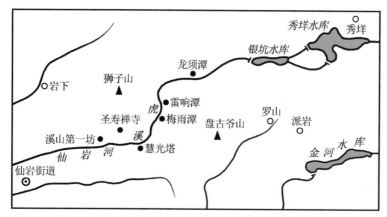

图 7‐14　仙岩风景区

（3）雷响潭

从梅雨潭上行 200 米,便是雷响潭。雷响潭像一口大瓮倒扣在山崖之
中,上口小,底部大,顶部有瀑水泻入,落差 30 多米。雷响瀑从天而降,撞击
潭底,回音巨响,声如雷鸣,故名雷响潭。人入潭底,犹如井底之蛙,天门一
线;炎暑夏日,潭底清凉爽极,转瞬寒气逼人。站在潭背的雷音桥上向潭俯
视,如临深渊,心悚腿软;如向潭底投石或放爆竹,回音雷响。

（4）龙须潭

从雷响潭上行 300 米,来到龙须潭。龙须瀑高 60 米,瀑水被悬崖分割成
两绺水辫,随风飘忽,犹如龙须,故名龙须潭。如在台风肆掠时节,瀑水有如
排山撼海之势,极其壮观。潭口建有龙须亭,附近岩壁上镌刻北宋高僧遇安
禅师的题诗。游览了仙岩的三潭一寺后,走茶花岭下山。若去秀垟水库和
化成洞,要在仙岩景区门口慧光塔边的公路驱车上山。

3. 瑶溪风景区

瑶溪风景区位于龙湾区瑶溪街道境内。瑶溪是大罗山东北坡的一条溪
流,发源于大罗山中部的瓯海茶山石竹村东面,往东北流经香山寺、瑶溪风
景区,过瑶溪村后汇入永强塘河河网。驱车走机场大道东行,过茅竹岭隧道
后转茅永公路(温州至永强老路)南行;或走瓯海大道,再转茅永公路,在公
路转弯处的瑶溪村由瑶溪公路上山,便到景区门口。瑶溪风景区由瑶溪泷

和金钟瀑两部分组成,龙岗山景区和千佛塔景区在溪流及交通方面与瑶溪均属不同系统,没有公路直通。瑶溪是省级风景区,国家 3A 级景区,年接待游客 105 万人次。2012 年取消门票,是温州唯一一个免费旅游风景区。

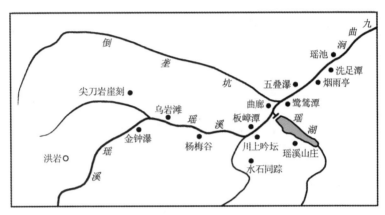

图 7 - 15　瑶溪风景区

（1）瑶溪泷景区

瑶溪泷是瑶溪上游的一个峡谷段,长约 4 千米。由下而上依次有瑶池、洗足潭、烟雨亭、五叠瀑、鹭鸶潭、瑶湖、曲廊、板嶂潭、玄真道观、川上吟坛、水石同踪、花岗岩石蛋景观等。瑶湖是个小水库,面积仅 45 亩,建于 1957年,1961 年被台风冲垮,1996 年重建。湖上有游船出租,湖旁有瑶溪山庄（温州外商活动中心）。瑶湖往上有一堵高 30 米的陡崖,叫板嶂;板嶂上方岩沟中有瀑布下泻,叫龙须瀑;跌入下方的碧潭,叫板嶂潭。板嶂潭对面有块岩坦,上面可坐三十余人,是当年张璁率学生和侄子们围坐着读书吟诗的地方,张璁称之为"川上吟坛"。过吟坛后,往右是金钟瀑景区,往左是"水石同踪"。水石同踪有五线瀑、罗带瀑、仙桃岩、石门洞、八音洞、相思谷、玉龙洞、听泉台、摩崖题刻等景点。这一带两侧山岗和山坡上遍布花岗岩球状风化地貌,无数的石蛋使游客见智见仁,浮想联翩。

（2）金钟瀑景区

金钟瀑景区在瑶溪泷的上游,主景是金钟瀑布,还有杨梅谷、乌岩滩、王母琴台、尖刀岩等景点。进入景区首先看到的是满山的杨梅林,叫杨梅谷,当地人称为龙船头,龙船头杨梅是大罗山杨梅中的佼佼者,每年 6 月举办瑶溪杨梅文化旅游节,游客可自己上树采摘品尝。瑶溪的石头皆玉色,但这里的石头却是黑色,称为乌岩。乌岩滩是一段乌岩峡谷,长约 1 千米,溪流平稳,卵石累累,适合徒步涉水、戏水赏石。过乌岩滩后,往左是瑶溪干流,有著名的金钟瀑;往右是瑶溪支流,可达尖刀岩和香山寺。金钟瀑高 90 多米,是大罗山落差最大的瀑布,像一条银龙从峭壁上倾泻而下,顺着岩壁腾挪扭身,分为三折,十分壮观。金钟瀑对面山顶上叠着一块巨石,称为"王母琴台",琴台两侧有石龟和石蛙,称为"龟蛙听琴"。顺着瑶溪支流谷地往上,便是尖刀岩,这里是龙湾和瓯海两区的分界线。尖刀岩上尖下大,形似尖刀,岩壁上有摩刻,是明代张璁父亲张侃和张璁老师李阶的题诗。游完了瑶溪景区,可以原路返回,也可由附近的公路坐车或徒步到达茶山。

4. 卧龙峡风景区

卧龙峡景区位于瑞安潮基乡和林溪乡交界地带,现均并归湖岭镇。温州市区游客驱车不要经瑞安城区,而是由瓯海潘桥穿过桐岭隧道到瑞安桐浦,再沿瑞枫公路(瑞安—枫岭)往湖岭方向西行,经过陶山,至潮基贾岙村即到。景区包括卧龙峡谷、贾岙诸葛村、石马山岩画三部分。

(1) 卧龙峡谷

卧龙峡是林溪(三十一溪)下游的一条小支流,林溪是金潮港北岸的支流,金潮港是飞云江第二大支流。卧龙峡发源于瑞安与瓯海交界处,向西南流经卧龙峡景区,在贾岙附近汇入林溪,长约 7.5 千米,有古道小径通往潘桥岷岗。景区峡谷中有一条长 300 米,宽 40 厘米的白色岩层,像白龙一样游卧在溪床之中,最后钻入深潭,故称卧龙峡。卧龙峡两侧茂林修竹,崖壁如削,谷中碧水潺潺,瀑潭迭布。主要有玉女池、白虎潭、八赴潭、闺子潭、龙井潭、畚斗潭、葫芦潭、瓜瓢潭、仙桥墩、铜雀台、赤壁坦、白虎崖、龙入洞等景点。其中以龙井潭最著称,长 19 米,宽 17 米,深 35 米,是一个壶穴;潭上瀑布高 12 米,瀑水悬空泻下,泛起圈圈涟漪。卧龙峡有一条沿涧游步道,溯溪而上,直至畚斗潭,沿潭侧山路到牛头寨,然后从石板山路轻快下山。游兴浓而腿力好的游客还可以从畚斗潭继续往上,直至大坪村,沿途还有许多象形崖峰和碧潭飞瀑可供欣赏。

(2) 贾岙诸葛村

贾岙村在潮基上街村西北公路旁,是浙南诸葛氏的最大聚居地,属孔明后裔。东汉末年诸葛亮居住在湖北南阳(今属河南),后随刘备迁居成都。五代后唐长兴元年(930 年)诸葛氏成都分支迁居浙江建德,北宋皇祐元年(1049 年)诸葛亮第十六代孙从建德迁居温州蒲州,明代永乐二年(1404 年)诸葛亮第二十代孙从蒲州迁居贾岙。经过 610 年的繁衍,贾岙诸葛氏从当初的"原"字行传至今天的"青"字行,由当初的十多人发展到今天的 1100 多人。

贾岙的诸葛后裔继承诸葛武侯的躬耕苦读、不求闻达的传统,积极发展工艺品生产,成为闻名遐迩的诸葛村。贾岙还有一张招牌,就是千年银杏树,唐人所植,树龄已逾千年,是温州最古老的银杏树。现树高 25 米,基围 11.8 米,冠幅 150.6 平方米,枝叶茂盛。

(3) 石马山岩画

石马山岩画在林溪溪坦村北面,林溪水库大坝下方。这是非常著名的南朝岩刻,高 6 米,宽 10 米的垂直岩面上按自然界缝,刻有三组岩画,其中第二组是主体。中心区刻有七层佛塔一座,每层刻佛像,中间三层还刻有文字。落款是"永定元年(557 年)七月二十七日"。这是佛教早在 1500 年前的南北朝时期就已传入温州山村的重要物证,现为省级文物保护单位。

5. 桐溪风景区

桐溪景区就是桐溪水库景区,位于瑞安桐浦乡西北部,现并归陶山镇。该景区离温州市区很近,从瓯海潘桥桐岭村穿过桐岭隧道即到。桐溪是飞云江下游北岸的一条小支流,发源于瑞安与瓯海交界处的盘古楼山(海拔 935 米)南坡,源头是瑞安福泉林场的古楼林区,向东南流经桐溪水库,形成桐溪风景区,最后在桐浦澄江村附近汇入飞云江,长 12 千米。桐溪景区主要由大坝、库区、湖心岛、库尾峡谷、岩庵组成。桐溪水库是个小型水库,平水期库区水面面积 495 亩,总库容只有 220 万立方米,却是温州水库旅游做得最好的地方,被列为温州市级 2A 风景区。水库大坝长 200 米,高 13.5 米,是沙石大坝,坐西朝东,所以大坝北侧为溢洪道,南侧为景区入口和游船码头。

(1) 小鼋渚

湖心岛位于水库正中央,原名麻栖山,今改名小鼋渚,面积仅 1.47 万平方米(22 亩)。岛上林木茂盛,花香鸟语,并有孔雀园、茶室、餐厅等设施。岛四周建有 500 米长的亲水游道,绕岛一周,可观库区四境风貌;通过曲径登上山顶的观景台,可饱览桐溪的碧水青山景色,往东北望去,那座最高的山峰是太平山,在桐岭古道旁,是潘桥与桐浦的界山。小鼋渚东侧有一座无名小岛,有九曲桥把"母子俩"连在一起。小岛上建有幽思亭,亭前立着 10 尊石像生,这是温州仅存的清代顺治年间石雕像,为省级文物保护单位。这五对石马和石将军原是瑞安籍明代遗臣李维樾墓前神道上的石像生,1958 年水库建成后淹在水底,1986 年挖出,安置于此。

(2) 龙潭龙井

龙潭龙井位于水库库尾的桐溪峡谷中。由游船码头登岸,往西北便是龙潭,水质极好,呈蓝色,旁边竖有"深潭水冷,禁止游泳"警示牌。龙潭往上有龙潭洞、大石滩、仙人洞、仙人留步、龙井等景观。这里有四块巨石堵塞溪床,两股清泉从石缝中喷涌而出,这口圆井就是龙井,井口直径约50厘米,称为"龙井喷泉"景观。一般游客到此为止,如遇二月早春可继续溯溪而上,走好长一段山路,来到桐溪上游的桃花山农业观光园。桃花山在药齐村附近,占地240亩,遍植桃树,是观赏桃花的绝佳去处。

（3）岩庵和蝙蝠洞

离开龙潭码头,游船往南驶往岩庵码头,沿山岭拾级而上便是岩庵和蝙蝠洞。岩庵是佛教建筑,凌空飞架,故称岩庵。始建于宋代,今寺宇是1988年重建。蝙蝠洞是由多块花岗岩堆叠而成的天然洞穴,有多个洞穴组成,分别为观音洞、通天洞、蛤蟆洞、老虎洞、凉岩洞等,每个洞深浅宽窄有别,给人神秘幽深的感觉。

游完水库景区,打道回府。如遇三月春暖时节,一定要到山脚田垟上去观赏油菜花美景。瑞安桐浦是温州十大油菜花基地的佼佼者,每逢油菜花盛开季节,游人如织,很是热闹。

6. 梅龙溪风景区

梅龙溪是瑞安曹村港西岸的一条小支流,梅龙溪景区位于许岙村以上的梅龙溪峡谷中。曹村港是飞云江南岸的一级支流,发源于瑞安与平阳交界处的天台山北坡,向北流经曹村平原和天井垟平原,在仙降新渡桥村北面的江溪水闸汇入飞云江。梅龙溪发源于曹村与大南交界的圣井山(海拔768米)南坡,向东北流经许岙村后汇入曹村港。驱车由马屿至曹村方向南行,至许岙村弃车步行。该景区主要由"中华进士第一村"许岙村、明教寺、瀑潭岩洞景观组成,已被列为温州市级风景区。应该指出,圣井山景区离这里很近,但不归属梅龙溪景区;离这里更远的石垟湖和棋盘山石棚墓更加不属于梅龙溪景区。

（1）许岙进士村

许岙村今分为许北村和许南村。相传东晋"许府真君"许逊曾在此修道,后来许逊的族弟许迈迁此定居,故名许岙。到了五代后晋天福七年(942年),福建长溪曹氏三兄弟迁来许岙定居,很快发展成为当地第一望族,许岙及其附近村庄都变成了曹村,成为曹姓聚居地。南宋时代,曹村接连出了24位文科进士,6位武科进士,一时权倾朝野。因此许岙村被誉为"中华进士第一村"。我们儿时熟背的《千家诗》中的《春暮》就是南宋许岙曹幽的作品。今天许岙村建有曹幽公园,塑有曹幽立像。然而,宋末至元明间,曹姓后裔相继迁离曹村,所以今天许岙没有曹姓居民,但当年的故居、曹墓及碑刻仍留在许岙。

(2) 明教寺

明教寺在许岙村,始建于五代后晋天福七年(942年),原称明教院,是曹家三兄弟发起建造的。北宋大中祥符年间(1008～1016年)赐额,民国二十四年(1935年)重修,20世纪90年代又经修缮。现在明教寺的门台是明教建筑,二进是道教的东岳观,三进是佛教的三宝堂。这三种建筑,体现了后世的三教合一。明教原称摩尼教,是古波斯人摩尼创立的,中世纪摩尼教曾一度成为世界性宗教。唐高宗时传入中国,武则天时一度盛行,唐武宗时遭打击而被彻底禁断。史书称汉化的摩尼教为"明教"。后来由于明教长期充当农民起义的工具,一直受到严厉打击和镇压。温州摩尼教是由福建泉州传入的,到了北宋末期,温州摩尼教已经形成教团组织,教势很盛。方腊起义时,永嘉明教徒俞道安聚众响应,并与仙居明教首领吕师襄合兵占领乐清县城,围攻温州府城。俞道安起义失败后,温州明教渐趋藏匿。明代中叶以后温州明教不再见于史载。目前我国保存下来的明教史料、遗址、遗物极其少见,许岙的明教寺是难得一见的遗物。

(3) 瀑潭岩洞景观

从许岙村后上山,经过长回廊、保兴寺、纱帽桥,便是许岙水库(坝高12.9米)。许岙水库往上就是梅龙溪峡谷,长500米的峡谷中分布着5瀑7潭,以及众多的奇岩异洞,有名的景点是龙口潭、龙穴潭、烟雨潭、明镜潭、猪槽潭、竹竿潭、白龙潭、天槽飞瀑、宝石箱岩、打碗岩、岩屋洞、双鳄出洞等。当地人所谓的右龙溪就是这条瀑潭分布的梅龙溪上游,是南边流过来的干流;左龙溪是北边姜山流过来的支流。

7. 圣井山风景区

圣井山又名许峰山,位于瑞安大南乡许峰村东北,现并归马屿镇。东面紧邻曹村许岙的梅龙溪景区,但水系和交通不在同一系统。大南溪是曹村港的最大支流,发源于大南圣井山南坡下徐村西侧,向西北流经许峰村,至岭坪村附近折向东北,最后东流至鹤屿村附近汇入曹村港干流。驱车走330省道(56省道)老路,在平阳坑附近转走至大南的县道公路,在许峰村北面有长1300米的索道缆车上山。也可由马屿至曹村,但曹村至圣井山的盘山公路很难走。腿力好的游客可从许岙徒步"爬山岭",约需三个多小时才能抵达圣井山。圣井山是大南、曹村诸山的主峰,海拔768米。圣井山景区的主要由圣井山石殿、景福寺、宝昌寺、通济寺等十多座寺观组成,是宗教文化为主的景区。

（1）圣井山石殿

圣井山石殿位于圣井山巅南面山坳内，相传许逊曾在圣井山炼丹修道，后人建宇奉祀许逊真人，俗称许真君殿，所以是道教建筑。该石殿始建于南宋景定元年（1260 年），明万历二十八年（1600 年）和清康熙十七年（1678 年）两度扩建。整座道观全为石料仿木构雕刻而成，故称石殿。由山门、牌坊、前殿、后殿、两厢偏殿、新建前座石殿六部分组成，占地面积 410 平方米，建筑面积 229 平方米。石殿厢房置石床 12 张，供香客求"梦兆"。殿内许真君神座前的石桌下面有一口泉井，井深不盈尺，经年不溢不涸，泉水清冽甘甜，日流量 700 立方米，故名圣井。圣井山石殿现为全国重点文物保护单位。

（2）玉皇塔

玉皇塔位于圣井山巅，塔身呈正三角形，始建于南宋绍兴三十二年（1162 年），1984 年 3 月重建。游客伫立塔畔，俯瞰瑞平旷野，极目东海归帆，历来东海渔舟以此塔为归帆航标。玉皇塔旁还有皇后宫道教建筑，玉皇塔和皇后宫都是全石料构建。

8. 龙井风景区

龙井风景区位于瑞安湖岭西南 5.5 千米的东坑村和西坑村，是瑞安市级风景区。景点多集中在东坑和西坑两条溪流两岸，西坑是主流，东坑是支流。两条溪流均发源于五云山（海拔 1027 米）北坡，向东北汇合后，在天长村附近注入金潮港。东坑溪有女儿潭、蛙蟆潭、仙人潭、游潭、龙潭、天河潭、小龙湫、石门峡（天门云关）、乳崖、孤妇崖、龙尾岩、灵龟岩、火炬峰、蝙蝠洞、红军洞等景点。西坑溪有捣臼潭、浴潭、气象潭、龙须潭、纱帽岩、鹰岩、牦牛岩、神狗岩、圣僧岩、金鸡洞、龙缝洞、滴水洞、龙口洞等景点。此外，还有革命胜迹多处。

9. 铜盘岛风景区

铜盘岛位于瑞安飞云江口外 19 千米的东海中，是大北列岛中的一个住人岛，行政上原属北龙乡，现并归瑞安东山街道。瑞安城区南门码头有航班直通铜盘岛。大北列岛由 53 个岛屿组成，其中住人岛 9 个，分为东、西两列，东列岛屿都由花岗岩组成，西列岛屿都由流纹质晶屑熔结凝灰岩组成。因岩、石、礁、洞等海蚀地貌奇异，被列为温州市级风景区。该风景区有铜盘岛、长大山、荔枝山、金屿、三尖娘、小条 6 座岛屿组成。

铜盘岛是大北列岛东列最北边的一个小岛，面积 0.52 平方千米，海岸线长 4.6 千米，海拔 72 米。它的大沙呑沙滩，三面环山，是天然海滨浴场。岛的四周遍布海蚀地貌，海蚀崖、海蚀柱以鳄鱼岩、老鹰岩、雷响岩、人岩、百步岩、济公岩、驼峰岩最知名。还有三十多个海蚀洞,以通天洞、葫芦洞、飞鹰洞、三通洞、石鼓洞最幽。岛上有许多高大岩壁,上面镶嵌着多条"游龙",颇似大幅浮雕,世所罕见。人文景观有妈祖庙、关帝庙、明代炮台遗址、苦海甘泉碑等。

10. 灵山风景区

灵山景区位于乐清市乐成城北,由乐清老城区往西北沿银溪谷地山间公路,一直到中雁的白石溪源头。景区面积 28 平方千米,有 80 峰、24 岩、28 石、8 嶂、5 谷、4 洞、8 瀑泉、永乐古道和黄檀古村等景点,以水飞谷、灵山顶、黄檀洞、龙潭瀑四个景点为最胜。

(1) 水飞谷

从乐清老城区往西北行 5 千米至桃源口,有"寻得桃源"四字摩崖题刻,这是进入灵山景区的大门。水飞谷地两侧高山夹峙,竹木交映,有飞云观、群笋峰、七星峰、双乳峰、猴峰、百源瀑、五龙瀑、水飞瀑、川字瀑、王十朋诗碑、灵山大佛等景点。其中以水飞瀑(南瀑布)和灵山大佛最为吸引游客。

(2) 灵山顶

灵山之巅海拔 674 米,上有国画大师林曦明书写的"灵山曙光"石碑。登顶远眺,可观东海日出,而且中雁风景尽收眼底。附近有盘古峰、隐士峰、千化峰、飞雁峰、一帆峰、乌龙岩、人面岩、狮子岩、一字岩、佛手岩、雷震岩、点将台、丹成洞、清舟洞、珍珠瀑、玉带瀑等景观。

(3) 黄檀洞

黄檀洞位于原城北乡政府驻地里章村西北 2 千米的黄檀洞村,这里是中雁白石溪的源头。洞中有四小洞,可容千余人。洞前无路可通,须从后洞入内。在洞内往前看,可看到村东五龙谷的两条飞瀑。黄檀洞村是有六百多年历史的古村落,村口有古宅门,村前和村后有岩嶂壁立,高 100~200 米,绵延 2 千米,岩嶂间竹木葱茏,形成两道碧玉屏风。一条小溪"龙游溪"贯穿村心,小溪的东西两侧悬挂瀑布。

(4) 龙潭瀑

龙潭瀑位于里章村西面 2 千米的龙抬头村南,这里是白石溪的上游,离钟前水库只有 3.5 千米。瀑布落差 60 米,下有龙潭,故称龙潭瀑。龙潭瀑往南有摇晃岩,岩石长 7.3 米,宽 2 米,只需手指一压就能摇动,"千吨盘陀石,只需一指摇"。

11. 西溪风景区

西溪景区位于永嘉西南部桥下镇的西溪上游。西溪是瓯江下游北岸的一级支流,位置介于小楠溪与菇溪之间。西溪发源于永嘉与青田交界处的正盖尖东坡,地处永嘉巽宅镇外宕村北侧,向东南方向流去,在吴宅村(上吴村)接纳支流瓯渠溪,在桥下镇西江村附近注入瓯江。干流全长 32.5 千米,流域面积 166.05 平方千米,源头海拔 1041 千米。现为县级风景名胜区,辟有红岩漈、吊坦漈、娄坑漈、石柱岩、瓯渠(永嘉音读后渠)古村 5 个景点,还有西溪梯田、西溪漂流等。

(1) 红岩漈

红岩漈瀑布在济根村与周山村之间的西溪上游。从济岭脚开始顺着溪流而上,溪水溢出拦水堰坝,形成一道亮丽的水帘。跨过拦水堰坝上的矴步,就能看到溪水从数百米高的山崖上跌跌撞撞,一段段地奔泻下来,形成多级瀑布。从上方的狮子潭到最下端的龙圣潭,长约 500 米,相对高差 280 米,中间有十多条瀑布,其中红岩漈瀑布规模最大。红岩漈位于中段,高 80 多米,下方有观瀑亭。在亭中可清楚地看到瀑水从顶端龙滚槽跃出,撞击着高低不平的岩壁,飞花四溅,气势逼人。攀爬到最高处的狮子潭以后就可以沿着永缙古道的"济岭"下山。

(2) 吊坦漈

吊坦漈瀑布在瓯渠村西北 4 千米处的吊坦村附近。从瓯渠村沿瓯渠溪往上,再向西北沿支流吊坦溪上行,便到达红源峡谷的入口处。红源峡谷长 2 千米,宽 30～40 米,上下落差四百多米,两旁山势险峻,生态良好。谷底巨石嶙峋,溪流水源充沛,瀑布成群。从入口处向内行 300 米,峡谷呈瓶颈状,称红源石门。进入石门后,水流落差陡然增大。今入口处正在修建混凝土大坝,大坝建成后红源峡谷及石门景观将永远沉入水底。从石门往上,登上一百多米的高度后,有一瀑布,称为捣臼漈(三漈),高 10 米许,倾落三角形的碧潭,潭广 50 多平方米,水深约 4 米。由捣臼漈向上,经两个转折,来到吊坦二漈,瀑高 20 多米。再向上便是吊坦一漈,深藏于狭长的溪涧尽头,一天中只有正午时分才能见到短暂的阳光。一漈悬瀑高 80 多米,从山口平坦的岩石上飞出后直泻潭中,潭近圆形,面积 1000 多平方米,深约 5 米,潭旁山风盘旋,寒气袭人。

(3) 娄坑漈

娄坑漈瀑布在娄川村北面 2 千米的九曲岭头,这里是瓯渠溪的源头,海拔 890 米,离瓯渠村约 4 千米,离茗岙很近,有山间公路通往茗岙梯田。娄坑瀑布分上中下三漈,下漈最为壮美,高近 70 米,水流从娄川上游的娄坑峡谷中奔腾而出,在水口受岩石阻挡,分成两股飞泻而下,形成八字瀑。瀑水撞击崖脚的顽石上,又洒出晶莹雪白的水花,形成了白烟细雾般的云霓,笼罩着山谷。

(4) 石柱岩

石柱岩在瓯渠村东面的东高山上。石柱岩是两座柱状石峰,海拔 730 米,相对高度 100 多米。两峰一里一外,一高一低,卓然屹立于靠近山背的斜坡上,气势雄伟。登上瞭望尖,顿觉脚底发怵,瓯渠古村及周围的层层梯田尽收眼底。在石柱岩的东南约 400 米处的山顶上有一个天然的山顶湖泊"天池",海拔 800 多米。从东面一条十分险峻的古道攀登而上,经石柱岩到达山顶,山顶是一大片平坦而肥美的土地,旧时曾建有村落,中间镶嵌着一座明镜般的天池,当地人称为"大塘",面积约 45 亩。池中央有两口涌泉,水涌似沸,是典型的基岩裂隙承压水补给。天池水量充沛,终年不涸,可灌溉周围七八百亩耕地。

(5) 瓯渠古村

瓯渠村始建于南宋淳祐二年(1242 年),风光秀丽,名人辈出,簪缨不绝,曾出状元 1 名,进士 3 名,武举人 2 名,贡生及秀才 60 多名。远在南宋时期便有习武之风,是浙南地区著名的武术之乡,系中国南拳发祥地之一,每年举办一届瓯渠武术节,弘扬中华武术。瓯渠武功名噪一时,涌现出不少武术世家,清末名家吴承球武功高强,行侠仗义,人称"球相"。吴承球胞弟吴承轩中武举人(1873 年),吴承球之子吴善卿也中武举人(1897 年)。武举人所得奖品两把青龙偃月刀各重 120 斤,今尚存一把。瓯渠村的民俗博物馆拥有"六楼一墓",即钱币楼、古物楼、石头楼、耕读楼、武术楼、烈士楼和烈士墓,规模宏大,珍贵文物非常丰富,甚至有清代刘墉的手迹,是温州最大的乡村民俗博物馆。

12. 西湾风景区

西湾风景区位于平阳县东部的半天山海滨,东临东海,南濒鳌江口,原属西湾乡,现并归鳌江镇。西湾是一个新开发的滨海型旅游风景区,属 2A 级风景区,现已成为仅次于南雁、南麂的平阳三大风景区之一。整个风景区面积 17 平方千米,海岸线长 16.5 千米,分为五个景区。景区内湾多,崖陡,洞幽,礁石密布,沙滩和海涂广阔。其最大特色是海岸地貌奇特,既有奇异的海浪侵蚀地貌,又有广阔的海浪沉积地貌。西湾海涂资源丰富,露涂面积有 8 万多亩,游客可下涂弄涂玩涂,捕捉小海鲜,并自烧自尝。近几年西湾开办了众多特色海鲜美食大排档,在滨海排挡中既可品尝海鲜,还可赏海景,观海潮,听海涛,吹海风,其乐融融。

(1) 跳头景区

西湾风景区有长 22 千米的沿海公路自北而南从宋埠至鳌江贯穿全境，跳头是最北的一个景区。跳头是个美丽的渔村，码头有一巨大岩石，上有小巧建筑，站在岩头，可赏海潮起伏，也可远眺东海中的凤凰山、齿头山等海岛景色。海滨有百米长的陡壁，叫曾牌壁，这里可观潮，也可观赏渔民撒网捕鱼。跳头的金沙滩叫百步金沙，长 300 米，宽 50 米，沙质柔软晶莹，是理想的海滨浴场，夏暑季节游人如织。沙滩附近有石笋、虎头岩、珠帘岩、摩崖雕像、娘娘庙、三高堂等景观。跳头村附近还有 12 座明代抗倭烽火台遗址。

(2) 北山景区

北山景区在北山村附近，位于跳头南面。主要景点是双阳回廊和横舟奇礁。北山海滨沙径迂回，石笋遍布，沙滩深处有双洞相依，似孪生姐妹并肩站立，这就是姐妹洞。北山有一礁石横卧海边，似巨舟停泊，取名横舟奇礁。周围有很多形状奇异的礁石，组成多层次、多色彩的礁石群，宛如一盆石盆景。石盆景一侧有天然石级，可登临观赏。附近还有铁色的石壁和深邃的蝙蝠洞。

(3) 西湾景区

西湾景区在西湾村附近，地处整个海滨的中段。这里湾岙一个接一个，最大的是西湾。石壁、洞穴、沙滩四布，其中万象画壁、天都石柱、猫头鹰岩、梵音洞是主要景点。如果坐游艇从西湾村至二沙村，沿岸岩壁和礁石错落，如一幅长卷山水画。其间有洞口喷珠的水帘洞，有潮声回响的梵音洞，有相依相偎的夫妻岩，有一鸣惊人的"金鸡头"等，还有万炮岩、一线天、关羽观书岩、八戒头岩、老虎洞、鳄鱼洞等景观。

(4) 二沙景区

二沙景区在二沙村附近，位于西湾的南面。这里的海蚀崖、海蚀穴是摄影和美术工作者的最佳对象。主要景点是石长廊和石长街。石长廊长 30 米，宽 2 米，顶部有巨岩遮住，在廊里仰望天空，只有一点光曦，俗称一点天。这是古海蚀地貌，地貌学上称石壁为海蚀崖，石长廊为海蚀穴，一点天为海蚀洞。出长廊后便是石长街，长街两旁矗立着金黄色的石壁，犹如街肆一般。二沙海滨还有双鸡报晓峰、锦屏峰、金字峰、映日崖、石瀑布、紫金冠、鼓乐洞、听潮洞、僧伽洞、白银洞等景观。

(5) 杨屿山景区

杨屿山是鳌江口外的一个小海岛，面积仅 0.28 平方千米，距大陆海岸线0.9 千米。岛的四周岸边多海蚀崖和海蚀柱，且密布海蚀穴和海蚀洞，南面还有百亩礁。主要景点有双龙洞、神龟洞、观音飘带、海狮上岸、青龙道观等。登上杨屿山巅还可远眺四沙岭头的5座烽火烟墩。

13. 苍南滨海风景区

苍南滨海位于温州大陆海岸线南段,这段海岸的海域广阔,岛屿不多。由于缺少岛屿对海浪的屏障作用,所以海浪侵蚀作用强烈,形成典型的侵蚀海岸。在岬角岸段,由于海浪波能的辐聚作用,发育了陡峭的海蚀崖;在湾岙岸段,由于波能的辐散作用,发育了泥沙质海滩。该段海岸是温州沙质海岸分布最多的岸段,著名的沙质海滩有渔寮、雾城、炎亭、海口、崇家岙、长沙、柳垅、后槽、大渔、北关岛等沙滩,是海滨浴场的优良场所。还有一些因人为破坏而已消逝了的沙滩,如霞关的金沙沙滩、玉沙沙滩和石砰沙滩等。温州沙滩按组成分为硅质沙滩、钙质沙滩和硅钙混合沙滩。硅质沙滩由岩石经海浪侵蚀和沉积而成,颜色呈金黄色,故称金沙滩,温州大部分沙滩属此类型。钙质沙滩由贝壳碎屑沉积而成,一般呈白色,故称银滩。温州纯钙质银滩很少见,多与硅沙混合分布。

(1) 渔寮景区

渔寮景区位于苍南南部海滨,行政上原属渔寮乡,现并归马站镇。驱车由G15高速公路观美出口,再走232省道(78省道)南下,到马站左拐至海边。渔寮是省级风景区,国家3A级景区,年接待游客逾30万人次。景区包括渔寮沙滩和雾城沙滩两部分。渔寮沙滩位于渔寮岙顶部,岙外有顶草屿、孝屿、大离关岛、笔架屿等岛屿作为天然屏障,岙内风平浪静,碧波荡漾。渔寮沙滩平坦宽广,落潮时长2000米,宽600米,是温州规模最大的海滨浴场,可容万人同时入浴。这里有一年一度的端午观海节、沙滩音乐会、沙滩风筝节等丰富多彩的旅游活动。渔寮沙滩近旁的南山,有石笋洞、妈祖洞、观音洞、水帘洞、蝙蝠洞、象鼻洞、金沙洞、潮声洞等奇礁怪洞,各具特色。岙口北侧的岬角称为风隔鼻,附近分布着人形的奇礁,或坐,或立,或走,或蹲,称为"十八罗汉"。礁石紫赤色,与碧水交相辉映。高耸的象鼻岩下有洞直通海底,每当涨潮至六七分时,潮水由石隙向半空喷射出高达10米的冲天水柱,称为"一浪冲天"。

雾城沙滩位于渔寮北面1千米的雾城岙顶,岙口两边有龙山和凤山遥相对应。沙滩落潮时长800米,宽200米。沙滩西边是雾城村,明代洪武二十年(1387年)在此建造壮士所城,以御倭寇侵犯。所城城墙周长1580米,面积210亩。所城略呈方形,北依李子山坡而建,其余三面都有城门、城楼、瓮城和护城河。城墙顶宽3.5米,基宽8米,内外都用石块垒砌,内充碎石夯实。后因地形不利防御,明正统八年(1443年)撤销并入蒲门所城,所以蒲门所城又称蒲壮所城。由于年久失修,现城楼和城堞废圮,仅留坍废的城垣残基和一小段城堞。雾城所城的北面有一条小溪注入雾城岙,小溪的沟谷中有"五龙潭"水景景观。五个碧水深潭串成一气,潭壁光滑,又有三折飞瀑悬于其上,高达百米,总长200多米。

(2) 炎亭景区

炎亭景区位于苍南东部海滨,行政上原属炎亭镇,现并归金乡镇。自驾车由G15高速公路萧江出口,经龙港南侧,再走龙金大道,过钱库后转至炎亭。炎亭景区由炎亭沙滩、海口沙滩、崇家岙沙滩、前屿岛四部分组成。炎亭沙滩位于炎亭湾顶部,落潮时长800多米,宽200多米,沙色金黄,故称金沙滩。2010年前曾是温州闻名的海滨浴场,是温州市民消夏胜地,由于湾口修建了长500多米的防波堤,致使金沙滩变成为砾石滩,景区几近报废,游客罕至。

海口沙滩在炎亭西南2千米处,三面被苍翠的明珠岭环抱,沙滩长300多米,宽200多米。沙滩边上建有欧式别墅群"海口度假村",以沙滩浴场、海天风光、海鲜美食、三大地质奇观(古树化石、地裂遗浆、龙井绝壁)吸引游客前来休闲度假。

崇家岙沙滩在炎亭北面约4千米的崇家岙村附近,由大沙滩和小沙滩组成,中间以五彩岩为界。大沙滩长1000米,宽300米,滩面平整柔软;小沙滩长600米,宽200米,是良好的海滨浴场。五彩岩高6米,颜色五彩斑斓,呈彩霞状。

前屿岛位于炎亭湾口外,位置在炎亭与海口之间,离炎亭金沙滩1千米。从东沙村码头乘船至屿西上岸,顺着码头石阶往上爬,可到海拔44.8米的绝顶。站在顶峰远眺,远近海天美景一览无遗。岛上有座海潮寺,还有两眼淡水清泉,久旱不涸。泛舟绕岛一周,可看到琳琅满目的海蚀地形,有石佛观海、仙童击鼓、河马上岸、乌龟驮经等景观。

(3) 蒲壮所城

蒲壮所城位于苍南最南面,行政上原属蒲城乡,现并归马站镇。驱车由G15高速公路观美出口,走232省道(78省道)南下,至马站右拐。蒲城所城建于明初洪武十七年(1384年),后来壮士所城并入蒲城,故称蒲壮所城。至今已逾630年,是一座保存完整的明代抗倭城堡建筑,为国家重点文物保护单位。城堡北依龙山,面向大海,略呈长方形。城墙周长2928米,高4.8米,顶宽3.84米,占地面积50.4万平方米(756亩),超过了元代瑞安县城面积,是温州明代规模最大的一座所城。城堡设东、南、西三门,各门均筑有瓮城和城楼,三面皆挖濠河,三面濠河与西溪相通,汇入蒲江,南流至沿浦湾入海。三座城门中的东门称威远门,南门称正阳门,西门称挹仙门。城门的拱券由石板错缝砌成,城楼都是三开间木构建筑。全城建城垛 611 口,敌台 6 座,窝铺 22 座。城外设有南堡烽火烟墩,由北而南分别有顶魁山、大尖山、对面山、霞关等多处烽火台,海上敌情通过烽火烟墩迅速传递到所城。城内建筑布局为"一亭二阁三牌坊,三门四巷七庵堂,东南西北十字街,廿四古井八戏台。"目前该城的城垣、街巷、古井等仍保存当初格局,城内西南角的社仓巷、铁械局、马房巷等是当时后勤装备区域。城内绕东、南、西三面城墙的跑马道,至今保留如旧。每年农历正月十五元宵节,蒲壮所城的民间春社活动"拔五更"场面非常恢宏。蒲城当地居民讲瓯语、闽语、畲语三种不同方言,去蒲城旅游别忘了与城内、城外居民聊聊天,听听他们的语言差异。

14. 泰顺廊桥

廊桥又名风雨桥,就是桥上建有屋檐的桥,供行人歇脚和避风雨。然而,自古以来泰顺当地人称之为蜈蚣桥,1996 年 11 月 12 日,《中国摄影报》用大篇幅刊登了萧云集《浙南廊桥有遗篇》的图文报道,首次采用"廊桥"名称,从此泰顺廊桥这一国之瑰宝引起了国内外专家和游客的广泛重视。经过桥梁专家论证,泰顺廊桥的技术远远超过了《清明上河图》中的汴水虹桥;美国影片《廊桥遗梦》中的麦迪逊廊桥,无论单孔跨度、建造年代、外形美观,还是科技含量都不能与泰顺廊桥相提并论。泰顺民间桥梁数量众多,结构类型多种多样。据《泰顺县交通志》记载,全县现存桥梁共计 958 座,总长 16829 延长米,其中解放前修建的 476 座,长 7923 延长米。包括木拱廊桥、木平廊桥和石拱廊桥在内的明清廊桥 33 座,其中在世界桥梁史上占有重要地位的廊桥 18 座。木拱廊桥以较短的木材,通过纵横相贯,犹如彩虹飞架,镶嵌在群山之间,成为泰顺山区一道靓丽的风景线和旅游胜景。

（1）泗溪北涧桥

北涧桥俗称下桥,在泗溪镇下桥村,横跨北溪,故称北涧桥。始建于清代康熙十三年(1674 年),嘉庆八年(1803 年)重建,1987 年重修。桥长 51.87 米,宽 5.37 米,桥底离水面高 11.22 米,单孔跨度 29 米,有桥屋 20 间,中间为重檐歇山顶,正脊有龙吻。桥梁结构精巧,造型古朴。一株千年古樟树和一株古乌桕立于桥头,与古朴的民居连成一片,环境优美。现为全国重点文物保护单位。

（2）泗溪溪东桥

溪东桥俗称上桥，在泗溪镇溪东村，横跨东溪，故称溪东桥。始建于明代隆庆四年（1570 年），清代乾隆十年（1745 年）重建。桥长 41.7 米，宽 4.86 米，桥底离水面高 10.35 米，单孔跨度 25.7 米，规模比北涧桥稍小。桥上建有长廊式桥屋 15 间，中有阁楼，飞檐翘角，桥台用花岗岩垒筑于两岸山崖之上，雄伟美观。

（3）洲岭三条桥

三条桥横跨在洲岭横溪上。始建于南宋绍兴七年（1137 年），清代道光二十三年（1843 年）重建。桥长 26.63 米，宽 4 米，桥底离水面高 10 米，有桥屋 11 间，明间五架柱梁，柱头有蝶形莲花瓣头拱座。据《泰顺分疆录》记载，清道光年间修建时曾发现唐贞观旧瓦，是泰顺最早的桥梁。

（4）三魁薛宅桥

薛宅桥横跨在三魁镇薛外村的戬洲溪上，古称锦溪桥，今地处闹市区。始建于明代正德七年（1512 年），后来多次毁于水灾，多次重建，现桥是清代咸丰六年（1856 年）重建，1986 年重修。桥长 51 米，宽 5.1 米，桥底离水面高 10.5 米，单孔跨度 29 米，建有单檐桥屋 15 间。两侧桥头石阶坡度大，造型古朴独特，气势雄伟壮观。桥边千年古樟树枝叶繁茂，见证了薛宅桥的悠久岁月。

（5）仙稔仙居桥

仙居桥横跨在仙稔仙居溪上，始建于明代景泰四年（1453 年），因罹水患，四毁四建，现桥为清代康熙十二年（1673 年）重建。桥长 41.83 米，宽 4.89 米，桥底离水面高 12.6 米，单孔跨度 34.14 米，有 80 柱单檐的桥屋 18 间，为平孔木拱廊桥。该桥是泰顺跨度最大、现桥历史最早的木拱廊桥。由于年代久远，破损严重。

（6）筱村文兴桥

文兴桥横跨在筱村镇坑边村的玉溪之上，始建于清代咸丰七年（1857 年），民国十九年（1930 年）重修，1990 年新修。桥长 46.2 米，宽 5 米，单孔净跨 29.6 米，桥底距水面高 11.5 米，桥屋 16 间，为叠梁式木拱廊桥。通常木拱廊桥的中部都是水平的，而这座廊桥的中间部分是倾斜的，西高东低，呈不对称形态。这桥的特别之处，还在于每年都有固定的守桥人，一年一轮换，这是其他廊桥所没有的。

（7）洲岭毓文桥

毓文桥坐落在洲岭洲边村，始建于清代道光十九年（1839 年），1986 年重修。桥长 23 米，宽 4 米，单跨 17.6 米，建有重檐三层楼阁式桥屋 7 间，屋脊为葫芦顶,四翼高翘,造型别致。该桥为石拱木廊桥,拱券青石筑砌,呈半月状,横跨两山之中。

（8）戬洲永庆桥

永庆桥坐落在三魁镇戬洲下溪坪村,始建于清代嘉庆二年（1797年）。桥长33米,宽4.5米,桥底离水面高8米,为伸臂式木平廊桥。桥墩青石砌筑,上置二层直角相交的挑梁木,面铺行道桥板,有桥屋12间,明间为二层重檐楼阁,内设扶梯上下,屋顶四翼高翘,造型雅朴。

15. 承天氡泉景区

承天氡泉位于泰顺雅阳镇承天村玉龙山下的会甲溪大峡谷底部。温州市区驱车走G15高速公路或104国道,至浙闽交界处的分水关转331省道（58省道）,再左拐即到。会甲溪发源于柳峰尖（海拔1057米）南坡,流经承天大峡谷,然后出境进入福鼎市桐山溪。承天氡泉俗称"火热溪",清《泰顺分疆录》称为"汤泉"。1973年浙江省水文地质大队进行调查,检测出泉水中含有氡,始命名为氡泉。承天氡泉是一宗极佳的地热资源和旅游资源,被誉为"浙南大温泉",列为省级自然保护区,是著名的温泉疗养、休闲度假、旅游观光的胜地。

地下热水从谷底涌出处称为泉眼,泉眼海拔195米,两侧山峰海拔500多米,最高的团鱼石可达700余米,承天大峡谷是典型的断层经流水侵蚀而成的V型深谷。泉眼涌泉水温62℃,属热泉型（45℃以上为热泉）。泉眼涌水最高达0.6米,属承压地下水,泉眼日出水量500吨。泉水中可溶二氧化硅含量70毫克/升,含氡量14～16埃曼/升,含氟量20毫克/升,矿化度0.4克/升,含40多种微量元素,是一眼高水温、低矿化度的含氡含氟含硅、具有弱放射的大热泉。2001年5月被列入国家级浴用医疗热矿泉水名单。目前已建成氡泉国际大酒店、梅林宾馆、氡泉山庄、玉龙山氡泉度假村等设施,年用水量达18万吨,是温州著名的旅游风景区。

游客可以由山径下到谷底泉眼,但今天已看不到涌泉景观,只有一个水泥密封池,池畔岩壁上镌刻"泉眼"两字。从池子抽水到山腰宾馆的浴池,水温仍有58℃,身体再棒的游客泡浴5分钟就全身发红,承受不了。在水温上与黄山温泉、西安华清池比较,泰顺氡泉有无与伦比的优势,所以泰顺氡泉开辟有大型露天温泉游泳池。

氡泉旅游主要是泡浴,有小浴池、大泳池供游客尽情消遣。此外,还可以观赏茂林修竹的承天大峡谷景观,还有梅溪五级瀑布和神龟探瀑等精品景点。离氡泉不远的雅阳附近还有塔头底古村落、百福岩古村落、千年古刹宝林寺、畲乡风情等。

16. 乌岩岭景区

乌岩岭景区位于乌岩岭自然保护区内。乌岩岭自然保护区面积很大，达188.62平方千米(28.3万亩)，而我们游览的乌岩岭景区面积很小，只有18平方千米。乌岩岭景区位于泰顺西北部司前畲族镇境内，紧邻景宁畲族县。在地形上，这里是温州最高的洞宫山脉南支的东南坡；在水系上，这里是里光溪的源头，里光溪是飞云江上源的一条支流，发源于泰顺与景宁交界处的白云尖北坡，与飞云江的正源靠得很近，当地人称里光溪源头段为白云涧。驱车走228省道(52省道)云和至寿宁公路，从泰顺县城北上，在司前转沿里光溪谷地的山间公路，往西北至椋垟村后就进入景区。

乌岩岭自然保护区内生物资源十分丰富。植物界有维管植物164科644属1253种，其中蕨类植物33科75属167种，裸子植物7科16属18种，被子植物124科553属1068种。木本植物有82科254属667种。属于国家重点保护植物44种，属于浙江省保护植物24种。保护区内植被有六种类型，即中亚热带常绿阔叶林、中亚热带常绿针叶林、常绿阔叶和落叶阔叶混交林、常绿阔叶和常绿针叶混交林、中亚热带竹林、山地灌木草丛。森林覆盖率90.9%，林木蓄积量17.13万立方米。

乌岩岭自然保护区内，陆栖脊椎动物有4纲27目81科218属356种，占全国总数13.9%，占浙江总数55.8%。其中哺乳纲8目24科50属65种，鸟纲14目40科125属200种，爬行纲3目9科31属65种，两栖类2目8科12属26种。野生陆栖动物中，属于国家一类保护动物有8种，国家二类保护动物有35种，还有33种被列为省级保护动物。值得指出的是1984年保护区内发现一种世界十分珍稀的蝶类——黑大紫蛱蝶，引起国际学术界巨大反响。经过人工孵化繁殖和放归山林，黄腹角雉和白鹇数量比原来增加10多倍，短尾猴比原来增多5倍，白颈长尾雉和金钱豹比原来增多2倍，鸳鸯鸟原来栖息在白云尖西北面景宁境内的东塘溪，现已成群栖息于保护区白云涧畔。

乌岩岭景区入口处建有乌岩岭度假中心和白云山庄。进入检票处，往北有资源馆和繁育中心，往南过铁桥沿里光溪上溯便是主要游览区。乌岩岭景区的游览路径与众不同的是反复穿越里光溪，一会儿在南岸，一会儿在北岸。从入口开始依次跨越铁桥、福濂廊桥、浮步铁索桥、矿步、万斤桥、石板桥、凤蝶桥等，还有很多叫不出名字的小桥。主要景点有猕猴桃长廊、猴王潭、猴王台(小岛)、豹跳峡、饮翠轩、卧虎洞、米筛潭、半亭揽绿、碧玉滩、角雉林、万斤瀑、飞来瀑、三折瀑、白云瀑等。最为壮观的白云瀑位于合欢瀑与瀑外瀑之间,落差30多米,跌入深5米的碧潭,发出雷鸣般的巨响,水花溅出十余米远,架起道道彩虹。从白云瀑往上远行,尽头就是温州第一高峰白云尖,海拔1611米,常年云雾缭绕,山高路远,一般游客难以登顶。在景区入口的外面1千米处有龙井潭,潭分上下两口,上潭称为龙井,周围崖壁如削,水深不可测,上游溪水形成落差5米的水柱,直冲潭内,形成桶状深潭。乌岩岭景区除了飞瀑碧潭外,更诱人的是林区内有二百多种奇丽夺目的观赏花树,春夏秋日,百花齐放,争奇斗艳,满山色彩斑斓,令人叹为观止,成为温州一道靓丽的旅游风景线。

(十)温州森林公园

温州市政府从2007年开始举办森林旅游节,至2013年已是第七届森林旅游节。特别是2010年12月国家林业局批准在温州成立"中国森林旅游试验示范区"以来,温州森林旅游发展较快。截至2013年底,温州对外开放的各类森林公园70多个,森林旅游规划面积803.5平方千米,占全市总面积的6.8%。其中国家森林公园5个(全省37个),省级森林公园12个(全省72个),市级森林公园29个,还有20多个县级森林公园。2013年温州森林旅游人数1160.5万人次,超过千万,创历史新高;森林旅游总收入26.84亿元。据此数据,可知温州森林旅游的人均消费仅231元,其经济效益落后于其他类型景区,甚至低于林业观光园和休闲观光农业园。

1. 国家森林公园和国家级自然保护区

温州现有国家森林公园5个,即雁荡山、铜铃山、龙湾潭、玉苍山和花岩森林公园,另有乌岩岭国家级自然保护区,总共6个最高等级的森林旅游区。经营面积291.88平方千米(43.78万亩),占全市森林旅游总面积的36.3%,其中乌岩岭自然保护区占全市森林旅游总面积的23.5%。

(1)雁荡山森林公园

位于乐清市北部雁荡山林场,经营面积9.26平方千米(1.39万亩),森林覆盖率88.9%,林木蓄积量2.97万立方米,亩均蓄积量2.70立方米。公园内有全国著名的灵峰、灵岩、三折瀑、大龙湫、雁湖等景区。

(2)铜铃山森林公园

位于文成县西坑镇叶胜林场,经营面积27.27平方千米(4.09万亩),森林覆盖率95.0%,林木蓄积量19.26万立方米,亩均蓄积量5.07立方米。公园内有"华夏一绝"的铜铃峡壶穴景观。

（3）龙湾潭森林公园

位于永嘉县鹤盛镇正江山林场，经营面积 16.53 平方千米（2.48 万亩），森林覆盖率 95.2%，林木蓄积量 6.28 万立方米，亩均蓄积量 3.08 立方米。公园内有七折瀑、润楠树、悬空栈道、玻璃观景台等一流景观。

（4）玉苍山森林公园

位于苍南县桥墩镇，经营面积 23.80 平方千米（3.57 万亩），森林覆盖率 94.5%，林木蓄积量 6.78 万立方米，亩均蓄积量 2.02 立方米。公园内遍布石蛋地貌，有"石海"之称，还有摩天栈道、山顶湖、法云寺等景观。

（5）花岩森林公园

位于瑞安市高楼镇红双林场，经营面积 26.40 平方千米（3.96 万亩），森林覆盖率 98.9%，林木蓄积量 9.57 万立方米，亩均蓄积量 2.46 立方米。公园内有风姿各异的九组瀑潭组成的九潭景区。

（6）乌岩岭自然保护区

位于泰顺县司前镇乌岩岭林场，原先经营面积 14.95 平方千米（2.24 万亩），森林覆盖率 90.9%，林木蓄积量 17.13 万立方米，亩均蓄积量 8.65 立方米。1993 年经营面积扩大为 188.62 平方千米（28.29 万亩），向东北扩大到黄桥境内，向西南扩大到碑排境内，是我国中亚热带典型常绿阔叶林生态系统保护区。

2. 省级森林公园

温州现有省级森林公园 12 个，经营面积和规划面积共 283.62 平方千米（42.54 万亩），占全市森林公园总面积的 35.3%。

（1）石垟森林公园

位于文成县西坑镇石垟林场，经营面积 54.13 平方千米（8.12 万亩），森林覆盖率 94.6%，林木蓄积量 46.62 万立方米，亩均蓄积量 6.07 立方米。公园内有高岭头水库、月老山景区、猴王谷景区可供游览。

（2）满田森林公园

原称南雁森林公园，位于平阳县山门镇，经营面积 21.20 平方千米（3.18 万亩），森林覆盖率 97.9%，林木蓄积量 7.53 万立方米，亩均蓄积量 2.54 立方米。公园内有南雁东西洞景区、畴溪景区、石城景区可供游览。

（3）四海山森林公园

位于永嘉县岩坦镇四海山林场，经营面积 25.67 平方千米（3.85 万亩），森林覆盖率 95.8%，林木蓄积量 23.52 万立方米，亩均蓄积量 6.48 立方米。公园内有银坑瀑布、十五坑瀑布、玉带潭、碧水浮云、七星抱月等景观。

(4) 天关山森林公园

位于泰顺县城西郊的罗阳林场,经营面积 28.67 平方千米(4.30 万亩),森林覆盖率 87.5%,林木蓄积量 3.73 万立方米,亩均蓄积量 1.21 立方米。天关山海拔 1269 米,有天关耸秀、龙湫飞雪、红枫古道等景观。

(5) 福泉山森林公园

位于瑞安市陶山镇福泉林场,经营面积 14.93 平方千米(2.24 万亩),森林覆盖率 91.8%,林木蓄积量 1.99 万立方米,亩均蓄积量 0.97 立方米。公园内有盘古楼景区,有千姿百态的奇岩怪石。

(6) 西郊森林公园

位于鹿城区仰义街道林里村,规划面积 24.19 平方千米(3.63 万亩),森林覆盖率 86.0%。公园内有仰义水库(龙湖)、钟山水库、无敌坑水库、木西岙水库,还有垂钓中心、现代农业观光园、高尔夫球场等。

(7) 茶山森林公园

位于瓯海区茶山街道的大罗山西南部,经营面积 19.54 平方千米(2.93 万亩)。公园内有五美园、卧龙溪、香山寺、龙脊奇岩、国家登山健身步道等胜景,最享誉盛名的是满山遍坡的茶山杨梅。

(8) 泽雅森林公园

位于瓯海区泽雅镇戍浦江上游,规划面积 52.80 平方千米(7.92 万亩)。公园内有中型的泽雅水库,总库容 5713 万立方米,还有七瀑涧、金坑峡、珠岩、四连碓造纸作坊等景观。

(9) 石聚堂森林公园

位于苍南县灵溪镇浦亭,规划面积 10.42 平方千米(1.56 万亩)。旅游景观以花岗岩球状风化的石蛋地貌见长,满山都是椭球状的奇岩,美不胜收。还有玉泉禅寺、紫云道观、玉清道观等人文景观。

(10) 三魁森林公园

位于泰顺县三魁镇卢梨,以双峰林场为主体,规划面积 12.18 平方千米(1.83 万亩),森林覆盖率 86.0%。公园内有金狮水库(金狮湖)、百丈漈瀑布、碧宵潭、金龙潭、姊妹枫、古廊桥、卢梨寺等景点。

(11) 五星潭森林公园

位于永嘉县大若岩镇藤溪胜利林场,经营面积 3.22 平方千米(0.48 万亩),森林覆盖率 95.0%,2013 年建成开园。公园内有著名的 5 瀑 5 潭"五星潭"和 6 瀑 6 潭的"连缸潭"等胜景。

(12) 金珠森林公园

位于文成县玉壶镇西南部的金珠林场,经营面积 16.67 平方千米(2.50 万亩),森林覆盖率 97.5%。公园内杉林、松林、阔叶林完整度好,森林景观魅力强,还有高山湿地和石壁风景。

3. 温州市级森林公园

温州现有市级森林公园 29 个,规划面积共 150.48 平方千米(22.57 万亩),占全市森林公园总面积的 18.7%。现择其重要者列举如下。

(1) 双潮红豆杉森林公园

位于鹿城区藤桥镇双潮西坑村的西龙溪,规划面积 8.5 平方千米(1.27 万亩)。西坑村海拔 822 米,山峦叠翠,古木参天,有红豆杉万亩基地,栽种十年树龄的南方红豆杉 100 多万株。

(2) 瑞安集云山森林公园

位于瑞安城区的北面集云山,规划面积 9.98 平方千米(1.50 万亩)。公园内有集云水库和愚溪水库,还有本寂寺、北宋米芾的摩崖题刻等,清代即有"集云八景"名胜,向来是瑞安居民郊游和踏青的好去处。

(3) 瑞安金西溪森林公园

位于瑞安市湖岭镇西坑村,规划面积 5.53 平方千米(0.83 万亩),森林覆盖率 72.38%。公园内有西溪峡谷、碧潭飞瀑、红枫古道、古村落、红色遗址等景观。

(4) 永嘉东蒙山森林公园

位于永嘉县乌牛镇西湾村,俗称乌牛纂。现有公园面积 0.57 平方千米(856 亩),森林覆盖率 80.26%。公园内有天然道观、长生洞、虎踞岩等景观。最吸引游客的是登高远眺温州大桥、白鹭屿立交枢纽等美景。

(5) 永嘉石斑岩森林公园

位于永嘉县巽宅镇小坑村,规划面积 3.69 平方千米(0.55 万亩),森林覆盖率 86.65%。公园东边有一碧千顷的"高峡平湖"金溪水库,总库容 1937 万立方米。公园内有石斑岩、蘑菇岩、天烛岩、玉皇顶、龙潭角凤尾瀑、千年红豆杉等景点。

(6) 泰顺西溪森林公园

位于泰顺县泗溪镇凤垟西溪村的西溪流域,规划面积 3.45 平方千米(0.52万亩),森林覆盖率 82.0%。这里群峰连绵,林木茂密,溪瀑飞流,是一个生态旅游的胜地。

(7) 泰顺岭北森林公园

位于泰顺县罗阳镇岭北的村尾村,规划面积 6.58 平方千米(0.99 万亩),森林覆盖率 88.0％。公园内有古廊桥、古民居、红枫古道、碧潭飞瀑、奇峰异石等景观。

本章主要参考文献

［1］刘振礼、王兵《中国旅游地理》,南开大学出版社 1999 年 3 月

［2］陶犁《旅游地理学》,云南大学出版社 2001 年 1 月

［3］杨桂华《旅游资源学》,云南大学出版社 2001 年 1 月

［4］胡念望《温州揽胜》,上海书画出版社 2006 年 11 月

［5］浙江省旅游局《浙江省旅游概览》,2000～2012 年

［6］浙江省旅游局《2012 年浙江旅游业发展报告》

图书在版编目(CIP)数据

温州地理(人文地理分册·上、下)/姜竺卿著. —上海:上海三联书店,2015.2
ISBN 978 - 7 - 5426 - 5094 - 8

Ⅰ.①温⋯ Ⅱ.①姜⋯ Ⅲ.①地理-温州市②人文地理学-温州市 Ⅳ.①K925.53

中国版本图书馆 CIP 数据核字(2015)第 030142 号

温州地理(人文地理分册·上、下)

著　者 / 姜竺卿

责任编辑 / 杜　鹃
装帧设计 / 姜竺卿　鲁继德
监　制 / 李　敏
责任校对 / 张大伟

出版发行 / 上海三联书店
　　　　　(201199)中国上海市都市路 4855 号 2 座 10 楼
网　　址 / www.sjpc1932.com
邮购电话 / 24175971
印　　刷 / 上海展强印刷有限公司

版　次 / 2015 年 2 月第 1 版
印　次 / 2015 年 2 月第 1 次印刷
开　本 / 640×960　1/16
字　数 / 1020 千字
印　张 / 52.25
书　号 / ISBN 978 - 7 - 5426 - 5094 - 8/K·312
定　价 / 186.00 元

敬启读者,如发现本书有印装质量问题,请与印刷厂联系 021 - 66510725